4 Lk 7 1618

Cambrai
1854

Bouly de Lesdain, Eugène

Dictionnaire historique de la ville de Cambrai, des abbayes, des châteaux forts et des antiquités du Cambrésis

DICTIONNAIRE HISTORIQUE

DE LA

VILLE DE CAMBRAI

ET

DU CAMBRESIS.

OUVRAGES DU MÊME AUTEUR :

Lettres sur Cambrai, 1 volume in-8°.
Mémoires chronologiques, pour servir à l'Histoire de Cambrai, 1 volume in-8°.
Histoire populaire de Cambrai, 2 volume in-8°.
Les Sciences, les Lettres et les Arts à Cambrai, 1 volume in-8°.
Promenades nocturnes dans une ville de province, 1 volume in-8°.
Histoires fantasques de la Flandre, 2 volumes in-8°.
Les bords de l'Escaut, 1 volume in-8°.
Le Règne du Diable, 2 volumes in-8°.
Les Soirées de l'abbé Tranchant, ou entretiens, anecdotes et souvenirs relatifs à l'Histoire de Cambrai, 1 fort volume in-8°.
Les Souterrains de Cambrai et du Cambresis (avec la collaboration de M. Bruyelle), 1 vol. in-8°.
Histoire de la Municipalité de Cambrai *depuis 1789 jusqu'à nos jours*.— Extraits et analyse de ses délibérations importantes. — 2 volumes in-8°.

Cambrai. — Typ. de RÉGNIER et BOUTTEAU, succ. de M. P. Levêque.

DICTIONNAIRE HISTORIQUE

DE LA

VILLE DE CAMBRAI

DES ABBAYES, DES CHATEAUX-FORTS ET DES ANTIQUITÉS

DU

CAMBRESIS.

OUVRAGE PUBLIÉ SOUS LES AUSPICES DU CONSEIL MUNICIPAL DE CAMBRAI

PAR

EUGÈNE BOULY,

LICENCIÉ EN DROIT, ANCIEN ADJOINT, ANCIEN MEMBRE DU CONSEIL MUNICIPAL
DE LA MÊME VILLE.

Memor Majorum.

A CAMBRAI

CHEZ LES PRINCIPAUX LIBRAIRES.

A PARIS

CHEZ DUMOULIN, QUAI DES AUGUSTINS, 13.

1854

PRÉFACE.

« Il n'en est point de l'histoire d'une localité comme de l'histoire d'un royaume tout entier. Indépendamment des grands évènements qui constituent les fastes d'une nation, et dans lesquels se trouvent enveloppées toutes les localités, ces dernières ont une vie intérieure qui leur est propre, une vie de détail qu'on ne peut bien étudier qu'en en prenant à part chaque élément à son tour. Et dans ce cas, chacun des sujets à traiter, s'isolant, pour ainsi dire, du grand ensemble dont il fait partie, donne lieu à un travail spécial que l'on appellera *Biographie*, *Notice* ou *Recherches*, suivant la nature du sujet. Or, la forme de dictionnaire est la plus commode pour présenter la réunion de toutes ces notices ou histoires partielles qui ne se succèdent pas dans un ordre chronologique, mais qui procèdent parallèlement dans la marche régulière du temps.

» C'est précisément cette partie si importante et si intime de l'histoire cambresienne que nous donnons dans le présent dictionnaire, travail qui n'a encore été ni accompli ni essayé par personne, et que, pour ce motif, nous avons osé entreprendre. »

Les lignes qu'on vient de lire et que nous empruntons à notre article *Histoire*, expriment exactement la nature et le but du livre que nous publions. En effet, après avoir mis au jour, il y a quelques années, un travail d'ensemble sur les fastes de la cité de Cambrai, il restait encore, selon nous, à rendre familière l'histoire spéciale de ses habitants, de ses mœurs, de ses usages, de ses institutions, de ses fondations charitables, de son langage, de son industrie, de ses monnaies, de ses communautés, de ses confréries, de ses corporations ouvrières, de ses compagnies armées, de ses antiquités, de ses développements topographiques, de ses monuments religieux, civils et militaires, de ses fortifications, de ses rues, de ses places, etc., etc. Cette tâche laborieuse, nous nous la sommes imposée : comment l'avons-nous accomplie ? l'avenir seul nous le dira. Mais ce que nous savons, c'est que nous y avons travaillé avec tout le zèle, toute l'ardeur que peut inspirer l'amour de la patrie; ce dont nous sommes certain, c'est d'avoir épargné bien des recherches à ceux qui s'occuperont après nous de l'histoire de Cambrai; c'est de leur avoir, par de longs et difficiles travaux, préparé et considérablement facilité la besogne; enfin, c'est d'avoir mis à la portée des gens du monde une foule de documents qu'ils n'auraient jamais consenti à acquérir au prix des labeurs, des démarches et des études que cela nous a coûté.

Au reste, nous nous sommes effacé nous-même le plus qu'il nous a été possible. Nous n'avons apporté dans notre œuvre aucune prétention littéraire; au risque de paraître moins élégant, moins correct, nous avons souvent laissé parler les chroniqueurs dont le naïf langage est encore de l'histoire. Nous avons poussé plus loin le scrupule, et pour ceux qui ne se contenteraient ni de nos assertions, ni de notre travail, nous y avons ajouté l'indication des sources où l'on peut vérifier soi-même les faits curieux ou insolites. Nous avons signalé les livres, les notices qui traitent des mêmes sujets; de sorte que, sans recherche aucune, l'amateur ou le savant peut connaître les ouvrages et souvent la page, et même la ligne où il est traité de la matière qui l'intéresse.

On remarquera sans doute que, si nous indiquons souvent les ouvrages de nos contemporains, nous ne leur faisons, pour ainsi dire, point d'emprunts. La raison en est qu'ayant pu puiser aux sources premières de notre histoire locale, nous avons jugé plus rationnel de citer les documents originaux que les écrits faits sur la foi de ces documents. C'est le meilleur, ou plutôt le seul moyen de conserver intactes les traditions historiques.

Une difficulté s'est présentée à nous dans le cours de ces longues études, c'est la contradiction qui existe parfois, sur les dates et même sur les faits, entre les divers auteurs. Nous avons, dans ces circonstances, recherché soigneusement de quel côté est la vérité, et faisant abnégation de tout maladroit amour-propre, lorsque, après mûr examen, nous avons reconnu qu'une version adoptée par nous, en d'autres temps et dans d'autres ouvrages, n'était pas la plus exacte, nous n'avons point hésité à produire dans celui-ci les faits rectifiés par de nouvelles preuves.

Ces divergences volontaires et du reste fort rares ne nous seront certainement imputées à faute par aucun homme de bon sens. On y verra au contraire une manière loyale de procéder.

Il est aussi certains points de topographie et d'archéologie sur lesquels nous avons des opinions différentes de celles de nos prédécesseurs. Tout en reconnaissant le respect que l'on doit généralement aux idées reçues, même en matière archéologique, nous n'avons cependant pas voulu propager des traditions que nous croyons erronées. Quand les faits sont patents, quand les preuves sont évidentes, les nier par déférence pour l'opinion d'autrui, serait une faiblesse. Nous faisons ici cette remarque, parce que nous ne l'avons faite nulle part dans notre dictionnaire. Il ne fallait pas qu'une seule de nos pages descendît de l'impassibilité de l'histoire à la familiarité d'une controverse. Peu importe à l'exactitude d'un livre qu'un autre livre contienne des erreurs. Nous n'avions pas mission de relever les fautes des autres; nous étions suffisamment préoccupé de la crainte et du danger d'en commettre nous-même; car nous avons eu trop souvent l'occasion de constater combien les plus savants, les plus laborieux, les plus exacts, sont sujets à errer.

Quant aux lacunes qui pourraient être signalées dans notre livre, nous sommes prêt à passer condamnation; rien n'est plus arbitraire que la liste des mots qui doivent composer un dictionnaire du genre de celui-ci. Nous aurions pu l'étendre d'avantage, si nous n'avions pas voulu nous restreindre à des limites raisonnables; cependant nous croyons l'avoir fait assez complet pour laisser peu à désirer sous ce rapport.

Au reste, la principale idée qui nous a dominé a été de sauver de l'oubli les choses qui s'effacent journellement de la mémoire des hommes. Nous avons surtout traité avec détail les sujets dont on s'est le moins occupé avant nous, nous reposant un peu, à l'égard des autres, sur les nombreuses notices, sur les traités et les œuvres imprimées qui les concernent. Nous avons agi à peu près de même pour les hommes; et si nous nous sommes montré fort sobre de biographies; si nous avons, pour ainsi dire, réuni succinctement toutes les individualités historiques sous le titre *Hommes remarquables*; si nous n'avons consacré que quelques articles particuliers aux célébrités les plus saillantes, nous avons cependant et surtout recherché les hommes de mérite ignorés, ces compatriotes utiles et souvent dignes de gloire, que l'histoire oublieuse ou ingrate a relégués dans l'ombre ou dans le dédain. Nous les avons mis en relief autant qu'il était en nous de le faire.

Quant aux familles seigneuriales du Cambresis, les bornes de notre livre ne permettaient pas qu'il en fût question autrement qu'à propos des châteaux historiques, et seulement encore pour ce qui concerne les membres de ces familles liés à l'histoire des châteaux par quelques faits héroïques ou importants.

A ce propos, il n'est point inutile de prévenir le lecteur que cet ouvrage est spécialement consacré à l'histoire de Cambrai et non du Cambresis, et que, s'il y est traité des châteaux-forts, des abbayes et des antiquités de cette province, c'est parce que ces choses se rattachent plus directement aux fastes de la cité. Or, le lecteur verra que, sous ce rapport, nous avons tenu beaucoup plus encore que ne promet le titre de notre livre.

Il nous resterait peut-être à dire quelques mots des matériaux innombrables que nous avons recueillis pendant vingt années d'études assidues, consacrées au sujet qui nous occupe. Il nous resterait à citer les archives civiles et religieuses que nous avons fouillées partout où il nous a été permis d'en approcher, les paperasses que nous avons été compulser jusque dans les presbytères de village; les manuscrits que M. le Maire de Cambrai a eu l'obligeance de mettre à notre disposition; les documents que divers hommes instruits ont bien voulu nous communiquer (1). Mais quand nous aurions fait la longue énumération de ces précieuses ressources, nous n'aurions encore rien prouvé en faveur de notre Dictionnaire : on peut élever de mauvais monuments avec de bons matériaux. Et d'ailleurs, cela pourrait ressembler à un étalage prétentieux. Or, il n'est jamais entré dans nos habitudes de préconiser nos ouvrages. Nous avons eu souvent l'occasion de rendre compte, par la voie de la presse, des œuvres de nos concitoyens. Nous l'avons fait avec bonheur, avec empressement, avec indulgence quand elles en avaient besoin; mais nous avons toujours laissé l'opinion publique se prononcer sur les nôtres, sans même jamais solliciter un encouragement de la part de qui que ce fût. Ce n'était pas dédain, Dieu nous en garde !

---

(1) C'est pour nous un devoir de témoigner ici notre reconnaissance à MM. Victor Houzé secrétaire général de la Mairie de Cambrai, le docteur Leglay, Bouchez conservateur de la bibliothèque communale de Cambrai, Arthur Dinaux, l'abbé Destombes, Victor Delattre, De Barallo père et fils, Peinte et Alc. Wilbert, pour le bienveillant empressement qu'ils ont mis à nous fournir des renseignements et d'utiles lumières.

c'était conscience et respect. Nous ferons de même aujourd'hui. Ce livre est peut être le dernier qu'il nous soit donné d'écrire sur notre chère cité de Cambrai. Puissions-nous l'avoir fait digne d'elle, et digne de l'admiration qu'excitent en nous ses vieilles gloires, son antique piété, son inaltérable charité, ses splendides monuments trop tôt détruits, hélas! ses arts, son industrie; enfin, ses habitants, ces héroïques bourgeois qui dorment, depuis des siècles, dans ses murs, sous un sol bouleversé par d'innombrables tempêtes.

Eugène BOULY

ABRÉVIATIONS ET SIGNES EMPLOYÉS DANS CE DICTIONNAIRE.

Chron.	Chronique.
Hist.	Histoire.
Hist. ecclés.	Histoire ecclésiastique.
Camerac. christ.	Cameracum christianum.
Mém. chron.	Mémoires chronologiques.
Mém. pour l'arch.	Mémoire pour l'archevêque.
Ms.	Manuscrit.
† ms.	Manuscrit de la Bibliothèque communale de Cambrai.
§ ms.	Manuscrit appartenant à E. Bouly.
T.	Tome.
P.	Page.
L.	Ligne.
Part.	Partie.
Liv.	Livre.
Chap.	Chapitre.
Art.	Article.
V.	Voir ou voyez.

Nota. — Quand nous citons *la Chronique d'Adam Gélicq*, en indiquant la page, c'est l'exemplaire qui nous appartient que nous désignons. Nous n'avions pas à notre disposition celui de la bibliothèque de Cambrai, lequel d'ailleurs est presque illisible.

DICTIONNAIRE HISTORIQUE
DE LA
VILLE DE CAMBRAI
DES ABBAYES, DES CHATEAUX-FORTS ET DES ANTIQUITÉS
DU
CAMBRESIS.

A

ABB

ABBAYES.—Monastères dirigés par des abbés ou par des abbesses. En 1789, la ville de Cambrai et le Cambresis possédaient plusieurs riches abbayes, à savoir : St-Aubert, St-Sépulcre, Cantimpré, Vaucelles, St-André (au Câteau), les Dames de Prémy et les Dames de St-Lazare : de plus le prieuré des Guillemins. Plus anciennement, le Mont-St-Martin et Honnecourt, ont fait partie du Cambresis. (V. ces divers noms.)

ABBÉ DE L'ESCACHE ou *Abbé de le Cache-Pourfy*. — C'était une de ces sociétés ou *joyeuses confréries*, si répandues dans le pays, telles que le Prince de Plaisance, Le Roi des Ribauds, l'Abbé-Boit, l'Évêque des Innocents, etc.; institutions dont la plus célèbre, ou du moins la plus dispendieuse, était le Roi de l'Épinette, à Lille. Nul document n'existe sur la constitution de notre Abbé de l'Escache; seulement on en retrouve des traces dans les mémoriaux manuscrits du pays. Son nom d'*Abbé de le Cache-Pourfy* (*cherche-profit*) donnerait à croire que cette société de plaisir était en même temps une société de *quête* au *profit* des malheureux.

« En l'an 1501, le jour de *St-Jean-Décolasse* (29 août), fût faicte procession générale, et fut faict ung grand feu en plusieurs endroits, et juer jus, mettre fallots ardents sur les tourelles de la chambre et en plusieurs lieux, là où archiers, arbalestriers, cannoniers faisoient feste. Et l'*Abbé de l'Escache* en

ADV

son palais au Marchiét, et là avait ung feu bien grand. » († ms. 659, p. 124.)

« En l'an 1526, entour la St-Nicolas en may, fut faict ung *Abbé de le Cache-Pourfy* pour aller à Vallenchiène, à la feste du *Prinche de Plaisance*, qui se faisoit le dimanche 13e jour de may; et estoit abbé Andrieu de Gand, accompagné des plus riches bourgeois de le ville, tous vestus de rouge, avec bonnets de couleur de fleur de lavande, et estoient en nombre de cent chevaulx, sans les gens de piet qui estoient sans nombre. » († ms. 659, p. 179.)

On voit, d'après les citations qui précèdent, que cette société, au XVIe siècle, était extrêmement riche, et composée des premières familles de Cambrai.

Monteil, dans son *Histoire des Français des divers états*, parle de l'Abbé de l'Escache, au tome III, page 85.

ADVOUÉ ou *Avoué, (Advocatus)*.—C'était autrefois un patron, ou défenseur des droits d'une Église. Il fallait donc que celui qui était revêtu de ces fonctions fût puissant par lui-même; d'où il résulte que ce furent des rois, des ducs, des comtes et autres hommes de haut lignage que l'on vit prendre le titre d'*avoués*. Les grandes églises n'étaient pas les seules qui eussent leurs avoués, les moûtiers (monastères) avaient aussi les leurs. C'était sous leur autorité que se faisaient tous les contrats qui concernaient les moûtiers; c'était eux qui les représentaient devant les tribunaux civils. Ils

1

conduisaient à la guerre les vassaux des moûtiers obligés de fournir des soldats au roi.
— L'advouerie de Cambrai appartint pendant longtemps aux comtes de Flandre.

AGNÈS (*Filles dévotaires de Ste-*). — Elles formaient une modeste communauté dont la maison était située sur la paroisse de St-Nicolas, vis-à-vis de l'abbaye de St-Sépulcre. Vanderburch, au commencement de son épiscopat à Cambrai, avait autorisé et approuvé leur établissement pour l'instruction chrétienne, si nécessaire alors à la jeunesse à cause des hérésies. Plus tard, l'illustre archevêque, en fondant l'institution de Notre-Dame, chargea les Filles dévotaires de Ste-Agnès de la direction et de l'instruction des jeunes filles auxquelles il venait d'ouvrir ce saint et précieux asile. — Voyez, pour l'œuvre de Vanderburch, *Notre-Dame* (Fondation de).

AILLY (Cardinal, PIERRE D'). — Le chapitre de l'Eglise de Cambrai, pendant longtemps si grand, si puissant, si illustre, avait, à la fin du XIVe siècle, vu pâlir son étoile. Il y a dans l'histoire des corporations, comme dans celle des sociétés, des époques néfastes, des jours de décadence. Ce sont ceux où tous les hommes capables viennent à manquer à la fois. Alors ces corporations, représentées momentanément par des nullités d'autant plus saillantes qu'elles sont plus vaniteuses, ne sont plus, pour ainsi dire, que des ombres impuissantes, faibles, pusillanimes, et, ce qui est pire encore, déconsidérées pour leur inutilité.

Le chapitre de Cambrai en était là, à l'époque que nous venons d'indiquer; il suffira pour le prouver, de rappeler que, cédant par couardise aux instances du duc de Bourgogne et du comte de Hainaut, il s'était laissé aller à postuler un évêque de 16 ans, l'enfant de ce même comte de Hainaut. Incapable de lutter, sacrifiant les intérêts de la religion aux convenances de ce qu'on aurait pu appeler l'ordre de choses, il avait cru s'affermir beaucoup, en se faisant esclave : pour lui la suprême loi, c'était la volonté du plus fort.

Heureusement, un homme plus puissant que le duc de Bourgogne, le Pape Clément VII, avait fait justice de cette folle démarche, en nommant évêque de Cambrai, André de Luxembourg. Mais ce prélat était mort quelques années après, et le siège épiscopal était encore vacant.

C'est alors que paraît, dans notre histoire ecclésiastique, la noble et grande figure de **Pierre d'Ailly**.

Sans nous arrêter à disserter sur le lieu de naissance de Pierre d'Ailly, que les uns font naître à Compiègne, les autres à Ailly, dans les environs d'Abbeville, nous nous contenterons de rappeler que ce fut en 1350 que sa mère lui donna le jour. Sans fortune comme sans naissance, il fut de bonne heure remarquable par sa prudence et ses talents. Elève distingué de Simon Fréron, il devint en même temps profond philosophe et physicien éclairé. Il écrivit, dès son jeune âge, des ouvrages ascétiques qui commencèrent sa réputation; mais ce fut surtout par son éloquence précoce qu'il l'affermit dans le monde lettré.

Doué d'une rare énergie de caractère et de cet aplomb que donne seule la conscience de ce que l'on vaut, il se montra, à l'âge de vingt-cinq ans, au milieu d'un synode d'Amiens, et il osa faire entendre à l'aréopage sacré des conseils et des leçons dont les vieillards eux-mêmes lui surent gré.

Successivement nommé docteur (1380); chanoine de Noyon (1381); grand-maître du collège de Navarre, auquel il procura une renommée considérable; puis chancelier de l'Université, qu'il fit briller d'un grand éclat; aumônier et confesseur du roi Charles VI (1389); archidiacre de Cambrai (1391); trésorier de la Ste-Chapelle (1394); et enfin évêque du Puy (1395); il fournit cette brillante carrière avec une facilité et un succès qui étonnent. Souvent surchargé du poids de tant et de si graves occupations, là où d'autres auraient succombé, il marcha d'un pas leste et vigoureux : sa prodigieuse activité, ses habitudes laborieuses, l'emploi intelligent de son temps et de celui de ses subordonnés, rendaient fécondes en abondants résultats toutes les heures de sa vie.

Pierre d'Ailly était donc devenu un homme considérable, lorsque André de Luxembourg, évêque de Cambrai, vint à mourir emporté par un de ces accidents qui frappent à l'improviste les santés les mieux affermies en apparence. Le Pape Benoît XIII, qui avait succédé à Clément VII et qui portait un grand intérêt à l'évêché de Cambrai, y plaça Pierre d'Ailly; mais non pas immédiatement. Cette nomination, si heureuse d'ailleurs, fut le résultat d'un conflit, et fut amenée par des circonstances que nous allons faire connaître. Le duc de Bourgogne, Philippe-le-Hardi, avait écrit au chapitre de Cambrai, aussitôt après la mort d'André, pour engager ce corps nombreux à postuler l'évêque de Tournay. Le duc avait quelque raison particulière d'en agir ainsi : l'évêque de Tournay était parent d'un de ses écuyers, et il n'était pas douteux que ce personnage se soumît facilement à l'influence du duc. A cette époque, l'évêque n'était point, comme de nos jours, un simple chef spirituel, ou si l'on veut, comme notre loi athée le déclare, un fonctionnaire public : il était chef temporel, comte du Cambresis; et, sous ce rapport, le duc de Bourgogne avait grand intérêt à en faire une créature à lui. Le chapitre comprit bien qu'il ferait une faute en postulant le candidat de Philippe; mais il n'eut point le courage de s'y refuser, il obéit. Seulement, il chargea secrètement son messager de faire connaître au Saint-Père la violence dont son choix était entaché. Benoît tint donc fort peu de compte de la demande du chapitre dont il connaissait déjà la faiblesse, et nomma au siége de Cambrai l'évêque de Noyon, qu'il remplaça dans cette dernière ville par Pierre d'Ailly, alors évêque du Puy. Le roi, qui d'abord avait applaudi à cette combinaison, ne tarda pas, circonvenu par le duc de Bourgogne, à intervenir en faveur de l'évêque de Tournay à l'exclusion de celui de Noyon. Il envoya au Pape un négociateur qui échoua complétement. Le Souverain Pontife se prononça de suite, contre le protégé du duc de Bourgogne, avec une énergie qui excluait tout espoir de concession. Mais le duc ne se tint point pour battu : il procéda par intimidation, et menaça tellement l'évêque de Noyon, que celui-ci n'osa accepter l'évêché dont il venait d'être pourvu.

Le coup était adroit; mais Benoît le para admirablement en nommant Pierre d'Ailly, évêque de Cambrai avec injonction d'accepter ce titre. Pierre d'Ailly ne recula point devant les obstacles et les tribulations qui allaient surgir devant lui. Ce n'était pas qu'il ne sût les prévoir; mais ce grand caractère ne connaissait point la peur, il promit ce qu'on lui demandait et tint parole. Vainement le duc de Bourgogne employa-t-il les supplications et les menaces, l'évêque de Cambrai ne céda ni aux unes ni aux autres. Pour lui, il n'y avait pas de capitulations de conscience; aussi, créant un usage suivi par ses successeurs, il prit un dicton; il inscrivit sur sa bannière, cette héroïque devise : VERITAS VINCIT. *La vérité* c'est la justice, le bon droit, le devoir : tout cela sans altération, sans tempérament; parce que la vérité est une et n'a rien d'élastique.

C'est aussi tout cela que d'Ailly voulait faire triompher.

Aux messages irrités de Philippe-le-Hardi, il répondit avec bienveillance et dignité. Il chercha à lui démontrer qu'aux yeux d'un évêque, il n'y avait de question politique conciliable avec les intérêts spirituels du diocèse que celle qui ne violait ni le droit ni la justice. Philippe ne voulut point le comprendre; mais le prélat résista, et, après avoir reçu ses bulles, il prit possession de son siége par procureurs, en attendant qu'il le fît par lui-même. Les procureurs de Pierre d'Ailly furent reçus avec joie et enthousiasme. Le chapitre seul et le corps échevinal qui voyait s'établir pour lui une fausse position entre l'évêque et le duc de Bourgogne, firent triste contenance; aussi l'attitude du peuple n'en fut-elle que plus honorable pour l'évêque, puisqu'elle n'avait rien d'officiel, et par conséquent rien de fictif.

Cependant Pierre avait prêté son serment au Pape, entre les mains de l'évêque de Soissons, et s'acheminait vers son nouveau diocèse. Il arriva à Thun-Lévêque et peu après au Câteau, où il fut reçu aux acclamations de tout le peuple. Là, il fit les dispositions de son entrée solennelle dans la ville épiscopale. Le duc essaya de nouveau d'intimider le chapitre, ce qui lui avait déjà réussi; il lui enjoignit avec menaces de refuser l'entrée de la ville à l'élu du Pape : et pour rendre cette défense plus efficace, il fit accompagner son message d'un certain nombre d'hommes-d'armes. Le chapitre trembla plus fort que jamais, la peur gagna le corps échevinal; et pour que rien ne manquât à cette pitoyable défection, le sieur d'Esnes, vil flatteur qui avait fait entendre à l'évêque de belles paroles de zèle et dévouement, se joignit à l'ennemi, aussitôt qu'il prévit qu'il y aurait danger à rester fidèle.

On délibéra sur la conduite qu'on tiendrait, et il se trouva dans le chapitre des hommes assez faibles pour adopter les tyranniques propositions du duc.

Dans ces entrefaites, Pierre d'Ailly était venu à Cantimpré, abbaye alors située hors des murs de la ville. A la nouvelle de son arrivée, une députation de chanoines et de bourgeois alla le trouver, lui donna communication des lettres de Philippe, et le supplia de rebrousser chemin. L'évêque, après un moment de réflexion, quitta l'abbaye et se rendit à pied au château de Selles, au milieu d'un concours immense de population. N'y a-t-il rien d'éloquent et de significatif dans la conduite de cet homme, nous oserons presque dire de ce héros qui, lâchement abandonné par ceux qui auraient dû se montrer ses plus fermes soutiens, quitte une abbaye pour se réfugier dans une forteresse; laisse le moine, pour aller trouver le soldat? Aussi le peuple le comprend-il; aussi le peuple a-t-il deviné dans cet homme le prêtre fort, qui sera son protecteur et son ami. Dans tous les cœurs se sont réveillés de grands et beaux instincts : l'admiration pour le courage, le respect pour ce qui est juste et légitime.

A peine l'évêque est-il arrivé au château de Selles, que la députation malavisée vient lui renouveler ses dolentes supplications. Mais que peuvent ces poltrons obtenir du prêtre qui a dit à Philippe : « Je suis envoyé par le vicaire de Jésus-Christ, je lui dois obéissance, je ne puis donc abandonner mon Eglise sans sa permission (1). »

En effet, le lendemain l'évêque, ou peut-être mieux, le comte de Cambrai, monta à cheval, traversa la ville en nombreuse compagnie et se dirigea vers la porte St-Ladre, par laquelle il était d'usage que les évêques fissent leur entrée. L'escorte n'était point seulement composée de bourgeois. Un grand nombre de gentilshommes, venus de tous les points du diocèse, protestaient, par leur présence, contre les intrigues du duc de Bourgogne et de ses partisans.

De la porte St-Ladre, où il se revêtit de ses habits pontificaux, Pierre d'Ailly vint à pied jusqu'à la cathédrale. Nous n'avons pas besoin de dire que nulle démonstration officielle n'avait été préparée ni par l'autorité civile, ni par le chapitre. On lit avec admiration dans l'histoire, les détails des fêtes magnifiques qui accueillirent plusieurs de nos prélats à leur entrée solennelle. Pierre, sans contredit l'un des plus grands, eut mieux que cela : il ne put douter de la joie de la cité ni de l'estime des chevaliers du Cambrésis.

De simples chapelains et d'humbles vicaires reçurent le prélat dans sa cathédrale. Pas un chanoine n'y osa paraître. Pas un! L'office ne s'acheva point sans trouble; les concessions du haut clergé avaient enhardi les agents du duc. On fit du bruit dans l'église, on y fit entendre des insultes et des menaces. Un ancien enfant de chœur surtout se fit remarquer par son acharnement. Il est probable que, si alors il n'y eut point de collision dans le temple saint, ce fut grâce à la modération et à la prudence de Pierre et de ses partisans. Après la messe, le repas d'entrée eut lieu comme de coutume, et fut nombreux, malgré l'absence d'un certain nombre d'invités que la peur retint chez eux.

Quelques jours après cette terrible journée, le chapitre de la cathédrale et le magistrat de la ville, venaient très humblement déposer aux pieds du prélat, l'hommage de *leur fidélité*, et faire le serment d'usage. Qui s'étonnera de cela? Dans sa lutte contre l'intrigue, l'héroïque chef du diocèse était demeuré le plus fort. Or, dans tous les temps, il s'est trouvé des hommes du lendemain. Pierre d'Ailly venait de consacrer la devise de sa bannière : *veritas vincit*; chacun put faire cette remarque.

Nous avons rapporté, avec quelques détails, la prise de possession par Pierre d'Ailly, parce qu'elle fut, par les circonstances qui l'accompagnèrent, un des actes les plus importants de sa vie.

On a vu que cet homme, si grand par son courage et sa fermeté, l'était également par sa prudence et sa sagesse. Il ne craignait point la mort, dont il était sans cesse menacé par ses ennemis; néanmoins il voulut leur épargner un crime, et il se retira momentanément au Câteau, où il savait devoir être en sûreté.

Peu de temps après, il reçut l'investiture de l'empereur Venceslas à qui il jura foi et hommage comme seigneur temporel. Cette formalité s'accomplit dans la petite ville d'Ivoi. Ce ne fut pas encore sans courir de grands dangers que le prélat fit le voyage. L'amour-propre blessé du duc de Bourgogne le poursuivait avec un incroyable acharnement. Mais la Providence, qui avait allumé ce flambeau de l'Eglise, ne permit pas qu'on l'éteignit.

L'empereur Venceslas et Charles VI, roi de France, cherchaient, d'un commun accord, les moyens de mettre fin au scandale dont l'Eglise était témoin, en présence de deux papes qui se disputaient la tiare. Pour cela faire, il leur fallait un puissant négociateur. Les lumières et l'éloquence de Pierre d'Ailly fixèrent leur choix; en conséquence, il fut chargé d'une ambassade auprès du pape de Rome (1). Il fit, dans ces négociations, preuve d'une adresse et d'un tact remarquables; sa voix remua les consciences, fit connaître le devoir; il agit et parla avec cette noble indépendance de caractère que nous lui

---

(1) Histoire ecclésiastique de Cambrai.

(1) C'était alors Boniface IX.

avons déjà reconnue. Mais les prétentions du pontife résistèrent à tant d'efforts réunis. Il se contenta de répondre qu'il abdiquerait volontiers si le pape d'Avignon lui en donnait l'exemple. Ce fut alors qu'*un concile national de France* décida la soustraction du royaume à l'obéissance de Benoît.

Cependant d'Ailly était rentré dans sa ville épiscopale, où de nombreux travaux apostoliques le rappelaient. Il semblait que son activité redoublât ses forces : il fit, dans son diocèse, une visite pastorale; fixant particulièrement son attention sur les monastères dans un grand nombre desquels l'austérité des mœurs s'était fort relâchée. Aussi lança-t-il contre ces abus un mandement de réforme qu'il sanctionna d'une manière très énergique (1).

Alors s'ouvrit, pour le pays, une ère nouvelle de prospérité, de progrès et d'édification. Prêtre austère, il ramena les mœurs douces et pures; savant distingué, il mit les lettres en honneur dans son clergé et par suite dans le diocèse tout entier ; citoyen vertueux, il y fit régner l'ordre et le bonheur. Sa tolérance douce et intelligente lui gagnait tous les cœurs. Son inépuisable bienfaisance soulageait les misères. Il dirigeait lui-même les études et les travaux de son clergé. Il institua des conférences qu'il présidait en personne. Il aimait les arts et protégeait les artistes sacrés. Il aimait le peuple et le défendait contre la rapacité des Juifs.

A cette occasion, une affaire assez sérieuse vint (en 1400) affliger sa paternelle administration. Une femme, qui avait fait longtemps le change et qui, pour les abus qu'elle avait commis, avait été interdite par le prélat, osa tout-à-coup se révolter et rouvrir sa banque usuraire. Elle était en cela poussée par quelques-uns de ces hommes cupides qui, sous un titre plus ou moins honnête, ont, de tout temps, sucé la substance du pauvre pour se faire des positions scandaleuses où néanmoins la loi ne saurait les atteindre. Pierre d'Ailly ne put tolérer cette criminelle audace. Il la fit arrêter. Mais alors un conflit de juridiction s'éleva entre son official et celui de Reims. Le parlement du roi se mêla aussi de l'affaire et, de la chose la plus simple, finit par faire un déplorable gâchis, où la justice ne fut que médiocrement satisfaite.

Un autre chagrin vint, à peu près à la même époque, navrer le cœur du bon prélat. La forteresse de la Malmaison (1) qui appartenait aux évêques de Cambrai, n'en fut pas moins souvent un sujet de tracasseries pour ses maîtres et pour les populations. Plus d'une fois d'infidèles gouverneurs s'y érigèrent en pillards insurgés.

Pierre d'Ailly, pour couper court à ces abus, ordonna la démolition du château-fort, de ce repaire dangereux, si mieux on l'aime. Mais *Grard de Simousies,* que des intrigues avaient investi du gouvernement de cette place, se refusa à l'abandonner. Ce Grard était un pauvre hobereau à qui sa charge valait trois cent écus de traitement. C'était là tout le fond de sa fortune : il y tenait beaucoup, cela se conçoit. De plus, il était excité à cette rébellion par la comtesse de Hainaut qui satisfaisait ainsi une rancune personnelle. Une recommandation de la comtesse en faveur d'un protégé (2), n'avait point eu auprès du prélat le succès qu'on en attendait.

Telle était la cause de la rancune de la comtesse. Ne pouvant dominer dans l'Eglise, elle avait cherché et trouvé plus d'influence dans le château-fort. Ce n'était point qu'au fond elle fût mauvaise... Elle était piquée, elle boudait à l'évêque. Autrefois pleine de zèle pour lui, elle protestait alors à sa manière. Et, en effet, la rébellion de Simousies apporta des retards à la démolition de la forteresse.

Disons encore quelques mots du pape Benoît XIII. Il avait envoyé deux légats au roi de France pour tenter de le rallier à son parti, au moyen de protestations plus ou moins sincères. Pierre d'Ailly, consulté par le roi, avait parlé en faveur du Pape; et la France était rentrée sous son obédience. L'évêque de Cambrai, qui déjà avait joué un rôle important dans cette affaire, fut chargé d'annoncer dans la cathédrale de Paris ce retour inopiné. Deux ans après, une assemblée générale du clergé fut convoquée à Paris, pour traiter de nouveau la question d'obédience. On nomma douze docteurs pour discuter cette grande question. Six parlèrent pour l'Université, qui demandait la soustraction d'obédience, et six pour Benoît. Pierre d'Ailly fut du nombre de ces derniers. Il parla avec beaucoup d'adresse, et

---

(1) On peut lire ce mandement dans les *Decreta antiqua Synodi Cameracensis*, édition de Théodore de Bryas, p. 167. On y verra les genres de désordres qu'il tend à réprimer.

(1) Château-fort, près du Câteau.

(2) L'abbé de St-Guislain. V. *Hist. eccl. de Cambrai*.

trouva moyen de soutenir le Pape, sans rien dire qui fût de nature à blesser l'Université. Celle-ci, cependant, lui sut mauvais gré d'avoir soutenu Benoît XIII ; mais Pierre d'Ailly, qui était honnête et loyal, ne pouvait encore croire aux arrières-pensées du pontife. Aussi s'empressa-t-il d'obéir au roi, lorsque celui-ci l'envoya, en nombreuse compagnie, auprès des deux Papes pour les sommer de faire leur cession réciproque. En ce moment, le Pape de Rome était Grégoire XII, qui venait d'être élu en remplacement d'Innocent VII, par les partisans de ce dernier. Pierre d'Ailly échoua de part et d'autre ; et s'en revint chercher, dans son diocèse, des consolations au chagrin de n'avoir pu réussir dans une mission si importante pour la paix de l'Eglise. La malveillance s'empara des circonstances. On essaya d'associer Pierre d'Ailly aux torts de Benoît, dont il s'était montré le partisan, mais aussi dont il avait fini par se détacher. Les choses allèrent au point que l'Université voulut le faire arrêter, et qu'il ne fallut rien moins que l'intervention de Charles VI pour le faire respecter. Du reste, on doit dire que son ancien et mortel ennemi, le duc de Bourgogne, n'entra pour rien dans ces nouveaux déboires ; car, vaincu par les bons procédés et les mérites de l'évêque de Cambrai, il s'était franchement réconcilié avec lui, et l'avait même pris sous sa protection.

Ces mesquines et pitoyables persécutions ne servirent qu'à retremper la verve de l'illustre prélat qui, dans les conciles de Pise et de Constance, étala aux yeux du monde chrétien tous les trésors de l'éloquence et de l'érudition.

Bientôt après (en 1411), le pape Jean XXIII, récemment élu à Rome, récompensa le zèle religieux, le savoir et les vertus de Pierre d'Ailly, en le nommant cardinal du titre de Saint-Chrysogone, et en l'envoyant en Allemagne en qualité de légat, ce qui explique comment il quitta le siége épiscopal de Cambrai. Jean de Lens lui succéda.

Telle fut à peu près la carrière de cet homme qui, parti d'un rang infime, s'éleva sans intrigues, sans bassesses, sans capitulations de conscience, au faîte des honneurs et de la fortune. Ce n'est pas qu'il n'ait eu pour cela beaucoup de luttes à soutenir. Sans parler des embûches du duc de Bourgogne et des répugnances de certains membres de son clergé, il eut des préjugés à détruire. Le lecteur sait déjà qu'il n'était point de noble extraction. Cela lui valut d'abord quelques dédains ; ce qui se croira d'autant plus facilement qu'il y a encore, de nos jours, des esprits mal faits qui mesurent leur estime au nom et à la famille du prêtre : comme si toute distinction de naissance ne disparaissait pas devant la sublimité du caractère sacerdotal ; comme si le Sauveur des hommes n'avait pas voulu montrer le peu de cas qu'on doit faire de ces vanités de la terre, lui qui, descendant d'une royale lignée, voulut avoir pour mère l'épouse d'un charpentier.

Pierre d'Ailly, avec la simplicité des premiers apôtres, sut vaincre ces préjugés. On finit par oublier l'enfant du peuple, pour ne plus voir en lui que l'*Aigle des docteurs de la France* (1). Il parut d'autant plus brillant qu'il sut mettre en relief les capacités de son diocèse dont l'éclat se refléta sur lui. A sa voix et à son exemple le chapitre même de Notre-Dame reprit du cœur et de l'élan.

Ses mœurs irréprochables, son caractère conciliant et affable, la régularité de ses traits, la noblesse de sa taille, la puissance de son regard en faisaient pour le monde un homme accompli (2). Et pour que rien ne lui manquât à cet égard, il était plein de modestie. Les louanges le blessaient : en effet, les flatteurs ne pouvaient convenir au caractère franc de l'apôtre qui avait jeté aux grands l'Eglise de si dures vérités.

Sa vie fut pour ainsi dire multiple : tantôt homme de cabinet et de retraite, tantôt diligent négociateur, tantôt actif pasteur, il étonne par le nombre de ses travaux. On remarque avec quel rare bonheur il fit marcher de pair les intérêts généraux de l'Eglise et ceux de son diocèse en particulier. Un jour il est à Rome, un autre jour à Avignon ; ici, il bénit une riche chapelle, là, il consacre un modeste autel de village ; puis c'est un concile qu'il provoque ; puis ce sont les rois qu'il gourmande et qu'il éclaire. Que dire enfin ? On le retrouve encore

---

(1) Il fut nommé l'*Aigle des docteurs de la France* et le *Marteau des hérétiques*.
(2) Nous traçons ce portrait d'après Carpentier : Le marbre qui recouvrait sa tombe, et qui représente le prélat couché et vêtu d'un ornement à longs plis, donne en effet l'idée d'un homme de haute taille. Il est coiffé d'une barette et ne porte point de barbe. Un portrait fort ancien du même cardinal, appartenant à la ville de Cambrai, présente des traits réguliers, nobles et sérieux. Toute cette figure est empreinte d'un caractère de grande douceur.

dans son observatoire, suivant, dans le silence des nuits, la marche prophétique des astres; ou bien dans quelque chapelle d'église, indiquant aux artistes les murailles qu'ils vont couvrir de saintes images, ou celles qu'ils vont épurer en en faisant disparaître d'obscènes peintures.

Ne faut-il pas convenir qu'une vie ainsi remplie n'est pas en dessous de la renommée qui s'y est attachée? Mais c'est surtout comme lettré, comme philosophe sacré, que l'évêque de Cambrai est plus étonnant encore (1). Il ne craint pas, dans son indépendance de langage, de battre en brèche tous les abus qu'il rencontre : il s'élève contre le grand nombre des Ordres mendiants, contre le faste des prélats, contre la multiplicité des fêtes (2). Il jette la lumière là où sont les ténèbres. Autre part il évangélise, il soutient, il console. Pourquoi faut-il qu'une faiblesse vienne chez lui nous rappeler que la perfection n'est point une hu-

(1) On trouve, dans l'*Encyclopédie catholique*, une excellente appréciation des œuvres de Pierre d'Ailly. Cet article, écrit avec beaucoup de lucidité, mérite d'être lu par les esprits sérieux.
Voici une liste des ouvrages de Pierre d'Ailly, dont un grand nombre existent manuscrits à la Bibliothèque communale de Cambrai. Cette liste a été dressée par M. Leglay.
1° *Quæstiones in Sphæram Joannis de Sacrobosco*; 2° *In libros meteororum Aristotelis*; 3° *Imago mundi, seu ejus imaginativa descriptio*; 4° *Epilogus mappæ mundi*; 5° *Epistola domino Joanni Papæ XXIII, super correctione kalendarii*; 6° *Exhortatio ad generale Concilium de eadem correctione*; 7° *Tractatus de ciclo lunari cum suis tabulis*; 8° *Tractatus de legibus et sectis contra superstitiosos astronomos*; 9° *Tractatus de concordia theologiæ et astronomiæ*; 10° *Tractatus de concordia astronomicæ veritatis et narrationis historicæ*; 11° *Lucidarium astronomicæ concordiæ cum theologica et historica veritate*; 12° *Apologetica defensio astronomicæ veritatis*; 13° *Secunda apologetica defensio astronomicæ veritatis*; 14° *Figuræ conceptionis mundi*; 15° *Tractatus de concordia discordantium astronomorum*; 16° *Tractatus de ecclesiastica potestate*; 17° *Commentarii in libros IV sententiarum*; 18° *Sacramentale*; 19° *De emendatione Ecclesiæ*; 20° *Sermones*; 21° *Responsio contra Fr. Matthæi conclusiones pro flagellantium secta*; 22° *Opusculum de difficultate reformationis in Concilio universali*; 23° *Canones reformationis Ecclesiæ*; 24° *Oratio de officio Imperatoris, Papæ, reliquorumque membrorum Concilii Constantiensis, pro emendatione Ecclesiæ*; 25° *De Jure eligendi Papam et de Jure concilii in Papam*; 26° *Opuscula spiritualia*; et les traités : *Verbum abbreviatum super psalterio. — Compendium phisolophiæ*. Enfin une *Vie de saint Pierre Célestin*, reproduite dans les Bollandistes.

(2) *Biographie universelle*.

maine vertu? Il croyait à l'astrologie judiciaire : c'est-à-dire que ce grand génie, dans ses méditations sur l'infini, avait, par mégarde, outrepassé le point fatal au-delà duquel il n'est plus donné à l'homme de distinguer la vérité de l'erreur.

Cardinal et légat, il ne répudia point les affections de l'évêque. Il resta attaché de cœur à la ville de Cambrai, où il conserva pendant quelques années, des titres ecclésiastiques. Il voulut porter toujours le titre de *Cardinal de Cambrai*.

Il mourut à Avignon en 1420, à l'âge de 70 ans. Son testament ne fut qu'une longue liste de bonnes œuvres auxquelles les hôpitaux, les fondations pieuses, les pauvres églises de son ancien diocèse eurent une notable part. Ses exécuteurs testamentaires furent des prêtres cambresiens qui, suivant ses dernières volontés, le firent inhumer derrière le grand autel de la cathédrale (1). On voit que, pour avoir quitté notre ville, à laquelle d'honorables missions l'arrachèrent trop tôt, Pierre d'Ailly ne cessa point d'être Cambresien, et resta fidèle au titre dont il s'honorait : celui de Cardinal de Cambrai.

On lisait sur son marbre sépulcral, détruit en 93, les inscriptions suivantes :

HIC JACET
REVERENDUS PATER DOMINUS
PETRUS DE ALLIACO,
THEOLOGIÆ DOCTOR, QUONDAM EPISCOPUS CAMERACENSIS.
ORATE PRO EO.

Et ensuite :

MORS RAPUIT PETRUM, PETRAM SUBIIT PUTRE CORPUS :
SED PETRAM CHRISTUM SPIRITUS IPSE PETIT.
QUISQUIS ADES, PRECIBUS FER OPEM, SEMPERQUE MEMENTO
QUOD, PRÆTER MORES, OMNIA MORTE CADUNT
NAM QUID AMOR REGUM, QUID OPES, QUID GLORIA DURENT
ASPICIS! HÆC ADERANT TUNC MIHI, NUNC ABEUNT.

ALBIN (CHARLES DE ST.), archevêque de Cambrai. — Fils naturel du duc d'Orléans, il fut pourvu, par son père, de l'archevêché de Cambrai, après la mort du cardinal Dubois, en 1723. « Il était déjà, quoique âgé seulement de vingt-six ans, évêque de Laon; il ne vint à Cambrai qu'après le congrès fini; ce fut le 19 février de l'an 1726. Il fit une entrée solennelle, et la noblesse et les bourgeois, tant de Cambrai que du Câteau-Cambresis, n'oublièrent rien pour contribuer à la magnificence de son entrée. Les trois serments de la ville, savoir : les ca-

(1) *Recherches sur l'église métropolitaine de Cambrai*.

nonniers, les archers et les arbalestriers; une compagnie de grenadiers bourgeois habillés de bleu, leur bonnet couvert de peau d'ours; une cavalcade nombreuse d'écoliers habillés à la romaine ; le commandant et l'état-major de la place, allèrent au devant de Son Altesse. Presque tous les abbés réguliers de son diocèse s'y trouvèrent, il reçut les compliments des députés des trois chapitres et de tous les supérieurs des maisons religieuses. Le lendemain, il visita la citadelle avec la même magnificence; le troisième jour, il célébra la messe pontificale dans la métropole et distribua une médaille avec son portrait, ayant au revers cette inscription : *Sacerdos et Princeps,* à tous ceux qui avaient officié avec lui. Le 25 il prêta le serment à St-Géry, selon la coutume. Il avait fait distribuer mille francs aux pauvres lorsqu'il prit possession ; il leur fit la même aumône à son entrée, quelque temps après.

« Il visita les paroisses de Cambrai, présida à quelques chapitres de ses curés et s'appliqua de toutes ses forces à connaître les affaires de son diocèse et à soutenir les droits de l'archevêché. Il se fit présenter tout aussitôt le catéchisme de Cambrai, et y fit changer quelques mots qui n'étaient plus en usage; il voulut aussi donner à ses ecclésiastiques un bréviaire propre au diocèse de Cambrai ; il en choisit un ancien dont on se servait au temps de Pierre d'Ailly, évêque de Cambrai; il le fit imprimer et le proposa à son clergé. Enfin, poussé par quelques ambitieux qui le voyaient fort enclin à changer les choses, il donna aux chanoines de la métropole, l'habit, violet avec les parements des manches rouges. » Cette innovation fut peu goûtée par les chanoines eux-mêmes. De ceux qui étaient en dignité, le prévôt et l'official furent les seuls qui abandonnèrent l'habit noir. Les chanoines avaient toujours porté une aumusse à grandes raies noires sur fond blanc. « L'archevêque, pour accompagner l'éclat de l'habit violet, permit aux chanoines de prendre l'aumusse herminée. »

Cette circonstance excita la vanité des chanoines de St-Géry qui voulurent rivaliser de luxe. De là surgit une affaire vraiment scandaleuse dans laquelle le prélat crut devoir recourir à *l'interdit.* On peut lire des détails très curieux sur cet interdit, dans les *Mémoires chronologiques* (publiés en 1837 par E. Bouly) p. 53 et suivantes.

Charles de St.-Albin fut bon administra-teur et pasteur charitable. Pendant le rigoureux hiver de 1740, il fit de larges aumônes de pain jusqu'au mois d'août. Au mois de décembre suivant, un recensement exact fit connaître 1,900 familles formant le nombre d'environ huit mille pauvres, sans compter les honteux. L'archevêque, désirant encore les secourir, donna, depuis le mois de janvier 1741 jusqu'au mois d'avril, *cent écus par semaine.* Son exemple eut dans le clergé de nombreux imitateurs, de telle sorte que, pendant ce trimestre, les curés de la ville distribuèrent plus de trois cents écus par semaine (l'argent valait alors trois fois ce qu'il vaut aujourd'hui).

L'archevêque de Cambrai n'était pas seulement généreux avec les pauvres. Pendant la guerre de Flandre, en 1744, lorsque les troupes étaient cantonnées dans les villages voisins de Cambrai, il tenait table ouverte. « Il s'y trouva quelquefois plus de cent officiers tant mousquetaires que chevaux-légers et autres de la maison du roi. »

Riche d'argent et d'intelligence, il protégea les lettres et les arts. Il créa une précieuse *bibliothèque publique,* qu'il mit en dépôt au collège des Jésuites. Il envoya et entretint à ses frais, à Paris, le jeune St-Aubert, fils de son jardinier, pour en faire un savant artiste, qui devint plus tard le premier professeur de l'école de dessin de Cambrai.

M. de St-Albin mourut à Paris et fut inhumé à Saint-Sulpice. (*V. Mém. Chron.*)

ANCHIN *(Refuge d').* — V. Refuges.

ANDRÉ *(Abbaye et refuge de St-)* — « L'abbaye de St-Andrieu, de l'Ordre de saint Benoît, située en la ville du *Château en Cambresis,* fut fondée par Gérard, évêque 31e, en l'an 1025. Albertus, son frère, en fut le premier abbé en 1027. » Julien DE LINGNE.

Le refuge était situé dans Cambrai, près du couvent des Récollets. C'était une très belle maison, qui fut construite par les soins de don Jehan de la Cauchie, l'un des abbés, et terminée en 1536.

ANGES DE CAMBRAI. — On appelait ainsi des deniers d'or que l'évêque Jean de Lens fit frapper de son autorité privée. († ms. 884.)

ANGLAISES (*les Bénédictines*). — C'était un couvent très renommé, dans lequel étaient élevées presque toutes les demoiselles de bonne famille du pays.

Les Bénédictines anglaises furent admises à Cambrai par M. de Vanderburch, le 6 octobre 1622, à la suite des troubles que l'hérésie causa en Angleterre.

Elles furent chassées de Cambrai par la révolution. Plus tard (1803), elles offrirent d'y revenir, mais à la condition que la Ville mettrait un local à leur disposition. Le Conseil municipal n'ayant pu satisfaire à cette condition, la ville fut privée d'une pension religieuse pour les jeunes personnes, jusqu'en 1846 (2 mai) époque à laquelle le zèle apostolique de Mgr. Giraud y appela les Bernardines.

ANTIQUITÉS. — L'antique Cambresis est une terre féconde en souvenirs. Le sol y est couvert de nobles ou curieux vestiges; mais ce qui reste à la surface forme peut-être la moindre partie de ses trésors archéologiques. C'est dans le sein de cette terre, foulée jadis par tant de soldats; c'est sous les ruines de ses monuments détruits, sous l'herbe humide de ses marais, sous les ronces de ses cimetières, sous la racine même des chênes séculaires de ses bois, que l'on trouve le plus de traces des générations qui ne sont plus, des évènements qui les ont illustrées.

Pour éviter au lecteur le soin fastidieux de feuilleter ce Dictionnaire et d'y rechercher une foule de petits articles disséminés çà et là, nous avons cru devoir réunir, sous un seul Mot, les Antiquités celtiques et romaines qui concernent Cambrai et le Cambresis; laissant les monuments du Moyen-Age, qui sont beaucoup plus nombreux et plus importants, à leur ordre alphabétique.

Nous parlerons donc ici des *Monuments gaulois* : les pierres druidiques; et des *Monuments gallo-romains :* constructions dans Cambrai, constructions dans le Cambresis, métairies, chaussées, camps, retranchements, champs de bataille, tombeaux; enfin des *Objets mobiliers :* poteries, terres cuites, bronzes, ivoires, pierres sculptées, médailles, etc.

Nous renvoyons, au contraire, à leur lettre spéciale, les églises, monastères, châteaux-forts, souterrains (1), aqueducs, etc., qui appartiennent au Moyen-Age.

MONUMENTS GAULOIS.
PIERRES DRUIDIQUES.

Pierres jumelles près Cambrai. — Ce sont des Menhirs ou Peulvans situés à peu de distance de la porte Notre-Dame, non loin de la voie romaine qui conduisait à Bavay. Ces pierres, dont on ne voit qu'une partie, parce qu'elles sont enterrées, ont près de 4 mètres de longueur totale. Leur largeur est de 80 centimètres, et leur épaisseur de 50 centimètres. Elles sont distantes l'une de l'autre de 3 mètres 60 centimètres. Le poids de chacune est évalué à environ 18,000 livres.

En 1785, M. l'abbé de Carondelet, homme très savant, avait fait opérer autour des *pierres jumelles* des fouilles peu profondes; et comme il y avait trouvé une médaille de Licinius et différentes pièces de monnaies cambresiennes, le Magistrat jugea qu'il y avait lieu de pousser plus loin les investigations. Il fut bien inspiré, car on trouva sous celle des pierres qui est le plus au nord :

« Un coffret en fer, avec une serrure carrée, couvert d'un cuir imprimé, et garni dans l'intérieur d'une peau cramoisi, dont la couleur était assez bien conservée. — Le coffre contenait quatre pièces d'argent, dont deux grandes et deux petites. Un morceau de plomb laminé contenait une monnaie d'argent carrée, du poids d'une once environ, avec quelques morceaux de verre doré assez épais. — Il y avait aussi quelques morceaux de corail et d'ambre jaune enfilés, et qui paraissaient avoir servi de collier, d'amulette ou de brasselet. — Au centre du coffret était une petite boîte ronde, en bois, avec son couvercle. Cette boîte, un peu vermoulue, contenait deux pierres précieuses gravées à l'antique. L'une était un rubis et portait la tête de Mercure, entourée des douze signes du zodiaque. L'autre était un saphir oriental sur lequel étaient gravées deux têtes l'une sur l'autre, représentant les profils d'un homme et d'une femme. Ces deux pierres précieuses étaient taillées de manière à faire croire qu'elles avaient servi de cachet autrefois. — Enfin, au fond du coffret, on trouva un papier bien conservé, écrit comme du temps de 1500 environ, et conçu en ces termes, que l'on a transcrits lettre à lettre :

« Mercurio et Proconsuli canusio monumentum
» servari antistites episcopi volentes cum nummis et
» smagaritis hùc inventis petiere ne *gemelli* moverentur *lapides*, ut quorum ossa molliter quiescunt
» sepulchrum remaneat sub eorum tutelâ intactum,
» cum monetâ a diversis episcopis et principibus dono
» dedità, diversisque imperiis formatâ, quod urbis
» scabini pro curâ servari curabunt.
» Meritis cineribus pacem deprecare et Xti (Christi)
» misericordiam. »

Les fouilles que l'on poursuivit avec intelligence ne purent amener la découverte du tombeau dont parle le billet. »

Les détails qui précèdent sont extraits d'un rapport présenté à la Société d'Emulation de Cambrai par un de ses membres nommé Raparlier. Cette société, curieuse d'explorer par elle-même les *Menhirs* jumeaux, fit, à son tour, au mois de juin 1805, des fouilles qui n'amenèrent aucun résultat.

Non loin des pierres jumelles, on a fait, dans

---

(1) Quoique certains souterrains de Cambrai paraissent avoir une origine romaine, nous les classons parmi les monuments du moyen-âge, parce qu'ils sont surtout l'œuvre de cette période.

les premiers jours de mai 1838, une trouvaille archéologique dont nous parlerons.

On a beaucoup disserté sur l'origine et l'usage primitif de ces pierres mystérieuses.

Pierre du Diable. — Menhir situé dans les marais d'Oisy, entre ce bourg et Arleux, à environ deux cents pas du pont en pierre construit sur la petite rivière de l'*Agache*. Ce Menhir, de taille colossale, s'élève du milieu des roseaux qui recouvrent le marais. Il n'a pas moins de 3 mètres 10 centimètres de hauteur hors du sol. Sa largeur est de 1 mètre 10 centimètres; son épaisseur de 80 centimètres. Il est en grès dur, légèrement incliné vers le nord, planté dans un terrain très mouvant, et doit être profondément enterré. On peut, en comparant ses dimensions ci-dessus données avec celles des pierres jumelles, juger qu'il est beaucoup plus grand que ces dernières. Jamais on n'a fouillé autour de ce Peulvan. De pareils travaux faits sous le niveau de l'eau seraient trop dispendieux. Nous le croyons d'ailleurs ignoré, jusqu'à ce jour, des antiquaires. — Le terrain élevé sur lequel est planté le bois d'Oisy, fournit de très beaux grès. Il est probable que la *Pierre du Diable* aura été prise dans cet endroit.

Faut-il voir, dans cette pierre, un monument religieux élevé primitivement dans les bosquets dont le territoire d'Oisy était évidemment couvert; ou ne faut-il la regarder que comme une de ces *hautes bornes* (1) qui paraissent avoir été placées sur les frontières des nombreuses provinces de la Gaule? D'autres pierres analogues, situées à quelques kilomètres, à l'est et à l'ouest de celle-ci, pourraient faire pencher pour cette supposition.

Le nom de *Pierre du Diable* annonce, comme on le voit, une légende merveilleuse. La voici en quelques mots :

« Lorsque les religieuses du Verger voulurent construire leur monastère, il y a plus de six cents ans, elles firent un pacte avec le Diable qui, toutes les nuits, devait transporter, dans la vallée du Verger, les matériaux nécessaires à cette construction; mais Satan ne peut faire de ces voyages aériens que depuis minuit *jusqu'au premier chant du coq*. Une nuit donc, qu'il était attardé dans son voyage, il passait au-dessus du marais d'Oisy, les épaules chargées de la *pierre* gigantesque, lorsque le coq chanta. Le Diable, arrêté tout court, lâcha son fardeau, disparut à l'instant, et la pierre, en tombant du haut des airs, se planta debout dans le marais où elle dort depuis six siècles, d'où nul ne saurait l'enlever aujourd'hui. Cette aventure n'empêcha point Satan d'entretenir des relations avec les religieuses du Verger, car on leur fit pour cela un grand procès, et l'une d'elles fut brûlée vive. »

Les vieilles légendes ne sont souvent que des traditions altérées, auxquelles le peuple a mêlé le merveilleux. Telle est celle de la *Pierre-du-Diable*. — V. *Verger* (abbaye du).

MONUMENTS GALLO-ROMAINS.
CONSTRUCTIONS DANS CAMBRAI.

Le Carpentier dit, dans son *Histoire de Cambrai*, que les proconsuls romains qui firent leur résidence dans cette ville, « l'embellirent de plusieurs ornements, comme d'un capitole voisin du château de Selles, d'un amphithéâtre, de bains, d'aqueducs, de merveilleux souterrains conduits presque par tout le pays. » Ces assertions ont trouvé beaucoup d'incrédules, mais on en est venu à se demander si elles ne seraient pas plus près de la vérité qu'on ne l'a pensé pendant longtemps. Les études faites en 1847, dans les souterrains de Cambrai, n'excluent pas l'idée d'en rattacher l'origine à l'époque de la domination romaine. Certaines parties d'aqueducs paraissent être du même temps. Voici maintenant que l'on découvre des constructions romaines, tout au milieu de la ville, dans le lieu que l'on appelait *le Château*, sous le sol même où l'on admirait, il y a un peu plus d'un demi-siècle, la belle métropole de Notre-Dame.

Des fouilles faites en 1852 pour les fondations de l'aqueduc souterrain qui va de la Place-au-Bois à l'Escautin, en passant par la place Fénélon; des autres fouilles faites en 1853 pour l'établissement d'une manufacture sur l'emplacement du parvis et du clocher de l'ancienne métropole de Cambrai, il est résulté une série d'observations que M. Peinte (1), architecte à Cambrai, a bien voulu nous communiquer, et que nous avons vérifiées par nous-même.

Le sol de la place Notre-Dame a été exhaussé, d'un mètre environ, par les débris qui sont restés sur place après sa démolition.

A partir du sol actuel, jusqu'à 3 mètres de profondeur, tous les débris de matériaux, de vases, de métaux, etc., appartiennent au Moyen-Age.

---

(1) *Cahiers d'instruction* publiés par le Comité des Arts et Monuments. n° 1, p. 8.

(1) M. Peinte a été, pendant plusieurs années, employé aux fouilles de Famars.

En dessous de cette zône se trouve *le sol romain*.

Vers le fond de la couche moyen-âge, à environ 2 mètres 50 centimètres de profondeur, on retrouve les traces de divers incendies, par une quantité de bois brûlé et de métaux fondus. Julien de Lingne nous apprend que, dans l'incendie qui dévora l'église de Notre-Dame, le 6 septembre 1148, les cloches de cette cathédrale furent fondues. En effet, dans les fouilles de 1853, on a retrouvé des blocs de bronze coulés au milieu de ces ruines. On sait que tout ce que l'on appelait *le Château* (espèce de ville ecclésiastique, au milieu de la cité) fut ruiné de fond en comble.

Dans le remblai romain, facile à reconnaître par les débris de tuiles et poteries, par les médailles et autres objets qu'on y retrouve, on remarque encore beaucoup de bois brûlé, chose fort commune dans les couches de remblais de cette époque. Cela prouve que les Romains construisaient beaucoup en bois dans nos contrées, où ils n'étaient, pour ainsi dire, que campés.

Au fond du remblai, sur le sol primitif, des murailles importantes par leur épaisseur et par leur développement se présentent à la curiosité de l'explorateur. Leur maçonnerie est composée de petits grès carrés, formant liaison dans l'épaisseur du mur. Ces grès sont placés sur cinq assises de hauteur et reliés par deux rangées de briques, le tout parfaitement joint avec le ciment composé de chaux, sable et briques concassées. Une partie de ces murailles est encore enduite d'un plâtrage sur lequel on remarque des peintures à fresque très visibles. Les couleurs en sont vives, il s'y trouve des filets d'une extrême délicatesse. Le rouge, le blanc, le noir, le vert et le jaune y sont combinés de diverses manières.

L'aire du monument détruit est en ciment épais bien conservé; ce sol romain est à 3 mètres 80 centimètres plus bas que la superficie du sol actuel.

Dans l'étage souterrain du bâtiment qui tient à l'ancienne *Salle capitulaire* de la métropole, des vestiges importants de constructions romaines sont encore actuellement apparents.

En face de la rue de St-Jérôme, devant la porte de l'ancien palais de l'archevêque, des traces de remblai, des débris de fûts de colonnes, des tuiles, l'aire en ciment, tout cela, à la même profondeur, existe aussi. L'habile architecte qui nous a fourni ces renseignements ne doute pas que ces divers fragments ne se rattachent à une vaste construction romaine, sur les ruines de laquelle aurait été construit le temple de Notre-Dame.

Un nombre considérable d'objets en bronze tels que clés, fibules, statuettes, etc., ont été trouvés dans les remblais romains qui, nous le répétons, sont en partie le résultat d'un incendie. Nous parlerons de ces objets en même temps que des ustensiles de bronze et d'ivoire.

Il reste à savoir ce qu'était l'immense édifice qui vient de se révéler. On l'ignorera sans doute toujours, car cette partie mystérieuse de la cité se couvre d'habitations particulières qui excluent tout espoir de fouilles. Cependant, en présence de pareilles découvertes, on ne peut s'empêcher de prêter attention aux allégations du vieil historien, cité au commencement de ce paragraphe.

CONSTRUCTIONS DANS LE CAMBRESIS.

Partout, dans le Cambresis, on retrouve des ruines, des traces d'habitations, sur les bords des chemins, au milieu des champs, jusque sous les ronces des bois. Les laboureurs sont toujours fort enclins à attribuer ces vestiges à d'anciennes constructions romaines. Il y a probablement beaucoup à rabattre du nombre de ces découvertes archéologiques; néanmoins, il est certain qu'en plusieurs endroits on a trouvé des tuiles, des briques, de grands carreaux antiques, des urnes funéraires, etc. Ainsi, rencontre-t-on, près du village de Montrécourt, une éminence nommée le *Mont-des-Cailloux* (Mont-des-Cailloux), d'où l'on a extrait, vers 1830, des carreaux d'une très grande dimension, que l'on pouvait voir encore en 1852 dans le vestibule d'une maison sise au village de St-Aubert. — Ainsi existe-t-il, entre le pont d'Aire et Ramillies, un champ dit *la Vieille-Ville*, où l'on trouve journellement des débris de tuiles, marbres et poteries de l'époque romaine. — Ainsi peut-on citer encore le territoire de Montigny, où l'on a trouvé une grande quantité de tuiles romaines dont plusieurs parfaitement intactes.

Les autres lieux où l'on signale principalement des vestiges de constructions antiques sont : *Abancourt* (entre les haies et le chemin d'Hem-Lenglet). — *Blécourt* (vers Tilloy, à gauche d'un vieux chemin qui conduit du pont d'Aire à Sancourt). — Le terroir de *Cagnongles*. — *Béthencourt* — *Bertry*. — La ferme de *Famars*, près Marcoing. — *Boursies*; —

Anneux; — Boussières; — environs de Bévillers (1).

Nous livrons ces noms de lieux à titre de simples indications, et nous laissons les choses problématiques pour des découvertes plus certaines, qui sont consignées dans la notice suivante :

Métairie, Castellum et Voie romaine découverts dans le bois de Busigny, en 1847-48-49, par Eugène Bouly.

« Dans le bois de Busigny, situé au sud-est, et à 27 kilomètres de Cambrai, sur un point culminant de ce terroir (2), on retrouve les traces d'une enceinte et d'autres constructions dont l'origine ne nous paraît plus douteuse aujourd'hui. Cette enceinte, qui ne s'était manifestée pendant longtemps que par les vestiges d'un large fossé, a pu être déterminée d'une manière certaine par la découverte des fondations d'une muraille de clôture non interrompue, et qui nous a permis d'en relever exactement le plan et les dimensions. Malheureusement pour les souvenirs archéologiques, tous les matériaux qui formaient ces fondations ont été enlevés aussitôt après notre examen, pour être employés à la construction de la chaussée de Bohain. Quoi qu'il en soit, nous avons lieu de nous féliciter d'avoir été prévenu assez tôt pour étudier ces vestiges curieux, avant qu'ils soient effacés à toujours.

» Les fondations de la muraille en question avaient plus d'un mètre d'épaisseur. Elles étaient fortement cimentées et présentaient tous les caractères de l'appareil romain appelé *opus incertum*. Les matériaux employés étaient un ciment où la chaux abondait, et des pierres dites cailloux gris. Leur adhérence était d'une puissance extrême. La figure de l'enceinte présente un carré parfait, dont chaque côté n'a pas moins de 45 mètres de longueur.

» Au milieu de l'enceinte s'élève une *motte*, évidemment formée de terres rapportées, et sans doute aussi de débris de constructions dont on retrouve encore quelques traces régulières.

---

(1) M. Wilbert, qui a fait des études archéologiques sur le pays, se montre fort incrédule à l'endroit de ces dernières indications (V. *Rapport sur les anciens monuments de l'arrondissement de Cambrai*, p. 4 et 185).

(2) Busigny est le lieu le plus élevé du département du Nord : la carte du département de la guerre, qui donne des cotes exactes, indique pour Busigny 162 mètres au dessus du niveau de la mer, Bonavis n'en a que 139.

» Cet endroit, aujourd'hui couvert d'arbres, comme le reste du bois, porte dans le pays le nom de *Mont-au-Câtelet* (1). La tradition en fait la place d'un ancien château ou *castelet*. Sans rien savoir de précis à cet égard, on croyait, néanmoins, depuis longtemps, qu'il y existait un souterrain d'une certaine étendue. A ce propos, il y a quelques années, de pauvres gens du village fouillèrent le Mont-au-Câtelet pour y trouver des pierres propres à bâtir : leurs recherches n'atteignirent point le but proposé ; mais elles firent découvrir une certaine quantité de dalles en grès, des tuiles d'une épaisseur et d'une forme particulières, des médailles ou monnaies en argent, un objet en fer que l'on prit pour un mors de bride, et enfin une statuette en bronze.

» Malheureusement, lors même de notre première visite, les dalles en grès avaient été enlevées, l'objet en fer avait disparu, les monnaies avaient été distribuées aux enfants ou aux curieux du village; nous n'avons pu en retrouver. Quant à la statuette, elle a été vendue à M. de Villoutrée, ancien propriétaire du bois. Suivant les indications qui nous ont été données, cette statuette était en bronze, haute d'environ 8 centimètres, et représentait une Vénus ou autre divinité païenne, car elle était complètement nue, ce qui n'avait pas empêché les paysans de la prendre pour une Madone.

» A défaut de ces divers objets, dont la perte est regrettable, de nombreux fragments de tuiles romaines, trop complets encore pour qu'on puisse se méprendre sur leur origine, nous avaient déjà éclairé; lorsque, dans une exploration nouvelle, nous avons retrouvé intactes plusieurs de ces tuiles que nous conservons soigneusement en témoignage de nos assertions. Le système en est complet. On y voit la tuile plate appelée *tegula*, et la tuile courbe qu'on nommait *imbrex* ou *festière*. Or, chacun sait qu'à l'époque gallo-romaine, les tuiles plates, munies de rebords, s'adaptaient les unes au bout des autres par les côtés non bordés, et que les divers rangs de tuiles ainsi juxta-posées, étaient unis par les tuiles courbes qui en couvraient les jointures : système renouvelé de nos jours, dans certaines localités, pour les couvertures en zinc.

» De pareils éléments ne pouvaient laisser de doute sur l'antiquité des vestiges ainsi fortui-

---

(1) Il existe dans le Cambresis plusieurs lieux dits le *Mont-au-Câtelet*.

tement exhibés et dont une partie se trouvait enfouie sous les racines d'arbres plusieurs fois séculaires; il n'y avait pas à hésiter davantage sur le nom du peuple auquel ils appartenaient. Mais là ne se bornent point les précieux documents qui ont surgi naguère.

» En effet, une *Voie antique* a été mise à découvert dans toute l'étendue du bois, depuis l'enceinte dont il vient d'être question, jusqu'à son extrémité du côté de Serain, où il y avait un *fort* dont les traces subsistent encore aujourd'hui. Cette chaussée part du milieu de l'un des côtés de l'enceinte muraillée et se dirige du nord-est au sud-ouest. Elle est parfaitement droite; elle a un peu moins de 6 mètres de largeur, et, en moyenne, 30 centimètres d'épaisseur de pavage. Elle n'est, à cet égard, composée que d'un seul élément. C'est un lit épais de gros *cailloux gris*, très serrés et disposés *à sec* les uns sur les autres. Le bord est garni de cailloux plus gros que la partie du milieu que l'on appelait *agger*. Du reste, point de *pavimentum*. Le sol sur lequel pose la route a bien évidemment été dressé, mais il n'a reçu aucuns matériaux de choix. Il n'est pas probable non plus qu'il s'y soit jamais trouvé un *summum dorsum*, composé de pierres taillées, car on n'en rencontre point. Nous avons également constaté l'absence complète de mortier dans le cailloutis qui en forme tout l'élément. Cette voie se trouvait à quelques décimètres sous le sol, qui, pendant des siècles, se sera accru des dépôts des eaux bourbeuses et des dépouilles des arbres que l'automne sème abondamment dans les bois. Il est évident qu'elle traversait la campagne dans la même direction; car des tronçons en ont été retrouvés bien avant dans les champs, par des cultivateurs qui les détruisaient pour en purger leurs terres. Ce fait, déjà très probable par induction, nous a été affirmé par le garde du bois et par plusieurs ouvriers. Il semble tout naturel d'en conclure que cette *route particulière (via privata)* allait aboutir à la grande voie romaine, connue sous le nom de Chaussée Brunehaut, qui passe à 4 kilomètres du bois de Busigny, après avoir traversé le village de Maretz. Tout près de la voie récemment découverte, à une distance de 150 mètres de l'enceinte dite le *Mont-au-Câtelet*, il existe un puits rempli de débris de tuiles antiques et de cailloux de la même nature que ceux de cette chaussée.

» Enfin, sur le bord du même chemin, se trouve encore une pierre d'environ 1 mètre et épaisse de 40 centimètres, dans laquelle a été pratiquée une rigole profonde et sinueuse. Nous n'avons pu nous rendre compte de l'usage auquel elle avait été employée.

» Il faut ajouter qu'à l'un des angles de l'enceinte, vient aboutir une espèce de tranchée ou chemin couvert qui conduit en ligne directe vers une rue du village de Busigny, dite le chemin de Terpigny. Cette tranchée, que ni le temps ni les arbres qui y croissent n'ont fait disparaître, n'est point parallèle à la voie de pierre. Peut-être n'a-t-elle rien de commun avec les autres vestiges dont nous venons de parler. Mais à ce propos, il est bon de noter:

» 1° Que les fossés de l'enceinte n'ont pu être creusés dans un but de dessèchement, puisqu'ils existent sur une des parties les plus élevées de la colline;

» 2° Que la tranchée n'a pu servir à usage de canal, pour amener des eaux autour de l'enceinte puisqu'elle a une pente opposée.

» Mais à ce qui vient d'être dit ne s'arrête pas l'importance des découvertes faites dans le bois de Busigny. Une circonstance remarquable, qui complète les documents et peut aider à tirer des conclusions, c'est la trace d'autres constructions que l'on rencontre à peu de distance et à l'Est de l'endroit fortifié, et qui s'étendent sur une assez grande superficie de terrain.

» Dans des fouilles que le propriétaire du bois faisait opérer, il y a quelques années, pour chercher du grès, on en a trouvé des lits assez importants présentant des figures régulières et évidemment placés ainsi de main d'homme, puisqu'ils posaient sur un lit de pierres et tuiles cassées. Ces grès, qui pouvaient avoir de 100 à 150 centimètres de longueur, sur environ 40 centimètres de largeur et autant d'épaisseur, se trouvaient recouverts d'à peu près 30 centimètres de terres et de débris végétaux; mais il est très probable que, comme la voie de communication plus récemment découverte, ils ont été originairement placés à la surface du sol. Ils étaient disposés en lignes droites, avec des retours pour la plupart à angles droits, comme des fondations de constructions; mais on n'y voyait pas la moindre trace de ciment. Ces pierres dures étaient employées en un seul lit; nulle part on n'en a trouvé de superposées les unes aux autres.

» On a ainsi mis à découvert un grand nombre de ces fondements ignorés, dont la trace est encore très visible, quoiqu'on en ait enlevé les grès. C'est ainsi que nous avons pu constater qu'à l'exception d'une grande enceinte irrégulière, dont les fondations étaient interrompues, les autres constructions étaient composées de deux grands côtés parallèles, distants l'un de l'autre de 4 mètres, et joints par de petits côtés diversement espacés. Parmi ces constructions, il existait une cave privée de tout revêtement en briques, la nature argileuse de la terre suffisant au maintien des parois. Elle avait également 4 mètres carrés. Il faut encore noter que ces diverses rigoles, formées par l'extraction des matériaux, attestent que les constructions étaient régulièrement coordonnées entre elles, et formaient des lignes droites et des angles droits. Des fragments analogues ont été trouvés dans l'enceinte muraillée. Une des petites enceintes déterminées par la direction des grès, était entièrement pavée de ces grandes pierres jointes sans ciment.

» Partout on retrouve des morceaux de tuiles romaines ; mais point de briques, point de pierres de taille, ce qui donnerait à penser que les assises de grès, dont il vient d'être question, n'étaient que des fondements sur lesquels auraient reposé des constructions en bois (1) couvertes de tuiles ; car la tuile a été évidemment employée en ce lieu en grande quantité, tandis que la brique n'y a laissé aucune trace (2).

» Tels sont les documents que nous avons recueillis, non sans difficultés, sous la riche végétation qui couvre le beau bois de Busigny.

» Il resterait à déterminer l'époque à laquelle il faut faire remonter ces constructions antiques ; quel a été leur usage ; à quel fait historique elles se rattachent. Ces questions sont difficiles à résoudre, on ne peut jusqu'ici, selon nous, émettre que des conjectures. Une seule chose nous paraît évidente, c'est qu'elles appartiennent à l'ère gallo-romaine.

» La connexité qui existe entre l'enceinte dite le *Mont-au-Câtelet*, et la voie antique qui y aboutit sans aller au-delà (ce qui témoigne de l'importance du lieu) ; la similitude des fondations trouvées dans le *castellum*, avec celles découvertes dans le voisinage ; les débris de tuiles romaines semés à profusion sur ces différents

(1) Les maisons de bois (époque gallo-romaine) étaient communes dans le Nord. — *Cahiers d'instructions archéologiques.* art. 1er p. 45.

(2) Un seul carreau a été retrouvé ; il était estampillé ; nous ne l'avons point vu.

vestiges ; tout prouve la coexistence et la relation de ces choses entre elles ; et, par suite, leur origine commune. Car, si le *castellum* et les bâtiments voisins n'ont laissé que des vestiges incomplets, il n'en est pas de même de la chaussée qui a été retrouvée tout entière dans l'étendue du bois. En cela point d'hésitation possible. L'appareil de cette voie, sa largeur, sa rectitude, les fragments de toiture découverts dans son voisinage, les faits historiques qui attestent en ce pays le séjour des Romains, sont des arguments tels qu'on ne saurait douter qu'il a existé en ce lieu un établissement romain.

» Si nous osions émettre un avis sur la nature de cet établissement, nous dirions que, probablement, c'était une *métairie* protégée par un *castellum* ; métairie assez importante, assez populeuse, pour avoir nécessité une voie de communication qui la reliât à la grande chaussée Brunehaut, qui conduit à Bavay. Quant aux faits historiques qui pourraient s'y rattacher, nous avouons les avoir vainement cherchés dans les souvenirs de nos antiques contrées. De nouvelles fouilles amèneraient peut-être des résultats plus positifs. Nous nous sommes néanmoins empressé de consacrer ici les faits et documents acquis ; car un jour, bientôt peut-être, il ne restera plus que ces lignes et nos plans, religieusement dressés, pour attester qu'en 1849 il y avait encore des restes de constructions romaines dans cette partie extrême de l'ancien Cambresis. »

Dans le bois d'*Ardissart*, que l'on défrichait vers 1845, on a mis à découvert des vestiges de l'époque romaine. Là, peut-être aussi, il y avait une métairie.

VOIES ANTIQUES.

Chaussées-Brunehaut. — Les routes des Gaules ont été entretenues par différents empereurs. Au VIe siècle de notre ère, elles ont été réparées par la reine Brunehaut ; c'est pour cela qu'un grand nombre de ces routes portent le nom de cette princesse (1). Sept chaussées partaient de Bavay et rayonnaient dans diverses directions. Deux de ces voies romaines traversent le Cambresis. L'une passe dans le voisinage et à l'ouest du Câteau, traverse le grand village de Maretz et se prolonge, dans cette direction, avec une rectitude parfaite jusqu'à Vermand. L'autre entre dans le Cam-

1) Batissier, *Eléments d'archéologie rationale.*

bresis par Saulzoir et conduit jusqu'à Cambrai. Ces deux chaussées n'ont plus de romain que le souvenir.

D'autres chemins, qu'on ne peut attribuer qu'à l'époque gallo-romaine, ont été découverts dans le pays.

Les marais d'Arleux, d'Hamel et d'Ecourt-St-Quentin, sont traversés par une portion de *chaussée romaine*, qui gît sous l'eau depuis des siècles.

Les anciens itinéraires marquent le passage d'une voie romaine qui allait de Cambrai à Arras, en passant par Saulchi-Létrée. A cette voie aboutissait la chaussée qui traverse les marais d'Arleux (1).

Une autre *chaussée* cailloutée a été trouvée près de Cantigneul (entre Cantaing et Proville), dans les travaux de creusement du canal de Saint-Quentin (2).

Nous avons parlé plus haut d'une *voie privée* (*via privata*), découverte récemment dans le bois de Busigny. Nous n'y reviendrons point ici.

CAMPS ET RETRANCHEMENTS. — UN CHAMP DE BATAILLE.

Camp de César. — Les camps romains sont généralement attribués à César, par la tradition. Il n'est pas besoin de faire remarquer qu'il ne peut y en avoir qu'un fort petit nombre qui remontent jusqu'à lui (3). Cette réflexion s'applique notamment au camp qui existe dans le Cambresis, sur la rive gauche de l'Escaut, un peu au sud d'Etrun. On y remarque des redoutes et des travaux de circonvallation; on y a trouvé fréquemment des monnaies et des médailles romaines; la tradition le nomme *Camp de César*. On en doit conclure tout simplement qu'il est romain. Il est figuré sur la carte de Cassini, et sur celle de la province du Cambresis, dressée en 1774 par P. Olivier.

On trouve dans divers endroits du Cambresis, des tranchées évidemment faites de main d'homme, dont on ignore l'origine et l'usage. Il y en a d'autres plus explicables. Nous allons en parler.

Le Rabauquênes. — Il existe au terroir de Ligny, entre le chemin de Caullery à Cambrai et celui de Caullery à Ligny, à quelque distance de la vieille route de Bohain, une grande tranchée qu'on ne peut évidemment attribuer qu'à l'œuvre des hommes : on l'appelle, dans le pays, *le Rabauquênes*. Ce nom ne semble rien signifier; cependant, en recherchant son étymologie, nous avons pensé qu'il ne serait pas impossible que le mot Rabauquênes signifiât *Ravin-aux-Chênes*. On sait que, dans le patois du Cambresis, le B et le V sont souvent confondus. On a donc pu faire, par corruption de ravin, *rabin*. On sait encore que, dans le même patois, chêne se prononce *quêne*. Or, de *rabin aux quênes*, une simple élision aurait fait *Rab'auxquênes*. Et, en effet, les habitants du village affirment qu'autrefois l'un des côtés de ce ravin était planté de chênes.

Quoi qu'il en soit de cette étymologie que, du reste, nous ne proposons qu'avec réserve, il ne nous semble point douteux que *le Rabauquênes* soit un ouvrage de stratégie. C'est une tranchée d'environ 400 mètres de longueur, formant, par son milieu, un angle très ouvert; et creusée à redans très prononcés qui se couvrent parfaitement les uns les autres. Les talus ont 5 mètres 25 centimètres de profondeur, et la largeur de la tranchée, prise du haut des talus, n'a pas moins de 23 mètres, terme moyen.

Cette tranchée semble avoir eu pour but : soit de joindre ensemble, par un chemin couvert, les deux routes de Caullery à Ligny et à Cambrai; soit de dominer et d'intercepter le vieux chemin de Bohain, qui fut jadis une route importante, et dont la tranchée dite *le Rabauquênes* est peu éloignée.

Elle est complétement couverte de gazon. Mais on en a extrait de la pierre calcaire, à l'endroit formant le sommet de l'angle (1). M. le maire de Ligny, qui a fait faire cette opération, il y a quelques années, nous a rapporté qu'alors on avait trouvé, dans la fouille, l'apparence d'une entrée de souterrain taillée dans la terre, mais entièrement comblée. A la nouvelle qui en a été donnée dans le village, les souvenirs se sont réveillés, et l'on a dit que d'anciennes traditions mentionnaient en effet l'existence d'une *muche* (2) dans ces parages.

Le Grand-Riez. — On retrouve à l'autre extrémité du même terroir, du côté de Fontaine-au-Pire, une tranchée pratiquée dans

---

(1) V. *Hist. de l'Acad. des inscript. et belles-lettres*, édition in-12 de 1770, t. 13.
(2) *Indicateur Cambresien*. p. 16.
(3) Batissier.

(1) Il vient d'être dit que *le Rabauquênes* forme un angle très ouvert.
(2) On appelait *Muches*, dans le pays, ces souterrains pratiqués pour mettre les populations à l'abri des incursions de l'ennemi, à l'époque des anciennes guerres.

les mêmes conditions que celles qui viennent d'être analysées : c'est-à-dire formant un angle très ouvert, garnie de redans, ayant à peu près les mêmes dimensions en largeur, et commandant d'un côté, un chemin dit des *Charbonniers*, de l'autre côté, un ravin dit la *Warnelle*; enfin, comme pour compléter l'identité de situation, longeant parallèlement et à certaine distance, le grand chemin de Ligny à Fontaine. Cet autre ouvrage stratégique est resté moins complet que le premier; on a, en 1847, commencé à le mettre en culture, en abattant les talus pour combler la tranchée. L'endroit que nous venons de signaler se désigne sous le nom de *Grand-Riez (grand ruisseau)*. Quelques-uns, à cause de l'analogie, l'appellent aussi le *Rabuquênes*.

Les Castelets d'Honnecourt. — Ce sont des espèces de retranchements, pratiqués sur le bord de la grande côte qui domine les prairies au milieu desquelles le beau village d'Honnecourt se trouve situé. Nous en parlerons à propos des tombeaux, parce qu'on y a trouvé des cercueils antiques.

Les Castelets d'Esnes. — C'est ainsi que l'on nomme, dans le pays, le tertre escarpé sur lequel est construite l'église pittoresque du village d'Esnes, en face du vieux château historique, la plus belle ruine du Cambresis. Il n'est pas impossible que ce lieu ait été fortifié au Moyen-Age, ne fût-ce que pour mettre l'église à l'abri des outrages de l'ennemi, et pour empêcher que l'on pût, en temps de guerre, occuper une position menaçante pour la forteresse. On a trouvé sur le plateau des Castelets, des tombes auxquelles nous consacrerons, plus loin, quelques lignes.

Le Champ de bataille, où César défit l'armée des Nerviens, est situé, selon M. Leglay, dans le Cambresis. Il place les Nerviens dans le bois et sur les collines de Vaucelles; il établit l'armée romaine à Bonavis, et, de cette façon, met les combattants en présence, dans une position identique à celle indiquée par César. Seulement, il fait donner la bataille sur les bords de l'Escaut, tandis que César dit l'avoir livrée sur ceux de la Sambre. Mais M. Leglay objecte qu'il faut lire *Scaldim* et non pas *Sabim*. Il s'appuie, pour cela, sur un très ancien manuscrit des *Commentaires*, qui prouve que César a, dans d'autres circonstances, fait confusion entre ces deux cours d'eau. Les bornes de notre ouvrage ne nous permettent pas de suivre le savant antiquaire dans toutes les preuves qu'il apporte à l'appui de son opinion; nous dirons seulement qu'elles ont une grande valeur; qu'elles avaient déjà été pressenties par d'autres historiens; qu'il existe, dans le pays, une vague tradition qui a constamment placé là une bataille, dans laquelle on fait intervenir les Romains; qu'enfin on a découvert, dans ces contrées, des débris d'armes, des médailles consulaires et d'autres objets antiques. (V. la *Disssertation* de M. Leglay, dans les *Mém. de la Soc. d'Em.* 1828-1829, p. 81.)

Il est bon de rappeler que deux autres commentateurs placent ce champ de bataille: l'un, aux environs de Berlaimont; l'autre, à Prêle, village sur la Sambre.—V. *Mémoire sur les différents endroits devenus célèbres dans les commentaires de César,* par M. Dewez, in-4°, 1821.

TOMBEAUX.

Hypogée de Vendhuille. — Sur le territoire de *Vendhuille*, en novembre 1836, on a trouvé, dans le *champ des Lusiaux* (champ des tombeaux), huit tombes remarquables. Une de ces tombes, qui était taillée dans un seul bloc, contenait le squelette et l'armure d'un guerrier qu'on supposa avoir été centurion romain, à cause du cep de vigne, insigne de ce grade. Les autres tombes ne contenaient que des ossements et de petites urnes vides, d'une pâte jaune ou brune assez fine et de formes variées. Il n'y avait point d'inscriptions. Les corps étaient tournés vers le soleil levant. Cet hypogée était recouvert de terre végétale, dans un terrain marno-siliceux.

Des lampes funéraires et des médailles romaines ont également été trouvées dans ces fouilles (1).

Les tombeaux d'Esnes. — Nous n'oserions donner au tertre d'Esnes le nom de *tumulus*, parce qu'il ne nous paraît point être une chose factice, parce qu'il n'a point la forme ordinaire des tumuli; enfin, parce que son nom traditionnel *(les Castelets)* évoque plutôt des souvenirs de guerre que des souvenirs de funérailles. Néanmoins, on y a trouvé des tombeaux. Mais, à notre avis, ils auront été déposés là, comme on en a placé d'autres sur plusieurs points escarpés de ce grand mouvement de terrain qui forme une côte élevée et, pour ainsi dire, continue, depuis les *Castelets d'Esnes,* jusqu'au village de Marcoing.

(1) Les détails sur l'hypogée de Vandhuille nous ont été fournis par M. Fauchart, curé du lieu.

Les tombeaux d'Esnes, appelés *Sarrasins* par les gens du pays, sont des espèces d'auges quadrilatères dont les parois sont formées par plusieurs pierres, ou plutôt des fosses creusées dans le sol et revêtues de pierres plates posées sur champ, et recouvertes d'une pierre de même nature. M. Leglay, en 1832; quelques membres de la Société d'Emulation de Cambrai, en 1844, ont fait ouvrir plusieurs de ces sarcophages qui paraissent être en assez grand nombre. On y a trouvé des ossements recouverts d'une terre noire et pulvérulente, de petites urnes d'une pâte noire, et même quelques ossements d'animaux (1). Un seul contenait un glaive. Ces tombes étaient dirigées d'occident en orient. Tout porte à croire qu'elles sont d'origine gallo-romaine.

Tombeaux d'Honnecourt.— De semblables tombeaux ont été découverts, il n'y a pas longues années, dans le lieu dit *les Castelets d'Honnecourt*. De petites urnes en terre noire étaient aux pieds des corps renfermés dans ces tombes. Malheureusement les habitants de la campagne attachent généralement trop peu d'importance aux souvenirs des anciens âges. Ce n'est que par hasard, et souvent quand toutes traces ont disparu, que l'on apprend ces révélations fortuites du sol antique de la patrie.

Tombeaux à Lesdain.— Des tombeaux, pareils à ceux d'Esnes, ont été trouvés près de Lesdain, sur le sommet de la côte dont nous avons parlé plus haut, et au pied de laquelle roule le torrent d'Esnes. Dans les deux tombeaux découverts en cet endroit, quelques grains de collier en verre d'une couleur foncée étaient semés parmi les ossements.

Tombeaux de Marcoing.— On en a trouvé sur deux points différents de cette commune; toujours sur des parties élevées, toujours semblables à ceux des *Castelets* d'Esnes; mais ils ne contenaient point de vases. Le dernier sarcophage ainsi découvert, l'a été au mois de septembre 1853, dans le champ qui domine le canal de St-Quentin, en face du pont de Marcoing. D'autres avaient été mis en évidence, quelques années auparavant, par le soc de la charrue dans un champ voisin des sources de l'Escauette.

Une découverte plus singulière a été signalée dans le même village. C'est l'existence d'une espèce de *Columbarium*, dans le voisinage de l'église.

En creusant des fondations dans un sol de nature calcaire, on a rencontré (en 1842) un nombre considérable de petites urnes rangées les unes auprès des autres, à plusieurs rangs superposés. Elles contenaient une terre noire qui semblait mêlée de cendres, où se trouvaient aussi quelques débris d'ossements (1). La plupart étaient d'une pâte noirâtre et tellement friable, qu'il n'a point été possible d'en extraire une entière. Ces urnes romaines étaient de formes variées. Nous en possédons des fragments. On pourrait croire que le contact de l'air leur a donné de la solidité; car ils présentent de la résistance quand on veut les briser.

Tout cet appareil était-il un monument funéraire, ou avait-il eu quelque autre usage inconnu? Il faudrait, pour décider cette question, se livrer, sur les lieux, à un examen devenu impossible.

Tombeaux de Bracheux.— Entre Marcoing et Masnières on a trouvé, en 1842, dans la plaine de Bracheux, une série de squelettes humains, placés tous dans la même direction, les pieds vers l'Orient. Entre les jambes de l'un d'eux se trouvait un glaive, à ses pieds un petit vase.

Le Brûle.— Non loin du village de Fontaine-au-Pire, dans un petit champ marécageux, que l'on appelle *le Brûle*, un cultivateur, en 1845, pratiquait des saignées, pour opérer le dessèchement de son champ. Arrivé à la profondeur d'un mètre, il heurta, de sa bêche, un petit vase en terre cuite qu'il brisa par le choc. Un peu plus loin, il en rencontra un autre, puis un autre; et comme il remarqua que ces vases étaient disposés en ligne courbe, il en suivit la direction, et découvrit ainsi une série de vases circulairement disposés. Ces petites urnes ne contenaient qu'une sorte de terreau noir que le cultivateur croit être des cendres mêlées à la terre qui s'y serait introduite. Une couche de terre, enlevée dans la même excavation, fit découvrir une nouvelle série d'urnes placée de la même manière et qui se trouvaient à environ un demi mètre en dessous des premières. Dans ces urnes, encore, n'étaient que des cendres; mais, au point central du cercle formé par leur arrangement, il dé-

---

(1) On trouve souvent dans les tombeaux romains des ossements des animaux sacrifiés.

(1) Auprès d'Autun, il y a le *Champ des Urnes*, ces urnes sont pleines de cendres et de débris d'ossements. Batissier, *Archéologie nationale*, p. 272.

couvrit une grande et belle urne funéraire contenant non-seulement des cendres, mais encore un grand nombre de médailles. A côté de l'urne était une petite fiole, de celles que l'on appelle *lacrymatoires*.

Que conclure de cette curieuse découverte ? Le champ dit *le Brûle* est-il un ancien cimetière ? Toutes ces urnes sont-elles autant de tombeaux ? ou bien ne faut-il y voir qu'une urne funéraire entourée des vases dont quelque mort illustre avait fait usage durant sa vie ? Telles sont les questions soumises à la sagacité de nos antiquaires. Des fragments d'armes, des instruments oxydés ou rongés par le temps, ont également été trouvés dans *le Brûle*. Nous possédons une très belle hachette en bronze et une autre en silex provenant du même lieu.

On sait que ces armes, d'un emploi beaucoup plus religieux que guerrier, quoiqu'elles appartiennent à l'ère celtique, ont été néanmoins employées à des usages commémoratifs, à l'époque gallo-romaine. Les haches en silex ont été trouvées en grand nombre dans *le Brûle* dont les paysans expliquent traditionnellement le nom, en signalant cet endroit comme l'un de ceux où les Romains *brûlaient* leurs morts.

Cela donnerait à présumer l'existence d'un cimetière. Au reste, il est probable que ce *Champ des Urnes* n'a pas rendu tout ce qui lui a été confié.

Tombeaux de Reumont. — L'*Indicateur cambresien* (p. 11), signale une découverte faite à Reumont, village tout voisin du Cambresis, non loin du Câteau, sur la chaussée romaine de Vermand à Bavay. On aurait trouvé les tombeaux de 50 guerriers, avec de petits vases de terre cuite, un stylet en cuivre et des débris d'armes. (La date de cette découverte n'est pas indiquée.)

Tertre de Rumillies. — Il existe, dans le village de Rumillies, une petite éminence ayant à peu près la forme et le caractère des anciens *Tumuli*. Cet endroit n'a jamais été exploré d'une manière sérieuse. Nous ne pouvons que l'indiquer aux antiquaires, en leur faisant remarquer que Rumillies signifie peut être lieu romain (*Romain Lies*). Nous ajouterons qu'il a été trouvé, dans ce village, une fort belle urne romaine dont il va être question.

OBJETS MOBILIERS.

POTERIES, TERRES CUITES.

Des fragments d'urnes romaines se rencontrent souvent dans le Cambresis. Nous avons parlé ci-dessus de celles qu'on trouve dans les tombeaux ; c'est ici le cas de dire quelques mots de deux grandes urnes découvertes il y a peu de temps, l'une à Rumillies, l'autre à Haussy, village touchant aux confins du Cambresis, et voisin de Montrécourt.

La première est une belle jarre antique, qui porte 1 mètre 50 centimètres de circonférence, et 45 centimètres de hauteur. L'orifice a 25 centimètres de diamètre. Ce vase est en terre rougeâtre, d'un grain très fin, et d'une régularité parfaite. Il ne porte ni marque ni ornement. Il a été trouvé dans un jardin du village de Rumillies. Il était couvert d'une tuile romaine parfaitement conservée. Le paysan qui nous l'a vendue affirme qu'elle ne contenait rien. Cependant, on s'expliquerait difficilement cet enfouissement d'un vase couvert, mais vide. Ajoutons que la grande tuile qui le couvrait, et que nous possédons aussi, porte encore une tache circulaire de la largeur de l'orifice qu'elle a fermé pendant des siècles ; et que cette tache a absolument la teinte verte des bronzes oxydés.

L'autre vase, qui est aussi en notre possession, est une urne funéraire, de la forme élégante et allongée des amphores. Elle a deux anses, un col très étroit qui s'évase à l'orifice : l'extrémité opposée se termine en pointe. Ce beau vase, qui est en terre blanchâtre, a 1 mètre 23 centimètres de circonférence et 88 centimètres de hauteur. Le terrain dans lequel il a été trouvé est une éminence située entre St-Aubert et Haussy. Il était à environ 50 centimètres de profondeur, posé obliquement entre deux pièces de fer d'à-peu-près 20 centimètres de hauteur. La direction de ces pièces de fer était verticale ; elles se sont brisées sous les coups de la bêche.

M. le docteur Belval (1), qu'une mort prématurée a enlevé à ses utiles travaux scientifiques, nous a fourni les détails suivants : « Auprès de l'urne on a trouvé 1° une statuette en bronze, dont on n'a pu donner une exacte description ; 2° des fragments de vases en cuivre ; 3° plusieurs vases à deux gorges en terre cuite ; 4° des gobelets de même nature ; 5° enfin des fibules et autres objets devenus informes. »

S'il est difficile de tirer des conclusions certaines de pareilles découvertes, quand on

---

(1) Le docteur Belval, médecin à St-Aubert, était un homme aussi savant que modeste. Il achevait un travail biographique sur les anciens médecins du département du Nord, quand la mort l'a surpris en 1852.

a pu en étudier toutes les circonstances, cela devient presque impossible quand on ne les connaît que par tradition. Nous laisserons donc aux lecteurs le soin de former des conjectures.

Les terres cuites romaines, comme vases, tuiles, carreaux et briques sont répandus à profusion dans tout le Cambresis; mais tout cela, bouleversé par les travaux de l'agriculture, ne se trouve guère plus qu'à l'état de débris. Cependant, il existe chez les amateurs de fort belles tuiles, toutes sans marque. Parmi les échantillons que nous possédons, il en est une très grande : celle qui recouvrait l'urne de Rumillies.

Il est intéressant de mentionner aussi un carreau trouvé dans les fouilles de la place Fénélon, présentant l'effigie d'un cheval, couleur rouge sur fond jaune. Cette figure est tout à fait conforme au type des chevaux représentés sur les médailles romaines.

BRONZES ANTIQUES ET OBJETS DIVERS.

Objets de sacrifices dans le voisinage des pierres jumelles.

En 1838, à 300 pas environ des pierres jumelles, dans la direction de l'orient, on découvrit une grande patère en bronze de forme ronde, d'un diamètre de 45 centimètres, sur 11 de profondeur. Cet objet, que l'on conserve au musée de la ville, est orné de dessins réguliers, de pois, de feuilles d'eau; on n'y voit ni lettres ni figures. Il était supporté par un trépied en fer de la hauteur de 15 centimètres.

Près de la patère en bronze était une autre patère en terre grise, du diamètre de 35 centimètres sur 4 de profondeur. Une seconde patère en terre blanche s'y trouvait aussi. On lit, dans le carré long formé au centre par quatre lignes qui les encadrent, les mots JOANNOS VOCARI F. en caractères romains.

Non loin de la patère, on trouva une petite amphore en terre rouge, quelques autres vases, un coffret en bois qui tomba en poussière, et dont il ne resta que l'anse et les deux pitons en bronze; une cuillère en bronze; un fourneau à quatre pieds évasés, des débris de lames, des anneaux et une fibule en bronze

Nous n'ajouterons pas, à ces détails, les commentaires piquants qu'un de nos amis a publiés dans *la Revue Cambresienne*; nous ne pouvons les considérer que comme un badinage d'homme d'esprit.

Objets de sacrifices rue St-Fiacre. Nous tenons de M. Béthune-Houriez, ancien maire de la ville de Cambrai, qu'à l'époque où il faisait jeter les fondements de sa maison, rue St-Fiacre, dans l'ancien jardin des Jésuites, on a mis à découvert différents objets en bronze à usage de sacrifices. Ces objets furent envoyés à Paris.

Objets trouvés dans des fouilles sur l'emplacement de l'ancien *Château*. Dans les mouvements de terre qu'ont nécessité l'établissement de l'aqueduc passant sur la place Fénélon et la construction de la manufacture qui occupe le lieu de l'ancien clocher métropolitain, on a trouvé (en 1852-1853) un nombre considérable d'objets romains en bronze et autres matières. Ces objets recueillis par un amateur d'antiquités (1), occupent plus de 120 numéros sur un inventaire qui a été dressé. Ce sont des clés de toutes formes en bronze et en fer (elles sont au nombre de plus de 20), des statuettes d'un très beau dessin : Bacchus, Apollon, etc., des cuillères, des couteaux, des pinces épilatoires, des broches, des manches ornés en bronze, ayant appartenu à des couteaux ou autres ustensiles, des fibules en grand nombre, 32 anneaux en fer et en cuivre, des spatules, un couvercle de coffret en bronze émaillé, des anses, des fragments de casques et d'armures; un fer de lance, des haches en fer, des crochets de toutes dimensions, un grand nombre de pièces d'ornement, une petite croix en bronze, une autre en fer, une quantité considérable de médailles romaines, parmi lesquelles quelques monnaies gauloises; des styles en ivoire, dont quelques-uns dorés; 3 baguettes d'ivoire gravées, des débris de vases en bronze, en terre cuite et en verre irisé. De nombreux fragments de cornes de cerfs, de béliers, etc. Tous ces débris gisant les uns, au milieu des traces d'un grand incendie; les autres, dans un endroit qui dut être un charnier, à en juger d'après la nature du terrain et l'odeur infecte qu'il exhalait. Les bornes de ce Dictionnaire ne nous permettent que de mentionner sommairement tant d'objets, dont plusieurs mériteraient d'être décrits. Nous signalerons, cependant, à part, une espèce de petit monument funéraire, qui, sauf quelques ornements grossiers, affecte la forme pyramidale, mesurant environ 30 centimètres à la base, et 40 centimètres de hauteur. Il a

(1) M. V. Delattre.

trois faces brutes et une plus finie, sur laquelle on lit :

E LEO

FERVIDUS

IGNE PERVI.

Nous laissons, aux archéologues, le soin de commenter cette inscription.

D'autres trouvailles moins importantes ont été faites en divers endroits de Cambrai et du Cambresis : sur la Place-au-Bois, dans les environs de l'abbaye de Vaucelles, à Oisy, à Cantaing, Montigny, Busigny, etc. Nous avons parlé des hachettes trouvées dans le *Brûle*, à Fontaine-au-Pire.

Monnaies et médailles antiques. — Leur quantité est innombrable. Il semble qu'on ait pris plaisir à les semer dans le Cambresis. Médailles gauloises, médailles romaines, en or, en argent, en bronze, tous ces monuments de numismatique se rencontrent dans des urnes, dans des tombeaux, dans les champs, sous les ruines de constructions antiques. Un ouvrage spécial pourrait seul en donner la nomenclature.

APOTHICAIRES. — Nous ne connaissons aucun titre où il en soit fait mention avant le milieu du XVIIe siècle. Il existait au registre des lettres de police un règlement en seize articles, à la date du 19 juillet 1653, concernant les apothicaires de Cambrai.

Une ordonnance du Magistrat, en date du 4 août 1664, également inscrite au registre des lettres de police, portait une « permission donnée à Pierre Cresteau, licencié en médecine, de tenir boutique ouverte de pharmacie, en lui défendant de ne plus doresnavant rendre visites à aucuns malades en qualité de médecin. »

AQUEDUCS. — Nous ne disserterons point sur l'origine des aqueducs souterrains qui circulent dans la ville de Cambrai. L'exploration en est difficile, et les renseignements font défaut pour asseoir une opinion. Nous nous contenterons de reproduire le résultat de nos études et de nos recherches, déjà consigné dans une publication spéciale : *Les souterrains de Cambrai et du Cambresis*.

Le fragment d'aqueduc le plus remarquable est celui que l'on rencontre dans un puits de la rue de Vaucelette, appartenant à la maison n° 1, laquelle a maintenant son entrée sur la place de Ste-Croix. Ce fragment, considéré par rapport au puits, est un long conduit venant du Midi dans la direction de la rue, et allant se perdre au Nord, sous la place de Ste-Croix. Un embranchement s'y réunit à angle droit et se dirige vers l'Orient, c'est-à-dire dans le sens de la rue des Chanoines. Toute cette portion d'aqueduc est régulièrement taillée dans le roc, en forme de voûte cintrée. Son élévation est d'environ 2 mètres 50 centimètres, sa largeur d'àpeuprès 1 mètre 20 centimètres. L'eau y a 70 centimètres d'élévation, mais probablement ce niveau est variable. Quant à la direction du courant, il serait difficile de la déterminer, tant est immobile cette eau qui, cependant, se renouvelle.

On n'a jamais poussé d'exploration au-delà de quelques pas à partir du puits ; mais en rapprochant les dires des ouvriers puisatiers, de ce que nous avons vu par nous-mêmes, nous serions tenté de croire que cet aqueduc a des communications avec celui que nous avons remarqué dans la cave du n° 7, rue des Chanoines. Dans ce cas, l'eau coulerait d'Est en Ouest et se répartirait ensuite dans toute la longueur de l'aqueduc.

Nous avons dit que l'aqueduc de la rue de Vaucelette passe sous la place de Ste-Croix : nous avons toute raison de croire qu'il va jusque sous l'emplacement de l'ancienne église de *Notre-Dame*, où l'on a retrouvé des traces dont nous parlerons plus loin. Mais auparavant nous devons mentionner un souterrain, maintenant inabordable et recouvert par des constructions modernes, lequel fut découvert à l'époque où l'on posa les fondements de ces constructions. Il existe sous la cour de la maison n° 8, rue des Chanoines, et se dirige sous la place de Ste-Croix, comme pour aller rejoindre l'aqueduc en question. Un ouvrier qui l'explora, à l'époque qui vient d'être indiquée, rencontra, dans le défilé, une épaisse porte en bois, fermée de verroux et qu'il ne put ébranler. Il ne serait point impossible que cette porte eût donné accès sur l'aqueduc. Il est à regretter que le fait ne puisse plus être vérifié.

En creusant également des fondations pour des murailles accessoires à la maison située entre la petite rue Vanderburch et la salle de spectacle, les ouvriers, obligés de conduire très profondément l'excavation, ont mis à découvert, il y a environ 30 ans, l'orifice d'un canal souterrain. Ils voulurent l'explorer et, dans une nacelle improvisée, ils suivirent le cours d'eau jusqu'à un point qu'ils supposèrent être le milieu de l'emplacement de l'ancienne métropole. Là, le cours d'eau prenait de plus vastes dimensions. Les ouvriers n'osèrent point s'y aventurer, et bornèrent à cela leur voyage souterrain (1). Il leur avait été néanmoins facile de déterminer la direction de l'aqueduc; or, cette direction est la même que celle du cours d'eau de la rue de Vaucelette. Il est donc probable que le fragment qui existe sous la place de Notre-Dame n'est autre que la continuation de celui dont nous avons parlé d'abord.

C'est ici le cas de mentionner un puits que l'on a rencontré en faisant des mouvements de terre sur la *place Fénélon*. Au fond de ce puits, qui est situé vers la partie Ouest de la place, il existe un petit aqueduc destiné, selon toute apparence, à l'alimenter d'eau. Cet aqueduc, prenant sa direction à l'Est, met très probablement en communication le puits avec le grand cours d'eau qui doit passer à peu de distance de là.

Que si l'on demande ce que devient alors le cours d'eau, peut-être pourrions-nous encore en indiquer plus loin la trace. Car, il existe un canal auquel on parvient par le puits de la machine à vapeur située grande rue Vanderburch, n° 7. Ce canal, qui reçoit une énorme quantité d'eau déversée par la machine (2), était déjà abondamment pourvu avant l'érection de l'usine. Ce n'est donc point un souterrain transformé récemment en voie d'écoulement, mais bien un véritable aqueduc découvert par hasard et que l'architecte a utilisé. Il a été facile d'en suivre la marche jusqu'à une certaine distance. Il se dirige du N.-E. au S.-O. Il a communication avec les puits des maisons de la même rue portant les nos 9, 11 et 17. Enfin, il prend son cours un peu plus vers le Sud, dans la direction de la place Fénélon.

Tout ne porte-t-il pas à penser qu'il rejoint, sous cette place, le cours d'eau que nous y avons laissé tout-à-l'heure? Mais s'il en est ainsi, il faut remarquer que le puits de la rue de Vaucelette, avec lequel se relieraient ces communications souterraines, ne se trouve jamais altéré par les eaux chaudes de l'usine; et, par conséquent, il en faut conclure que des voies inconnues d'écoulement emporteraient ces eaux dans une autre direction.

Dans le dernier fragment d'aqueduc qui vient d'être mentionné, on ne s'est point contenté d'un conduit taillé dans le roc. En plusieurs endroits, des voûtes en pierres blanches, des parois en grès jusqu'à la hauteur du niveau d'eau, un fond garni de belles dalles également en grès, prouvent le soin particulier que l'architecte a apporté dans cette substruction.

Tels sont les résultats de nos recherches, relativement aux aqueducs souterrains. D'autres faits nous ont été signalés, mais ne nous ont point paru assez certains pour être relatés ici. Il résulterait donc, en résumé, de nos hypothèses, si elles se vérifiaient, qu'un long canal souterrain, parallèle à l'Escaut et recevant des affluents de la partie supérieure de la colline cambrésienne, aurait été pratiqué, aux temps anciens, dans un but qui nous échappe aujourd'hui.

Ajoutons que l'eau y serait saine, limpide, abondante, et pourrait sans doute être utilisée.

Nous passons sous silence certains petits aqueducs faits à des époques plus rapprochées, et destinés à relier ensemble les différents bras de l'Escaut qui traversent la ville.

AQUEDUCS MODERNES.

Il existe encore dans Cambrai deux grands aqueducs souterrains, qui ont apporté un remède efficace aux inondations causées jadis par les torrents d'eaux pluviales, après les orages et pendant les dégels. Le premier, qui date de 1825, prend naissance dans la rue des Liniers, auprès de l'auberge des *Dix-sept Provinces*, et conduit les eaux dans la cunette de la porte St-Sépulcre, en passant sous les rue et place St-Nicolas, et sous la rue de la porte St-Sépulcre.

Le second part de la Place-au-Bois, et va se jeter dans l'Escautin au *Pont de Bon-Secours*, en traversant la rue de l'Ange, la Grand'Place, la rue de l'Arbre-d'Or, la rue de St-Aubert, la Place-Fénélon et la grande rue Fénélon. De nombreuses bouches d'absorption, réparties sur tout le parcours de cet aqueduc, font incessamment disparaître les eaux pluviales qui ne s'écoulent plus à ciel ouvert. Ce grand travail, si utile au bien-être de la cité, a été exécuté en 1852 d'après les plans et sous la direction de M. Cléomède Evrard, ingénieur civil.

ARBALESTRIERS. — Les arbalestriers s'intitulaient *Compagnie des Roy, Prévost, Conestable et Confrères du noble et souverain jeu de l'arbalestre, premier serment de Cambrai*.

En effet, dans les marches et cérémonies publiques, le serment des arbalestriers avait le pas sur les archers de St-Sébastien, ainsi que sur les canonniers qui marchaient au troisième

---

(1) C'est sans doute la connaissance de ces eaux souterraines qui aura donné lieu, dans les temps passés, à la tradition d'un *lac* sous la métropole.

(2) 3,600 hectolitres par jour.

rang. Après quoi, venaient les autres serments de la Cité.

Nul n'était admis dans la compagnie, qu'après mûre délibération des confrères assemblés. La compagnie se réunissait pour ses délibérations, en été, dans son jardin de la Neuville; en hiver, dans une chambre de l'Hôtel-de-Ville. Elle était tenue d'avoir un registre sur lequel étaient inscrites toutes ses délibérations. La première séance relatée sur ce registre, qui existe encore intact, est datée de l'an 1603.

Elle avait toujours dans son sein un chanoine, qu'on appelait le chanoine et aumônier de la compagnie. Cet honneur était brigué par MM. du chapitre de Notre-Dame. Des personnes considérables ont fait partie de ce serment. On rencontre dans son registre, qui contient, pour ainsi dire son histoire, les noms des plus honorables habitants de la Cité. Beaucoup de chanoines de la métropole et de St-Géry s'y faisaient admettre. Des grands-vicaires, des bénéficiers, des échevins, des médecins, des collecteurs, des *procureurs* du roi se rencontraient dans son sein.

Chaque nouveau confrère devait prêter serment d'observer et garder les règles et statuts de la compagnie.

Le titre de Roy de la compagnie, appartenait au plus adroit. Le concours se faisait dans un tir spécial. Si le Roy conservait sa supériorité dans trois tirs consécutifs, c'est-à-dire trois années de suite, il était alors proclamé Empereur, et il signait : *Empereur et Roy*.

Les confrères payaient au Roy un tribut pour l'aider à soutenir les charges de sa royauté. C'était tantôt trente florins, tantôt quarante patars, tantôt trente-deux, ou une autre somme toujours fixée avant le tir du Roy, afin qu'aucune considération personnelle n'intervînt dans la fixation de cette liste civile.

En revanche, le Roy était obligé de donner, à ses frais, des vins à la compagnie, un dîner le jour de son installation, et un souper à tous ses confrères, chaque fois que la compagnie figurait dans une cérémonie publique. De plus, il devait faire tirer des prix, auxquels il n'avait pas le droit de concourir. La ville aussi donnait des prix en d'autres circonstances.

Ceux du Roy étaient de grande valeur, eu égard à l'importance du jeu.

C'était, par exemple :

1er Prix. Une louche d'argent, pesant six onces douze gros.

2e — Une cuillère à ragoût, de trois onces quatre gros.

3e — Une pareille cuillère, de trois onces deux gros.

4e — Une fourchette, de deux onces un gros.

5e — Une cuillère, de deux onces.

6e — Une fourchette, de deux onces.

7e — Une cuillère, du même poids.

Sur chacun de ces prix était gravée une arbalète.

L'archevêque de Cambrai, en vertu de ses droits de seigneur du pays, devait par lui-même, ou par procureur, ouvrir la cérémonie du tir des prix. Les arbalestriers ne manquaient jamais de l'y appeler.

Les prix se tiraient dans le marais de Selles; cette cérémonie se faisait en présence de M. le prévôt de la ville et de deux échevins. C'est dans le même lieu que les arbalestriers s'exerçaient.

Quand la ville donnait des prix aux divers serments, c'était alors dans le marais de *Tout-y-faut* que le tir avait lieu.

Le Magistrat, en considération des charges pécuniaires qui pesaient sur le Roy, lui faisait, pour le temps que durait sa royauté, remise de tous frais de maltôte sur la bierre et sur les vins qu'il consommait. Et la compagnie aidant, le Roy en usait beaucoup.

Comme le plus adroit tireur n'était pas nécessairement le plus propre à commander les évolutions de la compagnie, elle choisissait quelquefois un officier spécial pour cet objet.

Si les arbalestriers avaient leurs chefs, ils avaient aussi leurs serviteurs. D'abord, deux tambours pour les marches; ensuite trois valets pour le service des convocations et autres *vacations* exigées par l'usage. Le premier *valet* était aux gages de vingt florins, les autres de dix ou douze florins, le tout sans préjudice des petits profits du service ordinaire :

Le serment des arbalestriers de Cambrai a porté trois costumes différents à diverses époques. Le plus brillant, sans contredit, était le premier. Il fut arrêté ainsi qu'il suit dans une délibération en date du 20 mars 1715.

« Habit du plus bel écarlate que l'on pût trouver, garni de boutons d'or, et d'une boutonnière d'or, avec manches d'un tissu d'or brillant. Chapeau uni avec plumes blanches; bas de soie noirs. »

Quinze ans après, le 23 mars 1730, on changea la couleur du costume qui devint alors beaucoup plus simple, on se contenta de porter l'habit noir.

Puis, le 19 avril de la même année, les arbalestriers prirent un habit en drap petit-gris avec une boutonnière et un bouton d'argent.

Enfin, le 15 août 1752, jubilé séculaire de Notre-Dame-de-Grâce, la compagnie parût à la fête avec un nouveau costume. Il était alors de drap bleu de Saxe, avec boutons d'argent, et bas de soie blancs.

Le drapeau des arbalestriers, était d'azur, fleurdelisé à la croix d'argent. Ils avaient deux guidons aux armes de la ville.

Dans les marches triomphales, comme dans les cérémonies funèbres, la compagnie portait, pour armes, de petits mousquetons.

Le jardin des arbalestriers était situé à la Neuville-St-Remy. Il était divisé en douze jardinets ayant chacun un cabinet. Par ordre d'ancienneté, on arrivait, moyennant location, à la jouissance de ces jardins.

Cette compagnie subsista, brillante et honorable, jusqu'à la révolution de 93, qui engloutit toutes les institutions de ce genre dans son océan de ruines. — V. le registre très curieux de cette *noble compagnie* : § ms. 7 ; et § ms. 5, p. 104, pour un débat avec les canonniers.

ARBRE (GRAND). V. *Place Notre-Dame.*

ARCHERS. — La Compagnie des Archers de Cambrai remonte sans doute à des temps fort reculés. L'arc et l'arbalète étaient les armes les plus usitées au Moyen-Age. Dès le IX° siècle, d'ailleurs, Cambrai soutenait déjà des sièges importants. Il n'est pas douteux qu'à cette époque les archers n'y aient joué un grand rôle, et il est probable que l'institution se sera perpétuée sans interruption. Néanmoins nous ne trouvons pas les archers mentionnés, comme *serment* organisé, avant l'année 1529, époque de l'entrée de Robert de Croy à Cambrai. Ils figurent alors dans le cortége qui va au devant du duc de Cambrai. Ils étaient vêtus de rouge, et portaient des bonnets de couleur orange. Il y a eu plusieurs compagnies d'archers. Un ancien manuscrit nous apprend qu'en 1554, pour élargir le rempart qui existe entre le château de Selles et la porte du *Mal*, on abattit la maison et le jardin des archers de *St-Sébastien*, « lesquels furent alors confondus avec les archers de *St-Cristofle*, qui sont devant St-Eloy, si bien que des deux serments on n'en fit plus qu'un. » Ce *serment* conserva le nom de St-Sébastien ; en effet, par des réglements des 17 juin et 23 juillet 1556, le Magistrat de Cambrai accorde *des vins de grâce* aux archers de St-Sébastien et à ceux de St-Jacques.

Il y eut donc : les archers de Saint-Sébastien, les archers de Saint-Christophe et ceux de Saint-Jacques.

Un certain nombre d'archers de St-Sébastien avaient le privilége d'être dispensés de guet et de garde. Cela résulte d'un réglement du Magistrat, en date du 26 juillet 1646. Mais ce *serment*, qui avait absorbé celui de St-Christophe, eut ses jours de décadence. Il était peu nombreux en 1672. Aussi Messieurs de la ville prirent-ils un arrêté ainsi conçu :

« *Retranchement des vins de grâce en 30° jour de may 1672.* — Attendu le peu de personnes qui composent la confrérie des archers de S. Sébastien, Messieurs ont retranché et retranchent (restreignent) tous les vins qu'ils soulaient (avaient coutume de) avoir les dimanches et festes, à la somme de 70 livres par an, et ordonnent que lesdits confrères de ladite confrérie, à la réserve du Roy, du Conestable et des deux plus anciens, monteront la garde comme les autres bourgeois.—*Signé :* BOURDON. »— † ms. 902.

En 1713 les archers de Cambrai, ainsi que d'autres compagnies de la Cité, furent invités par les serments des villes voisines à y aller tirer des prix. C'était une politesse que l'on rendait aux Cambresiens. Tout cela se fit avec magnificence « principalement au Quesnoy, où un jeune archer de Cambrai, nommé Dehollain, remporta le premier prix qui était une épée à garde d'argent. » — *Mém. Chron.*

A l'occasion de ces grandes fêtes par lesquelles on célébrait, dans le pays, la paix d'Utrecht, chacun de nos serments prit l'habit uniforme. Tous portèrent alors la plume blanche au chapeau.

Depuis lors, jusqu'à la révolution qui supprima toutes nos antiques institutions, les archers demeurèrent parfaitement organisés.

Ils faisaient, chaque année, chanter une messe dans la chapelle de l'Hôtel-de-Ville, en l'honneur de saint Sébastien, leur patron.

ARCHEVÊCHÉ. — Le siège épiscopal de Cambrai fut érigé en archevêché par bulles du pape Paul IV, en date du 12 mai 1559 ; mais il perdit en étendue ce qu'il gagnait en honneurs. Le pape en sépara les quartiers de Flandres et de Brabant, pour les introduire dans l'archevêché de Malines et dans les évêchés d'Arras et de Namur. L'archevêché conserva vingt-huit villes, et eut pour suffragants les évêchés d'Arras, de Tournai, de Namur et de St-Omer.

Le premier archevêque de Cambrai fut Maximilien de Berghes. Cette nouvelle dignité ne changea rien à son titre de comte de Cambresis et de duc de Cambrai. En 1682, le chapitre de la métropole céda au roi le droit qu'il avait de choisir l'archevêque de Cambrai. Les choses subsistèrent ainsi jusqu'à la promulgation de la constitution civile du clergé. Alors Cambrai ne fut plus qu'un évêché, où figura, pendant quelque temps, un évêque constitutionnel nommé Primat; bientôt tout disparut dans le cataclisme révolutionnaire (1).

Le concordat, signé à Paris le 15 juillet 1801 et à Rome le 15 août suivant, rétablit à Cambrai un siège épiscopal, que M. Belmas occupa jusqu'en 1841, époque de sa mort. Cet événement amena la restauration de l'ancien archevêché de Cambrai, par bulle du pape Grégoire XVI, donnée à Rome le premier octobre 1841. Le siège ainsi restauré, retrouva immédiatement toute sa splendeur. M. Pierre Giraud en prit possession le 24 février 1842. — L'*His. de Cambrai*, par Dupont, et le *Précis de l'Hist. ecclés. du dioc. de Cambrai*, par M. Leglay, p. 61 et suiv. contiennent des documents sur l'archevêché de Cambrai.

ARCHEVÊQUES. — *V. Evêques.*

ARCHIVES CAMBRESIENNES.—Les archives de la cité de Cambrai, dispersées il y a un demi-siècle, et dont il ne reste qu'une partie dans les dépôts officiels, présentaient, au point de vue de l'histoire, un intérêt d'autant plus marqué, que cette ville, ou mieux ce petit gouvernement, dans sa position tout exceptionnelle de *neutralité*, avait des annales, des chartres, des immunités, des lois particulières.

Nous consignons ici, malgré sa longueur, un document précieux qui n'existe que manuscrit : c'est un *Inventaire des titres reposants au Ferme de MM. du Magistrat*. On sait que le *ferme* (chambre *fermée*) était le lieu où l'on conservait les archives de la ville. Ce précieux document fut rédigé en 1679 par l'échevin Ladislas de Baralle.

Inventaire des Tiltres reposans au Ferme de Messieurs du Magistrat.

BOITTE N° 1.

Dans la boitte cottée num° 1 sont diuers tiltres et pappiers concernans la cave au vin de M^{rs} du chapitre de Nostre dame, et diuers accords, traictez et accommodements entre Mrs du Magistrat et lesdits S^{rs} du chapitre touchant ladite cave.

(1) En 1789, le diocèse de Cambrai contenait quatre archidiaconés, quatorze décanats, six cents et quelques cures, environ soixante secours, quinze chapitres, vingt-deux abbayes d'hommes et douze de filles.

BOITTE N° 2.

Dans la boitte 2, la commission donnée par Charles 4. Empereur à Wenceslaus duc de Brabant, estably vicair general des prouinces de l'empire es païs de pardeça : n° 1.

Appel jnteriecté par le procureur du chapitre de Nostre Dame a l'Empereur, du banissement fait, par Preuost et Escheuins de Cambray en la personne de Iean Broutard Fournier dudit chapitre l'an 1429. Lettres de l'Empereur Sigismund euoquant a soy les procès ventilantes entre lesdites parties pour les subiects que dessus : n° 2.

Declaration de l'Empereur Henry en l'an 1310, contenante qu'encore bien qu'il ait donné la permission a l'Euesque d'exercer le temporel de son Euesché, qu'il n'at cependant reuoqué la commission donnée a Iean de Flandre Comte de Namur pour avoir soings des droits appartenans à l'Empire dans la Comté de Cambresis : n° 3.

Instrument contenant une obligation des Preuost, Escheuin et citoiens de Cambray, par laquelle ils s'obligent de paier à noble homme Watier de Hennin seigneur de Couchy cheualier, la somme de 2600 liures en sept paiements et cest a raison que la maison que ledit Wattier de Hennin auoit à Cuuillers, auoit esté bruslee par aucuns citoiens de Cambray, durant la guerre meue entre l'Euesque de Cambray d'une parte, et lesdits Preuost, Escheuins, et citoiens d'autre l'an : 1315 : n° 4.

Lettres de remission de Iean Faynard, banny de la ville et ban lieu de Cambray, donnees par Venceslaus Roy des Romains le 4 d'auril 1398 : n° 5.

Lettres de remission de Catherine Byllotte bannye de la ville et banlieu de Cambray, donnee par Sigismond Empereur le 21 de may : 1437 : n° 6.

Quittance de Pier. Euesque de Cambray pour 3000 liures, que lui debuoit la ville : l'an 1326 : n° 7.

Lettres du 10 d'auril 1358 contenantes que Wautier sire de Mauny consent et promet de tenir laccord et appointement que feront Messir d'Audreche Mareschal de France, et Wolfart de Ghistelle, de tous les differents qui estoient entre ledit Watier, et la ville de Cambray : n° : 8.

Lettres de Maximilien duc d'Austriche donnantes la permission aux Preuost, et escheuins de Cambray de se saisir de ses subiects qui seroient trouvez delinquants dans la ville et fauxbourgs de Cambray, sans pour ce enfraindre la neutralité en datte du 1 de mars 1478 : n° 9.

Sentence arbitralle donnee par Iean Euesque de Cambray, et Ostes sire de Lalaing et Bugnicourt et decidant les debats qui estoient entre les Preuost Escheuins et citoiens de Cambray, et Messir Robert d'Aisne cheualier seigneur de Beauuceoir et Betencour, en datte du 16 de juin 1420 n° 10.

Instrument contenant les debats et dificultés arriuees, entre le chapitre de Nostre Dame, et les Preuost et Escheuins, touchant deux tonnes de bierre, que messire Iean Renault chanoine dudit chapitre vouloit fair entrer dans ladite ville, et que le portier n'auoit voulu laisser entrer : n° 11.

Lettres faisantes mention des appoinctemens faits par l'Euesque, le bailly de Cambresis, les Preuost et Escheuins de Cambray, pour les clercqs bannis, la croix au pain, la cognoissance des chemins, des eaux, etc : n° 12.

Commission donnee par Henry Roi des Romains a Iean de Flandres Comte de Namur pour l'administration des biens et droits appartenans a l'Empire dans la Comté de Cambresis en datte du 2 juin 1308 : n° 13.

Bulle de Clement Pape leuant l'excommunication fulminee contre les Preuost Escheuins, et citoiens de Cambray pour n'auoir paié la rente de 800 liures deue par ladite ville a Nicolas Bonsengnoris debiteur du St. Siege etc.

N° 15 et 16 : Instruments touchant l'assisse :
Commission de Iean de Flandre Comte de Namur Estably gouuerneur du Comté de Cambresis par Henry Roy des Romains lan : 1308 n° 17.

Appoinctement fait par Messir Wallerand de Luxembourg seigneur de Ligny sur plusieurs articles contentieux, entre l'Euesque de Cambray et les Escheuins dudit lieu en datte du 8 doctobre 1354 : n° 19.

Instrument contenant que les Preuost, Doien, et chapitre de Cambray, se tenans mal contens sestoient absentez de la cité, et fait complaincte enuers le Roy de France, de la iurisdiction duquel le Preuost et Escheuins n'estoient pas subiects, et les Preuost et Escheuins en firent interietter appel au St. Siege, et l'accord qui sest ensuiuie entre les parties : n° 20.

Proteste faite par les Escheuins de Cambray a Messrs du chapitre de Nostre Dame, a raison que leur bailly auoit pris prisonnier deux bourgeois dans la maison du four de chapitre, et ce qu'il s'en est ensuiui : l'an : 1420 : n° 21.

Declaration de Wallerand de Luxembourg seigneur de Ligny que la rente annuelle de 200 liures tournois que les Escheuins luy ont donnez pour estre conseiller de la ville, est a vie, et ne passerat a ses heritiers : n° 22.

Diuers priuileges accordez par les Rois de France aux Preuost, Escheuins, citoiens, vniuersité de Cambray.

Premierement Philippe Roy de France promet pour luy, et ses successeurs, de donner a ladite ville, tout et quant et fois qu'elle aurat guerre, auec qui que ce soit, sauf l'Empereur, 300 hommes d'armes, et trois cent arbalestrierz, a ses cousts, fraixs, et despens, et les deffendre, et aider etc.

Item que les bourgeois et manans de Cambray pourront tirer les viures et marchandises du Roiaume de France pour leur necessité, et sans fraude, en paiant les tailles et peages anciens, sans estre obligez de paier les tailles et nouvelles impositions que ledit Philippe ou ses successeurs Rois de France pourroient imposer de nouueau.

Et pour ce les Escheuins, et uniuersité de Cambray ont promis daider ledit Philippe, et successeurs Rois de France, tout et quant et fois que requis en seront et recepuoir les trouppes et gensdarmes dans ladite ville : lesdites lettres en datte du mois de nouembre 1339.

Iean Roi de France lan 1361 confirme le susdit priuilege, l'extendant aux chanoins, et generallement a tout le clergé de ladite ville, deffendant bien expressement aux fermiers de l'impost forain de quatre deniers pour liures, et de dix sols parisis pour le Tonneau de vin de prendre lesdicts droits des bourgeois et habitans de Cambray, ny les faire paier les imposts nouueaux mis sur les viures et marchandises.

que lesdits bourgeois feroient sortir du Roiaume de France, pour estre transportez, et consommez en ladite ville de Cambray.

Le susdit priuilege fust confirmé par les Rois de France le 15 de nouembre 1378 : 1380 : le 29 juillet 1446 : item par Charles Roy de France le 3 daoust 1446 et par arrest du parlement de Paris de lan 1416, et du 9 de septembre 1451 et le 19 daoust 1427 ces titres sont cottez n° 25.

Appel interietté a l'Empereur par les Preuost et Escheuins de Cambray d'un appoinctement fait par Iean de Bourgogne Euesque de Cambray lan 1445, les raisons deduites dans cest instrument sont bonnes, pour monstrer et fonder la iurisdiction de Messieurs du Magistrat : n° 26.

Lettres contenantes certaine sentence rendue par Gerard Euesque contre le chapitre, et au proffict des Preuost et Escheuins sur certaine supplication contenante plusieurs points baillez audit Euesque declarez cesdites lettres de lan 1305, dont la copie est au repertoire fol : 324 : n° 28.

Priuilege donné aux Escheuins de Cambray de pouuoir arrester ceux qui ne voudroient paier les charges et tailles de la ville, par Guillaume Euesque lan 1289 : n° 30.

Trois lettres de lan 1228, contenantes comment l'Euesque Godefroy at confirmé la loy de Cambray, l'accord fait auec ledit Euesque et les Escheuins pour les guerres, et discordes passeez : n° 31.

La donation de la ville de Cambray et Comté de Cambresis, auec la chastellenie du Chastel en Cambresis, auec tous les droits de souuerain a Nicolas Euesque, auec abolition du droit de gaue que les comtes de Flandres pretendoient leuer dans ledit pays, par Conrard Empereur lan 1146 : n° 32.

BOITTE N° 3.

Dans la boitte cottee num : 3, sont diuers tiltres contenans les octrois accordez par les Empereurs et Euesques pour les imposts et assisses.

BOITTE N° 4.

Lettre d'Enguerran Euesque de Cambray confirmant tous les priuileges donnez par ses predecesseurs a la cité, et ordonnant que les manans ne puissent estre traictez par iustice temporelle, sinon par enseignement et iugement des Escheuins : n° 1.

Lettres donnees par Enguerran Euesque de Cambray contenans que la punition iuridique et correction des sergeants de la preuosté et Baillage de Cambresis appartient aux Escheuins : n° 2.

Erection de la bretecque en date du : 9 de juillet 1364 : n° 3.

Restablissement fait par Christain Blondel Bailly de Creuecœur et ses sergeants, d'un homme prins en le banlieu de ceste cité, sur vn champ de terre appartenant a lhospital St. Iean : n° 4.

Lettres de renontiation faite par les Preuost, Doien et chapitre de leglise de St. Gery, de l'exemption par eux obtenue d'Eugene Pape 4, pour eux, et leurs gens, declarans quils ne peuuent ny doibuent vser contre, ny au preiudice de la loy seculiere et iurisdiction temporelle de ladite cité, qu'elle n'ait son plein cours, et exercice, comme elle auoit auparauant en datte du 28 d'aoust 1448 : n° 5.

Erection de la ville de Cambray en Duché par Maximilien Empereur lan 1510 : n° 6.

Ordonnance de l'Empereur Charlesquint en datte du 19 de novembre 1543 : n° 7.

Lettres de Reglement, contenantes la iurisdiction que le Magistrat et Escheuins de Cambray ont es maisons chanonniales et supposts de Messrs du chapitre de Nostre Dame : n° 8.

Commission donné pour Wallerand de Luxembourg lan 1348 par Charles Roy des Romains pour recepuoir les droits appartenans à l'Empire dans le Comté de Cambresis : n° 9.

Lettres d'Henry Roy de France confirmant la neutralité de la ville de Cambray auec certaine lettre du Duc de Vendosme gouuerneur general de Picardie, et une lettre missiue de Iacques de Croy Euesque de Cambray pour le mesme subiect de lan 1552 : n° 10.

Instrument contenant l'appel intericité par les procureurs de l'Euesque, et de la ville d'une remismission à Ban obtenue de l'Empereur pour Estienne de Baralle l'an 1467 : item autre instrument contenant la renontiation faite par ledit de Baralle auxdites lettres : n° 11.

Instrument contenant comme Iean de Bourgogne fust receu l'an 1442 pour Euesque, et le serment quil fist hors de la ville es mains de Messrs du Magistrat : n° 12.

Lettres de Pierre Euesque de Cambray, contenant la closture des plaids du Palais au clain du Sr. d'Esne, et apres l'ouuerture desdits plaids sur les offres et remontrances dudit Euesque, en datte du 15 de iuillet : 1404 : n° 13.

Donation de la maison de St. Iacques aux bois par Iacques d'Aubencheul, et Alis sa femme l'an 1266, auec la confirmation de l'Euesque Nicolas : n° 14.

Lettres de commission donnees par Iean de Luxembourg lieutenant general, et gouuerneur du Comté d'Haynaut, ou sont incorporez autres lettres du comte d'Haynaut, pour s'informer des outrages faits par le sieur d'Escaudeuue es maretz du banlieu de Cambray et au cours de la riuiere de l'Escaut dattees du 28 de septembre 1425 : item l'appoinctement fait entre l'Ecuesque et la ville d'vne parte, et Louis Bastard d'Haynaut cheualier seigneur d'Escaudeuue d'autre parte, touchant leurs iurisdictions respectiues et marets d'Escaudeuue, Banlieu, et Riuiere de l'Escaut, et autres articles y contenuz en datte : du 22 iuillet 1425 : n° 15.

Lettres d'Ottho Roy des Romains confirmant les priuileges donnez aux Euesques et Eglise de Cambray, ordonnant que tous les droits que pouuoit pretendre le fisque imperial en la cité de Cambray fussent conuertis es luminairs de l'eglise de Nostre Dame en datté de l'an 1442 : n° 16.

Lettres contenantes l'arrentement pris par Messrs les quatre hommes de Messrs de Ste Croix des hangles et fossets depuis les harquets iusques a la porte de Cantimpret dattees de lan 1411 : n° 17.

Declaration de la mairie de Ste Croix, et des rues où elle sextend, en datte de lan 1385 : n° 18.

Trois lettres contenantes que les Cambrisiens ne sont subiects au droit d'aubein en France : n° 19.

Lettres contenantes l'achapt de la cimetiere des pestiferez : n° 20.

Accord fait auec l'Euesque, l'Abbe d'Anchin, et le Magistrat de Cambray touchant la iurisdiction des marets de la Neuuille et Warescais y adiacents : n° 21.

Appoinctement des francsergeants de chapitre, qu'els sont leurs droits et priuileges, comment ils en doibuent vser, fait et scellé par le Counestable de France et le seigneur de Beaumont lan 1260 : n° 23.

Une farde ou sont diuers tiltres et lettres touchant le beguinage de Cantimpret : n° 25.

Instrument contenant les accords et appoinctemens fait a l'interuention du Roy de France entre Marguerite, et Mathilde Comtesse d'Arthois, et l'Euesque et Magistrat de Cambray touchant la iurisdiction pretendue par les Comtes d'Arthois a la porte de Cantimpret : n° 26.

Procedures au subiect de la maison de Iean de Brugelette seaute au dessoubs du palais : n° 27.

Lettres par lesquelles Charles Roy de France at accepté vingt cincq Arbalestriez a luy enuoiez par la communauté de Cambray lan 1411, moiennant quoy il exempt les manans et habitans de Cambray de paier autres droits de fiefs ou arrierfiefs : n° 28.

BOITTE 5.

Sentence et appoinctement de lordre de la procession de Cambray qui se fait le lendemain de la Trinité, fait par Iean de Bourgogne Euesque de Cambray le 10 d'auril : 1452 : n° 1.

Priuilege donné par Venceslaus Roy des Romains le 16 de iuin 1395 au Magistrat de Cambray pour pouuoir eriger l'horloge de la ville : n° 2.

Lettres d'arrentement donnees par Pierre Euesque de Cambray l'an 1410 aux Preuost Escheuins et quatre hommes de la ville de Cambray des fossez de la ville vers Cantimpret venant depuis la tour qu'on dit des grands arquets, par où le grand Escaut entre en la ville, en venant par la porte de pierres, a vne tour où est lissue du grand Escaut et d'icelle tour en r'alant tout du long les toures et ayures de beures, si auant que lesdits fossez durent, iusques a vne tour de bois par dessous, laquelle est l'issue des petits escaudiaux pres les moulins de Selles, pour vne rente annuelle de huict liures tournois monnoie courante a pain, vin et a chaire : n° 4.

Serment presté au Roy d'Espagne lan 1616 : n° 5.

Reuocation d'aucunes lettres impetrees par Messir Mansard d'Esne contre la ville touchant l'assisse et les droits d'entree de la ville en datte du 2 d'auril 1417 : n° 6.

Appoinctement fait entre Charles Roy de France au nom de son fils le Dauphin de France, et chastelain de Cambray, et l'Euesque, Preuost, et Escheuins dudit Cambray, touchant les droits qui competent et appartiennent au Chastelain de Cambray fait a Paris au mois de mars 1400 : n° 7.

Lettres de Charles Empereur par lesquelles il commet et establi Albert Duc de Bauiere Comte d'Haynault, et Guy de Blois de Beaumont protecteurs et gardiens de l'Euesque et Eglise de Cambray, leur ordonnant de deffendre, et maintenir ledit Euesque en tous ses droits, terres, et iurisdiction contre tous ceux qui les troubleroient, et molesteroient : lesdites lettres donnees a Cambray au mois de ianuier 1377.

Lettres de Maximilien Empereur en datte du 29 de septembre 1503, contenantes en substance, que ledit Empereur auoit fait inhibition et deffence au chapitre de Cambray, et aux Preuost et Escheuins dudit lieu de ne receuoir aucun a prendre possession de la dignite episcopalle, s'il nestoit muny de son placet, or est il que nonobstant ces deffences, Messir Iacques de Croy, se disant pourueu de ladite dignité, s'est aduancé d'en vouloir prendre possession mais lesdits Preuost et Escheuins obeissans aux ordres de l'Empereur, luy ont refusez l'entree de la ville, et luy ont fermez les portes d'icelle, où il sestoit presenté auec le prince de Chimay et autres parens et amis en grand nombre, ce que voiant ledit Iacques de Croy auroit ietté et fulminé contre iceux excommunication, ce qui les auroit obligé de se tenir sur leurs gardes, et de recourir a l'Empereur, qui par ses lettres, les auroit receu en sa protection, et auouez tout ce qu'ils auoient fait : n° 8.

Lettres de Philippe Archiducq, aucthorisant les Preuost et Escheuins de Cambray de pouuoir recepuoir ledit Iacques de Croy pour leur Euesque : n° 9.

Appointctement fait l'an 1446 entre l'Euesque Iean de Bourgongne, le chapitre de Nostre Dame, les Preuost et Escheuins de Cambray, contenant quelle iurisdiction at ledit chapitre, et où elle sextend, et sur quels supposts : n° 10.

Sentence du 5 iour d'auril 1358 decidant et reglant quel droit les abbez et religieux de St. Sepulchre ont es fossez de la ville entre les portes de St. George et St. Sepulchre : n° 11.

Concordat entre l'Euesque, les chapitres de Nostre Dame, et St. Gery, les Abbez de St. Aubert et St. Sepulchre, et le Magistrat de Cambray, touchant les enfans trouuez : n° 12.

Lettres d'Enguerran Euesque de Cambray, par lesquelles il promet de guarandir a ses cousts et despens la loy de ladite cité, contre ceux du chapitre dudit Cambray, et que auxdits du chapitre ladite loy n'est en rien subiecte : n° 13.

Forme du serment que doibuent prester l'Euesque, le chapitre, les Preuost et Escheuins de Cambray deuant le palais a la ioieuse entree des Euesques : n° 14.

Lettres d'Enguerran Euesque confirmant tous les priuileges donnez par ses predecesseurs a la cité, et ordonnant que les manans ne puissent estre traictez par iustice temporelle, sinon par enseignement et iugement des Escheuins, lesdites lettres confirmees par l'Empereur l'an 1585 : n° 16.

Lettres de Guy Euesque de Cambray de l'an 1326 confirmant la loy, et la coustume dont les Preuost et Escheuins, manans et habitans de Cambray estoient en possession d'user, remettant le Magistrat au nombre de quatorse Escheuins que son predecesseur auoit redigé au nombre de douse : n° 17.

Lettres de l'Empereur Richard enuoiant a Cambray noble homme Iean d'Aauesne pour recepuoir le serment de fidelité de ladite ville : n° 18.

Lettres de l'Empereur Rodolphe confirmant le priuilege donné par Enguerran Euesque de Cambray, sçauoir qu'on ne peut vendre heritages en la cité sans Escheuins : n° 19.

Instrument de l'an 1457 contenant comment les Escheuins de St. Sepulchre sont venus au consistoire declarer que l'appel interietté par lAbbé dudit St. Sepulchre d'une sentence du Magistrat n'estoit de leur cognoissance, et quils desaduouoient ledit appel : n° 21.

Lettres contenantes le pouuoir donné par l'Empereur Charles a Guillaume de Crequy Doien de Cambray, pour leués les amendes a luy deues par les Escheuins et citoiens de Cambray : n° 22.

Lettres contenantes vne declaration des Preuost Doien et chapitre de Nostre Dame confessant, que par eux, ny par leurs prestres ils ne peuuent exercer aucune iurisdiction contre l'Euesque, sa famille, ses domestiques, contre la loy de la ville, et ceux qui maintiennent ladite loy : n° 23.

Lettres de renunciation de lAbbé de St. Sepulchre a l'appel par luy interietté au St. Siege d'vne sentence du Magistrat de Cambray, l'an 1458 : n° 24.

Priuilege et permission donné par Enguerran Euesque l'an 1284 aux Escheuins de la cité de Cambray de pouuoir eriger les maisons voisines a la Chambre de paix en halles, et ordonnances aux marchands dy aller vendre les choses venales : n° : 25.

Acte de non preiudice donné a Messrs du Magistrat par le chapitre de Nostre Dame l'an 1534 pour vne emprise de iurisdiction : n° 26.

Lettres du chapitre de Nostre Dame de l'an 1324 remettant le Magistrat au nombre de quatorse Escheuins, que lEuesque Mirepoix auoit redigé au nombre de douse : n° 27.

Instrument contenant tous les priuileges donnez a la ville de Cambray par Enguerran Euesque, dont les copies sont au repertoire : n° 28.

Instrument de trois nottairs contenant que en la presence de Monssr de Cambray vn chanoin de Rheims admonesta l'an 1511, le chapitre et chanoinnes de Cambray de iurer quils entretiendroient le contenu es bulles dUrbain pape, par lesquelles leur est defendu de tirer en justice ledit Monssr de Cambray, ses officiers et familiers pardeuant juges lais : n° 29.

Instrument contenant vn appel fait par le Magistrat contre le chapitre de Cambray : n° 30.

Instrument contenant comme le Bailly et deux sergeants du chapitre, rendirent aux Preuost et Escheuins, deux prisonniers manans et habitans de la ville, lesquelles ils auoient pris au four de chapitre, et detenuz prisonnier en la tour de chapitre lan 1420 : n° 31.

Instrument contenant que le chapitre de Cambray se tenant mal content du Magistrat, se seroit absenté de la ville, et interietté complaincte au Roy de France, de laquelle le Magistrat en auroit appellé au St. Siege : n° 32.

Sentence arbitrale donné entre le chapitre, et Magistrat de Cambray, decidant comment le Magistrat doibt desdommager ledit chapitre, et le recepuoir dans la ville l'an 1302 : n° 33.

Lettres de Guillaume Comte d'Haynaut de l'an 1329 commandant a son valet et Warde de iustice du marchet, de faire claing a la requeste de partie sur les biens des clercqs qui se meslent d'exercer la marchandise, ordonnant aux Escheuins de iuger lesdits claings : n° 34.

Lettres de Charles Empereur de l'an 1354, par lesquelles il prend en sa protection et de l'empire la ville, et habitans de Cambray, denommant pour gardien et protecteurs dicelles les Comtes de Blois de St. Paul, Wallerand de Luxembourg seigneur de Ligny le Chastelain de Lille, et Iacques de Bouxbay seneschal d'Haynaut : n° 35.

Appoinctement entre l'Euesque, le chapitre, et le Magistrat touchant diuers proces entre eux ventilans, tant en la cour de Rome, qu'en celle de Rheims pour l'assise, et la maison du Cornet appartenant a Messrs du chapitre : n° 36.

Les tiltres, papiers, et munimens concernans le baillage de la Foeullie : n° 37, 38 et 39.

(Il n'est point fait mention de la boitte 6.)

BOITTE 7.

Sont tous les tiltres originaux, dont les copies sont transcriptes au repertoir, soubs les mots Magistrat, Aubein, chapitre de Nostre Dame et St. Gery, où j'ay fait mention a la fin de chasque tiltre, où l'original se pourrat trouuer dans le grand ferme :

BOITTE 8.

Appoinctement fait entre le chapitre de St. Gery et le Magistrat l'an 1416, touchant diuers debats entre eux ventilans, pour la caue dudit chapitre, la iurisdiction de farniers etc. : n° 1.

Lettres de l'Empereur Henry de l'an 1309. Deschargeant les habitans de Cambray du serment qu'ils auoient prestez au comte de Namur : n° 2.

Appoinctement fait par l'Euesque Nicolas, et la ville de Cambray sur la reuocation de certains priuileges accordez par ledit Euesque au chapitre de Nostre Dame, contre les Preuost, Escheuins, et communauté de Cambray l'an 1258 : n° 3.

Appoinctement fait par Henry de Berghes Euesque l'an 1494; entre l'Abbé de St. Aubert, et le Magistrat de Cambray touchant la iurisdiction temporelle que pretendoit ledit Abbé dans l'enclos de son Abbaye, et les droits de la mairie de St. Aubert : n° 4.

Lettres de non preiudice donnees par le Bailly de St. Gery a Messrs du Magistrat de n'auoir empris sur leur iurisdiction par l'emprisonement de George Pesin : n° 5.

Lettres contenantes aucthorisation de pouuoir par Messrs du Magistrat faire eriger un beffroi et y asseoir vn orloge, item les lettres de Maximilien Empereur donnant la mesme aucthorisation : n° 6. — Voiez la boitte 5 : n° 2. (Ces lettres sont de 1510 et 1395.)

Lettres d'asseurances, et de sauuegarde donnees par Philippe Duc de Bourgogne au Magistrat de Cambray : n° 7.

Contract d'accord pour le warescaix qui est entre le viuier de St. Sepulchre, et la riuiere de l'Escaut : n° 8.

Lettres du Comte d'Haynaut de l'an 1334 deschargeant le Magistrat de Cambray, de ce qu'il auoit adiourné aucuns de ses officiers a comparoistre deuant luy : n° 10.

Lettres contenant la paix faite entre le chapitre et la ville l'an 1302 : n° 11.

Lettres de Charles Roy de France de l'an 1411 touchant les droits des fiefs, et arrierfief pretendu sur les bourgeois et habitans de Cambray : n° 12.

Il faut ajouter à cette liste de titres précieux un certain nombre d'actes postérieurs en date à ceux qui y sont relatés. On les voit indiqués dans un inventaire plus récent qui constate l'état actuel de nos archives communales. Nous ne publierons pas ce dernier inventaire. Nous n'a-vons reproduit l'autre que dans la crainte qu'il ne fût un jour perdu pour l'histoire, car nous croyons être le seul qui en possède aujourd'hui une copie.

Les archives de la ville contenaient, outre les titres des priviléges, franchises, droits, juridiction et autorité de MM. du Magistrat :

Un registre aux tutelles, couvert en cuir noir, commençant en l'an 1473, dans lequel on trouvait une liste des baillis de Cambresis.

Un registre aux remonstrances, appoinctements et ordonnances, commençant le 14 février 1546.

Un registre aux ordonnances, contenant les résolutions, octrois, lettres et décrets à dater du 2 mai 1625.

Un registre des résolutions sommaires, commençant le 18 de septembre 1634.

Le Livre aux bans de police, contenant tous les bans et réglements concernant cette matière.

Le registre aux lettres de police des Corps de métiers.

Une liste de ceux qui ont occupé les offices de prévôt de la ville, du baillage de la Feuillie et de celui du Cambresis, depuis l'an 1480, jusqu'à l'an 1680.

Un registre en long, recouvert de vélin, et intitulé : *Cambray*, où étaient relatés de nombreux actes du Magistrat.

Enfin, un registre dit le *Livre à la chaîne*, qui, selon nos inductions, contenait copie des titres et pièces qui concernaient directement le Magistrat.

Les bornes de ce Dictionnaire ne nous permettent pas de donner plus de détails sur nos archives communales, auxquelles nous voudrions pouvoir consacrer un in-folio. On en trouve, d'ailleurs, de nombreux extraits dans le présent ouvrage, aux articles où nous traitons du Magistrat, des Corps de métiers, etc.

Les Archives des églises et maisons religieuses du Cambresis étaient aussi des dépôts d'un prix inestimable pour l'histoire du pays. Lors de la suppression des établissements religieux en 1794, on déposa sans ordre, dans une des salles de la fondation de Notre-Dame, les papiers et titres ecclésiastiques appartenant aux corps et communautés ci-après.

1° Archevêché et chapitre métropolitain de Cambrai ; 2° Collégiale de St-Géry ; 3° Collégiale de Ste-Croix ; 4° Collégiale de Walincourt ; 5° Abbaye de St-Aubert ; 6° de Cantimpré ; 7° de Prémy ; 8° du St-Sépulcre ; 9° d'Honnecourt ; 10° des Bénédictines anglaises établies à Cambrai; 11° de St-André du Câteau; 12° de Vaucelles; 13° des Jésuites; 14° des Guillemins; 15° des Hospices et Hôpitaux; 16° enfin, de l'Officialité diocésaine de Cambrai.

Ces richesses demeurèrent presque ignorées, dans le lieu où elles avaient été entassées, jusqu'au mois de novembre 1844, époque où elles furent transportées aux archives centrales de Lille. Alors, M. Leglay, digne gardien de cet immense dépôt, mit en ordre le pêle-mêle de nos titres ecclésiastiques, et publia à ce sujet un travail parfaitement coordonné, auquel on recourra souvent avec fruit.— V. *Mémoire sur les Archives des églises et maisons religieuses du Cambresis, par M. Leglay.*

ARLEUX. *Alloes, Alluex, Arlodium, Allodium.* — Les souvenirs de la ville et du château d'Arleux ne remontent guères qu'au XIe siècle. « Cette ville, dit Carpentier, se glorifioit de ses murailles et de ses tours, qui sembloient la pouvoir conserver dans une tranquillité durant plusieurs milliers d'années, mais il faut qu'elle confesse que pour avoir esté forte, elle n'estoit pas des plus asseurées; que ses pierres n'ont pas été presque plus durables que ses habitans, et qu'on pourroit aujourd'hui moissonner sur la plus part de ses édifices. » En effet, on retrouve les noms de *Rue-Margelle, Rue-Félix,* etc., attachés à certaines portions de terre aujourd'hui en labour dans les environs de cette ville détruite. Ces champs recouvrent des fondations de murailles contre lesquelles souvent vient heurter le soc de la charrue.

On lit dans l'histoire qu'au mois d'août 1581, le duc d'Alençon, après la délivrance de Cambrai, se porta immédiatement sur Arleux et en chassa la garnison espagnole.

En 1583, le 23 juillet, le fort d'Arleux fut pris par un nombreux détachement de cavalerie cambresienne, qui, aidé de quelques gens de pied, incendia cette forteresse, y fit un gros butin, et emmena une quarantaine de prisonniers.

En 1645, les maréchaux de Gassion et Rantzau, se rendirent maîtres du fort et de la ville.

« Au commencement du mois de juillet de l'an 1711, les François prirent le fort d'Arleux. La garnison, après s'estre défendue avec vigueur, se rendit à discrétion. Les François dépouillèrent leurs prisonniers tout nuds, en représailles de ce que les Hollandois leur avoient fait semblable affront (trois semaines auparavant, après les avoir surpris dans le même fort).
— Ils les amenèrent dans Cambrai, au commandant, qui les fit resserrer au chasteau de Selles. Aussitôt M. de Fénélon et les Estats leur fournirent des habits pour les couvrir. Les Estats de Hollande en écrivirent une lettre de remerciements aux Estats du Cambresis. » (*Mém. chron.* p. 151)

Près d'Arleux existait le château du Forestel. Des chroniqueurs prétendent que c'est en ce lieu que fut détenu le terrible roi de Navarre, Charles-le-Mauvais.— V. des détails intéressants sur Arleux, dans les notes qui suivent le *Captif du Forestel,* nouvelle historique par M. Leglay.

ARMOIRIES DE LA VILLE. — Elles sont d'or à l'aigle éployée de sable, cerclée, becquée, languée, membrée de gueule, chargée en cœur d'un écusson d'or à trois lions d'azur, sommée d'une couronne de comte, ayant pour tenants deux anges, avec ces mots sur une banderolle : LA VILLE DE CAMBRAI. Avant l'année 1510, époque de l'érection de la ville en duché, les armes de Cambrai portaient, comme comté, trois lions d'azur sur champ d'or; voir aux mots : *Duc et Duché.* — V. *Hist. de la Municipalité de Cambrai,* 2e vol., p. 372.

ARQUEBUSIERS. — V. *Canonniers-Arquebusiers.*

ARTIFICIERS. — Les Cambresiens qui étaient fort amateurs de fêtes, ne manquèrent pas, sans doute, d'employer les pièces d'artifices, aussitôt que l'invention leur en fut connue. On voit, dans les *Mémoires chronologiques,* qu'en 1559, à l'occasion de l'entrée de Maximilien de Berghes, duc de Cambrai. « On tira l'artillerie, qui était sur le marché, *on fit des fusées* et des traînées de poudre. » Le chroniqueur ajoute qu'il y eut plusieurs tués et blessés.

En 1713, le feu d'artifice était déjà une partie importante des réjouissances publiques. Une grande fête eut lieu, en cette année, à l'occasion de la paix d'Utrech, « *le feu d'artifice,* qui était posé proche la chapelette, était gardé par les grenadiers de St-Félix. » (*Mém. Chron.* p. 154.)

Cela prouve qu'aux époques ci-dessus mentionnées, il y avait à Cambrai des artificiers; car il n'était pas dans les habitudes de nos pères d'avoir recours aux étrangers, pour alimenter leurs fêtes.

Il n'y a pas longtemps, d'ailleurs, que l'on achète à Paris les feux d'artifice qui se tirent dans nos réjouissances publiques, Cambrai possédait encore, il y a 30 ans, un excellent artificier, dont les œuvres pyrothechiques n'ont pas encore été égalées par les fabricants parisiens.

ARTILLERIE. — Il est très probable que les Cambresiens qui avaient à défendre, contre des aggressions incessantes, leur position de ville libre, se seront pourvus de l'artillerie aussitôt que l'invention en a été connue; (commencement du XVe siècle). Ce qu'il y a de certain, c'est qu'en 1477, le seigneur de Ludes, l'un des lieutenants de Louis XI, saisit et fit transporter au château de Selles l'artillerie cambresienne. Les canons, alors étaient peu nombreux, coûtaient fort cher : aussi n'est-il point douteux que les frais d'acquisition ou de confection des bouches à feu cambresiennes, n'aient été faits par les évêques, qui étaient princes de la ville et, par conséquent, les plus intéressés à sa défense. Ce qui corrobore cette assertion, c'est qu'un titre authentique, déposé jadis aux archives de la Maison-de-Ville, nous apprend que « MM. du Magistrat, en l'an 1555, acheptoient l'artillerie de l'archevesque, pour la somme de 2,465 florins. » Cet archevêque était Robert de Croy (§ ms. 5, p. 288).

Mais les Cambresiens ne s'étaient point contentés de l'artillerie de l'archevêque. Les temps étaient à la guerre, et ils avaient demandé au duc d'Albe, lieutenant de Charles-Quint, de leur prêter un certain nombre de pièces d'artillerie pour la défense de leur place. Le duc avait fait droit à leur requête, ce qui résulte de la pièce suivante, qui existe encore aux archives de la mairie de Cambrai.

« *A nos tres chiers et bien amez / les Prevost / Jurez et Eschevins de la cité de Cambray.*

Don Fernando Alvarez de Tolède / duc d'Alve / Lieutenant / Gouverneur et Capne Gnal.

Tres chiers et bien amez / Comme il soit requis et necessaire de tenir prest et en bon esquippaige tant d'affutz et roues que de chargoirs / poussoirs et nectoires l'artillerie et munitions de guerre appartenans a Sa Maté et par cydevant a vous prestees et envoyees a vore poursuyte et requeste / pour la deffence de la ville de Cambray / a ceste cause avons bien voulu vous requerir et neantmoins de par Sa Maté ordonner acestes / quayez a y donner lordre requiz et tenir vos pieches dartillerie tousjours pourveues de competent nombre de boulletz affin quen toutes necessitez lon sen puisse servir selon lexigence et les necessitez occurrentes / sans en ce vouloir faire faulte / a tant tres chiers et bien amez / Nre Sgr vous ait en sa garde / De Bruxelles le xxjme de janvier 1567.

Signé : D. F. A. Duc D'Alve. »

On voit, dans le † ms. 884, qu'en l'an 1600, l'archiduc Albert, gouverneur des Pays-Bas, visita la citadelle de Cambrai, et qu'à son entrée, « fut faicte une belle décharge de *quatre-vingt pièces de canons.* »

En 1677, Louis XIV, après la prise de Cambrai, confisqua, comme Louis XI, mais d'une manière moins brutale, l'artillerie des bourgeois. Il s'empara également de leurs biscaïens et de leurs mousquets. (*Mém. chron.*)

En 1851, trois pièces de canon étaient encore à la disposition de la garde nationale de Cambrai. Un ordre du Gouvernement a fait réintégrer, dans les parcs de l'Etat, ces vieux souvenirs de guerre, qui ne servaient plus qu'à la parade.

ARTOIS, autrefois pays des *Atrébates*. — Il existe encore, auprès du dernier glacis de la porte de Cantimpré, un bâtiment appelé *la Maison du comte d'Artois*. C'est là qu'était le siége de la justice du comte d'Artois, laquelle s'étendait, originairement, même sur une petite partie de la ville.—V. § ms. 9, p. 24.—V. aussi, pour plus de détails, le mot *Juridiction*.

ARTS (*Objets d'*). — La ville de Cambrai, qui présentait autrefois à l'étranger l'aspect d'un immense musée, grâce aux objets d'arts répandus à profusion dans ses belles églises et dans ses monastères, se trouve, de nos jours, une des plus dénuées sous ce rapport; vainement rappellerions-nous le souvenir d'un nombre considérable de tombeaux en marbre et en bronze, de statues en bois ou en pierre, d'objets d'orfévrerie qui formaient les *trésors* de nos églises et de nos abbayes; de ces rétables, de ces meubles de sacristie, de cette curieuse horloge de notre métropole, qui donnait, toutes les heures, aux fidèles, le spectacle de la Passion du Sauveur; de ces tableaux qui furent brûlés ou lacérés en place publique, aux jours de désolation où *la philosophie* faisait la guerre au *fanatisme* : tout cela est aujourd'hui perdu sans retour.

Pour donner une idée de la valeur des objets qui existaient à l'archevêché, il nous suffira de placer ici le fait suivant, attesté par M. Dominique, homme digne de foi, qui vit encore aujourd'hui. « Les tableaux de l'archevêché furent vendus *à briser les cadres* : il y en eut sept ou huit de conservés; les autres furent détruits, les encadrements furent brûlés et l'on en tira un lingot d'or de la valeur de 915 fr. »

De ses anciennes richesses, les seules choses

que Cambrai puisse offrir à la curiosité des artistes de nos jours, sont :

Un magnifique tableau de Rubens, qui orne aujourd'hui l'église de St-Géry. — V. *Rubens*.

Les tableaux de St-Sépulcre, aujourd'hui l'église métropolitaine. Ces belles grisailles, sont du célèbre Geeraerts qui fut directeur de l'académie d'Anvers. Il y en a neuf : huit dans l'église, et une dans la sacristie. Cette dernière est la plus belle.

Onze tableaux d'Arnould de Vuez, peintre flamand. Une toile de B. J. Wampe complète cette collection de douze sujets tirés de l'Evangile. Ils ont été faits pour l'église des Jésuites, et sont maintenant dans l'église de St-Aubert.

Dans la même église, les sculptures sur bois qui ornent l'intérieur du chœur, et qui représentent des sujets relatifs aux patrons de l'abbaye. — V. *Aubert* (abbaye de St-).

Dans la même église encore, le beau jubé en marbre qui, de l'entrée du chœur, fut transporté sous le clocher en 1738. Ce jubé est un magnifique monument de l'époque de la Renaissance. — V. *Aubert* (abbaye de St-).

La statue couchée de Vanderburch, qui fait partie de son nouveau mausolée, avec deux autres belles statues en marbre blanc. Ce monument, construit d'après le dessin de M. de Baralle, architecte de Cambrai, est dans la chapelle de la fondation Notre-Dame.

La statue de saint Sébastien, en albâtre, qui est déposée au musée de Cambrai. — V. *Marsy*.

Un bas-relief, en albâtre, de Gaspard Marsy, représentant la prise de Cambrai par Louis XIV. Il appartient au musée de la ville. — V. *Marsy*.

Une belle grille en marbre noir non poli, chef-d'œuvre d'architecture, du commencement de la Renaissance, qui existe encore dans la chapelle de l'hôpital St-Julien. Elle a besoin d'une restauration. — V. *Julien* (hôpital de St-).

Enfin, quelques bustes en marbre, de prélats et d'artistes, et un grand nombre de statuettes mutilées, provenant des ruines de nos divers monuments religieux. Tout cela est au musée de Cambrai, lequel possède en outre plusieurs tableaux anciens et modernes, qui ne sont pas sans mérite.

Quant aux collections particulières d'objets d'art, elles ne sont pas du ressort de cet ouvrage. — V. à ce sujet, *les Sciences, les Lettres et les Arts à Cambrai, par Eugène Bouly*.

Nous ne mentionnerons ici l'image célèbre de Notre-Dame-de-Grâce, que pour renvoyer le lecteur à son article spécial. — V. *Notre-Dame de Grâce* (Image de).

Il en sera de même de la belle châsse de sainte Maxellende, que l'on conserve dans l'église du village de Caudry. — V. *Maxellende*.

Nous dirons des œuvres modernes, qu'elles sont rares dans Cambrai : on ne peut guère citer que les monuments funéraires, élevés dans la métropole à la mémoire de Fénelon et de Louis Belmas, et les boiseries sculptées de la chapelle du Grand-Séminaire.

ARTS (SOCIÉTÉ DES AMIS DES). — Cette société a été fondée au mois de septembre 1825, pour l'encouragement des arts et de l'industrie. Le Conseil municipal de Cambrai, comprenant l'utilité d'une pareille institution qui devait, par des exhibitions publiques et des récompenses honorables, imprimer un mouvement favorable aux progrès, émit (le 27 septembre 1825) le vœu que tous les deux ans, en alternant avec la ville de Douai, il y eût à Cambrai, pendant les fêtes d'août, une exposition des produits des arts et de l'industrie.

Plusieurs fois ce vœu s'est réalisé, et le Conseil y vint en aide. Mais les expositions ont fini par devenir si peu importantes par le mérite des œuvres qu'on y envoyait, que l'usage en a été supprimé.

ASILES DE L'ENFANCE. — Les salles d'Asile qui substituent la charité publique à l'amour maternel ; qui remplacent la vie de famille par la vie d'association ; qui, pour aider aux développements des forces corporelles, asservissent la pétulance naturelle de l'enfant à des exercices cadencés et uniformes, sont une institution et peut-être une nécessité des temps modernes. L'expérience et l'avenir seuls pourront les bien juger.

La ville de Cambrai possède quatre salles d'Asile.

— *Vanderburch*, rue de St-Vaast, asile gratuit tenu par les Sœurs de la Charité ; ouvert en 1846 par les soins du Bureau de bienfaisance.

— *St-Joseph*, Place-au-Bois, sur l'emplacement de l'ancienne Ecole Dominicale. D'abord asile communal gratuit, tenu par des laïques, puis transformé en asile payant, par les soins du Bureau de bienfaisance, en 1852, et confié aux Sœurs de la Charité.

— *St-Julien*, rue des Cygnes. Asile communal gratuit, tenu par les Filles de la Sagesse, ouvert en 1849, par l'Administration municipale.

— *St-Georges*, rue de ce nom, construit sur l'emplacement de l'ancienne église de St-Georges. Asile communal gratuit, tenu par les Filles de la Sagesse. Ouvert dans un local provisoire en 1847 par les soins de M. l'abbé Bernard, et dans le grand bâtiment actuel en 1849 par l'Administration municipale.

A ce dernier asile est annexée une classe pour les enfants de familles riches. Cette annexe porte le nom de *St-Charles*.

AUBERT (SAINT) *évêque de Cambrai et d'Arras*. — Les premières années de saint Aubert sont inconnues. Il ne paraît guère dans l'histoire qu'au moment où le peuple et le clergé lui offrent, d'une commune voix, la succession de l'évêque Emebert. Ce fut le 21 mars de l'an 633 qu'il reçut la consécration épiscopale des mains de Leudégise, métropolitain de Reims. Ses vertus, sa sagesse, le rendirent bientôt célèbre. Dagobert, roi des Francs, voulut prendre ses conseils et combla, à cause de lui, l'église de Cambrai de ses libéralités. Il fut éprouvé par le Seigneur, dans l'exercice même de sa plus ardente charité. Un jeune homme, nommé Landelin, qu'il avait tenu sur les fonts de baptême, comblé de ses bienfaits et sur lequel il fondait de douces espérances, le trahit, le quitta pour mener une vie de débauches et de crimes. Le saint évêque versa des pleurs et ne cessa de prier, jusqu'à ce que Dieu lui rendit son fils spirituel, repentant et rempli de sainteté.

Ce fut du temps et sous les auspices de saint Aubert que saint Ghislain, philosophe d'Athènes, vint se fixer dans nos contrées. Ce fut encore lui qui donna le voile à sainte Aldegonde et à sainte Vaudru. Inspiré par un messager céleste, il éleva le monastère de St-Vaast, à Arras.

Sous son épiscopat et par son intervention, les deux diocèses d'Arras et de Cambrai furent enrichis de nombreuses institutions religieuses. Il mourut en l'an 669 et fut *sépulturé* dans l'église de St-Pierre et de St-Paul, qui prit plus tard le nom de St-Aubert.—V. † ms. 659, p. 9 et suivantes. — L'abbé Destombes, *Vie des Sts. des dioc. de Cambrai et d'Arras*.

AUBERT (ABBAYE ET ÉGLISE DE ST-).—L'église de St-Aubert, autrefois St-Pierre et St-Paul, est une des plus anciennes de la ville. Julien de Lingne nous apprend qu'au temps de saint Vaast, il y existait des chanoines séculiers, et que ce fut saint Liébert qui, en l'an 1066, y établit des chanoines réguliers. Saint Aubert y fut inhumé en 669 ou 670. Mais ses reliques en furent retirées par l'évêque Dodilon, qui les déposa dans l'église Notre-Dame, pour les soustraire aux profanations que l'on craignait de la part des Normands; car à cette époque l'église de St-Aubert n'était pas enfermée dans la ville. « Quant à la situation de cette église, dit Joseph Pouillaude qui en a écrit l'histoire, il est certain qu'elle n'a jamais changé, quoiqu'il soit vrai qu'elle ait été premièrement hors de la ville. *Nous avons plusieurs preuves de cela.* » — La châsse de saint Aubert ne fut reportée dans l'église, qui prit son nom, qu'en l'an 1030.

Cette église subit plusieurs fois les désastres du feu, notamment en 986, en 1148 et en 1151. Après l'incendie de 1148, la restauration qu'on en fit, comporta deux tours qui disparurent par la suite. Le chœur, refait à cette époque, n'exista que jusqu'en 1543, temps où Michel de Franqueville, vingt-quatrième abbé, fit commencer un nouveau chœur, achevé en 1549, lequel en 1739 fut remplacé par celui qui existe aujourd'hui. Ce fut messire Augustin Jahon, abbé de St-Aubert, qui ordonna cet immense travail. Dès l'année 1738, « il fit transférer, sous le clocher, le jubé qui fermait l'ancien chœur; il fit copier toutes les épitaphes et les armoiries qui se trouvaient sur les vitres et ailleurs, puis commença à démolir l'ancien chœur. Il fallut creuser la terre à environ quarante pieds, pour trouver un banc solide. Les fondations du chœur actuel ont donc quarante pieds de profondeur. L'édifice fut achevé sur la fin de 1745. Messire Jahon le bénit la veille de Noël de la même année. »

La coupole repose sur quatre colonnes d'ordre corinthien, en marbre noir, qui n'est point encore poli. Le chœur est relié avec la nef d'une manière très ingénieuse, par deux groupes d'anges qui jettent un voile sur les endroits où le raccord ne serait pas agréable à l'œil. — « Messire Nicolas Béharel, trentième abbé, fit faire *les tapisseries* qui sont dans le chœur, et qui représentent la vie et les actes de saint Aubert. » († ms. 654, p. 174.) Il est très probable que, par ces tapisseries, l'auteur du mémorial entend les boiseries sculptées qui *tapissent* encore l'intérieur du chœur.

En 1728, la tour de St-Aubert ne s'élevait pas au-delà du balcon de pierre. Ce fut messire Pouillaude qui la fit surmonter de ce dôme élégant qui la couronne aujourd'hui.

Le quartier abbatial était un fort beau bâtiment d'ordre dorique et ionique. Les cloîtres, dont la voûte était en pierre de taille élégamment sculptée, présentaient un fort bel aspect. Tout cela a été renversé à la révolution.

L'abbaye de St-Aubert fut quelquefois, comme beaucoup d'autres, obligée de loger des soldats; elle logea plus souvent des princes et des rois.

En 1793, l'église fut transformée en musée public.

On compte, parmi les religieux de St-Aubert, un grand nombre d'hommes illustres et de savants. On appelait cette abbaye *la Maison des nobles*. Les abbés y tenaient des mémoriaux très circonstanciés que, pendant longtemps, depuis la révolution, on a cru perdus pour jamais. Ils ont été retrouvés parmi les archives de cette abbaye, qui sont au dépôt départemental de Lille. Nous les avons eus entre les mains, et nous avons pu nous convaincre que l'abbé Dupont, religieux de St-Aubert, en a publié, dans son *Histoire de Cambrai*, à peu près tout ce qui peut être intéressant au point de vue de nos annales.

Le costume des abbés de St-Aubert était très riche et de drap violet, comme celui des évêques.

On lit, dans un manuscrit de la Bibliothèque communale (n° 662, p. 689) à propos du passage du roi Louis XV à Cambrai, le 4 de mai 1744 : « Le prince remarqua particulièrement la couleur de mon habillement, en demandant à Mgr l'archevêque : Qui est donc ce gros évêque? la réponse fut que je n'avais pas ce caractère; mais abbé de St-Aubert, que S. M. avait nommé. »

Ceci est écrit par l'abbé de St-Aubert lui-même.

Aujourd'hui l'église de St-Aubert s'appelle indifféremment de St-Géry, parce que, depuis un demi-siècle, elle est devenue paroissiale à défaut de St-Géry.

Voir, sur le même sujet : *Notice manuscrite sur les églises de Cambrai, par Julien de Lingne.—Mém. Chron.*, p. 263.—† mss. 654, 655, 656.—*Mémoriaux de St-Aubert*, chronique reposant aux archives du département du Nord. — *Histoire de Cambrai*, par Le Carpentier.—*Histoire de Cambrai*, par l'abbé Dupont.

Note sur les boiseries du chœur de l'église de St-Aubert.

Les médaillons en chêne sculpté, qui tapissent l'intérieur du chœur de St-Aubert, ne représentent pas exclusivement la vie du saint évêque, comme beaucoup de personnes le croient d'après la tradition. Divers sujets s'y joignent, qui se rattachent à d'autres patrons de l'abbaye. Nous devons à l'obli-geance de M. l'abbé Destombes, hagiographe du diocèse de Cambrai, l'explication de ces beaux panneaux de sculpture, qui sont au nombre de vingt. Pour en parler, nous les numéroterons en commençant à compter par l'entrée du chœur, du côté de l'évangile, pour finir par le côté opposé.

Pour expliquer le choix des sujets, il est nécessaire de se rappeler que l'église de St-Aubert était originairement placée sous le vocable de saint Pierre et de saint Paul, et que les religieux de cette abbaye suivaient la règle de saint Augustin. Il y a donc quatre médaillons consacrés au souvenir de saint Pierre et de saint Paul. Quatre autres relatifs à saint Augustin, et enfin douze qui rappellent des traits de la vie de saint Aubert.

Mais avant d'aller plus loin, nous placerons ici une observation, que nous suggère le désordre qui existe dans la disposition des sujets; c'est que probablement ces panneaux ne sont plus aux places qu'ils occupaient originairement. Ils auront été démontés pour une cause quelconque (en 1793 peut-être) et remis ensuite avec confusion, par un artisan qui ignorait leur ordre primitif.

Cette opinion personnelle étant émise, sous toutes réserves, voici maintenant l'explication des différents sujets.

SAINT PIERRE ET SAINT PAUL.

N° 2. — *Le repentir de saint Pierre.* — Il a renié son divin Maître, et le chant du coq lui rappelle ses promesses de fidélité, et ces paroles du Sauveur : « Avant que le coq chante vous me renoncerez trois fois. »

N° 11. — *Un cardinal*, la crosse à la main et un livre ouvert devant lui, n'est probablement autre que *Pierre* d'Ailly, cette grande lumière de l'Eglise, qui relie le nom de saint Pierre d'une façon particulière à l'abbaye de St-Aubert comme au diocèse de Cambrai, puisque l'illustre prélat occupa le siège de la cité et visita plusieurs fois le monastère. On ne rencontre rien, dans l'histoire religieuse du pays, qui éveille l'idée d'un autre sujet.

N° 3. — Saint Paul, encore persécuteur, assiste au martyre de saint Etienne. « ... Ainsi ils lapidèrent Etienne, qui priait et qui disait : Seigneur Jésus, recevez mon esprit... S'étant mis ensuite à genoux, il s'écria à haute voix : Seigneur, ne leur imputez point ce péché. Après cette parole, il s'endormit dans le Seigneur. Or, Saul avait consenti à la mort d'Etienne. » (*V. Act. des apôtres*, chap. VII, verset 57 et suivants.)

N° 19. — Ce médaillon représente la *Conversion miraculeuse de saint Paul.* « ... Comme il approchait de Damas, il fut tout-à-coup environné d'une lumière du Ciel, et étant tombé par terre, il entendit une voix qui disait : *Saule, Saule, quid me persequeris?* » (*V. Act. des Ap.* chap. IX, verset 1 et suivants.)

SAINT AUGUSTIN.

N° 17. — Ce bas-relief représente la *Conversion de saint Augustin*, telle qu'il la rapporte lui-même dans ses *Confessions*. (V. ce livre admirable, liv. VIII, chap. 8.)

N° 1. — Ce sujet rappelle le *Baptême de saint Augustin*, dans la cathédrale de Milan. Saint Ambroise qui, par l'onction de ses discours et l'éminence de ses vertus, a surtout contribué à préparer la conversion de saint Augustin, baptise son fils spirituel sous les yeux de sainte Monique, l'heureuse mère du nouveau chrétien. (V. *Confessions de saint Augustin*, liv. IX, chap. 6. et liv. III, chap. 11.)

N° 14. — On voit le pécheur converti, *revêtu du caractère épiscopal*. L'Église d'Hippone en Afrique, lui a été confiée. La crosse pastorale dans sa main gauche, un cœur enflammé dans sa main droite, rappellent, d'un côté, les honneurs sacrés où l'élevèrent ses vertus; de l'autre, l'ardent amour de Dieu, dont ses écrits et ses discours furent inspirés. (V. *les Confessions*, liv. X, chap. 25.)

N° 18. — *Sainte Cécile*, se rapporte sans doute ici, quoique d'une manière indirecte, à l'histoire de saint Augustin. N'aura-t-on pas voulu exprimer, par ce sujet presque allégorique, les heureuses impressions que produisaient sur l'âme d'Augustin, encore pécheur, les hymnes et les cantiques qu'il entendait dans la cathédrale de Milan? « Combien je versais de pleurs, dit-il, par l'émotion violente que j'éprouvais en entendant, dans votre église, chanter des hymnes et des cantiques à votre louange!.. en même temps que ces chants si doux frappaient mon oreille, votre vérité coulait par eux dans mon cœur, etc. » (V. *les Confessions de saint Augustin*, liv. IX, ch. 5.)

SAINT AUBERT.

N° 15. — *Saint Aubert, simple prêtre du clergé de Cambrai*, se livre aux pratiques de dévotion. (V. *les Vies des Saints de Cambrai et d'Arras*, par l'abbé Destombes, t. I, p. 233.)

N° 13. — *Saint Aubert, sacré évêque. (Même ouvrage*, t. I, p. 234.)

N° 16. — *Saint Aubert, bâtissant à Arras*, sous les inspirations d'un ange, une église pour y déposer le corps de saint Vaast. (Idem t. I, p. 239 et 240.)

N° 7. — *Saint Aubert, recevant la visite de Dagobert*, et donnant à ce prince de sages conseils (Id. t. I, p. 134.)

N° 4. — *Saint Aubert donne ses derniers avis à saint Landelin*, son fils spirituel, qui, entraîné par de perfides amis, va se livrer au crime. (Id. t. I, p. 236. t. II, p. 97.)

N° 9. — *Conversion de saint Landelin*, pour qui saint Aubert n'avait cessé de prier. (Id. t. II, p. 97 et 98.)

N° 5. — *Mort de saint Landelin*, au milieu des religieux réunis autour de lui. (Id. t. II, p. 102 et 103.) Tout ce qui concerne saint Landelin est intimement lié à la vie de saint Aubert, comme l'histoire de tout homme appartient à celle de sa famille.

N° 8. — *Saint Aubert, accompagné de saint Amand*, donne le voile à sainte Aldegonde et à ses deux nièces, en présence de sainte Vaudru, sa sœur. (Id. t. II, p. 75, 187, 213, et *l'Histoire de saint Amand*, p. 261.)

N° 6. — *Miracle opéré par saint Aubert*.

N° 10. — *Autre miracle*. On voit, par Fulbert de Chartres et par la chronique de Balderic, que beaucoup de guérisons ont été obtenues par l'intercession de saint Aubert.

N° 12. — *Fulbert de Cambrai*, refuse à l'empereur d'Allemagne, Othon-le-Grand, le corps de saint Aubert, qu'il demandait, ainsi que celui de saint Géry, pour enrichir de ces reliques les villes et les monastères qu'il avait fait bâtir.

N° 20. — *L'évêque Gérard Ier transporte solennellement dans l'église de St-Pierre et St-Paul (aujourd'hui de St-Aubert) les reliques de ce saint patron*, que l'on avait conservées dans la cathédrale pendant 102 ans.

Des vingt médaillons dont il vient d'être parlé, la plupart sont expliqués d'une manière incontestable. Trois ou quatre le sont d'une façon très spécieuse. C'est pourquoi nous n'avons pas hésité à accepter les versions de M. l'abbé Destombes.

AUBERT (*Château de St-*). — La famille de ce nom est très ancienne : selon Gélic, un Gautier de St-Aubert était sénéchal de Cambresis à la fin du Xe siècle. Quant au *château de St-Aubert*, on n'en trouve de mention, dans l'histoire, que vers le milieu du XIIe siècle. Il appartenait à Gérard de St-Aubert, dit *Malflâtre* ou *Maufilâtre*, à cause de sa turbulence et de ses excès. Le château de St-Aubert était un véritable repaire de bandits. Quand ses ponts-levis s'abaissaient, c'était pour laisser échapper une troupe de soudards, armés de toutes pièces, qui tombaient comme des vautours sur les campagnes voisines, qui pillaient, faisaient ravage, et revenaient chargés de butin.

Maufilâtre faisait les choses plus grandement que ses hommes-d'armes. Il ne se contentait pas, lui grand seigneur, de détrousser quelques pauvres voyageurs, de piller de simples paysans; c'était à l'évêque lui-même qu'il s'en prenait; c'était la ville du Câteau qu'il saccageait. On comprend qu'un pareil brigandage nécessita plus d'une fois de dures répressions. Souvent le château de St-Aubert eut des sièges à soutenir, souvent des ennemis acharnés assaillirent ses murailles; mais elles étaient solidement construites, les tourelles qui les garnissaient étaient admirablement défendues. A l'abri de son donjon, le châtelain était en sûreté.

On lui dressa des pièges, il fut pris dans un voyage qu'il faisait aux environs. Rendu à la liberté sur serment d'être paisible à l'avenir; repris pour cause de félonie, il fut mis à mort par le peuple.

Alors le château de St-Aubert passa aux mains de Nicolas, tuteur des enfants de Maufilâtre. Nicolas ne trouvant pas le château assez fort à son gré, quoiqu'il fût presque imprenable, fit travailler encore à ses fortifications. Les Cambresiens s'en émurent : Ils ne voyaient pas sans une juste inquiétude ces terribles châteaux-forts s'élever dans le voisinage de la ville-mère. Ils comprenaient bien que tout cela servirait moins à la défense du pays qu'à en entraver les libertés. En conséquence, ils résolurent de se délivrer d'un bon nombre de ces édifices menaçants. Aidés du comte de Hainaut, qui mit un corps de troupes à leur disposition, ils commencèrent leurs opérations par le siége du château de St-Aubert. Simon d'Oisy, oncle des enfants du redoutable défunt, défendit si vaillamment le château de son beau-frère, que les Cambresiens ne purent le prendre. Ils se vengèrent de cet échec sur les autres forteresses.

Le château de St-Aubert fut détruit en 1543, par Charles-Quint qui en fit servir les matériaux à l'érection de la citadelle de Cambrai.

On ne saurait dire quelle était la forme de ce terrible manoir, qui joua dans le pays un rôle important. Il n'en reste pas de vestiges. Les habitants du village en montrent la place à quelque distance de l'église. Une ferme a remplacé le donjon où s'abritait l'homme qui avait mérité d'être appelé *mauvais fils*.

AUBERT (ANTOINE-FRANÇOIS SAINT-), né à Cambrai le 11 septembre 1715. — Il était fils du jardinier de l'archevêché. M. de Saint-Albin, qui protégeait les lettres et les arts, ayant découvert dans le jeune Saint-Aubert de grandes dispositions pour la peinture, l'envoya à ses frais à Paris, et le confia aux soins de l'illustre Watteau. Le protégé de l'archevêque de Cambrai profita merveilleusement des leçons de son maître, qui était lui-même un enfant de la Flandre. Il ne tarda pas à devenir un peintre distingué, et revint alors dans sa ville natale, où les arts, et notamment celui du dessin, étaient fort négligés. Le jeune peintre traitait avec bonheur les sujets du genre de son maître : des tableaux d'intérieurs de famille, des fêtes galantes sont sortis de son pinceau spirituel. Il aborda aussi avec succès le genre religieux. Mais c'est surtout dans le style fantastique qu'il se serait fait un nom, s'il eût été sur un plus grand théâtre. Doué d'une imagination aussi féconde que bizarre, il écrivit sur la toile les pages les plus fantasques, les histoires les plus extravagantes, les rêves les plus monstrueux que puisse enfanter le sommeil ; et cependant ces œuvres sont séduisantes par leur originalité et par l'intelligence qu'on entrevoit sous la débauche de l'esprit.

Les principaux monuments de la cité ont été peints par lui.

Il habitait le quartier St-Fiacre, pour y être à portée d'étudier les mendiants et les commères, pour y voir de près ces scènes grotesques, ces querelles, ces combats à outrance où des héros en haillons se battaient à coups de sabots et de béquilles. C'était là qu'il prenait sur le fait toute cette nature hideuse, dont il a fait ses diables et ses sorcières.

Notre peintre ne resta pas toujours à Cambrai ; tombé, on ne sait pourquoi, dans la disgrâce de l'archevêque, il partit pour l'Angleterre, d'où il revint après la mort du prélat. C'est alors que s'ouvrit l'école de dessin, dont il devint le premier professeur (1782).

Ce peintre, cet artiste, ignoré faute d'un de ces coups de fortune qui font les réputations, mourut en 1788, le 10 avril, à l'âge de 73 ans.

AUGUSTINES. — Les religieuses de l'Ordre de St-Augustin, sont depuis très longtemps à Cambrai. Vers le milieu du XII° siècle « il y avait, dit un ancien manuscrit, un hôpital près de l'église de St-Vaast, qui était desservi par un frère et plusieurs filles pieuses vivant ensemble sous l'habit et la règle de St-Augustin.» Alors ces Augustines portaient le nom de *Sœurs noires*, à cause de la couleur de leur habit. Leur maison, qui était située sur le lieu même où fut élevée depuis la fondation de Notre-Dame, dite Ste-Agnès, était-elle le primitif hôpital de St-Jean, où l'hôpital de St-Jean n'exista-t-il que depuis son établissement sur la paroisse de la Madelaine ? Les chroniques ne sont pas d'accord à cet égard. Le fait est que les Augustines desservirent St-Jean dès son origine, et qu'elles étaient alors vêtues de noir. Ce fut en 1505 qu'elles prirent l'habit blanc pour se mettre d'uniforme avec les religieuses de St-Julien, qui étaient aussi de temps immémorial dans ce dernier hôpital. Il y avait encore des Sœurs noires de St-Augustin à l'hospice de St-Jacques-au-Bois, où elles avaient été placées par l'évêque Jacques de Croy.

Sous l'épiscopat de M. Giraud, archevêque de Cambrai, une maison-mère des Augustines a été fondée en cette ville dans une dépendance de l'ancien hôpital de St-Jean. Cette mesure a eu pour objet quelques réformes utiles que le saint prélat avait jugées nécessaires, et dans lesquelles il a été puissamment aidé par la supérieure de l'Ordre. — V. † ms. 905.

AUTEL DE LA PATRIE. — Ce fut dans la séance du 19 novembre 1793, que le Conseil général de la Commune décida qu'on demanderait au district l'érection d'un Autel de la

Patrie. On prit, pour servir à cet usage, l'ancien autel de l'abbaye de Vaucelles, qui venait d'être placé dans le chœur de l'église du St-Sépulcre. Le monument fut élevé vis-à-vis la *Maison du Lion-d'Or* sur le Grand-Marché. Quelque temps après (mars 1794) on l'entoura des grilles arrachées au chœur de la même église. Dans cette enceinte, on planta aussi l'arbre de la liberté. Les frais de tout cela furent couverts par des souscriptions, qu'on serait tenté d'appeler des *impositions*. Nous n'avons pas à décrire ici les cérémonies de la nouvelle religion dont cet autel venait de recevoir la consécration. Nous renverrons pour cela le lecteur à l'*Histoire de la Municipalité de Cambrai*.

Plus tard, quand le culte de la *raison* et de la *liberté* fut aboli, on remit les grilles du St-Sépulcre à la place qu'elles occupent encore aujourd'hui.

B

BAI

BAILLAGE, BAILLI. — Bailli, en latin *Ballivus*, signifiait en vieux langage, *gardien, conservateur*. En effet les Baillis étaient, pour ainsi dire, les gardiens de la loi, les conservateurs des droits de chacun. Ils étaient chefs des Baillages qui représentaient la haute, la basse et la moyenne justice du seigneur. Ces Baillages étaient composés d'un Bailli, de quatre hommes de fief, qui jugeaient à la requête du Bailli, d'un procureur d'office et d'un greffier.

Le GRAND BAILLAGE était la *Cour féodale de l'archevêque*. Tous les villages appartenant à l'archevêque, à l'exception de la châtellenie du Câteau, étaient nécessairement de ce Baillage. Les pairies du Cambresis (excepté deux) et presque tous les autres Baillages de Cambrai et du Cambresis, relevaient aussi de cette Cour seigneuriale, soit médiatement, soit immédiatement. Le chapitre de la métropole faisait exception : il relevait immédiatement du parlement. Celui de St-Géry prétendait être fondé dans le même droit. — V. *Coutumes générales du Cambresis, commentées par Des Jaunaux*, p. 101.

Le chef du Grand-Baillage s'appelait Grand-Bailli, Bailli du palais, Bailli de Cambresis.

On comptait dans Cambrai : le Grand-Baillage de Cambresis, le Baillage de la Feuillie et du marché (V. *Feuillie*). Le Baillage du chapitre métropolitain, ceux de St-Géry, de Ste-Croix, de St-Aubert et de St-Sépulcre. Tous les villages du Cambresis relevaient d'un Baillage. (V. *Jurisdiction*.)

Le Bailli de Cambresis était justiciable du magistrat en cause civile. Il avait à sa nomination :

Les mayeurs du poisson ;
Les sergents du Bailli ;

BAL

Le roi des Ribauds. V. *Ribauds* (Roi des).

Le Bailli de la Feuillie, qu'on appelait aussi Bailli du roi, n'avait pas le droit de porter le bonnet ni les parements de robe en velours. Ces objets devaient être d'étoffe semblable à celle de la robe. — † Ms. 902.

BALAGNY (JEAN DE MONTLUC DE). — Fils naturel de Jean de Montluc, moine apostat. Il fut gouverneur de Cambrai, de l'autorité du duc d'Alençon, en 1581. Il s'était jeté dans le parti de la Ligue et avait fort à craindre le ressentiment du roi; mais Renée d'Amboise, sa femme, alla trouver Henri IV à Dieppe, réussit à l'apaiser, et en obtint même, pour son époux, la *souveraineté* de Cambrai et le titre de maréchal de France (1594). Le nouveau souverain de Cambrai, se rendit tellement odieux à la cité, par ses exactions, sa cruauté et la dissolution de ses mœurs, qu'elle n'hésita point à ouvrir ses portes au comte de Fuentes, qui stipulait pour Philippe II, roi d'Espagne (1595). Pour parvenir à ce but, une grande insurrection fut organisée dans la ville, et Balagny, attaqué du dehors par les Espagnols, et de l'intérieur par les bourgeois, succomba en obtenant néanmoins une honorable capitulation. Renée d'Amboise se tua de dépit, Balagny accepta sa déchéance d'une manière plus philosophique. Il se remaria avec Diane d'Estrées, et mourut en 1603. — V. une relation des événements dont Cambrai a été le théâtre, à cette époque, dans le † ms. 883. — V. encore *Histoire de Cambrai*, par Dupont. — *Histoire de Cambrai*, par E. Bouly.

BALDERIC, ou *Baudry, Baldericus*. — Ce célèbre chroniqueur cambresien vivait au XIe siècle. Divers passages de son livre prouvent qu'il était de Cambrai ou que, du moins, il avait longtemps habité cette ville. Il est permis de croire qu'il était chanoine de Cambrai et que l'évêque Gérard Ier l'avait admis dans son intimité. Cela semble résulter encore de certains détails qu'il donne dans sa chronique. Après la mort de Gérard, il remplit les fonctions de secrétaire auprès de Liébert et de Gérard II.

En 1082, ce même Gérard II écrivait ainsi, en adressant Balderic à l'évêque de Térouane, Hubert, qui le lui avait demandé et qui le fit chantre de sa cathédrale :

« Mitto ad te Baldericum... Vir est literatus, et iis quæ morinensium sunt imbutus, ut tuæ et meæ gentis chronicon nuperum indicat... Datum Camer. in februario, anno millesimo octuagesimo secundo. »

L'ouvrage le plus important de Balderic est sa *Chronique d'Arras et de Cambrai*. C'est une très curieuse histoire du pays. Deux éditions modernes ont popularisé cet ouvrage. L'une a été publiée en 1834, par M. Leglay, qui l'a enrichie de notes précieuses; l'autre, quelques temps après, par MM. Faverot et Petit. Cette dernière publication est une translation en français, qui se recommande par une fidélité de traduction et une correction de style que l'on trouve rarement réunies.

Divers auteurs ont confondu notre Balderic avec son homonyme l'évêque de Noyon.—V. à ce sujet la préface de M. Leglay, dans son édition du *Chronicon Cameracense*... et l'art. *Balderic*, au t. 8 de l'*Histoire littéraire*, par les Bénédictins de la congrégation de St-Maur.

BANLIEUE DE CAMBRAI, *Bannileuga*. — Un accord passé au mois d'avril 1267, entre Enguerrand de Coucy, seigneur de Montmirail, et Nicolas de Fontaines, évêque de Cambrai, détermine comme il suit les limites de la banlieue de Cambrai :

« Bainleugæ autem predictæ, prout et fide dignis intelleximus se extendunt videlicet a *Portâ Sancti Georgii*, secundum quod cheminum se poportat versus Niereugny usque ad ultimum prope Niereugny ; et ab eadem porta versus Crievecuer usque ad truncum arboris quæ nuper cecidit, et a porta S. Sepulchri Cameracens., prout cheminum se poportat versus Marcoing et versus Manieres usque ad Escafaut, et ab eadem porta usque ad cheminum de Canteignoul. Item a porta de Entrepons, secundum quod cheminum se poportat usque ad transversum in ipso chemino viæ quæ venit de Primy ad cheminum de Fontanis, et ab eâdem portâ, usque ad crucem de Henebarbot subtus Ste Olle et ab eadem porta usque ad spinam sitam inter terram Walteri dicti Bicket et terram domini Hugonis de Ste Olle, quæ spina sita est in chemino existente inter Sailly et Ste Olle, et ab eadem porta usque prope spinam quæ dicitur spina des Vassaux, sitam juxta cheminum de Oisy. Item a porta de Seles usque ad campum qui dicitur Dame Ghuillain, et ab eadem porta usque à le Crois Symon »

Ce texte est tiré d'un livre intitulé *Liber redituum et onerum*, qui reposait jadis aux archives de l'archevêché.—V. § ms. 9, f° 38.— V. aussi *Glossaire topographique de l'ancien Cambresis*, par M. Leglay.

La banlieue de Cambrai fut bornée au mois d'octobre 1565. On employa pour cela de grandes pierres sur chacune desquelles était gravé un aigle. On les appelait *Bornes à l'aigle*. L'une d'elles existe encore mutilée sur le chemin de Cambrai à Marcoing. — V. † ms. 884, p. 165. — † ms. 659, p. 376.

BANS DE MARS. — On entend par *ban* toute publication solennelle de quelle que chose que ce soit. C'est au mois de mars que, chaque année, de temps immémorial, le *Magistrat* d'abord, ensuite la mairie de Cambrai, a fait renouveler la publication de tous les arrêtés d'ordre et de police qui réglementent la cité. De là on a donné, au recueil de ces lois de famille, le nom de *Bans de mars*.

Nos anciens *Bans de mars* sont encore presque tous en vigueur aujourd'hui, tant il est vrai que les principes d'ordre sont immuables. Des ordonnances, en date du 7 avril 1535, du 8 avril 1671 et du 14 août 1780, en prescrivaient la publication.—V. les *Bans de mars* pour Cambrai. — Ils sont imprimés : il y en a plusieurs éditions.

BARBIERS. — (*V. Chirurgiens*.)

BATISTE, *linon, toilettes*. — On donne ces différents noms à des toiles fines, de lin, qui se fabriquent principalement dans le pays de Cambresis. La tradition rapporte que ce fut un nommé *Batiste Cambrai*, du village de Cantaing, qui tissa, vers 1300, les premières toiles fines à Valenciennes.

Le lin qui sert à la fabrication de ces toiles se récolte, se rouit et se file dans le pays. L'œuvre de nos tisserands se blanchit également dans les environs. Tout ce travail d'ensemble constitue une vaste industrie indigène qui a fait longtemps la gloire et la richesse du Cambresis.

L'art de filer le lin est porté dans le pays à un point de perfection qu'on n'a pu encore atteindre ailleurs. Les dentelles de Valenciennes et de Malines étaient faites avec nos fils de moindre qualité. Il y a de ces fils, d'une finesse telle, qu'il en faut *deux cent cinquante mille mètres* pour faire le poids d'une livre (500 grammes).—V. une notice sur les toilettes de Cambrai, dans le registre de la correspondance municipale de Cambrai, vol. 7. n° 1125.

BEFFROI. — *Belfredus*, *Bilfredus*, *Belfragium*, *Beaufroy*, *Berfrois*, *Belfroy*. — Pasquier croit que c'est un mot corrompu, et qu'il est dit simplement pour *effroy*. Quelle que soit son étymologie, pour nous, le beffroi, c'est le symbole des libertés communales; c'est le géant des émotions populaires, qui fait entendre sa voix d'airain quand la Commune s'élève, qui se tait quand elle est abattue.

Nul ne sait à quelle époque fut construit le premier beffroi dans Cambrai. Probablement les cloches auront servi à convoquer le peuple dès ses premiers essais d'affranchissement, mais on se sera servi pour cela des cloches des églises. Cependant il est certain qu'à la fin du XIe siècle, Cambrai était déjà en possession d'un beffroi et d'une horloge.

« Du temps de Manassés, dit un vieux chroniqueur, pour le grant dissension et haine du peuple de Cambray contre les chanones, fust ordonné par jugement que le belfroid seroit abattu, et le rue des Potteries et le rue du Quétiviez déscaulchiées (dépavées), et l'orologe et cadran défais, et aller deux fois la semaine à l'heure de l'église de Nostre Dame de Cambray. » (§ ms. 6, p. 82. — † ms. 659, p. 55.

Remarquons en passant que l'autorité avait déjà intérêt à ne point laisser de pavés à la disposition de la populace. Les quartiers du Quétivier et de la Poterie étaient ceux du bas-peuple.

Quant au beffroi, nous le voyons, à dater de cette époque, se relever et retomber alternativement, suivant la bonne intelligence ou le défaut d'équilibre qui s'établissait entre les divers pouvoirs qui, dans ces temps anciens, prétendaient au droit de gouverner.

La première loi écrite, donnée par l'empereur Frédéric à la ville de Cambrai et à tout le Cambresis (en 1184) fait un devoir à tout citoyen, sous peine d'amende, de se rendre aux assemblées convoquées par le prévôt au son de la cloche. « *Si præpositus conventum ad sonum campanæ indixerit, sub pœna V solidorum, pro quâcumque necessitate, qui non venerit V solidos componat, episcopo medietatem, et aliam medietatem civitati.* » (*Mém. pour l'arch.*, p. 26). Nous ne concluerons pas nécessairement de cette loi, qu'en 1184 le beffroi était relevé, car les cloches ecclésiastiques pouvaient servir à usage de convocation, surtout quand ces convocations ne devaient être ordonnées que par le prévôt (*præpositus*) qui était un officier de l'évêque; mais il n'est pas impossible que cela ait été. En tout cas, la grande voix populaire avait retrouvé son organe en 1226. C'était du temps de Jean de Béthune, à la sollicitation de qui l'empereur Frédéric cassa et annula les priviléges des citoyens de Cambrai, et leur défendit de se servir de leur cloche; défense qui reçut, la même année, de Henri, successeur de Frédéric, une sanction énergique, puisqu'il ordonna la destruction du beffroi. « *Sententialiter etiam diffiniendo quod campana sive campana et campanille quod berfrois dicitur, et communia quam pacem nominant... tollatur et destruatur.* » V. ces lettres et sentences impériales dans le *Mém. pour l'arch.*, p. 33 et 35.

Alors on remplaçait la cloche pour les annonces publiques, à l'occasion de l'ouverture du marché aux grains, etc., par le bruit de l'escalette (cresserelle) ou le son de la trompe.

Mais on comprend que ces mesures de précaution n'ôtaient point au peuple l'usage des cloches de la ville. Il lui suffisait pour cela d'enfoncer la porte d'une église et d'y sonner le tocsin. C'est ce que fit notamment, vers la fin du XIIIe siècle, une bande de séditieux, qui donna le signal de l'insurrection à l'aide des cloches de St-Géry et de la Madelaine.

Cependant ces moyens violents ne convenaient point à la bourgeoisie; elle préférait son beffroi. Ce désir lui inspira sans doute un subterfuge dont elle aurait pu tirer bon parti, s'il n'avait point été deviné : elle imagina de construire sur le Grand-Marché, c'est-à-dire tout au beau milieu de la ville, une vaste *boucherie*, qui prenait plutôt l'apparence d'une forteresse que d'un *maisiel* (comme on disait alors). Il était question d'y mettre cloche et clocher, autrement dit un *beffroy* : ce fut du moins la pensée et la crainte de l'évêque. Aussi, pour cette cause et pour plusieurs autres différends, en appela-t-il à une sentence arbitrale, qui fut rendue par Wallerand de Luxembourg. Cette sentence, en date de 1354, porte que le *maisiel* ne sera point fait sur le marché, mais bien sur l'emplacement qui existe entre l'hôpital de St-Jacques et le flos de le Cayère. Il y est soigneusement stipulé qu'il aura la *fourme d'un maisiel, à un comble tant seulement*; sans qu'en aucun temps les citoyens y puissent faire autre édifice ou forteresse, *ne mettre cloque ou cloquier*. — *Mém. pour l'arch.*, p. 94.

Plus tard enfin, lorsque la Commune et l'évêque eurent affermi sur une équitable pondération les droits de l'un et de l'autre pouvoir, le beffroi devint possible. En 1395, le Magistrat obtint de Venceslas, roi des Romains, l'autorisation d'élever un beffroi et d'y placer une horloge. En 1510, l'empereur Maximilien donna la même autorisation. (*V.* § *ms.* 9, *folio* 112, *verso, et* 115 *verso.*) Peut-être la tourelle de l'Hôtel-de-Ville servit-elle à cet usage. Nous l'ignorons. Le fait est que la tour de St-Martin est, de temps immémorial, dépositaire de la cloche communale. Ce monument fut réédifié vers le milieu du XVe siècle, et pourvu d'une horloge. Cela résulte d'une citation de Julien de Lingue, dans sa notice sur l'église de St-Martin. « Le clocher, dit-il, était élevé jusqu'au *quadran* l'an 1459 ; il fut achevé environ l'an 1474. » Cette tour était alors beaucoup plus belle, plus élégante qu'elle n'est aujourd'hui. « C'était une pièce singulière : son sommet était bâti en torse et fait à peu près en forme de sceptre. » La flèche s'élevait entre quatre tourelles légères et gracieuses qui couronnaient les quatre angles de la tour. Les tourelles, dit Julien de Lingne, furent abattues par l'orage le 26 juillet 1528. Plus tard, tout le couronnement de ce beau clocher fut supprimé.

« Le magistrat fit démolir, vers le mois de septembre 1732, ce qui restait de la flèche ancienne et les galeries du clocher, parce qu'il était tombé plusieurs pierres, et que le reste menaçait ruine. Enfin, le 10 avril 1736, on commença à réparer le clocher tel qu'il se voit aujourd'hui. Il fut achevé vers la Toussaint de la même année. » — *Mém. Chron.*

Notre beffroi a perdu toute sa primitive élégance, cela est constaté par le chroniqueur : mais il peut contenir un plus grand nombre de cloches qu'autrefois.

Au reste, il en était peu pourvu avant le milieu du XVIe siècle. A cette époque, on y plaça la sonnerie du clocher de St-Vaast, qui venait de recevoir les cloches de St-Géry. Ce changement avait eu lieu à l'époque où le chapitre de St-Géry faisant place à la citadelle de Charles Quint, vint chercher asile dans l'église de Saint-Vaast.

La *cloche du gué,* (cloche dite du roi), fut cassée le 4 mars 1562, refondue dans la grange de l'hôtel Saint-Pol, le 20 octobre 1563, et remise en place le 26 novembre. Elle pèse 11,235 livres et demie; le battant pèse 244 livres.— *V. mém. chron.*, p. 68.— † *ms.* 658.

Avant la révolution, le beffroi, contenait cinq cloches, il n'en possède plus que trois.

En 1853, au mois de juillet, le chapitre de Notre-Dame, fit descendre la petite cloche, qui lui appartenait, et la remplaça par une plus forte.

Pour compléter cette notice sur le beffroi, nous devons dire quelque mots des guetteurs. Le guetteur, autrefois le *wette* (du mot patois *wetier, regarder*) est la sentinelle vigilante de la ville. Les Cambrésiens l'ont appelé *Gallus*, par une allusion facile à saisir.

L'institution du guet date de plusieurs siècles. On voit, dans les archives de la ville de Cambrai de 1400 et de 1500, qu'il existait un guetteur au beffroi. On lit dans les comptes de 1681 et de 1682 qu'il y en avait quatre, comme de nos jours.

« Leurs fonctions étaient :

« 1º un service de 24 heures, de deux par deux, l'un commençant à six heures du soir jusqu'à une heure et demie du matin, l'autre se levant pour guetter à son tour.

» 2º De répéter toutes les heures et les demi-heures sur la cloche du Beffroi, et la nuit de répéter en outre, avec le *porte-voix*, toutes les demi-heures, à commencer de la fermeture des portes et finir une demi-heure avant leur ouverture.

3º De faire, la nuit comme le jour, au moins chaque demi-heure et plus souvent dans les temps nébuleux, le tour des quatre fenêtres, pour surveiller les incendies.

4º En cas de feu, de sonner le tocsin autant de fois que de besoin. Au premier coup, de mettre *la lanterne* du côté du feu, annonçant, avec le *porte-voix*, le quartier dans lequel existe l'incendie.

« 5º D'annoncer l'arrivée des troupes, soit en corps, soit par détachement, et d'en désigner la porte d'entrée. »

En 1808 le ministre de l'intérieur, sous prétexte d'économie, supprima du budget de la ville, la somme de 1,000 francs, votée comme d'usage pour la dépense du guet. Les bourgeois se virent par là privés de ce service si utile. De là, rumeur, mécontentement et inquiétude. Le Conseil municipal, connaissant mieux que le ministre impérial les intérêts de la localité, fit entendre de vives réclamations. Le ministère ne céda pas de suite. Ce ne fut qu'en 1810 que le guet fut rétabli dans la tour de St-Martin, à la grande satisfaction de tous les habitants de Cambrai.

BÉGUINAGES. — On appelle ainsi des maisons où se rassemblent de pieuses femmes (filles ou veuves) pour mener une vie dévote et réglée. Il y a, dans certaines cités des Pays-Bas, des Béguinages si considérables qu'on les prendrait pour des petites villes.

On attribue diverses origines à l'établissement des Béguines. Dès les XIIe et XIIIe siècles elles étaient extrêmement nombreuses.

Il y avait dans Cambrai un Béguinage proprement dit : celui de *Ste-Ursule*. Puis, par analogie, on a appelé *Béguinages*, ces maisons de refuge consacrées par la bienfaisance au logement de pauvres femmes que les fondateurs dotaient en même temps de petites rentes en grain ou en argent.

Le Béguinage de Ste-Ursule, supprimé depuis la révolution, avait été fondé par Dame Isabelle de Flékières vers l'année 1233, sous la protection de Godefroy de Fontaines. Le pape Grégoire IX, par bulle du 5 juin 1239, s'en était également déclaré le protecteur. Les Béguines étaient au nombre de vingt lorsqu'en 1260 l'évêque Nicolas de Fontaines leur donna des statuts. Elles s'étaient d'abord établies hors de la ville, auprès et pour ainsi dire à l'ombre de l'abbaye de Cantimpré ; mais, après avoir été inquiétées fréquemment par les guerres, elles prirent le parti de se retirer en ville, où elles achetèrent une maison sur la paroisse St-Vaast (à l'endroit de la maison qui porte aujourd'hui le n° 22, grande rue de Vanderburch). Ce fut à la fin du XVIe siècle qu'elles opérèrent cette translation. Elles construisirent une chapelle sous le vocable de Ste-Ursule, et la firent remplacer par une plus grande en 1624. Tant qu'elles furent au faubourg de Cantimpré, c'est-à-dire sur le territoire d'Artois, les gouverneurs d'Arras eurent la prétention de les tenir sous leur juridiction et de présider, par délégués, à l'élection de la *souveraine*, qui se faisait par les Béguines. Le droit du gouverneur cessa quand elles furent établies en ville, et appartint à l'archevêque. Gaspard Némius leur donna de nouvelles constitutions en 1664. Ces constitutions, qui ont été imprimées, sont une œuvre remarquable de sagesse, de prudence et de charité.

Les Béguines portaient une robe de drap noir, ou d'autre étoffe plus légère, également noire, simple et sans aucun ornement, « de laquelle elles devoient être couvertes jusques en terre, mais nullement traisnante. » Le surplus du vêtement était aussi noir et sans ornements. Elles portaient le voile.

Ces pieuses filles jouissaient d'un bon nombre de fondations. Elles possédaient dans le Cambresis 438 mencaudées de terre. Le moulin de Selles, appartenant à l'archevêque, leur servait une rente annuelle de 185 mencauds 4 pintes de blé.

L'abbé Tranchant a fait une histoire bien complète du Béguinage de Ste-Ursule à Cambrai. (V. † ms. 905.)

Voici maintenant quelques notes sur les fondations charitables qui portent dans Cambrai le nom de *Béguinages*. Celles-là subsistent encore, à l'exception de deux dont nous parlerons en dernier lieu.

Le grand Béguinage de St-Georges (fond St-Georges) fut fondé au mois de février de l'an 1300, par messire Thiéry, ancien chapelain de St-Sauveur et par Isabelle Lescapes. Parmi ses bienfaiteurs on remarque, en 1571, Madeleine de la Quellerie, épouse de Louis Carlier. Douze filles y sont admises. Elles payent 60 francs d'entrée à l'administration et reçoivent, par an, un mencaud de blé et 12 francs.

Le petit Béguinage de St-Georges (grande-rue Aubanche) fut établi par les administrateurs du grand Béguinage de ce nom, au moyen de leurs économies. Huit femmes ou filles y sont admises. Elles paient 12 francs 50 centimes d'entrée et ne reçoivent aucune rétribution.

Le Béguinage de St-Vaast (rue des Anglaises) existait en 1574. On le voit mentionné dans la fondation que Claude de Hennin a faite le 14 janvier de la même année, en faveur des vieux hommes de St-Paul. — 50 francs d'entrée pour l'administration, et 13 patars d'entrée à chaque consœur. Dix-sept femmes y sont admises. Quatorze d'entre elles jouissent 1° d'une rasière de blé par an, c'est-à-dire de quatre grands pains tous les trois mois ; 2° de 12 francs par an. — Ce privilége appartient aux plus anciennes.

Le Béguinage de St-Nicolas (voisin du précédent) fut fondé le 9 février 1677 par Jacques Polman, chanoine de l'église métropolitaine. Huit filles y sont admises. Elles paient à l'administration 60 francs d'entrée, et reçoivent 15 francs par an.

Le grand Béguinage de la Madelaine, dont on ne connaît pas l'origine, était d'abord établi sur la paroisse de ce nom. Mais il tombait en ruines, et ne pouvait plus être réparé, lorsqu'en l'an XII il fut transféré rue de l'Aiguille. Onze femmes y sont admises, paient 12 francs 50 centimes d'entrée et ne reçoivent aucune rétribution.

Le petit Béguinage de la Madelaine dont l'origine est également inconnue, reçut longtemps des vieillards au nombre de trois. Cinq femmes y résident aujourd'hui.

La Maison pieuse de Notre-Dame (rue des Capucins) fut fondée en 1636, par Marie Laloux, veuve d'Adrien Gérardel. Cet asile de charité était originairement situé dans la rue Notre-Dame ; il ne fut transféré dans la rue des Capucins qu'en 1692. — 150 francs d'entrée. Six filles y sont admises. Elles reçoivent annuellement chacune 6 mencauds de blé. On leur donne aussi quatre livres de chandelle.

Il convient d'ajouter à ces anciens et charitables asiles, les deux suivants, qui sont de nouvelle création.

Le Béguinage de St-André, fondé le 25 octobre 1826, par Charles André Duroyon.

Et le Béguinage de St-Géry, qui ne sera ouvert qu'après la mort de la veuve du fondateur, M. Boulecourt. Six pauvres veuves y seront admises. Il sera rue St-Pol, n° 4.

On a à regretter deux anciennes fondations du genre de celles qui précèdent, et qui n'existent plus.

Le Couvent de Lille, qui n'était autre chose qu'un *Béguinage*, fondé en 1314, pour sept pauvres veuves « par Demoiselle Marguerite de Lille, laquelle trépassa en l'an 1319. » Cette maison, qui avait une chapelle dédiée à Ste. Anne, était située dans la rue qui porte encore le nom de Ste-Anne. — V. † ms. 658, par Julien de Lingne, art. *Couvent de Lille*. En 1758 cette maison fut reconstruite et le nombre des chambres porté à treize.

La maison des huit Béguines, rue de Cantimpré, fondée par Jean Frémin, bourgeois de Cambrai, lequel vivait en 1603 — V. † ms. 658. La chapelle de ce béguinage avait été consacrée par Guillaume de Berghes, sous le titre des *Onze mille Vierges*. — V. § ms. 2, p. 112.

BERGAIGNE (JOSEPH DE), né à Anvers. — Il était religieux de l'Ordre de St-François, et frère mineur observantin. Après avoir donné dans cette première carrière des preuves éclatantes de son mérite, il fut nommé évêque de Bois-le-Duc, puis archevêque de Cambrai. Appelé à ce dernier poste par le chapitre, le 24 février 1645, confirmé par le pape, le 28 juin 1646, il prit possession de son siége par procureur. Ses hautes capacités lui firent confier plusieurs missions importantes. Il fut notamment envoyé en qualité de plénipotentiaire, par Philippe IV, roi d'Espagne, au congrès de Munster en Westphalie. Mais il mourut dans cette ville, avant la conclusion du traité de paix. Sa mort, qui eut pour cause la gangrène à une jambe, arriva le 24 octobre 1647. Il fut enseveli à Munster, dans le couvent des religieux de son Ordre. Il n'était pas venu à Cambrai. — V. *Mém. chron.*, p. 105.

BERGHES (GUILLAUME DE). — Il était de l'illustre maison des barons de Grimberghem. D'abord chanoine et doyen de l'église de Liége, puis évêque d'Anvers, il fut ensuite appelé à l'archevêché de Cambrai. Il y fit son entrée en 1601. C'était un prélat d'une éminente vertu, il avait toute l'humilité d'un simple prêtre, et assistait à tous les offices de sa métropole. Il fit de riches donations aux églises de Liége, d'Anvers et de Cambrai ; tint un concile provincial en 1604, et embellit le palais de nouvelles constructions. Sa mort arriva le 27 avril 1609. Il fut inhumé dans le chœur de son église. — V. *Mém. chron.*, p. 95.

BERGHES (MAXIMILIEN DE) premier archevêque de Cambrai. — Le 10 septembre 1556, le chapitre de Cambrai, après avoir entendu une messe du Saint-Esprit, entra en séance pour l'élection d'un nouvel évêque. Robert de Croy était mort dix jours auparavant. Le nouvel élu fut Maximilien de Berghes. Après quelques difficultés de la part du pape Paul IV, qui prétendait au droit d'initiative dans la nomination des évêques de Cambrai, l'élu du chapitre reçut ses bulles de confirmation en 1559 et fit son *entrée* dans Cambrai, le 22 octobre de la même année. Il était en compagnie d'un grand nombre de hauts et puissants seigneurs. Les honneurs lui semblaient destinés ; car, de son temps, le siége épiscopal de Cambrai fut érigé en archevêché. Le 22 mars 1562, après la lecture des bulles du pape, qui proclamaient cette érection, le nouvel archevêque fut installé en cette qualité, dans son église métropolitaine, en présence des évêques d'Arras, de Tournay, de St-Omer, et de Namur, ses suffragants (1).

Maximilien de Berghes déploya beaucoup d'activité pour le bien de son diocèse ; il appela les Jésuites à Cambrai, en 1562, pour y relever l'instruction publique. Il assembla un concile provincial en 1565. Les affaires spirituelles ne lui firent point oublier les intérêts temporels du pays ; il alla les défendre dans la diète qui se tint à Augsbourg en Allemagne.

Il mourut à Berg-op-Zoom, le 29 août 1570, frappé d'une attaque d'apoplexie. Sa dépouille mortelle fut rapportée à Cambrai, et y arriva le 4 septembre, l'inhumation eut lieu le 9 du même mois dans l'église de Notre-Dame. — V. *Mém. chron.*, p. 59, 61, 66, 68, 72. — *Ordre et suite des évesques de Cambrai*, par G. Gazet, p. 51. — *Hist. de Cambrai*, par Dupont, part. VI, p. 1re jusqu'à 20.

---

(1) C'est par erreur que l'abbé Dupont donne à cette cérémonie la date de 1563.

BERLAYMONT (Louis de), deuxième archevêque de Cambrai. — Issu d'une des plus nobles et des plus illustres maisons des Pays-Bas, il fut élu le 5 septembre 1570, pour remplacer Maximilien de Berghes, décédé; fut confirmé le 6 avril suivant, malgré les intrigues d'un certain Gémelly, son concurrent, et fit son entrée à Cambrai le 7 juillet 1572, sans faste et sans bruit, à cause des troubles qui agitaient le pays. Il était alors âgé de 28 ans.

De son temps eurent lieu les grandes luttes des puissances espagnole et française, d'où résulta l'occupation de Cambrai par le baron d'Inchy, qui en chassa l'archevêque avec une partie de son clergé. Ce nouveau gouverneur livra au pillage le palais de l'archevêché, et, après avoir exclu de la ville tout ce qui tenait le parti du duc-archevêque, il y établit un système d'exaction qui ne fut que trop suivi par son successeur, Montluc de Balagny. Cependant, Louis de Berlaymont, retiré à Mons, y administrait la partie de son diocèse qui était restée sous sa domination; il y tint un concile provincial en octobre 1586. Il réunit aussi à Valenciennes une grande assemblée ecclésiastique. — V. § ms. 6, p. 46. Pour l'indemniser un peu des malheurs qu'il éprouvait, Philippe II, roi d'Espagne, lui confia l'administration de l'évêché de Tournay, dont le siége était devenu vacant (1593). Mais Louis de Berlaymont tenait avant tout à rentrer dans Cambrai : Le roi d'Espagne se décida enfin à en faire le siége. Secondé par une insurrection bourgeoise, le lieutenant du monarque espagnol reconquit la ville, en fit sortir Balagny et y rétablit l'archevêque, après 18 ans d'exil. Mais cette restauration fut loin de remettre Louis de Berlaymont dans tous les droits qu'il avait perdus. Il était en instance à ce sujet, quand il fut surpris par la mort, le 15 février 1596. Il était alors à Mons où il s'était de nouveau retiré, en attendant la solution de cette grande affaire. Il y fut inhumé dans l'église des Sœurs noires. Il était né en 1542.

Louis de Berlaymont, comme on l'a pu voir, avait résidé peu de temps à Cambrai. Néanmoins il avait fait construire plusieurs ouvrages, entre autres la porte qui, après avoir porté son nom, est appelée aujourd'hui *Porte-Neuve* quoiqu'elle soit très ancienne et ne s'ouvre plus. Il avait aussi entrepris et accompli un travail politique très important, en formant une espèce de Code du Cambresis, qu'il composa de la réunion de toutes les coutumes du pays en les coordonnant entre elles. — V. art. *Coutumes*. Il fut le dernier prélat qui battit monnaie. — L'histoire de Louis de Berlaymont, par Balique et Cotolendy, existe manuscrite à la Bib. comm. de Cambrai sous le n° 883. — V. encore *Ordre et suite des évesques de Cambrai*, par G. Gazet. — *Mém. chron.* p. 72, 74, 90, 91, 92.

BERNARDINES (les Dames), religieuses de l'Ordre de Saint-Bernard. — Elles furent introduites à Cambrai le 2 mai 1846, sous l'épiscopat de M. P. Giraud, et ouvrirent un magnifique pensionnat dans les anciens bâtiments de l'Officialité. Cette pension, fréquentée par des jeunes personnes appartenant aux meilleures familles de la ville, a pris en peu de temps des développements considérables.

BÈVRES (*Quartier de*). — Grande propriété située entre la *Porte de pierres* (porte de Cantimpré) et la porte de Selles. Les évêques Jean Tserclaës et Pierre d'Ailly y avaient établi une maison de charité qu'on appelait *St-Pierre-ès-Bèvres*. Cette maison a été depuis transformée en écuries, et fait partie des dépendances du quartier de cavalerie actuel. On l'appelle encore *écurie de St-Pierre*.

L'acte de fondation de la maison de St-Pierre-ès-Bèvres, par Pierre d'Ailly, en date du 17 mars 1400, rappelle la fondation antérieure de Jean Tserclaës qui « veut et ordonne qu'une *maison dicte Bèures* qùy jadis fu Raoult de Couchy en Cambray, soit acheptée, etc. » Le même acte constate que les exécuteurs testamentaires de Tserclaës ont acquis « un lieu et appartements en la cité, que l'on dit de *Bèures*. » — V. § ms. 9, f° 97.

Nous possédons des lettres de l'an 1400, par lesquelles Pierre d'Ailly donne en arrentement « aux Prévôts, Eschevins et quatre hommes de la ville de Cambray, les fossés de la ville vers Cantimpret, venant depuis la tour qu'on dit des Grands-Arquets par où le grand Escault entre en la ville, en venant par la Porte de pierres, à une tour où est l'issue du grand Escault, et d'icelle tour en r'allant *tout du long les tours et ayures de Bèures*, si avant que lesdits fossez durent, jusques à une tour de bois, par dessous laquelle est l'issue des petis Escaudiaux, près les moulins de Selles. — V. § ms. 9, f° 112 verso.

BIBLIOTHÈQUE COMMUNALE. — Ce serait se tromper que de croire que la ville de Cambrai n'a de Bibliothèque publique que depuis la Révolution. Sans parler de cette *librairie* que les évêques de Cambrai avaient établie, de temps immémorial, auprès de leur église, à l'usage des clercs et des écoliers; nous devons rappeler, à la gloire de M. de St. Albin, qu'en 1744, « *il donna au public une riche bibliothèque*, qu'il mit en dépôt dans le collége des Jésuites; qu'il y entretint un bibliothécaire, qui était le révérend Père Lefébure, jésuite ; un sous-bibliothécaire, qui était un ecclésiastique; et un valet pour la bibliothèque. » — *Mém. chron.*, p. 248.

La ville de Cambrai était donc, longtemps avant la Révolution, en possession d'une Bibliothèque publique. Quant à celle d'aujourd'hui, qui est la plus riche du département, elle a été formée de livres confisqués, en 1791, par la République. Elle ne compte pas moins de *trente-deux mille cinq cents* volumes. Cela n'étonne pas quand on se rappelle que la seule bibliothèque de l'abbaye de Vaucelles en contenait plus de quarante mille.

On trouve, dans la Bibliothèque de Cambrai, sous les n°s 888, 889 et suivants du catalogue des manuscrits, une liste nombreuse des abbayes et des particuliers auxquels la révolution avait volé leurs bibliothèques. Ce sont entre autres : l'abbaye de Vaucelles, le Chapitre métropolitain, les Guillemites-lez-Walincourt, les abbayes de St-Aubert, de St-Sépulcre, de St-André du Câteau, d'Honnecourt, les couvents des Carmes, des Récollets du Câteau, des Récollets de Cambrai, des Capucins, le Collége, l'Archevêché, les Sœurs de la Charité, les Bénédictines anglaises de Cambrai; puis, MM. Ragayes, Parigot de Santenay, de Prémont, Kennedy, Griffin, d'Hauteville, Ronce, Forrière, Wuiart, Renaux, Beaucourt, Dinaux, de Besselaer, de Bruyas, Massart, Mairesse de Pronville, Lelièvre, Despreux, de Valicourt, Lancelle, l'abbé de Biré, Dufour, Chardon, Tranchant, Laplace, de Villavicencio, de Monaldy, Tahon, Delabre, Lion, de Dion, Demont, Rallez, Oudart, Dehée, Parise, Quarrez, Couvet, Taise, Thobois, de Maugré, Lallier, Carondelet de Bantouzel, Godefroy, Herlem, Dron, de Franqueville, Deloffre, Richard, de Preux, de Chauny, d'Herbaix, Bourelier, d'Herbaise, Delannoi, Bouly de Lesdain, Maulret, Martin, Cordier, Goulart, etc.

Une partie de ces livres a été restituée, l'autre a formé la bibliothèque de Cambrai. On voit qu'il n'y a pas de collection de ce genre qu'on puisse à plus juste titre nommer *Bibliothèque communale*.

Notre dépôt communal est surtout remarquable par les nombreux et précieux manuscrits qu'il renferme. — V. *Mémoire sur les Bibliothèques publiques et particulières du département du Nord*, par M. Leglay. — *Catalogue raisonné des manuscrits de Cambrai*, par le même. — *Les sciences, les lettres et les arts à Cambrai*, par E. Bouly, p. 108.

BIÈRE. — Boisson fermentée, faite d'orge et de houblon. « La bière était la boisson ordinaire de la plus grande partie de l'Egypte... Les anciens Espagnols, *les Gaulois*, les Germains la connaissaient de temps immémorial. » (*Dict.*

des Origines, par Noël et Carpentier). Il est donc probable que nos pères ont toujours été buveurs de bière. — V. *Brasseurs*.

BOIS. — V. *Marché-au-Bois*.

BOMBE (*Taverne de la*). — Hôtellerie très ancienne, et tristement célèbre dans les annales cambresiennes. Elle existait déjà au commencement du XVIe siècle.

On lit dans un vieux manuscrit que le 15 janvier 1521 « deux capitaines bourguignons, avec environ 40 compagnons de guerre, entrèrent dans Cambrai et soupèrent à *la Bombe*. Et sortant de la taverne, prirent débat contre aucuns manans; et fut sonné alarme, et furent lesdits soldats rachassés en leur *taverne*. » — V. § ms. 6., p. 142.

Les chroniqueurs racontent encore qu'en 1664, des cavaliers espagnols venant de St-Omer, où la peste faisait ravage, l'apportèrent à Cambrai. Ils logèrent à *la Bombe*. L'hôtesse fut attaquée la première de l'horrible fléau et, malgré toutes les précautions du Magistrat, la ville en fut désolée pendant longtemps. Huit mille personnes, environ, moururent de cette peste. — V. *Mém. chron.*, p. 112. — † ms. 884, p. 350.

La maison de *la Bombe* a été reconstruite; mais de belles écuries souterraines y rappellent son antique origine. Elle est située Place-au-Bois, n° 26.

BONS-ENFANTS, dits *Cappets*. — Le collège des *Bons-Enfants* avait été fondé à Cambrai en l'an 1278, pour l'enseignement des belles-lettres. — *Mém. chron.*, p. 93. Les écoliers boursiers qui le composaient avaient reçu le surnom de *Cappets*, parce qu'ils portaient des capes de drap roussâtre. Ils étaient originairement au nombre de six, sous la direction d'un Père qu'on appelait le Recteur des Bons-Enfants. Ils habitaient la maison qui fut depuis l'abbaye des Dames de Prémy. La tour du rempart qui est en face de cette abbaye s'appelle encore Tour des Bons-Enfants.

En 1509, les Hiéronymites, ou *Clercs de la vie commune*, appelés de Gand à Cambrai par l'évêque Jacques de Croy, furent installés dans les bâtiments de ce collège. Le latin faisait partie de leur enseignement. — V. *Vie commune* (*Clercs de la*). — † Ms. 658, art. 36. — § Ms. 10, art. 23. Nous ne renvoyons pas à Le Carpentier, qui, dans son art. des *Guillemins*, parle des Bons-Enfants; cet article est rédigé d'une manière si confuse, qu'il ne peut faire autorité.

BOUCHERIES autrefois *Maisiel, Maisiaux, Maseaux*, du mot latin *Macellum*. — Les grandes Boucheries datent de l'année 1354. Les échevins de Cambrai en avaient jeté les fondations sur le *Grand-Marché*; mais l'évêque s'y opposa, et, dans un arrangement qui intervint, il fut convenu que le Maisiel commun ne serait pas construit sur le marché, « *mais en une grande wide place qui est entre l'ospital St-Jacques et l'entrée du flos de le chaière; pourvu que ledit maisiel se fera en fourme de maisiel, à un comble tant seulement, sans sélier ou loge*, et sans qu'on y puisse faire, *autre édifice ou forteresse et ne mettre cloque ou cloquier* (1) : *et seront ostés les estaux et maisiaux du marché, et les rentes deuwes sur iceux estaux et maisiaux* à l'évêque, à l'église, ou à autres personnes, seront *assignées sur les maisiaux qui seront nouvellement faits*. » De plus, l'évêque eut le droit, en signe de reconnaissance de sa seigneurie, de percevoir chaque année, le lundi de Pâques, *un denier tournois* par *chaque estal.* — V. Appointement de Wallerand de Luxembourg, au *Mém. pour l'archev. pièces justific.* p. 94. — § ms. 1, p. 24.

Comme notre antique Maisiel a fait son temps, et ne durera probablement plus que quelques années, nous croyons devoir en consigner ici la description, doublement intéressante au point de vue de l'art et de l'histoire.

« La boucherie, le plus ancien édifice de Cambrai, est formé de quinze fermes, mises à la suite les unes des autres, et dont les arbalestriers verticaux sont assemblés dans une sablière posée sur le sol. Les espaces compris entre deux arbalestriers servant de poteaux droits, sont remplis de briques à l'épaisseur de la charpente. C'est ce qui forme les deux murs latéraux qui ont chacun quarante-huit mètres de longueur. Cette construction offrait, par elle-même, peu de solidité pour un bâtiment aussi étendu. Afin de la soutenir, on construisait à l'extérieur une suite de maisons dont les refends servent d'arcs-boutants aux murs latéraux de l'édifice principal. »

Petites Boucheries. — En 1581, le Magistrat de Cambrai permit aux bouchers, qui avaient coutume de vendre à Cantimpré, de venir s'établir en ville, « dans douze maisons ou hobettes, bâties par Michel Leleu, joindant les murs de St-Aubert, en descendant vers l'hôtel St-Pol, aux conditions suivantes, savoir:

» Qu'il ne pourront prétendre de pouvoir vendre autre part.

» Qu'ils ne seront que douze pour le plus.

---

(1) Le but de ces réserves est expliqué dans notre article *Beffroi*. (V. ce mot.)

» Qu'en tout, ils se conformeront aux réglements et bans de la Grande-Boucherie.

» Qu'ils seront tenus de prester serment es-mains de messieurs du Magistrat. Et payeront pour une fois quarante livres tournois, desquelles vingt seront aux échevins et vingt à la ville.

» Item payeront entre eux, un disner à Messieurs du Magistrat. » — V. † ms. 902.

Les *petites Boucheries* ont été démolies en 1851 (1).

La boucherie a été de tout temps l'objet d'une sollicitude particulière de la part du Magistrat. Un réglement, qui remonte au commencement du XVIe siècle, mérite d'être signalé.

Ce réglement contient en abrégé « qu'on ne puis vendre de la chair en Cambray, qu'aux boucheries à ce ordonnées; qu'on ne doit vendre chair soufflée; comment les bouchers auront à se régler touchant la vente des chairs qui doibvent estre bonnes au dire des maieurs; le temps qu'on puis vendre les brebis, depuis la St-Remy jusques à St-Martin; quelles personnes peuvent être receues à bouchers. Comment ils se doibvent comporter, obéir à leurs maieurs; la façon qu'ils doibvent dismembrer les chairs dans la boucherie; qu'ils ne doivent jeter les ordures et tripalles sur les rues; les lieux où ils doibvent les mettre; quand ils peuvent faire des achapts sur le marché, et comment ils s'y doibvent règler; qu'ils auront à payer les vendeurs étrangers, au jour qu'ils auront limités; item comment les maieurs se doibvent règler; par qui et comment l'eswart des bestes doibt estre faict; item que le transport des chairs ne se fera d'estal à autre; que les bouchers mettront leurs chairs à prix raisonnable; que ceux qui auront des grands chiens les tiendront liés; et autres matières du même subject. » — † ms. 902.

Un autre réglement fut fait en 1582, nous n'avons pu le retrouver.

Défense était faite aux bouchers « de souffler chair, de faire entrer dans la boucherie aucunes chairs, qu'elles ne soient auparavant visitées par les mayeurs. »

« Défense aux bouchers de faire, sur le plat-pays, aucuns achapts les dimanches et festes, et d'aller au-devant des marchands de bestiaux. »

En 1621, plusieurs bouchers de la ville, pour divers méfaits et monopoles contre les jurés de Cambrai, au préjudice et scandale du public, firent réparation à l'Hôtel-de-Ville, à genoux et cierge à la main. Pour perpétuer la mémoire de cette punition, a été fait un tableau qu'on voit à l'Hôtel-de-Ville. — † ms. 884, p. 267.

Parmi les manuscrits que nous possédons, se trouve le texte du jugement des bouchers. Il ne sera pas lu ici sans intérêt.

---

(1) Elles étaient situées en face de la porte de la maison Notre-Dame, dite de Ste-Agnès, fondée par Vanderburch.

« *Du vingt huictiesme jour du mois d'apvril an seize cens vingt ung.*

Vuës les informations préparatoirement tenuës allencontre des bouchers de ceste ville, leurs déclarations et confessions qu'ils se sont assemblés au logis de leur chappellain, et illecq signé certain escript par lequel ils promettoient unanimement, avecq serment presté es mains de leur dict chappellain, de ne fraper sur le ferme où impost des bestes qu'on tue et vend en ceste dicte ville, mis sur par les estats, ny donner aucune assistence à cestuy où ceulx à quy il demeureroit, et qu'après ledict ferme passé, ils se sont de rechéf assemblés en la maison de Jean de Cainoncle boucher laquelle est a l'estat, où ils ont aussy tous promis et faict encore le serment ès mains de leurdict chapplain de ne plus tuer ny vendre chaire à la boucherie, ne fut qu'on mis bas ledict impost. En quoy quy plus est, ils se sont opiniastrement maintenus nonostant les remonstrances et communications a eulx faictes de les priver de leurs estats jusques là qu'ils s'en sont laissés priver donnant cause par ainsy de se pourvoir d'ailleurs, à la chaire requise en ceste ville, ayant aussi le susdict escript par ledict chappellain estez mis ès mains de Pierre Saudemont mayeur, puis par luy bruslé affin vraysemblablement que la grandeur du délict ne fut congnû, quy sont ligues, conventicuts et conjurations bien estroictement defendus par les loix comme estant choses très pernicieuses à la république, et de trés mauvais éxemple, et quy eut apparament causé une esmotion à faulte de chaires, principallement en tels jours de Pasques auxquels ils commençoient l'effect de leurdicte conjuration sans le remede y apporté. Pour ces causes, Nous Prevost et Eschevins les avons tous et chacun d'eulx remis en leurs estats pour faire les fonctions et exercices de bons bouchers, les condamnant néantmoins tous à estre et comparoistre en ce consistoire, à huis ouvertes, testes nuës, génoux fléchys, mains jointes, et y prier mercy a Dieu et a justice, particuliérement Pierre de Saudemont, et Jean de Caignoncle mayeurs, avec un cierge chacun en leurs mains, et en tel estat à testes, jambes et pieds nûs, suivis des aultres mayeurs, asscavoir, Jean Moreau l'aisné, Leonard Clarot, Jean Dedecy, Martin Clarot, et Mathieu l'Hermitte, porter leurdict cierge allentourre de la chapelette du marchet, et d'illecq le rapporter et poser en la chapelle de la chambre de paix, et condamnans en oultre toute la généralité desdits bouchers en une amende de six cents livres payables selon nostre cotisation, et applicables à telle chose que trouverons convenir en mémoire perpétuelle de cestuy leur fourfaict, pour leur en faire avoir une vive répentance, et pour servir à eulx et à tous aultres pour l'advenir. »

C'est avec ces 600 *livres* que l'on fit peindre un grand tableau représentant les bouchers faisant amende honorable. En 1793 on fit disparaître ce tableau.

Autrefois, presque tous les bouchers de Cambrai avaient leurs étables et leur tuerie particulières. Les charcutiers tuaient et brûlaient les porcs au milieu des rues. C'est en 1833 que l'on conçut le projet de construire un abattoir commode, au moyen duquel on ferait disparaître ces tueries multipliées et ces effusions de sang en pleine voie publique, qui avaient, pour la salubrité et pour la morale, une foule d'inconvénients.

Il existait bien, antérieurement à 1833, un établissement de ce genre dans le voisinage de la porte Cantimpré; mais il était fort insuffisant, et ne permettait point à l'Autorité d'imposer aux bouchers les réglements utiles qui existent aujourd'hui.

L'abattoir actuel donne pleine satisfaction à tous les besoins de la boucherie de Cambrai. Il a été terminé vers la fin de l'année 1838.

La corporation des Bouchers avait pour patron saint Hubert.

BOUCHERS. — (V. *Boucheries.*)

BOULANGERS. — La corporation des boulangers était parfaitement organisée dans Cambrai. Pour être reçu *maistre* de son style, tout boulanger devait présenter un *chef-d'œuvre*. La réception s'en faisait, et la corporation se réunissait dans un grand dîner, aux frais du nouveau maistre. Le jour de sa prestation de serment, ce dernier payait 3 florins au *Magistrat* de la ville. En 1678 les boulangers avaient fini par exiger de si fortes sommes pour les passe-maistres, que ces abus « tournoient le plus souvent à la ruine des nouveaux maistres sans autres prouficts apparens que des despenses à buvettes superflues. » Le Magistrat ordonna, qu'à l'avenir on se contenterait de 40 florins, ce qui était déjà très suffisant, car il y avait encore à payer quelque droit pour la chapelle. — § ms. 5, p. 56.

Les boulangers qui faisaient le pain blanc ne pouvaient en exposer d'autre à leur fenêtre ou *étal*. S'ils contrevenaient à cette défense, les sergents de la masnée avaient le droit d'en confisquer tout ce qu'ils pourraient saisir en avançant les bras soit par la porte, soit par la fenêtre, mais sans entrer dans la boutique. Tout pain bis ou de demie qualité (dit de 2 ou 3 deniers), devait être vendu sur la place *à la Croix au pain*, devant la Feuillie, avec la permission du bailli de Cambresis. Cet usage, en 1488, datait déjà de temps immémorial. — *Livre rouge de l'abbaye de St-Sépulchre*. § ms. 9, f° 48 verso. Aux XVe et XVIe siècles, il était défendu de mettre de la *géc* dans le pain.

La corporation des boulangers avait pour patron saint Honoré.

Sommaire du règlement pour les boulangers.

1° Qu'aucuns boulengers ne donneront avantage en vendant leur pain aux cabaretiers, hostelains, taverniers et aultres, ny qu'iceux ne pourront prendre aulcuns proufficts, pour revendre ledict pain.

2° Qu'ils ne feront pain qu'aux prix et poids ordonnés par les Mayeurs.

3° Que les Mayeurs feront léalment la visite du pain.

4° Que les boulengers ne cuiront leur pain avec de l'estrain, ou esteules.

4° Qu'ils ne mettront pas sur le pain du cron.

6° Qu'ils ne feront pain à boutis.

7° Qu'ils n'auront qu'un seul lieu pour tenir estal.

8° Que ceux qui voudront tenir estaux jetteront le lot.

9° Qu'ils ne feront aultre pain, ny à aultre poids qu'il n'est ordonné par les Eschevins.

10° et 11° Qu'ils ne vendront pain, à leur maison, aux cabaretiers et taverniers, ains sur le marchiet, au lieu accoustumé.

12° Qu'ils ne feront moyes d'estrain, paille, esteules, qu'elles ne soient à douse pieds loin des maisons, ce qu'il fut ordonné de rechef le 29 mars 1513.

13° Qu'ils ne mettront en leurs maisons nulles des dictes pailles que pour passer le jour.

14° Qu'ils obéiront aux Mayeurs.

15° Qu'ils feront bon pain et au prix ordonné.

16° Qu'ils ne feront pain de bled mèsale.

17° Qu'ils ne mettront gée en paste dont ils fassent du pain.

18° Qu'ils ne tiendront gée dans leur maison ny en feront apporter.

19° Que tous les samedis les Mayeurs rapporteront aux Sepmaniers, (aux Echevins de semaine) le prix du bled pour être mis le prix au pain.

Ce règlement, sans date, était inscrit au *Livre aux Bans*. Une ordonnance, du 18 août 1517, en confirmait la plus grande partie.—V. † ms. 902.

BOURDON (Amé). — Médecin distingué qui florissait à Cambrai, au milieu du XVIIᵉ siècle. Il naquit dans cette ville en 1638, et mourut le 20 décembre 1706. Il était fils de Gilles Bourdon, ingénieur attaché au service du roi d'Espagne, et plus tard surintendant du Mont-de-Piété de Cambrai.

Issu d'une famille déjà ancienne, distinguée et savante, car son père, son aïeul et son bisaïeul avaient été ingénieurs, il cultiva avec succès le dessin, les mathématiques, la physique, la chimie et la médecine.

Cette dernière science, fut son étude de prédilection ; il poussa si loin son amour pour cette branche des connaissances humaines, qu'à l'âge de 37 ans, et déjà père de dix enfants, il alla prendre ses grades en médecine à l'université de Douai, qui était alors très célèbre.

Ce fut en 1678 qu'il se fit connaître au monde savant par la publication de son ouvrage intitulé : *Description anatomique du corps humain*, in-12, souvent réimprimé ; et de ses *Tables anatomiques*, in-f° très recherché.

Amé Bourdon fut médecin de M. de Bryas, archevêque de Cambrai, prélat éclairé, qui lui donna souvent des preuves de sa haute bienveillance. Il était peu partisan de l'emploi des drogues et procédait, de préférence, par voie hygiénique.

Sans tirer une sotte vanité du hasard de sa naissance, il sera sans doute permis à l'auteur de ce Dictionnaire de relater ici que sa mère, Mᵐᵉ E. Bouly, née Bourdon de Maugré, était une des arrières-petites-filles d'Amé Bourdon.

—V. des biographies d'Amé Bourdon dans *les Dictionnaires hist. de Ladvocat et de Feller*. Celui de Feller commet des erreurs de date.

—V. aussi *Mém. chron.* p. 127.

BOURREAU. — (V. *Hautes-Œuvres.*)

BOURSES ET BOURSIERS DIVERS. — (V. *Fondations charitables.*)

BOUSIES (*Pairie et château de*). — Un redoutable château existait à Bousies vers la fin du XIᵉ siècle. On voit, dans la *Chronique* de Jehan Duchastiel, que l'évêque Gaucher voulant mettre à la raison tous ces seigneurs pillards qui, à l'époque de son avènement, exploitaient le Cambresis en véritables pirates, leva une petite armée *de 700 chevaliers*, et s'en alla, au grand bien-être des Cambresiens, détruire les châteaux de Gouy, de Rumillies, de Cauchie, d'Oisy, *et puis assiéga le chasteau de Bousies, et le détruisit pareillement. Et ainsy mist le bon évesque paix par tout son pays* (1095). Bousies était une des douze pairies du Cambresis. Les armes portaient d'azur à une croix d'argent.—V. *Chronique* de Jehan Duchastiel, † ms. 672. — § ms. 6, p. 84. — *Hist. de Cambrai*, par Dupont, part. III, p. 46. — *Hist. de Cambrai*, par Le Carpentier, part. III, p. 312.

BOVE (Jean de) ou Jean de la Bôve. — Il était, en 1550, bailli de Marcoing, Cantaing et Ligny. A cette époque il se permit d'arrêter arbitrairement un nommé Jehan de Tournay, probablement à l'instigation de madame d'Aighemont, dont ce dernier avait été le receveur. Mais le *Magistrat*, dont Jean de Bôve avait ainsi méconnu les privilèges, ne toléra pas un pareil empiètement. « Ledit Jean de Bôve fut pris et bouté en le Feuillie (prison de la ville), son prochès fut mené, et fut on en conseil en plusieurs villes, et la nuict du sacrement 28ᵉ de may 1551, luy préférant grasce et miséricorde, fut condamné de prier merchi à Dieu et à justice de l'offense qu'il avoit faicte, et pour che, furent mis deux ou trois estas de mineurs (étaux de minkeurs) devant la chambre, luy à genoux ; et en mémoire fut condampné d'en faire le *remembranche d'airain*, au pan du mur de la *ville*, au bas de l'horloge. » Le bailli ne se tira de prison qu'en payant une forte amende dont le produit servit à paver l'endroit du marché où l'on vendait le poisson.—V. † ms. 659, p. 290. — † ms. 658, art. 31.

Cette figure expiatoire de Jean de Bôve à genoux, criant merci, fut confisquée par la république et envoyée à l'arsenal de Douai pour y être changée en canon. On en conserve le modèle en bois, dans un coin des greniers de l'Hôtel-de-Ville.

BRASSEURS, BRASSERIES. — Les brasseries cambresiennes étaient réglementées par de sages ordonnances. Chaque brasseur ne pouvait faire qu'une seule sorte de bière.

Nous Prevost et Eschevins, ensuivant plusieurs de nos ordonnances précédentes, avons défendu et défendons à tous brasseurs de s'ingérer dores-en-avant brasser plus d'une sorte de bière, forte, commune ou petite et que ceux qui brassent la forte, ne puissent brasser la petite et réciproquement ; sur peine, la première fois de 50 livres applicables en tiers : le premier au profict de l'office de *Prevost*, le deuxième aux pauvres, le troisième au dénonciateur, et pour la deuxième et aultre fois, d'être pugnys arbitrairement jusqu'au dire de nous, Prevost et Eschevins.

Publié à *la Pierre*, présents MM. les Prevost et Eschevins, ce jourd'hui 12e du mois d'octobre 1618.

« *Du 13 aoust 1625,* est ordonné pour règlement aux brasseurs que, dores en avant, ils auront à suivre et pratiquer effectuellement l'ordonnance ci-devant faicte, de brasser *bière d'une sorte tant seulement,* sur peine qu'à ceux qui seront trouvés contravenans, leur brassin sera déclaré acquis pour la première fois ; que pour la deuxième fois, ils seront commandés et interdicts de ne plus brasser du jour de leur contravention, en un an entier ; et que pour la troisième fois, ils seront inhibés et défendus de brasser, dès-lors en avant, pour tousiours. »

Une autre ordonnance semblable fut faite et lue en pleine *chambre* aux brasseurs réunis, le 23 juin 1633.

Une ordonnance, du 12 décembre 1628, porte que « les taverniers et autres, tenant usines publiques, et vendant de la bière aux potiments, ne seront pour l'advenir receus à brasseurs, et ne pourront brasser ni faire brasser. »

Une autre ordonnance, en date du 19 décembre 1641, sanctionnait la précédente, par des peines rigoureuses. Il s'agissait d'une amende de 50 florins, et de la rupture de la brasserie pour la première fois ; de 100 florins pour la deuxième fois ; et du bannissement pour la troisième.

« *Du 11 de may 1629.* Ordonnance aux brasseurs de ne donner pour remplissage à leurs brocqueteurs, taverniers et autres revendeurs, bière moins suffisante que celle du brassin qu'il leur ont livré.

Au XVIIe siècle, le bois diminuait déjà dans nos contrées, et il était beaucoup plus en usage qu'aujourd'hui chez les bourgeois de Cambrai. Aussi, le Magistrat jugea-t-il à propos d'exiger que les brasseurs alimentassent leurs usines avec de la houille. Les brasseurs étaient au nombre de douze. Une ordonnance du 11 juin 1635 portait que « quatre d'entre eux, désignés par le sort, devraient avoir, dans le délai de trois semaines, approprié leurs usines au chauffage par la houille ; quatre dans le délai des trois semaines suivantes, et enfin les quatre derniers, dans un égal délai de trois semaines après les huit autres. »

En 1646, le Magistrat eut soupçon que les brasseurs n'étaient pas très scrupuleux à l'endroit de la fabrication des bières. De là une « résolution de faire, pour se renseigner, deux ou trois brassins (au couvent de St-François) y mettant la mesme quantité des ingrédiens que doibvent mettre les brasseurs et non plus, pour recognoitre si le bière ne serat meilleure que celle des brasseurs. » Cette résolution est datée du 12 octobre 1646, et l'expérience faite eut pour résultat l'érection d'une brasserie publique, au compte de la ville. Elle fut ouverte l'année suivante.

Enfin, une ordonnance, sans date, inscrite au *Livre des Bans* réglait que les tonneaux de bière contiendraient 60 lots, *les fillettes et quartelets à l'advenant.*

Tous les tonneaux dont se servaient les brasseurs devaient être marqués au feu, du timbre de la ville, c'est-à-dire de l'aigle, et de la marque du tonnelier. Ce réglement date du 15 octobre 1590. — V. § ms. 5, p. 40. — † ms. 902.

La corporation des brasseurs avait pour patron saint Arnould.

BRETÈQUE (la) *la Bertèque*, ou *la Pierre*. —Lieu où se faisaient les publications de la loi. Construite en 1364, elle fut refaite en 1561. Elle fut alors soutenue sur six piliers de grès, et devint ainsi le balcon de l'Hôtel-de-Ville.

D'anciens manuscrits nous apprennent qu'au XVIe siècle, on dit plusieurs fois la messe à *la Pierre,* notamment en 1553, jour de l'Ascension. Un peuple considérable et la garnison de la ville assistaient à cette cérémonie. — V. ms. 884. (V. *Hôtel-de-Ville*)

BRYAS (Jacques-Théodore de), archevêque de Cambrai, né à Mariembourg, de Charles-Henri, comte de Bryas et de dame d'Imeselle, de la maison des comtes de Bouchouve. — Il se distingua dans la célèbre université de Louvain par ses études de philosophie et de jurisprudence, et fut promu au titre de fisque et de doyen des Bacheliers. Chanoine de la cathédrale de Tournay, conseiller ecclésiastique au parlement de Malines, il fut pourvu, par le roi d'Espagne, de l'évêché de St-Omer, d'où il passa au siége archiépiscopal de Cambrai. Modeste, affable, rempli de charité, il accueillait le riche avec bonté, il visitait le pauvre avec affection. Il entrait dans les chaumières pour y consoler les malades. Il fut excellent administrateur, gouverna son clergé avec une bienveillance qui n'excluait pas la fermeté. Son haut mérite lui valut plus d'une fois les éloges du grand roi. Lorsqu'il se présenta pour la première fois devant Louis XIV, on venait d'apprendre la capitulation de St-Omer, dont M. de Bryas avait occupé le siége épiscopal : « Vous voyez, lui dit le roi, que vous étiez destiné à devenir Français. » Au milieu des honneurs, il conserva une telle humilité qu'il ne permit jamais que les prédicateurs le louassent en chaire, et qu'il défendit qu'on fît de lui, après sa mort, aucun éloge funèbre. Il mourut le 6 novembre 1694, à l'âge de soixante-trois ans. Il avait pris possession de l'archevêché de Cambrai le 28 octobre 1675. — *V. Mém. chron., p. 115.*

BUISSERET (François de). — C'était un homme d'un mérite et d'une énergie remarquables. Né à Mons en 1549, il avait fait ses études à l'université de Louvain, avait été reçu docteur en droit à Boulogne, et fait chanoine à Cambrai en 1574. L'usurpation d'Inchy avait mis en relief son caractère loyal et son indépendance. Demeuré fidèle à l'archevêque, et s'étant constamment refusé à prêter serment à l'usurpateur, il fut banni, un soir, de Cambrai avec plusieurs de ses confrères, sans pouvoir aller prendre chez lui ni argent ni vêtements. Traqué par les gens du baron, fugitif et sans ressources, il arriva à Paris, où il donna des leçons de jurisprudence; puis revint en 1580 à Mons où résidait l'archevêque. Ce fut lui que le prélat députa plus tard vers le comte de Fuentes pour les négociations du siége de Cambrai; ce fut lui encore qui parcourut les provinces voisines, pour en obtenir des secours d'hommes et d'argent; qui fit parvenir à l'aide des flèches espagnoles ces proclamations *aériennes* qui, durant le siége, invitaient les bourgeois à secouer un joug odieux. A la mort de Jean Sarrasin, successeur de Louis de Berlaymont, le chapitre l'avait élu archevêque de Cambrai. Mais l'archiduc Albert (1) ayant montré de la répugnance à sanctionner ce choix, François de Buisseret n'hésita point à abandonner toutes prétentions à cet égard. Ce fut alors Guillaume de Berghes qui prit sa place. Buisseret fut pourvu de l'évêché de Namur. Il ne devint archevêque de Cambrai qu'après la mort de Jean Richardot. Il prit immédiatement à cœur les affaires spirituelles de son nouveau diocèse, confirma plus de huit mille personnes dans sa ville métropolitaine, et consacra l'église des capucins.

Moins heureux encore que ses prédécesseurs, il occupa le siége moins longtemps, et l'année même de sa nomination (1615) il trépassa dans une tournée pastorale.

BUSIGNIES (*Château de*). — Le château de Busignies était jadis une forteresse des mieux défendues. Plusieurs tours et des murailles d'une grande épaisseur y semblaient défier les efforts de l'ennemi. « Les histoires du pays, dit Le Carpentier, nous enseignent qu'il y a eu de tout temps des capitaines pour commander en ce château. » Malgré ses moyens de défense, Gaucher le prit en 1095. En l'an 1279 Gérard Dufresnoy, écuyer, y commandait avec 50 lances. Ce château, ainsi que le village, était presque adossé à des bois immenses qui rendaient impraticable tout abord de ce côté. La forteresse de Busignies fut plusieurs fois prise et reprise durant les guerres interminables qui affligèrent le Cambresis.

Depuis longtemps le château féodal a disparu : il est remplacé, de nos jours, par une jolie maison de style moderne.

---

(1) Le cardinal Albert, archiduc d'Autriche, né en 1550, fut nommé gouverneur des Pays-Bas en 1596. Il n'était point engagé dans les Ordres, et renonça à l'état ecclésiastique, pour épouser Isabelle, fille de Philippe II. Le roi d'Espagne, désespérant de faire rentrer les Pays-Bas sous sa domination, les donna en dot à sa fille. Albert fut un prince d'une grande piété : il mourut en 1621 sans postérité.

C

CADET-ROUSSEL. — Il existait dans Cambrai, avant la révolution, un pauvre petit vieillard mal bâti, maigre, au front épilé, toujours vêtu de gris, tristement chaussé, et coiffé d'une drolatique casquette de cuir. A son air humble, au délâbrement de ses habits, on reconnaissait une espèce de mendiant. Du reste c'était l'homme de Cambrai le plus connu de ses concitoyens. On le voyait souvent arrêté devant un monument ou quelque belle maison de la cité : là, muni d'un mauvais canif et d'un morceau de papier posé sur une planchette, ce singulier personnage dessinait en découpure l'édifice devant lequel il était posé. Mais s'il survenait une bande de gamins, fléau déjà très commun dans Cambrai, le petit homme s'éloignait au plus vite, car la bande maudite, entonnant aussitôt l'air de *Cadet-Roussel*, n'aurait pas manqué de lui jouer quelque mauvais tour. Mais, le danger passé, l'artiste en découpure revenait achever son œuvre, et cherchait ensuite un amateur charitable qui voulût bien la lui acheter pour quelques patars. Or, ce petit vieillard s'appelait *Cadet-Roussel*. Moins célèbre que son immortel homonyme, faute d'un poète qui ait songé à le chanter, cet honnête mendiant ne se doutait pas qu'il faisait de petits chefs-d'œuvre ; il se doutait encore moins qu'il travaillait pour l'avenir et pour l'histoire. Car ces monuments qu'il copiait, le marteau des vandales allait les renverser, et ses dessins seuls devaient, pour plusieurs du moins, nous en transmettre un jour l'image.

Les découpures de Cadet-Roussel sont maintenant d'un certain prix ; elles sont rares : le peu qui en reste est soigneusement conservé dans les cabinets de curiosités.

Cadet-Roussel est mort dans la misère en 1809.

CAMBAGE. — Droit qu'on levait sur la bière.

CAMBRAI. *Cameracum*, *Cambraium*, *Cameryck*, sur l'Escaut. — Autrefois capitale du Cambresis, aujourd'hui chef-lieu du quatrième arrondissement du département du Nord et de deux cantons. — Siége d'archevêché. — Longitude de l'Ile-de-Fer 20° 53' 39"; latitude 50° 12' 39". — A 43 lieues N.-N.-E. de Paris; 12 lieues S. de Lille; 9 lieues S.-E. d'Arras; 16 lieues N.-O. d'Amiens; 5 lieues et demie S.-E. de Douai; 7 lieues S.-O. de Valenciennes.

Nous n'avons à écrire ici ni l'histoire politique, ni l'histoire ecclésiastique de Cambrai. Ce travail n'est pas du ressort de notre Dictionnaire. Nous allons envisager Cambrai à son point de vue topographique, et en suivre de notre mieux les développements successifs.

A quelle époque remonte l'origine de Cambrai, ce qu'était cette cité dans ses premiers temps, sont deux questions sur lesquelles il nous parait superflu de disserter, puisque la conclusion de chacun de ceux qui l'ont fait avant nous, dans des temps où l'on était mieux pourvu de documents historiques, a été celle-ci : *Nescio*, je n'en sais rien (1) ! Cambrai est situé dans l'ancien pays des Nerviens. Si quelque trace en existait avant la venue des Romains dans la Gaule Belgique, ce n'était probablement qu'une réunion de quelques cabanes construites de bois et de chaume, sur les bords de l'Escaut; et alors, sans doute, cette bourgade ne s'appelait pas Cambrai, peut-être n'avait-elle aucun nom.

En effet, *Cameracum* vient du mot *camera*, voûte, chambre souterraine (2), et ce nom tout latin, ayant une racine également latine, n'a pu être donné que par les Romains. On ne le connaît pas avant la venue des Romains dans les Gaules, mais à dater de cette époque, il ne tarde pas à paraître dans l'histoire. Il était cité, au dire de Balderic (3), dans le livre que Jules César fit composer sur la cosmographie (4). Là

---

(1) Balderic, *Chronicon cameracense*. — Dupont, *Hist. de Cambrai*.

(2) Nous ne voyons pas pourquoi l'on repousserait plutôt cette étymologie qu'une foule d'autres parfaitement analogues. On accepte bien que Famars vienne de *Fanum Martis*, Temple de Mars; que Tilloy, *Tiliacetum*; Cauroir, *Coriletum*; Epinoy, *Spinetum*; Quesnoy, *Quercetum*; Fresnoy, *Fraxinetum*, soient ainsi nommés par allusion à des lieux plantés de tilleuls, de coudriers, d'épines, de chênes et de frênes. Est-il plus déraisonnable de dire : Cambrai, *Cameracum*, lieu percé de voûtes?

(3) Balderic, *Chron. Camer.*, chap. III.

(4) On regrette la perte de cet ouvrage. — N'est-il pas possible, dit M. Le Glay, que cet ouvrage ne soit autre que l'*Itinéraire* connu aujourd'hui sous le nom d'*Antonin* qui, comme on le sait, a été successivement augmenté et perfectionné sous le règne des divers empereurs.

7

sont mentionnés tous les lieux importants du monde romain. Là se trouvent le nom de Cambrai et sa distance de Bavai, qui est de 18 milles.

Que si l'on récuse cette première autorité, il est du moins certain que Cambrai est mentionné dans l'*Itinéraire d'Antonin*; il est inscrit aussi sur la carte de Peutinger (1). *Cameracum* existait donc déjà vers la fin du IVe siècle, c'est-à-dire du temps de l'occupation romaine. Et en effet, s'il est vrai que les vainqueurs des Gaules ne soient pas les fondateurs de notre cité, ils en ont fait du moins une de ces *mansions*, espèces d'hôtelleries militaires, où se reposaient leurs légions en voyage (2). Les anciens auteurs affirment même qu'après la destruction de Bavai (vers l'an 385), les Romains érigèrent Cambrai en chef-lieu de tout le Hainaut, dont les Nerviens faisaient partie. Le Carpentier ajoute qu'ils l'embellirent « d'un Capitole voisin du château de Selles, rapporté par Gélic, d'un amphithéâtre, de bains, d'aqueducs, de merveilleux souterrains conduits presque par tout le pays, etc. (3). » On a souvent traité de fables ces assertions du vieil écrivain qui, nous en convenons d'abord, ne se pique pas toujours d'une grande véracité; mais peut-être a-t-il ici exagéré son récit beaucoup moins qu'on ne le suppose.

En effet, bien qu'il soit plus exact d'attribuer à l'œuvre du Moyen-Age une grande partie des souterrains de Cambrai, encore est-il évident, d'après l'étymologie la plus généralement acceptée, qu'il existait des *chambres* souterraines dans *Cameracum*, quand les Romains lui ont donné ce nom.

Dans les aqueducs antiques qui circulent sous la ville, certaines parties présentent les caractères de constructions romaines. Et d'ailleurs, les petits bras de l'Escaut, appelés autrefois Escaudiaux, sont-ils bien l'œuvre de la nature? Ne pourraient-ils pas devoir leur origine, à des dérivations pratiquées pour un service particulier? Et le grand peuple qui avait fait de Cambrai une place de guerre importante, ne serait-il pas pour quelque chose dans ces deux aqueducs qui distraient une partie des eaux de l'Escaut, avant son entrée en ville, pour les lui rendre immédiatement après sa sortie? Certes, nous savons que ce qui existe aujourd'hui dans ces deux canaux ne révèle pas l'œuvre des Romains; mais qui affirmera qu'ils n'en ont pas tracé le premier lit?

Quant aux constructions dont on n'avait jusqu'ici rencontré dans la ville que de rares vestiges (dans l'ancien couvent des Capucins); les découvertes récemment faites sur la place Fénélon (V. *Antiquités § Constructions romaines*) viennent de jeter un vif rayon de lumière au milieu de tous nos doutes. Évidemment, dans cette partie de la ville, il existe trois sols différents : le sol actuel, qui, depuis un demi-siècle, s'est déjà exhaussé de près d'un mètre; le sol moyen-âge, à la profondeur de trois mètres sous celui d'aujourd'hui; et enfin le sol romain, 80 centimètres plus bas encore.

Là, sont de vastes constructions, d'une solidité et, dans certaines parties, d'une épaisseur prodigieuses, qui révèlent une riche architecture; car on a trouvé, ici, des bases de colonnes, là, de beaux fragments de peinture à fresque; partout, des objets de toilette, des ustensiles de toute espèce; tout cela, nous le faisons remarquer, sous un remblai de quelques mètres. Or, c'est sous un remblai de même nature que, dans le terrain des Capucins, on a retrouvé, au commencement de ce siècle, d'autres vestiges de constructions romaines. Il est naturel de conclure de ces découvertes que les Romains s'étaient en effet établis d'une manière assez développée non loin des bords de l'Escaut, et qu'ils y avaient élevé des monuments importants, dignes d'être ornés par la peinture.

Qu'y a-t-il donc de répugnant à penser que les civilisateurs du monde aient ouvert des carrières dans le flanc calcaire du mont qui porta plus tard le nom de St-Géry. Cette ressource que les Cambresiens, au Moyen-Age, employèrent pour se procurer de la chaux et des matériaux à remblai, pourquoi les Romains l'auraient-ils négligée? (1)

---

(1) Peutinger, célèbre jurisconsulte d'Augsbourg, mort en 1547, à l'âge de quatre-vingt deux ans. Il avait reçu de Conrad Celtes une carte dressée vers la fin du IVe siècle, où sont marquées les routes que tenaient alors les armées romaines. C'est cette carte que les savants connaissent sous le titre de *Carte ou Table de Peutinger*
(2) Dupont, *Hist. de Cambrai.*
(3) Le Carpentier, *Hist. de Cambrai.* part. I, p. 26.

(1) L'*opus incertum* des Romains qui était analogue à l'*amplecton* des Grecs, exigeait beaucoup de chaux et de pierrailles. C'était une maçonnerie faite sans règles et composée de garni. — V. Vitruve, chap. 8. — Batissier, *Archéologie nationale.* p. 197.

En présence de toutes ces considérations, on est involontairement reporté au souvenir des bains, de l'amphithéâtre, des aqueducs, des souterrains, cités par nos anciennes chroniques. Voilà pour l'époque romaine; passons au Moyen-Age.

Les flots de barbares avaient ravagé le pays; les Francs terribles avaient chassé Rome de nos contrées, mais non sans des alternatives de revers et de succès. Des ruines, des monceaux de cendres attestaient la lutte acharnée des hommes du Nord contre la civilisation italienne : *Cameracum* restait peut-être debout, mais comme une grande ruine. C'est de cette ruine, peut-être, que sortit la nouvelle ville de Cambrai. Examinons de quelle manière se sera accompli ce travail.

D'abord, une lacune est inévitable; le bras qui détruit ne se prend pas de suite à réédifier. Mais le génie du christianisme, qui est essentiellement civilisateur, paraît bientôt, et la première église s'élève dans notre cité : c'est celle de Notre-Dame (1). Les Francs ne construisaient pas comme les Romains; leur architecture, plus grossière, se contentait de bois, et sans doute l'église érigée, selon Julien de Lingne, en l'an 525, devait avoir beaucoup d'analogie avec les granges en bois de nos anciennes fermes de Flandre, à moins que quelque monument romain, échappé aux barbares, n'ait été approprié à cet usage religieux. Quoi qu'il en fût de l'architecture du temple chrétien, il existait et il devait se perpétuer à la même place, par des reconstructions successives, jusqu'aux jours d'abomination qui enfantèrent les vandales du XVIII° siècle. C'est donc, selon toute apparence, là où fut l'église que fut aussi le noyau de la ville de Cambrai ; car les chrétiens ne redoutaient pas leur Dieu ni leurs prêtres, comme les enfants du paganisme craignaient les leurs. Le sommet de la colline cambresienne était couvert d'arbres épais et sombres où s'étaient jusqu'alors accomplis les affreux mystères du culte druidique. Ce n'est certes pas dans le voisinage de ce lieu d'effroi que nos pères avaient construit leurs premières demeures; ils avaient, à coup sûr, ménagé un grand espace entre eux et leurs terribles divinités. Les églises, au contraire, couvraient volontiers de leur ombre les nouveaux chrétiens, et ceux-ci cherchaient à établir leurs foyers autour des temples dont les prêtres bénissaient leurs berceaux, leurs unions et leurs tombes, dont le sanctuaire leur offrait un refuge dans les moments de péril. Il s'ensuit que l'emplacement de notre première église indique très probablement le lieu par où Cambrai a commencé.

A partir de ce premier jalon, c'est une étude très intéressante à faire que de suivre, à l'aide des dates, le développement de notre cité, qu'on voit se former par voie d'agglomération. Nous allons en indiquer la marche.

En 525, l'église-mère se dresse entre la colline et le premier bras de l'Escaut, sur les ruines d'une immense construction romaine.

Quelques années plus tard, l'église de *St-Pierre*, apôtre, aujourd'hui *St-Aubert*, et son chapitre primitif, viennent se placer à deux pas de Notre-Dame, vers le nord.

Au milieu du IX° siècle, l'église de *Ste-Croix* surgit au côté opposé, vers le midi.

Entre temps, saint Géry (vers l'an 600) avait élevé, comme une grande expiation, sur le sommet de la colline, le monastère de *St-Médard*, à la place du bois profane si longtemps consacré à la religion de Teutatès (1). Et, dès lors, l'horreur pour ce lieu a disparu, et la ville s'est étendue vers le nouveau monastère.

Un autre lieu de prières existait aussi dès le VII° siècle : c'était la petite *abbiette* (abbaye) de St-Martin.

Mais les chroniques prennent soin de nous apprendre que St-Martin et St-Médard étaient alors hors de la ville, ainsi que St-Pierre qui pourtant n'était séparé de l'église-cathédrale que par une petite place. Du côté de St-Médard (plus tard, St-Géry), c'est-à-dire vers le haut de la ville, les habitations s'étendirent jusqu'à environ 250 pas du monastère (2). Il est donc très probable que la cité, partie de l'emplacement de Notre-Dame, qui était aussi le lieu de l'ancienne ville romaine, et se groupant d'abord autour de l'église-mère, en s'appuyant sur la rive de l'Escaut, ne tarda pas à s'allonger vers le mont St-Géry.

---

(1) Nous ne parlons pas ici d'une première église qui aurait été bâtie au IV° siècle par l'évêque Diogène. L'existence très problématique de ce temple et même de son fondateur n'importe pas à notre histoire.

(1) « Là se trouvait un bois dédié au culte des démons, qu'il purgea et changea en une maison de prières. »— *Cameracum christianum*, p. 100.

(2) « Juxtà eamdem civitatem, in vicino monte, sita erat ecclesia Sancti Gaugerici ; non longiùsquam duorum stadiorum spatio distans. — Stadium autem dicitur mensura centum viginti quinque passuum. » — § ms. 6, p. 62.

Mais Cambrai, sans moyen de défense à cette époque, est saccagé et livré aux flammes par les Normands, le 28 décembre 881. C'est alors que Dodilon entreprend de vastes travaux d'agrandissement : il ceint la ville de nouvelles murailles en y comprenant toute l'abbaye de St-Aubert ; peut-être y fait-il entrer en même temps la petite église de St-Martin.

Cependant la ville grandit, les habitations s'étendent vers le nord, vers le midi et vers l'est. Le bon Liébert fonde l'abbaye de St-Sépulcre, et l'enferme dans la ville ainsi que St-Nicolas, en l'entourant de *palis et clostures de bois*, en même temps que de fossés. St-Vaast s'élève, vers 1070 (1), comme un nouveau jalon donné aux achitectes du temps.

Enfin, Gérard II, le charitable évêque, l'énergique et puissant comte du Cambresis, conçoit un vaste projet, et entreprend le plus grand travail de fortification qui ait jamais été fait pour la ville de Cambrai. Il en détermine la circonscription, il en fait creuser les fossés de défense, élever les remparts qu'il revêt d'épaisses murailles et qu'il flanque de tours nombreuses. Nous ne pensons pas que la ville ait été notablement agrandie depuis cette époque. Dès lors le château de Selles et le monastère de St-Géry sont reliés à ce grand système de défense.

Voici en quels termes la chronique de Jean Duchastiel parle des travaux de Gérard II : « En 1080, Gérard voyant qu'il estoit en paix, fist grand travail adfin que luy et ses gens, puissent estre asseurés en leur temps et après luy, en le cité de Cambray. Il fist fermer toute le cité de murs de pierres, et relever les fossés et édifier plusieurs tours, car l'évesque Gérard Ier avoit faict fermer et clôre de palis de bois, et avoit faict serrer en le cité ung haut *chasteau* de murs, et à l'environ de profonds fossés ; et dedans le chasteau estoit l'église de Nostre-Dame et celle de St-Aubert. »

On retrouve encore le long des rues de la Caille, de Vanderbuch, du Marché-au-Poisson, de St-Jérôme, de Fénelon, le long de l'Escautin et de la rue des Récollets, les traces de cette enceinte fortifiée qui, suivant toute apparence, se complétait par des murailles semblables dans les rues des Ratelots et des Clefs (2).

(1) Notez qu'il s'agit ici de la première église de St-Vaast qui était comprise entre les rues actuelles de St-Géry, de la Clochette, de l'Arbre-à-Poires et du Clocher-de-St-Géry.

(2) Ceci n'était point une chose particulière à Cambrai « On élevait les églises dans un enclos qui

Ces immenses travaux de fortifications, ainsi que les remblais considérables qui existent sur la Place-au-Bois, sur la Grand'Place et dans toutes les rues qui descendent vers l'Escaut, expliquent suffisamment le nombre et l'étendue des carrières de la ville, que les Romains avaient sans doute peu exploitées. Le *château* lui-même dont l'extrémité occidentale baigne dans l'Escautin, et dont le sol, à l'intérieur, est extrêmement élevé, est une masse prodigieuse de remblais. Cela se voit particulièrement dans les anciens jardins du *Palais*, et dans ceux de l'abbaye de St-Aubert, du côté de la rue du Marché-au-Poisson. Ainsi la ville ne s'est point seulement étendue, mais elle s'est encore exhaussée. Son sol actuel, sur la place Fénelon, est environ 12 pieds plus haut que le sol du temps des Romains (1).

Le mont St-Géry était évidemment beaucoup plus rapide qu'il ne l'est aujourd'hui, et ne commençait guère que sur la Place-au-Bois. Les grands travaux de remblais et de terrassements dont nous parlons, ont eu le double résultat d'adoucir les pentes à l'est et d'éviter les inondations à l'ouest.

Nous venons de faire connaître que c'est du temps de Gérard II, c'est-à-dire à la fin du XIe siècle, que la circonscription de Cambrai fut déterminée à peu près telle qu'elle l'est aujourd'hui. Alors commencent à s'élever dans ses murs de nouveaux édifices. Le XIIe, le XIIIe et le XVe siècles font surgir la plupart des églises et des monastères qui faisaient, avant la révolution, l'ornement et la richesse de notre cité. Parmi ces monuments religieux se remarque un édifice d'une autre nature, c'est la *Maison de la Commune*, c'est la Chambre de paix. En l'an 1364, selon Julien de Lingne, Pierre André fait bâtir *la Chambre de la ville*. Probablement, avant cette époque, le siége de l'administration civile n'avait pas un local spé-

contenait, outre le temple saint, quelques habitations occupées ordinairement par les prêtres et par des personnes pieuses... » — *Hist. de France*, par Mazas, t. I, p. 121.

(1) Ce fait, aujourd'hui constaté, avait déjà été pressenti, par induction, au commencement du XVIIIe siècle, par Jh. Pouillaude, abbé de St-Aubert, qui s'exprimait ainsi : « Il faut qu'il eût bien fait froid dans ce temps là (XIIe siècle), et que le terrain de notre maison eût été *bien plus bas qu'aujourd'hui*, puisque ledit auteur raconte qu'à la fin de may, il y avoit de si grandes glaces dans les fossés de St-Aubert, que tout le monde estoit surpris. » — † ms. 654. Ces fossés étaient sans doute alimentés par les eaux de l'Escautin.

cial. Il est bon d'ajouter que le bel hôtel-de-ville qu'on admirait encore à Cambrai vers la fin du XVIII° siècle, avait été construit au XVI°.

Nous ne parlons pas des perfectionnements qui ont été apportés aux fortifications de la ville à diverses époques : cela n'a rien changé à sa topographie. — V. *Fortifications*.

Jean Duchastiel nous apprend que le 27 de janvier 1516, la ville ayant été mesurée, « fust trouvé qu'elle avoit de circuit une lieue, et deux cents tours aux murailles, sans compter les sept portes, ni le chasteau de Selles, qui estoit fort à merveille, car la rivière appelée Escaut l'environnoit. » — § Ms. 6, p. 134. Vingt-sept ans après, au milieu de ce même siècle, Charles-Quint faisait construire la citadelle, et la ville ainsi enserrée dans sa ceinture de pierres, arrivait à cet âge mûr où les choses et les hommes ne savent plus grandir.

Des tours, des murailles, des fossés, des châteaux-forts, une citadelle, voilà pour le point de vue militaire. Quant à l'aspect civil et pittoresque de la cité de la Vierge et de Monsieur saint Géry, comme on l'appelait, Gramaye nous rapporte les paroles d'un ancien auteur qui la compare à Jérusalem. Les *Mémoires chronologiques* (p. 209) font aussi un grand éloge de l'apparence de Cambrai. En effet, cette ville, surtout au commencement du XVI° siècle, avant l'érection de la citadelle, était réellement remarquable. L'élégante église de St-Géry qui s'élevait sur le Mont-des-Bœufs comme un trait d'union entre le ciel et la terre; la belle pyramide de la métropole, chef-d'œuvre d'architecture, qui n'avait pas moins de 300 pieds d'élévation du sol jusqu'à la croix; l'aiguille bizarre de la tour de St-Martin, qui s'élançait en gracieuse torsade d'entre les quatre légères tourelles de la galerie; les clochers élevés de St-Nicolas, de St-Waast, de St-Aubert; les plus humbles clochers de St-Georges, de Ste-Croix, de Ste-Elisabeth; cette foule de clochetons, de colombiers, de pinacles qui s'élançaient des toits, des pignons de nos monastères et de nos maisons privées; la jolie tourelle exagone de Martin et Martine, qui couronnait l'hôtel-de-ville, tout cela présentait au voyageur qui approchait de Cambrai le coup-d'œil le plus agréable. A l'intérieur, la ville n'était pas moins pittoresque. Tous ces édifices qu'annonçaient de loin leurs tours et leurs clochers, offraient à l'admiration de l'homme de goût des parties merveilleuses de sculpture. Des chapelettes, des statuettes de saints aux coins de rues, au-dessus des portes d'une foule de maisons pieuses, des croix de justice et de dévotion, des *Dieux de pitié* où la sculpture et la peinture réunissaient leurs efforts pour inspirer la dévotion des fidèles, tout, jusqu'à la petite chapelette du grand marché, jusqu'à cette *cayère* d'infamie, voisine du Pré-d'Amour qui, en regard de l'hôtel de la commune, s'élevait sur le bord du grand flot où l'on puisait, en cas d'incendie, l'eau nécessaire pour l'éteindre; tout cela, disons-nous, donnait à Cambrai un cachet, une couleur de Moyen-Age dont il ne reste plus vestige.

Bientôt après, le terrible rival de François Ier vint s'emparer de Cambrai; l'Espagne y apporta ses mœurs, son langage, son costume, même son architecture, et s'insinua tellement dans la population indigène, qu'on l'y retrouvait longtemps encore après que la capitale du Cambresis fut devenue une ville de France. Elle était encore l'une des plus belles cités du pays, lorsque les barbares de 93 en ont fait un monceau de décombres et de ruines; elle se retrouvait, à neuf siècles d'intervalle, dans l'état où l'avait mise la fureur des Normands.

CAMBRESIS (Le), *Pagus Cameracensis*. — Cette petite province fait partie de l'ancien territoire des Nerviens. Le *Pagus Cameracensis* est nommé pour la première fois dans un diplôme de Clotaire III, pour l'abbaye de St-Bertin; ce diplôme est de 660. — V. *Glossaire de l'ancien Cambresis*, par M. Leglay, p. XVI.

Lorsque sous le règne de Clotaire II, au commencement du VII° siècle, les ducs et les comtes du pays eurent obtenu que leurs charges, d'abord annuelles, devinssent permanentes, le grand diocèse de Cambrai fut divisé en plusieurs petits départements qui avaient chacun leurs chefs de justice et leurs coutumes. Ces départements s'appelaient *Pagi*, cantons. Il y eut *Pagus Cameracensis* ou *Cambracinsis*; c'est le Cambresis d'aujourd'hui; *Pagus Brachintensis*, *Pagus Fanomartensis*, etc.

Le Cambresis faisait partie de la Basse-Lorraine. Sans rappeler ici les différentes révolutions qu'éprouva ce royaume de Lorraine, nous dirons que Othon Ier, fils d'Henry-l'Oiseleur, roi de Germanie, auquel il avait été cédé par Charles-le-Simple, après la bataille de Soissons, fit, en 946, un traité d'alliance avec Louis-d'Outremer, par lequel celui-ci abandonna formellement toutes prétentions sur ce pays.

Othon II, empereur après son père, ayant, par un traité avec Lothaire (980), affermi ses droits sur la Lorraine, a charge de foi et hommage à la couronne de France, ne tarda pas à se regarder comme véritable suzerain, prit pour lui la *Haute-Lorraine* qui, au siècle dernier, portait encore ce nom et donna l'autre à Charles, frère de Lothaire, à condition qu'il lui en ferait foi et hommage. Cambrai, situé dans cette dernière partie, continua d'avoir un comte qui exerçait l'autorité de l'empereur. Plus tard (en l'an 1007), le comté fut donné à l'évêque, et subit le sort de tous les fiefs de l'empire. Le suzerain donna à l'évêque les droits seigneuriaux les plus étendus. Voilà comment, depuis le commencement du XIe siècle, le comté de Cambresis devint dépendance de l'empire dont les évêques étaient, à proprement parler, les *vassaux*.

Nous ne pouvons faire ici l'histoire des évènements dont le Cambresis a été le théâtre. Nous rappellerons seulement qu'il tomba sous la domination française en 1677, lorsque Louis XIV se fut rendu maître de Cambrai.

Au Moyen-Age, la piété de nos pères donnait au Cambresis le nom de *Terre de la Vierge Marie*. L'an 1071, le comte Robert devenu, par la mort de son neveu, maître du comté de Flandre (bataille du Mont-Cassel), voulut s'emparer de Cambrai et arriva devant ses murailles avec une armée. Le bon évêque Liébert était malade : « Il se fict porter sur une litière parmi l'ost (l'armée) du comte Robert et l'admonesta de l'auctorité de Dieu, qu'il partist hors des *Terres de la Vierge Marie*. Mais ledict comte n'y acousta rien. Adonc le bon évêque se leva du mieux qu'il peut et prenant sa croche, il excommunia le comte et tous ses gens, dont le comte fust tout épouvanté, qu'il fict déloger son ost à l'heure de nonne... èt l'évêque leur pardonna. » — V. § ms. 6, p. 78.

Le Cambresis était borné au nord et à l'est par le comté de Hainaut ; au sud par le Vermandois et la Thiérache en Picardie, et à l'ouest par l'Artois. Cette province était plus étendue dans l'origine qu'au siècle dernier. On voit, dans le *Glossaire du Cambresis*, que l'Artois lui a enlevé 48 villages et bourgs, parmi lesquels Oisy et Bourlon ; que la Picardie lui en a pris 18 parmi lesquels Honnecourt et le Câtelet. Le Hainaut lui en a aussi enlevé un certain nombre.

Quoi qu'il en soit, un arpentage opéré soigneusement à l'époque où Cambrai tomba au pouvoir de Louis XIV, donna les résultats suivants :

Le Cambresis contenait cent vingt-huit mille quatre cent quatre-vingt-dix-huit mencaudées, qui se décomposaient ainsi :

Terres labourables.	113,390 mencaudées.
— en prairies.	1,899 —
— en bois.	4,980 —
— en étangs.	260 —
— en jardinage et manoirs.	7,969 —
Total. . . .	128,498 —

La longueur de notre petite province était d'environ 10 lieues depuis les villages d'Ors et de Câtillon jusqu'à Arleux. Sa largeur était moindre et fort inégale.

Les villages du Cambresis étaient en 1789 au nombre de 87, à savoir : Abancourt, Anneux, Aubencheul-aux-Bois, Audencourt, Arleux, Agniez-les-Duisant, Avesnes-lez-Gobert, Awoing, Bantigny, Bantouzel, Beauvois, Beaumont, Bertry, Bethencourt, Bévillers, Blécourt, Boirie-Notre-Dame, Boursies, Boussières, Busignies, Borneville en Caudri, Cagnongles, Cantaing, Castenières, Carnières, Caullery, Cauroir, Clary, Crèvecœur, Cuviller, Demicourt, Dury, Eslincourt, Esnes, Estourmel, Estrun, Esward, Flesquières, Fontaine-au-Pire, Fontaine-Notre-Dame, Forenville, Fressies, Flers et Courcelle, Haynecourt, Haucourt, Hemlenglet, Inchy, Lesdain, Ligny, Masnières, Marets, Marcoing, Mœuvre, Montigny, Monstrecourt, Morenchies, Naves, Neuvilles, Neuville-St-Remy, Niergnies, Paillencourt, Premont, Proville, Quiévy, Raillencourt, Ramillies, Ribecourt, Rumillies, Sains-lez-Marquion, St-Aubert, St-Hilaire, St-Souplet, St-Vaast, Ste-Olle, Sancourt, Saulzoir, Serin, Sérenvillers, Selvigny, Tilloy, Thun-l'Évêque, Trois-Villes, Villers-Ghislain, Vieilly, Vendhuille, Wambaix, Wallincourt. Nous ne parlons pas ici d'une foule de petits fiefs répandus sur tout le territoire.

La châtellenie du Câteau faisait aussi partie du Cambresis avec toute sa circonscription, à savoir : Bazuyau, Câtillon, Mauroy, Mazenghien, Molaing, Montay, Ors, Pomereuil, Reumont, St-Crespin, Sart, St-Benin.

Plusieurs villages d'Artois et de Hainaut étaient enclavés dans le cœur même du Cambresis.

Les grands cours d'eau qui traversent le Cambresis sont au nombre de quatre : l'Escaut, qui prend sa source au pied du mont St-Martin ; la Sensée, qui entre sur notre territoire à Aubencheul-au-Bac, et qui en sort à Estrun ; la Sambre, qui entre dans le Cambresis à Câtillon, et qui en sort au village d'Ors ; enfin la Selle, qui entre à St-Souplet et qui sort à Saulzoir.

Le point le plus élevé du Cambresis est une petite éminence dans le bois de Busigny. Elle est cotée sur la carte du département de la guerre 162 mètres au-dessus du niveau de la mer.

Les terres de la contrée sont un peu sèches, mais bonnes et fertiles. On y cultivait beaucoup le lin. Les pâturages y sont excellents. On y a desséché, depuis un siècle, un grand nombre de marais et d'étangs. Les bois disparaissent peu à peu sous la hache du spéculateur. Le gibier y devient rare : l'outarde ou bitarde, gros oiseau, au magnifique plumage, n'existe plus dans le Cambresis où il abondait autrefois; car, pendant l'hiver de 1498, on prit à la main, dans les champs du voisinage, plus de cinq cents outardes, qui furent vendues sur le marché de Cambrai.

Le commerce du Cambresis consistait principalement en grains, en moutons, en laines et en toiles fines.

Le lecteur voudra bien ne point perdre de vue que la notice qu'il vient de lire concerne l'ancien Cambresis et non l'arrondissement actuel de Cambrai. Ils n'ont point la même circonscription.

V. *Hist. du Hainaut*, par l'abbé Hossart, t. I, p. 49. — *Mém. pour l'arch., pièces justif.*, p. 282. — *Glossaire du Cambresis*, pag. xvj. — *Diction. universel et statistique de la France.* — *Hist. de Cambrai*, par Le Carpentier, part. III, p. 7.

CAMP DE CÉSAR. — *(Voyez* ANTIQUITÉS, § Camps, etc.*)*

CANAL de *Cambrai à St-Quentin.* — Cette grande œuvre d'art est terminée depuis 1809. Nous tenons de M. Evrard, ingénieur civil, des documents curieux sur ce sujet.

L'ancien canal qui réunit la Somme avec l'Oise, entre Chauny et St-Quentin, et qui avait été projeté sous les ministères de Mazarin et de Colbert, fut enfin terminé par Crozat. Ce canal communique non-seulement avec Paris par la Seine, mais aussi avec Nantes et l'Océan par le canal de Briare et par la Loire. Son utilité ayant été reconnue, un ingénieur militaire nommé Devic, proposa, pour étendre ces nouvelles communications, de réunir la Somme à l'Escaut, en ouvrant un canal entre Cambrai et St-Quentin. Mais les difficultés d'exécution firent renoncer à ce projet. En 1766, le gouvernement s'occupa de nouveau de la jonction de la Somme à l'Escaut. M. Laurent, ingénieur chargé des études de ce travail, proposa des plans différents de ceux de son prédécesseur, lesquels eurent un commencement d'exécution. Mais la mort de l'ingénieur étant survenue, cette circonstance, jointe aux embarras du trésor, fit suspendre les travaux. Ce fut en 1801, que Napoléon, alors premier consul, ordonna qu'on reprendrait cette grande œuvre, mais d'après les plans de Devic. En conséquence, les travaux furent commencés en 1802 et poursuivis avec activité. Le canal était terminé en 1809.

La partie souterraine du canal dans le voisinage du Câtelet, excita longtemps l'admiration des curieux. Des aqueducs au moyen desquels le canal passe deux fois au dessus de l'Escaut, à cause des sinuosités du fleuve, ont aussi quelque chose de remarquable; de belles écluses construites le long du canal de St-Quentin, raccordent les niveaux différents de la Somme et de l'Escaut. — On trouve un article intéressant sur *le canal souterrain* de St-Quentin, dans le *Musée des Familles*, t. I, 3e trimestre, p. 161.

CANONNIERS-ARQUEBUSIERS. — La population cambresienne qui était essentiellement guerrière, et qui, pour maintenir son indépendance, avait, plus que toute autre, besoin de moyens de défense, aura sans doute adopté l'artillerie dès que l'invention lui en fut connue; et dès lors un corps spécial aura été chargé d'en faire usage. Il est certain qu'en 1477 il y avait déjà de l'artillerie à Cambrai. Au XVIe siècle, un serment de canonniers existait dans la ville sous le nom de *Canonniers de plaisance;* ils portaient la cuirasse et le chaperon rouge. Outre le service des pièces d'artillerie, ils avaient encore le maniement de lourds et grossiers fusils qu'on appelait arquebuses. On voit, dans les annales de la ville, qu'à l'entrée de Robert de Croy, *ils desserrèrent plus de cent arquebuses.*

Il n'est point hors de vraisemblance qu'ils voulaient ainsi rendre hommage au caractère martial du nouveau duc de Cambrai. En effet, celui-ci qui, sans doute, ne trouvait pas l'artillerie cambresienne suffisante, créa un nouveau *serment* de canonniers. « Le 27 mai 1543, Robert de Croy, leur voulant donner un *Roy* pour la première fois, fit mettre un gehay, ou oiseau de fer, sur l'horologe de l'hôtel-de-ville, lequel montoit aux environs de vingt pieds plus haut que la bannière. Un étourneau s'étoit perché sur l'oiseau de fer; Robert Barbaix tirant à son tour, abattit l'étourneau. Monseigneur de Cambray tira après luy, et abattit l'oiseau de fer. Ainsy fut-il et le fondateur et le premier *Roy* du nouveau serment. » — *Mém. chron.*, p. 38. — Ce serment, qui portait le nom de *canonniers de la couleuvrine*, absorba les *Canonniers de plaisance*, dont le nom disparut. Il portait sur son drapeau les armes de Robert de Croy.

Un évêque, *Roy* ou capitaine d'une compagnie

de garde nationale n'est plus dans nos mœurs ; mais aux vieux temps, un homme de cœur, quel que fût l'habit qu'il portât, était toujours le bienvenu dans le service du pays.

Quelques années plus tard, en 1555, lorsque le Magistrat eut acheté l'artillerie de l'archevêque, les canonniers passèrent sous l'autorité immédiate des échevins. Le registre aux *remonstrances* contenait un règlement, en date du mois de janvier 1556, pour les vins qu'on donnait aux canonniers tous les dimanches et fêtes. — Une exemption, en date du mois d'octobre 1558, dispensait les vingt-quatre plus vieux canonniers de faire le guet. On trouvait au registre des *lettres de police* un règlement général, en 36 articles, pour la *Confrérie des canonniers* de Cambrai ; il était daté du 7 août 1630. Enfin, une ordonnance du 30 avril 1658 enjoint aux canonniers de « *se garnir des bastons nécessaires, et s'exercer à leur profession*, aux jours, temps et en la manière accoutumée, à peine, etc.* »

On lit dans un ancien manuscrit que « le lundy de la bonne Pasques, en l'an 1577, les canonniers de Péronne sont venus en Cambray veoir ceux de Cambray, et ont passé le temps à tirer. MM. de le ville leur ont faict présent des vins, à sçavoir : 24 *quesnes*. Et le samedy, 2 de juin, nuict de la Trinité, les canonniers de Cambray avec leur *Roy*, Charles de Wanquetin, prévost de la ville, se sont partis pour aller à Péronne, en Franche, pour défier les canonniers d'icelle ville, et ont gaigné ceux de Cambray les vins. MM. de le ville leur ont faict présent d'une pièche de vin. »

Mais tout n'était pas fête pour les canonniers de Cambrai : plusieurs fois ils eurent à payer de leur personne sur les remparts de la ville, pendant les siéges ; et ils rendirent de grands services. Ils prirent part à l'insurrection bourgeoise qui, en 1595, chassa de Cambrai le tyran Balagny, en livrant la ville au comte de Fuentes.

Ils étaient, vers le milieu du XVIIIᵉ siècle, admirablement organisés sous le nom de *Compagnie royale des Chevaliers de l'Arquebuse*. Leur rôle, comme compagnie de guerre, était à peu près terminé.

Ils étaient alors dans l'usage d'offrir, de temps à autre, de grands concours pour le tir à l'arquebuse aux compagnies des provinces voisines. Ces fêtes se donnaient avec magnificence et solennité. Celle qui eut lieu en 1786, peut donner une idée de la manière dont nos pères faisaient les choses, dans ce temps que notre vanité place trop au dessous du nôtre.

La Compagnie royale de l'Arquebuse de Cambrai, avait décidé qu'un *grand bouquet provincial* serait offert à toutes les compagnies des quatre provinces unies de Champagne, de Brie, d'Ile-de-France et de Picardie. En conséquence, après en avoir obtenu l'agrément du roi, elle invita ces compagnies à se rendre à Cambrai le samedi 2 septembre 1786, vers cinq heures du soir, pour y tirer les prix pendant quatre jours. Les termes de cette invitation sont remarquables par la politesse, par la courtoisie qui les caractérisent.

Un nombre considérable d'arquebusiers répondit à l'appel des Cambresiens ; en sorte qu'au jour et à l'heure indiqués, ces corps nombreux et brillants arrivèrent en notre ville. A mesure qu'ils se présentaient, un détachement de Cambresiens les reconnaissait à la barrière et les conduisait sur la Grand'Place à la *Compagnie d'honneur* qui les attendait sous les armes (1).

De là on les menait à l'hôtel qui leur était destiné.

Le lendemain, vers dix heures, toutes les compagnies réunies partirent de *l'Hôtel de l'Arquebuse* pour se rendre à la métropole où fut chantée pour elles une messe du Saint-Esprit. Que dire à cela ? c'était une folie de nos pères de croire en Dieu, et de le placer au-dessus de toutes leurs solennités.

On nomma ensuite les juges inspecteurs de la fête à qui l'on distribua des *croix de Ste-Barbe* ; on en donna également à tous les officiers qui faisaient de droit partie de cette grande commission. Mais les croix d'officiers étaient dorées en partie, pour les distinguer de celles des simples députés (2).

Le même jour, à cinq heures, toutes les compagnies, tambours et musique en tête, assistèrent au coup du roi qui fut tiré à la butte, dans l'hôtel des arquebusiers.

Enfin, le lundi 4 septembre, on ouvrit le tir sur quatre pantons, en deux endroits ; l'un, sur

(1) Chacune des compagnies d'arquebusiers des différentes villes qui se fêtaient ainsi, avait son dicton ou cri de ralliement. Ainsi ceux de St-Quentin avaient pour cri : *Les canonniers !* ceux d'Amiens : *La franchise née picarde, le cœur à la main !* ceux de Cambrai : *Les friends !* etc.

(2) Les croix de Ste-Barbe, espèce de médailles en argent, distribuées en cette occasion, portaient d'un côté cette inscription : *Prix de Cambrai. 1786*, et au revers deux arquebuses croisées.

l'Esplanade ; l'autre, dans la ville, en un lieu que nous ignorons.

Le même jour, à trois heures, il y eut *montre générale*, et l'on forma un grand cortège militaire qui porta, dans les principales rues de Cambrai, le bouquet d'honneur et les deux grandes pyramides, chargées des pièces d'argenterie offertes en prix. A leur retour, les compagnies trouvèrent un immense et riche couvert et d'abondants rafraîchissements.

Le soir, des cafés en plein vent, élégamment décorés, offraient aux promeneurs de l'Esplanade un lieu de repos et de cordiale hospitalité; des jeux de toutes espèces, des spectacles, étaient offerts au peuple, et une troupe de comédiens jouait dans le modeste théâtre de la ville.

Ces réjouissances durèrent pendant toute la fête. Enfin, le dernier jour, eut lieu la distribution des prix. On offrit le bouquet à la compagnie la plus capable; une épée d'honneur au meilleur tireur; puis les autres prix à chacun selon son adresse.

Or, il ne faudrait pas croire que les prix eussent consisté en quelques légères cuillères à café. Les quatre *pantons* avaient chacun vingt prix qui coûtaient en totalité 3,000 francs ; ce qui fait, pour les quatre, une somme bien ronde de douze mille francs : ce qui équivaut, pour le moins, à 24 mille francs de nos jours.

Nous donnons ici la liste des prix d'un panton, les autres avaient exactement la même chose.

PRIX.

1er Un plat à soupe de	. . .	300 fr.
2e Un plat à soupe de	. . .	280
3e Paire de flambeaux	. . .	260
4e idem.	. . .	240
5e Plat d'entrée	. . .	225
6e idem.	. . .	205
7e idem.	. . .	185
8e Deux saladiers	. . .	165
9e idem	. . .	150
10e Pot à eau	. . .	140
11e idem	. . .	130
12e Ecuelle	. . .	120
13e idem	. . .	110
14e idem	. . .	100
15e 2 cuillères à ragoût	. . .	90
16e idem	. . .	80
17e 2 cuillères et 2 fourchettes	. .	70
18e 2 cuillères à sucre	. . .	60
19e Une fourchette de service	. .	50
20e Un gobelet à pied	. . .	40
TOTAL	. . .	3,000

A l'époque de la révolution, nos canonniers-arquebusiers portaient encore un brillant costume : ils avaient l'habit rouge avec parements et revers en velours noir, le chapeau à corne et la cocarde blanche. Cette compagnie fut alors licenciée.

Dans l'organisation de la garde nationale, institution nouvelle, on fit entrer un corps de canonniers qui prirent le costume de l'artillerie républicaine. Une page sanglante existe dans l'histoire de ce nouveau corps de canonniers : c'est celle qui rappelle la défaite éprouvée le 12 septembre 1793, aux environs d'Avesnes-le-Sec, par la garnison de Cambrai, dans une sortie contre les Autrichiens. Les canonniers qui faisaient partie de cette expédition si malheureusement dirigée, furent taillés en pièces; il y en eut peu qui échappèrent au massacre; ils perdirent quatorze pièces de canon qu'ils avaient emmenées avec eux.

Les canonniers-arquebusiers avaient sainte Barbe pour patronne.

Voy. *Artillerie*. — V. encore *Mém. chron.*, p. 24 et 38. — § Ms. 5, p. 103. — † Ms. 884, p. 186. — *Hist. de la municip. de Cambrai*, t. I, p. 275 et 278.—Col. Faille, année 1786.

CANTIMPRÉ (Abbaye de) ou de *Notre-Dame des Prés*. — « Après Allart fust évesque de Cambrai Rogier, premier de ce nom. En che temps avoit ung sainct homme en Cambray, nommé Jehan, et estoit prestre, auquel, pour sa grande saincteté, l'évesque Rogier et son chastelain, Hugues d'Oisy, donnèrent le lieu de Cantimpret, et sy firent faire l'abbaye, et Jehan en fust faict abbé. » — † Ms. 659. p. 67.

On voit, d'après cette citation, que l'abbaye de Cantimpré doit son origine aux libéralités d'Hugues d'Oisy et au zèle de Roger de Wavrin, évêque de Cambrai. Hugues *aumôna* des terres pour sa fondation; Rogier augmenta sa dotation par l'union de la cure de Saint-Sauveur. L'abbaye de Cantimpré fut érigée en 1180 sous le nom de *Notre-Dame-des-Prés*, dans le voisinage de la ville de Cambrai. Elle occupait l'espace compris entre le glacis de la ville et le chemin qui conduit, de la *Maison du comte d'Artois*, au marais de Cantimpré. Les religieux embrassèrent la règle de saint Augustin et les constitutions de l'abbaye de Saint-Victor à Paris.

En 1182, Roger leur donna la cure de Bellinghen, située dans son diocèse, auprès de Hal, pour y établir un prieuré dépendant de l'abbaye.

L'abbaye de Cantimpré subsista pendant plusieurs siècles dans le lieu où elle avait été érigée; mais sa situation l'exposait aux pillages, en temps de guerre, et aux excès de la soldatesque. Elle finit par succomber : elle fut entièrement dévastée en 1680. Alors les religieux se retirèrent dans un refuge qu'ils avaient en ville, puis, s'y trouvant trop à l'étroit, ils allèrent chercher asile dans leur prieuré de Bellinghen. Ils n'avaient pas perdu l'espoir de réédifier leur premier monastère, lorsque les fortifications de la ville en envahirent le terrain. Il ne fallut plus songer à cette résurrection. En 1738, l'abbé ayant obtenu de l'archevêque la permission de ramener sa communauté dans le refuge de Cambrai, y fit les réparations nécessaires pour s'y fixer avec quelques-uns de ses religieux. Plusieurs autres refusèrent de l'y suivre et demeurèrent à Bellinghen, mais un arrêt du roi, en date du 14 octobre 1746, vint mettre ordre à cet acte d'indiscipline, et fit rentrer les dissidents sous la commune autorité.

Il restait à s'établir, à Cambrai, d'une manière plus commode. La communauté, par lettres patentes du roi, des mois de mai et juillet 1765, fut autorisée à échanger son modeste refuge contre celui de Saint-André du Câteau (le beau bâtiment où est aujourd'hui le collége) et à acquérir les maisons adjacentes pour agrandir le monastère. C'est là que la révolution les a trouvés, c'est de là qu'elle les a chassés.

L'abbaye de Cantimpré eut l'honneur de loger un hôte illustre vers la fin du XIVe siècle. Le chroniqueur Froissart y vint visiter Jehan Le Cartier, son ami, et prieur de Cantimpré.

Dans l'origine, les religieuses de Prémy avaient été annexées à l'abbaye de Cantimpré. Elles obtinrent une autre maison en 1193. — V. *Prémy* (Abbaye de).—V. Julien de Lingne, † Ms 658, chap. V. — Le *Cameracum christianum*. — Les *Mém. chron.*, p. 210 et suiv. — *L'Hist. de Cambrai*, par l'abbé Dupont, part. I, p. 95. — On trouve des détails intéressants sur cette abbaye dans *une adresse au roi*, imprimée; elle fait partie de la collection Faille. — Le Carpentier fait, selon son habitude, une longue énumération des seigneurs bienfaiteurs de cette abbaye.

CANTIMPRÉ (*Châtellenie* ou *Châtelet de*). — C'était une châtellenie royale. « L'Etablissement de ces châtellenies, dit M. Henrion (*Encyclopédie : Dictionn. de jurisprud.*), remonte à des temps très anciens... Ainsi, point de titres constitutifs, point de lettres d'érection pour ces anciennes châtellenies nées, pour ainsi dire, dans le berceau de la féodalité. »

Le châtelet de Cantimpré-lès-Cambrai ressortissait du conseil d'Artois. « Il avait sa justice particulière, juge royal, greffier, etc., qui se transportaient toujours dans une des maisons du faubourg de Cantimpré, où était la salle de justice, pour les audiences, la tenue des plaids, et autres actes de juridiction contentieuse. »

Le juge royal se qualifiait de *Lieutenant général civil et criminel du châtelet de Cantimpré*. Sa juridiction existait dans le faubourg de Cantimpré-Artois, enclavé dans le Cambresis, mais distinct et séparé de Cambrai. Le siége de ses fonctions, la maison dont nous venons de parler, portait et porte encore le nom de *Maison du comte d'Artois*.—V. un *Mémoire pour les Notaires de Cambrai contre un des notaires d'Artois*; il fait partie de la collection Faille.

CANTAING, *Kenteng*, *Kainteg*, *Cantinium*, *Kantanium* (Château de). — La terre de Cantaing était une des douze pairies du Cambresis. Les anciens historiens nous apprennent qu'il y existait un château-fort avec de beaux souterrains. Jean Broyart, sire de La Motte, en était qualifié capitaine en 1438. Quelques vieilles murailles, des vestiges de fossés et de souterrains qui disparaissent chaque jour sous la bêche du jardinier, sous les riches végétations d'un beau verger, voilà tout ce qui reste de ce noble et antique manoir.

La pairie de Cantaing portait d'argent à trois lions d'azur.

CAPELETTE. — Une chapelette existait autrefois au milieu du grand marché de Cambrai. C'était un petit monument carré, surmonté d'une flèche élégante, et construit tout en bois. Dans le côté occidental, on avait, à l'extérieur, pratiqué une niche où les portefaix renfermaient l'image sculptée de saint Maur, leur patron. Cette chapelle avait été fondée par l'évêque Jean Tserclaës, des deniers de Jean de Tournay, chanoine de Notre-Dame, en 1383. Deux chapelains la desservaient. On y disait la messe au point du jour, pour les ouvriers et pour les voyageurs.

En 1791 la Chapelette fut démolie, après avoir été adjugée, le 14 août, en vente publique à un sieur Martin, horloger, pour le prix de 220 livres. Cet homme, en châtiment de son action sacrilége, porta, tout le reste de sa vie, le surnom de *Martin Capelette*.

L'endroit où fut la chapelette est marqué, sur la grand'place, par un grès beaucoup plus large que les autres. Il se trouve au sommet de l'angle droit que forment deux lignes tirées l'une par l'axe de la rue de l'Arbre-d'Or, l'autre de la maison n° 10 du rang aux Poulets. — V. J. de Lingne, † Ms. 658, art. 32. — *Hist. de la Municipalité de Cambrai*, par E. Bouly, t. I, p. 78.

CAPETS. — (V. *Bons-Enfants.*)

CAPUCINS, *religieux qui professent la règle de saint François de l'étroite observance.* — Ils furent autorisés à s'établir à Cambrai, par acte de MM. du Magistrat, en date du 26 août 1611, et ils y arrivèrent en 1612 ou 1613. Favorisés par de pieuses libéralités, ils firent l'acquisition d'un vaste terrain qui comprenait la rue Neuve et la place des Capucins; les hangars dans lesquels sont construites actuellement les usines au savon dont une partie va être enveloppée dans les constructions du nouvel hôpital (1); enfin tout le terrain qui s'étend derrière les maisons de la rue des Capucins depuis environ le n° 15 jusqu'au n° 39. Leur couvent était d'une très modeste architecture : l'église, parallèle à la rue, était située en face de l'endroit occupé aujourd'hui par le grand magasin au blé. La première pierre avait été posée en 1613, le 5 juillet, par l'archevêque Richardot, qui portait à ce couvent un intérêt particulier. Cette cérémonie s'était faite au milieu d'un grand concours de peuple et en présence de Dom Juan de Rivas, gouverneur, ainsi que de MM. du magistrat et du chapitre de Cambrai.

En attendant l'achèvement de leur église, les Pères capucins se servirent d'une salle provisoire. L'église étant achevée, fut consacrée par M. Buisseret, le 26 avril 1615. Les capucins sont restés à Cambrai jusqu'à la suppression des Ordres religieux en France.—V. *Mém. chron.*, p. 99.—§ Ms. 8, p. 71. — § Ms. 5, p. 106. — † Ms. 884, p. 254.—*Gallia christiana*, p. 351.

CARILLONS. — Il y avait autrefois plusieurs carillons dans la ville. La plupart des paroisses avaient le leur. Les principaux étaient ceux du clocher de St-Géry et de l'Hôtel-de-Ville.

Le *carillon de St-Géry* était remarquable par la puissance, l'harmonie et le nombre de ses cloches. Il était cité dans le pays comme un modèle. L'homme qui en avait fait un si bon instrument s'appelait Ladin. — *Le carillon de la ville* avant d'être placé dans la campanille qui couronne l'édifice moderne, existait dans le clocheton hexagone qui faisait partie de l'ancienne façade. Il semble, d'après la date de ses cloches, avoir été organisé pendant la seconde moitié du XVIe siècle. Il est vrai qu'il contient des timbres de date postérieure à cette époque; mais probablement ces instruments en remplacent de plus anciens qui auront été cassés. Le carillon de la ville est au ton d'orchestre en usage au siècle de son érection; c'est-à-dire un ton plus bas que le diapason d'aujourd'hui. Cela résulte de l'inscription suivante, qu'on lit sur l'une de ses plus belles cloches : *Ceulx de Cambray nous firent faire* SOL, *pour resjouir le populaire*. Et en effet ce sol sonne le fa d'aujourd'hui.

Au XVIe siècle, le clocher de l'église de Notre-Dame contenait *vingt cloches accordées*. Les deux vers suivants étaient inscrits sur la plus forte, qu'on appelait *Marie-Pontoise* :

Laudo Deum verum, plebem voco, congrego clerum,
Defunctum ploro, pestem fugo, festa decoro.

Je loue le vrai Dieu, je convoque le peuple, je réunis
le clergé,
Je pleure les morts, j'éloigne la peste, je solennise
les fêtes.

Les autres carillons n'avaient aucun mérite. Il n'y a pas lieu d'en parler.

CARMES DÉCHAUSSÉS, vulgairement *Carmes déchaux*. — « Les Carmes déchaussés ayant été admis à Cambrai, l'an 1653, sous le bon plaisir de l'archiduc Léopold, et par les grandes instances du comte de Salazar, gouverneur de Cambrai, s'étaient placés premièrement dans dans la rue des Liniers, puis dans la rue du Cache-Boum (1), et enfin achetèrent quelques maisons dans la rue de la Grande-Chaussée. Ils accommodèrent du mieux qu'ils purent une de ces maisons en forme d'église, bâtirent des lieux réguliers, et, par succession de temps, achetèrent une grande partie de cette choque, contenue depuis un côté de la rue des Cordiers, qui mène à l'égout du rempart, jusqu'à leur porte de derrière. »

Ils ne s'étaient point introduits à Cambrai sans

---

(1) Au printemps de l'année 1854 on a commencé à construire, sur une partie de l'ancien couvent des Capucins, le bel hôpital destiné à remplacer celui de St-Julien. Les plans de cet hôpital font disparaître les anciens bâtiments donnant sur la rue de St-Lazare, lesquels furent, pendant quelques années, appropriés à l'usage de Petit-Séminaire, et ensuite consacrés au service des écoles communales.

1 Aujourd'hui rue du Petit-Séminaire.

quelque difficulté. Ils avaient été forcés de s'engager à ne point faire de quêtes dans la ville, et à n'être pas plus de treize religieux dans la communauté. On exigea encore d'eux la promesse de n'abattre aucune des maisons qui faisaient front sur la rue de la *Grande-Chaussée* (aujourd'hui rue des Carmes) et sur celle de la Porte Notre-Dame.

Plus tard, le magistrat se relâcha de sa rigueur, autorisa quinze religieux au lieu de treize, et permit de faire la quête.

« Leur grande assiduité à entendre les confessions leur attira l'estime des bourgeois : la connaissance qu'ils avaient, par ce moyen, des plus riches de la ville, leur donna la confiance de bâtir une nouvelle église ; ils firent plusieurs fois la quête par la ville : et la libéralité de plusieurs les mirent en état d'achever leur entreprise.

» Cette église fut bâtie, ainsi qu'on le voyait dans une chronique qu'ils exposèrent dans leur sanctuaire, de la libéralité des Cambresiens : principalement du sieur Fiévez, pour lors un des plus puissants de Cambrai. Leur provincial en fit la bénédiction le 8 d'octobre de l'an 1730, et la dédia à saint Joseph.

» L'archevêque de Cambrai prétendit aussitôt que le provincial avait donné atteinte à l'ordre épiscopal, en bénissant la nouvelle église sans sa permission. Celui-ci, au contraire, se fondant sur quelques priviléges qu'il prétendait être accordés à son Ordre, croyait être en pouvoir de bénir son église sans la participation de l'ordinaire. L'archevêque, pour faire connaître aux Pères Carmes son ressentiment, ne voulut pas, lorsque leur pouvoir de prêcher et de confesser fut expiré, leur en accorder un nouveau. Ce refus les fit parler un peu trop librement; enfin, voyant qu'ils soutenaient toujours opiniâtrement leurs priviléges, il fit fermer leur église, avec défense à tous ses diocésains d'y entendre l'office divin. Ce fut le 9 d'avril de l'an 1732.

» Cette querelle dura jusqu'au 23 de juin de l'an 1734. Les Carmes, ennuyés de se voir ainsi sans pouvoir ni confesser ni prêcher, après plusieurs allées et venues vers l'archevêque, furent obligés de renoncer par écrit à leurs priviléges, et leur église fut ouverte le jour susdit, qui était en cette année la veille de la Fête-Dieu. »

—V. *Mém. chron.*, p. 213. — § Ms. 5, p. 107 et 108. — *Camerac. christ.*, p. 357.

CARNAVAL. — (V. *Mœurs et usages popul.*)

CARPENTIER (JEAN LE). — Nous l'appelons *Le Carpentier* et non *Carpentier*, parce que c'est ainsi qu'il se nommait lui-même. Quoi qu'il en soit des prétentions que l'abbé Mutte lui prête relativement à l'article *Le* qu'il aurait ajouté à son nom, encore est-il certain que Le Carpentier était issu d'une famille estimable. Né en 1606, à Abscons, dans l'Ostrevant, il fit de bonnes études, se sentit probablement une vocation religieuse et fut reçu dans l'abbaye de St-Aubert, où il se distingua par des travaux historiques assez remarquables. En 1649, il eut l'occasion d'aller défendre les intérêts de l'abbaye dans un procès qu'elle soutenait au conseil supérieur de Malines, contre le chapitre métropolitain. Il fit donc ce voyage, mais en ce moment, le conseil était en vacances. Le Carpentier profita de cette circonstance, pour faire quelques excursions dans le pays. C'est alors que, s'étant embarqué par erreur sur un bâtiment qui faisait voile pour la Norwége, il fut pris et traité comme esclave. Ses capacités appréciées par un marchand suédois, lui valurent l'avantage d'être racheté par ce marchand, et conduit à Stockholm, d'où il revint à Cambrai en 1652. Il fut reçu dans l'abbaye avec indulgence, malgré cette aventure qui ressemblait assez à une escapade de jeune homme. Mais trois ans après, sa passion aventureuse l'entraîna encore, et cette fois il quitta le cloître, pour aller vivre en Hollande avec une concubine. Réfugié à Leyde, avec cette femme qu'il finit par épouser, il obtint des Etats-Généraux le titre d'historiographe, avec une modique pension. Son histoire de Cambrai a été imprimée à Leyde, en 1664. Il paraîtrait que Le Carpentier aurait eu dans la suite quelques velléités de repentir, mais l'amour paternel y fut un obstacle, et il mourut apostat, vers l'an 1670.

Le Carpentier a écrit plusieurs ouvrages parmi lesquels nous citerons : *La Véritable origine de la très illustre maison de Sahier, avec une table généalogique*, etc.; in-folio, Leyde, 1661 ; *Les Embassades de la Compagnie Orientale des Provinces-Unies, vers l'empereur de la Chine*, etc., in-folio, deux parties en 1 vol., Leyde, 1665 ; enfin, l'*Histoire généalogique des Pays-Bas, ou Histoire de Cambrai et du Cambresis, contenant ce qui s'est passé sous les empereurs et les rois de France et d'Espagne ; enrichie de généalogies, éloges et armes de comtes, ducs, évesques et archevesques, et presque de quatre* mille familles, tant des XVII Provinces que de France, qui ont possédé des bénéfices et des charges, y ont esté alliées par mariage, ou y ont laissé des marques de leur piété dans les églises et les hospitaux, le tout divisé en IV parties, justifié par chartes, titres, diplômes et chroniques, et embelli de plusieurs riches mémoires qui servent grandement aux nobles et aux curieux, par Jean Le Carpentier, historiographe, 2 vol. in-4°, à Leyde, chez l'auteur, 1664.

La prolixité du titre suffit à faire apprécier celle du livre. Si nous ajoutons que l'auteur a été accusé d'avoir quelquefois exagéré les éloges qu'il donne à ces grandes familles auxquelles il espérait bien vendre son ouvrage, nous aurons mis le lecteur en mesure de juger l'ex-religieux de St-Aubert.

La Société d'émulation de Cambrai conserve dans ses archives une lettre curieuse de Le Carpentier, de laquelle sont tirés plusieurs des détails ci-dessus relatés. Elle a été publiée à la suite d'une notice sur cet historiographe, par M. A. Le Glay. Il est à noter qu'à la fin de cette lettre, Le Carpentier supprime de son nom l'article *Le* qu'il place dans ses œuvres imprimées.

CARRÉ-DE-PAILLE. — (V. *Casernes.*)

CASERNES. — Il est probable que la ville de Cambrai qui, de tout temps, a eu à loger beaucoup de troupes de garnison ou de passage; qui avait elle-même, en certain temps, des soldats qu'elle *soudoyait*, a été pourvue de casernes longtemps avant la venue des Espagnols. Ceux-ci n'ont guère construit dans la ville que le *Carré-de-Paille*. Ce furent les États qui, en 1677, dès que le roi de France fut maître de Cambrai, en firent ériger à grands frais, *pour soulager la bourgeoisie, extraordinairement fatiguée par le logement des gens de guerre, sous la domination de l'Espagne*. Ce sont les derniers vestiges de ces casernes séculaires, que l'on prenait, au commencement de ce siècle, pour des constructions espagnoles.

Cela résulte d'un *Mémoire pour les États* contre le Magistrat de Cambrai, à propos de finances.

Aujourd'hui, de magnifiques casernes, de moderne construction, offrent un logement, dans Cambrai, à une nombreuse garnison.

La caserne de Cantimpré, érigée en 1763, près de la porte de ce nom, par les États du Cambrésis, est destinée au logement de l'infanterie. Parfaitement aérée, située entre le rempart et la rivière, elle réunit toutes les qualités désirables. Elle a 84 chambres pouvant contenir 588 lits et 1,176 hommes.

Le quartier de cavalerie occupe un vaste espace qui s'étend depuis la rue du Marché-au-Poisson jusqu'à celle de Cantimpré. Il comprend le terrain d'une antique caserne et l'ancien quartier de Bèvres où fut jadis la maison de saint Pierre. — V. *Bèvres*. Commencés en 1786, les travaux ne furent achevés qu'après 1791, quoiqu'une portion de l'édifice porte la date de 1788. Ce magnifique quartier, qui est pourvu d'un manège, de forges, d'excellentes eaux, contient, dans ses grands corps de bâtiments, 60 chambres, 584 lits, et peut loger 1,168 hommes et 600 chevaux. Une autre partie du même quartier, appelée *Écurie St-Pierre* (1), contient 17 chambres, 81 lits, 162 hommes et 160 chevaux.

La seule des anciennes casernes de la ville qui subsiste et soit restée à cet usage est celle dite le *Carré-de-Paille*. Ce quartier, qui date de 1601, présente 12 chambres et peut contenir 210 lits, 420 hommes et 360 chevaux.

Pour faire bivouaquer les chevaux de cavalerie, en cas d'affluence de troupes, sans les exposer trop aux injures du mauvais temps, l'administration de la ville avait, au siècle dernier, fait disposer, dans la rue de St-Georges, un long hangar permanent sous lequel on abritait ces chevaux. Il n'y a pas longtemps que l'espace qu'il occupait est pavé. Il s'étendait le long des murs de l'ancienne abbaye de St-Sépulcre, depuis la porte du passage qui conduit à l'église, jusqu'à la maison qui porte le n° 16. Des auges et râteliers offraient aux cavaliers des moyens faciles d'y soigner leurs montures. Ces écuries de St-Georges avaient été construites en 1721, à l'époque où le congrès avait amené beaucoup de troupes dans Cambrai.

La citadelle de Cambrai est pourvue de vastes et magnifiques casernes qui peuvent loger une garnison considérable.

CASTELETS D'ESNES, D'HONNECOURT, ETC. — (V. *Antiquités*, § *Camps et retranchements*).

CATEAU (Le), *Castellum-Novum*, *Castellum Sanctæ Mariæ*, Château de Ste-Marie, *Castrum* ou *Castellum in Cameracesio*, Câteau-en-Cambresis, — ancienne châtellenie. — Deux villages existaient autrefois sur l'empla-

---

(1) Ce nom de St-Pierre lui est resté de l'ancienne Maison de St-Pierre à Bèvres. — V. *Bèvres*.

cement qu'occupe aujourd'hui le Câteau. On les appelait *Perrone* ou *Perronelle* et *Vendelgies*. Pendant longtemps un des faubourgs du Câteau a conservé le nom de Vendelgies. Balderic raconte la fondation du Câteau dans le chap. 112, livre Ier de sa *Chronique d'Arras et de Cambrai.*

Herluin revint occuper le siége de l'Eglise qui lui avait été confiée; et après avoir apaisé les soldats, procura le repos à son diocèse, si ce n'est à quelques villages voisins de la forêt de Thiérache, que des bandes armées du Laonnois et du Vermandois inquiétaient et dévastaient souvent à force ouverte. Touché de ces périls, l'évêque Herluin racheta le village de Perrone sur la rivière de Selle, lequel village avait été enlevé à son Eglise, rendu plus tard à Dodilon, et finalement encore repris. Ce rachat se fit au moyen d'un échange des biens que l'évêque Jean avait acquis dans le Condros et le pays d'Hasbaie. Il obtint de l'empereur un privilége qui l'autorisa à construire une forteresse dans ce village aux environs duquel les bandes susdites exerçaient principalement leurs rapines. Il voulait, au moyen de ce château-fort, opposer un obstacle aux pillards et donner un gage de sécurité aux cultivateurs d'alentour.

Par le privilége qu'il octroya à l'évêque Herluin, l'empereur des Romains, Othon, lui accordait le droit de construire un marché, de battre monnaie, de percevoir les droits de tonlieu, les amendes, et d'établir d'autres charges publiques dans le *Château-de-Ste-Marie*, autrefois Vendelgies. On peut lire ce diplôme dans la *Chronique d'Arras et de Cambrai*, par Balderic, chap. 112, liv. Ier, où elle est rapportée en entier.

Cette première *forteresse de Ste-Marie* était construite en bois. « Herluin fist faire un *chastel de bois*, où est maintenant le chastel en Cambresis, pour enfermer et garder le pays contre les robbeurs et larrons qui détruisaient et ravageaient l'environ, repairans ès-bois (ayant leurs repaires dans les bois.) » — § Ms. 6, p. 74. Ce fut l'évêque Gérard de Florines qui fit fortifier le Câteau en pierre.

« L'évesque Gérard fict faire, en che temps, des bonnes portes et tours au Chastel en Cambresis, et sy fict faire l'abbaye de St-Andrieu. » — V. § ms. 6, p. 74. — † Ms. 659, p. 37.

Les anciennes chroniques nous apprennent que la ville du Câteau fut ruinée et rétablie en 1135, et qu'en 1545 les fortifications en furent restaurées.

Le Câteau en Cambresis fut maintes fois, au Moyen-Age, l'asile des évêques de Cambrai, obligés de fuir les excès de la ville épiscopale. Il devint aussi le sujet de graves démêlés entre les prélats et certains seigneurs qui s'en emparaient sous des prétextes plus ou moins spécieux. Au XIIe siècle notamment, Gérard, dit *Maufilâtre*, l'un de ces chevaliers pillards qui vivaient de brigandage et de rapines, arriva devant le Câteau, qu'il prit, livra au pillage et mit à feu et à sang. Cent personnes environ périrent dans l'incendie, cinq églises furent détruites. Il demeura quelque temps possesseur de sa ville usurpée, mais un soir que Maufilâtre, beau-frère de Simon d'Oisy, venait de visiter son allié, il fut enlevé près de Thun-Lévêque par des hommes apostés pour cela, et amené prisonnier à Cambrai, d'où il ne sortit qu'après avoir fait serment de fidélité et donné des ôtages. Tout semblait pacifié, lorsque Maufilâtre reparut subitement devant *le Câteau*, disposé à s'en emparer de nouveau; ce que, sans doute, il eût fait, s'il n'eût été mis à mort par les assiégés, qui parvinrent à s'en emparer dans une sortie.

On tint un synode au Câteau en 1311. Cette ville eut à souffrir de presque toutes les guerres qui désolèrent le Cambresis. Elle fut prise par Louis XI en 1477, et bientôt abandonnée; quatre ans après, les troupes françaises y rentrèrent. François Ier y établit deux fois son quartier-général. Plus tard, Charles-Quint, maître de Cambrai, mit garnison au Câteau.

On y conclut un traité de paix en 1559.

Au XVIe siècle, le Câteau devint le siége principal de l'hérésie dans le pays. « En 1566, le comte de Mansfeld, à la tête de 200 hommes de pied, le bailly de Cambresis, le prévost de la ville de Cambray, accompagné de plusieurs bourgeois, remirent sous l'obéissance de l'archevêque le Châtel en Cambresis qui s'était rebellé, presque tous les habitants étant hérétiques. Ces rebelles étant mis en obéissance, on en pendit plusieurs, entre autres, deux prédicants. » — *Mém. chron.*, p. 69.

Le 14 novembre 1568, M. de Jenly, seigneur de Chauny, qui commandait l'avant-garde du prince d'Orange, vint mettre le siége devant le Câteau. Il était accompagné de plusieurs bannis huguenots, « et y tirèrent plusieurs coups d'artillerie, le pensant emporter: mais M. de Mollain, avec 200 harquebusiers, rentrèrent dedans ledit chasteau et le garantirent avec le chastelain, M. de Vorde. » — † Ms. 884, p. 174. En 1572, on retrouve encore les huguenots devant le Câteau, au nombre de trois mille cavaliers. Mais la ville fut encore préservée par un secours qui lui arriva de Cambrai.

En 1581, le duc d'Alençon prit cette ville.

après treize jours de siége; l'année suivante, le prince de Parme la reprit aux Français; enfin, au mois de juillet 1637, les Français, sous le commandement du duc de Candale, s'en rendirent maîtres de nouveau, par capitulation, après trois jours de siége. Elle resta en leur pouvoir jusqu'en 1642, époque où le comte d'Harcourt, par ordre de Louis XIII, en fit démolir les fortifications.

Lorsque la ville de Cambrai, prise par Louis XIV, fut devenue pour toujours ville de France, le Câteau ne tarda pas à se trouver associé aux mêmes destinées, d'abord de fait, et ensuite de droit.

La ville du Câteau eut beaucoup à souffrir pendant la révolution. Les Autrichiens s'en emparèrent en octobre 1793, et y restèrent jusqu'au moment de leur retraite en Belgique.

Le 24 juin 1815 Louis XVIII, à son second retour en France, y arriva le soir, et y séjourna avec sa Maison jusqu'au 26 du même mois, jour où il entra dans les murs de Cambrai, acclamé par les populations de la ville et du pays.

Les archevêques de Cambrai possédaient, au Câteau, un palais qu'ils s'étaient plu à orner de toutes les ressources d'un luxe princier. Les Croy, évêques de Cambrai, en avaient eu un sur la colline appelée *Mont-Plaisir*. Outre l'abbaye de St-André, diverses maisons religieuses existaient dans cette ville et dans les alentours. C'est aussi dans son voisinage qu'exista la forteresse de la Malmaison — V. une notice très remarquable sur le Câteau dans l'*Almanach de Cambrai*, années 1811 et 1812.

CATÉCHISME. — Le plus ancien catéchisme connu pour le diocèse de Cambrai, date de 1652. Il fut promulgué, et probablement il avait été fait par le bon archevêque Gaspard Nemius, qui d'ailleurs était un homme très savant et grand théologien.

Charles de Saint-Albin, en 1726, fit corriger ce même catéchisme dans ses expressions vieillies. Ainsi remis en moderne langage, le catéchisme du diocèse resta en usage jusqu'à la révolution. — V. *Mém. chron.* p. 107, 190.

CATHÉDRALE. — (V. *Métropole*.)

CAUROIR, *Cauroy, Corriletum*, (*Château et pairie de*). — La terre de Cauroir était l'une des douze pairies du Cambresis. Dès l'an 1007 on trouve, dans les chartes, des sires de Cauroy. (Le Carpentier part. IIIe, p. 389) Le château-fort de ce village fut démoli en 1543, et ses matériaux servirent, comme tant d'autres, à l'érection de la citadelle de Cambrai. Les sires de Cauroir portaient d'argent à la fasce de deux pièces de gueule frettées d'or. (*Ancien armorial* appartenant à E. Bouly.) — V. *Histoire de Cambrai*, par le Carpentier, part. 1, p. 158.

CAVES ou *Celliers de la ville*, — du *chapitre de Notre-Dame* et du *chapitre de St-Géry*. — Ces caves étaient de vastes dépôts de vin où, pour le compte des propriétaires, on faisait commerce de ce liquide; on l'y vendait en détail pour la consommation des bourgeois, et même les buveurs s'y faisaient servir à boire sur place.

La cave de la ville fut quelquefois affermée. Celles des chapitres de Notre-Dame et de St-Géry étaient tenues par des hommes à eux. La Ville eut plusieurs fois la prétention de se réserver le monopole de la vente du vin aux bourgeois. Mais ce droit lui était contesté. Et pourtant des lettres de l'empereur Frédéric, en date du 10 mai 1488, portaient « défense à tous gens lays (laïcs) d'aller chercher vin à la cave du chapitre. » L'empereur, dans cette défense, se fondait sur ce que la Ville pouvait à peine supporter les charges publiques et nécessaires qui pesaient sur elle ; et qu'il était juste de ne pas lui enlever, par une concurrence, les bénéfices qu'elle pouvait faire. Il se fondait encore sur ce que le chapitre vendait du vin non pas pour tirer parti d'un produit qu'il avait obtenu de ses vignes, et en le débitant aux gens d'église, mais bien par pure spéculation, et en faisant venir des vins étrangers, pour les vendre à tous habitants, ce qui répugnait à la délicatesse.

L'empereur sanctionnait sa défense en déclarant qu'il laissait la peine, en cas d'infraction, à l'arbitraire du Magistrat.

En 1552, MM. du Magistrat firent encore « défense à tous leurs bourgeois, manans et habitans, d'aller boire, ou d'envoyer chercher vin à la cave du chapitre pour les causes ci-dessus reprises. »

Un autre acte émané du Magistrat en 1598, et publié *à la Pierre*, reproduisait la même défense; mais le chapitre en appela au Grand-Conseil de Malines qui lui donna gain de cause, et les Echevins furent obligés de révoquer leur défense, le 4 novembre de la même année. Cette révocation fut également publiée *à la Pierre*.

Il existait dans le *Registre aux remontrances*, une Résolution du Magistrat, en date du 19 mars 1547, par laquelle « on donnait à Jean de St-Vaast, eschevin, la cave de la ville, à bail pour 9 ans, afin que ladite cave réglât toutes les autres caves et marchands de vin de la cité. »

Au reste, la ville ne contesta jamais aux chapitres de Notre-Dame et de St-Géry le droit de vendre aux personnes ecclésiastiques. — V. † ms. 902.

CAVÈRE. — (V. *Piloris et Flot.*)

CHAINES DE DÉFENSE. — C'était, pour les bourgeois, un moyen très efficace de défense que ces grandes *chaînes* qu'ils tendaient dans les rues pour empêcher la circulation des gens de pied et de cheval. En temps de guerre et peut-être d'insurrection, si les soldats ennemis menaçaient les bourgeois, aussitôt la circulation se trouvait interceptée par ces barricades de fer, et la bourgeoisie se défendait du moins pied à pied, contre les agressions dont elle fut si souvent la victime. — Du temps de Louis XI, le seigneur de Ludes, l'un de ses officiers, vint à Cambrai, accompagné de 300 lances « et fit ôter l'aigle et fit mettre les armes de France en la maison de ville, et pareillement aux portes... fit aussi *ôter les chaînes des rues* et l'artillerie de ladite ville et porter au château de Selles. » — Ms. de Jehan Duchastiel.

CHAMBRE DE PAIX. — (V. *Hôtel-de-Ville.*)

CHANGES ou *Chambges*. — On appelait ainsi des aubettes où les changeurs tenaient le change de l'argent. Ces aubettes étaient situées sur le grand marché non loin du *Flot de le Chaière*. Elles furent supprimées en 1581, époque à laquelle on construisit sur l'emplacement de ce flot, une choque de maisons qui le remplace avantageusement.— V. § ms. 2, p. 16.— † Ms. 884, p. 219.

CHANTEMELLE, *fief et château-fort.*—Ce fort existait dans le voisinage du village d'Estourmel. On voit encore les débris amoncelés de ses ruines et les fossés qui l'entouraient. Les traditions du pays rapportent que sous ces débris existent des souterrains. Au reste, la plupart des forteresses du Moyen-Age en étaient pourvues.

CHAPELIERS. — Les chapeliers de Cambrai, furent érigés en *corps de métier*, le 4 janvier 1590. Un réglement spécial les sépara, à cette époque, de la *confraternité* des merciers et grossiers à laquelle ils appartenaient auparavant.

Le registre des lettres de police contenait plusieurs pièces relatives au corps de métier des chapeliers.

Défense à toutes personnes de la résidence de Cambray, n'estant du corps de mestier des chapeliers, de vendre ou exposer en vente aulcuns chapeaux, tels qu'ils soient, sur le marché et aultres lieux publies, à peine etc... Sauf durant le terme de la festemarchande (foire). Et aussy qu'ils les pourront vendre ou exposer en vente en leur boutique ordinaire. — Datée du 18 juillet 1630.

Sentence ordonnant que tous chapeaux garnis ou non garnis, amenés en ceste ville pour y estre vendus, seront soubmis au payement de l'impost de mercerie ; mais que les chapeaux faicts et fabriqués en ceste ville ne sont soubmis audit impost, qu'ils soient garnis ou non garnis. — Datée du 1er août 1650. — § ms. 5. p. 78.

Le corps des chapeliers, avait sainte Barbe pour patronne.

CHAPITRE (*de Cambrai.*) — Nous saurions dire quel fut dans l'origine, le nombre des chanoines de Cambrai. Au XVIIIe siècle, le chapitre comptait cinquante prébendes, bien qu'en réalité il n'y eût que quarante-trois chanoines ; car sept de ces prébendes étaient employées ainsi qu'il suit :

Une était unie à la prévôté, une au décanat, une autre aux quatre archidiacres qui en partageaient le revenu ; une aux grands-vicaires ; une autre à la fabrique de l'église ; enfin deux qui avaient été partagées en quatre, et que le chapitre conférait aux ecclésiastiques qui avaient rendu service à l'église.

Les dignitaires du chapitre étaient le prévôt, les quatre archidiacres, le doyen, le chantre et l'écolâtre.

Des quarante-trois canonicats de l'église Notre-Dame, trois étaient affectés à des nobles, six à des gradués en droit, quatre à des gradués en théologie, sept à des prêtres (on appelait celles-là prébendes sacerdotales), un à un médecin prêtre et gradué, deux à deux serviteurs de l'église. Vingt pouvaient être possédés par toutes sortes de personnes.

Le revenu de chaque chanoine était d'environ deux mille livres. — Piganiol, *Desc. de la France*, t. VI, p. 157.

La métropole comptait, indépendamment des cinquante prébendes, neuf grands-vicaires et cinquante-sept chapelains.

De tout temps le chapitre de Cambrai a joui du droit d'élection des évêques et archevêques, jusqu'en 1682, époque où, sur les négociations de MM. de Montbron et Lepelletier commissaires députés à cet effet par Louis XIV, il en fit la cession au roi de France.

Lorsqu'un évêque mourait, le chapitre s'assemblait le plus tôt possible et procédait à l'élection du successeur. Cette élection terminée, on en proclamait le résultat au *Trin*doxal ou jubé) de l'église ; puis on chantait le *Te Deum*.

Il restait encore à obtenir la confirmation par le Chef de l'Église, et l'adoption par le suzerain temporel, qui souvent exerçait une grande pression sur les élections.

Le chapitre de Cambrai a compté beaucoup d'hommes remarquables. Dans le courant du dernier siècle, sept évêques ont été choisis dans son sein (1). — V. *Mém. chron.*, p. 274.

CHARBONNIERS. *Confrérie.* — Les charbonniers n'étaient pas les marchands de charbon. Leur état consistait à aider au mesurage du charbon de bois, et à porter en ville les sacs de charbon que les bourgeois achetaient sur le marché. Ils étaient au nombre de 24. Cet état subsiste encore aujourd'hui.

Un réglement sans date, très ancien, fixe ainsi qu'il suit les obligations des marchands de charbon et des charbonniers :

Article 1er. Il est défendu de n'aller hors des portes au devant du charbon venant en ceste ville.

Art. 2, 3, 5, 6 et 7 sont de peu d'importance.

Art. 4. Qu'on ne vendra le charbon, qu'il ne soit soleil levé.

Art. 8. Que tous charbons venans en ceste ville seront bons et loyaulx.

Art. 9. Que tous charbons et bresses (braises) venant en ceste ville, pour être venduz seront estaplez sur le marchiet.

Art. 10. Que les charbonniers se tiendront sur le marchiet, pour estre presis de porter, lorsqu'on les appellera, sans aller avec les marchands de charbon, ou par la ville avec le charbon.

Art. 11, 12. Que les divers charbons et bresses ne seront meslangés.

Art. 13. Règle les salaires des charbonniers pour le partage.

Art. 14. Qu'on ne pourra ratteler les chariots et charettes ayant amenez charbon à l'estaple, pour estre menez hors de la ville, ou dans la ville toute la journée.

Art. 15. Que les mayeurs et charbonniers observeront lesdits règlemens.

Art. 16. Qu'on frappera la terre deux fois du sacq de charbon, pour le bien emplir.

Art. 17. Limite l'heure que les marchands de charbon et bresses peuvent achepter sur le marchiet.

Art. 18. Règle comment les charbonniers doibvent accomoder les bourgeois qui acquièrent du charbon pour leur provision.

Des réglements datés du 28 avril 1550, du 20 mai 1560, et du 27 août 1563, assuraient la régularité du service des charbonniers.

Enfin, un autre règlement du 31 juillet 1578, porte que :

« Les mesureurs de charbon auront bonne mesure, et mesureront bien et léallement, aussy bien le *fassy*

---

(1) Il résulte d'un travail de l'abbé Ouvray, inséré à la suite de *l'éloge historique de Vanderburch*, publié en 1785, que le chapitre de Cambrai qu'on appelait *le Séminaire des évêques* a fourni : 7 papes, 66 cardinaux et 206 archevêques et évêques, dont l'abbé Ouvray donne les noms. — V. le livre cité plus haut p. 89.

que le gros charbon, et rompant le long charbon ; que les charbonniers frapperont deux fois la terre du sacq, pour le bien remplir ; finalement règle les sallaires des charbonniers. »

En 1614 « MM. du Magistrat suspendent de leurs charges tous les charbonniers pour leurs malversations, en establissent d'autres et fixent ce qu'ils doibvent avoir pour le droit de partage, tant du marchand que du bourgeois. »

En 1641, le Magistrat décida que tout nouveau charbonnier ne serait tenu de payer que 25 florins pour le diner de sa bienvenue.

Les charbonniers avaient pour patron saint Laurent. — V. † ms. 902.

Au XVIe siècle, le *charbon de terre* était si rare, que celui que l'on amenait à Cambrai devait être déchargé sur le marché ; afin que chacun pût en avoir sa part. Il n'était permis d'acheter le charbon de terre que lorsqu'il était *estaplé*. Les revendeurs ne pouvaient en acheter qu'après midi sonné. Il leur était expressément défendu de le mouiller.

CHARITÉ (*Sœurs de la*). — Elles furent appelées à Cambrai par le Magistrat en 1702. Il leur donna pour logement cette grande maison sise dans la rue qui porte leur nom. Sur le pignon de cette maison, on a sculpté dans la pierre, un pélican, symbole de la tendresse maternelle. Cette pierre existe encore de nos jours. Elle se trouve encastrée dans le mur qui regarde le rempart.

Les actes relatifs à l'introduction des Filles de St-Vincent-de-Paul dans Cambrai, sont trop précieux pour ne pas trouver place dans ce ouvrage spécialement destiné à la conservation de tous nos souvenirs historiques.

« Pardevant les notaires royaux de la résidence de Cambray, soussignez, furent présens, en personnes, honnorables hommes, Daniel François Lievon et Jean-Philippe Desvignes, tous deux licentiez ès-loix, eschevins semaniez et spécialement authorisez par messieurs du magistrat de ladite ville, à l'effect du présent traités d'une part ; M. Louis Tillot, prêtre de la congrégation de la mission, supérieur du séminaire d'Arras, y demeurant, comme ayant pouvoir et fondé de procuration spéciale des supérieures et officières de la communauté des Filles de la Charité, servantes des pauvres malades, établye au faubourg de St-Lazare, à Paris ; icelles authorisées de MM. Nicolas Perron, supérieur-général de la congrégation de la mission, et supérieur de ladite communauté des Filles de la Charité ; laditte procuration icy veue passée pardevant Lefebvre et de Vilaine, notaires au Chastelet de Paris, en datte du douze de ce mois de juin mil sept cent deux, dont copie authentique est cy-jointe collationée par les notaires soussignez, d'autre part ; lesquels comparans, sont convenus au nom que dessus, de faire un établissement de deux Filles de la Charité dans laditte ville de Cambray, pour l'assistance des pauvres malades et même, si elles en sont requises, pour l'instruction de la jeunesse, en la manière qui sera cy après déclarée, ont faict et accordé le contract qui s'ensuit.

» C'est à savoir : les officières présentes et avenir, de ladite communauté des Filles de la Charité, seront tenues et obligées de fournir et tenir tousjours à l'avenir deux des Filles de ladite communauté en la susditte ville de Cambray, où il leur sera donné incessament un logement meublé, séparé et commode par lesdits sieurs du magistrat qui promettent et s'obligent de payer par chacun an en deux payements esgaulx la somme de trois cents livres monoye de France pour la nourriture et entretien desdittes deux Filles de la Charité, laquelle somme sera prise sur les biens des pauvres de cette ditte ville et payable exactement en payements esgaulx par le receveur desdits biens.

» Ladite maison exempte de lots et ventes, amortissement, indemnitez et de toutes autres charges ordinaires et extraordinaires aussi bien que le fonds et la rente, ou pension de trois cents livres pour l'entretien et subsistance desdittes deux Filles de la Charité qui ne seront sujettes à aucune capitation ou autres taxes quelqonques.

» Ledit établissement fait à condition que lesditts Filles de la Charité s'occuperont, suivant leur institut, au service et soulagement des pauvres malades de ladite ville.

» Elle feront elles-mêmes les saignées en cas qu'il n'y ait point de chirurgien, les cirops, décoctions, ptisannes et infusions, se servant des drogues qui leur seront fournies. Et l'on les fournira de bois et sel pour les pauvres.

» Elles ne s'engageront point au soing des riches, ny de leurs serviteurs et domestiques, ny même des ecclésiastiques s'ils ne sont pauvres et malades; auquel cas de nécessitez, elles n'iront jamais seulles chez eux, et ne se mesleront point du tout de leur ménasges ny de leurs affaires domestiques.

» Elles vivront en particulier dans leur logement, dont les réparations ne seront point à la charge desdittes Filles, non plus que l'entretien des meubles et ustensiles tant pour elles que pour les pauvres.

» Elles n'admettront avec elles, dans leurs logis, aucunes filles ou femmes, si ce n'est durant une heure de lecture spirituelle qu'elles pourront faire aux filles et femmes avant vespres les jours de festes et dimanches, dans une salle; et non dans la chambre où elles coucheront.

» Elles seront obligées, si elles en sont requises, de faire les petites escoles aux pauvres petites filles de ladite ville, sans y recevoir aucun garçon tant petit soit-il.

» Que s'il arrivoit qu'elles ne pussent vacquer aux petites escoles à cause de la grande quantité des pauvres malades, pour lors elles quitteront les escoles et s'appliqueront uniquement au service des pauvres malades, comme étant la fin principale de leur institut.

» On laissera vivre lesdittes Filles de la Charité dans la pratique des exercices de piété qui leur sont prescrits dans leur communauté.

» Elles ne seront point obligées d'aller de nuit assister aucuns malades, ny de rendre leurs services ju'à des personnes pauvres : et encore moins aux 'emmes dans leurs accouchements, soit qu'elles soient auvres ou non : néantmoins, si lesdittes femmes ont malades, on leur donnera la portion comme aux autres pauvres.

» Lorsque lesdittes Filles seront malades, elles seront traitées de médicaments comme les pauvres, et quand quelqu'une d'entre elles décédera, on ne fera aucune pompe funèbre, ny autre cérémonie à son enterrement qui se fera par M. le curé avec un service pour le repos de son âme, une messe haute et deux messes basses, sans payer aucune rétribution de la part des Filles.

» Pour le spirituel elles seront soubmises à Monseigneur l'archevêque et à M. le curé, comme les autres paroissiennes : en sorte néantmoins que ledit sieur supérieur et ses successeurs pourront les visiter et leur assigner sur les lieux un confesseur approuvé de l'Ordinaire, les changer et rappeller quand ils le jugeront à propos, et envoier d'autres en leur place. Si le changement se fait en faveur de la Charité dudit lieu, soit que les dames officières demandent le changement, ou à cause de la mort survenue auxdittes Filles, ou qu'elles soient devenues infirmes, en ce cas ladite Charité payera la dépense du voyage.

» Mais si les changements se font pour le bien et à la réquisition de la compagnie desdites Filles de la Charité, les voyages se feront à leurs despens, n'étoit qu'en retirant une desdittes qui aura demeuré l'espace de six ans audit lieu, auquel cas ladite Charité luy payera aussi son voyage.

» En outre sera payé la somme de soixante et douze livres, monnoye avant ditte, pour les premiers habits desdittes deux Filles pour cette fois seulement.

» A tout quoi lesdits comparans au nom que dessus se sont respectivement obligez satisfaire, entretenir et accomplir soubz l'obligation, etc. Renonçants à toutes choses contraires. Fait et passé audit Cambray, le vingt-un juin mil sept cent et deux. Signé Tillot, D. F. Lievon, J.-P. Desvignes, H. Cocqueau, notaires, et N. Houseau, notaire, avec paraphes.

Autre pièce.

» Nous prevost, eschevins et magistrat de la ville, cité et duché de Cambray.

» Le grand soulagement que reçoivent tous les jours les pauvres malades de cette ville par les soins de deux Filles de la Charité, nous faisant connoitre de plus en plus l'utilité de cet établissement, et que pour bien continuer ce même secours dans tous les endroits de la ville sans aucune interruption, une troisième Fille de ladite Charité nous serait nécessaire, afin qu'en cas de maladies de l'une d'elles, les deux autres puissent porter leurs soins partout, à quoy il est évident qu'une seule ne peut suffire :

» A ces causes nous requérons en faveur desdits pauvres malades, les supérieures et officières de la communauté des Filles de la Charité, establies au faubourg de St-Lazare, à Paris, et tous autres à qui il appartient, de vouloir bien nous envoier l'une des Filles de leur ditte communauté, sous l'assurance que nous leur donnons de la recevoir sur le même pied que les deux autres pour lesquelles nous avons contracté, en sorte que cette troisième Fille aura pour ses entretiens et subsistance cent cinquante livres de pension, et au surplus jouira de tous les mêmes avantages stipulez en faveur desdittes deux autres Filles. En tesmoin de quoy nous avons à ces présentes, signées de l'un de nos greffiers, fait mettre et apposer le sceel aux causes de ladite ville, le 28 juin 1703. »

Les Sœurs de la Charité, chassées de Cambrai par les troubles révolutionnaires y ont été rappelées en 1816. Elles sont en 1854 au nombre de 38. Elles tiennent la fondation de Vanderburch, dite de Notre-Dame; les écoles des filles; l'hospice général des vieillards et des orphelins, dit *de la charité*; l'Asile Vanderburch, l'Asile St-Joseph, et font en ville le service des malades.

CHARPENTIERS. — Il existe peu de documents sur l'ancienne corporation des charpentiers de Cambrai. Ils étaient d'ailleurs soumis aux réglements généraux qui régissaient les corporations. Il fallait passer maître au moyen d'un chef-d'œuvre, avant que de travailler du style de charpentier. Néanmoins une ordonnance du 2 avril 1629, permettait à tous les *valets de charpentiers* « de travailler a journée, par l'espace de 15 jours, soubs les bourgeois qui en auraient besoing, pourveu qu'ils s'abstiennent d'emprendre et marchander ouvrage au pied ny à cheville. »

Les charpentiers avaient saint Joseph pour patron.

CHARS DE TRIOMPHE. — Tout le monde connaît ces grandes et brillantes voitures en usage dans certaines villes de Flandre, et auxquelles l'esprit ingénieux ou bizarre des artistes a toujours donné des formes particulières. Parmi les chars de Cambrai, on a pu remarquer jadis le Mont-des-Bœufs, la tour de Babel, le clocheton de l'Hôtel-de-Ville orné de Martin et de Martine. Par la suite, et pendant un assez bon nombre d'années, on se contenta de leur donner des formes variées, mais en leur conservant le caractère de voitures. Aujourd'hui plusieurs d'entre eux sont revêtus d'apparences toutes nouvelles. L'un représente un dolmen sur des roches au milieu des roseaux et des plantes sauvages; l'autre un vaisseau à pleine voile; un autre un beffroi, etc.

Les premiers chars dont les chroniques cambresiennes nous aient conservé le souvenir, parurent à la procession centenaire de la fête de St-Géry le 11 août 1694. Il est cependant probable qu'il en existait avant cette époque, car le chroniqueur où nous avons puisé ce renseignement, en parle sans étonnement et comme d'un spectacle déjà connu de nos pères. — V. *Mém. chron.* p. 128. — V. au mot *Fêtes*. — V. encore les *Programmes* de nos fêtes communales dont plusieurs collections existent dans Cambrai.

CHARTRIERS (*Grands*). — On appelait ainsi à Cambrai, des hommes généreux et dévoués qui administraient certaines fondations de charité. C'est à tort que quelques personnes les confondent, de nos jours, avec les *pauvres Chartriers* qui n'étaient autre chose que de pauvres gens *tombés en charte*, invalides et *hors d'état de gagner leur vie*, lesquels étaient recueillis dans des maisons destinées à les secourir. Les *grands Chartriers*, étaient au nombre de quatre, et se recrutaient dans les rangs élevés de la cité. On lit dans les notices de Julien de Lingne, que quatre bourgeois de Cambrai, (qu'il cite) « honorables et pieux *grands Chartriers*, commis par nos seigneurs de la ville, achetèrent en 1560 une maison pour les orphelins, etc. On y lit encore qu'une couronne en bois sculpté avait été donnée à la chapelle des orphelins « par M. Daniel Godin, échevin et l'un des *quatre grands Chartriers*. » Les *comptes de la Maison* des orphelins *étaient rendus aux grands Chartriers*. Ces citations suffisent pour établir la différence qui existait entre les grands Chartriers et les pauvres Chartriers.

CHARTRIERS (*Pauvres*). — V. *Fondations charitables*.

CHATEAU (Le) ou *Donjon*. — « Gérard, premier de ce nom (1), avait fait serrer en la cité un haut *château* de murs et à l'environ de profonds fossés, et dedans le *château*, était l'église de Notre-Dame et de St-Aubert. » — § Ms. 6, p. 80. Autrefois c'était l'usage d'élever l'église dans un enclos qui contenait, outre le temple saint, quelques habitations occupées ordinairement par les prêtres et par des personnes pieuses. On retrouve encore le long des rues de la Caille, de Vanderburch, du Marché-au-Poisson, de St-Jérôme, de Fénélon, le long de l'Escautin et de la rue des Récollets les grandes murailles dont était formée cette enceinte fortifiée, qui, suivant toute apparence, se complétait par des murailles semblables dans les rues des Ratelots et des Clefs. Le chroniqueur qui nous parle des fossés qui entouraient le Château ne commet point une erreur, car leur existence est confirmée par les mémoires d'un religieux de St-Aubert. « L'an 1148, dit-il, il y eut un feu considérable dans la ville, et qui fut tel qu'il consuma l'église Notre-Dame, la maison de l'évêque avec tous ses offices, et l'église St-Aubert avec tout le reste du Château. Il faut savoir qu'on avoit fait une enceinte de fossés, de ce temps-là, pour entourer l'église de la métropole, le palais et St-Aubert, et il y a apparence que ces

(1) D'autres auteurs disent Gérard II.

fossés entouroient tous les terrains qu'on laisse à droite, faisant la procession de l'Ascension. »

....

» L'an 1150, les soldats du comte d'Hainaut étant venus à Cambrai pillèrent encore tout St-Aubert, mirent le feu, et ruinèrent tous les fossés.

» Il faut qu'il eût fait bien froid de ce temps-là, et que le terrain de notre maison (St-Aubert) eût été bien plus bas qu'aujourd'hui, puisqu'un auteur raconte qu'à la fin de mai, il y avoit de si grandes glaces *dans les fossés de St-Aubert*, que tout le monde en estoit surpris. » Les citations qui précèdent sont extraites d'un ouvrage de Jh. Pouillaude, abbé de St-Aubert. — † Ms. 654.

Le CHATEAU s'appelait aussi le DONJON. C'est ainsi qu'il est désigné *(passim)* dans le *Mémoire pour le Magistrat* contre l'archevêque de Cambrai.

CHATEAUX-FORTS. — L'histoire des châteaux-forts du pays se lie nécessairement à celle de la ville de Cambrai dont ils ont été tantôt les agresseurs, tantôt les satellites. Placés en sentinelles avancées, soit contre la ville, soit contre l'ennemi qui l'attaquait, ils ont presque toujours ressenti les secousses de la guerre. Plusieurs ont eu une existence très dramatique. Un grand nombre d'entre eux a disparu du sol, quelques-uns subsistent encore, non plus comme forteresses, mais comme maisons de plaisance.

Une question s'élève à l'endroit de ces dernières. C'est de savoir par quelle singularité d'événements, ces châteaux demeurés debout, parmi lesquels on remarque notamment ceux de Crèvecœur, de Lesdain, d'Esnes, de Ligny, sont rangés à peu de distance les uns des autres au Sud-Est de Cambrai, tandis que tous ceux érigés du côté opposé ont succombé. Sans doute leur position topographique est pour quelque chose dans leur conservation, mais elle ne suffit pas pour expliquer cette coïncidence qu'on n'a peut-être pas assez remarquée jusqu'à présent.

Indépendamment du château de Selles et de ceux qui couronnaient certaines portes de Cambrai, les principales forteresses du Cambresis étaient le Câteau, la Malmaison, les châteaux d'Honnecourt, — Crèvecœur, — Révelon, — Vinci, — Lesdain, — Esnes, — Haucourt, — Ligny, — Walincourt, — Elincourt, — Busignies, — St-Aubert, — Estrun, — Relinghes, — Thun-l'Evêque, — Escaudœuvres, — Oisy, — Arleux, — Forestel, — Rumillies, — Marcoing, — Noyelles-sur-l'Escaut, — Cantaing, — Inchy, — Cuvillers, — Cauroir, — Chantemelle, — Bousies, situé dans un enclavement du Cambresis, en Hainaut, du côté d'Avesnes (V. ces différents noms).

CHATELAINS. — Autrefois les châtelains ou vicomtes étaient les chefs des armes et de la justice. Ils avaient la haute surveillance des prisons, levaient les tailles et les subsides pour la défense de leurs villes et le paiement de la milice. Ils juraient de protéger les bourgeois, leurs femmes et leurs enfants, de les défendre en temps de guerre, et de maintenir leurs lois et leurs franchises. La châtellenie de Cambrai, à la fin du Xe siècle, appartenait à un nommé Gauthier ou Watier. Liébert la fit passer entre les mains de Hugues d'Oisy. De la famille d'Oisy, elle fut apportée par mariage dans la famille de Montmirel, puis par héritage dans celle de Coucy. A la fin du XIIIe siècle, Engherrand de Coucy la vendit au comte de Flandre. Au XIVe siècle elle tomba entre les mains du roi de France. En 1435, elle passa à la maison de Bourgogne, revint au roi en 1463, et finalement fut cédée par le roi au seigneur de Saint-Luc, qui la vendit au seigneur d'Abancourt.

Les châtelains, quoi qu'ils fussent héréditaires, étaient obligés de prêter serment de fidélité à l'évêque, en prenant possession; ils juraient de lui garder la foi promise, aussi longtemps qu'ils conserveraient ses biens. Balderic, *Chron. d'Arras et de Cambrai*, livre III chap. 35; Le Carpentier, *Hist. de Cambrai*, part. I, p. 248, donnent chacun un texte de ce serment. Les textes diffèrent complètement l'un de l'autre.

Les droits de châtellenie sont consignés dans un acte émané en 1401, de Charles, roi de France, dont le fils était alors *chastelain de Cambray*. — V. ce document curieux dans les *Pièces justific. du mém. pour l'archev.*, p. 110.

CHAUSSÉE (*Droits de*) ou *de cauchie*. — Un droit était prélevé sur tous ceux qui, par l'usage qu'ils faisaient de la voirie de la ville, pouvaient en dégrader la construction. Cette voirie était divisée en deux catégories : la *grande chaussée*, dont l'entretien appartenait aux Etats du Cambresis, et la *petite chaussée*, qui était du domaine de la Ville.

Voici un *état des droits de la petite chaussée*, auquel nous n'avons pas trouvé de date.

Estats du droist de la petite-chaussée.

Pour chaque charette de bois à brusler, 3 buches dont un tiers à Mgr l'archevêque.

Pour chaque chariot de bois à brusler, 6 buches dont un tiers pour Monseigneur.

Pour chaque chariots à lattes, 2 patars pour le fermier et 2 patars pour Monseigneur.
Pour chaque chariot de chevrons soyés (sciés) 2 patars pour le fermier, 2 pour Monseigneur.
Pour chaque charette 2 patars dont un pour Monseigneur.
Pour chaque chariot de foin, une botte pour les marchands seulement, qui le mènent au marché. Une botte de 4 à 5 livres.
Les bourgeois et les hostelains doivent par chaque chariot de foin, un patar.
Pour charrée de fer, 2 patars 12 deniers, le tiers à Monseigneur.
Pour charrée de charbon, 2 patars.
Par charrée d'huile, 1 patar. Cy moyennant que le grain n'ait été tiré de la ville pour tordre.
Pour chaque charrée d'houblon, cinq gros.
Par charrée de poterie, 1 patar.
Par charrée de sel, 1 patar.
Par charrée de fruits, 2 patars.
Par charrée de tuiles, 6 tuiles.
Pour chaque tonne de bierre sortant, 2 liards, bien entendu que ce sont chariots de paysan qui conduisent ladite bierre.
Par charrée de poisson salé, 2 patars.
Par charrée de fromages, 2 patars.
Par charrée de verres 2 patars.
Par charrée de lin, 1 patars.
Par chariot de grains pour vendre, 1 patar.
Pour chariot chargé de toutes choses, 1 patar.
Par charrée de toiles, 2 patars.
Par grand chariot, 1 patar.
Par chariot de laine, 2 patars.
Par charrée de veaux, 1 patar.
Pour chariot d'escorces, 2 patars.
Pour chariot de charbon de terre, 2 patars.
Pour chariot d'ardoises, 2 patars 12 deniers.
Pour chariot d'osières, 2 patars.
Pour chariot chargé des cloches, cuivres et mestal, 2 patars 12 deniers.
Pour chaque cheval chargé de fromage, 1 liard.
Pour chaque cheval neuf, entrant, 1 liard.
Pour chaque cheval chargé de volailles, 1 liard.
Pour un cheval chargé de poteries, 1 liard.
Du 21 août 1681, MM. ont déclaré que les brasseurs de ceste ville, conduisant bierre sur leurs chariots ne doivent rien, mais les forains doivent.

Les bourgeois, pour le voiturage du bois qui servait à leur consommation, et les brasseurs de Cambrai, pour la bière brassée en ville, étaient exempts de tout droit de chaussée. — § ms. 5, p. 111. Nous n'avons que des documents incomplets sur les droits de la grande chaussée.

CHAUSSÉES ANTIQUES. — (V. ANTIQUITÉS, § *Voies antiques.*)

CHAUSSETIERS. — (*V. Drapiers.*)

CHAVETIERS. — Le corps de métier des savetiers était distinct de celui des cordonniers. Des réglements spéciaux concernaient son institution. Ils fixaient ce que devait payer chaque nouveau *maistre* en entrant dans la *confrater-*

nité de chaveterie, et en ouvrant *bouticle et usine de chavetier*. (Réglem. du 2 avril 1598.)

Ils ne pouvaient aller par la ville et acheter denrées de chaveterie que deux fois la semaine et *devant midy, tant seulement*. Le lundi et le mercredi étaient les jours fixés pour ces tournées. Les femmes ne pouvaient pas les faire. La corporation des chavetiers avait pour patron saint Crespin.

Réglement pour les chavetiers.
SOMMAIRE.

1. Que tous chavetiers tiendront leurs estaux derrière les harenghiers, selon que les disposeront les Eschevins.
2. Qu'ils jetteront le lot pour les estaux, et ne travailleront de cuir de truye.
3. Qu'ils n'auront qu'un seul ouvroir, et un seul estal.
4. Qu'ils obéiront aux Maïeurs.
5. Qu'ils ne feront souliers de basene, si les semelles ne sont caurées.
6. Qu'ils ne porteront avant la ville, ny au marchet aux vieux draps, noeufs souliers pour vendre.
7. Qu'ils ne feront souliers de mouton, que de cincq peaux, et laisseront visiter aux Maïeurs leurs ouvrages.
8. Qu'ils pourront faire souliers grands et petits, de cuir de mouton, cheval, chien, etc., pourveu qu'il y ait enseigne de vieux cuir, telle qu'elle se puisse veoir.
9. Qu'ils pourront travailler de parges de basenne, de Portingal, ou autres aians passez l'eswart, et pourveu l'enseigne que dessus.
10. Qu'ils ne feront venir de dehors quelques denrée de chaveterie ouvrée.
11. Que ceux qui voudront venir cordonniers, ne pourront par après retourner a leurs mestiers de chaveterie.
12. Qu'ils paieront pour leur passe-maistres huit deniers-tournois.
13. Que chasques maistres paieront toutes les sepmaines un denier tournois, pour mettre en boite, etc.
14. Que tous apprentis dudit métier paieront au commencement aux Maïeurs une livre de cire, au proffict de la chandelle du mestiers.—V. § Ms. 5, p. 101.

CHEVAUX DE LOUAGE.. — Les réglements suivants montrent jusqu'où s'étendait la sollicitude du Magistrat pour ses administrés. En 1444, personne ne pouvait mettre cheval à louage pour la selle, qu'il ne fût du prix d'au moins 40 florins. Le prix de location était de trois sols six deniers par jour.

Un règlement du 4 novembre 1591 porte : — 1° que personne ne tiendra chevaux de louage, qu'il ne les ait auparavant monstrés aux Maïeurs. — 2° Que les Maïeurs feront bonne et léale visite desdits chevaux ; et rejetteront les vicieux et non suffisans. — 3° Qu'ils n'admettront aucuns chevaux si ce n'est qu'ils soient de la valeur de 50 florins et plus, et harnachés de selles, brides, et tout ce qui en dépend. — 4° Que tous ceux qui tiendront chevaux à louage, seront tenus de les monstrer tous les mois au Mayeur une fois. — 5° Qu'ils ne prendront pour la journée des chevaux que le prix fixé par MM. du Magistrat.

En 1625, le prix de la journée des chevaux était déjà beaucoup plus élevé. Un cheval de louage coûtait alors 20 sols pour un jour, et 16 sols par jour quand on le tenait plus de 24 heures.

Les juments étaient expressément exclues du service des loueurs de chevaux. — V. § ms 5, p. 117.

CHEVAUX-MARINS. — Les Cambresiens appellent ainsi des animaux fantastiques sculptés en bois et recouverts de peaux de bêtes et de vives peintures. Ces animaux dont la forme imaginaire plaît à l'œil, sont adaptés sur des socles en osier légèrement coniques, et de la hauteur d'environ deux mètres et demi. Ces socles sont revêtus d'élégantes draperies. Des hommes cachés dans l'intérieur portent ces appareils sur leurs épaules au moyen de traverses en bois et promènent en sautillant les chevaux-marins, sur lesquels sont montés des petits enfants à la chevelure bouclée, fardés, mouchetés, vêtus de gaze et de fleurs.

Ce bizarre escadron précédé d'un timbalier, est l'accessoire obligé de nos belles marches du 15 août. Nous dirons plus, c'est que pour le peuple, les six chevaux-marins sont l'objet principal du cortège et les onze ou douze cents personnes qui composent la marche, n'en sont que l'accessoire.

Les chevaux-marins, paraissent dater du temps de Louis XV : ils présentent tous les caractères du style de cette époque.

CHIRURGIENS-BARBIERS. — Des dispositions très sages réglementaient la corporation des *chirurgiens-barbiers*. Nul homicide ne pouvait faire partie de ce corps. Il fallait, pour passer maître, subir un examen devant le médecin de la ville et deux échevins. Le plat à barbe était l'enseigne distinctive des maîtres barbiers, et nul ne pouvait tenir *bouticle de chirurgien et barbier* sans être pourvu du droit d'exhiber ce plat à barbe.

Comme chirurgiens, ils devaient signaler aux échevins de semaine, toutes les personnes blessées qu'ils étaient appelés à panser. Ils devaient également déclarer les décès, le tout sous peine de 12 livres d'amende. De plus une ordonnance du 28 janvier 1488, leur faisait une obligation de payer chaque semaine deux deniers tournois, pour la célébration d'une *messe des trépassés*, qui se disait tous les huit jours. Nous ignorons si ce réglement avait pour objet quelque maligne allusion. Les chirurgiens-barbiers avaient saint Louis pour patron.

Réglement pour les chirurgiens-barbiers.
SOMMAIRE.

1º Que personne ne travaillera du style de barbier, qu'il n'ait passé Maistre.

2º Que la veuve d'un Maistre dudit mestier se remariant à un autre qui n'est pas Maistre ne pourra tenir ouvroir dudict mestier, si ce n'est pour raser et rogner, ayant à cest effet *valet* suffisant au dire des Mayeurs.

3º Qu'aucun Maistre n'*apprendra* en deux ans qu'un seul *apprenti*, si ce n'est qu'il y ait cause raisonnable dont il advertira les Mayeurs.

4º Déclaration des jours auxquels il est défendu aux barbiers de travailler.

5º Que les Maistres ne loueront les valets les uns des autres, si ces valets n'ont achevé leur terme.

6º Qu'aucun qui ait esté homicide ne tienne ouvroir dudict mestier.

7º Qu'ils obeiront aux Mayeurs.

Le dernier article fixe ce que les apprentis devront payer en commençant leur apprentissage. — V. † ms. 902.

CHOISEUL. (LÉOPOLD-CHARLES DE). Seizième archevêque de Cambrai. — Le rôle joué par cet archevêque, dans les affaires ecclésiastiques du diocèse, est presque nul. Peu préoccupé des intérêts spirituels de l'Eglise confiée à ses soins, il s'adonna tout entier aux sollicitudes du procès qu'il soutint contre le Magistrat de Cambrai, pour se faire restituer la seigneurie de la ville. Un mémoire très important à cause des chartes et diplômes qu'il a sauvés du néant, reste encore comme un monument de ce procès considérable. Pendant ces débats sur des affaires temporelles, les mœurs, les croyances, la discipline dépérissaient chaque jour, ce dont ne se préoccupait guère l'avide et peu édifiant prélat.

Il mourut le 11 septembre 1774, à Moulins où il fut obligé de s'arrêter, en revenant des eaux de Vichy. Il avait été maître d'une immense fortune et se trouva insolvable au jour de sa mort. Sa succession fut répudiée par sa famille.

CIMETIÈRES (*Atres.*) — Autrefois les cimetières étaient dans la ville même, autour des églises paroissiales, auxquelles avaient appartenu tous les trépassés qui dormaient dans ces champs du repos. Certes, c'était un vénérable et pieux usage chez nos pères, que celui de déposer les morts dans le voisinage de leurs demeures. Ils vivaient, de la sorte, au milieu de leurs familles éteintes. Parents, amis, époux *gisaient* là, sous les pieds des passants, et la prière qui soulage les âmes et qui sèche les pleurs, la prière si douce, si utile au cœur de tous se présentait à la pensée, et l'on priait pour les morts. Mais, d'un autre côté, que de miasmes infects s'exhalaient de ces âtres souvent trop petits! de là les maladies pestilentielles qui désolaient souvent la population, aussi fit-on sagement en les plaçant *extrà-muros*.

Chaque paroissse de Cambrai avait son âtre ou cimetière, entouré de grandes bornes qui en laissaient libre l'accès aux fidèles, et qui suffisaient cependant pour en indiquer la clôture et les signaler au respect public.

Les *cimetières de St-Nicolas* et de *Ste-Croix* ne servaient plus, au siècle dernier : ces deux paroisses avaient à leur usage le grand cimetière de St-Fiacre.

Le *cimetière de St-Fiacre* occupait toute l'étendue du terrain contenu entre la rue St-Fiacre et le rempart, la ruelle des Miracles et le rang de petites maisons qui bordent la rue des Sottes. Il était clos de murs, une large porte servait d'entrée. Au milieu du cimetière s'élevait une petite chapelle sous le vocable de St-Fiacre. Auprès de la chapelle était un immense monceau d'ossements élevé, pendant des siècles, par la main des fossoyeurs. Le long des murailles, à l'intérieur on voyait un grand nombre d'épitaphes en marbre et en pierre grise, rappelant les noms des morts qui reposaient au pied de ces murailles. — Chaque année, le *jour des âmes* (2 novembre), on plaçait dans le coin Sud-Est du cimetière, une chaire de vérité, dans laquelle, vers neuf heures du matin, un religieux, un Père Récollet, prêchait en souvenir des trépassés. Une foule considérable assistait à cette pieuse cérémonie. Quelque temps qu'il fît, la neige tombât-elle abondamment, les fidèles recueillis et agenouillés disaient, après le sermon, le *De profundis* pour les morts.

Le cimetière St-Fiacre avait été fait en 1265, pour tenir lieu de ceux de Ste-Croix et de St-Nicolas qui étaient trop petits et mal situés. Il était originairement beaucoup plus grand qu'il ne le fut dans la suite. Les travaux du rempart en envahirent une partie. Au XVIIe siècle il était divisé en trois parts pour y enterrer séparément les pauvres de Ste-Croix, de St-Nicolas et ceux morts à l'hôpital St-Julien. Plus tard il servit indistinctement pour tous les paroissiens de ces deux églises. Il faut dire néanmoins que Ste-Croix envoyait aussi quelques-uns de ses morts dans le cimetière de St-Eloy. — V. *Julien de Lingne*, † ms. 658, art. 18.

Le *cimetière de St-Martin*, était très vaste. Il était compris entre la place St-Martin, la Petite-Rue-St-Martin, et les maisons qui bordent la rue des Liniers. Il était divisé en deux parties : l'une qu'on appelait le *Jardinet*, était réservée à la sépulture des petits enfants ; l'autre recevait tous les autres cercueils.

Cimetière des huguenots. On avait consacré, dans l'endroit dit le *Pré-d'Espagne*, contre le rempart, une partie de terrain, à la sépulture des hérétiques. Ils furent toujours peu nombreux à Cambrai.

Les cimetières des soldats de Malplaquet. A la suite de la désastreuse journée de Malplaquet (11 septembre 1709), un nombre considérable de blessés furent dirigés sur Cambrai. Les deux hôpitaux de St-Jean et de St-Julien, ne suffirent point à contenir ces malheureux. On fut obligé d'en placer d'abord dans les casernes, en attendant qu'on eût approprié de nouveaux hospices. On employa à cet usage la grande salle des Jésuites, servant d'ordinaire aux représentations des écoliers (celle dans laquelle Lebon installa plus tard son abominable tribunal), la nef de l'église des Récollets, les chartriers, la maison de St-Paul, proche le béguinage, St-Jacques de la rue des Rôtisseurs. On fit venir des chirurgiens de Paris. — Il mourut un si grand nombre de ces pauvres blessés, que l'archevêque fut contraint de bénir un nouveau cimetière sur la *Place-d'Armes* (l'ancien champ de manœuvre, près du bastion Robert), pour la sépulture de ceux qui mouraient à St-Jean. Quant à ceux qui succombaient dans les autres hôpitaux, ils étaient enterrés à la porte de Cantimpré, dans le triangle contenu entre la grand'route, le chemin du Marais et le glacis, auprès de la chapelle actuelle du *Dieu-de-Pitié*. Il est bien regrettable qu'un souvenir, un monument, une simple croix, n'indique pas les lieux où reposent les corps de tant de soldats morts pour la France.

Cimetière St-Roch. En 1545, la peste désolait la ville de Cambrai. Pour préserver autant que possible la ville du fléau, on disposa auprès du Grand-Marais d'Escaudœuvres, des maisons destinées à recevoir les pestiférés. Plus tard, on leur fit un hôpital, près de la maison appelée *Tout-y-Faut*, on bénit dans son voisinage une mencaudée de terrain à usage de cimetière. Ce cimetière porta le nom de *St-Roch*. Il était situé à peu près à l'endroit de la chapelle actuelle de St-Roch. Cette chapelle, reconstruite en 1696 par le Magistrat, en 1832 par une pieuse libéralité, est donc un souvenir des fléaux qui ont frappé la ville, et pour ainsi dire une médiation pour les malheureux qui en ont été victimes.

Cimetière des pendus. — Il était situé dans le jardin des Récollets, autrefois Cordeliers. — V. *Cordeliers.*

Nous n'avons rien à dire des autres cimetières.

Voici un fragment du règlement fait pour la translation des cimetières, hors de l'enceinte de la ville en 1786.

De par le Roi, l'Archevêque-Duc de Cambrai, et les Prévôt et Echevins de la ville, etc.

Article 1er. A compter du jour de la publication de la présente ordonnance, les cimetières actuels affectés aux différentes paroisses de la ville, devront rester dans leur état actuel, sans que, sous tel prétexte que ce soit, il puisse en être fait aucun usage pendant l'espace de huit ans au moins, et jusqu'à ce qu'il en soit autrement ordonné.

Art. 2. En conséquence des dispositions précédentes, il ne sera fait, à l'avenir après la quinzaine de la bénédiction des cimetières communs, qui se fera le 10 de ce mois, aucune inhumation dans les cimetières des paroisses, ni dans tel autre lieu de ces mêmes paroisses qui pourrait y être adapté ou disposé à cet usage, sous tel prétexte que ce puisse être, et sous telle peine qu'il appartiendra.

Art. 3. Le nouveau cimetière établi hors de la porte St-Sépulchre, sera affecté aux paroisses de St-Martin, la Magdelaine, St-Nicolas et St-Georges; et celui hors de la porte de Notre-Dame, sera réservé aux paroisses de St-Gengulphe, St-Géry, Ste-Croix, St-Aubert, Ste-Elisabeth, St-Sauveur et St-Vaast.

Art. 4. En vertu de l'autorisation du ministre de la guerre, les soldats morts à l'hôpital militaire de cette ville, seront à l'avenir enterrés dans le cimetière commun établi hors de la porte de St-Sépulchre.

Art. 5. La première fosse qui sera ouverte à chacun des deux cimetières communs, devra l'être à l'un des angles desdits cimetières, et toutes celles en suivantes, sur une même ligne, et à la suite l'une de l'autre, sans aucune distinction de personne, de rang ou de paroisse, de manière que la seconde ligne ne soit commencée qu'après que la première sera entièrement remplie, et ainsi de suite.

Art. 6. Fixe la profondeur des fosses : 6 pieds, et le salaire des fossoyeurs 20 patars pour les premiers et deuxième états, et 10 patars pour les autres.

Art. 7. Règle que la pompe funèbre sera la même qu'autre fois.

Art. 8. Tous les corps, à l'exception de ceux mentionnés dans l'article suivant, seront conduits aux cimetières communs, dans un char en forme de tombe, peint en noir avec la croix rouge, et un christ relevé sur le derrière de la tombe; lequel char sera attelé d'un ou deux chevaux qui iront au pas...

Art. 9. Ceux qui, ayant équipage, ne voudront point que les corps des personnes auxquelles ils appartiennent soient conduits dans le char commun, pourront les faire transporter à leur frais dans un carosse particulier.

Art. 10. Défense aux fiacres et loueurs de carosses d'employer leurs voitures à cet usage.

Art. 11. Dispose que les cimetières seront continuellement fermés, et règle la police qui devra s'y observer pendant les inhumations.

Art. 12. Défense d'élever aucun monument et de rien placer dans les cimetières sur les fosses. Ces monuments ne pouvant être élevés que dans les églises de paroisse.

Art. 13 et 14. Sauve-gardent les droits et intérêts des fabriques.

Art. 15. Défense de renfermer dans le cercueil les corps des personnes mortes de maladies, avant qu'il se soit écoulé 24 heures depuis le moment du décès; ordonnance que ce terme soit au moins de deux fois 24 heures, pour les personnes mortes subitement.

Art. 16. Invitation aux Marguilliers, Curés et Vicaires de tenir la main au présent réglement.

Du 6 avril 1786.
Par ordonnance,
Signé, DOUAY, avocat-greffier.

— V. *Mém. chron. p.* 45, 146 *et suiv.* — Collection Faille, année 1786. — *Hist. de la Municipalité de Cambrai* T. 1, p. 179 et 228 — † ms. 658, art. 50.

CINQUANTAINE. — Ce mot se rencontre souvent dans les vieux manuscrits qui concernent l'histoire locale. On appelait *cinquantaine* un poste quelconque du guet de la ville, parce qu'en temps de péril on y mettait *cinquante* hommes. Aller à la cinquantaine, signifiait aller faire le guet, monter la garde.

« Le 26 juin 1536, on commanda à porter baston, le lendemain on cloït (ferma) trois portes à midy, et le 28 dudit mois, on commanda à aller à la *chinquantaine*, et les bourgeois à le porte, car à che temps, il y avoit bien autour de Cambray, trois mille hommes. » — † Ms. 659, p. 215.

En ce temps-là (1596), il n'y avait que deux portes ouvertes en Cambray..., et toutes les nuits deux *chinquantaines*, une devant minuit et l'autre après. — † ms. 884, p. 95.

Après une querelle sanglante de soldats étrangers qui s'étaient logés dans la ville, pour éviter qu'un semblable évènement se reproduisît, on mit aux trois portes ouvertes de Cambrai, trois *chinquantaines*, et cela pendant trois jours. — † Ms. 884 p. 95.

CITADELLE. — construite en 1543. — Lorsqu'au mépris des traités et de la foi jurée, l'astucieux Charles-Quint voulut s'emparer de Cambrai, son premier acte d'usurpation fut l'érection de la citadelle, aux frais des bourgeois et aux dépens du Cambresis

Le monarque espagnol ayant étudié les fortifications de la ville pour juger l'endroit le plus favorable à la position de cette forteresse, demeurait indécis entre le mont St-Géry et le quartier de Cantimpré. En effet, si d'un côté il avait l'avantage de l'élévation, de l'autre il avait les eaux de l'Escaut qui offraient un moyen naturel de défense. Les bourgeois désiraient ardemment que la forteresse se fît à Cantimpré, où l'on n'avait qu'une abbaye à sacrifier, tandis que, de l'autre côté, c'était l'église vénérée de St-Géry qu'il fallait jeter bas, en même temps qu'un nombre considérable de maisons bourgeoises. Charles-Quint y avait presque consenti ; mais don Fernand de Gonzague, vice-roi de Naples, lieutenant de Charles-Quint, voulut exploiter cette circonstance et fit entendre aux bourgeois qu'il fallait lui offrir une grosse somme d'argent en manière de transaction. Les bourgeois ayant feint de ne pas comprendre les désirs cupides de don Fernand, celui-ci « monta droit au mont St-Géry et le marqua pour être le lieu de cette forteresse. »

Peu de temps après arrivèrent les lettres d'érection de la citadelle.

Lettre de Charles-Quint pour l'érection de la Citadelle.

« Charles par la divine clémence Empereur etc. Comme le Roi de France se soit n'a guerres avancé à main armée et entré en notre Pays de Cambresis se tenant et fortifiant en la Ville du Câteau faisant plusieurs grands dommages aux Habitants dudit Pays sujets du St. Empire, ayant fait bruler aucunes censes et démolli les moulins près notre Cité de Cambrai à intention de piller nos autres pays, contrevenant directement à la neutralité par lui accordée au Pays de Cambresis ; de sorte que pour y pourvoir et remédier, et afin que ledit Roi ne mit en obéissance ledit Pays en les distrayant de l'obéissance du St. Empire, nous ait convenu avec bonne et puissante armée marcher contre ledit Roi pour le déjetter de la Ville du Câteau et pays de Cambresis : ce que avec la grace de Dieu avons fait et contraint ledit Roi se retirer honteusement, et pour ce que ne pouvons continuellement entretenir une armée pour toujours rechasser icelui Roi dudit Pays de Cambresis quand entrer y voudra, ayant égard qu'icelui Pays est voisin à son Royaume, au moyen de quoi, la Cité et le Pays ensemble les Habitans parci après pourroient tomber en plus grands inconvéniens ; savoir faisons que désirant pourvoir selon l'obligation qu'avons au St. Empire que ledit Pays et Habitans puissent à toujours demeurer en notre obéissance et dudit St. Empire, et pour autres bonnes considérations à ce nous mouvans, avons par murs avis et délibérations de notre propre mouvement, certaine science et pleine puissance Impériale, ordonné par cette de faire construire et fortifier en lad. Cité une Citadelle au lieu par nous désigné, laquelle entendons bien et duement garder en qualité d'Empereur à nos frais et dépens contre les invasions et oppressions que nos ennemis et du St. Empire voudroient faire contre ledit Pays, sans que pour ce entendions en rien préjudicier aux droits et privilèges, franchises et libertés des Evêques, Gens d'Eglise et Habitans du Pays, lesquels entendons être gardez et conservez sous notre obéissance comme Empereur et du S. Empire sans y innover, changer ou altérer. Donné à Valenciennes le 19 Novembre 1543. »

Pour parvenir à son but, Charles-Quint leva sur le pays un impôt de cent mille florins.

« Cela fut la cause d'une ruine générale dans le pays. Les maisons de la ville et les terres du Cambresis furent imposées extraordinairement : chaque propriétaire dut payer la moitié du loyer de sa maison et *trois gros* par *mencaudée* de terre, ce qui était exorbitant ; mais là ne se bornèrent pas les sacrifices. Le calcul ne tarda pas à démontrer qu'un pareil impôt ne produirait pas en deux ans (terme de rigueur) la somme demandée. Cela devenait d'autant plus difficile, qu'en présence de ce pillage général du pays et comme pour insulter à la misère des habitants, les marchandises qui arrivaient dans la ville, pour la garnison impériale, ne payaient pas de droits. Le fisc était pressant, des vexations de toute espèce froissaient les malheureux bourgeois : dans cette déplorable conjoncture, ils tentèrent un dernier moyen qui échoua. Ils envoyèrent des députés vers l'empereur qui les reçut en tyran exigeant, et qui ne daigna pas proroger d'un jour le délai dans lequel devait être levée l'énorme contribution de cent mille florins. La seule chose qu'il voulut bien accorder fut que nulle marchandise ne serait exempte de droits.

» Il fallut donc recourir à de nouveaux sacrifices ; et le pays ruiné vit, à ce prix, s'élever ce *fort* protecteur qui devait le défendre contre les courses de François 1er.

» On y travaillait avec activité : huit cents maisons tombaient alors sous la pioche des maçons. Le riche monastère de St-Géry, sa belle et neuve église, dont la tour élégante n'était pas même achevée, s'écroulaient pour faire place à la citadelle de Charles-Quint; une foule de châteaux-forts, de manoirs féodaux tombaient aussi dans la campagne en présence des propriétaires effrayés qui voyaient avec douleur ces monceaux de décombres s'engloutir dans les murailles nouvelles du haut desquels le soldat de l'Empire devait bientôt insulter à la milice du pays. » — *Histoire de Cambrai*, par E. Bouly.

Une conséquence de l'érection de la citadelle, fut encore la disparition de l'hôpital de St-Lazare et de la *léproserie des Maladaux*. Ces hôpitaux charitables furent ruinés quelques années après. — † Ms. 905, p. 19.

En échange de cette domination réelle que l'adroit Espagnol établissait dans la ville, il lui donna le mensonge que voici.

Lettre de Charles-Quint.

« Charles, par la divine clemence, empereur des Romains toujours auguste, roi de Germanie, de Castille, de Leon, de Grenade, de Arragon, de Navarre, de Naples, de Sicile, etc. A tous ceux qui ces présentes lettres verront; Salut. Comme pour garder et conserver notre impériale cité de Cambray et pays de Cambresis en notre obeissance, comme empereur et du saint Empire, duquel ils sont membres et sujets, et pour autres urgentes causes raisonnables, même pour éviter que lesdits pays et cités, ne soient distraits de l'obeissance dudit saint empire; Nous ayons de notre propre mouvement, certaine science et pleine puissance, *ordonné et commandé de faire ériger, construire et fortifier une citadelle dedans ladite cité de Cambray, par laquelle néantmoins n'entendons en rien préjudicier aux droits, privilèges, libertés, franchises et usances, dont les évêques, doyen, prélats, gens d'église, de loy et autres manans et habitans desdittes cité et pays, tant en général qu'en particulier, ont joui et possédé, lesquels voulons être gardez et observez*, sans y rien changer, altérer, ni innover, et pour ce que durant cette présente guerre d'entre nous et le roi de France et ès guerre précédentes, lesdits de la cité et duché de Cambray, pays et comté de Cambresis, situez et gisans entre nos pays patrimoniaux et le royaume de France, ayant obtenu de nous et dudit roi de France, lettres de neutralité, desquelles ils désirent encore jouir et user prétendant moyennant que ce fust nostre bon plaisir.

» Sçavoir faisons, que ayant regard à la situation desdits cité et pays et non desirant que sous ombre de ladite guerre estant d'entre nous et ledit roi de France, ils tombent en quelque dommage, interêt, ou autre inconvenient : Nous en qualité d'empereur, et comme seigneur de nos pays patrimoniaux de pardeçà, voulons et consentons que lesdites cité et duché de Cambray, pays et comté de Cambresis, l'évesque et duc, doyen, prélats, chapitres, gens d'église et de loy, ensemble tous manans et habitans dudit Cambray et de Cambresis, jouissent de ladite neutralité, et soient en icelle entretenus, ainsi qu'ils ont été et qu'ils en ont usé par ci-devant de toute ancienneté; et que en ce faisant, ils puissent et leur loise, converser, hanter et frequenter paisiblement, marchandement et autrement, par tous nos pays et seigneuries, comme ils ont fait du temps passé; sans ce que leur soit ou puisse être fait et donné aucun arrêt, destourbier ou empêchemens à leurs personnes, biens et marchandises, ni autrement en manière quelconque : leur octroyant et consentant d'avantage, que les gens de guerre, que en qualité d'empereur et pour conserver lesdits pays et cité en l'obeissance du saint Empire, avons fait mettre en ladite cité et ailleurs audit pays de Cambresis, ne pourront faire courses, pilleries, ni autres dommages hors desdites cité et pays contre le royaume de France, pourveu que lesdits de Cambray obtiendront semblables lettres et neutralité dudit roi de France. Si donnons en mandement à tous nos lieutenans, gouverneurs, chefs, capitaines et conducteurs de gens de guerre et de cheval et de pied, et à tous autres non justiciers, officiers et sujets, qui ce regardera que de notre presente grace, consentement de neutralité et de tout le contenu en ceste, ils fassent, souffrent et laissent lesdits de Cambrai et Cambresis en la maniere susdite, pleinement et paisiblement jouir et user, sans leur faire mettre ou donner ni souffrir être fait, mis ou donné aucun trouble ou empêchement au contraire : Car ainsi nous plaist-il, en temoin de ce nous avons fait mettre notre scel à ces présentes. Donné en notre ville de Vallenciennes le 19e jour de Novembre, l'an de grace 1543, de notre empire le 24 et de nos règnes de Castille et autres le 28. Ainsi souscript sur le reply par l'empereur;

Et signé VERREYKEN.

(*Mém. pour l'archevêque*, p. 168.)

Cependant la disette était dans Cambrai. La multitude de soldats et d'ouvriers employés à la construction de la citadelle avait amené cette rareté de vivres, et pour comble d'embarras il avait été défendu par l'empereur d'exporter du grain des provinces voisines. On fit à cet effet des démarches auprès de la princesse Marie, qu'il avait établie gouvernante des Pays-Bas, et l'on réussit, non sans peine, à conjurer le fléau. — V. *Mém. pour le Magistrat contre l'archev.* p. 72.

La citadelle de Cambrai, prise par Louis XIV en 1677, a été fortifiée par Vauban. La brèche avait été pratiquée dans la courtine qui est à gauche du pont en entrant. Quatre bastions défendent cette forteresse qui est carrée. Le bastion Nord-Ouest qui porte le n° 1, s'appelait autrefois bastion St-Charles. — Celui du Sud-Ouest, n° 2, bastion St-Pierre. — Sud-Est, n° 3, bastion St-Jean-du-Canon. — Nord-Est, n° 4, bastion de Balagny. — V. *Hist. de Cambrai,* par Dupont, part. V, p. 69 et suivantes. — *Histoire de Cambrai,* par Le Carpentier, part. I, p. 157, 158. — *Mém. chron.,* p. 41, 123. — † Ms. 884, p. 113.

CLARISSES. — L'église, le cloître et la maison de Ste-Claire, furent commencés en l'an 1490, par Henri de Berghes, évêque de Cambrai, et achevés en 1493, sous la direction de M. Jean Boulanger, chanoine, qui y contribua de sa bourse. Marguerite d'Autriche, passant par Cambrai à cette époque, donna aussi 2,000 écus pour aider à l'établissement du couvent. Ce monastère occupait l'emplacement d'un ancien bâtiment dit : *la Maison du Bergier*. Il fut composé de 16 religieuses choisies dans cinq couvents différents, savoir : Trois de Gand, trois de Bruges, quatre d'Anvers, trois de Hesdin et trois d'Arras. Elles s'assemblèrent toutes à Arras, et de là arrivèrent à Cambrai. « Le 20° jour de juillet, Henry de Berghes, accompagné des chanoines de Notre-Dame, de St-Géry, de Ste-Croix, de St-Aubert, des religieux de St-Sepulchre, des Cordeliers et de toutes les paroisses, avec leurs croix, alla au devant des Clarisses qui venaient d'Arras, par la porte de Cantimpré, pour occuper le nouveau monastère. Elles étoient dans un chariot couvert, qu'on ne les pouvoit voir, et estoit assis leur Pater sur le chariot au devant. »

Le couvent de Ste-Claire existait encore rue du Marché-au-Poisson, à l'époque de la révolution. Au dessus de la porte d'entrée, on remarquait deux niches contenant; l'une, une statue de sainte Claire; l'autre, une statue de sainte Collette. Entre ces niches, on lisait : *Couvent des Clarisses réformées de Sainte Collette*. En 1793 ce monastère fut transformé en maison d'arrêt. — V. † ms. 658, art. 25. — § ms. 10, art. 22. — *Mém. chron.,* p. 10. — *Hist. de la Municip. de Cambrai,* t. 1, p. 183.

Les Clarisses, bannies de Cambrai par les lois révolutionnaires, se retirèrent à Anvers, où elles vécurent en tenant école jusqu'au mois d'août 1814. Le 25 dudit mois, elles revinrent dans un modeste asile que des personnes bienfaisantes leur avaient préparé à Cambrai, Grande-Rue de Fénélon. Ce fut le 2 octobre 1849 qu'elles prirent possession de la belle maison où elles sont aujourd'hui, rue de Vaucelette. Une jolie chapelle construite d'après les dessins et plans de M. Henri de Baralle, y attire l'attention des artistes.

CLICOTEAU, *Clicotiau.* — (V. *Moulins.*)

COLLECTEUR. — On appelait ainsi celui qui faisait la levée des deniers de la taille, et des autres impositions. Deux collecteurs étaient attachés au *Magistrat* de Cambrai. — V. *Magistrat*.

COLLÉGE. — On ignore à quelle époque furent établies les premières écoles à Cambrai : mais les *Mémoires chronologiques* nous apprennent qu'en 1278, on y avait fondé un collège pour l'enseignement des belles-lettres. Cette fondation où les élèves étaient originairement au nombre de six, sous la direction d'un père qu'on appelait le Recteur, avait nom : *Collége des Bons-Enfants* ou *Capets* (V. *Bons-Enfants*). L'enseignement s'y donna jusqu'en 1509, époque où Jacques de Croy appela de Gand des Hiéronimites, dit *Clercs de la vie commune*, pour enseigner dans cette maison, ce qu'ils firent avec succès jusqu'en 1554. Rebutés alors par différentes difficultés qui nuisaient aux développements de leur établissement, ils prirent le parti de se retirer, et furent remplacés par les Guillemins, que les guerres avaient chassés de leur monastère (1).

Mais quelques années plus tard, la sénéchale de Hainaut, dame de Walincourt, représentant

---

(1) Julien de Lingne fait mention d'un autre collège situé vers la porte St-Jean, aujourd'hui de Selles, lequel aurait été fondé fondé par un doyen de l'église de Notre-Dame, nommé Philippe Majoris, mort en 1555. Cet établissement a donc été contemporain de celui tenu par les Guillemins : il avait pour but de donner l'éducation à des étudiants pauvres. Il occupait la maison aujourd'hui à usage de brasserie qui est située rue St-Lazare, en face de l'ancienne église de St-Eloi.

les anciens seigneurs de Walincourt, bienfaiteurs et pour ainsi dire fondateurs des Guillemins, demanda et obtint le retour de ces religieux dans leur maison du Val-de-Notre-Dame. Maximilien de Berghes ne leur accorda cette autorisation, qu'à la condition que quelques-uns d'entre eux, continueraient de tenir le collége des *Bons-Enfants*. Mais ce collége ne tarda pas à être délaissé, car les Jésuites introduits dans la ville par Maximilien de Berghes en 1562, avaient, dès l'année suivante, ouvert leurs classes, et les écoliers, désertant l'ancien collége des *Bons-Enfants*, s'étaient portés en foule chez les disciples de St. Ignace. (*Mém. chron. p. 94.*)

Ceux-ci enseignèrent paisiblement jusqu'à l'époque des troubles de 1580, pendant lesquels d'Inchy les força à s'éloigner de Cambrai. Ils n'y revinrent qu'en octobre 1595, après le retour de la domination espagnole. — † Ms. 658, art. 21, — § ms. 10, art. 21. Les classes du collége se tenaient dans toute la partie de la maison des Jésuites (aujourd'hui grand séminaire) qui longe la *rue des Ecoles*. Cette rue s'appelait, pour cela, *rue du Collége*.

Lors de leur suppression en 1764, les biens formant la dotation du collége des Jésuites demeurèrent consacrés à l'entretien du nouveau collége que l'on confia à des prêtres séculiers. Cela eut lieu en vertu de lettres-patentes du roi, en date du mois de mai 1766. On verra en les lisant quelle sollicitude les autorités royale, communale et ecclésiastique avaient pour l'instruction publique, à cette époque pour laquelle le superbe dédain de nos philosophes a inventé le mot *obscurantisme*.

Lettres patentes concernant le Collège et le Séminaire de la Ville de Cambray. — Données à Versailles au mois de Mai 1766.

Louis, par la grace de Dieu, Roi de France et de Navarre, à tous présens et à venir; Salut. L'utilité d'un College dans la Ville de Cambray, et les vœux des Prévôt et Echevins de cette Ville, des Etats du Cambresis et de notre Cour de Parlement de Flandres pour sa conservation, Nous ayant déterminé à maintenir un établissement, qui jusques ici a servi avec succès à l'éducation de la jeunesse, Nous avons en même-tems trouvé juste d'en confier l'administration, en conservant la forme prescrite par notre Edit du mois de Février 1763, à ceux qui l'ont doté et soutenu par leurs bienfaits, et qui, par-là même, se trouvent intéressés à le rendre de plus en plus florissant : mais comme l'examen des mémoires et des projets qui nous ont été présentés à ce sujet, Nous a fait reconnoître que les libéralités qui lui ont été faites par les Archevêques de Cambray, pourroient avoir eu aussi pour objet de procurer à leur Diocèse un autre genre d'instruction encore plus recommandable, puisqu'il intéresse plus particulièrement la Religion, Nous avons cru devoir approuver et revêtir du sceau de notre autorité, les moyens qui Nous ont été proposés pour concilier deux objets si importans, et Nous avons reçu favorablement les vûes qui nous ont été présentées pour faire servir ceux des terreins et bâtimens qui sont inutiles audit College, et qui pourroient même lui être à charge, à l'établissement du Séminaire dans notredite Ville de Cambray, où il sera transféré, comme il avoit été ordonné par les Lottres Patentes du mois de Mai 1714. Par des arrangemens si sages, Nous ferons le bien du Diocèse, en mettant les Ecclésiastiques, qui se préparent aux Ordres Sacrés sous les yeux de leur premier Pasteur, dont ils avoient été trop éloignés jusqu'ici ; et Nous ferons en même-tems le bien dudit College en le libérant des dettes et autres charges considérables, dont sera tenu à son acquit ledit Séminaire, auquel nous procurerons en même-tems les facilités qui lui sont nécessaires pour remplir ses engagemens envers ledit College. Nous nous sommes prêté d'autant plus volontiers à cet arrangement, qu'il écartera toutes les contestations qui auraient pû s'élever entre deux établissemens, qui ne doivent être occupés qu'à former des sujets utiles à la Religion et à l'Etat; et qu'en les mettant à portée d'y concourir avec un zèle égal, Nous trouverons la satisfaction de donner à une Ville et à des Etats qui Nous sont fidelement attachés, de nouveaux témoignages de notre protection particuliere. A ces causes et autres à ce Nous mouvant, de l'avis de notre Conseil et de notre certaine science, pleine puissance et autorité Royale, Nous avons dit, déclaré, statué et ordonné, et par ces présentes signées de notre main, disons, déclarons, statuons et ordonnons, voulons et nous plaît ce qui suit.

ARTICLE PREMIER.

Le College de notre Ville de Cambray sera et demeurera conservé; confirmons en tant que de besoin l'ancien établissement dudit College dans lequel l'instruction sera gratuite.

II.

Ledit College sera composé d'un Principal, d'un Professeur de Rhétorique, et de cinq Régens pour les deuxiéme, troisiéme, quatriéme, cinquiéme et sixiéme classes ; et lesdites places seront remplies par des Personnes Ecclésiastiques ou séculieres, et autant qu'il se pourra par des Ecclésiastiques.

III.

Les honoraires dudit Principal seront et demeureront fixées à quinze cent livres ; ceux du Professeur de Rhétorique à onze cent livres ; ceux du Régent de seconde à mille livres ; ceux des Régens de troisiéme, quatriéme, cinquiéme et sixiéme à huit cent livres chacun.

IV.

Lesdits Professeurs et Régens seront tenus de vivre en commun dans ledit College, et le Principal demeurera chargé de fournir à leur nourriture et subsistance, ainsi qu'à la nourriture, aux gages et entretien du portier, et de deux domestiques pour le service dudit College ; à l'offet de quoi, il lui sera remis sur les revenus dudit College par son Receveur, une somme de trois mille livres par chacun an, quartier par quartier et d'avance.

V.

Il pourra être accordé par les Administrateurs dudit College auxdits Professeurs et Régens, après vingt années de service, une pension émérite, qui ne pourra néanmoins excéder la moitié des appointemens fixés par l'article trois de nos présentes Lettres; leur permettons même d'accorder ladite pension avant l'expiration desdites vingt années, en cas qu'il ait été jugé à la pluralité des deux tiers de voix dans l'assemblée qui sera tenue à cet effet, que les infirmités de celui qui demandera ladite pension, le mettent entièrement hors d'état de continuer ses fonctions, et qu'il les a remplies jusques-là à la satisfaction des Administrateurs dudit College.

VI.

Tous les meubles et effets mobiliaires, dont ledit College a joui jusqu'à présent, continueront de lui appartenir, ainsi que la Bibliothèque, qui sera et demeurera à la garde du Principal, lequel s'en chargera au pied d'un inventaire ou bref état signé double, par un des Administrateurs nommé à cet effet, et le double dudit inventaire ou bref état sera déposé aux archives dudit College.

VII.

Ledit College jouira pareillement de tous les autres biens et revenus dont il a joui jusqu'à présent, ou dû jouir, même de ceux qui auraient été donnés pour subvenir à la construction et à l'entretien de l'Eglise et de la Sacristie.

VIII.

Il sera établi, pour l'administration des biens dudit College, un Bureau composé de l'archevêque de Cambray qui y présidera, ou en son absence d'un Ecclésiastique par lui nommé; du premier Député du Clergé aux Etats du Cambresis; de celui de la Noblesse résidant en la Ville de Cambray, du Procureur-Sindic desdits Etats; de deux des Députés du tiers Etat, qui seront choisis dans le Bureau ordinaire et permanent desdits Etats, ensemble du Principal dudit College.

IX.

Et voulant que le Séminaire, qui suivant lesdites Lettres Patentes du 24 Mai 1714, devoit être placé dans ladite Ville de Cambray puisse y être établi; ordonnons que conformément à ce qui Nous a été proposé et au plan qui a été dressé à cet effet, les terreins et bâtimens qui y sont désignés pour servir audit Séminaire, lui appartiendront en toute propriété, ainsi que l'Eglise, les vases sacrés, ornemens et autres effets employés à la desserte d'icelle; et qu'en cette considération ledit Séminaire sera et demeurera chargé de faire construire à ses frais, et conformément aux plan et devis qui ont été pareillement dressés, les bâtimens qui y sont marqués pour l'usage dudit College, qui lui appartiendront en toute propriété; comme aussi d'acquitter toutes les fondations et missions qui auroient été ou pû être à la charge dudit College; de payer les dettes contractées par ceux de la Société et Compagnie des Jésuites, qui le desservoient suivant l'état qui en a été dressé, même, si le cas y échéoit, la part contributoire dudit College, dans la somme dont les Colleges de notredite Province ont été chargés par nos Lettres du 25 Février 1765, envers les créanciers de ladite Société; et seront les plan, devis et états mentionnés au présent article, attachés sous le contre-scel de nos présentes Lettres pour être exécutées en tout leur contenu.

X.

Seront en outre tenus les Directeurs dudit Séminaire, de faire célébrer tous les jours de classes une Messe dans ladite Eglise pour les Ecoliers du College, à l'heure qui sera réglée par les Administrateurs dudit College; et il sera fourni par lesdits Directeurs auxdits Principal, Professeurs et Régens tout ce qui leur sera nécessaire pour dire leur Messe dans ladite église, toutes les fois qu'ils voudront l'y célébrer.

XI.

Lesdits Principal, Professeurs et Régens pourront en outre assister, quand bon leur semblera, aux Offices qui seront célébrés par le Séminaire dans ladite Eglise, et ils y occuperont les premières places de la gauche du chœur.

XII.

Et pour mettre ledit Séminaire en état de remplir plus facilement les engagemens, auxquels il est assujetti par les articles précédens, avons permis et permettons à l'Archevêque de Cambray, en sa qualité de Supérieur et d'Administrateur dudit Séminaire, de vendre dans les formes en tel cas requis, la Terre et Seigneurie et le Château de Beuvrage, et bâtimens en dépendans, conformément à ce qui est porté par lesdites Lettres Patentes du mois de Mai 1714, comme aussi les maisons et terreins acquis en différens tems par ledit Séminaire en ladite Ville de Cambray; pour les deniers en provenans être employés aux objets réglés par l'article neuf de nos présentes Lettres, et le surplus, s'il y en a, en acquisitions de rentes et effets de la nature de ceux qu'il est permis aux gens de main-morte d'acquérir par notre Edit du mois d'Aout 1749.

XIII.

Les Lettres Patentes et Arrêt de notre Conseil des mois de Juillet 1682, Aout 1714 et 28 Mai 1730, seront au surplus exécutés selon leur forme et teneur; Voulons en conséquence que ledit Séminaire jouisse, comme par le passé, de tous les droits privileges et exemptions dont il a joui, ou dû jouir jusqu'à présent, mêmes des taxes mentionnées auxdites Lettres, et généralement de tous les Biens meubles et immeubles attachés audit Séminaire pour être employés, tant à l'entretien de ceux qui le desserviront, qu'à l'acquit des Fondations qui y ont été faites et de celles dont il se trouvera chargé à l'avenir.

XIV.

Notre Edit du mois de Février 1763, sera pareillement exécuté en ce qui concerne ledit Collége, en tout ce qui ne sera pas contraire aux dispositions de nos présentes Lettres qui seront exécutées selon leur forme et teneur, dérogeant en tant que de besoin à tous Edits, Déclarations, Lettres Patentes, Arrêts ou Reglemens qui n'y seroient pas conformes. Si donnons en mandement à nos amés et féaux Conseillers les Gens tenant notre Cour de Parlement de Flandres séant à Douay, que ces Présentes ils ayent à faire registrer, et le contenu en icelles, garder, observer et exécuter selon leur forme et teneur; Car tel est notre plaisir. Et afin que ce soit chose ferme et stable à toujours, Nous avons fait mettre notre scel à cesdites Présentes. Donné à Versailles au mois de Mai l'an de grace 1766. Et de notre Regne le cinquante-unième. *Signé* LOUIS. Par le Roi, le Duc DE CHOISEUL. *Visa* LOUIS.

Enregistrées au Greffe de la Cour de Parlement de Flandres avec l'état et estimation joints; ouï et ce requérant le Procureur Général du Roi, pour être exécutées selon leur forme et teneur. A Douay ce 4 Juillet 1766. Signé MAZENGARBE.

A l'époque de la révolution, les professeurs ecclésiastiques du collége furent remplacés par des laïcs. Puis bientôt toute trace d'instruction publique disparut dans Cambrai. Ce ne fut que, dans sa séance du 25 septembre 1802, que le Conseil municipal rétablit le collège à Cambrai. Il fut installé dans les bâtiments de l'ancien hôpital St-Jean, et de là transféré en 1823 dans ceux de l'abbaye de Cantimpré. L'acquisition de ce nouveau local coûta 50,000 francs.

Depuis la restauration du collége, plusieurs prêtres y exercèrent le principalat et le professorat. Pendant longtemps, le diocèse n'eut point de petit séminaire capable de se suffire à lui-même. Les jeunes gens qui se destinaient à l'état ecclésiastique suivaient les cours du collége. Ce fut en 1823, que M. Belmas, évêque de Cambrai, organisa d'une manière complète son petit séminaire, ce qui diminua considérablement le nombre des écoliers du collége (1).

— V. *Histoire de Cambrai*, par Dupont, part. 5, p. 36. — § Ms. 10, art. 21. — § Ms. 4, p. 66. — *Histoire de la Municipalité de Cambrai*, t. II, p. 303.

COLLETS DE JUSTICE. — On appelait ainsi les piloris des diverses justice de la ville. — V. *Piloris*.

COMMUNAUTÉS. — Nous comprenons sous ce titre les monastères et les couvents (2). Voici

(1) Les bâtiments du collége actuel ont reçu un assez bon nombre de destinations différentes. — Cette maison fut construite en 1536, pour servir de refuge à l'abbaye St-André du Câteau. — Vers 1697 Fénélon la loua, pour y établir son séminaire. — Après la mort de ce prélat, l'abbaye de St-André rentra en possession de son refuge. — En 1765 la communauté de Cantimpré en fit l'acquisition par échange, et le transforma en vaste et beau monastère en y joignant quelques maisons adjacentes. — En 1793, le monastère fut approprié à usage de *saline*. — En 1823 il fut acquis par la ville, moyennant la somme de 50,000 francs pour y établir le collège qui y est encore en 1854.

La chapelle de l'abbaye de Cantimpré servait de paroisse sous le titre de *St-Sauveur*.

(2) *Couvent* ne se dit, pour les hommes, que des ordres mendiants; et pour les filles, que de celles où il n'y a pas d'abbesses. Pour les autres, on dit *monastère* ou *abbaye*. (*Dict.* de Féraud, mot *Couvent*.)

la liste des communautés qui ont existé dans Cambrai : — St-Aubert. — St-Sépulcre. — Cantimpré. — Dames de Prémy. — Dames de St-Lazare. — Capucins. — Carmes déchaussés. — Cordeliers. — Récollets. — Jésuites. — Clarisses. — Augustines blanches. — Sœurs noires de l'Ordre St-Augustin. — Sœurs de la Charité. — Bénédictines anglaises. — Congrégation des Filles de Ste-Agnès. — Filles dévotaires de St-Antoine de Padoue. — Béguines.

Il faut ajouter à ces diverses communautés celles des Bernardines et des Filles de la Sagesse, récemment introduites à Cambrai. — Voir tous ces différents noms à leur lettre alphabétique.

COMMUNE CAMBRESIENNE. — Les caractères de la commune sont, suivant Ducange : *Scabinatus*, *Collegium*, *Majoratus*, *Sigillum*, *Campana*, *Belfredus* et *Jurisdictio*, l'Echevinage, la Chambre, le Mayeur, le Sceau, la Cloche, le Beffroi et la Juridiction.

Dans les graves débats qui eurent lieu entre M. de Choiseul, archevêque de Cambrai, et le Magistrat, à l'occasion des droits de seigneurie temporelle que réclamait le prélat sur la cité, de volumineux mémoires ont été publiés, dans lesquels la question de la *Commune cambresienne* a été traitée fort au long.

Il résulterait des mémoires du Magistrat, que la cité de Cambrai a toujours été une *franche commune*.

Sous la domination des empereurs romains, elle aurait eu, à l'instar des autres cités des Gaules, son sénat particulier qui, sous la direction des officiers du prince, y rendait la justice et faisait le recouvrement des impôts.

Nous n'accepterons, pour notre compte, ces allégations que sous toutes réserves, car il faudrait savoir d'abord ce qu'était Cambrai sous les empereurs romains. Probablement cette cité qui avait été considérablement étendue par les vainqueurs des Gaules, était peuplée, en grande partie, de soldats étrangers, et les habitants indigènes n'étaient point assez nombreux pour y avoir un gouvernement à part.

Ce que nous admettrons plus aisément, c'est que, pendant tout le Moyen-Age, Cambrai fut ou du moins eut la prétention d'être *ville libre*. La tradition des municipes romains se perpétuait sans doute dans notre cité. Il est certain que les empereurs et les rois de France lui octroyèrent, lui reconnurent et lui maintinrent des privilèges.

Les bornes de cet ouvrage ne nous permettent pas d'y traiter une question qui, pour être examinée sous toutes ses faces, a nécessité de longs et très volumineux mémoires. Nous ne rapporterons donc pas les titres, les lettres patentes, les diplômes impériaux et royaux qui ont trait à la *Commune* de Cambrai. Nous nous bornerons à constater des faits. Or le fait dominant, c'est que la lutte entre la puissance féodale et la puissance communale commença, dans Cambrai, dès que la ville eut pris quelque importance. Longtemps l'Eglise, associée aux intérêts populaires, fut un contrepoids, une balance contre les excès du pouvoir seigneurial. Mais lorsque le titre de comte fut dévolu aux évêques (1007), les conflits s'élevèrent entre le peuple et le seigneur ecclésiastique. Et pourquoi ces conflits? Ils provenaient de deux causes. D'abord de ce que les droits des partis n'étant pas bien définis, chacun d'eux les interprétait à sa manière; en second lieu de ce que les princes suzerains, qui se succédaient, au lieu de concilier les prétentions du comte et celles du peuple, accordaient, tantôt à l'évêque, tantôt à la communauté des citoyens, des priviléges qui s'excluaient; et que les princes faisaient ces concessions avec une versatilité qui étonne. C'est ainsi que nous voyons le droit d'avoir un beffroi et une horloge octroyé, retiré, accordé de nouveau, selon les influences qui s'exerçaient auprès des empereurs d'Allemagne, suivant peut-être aussi, il le faut bien dire, l'usage que la commune en faisait. Quoi qu'il en soit, il paraît évident, d'après les faits historiques, que la Commune n'a pas cessé d'exister aux yeux des Cambresiens. Lorsqu'elle était supprimée de fait, elle était encore de droit. C'est pour cela qu'ils ne négligeaient aucune occasion de la rétablir, même par l'insurrection.

Ainsi, pendant un voyage entrepris par Gérard II (1073), les Cambresiens, profitant de son absence, établissent-ils et jurent-ils une *Commune qu'ils désiraient depuis longtemps.* Sans doute depuis l'an 1007 cette commune avait été supprimée. Elle ne tarda pas à l'être encore.

Ainsi, la Commune reparaît-elle sous l'épiscopat de Gaucher qui, dans des circonstances difficiles, se concilie l'esprit des bourgeois, en leur concédant les priviléges qu'ils réclament: mais cette fois encore, la Commune dure peu, et l'empereur d'Allemagne la supprime.

Ainsi, vers la fin du XIIe siècle, la Commune est-elle rétablie, puisqu'en 1182, l'empereur d'Allemagne « détruit et annule la Commune comme contraire aux droits des empereurs et dérogeant aux dignités des évêques. »

Mais en 1184 l'empereur Frédéric donne aux Cambresiens la première loi écrite et, par cette loi, confirme l'institution de la *Maison de Paix*, des échevins, etc.

Et voilà qu'en 1210 Othon IV détruit l'œuvre de Frédéric et supprime « la juridiction que les bourgeois s'étaient arrogée sous le nom de *Paix.* »

Et puis c'est Frédéric II qui accorde en 1215 de nouveaux priviléges pendant une absence de l'évêque (1); et c'est le même empereur qui les supprime, sur les instances du susdit évêque en 1216.

En 1226, nouvelle défense de se servir de la cloche communale, nouveau retrait des priviléges bourgeois, ce qui implique la restitution préalable de ces priviléges.

Enfin le bon et judicieux évêque Godefroy, vient lui-même en 1227, après avoir constaté ces conflits perpétuels de la cause féodale avec la cause populaire, établir et consacrer la *Commune*, par une loi qui a pris dans l'histoire le nom de *Loi Godefroi*. Ce code cambresien institue, par son article 1er, deux prévôts et quatorze échevins, pour exercer l'administration temporelle de la *cité de Cambrai*. Ces Echevins doivent être *choisis parmi les citoyens de Cambrai*, ils doivent être *discrets et de bon conseil*.

L'article 2e de la loi fixe la formule de leur serment.

L'article 3e leur confère les fonctions judiciaires.

L'article 5e donne la formule du serment de l'évêque.

Les serments des échevins et de l'évêque sont réciproques. Les uns jurent de *warder* (garder) les droits de l'église; l'autre de *warder* les personnes et les *choses* des citoyens. — V. *Loi Godefroy.*

Mais pourquoi est-ce l'évêque qui institue cela? C'est tout simplement parce qu'en 1227 la roue de fortune dont les empereurs d'Allemagne étaient le pivot, présentait à l'évêque son côté favorable. Mais l'évêque sentait si bien la nécessité de la commune, que, même avec la force en main, il se crut obligé d'octroyer cette charte, et de laisser à des bourgeois le soin d'administrer les bourgeois. Cette consécration de la commune par un évêque, par le comte de Cambresis, est très significative.

(1) Voir cette Charte dans le *Glossaire de l'ancien Cambresis*, p. 94.

On remarquera que les échevins, quoique à la nomination et à la révocation de l'évêque, n'en conservent pas moins une grande indépendance d'action. Nous en trouvons la preuve dans une transaction passée entre l'évêque et les échevins en 1354, laquelle se désigne, dans notre histoire, sous le nom d'*Appointement de Wallerand de Luxembourg* (1). — Elle commence en ces termes : « Comme plusieurs *discors et dissentions* fussent mus et doubtés à mouvoir entre *nous, Evêque* d'une part, et *nous Eschevins, quatre hommes, habitans et citoyens* d'autre part, sur plusieurs articles, etc. »

Cette formule prouve bien que les échevins n'étaient pas les créatures dociles de l'évêque puisqu'ils ont avec lui *discors et dissention* sur les choses administratives.

Toute sage que fût la loi, elle ne prévint pas toujours les conflits. L'équilibre n'était point invariablement établi entre ces deux grandes puissances sociales, qu'on appelle le pouvoir et le peuple. S'en étonnera-t-on? La querelle dure encore aujourd'hui en France. Seulement elle a grandi prodigieusement; il ne s'agit plus de la commune et du prince : maintenant c'est la république et la monarchie qui sont aux prises.

L'histoire nous signale encore en 1275 un mouvement d'émancipation qui soulève le peuple contre l'évêque. Puis un arrangement intervient, et tout rentre dans l'ordre. Nous voyons du reste de pareilles luttes se renouveler plusieurs fois par la suite, tantôt à propos d'assises, tantôt à propos de juridiction. Enfin les difficultés s'aplanissent, et la commune devenue plus parlementaire, devient aussi plus incontestable.

Au reste, on comprend que, dans l'affaire Choiseul, l'un et l'autre parti aient pu, au milieu des contradictions, des pièces d'érection et de suppression de la commune, choisir et trouver des titres à leur convenance particulière. Dans ce fatras d'archives on a fait un triage : un parti a pris les *oui*, l'autre parti a pris les *non*, et c'est avec cela qu'on a combattu, chacun ayant raison de son côté.

Nous ne parlerons point de cette foule de *lettres de neutralité* accordées par les princes impériaux et français, qui garantirent à Cambrai sa qualité de ville libre, sans toutefois la préserver d'usurpations passagères, de violations des traités faits avec elle ; mais du moins, lettres suffisantes pour sauvegarder le principe de ses droits.

L'histoire de la *Commune* cambresienne, est un livre considérable qui reste encore à faire. — On trouvera aux mots *Beffroi* et *Magistrat* des documents qui se lient à l'histoire de la commune.

COMTE ET COMTÉ DE CAMBRESIS. — Il serait difficile de fixer d'une manière certaine, l'époque où a été établi le comté de Cambresis. Ce comté est-il aussi ancien que le Cambresis lui-même, c'est-à-dire, daterait-il du moment où le grand diocèse de Cambrai fut divisé en petits départements, dont l'un fut le *Cambresis* proprement dit (V. *Cambresis*)? ou bien les comtes de Cambresis n'existeraient-ils que depuis la seconde moitié du IXe siècle, comme l'avance Le Carpentier?

« Le Chauve, dit-il, se voyant tant incommodé des courses (des Normands) fit assembler divers synodes pour y remédier. Il en tint un à Cambray, dans lequel il fut ordonné que chasque Province de la Gaule Belgique auroit un comte particulier, afin que les habitants de ces comtez, animez par la présence continuelle de leurs chefs, s'opposassent plus vaillamment aux invasions de tous ces barbares, et que les chefs aussi portassent plus de soin et plus d'ardeur à la conservation de ce dont ils se voyoient propriétaires. Les autheurs les plus célèbres disent que cette distribution de comtez fut faite es-années 861, 862, 863. Le Cambresis a aussi eu pour lors un comte que Balderic appelle Majon; Gélic, Malfroid; les autres, Indelgert et les plus célèbres Isaac et Sigard. » — Le Carpentier, *Hist. de Cambrai*, part. I, p. 76.

Ce qu'il y a de plus évident, c'est que les premiers temps du comté de Cambresis sont fort obscurs; et l'histoire locale ne s'occupe d'une manière précise de ce comté qu'au moment où il va passer des mains laïques dans celles de l'évêque. Cela n'est pas étonnant : nos anciennes chroniques sont l'œuvre des ecclésiastiques, qui ne s'occupaient naturellement que des choses qui regardaient l'Eglise.

Au milieu de ces petites guerres que se faisaient entre eux, au Xe siècle, des seigneurs pillards dont le Cambresis fut trop souvent victime, le titre de comte fut plus d'une fois pris et usurpé par le seul droit du plus fort. On trouve mentionné dans notre histoire un seigneur turbulent nommé Arnould, Rudolf ou Rodolphe,

---

(1) Ainsi nommé parce que Wallerand de Luxembourg, seigneur de Ligny, fut l'arbitre entre les deux parties.

qui, par intrigue ou par violence, s'était emparé du gouvernement de Cambrai, d'une foule de biens d'église et du titre de comte de Cambrai. Il laissa, paraît-il, un fils qui hérita de ses titres et de son ambition et qui fut le prédécesseur du comte Isaac, fameux par ses démêlés avec l'évêque Fulbert. Il faut lire dans les Chroniques et les Histoires de Cambrai les détails de ces querelles (1).

Au commencement du XIe siècle, le Comté de Cambresis était entre les mains d'un nommé Arnould, également comte de Valenciennes, lequel, uni d'amitié et d'intérêt avec l'évêque Herluin, semblait faire exception aux habitudes de ses prédécesseurs, en ne faisant point la guerre à son évêque. A la mort de cet Arnould, le chef suzerain (2) fut préoccupé d'une grave question politique. Il attribuait, non sans raison, une partie des dissentions qui avaient troublé le pays à la lutte trop naturelle des pouvoirs du comte et de l'évêque. Cette puissance civile en présence de la puissance ecclésiastique; ces droits et ces devoirs souvent mal compris, souvent contestés, occasionnaient des inimitiés, des luttes qu'il fallait éviter. Une idée de conciliation frappa alors l'empereur, et il jugea que le seul moyen d'harmoniser ces pouvoirs contradictoires était de les réunir dans la même main. En conséquence, il transféra le comté de Cambresis en l'an 1007 à l'évêque Herluin, et à ses successeurs à toujours. C'est depuis cette époque, remarquable dans notre histoire politique, que les évêques de Cambrai ont porté le titre de comtes de Cambresis.

Carpentier affirme du reste que cette translation de titre se fit sans nulle réclamation de la part des ayants-droit.

« Nous ne sommes assurés, dit-il, si nostre Arnould laissa des enfans, mais nous remarquons seulement que les illustres maisons de Cambrai, de Crèvecœur, d'Oisy, etc., renoncèrent formellement aux prétentions qu'elles pouvaient avoir sur ledit comté, et en présence de l'empereur prestèrent serment de fidélité audit évêque. »

Acte de donation du comté de Cambresis à Herluin et à ses successeurs.

« In nomine sanctæ, et individuæ Trinitatis : Henricus, divinâ clementiâ favente rex.

---

(1) Ms. 659, p. 26. — † ms. 884, p. 21. — Dupont, *Hist. de Cambrai*, part. I, p. 39. — E. Bouly, *Hist. de Cambrai*, p. 45, 47 et suivantes.

(2) Henry, fils de Henry duc de Bavière : il n'était encore que roi à cette époque. Il fut couronné empereur de Germanie en 1014.

» Omnibus fidelibus notum fieri volumus, qualiter nos tam animæ nostræ consultu, quàm venerabilis Heriberti archiepiscopi Coloniensis interventu, Cameracensi ecclesiæ in honore sanctæ Mariæ constructæ, comitatum Cameracensem, hâc nostræ auctoritatis præceptali paginâ, in proprium donavimus. Præcipientes ut prælibatæ sedis Eralwinus episcopus, suique successores, liberam dehinc habeant potestatem, eumdem comitatum in usum ecclesiæ supradictæ tenendi, comitem eligendi, pannos habendi, seu quidquid sibi libeat, modis omnibus indè faciendi.

» Signum domini Henrici regis, invictissimi. »

Les armes du comté de Cambresis portaient trois lions d'azur sur champ d'or.

CONFRÉRIES (*Corporations religieuses*). — Les confréries cambresiennes qui présentent quelque intérêt historique, sont les confréries de St-Eloy, de la Miséricorde et de Notre-Dame-la-Grande.

La *confrérie de St-Eloy*, avait été instituée contre la peste, en 1666. — † ms. 884, p. 352.

La *confrérie de la Miséricorde* ou des *pendus*, fut érigée par le pape Benoît XIV, sous le titre de St-Jean-Décollé, en 1755, dans l'église de St-Vaast à Cambrai. Cela résulte de notes concernant l'église de St-Vaast, lesquelles font partie des archives départementales. Le but de cette confrérie était d'assister les condamnés à leurs derniers moments, et de se charger de l'inhumation de leur corps. Les confrères de la Miséricorde portaient une ample robe de laine blanche, et sur la tête un suaire de même étoffe qui voilait entièrement le visage. Sur la robe étaient représentés en drap noir des ossements et des têtes de morts. Dans les quêtes qu'ils faisaient, ils se servaient de troncs sur lesquels étaient aussi peints les attributs de la mort.

Ils assistaient au supplice des condamnés, les consolant et les affermissant contre l'effroi du dernier moment, et quand la justice des hommes était satisfaite, ils emportaient le corps sur une charrette, et l'allaient ensevelir dans le *Jardin des Oliviers*, chez les Pères Récollets. — V. *Cordeliers et Récollets*.

Chaque année, le 29 août, jour de *St-Jean Décollasse* ou *décollé*, les confrères de la Miséricorde faisaient chanter, dans la paroisse de St-Vaast, un office solennel, pendant lequel ils faisaient la quête aux portes de l'église. L'après-midi on allait en procession à St-Roch, hors de la ville. Après la croix de la paroisse, marchait une grande croix noire, couverte d'un long voile, dont deux confrères tenaient les bouts. Derrière cette croix, un enfant de chœur portait, sur un plat d'argent, une tête de St. Jean-Baptiste.

En 1816, quelques hommes charitables essayèrent de restaurer cette confrérie. Mais elle fonctionna peu de temps, un ordre supérieur étant venu la supprimer.

Comme les confrères de la Miséricorde étaient entièrement voilés, et par conséquent ne pouvaient être reconnus du public, chacun d'eux portait une médaille pour constater qu'il appartenait à la confrérie (1).

La *confrérie de Notre-Dame-la-Grande*, était, pour ainsi dire, une corporation complexe. Elle était composée des confréries particulières de merciers, grossiers, quincailliers et toiliers de Cambrai. Le Magistrat lui donna un réglement en date du 25 octobre 1757.

Prevost Eschevins et Magistrat de la Ville Cité et Duché de Cambray.

Ayant égard aux représentations qui nous ont été faites par la Confrérie des merciers, et autres composans en cette Ville la Confrérie de Notre-Dame-la-Grande, sur les abûs, qui se commettoient tant par les Bourgeois, que par les Marchands forains, qui à la ruine de ceux de cette Confrérie vendent et debitent journellement toutes sortes de marchandises sans se faire aggréger à ladite Confrérie, ni payer les charges, qui leur sont propres; ce qui fait languir les Marchands, occasionne des faillittes, et fait perdre le crédit, qui fait l'ame du commerce : c'est pour y remedier efficacement, que nous avons statué, conçû, et redigé par forme de réglement provisionnel les Points et articles suivans.

PREMIER.

Ceux qui à l'avenir se présenteront pour être grossiers, merciers, quinquâliers et toilliers paieront à leur entrée au profit de ladite Confrérie sçavoir les Etrangers cinquante florins, ceux de la Ville trente six, et les Fils, ou Filles d'associés vingt quatre florins.

DEUXIEME.

Ceux qui se borneront à faire et vendre des boutons, ou des brosses paieront à leur entrée pour droit de Maitrise six florins, et pour les assises seront placés dans la dernière classe.

TROISIEME.

Les Filles associées venantes à se marier à des non associés, leurs maris devront achever le surplus de la taxe réglée pour leur condition, desorte que si ces Filles ont payé vingt quatre florins, leurs maris payeront vingt six florins pour completer celle de cinquante s'ils sont Etrangers, et douze s'ils sont de la Ville.

QUATRIEME.

Les Veuves des Marchands grossiers pourront continuer leur commerce pendant leur veuvage sans payer de nouvelle reconnaissance ; mais si elles viennent à se marier à une personne non afranchie, elles seront censées avoir désisté de leur commerce, et régardées comme telles jusqu'à ce qu'elles ayent payé les droits d'entrée rélativement à la condition de leurs maris.

CINQUIEME.

Défendons bien expressement à tous Bourgeois, Manans et Habitans de cette Ville, qui ne sont pas de ladite Confrérie de vendre ou débiter aucune marchandise de grosserie, mercerie, toile, quinqualerie, ou autre propre de cette Confrérie à peine de vingt cinq florins d'amende.

SIXIEME.

Les Marchands Etrangers ne pourront venir vendre leurs Marchandises en gros en cette Ville, sauf au tems des Foires, qu'après avoir paié à ladite Confrérie trois florins pour chaque année ; parmi ce paiement ils pourront faire autant de voyages, qu'ils trouveront bon, et ils ne pourront rester que trois jours francs à chaque voyage, apeine de six florins d'amende pour chaque contravention applicables comme celles qui précédent ou qui suivent, le tiers au Dénonciateur un autre tiers aux pauvres de l'hopital général, le restant à l'Office.

SEPTIEME.

Défendons sous la même peine auxdits marchands Forains de vendre, ni débiter aucunes marchandises qu'au préalable ils n'en ayent averti le mayeur du corps, et en son absence l'un des Sindics.

HUITIEME.

Permis cependant aux marchands portes-bales et à ceux vendans soufflets, balais, lacets, et autres marchandises de peu de valeur, de venir, comme cy-devant, y vendre ce qu'ils ont coutume d'y aporter.

NEUVIEME.

Il est défendu très expressement aux fripiers de vendre chéz eux, ni dans les ventes publiques, aucunes étoffes neuves de soye ou en laine, bas, toiles, ou autres, sans en avoir obtenu la permission par écrit de celui préposé par les grossiers qui aura prêté serment entre nos mains de ne point découvrir le marchand qui aura donné les marchandises à vendre, à peine de vingt florins d'amende pour chaque contravention.

DIXIEME.

Il sera choisi chaque année, un mois devant la fête de notre Dame Lagrande, deux mayeurs pour remplacer les deux sortans, par les dix neuf Sindics, qui s'assembleront à cet effet. Ceux qui seront choisis, sont obligés de servir pendant deux années de suite, lesquels mayeurs prêteront serment de tenir la main à l'exécution du présent réglement.

ONZIEME.

Toutes les fois que les Mayeurs et Sindics auront

---

(1) Cette médaille était octogone, à bélière, et portait, sur sa face, une tête de saint Jean-Baptiste dans un plat, déposée sur une table. Cette figure était entourée d'une légende : *Heureux les miséricordieux.* Au revers de la médaille, un cœur, des étoiles, et pour inscription : *La Charité fraternelle de Cambray.*

On voit plusieurs exemplaires de cette médaille dans le cabinet numismatique de M. Victor Delattre à Cambrai.

été averti par le valet de la confrérie pour se trouver aux Assemblées, qui se tiendront, s'ils ne s'y trouvent pas, ils payeront cinq patars d'amende à chaque fois qu'ils manqueront, sauf maladie ou absence de la ville.

DOUZIEME.

Les quatre Mayeurs ne pourront prétendre autres salaires, que ce qui revient de la visite des Balances, Poids et Aulnes comme de coutume.

TREIZIEME.

Les Mayeurs et Sindics ne pourront intenter aucun procès sans l'autorisation de Monsieur le Procureur Sindic, et l'intervention des Anciens Mayeurs, qui seront appelés à ce sujet, et il en sera tenu notte sur le régistre du Corps, signé de ceux, qui auront assisté à l'Assemblée, à péril que les fraix de la procédure seront à la charge de ceux qui les auront faits.

QUATORZIEME.

Le Coffre de la généralité restera chez un ancien Sindic, il y aura deux Clefs tenues par deux Sindics ; tout l'argent que les Mayeurs recevront sera mis au coffre en présence des deux Sindics, qui en tiendront registre.

QUINZIEME.

Pour subvenir aux frais et dépenses annuelles, les Mayeurs et Sindics s'assembleront pour dresser le cayer des assises en cinq classes et chacun payera ce qui aura été déterminé ; la taxe de la premiere classe sera de trois florins et demie la seconde de quarante patars, la troisième, de trente, la quatriéme de vingt, et la dernière de huit.

Fait et accordé en pleine Chambre le vingt cinq octobre mil sept cent cinquante sept, souscrit *par ordonnance* et Signé

MICHEL avec paraphe.

Lu, et publié et affiché au son du Tambour, par les carrefours et lieux ordinaires de la Ville de Cambray, le vingt six d'octobre mil sept cent cinquante sept.

Signé GIROC avec paraphe.

CONGRÉGATION *des Filles de St-Antoine-de-Padoue*. — « Cette congrégation formée par mademoiselle Duchâteau, qui vint s'établir à Cambrai, vers le commencement du XVIIIe siècle, fut destinée à l'instruction de plusieurs jeunes demoiselles pensionnaires. La maison était située sur la paroisse de la Madelaine dans la rue des Cachebeuvons (rue du Petit-Séminaire). Ces religieuses portaient l'habit noir, et sur la tête un voile de soie noire, retroussé et pas fort long. Elles obtinrent des lettres patentes de Louis XV, qui confirma et autorisa leur établissement à Cambrai. Elles ne faisaient point de vœux solennels : Elles étaient gouvernées par une supérieure qu'elles choisissaient. Elles étaient au nombre de 10 ou 12. »

Les détails qui précèdent sont tirés d'une notice de l'abbé Tranchant. — V. †ms. 905.

La *congrégation* fut supprimée à l'époque de la révolution. Sa maison est aujourd'hui comprise dans les bâtiments du Petit-Séminaire.

CONGRÈS (*de Cambrai.*) — Nous n'avons point à faire l'histoire politique du *congrès de Cambrai*, lequel eut pour but le rétablissement de la paix troublée dans toute l'Europe. Nous rappellerons seulement que le congrès fut dissous, sans amener de résultat, et que la grande question des investitures d'Italie, entra pour beaucoup dans le temps que l'on perdit en cette circonstance. — V. *Mémoires pour servir à l'Histoire du congrès de Cambrai.*

Cambrai fut le lieu de réunion des plénipotentiaires. C'est simplement l'histoire de leur séjour à Cambrai, que nous donnons ici.

« Aussitôt que le Magistrat fut informé qu'il allait recevoir ces hôtes illustres, il ordonna les préparatifs nécessaires. On prépara avec soin dans l'Hôtel-de-Ville la chambre du congrès où les embassadeurs devaient tenir leurs séances ; on y fit le grand escalier qui se voit aujourd'hui dans la halle. Cette halle servit pour faire la comédie ; les comédiens y dressèrent un théâtre magnifique (1). Les intendants de ces excellences vinrent choisir des maisons pour leurs maîtres. M. de St-Estevan, embassadeur d'Espagne, se logea dans la superbe maison nouvellement bâtie par M. Jean-Baptiste de Franqueville, rue de l'Epée (2). Le marquis de Beretti-Landi, second embassadeur d'Espagne, prit une maison rue du Chasbeuvon (3), appartenant alors au marquis de Beaufremez. Vendisgras, premier embassadeur de l'empereur, demeura dans la rue St-Georges, dans une maison nouvellement édifiée par le comte de Mortagni. Le baron de Pintérider, second embassadeur, fut chez M. Desanges, chanoine de la métropole, au coin de la rue des Clés. M. de St-Contest, premier embassadeur de France, alla à St-Aubert ; le second, M. de Merville, occupa une belle maison au Marché-au-Poisson, appartenant au Séminaire. Cet embassadeur fut rappelé quelque temps après ; on envoya pour lui succéder M. de Rottembourg, qui prit sa demeure au palais archiépiscopal. M. de Provana, embassadeur de Savoie, demeurait dans la rue des Chanoines, occupant deux maisons proches le curé de St-Martin (4). Le premier embassadeur d'Angleterre, milord Polivart, avait son

---

(1) C'est, dit-on, la première fois, qu'une troupe de comédie bien organisée, représenta à Cambrai.

(2) Celle qui porte encore le nom d'*Hôtel de Franqueville.*

(3) Aujourd'hui rue du Séminaire.

(4) Ces maisons portent, de notre temps les nos 7 et 9.

hôtel dans la même rue des Chanoines, presque vis-à-vis de l'embassadeur de Savoie. Le deuxième, milord Wilvot, presque vis-à-vis des Capucins. Les embassadeurs de Portugal, Lanucha et de Tarroska, ne vinrent pas au congrès. Le premier cependant avait retenu pour son logement un beau quartier dans l'abbaye de St-Sépulcre et le second fit construire sur le Marché-au-Bois une maison magnifique pour se distinguer des autres. Elle était toute de sapin, bâtie en marteau, ayant un très beau dôme au milieu du bâtiment (1). Cambrai ne s'était jamais vue habitée par tant de nations différentes; jamais elle n'avait vu tant de magnificence; ce n'était dans les rues que carosses superbes qui allaient grand train; ce n'était que fêtes, que bals, qu'illuminations, que festins.

» M. de Provana donna le bal le premier : il fit dresser une illumination très agréable; c'étaient des chandelles qui couvraient toute la façade de la maison de ville; tout le marché était illuminé par des chandelles qu'il avait fait distribuer à chaque maison, deux fontaines de vin étaient posées sur le balcon de l'Hôtel-de-Ville, et coulaient pour ceux qui étaient assez adroits d'en recevoir le vin sans qu'il fût épanché par la foule qui accourait avec empressement pour en boire.

» M. de Morville fit une fête à l'occasion de la convalescence du roi de France; il fit aussi une très belle illumination; c'étaient des petites palettes avec du goudron : il y avait au-dessus du balcon de l'Hôtel-de-Ville les mots *Vive le Roi* très bien marqués en illumination. Au-dessus c'était une grande couronne très bien illuminée. On mit également deux fontaines de vin au lieu ordinaire.

» M. de St-Estevan fit aussi une réjouissance pour la promesse de l'infante d'Espagne avec le roi de France. Celui-ci surpassait toujours les autres embassadeurs en magnificence : son illumination était composée de grands flambeaux blancs qui étaient attachés autour des fenêtres de l'Hôtel-de-Ville et qui faisaient de très grandes pyramides sur l'horloge. Il y avait bal et fontaines de vin.

» Tous ces bals, ces repas, ces illuminations et autres divertissements se firent très souvent. C'était toujours à qui aurait soutenu le mieux l'honneur de son roi. Les officiers de la garnison, la noblesse de la ville, s'empressaient de se rendre dignes de ces belles assemblées. Les nobles des villes circonvoisines accouraient à ces fêtes. Plusieurs fois les dames venaient, la nuit, de Douai et d'ailleurs, en carosse, vêtues en habits de masques, toutes prêtes à entrer dans le bal. Mais à la fin, plusieurs filles de basse condition se mêlant avec les autres masques, on dit que cela dégoûta ces excellences, et les fit abandonner la grande salle de la maison de ville qu'ils avaient choisie pour leur divertissement. Ils donnèrent dans la suite des repas chez eux.

» Déjà trois années s'étaient écoulées et ces embassadeurs ne donnaient encore aucune marque de travailler à ce pourquoi ils étaient venus. Enfin, le 26 de février de l'année 1724, après trois ans d'attente, tous les plénipotentiaires s'étant rendus à l'Hôtel-de-Ville, chacun dans son carosse, attelé seulement de deux chevaux et accompagné de quatre gentilshommes, deux pages et huit laquais, l'ouverture du congrès se fit avec les formalités usitées. Plusieurs compagnies d'infanterie rangées sous les armes occupaient la partie du marché par où les ministres passèrent. Ils furent reçus à part au bas de l'escalier de l'Hôtel-de-Ville, par MM. de St-Contest et de Rottembourg, embassadeurs de France, qui les introduisirent dans une grande salle préparée pour la tenue de l'assemblée. Depuis cette première séance, ils allaient à l'Hôtel-de-Ville deux fois la semaine sans observer aucune cérémonie. Enfin, après quatre années de résidence à Cambrai, le congrès fut dissous sans qu'on sache s'il fut fait quelque chose de part et d'autre. Leurs excellences firent annoncer leur départ dans la ville au son du tambour, afin que, s'il y avait quelqu'un qui aurait quelque réclamation à faire, il pût venir pour en recevoir entière satisfaction. Les Anglais partirent les premiers, et M. de St-Estevan, qui était venu le premier, partit le dernier. Ce fut le 5 juin de l'année 1725.—V. *Mém. chron.*

CONSEIL MUNICIPAL. — Le premier Conseil municipal de Cambrai fut installé le premier mars 1790, à onze heures du matin. Cette cérémonie eut lieu sur la convocation et en la présence de MM. les Prevôt et Echevins de la ville. L'ancien régime faisait place au nouveau. L'installation terminée, le *Corps échevinal* se retira du lieu de la séance, et *le Conseil municipal* commença à fonctionner. Cette substitution se fit avec des marques louables de courtoisie de

---

(1) M. de Tarroska donna cette maison de bois au chapitre de Notre-Dame à charge d'une messe par semaine dans la chapelle de Notre-Dame-de-Grâce, à perpétuité. On ne servit des débris de cette maison pour rétablir le Four-chapitre.

part et d'autre. — V. l'*Histoire de la Municipalité de Cambrai*, par E. Bouly.

CONSEILLERS PENSIONNAIRES. — On appelait ainsi deux hommes de loi *gagés* par la chambre échevinale pour l'assister de leurs conseils dans les affaires difficiles. — V. *Magistrat*.

CONSISTOIRE. — A proprement parler, un consistoire est une assemblée de cardinaux présidée par le Pape. — A Cambrai on donne ce nom à la salle elliptique de l'Hôtel-de-Ville, dans laquelle se tinrent autrefois les séances de l'Echevinage et plus tard celles du Conseil municipal.

CONSTRUCTIONS ROMAINES. — (V. Antiquités, § *Constructions*.)

CORDELIERS ou *Franciscains* et plus tard *Récollets*. — Le couvent des Cordeliers fut érigé, suivant les chroniques, hors de la ville de Cambrai, vers le nord entre la porte de Selles et la porte de Cantimpré, par Jehan DuFlos, homme noble, en 1262. Ils restèrent peu de temps dans ce couvent.

Quelques historiens disent qu'environ l'an 1266, Guy de Laon, estant évesque, les cordeliers transportèrent leur demeure, du lieu qu'on dit les *viex Cordelois*, dedans la ville en la paroisse Ste-Croix. Et avoient leur entrée en la rue appelée des *Moulins* (aujourd'hui rue du Paon) et que depuis environ l'an 1411, ils firent une entrée nouvelle sur la rue et au-devant de le croix, dite d'Entrepont.

La maison des Cordeliers fut plus tard le couvent des Récollets. Elle sert, ainsi que l'église en 1854, de magasin aux fourrages militaires.

Les Cordeliers tinrent, à Cambrai, plusieurs chapîtres généraux.

Le 11e jour d'avril 1535, le chapître général des cordeliers fut tenu à Cambray. Il y en avoit environ trois cens. Ils firent la procession par la ville, chantèrent la grande messe à Notre-Dame, puis retournèrent à St-François. Mons. de Cambray, les quatre vicaires, les Prevost, Echevins et quatre hommes de la ville et plusieurs bourgeois, y dinèrent. On faisoit monter le nombre de ceux qui dinèrent ce jour au couvent de St-François, au nombre de sept cens personnes.

Le 26 septembre 1567 les Cordeliers tinrent encore un chapître général à Cambrai.

Le *Gallia christiana* dit qu'ils adoptèrent en 1600 l'institut des Récollets. Julien de Lingne dit que les Récollets vinrent, à la même époque, résider dans ce couvent. Ce qui est probable c'est qu'il y eut une fusion d'anciens Cordeliers et de nouveaux Récollets. Le couvent des Récollets de Cambrai était un *lieu d'asile, de refuge et de franchise*. « La franchise des églises avait été constituée par Constantin, premier empereur chrétien, en l'an 320 ; confirmée par les papes, et nommément par Jean VIIIe de ce nom en l'an 884. » — Julien de Lingne.

En 1600 la communauté, modifiée comme nous venons de le dire, fit refaire ses cloîtres.

Il y avait au couvent des Récollets un jardin pittoresque que l'on appelait le *Jardin des Oliviers*. La Passion du Sauveur et les figures de ses apôtres y étaient représentées par des statues en pierre, de grandeur naturelle. C'est dans ce jardin que, de temps immémorial, on enterrait les corps des pendus et autres suppliciés. La révolution a détruit le jardin et supprimé l'usage qu'on en faisait. Enguerrand de Monstrelet, écuyer et prévost de Cambrai fut *sépulturé* aux Cordeliers en 1453. — V. *Monstrelet*. Son cercueil existe sans doute encore sous le pavé de l'église. — V. *Gallia christiana*. — † ms. 658. — *Mém. chron.*, p. 31 et 70. — Dupont IIIe part., p. 134. — † ms. 884, p. 93.

CORDIERS. — Voici le sommaire d'un réglement sans date, concernant les cordiers. Il était au *Livre aux bans*, dans les archives de la ville.

1º Est ordonné qu'ils fassent bonnes, et loïales cordes de blanche tille, passant l'eswart et de la longeur de 15 toises.

2º Qu'ils pourront vendre les cordes mures, ou seuwes sans fraudes.

3º Qu'ils ne vendent tille par glennes, que la glenne n'ait une toise de tour.

4º Qu'ils ne meslangeront tille, avec la canne.

5º Que toutes tilles venans de dehors seront veuz par les Maieurs.

6º Qu'ils ne refuseront de monstrer leurs ouvrages aux Maieurs.

7º Que les dimanches, et festes ne mettront hors de leurs celiers aucunes de leurs denrées.

Deux autres réglements plus récents, l'un du 9 août 1599, l'autre du 31 décembre 1631, gouvernaient le corps de métier des cordiers. Nous n'avons pu les retrouver.

Le patron des cordiers était saint Paul.

CORDONNIERS. — Le réglement constitutif du corps de métier des cordonniers était inscrit sans date au *Livre aux bans* déposé aux archives de la commune. En voici le sommaire.

1º Est deffendu de travailler de cordewan, de feuille d'Auvergne, de Mons, de Strasbourg, de tane de pourchelet, etc.

2º Que tous les cordonniers qui se tiendront es halles, jetteront le lot pour la place.

3º Qu'ils feront ce que à leur mestier appartient.

4º Qu'ils ne mettront cordewan en oeuvre, sy les Maieurs ne l'ont veu blanc.

5º Qu'ils ne s'opposeront aux visites des Maieurs.

6º Q'ils ne porteront aucuns souliers noeufs avant (dans) la ville pour vendre, sinon es halles, les samedis.

7° Qu'ils ne feront caurer semelles fors de telle craisse que a tel cuir appartient.

8° Qu'ils ne mettront deux semelles à un soulier.

9° Qu'ils cesseront de travailler au Noël, et aux autres nataux de l'an, etc.

10° Qu'ils ne pourront faire souliers de viel, ny de basane avec cordewan, si ce n'est pour ourlez et cordon.

11° Que ceux qui ne viendront a temps pour jettez le lot pour la place, debvront attendre la demie année, et se tenir a la place désignée par les Maieurs.

12° Qu'ils pourront faire souliers de cuir de vache.

13° Que ceux qui voudront vendre cordewan tiennent leurs estaux les lundis es halles.

14° Que ceux qui voudront faire souliers de vache, et de viel ensemble en advertiront les Mayeurs.

15° Qu'ils ne vendent cordewan pour vache, ny vache pour cordewan.

16° Qu'ils ne fassent souliers de vache, qu'ils ne soient estoffez de vache.

17° Que les souliers de cordewan, soient estoffez de cordewan mesme.

18° Parle des souliers des petits enfans.

19°, 20°, 21°, 22° et 23° ordonnent comment ils se doibvent gouverner en la confection des souliers, et qu'ils ne feront aucuns meslanges.

24° Qu'ils obéiront aux Mayeurs.

25° Que ceux qui auront jettez le lot pour avoir place au marché, viendront en ladite place avant le grand coup de none.

26° Que ceux qui auront mancquez trois samedis de suite d'y venir, perdront leur place.

27° Que ceux qui auront mancquez de venir à l'heure s'asseoiront vers la foeullye ou le toucquet (coin de rue).

28° Que les cordonniers travailleront avec le cuir qui aura passé l'eswart, et que l'eswart se ferat par les Mayeurs tanneurs, et cordonniers, en présence de deux Eschevins.

29° Qu'ils pourront faire souliers de viel de six à sept paux et non de plus.

30° Que tous cordonniers pourront travailler de blanc cuir, de verd, et de bleu, cuirs de basannes, noires houssées, et de vermeilles de cordewan, et non d'autres, et aussy petits souliers de petits enfans de purge, et tous ces cuirs sans eswart.

31° Qu'ils ne pourront faire vieux souliers autrement qu'il n'est déclaré audit article.

32° Que les cordonniers qui voudront estre chavetiers, ne pourront par après retourner au style des cordonniers.

33° Que tous souliers venans de dehors pour estre venduz, seront portez aux halles, pour estre eswardez.

34° Qu'ils seront venduz au lieu désigné par les Maieurs.

35° et 36° Idem qu'article 33.

CORPORATIONS, *Corps de métiers.*—On confond assez généralement *corporation* avec *confrérie*. Il y a cependant entre ces deux mots la différence que Corporation, dans le sens où nous le prenons, s'applique principalement aux associations ouvrières et marchandes, tandis que Confrérie doit s'appliquer exclusivement aux associations religieuses.

Les corporations étaient la sauvegarde des gens de métier. Une salutaire et paternelle surveillance s'exerçait par tous au profit de tous. Elle assurait l'honnêteté de chacun des membres et conservait ainsi, dans son intégrité, la bonne réputation du corps tout entier. Un même principe, le principe évangélique, régentait presque uniformément la multitude de nos corporations. Elles avaient toutes un saint patron. Elles avaient toutes leurs bannières, elles assistaient à leur rang dans les fêtes civiles ou religieuses. Des *Mayeurs* assermentés devant l'échevinage étaient, pour ainsi dire, les magistrats de chaque corps de métier. Nul ne pouvait passer maître, qu'il n'eût fait un chef-d'œuvre. La réception d'un nouveau confrère était toujours suivie d'un dîner que celui-ci offrait au corps dans lequel il venait d'entrer. Un confrère venait-il à mourir? la corporation entière assistait à ses funérailles; cela se faisait avec recueillement, avec deuil : et le pauvre comme le riche était sûr du moins d'avoir à son convoi une grande famille, une longue suite d'amis. La veuve et les orphelins étaient rarement abandonnés. On s'entr'aidait; cela était naturel : on s'appartenait les uns aux autres. Aujourd'hui, le principe de l'individualité et de l'indépendance a prévalu. De là le nombre considérable de gâcheurs d'ouvrage, de marchands peu scrupuleux qu'on rencontre parmi les hommes de métier. — V. à leur lettre alphabétique les diverses corporations de Cambrai.

COULEUVRINE. — Sorte de long canon. Il existait autrefois à Cambrai, un *serment* d'artilleurs qu'on appelait les *canonniers de la couleuvrine.* — V. *Canonniers.*

COUPE-OREILLE. — Petite place dans laquelle on parvient par trois ruelles donnant l'une sur la Place-au-Bois, l'autre rue des Bellottes, la troisième Rue-Neuve. Ce lieu a de tout temps été assez mal hanté. C'était là qu'habitaient les ribaudes qui fréquentaient le *Pré-d'Amour.* Nous pensons que, de nos jours, il n'y a dans tout cela de changé que le nom du Pré-d'Amour qui s'appelle *Place-au-Bois.*

COURTILLER. — On appelait ainsi le garde ou surveillant des jardins, des plantis de la ville.

COUTUMES. — Le Cambresis avait ses coutumes particulières. Fruit de l'expérience et des usages, elles restèrent longtemps à l'état de tradition. Ce ne fut que du temps de Louis de

Berlaymont, qu'elles furent recueillies en un corps d'ouvrage, qui devint le code du pays. Ce sage prélat considérant « que les coustumes de notre ville et païs de Cambresis étaient peu certaines et arrestées, pour n'être pas rédigées par escript, ains dépendre entièrement de l'assertion des praticiens et coustumiers, » voulut faire cesser cet état de choses abusif, et pour cela fit convoquer en assemblée, les principaux praticiens et *coutumiers* du pays, et les chargea de recueillir et de coordonner les coutumes du Cambresis. Ce travail préparatoire terminé, le duc de Cambrai, convoqua une autre assemblée où furent largement représentés le clergé, la noblesse et la bourgeoisie de la ville et du pays.

Là, le cahier des coutumes fut lu, discuté et approuvé : après quoi « du commun advis de toute l'assemblée, les dicts coustumes, stils et usances de ce dict païs de Cambresis furent émologués, décrétés et authorisés, » pour servir de loi certaine à tous les habitants.

Les coutumes de Cambrai, furent ainsi homologuées le 28 avril 1574, sous le titre suivant : *Coustumes générales de la cité et duché de Cambray et du païs et conté de Cambresis : émologuées, et décrétées par monseigneur l'illustrissime et révérendissime messire Loys de Berlaymont, archevesque et duc de Cambray, prince du saint Empire, conte de Cambresis*, etc. Elles furent imprimées à Douay, chez Loys de Winde, et mises en vente à Cambrai, chez Guillaume Robat, libraire, au coing de la rue Taveau (Tavelle) sur le marché. Elles furent rééditées depuis avec commentaires. — V. *les Coutumes de Cambrai*.

COUTURIERS. — (*Tailleurs d'habits, pourpoinctiers.*) On trouvait aux archives de Cambrai, divers réglements concernant les tailleurs et pourpoinctiers. Le plus ancien n'avait pas de date. Un autre, était daté du 6 mars 1586.

1. Est défendu aux viésiers et drappiers de vendre ni faire vendre en leurs maisons et bouticles auleuns draps a détail, ni habillement de drap neuf :

2. Que les confrères du dict mestier payeront, chascun an, pour la confrérie, 8 patars.

3. Que ceux qui voudront estre dudict mestier, payeront, pour leur passemaistre, 12 livres, sauf que les fils de maistre ne payeront que 9 livres.

4. Qu'ils choisiront en're eux, tous les trois ans, trois personnes idoines (capables) pour estre mayeurs du dict mestier; et les présenteront à MM. pour estre reçues à serment.

Enfin un réglement complet dont nous ignorons l'époque était venu définitivement gouverner ce corps de métier. En voici le sommaire par articles.

1º Règle le terme de l'aprentissage, et ce que les apprentis doivent payer audit mestier.

2º, 3º, 4º, 5º, ordonnant ce qu'il se doibt faire pour chef-d'œuvre, tant par le fils de maistre que par aultre.

6º Ce qu'on doibt payer pour le diner du passe maistre.

7º Que les veuves pourront tenir bouticle en payant demi droit. Que les hommes sont tenus de payer chacun an pour assise, etc.

8º Que personne ne pourra travailler dudit mestier en chambre close, sans congé de Maieurs, à peine, etc. Sauf que les bourgeois pourront faire faire leur ouvrage pour eux et leurs domestiques, par leurs serviteurs ou servantes estantes à leur pensions ou services.

9º Que lesdits cousturiers et autres ne pourront prendre gage sur les draps et estoffes qu'on leur met en main, à peine de 6 livres d'amende.

10º Que s'ils viennent à mestailler (mal,tailller) aucuns habits, payeront le dommage et 40 sols d'amende.

11º Qu'ils ne pourront tenir en leur logis un apprenti loué à un autre maistre, qu'il n'ait achevé son terme, ou du consentement du maistre.

12º Qu'ils choisiront entre eux trois grands Mayeurs etc. lesquels se changeront de trois ans en trois ans.

13º Que les Mayeurs, à la chandeille, rendront compte tous les ans de leur entremise. Quand et comment ils doivent rendre lesdits comptes, et quelles assises ils peuvent mettre sur leurs confrères.

14º Que lesdits Mayeurs et grands Mayeurs assisteront aux vespre et messe qui se chanteront les jours de Notre-Dame.

15º Que généralement tous confrères assisteront aux funérailles de leurs confrères et consœurs.

16º Ce que lesdits Mayeurs pourront pour leur rechiner à la procession de Cambray, et autres processions.

Le reste du réglement contient une déclaration des charges, frais et despens que ledit corps de métier est obligé de faire par chascun an ; quelles assises ils peuvent mettre sur leurs confrères, etc.

Les couturiers avaient pour patronne Notre-Dame-la-Grande.

COUVENTS. — (V. *Communautés.*)

COUVREURS. — Avant la seconde moitié du XVIIe siècle il était permis aux habitants de Cambrai de couvrir leurs maisons en paille : à cette époque aussi on construisait assez fréquemment en torchis. Des réglements gouvernaient ces genres de couvertures et de constructions.

Voici un réglement plus récent qui s'appliquait également aux couvreurs, charpentiers, maçons et autres ouvriers constructeurs.

1º Ils n'entreprendront aucun ouvrage qu'ils ne parachèvent auparavant en commencer un autre, et n'iront d'ouvrage en ouvrage ; mais se tiendront à celles qu'ils auront commencées : Item, l'heure qu'ils devront travailler et quitter l'ouvrage, soit en hiver, soit en été.

2° Ils feront bon ouvrage.

3° Ils ne prendront journée de maistre, qu'ils n'aient été un an et un jour au mestier, et par le dire des Mayeurs.

4° Ils ne tiendront varlets à terme.

5° jusqu'à 9°. Déclarent pour quel prix ils devront travailler par jour, tant en hiver qu'en esté.

10°. Ils pourront tenir apprenti avec eux, sans pour ce payer aucun droit d'apprentissage au mestier.

11° Ils obéiront aux Mayeurs.

Le système réglementaire des corps de métier s'attachait à donner principalement de grandes garanties pour la perfection de l'ouvrage. Il n'acceptait pas en principe les cumuls d'états. Ainsi les couvreurs en tuiles, ne pouvaient couvrir en écailles, *et vice versâ*. — Réglement du 29 mai 1652.

Il fallait, pour être couvreur d'écailles, passer maître sur l'exhibition d'un chef-d'œuvre. Les Mayeurs du métier devaient tenir exactement la main à cette exigence de la loi.

Les couvreurs avaient pour patron saint François-d'Assise.

CRASSIERS. — On pourra juger, par les détails que contient le règlement suivant, de la sagesse et de la sollicitude de l'ancienne administration de la ville.

1° Que tous crassiers, et marchands de chandeilles ne fondent oing sallé, ou pouri, sieu (suif) de cheval, pourcheaux, avec chandeilles; qu'ils ne commettront aucune fraude, et fonderont sieu de boeuf, et mouton ensemble, sans nulles autre craisse.

2° Comment les bouchers, et tripiers doibvent fondre le sieu.

3° Qu'on ne vendrat sain (graisse) de Sardagne, harengs, baleine, chien de mer, si ce n'est au lot et demy lot etc. et qu'on ne vendrat sain, et sieu en gros ou par poids, qu'il n'ait esté visité des Mayeurs.

4° Qu'ils obéiront aux Mayeurs.

5° Que tous cordonniers, et caureurs fassent caurer leurs cuirs de bonne crasse, bien et suffisamment au dire des Mayeurs.

6° Que les bouchers n'achepteront, ou feront achepter oing, ou sieu des tripiers et bradeurs.

7° Que tous bouchers et marchands de sieu le feront poser au poids de la ville, en la présence du marchand.

8° Que tous ceux qui voudront vendre chandeilles tiennent fenestre ouverte.

9° Que tous bouchers voulant vendre chandeilles tiendront fenestre ouverte, feront visiter leur sieu par les Mayeurs, et après chandeilles.

10° Que ceux qui se mêlent de vendre craisse ne tiendront deux estaux.

11° Que personne n'apporterat beuro en ceste ville qu'il ne soit bon et loial, et soit visité par les Mayeurs.

12° Qu'aucuns revendeurs ou revendresses n'achepteront beuro, œufs, fromages en plain marchet, qu'il ne soit midy sonné à Notre-Dame.

13° Que toutes ces denrées seront vendues en plain marchet.

14° Que les hosteliains advertiront leurs hostes de ces bans.

15° Qu'on ne ferat sortir de la ville sieu en gros, ny chandeilles, par tonnelettes, hottes, ny brouette en plus grand nombre que 4 livres à la fois, etc. — V. § Ms. 5, p. 146.

CRÈVECŒUR, *ville et château*. — Nous ne saurions partager l'avis de ceux qui font remonter la première érection du château de Crèvecœur à l'année 979. Il est bien vrai que Balderic, dans le chap. 102 de sa *Chronique*, et l'abbé Dupont, après lui, disent qu'Otton fit construire (au temps de Rothard) une forteresse auprès d'un village nommé *Vinci*, à quatre milles de Cambrai. Mais dire qu'Otton élevait une forteresse près de Vinci, n'est pas affirmer que cette forteresse était le château de Crèvecœur. Il n'est pas démontré que, comme Le Carpentier le pense, *Vinchi*, ou Vinci, ne soit autre que Crèvecœur. Si le village de Vinci eût vu changer son nom en celui de Crèvecœur à cause d'un échec éprouvé par Jules César (1) ou à cause de la défaite de Chilpéric et de ses Neustriens, battus par Charles Martel, ce qui a dû, en effet, leur causer un grand crève-cœur; le dernier de ces échecs ayant eu lieu le 20 mars 717, le village de Crèvecœur ne se serait plus appelé Vinci deux siècles et demi plus tard, en 979. Balderic n'aurait pas dit *Vinci*, il aurait dit *Crèvecœur*.

D'autres considérations rendent encore invraisemblable l'assertion de Le Carpentier. En général, ce n'est pas le vaincu qui impose, au lieu témoin de sa défaite, un nom qui en perpétue le souvenir. C'est au contraire le vainqueur qui cherche, par ce moyen, à immortaliser son triomphe. Ainsi les Belges qui défirent Jules César, ou Charles-Martel qui battit Chilpéric, avaient une victoire à constater et non une défaite. Il nous serait plus facile de croire que le nom de *Vinci* rappelle l'une ou l'autre victoire, que de supposer qu'on lui a préféré le nom de *Crèvecœur*.

Enfin le vieux mémorial de Jean Duchastiel s'exprime ainsi : « S'était retiré (Otton) à Goy, en un chasteau qu'il avoit faict, et nuisoit fort à ceux de Cambray et du pays à l'environ, et pour mieux encore gesner ceux de Cambray et l'évesque, il fist faire *un chasteau en une ville* qui auparavant avait été appelée *Vinci entre Vaucelles et Crèvecœur*. » Ici l'auteur ne laisse pas le moindre doute : c'est entre Crèvecœur

---

1 Le Carpentier. T. II. p. 453.

et Vaucelles qu'était *la ville* ou le village de Vinci. C'est encore là qu'est aujourd'hui la ferme de Vinci.

Au reste, il est incontestable que les emplacements de Vinci et de Crèvecœur sont très voisins l'un de l'autre, ce qui n'implique pas la nécessité de les confondre. Supposons plutôt que le village de Vinci aura disparu à mesure que Crèvecœur, mieux placé, se fortifiait ; et qu'un fort en ruines, servant plus tard de ferme, aura seul résisté au ravage des temps et à l'oubli des hommes.

L'homme est ami du mystère, un instinct d'immortalité, peut-être, le jette d'abord au-delà du certain, pour errer dans le vague ; d'où vient que souvent l'historien veut voir dans la nuit des temps ce qui se trouve plus rapproché de lui. Défions-nous de ces illusions qui caressent l'imagination, et tenons-nous en aux faits affirmés par l'histoire.

Il est beaucoup plus probable que le château de Crèvecœur fut construit par Hugues d'Oisy, en 1120. Notre précieux manuscrit de Jean Duchastiel s'exprime ainsi : « En 1120, Hugues d'Oisy fit faire un chastel à Criefcœur, pour détruire l'évesque et sa cité, et entra dedans avec grands gens, et pillèrent les terres et le pays. Et ardèrent (brûlèrent) villes et maisons. Par quoi ledict évesque (Bouchard) assembla grands gens d'armes, lesquels assaillirent *la ville* de Criefcœur, laquelle fut prinse d'assault et y bouttèrent le feu, et fust toute brûlée *jusques au chasteau*. Et ledit Hugues recongnut son méfait et furent, l'évesque et luy, bons amis ensemble. »

S'il faut en croire Le Carpentier, la ville de Crèvecœur était jadis « garnie de murailles, de tours et de bastions d'une épaisseur incroyable. Le château de la ville était très spacieux et garni de tours et de double murailles épaisses de 17 ou 18 pieds, très bien flanquées au pied de la rivière (l'Escaut) et autres fontaines. — J'y ai remarqué, ajoute le même Le Carpentier, dans ses voûtes souterraines, les armes des anciens Gaulois, et de plus fraîche date, les armes de France et de Navarre. »

Le Carpentier affirme encore, d'après Gelic, que Charles-de-Navarre, dit le *Mauvais*, détenu d'abord par Jean II dans la tour du Louvre, fut ensuite transféré au château de Crèvecœur (1), pendant la captivité du roi pris par les Anglais en 1356. « J'ai vu moi-même, dit encore l'historien de Cambrai, dans le chasteau de Crèvecœur, qui m'a autrefois servi de séjour, les armes de Navarre entaillées dans la voûte d'une place de ce chasteau, en mémoire et par le commandement de cet illustre prisonnier. »

Le château de Crèvecœur éprouva souvent de rudes assauts et de vigoureux pillages. Jean Duchastiel raconte que le 27 du mois de février 1521, les Bourguignons prirent Crèvecœur et emmenèrent tout ce qu'ils purent emporter. Ils étaient au nombre de cinq ou six cents hommes.

En l'an 1554, Henry II campa le 18 juillet à Crèvecœur, Masnières et Rumilly ; et après avoir rôdé huit jours aux environs de Cambrai, *il démolit la ville et château de Crèvecœur et autres* (1).

En 1635, pendant les guerres entre les Français et les Espagnols, Crèvecœur fut le théâtre d'un fait tout chevaleresque. Cent cavaliers français furent battus par 200 cavaliers espagnols, ce qui n'empêcha pas le colonel français, Gassion, de gagner par sa conduite toute l'estime du chef espagnol Piccolomini. Ce dernier voulut témoigner de vive voix son admiration à son vaillant adversaire ; et du camp, qu'il avait planté près de Cambrai, il envoya à Vaucelles où était le parti français, un trompette pour inviter le colonel Gassion à s'avancer avec un témoin, comme il le ferait lui-même. L'invitation fut acceptée et les deux officiers ennemis eurent l'avantage d'échanger des paroles d'estime et de considération.

Mais l'Espagnol ne s'en tint pas à cette stérile déférence ; à peine rentré dans son camp, il renvoya au colonel français trois de ses officiers qu'il avait fait prisonniers. Ils furent conduits à Crèvecœur dans le carrosse du prince. Le carrosse était attelé de six chevaux blancs, couverts de harnais dorés et de housses richement brodées. Un trompette ouvrait la marche, et quatre valets de pied suivaient la voiture. Ces officiers, d'ailleurs, ne firent que précéder de deux jours tous les prisonniers qu'on avait enlevés à Gassion. Celui-ci ne fut pas en reste de procédés généreux.

Mais lorsque ces nobles ennemis rendaient ainsi Crèvecœur témoin de leurs honorables et

---

(1) D'autres ont dit au fort d'Arleux. Cette tradition a fourni à M. Le Glay le sujet d'une nouvelle intitulée : *Le Captif du Forest*.

(1) La ville de Crèvecœur avait été démantelée, au dire de Le Carpentier, lors de l'érection de la citadelle de Cambrai, en 1541.

faciles procédés, la ville forte n'existait plus, déjà le village commençait; Charles-Quint avait détruit ses murailles pour en employer les matériaux à la citadelle de Cambrai. Le château seul, à demi ruiné, conservait encore un aspect imposant.

Aujourd'hui, ce château transformé en maison de campagne n'offre plus au curieux, pour rappeler ses vieux souvenirs, qu'une muraille, appuyée sur deux tours. Les fossés sont comblés, des ronces pendent du haut de la muraille, de sombres sapins lèvent leurs flèches de verdure au-dessus des tourelles découronnées. L'artiste s'arrête et rêve devant cette puissance déchue. Ce n'est plus là le temps (1120) où Hugues d'Oisy y faisait flotter sa bannière, où le cheval de guerre piaffait dans la cour d'honneur. Ce n'est plus le temps (1312) où Jean de Noyel battait monnaie dans sa forteresse de Crèvecœur, au grand déplaisir de l'évêque (1) qui finit par lui interdire ce droit, alors exclusivement réservé, selon lui, au comte du Cambresis dans l'étendue de cette contrée.

A quelque distance de Crèvecœur, dont on retrouve peu de traces de fortifications (2), existe encore la ferme de Vinci. Au dessus du village, et comme un aigle perché sur un rocher, se découvre le petit château de RÉVELON, sous lequel existent ou ont existé, suivant Le Carpentier, des souterrains voûtés.

CROIX (*Eglise collégiale de Ste*).—On ignore l'origine de l'église de Ste-Croix. Ce qu'il y a de certain c'est qu'elle existait dès le IXe siècle, puisque l'évêque Jean y fut inhumé en 879. Elle fut érigée en collégiale à la faveur des bienfaits d'Ellebaud Le Rouge, bourgeois de Cambrai, en 1070, sous l'épiscopat du bon Liébert. Les prébendes étaient au nombre de douze.

Le chapitre de Ste-Croix, n'avait ni doyen, ni prévôt, il nommait un trésorier, qui occupait le premier rang. Ce chapitre était sujet de l'église métropolitaine.

Dans l'intérieur du chœur du côté gauche, il existait une inscription ainsi conçue:

Chi gist Elbaud-le-Rouge, fondateur de cette église, qui trespassa a l'an MLXXI.

L'église de Ste-Croix était aussi paroissiale; le cimetière abandonné, depuis longtemps, avait été remplacé par celui de St-Fiacre.—V. † ms.

---

(1) Pierre de Mirepoix.

(2) Nous ne parlerons pas du prétendu *Pont-Julius* qui ne pourrait être que celui qui est encore sur l'Escaut dans la grande rue qui mène à Révelon.

658, art. 7e. — *Cameracum christianum*, p. 125.

CROIX. — Il y avait autrefois dans Cambrai un nombre considérable de croix en bois et en fer. Les unes étaient des objets de dévotion, les autres avaient un usage légal. On les appelait croix de justice.

Croix de l'amen. — Voici l'origine de cette croix qui existait encore dans l'ancien cimetière de St-Nicolas, à l'époque où les iconoclastes de 93 renversèrent tous les souvenirs pieux de Cambrai.

« Le saint évêque Liébert avait coustume d'aller à piedz nudz de nuict par les églises de la ville, avec quelques clercs et familiers, priant Dieu pour son peuple : De façon qu'il advint une fois, en la nuict d'avant le vendredi sainct, qu'estant en le cimetière de St.-Nicolas en Cambray, après avoir recommandé à Dieu les âmes desquelles les corps gisoyent en ce lieu, disant : *Animæ omnium fidelium requiescant in pace*, fut oye en l'air intelligiblement : *Amen !* de quoi ceux de la compagnie furent fort émerveillés. Mais il les pria de ne le point réveler. Auquel lieu fut depuis dressé une grande croix qu'on a appelée la *Croix de l'amen.* » — Guillaume Gazet, *Ordre et suite des évêques de Cambrai et d'Arras.*

Croix des Capucins.—Contre l'église des Capucins, en face du grand magasin aux vivres qui existe aujourd'hui, ces religieux avaient fait placer une immense croix de leur Ordre, c'est-à-dire à deux bras transversaux. La dimension et la forme exceptionnnelle de cet objet de dévotion, le faisaient remarquer des étrangers qui venaient à Cambrai.

Croix au pain. — Elle était située sur le marché entre la Chapelette et la rue des *Maseaux* (de l'Arbre-d'Or). On l'appelait ainsi, parce que c'était auprès de cette croix que se tenait le marché au pain. Elle prit plus tard le nom de *Croix à Poulets*, probablement parce qu'elle servait de limite au marché aux poulets. — V. *Mém. chron.*, p. 24.

Croix à Poterie. — Elle a disparu en même temps que le rang de la rue Croix-à-Poterie, abattu pour faire l'Esplanade d'aujourd'hui. La tradition n'en a conservé que le nom ; on n'en connaît plus la place.

Croix du Riez. — Cette croix se voit dans un ancien plan de Cambrai, située au milieu du carrefour des rues du Grand-Séminaire, de l'Epée, de l'Aiguille et des Ecoles. Peut-être n'est-elle autre que la *Croix de justice* qui existait en 1789, à l'angle des rues de l'Epée et des Ecoles. Nous la citons plus loin.

Croix de St-Sépulcre. — A l'extrémité de la place de St-Sépulcre, c'est-à-dire à peu près au sommet de l'angle formé par les axes prolongés de la rue Neuve-St-Nicolas et de la rue de la porte St-Sépulcre, il existait une grande croix en fer sur la base de laquelle se trouvaient gravées les quatre lettres suivantes : T J S S signifiant *Terminus Juridictionis Sancti Sepulcri.* Le terrain de cette place était circonscrit par de hautes bornes qui furent supprimées en même temps que la Croix.

Croix d'Entrepont. — V. *Croix-de-Justice.*

Croix-de-Justice. — C'était devant ces croix qui étaient en fer, et placées dans divers carrefours de la ville, que les criminels allaient faire amende honorable, et recevoir, quand il y avait lieu, la correction due à leurs fautes. Cette correction consistait en quelques coups de verges sur les épaules. Les endroits où existaient ces croix expiatoires et où l'on retrouve même, pour la plupart, les pieds de grès dans lesquels elles étaient scellées, sont : — L'angle de l'hôtel St-Pol, du côté du Marché-au-Poisson. — Le carrefour des rues de Cantimpré, des Récollets et des Feûtriers, en face de la porte du magasin au fourrage (ancien couvent des Récollets). La croix placée en cet endroit s'appelait *Croix-d'Entrepont.* — L'angle de l'église St-Nicolas, formé par les rues de St-Nicolas et des Liniers. — Vers la porte de Selles, l'angle formé par les rues des Anglaises et des Capucins. — L'angle formé par les rues du Clocher-St-Géry, et des Anglaises. — L'angle formé par la rue de l'Epée et la rue des Ecoles. — La place St-Sépulcre, à quelques pas du péage de l'abbaye de ce nom.

Calvaire. — La plupart des croix dont il vient d'être question, prenaient leur date dans le Moyen-Age. Il en existait une, d'époque beaucoup plus récente : C'était le *Calvaire* planté sur l'Esplanade, auprès du bastion-Robert. Ce petit monument de dévotion avait été érigé par les soins de l'archevêque de Cambrai, à l'occasion du *Jubilé universel* en 1776.

Une gravure en a conservé le souvenir, et relate la date et l'occasion de sa plantation.

Le calvaire fut abattu aux mauvais jours de la révolution. Les débris en furent vendus, à la requête de l'agent national et par voie de notaire, le 8 vendémiaire an III et adjugés pour la somme de 60 livres. La restauration le releva; 1830 l'abattit de nouveau.

CROIX-DE-SAINTE-BARBE. — Décoration que portaient les chefs des arquebusiers dans les grandes fêtes du *bouquet,* qui ont eu lieu au XVIIIe siècle. — V. *Canonniers-Arquebusiers.*

CROY (JACQUES DE.) Premier duc de Cambrai, — Issu de l'illustre maison de Croy, fils de Jean, seigneur de Tours-sur-Marne, comte de Chimay. Il était protonotaire et prévôt de Liége, de plus chanoine de Cologne, lorsqu'il fut élu par une partie du chapître de Cambrai en 1502, pour occuper le siége épiscopal. Mais cela ne se fit pas sans difficulté. Une autre partie du chapître avait demandé François de Melun. Ce ne fut qu'après de longs débats que Jacques de Croy prit possession de son siége en 1504. Il remplit cette formalité par procuration, et ne fit son entrée solennelle que trois ans après. L'empereur Maximilien, en considération de Jacques de Croy, érigea la ville de Cambrai en duché, par un diplôme de 1510. Par le même acte, il autorisa le nouveau duc de Cambrai, à placer dans ses armes les aigles impériales. Les Cambresiens témoignèrent par une réception splendide, la joie qu'ils ressentaient de cet honneur accordé à la cité et à son évêque. — V. *Duc et Duché.*

Jacques de Croy, « *fut un prince de grande autorité et magnifique, il gouverna le peuple de Cambray en paix, en amour et en concorde, bien aimé de tout son peuple.* » Il mourut le 15 août 1516, jour de l'Assomption, comme il en avait souvent exprimé le désir. Son corps fut rapporté du château de Dielbeke, où il était décédé, à Cambrai, où on lui fit un service solennel et pompeux. L'abbaye de Cantimpré, les Cordeliers, célébrèrent aussi des services pour le repos de son âme.

Jacques de Croy fut inhumé dans l'église de St-Géry, sur le Mont-des-Bœufs, et transporté plus tard avec le chapître de St-Géry, dans l'église de St-Vaast. Son mausolée était tout en cuivre.

Il avait fait venir de Gand à Cambrai les Hiéronymites, dits *Clercs de la vie commune,* pour l'instruction de la jeunesse.

Jacques de Croy portait pour devise : JE LE CROY.

— V. *Mém. chron.,* p. 14, et suivantes. — *Cameracum christianum,* p. 57.

CROY (ROBERT DE.) — La mort de Jacques de Croy, n'avait pour ainsi dire, pas laissé de vacance, parce que Guillaume de Croy, son neveu qui, du vivant de Jacques, avait été nommé coadjuteur au siége épiscopal, y fut nommé quelque temps après. Mais, fait bientôt cardinal par le pape Léon X, en possession d'ailleurs de deux évêchés, il résigna celui de Cambrai en faveur de son frère Robert, en 1519, et garda le siége de Tolède. C'est ainsi que Robert de Croy devint évêque de Cambrai. Il ne fit son entrée solennelle que le 13 juin 1529. Son jeune âge l'engagea sans doute à différer ainsi. On lui fit une réception magnifique, il entra à huit heures du matin dans la ville, en compagnie de son frère, de M. le marquis d'Arscotte, de M. de Moncornet, de M. l'évêque de Tournay, de M. le grand-bailli du Hainaut, de M. de Fiennes, tous décorés de la Toison-d'or, et escortés d'une suite de plus de mille chevaux. De son temps fut conclue à Cambrai la fameuse *Paix des Dames* (24 juillet 1529). La publication en fut faite le 5 août suivant, et Robert chanta, ce jour là, sa première messe. C'est encore sous l'épiscopat de Robert de Croy que fut construite la citadelle par Charles-Quint. Lui-même avait des goûts guerriers. Il réorganisa l'artillerie cambrésienne, en créant les *Canonniers de la Couleuvrine*, dont il fut le chef pendant quelque temps. Il eut aussi la douleur de voir tous les fléaux, la peste, la famine, la guerre, fondre sur la ville et le pays.

Robert assista au concile de Trente en 1546, il tint un synode à Cambrai en octobre 1550, il y publia quelques décrets que l'empereur venait de porter dans la diète d'Augsbourg, pour la défense de la religion. — Il mourut le 31 août 1556. On lui fit de riches funérailles, son corps fut exposé dans une chapelle ardente pendant le mois de septembre, et durant 15 jours, toutes les cloches des paroisses sonnèrent deux fois le jour. Il fut inhumé dans la cathédrale, devant la chapelle de la Vierge.

Robert de Croy portait pour devise : A JAMAIS CROY.

— V. *Mém. chron.*, p. 23 et suiv. — *Hist. de Cambrai*, par Dupont, part. V, p. 39 et suiv. — *Cameracum christianum*, p. 59.

CUVELIERS, appelés aujourd'hui *tonneliers*. — L'érection de ce corps de métier date du 15 octobre 1590. Elle résulte d'un réglement du Magistrat de Cambrai.

Ce règlement contient l'érection de la feste et confrairie des tonneliers, le jour de Saint-Mathias.

Que seront establis trois Mayeurs, dont tous les ans on en changerat un, et presteront serment es mains du Magistrat, le reste parle comme l'eswart des bois se doibt faire par lesdits Mayeurs.

Que ceux qui voudront estre dudit mestier, seront tenus de faire leur apprentissage soubs un maistre l'espace de deux ans, item comment ils gouverneront ce temps-là, ce qu'ils paieront à la confrairie, etc.

Ce qu'ils doibvent paier, et faire pour chef-d'œuvre et passer maistre.

Qu'ils n'exposeront en vente aucuns tonneaux qui ne soient marquez au feu, de l'aigle pour marque de la ville, et de la marque du cuvelier, et contiendront soixante deux lots etc, les demy et quart à l'advenant.

Qu'ils ne mettront aucuns mauvais bois esdits tonneaux cuvelles etc.

Qu'ils appliqueront leur marque en tous leurs ouvrages.

Que MM. du magistrat commettront deux ou trois maistres pour avoir l'œil aux abus qui se commettront.

Que lesdits tonneliers n'iront de maison en maison mandier de l'ouvrage.

Que les brasseurs n'useront d'autres tonneaux que de ceux marquez de la marque de la ville, et du tonnelier.

Les cuveliers payaient, pour leur *passemaistre*, 40 florins pour les banquets et 6 florins pour chaque assemblée de mayeurs nécessaires à leur admission. V. § Ms. 5, p. 149.

Ils avaient pour patron saint Mathias.

CUVILLERS, *château et pairie*. — Le château de Cuvillers, dont on ignore l'origine, fut du nombre de ces forteresses démolies en 1543 et dont les matériaux servirent à l'érection de la citadelle de Cambrai. Cuvillers était une des douze pairies du Cambresis. Ses *armes* étaient de gueule à la bande d'or, brisée d'un lion d'azur en chef. — *Armorial nobiliaire et ecclésiastique*, appartenant à Eugène Bouly.

D

DEN

DENRÉES. — *Prix des denrées à diverses époques.*

Voici à ce sujet quelques documents curieux :

En l'an 1500, auquel temps l'empereur Charles-Quint naquit, on a achepté au marchiet de Cambray, les vivres qui s'en suivent pour les prix y contenus, et au meilleur.

DEN

	Sols.	Deniers.
Un mencaud de bled.	4	
Un mencaud d'avoine. . . .	2	6
Une peinte de pois.	4	
Une livre de beurre. . . .		8
Une tieulette de froumage. .		10
Un chapon roty.		16
Une couple de pigions. . .		8

	Sols.	Deniers.
Une livre de lard.		8
Une livre d'ole (huile).		8
Un quarteron d'œufs.		8
Un franquet d'oignons.		12
Une épaule de mouton.	2	6
Un poulet roty.		6
Un sac de charbon.	2	
Un faisceau de bois.		8
Un gros fagot.		5
Un petit fagot.		3
Un demi quarteron de *harents*.		20

Ces détails sont extraits d'un petit manuscrit contenant quatre pages écrites en grand caractère, reposant aux archives de l'église de Cambrai, et noté : *Remarques*. — § ms. 6, p. 157.

Il n'est peut être pas sans intérêt de placer en regard de ces prix, ceux des denrées en 1581, pendant que la malheureuse ville de Cambrai, investie par les troupes du duc de Parme se trouvait livrée aux horreurs de la famine.

Le pain y manqua bientôt tout à fait, et il y avoit si grande disette de viande et de sel, que l'on y mangeoit les chevaux, les chats et les rats. L'on vendoit :

Une vache.	300 livres.
Une brebis.	10
Un œuf.	2
Une once de sel.	8 sols.

V. *Mém. chron*. p. 80.

Extrait d'un mémoire de cuisinier, du 13 novembre 1702. — § Ms. 6. p. 193.

	Florins.	Patars.
Livré deux tourtes aux pigeons.	12	
Livré et accoustré deux coqs d'Inde.	4	8
Accoustré deux fricassées de poulet garny de riz de veau, artichaux, morilles.	2	
Deux chapons aux huîtres.		5
Deux dindons farcis en ragout.		5
Un cochon.	2	8
Un faisan.		20
Une couple de perdrix.		18
Une couple de bécasses.		20
Un lapin.		7
Une couple de grives.		3
Un chapon.		32
Une couple de poulets.		8
Une oreille de cochon.		3
Un lot d'olives.		2
Un demi cent de cornichons.		10
Un cent d'huîtres.	2	8
Une langue de bœuf enfumée.		18

Nous ajouterons à ces détails le prix de quelques denrées en 1788. On payait alors un cent d'huîtres 40 patars (50 sous), un poulet 12 patars (15 sous), un chapon 16 patars (20 sous), un dindon 24 patars (30 sous), un porchelet (cochon de lait) 24 patars (30 sous), une couple de perdrix 12 patars (15 sous), un lapin 10 patars, une langue de bœuf enfumée 18 patars, un quarteron d'œufs 13 sols, un lièvre 35 sols, un fort porc 24 florins.

DÉS (JEU DE). — Aux XV° et XVI° siècles, le jeu de dés qui, de tout temps, a été celui des fripons, était strictement surveillé dans Cambrai. En temps de foire et de fête, on ne pouvait jouer à ce jeu que, pour ainsi dire, sous les yeux de l'autorité et dans un lieu désigné par elle. C'était une tente que l'on dressait sur le bord du flot de la Cayère. — « Les Echevins et Maistre de feste, doibvent percevoir certaine somme d'argent pour l'estalage de la *tente du jeu de dez, que on met en le place, environ le flos que on dit de le Kayère, pendant la feste de Cambray*. » — § ms. 5, p. 249. Il était formellement défendu de jouer aux dés en autre lieu. — « En 1562, le jour de Pasques, on print sept hommes qui jouaient aux dez en la fosse au l'ouilleul, hors de la ville, vers la grande justice. » — † ms. 884, p. 157.

DESTROIT. — Une circonscription était tracée autour du Moulin-de-Selles, au profit de sa meunerie. On appelait le *Destroit* la partie de la ville comprise dans cette circonscription, et le *Large* tout ce qui n'y était pas inclus. On sait que le Moulin-de-Selles, qui appartenait aux évêques de Cambrai, qui fut loué quelquefois au Magistrat, était le grand pourvoyeur de la cité, principalement pendant les sièges. A ce titre, sa meunerie avait en tout temps des privilèges dont plusieurs réglements anciens lui assuraient l'usage. Les prix de mouture variaient suivant que le grain provenait du *détroit* ou du *large*. — V. § ms. 9, f° 49.

DEVOS ou **DEVOZ** (LAURENT). — « Il y avoit dans la métropole de Cambray, un maître de musique d'une réputation extraordinaire, qui se nommait Laurent Voz. C'étoit un prêtre d'une conduite édifiante, habile dans la composition, et qui avoit le talent de bien montrer les enfants de chœur. » D'Inchy maître de Cambrai en avait chassé l'archevêque ; Laurent Devos, par une imprudence qu'explique son dévouement au prélat et à la patrie, imagina de composer un motet de divers passages des psaumes, arrangés de façon que toute l'histoire des troubles de Cambrai, s'y trouvait décrite : l'usurpation d'Inchy, la perfidie des traîtres, l'éloignement et les malheurs de l'archevêque, les vaines espérances qu'on avait eues dans les secours du duc d'Alençon, rien n'y manquait, pas même le châtiment que Dieu réserve aux tyrans. Ce motet exécuté un jour de fête solennelle après vêpres, fut entendu par le cruel d'Inchy, qui en tira vengeance en faisant sur-le-champ saisir et pendre le pauvre prêtre, sans aucune forme de procès. Le supplice de Devos, eut lieu sur le Grand-Marché, en présence d'une foule consternée et des enfants de la maîtrise. Devos essaya vainement de parler au peuple ; des tambours et des cymbales lui couvrirent la voix. Son corps fut livré aux enfants de chœur qui étaient alors au nombre de huit. Ces pauvres enfants conduisirent le corps de leur maître depuis l'Hôtel-de-Ville, jusqu'au jardin des Cordeliers, (depuis Récollets), où l'on enterrait les pendus. Les enfants poussèrent eux-mêmes le courage, en présence de cet acte sauvage de tyrannie, jusqu'à chanter pendant son service un motet ainsi conçu : « *Ex ore infantium Deus præcepisti laudem, ut destruas inimicum et ultorem.* » — Vous avez reçu ô mon Dieu les louanges des enfants qui vous prient de détruire l'ennemi au cœur vindicatif. — La mort de Laurent Devos eut lieu le 19 mars 1580. On conservait religieusement, parmi les livres de la métropole, différents morceaux de sa composition, où il se montrait habile harmoniste. — V. † ms. 883, Mém. pour l'*Hist. de Louis de Berlaymont*. — *Recherches sur l'église métrop*. p. 220.

DIEUX-DE-PITIÉ. — La piété populaire se manifestait dans toutes les rues, dans tous les carrefours de la ville de Cambrai. Outre une foule d'images de saints en pierre et en peinture, on rencontrait en divers endroits des figures du Sauveur couronné d'épines et tenant un roseau à la main; ces *Ecce homo*, qu'on appelait *Dieux-de-Pitié*, étaient en grande vénération. Il y en avait un dans l'un des angles rentrants formés par les contreforts du clocher St-Martin. Les traces du fond rouge sur lequel il se détachait existent encore. Il y en avait d'autres — contre l'ancienne métropole, sur la place Notre-Dame, — en face du grand portail de St-Aubert, — contre le chevet de Ste-Croix, — contre l'église de St-Nicolas, — Grande-Rue-St-Vaast, entre l'église et le cimetière, — au couvent des Récollets, près du portail de l'église. Le *Dieu-de-Pitié*, de St-Aubert a été transporté et existe encore à l'extérieur des fortifications de la ville, au faubourg de Cantimpré; il est placé à l'un des angles du terrain qui servit de cimetière à une partie des soldats de Malplaquet, morts à Cambrai des suites de leurs blessures.

Les hérétiques firent souvent la guerre à ces saintes images, objets de la vénération du peuple. — V. *Mém. chron*. p. 63.

DISTRICT. — Pendant la révolution, les départements étaient divisés en *districts* dont la dénomination équivaut à celle d'*arrondissements* aujourd'hui. Six cantons composaient le district de Cambrai, savoir : Cambrai, le Câteau, Estourmel, Walincourt, Ribécourt et Abancourt. Ces six cantons contenaient 101 municipalités.

Les districts ont été supprimés par la Constitution de l'an III.

DOCTRINE CHRÉTIENNE (FRÈRES DE LA). — Ces Frères si utiles à l'éducation des enfants du pauvre, ont été appelés à Cambrai en 1816 par l'Administration des secours publics. Le Conseil municipal ayant été consulté par ordre du préfet du Nord sur le projet de confier les écoles aux *Frères*, donna le 28 février 1816 une pleine adhésion à la délibération du bureau des secours. Cette dernière délibération porte la date du 12 février.

Le nombre des *Frères*, d'abord fort restreint, s'est accru ensuite par diverses fondations charitables.

DODILON (*Dodilles*). — Il était religieux et prévôt de l'abbaye de St-Vaast d'Arras, lorsqu'il fut élu évêque de Cambrai en 887. Il obtint de l'empereur Arnould, la confirmation des priviléges que Charlemagne et Louis-le-Débonnaire, avaient accordés aux églises de Cambrai et d'Arras. Il consacra l'église de Notre-Dame, qu'il avait fait restaurer après les ravages des Normands, et y transféra le corps de St. Aubert, pour le soustraire aux excès de ces barbares. Puis, prenant une mesure plus efficace encore, il fit clôre la ville tout entière en l'agrandissant de façon à envelopper dans son enceinte le monastère de St-Aubert, qui jusqu'alors était hors de la ville. Il avait également fait entourer de murs et de maisons l'abbaye de St-Vaast, à Arras. Il mourut en 904. — V. † Ms. 659, p. 26. — G. Gazet, *Ordre des évêques* de Cambrai et d'Arras.

DOMINICAINS. — L'abbé Dupont, à propos des maisons religieuses de Cambrai, dit : « Il y a aussi un hospice de Dominicains. *On dit* qu'ils ont été reçus à Cambrai du temps de Godefroi de Fontaines qui écrivit pour cela à saint Dominique. *On assure* qu'ils demeurèrent deux cents ans passés à l'évêché et ensuite plus de cent ans à St-Aubert. Ils eurent, depuis, leur demeure près de l'hôpital de St-Jean et ensuite près de Ste-Elisabeth. Cette dernière maison ayant été incorporée à l'hôpital général, ils en acquirent une autre en 1756 près de la chapelle de St-Pierre. » — *Histoire de Cambrai* par Dupont, 3ᵉ part., p. 137.

Il est étonnant que Dupont, qui était religieux de St-Aubert et qui avait à sa disposition des mémoriaux tenus, pour ainsi dire jour par jour, dans la maison même, n'ait pas trouvé des traces certaines des Dominicains qui auraient habité dans l'abbaye de St-Aubert, pendant plus de cent ans. Il se contente de dire *on assure*. Cela est bien vague. Julien de Lingne, dans ses *Notices sur les églises et maisons religieuses de Cambrai*, ne mentionne pas la maison des Dominicains. On trouve dans le § ms. 5, p. 161, l'indication, sans date, d'une ordonnance du roi à MM. du Magistrat qui leur défend d'admettre les pères Dominicains dans Cambrai, sans sa permission.

On y voit aussi que le 18 novembre 1715 le père vicaire des Dominicains ayant demandé l'autorisation de changer de maison pour habiter celle du Sr Gervois, le Magistrat « lui en a fait refus, ainsi qu'il avait déjà fait autrefois. » — Un semblable refus eut lieu le 15 octobre 1717 et un autre encore le 7 novembre 1725.

Enfin on voit par le même document, qu'un père prédicateur de St-Paul de Valenciennes, (religieux dominicain) qui était venu prêcher à Cambrai en décembre 1626, n'obtint pas la permission d'y faire une quête.

On peut conclure de tout ce qui précède que la maison des Dominicains était à Cambrai peu nombreuse et de nulle importance.

DONJON. — V. *Château* (le).

DRAPIERS ET CHAUSSETIERS.—Les *drapiers-détailleurs* et les *cauchetiers* ne formaient qu'une seule confrérie. Ce corps de métier fut érigé par un règlement constitutif le 23 mars 1544, signé G. de Franqueville.

Les marchands de drap en gros que l'on appelait *drapiers-drapants* étaient tout-à-fait distincts des drapiers-détailleurs. Ils ne pouvaient vendre en détail dans la ville. Les marchands étrangers ne pouvaient vendre leurs draps que dans les halles.

Les marchands *drapiers-détailleurs* et cauchetiers de la ville, étaient obligés d'aller tous les samedis, « depuis le matin jusques à trois heures après-midi, tenir halles et y vendre leurs draps et cauches, sans pouvoir, durant ledit temps, vendre en leurs maisons, ou autre part. » Une ordonnance du 10 avril 1497 leur imposait cette obligation. — § Ms. 5, p. 165. Ils avaient sainte Anne pour patronne.

DRAPIERS-DRAPANTS. — Vers le milieu du XVe siècle la manufacture du drap était une branche d'industrie très exploitée à Cambrai; il s'y faisait un grand commerce de draperie. Cette fabrication employait un nombre considérable de professions. Telles étaient celles des tisserands de drap, foulons, teinturiers, marchands de laine, pineresses (peigneuses), pareurs, laveurs, tondeurs, etc. Tous ces métiers avaient leurs règlements particuliers.

L'industrie des drapiers fut florissante jusqu'au XVIIe siècle, à la fin duquel elle fut en pleine décadence. Elle tomba malgré les efforts que fit le Magistrat pour la soutenir. On trouve dans les registres de 1659 la mention d'une avance de 400 florins faite par le Magistrat aux drapiers-drapants de la ville pour améliorer la manufacture de la draperie. Mais rien n'y fit, et l'industrie des drapiers entraîna dans sa chute tous les métiers qui n'en étaient que les accessoires.

DRUON (CHAPELLE ST-) — Il existait jadis non loin de l'hôpital *St-Ladre*, un hospice de lépreux qu'on appelait la *Maison des Maladeaux*. Cet hospice avait une chapelle où les habitants du faubourg de *la Porte-Neuve*, entendaient la messe. Lorsque la Maison des Maladeaux fut détruite, par suite de l'érection de la citadelle, le faubourg réclama une autre chapelle qui remplaçât celle qu'il regrettait. Ce ne fut que longtemps après qu'il obtint satisfaction. Enfin en 1630 (26 mars), le Magistrat de Cambrai d'accord avec l'archevêque, fit construire la chapelle de St-Druon, à l'angle formé par les chemins de Crèvecœur et de Niergnies. Deux ans après (5 août 1632), il y attacha un chapelain aux frais de la commune.

Les religieux du St-Sépulcre avaient sur cette chapelle des droits de *patronat* qui consistaient alors dans les deux tiers des offrandes.

Ce petit monument était plus grand que celui qui existe aujourd'hui. Il avait deux fenêtres latérales. Sur celle du côté de l'évangile étaient les armes de l'abbaye, sur celle du côté de l'épître on voyait l'écusson de la ville. On avait employé le langage du blason, pour constater les droits communs du Magistrat et du monastère.—V. § ms. 5, p. 76. — *Soirées de l'abbé Tranchant*, p. 185. — *Histoire de la Municipalité de Cambrai*, t. 2, p. 102 et 118.

DUC et DUCHÉ *de Cambrai*. — Le premier duc de Cambrai, fut Jacques de Croy. L'empereur et roi Maximilien Ier, érigea la ville de Cambrai en duché, par un titre qu'il signa le 28 juin 1510. Ce titre en forme de lettre à Jacques de Croy, est trop long pour être ici rapporté en entier. L'empereur dit à l'évêque de Cambrai : « En considération de vos mérites, de votre affection, de votre dévouement à notre personne, de votre zèle pour notre empire, etc. Nous vous érigeons, aujourd'hui, vous, Jacques de Croy, évêque de Cambrai, comte de Cambresis en *véritable Duc de Cambrai*, vous en accordant tous les honneurs et les insignes; entendant expressément que doresnavant vous jouirez de toutes les dignités, prééminences, droits et pouvoirs qui appartiennent aux autres ducs de notre Saint-Empire romain. Nous érigeons aussi, de notre pleine volonté impériale, la cité de Cambrai, et tout son terroir en véritable Duché, décidant par le présent *édict* que doresnavant vous, Jacques de Croy, porterez le titre *d'Evêque et Duc de Cambrai, Comte du Cambresis*; et jouirez de toutes les prérogatives des autres ducs et princes du Saint-Empire romain. » Par le même acte, l'empereur Maximilien, fixe les armes du nouveau duc, dans lesquelles il fait entrer, *en chef*, l'aigle noire royale sur champ d'or. C'est depuis cette époque et en sa qualité de duché, que la ville de Cambrai, porte l'aigle noire dans ses armoiries. Les armes de l'ancien comté portaient simplement trois lions d'azur sur champ d'or. — V. une liasse reposant à la Bibliothèque communale de Douai, sous le n° 898.

La faveur que l'empereur d'Allemagne venait d'accorder à la cité, fut accueillie avec une grande joie. Le chapître seul, que la puissance de l'évêque offusquait toujours, protesta par sa froideur, il entraîna dans cette bouderie l'ancien parti de M. de Melun, compétiteur de Jacques de Croy. L'absence du chapître ne nuisit en rien à la fête brillante qui accueillit le nouveau duc.

Le costume ducal fut d'abord fixé ainsi qu'il suit : *Un grand riche manteau d'écarlate fourré d'hermine dessus son sayon de satin rouge; et dessus ce manteau un grand chaperon (espèce de chape) également fourré d'hermine; et un chapeau ducal plein de pierres précieuses.* § Ms. 6, p. 130. C'est dans ce splendide costume que Jacques de Croy, fit à Cambrai son entrée en qualité de duc, quelque temps après y être entré comme évêque. Nous dirons ici quelques mots de cette cérémonie. Le duc entra dans Cambrai par la porte de St-Georges, et s'achemina vers la *Chambre de la ville*. Il était accompagné d'un nombre considérable de grands seigneurs, qui formaient un cortége d'environ 800 cavaliers, sans compter les personnes en voiture, parmi lesquelles on remarquait le prince de Chimay, son neveu. Des hérauts d'armes, des trompettes, des clairons des timbales, ouvraient la marche. Le duc remarqua en traversant la rue de St-Georges, *une très belle représentation des pairs du Cambresis*, dans le costume où ils rendent hommage à l'empereur. Ce spectacle était dû aux Mulquiniers. († Ms. 659, p. 147.—Dupont, part. 5, p. 31). Des torches ardentes s'agitaient sur le passage du cortège, qui s'achemina jusqu'à une brillante estrade élevée sur le marché et décorée de riches tentures.

Là, le prince fut reçu par tout le corps échevinal et se plaça sur l'estrade au milieu des officiers de sa maison. On donna lecture du diplôme impérial qui érigeait la ville en duché. Cette lecture fut faite en français, afin que tout le peuple la pût comprendre; puis le duc prêta son serment, et les hérauts d'armes jetèrent à la foule de la monnaie d'or et d'argent, en signe de liesse. Après cette cérémonie, le prince dîna au palais, où il fut servi par ses francs-fiévés, chacun *faisant son office* (1). — V. § ms. 6, p. 131. — *Mém. chron.* p. 19. — On trouvera le titre d'érection dans l'*Hist. de Cambrai*, par Le Carpentier, part. 4, p. 69, et dans le *Mémoire pour l'arch.*, pièces justif., p. 161.

Nous avons décrit plus haut le costume du premier duc de Cambrai : le manteau et le sayon étaient de couleur écarlate. Il paraît, que cette couleur fut changée dans la suite, car suivant les mémoriaux du temps, Robert de

---

(1) Les anciens mémoriaux, suivant qu'ils sont écrits par des partisans du duc ou par des amis du chapitre, attribuent au peuple dans cette cérémonie de l'enthousiasme ou de l'indifférence pour le duc. Un manuscrit hostile (§ ms. 6, p. 130) rapporte que Jacques de Croy alla souper seul dans sa chambre ; qu'il n'avait fait jeter au peuple que quinze florins en petite monnaie, et qu'en acceptant de la part du corps échevinal *une coupe d'or contenant 500 carolus d'or*, il déclara qu'il était prêt à en accepter encore autant le lendemain. — Le premier duc de Cambrai, un Croy, et surtout Jacques, que les chroniqueurs nous représentent comme *un prince de grande autorité et magnifique* (*Mém. chron.*, p. 19. —† ms. 659, p. 148.—† ms. 884, p. 71.), un prince, le jour de son triomphe, allant souper seul dans sa chambre comme un écolier en pénitence, un Croy rapace et sordide qui donne 15 florins et reçoit des lingots d'or en se recommandant pour une autre fois... Ce sont là des bouffonneries, des absurdités qui font peu d'honneur aux partisans du chapitre, et qui prouvent que de tout temps, il s'est trouvé de honteux écrivains qui trempent leur plume dans le fiel et accommodent l'histoire au gré de leurs passions.

Croy (13 juin 1529), avait une robe ducale de velours cramoisi, « *et fust vestu d'une robe de velours cramoisy, et du rond bonnet et monta à cheval en estat ducal accompagné de nobles, et portait un gentilhomme l'espée de duc devant luy.* » — § Ms. 6, p. 137. — *Mém. chron.* p. 25.

Louis de Berlaymont portait la robe ducale en velours violet. « Et retourna en son palais *s'accoustrer en duc avec une robe de viole velours* et se partit pour aller au marché et là étant messieurs de la ville sur un hourdement, Monsieur de Cambrai monta en se mettant au *mitans d'eux*; et fit le serment de garder ses manans en tous droits et magniers accoustumés, etc. » Même cérémonie que celles du 10 février 1510; et du 13 juin 1529. — *Mém. chron.* p. 74.

Les citations que nous venons de faire suffiront pour mettre le lecteur au courant de la partie politique et officielle de l'entrée des ducs de Cambrai. On verra au mot *Entrées*, comment les Cambresiens savaient embellir ces cérémonies.

DUCASSE. (*Fête communale*). — Les communes de Flandre célèbrent, chaque année, leur fête patronale sous le nom de kermesse ou de ducasse. C'est ce dernier nom qui est en usage dans le Cambresis. Il était déjà employé au XIIIᵉ siècle. On le rencontre dans un acte de 1299, par lequel Alard de Blargnies, pair du Cambresis, et sa femme Alix, cèdent à l'abbaye de St-Aubert, une pièce de terre située à Selvigny. Cet acte est ainsi daté : *Fait le jor del DUCASSE, apriès disners*. Evidemment *ducasse* n'est que la contraction de dédicace, car l'époque de la ducasse, dans nos communes, coïncide souvent avec le jour anniversaire de la dédicace de l'église du lieu.

Dans beaucoup de localités la *Ducasse* a son *raccroc*. C'est-à-dire que, huit jours après, on continue la fête qui semble avoir fini trop tôt.

La fête patronale et communale de Cambrai, qui se célèbre le 15 août, jour de l'Assomption, portait aussi autrefois le nom de *Ducasse*.

DUPONT, gradué en théologie, et chanoine régulier de l'abbaye de St-Aubert. — Ce prêtre laborieux a publié une *Histoire ecclésiastique et civile de la ville de Cambrai et du Cambresis*. Elle comprend la succession des évêques et les choses les plus remarquables arrivées dans ce pays.

Cet ouvrage est divisé en sept parties qui ont été insérées successivement dans l'*Almanach de Cambrai*, imprimé chez Samuel Berthoud. La dernière partie en a été publiée en 1767.

E

EAUETTE, *Escauette*. — Petite rivière qui prend sa source aux environs de Marcoing, au nord du bois Couillet. Cette source s'appelle la *Fontaine-des-Pierres*. L'Eauette reçoit dans son cours les eaux d'autres sources plus voisines de Marcoing où elle fait tourner un moulin et se jette dans l'Escaut. Cette petite rivière a un parcours d'environ 2 kilomètres.

ECALÊTE. — Espèce d'instrument formé de deux simples planchettes que l'on sépare par un doigt de la main, et que l'on fait *claquer* l'une contre l'autre. Autrefois les enfants du peuple faisaient de ce jeu, dans les rues de Cambrai, leur principal amusement.

ECHEVIN, *eschevin*, *Eskievin*, *Scabinus*. — C'était le nom d'un magistrat chargé de l'administration de la ville et de la distribution de la justice. Les échevins avaient succédé au *Sénat* et furent remplacés en 1790 par les officiers municipaux. Considérés collectivement, les échevins formaient la *Chambre échevinale*. — V. *Magistrat et juridiction*.

ECLAIRAGE. — L'éclairage des villes de province ne date guère que de la fin du siècle dernier. Paris lui-même ne fut éclairé d'une manière satisfaisante qu'en 1766, époque où fut introduit l'usage des réverbères dont se servent encore les villes qui ne sont point pourvues d'appareils au gaz.

Au commencement du XVIᵉ siècle, Paris n'avait point d'éclairage régulier. Comme cette ville était infestée de voleurs, les habitants eurent ordre d'éclairer les rues en plaçant des lumières aux fenêtres de leurs maisons. Ce ne fut que vers 1558, qu'on éclaira la ville, tant bien que mal, à l'aide de pots remplis de poix-résine. Depuis lors les choses allèrent en se perfectionnant jusqu'à nos jours.

Ce fut, comme il vient d'être dit, vers la fin du siècle dernier que s'introduisit en province, l'usage des réverbères. Nantes fut éclairée en 1777, Strasbourg, commença à l'être en 1779.

Cambrai le fut en 1780 ou 1781. Mais comme on le peut croire, cet éclairage était fort imparfait. Pendant la révolution, la commune ruinée fut contrainte de cesser l'éclairage, mais la population épouvantée de l'usage que les bandits faisaient des ténèbres, à une époque telle que celle-là, se cotisa pour rétablir l'usage des lanternes. Plusieurs fois, les fonds de la souscription volontaire venant à manquer, l'éclairage cessa de fonctionner.

Enfin, le 4 février 1802, le maire de la ville, instruit par l'expérience, demanda au Conseil municipal, que la ville fût éclairée l'hiver suivant, *la sûreté publique exigeant impérieusement cette dépense*. La proposition du maire fut accueillie, et l'éclairage rétabli.

La ville est aujourd'hui entièrement éclairée au gaz. Les premiers appareils furent posés sur la Grand'Place, devant l'Hôtel-de-Ville en 1840.

—V. *Hist. de la Municipalité de Cambrai*, par E. Bouly, t. 2, p. 270, 298.

ÉCOLES DE DESSIN. — Une école de dessin fut fondée à Cambrai par les *Etats* en 1782. Elle s'est perpétuée avec succès jusqu'à nos jours. Le premier professeur en fut saint Aubert. — En 1849, le Conseil municipal de Cambrai voulant développer davantage l'enseignement des beaux-arts dans la cité, créa une Ecole de dessin linéaire, de peinture et de sculpture, qui obtint, dès son début, les plus heureux résultats grâce au mode d'enseignement propagé par *Dupuis*. Ces deux établissements donnent pleine satisfaction aux exigences de tous les états, et aux goûts de la jeunesse cambresienne.

ÉCOLE DE MUSIQUE. — Elle a été fondée en 1822. Les premiers administrateurs en furent MM. Auguste Le Roy, président, E. Bouly, Lussiez, de Lassale et Demadre.

ECOLE DES PAUVRES (*grande*) dite *Ecole dominicale*. — Cette fondation charitable, l'une des plus importantes qui aient été faites à Cambrai, est aussi l'œuvre de l'un de nos plus illustres prélats. Les pièces qui sont ici consignées, tiendront lieu de toute notice sur ce sujet, et prouveront, en même temps, tout ce qu'il y avait de sagesse, de modestie et de charité dans les actes du bienfaisant Vanderburch.

ÉCOLE DOMINICALE.
Les Filles de Sainte-Agnès à Messieurs du Magistrat.

« Remonstrent très humblement les filles de Sainte-Agnès que, par la grâce de Dieu, elles ont empriris d'enseigner gratuitement les pauvres filles à lire, escrire et travailler pour gagner leur vie, ensemble, les catéchiser; de quoy elles s'acquittent le mieux qu'il leur est possible, et considérant que les pauvres garçons n'ont pas moins de nécessité d'être catéchisés et enseignés; pour le zèle qu'elles ont au salut des âmes, offrent de donner gages suffisants à austant de maîtres qu'il conviendra jusqu'au nombre de trois, pour enseigner journellement lesdits pauvres garçons à lire et escrire, et les festes et dimanches les catéchiser, moyennant qu'il plaise à V. S. les accommoder de quelques places; et ne trouvant de plus propre que la maison quy fut la veuve Salon proche des Sœurs-Noires de Saint-Jacques-au-Bois, supplient qu'elle puisse être à ce affectée. Et combien qu'elle ne soit en estat pour y exercer semblables fonctions, les remonstrantes ont quelque pieuse personne à la main quy la fera accommoder et fournira aux frais, moyennant l'entretiennement à Messieurs de la Ville, en quoy V. S. feront une œuvre singulière de charité au grand bien de la ville et sans aucun intérêt d'icelle, veu même que ladite maison leur est inutile.

« 28 d'août, 1625.

» Messieurs du Magistrat ayant été advertis de bonne part que la personne pieuse que les remonstrantes avaient à la main, qu'elle offroit accommoder la place dont l'usage se requiert par ceste requête, étoit Monseigneur Messire François Vanderburch leur archevesque, ont député deux de leurs confrères pour conférer avec sa Seigneurie illustrissime et révérendissime, du contenu en icelle; lesquels étant de retour, leur ont fait rapport que Sadite Seigneurie emprenoit de faire outrer et mettre à exécution deue ledit contenu, et mettre ladite place en bon état pour y faire une Ecole Dominicale, et l'entretenir à l'avenir si longtemps qu'elle demeureroit audit usage, moyennant toute fois que, de la part dudit Magistrat, ledit usage fût accordé pour durer aussi longtemps que le catéchisme y sera enseigné aux pauvres de ladite ville et que l'autorité d'y constituer des maîtres, appartienne audit archevesque et à ses successeurs, avec communication et participation qu'il en donnera audit Magistrat et ses successeurs, promettant que lesdits maîtres se-

L'église de St-Eloy est figurée sur le plan de Cambrai publié par Samuel Berthoud en 1774.

ENCEINTE de Cambrai. — V. Fortifications.

ENFANTS TROUVÉS. — V. Orphelins.

ENTRÉES JOYEUSES de princes et d'évêques. — C'est surtout pendant le XVIe siècle que les Cambresiens, toujours amis des fêtes, donnèrent un brillant caractère, un développement considérable aux réceptions des hôtes illustres qui arrivaient dans la cité. Les entrées de leurs évêques étaient particulièrement remarquables par les cortéges qu'on y voyait figurer. L'entrée de Jacques de Croy, premier duc de Cambrai, inaugura, pour ainsi dire, ces grandes cérémonies du XVIe siècle, usage qui se perpétua dans les suivants. Ce n'est pas qu'il n'y ait eu aux époques antérieures des cérémonies de ce genre, mais elles étaient plus rares et moins bien ordonnées.

Il faut du reste distinguer, dans les joyeuses entrées de nos évêques, la partie officielle, le cérémonial obligé, de la partie pittoresque qui n'en était qu'un accessoire. Voici, d'après quelques anciens documents, le programme des cérémonies qu'on observait en ces occasions. A son arrivée à la banlieue de Cambrai, l'évêque était *requis de par toute le ville qu'il face tel serment* : « *Sire, vous jurés, in verbo sacerdoti, que vous asseurés les personnes et les coses des citoyens de Cambrai, et le loi escrite, les usaiges et les maniemens de la cité de Cambrai.* »

Ce serment fait, il se dirigeait avec sa suite vers l'hôpital St-Ladre (1). Là on procédait à une singulière cérémonie : le grand ministre de St-Géry s'emparait d'une épée que le prélat portait et se l'appropriait. De plus le notaire du chapitre lui prenait ses souliers. Alors le prélat quittait ses habits de voyage, pour se revêtir d'une aube, et d'une mitre blanche sans aucun ornement d'or ; puis, sans son bâton pastoral, et nu-pieds, si sa dévotion l'y portait, il allait, avec le chapitre de St-Géry qui était venu au devant lui, faire sa prière dans l'église de ce nom construite sur le Mont-des-Bœufs. C'était un droit de l'abbé de St-Aubert et de l'abbé de St-Sépulcre, de se placer pendant toute la marche à droite et à gauche du prélat. Arrivé à St-Géry, l'évêque jurait de garder l'abbaye dans ses priviléges, et lui faisait don d'une pièce de drap d'or. Ensuite on descendait processionnellement jusqu'au pied du Mont-St-Géry où l'évêque faisait un nouveau serment dont la formule était prononcée par le clerc du bailli de Cambrai. Ce serment qui concernait les francs-fiévés était conçu en ces termes : « Monseigneur, vous jurez que, vos 24 fiévés cy-présents, vous warderez et maintainnerez en leurs droicts, franchises priviléges et libertés anciennes accoustumées. Si vous aide Dieu et tous les saincts du paradis. » Les francs-fiévés répondaient par un serment réciproque, et l'évêque, suivi de sa noble escorte et du peuple, s'acheminait vers la cathédrale, en traversant la rue de St-Jean, le Marché-au-Bois, le Grand-Marché et la rue des *Maseaux* (de l'Arbre-d'Or). En entrant dans la rue de St-Aubert, il rencontrait le chapitre de Notre-Dame qui l'attendait pour le conduire dans la cathédrale. Sous le porche de l'église, où on lui mettait en main la corde de la cloche épiscopale qu'on nommait *Aldegonde*, l'évêque promettait que, si cette cloche se brisait à son service, il la ferait refondre à ses frais. Puis il s'avançait jusque dans le chœur, et tandis que, prosterné devant le grand autel, il faisait son oraison, on entonnait le *Te Deum*.

Après le *Te Deum*, s'il était venu à pieds nus, il entrait dans la sacristie pour se les laver, et revêtir ses habits pontificaux quand il voulait dire la messe. Sinon, il prenait un surplis et une simple aumusse canonicale, et assistait au saint sacrifice dans une des formes du chœur. D'autrefois il se dirigeait incontinent vers son palais.

Dans cette cérémonie prélat, chapitre et cité se prêtaient de mutuels serments. Celui que l'évêque et le chapitre devaient à la cité se faisait au moment où le prélat entrait dans l'église, et dans les mêmes termes que le serment déjà fait à l'arrivée à la banlieue.

Les échevins à leur tour juraient sur des reliques de servir fidèlement l'évêque, de rendre loyalement la justice, d'observer la loi, enfin de remplir tous les devoirs de leurs charges.

Il faut dire encore que, suivant le cérémonial, dès que l'évêque paraissait à la banlieue, la plus grosse cloche de St-Géry devait sonner jusqu'à ce qu'il fût entré dans l'hôpital St-Ladre. Alors on commençait à sonner toutes les clochettes

---

(1) L'hôpital St-Ladre qui a donné son nom au faubourg qui le porte encore, et à une porte de la ville, qui en était voisine, laquelle a été détruite pour l'érection de la citadelle, était situé non loin de l'entrée actuelle de la rue de St-Ladre. La rue de la ville qui aboutissait à la porte de St-Ladre, et qu'on appelait rue de France, passait auprès du monastère de St-Géry.

de cet hôpital jusqu'à ce qu'il fût dans l'église de St-Géry. — V. § ms. 9, p. 94.

Les mémoriaux de St-Aubert contiennent la relation de l'entrée de Jean de Bourgogne, le 10 juillet 1442. On y voit que les usages ci-dessus décrits y furent observés avec une scrupuleuse exactitude. Ce passage des mémoriaux de St-Aubert peut se lire dans l'*Histoire de Cambrai* par l'abbé Dupont, notes de la IVe partie, p. 4.

Il est important de noter qu'après 1543, époque de l'érection de la citadelle, le chapitre de St-Géry ayant été transféré dans l'endroit où l'on voit encore les ruines de l'église entre les rues de St-Géry et de la Clochette, l'itinéraire des évêques fut changé, et que ce fut alors vers la nouvelle église qu'ils se dirigeaient dès leur entrée en ville.

Nous avons parlé du cérémonial de rigueur, voyons maintenant de quelles pompes les Cambresiens savaient l'environner. Une population en liesse et en habits de fête, les serments de la cité en riches costumes et sous les armes, les corporations et confréries bannières au vent, les Ordres religieux, les écoliers, de brillantes cavalcades, des *exemples, remontrances* ou *mystères* joués sur des échafauds dressés le long des rues; des tentures riches, des arcs de triomphe, des feux de joie, des torches ardentes, du bruit, de l'entrain, de l'enthousiasme, tels étaient les éléments de ces grandes fêtes. Quelques citations feront connaître au lecteur, mieux que nos paroles, la nature et la couleur de ces joyeux *triomphes*.

Mais auparavant une observation est encore nécessaire; c'est qu'à dater de l'érection de Cambrai en duché, la cérémonie fut divisée en deux parties; l'une religieuse; l'autre civile : c'est-à-dire que le duc, après sa visite à Notre-Dame, prenait un costume ducal, et s'en venait devant la maison de ville sur un riche échafaud, prêter et recevoir le serment civil.

Lorsque Jacques de Croy, déjà installé comme évêque, fut promu aux honneurs du duché, il eut alors à faire une entrée purement ducale. On peut en lire la relation à l'article *Duc et Duché*. Voici maintenant les citations promises.

L'an mil V.^eXXIX le 13e jour du mois de juing, (d'autres disent le 29e) en dimanche à huict heures au matin, Robert de Croy évesque et ducq de Cambray fist son entrée aud. Cambray avecq luy son frère M. le marquis d'Arscotte, son frère M. de Moncornet, son frère l'évesque de Tournay, M. le grand Bailly de Hainault, M. de Fiennes, tous portans le toyson,

et plusieurs abbés et aultres grants seigneurs avecq leurs gens, lesquels on estimoit à plus de mil cheval. Et y fist on plusieurs exemples (comédies) comme une à le porte St-Ladre; ceux de St-Jacques une au Marché-au-Bois; les bouchers contre le bouchery, les merchiez entre deux cambges, les cordonniers au Marchiet-au-Poisson (1) les cabartiez contre la Capelette, les drapiez contre le Croix-au-Pain; les voisins de la rue des Maseaux (2) à l'entrée de la rue, qu'on passoit par dessoubs le théâtre (arc de triomphe); les parmentiers contre les murs de sainct Aubert. Cheux du petit marchiet en le plache Nostre-Dame, devant sainct Aubert; et ung aultre contre le palais. Et furent les arbalestriers au devant tous à cheval; les archiers tout rouges vestus, avec bonnez orangiéz, les cannoniers vestus de cuiraches et bonnez rouges, et tous les sermens de la ville et plusieurs aultres compignies, comme le *Quétivier* lesquels estoient abilliés en hommes sauvaiges, et y avoit une femme sauvaige, et les jueurs de l'espée à deux mains tout blancq cauchés (portant culottes blanches) en chemises, en blancques huves, tous dansans à tout espée tranchant, et en cest estat fut mené à Nostre-Dame, et là oyt le grant' messe (3). Après fut vestu d'une robe de velour cramoisy et s'en vint par le rue Taveau (Tavelle), où il y avoit deux ou trois exemples et tendue de tapisserie. Et se vint devant le maison de ville, monta sur un eschafaut qu'on avoit faict et tous les seigneurs qu'il avoit amenez avecq luy, et après montèrent Messieurs les prévost et eschevins, conseliers et quatre hommes : lesquels, après que Monsigneur ot faict le serment, lui jurèrent d'entretenir les droicts et loys coustumes du pays et comté de Cambresis. Et adonc fut rué (jeté) or et argent à la harpaille, et trompettes sonnèrent et chascun à mener grant feste. Les cannoniers déssérèrent plus de cent harquebouzes, lesquelles estoient arangiées aux frenestes du grenier où on ju de l'espée à deux mains. Les meulquiniers firent rotir ung beuf tout entier, lequel estoit lardé de pourchelets (cochons de lait) d'oysons, de poulets et de pigions; et fut roti au touquet (coin) de le doublure; et les taverniers mirent une pièche de vin sus trois pièches de bois en hault, et le laissièrent couler tant qu'elle peut, et y fist-on plusieurs esbatemens come de juer sur car (4) et de danse en toutes joyeusetés que on sçavoit faire pour son seigneur.

V. † ms. 659, p. 188. — † Ms. 884, p. 86, *Mém. chron.*, p. 23.

Voici maintenant une entrée de prince.

---

(1) Le Marché-au-Poisson, était alors près du flot del'Cayère, retenue d'eau considérable qui existait entre le grand marché et la Place-au-Bois.— V. *Flot del'Cayère*.

(2) Aujourd'hui rue de l'Arbre-d'Or. — Maseaux signifie bouchers : cette ruë était alors habitée par des bouchers.

(3) Le chroniqueur ne dit pas un mot du cérémonial obligé, il ne parle que de la partie pittoresque de la fête. Cela ne veut pas dire que tous les usages ecclésiastiques n'aient point été observés.

(4) D'autres mss. disent *sur corde*.

Joyeuse entrée de Charles-Quint (1).

« En le jour de St-Sébastien, le 20ᵉ jour du mois de janvier, l'empereur fit son entrée en Cambray environ de cinq à six heures du soir; et furent au devant messieurs Prevost Echevins de Cambray et tous les officiers en belle ordre tous à cheval et allèrent jusque emprès de le cauchiète et quand l'empereur deu approcher, Messieurs Prevost, Echevins, concierge, les deux huissiers se mirent par terre et marchèrent en ordre jusque devant l'empereur; et là, luy fut fait la révérence, et luy fut fait par Maistre Pierre Briquet licentiez et conseiller de laditte ville de Cambray la harenghe comme il s'ensuit.

» Tres haut, tres noble et tres victorieux, voichy votre povre subject Prevost Echevins de votre cité et ducé de Cambray, lesquels en toute humilité vous viennent faire la révérence et vous présentent les clefs de votre cité et ducé.

» Et lui présenta M. le Prevost auquel l'empereur les luy laissa et cela fait, il marcha et entra en Cambray par la porte St-George : et y avoit, depuis laditte porte jusqu'au palais, à double rang de quatre pieds en quatre pieds, flambeaux ardans qu'on estimoit au nombre de trois mil.

» Et au milieu de la rue St-George les marchands de toilette firent une porte grande et plantureuse peinte toute à l'antique et y avoit une remontrance de la Trinité et les trois estats qui l'adoroient, laquelle chose etoit bien magnifique.

» Et en l'âtre (cimetière) de St-Nicolas les mariseaux, Tallandiez et serruriez firent une remontrance comment l'empereur et le roy de Franche trouverent l'un l'autre au port de Marseille.

» Et au milieu de la rue des Liniers, les fourniers en firent une comment les enfants d'Israel étoient au désert gouvernés de la manne du Ciel, et Melchisédech présentoit pain et vin. Les orfévres firent au coin de laditte rue, pour entrer en la rue de Boulengrie, une grande Couronne impériale toute couverte d'argent, fort riche, elle étoit illuminé de cinquante flambeaux.

» Les taverniers firent au milieu du marché en manière d'une tour sur quatre gros piliers de chesne : et sur les quatres coins il y avoit quatre enfans qui pissoient vin et étoit toute laditte tour atourdelée de torches allumées; et au bout de la tour, une aigle, et alentour revêtue d'armoiries de l'empereur et du roy, du dauphin, du Duc d'orléans et de M. de Cambray et autres.

» Les drapiers firent au toucquet de la rue des Maseaux une porte là où il y avoit trois josnes filles bien acoustrées qui représentoient trois vertus comme foy espérance et charité et toute chargée de torches et armoiries alentour. Les bouchers firent rotir un bœuf tout entier.

» Les tanneurs et cordonniers, auprés de St-Aubert, firent une remontrance comme l'empereur entra en Jerusalem à tout la vray croix, et à l'entrée de St-Aubert il y avoit une porte toute revestue d'armoiries et une femme qui jettoit vin par sa mamelle.

» A l'entrée du palais, une porte pareillement revestue d'armoiries et dessus, les chantres de M. de Cambray lesquels chantoient moult mélodieusement.

» L'empereur étant arrivé au palais de l'évesché, Messieurs du chapitre lui donnèrent une relique de la vraye croix à baiser, lui présentèrent l'asperge dont il aspergea le daufin de France et le duc d'Orléans, puis lay présenta à baiser les Stes évangiles. Du palais, l'empereur entra dans l'église de Notre-Dame par le grand portail de dedans l'évesché, vint au chœur et on chanta le *Te Deum*.

» Il revint au palais ou il logea, le Dauphin et le duc d'Orleans logèrent à St-Aubert avec qui Charles V soupa dans cette abbaye, ils étoient accompagnés du connestable de France, du duc de Vendosme et de plusieurs grand seigneurs françois.

» Le lendemain du jour St-Sébastien, l'empereur et tous les seigneurs assistèrent à la messe à Notre-Dame, puis partirent pour Valentiennes. Le samedy suivant, le Daufin le duc d'Orléans et les autres seigneurs de France revinrent à Cambray, lesquels furent defrayés de tous despens tant du aller que du revenir, par les bourgeois de Cambray. Le roi de France avoit donné ses enfans et sa noblesse pour faire honneur à l'empereur dans sa route.— V. *Mém. chron.*, p. 34. — † ms. 659, p. 240.

ENTREPONTS (*Quartier d'*). — Autrefois les ponts jetés sur les trois bras de l'Escaut qui traversent la ville étaient visibles et gardaient le nom de ponts. Tels étaient le pont de l'Aubelain, le pont de l'Officialité, le pont des Récollets, le

---

(1) Charles-Quint, avait été autorisé par François 1ᵉʳ, à traverser la France, pour aller mettre les Gantois à la raison. Le Magistrat de Cambrai, informé du passage prochain de l'empereur, publia à *la Pierre*, que des récompenses seraient décernées aux bourgeois qui feraient les plus belles représentations. Quatre prix étaient offerts au zèle des citoyens.

pont des Amoureux, etc. V. *Ponts*. Aujourd'hui ces noms ont disparu, parce que l'on traverse l'Escaut caché par les maisons qui bordent les rues, sans se douter, qu'un fleuve coule sous le pavé de nos chaussées. On appelait donc *Entreponts* tout le quartier de la ville compris entre les ponts de l'Escautin et les ponts de l'Escaut proprement dit.

ÉPÉE A DEUX MAINS, ou *Espadon*. — C'était une large épée qu'on tenait à deux mains, et qu'on tournait si vite et si adroitement, qu'on en demeurait toujours couvert. Au XVIe siècle, quelques bourgeois de Cambrai faisaient déjà de cet exercice un objet de délassement. Ils avaient, sur la grand'place, un grenier où ils *jouaient* de ces armes. Ils figuraient dans les fêtes, avec un costume très léger. On les vit notamment dans le cortége d'entrée de Robert de Croy (13 juin 1529). « Etaient les jueurs de l'espée à deux mains, tout blancq cauchés (culottés), en chemises, portant blancques *huves* (bonnets) tous dansans avec leurs espées tranchantes. » — V. † ms. 659, p. 191. — † ms. 884, p. 87. — *Mém. chron.*, p. 24 et 25.

ÉPOQUES REMARQUABLES de *l'Histoire de Cambrai*. — Nous ne citons pas les faits et dates hasardés que l'on a quelquefois placés en tête de nos annales. Pour ne pas grossir le nombre des contradictions, nous commençons à l'époque où les documents deviennent plus certains.

— Année 385 environ. — Après la destruction de Bavay, les Romains érigent Cambrai en chef-lieu de tout le Hainaut dont le territoire des Nerviens faisait partie.

— 428 ou 445. — Cambrai tombe au pouvoir de Clodion, roi des Francs (1).

— 500 environ. — Saint Vaast est envoyé par saint Remi, dans le pays, pour y enseigner l'évangile. — Sous l'épiscopat de cet apôtre, on voit s'élever à Cambrai l'église de *St-Pierre* (aujourd'hui St-Aubert et St-Géry).

— 511. — Cambrai, après la mort de Clovis, tombe en partage à Thierry, l'un de ses fils.

— 525. — Suivant Julien de Lingne, c'est en cette année que fut érigée la primitive église de Notre-Dame.

— Milieu du VIe siècle. — Vedulphe, évêque d'Arras et de Cambrai, transfère dans cette dernière ville le siége épiscopal qui, auparavant, était à Arras.

— 584 environ. — Saint Géry devient évêque de Cambrai. — Ce fut lui qui fit construire l'église de St-Médard (plus tard de *St-Géry*), sur le mont où est actuellement la citadelle.

— Commencement du VIIe siècle. — Sous le règne de Clotaire II, le grand diocèse de Cambrai est divisé en plusieurs petits départements appelés *pagi*. C'est alors qu'est constitué le Cambresis, *Pagus Cameracensis*.

— 717, 20 mars. — Bataille de Vinchy ou Vinci en Cambresis, où Charles-Martel défait Chilpéric II.

— 776. — Charlemagne octroie des priviléges à l'Eglise de Cambrai.

— 816. — Louis-le-Débonnaire confirme les largesses de son père.

— 881. — Les Normands saccagent le pays, ils ruinent Cambrai.

— Fin du IXe siècle. — L'évêque Dodilon agrandit et fortifie la ville de Cambrai.

— 923 environ. — Après la bataille de Soissons, Charles-le-Simple cède à Henri l'Oiseleur, roi de Germanie, ses droits sur le royaume de Lorraine dont Cambrai fait partie.

— 941. — L'empereur Othon confirme les chartes accordées aux évêques de Cambrai, avec le droit de battre monnaie.

— 946. — Louis-d'Outremer confirme entre les mains de Othon Ier, fils de *l'Oiseleur*, la cession faite par Charles-le-Simple.

— 980. — Traité entre Lothaire et Othon II,

---

(1) Quelques auteurs anciens, et des modernes, d'après eux, ont fait de Clodion un roi de Cambrai, qui y régna plusieurs années, et finit par y être inhumé. Rien de plus obscur que les premiers temps de notre histoire : aussi ne voyons-nous pas de raison de croire à ce royaume de Cambrai. Le père Daniel, dans son *Histoire de France*, tom. 1, préf. hist. p. lxxij, dit qu'à peine Clodion garda Cambrai quelques mois. « L'on voit toujours, dit-il, ce roi
» battu, chassé, demandant la paix. Sur quoi donc
» prétend-on que Clodion se fit un état dans les
» Gaules? l'unique fondement de tous nos historiens
» françois a été, ce qu'en dit Grégoire de Tours :
» Que ce roi s'était rendu maître de Cambrai et des
» pays d'alentours. Il ne dit pas qu'il y soit demeuré,
» et les auteurs contemporains disent expressément
» qu'il en a été chassé. »

D'un autre côté, on trouve dans l'*Art de vérifier les dates* que, dès la première année du règne de Clodion, Aëtius, général romain, reprit sur les Francs la partie des Gaules, voisine du Rhin. On y lit encore que ce serait non pas la première année de son règne, mais en 445 que Clodion aurait enlevé Tournay et Cambrai aux Romains. Mais l'auteur ne parle nullement de Cambrai, comme ville royale. Il dit au contraire que ce fut dans Amiens qu'en cette année, 445, le roi franc établit le siége de son empire.

par lequel le roi de France cède la Lorraine à l'empereur à condition de foi et hommage (1). Mais Othon n'hésite pas à se regarder comme véritable suzerain et donne la basse Lorraine dont le Cambresis fait partie, à Charles, frère de Lothaire, sous la condition qu'il se déclarera, dans les termes les plus formels, vassal de l'empire (2).

— 1007. — L'empereur Henri donne le comté de Cambresis à l'évêque de Cambrai, et à ses successeurs. — Le premier évêque-comte fut Herluin.

— 1073. — Premier mouvement connu d'émancipation communale, pendant un voyage de Gérard II (3).

— 1092. — Gérard II environne la ville de fossés profonds, de murailles et de tours.

— 1095 environ. — L'évêque Gaucher prête lui-même les mains à l'établissement d'une commune qui ne dure pas plus que la précédente.

— 1130. — Le pape Innocent II vient à Cambrai.

— 1148. — Un immense incendie dévore la cathédrale et la partie de la ville qu'on nommait le *Château*. — V. Château.

— 1182. — L'empereur Frédéric détruit et annulle une commune que les bourgeois avaient érigée.

— 1184. — Première loi écrite donnée aux Cambresiens, par l'empereur Frédéric.

—1210. — Othon IV prive les bourgeois de Cambrai de la juridiction qu'ils s'étaient attribuée sous le nom *de paix* et supprime le beffroi.

— 1214 ou 1215. — Frédéric II accorde aux Cambresiens les priviléges de la *Commune*.

— 1216. — Frédéric II révoque les priviléges qu'il avait accordés l'année précédente.

— 1226. — L'empereur Frédéric II défend aux habitants de Cambrai l'usage de leur cloche pour s'assembler, et réprime de nouvelles tentatives d'émancipation communale. La même année Henri, successeur de Frédéric ordonne la destruction d'un beffroi qu'ils avaient élevé.

— 1227. — Promulgation de la loi Godefroi.

—1300 ou commencement du XIVᵉ siècle.— L'art de tisser la *batiste* devient une source de prospérité pour le Cambresis.

(1) Art de vérifier les dates.
(2) *Hist. de France* par Mazas, t. 1, p. 286.
(3) Cette date est indiquée dans un ms. intitulé : *Vies et armoiries des évêques de Cambrai*, attribué à Jehan Duchastiel.

— 1313, 11 mars. — Emeute, insurrection populaire; la plus terrible que l'on rencontre dans les annales Cambresiennes.

— 1339. — Edouard III roi d'Angleterre, met le siège devant Cambrai. La résistance des assiégés le force à se retirer.

— 1382. — Charles VI, roi de France, vient à Cambrai, après la bataille de Rosbecque, et dépose dans l'église de Notre-Dame, les drapeaux enlevés aux Flamands révoltés.

— 1385. — Double mariage des enfants du duc de Bourgogne, avec ceux du comte de Hainaut. Charles VI assiste à ce mariage qui se fait à Cambrai.

— 1395. — Le Magistrat obtient de Venceslas, roi des Romains, l'autorisation d'élever un beffroi, et d'y placer une horloge.

— 1440. — Le chanoine Furcy Dubruille, apporte de Rome à Cambrai, l'image de Notre-Dame-de-Grâce, que l'on dit peinte par saint Luc.

— 1477. — Louis XI vient à Cambrai, où il fait un emprunt forcé de 40,000 écus d'or. Il laisse garnison au château de Selles.

— 1508. — Ligue de Cambrai, arrêtée le 10 décembre, par le cardinal d'Amboise, muni des pleins pouvoirs du roi Louis XII ; par le pape Jules II; Maximilien, roi des Romains; et le roi d'Espagne, contre les Vénitiens.

— 1510 — Erection de Cambrai, en duché par l'empereur Maximilien. Le même empereur confirme les priviléges bourgeois, donnés en 1395 par Venceslas.

— 1529. — *Paix des Dames*, conclue le 24 juillet, à Cambrai, par Marguerite d'Autriche, tante de Charles-Quint, et Louise de Savoie, mère de François Iᵉʳ.

—1539.—Charles-Quint passe par Cambrai.

—1543.— *Domination espagnole*. Erection de la citadelle de Cambrai, par Charles-Quint qui, violant la neutralité qu'il a reconnue et signée, fait de Cambrai, une place forte à son usage.

— 1559. — Erection du siège épiscopal de Cambrai en archevêché.

— 1574, 28 avril. — Homologation et promulgation des *Coutumes de Cambrai*, par Louis de Berlaymont.

—1576, *fin de la première domination espagnole*.—Beaudoin de Gavre, baron d'Inchy, s'empare de la citadelle de Cambrai, au moyen d'une ruse, et en chasse le baron de Lieques. Il prend ensuite possession de la ville, au nom des confédérés.

— 1581. — Le duc d'Anjou (et d'Alençon) fait lever le siége de Cambrai, que les Espagnols, sous le commandement du duc de Parme, tenaient étroitement cerné depuis onze mois.

— 1594. — Cambrai, se soumet à Henri IV. Le roi vient visiter sa nouvelle ville.

— 1595. — *Retour de la domination espagnole.* — Le comte de Fuentes prend Cambrai, et en chasse Balagny, qui y gouvernait tyranniquement au nom du roi de France.

— 1649, 24 juin. — Le comte d'Harcourt, investit Cambrai, qui est secouru par les Espagnols. Les assiégeants lèvent le siége le 3 juillet suivant.

— 1657, 28 mai. — Cambrai, menacé d'un siége par le vicomte de Turenne, est délivré par le prince de Condé, qui entre dans la ville avec un secours considérable.

— 1676, 10 juin. — Bataille d'Iwuy, près Bouchain, où le baron de Cuincy, à la tête de 2,000 cavaliers français, rencontre et défait un corps de cavalerie espagnole égal en nombre.

— 1677. — Prise de Cambrai, par Louis XIV, le 5 avril; et de la citadelle, le 17 du même mois. Cambrai est définitivement réuni au royaume de France.

— 1709. — Le parlement érigé par le roi à Tournay, est transféré à Cambrai, où il tient ses séances dans l'Hôtel-de-Ville, jusqu'en 1713. Il est alors fixé à Douai.

— 1722. — Congrès de Cambrai.

— 1744, 4 mai. — Louis XV, passe par Cambrai.

— 1745, 7 mai. — Louis XV, passe par Cambrai, en compagnie du Dauphin.

— 1747, 30 mai. — Louis XV passe encore par Cambrai.

— 1786. — On commence à démolir la belle façade gothique de l'Hôtel-de-Ville de Cambrai, pour la remplacer par celle qui existe aujourd'hui.

— 1790. — Installation du premier conseil municipal, qui remplace le corps échevinal le premier mars. — La constitution civile du clergé supprime l'archevêché de Cambrai, et le remplace par un évêché.

— 1793, août. — Les Autrichiens investissent Cambrai.

— 1794, 5 mai. — Arrivée de Lebon dans Cambrai. Cet épouvantable assassin, fait pendant deux mois entiers, couler le sang humain, sur la grand'place et le long des ruisseaux jusqu'à l'Escautin.

La plupart de nos monuments religieux s'écroulent sous la pioche révolutionnaire.

— 1801. — Le concordat confirme l'évêché de Cambrai.

— 1810. — Napoléon et l'Impératrice viennent à Cambrai.

— 1815. — Louis XVIII, à son retour de Gand, entre le 26 juin, dans Cambrai où il séjourne pendant quatre jours. Le roi date de Cambrai une proclamation remarquable.

— 1815, novembre. — Cambrai reprend ses anciennes armoiries, en vertu d'une ordonnance du roi.

— 1818. — L'armée d'occupation quitte le pays.

— 1820, 8 novembre. — Cambrai est élevé au rang des *bonnes villes* du royaume.

— 1827, 4 septembre. — Charles X passe par Cambrai.

— 1830, premier août. — On arbore dans Cambrai le drapeau tricolore.

— 1841. — Le siége archiépiscopal de Cambrai, est rétabli après la mort de M. Belmas.

— 1848. — Chute de Louis-Philippe. La république est proclamée à Cambrai, le 28 février. La nouvelle constitution républicaine, y est publiée le 19 novembre.

— 1852. — Proclamation de l'empire.

ESCACHE (l'abbé de l'). — V. *Abbé.*

ESCAUDIAUX. — V. *Escaut.*

ESCAUDŒUVRES. (*Château d'*) — Le château d'Escaudœuvres existait dès le XIVe siècle. On lit dans Froissart, dans Duchastiel et autres, qu'en 1340 il fut assiégé et pris par le duc de Normandie. Ce château complice de celui de Thun-Lévêque envoyait également des routiers en *courses* dans le Cambresis. Il était extrêmement fortifié et fut rendu, selon Froissart, après six jours de siége, par le capitaine souverain, messire Girard de Sassegnies qui, soupçonné de trahison, périt misérablement en Hainaut. D'autres chroniques, et c'est le plus grand nombre, disent que Philippe-de-Valois était en personne au siége d'Escaudœuvres. A les en croire, le château ne se serait pas rendu au bout de huit jours, et il aurait déjà subi quinze jours de siége quand le roi y arriva. Il ne se serait même rendu que plusieurs semaines après son arrivée.

Quoiqu'il en fût, les Cambresiens le démantelèrent et voulurent faire servir aux fortifications de leurs murailles les débris de cette forteresse qui avait si longtemps servi d'abri à leurs ennemis, de lieu de dépôt au butin des pillards.

Cette destruction complète n'empêcha pas le château d'Escaudœuvres de se relever par la suite. On voit dans la chronique de Duchastiel qu'en 1433 le duc de Bourgogne occupait *la forteresse d'Escaudœuvres auprès de Cambrai*. Enfin, le même auteur nous apprend encore qu'en 1488 « fut prins le château d'Escaudœuvres, la veille du jour de Mgr St. Thomas. Et le rendit M. de Belforières à M. de Mirencourt, lequel mit garnison au château. »

Nous perdons ensuite la trace de cette forteresse qui devait être très bien défendue par les eaux de l'Escaut sur le bord duquel Froissart dit qu'elle était située (1). Cette circonstance rapportée par les chroniqueurs : que Philippe-de-Valois fut plusieurs semaines à la prendre, prouve de reste qu'elle était munie de puissantes fortifications. Elle fut du nombre des forteresses détruites par Charles-Quint, en 1543.

Mais bientôt encore on la réédifia, car en 1580, la gendarmerie des Pays-Bas, allant, après la prise de Bouchain, établir son camp à Marcoing, Noyelles et autres lieux, passa par Escaudœuvres le 19 septembre, « et prirent le château dudit lieu, où il y avoit dix ou douze soldats de la garnison de Cambrai, la plus grande partie desquels ils firent mourir, et y mirent des leurs en garnison. — § Ms. 2, p. 11. — † ms. 1017. — † 884, p. 216.

Aujourd'hui deux châteaux modernes existent à Escaudœuvres, sous les noms de grand et de petit château.

ESCAUT, (*Escautins, Escaudiaux*), en latin *Scaldis*. — Ce fleuve traverse le Cambresis, en parcourant des sites très pittoresques. Il prend sa source près du Mont-St-Martin. Au dessus de cette source dont l'eau est excellente, on lit, gravée sur une pierre, l'inscription suivante que l'on attribue aux religieux du Mont-St-Martin :

FELIX SORTE TUA SCALDIS,
FONS LIMPIDISSIME,
QUI A SACRO SCATURIENS AGRO
ALLUIS ET DITAS NOBILE BELGIUM,
TOTQUE CLARAS URBES LAMBENS
GRAVIUS THETIDEM INTRAS.

Toute l'histoire du fleuve est contenue dans cette ingénieuse inscription.

Ta destinée est heureuse, fontaine limpide de l'Escaut, qui, sortie d'un mont sacré, vas arroser et enrichir la Belgique, et après avoir baigné les murs de tant de cités illustres, entres bien plus majestueuse dans la mer.

Avant d'entrer dans Cambrai, l'Escaut se divise en trois bras et réunit toutes ses eaux à la sortie de la ville; après quoi, il est canalisé et porte de nombreuses embarcations jusqu'à Anvers, où il roule ses eaux majestueuses comme celles d'une mer. La canalisation de l'Escaut depuis Cambrai jusqu'à Valenciennes fut faite par ordre du Roi. Elle avait été projetée sous Louis XIV († Ms. 1010); mais elle ne fut réalisée que longtemps après. Elle commença à fonctionner le premier novembre 1782. Dès lors le gouvernement avait aussi conçu le projet de relier l'Escaut avec la Somme. — V. *Canal de Cambrai à Saint-Quentin.* — † Ms. 887, p. 404.

Les deux bras de droite, beaucoup moins importants que celui de gauche, et qui n'en sont, pour ainsi dire, que des divergences, sont appelés *Escautins,* anciennement *Escaudiaux.*

Autrefois celui du milieu qui traversait le couvent des Récollets, portait aussi le nom de *Clicotiau* (1). Ce nom lui venait d'un moulin qu'il faisait tourner dans la rue dite elle-même des *Moulins,* et que l'on appelle aujourd'hui rue du Paon. — V. *Moulins.*

Au XVe siècle les Escaudiaux sortaient de la ville sous les arches d'une tour de bois qui n'existe plus depuis longues années. — V. §Ms. 9, f° 112, verso. Il ne serait pas impossible que les Escautins fussent œuvre d'homme. Quand on étudie la disposition des lieux au *Moulin-du-Plat,* endroit de la bifurcation du fleuve, il est facile de voir qu'aucun accident naturel de terrain n'explique la divergence de ses eaux. D'ailleurs le fleuve continue à couler directement, et c'est par une dérivation qui finit par devenir très sensible, que le lit accessoire se sépare du lit principal, pour se subdiviser lui-même, au moyen de travaux d'art pratiqués dans les fortifications de la ville.

En admettant l'opinion qui vient d'être émise, à quelle époque, à quel usage faut-il attribuer l'origine des Escautins? Cette question ne nous paraît pas pouvoir être résolue d'une manière absolue. A-t-on voulu, par ce moyen, rapprocher les eaux, de la ville primitive dont le point de départ semble avoir été l'endroit où furent,

---

(1) « Séant sur la rivière d'Escaut. » — Froissart, liv. Ier, part. 1, chap. CXII.

(1) C'est par erreur que quelques personnes attribuent aujourd'hui le nom de Clicotiau au bras de l'Escaut qui coule près de St-Julien, et baigne les murs de l'ancien archevêché. Celui-là garde le nom d'*Escautin*. On l'appelait aussi *Escauette*.

depuis l'église cathédrale et le *château*? — V. *Cambrai*; — ou bien ces petits canaux qui ont été, à des époques moins éloignées, notablement élargis, furent-ils, dès leur origine, destinés à circuler dans la partie basse de Cambrai, qui n'en était autrefois que le faubourg? Sont-ils l'œuvre des Romains, ou celle des Cambresiens? Ce sont là des questions également ardues que nous ne saurions nous charger de résoudre.

On a, à diverses époques, fait communiquer ensemble, les Escautins, au moyen d'aqueducs transversaux. L'archevêque Vanderburch lui-même, en a construit deux pour le service de son moulin de Clicotiau. On peut voir au mot *Moulins* dans quelle circonstance ce travail a été effectué.

Un fait entièrement échappé aujourd'hui à la mémoire de nos contemporains, mérite d'être ici consigné. C'est qu'avant l'année 1558, l'Escaut, à la hauteur de l'abbaye de Prémy (1), c'est-à-dire à la hauteur du petit bois (au dessus de Proville) qu'on appelle encore aujourd'hui *Bois de l'archevêque*, bien qu'il appartienne à un cultivateur du lieu, l'Escaut, disons-nous, se bifurquait laissant s'échapper, à sa gauche, un bras qu'on appelait aussi l'*Escautin*, et qui, suivant à peu près la direction du canal actuel de St-Quentin, s'en allait passer vers le marais de Cantimpré et ne rentrait dans le lit principal du fleuve, qu'en aval de la ville. Prévoyant qu'en cas de siége l'ennemi pourrait détourner le fleuve entier par ce bras étranger à Cambrai, et faire ainsi chômer les moulins de la ville, si nécessaires à sa subsistance, l'administration locale, en vertu d'une autorisation de Philippe II, roi d'Espagne, en date du 15 janvier 1558, fit combler ce bras de l'Escaut. — V. *Mém. pour le Magistrat de Cambrai contre l'archev.*, p. 75. — Pièces justif. p. 61.

En 1750, par décision des Etats du Cambresis, en date du 3 février, le lit de l'Escaut fut considérablement élargi, pour éviter les inondations. Ces travaux coûtèrent des sommes immenses. On en redressa le cours dans plusieurs endroits. — *Mém. chron.*, p. 273.

En 1771, l'Escaut fut curé dans tout son parcours de Cambrai et de la banlieue. Cette opération coûta plus de 35,000 livres (ce qui équivaut à plus de cent mille francs d'aujourd'hui). — V. *Mém. pour le Magistrat de C. contre l'arch.*, p. 101.

La *Ville* avait le droit de pêche dans toute la portion de l'Escaut qui traverse Cambrai et sa banlieue. Elle avait à sa charge deux espèces d'employés appelés, les uns *éclusiers*, les autres *égoutiers*, chargés de la conservation des eaux et de la propreté du lit du fleuve, pour éviter les inondations. — V. *Mém. pour le Magistrat c. l'archev.*, p. 76.

ESCAUTINS. — V. *Escaut*.

ESNES (*château et pairie d'*). — A deux lieues de Cambrai, sur la chaussée qui conduit de cette ville à Guise, se trouve le village d'Esnes, fameux par son château. En effet, le voyageur qui pénètre dans le village est frappé d'admiration à l'aspect du féodal manoir qui, placé dans un fond, se dérobe de loin à la vue. Il faut en être à portée de mousquet pour l'apercevoir; alors on découvre d'abord ses girouettes et la tour de l'horloge qui est bien le plus élégant donjon qui ait dominé jadis forteresses du pays. Puis viennent les grosses tours qui défendent et protégent le château. Enfin, celui-ci se montre tout entier.

C'est une belle et forte construction du Moyen-Age, dont les restes indiquent une noble et riche origine. Mais tout, à l'intérieur, se trouve à l'état de ruines : les tours, les machicoulis, les larges fossés, les hommes d'armes qui le défendaient, rien ne l'a préservé d'une complète déchéance; et cependant, de l'autre côté de la route, sur un monticule élevé, bien plus exposé aux orages, subsiste encore une petite église contemporaine du château. Là, les cendres des seigneurs d'Esnes ont trouvé un abri que n'a pas donné à leur gloire éteinte l'orgueilleuse forteresse. C'est que la plus humble église a pour soutien un bras plus puissant que ceux des hommes.

Dans cette grande ruine, plusieurs choses méritent une attention particulière.

D'abord, la porte d'entrée qui se resserre entre deux tourelles recouvertes aujourd'hui de toits coniques en ardoises et à l'intérieur desquelles on voit encore les ouvertures carrées d'anciennes oubliettes ou de souterrains. Les murailles sont sillonnées de la trace circulaire qu'y marquaient les verroux du pont-levis dans leur trajet de bascule; et de larges cicatrices attestent les assauts que la forteresse a eu à soutenir. Chacune des tourelles porte en face

---

(1) L'abbaye de Prémy était située au dessus de la belle ferme de la Buse, vers la maison de *la Folie*. On en trouve la place sous le nom de *Mont-de-Prémy*, sur la carte du Cambresis publiée en 1771 par P. Olivier.

un écusson dont les armes sont effacées; de nombreuses meurtrières jettent leur vue inutile dans toutes les directions, et des embrasures rondes ont conservé le souvenir des couleuvrines ou des fauconneaux qui défendaient l'approche aux troupes ennemies.

A l'extrémité opposée de la porte principale, est une porte correspondante qui était également fermée par un pont-levis. C'est là que se percevait le péage; car il paraît que, placé sur un chemin qui le traversait de part en part, le château d'Esnes interceptait ainsi à volonté la circulation de la route dont on n'obtenait l'usage qu'au moyen d'un péage.

Maintenant le chemin s'est détourné et traverse les anciens jardins dont les murs écroulés ont laissé à peine quelques vestiges, si l'on en excepte les piliers d'une belle porte qui s'élèvent au loin, comme isolés dans la campagne.

Les corps-de-logis, les écuries, les granges et une autre tourelle qui sert de pigeonnier, ne sont pas dépourvus d'intérêt; mais ce qui fixe particulièrement l'attention du visiteur, c'est la tour principale à laquelle s'appuie la petite tourelle de l'horloge, qui sert en même temps d'escalier pour parvenir aux divers étages et sur les créneaux de cette belle pièce de fortification.

Rien de plus gracieux que le groupe formé par ces deux tours dont l'une, aux formes pesantes et guerrières, contraste parfaitement avec la légèreté de l'autre, qui se termine par une jolie campanille en pierre, recouvrant l'horloge dont les cadrans également de pierre et richement ciselés sur les flancs de la tourelle, annonçaient l'heure, d'un côté à l'intérieur du château, de l'autre au village (1).

Dans les murs épais de cette grosse tour, sont trois belles salles rondes superposées les unes aux autres, ayant communication par une cheminée commune, large et carrée, au moyen de laquelle les hommes-d'armes pouvaient non-seulement converser, mais se passer des vivres ou munitions de guerre.

Des dates incrustées dans les murs font remonter certaines parties du château d'Esnes à l'année 1585. Néanmoins, nous verrons tout-à-l'heure qu'il existait déjà longtemps auparavant.

(1) Cette horloge grossière, mais curieuse parce qu'elle est propre à constater l'état de l'art à l'époque où elle a été faite, existe encore dans le haut de la tourelle dite pour cela *Tourelle de l'horloge*. La cloche sur laquelle le marteau frappait les heures porte la date de 1680.

De ses vastes jardins il ne reste qu'un petit verger. Et n'étaient, les grands piliers dont nous avons parlé, rien ne subsiste du vaste enclos qu'entouraient jadis de hautes murailles de pierres. Les débris de ces murs se sont transformés en chaumières : avec un riche manoir on a fait de pauvres masures.

Depuis longtemps cette forteresse, une des plus belles du Cambresis, est abandonnée de ses propriétaires. Il semble que cette indifférence du maître ait rejailli sur les souvenirs historiques. Il y en a peu concernant le château d'Esnes. On sait qu'au XVe siècle, les Français s'en emparèrent pour inquiéter le pays. Mais ils ne tardèrent pas à être expulsés par les troupes de l'archiduc Maximilien, qui délivrèrent les environs de ce dangereux voisinage.

Si, à ce fait historique, l'on ajoute la mention de ces fils du seigneur d'Esnes qui escamotèrent si adroitement la forteresse de la Malmaison des mains de sire Jean d'Aubencheul, on aura à peu près tous les souvenirs de guerre qui se rapportent au château d'Esnes. Nous n'aurions pas même parlé ici des fils du sieur d'Esnes, dont la prouesse se rattache plus directement à la forteresse de la Malmaison, si l'abbé Dupont, qui raconte cette expédition astucieuse, n'ajoutait que les jeunes gens qui venaient de s'emparer de la Malmaison, envoyèrent chercher des canons et autres munitions de guerre au château d'Esnes. Cet événement, qui eut lieu en 1403, prouve qu'il y avait alors de l'artillerie dans la forteresse des sires d'Esnes, et que les munitions de guerre n'y manquaient pas (1).

Le village d'Esnes, la *ville* d'Esnes, comme l'appelaient ses seigneurs, l'une des douze pairies du Cambresis, avait sa loi particulière. On doit aux laborieuses recherches de M. Leglay la connaissance de cette loi, que Le Carpentier a complètement tronquée dans les preuves de son *Histoire de Cambrai*. Nous la donnons ici conforme à l'original, avec la traduction qu'en a faite le savant archiviste du département du Nord.

Charte ou loi d'Esnes (1193).

In nomine patris et filii et spiritûs sancti.

(1) Ce manoir antique et inspirateur a été exploré par l'archéologue, mis en scène par le romancier, chanté par le poète. M. Leglay a écrit une notice sur les familles auxquelles il a appartenu; M. H. Berthoud l'a décrit dans l'une de ses *Chroniques surnaturelles de la Flandre : Le Sire aux armes brisées*; M. H. Carion en a rappelé le souvenir dans un des plus jolis poèmes des *Sept Merveilles du Cambresis*.

Amen. E. de Landast, par Camaracesii et dominus de Aisna, tam presentibus quam futuris in perpetuum. Cum siquidem preteritorum abusus in meliorem consuetudinem transformare pium (1) esse consideravimus, que de assensu nostro et de amicorum nostrorum consilio, petitioni etiam hominum nostrorum adquiescentes pio affectu ordinavimus ut perpetua solidentur firmitate, nostre auctoritatis numine convenit insigniri. Ad posterorum igitur notitiam volumus pervenire quatenus in villa de Aisna perpetuo tenendum constituimus, quod si quis in eadem villa mansum vel terram tenuerit, sex curiatas per annum, a festo beati Remigii usque ad festum beati Johannis-Baptistæ, quandocunque Dominus voluerit, solvere tenebitur. Itaque, si manu operarius sit, opere manuum solvet et, si equum habeat, cum equo solvat. Quicunque etiam ibidem mansum tenuerit, pro eo tres solidos cameracensis monete quotannis solvet et reliquum redditum velut antiquitus statutum est. Si quis autem sex mencaldatas terræ vel minus cum manso possederit, de singulis singulos solidos solvere tenebitur, nec de tribus supradictis solidis eo amplius taxabitur. Sed si sex mencaldatas et dimidiam vel plures tenuerit, de singulis singulos solidos, ut dictum est solvet, et tres solidi de manso remittentur. Preterea, si quis terram suam vendere voluerit, proximo suo primum offeret; si proximus eam emere renuerit, Domino venalis offeratur; sin autem Dominus eam emit; cuilibet, salvo jure Domini, vendere eam valebit, eo tenore quod emptorem in eadem villa sub potestate Domini oportebit remanere. A venditore vero sex nummi de quacunque mencaldata pro exitu, ab emptore, duodecim pro introitu, Domino solventur. Insuper, si aliquis in manso suo tres domos vel plures vel minus habuerit de singulis, præter illam in qua manere consueverit, voluntatem suam, si ibidem remanserit, libere faciet. Et si de manso omnino exire voluerit, Dominus suus in meliori domo medietatem habebit. Si vero in eadem villa, sub potestate ejusdem Domini, causa meliorandi se aliquis ad aliud mansum transtulerit, domos suas quotquot sint vendere vel alibi deferre poterit. Dominus vero hospites suos in negocium suum vel in negocium episcopi cameracencis cum armis ducere poterit, sic autem quod in ipsius diei vespere ad hospicium suum possint remeare.

(1) Dans Carpentier on lit *prius*, ce qui est un non sens.

Et si isdem Dominus eos in illud negocium dimitti tenuerit, necessarias ei expensas de suo pendebit. Si etiam Dominus filium suum vel fratrem tyronem militem fecerit, aut filiam suam vel sororem maritaverit, vel si Jherusalem peregre perficere voluerit, ab hospitibus suis auxilium, juxta possibilitatem eorum impetrabit. Et si de guerra, vel de tornamento captus fuerit, hoc idem semel in anno impetrare ei licebit. Si quis autem in eadem villa aliquem coram testimonio blasphemaverit, V solidos satisfaciet. Si violentas manus injecerit, non apparente sanguine, X solidos. Si sanguinem violenter effuderit, LX solidos. Si vero aliquis ibidem hominem occiderit, vel alicui membrum abstulerit, in dispositione Domini ipse et census ipsius relinquetur. Si vero aliquis hominum de villa exire voluerit ut ad aliam villam se mansurum transferat, Dominus ipsum et sua infra terminos dominii sui, salvo jure suo, conducere debet. Et si aliqua causa inter homines ad invicem inciderit, vel inter Dominum et ipsos, lege et judicio scabinorum a Domino, causa eorum tractabitur. Dominus vero bannos et reliquos justitiæ articulos in manu sua plenarie retinet. Tam favorabilis igitur institutionis paginam, ut rata jugiter et inconcussa permaneat, sigilli nostri karactere munivimus, et ne posteris videatur irritum quod pie ordinavimus, illos qui tantæ institutioni contraire præsumpserint, a pluribus presbiteris excommunicari fecimus, et testes idoneos subnotavimus. Signum presbiterorum, Herberti abbatis Sancti-Auberti, Werrici prepositi, Sigeri, Egidii capellani. S. militum. Walteri Gaskiere, Wilelmi de Lonsart, Philippi de Rumelli, Hugonis Infantis, Almarici de Deheries, Egidii de Caveleri, Egidii Louet (1), Balduini de Pomerio. Actum Dominicæ Incarnationis M° C° LXXXXIII°.

Traduction.

Au nom du Père et du Fils et du Saint-Esprit. Amen. Arnoul de Landast (2), pair du Cambresis (3), seigneur d'Esne, à tous présents et à venir. Attendu que c'est une chose bonne

(1) Carpentier a substitué de son chef *Levin* à *Louet*.
(2) Le sceau pendant au bas de la charte et attaché avec lemnisques de cuir, présente un cavalier armé, et porte pour légende : *Sigillum Ernulfi, domini de Aisna*.
(3) On ne sait pas bien à quelle époque remonte l'institution des pairs du Cambresis; mais cette qualification prise ici par Arnoul de Landast, prouve qu'elle existait avant le treizième siècle. Carpentier les fait remonter au dixième, mais sans preuves.

et précieuse de réformer les abus et d'y substituer de louables coutumes; après avoir de notre plein gré, de l'avis de nos amis et pour faire droit à la requête de nos hommes, établi certaine constitution, nous avons voulu la rendre ferme et stable en lui donnant la sanction de notre autorité. Que la postérité sache donc que nous avons statué à perpétuité ce qui suit pour notre ville d'Esne. Quiconque y possédera un manse ou une terre, devra fournir six corvées par an, quand il en sera requis par le seigneur, depuis la St-Remi jusqu'à la St-Jean. Si c'est un manouvrier, il s'acquittera par le travail de ses mains; s'il possède un cheval, il fournira son cheval pour la corvée. En outre, tout possesseur d'un manse devra pour cette propriété trois sols cambresiens; et si le manse est grevé d'une autre redevance, il la paiera comme par le passé. Si quelqu'un possède six mencaudées, ou plus ou moins avec un manse, il paiera un sol pour chaque mencaudée, et n'en sera pas moins assujéti aux trois sols dont il vient d'être question pour le manse. Quant à celui qui aura six mencaudées et demie, ou plus avec un manse, il paiera bien un sol par chaque mencaudée, mais les trois sols dus pour le manse lui seront déduits. Quiconque voudra vendre son champ, devra l'offrir d'abord à son voisin; si celui-ci ne veut pas l'acheter, le propriétaire proposera au seigneur de l'acheter; et si le seigneur n'en fait pas l'acquisition, le propriétaire pourra vendre son champ à qui bon lui semblera, pourvu toutefois que l'acheteur prenne l'engagement d'habiter ladite ville d'Esne; le seigneur percevra à chaque mencaudée, du vendeur, pour droit d'issue, six deniers, et de l'acheteur, pour droit d'entrée, douze deniers. De plus, si quelqu'un a dans son manse trois maisons, ou plus ou moins, et qu'il habite ce même manse, il fera ce qu'il voudra de chacune de ces maisons, à l'exception de celle où il aura sa demeure; et s'il veut sortir de son manse et de la commune, le seigneur aura droit à la moitié de la meilleure maison qui s'y trouvera, mais si, dans l'intention d'améliorer ses biens, un habitant voulait s'établir dans un autre manse de la même ville, sous la juridiction du même seigneur, il pourra à son gré vendre toutes ses maisons ou les transférer ailleurs. Le seigneur peut, pour ses propres affaires ou pour celles de l'évêque de Cambrai, emmener avec lui ses vassaux armés, mais toujours de manière qu'ils puissent être rentrés dans leurs foyers le soir du même jour. Or toutes les fois que le seigneur retiendra ainsi ses vassaux pour ses propres affaires, il devra fournir à tous leurs besoins.

Quand le seigneur élèvera son fils ou son frère au rang de chevalier, quand il mariera sa fille ou sa sœur, et quand il entreprendra le voyage de Jérusalem, ses vassaux lui devront un secours proportionné à leurs moyens. S'il arrive au seigneur d'être fait prisonnier, soit à la guerre, soit dans un tournoi, les vassaux lui accorderont encore un secours, mais seulement une fois dans l'année. Quiconque dans cette ville d'Esne insultera gravement un autre en présence de témoins, paiera cinq sols. Celui qui aura frappé quelqu'un sans effusion de sang, paiera dix sols. Celui qui, en frappant, aura fait couler le sang, devra payer soixante sols. Enfin, quiconque aura donné la mort à un homme, ou l'aura démembré, sera mis, lui et tous ses biens, à la disposition du seigneur.

Quand un homme voudra quitter la ville pour prendre domicile ailleurs, le seigneur, après avoir assuré ses propres droits, devra le faire conduire, lui et tout son avoir, jusqu'aux limites du territoire.

Si quelque procès s'élève soit de vassal à vassal, soit entre le vassal et le seigneur, la cause sera jugée conformément à la loi, par les échevins du seigneur. Du reste, le seigneur retient dans sa main les bans et autres points de la justice. Enfin, pour rendre cette institution ferme et inébranlable, nous avons muni le présent acte de l'empreinte de notre sceau, et, afin que la postérité ne regarde pas comme une chose vaine ce que décrète ici notre piété, nous avons fait excommunier par plusieurs prêtres tous ceux qui oseraient enfreindre cette charte, qui est attestée par des témoins respectables. *Seing des prêtres*, Herbert, abbé de St.-Aubert (1), Werric, prévôt, Siger, Gilles, chapelain. *Seing des chevaliers*, Watier Gaskiere, Guillaume de Lonsart, Philippe de Rumilly, Hugues Lenfant, Amaury Déhéries, Gilles Louet, Bauduin de Pomery. Fait l'an de l'Incarnation 1193.

Les sires d'Esnes, pairs du Cambresis, portaient de sable à dix losanges d'argent.

ESTAIGNIERS, *fondeurs d'étain*. — En 1682, le Magistrat publia un règlement pour les étaigners. Nous n'avons pu le retrouver. Il était sans doute, à peu de chose près, conforme à celui-ci dont nous ne connaissons pas la date.

(1) Herbert fut abbé de St-Aubert à Cambrai, depuis 1183 jusqu'en 1200.

Reglement pour les estaingniers.

SOMMAIRE.

1. Qu'ils feront bonne ouvrage, et selon qu'il est ordonné audit act.

2. Qu'ils obéiront aux maieurs, qu'ils ne renderont aucune ouvrage, que les maieurs ne l'aient veu, qu'ils feront leur ouvrage aussy forte à un costé qu'à l'autre, qu'ils le feront peser au poids de la ville, et marquer de la marque, etc. — § ms. 5, p. 178.

ESTRUN, *Estrung (château d')*. — Jean Duchastiel et Gélic nous apprennent que le château d'Estrun fut construit par l'évêque Gaucher, vers l'année 1099. Le prélat se plaisait dans cette résidence. Il avait sans doute aussi de bonnes raisons pour se préparer des lieux d'asile en cas d'émeute. Un parti hostile à Gaucher existait dans la ville : il devint si puissant que l'évêque dut fuir : il se retira dans le château d'Estrun. Alors on vit surgir un homme, un de ces intrigants comme il s'en trouve dans tous les troubles populaires, qui sut se faire décerner le titre de *seigneur* et *défenseur* de la ville. Le premier acte de l'adroit parvenu fut de poursuivre celui dont il avait pris la place. Il s'allia avec les ennemis de l'évêque, assembla une bonne armée de bourgeois, et alla faire le siége du château d'Estrun. Il prit la forteresse qu'il fit raser. Quant à l'évêque il était parvenu à s'échapper et à fuir vers le Câteau où Godefroy le poursuivit.

Aux environs d'Estrun, sur une hauteur qui le domine, on voit l'emplacement d'un ancien camp nommé *Camp de César*. Cet endroit très propre à un séjour militaire fut occupé depuis par d'autres troupes à différentes époques. On y retrouve, de temps à autre, des médailles et des monnaies romaines.

ESWARD, *Eswardeur*. — V. *Egard*.

ETAT-CIVIL. — Autrefois les registres de l'état-civil étaient tenus dans les églises des paroisses par les curés et leurs vicaires, et dans les chapelles des hôpitaux, pour les décès qui y avaient lieu, par les chapelains de ces établissements.

Dans mainte localité, ces livres précieux ont été détruits pendant les troubles révolutionnaires; à Cambrai, ils ont été conservés et le dépôt en a été fait dans les archives de la municipalité. Ces registres divers ont pendant longtemps présenté de grandes difficultés pour les recherches. Mais depuis 1853, un travail précieux a fait disparaître ces obstacles (1). Il consiste en

Tables alphabétiques, où l'on trouve à leur ordre tous les noms contenus dans les registres des anciennes paroisses.

L'ouvrage est composé de sept volumes infolio, les paroisses sont réparties ainsi qu'il suit :

1er Volume	Paroisse de Ste-Croix, de 1574 à 1791.
2e Volume	Paroisse de la Madelaine, de 1524 à 1791.
3e Volume	Paroisse de St-Georges, de 1650 . . . .
	Paroisse de St-Gengulphe, de 1612 . . . . . . à 1791.
	Paroisse de St-Géry, de 1608 . . . .
	Paroisse de St-Louis, de 1682
4e Volume	Paroisse de St-Aubert, de 1618 à 1791.
	Paroisse de Ste-Elisabeth, de 1640 à 1787.
	Paroisse de St-Martin, de 1591 à 1791.
5e Volume	Paroisse de St-Nicolas, de 1608 à 1791.
	Paroisse de Cantimpré, de 1627 à 1639.
	Paroisse de la Métropole, de 1664 à 1790.
	Paroisse de St-Sauveur, de 1737 à 1791.
	Paroisse de St-Géry, de 1791 à 1792.
	Paroisse de Notre-Dame, de 1791 à 1792.
6e Volume	Paroisse de St-Vaast, de 1595 à 1791.
7e Volume	Paroisse de St-Sepulchre, de 1791 à 1792.
	Hôpital St-Jean, du 1 octobre 1731 jusqu'au 19 mai 1752.
	Hôpital militaire, du 20 mai 1752 au 12 messidor an II.
	Paroisse de St-Nicolas (suite), de 1718 à 1727.
	Paroisse de St-Martin, 1er supplément, de 1585 à 1591.
	Paroisse de St-Martin, 2e supplément, année 1712.
	Actes sans désignation de paroisses, de 1629 à 1737.

Les décès des personnes mises à mort à Cambrai, sous l'affreux régime de la terreur, se constatent au moyen des registres d'écrou des deux grandes prisons de la ville, dont l'un est déposé aux archives de la mairie, et l'autre au greffe du tribunal civil. Nulle autre mention n'est faite à côté des noms des prisonniers assassinés juridiquement, qu'une simple croix ou une guillotine dessinée par le geolier du lieu. Les formes judiciaires de ce temps étaient, comme on le sait, fort expéditives.

ÉTATS DE CAMBRAI ET DU CAMBRESIS. — Il faut distinguer trois sortes d'*Etats*.

1° Les *Etats généraux* ou *pleins Etats* qui étaient composés du clergé, de la noblesse de la ville et de la campagne et des échevins et notables de Cambrai. Ces Etats étaient convo-

---

(1) Ce travail a été exécuté sous la direction du secrétaire-général de la mairie de Cambrai, M. Victor Houzé, dont l'esprit méthodique a établi un ordre remarquable dans l'organisation de ses bureaux.

Le secrétariat donne gratuitement toute communication des *Tables de l'Etat civil*.

qués pour le vote des subsides et pour traiter des intérêts généraux du pays.

2° *Les Etats de la ville* qui étaient composés de la noblesse et du clergé de la ville, ainsi que du Magistrat et des bourgeois notables. Ils traitaient des affaires de la cité.

3° Enfin, *les Etats du Cambresis* qui s'assemblaient dans le lieu où l'évêque les convoquait, et qui étaient composés du clergé de la campagne, des douze pairs du Cambresis et autres seigneurs ou leurs baillis. Ces derniers Etats ne s'occupaient que des affaires relatives à la campagne.

En 1597, le roi d'Espagne institua une espèce d'assemblée d'*Etats en permanence*, c'est-à-dire qu'elle se réunissait une fois par semaine (1), pour régler les affaires qui pouvaient survenir. Avant cette époque, les Etats ne s'assemblaient que sur convocation de l'évêque.

Le bureau qui fonctionnait ainsi hors du temps de session des Etats généraux, n'était composé que de six députés, savoir : 2 du clergé, 2 de la noblesse, et 2 du magistrat. Les députés étaient nommés de la manière suivante.

Le chapitre de la métropole en nommait un qui remplissait ses fonctions pour un temps indéterminé, c'est-à-dire jusqu'à révocation. Le second député du clergé était nommé chaque année, le 1er mai, par le corps du clergé assemblé, qui le prenait alternativement dans le chapitre de St-Géry et dans celui de Ste-Croix.

Les députés de la noblesse étaient choisis par les nobles, pour trois ou six années. Ils pouvaient même être continués plus longtemps.

Ceux du tiers-état, originairement nommés par les gouverneurs du pays, l'étaient en dernier lieu par le commissaire au renouvellement du Magistrat. C'étaient ordinairement le premier conseiller pensionnaire et le subdélégué de l'intendant.

A ce bureau assistaient le commandant de la place, le procureur syndic et le greffier des Etats.

L'abbé Tranchant, cet infatigable investigateur de l'histoire cambresienne, nous a laissé des notes curieuses sur la tenue des Etats généraux.

« Tous les ans, dit-il, au mois d'octobre, novembre ou décembre, le ministre adresse à l'intendant des lettres de cachet pour la convocation des Etats. Le jour est ordinairement en blanc et l'intendant concerte ce jour avec le premier commissaire, qui est ordinairement le gouverneur de la province. Le jour pris, on remplit les lettres de cachet que l'intendant adresse à son subdélégué de Cambray et celui-ci les envoye à tous ceux qui doivent assister aux Etats, car il y a autant de lettres de cachet différentes qu'il y a de Corps et de particuliers qui ont droit d'assister aux Etats.

» La veille du jour indiqué pour la tenue des Etats, les deux commissaires du roy se rendent à Cambray; un député du clergé, un député de la noblesse et un député du tiers-état se rendent chez le premier des commissaires du roy, où se trouve l'intendant comme second commissaire pour les saluer et leur demander l'heure. Le lendemain les députés se rendent à la grande salle de l'Hôtel-de-Ville, où toutes les personnes qui ont droit d'assister aux Etats se trouvent réunies. Après leur avait fait part de l'heure donnée, ils retournent chez les commissaires du roy pour leur annoncer que les Etats sont assemblés. Alors les trois députés et les commissaires se rendent à l'assemblée de manière que les carrosses de ces députés précèdent de quelque temps celui de MM. les commissaires. Les députés, arrivés à la porte de l'Hôtel-de-Ville, y attendent les commissaires du roy, les prennent à la descente de leur carosse et montent avec eux dans la grande salle de l'Hôtel-de-Ville, où l'on a placé deux fauteuils au haut de la salle. Dans celui qui est à droite, se place le premier commissaire, ayant un carreau sous les pieds. L'intendant, second commissaire, se place dans celui qui est à gauche et n'a point de carreau; à la droite des commissaires sont placés, sur une ligne perpendiculaire à celle qu'occupent lesdits commissaires, les Corps ecclésiastiques, qui sont six députés de la métropole, cinq de St-Géry, quatre de Ste-Croix.

» A la gauche des commissaires, et sur une ligne parallèle à celle des corps ecclésiastiques, sont placés les abbés réguliers de St-Aubert, de St-Sépulcre et de Vaucelles, et tous les magistrats de la ville de Cambray représentant le tiers-état. Vis-à-vis de MM. les commissaires sont MM. de la noblesse, savoir tous les gentilshommes ayant dans le Cambresis une terre à clocher et quatre générations de noblesse; mais on doit observer que qui que ce soit ne peut se trouver aux Etats sans avoir reçu sa lettre de convocation. Tous les députés, de quelque qualité qu'ils soient, sont assis sur des chaises sans bras.

Le procureur-syndic des Etats se place sur la même ligne que la noblesse; mais au dernier

---

(1) C'était ordinairement le samedi.

rang et à l'extrémité. Le trésorier et le greffier ont également droit d'y assister. Le greffier se place à côté du procureur syndic.

» L'assemblée ainsi formée, le greffier des Etats lit la commission de MM. les commissaires du roy, après quoi le premier d'entre eux se lève, salue, s'asseoit et se couvre et fait en peu de mots un discours relatif au sujet de l'assemblée.

» Ensuite, l'intendant fait part à l'assemblée de la demande du roy qui est d'abord le subside ordinaire de 40,000 florins.

» Alors, le premier député du clergé fait à MM. les commissaires du roy un compliment relativement à la demande, et leur dit que l'assemblée va en délibérer.

» Après quoi, les commissaires du roy sont reconduits jusqu'au bas de l'escalier par les mêmes députés qui les avaient accompagnés.

» Les députés remontés, le premier député qui est celui du clergé, met en délibération la demande du subside. Alors le Magistrat retourne à la chambre échevinale; le clergé et la noblesse restent dans la même salle, mais les trois Ordres délibèrent séparément.

» Dans la même matinée les trois Ordres se réunissent et la demande du subside ordinaire étant accordée, MM. les mêmes députés se rendent chez MM. les commissaires du roy pour leur porter le vœu de l'assemblée.

» C'est alors que l'intendant remet aux députés un paquet que ceux-ci portent ou sur-le-champ ou le lendemain à l'assemblée des Etats qui, pour ce jour-là, se trouve finie.

» Le lendemain, l'assemblée se tient non plus dans la grande salle de l'Hôtel-de-Ville, mais à la salle des Etats; les siéges y sont disposés dans le même ordre ou ils étaient la veille; mais ils sont placés autour d'une table longue et couverte d'un tapis vert.

» Alors, le premier député, ouvre le paquet et en fait la lecture. Il contient une lettre de l'intendant, adressée à MM. des Etats, conjointement avec la copie d'une lettre de M. le contrôleur-général adressée à l'intendant lui-même, et par laquelle le ministre fait aux Etats, de la part du roy, la demande d'un subside extraordinaire de 40,000 florins, avec un supplément de 16,000 et tant de florins. On délibère sur-le-champ, et c'est le premier député du clergé qui demande les voix à tous les membres des Etats de quelque Ordre qu'ils soient. La délibération finie, s'il se trouve quelque autre affaire des Etats à traiter, qui n'a pas pu être faite ce jour-là, les Etats continuent leurs assemblées les jours suivants, jusqu'à ce que toutes leurs affaires soient terminées, et l'assemblée générale des Etats finit par la lecture du procès-verbal que le greffier a été chargé de rédiger; ce procès-verbal n'est signé que par le greffier. Un exemplaire en est remis à chacun des Corps des Etats; il en reste une minute sur le registre des Etats, qui demeure à la garde du greffier dans les archives.

» Voilà ce que l'on entend par les Etats généraux, lesquels ne se tiennent qu'une fois par an et toujours par convocation du roy; mais il y a, outre cela, un bureau toujours subsistant pour traiter pendant toute l'année toutes les affaires de l'administration. C'est le bureau qui est chargé et de la répartition des subsides accordés par les Etats généraux et des abonnemens des impôts extraordinaires demandés par le roy. » — † Ms. 887, p. 196.

Il a existé plusieurs réglements pour les Etats de Cambrai et du Cambresis : l'un fut fait en date du 6 juillet 1654, — un autre du 24 mai 1658, — un autre du 24 août 1665, — enfin un du 9 décembre 1670. — Ce dernier existe imprimé, dans la bibliothèque de Cambrai.

ÉVÊCHÉ *de Cambrai.* — Lorsque saint Vaast fut envoyé par saint Remy pour évangéliser, en même temps que les Atrébates, ce peuple sombre et sauvage qu'on appelait les Nerviens, peut-être retrouva-t-il dans leurs mœurs, dans leurs forêts ou dans leurs catacombes, comme sous les ronces et les broussailles de la contrée voisine, quelques traces du Christianisme, quelques vestiges de la foi du Sauveur, dont des apôtres inconnus leur avaient déjà fait entendre la parole. Les chroniques, presque muettes sur ce qui concerne ces premiers temps, ne nous en apprennent rien. Aussi est-ce de la mission de saint Vaast (environ l'an 500), qu'il faut dater la création de ce célèbre évêché qui prit dans la suite le nom d'évêché de Cambrai.

Saint Vaast étendit donc son sublime ministère sur les deux rives de l'Escaut : mais ce fut à Arras qu'il fit édifier sa cathédrale, à l'endroit où il avait découvert sous les épines sauvages un autel déjà consacré à la Mère de Dieu. Le siége de l'évêché demeura ainsi plus d'un demi-siècle dans le pays des Atrébates. Mais ensuite l'évêque Védulphe le transféra dans Cambrai.

Après cet évêque, on voit apparaître dans notre histoire, la noble et belle figure de St. Géry, que les Cambresiens ont proclamé leur père et leur patron.

Les siècles avaient marché : l'évêché de Cambrai n'était plus l'humble gouvernement d'un pauvre missionnaire : il avait grandi en gloire et en puissance. Les seigneurs, les princes laïcs l'avaient enrichi de biens et de priviléges. Mais aussi ils lui avaient fait la guerre. Ces deux pouvoirs, l'un spirituel, l'autre temporel, se disputaient souvent la domination du pays. De là des troubles dont les populations souffraient. Ce fut alors que l'empereur suzerain St. Henri, frappé d'une idée de conciliation, jugea que le seul moyen d'harmoniser ces autorités contradictoires, était de les réunir dans la même main. En conséquence, il donna le comté de Cambresis à l'évêque (1007), et depuis lors, dans notre diocèse, la couronne de comte n'a cessé de reposer sur la même tête que la mitre épiscopale.

Nous avons dit, que l'évêque de Cambrai était en même temps celui d'Arras. Il en fut ainsi jusqu'à la fin du XIe siècle ; à cette époque, le clergé et le peuple cambresiens n'ayant pu s'entendre pour donner un successeur à Gérard II, mort en 1092, l'église d'Arras profita de cette discorde pour se donner un évêque de son choix, et obtint du pape l'érection d'un évêché spécial.

Cependant la vacance du siége avait autorisé les exactions d'une foule de seigneurs pillards dont l'un, le vidame, s'était même emparé du palais et des biens de l'évêché. On sentit alors la nécessité de se mettre d'accord, et après une série de contradictions inexplicables, les choses finirent par reprendre leur cours.

En 1510, l'empereur Maximilien Ier érigea la ville de Cambrai en duché, en considération de Jacques de Croy. L'évêque fut donc alors comte du Cambresis et duc de Cambrai.

Un demi-siècle plus tard, l'un des successeurs de Jacques de Croy, devait à son tour, voir grandir encore les honneurs et l'importance du siége épiscopal qui fut érigé en archevêché par bulles apostoliques de Paul IV, en date du 12 mai 1559 et de Pie IV en date du 7 août 1561. Maximilien de Berghes fut le premier archevêque de Cambrai, il reçut le *pallium* le 22 mars 1563. — V. *Archevêché.* — V. encore le *Précis de l'Hist. ecclés. du dioc. de Cambrai*, par M. Leglay. — *Ordre des évêques de Cambrai*, par G. Gazet.

ÉVÊQUES et *archevêques*. — Il n'entre pas dans le plan de ce Dictionnaire de donner une biographie de tous les hommes qui, directement ou indirectement, ont figuré dans l'histoire de Cambrai. Une simple liste des prélats qui ont occupé le siége de l'église Cambresienne, voilà tout ce qu'il comporte à la rigueur. Cependant, il a été dérogé à cette règle, au sujet de quelques célébrités hors ligne, telles que saint Vaast, saint Géry, saint Aubert, Pierre d'Ailly et autres, ainsi que pour les archevêques. Quand cette exception a lieu, elle est indiquée dans le catalogue qui va suivre, et le lecteur est renvoyé à l'article spécial.

L'ordre de ce catalogue est conforme à celui du tableau qui fut dressé en 1722 pour être mis dans le chœur de la métropole.

ÉVÊQUES DE CAMBRAI ET D'ARRAS.

Saint VAAST, 1er évêque (1), mort, suivant le *Gallia christiana*, vers 540. — V. *Vaast (saint)*.

DOMINIC, que les églises d'Arras et de Cambrai vénèrent comme bienheureux. La date de sa mort est ignorée.

VÉDULPHE ou Védoul, qui transféra le siége épiscopal d'Arras à Cambrai. Mort en 584.

Saint GÉRY, mort en 624.—V. *Géry (saint)*.

BERTHOALD ou Bertraud, apôtre de race royale. La date de sa mort est ignorée.

ABLEBERT, issu de haute lignée brabançonne. Mort en 636.

Saint AUBERT, mort en 669. — V. *Aubert (saint)*.

Saint VINDICIEN, disciple de saint Aubert. Sous son épiscopat vécut sainte Maxellende. Mort en 705.

Saint EMEBERT ou Hildebert, frère de sainte Gudule, de sainte Pharaïlde, de sainte Reinelde et neveu de Pépin, duc de Brabant (2). La date de sa mort n'est point connue.

HUNOLD ou Hunaut dont la vie n'est pas connue. Mort en 717.

HADULPHE ou Hadoul, deuxième abbé de St-Vaast, évêque en 717 (3). Mort en 728.

TREUVART ou Trauward. Sous son épiscopat se tint à Leptines, résidence royale près de Binche, le premier concile qui ait eu lieu dans le diocèse de Cambrai (4). Mort en 750.

GUNTFROI dont on ne sait rien.

(1) Il n'est ici question ni de saint Diogène, ni de Supérior, qui, quoi qu'en disent certaines traditions, n'ont sans doute jamais été évêques. Ce furent peut-être des missionnaires qui évangélisèrent le pays longtemps avant saint Vaast, mais sans siége et sans résidence.

(2) Guillaume Gazet : *Ordre des évêques de Cambrai et d'Arras*.

(3) Id.

(4) Leglay, *Hist. ecclés. du dioc. de Cambrai*.

ALBÉRIC ou Albricq, qui rédigea des règles pour la discipline de son clergé (1). On ignore la date de sa mort.

HILDOWARD ou Heduard, qui assista au synode de Noyon vers 812, et qui obtint de Louis-le-Débonnaire des immunités pour son église (2). Mort en 816.

HALITCHAR ou Alitchaire, homme de grande doctrine, envoyé en ambassade à Constantinople d'où il rapporta de précieux reliquaires. Mort en 829.

Saint TIERY ou Theodoric, qui donna des règles à l'abbaye de Lobbes et assista aux conciles de Thionville (835), de Paris (845), de Quersy-sur-Oise (849) et de Soissons (853) (3). Le peuple lui attribuait le don de prophétie. Mort en 863.

Saint JEAN, chapelain et chantre du roi Lothaire. Il fut consacré l'an 866. Il assista aux conciles de Soissons, de Verberie, de Troyes, de Douzi et de Châlons-sur-Saône. Il mourut en 879, fut d'abord enterré dans l'église de Ste-Croix à Cambrai, puis transféré dans l'église de Notre-Dame, au temps de Gérard de Florines.

ROTRAD, qui eut beaucoup à souffrir des invasions des Normands par qui le Cambresis et l'Artois furent ravagés. Mort en 886.

DODILON, élu en 887. Mort en 904. — Voir *Dodilon.*

ETIENNE, né en Alsace, homme de grande érudition. Il assista en l'an 909 au concile de Trosley qui avait pour but d'apporter de grandes réformes dans les mœurs du clergé. Il mourut en 924 ou 933.

FULBERT, homme énergique, qui lutta avec avantage contre les envahissements du comte Isaac. Ce fut peut-être lui qui sauva Cambrai de la fureur des Normands. Durant le siège qu'en firent ces barbares, il soutint avec un égal succès, la valeur des assiégés et la ferveur des prêtres. Les barbares échouèrent dans ce siège terrible. Fulbert eut occasion de refuser à l'empereur Othon d'Allemagne, les reliques vénérées de saint Géry et de saint Aubert, au lieu desquelles il lui donna les corps de Thiery et de Rothard. Il mourut en 956.

BÉRANGAIRE, Bérangier, enfant grossier de la Germanie, prêtre cruel, et peu digne de sa mission pastorale. Il fit traiter indignement des bourgeois insurgés qui avaient cherché un refuge dans l'église de St-Géry. Sa mort arriva en 957 (1).

ENGUERAND ou Engran, d'abord moine de St-Pierre à Corbie; il apporta sur le siège épiscopal de Cambrai, des mœurs douces et des procédés charitables. Il ne vécut évêque que trois ans, pendant lesquels il fit reconstruire une partie de la cathédrale de Cambrai. Mort en 960.

ANSBERT. D'abord moine de l'abbaye de St-Vaast à Arras et archidiacre de Cambrai, il fut élu évêque en 961 ; fonda huit *chanoineries* dans l'abbaye de St-Aubert où il fut inhumé en 965.

WIBOLD ou Wibald; il était Cambresien, de mœurs affables, dota généreusement l'église de Cambrai à laquelle il fit aussi don d'un livre d'évangiles richement couvert d'or et de pierreries. Mort en 966.

TETDON ou Thèdes; il n'accepta le gouvernement du diocèse qu'après beaucoup d'hésitations, tant il craignait l'humeur difficile du peuple cambresien (2).

En effet il éprouva mille vexations de la part des bourgeois. Il arriva notamment qu'un jour, pendant une absence de ce prélat, toutes les pierres qu'il avait fait préparer pour la restauration de sa cathédrale, furent enlevées par un habitant de la cité qui en fit faire une *forte-maison*. A son retour l'évêque bannit de la ville cet indiscret usurpateur. († ms. 884, p. 23.) Mort en 977.

ROTHARD. Il eut à souffrir de la turbulence des bourgeois et de la rapacité des seigneurs du pays. Il acheva la cathédrale de Cambrai, mit deux cloches dans la tour qu'il venait de faire édifier; transféra le corps de sainte Maxellende, de l'église de St-Martin dans l'église de Notre-Dame. Mort en 995.

HERLUIN, fit construire le palais épiscopal. Il reçut d'Henri II, empereur d'Allemagne (1007) pour lui et pour ses successeurs le comté de Cambresis (3) qui n'a plus cessé d'appartenir aux évêques. (Voyez *Comté de Cambresis.*) Mort en 1011.

GÉRARD DE FLORINES, le premier évêque qui prit un surnom. Mort en 1049. — V. *Gérard.*

LIÉBERT, natif de Cambrai, successivement

---

(1) V. *Catal.* des mss. de la Bibl. de Cambrai, p. 122.
(2) G. Gazet.
(3) *Vie des saints du dioc. de C. et d'Arras,* par l'abbé Destombes.

(1) Balderic, *Chron. Cam. et atreb.* 125. *Hist. de Cambrai,* par E. Bouly, t. 1, p. 59.
(2) † ms. 884, p. 23.
(3) M. Leglay, dans son précis de *l'Hist. ecclés du diocèse de Cambrai,* dit que l'authenticité du diplôme de saint Henri est un peu douteuse.

écolâtre, conseiller, archidiacre et prévot de la cathédrale, il succéda à Gérard dont il avait été le disciple. C'était un saint évêque qui vivait sobrement, qui nourrissait les pauvres, et priait pour les morts. Il fit des miracles. N'ayant pu accomplir le vœu qu'il avait fait de visiter le St-Sépulcre, il fonda à Cambrai une abbaye à laquelle il donna le nom du St-Sépulcre. Mort en 1076.

GÉRARD, second du nom, neveu de Liébert, auparavant moine et prévôt de St-Waast d'Arras, il fut élu en 1076. Il agrandit et dota l'hôpital de St-Julien, fit reconstruire l'église de Notre-Dame qui avait été endommagée par le feu, approfondit les fossés de la ville, et en fit perfectionner les murailles flanquées de tours. De son temps fut fondée la célèbre abbaye d'Anchin. De son temps aussi fut proclamée dans Cambrai, à la suite d'une insurrection, la Commune que les bourgeois appelaient depuis si longtemps. Mais ce mouvement d'émancipation populaire fut comprimé et ce fut pour les Cambresiens partie remise. Gérard mourut en 1092.

ÉVÊQUES DE CAMBRAI.

Le diocèse d'Arras séparé de celui de Cambrai en 1094, reçoit un évêque particulier (1).

GAUCHER et MANASSÈS, élus l'un par le clergé, l'autre par le peuple. Manassès était archidiacre de Reims; son élection comme évêque fut confirmée par le pape Urbain II; et bientôt après, il fut transféré à Soissons, pour faire place à Gaucher qui ne tarda pas à encourir la disgrâce du pape. Gaucher privé de l'évêché en 1095 au concile de Clermont, n'en fut pas moins maintenu par l'autorité de l'empereur jusqu'en 1105. Enfin, après mainte discorde, on s'entendit pour l'élection d'Odon.

ODON, ODO, premier abbé de St-Martin à Tournai. Sacré évêque de Cambrai au concile de Reims l'an 1106. Mort à l'abbaye d'Anchin dans la disgrâce du pape en 1113 (2).

BURCHARD ou Bouchard. Ce saint évêque gouverna avec une sagesse profonde son vaste diocèse. Il mourut en 1131. C'est à cette époque que le pape Innocent II, en compagnie de saint Bernard, passa par Cambrai avec sa cour ecclésiastique.

LIÉTARD, dont la consécration eut lieu en 1131. Incapable et peu digne de ses fonctions, il en fut privé par le pape en 1136.

(1) V. § ms. 6, p. 81. — *Histoire de Cambrai*, par E. Bouly, t. 1, p. 110 et suivantes.
(2) V. la vie d'Odon, dans le *Précis de l'Hist. ecclés. du dioc. de C.* par M. Loglay.

NICOLAS CLARET ou Dechièvres, honoré de l'amitié de saint Bernard, mourut en 1167.

PIERRE D'ALSACE, fils de Thierri, comte de Flandre. Il ne reçut jamais les Ordres et par conséquent ne fut point consacré. Homme de cour il quitta l'état ecclésiastique en 1174, pour épouser Mathilde, comtesse de Nevers.

ROBERT, était de basse extraction, mais fut revêtu, par son mérite de nombreuses dignités et mérita l'amitié de Philippe, comte de Flandre. D'abord nommé à l'évêché d'Arras, il obtint celui de Cambrai en 1174. Mais il fut assassiné à Condé, par les gens du comte d'Avesnes en octobre de la même année 1174.

ALARD, archidiacre et trésorier de l'église de Cambrai, fut sacré évêque en 1175. Mort en 1177.

ROGER DE WAVRIN, eut à souffrir de l'humeur séditieuse des habitants de Cambrai. Il y eut dans ces affaires politiques des torts réciproques. C'est de son temps que fut donnée aux Cambresiens, la première loi écrite (1). Ayant fait un voyage en Terre-Sainte, il mourut de la peste devant Saint-Jean-d'Acre, en 1191.

JEAN D'ANTOING, mort à Amiens, et non à Nivelle, en 1196.

Quelques historiens placent dans leurs nomenclatures, sans donner nuls détails, un Jean, troisième évêque de ce nom, entre Jean d'Antoing et Nicolas de Rœux. D'autres chroniqueurs n'en font aucune mention.

NICOLAS DE RŒUX, ne fut qu'élu. Il mourut avant sa consécration.

HUGUES D'OISY, il fut déposé en 1198, par le pape Innocent III.

PIERRE DE CORBEIL, docteur et chancelier de l'université de Paris, fut nommé à l'évêché de Cambrai en 1199. Peu de temps après (en 1200), il obtint l'archevêché de Sens, où il mourut en l'an 1222.

JEAN DE BÉTHUNE, monta sur le siège épiscopal en l'an 1200. C'était un homme d'une grande énergie. Il fit révoquer les priviléges populaires et obtint de l'empereur suzerain, la suppression du beffroi. Il mourut en 1219.

GODEFROY DE FONTAINES, il avait été chanoine de Cambrai. Il eut de graves démêlés avec les bourgeois, qui poursuivaient avec persistance leurs plans d'émancipation communale. Il publia la loi qui porte son nom, et qui est un chef-d'œuvre de législation pour le temps.

(1) V. cette loi, dans le *Mém. pour l'archev.* p. 24 des pièces justificatives.

Godefroy fut incontestablement un grand évêque, un administrateur habile, et un homme bienfaisant. Les bourgeois finirent par lui décerner le titre de *bon évêque*. Il mourut en 1237.

Guy, ou Guyard de Laon, nommé en 1238. C'était un homme lettré, il composa plusieurs ouvrages, et mourut en 1248.

Nicolas de Fontaines. Ce prélat, que ses antagonistes avaient, lors de son élection, représenté comme un homme incapable, fut au contraire un bon administrateur qui, loin de laisser péricliter les choses entre ses mains, se montra conservateur et même fondateur. Il agrandit les palais de Cambrai et du Câteau, fit de grandes réparations au château de Selles et aux murailles de la ville. Il construisit de plus la forteresse de la Malmaison, près la Sambre, sur les confins du Cambresis et du Hainaut. Nicolas de Fontaine mourut en 1273.

Enguerrand de Créqui. Ce prélat, d'illustre extraction, fut nommé à l'évêché de Térouane en 1292.

Guillaume de Hainaut, mourut en allant en Terre-Sainte, l'an 1296.

Gui de Collemède ou de Collemieu. Il eut sa part des émeutes populaires. Cela le dégoûta du siége de Cambrai, et il fut transféré dans l'archevêché de Salerne, royaume de Naples en 1306. Il mourut peu de temps après.

Philippe de Marigny. D'abord évêque de Cambrai, il devint archevêque de Sens en 1309. Il mourut en 1325.

Pierre de Mirepoix, adroit négociateur, il sut ménager entre le Hainaut et le Cambresis, une alliance défensive qui fit cesser des agressions réciproques toujours nuisibles aux deux provinces limitrophes. De son temps eut lieu la plus formidable émeute populaire qui ait jamais ensanglanté la ville de Cambrai. Cette émeute n'eut rien que d'ignoble, elle fut faite par le bas peuple. Pierre de Mirepoix, comme son prédécesseur, quitta son siége de Cambrai pour un autre plus paisible. Il fut transféré à Bayeux en 1324.

Gui d'Auvergne et de Boulogne, prélat modeste et charitable. Il répandit beaucoup de bienfaits, et se montra le protecteur des hommes de science. Mort en 1336.

Guillaume d'Auxonne, ancien chancelier du comte de Flandre. Il défendit vaillamment la ville de Cambrai, contre les prétentions d'Édouard III, roi d'Angleterre. Devenu évêque d'Autun, 1342.

Gui de Ventadour, transféré à l'évêché de Vabres en 1348.

Certains historiens placent ici à tort un Jean de Lansonne, dont l'existence n'est pas prouvée.
— V. † ms. 884, p. 43.

Pierre Andrieu, ou d'André, sage prélat, savant administrateur, mort en 1368.

Robert de Genève, d'abord chanoine de Paris, ensuite évêque de Térouane, puis évêque de Cambrai et finalement Antipape sous le nom de Clément VII. Son élection fut le signal de ce schisme qui déchira l'Église pendant un demi-siècle. Mort à Avignon en 1394. Il a battu monnaie.

Gérard ou Grard de Dainville, d'abord évêque d'Arras et de Térouane, ensuite évêque de Cambrai. Il reçut avec magnificence l'empereur Charles IV d'Allemagne (1377) qui, assistant à l'office le jour de Noël, chanta la 7e leçon de matines, revêtu de ses habits impériaux.
— † Ms. 884, p. 44. — Gérard mourut le 11 juin 1378.

Jean Tserclaës, surnommé le *bon évêque*. Il bénit le double mariage des enfants du duc de Bourgogne et du comte de Hainaut (1385). Il fonda la chapelette sur le grand marché de Cambrai. Sa mort arriva l'an 1388.

André de Luxembourg, mort en 1396.

Pierre d'Ailly, *cardinal*, transféré en 1411.
— V. *Ailly* (Pierre d').

Jean de Gavre et de Lens. De son temps fut démolie la forteresse de la Malmaison. Mort en 1439.

Jean de Bourgogne, fils naturel de Jean-Sans-Peur, duc de Bourgogne. Évêque trop jeune, il ne résida pas. De son temps fut apportée à Cambrai *l'image de Notre-Dame-de-Grâce*. Mort en 1479.

Henri de Berghes; homme très remarquable, il fut chargé de plusieurs missions importantes. Il protégea les lettres et les arts. De son temps, maître Jean Standon, fonda une école à Cambrai. Mort en 1502.

ÉVÊQUES-DUCS.

Jacques de Croy, mort en 1516. —V. *Croy* (Jacques de).

Guillaume de Croy, résigna l'évêché en 1519.

Robert de Croy, mort en 1556.— V. *Croy* (Robert de).

ARCHEVÊQUES DE CAMBRAI.

Maximilien de Berghes, premier archevêque de Cambrai. Mort en 1570. — V. *Berghes* (Maximilien de).

Louis de Berlaymont, mort en 1596. V. *Berlaymont*.

Jean Sarrazin, mort en 1598.—V. *Sarrazin* (Jean).

Guillaume de Berghes, mort en 1609. — V. *Berghes* (Guillaume de).

Jean Richardot, mort en 1614. — V. *Richardot*.

François Buisseret, mort en 1615. — V. *Buisseret*.

François Vanderburch, mort en 1644. — V. *Vanderburch*.

Joseph de Bergaigne, mort en 1647. — V. *Bergaigne*.

Gaspar Nemius, mort en 1667. — V. *Nemius*.

Ladislas Jonart, mort en 1674. — V. *Jonart*.

Jacques-Théodore de Bryas, mort en 1694. — V. *Bryas*.

Fénélon, mort en 1715. — V. *Fénélon*.

Jean Destrées fut nommé pour succéder à M. de Fénélon, mais il mourut avant d'avoir obtenu ses bulles de Rome. Il ne fut donc pas archevêque de Cambrai.

Joseph, cardinal de la Trémoille ne fut archevêque de Cambrai (1718) que 18 mois. Il n'a pas résidé, il est mort à Rome où il avait été envoyé en mission extraordinaire, en 1720.

Guillaume Dubois. Il n'a pas résidé; il n'a rendu d'autre service à Cambrai, que de faire désigner cette ville pour le lieu du congrès de toutes les puissances européennes. Mort en 1723.

Léopold-Charles de Saint Albin (1723), mort en 1764. — V. *Albin* (Charles de St-).

Léopold de Choiseul, mort à Moulins en 1774. — V. *Choiseul* (de).

Henri, Marie, Bernardin de Fleury, nommé en 1774, mort en 1781. — V. *Fleury*.

Ferdinand de Rohan, démissionnaire en 1801. — V. *Rohan* (de).

UN ÉVÊQUE.

Louis Belmas, né en 1757, mort en 1841.

SUITE DES ARCHEVÊQUES.

Pierre Giraud, né en 1791, mort en 1850.

René Régnier.

Les successeurs de M. de Rohan, n'appartiennent point encore à l'histoire.

EXEMPLE. — *Remonstrance, Remembranche, Comédie, Ballade*. — Ces différents noms se donnaient indistinctement à des représentations, espèces de *mystères*, que les Cambrésiens exhibaient dans les rues sur le passage des princes qu'ils voulaient fêter. Ils dressaient des *hours* ou théâtres qu'ils décoraient selon les besoins du sujet; et formaient sur ces théâtres soit des scènes mimées, soit des *tableaux vivants*, spectacle aujourd'hui renouvelé de nos anciens jours.

Il est à remarquer que l'esprit d'association dominait tellement alors les mœurs de nos pères que tout cela se faisait par confréries. Ici, c'était *l'exemple* des mulquiniers; là, celui des fourniers; plus loin, la *remonstrance* des orfèvres, etc.

A l'entrée de Jean de Bourgogne, « depuis les boucheries jusques au bout des Cambges (jusqu'à la Grand'Place), y avoit un hourd de grand longheur sur lequel estoit *le remembrance de le passion et résurrexion de notre Seigneur*, de personnages tous vifs, qui fuct moult bien faite. » (*Mémoriaux de St-Aubert*.)

A l'entrée de Jacques de Croy, les marchands représentèrent dans la rue de St-Georges : *les douze pairs du Cambresis faisant hommage à l'Empereur*.

A l'entrée de Robert de Croy, on fit un grand nombre de ces exemples.

Lors du passage de Charles-Quint par Cambrai, les maréchaux taillandiers et serruriers firent dans le cimetière St-Nicolas une remontrance *comment l'Empereur et le Roy de Franche se trouvèrent l'un et l'autre au port de Marseille*. Les fourniers en firent une au milieu de la rue des Liniers qui représentait *Les enfans d'Israël au désert, gouvernés de la manne du ciel, et Melchisedech présentant pain et vin*. Les drapiers firent au touquet de la rue des Maseaux un arc de triomphe où ils placèrent *trois jeunes filles bien acoustrées* qui représentaient la Foi, l'Espérance et la Charité. Les tanneurs et cordonniers représentèrent l'*Entrée de l'Empereur* à Jérusalem. — *Mém. chron.* p. 35, 36.

Lorsque Maximilien de Berghes fit son entrée solennelle, les corps de métiers représentèrent *la défaite de Goliath par le roi David*; — *Le triomphe d'Esther*. — *La chaste Suzanne*. — *Judith et Holopherne*. — *La conquête de la Toison-d'Or par Jason*. — Nous ne parlerons pas des *Gayants* qui parurent dans cette fête; il en est fait mention au mot *Gayant*.

Les citations qui précèdent sont suffisantes pour que le lecteur se fasse une idée exacte des *Exemples* dont nos pères aimaient tant le spectacle. On voit dans les *chroniques cambresiennes* les mots *exemple, comédie, ballade, remonstrance, remembranche*, employés pour signifier la même chose.

EXPOSITIONS D'OBJETS D'ARTS. — V. *Arts* (Société des Amis des).

F

FAU

FARNIÈRES. — V. *Moulin du Plat.*

FAUBOURGS. — Cambrai compte actuellement quatre grands faubourgs qui portent les noms de *St-Sépulcre*, de *Cantimpré*, de *Selles* et de *Notre-Dame*. Ils contiennent ensemble, à peu près le territoire de l'ancienne banlieue de Cambrai. — V. *Banlieue.*

Autrefois la banlieue était divisée en faubourgs plus nombreux dont les dénominations sont encore en usage dans la population Cambresienne.

Tels sont :

Le *faubourg St-Ladre*, qui tire son nom de l'ancienne maison de St-Ladre ou St-Lazare, laquelle existait avant l'érection de la citadelle. (En 1793 on l'appela faubourg de la *Serpe*.)

Le *faubourg St-Druon*, ainsi nommé de la petite chapelle dédiée à St-Druon. —V. *Druon.* (En 1793 faubourg de la *Herse*.)

Le *faubourg de Paris* ou de *St-Sépulcre*, qui n'était autre chose que la route de Paris. (En 1793 faubourg de la *Charrue*.)

Le *faubourg de Noyelles*, chemin de Noyelles.

Le *faubourg de Cantimpré*, qui tire son nom de l'ancienne abbaye de Cantimpré.

Le *faubourg de Selles*, ainsi appelé à cause de l'antique château de Selles qui existe de ce côté.

Le *faubourg St-Roch*, tirant son nom de l'ancien cimetière St-Roch. (En 1793, faubourg de la *Bêche*.

Le *faubourg du Câteau*, route du Câteau.

Le *faubourg de la Flamique*, dont le nom singulier a une origine que nous ignorons (1).

Le tableau suivant fera connaître exactement la composition des quatre faubourgs officiels de la ville.

FAUBOURG DE SAINT-SÉPULCRE.

Rue de St-Ladre, appelée vulgairement *faubourg de St-Ladre.*

Chemin de Niergnies.

Chemin de St-Druon, vulgairement *faubourg de St-Druon.*

---

(1) *Flamique* en patois cambresien signifie une galette peu cuite, et par conséquent fort molle. Aurait-on donné ce nom au faubourg dont il est question à cause de son terrain mouvant, et surtout d'un endroit de la route où il était autrefois difficile aux voitures de passer sans s'y enfoncer?

FÉN

Chemin de Crèvecœur.

Grand chemin de Rumillies.

Petit chemin de Rumillies.

Route de Paris, vulgairement *faubourg de Paris.*

Chemin de Noyelles, vulgairement *faubourg de Noyelles.*

Chemin de Proville, appelé aussi *chemin du Plat.*

FAUBOURG DE CANTIMPRÉ.

Allée de Fénélon.

Chemin du Marais.

Chemin de Bapaume.

FAUBOURG DE SELLES.

Rue du Fey.

Route de Douai.

Quai du canal.

FAUBOURG DE NOTRE-DAME.

Chemin de la fontaine.

Rue Verte.

Grand Chemin-Lévêque.

Vieux chemin de St-Roch.

Allée de St-Roch, vulgairement *faubourg de St-Roch.*

Allée de Corsignies.

Route de Valenciennes.

Chemin de Naves.

Chemin de Solesmes.

Route du Câteau, dit aussi *faubourg du Câteau.*

Vieux chemin du Câteau.

Chemin d'Awoingt.

Ruelle Sans-Fond.

Rue Gauthier vulgairement *faubourg de la Flamique.*

FÉNÉLON douzième archevêque de Cambrai. — On a publié sur Fénélon, tant de Notices, d'Histoires, de Biographies, que les pages que l'on publiera à l'avenir sur cet homme célèbre pourront passer pour superflues, à moins que des détails de sa vie intime, échappés aux recherches des biographes, ne viennent ajouter quelques traits aux portraits plus ou moins ressemblants que l'on en a faits. Ce n'est qu'à ce titre que nous parlons ici de l'archevêque de Cambrai. Sa renommée littéraire n'attend plus rien de nouveau, peut-être même dans les éloges qu'on en a faits, a-t-on souvent trop sacrifié le prêtre au romancier, trop écarté le théologien pour mettre en relief le poëte. A cet égard, il a eu parfois le malheur d'être mal interprété, et sa mémoire a reçu des ovations que sa plume vertueuse n'avait certainement pas cherchées.

Laissons donc, à notre tour, de côté l'homme célèbre, pour nous occuper du modeste et saint prélat; tout le monde connaît le *précepteur du duc de Bourgogne,* parlons de *l'archevêque de Cambrai.*

François de Salignac de la Mothe-Fénélon naquit le 6 août 1651 d'une famille distinguée. Il reçut les Ordres sacrés à l'âge de 24 ans et devint bientôt après supérieur des *Nouvelles catholiques.* Le roi l'envoya en 1686 faire des missions dans le Poitou. Il ramena à la foi catholique un grand nombre de calvinistes. De retour à Paris, il ne tarda pas à être choisi comme précepteur des ducs de Bourgogne, d'Anjou et de Berri petits-fils de Louis XIV. Il passa cinq ans à la cour, dans cette place éminente, et fut nommé par le roi à l'archevêché de Cambrai (1695). Il fut sacré à St-Cyr, le 10 juillet. Il était alors abbé de St-Valery et il renonça à son bénéfice, en même temps qu'au prieuré qu'il tenait de son oncle, l'évêque de Sarlat.

Il ne fit pas à Cambrai d'entrée solennelle (1). Il y vint sans faste et sans bruit, le 14 août 1695, et descendit chez M. de Monbron, gouverneur de la ville, qui demeurait à St-Aubert. Aussitôt, le gouverneur fit annoncer l'arrivée du prélat par des salves d'artillerie. Le lendemain, jour de l'Assomption, le chapitre le reçut suivant le cérémonial d'usage.

Pendant son épiscopat, il fit paraître le livre trop fameux des *Maximes des saints.* Cet ouvrage, combattu par l'évêque de Meaux (2), fut condamné à Rome le 13 mars 1699. Aussitôt qu'il connut sa condamnation, Fénélon s'empressa de la publier solennellement.

Ce fut à cette époque, qu'il donna à l'église de Notre-Dame, une *remontrance* en or de la valeur de quinze mille francs. Cet ostensoir est devenu de nos jours l'objet de longues controverses (3).

Jusqu'en 1697, Fénélon passait une partie de

(1) La plupart des détails qui vont être rapportés sont extraits de nos chroniques locales, et peu connus des biographes.

(2) Bossuet.

(3) La tradition rapporte qu'après la condamnation de son livre par l'Église, Fénélon, pour perpétuer le souvenir de sa soumission au jugement du Saint-Siège, fit don à la métropole de Cambrai d'un ostensoir qui représentait une figure allégorique fou-

l'année à la cour. A cette époque, il fut disgracié et renvoyé par le roi dans son diocèse. C'est à partir de ce moment qu'il appartient réellement à la ville de Cambrai. C'est alors qu'il put être apprécié par son clergé et par la ville.

Il avait été d'abord mal accueilli par l'opinion publique. Ses manières de cour déplaisaient au peuple qui, il le faut bien avouer, n'aimait pas alors les Français. Le peuple était resté flamand, il gardait d'ailleurs dans les mœurs, dans le langage, et même dans le sang, trop de traces espagnoles, pour accepter immédiatement la domination du roi de France. Il regrettait aussi M. de Bryas, qui était un seigneur du pays, populaire, et accoutumé aux usages de Cambrai.

Fénélon, de son côté, n'avait peut-être point assez dissimulé certaines préventions, qu'il apportait contre sa ville épiscopale. Il n'avait pas une haute idée des capacités cambresiennes. Mais il fut bientôt désabusé, en trouvant sous des formes simples et moins éblouissantes que

lant aux pieds le livre des *Maximes des saints.* En 1817, un prêtre lettré (M. Servois) combattit cette opinion accréditée, et publia à cet effet des observations qui donnèrent lieu à de nombreuses recherches et à de vives contestations. Une chose frappe dans toute cette polémique, c'est la variété des rapports faits par les différentes personnes qui ont décrit l'objet sacré, desquelles plusieurs avaient été témoins oculaires, et qui toutes, du moins, avaient dû peser beaucoup ce qu'elles écrivaient.

Selon les unes, l'ostensoir était un soleil porté par *deux anges* foulant aux pieds plusieurs livres sur l'un desquels on lisait : *Maximes des saints;* selon les autres, le soleil n'était porté que par une seule figure représentant la *foi voilée,* posant un pied sur les livres de la Bible; selon d'autres, la figure représentait la Religion; selon d'autres, c'était *Moïse;* selon d'autres enfin, c'était un *seul chérubin.* Puis, mêmes contradictions relativement à l'inscription : ce sont les mots *Biblia sacra,* qu'on a lus au lieu de *Novum testamentum,* auxquels on veut substituer : *Maximes des Saints.*

Au milieu des doutes qu'élèvent naturellement tant de versions différentes apparaissent comme de graves et imposantes autorités : une lettre de M. de Calonne, ancien chanoine de Cambrai, publiée dans l'*Ami de la Religion et du Roi,* au mois de novembre 1820 ; une autre lettre d'un abbé A. J. Guiot, curé à Cambrai en 1778 ; publiée par M. A. Dinaux, dans le tome IV des *Archives du Nord* ; enfin un certificat imprimé en 1819 et signé par 23 témoins oculaires. Ces documents affirment l'existence des mots : *Maximes des Saints* sur l'ostensoir d'or ; il faut donc, en présence de tant de preuves, repousser les raisonnements très spécieux publiés en 1817 dans les *Mémoires de la Société d'émulation de Cambrai.*

Le cardinal Giraud, pendant son épiscopat à Cambrai, fit don à la métropole d'un riche ostensoir en vermeil dont la forme reproduit, autant que la tradition a pu y aider, celle du soleil d'or de Fénélon.

celles de la cour, un fond de sagesse et d'érudition qui lui inspirèrent une grande estime pour le clergé de sa métropole. Les choses les plus indifférentes en apparence ont souvent de graves conséquences. L'archevêque de Cambrai, pour s'assurer de l'instruction chrétienne des enfants, que l'on présentait pour être confirmés, les fit interroger par des ecclésiastiques de sa suite. Ceux-ci ne pensant pas à se mettre à la portée des enfants du peuple, les questionnèrent en si bon français, que les enfants ne comprirent pas un mot, et par suite ne firent point de réponse. Quelques épithètes mal sonnantes leur furent alors adressées. Le bruit s'en répandit, la mauvaise foi les grossit peut-être. De là mécontentement populaire.

Enfin, quand on se connut mieux de part et d'autre, on s'aima davantage; la simplicité du prélat fit oublier l'homme de cour.

En 1708, le duc de Bourgogne et le duc de Berri, en compagnie du prince de Galles, fils de Jacques II d'Angleterre, passèrent par Cambrai, pour la campagne de Flandre; ils n'allèrent point à l'archevêché à cause de la disgrâce de Fénélon, mais ils reçurent l'archevêque dans l'*auberge* où ils étaient logés. C'était l'*Auberge de Dunkerque*, vis-à-vis St-Géry (1).

Fénélon rappela son séminaire de Beuvrage et le plaça dans le refuge de St-André. Là, il se plaisait à former lui-même les jeunes clercs par des conférences et des instructions familières. Il célébrait ordinairement la messe à sept heures dans la chapelle de Notre-Dame-de-Grâce. Outre les discours qu'il prononçait les jours de grandes fêtes dans la métropole, il faisait chaque dimanche de carême une instruction dans l'église de St-Nicolas. Il était éloquent et rempli d'onction; mais on avait peine à l'entendre, tant il parlait du nez. Il était de grande taille et fort maigre. Il avait les yeux noirs et très perçants, il était laborieux. Jamais ses domestiques ne le virent couché le matin. Toujours ils le trouvaient livré à l'étude (2).

Il était généreux et libéral. En 1711, pendant que les armées tenaient la campagne aux environs de Cambrai, il avait dans son palais table ouverte pour les officiers. Il se fit aimer et respecter des Français et même des étrangers qui conservèrent pendant le tumulte de la guerre la plus grande partie des biens de l'archevêché.

(1) Cette auberge, qui n'a plus de nom, est située rue l'Arbre-à-Poires, nº 32.
(2) Tous ces détails sont extraits des *Mém. chron.* écrits par un Cambresien, contemporain de Fénélon.

Sur la fin de ses jours, il fit refaire un quartier du palais qui contenait la bibliothèque, et qui avait été dévoré par les flammes en 1698. Nous compléterons nos détails sur la vie privée de Fénélon en publiant le règlement qu'il donna à ses domestiques.

Règlement.

« Tous mes domestiques doivent sçavoir qu'il ne m'est pas permis de garder dans ma maison, ny jureur, ny blasphémateur, ny impie, ny ceux qui railleraient les choses saintes; ny yvrognes, ny ceux qui hanteroient de mauvais lieux, ou tomberoient dans quelque vilaine débauche, ny ceux qui tiendroient des discours sales et déshonnêtes.

» Si quelqu'un de mes domestiques a connaissance qu'un autre soit tombé dans quelqu'une des fautes principales expliquées en l'art. précédent, celui cy mon intention est qu'il avertisse en secret ceux que j'ai chargés de la conduite de ma maison pour les choses qui ont rapport aux mœurs; sans cela, je serais hors d'état de remédier aux désordres parce que je n'en serais pas informé, et c'est pour éviter cet inconvénient que je suis résolu à agir envers celui qui aurait manqué d'avertir, de même manière que je ferais sy luy même avait commis la faute qu'il auroit célée.

» Je deffends le cabaret et tous les jeux de hasard à tous mes domestiques, sous peine de sortir de ma maison; et sy quelqu'un était obligé d'y aller pour tenir compagnie à quelqu'un de ses parents, il en avertira auparavant.

» Je ne souffrirai ny les gens emportés, ny les querelleurs, ny les esprits d'intrigues et de caballe, ny ceux qui conserveroient des inimitiez, et lorsque parmy mes domestiques je reconnoistray quelques uns de ces caractères, je l'osteray pour conserver le reste, dans l'union que je désire.

» Je prétends que tous mes domestiques, à la réserve de ceux qui sont obligez de demeurer auprès de moy, se retirent au plus tard à dix heures du soir, et sy quelqu'un de ceux qui ne seront pas mariez vient à découcher, je serai obligé de le congédier sans retour.

» J'avertis celuy qui sera chargé du soin de la porte que je ne manqueray point à le congédier luy même, s'il n'est très soigneux à avertir mon aumônier au cas que quelqu'un de mes domestiques découche ou se retire plus tard que dix heures.

» Chacun couchera en son particulier, et sous quelque prétexte que ce soit, personne ne recevra d'étranger à coucher dans sa chambre sans mon ordre exprez.

» Tous mes domestiques assisteront régulièrement à la prière du matin et du soir, tous les jours ils entendront la messe ; mon intention est que, sans y manquer, ils aillent à la messe de paroisse et au prône, de trois dimanches l'un ; qu'ils aillent à vespres les dimanches et les festes, et soient assidus aux sermons quand il y en aura, surtout pendant l'Avent et le Carême.

» Chacun se confessera et communiera à Pâques, à la paroisse.

» Chacun se souviendra que la règle de la maison, est que, dans la maladie, l'on se confesse de bonne heure, sans attendre que le péril soit extrême.

» Il faut observer régulièrement les jeûnes et abstinences commandés par l'Eglise, et si quelqu'un n'a pas assez de santé, qu'il en avertisse, et avec connaissance de cause, il en sera dispensé.

» Tous ceux de ma maison, qu'on sera obligé d'oster pour faute, seront seulement payés de leurs gages, sans autre récompense ; et il ne doivent point attendre de moy qu'à la suite je prenne aucun intérêt à eux, ny contribue en rien à leur établissement. J'en userai de même à l'égard des laquais qui, pouvant prendre une profession propre à gagner leur vie, refuseraient de le faire.

» Pour conserver la paix de ma maison, je deffends très expressément qu'aucun de mes domestiques, sous prétexte d'amitié pour un autre, luy rapporte ce qu'il aura vu ou entendu dire par un autre à son désavantage.

» Les escuyers, maîtres d'hostel prendront une copie de ce réglement afin de veiller à ce que ceux qui sont sous eux l'observent. Les principaux de la maison doivent aussi être exacts à l'observer en toutes choses, n'étant pas moins pour eux que pour les gens de livrée, et mon intention étant que tous s'y assujettissent également.

» On relira ce réglement deux fois l'année, afin d'en raffraischir la mémoire, et d'empescher qu'insensiblement on ne se relâche sur quelqu'un des articles qu'il contient. » — † Ms. 809.

Fénélon mourut pauvre, mais sans dettes, le 7 janvier 1715, à l'âge de 64 ans. Une chute légère hâta cet évènement funeste. Il fut enterré dans la métropole.

Le testament de Fénélon est peu connu. Il nous paraît convenable que cet acte de dernière volonté, écrit à Cambrai par l'illustre archevêque, trouve place dans notre livre, qui n'est autre chose qu'un monument élevé à tous les souvenirs glorieux et historiques de notre cité.

Testament de Fénélon.

« Au nom du Père, du Fils et du Saint-Esprit.

» Quoique ma santé soit dans l'état qu'elle est d'ordinaire, je dois me préparer à la mort ; c'est dans cette vue que je fais et que j'écris, de ma propre main, le présent testament ; révoquant et annulant par celuy-ci, tous autres testaments antérieurs.

» Je déclare que je veux mourir entre les bras de l'Eglise Catholique, Apostolique et Romaine, ma mère. Dieu, qui lit dans les cœurs et qui jugera, sait qu'il n'y a eu aucun moment de ma vie où je n'aye conservé pour elle une soumission et une docilité de petit enfant, et que je n'ay jamais cru aucune des erreurs qu'on m'a voulu imputer. Quand j'écrivais le livre intitulé : *Explication des maximes des Saints*, je ne songeais qu'à séparer les véritables expériences des saints approuvées de toute l'Eglise, d'avec les illusions des faux mistiques, pour justifier les unes et rejeter les autres. Je ne fis cet ouvrage que par le conseil des personnes les plus opposées à l'illusion, et je ne le fis imprimer qu'après qu'ils l'eurent examiné. Comme cet ouvrage fut imprimé à Paris, en mon absence, on y mit le terme de *trouble involontaire*, par rapport à Jésus-Christ, lequel n'était pas dans le corps de mon texte original, comme certains témoins oculaires d'un très grand mérite l'ont certifié, et qui avoit été mis à la marge seulement pour marquer une petite addition qu'on me conseilloit de faire en cet endroit là pour une plus grande précaution ; d'ailleurs, il me sembloit, sur l'avis des examinateurs, que les correctifs, inculquez dans toutes les pages de ce petit livre, écartoient avec évidence tous les sens faux ou dangereux, c'est suivant ce correctif que j'ay voulu soutenir et justifier ce livre pendant qu'il m'a esté libre de le faire, mais je n'ay jamais voulu favoriser aucune des erreurs en question ny flatter aucune personne que je connusse en estre prévenue.

» Dès que le pape Innocent XII a condamné cet ouvrage, j'ai adhéré à son jugement du fond de mon cœur, et sans restriction, comme j'avois promis d'abord de le faire. Depuis le moment de sa condamnation, je n'ay jamais dit un seul mot pour justifier ce livre, je n'ay songé à ceux qui l'avoient attaquez, que pour prier avec un zèle sincère pour eux, et que pour demeurer uni à eux dans la charité fraternelle.

» Je soumets à l'Eglise universelle, et au Saint-

Siége apostolique tous les escrits que j'ai faits, et j'y condamne tout ce qui pourroit m'avoir eschappé au delà des véritables bornes, mais on ne doit m'attribuer aucuns des escrits que l'on pourroit faire imprimer sous mon nom, je ne reconnois que ceux qui auront été imprimés par mes soins, et reconnus par moi pendant ma vie, les autres pourroient, ou n'estre pas de moi, ou m'estre attribués sans fondemens, ou estre mêlés avec d'autres escrits étrangers, ou estre alterés par des copistes. A Dieu ne plaise que je prenne ces précautions par une vaine délicatesse pour ma personne : je crois seulement devoir au caractère épiscopal dont Dieu a permis que je fusse honoré, qu'on ne m'impute aucunes erreurs contre la foy ny aucun ouvrage suspect.

» Je laisse à chaque domestique qui se trouvera actuellement à mon service au jour de ma mort, une année entière de ses gages, outre ce qui se trouvera luy estre dû jusqu'à ce jour là : De plus je prie mon héritier cy dessus nommé d'examiner avec mes exécuteurs testamentaires ce qu'il seroit peut-estre à propos de faire en faveur de quelqu'un d'entre eux.

» Je souhaite que mon enterrement se fasse dans l'église métropolitaine de Cambray, en la manière la plus simple et avec le moins de dépense qu'il se pourra. Ce n'est pas un discours modeste que je fasse icy pour la forme, c'est que je crois que les fonds qu'on pourroit employer à des funérailles moins simples doivent estre réservez pour des usages plus utiles, et que la modestie des funérailles des évesques doit apprendre aux laïcs à modérer les vaines dépenses qu'on fait dans les leurs.

» Je nomme et constitue mon héritier universel Léon de Beaumont mon neveu, fils d'une de mes sœurs en qui jay reconnu dès son enfance des sentiments dignes d'une singulière amitié et qui n'a jamais cessé, pendant tant d'années, d'estre pour moy comme le meilleur fils pour son père.

» Je ne luy marque rien et laisse tout à sa dévotion, parce que je suis pleinement persuadé qu'il fera, de concert avec mes deux exécuteurs testamentaires, le meilleur usage qu'il pourra de ce qu'il trouvera de liquide dans ma succession.

» Je nomme pour exécuteur du présent testament monsieur l'abbé de Chanterac mon parent qui a esté mon conseil dans ce diocèse, qui m'a témoigné une amitié à toutes épreuves et pour qui j'ay une grande vénération.

» Je dénomme aussy monsieur l'abbé de Langeron ami précieux que Dieu m'a donné dez nostre jeunesse et qui a fait une des plus grandes consolations de ma vie, j'espère que ces deux amis si chrestiens ne refuseront pas leurs conseils et leurs soins à mon héritier.

» Quoy que j'aime tendrement ma famille et que je n'oublie pas le mauvais estat de ses affaires, je ne crois pourtant pas devoir luy laisser ma succession, les biens ecclésiastiques ne sont pas destinez aux besoins des familles, et ne doivent pas sortir des mains des personnes attachées à l'Eglise.

» J'espère que Dieu bénira les deux neveux que j'ai élevés auprès de moi, et que j'aime avec tendresse, à cause des principes de probité et de religion dans lesquels ils me paroissent s'affermir.

» Fait à Cambray le 5e de l'an 1705.
» Estoit signé François archevêque de Cambray. »

Par acte du 5e jour de janvier 1715, il a dénommé monsieur de Fénélon, chanoine et escolâtre de l'Eglise métropolitaine dudit Cambray, son neveu, pour son exécuteur testamentaire en la place de monsieur l'abbé de Langeron décédé.

Voici la liste des principaux ouvrages de Fénélon.

Traité de l'existence et des attributs de Dieu. — *Dialogues sur l'éloquence en général, et sur celle de la chaire en particulier,* — *Dialogues des morts.* — *Fables* composées pour l'instruction du duc de Bourgogne. — *De l'éducation des filles.* — *Lettres sur divers sujets de métaphysique et de religion.* — *Télémaque.* — *Maximes des Saints.* — Nombreux écrits pour la défense de son livre intitulé : *Maximes des Saints.* — *Les Aventures d'Aristonoüs.* — *Abrégé des Vies des anciens philosophes.* — *Direction pour la conscience d'un roi.*

Le cardinal de Bausset, ancien évêque d'Alais, a écrit la vie de Fénélon. M. Villemain, de l'Académie francaise, a composé aussi une Notice biographique et littéraire sur l'archevêque de Cambrai. Une foule d'autres biographies du même prélat ont été publiées à différentes époques. Laharpe a fait de lui un éloge académique. Le *Cameracum christianum* ne contient qu'une très courte notice sur Fénélon.

Un mausolée a été élevé en 1826, à la mémoire de Fénélon, dans la nouvelle métropole de Cambrai. — V. *Monuments funèbres.*

FERME (*le*). — C'était une espèce de greffe, un lieu où reposaient les archives. Autrefois, dans certains pays, les notaires n'avaient point de registres. Ils confiaient une copie de chacun de leurs actes au dépôt public qu'on appelait *chambre fermée.* De là évidemment le mot *ferme.*

On disait *lettres en ferme*. — (V. *Glossaire du droit français*, par Laurière.) Il y avait deux fermes à Cambrai, le *grand* et le *petit*. Le grand ferme était une pièce de l'Hôtel-de-Ville. Le petit, qui seul a conservé le nom de *ferme*, est une petite salle étroite, voutée en ogive, avec d'élégantes nervures qui se croisent et portent, sur leur point d'intersection, des espèces d'écussons ronds sculptés dans la pierre, et sur lesquels est inscrite cette date : A° D^{ni} 1473.

Sous cette pièce est une cave de peu d'importance. Le ferme, encore tout plein, aujourd'hui, de sacs à paperasses inexplorés, est clos par une porte en fer.

On peut voir, dans ce Dictionnaire, au mot *Archives*, l'inventaire des titres qui reposaient autrefois au grand ferme.

FERMES *des Etats et de la ville*. — Sous l'ancienne organisation administrative, c'est-à-dire avant la révolution de 1789, les Etats et le domaine de la ville de Cambrai, avaient des charges distinctes auxquelles ils subvenaient à l'aide d'impôts dont le produit leur était particulièrement affecté. Or, on avait trouvé un avantage à affermer la perception de ces divers impôts mis sur les denrées et autres marchandises. Les fermes se mettaient aux affiches et l'adjudication se passait au plus offrant, sur des *cahiers de charges*, analogues à ceux de nos jours.

Les principaux droits de ces fermes consistaient dans l'impôt sur la bière et dans la vente exclusive de l'eau-de-vie, dite alors *brandevin*. Il était défendu au fermier sortant de vendre le brandevin à moindre prix, dans les trois derniers mois de son bail, que par le passé, à peine de 100 florins d'amende pour chaque contravention, à cause du préjudice que cela aurait causé au fermier entrant.

Nous livrons ici à titre de simples documents, un relevé que nous avons fait, d'une manière incomplète, faute de renseignements, des chiffres du produit d'un certain nombre d'objets affermés. Si imparfait que soit ce travail, il ne laissera pas de présenter de l'intérêt à ceux qui aiment à comparer les choses anciennes avec les nouvelles.

Prix d'adjudication de diverses fermes des Etats et du domaine de la ville, vers le milieu du XVIII siècle.

Ferme du brandevin.	33,500
— du tabac.	3,000
— de la graisserie.	1,710
— du vinaigre.	860
Ferme de l'huile à brûler. . . .	600
— de l'huile d'olive, beurre et fromage.	800
— des boucheries.	9,150
— des petites chaussées. . .	1,260
— de l'entrée des vins, vente en gros et issue foraine. .	50
— des vins de la ville et de la campagne.	9,100
— de la bierre champêtre. .	45,500
— du houblon.	1,100
— du pied fourchu (1). . .	5,150
— des harengs et morues. .	495
— du droit de déchargement.	240
— des bois de charpente et de faisceaux.	3,720
— du mesurage des grains. .	3,800
— des lins et chanvres. . .	1,170
— de 5 patards à la toilette grise.	710
— du patard au mencaud de bled allant au moulin. . .	3,920
— du charbon de bois. . .	370

FERRONNIERS, *serruriers*, *taillandiers*. — Au XVIe siècle, les ferronniers, serruriers et taillandiers, ne faisaient qu'un corps de métier. Mais, par la suite, on en sépara les taillandiers, qui obtinrent le monopole de taillanderie.

Sommaire d'un règlement très ancien pour les ferronniers.

1° Comment les marchands de fer se doibvent gouverner pour le fer et acier qu'on amène en cette ville.

2° Que les ferronniers ne feront serrures qu'elles ne soient conflisses (confectionnées) plaines de ce qu'ils auront taillé en la clef.

3° Qu'ils ne vendront serrures qu'elles n'aient passé à l'esward.

4° Qu'ils n'achepteront fer, acier ou autres marchandises doubteuses.

5° Qu'ils obéiront aux mayeurs.

6° Que les hostellains n'achepteront des dites denrées de ceux qui vont héberger chez eux.

7° Que les charbons de terre, qu'on amène en ceste ville, seront deschargiez au marché, affin qu'un chascun en puisse avoir sa part.

8° Les ferronniers ne forgeront devant la cloche du jour, ny après la cloche du vespre (du soir).

9° Que tout fer et acier apportez en ceste ville seront menés en la maison de celuy qui tient le poids, d'où on ne pourra les tirer sans estre eswardez.

10° Qu'on n'acheptera charbon de terre qu'à l'estaple.

11° Qu'aucuns revendeurs n'en achepteront devant midy.

12° Qu'ils ne vendront charbon de terre mouillé.

13° Que toute marchandise de febvrerie apportée au marché pour estre vendue, sera estaplée devant la maison de ville.

(1) V. *Pied-Fourchu*.

14° Qu'on ne pèsera fer, plomb, cuivre, acier, qu'au poids de la ville. — § Ms. 5. p. 180.

Sommaire d'un autre réglement du 10 juillet 1589.

1° Que personne ne sera admis au mestier de ferronnier, qu'il n'ait faict son chef-d'œuvre, et ne soit admis des mayeurs.

2° Qu'ils payeront à la chapelle douze livres tournois, et les fils de maistre six livres.

3° Que tous apprentis dudit mestier receuz soubs un maistro, payeront une livre de cire.

4° Qu'ils contribueront avec les mareschaux et caudreliers esgalement aux frais de la confrérie.

5° Que chascun confrère sera mayeur à son tour.

6° Que les mayeurs pourront entrer es-maisons de leurs confrères, pour visiter leurs ouvrages.—§ Ms. 5, p. 181.

Ces dispositions furent confirmées par de nouveaux réglements en date du 5 octobre 1599 et du 14 juin 1645. Ce dernier concernait particulièrement les taillandiers. Nous en ignorons la teneur.

Tout étranger venant s'établir en ville pour travailler du métier de ferronniers ou taillandiers, devait produire ses *lettres de maîtrise*, et fournir son *chef-d'œuvre*. S'il ne pouvait remplir ces deux formalités, il devait se mettre en apprentissage pendant un an.

Les marchands du style de ferronnerie et les caudreliers (chaudronniers) avaient saint Eloy pour patron.

FÊTES MARCHANDES. — V. *Foires.*

FÊTES *civiles et religieuses.* — Les fêtes qui ont acquis à la ville de Cambrai une si grande réputation parmi les villes de Flandre, et dont le luxe et la magnificence proclament le génie et la riche imagination des anciens Cambresiens, peuvent être divisées en trois catégories. D'abord les fêtes communales; puis les fêtes particulières, telles qu'entrées et passages de princes, de souverains et de prélats; joûtes, tournois, noces de haut lignage, etc.; enfin les cérémonies funèbres, auxquelles le peuple s'associait activement.

Nous traitons, à leur ordre alphabétique, des joyeuses entrées, des tournois, des fêtes funèbres. — V. *Entrées, tournois, funérailles.* Nous parlerons ici des fêtes de la Commune qui comprennent non-seulement les fêtes patronales, les processions religieuses, mais aussi les réjouissances populaires à propos d'évènements heureux que l'on tenait à célébrer.

L'origine de notre fête communale se perd dans les ténèbres du Moyen-Age. Quelques auteurs en ont trouvé la cause première dans le souvenir des croisades; ils ont supposé que les chevaliers de Flandre qui avaient été en Terre-Sainte, avaient rapporté de l'Orient le goût des solennités triomphales. Nous ne pensons pas qu'il faille aller chercher si loin la pensée mère et l'inspiration de nos fêtes. Elles ont évidemment pour origine les processions religieuses établies dans nos contrées par le christianisme; processions dont on retrouve l'analogue, même dans les cérémonies druidiques, par exemple dans la récolte du gui sacré (1). L'appareil profane, les cavalcades, les chars, les figures plus ou moins burlesques qui se voyaient dans la procession de Cambrai, n'étaient que des accessoires ajoutés par la dévotion naïve de nos pères au cortége principal, à la cérémonie ecclésiastique. C'était un hommage rendu à la religion. Ils n'avaient eu pour cela qu'à transporter, dans les processions, les saintes mises-en-scène des *Mystères* dont ils étaient si amateurs.

Et pourrions-nous leur faire un reproche de ce mélange du sacré et du profane, lorsque nous voyons, chaque année, au siècle où nous vivons, se développer de plus en plus des tendances à introduire les scènes et le spectacle dans nos cérémonies religieuses (2). On cherche à symboliser des idées mystiques; on jette volon-

(1) La coupe du gui de l'An-Neuf était chez les Gaulois la fête la plus solennelle de leur religion. Cette fête se célébrait tous les ans près de *Chartres*, le 6 de la lune de décembre, en présence de la plus grande partie de la nation. « Le gui est une certaine excroissance qui vient sur quelques arbres, et particulièrement sur les vieux chênes. Les Druides désignaient celui de ces arbres, âgé au moins de trente ans, sur lequel on devait cueillir le gui; on dressait un autel au pied de l'arbre, et l'on faisait une *procession* à la tête de laquelle marchaient deux taureaux blancs, conduits par des eubages, et suivis des Bardes qui chantaient des hymnes; ensuite venaient les disciples des Druides, et après eux, le héraut-d'armes, vêtu de blanc, portait un bonnet ailé, et une branche de verveine entortillée de deux serpents en forme de caducée.

» Le grand-prêtre, ayant un rochet de fin lin sur sa robe blanche, marchait à pied entouré de Valères vêtus à peu près comme lui, *et suivis de la noblesse*. Il était précédé par les trois plus anciens Druides; le premier portait le pain destiné pour le sacrifice, le second du vin dans un vase, et le troisième tenait une verge au bout de laquelle était une main de justice en ivoire.

» Le cortége étant arrivé au pied du chêne, le grand-prêtre commençait le sacr...e, etc. »

Recherches sur les costumes et les usages des anciens peuples, par J. Malliot. Tome 2, p. 507.

(2) On parle ici en général, il n'est point, à cet égard, plutôt question de Cambrai que de toute autre ville de Flandre.

tiers, au milieu des pompes de l'Eglise, la splendeur et le pittoresque des costumes laïcs. On fait intervenir au milieu des vrais prêtres, de faux princes chargés d'oripeaux (1); au milieu des véritables lévites, des groupes factices de vierges célestes, et d'anges ailés; des troupes de moissonneurs improvisés, etc. Les châsses elles-mêmes, les châsses dans lesquelles on porte les reliques ou les images vénérées, s'élancent en élégantes et gracieuses pyramides, et prennent d'immenses proportions. Il n'y manque que des roues pour constituer de véritables chars de triomphe. Nous ne sommes donc pas si loin de nos processions d'autrefois, dont l'ordonnance pittoresque n'était plus, disait-on, dans nos mœurs. On se trompait à cet égard, puisque nous n'en sommes plus séparés que par quelques roues de voiture, qui finiront par être adoptées.

Quant aux cavalcades, elles font déjà partie de nos processions modernes; car ces piquets nombreux de cavalerie, ces musiques militaires à cheval, ne sont en aucune façon, exigés par le cérémonial ecclésiastique. Tout cela est luxe, ornement et décoration; et si l'on place sur les épaules des jeunes filles des manteaux du XVe siècle, si on les costume en messagères célestes, en Vertus théologales, si l'on habille des écoliers en moissonneurs, nous ne voyons pas pourquoi l'on ne donnerait pas à d'autres figurants, dragons ou lanciers, par exemple, des costumes du temps d'Henri IV, ou de François Ier.

Nous sommes loin de blâmer ce retour aux usages d'autrefois, qui se fait d'ailleurs avec goût et intelligence; nous voyons au contraire avec bonheur revivre les naïfs emblêmes; mais nous tenons à justifier les coutumes de nos pères qui, moins avancés que nous dans les arts, faisaient, pour leur temps, tout aussi bien que l'on fait aujourd'hui. La preuve de cette assertion, c'est que la procession de Cambrai a, pendant longtemps, passé pour la plus belle des Pays-Bas (2). Ce n'est donc pas l'appareil qu'on a appelé *profane*, qu'il fallait proscrire; c'était quelques détails que le bon goût réprouve. Cette distinction est faite aujourd'hui, et nos fêtes religieuses ont retrouvé une grande partie de leur ancienne magnificence.

(1) Cela s'est fait à Bruges d'une manière splendide à la procession du dernier jubilé.

(2) Cette procession fut tellement perfectionnée, qu'elle fut jugée *par les étrangers même*, la plus belle des Pays-Bas. — *Mém. chron.* p. 224.

La procession de Cambrai qui, maintenant, a lieu le quinzième jour d'août se faisait autrefois le lendemain de la Trinité et jusque hors de la ville, quand les guerres n'y mettaient point obstacle. Ce fut en 1682 qu'elle fut transférée au jour de l'Assomption. Louis XIV qui, depuis 1677, avait fait de Cambrai une ville française, manda à l'archevêque, par lettre datée du 6 août 1682, qu'il eût à se conformer au vœu de Louis XIII, en faisant la procession le jour du 15 août (1).

Une franchise de neuf jours était attachée à la procession de Cambrai. Ce fait est suffisamment constaté par la citation suivante qui est extraite d'un recueil manuscrit intitulé *le Livre de loy* :

« Il advint en 1441, que MM. de Capitle de Cambray ne requirent point à MM. Prevost et eschevins le franchise de le procession, ne que icelle franchise fut publiée et que le jour de ledite procession mesme et lendemain, plusieurs clains furent faits; pour laquelle cause, le mardy en suivant le dicte procession, vinrent et comparurent en pleine cambre vénérables et discrets sieurs maistre Robert Anclou et maistre Jehan de Saumer, canones de ledicte église, accompagnés de Jehan Nyot leur tourier; lesquels, par le bouche du dict maistre Robert Anclou, firent exposer et remonstrer aux dessus dicts Prévost et eschevins que, dès le Pentecoste darrainement passé, MM. de Capitle de Cambray avoient chargé audict Jehan Nyot de venir requérir auxdicts Prevost et eschevins que donner et accorder vaulsissent le franchise de le procession de le ville qui fu lundi darrain passé, 12e jour de ce présent mois de juin, dont aultre diligence ledict Jehan Nyot n'avait faict que d'en parler à deux ou trois, hors jours de cambre et de quoy il avait été grandement blamé de MM. de Capitle ses maistres, et que renvoyés les avoient pour requérir le dicte franchise et comme ils les requerroient pour toute diligence faire, et comme ceulx qui rien ne vouloient innover, mais faire tout ainsi que de temps passé, ils avoient accoustumez..... »

(1) On sait que le roi Louis XIII, par des lettres patentes du 10 février 1638, qui furent enregistrées au parlement, mit sa personne, son Etat, sa couronne et ses sujets sous la protection de la Vierge. « Il enjoignit à tous les archevêques et évêques de son royaume que, tous les ans, le jour de l'Assomption, après vespres, il se fist une procession à laquelle assisteroient toutes les compagnies souveraines et les principaux officiers des villes.— † Ms. 884, p. 301, 302.

» Et est assavoir qu'à la ditte requeste fut la ditte franchise criée et publiée en la manière que s'en suit.

» Nous Prevost et eschevins commandons à tenir le franchise de le procession de cette cité de Cambray du jourd'hui XIIII° jour de juin 1444, que requis avons esté d'icelle franchise donner et publier jusque au mardy XX° jour dudict mois inclus, IX° jour de la dicte procession, en la fourme et masnière accoustuméz. »

Nous n'avons aucune donnée certaine sur la manière dont se faisait la procession de Cambrai, antérieurement au XVII° siècle ; il est cependant permis de croire que, dès lors, les corporations civiles, les corps de métier, y figuraient avec leurs bannières ; car, dès l'année 1525, 14 février, on les voit assister à une cérémonie du même genre, en réjouissance de la paix. — † Ms. 884, p. 83. Le Carpentier, dans son *Histoire de Cambrai*, publiée en 1664, nous apprend que *les 24 Francs-Fiévés assistoient à cheval, à la procession qui se faisoit chaque année, le lendemain de la Trinité.* Ils étaient dans cette circonstance vêtus de leur costume d'apparat qui consistait *en une robe courte à l'antique, teinte en écarlate pourprée, un bonnet carré, une épée au côté et le signe de leur charge en main.* — V. *Histoire de Cambrai*, par Le Carpentier, part. III, p. 19. Peut-être joignait-on déjà aux pompes religieuses le spectacle des chars et des cavalcades d'écoliers ; il faut dire cependant que les chroniques n'en font aucune mention ; et, en tout cas, cela n'aurait pas été d'un usage constant : nous en trouverons plus loin la preuve. Il est plus probable que ces grands spectacles ne remontent pas au-delà du XVII° siècle. La première fête, où les mémoriaux signalent l'exhibition des chars de triomphe, est celle qui eut lieu le 11 août 1694, pour le onzième Jubilé de St-Géry.

« (1694) Le onze d'aoust, jour du glorieux trépas de saint Géry, se fist la procession qui se fait tous les cent ans en l'honneur de saint Géry. Les bourgeois n'oublièrent rien pour la rendre magnifique. Il y avait plusieurs chars de triomphe escortés par des hommes sauvages, suivis par des sybilles et autres cavalcades. Plusieurs compagnies bourgeoises à pied et à cheval formoient la procession faisant plusieurs décharges de mousquetairie. Après cette procession, toutes les compagnies vinrent à l'archevêché, se rangèrent dans la cour, firent plusieurs décharges criant : *Vive le Roy ! Vive Monseigneur de Bryas !* L'archevêque étoit sur le balcon, remercia les bourgeois et leur fit donner plusieurs tonnes de bierre. »— *Mém. chron.*, p. 128 (1).

Les *Mémoires chronologiques* signalent encore comme remarquable la solennité de la canonisation de saint Félix, qui eut lieu en 1712. « Il y eut une fort belle procession : plusieurs chars de triomphe, plusieurs cavalcades, des sybilles, une compagnie bourgeoise de grenadiers richement habillez, une autre compagnie bourgeoise à cheval, aussi richement vêtue, ayant timballes, trompettes, etc. » — *Mém. chron.*, p. 153.

Jusqu'à présent nous n'avons vu les chars de triomphe figurer que dans des cérémonies exceptionnelles ; à partir de l'année 1713, nous les voyons introduits dans la procession du 15 août. C'est encore dans nos précieux *Mémoires chronologiques* que nous puisons ces documents.

« Depuis la paix de l'an 1713, les fermiers généraux, pour attirer les étrangers dans cette ville de Cambray, et faire valoir la maltote, ajoutèrent à la procession qui se fait le jour de l'Assomption de la Ste-Vierge, plusieurs chars de triomphe, et les chanoines pour seconder le zèle du peuple, firent le tour de cette procession plus grand qu'à l'ordinaire.

» La première année, cette procession ne fut pas fort régulière, on peut même dire qu'il s'y trouvoit du ridicule. Un char de triomphe représentoit le clocher de l'Hôtel-de-Ville avec son *Martin de Cambray*, deux hommes étoient aux deux côtés d'une cloche assez pesante posée sur un petit clocher qui imitoit celui de l'Hôtel-de-Ville. Ils étoient habillez à peu près comme ces deux statues qu'on appelle *Martin* et *Martine*, et avoient chacun un marteau à la main dont ils frappoient de temps en temps leur cloche. Rien de plus ridicule que cette représentation.

» Un autre char représentoit la tour de Babel, cette tour étoit fort grosse et fort pesante, ayant d'espace en espace plusieurs personnages qui représentoient les travailleurs Elle avoit à son sommet un roy le sceptre à la main. Rien ne fut plus mal inventé.

---

(1) On ne peut induire de la citation qui précède que, jamais avant 1694, on n'avait vu de chars de triomphe dans les fêtes cambresiennes. Le chroniqueur n'en parle pas en termes qui fassent croire à une pompe inusitée et sans antécédents ; mais la circonstance, qu'à dater de cette époque, il ne manque pas de mentionner la présence des chars dans certaines fêtes publiques, doit donner à penser que c'est seulement vers la fin du XVII° siècle que l'usage s'en est établi.

» Ces deux machines étoient si larges et si pesantes qu'elles eurent bien de la peine à passer près de l'église de Ste-Croix, et de la chapelle de Ste-Anne.

» Les autres chars et le reste de la procession étoient assez bien imaginés ; mais dans la suite, cette procession fut tellement perfectionnée qu'elle fut enfin jugée, par les étrangers même, la plus belle des Pays-Bas.

» Vers les neuf heures, il y avoit un feu d'artifice de belle invention. Cette procession attiroit, tous les ans, un nombre considérable d'étrangers. Vers l'an 1732, l'intendant fit supprimer le feu d'artifice et en destina la dépense à la réparation du clocher de St-Martin ; et en 1737 il fit cesser tout-à-fait cette procession magnifique, disant que les fermes y faisoient trop de dépense. *Ainsi les chanoines de Notre-Dame, avec le reste du clergé, firent la procession comme on avoit coûtume de la faire avant ces représentations.* » — *Mém. chron.*, p. 223.

Des dernières lignes de la citation qu'on vient de lire, il faut conclure qu'avant 1713, l'appareil brillant des chars de triomphe n'était employé qu'exceptionnellement. Mais ce genre de spectacle plaisait tant à nos pères qu'ils ne tardèrent point à y revenir.

« On fit une fort belle procession, le jour de la mi-août 1749, il y avoit sept chars de triomphe accompagnés de plusieurs belles cavalcades; suivie au soir d'un fort beau feu d'artifice.

» En 1750, il y eut encore une fort belle procession ce même jour de l'Assomption. Les sermens de la ville, savoir : les arbalestriers, les archers et les canonniers y assistèrent. On leur donna les vins à l'ordinaire. » — *Mém. chron.*, p. 270.

Lorsque les chars furent introduits dans la procession de l'Assomption, on imagina d'adapter à l'une de ces voitures un mécanisme à l'aide duquel le fauteuil de la jeune fille qui représentait la Vierge, pouvait être enlevé à une très grande hauteur. On prétendait imiter ainsi l'Assomption de la Mère du Sauveur. Ce spectacle était donné au public plusieurs fois pendant le cours de la procession. Mais, par la suite on en supprima l'usage, à cause du danger que courait la jeune personne qu'on enlevait de cette façon.

Le Programme de la fête communale ou *ducasse* (1) de Cambrai ne consistait pas seulement en une procession avec ou sans chars de triomphe. Le feu d'artifice était de rigueur ; les jeux de bagues, de quintaine (1), les tirs à l'arc, à l'arbalète, à l'arquebuse ; les mâts de cocagne, les danses populaires, les divertissements de toute espèce, de nombreux bateleurs, des montreurs de bêtes féroces, des pèlerins vendant des chapelets bénits, des marchands d'images et des chanteurs de complaintes, tout ce qui forme encore la substance de nos fêtes flamandes pour le menu-peuple, tout cela, disons-nous, affluait à la *Procession de Cambrai*.

On ne peut se dispenser de dire ici quelques mots des *chevaux-marins*, ces animaux fantastiques sur lesquels on place de petits enfants qui, par leurs gentillesses et les gestes gracieux qu'on leur enseigne, charment le populaire cambrésien. Ils datent, selon toute apparence, du commencement du XVIIIe siècle. La pensée première en est probablement une pensée religieuse. Ces monstres, montés par des enfants, sont des allusions à l'esprit du mal dompté par le génie du bien. Le premier que nous voyons paraître dans nos fêtes est *un dragon monté par le génie de St-Géry*. Autrefois ces figures bizarres étaient beaucoup plus nombreuses que de nos jours. « Il paraîtra, dit un vieux
» programme, un dragon monté par le génie
» de St-Géry, patron de Cambrai ; un dau-
» phin, un aigle et trois lions qui représente-
» ront les armes de la ville ; trois autres lions,
» trois tigres, trois léopards, huit chevaux-
» marins, artistement faits et montés par des
» génies. Cette troupe d'animaux sauvages sera
» entremêlée de plusieurs phaétons magnifi-
» quement ornés. Puis viendra une cavalcade
» d'amazones qui représenteront les sybilles,
» et déclameront des vers. »

On voit que l'escadron fantastique présentait un effectif assez important : à l'époque de la révolution de 1793, il existait encore douze montures de cette espèce, aujourd'hui il en reste six.

Nous sommes tenté de croire que ces accessoires de fête étaient particuliers à la ville de Cambrai. On ne les retrouve pas dans les villes de Flandre où l'usage des marches triomphales

(1) L'expression *Fête communale* est moderne. Autrefois la fête de Cambrai s'appelait *Ducasse* ou même *Procession*. — V. *Ducasse*.

(1) La quintaine ou *Faquin*, était une statue mobile de bois plantée sur un pivot et disposée de manière que si, au lieu de la frapper au front, on la touchait ailleurs, elle tournait à l'instant sur son pivot et frappait d'un sabre de bois le dos du champion maladroit, à moins qu'il ne fût assez leste pour s'esquiver. — *Usages des anciens peuples*.

est établi de temps immémorial. Dans plusieurs de ces villes, ce sont les géants (les Reuzen), qui captivent l'admiration populaire. Malines, Ath, Bruxelles, Dunkerque, Lille, Douai, etc., sont en possession de ces figures colossales qui rappellent des héros des temps anciens. Au reste, Cambrai a eu aussi ses *Gayants*. — V. *Gayants*.

Une des plus magnifiques processions qui aient eu lieu dans la capitale du Cambresis, fut celle du Jubilé de trois cents ans célébré en 1752, en mémoire de ce que, le 14 août 1452, l'image miraculeuse de Notre-Dame-de-Grâce avait été solennellement déposée dans la chapelle de la Ste-Trinité, à la cathédrale. — V. *Notre-Dame-de-Grâce*. En 1852, des fêtes considérables eurent lieu à la même occasion. On en peut lire la relation dans un livre publié, la même année, par un prêtre distingué du diocèse de Cambrai, lequel avait été un des principaux ordonnateurs de cette pompe inouïe (1).

Aux XVIe et XVIIe siècles, le clergé de Cambrai faisait de fréquentes processions (2); mais celles-là se composaient de l'élément purement ecclésiastique, et elles avaient plus souvent pour objet de conjurer des calamités que de célébrer des réjouissances.

De nombreux pèlerins venaient aussi processionnellement des villes et des pays voisins de Cambrai. Il y eut surtout en 1584, un prodigieux concours de ces pieuses démonstrations. « Le 5 août, vindrent processionnellement un grand nombre de gens de village du quartier de Péronne et autres lieux, tous vestus de blancq, portant es-mains petites cierges et croix de bois, et chantoient tous, à haute voix, cantiques et louanges à Dieu et à Notre-Dame-de-Grâce. Et par le commandement du Roy, *quasi toutes les villes de France firent de même*. » —

---

(1) *Souvenir du Jubilé séculaire de N.-D.-de-Grâce de Cambrai*, par M. l'abbé Capelle.

(2) Nous en donnerons pour exemple la seule année 1542. On en pourrait citer beaucoup d'autres : 1º le jour de la Nativité de Notre-Dame, procession générale; 2º le dimanche, 25 juin, autre procession générale *pour conjurer la guerre*; 3º le jour de saint Laurent, proclamation de la *neutralité*, et le dimanche suivant, procession générale; 4º le 27 août, procession générale; 5º le 8 octobre, procession générale, pour obtenir la paix; 6º le jour de saint Thomas, procession générale. — † Ms. 884. — † Ms. 659.

Voilà, de bon compte, six processions générales, sans compter la procession qui se faisait régulièrement, chaque année, le jour de la Trinité.

§ Ms, 2, p. 26. — † Ms. 884, p. 226. — † Ms. 670. — † Ms. 1017, année 1584.

C'est depuis la révolution qui, à la fin du siècle dernier, supprima violemment les cérémonies du culte catholique, que l'appareil des chars a constitué un cortège spécial, sans aucune connexité avec les fêtes religieuses. Il est bien vrai que, même avant l'évènement tragique dont nous parlons, il n'y avait déjà plus mélange des deux éléments ecclésiastique et profane; mais les cortéges se suivaient de près, et avaient encore un même but.

Lorsque plus tard les processions ecclésiastiques furent rétablies, les chars n'y reparurent plus.

Alors fut introduite, dans la fête civile, une innovation qui dura peu : nous voulons parler du *couronnement des Rosières*.

Ce fut en 1805 que l'on établit l'usage de couronner des Rosières. On les choisissait, l'une parmi les filles des ouvriers et artisans de la ville; l'autre parmi les plus âgées des élèves de la *Maison de Vanderburch*; la troisième parmi celles de l'hospice.

Chaque Rosière recevait une somme de cent francs pour servir à son établissement.

La cérémonie se faisait dans la chapelle de l'établissement de Notre-Dame fondé par Vanderburch, qui n'était plus alors à l'usage du culte, mais qui contenait les tombeaux de Vanderburch et de Fénelon. Les fonctionnaires publics et les personnes notables de la ville y assistaient.

Après quelques symphonies, le secrétaire de l'Administration des secours faisait lecture du procès-verbal constatant le choix des Rosières.

La *Rosière de la Ville* était présentée par la supérieure des Dames hospitalières de St-Julien, et recevait une rose et une couronne de lauriers. Elle allait déposer cette couronne sur un buste de Napoléon.

La *Rosière de la Maison Vanderburch* était présentée par la plus ancienne institutrice de l'établissement; elle recevait également une rose et une couronne qu'elle déposait sur le tombeau de Vanderburch.

La *Rosière de l'Hospice* était présentée par son institutrice, et déposait sa couronne sur le cercueil de Fénelon.

A cette époque la marche triomphale parcourait la ville deux fois différentes pendant la fête. Dans la seconde marche, les Rosières prenaient des places d'honneur sur les chars, et étaient promenées triomphalement par les rues de la cité.

L'épisode des Rosières fut en usage jusqu'en 1809. — V. pour plus amples détails, les *Programmes* de cette période (1).

Les fêtes d'un peuple sont, toujours, le reflet exact de ses mœurs et de son caractère. Cette observation est particulièrement applicable aux fêtes de Cambrai ; et l'on peut suivre par les détails des réjouissances qui y ont eu lieu, les révolutions successives qui se sont opérées dans les idées du peuple cambresien.

Aux XVIe et XVIIe siècles, et pendant une grande partie du XVIIIe, la pensée religieuse domine essentiellement, même dans la partie des fêtes qui relève de l'élément civil.

A la fin du XVIIIe siècle l'influence philosophique qui s'exerçait en France, se manifeste dans quelques parties des programmes. Déjà l'élément civil se sépare de l'élément religieux.

Sous la République de 1793, règne de la populace, les fêtes sentent le sang.

Sous le règne de Napoléon, la gloire militaire, la mythologie et la philosophie en sont les caractères principaux. Ces fêtes sont purement civiles. On y couronne des Rosières. On y fait figurer en personne des *hommes vertueux*.

Sous la restauration, il y a un retour vers les souvenirs du Moyen-Age ; les fêtes sont tout empreintes d'un parfum de chevalerie.

Après la catastrophe de Juillet 1830, sous le règne de la spéculation et de l'égoïsme, on essaye d'*approprier la fête* à ce que l'on appelait *la marche progressive de l'esprit humain;* et en annonçant une *fête de l'intelligence*, on ne célèbre réellement que l'intérêt matériel de *l'humanité* (2). Au reste, il faut dire, à la louange de la ville de Cambrai, que par un instinct, ou, si l'on aime mieux, par un sentiment qui aspirait à de plus nobles spectacles, les habitants protestèrent énergiquement contre cette innovation qui eut le sort d'un drame *tombé* au théâtre. Cette chute remit en lumière les programmes chevaleresques.

Depuis la révolution de 1848, les idées politiques se sont élargies : on ne peut nier que, mue par un noble et sage patriotisme, chacune de nos provinces ne se reprenne au souvenir de ses vieilles gloires, ne s'enquière avec orgueil de son histoire et de ses titres de famille. C'est dans cet esprit qu'a été conçu le nouveau programme de la fête de Cambrai ; et, comme les arts ont considérablement progressé, la mise-en-scène a pris aussi de grands développements (1).

La ville de Cambrai, placée, pour ainsi parler, entre le royaume de France et l'Empire, souffrait toujours beaucoup des guerres incessantes que se faisaient des monarques rivaux qui ne pouvaient s'entendre sur leurs droits respectifs. Aussi la proclamation de la *neutralité* de Cambrai ou la publication d'une paix ou d'une trêve était-elle pour les Cambresiens un sujet de joie publique, et de réjouissance.

C'est ainsi que le 14 février 1525, sur la nouvelle que Charles-Quint et François Ier venaient de conclure la paix, « on alla en l'église Notre-Dame chanter le *Te Deum;* et on sonna par toutes les paroisses de Cambray et fist-on plusieurs feux par la ville ; et au marchet en avoit ung de cent et cinquante fasceaux de laigne (de bois). On jua plusieurs jus et ballades devant la maison de la ville, et plusieurs canchons, et dura ladite feste, depuis le 14 de febvrier qui estoit le premier jour de caresme, jusques au dimanche en suivant, auquel on recommencha à faire jus et esbattements. Et fist-on procession générale où on porta Nostre-Dame-de-Grasce, et toutes les confraries furent à la procession, et fut fait le demi tour du sacre. Et au soir on fit ung fu au mitan du marchet, où il y avoit deux cents fasceaux de laigne. On chanta *Te Deum* au clochiet de Nostre-Dame et au clochiet de St-Martin pareillement. » — † Ms. 659, p. 179. — † Ms. 884, p. 83.

« Le 27 de juillet 1538, la paix entre l'Empereur et le Roy de France. Le 5e jour d'aoust, on fit une procession générale, et le lendemain il y eut grandes réjouissances dans tous les quartiers de la ville. On fit fête en aucune rue, maison de maye tendue de tapisseries, là où chacun faisoit grande chère et esbattement. Et chacun alloit tout déguisé par les rues, hommes, femmes et enfants, tant bien acoustrés que merveille, à tout gros tambours et bachin ; et dura ladite fête, tant qu'il le fallut défendre de MM. de la loy. Et sans la défense, il étoit ap-

---

(1) Plus tard, on aura sans doute compris que ces prix de vertu dont l'école philosophique se montrait si engouée, n'étaient en définitive que de hautes inconvenances. Quelle est la jeune fille vertueuse, chez qui la modestie est le premier indice de l'honnêteté, qui pourrait, sans répugnance, être exhibée en public, et promenée par les rues sur un char dit de triomphe ? On dira peut-être que les temps et les mœurs sont changés. Nous croyons qu'à cet égard, il y avait autrefois plus de scrupules encore que de nos jours.

(2) V. le Programme de la fête, année 1838.

(1) Voir le Programme de 1854.

parent que la fête eut duré quinze jours. En toute ladite ville, n'y eut point de débat; chacun y fut plaisamment, et prendoient (prenaient) l'un et l'autre et le boutoient (jetaient) au flot de la Chayère. » — *Mém. chron.*, p. 33.

Les deux fêtes que nous venons de citer suffisent pour donner une idée des autres du même genre. On voit que les feux de joie, les mascarades, les tambours et le bruit, étaient fort du goût de nos bons aïeux. — V. *Feux de joie et de St-Jean.* On voit encore qu'ils regardaient comme un gracieux épisode dans une fête le divertissement de se jeter à l'eau dans le flot de la Cayère. On voit enfin que, quand ils se mettaient en liesse, ils n'avaient pas hâte d'en finir, car le Magistrat était quelquefois obligé de mettre officiellement un terme à leurs *esbattements*.

Il est bon encore de signaler ici :

Les foires ou fêtes marchandes qui étaient aussi de véritables fêtes communales. — V. *Foires*.

Les fêtes de la St-Jean et de la St-Pierre.— V. *Feux de joie*.

Les fêtes patronales des *serments* et des *corps de métier*, auxquelles une grande partie de la ville prenait également part.

Tout cela peut être considéré comme fêtes de la commune. Quant aux réjouissances d'autre nature, on ne saurait les compter. Mariages de princes, visites de rois, joyeuses entrées de prélats, célébration de victoires ou de paix, tout était pour la cité cambresienne matière à fêtes magnifiques. Les grands s'y donnaient rendez-vous ; les chevaliers s'y rencontraient dans la lice des tournois ; des plénipotentiaires y tenaient un congrès et y soutenaient, par des fêtes, l'honneur et la gloire de leurs souverains. Et toujours la population s'associait à ces cérémonies; elle ne se montrait, à cet égard, ni froide, ni avare. Voulait-on établir un jeu de bagues sur le Grand-Marché ? on n'hésitait point à dépaver une partie de la chaussée, pour faire une carrière aux chevaux (1). Des princes français faisaient-ils (en 1539) une excursion dans le pays, en passant par Cambrai ? nos bourgeois les défrayaient des dépenses de la route (2).

(1) Le 20 d'octobre (1584) se firent plusieurs esbattemens dans le marché de Cambray, comme de courir à la bague ; et fut la chaussée dépavée depuis droit de devant et à l'opposite de la cave de la ville, jusqu'à la Croix-au-Pain, au coing du ruisseau descendant près de la chapelle, la largeur d'environ 10 pieds, pour faire courir les chevaux. » — Ms. 884, p. 229.

(2) V. *Entrée de Charles-Quint*, dans ce Dictionnaire, p. 105.

Nous ne parlons pas des frais considérables qu'occasionnaient ces feux de joie, ces feux d'artifice, ces *mystères* ou représentations publiques, ces arcs-de-triomphe, ces illuminations, ces prix offerts aux serments des villes voisines, ces distributions de vin, etc., qui, selon les circonstances et la nature des réjouissances, étaient prodigués par cette bourgeoisie jalouse de mériter sa réputation de grandeur et de noble désintéressement. Et en effet, il fallait que ce peuple fût bien riche et bien généreux, pour consacrer tant de dépenses à la splendeur de ses fêtes.

Sans parler ni des entrées solennelles des évêques, ni des innombrables processions qui eurent lieu à Cambrai, on peut citer les évènements suivants comme ayant été l'objet de fêtes spéciales dans la cité. Quant aux cérémonies funèbres qui sont des choses d'un tout autre genre, nous avons déjà prévenu le lecteur qu'il n'en sera point question dans cet article. — V. *Funérailles*.

Noces d'Eustache de Boulogne et de Ide de Brabant, parents de Godefroy de Bouillon en 1059.— « Le comte Baudouyn-le-Débonnaire, avec Baudouyn-de-Mons son fils, tirèrent sur Cambray, *en grand triumphe*, où ils séjournèrent pour quelque temps, et *assistèrent aux nopces que illec furent solemnisées en merveilleuse pompe*, d'entre Eustace comte de Boulongne, et Madame Yde, fille de Godefroy duc de Brabant, et mère de Godefroy-de-Bouillon. — *Chroniques et annales de Flandres*, par Pierre d'Oudegherst, chap. XLI. — Il est étonnant, et M. Leglay a fait cette remarque avant nous, que les chroniqueurs n'aient pas relaté cet évènement qui touche de si près à l'origine de Godefroy-de-Bouillon.

Tournoi à Cambrai par Philippe-Auguste, et Richard-Cœur-de-Lion, en 1190. — Cette fête, qu'on trouve décrite dans le manuscrit de la Bibliothèque de Cambrai, portant le n° 672, n'est pas mentionnée dans les historiens de cette cité. Cette omission est aussi étonnante que celle précédemment indiquée ; car le chroniqueur donne à cet égard des détails et des noms si précis, qu'il est difficile de croire à une erreur ou à un mensonge — V. *Tournois*.

Tournoi à Cambrai en 1338, où figurèrent 500 chevaliers. — V. *Tournois*.

Passage de l'Empereur Charles IV par Cambrai en 1377.— « Sur la fin de cette année, l'empereur Charles IV prit la résolution de venir en France avec Venceslas, son fils, roi des Romains, pour y avoir le plaisir de voir le roi Charles V, son neveu, qu'il avait toujours tendrement aimé. Il arriva à Cambrai le 22 de décembre, et il y fut reçu avec tous les honneurs dus à son rang. Le sire de Coucy, le comte de Brienne, le comte de Sarbruk, le sire de la Rivière, premier chambellan que le roi avoit envoyé à Cambrai, avec un magnifique équipage, allèrent au devant de lui jusqu'à une lieue de la ville. Une cavalcade de deux cents chevaux (1), et les arbalestriers bordèrent le chemin par où il entra dans la ville. L'évêque à la tête de son clergé, précédé de la croix et des reliques, vint le recevoir à la porte. L'empereur étoit monté sur un cheval gris, et couvert d'un manteau de même couleur fourré de peaux zibelines. Et aussitôt il descendit de cheval, et alla en procession à pied jusqu'à l'église de Notre-Dame. Après y avoir fait sa prière, il fut conduit au palais épiscopal qu'on avoit préparé d'une manière convenable à sa dignité. » — *Hist. de Cambrai,* par l'abbé Dupont, part. IVe, p. 8.

L'empereur resta à Cambrai jusqu'au 26 décembre, jour de saint Etienne. Il alla coucher, ce jour-là, au Mont-St-Martin. L'évêque et les bourgeois avaient obtenu de lui, pendant son séjour, des *lettres conservatoires* qui portaient défense aux ducs, comtes, et autres seigneurs de faire aucun ravage dans le Cambresis sous prétexte de guerre entre particuliers.

Mariage des enfants du duc de Bourgogne et du comte de Hainaut en 1385.

« Et fut conclud de venir faire le solempnité des dites nopces à Cambray les Octaves de Pasques ensuivant. Adonc furent mis carpentiers, machons, et ferriers en œuvres pour mettre a point tos les hostels en le cité de Cambray, et bastir des arcures, des thiatres et des portes de treumphe, etc. Quand li Rey de France Charlons en fuit advertis, il dit qu'il voeloit estre aux nopces de ses couzines. Or advint que ce jour approchoit, li Rey de France vint au Palais où estoit sen logis. Et kescuns Signeurs, Dames et Demisieles vinrent en se places et Hostels, etc. Et le Mardi aprés Pasque furent espeuzés en l'Eglise Cathedralle de Nostre Dame de Cambray, Et les espeusa Messires Iehans de l'Serelais Evesque de Cambray. Et au disners au Palais y eubt molt grant Noblesse, telle que jamais nul onck veit ensaulement, por cause de ches deux grands mariages. Li Rey de France fist asseoir les deux époux, et les deux épeusées à table, et tous les aultres Ducs, Princes et Seigneurs servirent sur les haults destriers. Oncques dedens Cambray ny eubt pareil treumphe, etc. Aulbiert comte de Hainaut, et Guillaume sen fils l'espoux et li nouvielle epeuze Marguerite de Bourgogne, et tot le train hebergerent cheans (abbaye de St-Aubert), et ni reservais que une salle pour coukier mi et mes religieus, tant no Abbaie estoit plaine de Signeurs dont veici les noms des prinçhipals aveuc li nom des autres qui ont hebergies ailleurs, que jou ai recueillis com jou ai peus, et dont jou ne scais mi bien le rang.... »

(Ici suit une foule de noms).

« .... Si on me desit en me table, ke plus de trois mil Chievaliers estient accourut de Allemagne, de Anglitere, et des otres Reyaumes et contrées veisines por veoir le treumphe de chete feste, ke je crois onck ne fuist pareil veuë, car toutes les logis ens en le ville et dihors estient plains dusques aux greniers, et les caves, et si avoet au fobourg de Selles, dou Mal, de Cantimpret, et de S. Sepulcre plus de quinze chens tentes de riches merchiers, sans grant nombre de otres. Tous les villages alentours de chil ville estient remplis de gens de suites, et de chevals, etc. Si dura chelle fiest huict jours durans en grant treumphe, etc. Le lendiman des nopces fuits requis mi Abbet de par Me tres redouptée Dame Marguerite ki kouké avoet en me Cambre, avec no tres poissant et redoubtet Signor Aulbert de Bavieres Comte de Hainaut, et de Holandes, de celibrer le messe en se presenche. Adonck jou fit venir molt brafs Cantres et flusteurs Musicals, qui molt biens cantèrent à me messe. Si y vint sur les unze heures et demi me dite poissante Dame, puis les deux nouvielles epeuses, et puis Mes hautes, et poissantes Dames Medames Jehanne Duchesse de Brabant, Marguerite Duchesse de Bourgongne, Anne Dauphine Duchesse de Bourbon, Jehenne Duchesse de Berry, et plus de chent otres grandes Dames et hautes Demisieles, ki emplissent toutes les fourmes de no chœur, et dont jou ni mi suis guerres enformé des noms, et ne ai guieres regardez par bienséanche religieuse. . . .

Apries disner et tous les jours, furent faits joutes, tournois, et courses merveilleux en no court, et au Palais, etc. Si jou vis le braf Rey de France men Signor en no court faire mer-

---

(1) Cette cavalcade était composée de bourgeois. — † Ms. 884, p. 44. Il serait impossible de trouver aujourd'hui, dans Cambrai, 200 jeunes gens montés et équipés pour faire une pareille garde d'honneur. Cambrai n'a pas gagné en population, ni en richesse relative, depuis le XIVe siècle.

veilles contre Nicolon l'Espinoi Gentil homme Henuyier, auquel li Sires Rey donnat mille livres parisis de rente par cascun an. pour cause de se grante valeur, et adresse, etc. Li lendimain Iehan d'Estrenne jeune Cavalier de Hainaut se disoit on, li prix emporta, et l'honneur de chete journée, etc. Li lendimain deux Chievaliers Holandois Iehans de Vliet, et Iehans de Myle, vainquirent tous les otres, etc. Li lendimain, jou vit vaillamment faire Alelme de Boufflers contre Robiert le Roux, et Guion de le Maulde, et ne savoit on a qui donner le pris : en le parfin, le Duc de Bourgongne jugea à sen tour que Guion li meritoit, etc. Brief, me sens ne sont point assez forts, ni men esprit, ne me plume assez boene pour tot racompter come il fault, tot chou qui s'est passé en ches jours de fieste et de treompha, ens en chete ville, et dehors, là où on a comptet que plus de vingt mille hommes herbergièrent, et au dihors l'on a comptet plus de six mille tentes pour herberger, tant les Seignors, que otres Bourgois, et peuples de no veisinage, et de loingtain païs. Cose quasi increyable, mais sil fault il cil croire, car ainsi est il passé, etc. Le fieste estant passé, le Rey, les Princes, et Srs. retournirent cascun en leur païs, en boene paix, et no tres redoubtet Signor Aulbiert, présent me fit et a men Eglise de plusieurs reliques, et pour récompencher les ruzes et ruptoures que jou avoes fais pour sen accommodement, si me donnat il mille livres et les deux josnes épeuzes deux bielles joyelles, et me Dame le Comtesse de Hainaut leur mère une grande Gondolle d'or enrechies de molt bielles turquoises, et pierres précioses, etc. » *(Mémoriaux de St-Aubert).* — V. *Tournois.*

1453, *Fête de la Licorne.* — V. *Tournois.*

14 Février 1526, grande réjouissance à Cambrai à l'occasion de la paix conclue entre François Ier et Charles-Quint. — V. *Mém. chron.*, p. 22.

1529, Paix des Dames.—V. *Paix des Dames.*

1530, Anniversaire de la Paix des Dames.— — V. *Paix des Dames.*

1538, Réjouissance pour la paix entre l'empereur et le roi de France.—V. plus haut, p. 133.

1540, 20 Janvier. Réception de Charles-Quint. — V. *Entrées joyeuses.*

L'Empereur revint encore à Cambrai en 1543 et en 1549.

12 Août 1594, Arrivée du roi Henri IV à Cambrai. Après la prise de Laon, le roi voulut venir en personne reconnaître la capitale du pays qu'il avait pris sous sa protection. Balagny gouverneur de Cambrai, « donna ordre que tout le monde eût à témoigner sa joie par sa munificence, et commanda aux compagnies bourgeoises de se mettre sous les armes. Lorsque le Roy approcha de Cambray, il trouva tout le monde en bel ordre. La cavalerie et presque toute l'infanterie de la garnison étoient rangées en bataille entre Niergnies et la ville. Les compagnies bourgeoises étoient entre la *Porte-Neuve* par laquelle le Roy fit son entrée, et la Grand'Place de la ville. Il y avoit encore sur la place quelques bataillons d'infanterie. Sitot que le Roy s'avança vers les portes de la ville, le canon commença à se faire entendre et à faire un bruit si éclatant et si continuel, que les chevaux en étoient épouvantés. Le Prevost et les échevins de Cambray qui attendoient le Roy sous la Porte-Neuve, lui présentèrent les clefs de la ville ; et après une courte harangue, le Roy commença sa marche. Le Magistrat portoit un dais de damas blanc, à franges d'or, sous lequel étoit le Roy, monté sur un cheval blanc. Il passa sur le marché et descendit par devant l'église de St-Aubert, pour se rendre à l'église métropolitaine, où il voulut d'abord aller *faire sa prière à Notre-Dame-de-Grâce...* Le Roy alla ensuite voir la ville, visiter les fortifications, et examiner la citadelle. Après cela, il soupa chez Balagny. Ce fut alors qu'il fit expédier et qu'il signa la ratification du serment fait en son nom par le duc de Rets.... Ces titres sont datés de la ville même de Cambray, le 12e jour d'aoust 1594. Le Roy partit le même soir et se rendit en poste à Péronne, et de là à Paris. »
— *Hist. de Louis de Berlaymont*, par Balique et Cotolendy ; existant en manuscrit à la Bib. de Cambrai, sous le n° 883. V. aussi *Mém. de Robert d'Esclaibes.*

16 Février 1600. — *Passage de l'archiduc Albert par Cambrai.* « En l'an 1600 le jour des Cendres, 16e de febvrier l'archiduc Albert d'Austrice, duc de Brabant et comte de Flandre, accompaigné de la sérénissime infante d'Espaigne, Elisabeth-Clara-Eugenia sa dicte femme, firent leur entré en Cambrai, environ les six heures du soir. Et pour leur réception, Messieurs du Magistrat commandèrent à tous les bourgeois, de quelque calitez qu'ils furent, de porter chascun ung flambeaux ou une hare (corde, torche) ardant en la main, dont il y en avoit un fort grand nombre estant tous en ordre, à double rang, depuis la porte de Cantimpret, venant par devant sainct Julien, montant par la rue des Clefs, puis descendant par devant

saint Aubert, lieu où leurs altèzes furent logéz. Tellement que de la lueur desdicts flambeaux, les rues estoient rendu cler comme en plain midy, chose tres belle à veoir. Messieurs du Magistrat avoint préparé ung poisle de damas incarnadin fort richement accoustrel, soubs lequel leurs altèze ne voulurent entrer. Tous Messeigneurs du clergé estant revestus de chappes, marchant en procession en tres belle ordre, vinrent au devant de leurs dictes altèzes jusque près de sainct Aubert, estimant les conduire dans la grande église Nostre-Dame, où il y avoit la plus belle allumerie que de vingt ans auparavant n'avoit esté. Toutes les cloches sonnoient à vollée, tellement que toute la ville estoit remplie d'ung armonie admirable, ce qu'ils ne firent jusque au lendemain matin, et lors Messeigneurs du clergé vinrent encore en mesme estat que le jour de devant; mais seulement jusques au portail vers sainct Aubert, auquel lieu Monsieur Buisseret doyen de Cambray, accompagné de deux archidiacres, leurs altèzes estant arrivées audict portail, pour entrer en l'église de Nostre-Dame, mondict Seigneur le doyen leur présenta pour baiser une belle croix en laquelle estoit enchacé du bois de la vraye croix de Nostre Sauveur Jésus-Christ. Puis après, fist une harangue en latin représentant l'estat de Cambray et les promesses obligatoires de feu d'illustre mémoire le Roy d'Espagne tres catholique son beau père. Finy qu'il eut son oraison, leurs altèzes vinrent le long des carolles, puis en la nef, contemplant tousiours les belles images qui sont dans la dicte église. Et de la entrèrent dans le cœur où elles oïrent une basse messe durant laquelle on y chanta le *Te Deum laudamus*, lequel n'estoit achevé qu'à demy, que la messe fut dicte. Et lors sortirent hors dudict cœur pour veoir Nostre-Dame-de-Grâce, et l'orloge (1) et de là retournèrent audict St-Aubert. Et après disner furent visitéz la citadelle. A leur entrée, fut faict une belle descharge de quatre vingt pièces de canons.... Voilà ce qui advint pour ce deuxième jour.

» Le lendemain jour de vendredy leurs dictes altèzes furent oïr la sainte messe à l'église Nostre-Dame, et se mirent soubs ung poile carré de velour rouge. M. Buisseret chanta la messe avec la musicque tres belle... Après disner, son altèze fust à la chasse ès-environ de Fontaine-Nostre-Dame, hors la porte de Cantimpret, estant accompagné des princes et grands seigneurs.

» On avoit préparé devant la Maison de la ville ung fort beau et grand téastre tout peint et paré de rouge tout parsemé d'aigles et de couronnes à intention de recevoir et prester le serment solempnel, ce qui ne fut faict en ce lieu, ains seulement en la maison et abbaye dudict Saint-Aubert, sur les huict heures du soir par MM. de la ville seulement...

» Le lendemain leurs dictes altèzes partirent de Cambray pour Vallenchiennes, environ les neuf heures du matin. Les canonniers de la citadelle firent encore ung adieu d'une décharge de vingt pièces d'artilleries chargetz de balles, chose quy menoit ung terrible bruict. Je crois que c'estoit pour leur faire entendre de quelle sorte ils nous avoient assaillis et chargés lors du siègement.» — § Ms. 8, provenant de l'abbaye de St-Sépulcre, p. 53 et suivantes.

1722. — Congrès de Cambrai. — V. *Congrès*.

1739. — Passage du roi Stanislas par Cambrai.

1744. — A l'occasion de la première campagne de Flandre, passage du roi Louis XV par Cambrai.

1745. — Deuxième campagne de Flandre, et deuxième passage du roi.

1747. — Quatrième campagne de Flandre, nouveau passage du roi.

Dans ces trois voyages, le roi fut reçu avec beaucoup de pompe. Toutes les cloches de la ville sonnaient à pleine volée, le canon tonnait sur les remparts, les rues de son passage étaient sablées et ornées de riches tentures; le Magistrat en robe de gala, le clergé, les trois serments de la ville, archers, arbalêtriers et canonniers, toutes les troupes de la garnison allèrent au devant de lui et se trouvaient rangées sur son passage. — V. *Mém. chron.*, p. 243 et suivantes.

1749. — Fête pour la publication de la paix d'Aix-la-Chapelle.

Les séjours de Napoléon et de Marie-Louise à Cambrai, 28 avril 1810; du roi Louis XVIII, 26 juin 1815; du roi Charles X, 4 septembre 1827; donnèrent lieu à des fêtes analogues à celles qui accueillirent Louis XV. Louis XVIII surtout fut reçu avec un enthousiasme qui tenait du délire. Le peuple détela les chevaux de sa voiture, et l'entraîna triomphalement jusqu'à l'hôtel que le roi devait honorer de sa présence. C'était celui de M. Cotteau, adjoint au maire de la ville. Cet hôtel, situé rue de l'Arbre-à-Poires, porte le n° 13. Il existe une relation

(1) On sait que cette horloge était merveilleuse. — V. *Horloge*.

imprimée de l'arrivée et du séjour du roi à Cambrai, lorsqu'il vint pour la deuxième fois s'interposer entre la France épuisée et l'Europe entière liguée contre elle.

Nous bornerons cette notice aux citations qui précèdent, mais il est bon de rappeler en finissant, que nous n'y avons mentionné que quelques-unes des fêtes ou cérémonies dont l'histoire de Cambrai est remplie; que, par exemple, nous n'avons point parlé des réjouissances relatives à la neutralité de la ville, si souvent proclamée et si souvent méconnue. Une histoire complète des fêtes de Cambrai formerait un volumineux ouvrage, dont bien des détails deviendraient fastidieux par leur ressemblance. Force nous a donc été de faire un choix, arbitraire, il est vrai, mais du moins suffisant pour donner une idée des solennités célébrées aux âges divers de l'ancienne capitale du Cambresis.

— V. sur le même sujet une notice de M. Leglay, programme de la Fête communale de Cambrai, année 1826.

FEUILLIE (*La*) ou *feuillée*. — C'était un fief dont l'érection est si ancienne qu'on n'en connaît pas l'origine. Ce fief a été d'abord le patrimoine d'un particulier; il a passé ensuite par acquisition à Guillaume de Hainaut. Il était fort étendu dans le Cambresis, le Hainaut, l'Artois, la Flandre même où il existait beaucoup de fiefs qui en relevaient. Ce fief, était comme tous les autres, pourvu d'un bailliage connaissant des matières féodales. Mais il n'avait pas de *mairie* dans Cambrai, bien que son chef-lieu y fût situé. Le terrain s'appelait *la Feuillie*, et avait donné son nom au fief. Son district s'étendait dans la ville, sur les treize ou quatorze maisons qui font l'angle de la Grande-Place, au *Rang-aux-Poulets*, et dans la *rue des Prisons*, finissant à la maison proprement dite *la Feuillie*, où ont toujours été et sont encore les prisons.

Dans le XI⁰ et le XII⁰ siècle, les évêques ont inféodé un office qu'ils ont uni au fief de la Feuillie. Cet office s'appelait la *Justice du Marché*.

Plus tard le roi, en qualité de successeur des comtes de Hainaut, devint propriétaire de la Feuillie (1). Il y eut plusieurs fois conflit de juridiction entre la Feuillie et la chambre échevinale. Un arrêt du parlement de Flandre, en date de 1742, finit par statuer sur les fonctions du bailli de la Feuillie, sur les prérogatives de son office, et sur la justice qu'il devait exercer.

Il est utile de savoir sommairement que, comme bailli du fief, il exerçait, avec les hommes de fief, *toute justice* sur le territoire dudit fief, lequel ne s'étendait dans Cambrai, comme il vient d'être dit, que sur quatorze maisons. Mais que, comme *bailli du marché*, il ne pouvait faire d'autres actes que les *cerquemanages* ou bornements d'héritages, les clains (plaintes en justice) et les arrêts.

La police de la ville et toute la haute magistrature judiciaire, appartenait à la chambre échevinale. Laquelle, chose remarquable dans nos vieux usages judiciaires, tenait les plaids dans l'auditoire de la Feuillie, à la *semonce* (sur les réquisitoires) de la justice du marché. Plus tard, au contraire, la Feuillie eut son auditoire dans l'Hôtel-de-Ville, mais toujours distinct de la salle du Magistrat.

V. pour plus de détails, les *Soirées de l'abbé Tranchant*, p. 333 et suivantes. — *Mém. pour l'arch.*, p. 334. — *Glossaire de l'ancien Cambresis*, par M. Leglay, p. XXVIII.

FEUTRIERS. — La rue qui porte leur nom prouve qu'il y a eu des feûtriers à Cambrai, car les noms des rues forment à eux seuls l'histoire d'une ville, histoire écrite sur la pierre, et par conséquent, tradition impérissable quand une administration imprévoyante et ignare n'a pas pris à tâche d'effacer ces noms et ces souvenirs précieux pour les remplacer par des titres de circonstance ou de fantaisie (1).

Il est donc évident que la rue des Feûtriers a été habitée par des artisans de ce nom. Mais il reste à savoir s'il faut entendre, par là, des fabricants de chapeaux ou des ouvriers drapiers. Les anciens dictionnaires définissent le mot feûtrier : Un ouvrier qui, dans les manufactures de draperie, prépare le feûtre ou échantillons pour les draps mélangés (*Dictionnaire de Trévoux*). On lit dans le *Dictionnaire du vieux langage* : Chapelier ou drapier. Or, on peut voir, à notre article *Drapier*, qu'au XV⁰ siècle, la manufacture des draps était une des plus belles industries de Cambrai. On y a aussi fabriqué des chapeaux. Nous sommes tenté de croire que les habitants de la rue des Feûtriers, étaient des chapeliers.

FEUX D'ARTIFICE. — V. *Artificiers*.

(1) Julien De Lingue dit, dans un manuscrit, « la Feuillie appartenant au roy, a été faite en 1575. » Cela signifie évidemment que quand elle tomba dans le domaine du roi, celui-ci la fit rebâtir. — V. † Ms. 907.

(1) A Cambrai, ces vieux souvenirs effacés par la main sanglante des hommes de la terreur, ont été restitués sous le consulat, par un arrêté de M. Douay, maire de Cambrai, en date du 25 août 1802.

FEUX DE JOIE et de *Saint-Jean*. — L'usage des feux de joie date de la plus haute antiquité. Les Patriarches, les Grecs, les Romains, en faisaient l'accessoire de leurs solennités religieuses. Plus tard, ces feux ont fini par devenir de simples signes de réjouissance. Les Cambresiens, toujours joyeux, les prodiguaient dans leurs *jours de liesse*. Dès le moment où les chroniqueurs commencent à raconter les fêtes de nos pères, ils mentionnent soigneusement les feux de joie. — Le 14 février 1526, à l'occasion de la paix entre Charles-Quint et François Ier, feu de joie sur le Grand-Marché; 150 *fusseaux de bois* y sont employés. On allume en même temps des feux dans divers quartiers de la ville. — Quelques jours après les réjouissances se renouvellent; cette fois le feu de joie du marché contient 200 *fasseaux* de bois. — § Ms. 6, p. 147. — En 1529, célébration de la *Paix des dames*. Plusieurs feux de joie dans différents quartiers de la ville. — Le 5 août 1530, anniversaire de la Paix des Dames, feu de joie qui dura vingt-quatre heures. — *Mém. chron.* p. 31. — En 1584, grand feu de joie. — En 1704, feu, dont une étincelle alluma l'incendie de la *pyramide de l'horloge*, à l'Hôtel-de-Ville. — En 1713, en réjouissance de la paix, feux de joie par toute la ville: il y en avait un très élevé au milieu du marché, il était orné de bannières aux armes de France, de l'empereur et de ses alliés. Il y en avait quatre autres aux quatre coins du marché. — En 1729, naissance du Dauphin, cinq feux de joie sur le Grand-Marché. — En 1739, un immense feu de joie composé de *sept étages*. — Le 14 juin 1744, feu, à l'occasion de la prise de Menin, par Louis XV. — Le 5 juillet de la même année, autre feu pour la prise d'Ypres. — Même année, 22 juillet, autre feu pour la prise de Furnes. — Même année, 13 septembre, feu de joie magnifique, à l'occasion du rétablissement de la santé du roi. — En 1749, grand feu de joie de sept étages, tout orné de galeries et de bannières aux armes du roi et des différents princes contre lesquels il avait fait la guerre. — En 1777, 5 avril, pour le centième anniversaire de la réunion de Cambrai à la couronne de France, immense feu de joie au milieu de la place. Le lieutenant du roi et tous les membres du Magistrat, eurent des feux de joie *officiels* devant leurs portes.

De nos jours, au mois de septembre 1820, il y eut un grand feu de joie sur la place, à l'occasion de la naissance du duc de Bordeaux, aujourd'hui comte de Chambord.

La liste qui précède est loin de mentionner tous les feux de joie qui ont éclairé les fêtes de nos pères. Il n'y est question que des principaux.

On allumait ces feux avec un certain cérémonial, c'était M. le Prévôt ou des échevins qui y portaient la flamme. Le peuple dansait joyeusement autour de ces vastes foyers: quelquefois il s'amusait à y brûler des chats. — † Ms. 884, p. 229. — § Ms. 2, p. 29. — On plaçait ces pauvres animaux dans une cage d'osier, au bout d'une perche plantée dans le monceau de bois, et toute une population était là attentive et rieuse, devant les horribles convulsions des victimes. Cet usage barbare, répandu dans toute la Lorraine, a subsisté jusqu'au milieu du siècle dernier. Il avait pris naissance dans une superstition. Le peuple croyait que les chats devenus vieux, allaient au sabbat. (*Dict. des Origines.*)

Feux de Saint-Jean.

Les *feux de Saint-Jean* (24 juin), étaient aussi des souvenirs des feux sacrés. Ce n'est guère que depuis 1830, que l'Autorité administrative est parvenue à supprimer l'usage des *feux de Saint-Jean*. Voici comment se passaient à Cambrai la fête de la St-Jean. Tous les enfants de la ville, dès la veille, se mettaient en quête, groupés par quartiers. Ils allaient ainsi par les rues, à demi-déguisés et prenant leur air le plus martial, demandaient à chaque porte du bois pour le feu du quartier. Une formule était adoptée pour cette quête. *Saint Jean il a quéu dans l'iau, Saint-Pierre il l'a ramassé: un tiot morceau de bos (bois) pour l'récauffer.* Chacun s'empressait de donner de quoi réchauffer St. Jean, et la bande de gamins, une fois pourvue de combustible, travaillait à l'échafaudage de son feu. Le feu de joie n'était pas complet s'il n'était surmonté d'un mannequin de grandeur naturelle, que le soir on voyait brûler aux grandes acclamations du *populaire*. On avait remplacé les chats par des créatures humaines, seulement on se contentait de les brûler en effigie. Et en effet, toujours ces mannequins d'homme ou de femme avaient la prétention de représenter quelqu'un connu des gamins. Pendant l'occupation étrangère, après les événements de 1815, un beau jour de St-Jean, on vit au-dessus d'un bon nombre de feux, des Anglais suspendus à l'aide de cordes. La garnison anglaise prit la chose au sérieux, et cette plaisanterie d'enfants, faillit amener dans la ville le conflit le plus grave.

Huit jours après la fête de St-Jean, on célébrait celle de St-Pierre, par de nouveaux feux, préparés de la même manière.

L'esprit de désordre, qui toujours veille dans certaines têtes, ayant fini par exploiter à sa façon les divertissements très innocents des enfants du peuple, l'Autorité, comme nous l'avons dit, fut forcée d'en supprimer l'usage.

FIACRE (*Chapelle St-*). — Cette chapelle n'était guère moins ancienne que le cimetière au milieu duquel elle existait. Elle avait eu pour fondateur un chanoine de l'église métropolitaine de Cambrai. D'abord construite en bois, elle fut refaite en pierre, et achevée en 1463, aux frais d'un prêtre de St-Gengulphe, nommé Pierre Beauduin. On y mit une cloche, la même année. Cette chapelle n'était pas grande, et cependant elle avait un chœur avec clôture; elle contenait des bancs, un grand Christ et une image de St. Fiacre. Tout cela avait été fait en 1532. On travailla encore à ce petit édifice en 1591. Il fut détruit à l'époque de la révolution. — V. *Cimetière St-Fiacre*. — Julien de Lingne consacre un chapitre à la chapelle St-Fiacre dans ses *Notices sur les églises de Cambrai*. — † Ms. 658, art. 18.

FIÉVÉS (FRANCS-). — Dans les Chartes latines : *servientes, familiares, liberi homines domini episcopi*. — Les Francs-Fiévés étaient différents officiers de l'évêque, dont les offices avaient été érigés en fiefs. On ignore l'origine de cette institution. Dès la fin du XIIᵉ siècle, il en est fait mention dans une charte de l'évêque Jean. Ces fiefs et charges étaient héréditaires, et jouissaient d'un grand nombre de priviléges.

Les Francs-Fiévés étaient au nombre de vingt-quatre. Le premier était le prévôt du palais. On comptait ensuite le maître-d'hôtel ordinaire, le panetier, l'échanson, le grand queux (chef de la cuisine), le grand veneur, le bouteiller, le grand-maître des eaux, deux écuyers tranchants, quatre gentilshommes de la chambre, deux maîtres de garde-robe et deux sommeliers, un maître des cérémonies, un audiencier, un contrôleur des secrétaires, « et autres officiers, dit Le Carpentier, qui ne se voyent qu'es-palais des Monarques. » C'est qu'en effet le palais des évêques de Cambrai était une véritable cour.

Originairement, les Francs-Fiévés faisaient partie de la maison de l'évêque : ils étaient *domestiques* et *commensaux* du palais. Plus tard, ils choisirent leurs demeures en divers endroits de la ville, mais ils conservèrent toujours leur qualité de commensaux de l'évêché, puisque l'évêque continua à leur servir ce que l'on appelait le *pain de fief*, pour leur table.

Ils avaient pour curé et pour paroisse, à quelqu'endroit de la ville qu'ils demeurassent, l'abbé et l'église de St-Aubert ; car, d'après un usage assez singulier, St-Aubert était la paroisse de toute la *maison* de l'évêque.

Tout prélat, à son entrée dans la ville épiscopale, était tenu de faire serment qu'il maintiendrait, dans tous leurs priviléges et franchises, les Francs-Fiévés qui, de leur côté, lui faisaient serment de fidélité.

Ils devaient figurer, dans leurs assemblées, en habit uniforme, lequel consistait en *une robe courte à l'antique, teinte en écarlate pourprée, un bonnet carré, une épée au côté, et le signe de leurs charges en main*. C'est en cet équipage qu'ils assistaient, *à cheval*, à la procession qui se faisait chaque année, le lendemain de la Trinité. Ils allaient aussi en grand costume, au devant de l'évêque de Cambrai, lors de son entrée ; et le servaient au premier repas qu'il faisait dans son palais.

Voici un extrait du livre des reliefs faits à l'évêque Jean de Lens en 1419. Cet extrait paraît digne d'être reproduit ici ; on y trouvera des détails intéressants sur les fonctions diverses de ces officiers.

Les voici :

« Jean Villain a un Fief à simple hommage du Palais des 24, par lui acaté à Huc de Wanquetin raportant chaque semaine sept pains féodaux de le muison grandeur et deux paires de sorlers neufs par an. Il est un des Cambreleurs Boutilliers de Mr. de Cambrai, et à cette cause quand nouvel Evêque vient faire entrée à Cambrai, il doit verser le vin à l'Echanson pour donner à Monsieur ; pour lequel service doit avoir ad cause de son Cambrelage l'orillier... et ad cause de la Boutellerie doit avoir sa tierche partie avec les deux autres Boutilliers fust et lies de tous les vins qui seront bû le jour de l'entrée en l'hostel dudit Seigneur, et les remanans des vins qui demoureront de soubs le barre entamés pour servir à celle journée, et avec ce doit être francs en la dite Cité comme li autres Fiévez.

» Lambert Prieur un Fief à simple hommage des 24, avec toutes les franchises audit Fief appartenant qu'il a acaté à Jacquemar d'Anneux et à Demoiselle Prévoste sa feme, etc. Quand Monseigneur fait entrée, il doit s'il lui plait battre ou faire battre par deux Valets les yaux où les roines seroient qui feroient noise et empêchement audit Seigneur s'il lui plairoit à dormir, fut le jour ou de nuit, en signifiant que Monsieur doit faire taire et accoiser par sa puissance, ordonner de raison et de justice les noiseux et ceux qui contre raison se voudroient maintenir en son pays, et pour ce faire doit avoir ledit jour quatre miches de table, un plat de viande, deux jalois de vin, une pugnie de candelle de cire et une torse à Cambre.

» Gillette de Fampous a relevé à Arnoul de Lens Bailly de Cambresis un Fief des 24, qui est un des quatre Keux en le cuisine quand l'évêque fait son entrée, et doit avec ses compagnons estrier, délivrer et administrer les viandes au drechoir et pour ce faire doit avoir se part de tous les cuirs, crasses es esquays de toutes les bêtes qui sont tués pour la journée.

» Mariette Bloquielle a relevé un des 24. Quand l'Evêque fait son entrée elle doit servir de le touaille avec Luppart de Solesmes et à celle cause avoir la moitié de ledite touaille et un galoi de vin de couchier au Vêpres et plain poing de candelle de cire.

» Philippe de Hertaing tient un Fief des 24. A cause de son dit Fief doit avoir le moitié d'un mouton pour le droit de moutonnage à l'encontre de Robert Leclerq... et ils sont tenus eux deux de cachier le moutonnage : moyennant que toute fois que on les met en œuvre ils doivent avoir leurs despens.

» Massin de Bulcourt un des 24. A cause dudit Fief doit trancher devant l'Evêque le jour de son entrée.

» Jean de Noyers fils de Robert un des 24. A comme les autres sept pains pesant trois livres et une quarte, deux paires de sorlers sur les Cordewaners de Cambrai, ensus un Four séant à Saint Olle Banniers, à cause de le franquise des 24 Fiévez et puet on apporter en Cambrai les fournaiges qui ont été cuit audit four sans toute taille et debite de le Cité et Banlieu et non justiciable aux Echevins de la Cité, et il est un des quatre Keux de Monsieur. Il en avoit en même tems un second qui lui rapportoit plusieurs rentes sur différentes vignes de diverses personnes et deux chappons sur une maison, bois et près nommé le petit Marli, séans entre deux portes de Selles appartenant aux petits Vicaires de Cambrai. »

Les priviléges des Francs-Fiévés étaient considérables à la fin du XIII° siècle. Ils furent contestés par le pouvoir civil. Guillaume de Hainaut, alors évêque de Cambrai, régla l'affaire entre les échevins et ses officiers; et réduisit leurs droits à ceux qui suivent, savoir : « qu'ils ne seroient pas soumis à la jurisdiction du Magistrat, sauf le cas où ils se seroient trouvés dans une querelle où il y eût effusion de sang, ou celui d'une action réelle au sujet de leurs biens situés dans la ville ou la banlieue ; que les maisons qu'ils possédoient, ou qui leur écherroient à titre de succession, seroient exemptes de toutes charges; qu'ils en pourroient acquérir comme les autres bourgeois, lesquelles cependant resteroient sujettes à toutes les charges; que quand le Magistrat porteroit quelqu'édit, le bailly de l'évêque devroit les y obliger et punir ceux qui refuseroient de s'y soumettre; qu'une femme se mariant à un Franc-Fiévé, seroit exempte des charges de la ville, du jour de ses noces seulement; que les veuves des Francs-Fiévés jouiroient des priviléges tant qu'elles ne passeroient point à d'autres noces ; et enfin qu'ils auroient la liberté de moudre leur grain à tel moulin que bon leur sembleroit. » — V. *Histoire de Cambrai*, par Le Carpentier, part. III°, p. 19. — *Histoire de Cambrai*, par Dupont, part. III°, p. 58.

FLÈCHE *de la Métropole de Cambrai*. — Ce magnifique morceau d'architecture dont il n'est question à notre article *Métropole* que comme clocher d'église, mérite bien une notice spéciale comme monument artistique. Il survécut de quelques années à la ruine de la basilique dont dont il était le plus bel ornement.

La flèche de la métropole de Cambrai remontait au XII° siècle. Ce fut Nicolas, évêque, qui fit élever cette belle pyramide, en remplacement de deux tours jumelles qui l'avaient précédée, et qui s'étaient écroulées en 1161, peu de temps après leur achèvement. L'abbé Tranchant, qui a fait de sérieuses études sur l'histoire de Cambrai, fixe l'époque de cette reconstruction à l'an 1182.

La flèche était en pierre grise, octogone, percée, découpée toutà jour, comme un ouvrage de dentelle. Les arrètiers des huit faces étaient enrichis de crochets élégants qui lui donnaient une apparence de grande légèreté. Elle reposait sur une tour carrée, flanquée de deux tourelles. Il y avait six cents marches à monter pour arriver du sol au pied de la flèche proprement dite. L'élévation de cette pyramide était considérable : on comptait trois cents pieds depuis le sol jusqu'à la croix. Mais, au XVI° siècle, on l'avait diminuée de douze pieds, dans le but de la soustraire aux coups réitérés de la foudre. En effet, elle en fut frappée souvent, et notamment en 1495, en 1503, 1504, 1522, 1548, 1616, 1802. Elle exigea et reçut de grandes réparations en 1496, en 1504, 1533, 1561, 1719, et finalement en 1760.

Elle était terminée par une croix dont il est intéressant de conserver la description.

« Le 9ᵉ jour de may 1561, fust par Messeigneurs de chapitre advisé et arresté avec maistre Antoine Boulanger, charpentier, qu'il auroit pour faire dix hourdements jusques à la croix, en tout livrant de son styl, 400 livres tournois. Et s'il estoit besoing ou tirer la croix, ou ouvrer au *massif*, et pour ce, faire drescher quelque aultre charpentage, ou engin, Messeigneurs, dans ce cas, y auroient égard, luy promettant quelque aultre somme pour parfaire.

» Laquelle croix fut levée et portée par pièces au logis de Monseigneur de Franqueville, officier de la fabrique. Elle est de cuivre fondu, haute de 15 pieds et large par la croisiée de 7 pieds et demy (1). Elle estoit plantée lors en un gros sommier et barreau quarré de fer enclavé dans le massif d'iceluy clocher, lequel massif porte 18 pieds de hault. Le barreau de fer contient en longueur 36 pieds, estant 18 pieds dans le massif, et autant dehors, portant la croix et passant oultre d'icelle croix, trois pieds. Par le bout d'en bas, porte 3 poulces d'épais et 3 poulces et demy de large; du debout d'en hault, estant arrondi. C'est une fort belle pièce très bien mise et enclavée dedans ledit massif; car à chascun tas de pierres sont mises et embrévées des agrappes de fer audit massif.

» La somme totale des mises s'élève à 1190 livres 12 sols 6 deniers.

» Par le machon furent encloses aucunes reliques, si comme ossemens de saints, martyrs et aultres, et des *Agnus Dei*, etc., en une boîte de blanc fer, *contra aerias tempestates, et diabolicas fraudes.* » († Ms. 659, p. 365.) M. Jean Le Duc avait reçu ces reliques de Rome, et les avait données au Maître de la Fabrique. (*Mém. chron.*, p. 65.)

Au pied de cette croix était un globe d'airain qui, suivant les chroniques, pouvait contenir six personnes.

Au-dessus de la croix, on voyait un ange doré qui servait de girouette (1). (*Mém. chron.*, p. 151.—§ Ms. 2, p. 33 et 34.)

Tous les dessins et gravures connus qui représentent la flèche de notre métropole sont évidemment erronés. On y trouve des détails qui ne sont d'aucun style ni d'aucune époque. Or, il est hors de doute que le clocher de Notre-Dame était un chef-d'œuvre d'architecture, et non l'œuvre bizarre d'un homme ignorant les règles les plus ordinaires de son art.

Au reste, indépendamment des impossibilités dont nous faisons justice, il n'est pas étonnant que l'on remarque dans les détails de ces dessins des anachronismes nombreux. Le monument fut plusieurs fois restauré, et notamment refait, ou plutôt repris, de haut en bas en l'an 1496. († Ms. 884, p. 60.) En 1561, une autre restauration exigea, comme on vient de le voir, l'enlèvement de la croix, nécessité à laquelle on avait d'abord espéré pouvoir échapper. Tout cela implique la probabilité d'importants travaux, dans lesquels les architectes n'auront peut-être pas, aussi religieusement qu'on le fait de nos jours, eu égard au style primitif du monument. D'où sera résulté un mélange d'époques capable de déconcerter les archéologues qui étudient les images qui nous restent.

Le sieur Blanquart, négociant à St-Quentin, qui acheta révolutionnairement l'église métropolitaine, et qui détruisit ce célèbre édifice, n'eut point le temps de porter son marteau impie sur la flèche dont nous parlons. Ce misérable spéculateur n'ayant point payé le prix de ses acquisitions, l'autorité s'opposa à ce qu'il achevât la démolition des biens qu'il avait achetés. En 1804, lorsqu'on eût retrouvé les cendres de Fénélon, l'administration municipale pensa à faire, de la flèche de Notre-Dame, un monument funèbre pour l'archevêque de Cambrai. Des plans et des projets divers furent présentés et repoussés. Cependant, l'édifice, qui se trouvait privé de son appui naturel (l'église à laquelle il avait appartenu), se détériorait, s'affaiblissait tous les jours. On n'avait point, d'ailleurs, attendu l'année 1804 pour constater le dépérissement de la flèche. Le procès-verbal de la séance du Conseil municipal de Cambrai, en date du 22 mars 1803, en fait foi :

---

(1) Le hasard a fait tomber dans nos mains un chiffon de papier sur lequel a été inscrite la pesée de la croix, lorsqu'après l'avoir abattue, les vandales de 1793 en mirent les débris en vente : Cette note porte : « *La croix du clocher de la cathédrale pesant net 417 l. — Un chandelier et un ange 97 livres.* La note est signée *P. Laleu.* Nous en avons conservé l'orthographe.

(1) C'est probablement de cet ange qu'il est question dans la note précédente.

« Il est donné connaissance au Conseil d'un rapport par lequel les commissaires aux travaux et l'ingénieur ordinaire, préviennent qu'il est urgent de réparer ou de démolir le clocher de la ci-devant métropole de Cambrai, si l'on veut prévenir les événements malheureux qui pourraient résulter de la chûte de cette masse énorme de pierres. » — Le Conseil, privé de toutes ressources pécuniaires, est forcé, malgré qu'il sente tout le prix du chef-d'œuvre architectural dont il s'agit, de renoncer à faire les dépenses nécessaires à sa conservation. — C'est ainsi que la magnifique flèche de l'église Notre-Dame, fut, dès-lors, condamnée à la ruine qui la frappa quelques années plus tard.

Par un procès-verbal en date du 6 octobre 1807, l'architecte expert de la ville jetait un nouveau cri d'alarme.

En 1808, les craintes augmentaient encore. Le procès-verbal ci-après constate l'état dans lequel se trouvait alors le monument :

« L'an 1808, le 7 novembre, je me suis transporté, avec le sieur Richard, maçon, pour constater et sonder les lézardes qui se sont faites par la destruction du corps de maçonnerie et de la charpente de l'église, et par la suppression de plusieurs contreforts qui servoient d'appui aux arcs doubleaux des quatre angles de la flèche et principalement à celui du côté du Nord-Est, dont il ne reste qu'un quart de pilier ; l'arc doubleau se trouve dégarni de toute sa force par la démolition des voûtes qui maintenoient la poussée de celles intérieures de la flèche ; il est à craindre que tous ces appuis, qui ensemble formoient une force suffisante pour soutenir ce superbe monument, n'étant pas égaux actuellement, ne détruisent l'harmonie de cette force, j'ai remarqué avec attention les lézardes qui se sont manifestées du côté de l'Ouest où étoient les corps de charpente de la nef, j'ai reconnu que les lézardes s'étoient élargies et alongées de beaucoup, depuis une visite lors de l'estimation de cette flèche, le 6 octobre 1807.

» Plusieurs chaînes et ancres en fer, qui servoient à maintenir dans l'intérieur l'écartement des quatre faces de la flèche, ayant été supprimés, il ne reste donc rien qui puisse retenir la poussée occasionnée par le poids du corps supérieur de la flèche octogone supportée sur quatre trompes aux angles du soubassement ; mais le délabrement, qui s'accroît par le temps, a fait ouvrir au niveau de la galerie du haut, dans la partie où on a enlevé le plomb, plusieurs gerçures qui ne font que me convaincre de la nécessité de porter promptement du secours à un si respectable monument, en remplaçant ce plomb, et en appuyant, en attendant, la flèche de quelques contreforts, ou, pour bien faire, d'un fort corps de maçonnerie au soubassement. Ce travail préliminaire pourroit s'opérer en combinant les dispositions du projet fait par le sieur Dewarlez, architecte, pour le monument à ériger à Fénélon.

» J'invite les autorités supérieures à prendre en grande considération les motifs énoncés ci-dessus. L'urgence est constatée par visites à deux différentes époques où j'ai trouvé une augmentation sensible de dépérissement.

» Le présent procès-verbal, etc.

» *Signé :* GUÉRARD. »

On parlait toujours de restaurer notre chef-d'œuvre d'architecture gothique ; mais on n'agissait pas : l'ouragan vint mettre tous les projets à néant, dans la soirée du 30 janvier 1809. Un grand coup de vent renversa la flèche. Toute la ville ressentit la secousse de cet écroulement.

C'est ainsi que disparut du sol cambresien cette grande et solennelle image de la prière s'élevant vers le ciel ; qui avait, pendant cinq siècles, fait l'orgueil et l'ornement de la cité. Cet évènement produisit dans la population l'effet d'un grand deuil ; elle voyait disparaître ce noble témoin de la foi et des glorieuses destinées de ses pères. Cambrai venait de perdre sa couronne.

Un procès-verbal fut dressé après l'examen de ces déplorables ruines. Le lecteur verra, d'après ce dernier document, qu'il eût été facile d'éviter un malheur irréparable, si l'autorité avait mieux compris l'urgence des réparations :

« Le 31 janvier 1809, je soussigné, architexte expert de la ville de Cambrai, me suis rendu sur le terrain de l'ancienne métropole, à l'effet de constater l'état et situation des ruines de la flèche ; j'ai reconnu que les murs extérieurs sont écroulés des deux côtés, et les décombres épars dans la propriété du sieur Blanquart, du côté de son habitation et de son terrain, contre l'ancien archevêché.

» Toutes les voûtes supérieures et inférieures, dans la surface, sont écrasées ; les fragments de murs qui restent encore sont dans un état de démembrement à ne laisser aucun doute sur leur prochain écroulement ; les lézardes qui se sont formées dans la majeure partie des épaisseurs de murs restants ne peuvent laisser subsister ces murs longtemps sans danger pour la sûreté publique, à moins qu'il ne soit placé momentanément des factionnaires pour empêcher la communication.

» Les tourelles restantes de ce superbe monument ne peuvent se soutenir ; la chute des décombres de la flèche supérieure a donné une telle commotion à ces ruines, qu'il en est sauté différents éclats des parties ceintrées, et les crevasses qui se sont manifestées en plusieurs endroits doivent faire présumer incessamment leur destruction.

» Le porche principal, du côté du jardin du sieur Blanquart, ne pourra tenir, par la raison que les pierres qui sont tombées du haut ont ébranlé si fortement le pilier du milieu que, lorsqu'il se détachera des parties de décombres, elles ne pourront que rouler contre ce pilier, par le talus qui s'est formé de toutes les pierres amoncelées dans ce lieu.

» Il est fâcheux pour la ville de Cambrai que l'on n'ait pu prendre en considération les procès-verbaux rédigés par l'architecte-expert les 6 octobre 1807 et 7 novembre 1808, procès-verbaux qui donnaient bien exactement la situation de cette flèche, et dont l'urgence en demande de réparation était bien précise.

» *Signé* : GUÉRARD. »

FLEURY (H.-M. BERNARDIN DE ROSSET DE) *17e archevêque de Cambrai*. — Le *Cameracum christianum* contient une notice remarquable sur M. de Fleury. Dans l'impossibilité où nous sommes de donner à ce sujet des détails plus complets, nous croyons devoir nous borner à reproduire ce chapitre du livre précité :

« Henri-Marie Bernardin de Rosset de Fleury, abbé commendataire de Royaumont en 1736, et de Rebaix en 1738, avait été sacré archevêque de Tours le 20 juin 1751. Ce fut le 24 septembre 1774 que le roi le nomma archevêque de Cambrai. Après avoir prêté serment de fidélité entre les mains de Louis XVI, le 2 mai 1775, il chargea l'évêque d'Amycles de prendre possession pour lui ; ce qui eut lieu le 19 du même mois. Il fit son entrée personnelle le 7 août suivant, avec le même appareil que son prédécesseur ; son frère, l'évêque de Chartres, l'accompagnait. Les habitants de Cambrai rivalisèrent entr'eux pour augmenter l'éclat de cette réception. En décembre de la même année, Mgr de Fleury s'occupa avec son chapitre de la réforme du bréviaire de Cambrai. Une commission fut nommée pour présenter un projet de bréviaire nouveau ; elle se composait de Mgr de Millancourt, évêque d'Amycles, doyen, de MM. Goulart, grand-chantre, Duhamel, chanoine, et Maleingreau, grand-ministre. Il ouvrit le lundi de la Pentecôte, 27 mai 1776, le jubilé de l'année sainte, octroyé par une bulle de Pie VI. A cette occasion, le pieux prélat établit une mission et fit venir à Cambrai des prédicateurs distingués, qui annoncèrent la parole de Dieu matin et soir, sur la voie publique aussi bien que dans les temples. Peu de temps après, voulant améliorer de plus en plus le clergé de son diocèse, il institua une retraite ecclésiastique. En conséquence, le 6 juillet 1777, soixante-dix prêtres furent reçus et hébergés dans le séminaire archiépiscopal, et se livrèrent en commun aux exercices spirituels pendant l'espace d'une semaine. Ce bon et salutaire usage fut maintenu pendant toute la vie du prélat. En 1779, le 6 mai, il opéra, à ses propres dépens, la translation des restes mortels de Mgr Vanderburch, ancien archevêque de Cambrai, inhumé jadis dans l'église des Jésuites de Mons, qui venait d'être démolie. Mgr de Fleury mourut saintement à Cambrai, le 22 janvier 1781, à peine âgé de soixante-trois ans ; il fut vivement regretté. C'était un excellent prélat, pieux, doux et charitable ; tout occupé des affaires du salut, il ne s'inquiétait aucunement des choses temporelles, qui étaient administrées par un certain Pradeau, lequel passe pour avoir été fort dur à l'égard des fermiers de l'archevêque. »

On peut voir, à la Bibliothèque communale de Cambrai (collection Faille), une relation de l'entrée de M. de Fleury à Cambrai.

FLOTS *de St-Géry, et de le Cayère ou Chaière*. — Ces flots étaient de grandes retenues d'eau destinées à prévenir les inondations de la ville pendant les orages et les dégels.

Le flot de St-Géry était situé au pied de la montagne de ce nom, sur le sommet de laquelle était l'église de St-Géry. On lit dans le † Ms. 659, p. 254 : « Le premier jour d'avpril (1543), jour de la Pasque close, la vefve (veuve) de Pierre Barbier, demourant devant *le flot St-Géry*... se jetta dans la tonne de sa maison et fut morte. » Nous avons vainement recherché quel fut l'endroit exact que ce flot occupait : nous ne pouvons donc l'indiquer

Le flot de Kaière ou *de l'Cayère*, ainsi nommé de la chaise ou cayère d'infamie qui en était voisine, était situé entre le Grand-Marché, aujourd'hui la Grand'Place, et la Place-au-Bois. Il fut comblé en 1581, et remplacé par ce groupe de maisons compris aujourd'hui entre la Grand'Place et la Place-au-Bois, la rue des Trois-Pigeons et la rue de l'Ange.

« En 1581, toutes les maisons et autres petites places que l'on appelait les changes, et les portions d'icelles avec aultres wareschaix, et le flot que on disoit *de le Kayère*, parce que il y avoit lors un pilori où l'on faisoit monter les délinquants pour les assaurliler ou bailler le fouet marqué de l'aigle, furent baillées à cours de rente, pour y bastir et édifier des maisons qui y sont pour le présent. Et le premier qui y commencha à faire bastir fut Jean Tronchaut, hoste de l'Epervier devant St-Martin : et fit la rue qui descend contre le Lièvre-d'Or, nouvellement de ce temps ouverte pour passer. » — § Ms. 2, p. 16. — † Ms. 670. — † Ms. 1017.

Le marché au poisson se tenait sur le bord du flot de la Cayère. Après la suppression du flot, il fut transféré proche les Clarisses, à l'endroit où est aujourd'hui le Mink ; et dès lors cette large rue prit le nom de *Marché-au-Poisson*, nom qu'elle porte encore aujourd'hui. — V. *Mém. chron.*, p. 24.

Le flot de le Cayère était, au vieux temps, un endroit célèbre par les évènements et les aventures dont il fut le théâtre. Nous ne parlerons pas du grossier plaisir que prenait la populace cambresienne à y jeter à l'eau quelques compagnons malencontreux, pour les en voir sortir tout trempés; c'était là une des moindres plaisanteries de ce bon peuple lorsqu'il était en *liesse*. Nous citerons plutôt la bouffonne émeute qui eut lieu du temps de Nicolas de Chièvres, et que nous rapportons en ces termes dans notre histoire de Cambrai : « Un beau jour de l'année 1165, il y avait foule sur les bords du flot de l'Cayère. Cette foule était grondeuse et maugréait. On maudissait l'évêque et le clergé. Ils étaient accusés d'incrédulité, d'impiété; on parlait de les chasser de la ville, car ils étaient bien coupables. Mais avant tout, on voulait des preuves. Cette fois, par extraordinaire, le bon peuple raisonnait sa colère. Or, ces preuves on les cherchait au fond du flot : il s'agissait d'y trouver des os de saints dont le séjour dans cette onde fétide lui avait donné des propriétés miraculeuses. Des bonnes femmes l'affirmaient, et sur la foi des béguines, bien des malades avaient bu de cette eau dégoûtante, mais merveilleuse pour recouvrer la santé.

» Le clergé plus éclairé que le *populaire* avait défendu ces singuliers remèdes : de là l'insurrection : cet interdit était un sacrilége, et d'ailleurs, l'eau fût-elle malsaine, le peuple voulait avoir le droit de s'empoisonner à son aise.

» On travailla deux jours au curage de cette mare dont chacun avait pieusement mis de l'eau en bouteilles. Enfin les travailleurs trouvèrent les précieuses reliques. C'en était fait de Nicolas (1) et de son clergé, si par malheur pour la foi robuste des béguines et de leurs adeptes, les os de saints ne se fussent trouvés être des os de chiens et de chevaux.

» Ainsi détrompée, la foule se retira silencieuse, déconcertée et surtout ébahie de ce que les abbés voyaient plus clair que les béguines. »

Cette anecdote est rapportée d'une manière conforme par l'abbé Dupont, dans son *Histoire de Cambrai*, partie IIe p. 98.

— « En l'an 1521, le 27 avril, y eut une femme condampnée à être fourrée au pilori, et puis mise en la mande (panier), et là pendue jusqu'à temps qu'elle auroit coupé la corde ; et pour ce voir, il y avoit plus de mille personnes appuyées autour du flot de l'Cayère, auquel la bordure (garde-fou), depuis le pilori jusque le baille (entrée, barrière) de devant le Maurion (Maure), chéut audit flot; et bien de 50 à 60 personnes, que petits enfans avec, chéurent au flot. Mais aucuns compaignons saillirent (sautèrent) après, qui saulvèrent ceux dans l'eau et, par la grâce de Dieu, n'y eûst nul de noyé. — § Ms. 6, p. 139. — † Ms. 673.

Il résulte des détails précités que le flot de la Cayère, qui avait une vaste étendue, était entouré d'une barrière dans laquelle on avait ménagé des *bailles* ou ouvertures pour pouvoir arriver jusqu'à l'eau et y puiser au besoin, pour cause d'incendie ou autres.

On lit dans les *Mémoires chronologiques* qu'en 1553, au mois de septembre, plusieurs des soldats d'Henri II, qui avaient saccagé et incendié les faubourgs de Cambrai, furent pris dans une sortie par la garnison, jetés et noyés dans le Flot de le Cayère.

Nous en avons dit assez pour donner au lecteur une idée exacte du grand flot qui, jusque vers la fin du XVIe siècle, exista au milieu de la ville, entre le Grand-Marché, et le Marché-au-Bois.

FOIRES ou *Fêtes marchandes*. — La *grande foire franche* de Cambrai (dite autrefois la *Hirchare* (2), est établie de temps immémorial. Elle s'ouvre chaque année, le jour de St. Simon et St. Jude, 28 octobre, et doit durer huit jours.

(1) Nicolas de Chièvres, évêque de Cambrai.
(2) † Ms. 886, p. 365.

Réglemens ordonnez pour la feste à Cambray.

SOMMAIRE.

1. Que tous ceux et celles qui voudront vendre à la feste a Cambray, auront bonnes aulnes, et aulneront a l'aulne de la ville.
2. Idem pour le poix et mesure.
3. Qu'ils obéiront aux maieurs de leurs mestiers.
4. Qu'aucuns marchands de draps, ne pourront vendre draps, qu'aux lieux a ce designez.
5. Qu'aucun ne quittera son hayon sans congé des mayeurs.
6. Que personne ne ferat tort, ou donnerat empeschement aux hayons.
7. Qu'on ne jourra aux dez, et au berlan si ce n'est a la place à ce désignée. Nota que cela at esté du depuis deffendu par ordonnance du 5 novembre 1601.
8. Qu'on ne ferat villenie au berlengheurs.
9. Que personne n'esmouverat aucun débat sans cause raisonnable.
10. Qu'on nirat de nuict après la retraitte sonnée.
11, 12, 13. Deffend le port des armes.
14, 15, 16. Parlent de la deffense de porter des armes.
17. Ce que les hostelains et cabartiers doibvent prendre pour le giste d'un nuict.
18, 19. Que chascun obéisse à ces ordonnances.
20. Que les draps qui n'auront estez trouvez suffisans soient venduz en la vièserie.
21. Que les hostelains donneront les noms des estrangers qu'ils logent, au prevost et eschevins.
22. Que les archers, arbalestriez, canoniers, et la bourgeoisie se tiendrat preste sur les armes pour la première allarme.
23. Que personne n'empescherat les marchands estrangers de faire des hayons devant sa porte, pourvu qu'il ait l'aller et venir franc, et sans pouvoir demander aucun droit, etc.

Nous ignorons la date de ce curieux réglement. Il était inscrit au *Livre aux bans.*

En 1635 et 1636, la guerre et la peste n'ont point permis que la foire franche eut lieu.

Voici en quels termes se proclamait l'ouverture de la foire : « Nous Prévost et eschevins sçavoir faisons à un chacun que la *feste marchande* de ceste ville de Cambray, commence cejourd'huy 27e jour du mois d'octobre..... sur les douze heures du midy et finant à pareil jour et heure 3e de novembre suivant. Et sera ladite *foire franche* es manière accoustumée. »

Les *Maistres de la feste* étaient chargés de la surveillance et de la direction de cette foire, qui était autrefois prodigieusement fréquentée. Des baladins de toute espèce, des montreurs de bêtes, des marchands d'Agnus, de prétendus pèlerins s'établissaient en ville pour cette époque, et y exploitaient les curieux.

Une nouvelle *foire franche* fut établie à Cambrai en 1681, en vertu de lettres du roi datées de St-Germain-en-Laye, au mois d'avril. Cette foire commence le premier mai et dure huit jours, comme celle du mois d'octobre.

L'établissement de la foire de mai, fut sollicité par le *Magistrat*, dans le but de rétablir, dans Cambrai, le mouvement commercial, qui s'y était considérablement ralenti. « A quoi ayant égard, dit le roi, et désirant traicter favorablement ledit Magistrat, en considération du zèle et affection qu'il témoigne en toutes occasions, au bien de notre service, et contribuer en tout ce qui despend de nous pour le restablissement du commerce dudit Cambrai, sçavoir faisons que, pour ces causes, et de notre grâce spéciale, pleine puissance et aucthorité royale, nous avons créé et establi, créons et establissons, en nostre ville de Cambray, une foire franche durant huict jours à commencer à tenir le premier jour de may de chacune année; oultre la foire qui y est desjà establie d'ancienneté, le jour de St-Simon et de St-Jude. En laquelle foire nous voulons que tous marchands, négociants et aultres personnes puissent aller et venir, séjourner, vendre et débiter, trocquer et eschanger toutes sortes de marchandises licites et permises, soubs les priviléges, franchises et libertés des foires franches. Permettons auxdits exposants (le Magistrat), de faire bastir des halles et estaux, si besoin est, pour mettre à couvert et en sureté tant les marchands que les marchandises et de percevoir les droits qui sont pour ce deubs, suivant les us et coustumes de nostre ville de Cambray. » — † Ms. 902. — § Ms. 5, p. 184.

Une ordonnance du Magistrat, rendue à la requête du Prévôt de la ville, et datée du 28 avril 1788, faisait défense à tous marchands forains, colporteurs qui, pendant le temps de la foire, promenaient et colportaient leurs marchandises, de sonner aux portes des maisons, de s'introduire dans celles qu'ils trouvaient ouvertes, sous peine d'une amende de 24 patards par chaque contravention. — Cette ordonnance imprimée se trouve à sa date dans la *Collect. Faille.*

Les deux foires dont il vient d'être question, se tiennent encore à Cambrai, en 1854, mais elles ne sont plus que l'ombre de celles d'autrefois.

Foire aux bestiaux.

Il existe encore à Cambrai, une foire d'autre nature : c'est celle des bestiaux. Ce fut en 1701, que le Magistrat de Cambrai obtint du roi l'autorisation d'une *foire franche pour tous les bestiaux* le dernier vendredi de chaque mois.

Elle a lieu aujourd'hui le 24. — V. *Collect. Faille.*

FOLIE *(Château de la)*. — Cette maison, aujourd'hui reconstruite dans un style moderne, existait dès le XVIe siècle. On lit, dans une ancienne chronique, qu'en 1595, le comte de Fuentes prenant ses dispositions pour le siége de Cambrai, « s'en vint avec son armée, camper autour d'une *maison de plaisance nommée la Folie*, située entre Prémy, Cantaing et Fontaine-Notre-Dame; cause pourquoy Balagny, usurpateur de Cambray faisait sur le mot de *folie* plusieurs allusions. »—§ Ms. 2, p. 44.— § Ms. 8, p. 2. — Il est encore question de la *Folie* dans un jugement de la Chambre de Cambrai, en date du 19 juin 1627. Le château de la Folie est renommé aujourd'hui, dans Cambrai, pour l'excellence des fruits que produisent en abondance ses magnifiques jardins.

FONDATIONS CHARITABLES. — Les fondations riches et nombreuses dont l'esprit de charité a doté la ville de Cambrai, peuvent se diviser en deux catégories bien distinctes: *Les fondations d'instruction* et les *fondations de secours*.

FONDATIONS D'INSTRUCTION.

École des pauvres dite de Quérénaing, pour l'enseignement de 50 pauvres enfants de Cambrai, âgés de 7 à 11 ans, et pris en nombre égal dans les deux sexes. — Date de la fondation: 13 septembre 1604.—Fondateur: Claude de Hennin, seigneur de Warlain, de Baudimont-la-Cattoire, et de Quérénaing. L'école de Quérénaing est aujourd'hui fondue dans l'école des Frères de la Doctrine chrétienne, pour les garçons; et dans celle des Sœurs de la Charité, pour les filles.

École dominicale fondée le 28 février 1626 par Vanderburgh. — V. l'article spécial *École dominicale*.

Fondation de Jean Rondeau: Bourses pour suivre des cours ecclésiastiques.—25 mai 1663. —Fondateur: Jean Rondeau, curé de St-Martin.

Bourses de Martin de Rosies, en faveur d'honnêtes étudiants *généralement délaissés*; et, à leur défaut, en faveur des enfants de la ville de Beaumont en Hainaut, pour moitié; et pour l'autre moitié, en faveur des enfants de chœurs de St-Géry. — 29 janvier 1619. — Martin de Rosies, chanoine de Saint-Géry.

Bourses d'Audregny, en faveur de ses parents et des enfants de chœur de l'église de St-Géry. Les études des boursiers pouvaient, comme dans la *fondation de Rosies*, avoir pour but, en dernier lieu, soit la théologie, soit le droit ou la médecine. — 23 juin 1630. — Audregny, Grégoire, chanoine de St-Géry.

Bourses de Philippe Coucke, fondées au nombre de 13, dans l'école de l'église de St-Géry. — 25 mars 1337. — Philippe Coucke, escolâtre et chanoine de St-Géry.

Bourses de Pierre Simon, en faveur de trois étudiants du Câteau. — 7 juillet 1584. —Pierre Simon, natif du Câteau, prêtre et chanoine de l'église de Cambrai.

Bourses de Luc Amas, au profit des jeunes gens de Landrecies et du Câteau, pour suivre des cours de philosophie et de théologie. — Date ignorée. — Luc Amas, natif de Landrecies, chanoine de Saint-Géry.

Bourse à Louvain, pour un étudiant. — 7 janvier 1622.—Feullien Deppe, prêtre, chanoine de l'église métropolitaine.

Bourses de Jean Polleman, pour deux étudiants au collége de Louvain. — 21 avril 1637. — Jean Polleman, chanoine.

Bourses de Pasquier Ségard, en faveur d'un membre de sa famille, ou d'un jeune homme d'Avesnes-les-Gobert, commune natale du fondateur, pour étudier la philosophie, la théologie ou le droit à Douai ou à Louvain. — 28 septembre 1634. — Pasquier Ségard, prévôt et chanoine de l'église de St-Géry.

Fondation de Notre-Dame dite *des Boursières* de Sainte-Agnès. — 30 avril 1633. — Vanderburch. — V. *Notre-Dame (fondation)*.

Il existait encore d'autres bourses sur lesquelles il reste fort peu de renseignements. Telles étaient:

Les *Bourses des Bons Enfants*, au nombre de six. — Voyez *Bons Enfants*.

Les Bourses de *Hanon*, — de *Lagnicourt*, — de *Bulcourt*, — de *Leduc*, — de *Dubois*, dont on ignore les dates.

Pour assurer le service de toutes les fondations dont nous venons de donner la liste, sans doute incomplète, les fondateurs ont laissé des biens-fonds, en indiquant toujours par qui ils entendaient qu'ils fussent administrés, en désignant quelquefois dans quelles écoles ils voulaient que se fissent les études de leurs protégés. D'autres fois, ils se taisent à cet égard, s'en rapportant probablement au choix des administrateurs.

FONDATIONS DE SECOURS.

Nous ne parlerons point ici des *Béguinages* auxquels nous avons consacré un article spécial; et nous diviserons les autres fondations charitables en trois catégories: les *Aumônes*, les *Pauvretés* et les *Hospices*.

Les AUMÔNES étaient des fondations particulières.

Les Pauvretés ou Tables des pauvres, étaient comme les bureaux de secours de chaque paroisse. Œuvre complexe d'une foule de personnes bienfaisantes, elles avaient, pour ainsi dire, un caractère uniforme.

Quant aux Hospices, ils étaient de diverses natures; les uns destinés aux vieillards, les autres aux enfants ; d'autres aux voyageurs, etc.

Aumône Jonart, destinée aux pauvres ménages. — 16 juillet 1672. — Ladislas Jonart, évêque de Cambrai.

Aumône Notre-Dame. Elle avait pour but de fournir des distributions de secours, chaque année, après l'obit anniversaire, et à perpétuité, de chacun des fondateurs. Le premier compte que l'on connaisse de cette aumône, date de 1501. — Elle avait pour fondateur un grand nombre de chanoines de diverses époques.

Les *Pauvretés* ou *Tables des pauvres*, sur lesquelles nous venons de donner quelques explications, portaient les noms des paroisses auxquelles elles appartenaient. Le bureau de bienfaisance de Cambrai réunit aujourd'hui les ressources des pauvretés de Ste-Croix, Ste-Elisabeth, de St-Georges, de St-Géry, de la Madelaine, de St-Martin, de St-Nicolas, de St-Sauveur, de Saint-Vaast.

Hospices. — Il reste aujourd'hui dans Cambrai deux grands hospices :

L'*hôpital de St-Julien*, dans lequel, depuis la révolution, on a confondu celui de St-Jean. — V. *Julien* (St) et *Jean* (St).

Hôpital général de la Charité, constitué par lettres patentes du roi, en date du mois de juin 1752, lequel comprend les anciens hospices dont les noms suivent :

Les *Chartriers*, fondés au XIIIe siècle, ayant pour bienfaiteurs Ade Matifarde, femme Matifard, au mois d'octobre 1292; plus tard, Antoine Héduin et Dame Michelle Lacherez; enfin François Forestiers. Après avoir habité l'hôtel St-Pôl, les Chartriers furent établis dans l'ancien refuge d'Anchin, compris aujourd'hui dans les vastes dépendances du grand magasin aux vivres, situé entre les rues des Capucins et de St-Vaast. (*Mém. chron.* p. 27.)

Les *Confrères* ou *Pèlerins de Dieu et de Monsieur St-Jacques*, dits *St-Jacques-en-boulangerie*. V. *Jacques* (*Pèlerins de St-*.)

Les *Vieux-Hommes de St-Pierre-ès-Bèvres*. V. *Prudhommes* (*Maison des*).

La *fondation St-Eustache*, dont nous ne savons rien que le nom.

Les *Vieux-Hommes de St-Paul*, dont la maison fondée le 14 janvier 1574, par Claude de Henain, *bourgeois de Cambrai*, (c'est le titre qu'il prend dans l'acte de cette fondation) et Julienne Préau, sa femme, était située grande rue St-Vaast, et offrait constamment un asile à six pauvres vieillards. Le grand magasin aux vivres militaires a absorbé cette maison dans ses constructions.

Les *Communs Pauvres de la ville*, fondés au XVe siècle, et dont la maison était située au Marché-au-Poisson.

Enfin *les Orphelins et Orphelines*, fondés au XIIIe siècle, dont l'Œil de Caullery et Catheline, sa femme, furent les bienfaiteurs, ainsi que les sieur et dame Gossiaux et la veuve Jehan Loncle. Ils ne furent réunis à l'hôpital-général qu'en 1754, c'est-à-dire deux ans après la fondation de cet hôpital. — V. *Orphelins*.

Tels sont les éléments qui entrèrent dans la constitution de l'*Hôpital-général de la Charité*.

Cette confusion, cette centralisation d'un grand nombre d'établissements charitables fut mal accueillie à son origine ; elle fut faite d'ailleurs d'une manière peu convenable. Ce fut l'intendant du Hainaut qui imagina cette innovation ; il l'accomplit sans consulter, sans même en informer l'archevêque, et contre le gré des administrateurs des diverses fondations qu'il réunissait ainsi. Dans la composition du bureau administratif, on affecta de laisser l'archevêque de côté, ce qui déconsidéra beaucoup l'établissement dans l'opinion publique. — V. l'article spécial : *Hôpital-général de la Charité*.

L'hôpital-général fut restauré et confié aux soins des Sœurs de la Charité en 1829. Une médaille a été frappée à cette occasion.

D'autres hospices, tels que celui de *St-Jacques-aux-Sœurs-noires*, de *St-Ladre*, etc., ont encore existé à Cambrai. V. *Ladre* (St-), *Jacques* (St-), etc.

Il est utile de consigner, en finissant cet article, un souvenir qui doit rester présent au cœur des Cambrésiens, c'est que toutes les fondations dont il vient d'être question étaient faites à charge de prières en faveur de leurs auteurs.

Elles étaient jadis confiées à des administrations particulières. Aujourd'hui ce qui en reste est administré par deux commissions presque connexes : la Commission des hospices, et le bureau de bienfaissnce (1).

(1) M. Alc. Wilbert, secrétaire des Bureaux de bienfaisance et des Hospices, à la complaisance duquel

FONTAINE NOTRE-DAME (La). — Cette fontaine dont l'eau salubre arrose et fertilise une partie du faubourg St-Roch et de vastes prairies, prend sa source dans le glacis des fortifications extérieures du château de Selles, et va se jeter dans l'Escaut, en aval du pont d'Aire, à Escaudœuvres. Aujourd'hui presqu'oubliée, elle était autrefois un objet d'attention et un but de promenade pour les Cambresiens. Ils se plaisaient à en orner la source de plantations et de décorations diverses. Une image de la Vierge en faisait le principal ornement : de là le nom de *Notre-Dame* que porte la fontaine.

On voit dans les *Mémoires chronologiques* qu'en 1714, elle fut restaurée à la suite des guerres dont elle avait subi les effets dévastateurs, comme le reste des environs de Cambrai : « On luy donna même une forme beaucoup plus belle qu'auparavant. » Environ un siècle plus tard, en 1810, on restaura de nouveau cette fontaine (1) : on construisit, avec de grandes pierres prises dans les ruines de la métropole de Cambrai, une grotte au dessus de la source, et l'on y fit d'ingénieuses plantations. Seulement, oubliant alors la madone traditionnelle, l'architecte plaça au-devant de la grotte, une nymphe des eaux.

Mais en 1825, sur la proposition du maire de Cambrai, le Conseil décida « qu'on remplacerait, par une figure de la Vierge, la *statue grotesque* qui se trouvait à la fontaine Notre-Dame (2). » Cette décision du Conseil ne fut pas exécutée.

Aujourd'hui la fontaine Notre-Dame est absolument délaissée; elle est à peine visitée, à l'époque de la fête communale, par quelques étrangers qui se souviennent que, dans leur jeune âge, les habitants de la ville ne manquaient pas de la citer comme l'une des curiosités qu'il fallait voir quand on venait à Cambrai.

FONTAINE ST-BENOIT. — Elle prend sa source à l'extrémité de la banlieue de Cambrai, auprès du *chemin de Proville*, dans un terrain qui appartenait autrefois à l'abbaye du St-Sépulcre. Cette circonstance explique le nom que porte la fontaine. Les religieux du St-Sépulcre étaient de l'Ordre de saint Benoît. Ils ont donné le nom de leur fondateur à ce cours d'eau excellente qui arrosait une grande partie de leurs propriétés, avant de se jeter dans l'Escaut, près des murailles de Cambrai. Ils avaient même construit, au-dessus de l'une des principales sources, une petite chapelle également dédiée à saint Benoît. Cette chapelle est détruite, mais les fondations en subsistent encore. C'est en cet endroit que les vieux Cambresiens vont puiser de l'eau, quand ils veulent l'avoir saine et pure.

En 1846, l'Autorité municipale, conçut le projet de distribuer dans Cambrai, à l'aide d'une machine hydraulique, les eaux de la fontaine St-Benoît, et de remplacer ainsi le système des pompes qu'on y trouvait très défectueux. Mais ce projet, séduisant au premier abord, ne soutint pas un examen sérieux et ne tarda point à tomber devant les obstacles et les inconvénients qu'il présentait.

Depuis, le génie militaire, pour assainir les fossés de la place, du côté du Midi, a établi, dans cette partie des fortifications, une cunette dans laquelle il a détourné et fait circuler les eaux de la fontaine St-Benoît. C'était, sans contredit, le meilleur parti que l'on pût tirer, de cet abondant cours d'eau.

Il existe encore, dans la banlieue de Cambrai, quelques autres cours d'eau qui n'ont aucune importance, si l'on en excepte la fontaine *Jean-Rasse* qui n'est en réalité qu'une des sources de la fontaine St-Benoît. Mais, de temps immémorial, le propriétaire du terrain sur lequel elle jaillit en a détourné le cours à sa plus grande convenance, et maintenant cette fontaine tombe presqu'immédiatement dans l'Escaut.

FORESTEL. — V. *Arleux*.
FORTERESSES. — V. *Châteaux-forts*.
FORTIFICATIONS DE CAMBRAI. — Quoique nous ayons eu occasion, dans l'article Cambrai, de dire quelques mots des fortifications de cette belle place de guerre, nous croyons néanmoins devoir consacrer à ce sujet intéressant un article spécial où sera traité, d'une manière plus complète, quoique succincte, ce que l'on pourrait appeler l'histoire des fortifications de Cambrai. Mais comme les perfectionnements des moyens de défense se lient naturellement aux développements successifs de la cité, le lecteur fera bien de lire d'abord, au mot *Cambrai*, ce qui est dit de la topographie de cette

---

nous devons une partie des notes qui ont servi à la rédaction de cet article, doit publier lui-même un jour, sur ce sujet, un long travail auquel nous renvoyons le lecteur.

(1) V. Séance du Conseil municipal, du 1er mai 1810.

(2) Séance du Conseil municipal du 10 mai 1825. Dans la même séance, le Conseil avait également décidé qu'une figure de la Vierge serait replacée dans la niche pratiquée au-dessus de la porte de Notre-Dame. Ce projet n'eut pas plus de suite que le précédent. La statue qui existe aujourd'hui ne fut remise qu'en 1852. — V. *Porte-Notre-Dame*.

ville et de ses accroissements; après quoi, il lui sera plus facile de nous suivre dans le cours de la présente notice.

Ceinture de la ville.

Il y a lieu de croire que les premières fortifications de Cambrai ne remontent pas au-delà de l'époque où après la destruction de Bavay (environ l'année 385), les Romains firent de notre cité le chef-lieu de tout le Hainaut. Plus anciennement, Cambrai n'était pour eux qu'une *mansion* destinée à loger les troupes en voyage. Or, les Romains voyant, dans ces premiers temps, leur domination affermie, ne songeaient point à fortifier les lieux qu'ils occupaient (1). Plus tard, les invasions des barbares les forcèrent de se mettre en garde contre ces terribles ennemis : C'est alors, sans doute, que *Cameracum*, destinée à devenir une capitale, aura été pourvue de sa première clôture. Mais en l'absence de documents sur la circonscription de la ville à cette époque, il est impossible de rien dire des travaux qui durent être faits pour la fortifier.

Laissons donc à l'inconnu toute cette période si obscure de notre histoire.

Nous avons dit dans notre article *Cambrai*, ce qu'il pouvait rester de la ville romaine quand les Francs s'y furent établis après en avoir chassé les dominateurs du monde : Venons maintenant à des indications plus précises.

« En 881, règne de Charles-le-Gros, empereur, dit un vieux manuscrit, le 28 décembre, les Normands et les Danois furent persécutant France, Lorraine et Cambray, laquelle ils prindrent et y boutèrent le feu, et firent grande occision de peuple, et destruisirent toute le cité. »

Eclairé par ces désastres, qui avaient affligé l'épiscopat de son prédécesseur, l'évêque Dodilon, quelques années après, entreprit d'immenses travaux de fortification, et « fit tant amplier les *murailles* de la cité de Cambray, qu'il encloït (enferma) St-Aubert dedans (2), » et peut-être aussi la petite abbaye de St-Martin qui, dans ces premiers temps, était, comme St-Aubert, en dehors de la ville.

Il y avait donc déjà, si l'on en croit la chronique ci-dessus citée, des murailles autour de Cambrai, avant Dodilon, qui ne fit que les *amplier*, les rendre plus amples. Ces murailles étaient-elles celles du temps des Romains? Il est permis de le croire, pour une grande partie du moins; car des travaux de ce genre ne se déplacent pas facilement, et l'on aime mieux en restaurer les brèches ou les ruines que de construire à nouveau.

Quoi qu'il en soit, c'est à partir de l'époque où Dodilon donna une certaine importance à la *closture* de Cambrai, que l'on peut suivre les développements progressifs des fortifications de cette ville. Bien que l'enceinte fût agrandie, elle n'eut pas encore alors tout le périmètre qu'on lui donna par la suite. L'église de Notre-Dame se trouvait, par la disposition des lieux, à portée de flèche de l'extérieur de la ville; car, pendant le siége terrible qui eut lieu sous l'épiscopat de Fulbert, en 953, les Hongrois lancèrent sur l'église des traits ardents qui auraient causé un redoutable incendie, sans le courage du clerc Séralde. Nous ne sommes point éloigné de croire que Dodilon plaça, du côté de l'ouest, les limites de la ville sur le premier bras de l'Escaut, dit l'*Escautin* ou l'*Escauette*, dont les eaux baignent encore d'antiques et hautes murailles qui servirent peut-être à la clôture de la ville, avant d'être appropriées à la défense du *Château*. (V. *Château*.)

Pendant la première moitié du XIe siècle, la guerre de rébellion qui troublait la Lorraine menaçait considérablement la sécurité de Cambrai (1). Dans l'état où était la ville, elle n'aurait pu résister à un siége. Elle n'avait pour toute défense, au dire de l'abbé Dupont, que des palissades, ce qui implique contradiction, il est vrai, avec la citation que nous faisons plus haut, et dans laquelle il est question de murailles. Au reste, un vieux chroniqueur, Jean Duchastiel, dit aussi que l'évêque Gérard Ier avait fait *fermer et clóre* Cambrai de *palis de bois;* que de plus il avait *fait serrer en la cité un hault chastel de murs*, environné de fossés profonds.

Mais en définitive, murailles ou palissades, les défenses de la ville étaient insuffisantes.

---

(1) *Cahiers d'Instructions archéologiques*, publiées par le Comité historique des Arts et Monuments, 1er cahier, p. 30.
(2) § M3. 6, p. 69.

(1) Gothelon, duc de Lorraine, ne voulait pas reconnaître l'empereur Conrad, et avait engagé dans son parti la plupart des évêques et des seigneurs du pays. Robert, roi de France, tenté par l'espérance de réunir la Lorraine à sa couronne, avait traité secrètement avec Gothelon pour l'engager à la révolte, et il n'eut pas plus tôt levé l'étendard, que Robert se mit en marche pour le soutenir. — L'abbé Dupont, *Hist. de Cambrai.*

C'est sous ce prétexte que, soit avant, soit après les travaux de Gérard (ce que nous ne saurions dire), le châtelain Gautier avait formé le projet d'y faire construire des forts (1). Mais Gérard, entrevoyant, derrière cette apparente sollicitude, une pensée menaçante pour la ville elle-même, y fit une opposition qui triompha des projets du châtelain.

Le successeur de Gérard Ier, le bienheureux Liébert, étendit la ville du côté du St-Sépulcre.

« En che temps (1064) l'évêque Liébert, Ellebaud (2) et un archidiacre de Cambray nommé Walchier, firent *ragrangier* le chité de Cambray, adfin que l'abbaye et l'église du St-Sépulchre qu'il avoit faict faire, ne demourast hors de la chyté, et le fit enclosre de murailles et de fossez, et ce fut en l'an 1064. » —V. †Ms. 884, p. 29. — † Ms. 659, p. 43 et 47.

Dès cette époque, le château de Selles existait : c'est donc par erreur que Julien de Lingne dit qu'il fut construit en 1601 (3). Au temps de Liébert, Robert-le-Frison, comte de Flandres, revenant pour la troisième fois à la charge contre la ville de Cambrai, parvint à s'emparer du château de Selles, d'où il se disposait à jeter l'incendie sur les maisons bourgeoises, ce qu'il aurait exécuté, si un évènement providentiel n'était venu au secours des Cambrésiens. Les soldats du comte, exaltés par leur succès récent, se livrèrent durant la nuit à l'orgie et à de tumultueux ébats. Bientôt ils songèrent au partage du butin qui devint un sujet de querelles; mais des soldats avinés ne s'en tiennent pas à des querelles. On se heurta, on se battit, la cohue devint une boucherie, et Robert, effrayé, croyant voir en cela le châtiment de ses méfaits, se retira et devint, dans la suite, le protecteur du pays et de la cité de Cambrai.

Pour en revenir à l'origine du château de Selles, nous pensons qu'il serait difficile d'en fixer la date, et ceux-là s'aventurent peut-être beaucoup qui le font remonter à la période romaine. Le mieux à cet égard est d'avouer qu'on n'en sait rien. — V. *Selles (château de*).

(1) Il s'était pour cela adressé à Baudoin, comte de Flandres. — *Balderic*, liv. 3e, chap. XLV.

(2) Ellebaud-le-Rouge, riche et généreux bourgeois de Cambrai, consacra sa grande fortune à de nobles travaux. Il contribua aux dépenses de la fortification de Cambrai, il fit construire, auprès de son *palais*, l'*Hôpital* de St-Julien, dota l'église de Ste-Croix, y fonda un chapitre et y fut inhumé.

(3) *Recherches sur les Eglises et établissements pieux de la ville de Cambrai*, art. 5.

Ce fut sous Gérard II que fut exécuté le plus grand travail de fortifications qui ait été jamais fait pour la ville de Cambrai. Ce puissant comte du Cambresis conçut et suivit un vaste plan de défense, en application duquel les fossés d'enceinte furent approfondis, les remparts élevés, revêtus de fortes murailles et flanqués de tours.

Les chroniqueurs sont d'accord à cet égard. « En 1080, Gérard voyant qu'il estoit en paix, fist grand travail adfin que luy et ses gens pussent estre asseurés en leur temps et après luy en le chité de Cambray. Il fist fermer toute le chité de murs de pierres, et relever les fossés, et édifier plusieurs tours. » — § Ms. 6, *Chronique de Jean Duchastiel*, p. 80.

« Après le benoist Liébert, Gérard, second de che nom, fut évesque de Cambray et fit ragrangier (agrandir) le chité de Cambray et closre de forts murs et tours, et fit refaire son palais. » —†Ms. 884, p. 33.—†Ms. 659, p. 52.

Il est probable que, dès cette époque la ville avait atteint, à peu de chose près, le périmètre qu'elle occupe aujourd'hui; dès-lors aussi, le château de Selles et le monastère de St-Géry se trouvaient reliés au vaste système de fortifications conçu par Gérard.

A partir de ce moment, les chroniques mentionnent bien des restaurations aux murailles de la ville, des complications dans le système de défense, mais point d'agrandissements notables.

Dans la seconde moitié du XIIIe siècle, Nicolas de Fontaines fait de grandes réparations au château de Selles et aux murailles de la ville. *Histoire de Cambrai*, par Dupont, part. IIIe, p. 48. — † Ms. 884, p. 40. — † Ms. 659, p. 68.

En 1340, les bourgeois de Cambrai fortifient leurs murailles avec les débris du château d'Escaudœuvres. — § Ms. 6, p. 107.

En 1445, les bourgeois « *voyant la guerre de France approcher de leur ville*, conclurent ensemble, pour leur sûreté, de préparer et élargir les allées de leurs murailles par dedans la ville. Pourquoi, tant de forche comme autrement, firent démolir et abattre plusieurs murs des jardins des habitants, et par espécial, des jardins des chanoines de St-Géry. » — § Ms. 6, p. 113.

Cette emprise faite, au profit des remparts, sur les jardins du Chapitre de Saint-Géry, amena une affaire très grave. Une partie des jardins de St-Géry était utile, on s'en empara, c'était droit et justice : contre l'utilité et la sécurité publiques, les intérêts privés ne devaient point prévaloir ; mais il était aussi de toute justice que l'on indemnisât les propriétaires. C'est ce que les bourgeois refusèrent de faire ; et, comme pour se mettre tout-à-fait en tort, ils défendirent en même temps aux chanoines de vendre désormais du vin de leur cellier, usage dont ils étaient en possession de temps immémorial. Ce fut en vain que les chanoines réclamèrent ; loin d'obtenir satisfaction, ils n'eurent que de nouvelles vexations. Alors, ils jugèrent convenable d'invoquer l'intervention du duc de Bourgogne. Celui-ci envoya son fils, le comte de Charolais, avec environ trois cents hommes-d'armes, faire une excursion dans le Cambresis. « Et vinrent assez près des portes de la cité de Cambray, pour ce que le marché y étoit, en pillant, occiant (tuant) et nâvrant plusieurs de la dite ville, et en faisant et perpétrant cruellement d'autres maux. » — V. *Chroniques de Monstrelet*, livre 1, ch. CL.

Cependant, les chanoines de St-Géry se tenaient à Lille, pour échapper aux excès qu'ils pouvaient craindre. Mais les bourgeois commencèrent à réfléchir, et jugèrent qu'il était temps de faire négocier leur paix avec le comte de Charolais. Guillaume, comte de Hainaut, se chargea de cette négociation, qui finit par un accommodement, en vertu duquel tous les dommages faits aux chanoines furent réparés (1). — V. *Histoire de Cambrai*, par Dupont, part. IV, p. 72 et suiv.—† Ms. 884, p. 40.—† Ms. 659, p. 80.

Nous n'avons point ici à raconter comment, en 1476, l'astucieux Maraffin s'empara de la ville de Cambrai pour le compte du roi Louis-le-XIe, son maître, et beaucoup aussi pour son propre compte. Il nous suffira de signaler les mesures de défense, ou peut-être mieux, d'agression, que ce perfide officier prit dans la ville. D'abord, il fortifia le château de Selles, en exhaussa les remparts, et l'entoura entièrement d'eau, en creusant, du côté de la ville, un large fossé alimenté par le cours de l'Escaut ; moyennant quoi, la sombre forteresse devint une citadelle redoutable et presqu'inaccessible. — § Ms. 6, p. 119. — *Mém. chron.*, p. 1.

Il fit ensuite construire au-dessus de la porte du Saint-Sépulcre un château-fort *fermant contre la ville*, y mit de l'artillerie et un grand nombre de gens-d'armes.— § Ms. 6, p. 119.— De plus, il entoura cette porte de bastions. — Le Carpentier, *Histoire de Cambrai*, 1re partie, chap. x, p. 122.

« Et pareillement de l'abbaye de Cantimpré, laquelle il fit fermer de fossés autour de l'église et des cloîtres, et y mit grosse garnison, dont M. Deveaux étoit capitaine. »— § Ms. 6, p. 119. — *Mém. chron.*, p. 1.

Par ce moyen, le lieutenant de Louis XI fit, du monastère, un fort détaché très important. En effet, l'abbaye de Cantimpré occupait alors l'espace compris entre le glacis actuel de la ville et le chemin qui conduit de la *Maison du Comte d'Artois* au marais de Cantimpré. — V. *Cantimpré (abbaye de)*. — Quant aux fossés, il les remplit aisément d'eau ; car, autrefois, un bras de l'Escaut, dit *Escautin*, passait en cet endroit. — V. *Escaut*.

C'est ainsi que le capitaine Maraffin, en même temps qu'il défendait la place contre les attaques de l'extérieur, la tenait elle-même en respect, menacée qu'elle était par trois points formidables (le château de Selles, celui du Saint-Sépulcre et l'abbaye de Cantimpré, d'où il ne fut délogé que deux ou trois ans après, en 1479), (*Histoire de Cambrai*, par Dupont, partie IV, p. 109). Alors, une garnison bourguignonne de 400 lances fut établie dans la ville, sous les ordres des capitaines Philippe de Ravestein, de Fiennes, de Bossut, de Jean de Luxembourg et de Jean, bâtard de Saint-Pôl, « lesquels firent faire *certaines fortifications autour de la ville*, si comme un *bollewergue* (boulevard) *de pierres*, hors de la porte St-Jean (porte de Selles), et un autre hors de la porte de Cantimpré. » — § Ms. 6, p. 122.

Mais si les uns édifiaient, les autres démolissaient. On lit dans les anciennes chroniques, qu'en 1480, « Cornille de Berghes, frère de l'évesque, capitaine de la cité, fit abattre les faubourgs d'entour la place, les arbres et les jardins, l'abbaye et l'hôpital St-Ladre, aussi le béguinage de Cantimpré. *Et les portes et les tours qui étoient trop hautes, les fit rabaisser pour mieux se garder, à cause des ghè-*

---

(1) « En la conclusion, furent lesdits chitoyens condampnéz à faire rééedifier tous les murs qu'ils avoient fait abattre aux jardins des chanones, et avec che, se obligèrent à payer chascun an, perpétuellement, aux dits chanones, cens francs monoye royale, par condition que iceux chanones ne poroient vendre vin en leur cellier. Et aussy lesdits chitoyens porroient racheter ladite somme de cens francs pour certaine quantité de monnoye, toutes et quantes fois ils auroient l'aisement de che faire. Et pour ainsy avecque auleunes aultres condicions, furent icelles partyes appaisiées, et retournèrent lesdits chanones en leur église.—† Ms. 659, p. 87.

res qu'on craignoit. » — § Ms. 6, p. 123. — Mém. chron., p. 6.

Il ne faudrait pas conclure de ce qui vient d'être dit que les ruines ne furent point réparées. Alors, comme de nos jours, le danger passé, les monuments se relevaient. Ainsi, l'hôpital St-Ladre fut, au dire de Julien de Lingne, réédifié entièrement en 1497. Il subsistait encore lorsque Charles-Quint construisit la citadelle, en 1543. Il dura même plus longtemps que l'église de St-Géry. Ce ne fut qu'en 1554, que les servitudes militaires s'étant étendues peu à peu, absorbèrent l'asile des lépreux. La porte qui portait son nom ne fit place aux fortifications nouvelles qu'en 1559.— V. Julien de Lingne, *Notices sur les églises de Cambrai*.

On voit que tant de travaux successifs faits aux fortifications, avaient, dès le XVIe siècle, placé Cambrai dans un état de défense très satisfaisant. En effet, on lit dans une ancienne chronique (§ Ms. 6, p. 134) que le 27 janvier 1516, la ville ayant été mesurée, « fut trouvé qu'elle avait de circuit une lieue, et deux cents tours aux murailles, sans compter les sept portes, ni le chasteau de Selles, qui estoit fort à merveille, car la rivière appelée l'Escaut l'environnoit. »

Si nous réunissons, sous un même coup-d'œil, les détails que nous avons donnés jusqu'ici, on trouvera que la place était environnée, non plus, comme au commencement du XIe siècle, de simples palissades, mais d'une solide ceinture de pierre que deux cents tours protégeaient de leurs créneaux et de leurs *machicoulis* (1); qu'au pied de cette muraille on avait pratiqué des fossés; que le château de Selles, alors entièrement environné d'eau, communiquait avec la ville au moyen d'un pont jeté sur le large fossé (2); qu'un autre château-fort existait au-dessus de la porte du St-Sépulcre; que l'abbaye de Cantimpré, dont nous avons indiqué l'emplacement, avait été transformée en véritable citadelle baignée par les eaux de l'Escaut, dont un bras, aujourd'hui supprimé, passait alors auprès du monastère; que des ouvrages avancés (appelés boulevards dans les chroniques) défendaient les approches de la porte de Selles et les abords de la porte de Cantimpré; que, de plus, la porte du St-Sépulcre était entourée de bastions (1).

Enfin, pour peu que l'on connaisse la topographie de la ville de Cambrai, on remarquera que toute la force militaire était à l'ouest de la ville, et que Charles-Quint en a changé le caractère, en transportant cette puissance sur le sommet de la cité, où il construisit la citadelle.

Maintenant, si l'on nous demande pourquoi ce luxe de fortifications est déployé sur un seul côté de la ville, tandis que, jusque là, on semble avoir négligé l'autre côté; nous croyons pouvoir en donner un motif, sinon irréfragable, du moins assez spécieux.

Il faut, pour cela, se rappeler d'abord que les travaux de défense faits par les évêques seigneurs de la ville, entreprenaient aussi bien la partie *Est* que la partie *Ouest*. C'est qu'en effet les chefs de la ville avaient intérêt à la protéger également de l'un et de l'autre côté. Or il n'en était point de même pour les princes usurpateurs qui, quand ils ne pouvaient s'emparer de la cité tout entière, essayaient du moins d'y maintenir un pied. C'est dans ce but qu'ils construisaient ou fortifiaient des séjours de guerre dans lesquels ils se retranchaient avec leurs soldats, et qu'ils avaient soin de défendre autant contre les habitants de Cambrai que contre l'ennemi extérieur. Or aucun autre endroit ne présentait autant d'avantages pour la fortification que le côté Ouest de la ville, où l'on avait les eaux de l'Escaut comme protection naturelle. Voilà pourquoi les constructeurs de forteresses, ayant plus de souci de leur propre sécurité que de celle de la ville, négligeaient les parties qui ne leur étaient point utiles, et accumulaient au contraire toutes leurs puissances stratégiques sur les points qui favorisaient davantage leurs intérêts privés.

Charles-Quint lui-même ne répudia point plus tard les traditions de ses devanciers. Sa première pensée fut de construire la citadelle du côté de Cantimpré. Il savait trop combien le fleuve lui viendrait en aide. Ce grand monument

---

(1) On retrouve encore sur la belle tour dite des *Bons-Enfants* des restes importants de ces machicoulis.

(2) L'abbé Dupont, dans son *Histoire de Cambrai*, dit, à l'occasion d'une conférence que les bourgeois voulaient avoir avec le commandant du château de Selles : M. de Fouqsolles « n'en fut pas plustôt informé qu'il se rendit *sur le pont*, bien armé et accompagné de dix à douze hommes d'armes, d'où il défendit à tout autre qu'aux trois députés d'approcher. » — *Hist. de Cambrai*, part. IVe, p. 107.

(1) Nous ne parlons pas du *Château* proprement dit, cette enceinte fortifiée qui existait dans la ville, et dans laquelle se trouvaient enfermés la métropole, le palais épiscopal et l'abbaye de St-Aubert.

militaire ne fut édifié sur le Mont-des-Bœufs que par suite d'une honteuse spéculation et d'un acte de cupidité indigne surtout d'un officier supérieur. On sait que le gouverneur chargé par l'empereur de désigner la place de la forteresse, comprenant combien il serait préjudiciable aux bourgeois de la placer sur la montagne de St-Géry, où il faudrait pratiquer des démolitions considérables, imagina de faire de cette circonstance un moyen de lucre. Il fit entendre aux habitants qu'il ne leur éviterait ce malheur qu'à la condition qu'ils lui compteraient une grosse somme d'argent, en manière de remerciement. La cité refusa : l'œuvre inique s'accomplit. — V. *Citadelle*. — Cela eut lieu en 1543.

Nous n'avons point jusqu'ici attiré l'attention du lecteur sur les différentes portes de Cambrai, nous en parlerons plus loin quand nous aurons achevé l'histoire des murailles.

Reprenons maintenant le cours de nos investigations et suivons le progrès des travaux entrepris pour la défense de Cambrai. Nous venons de voir que, dans une grande partie de la ceinture de la place, les fortifications se bornaient à une muraille garnie de tours, et à un fossé de circonvallation, en certains endroits du moins.

Les habitants de la ville et du pays voulurent avoir des moyens de défense plus complets, aussi pendant l'année 1553, tint-on plusieurs assemblées des Etats dans le but spécial de faire fortifier la place. On créa un impôt de deux sols tournois sur chaque lot de vin. Il y eut, à ce sujet, de grandes luttes entre les bourgeois et les chanoines qui, possesseurs de ressources considérables, se refusaient à payer cette assise. On porta l'affaire devant l'Empereur qui se contenta d'engager les parties à s'entendre entre elles ; et l'on finit par y réussir. Mais on n'avait point attendu la fin de ce démêlé pour se mettre à l'œuvre. Cela était d'autant plus utile en ce moment que « il faisoit chier à vivre, il n'estoit point de gaignage. » Heureusement « *on ouvroit* (travaillait) *autour de la ville* depuis la porte de Selles jusqu'à la porte Robert, là où il y avoit de quinze à seize cens ouvriers, ce qui estoit un grand bien pour les pauvres gens. »

Ce fut à l'occasion de ces travaux que l'on supprima la maison et le jardin des archers de St-Sébastien ; cette propriété qui touchait au rempart, entre la porte de Selles et la porte du Malle (aujourd'hui de Notre-Dame) fut comprise dans les ouvrages de terrassement au moyen desquels on élargit le *boulevard*. — † Ms. 884, p. 133 et suivantes.

L'année suivante, en 1554, on fit une voûte à la porte du Malle ; on démolit l'église St-Ladre ; plusieurs maisons, une grande quantité d'arbres et de jardins qui entouraient la ville disparurent par suite de ces travaux militaires. Les ouvriers qui travaillaient alors aux fortifications de Cambrai étaient au nombre d'environ trois mille. — † Ms. 884, p. 137. Ce fut évidemment alors que fut faite une partie des ouvrages avancés de la place.

Les Cambresiens mettaient d'autant plus de zèle à leurs travaux, qu'ils redoutaient une guerre entre le roi de France Henri II et l'empereur. Au mois de juin de cette même année, on crut à un siége imminent, et les travaux furent poussés avec un redoublement d'activité. Le prévôt et les échevins organisèrent les ateliers. Chaque escouade reçut un capitaine, et allait, à son tour, aux travaux enseigne déployée. Nul n'en était exempt : chanoines de Notre-Dame et de St-Géry, chanoines de Ste-Croix, chapelains et vicaires, tous durent payer de leur personne et se conformer à une discipline très rigoureuse. On travaillait en ce moment près du château de Selles. — †Ms. 884, p. 138. — *Mém chron.*, p. 56.

Tant de bras courageux firent merveille, et Charles-Quint, qui passa par Cambrai, le 6 du mois d'août, en témoigna son étonnement. C'était l'œuvre de six semaines de travaux. « Le comte de Lalain, le comte d'Aremberg et M. de Boussu luy monstrèrent l'ouvraige de la ville, et ce que les bourgeois avoient fait, de quoy il fust fort *esbahy* de voir la fortification faite en si peu de temps. »

Cependant les travaux continuèrent : on avait fait une voûte à la porte de St-Georges. Mais à peine avait-on élevé les murailles au nord de la ville, qu'un désastre arrivait au midi. Le jour de Pâques 1555, la muraille, du côté de St-Fiacre, s'écroula sur une étendue de plus de 200 pieds. Ce fut chose à refaire. — † Ms. 884, p. 142.

En avril 1564, on reprit les travaux de fortification, et l'on entreprit le creusement du vaste fossé qui existe entre la porte du St-Sépulcre et la porte de St-Georges. Les terres extraites servirent à l'édification du rempart. — † Ms. 884, p. 162.

Quatre ans après, en 1568, le 11 juin « on commency à machonner le pang de mur de la porte St-Sépulchre, en allant au boullevart d'Abancourt. » — † Ms. 884, p. 206.

Au reste, les Cambresiens avaient pris à cœur les fortifications de leur cité, et le système de défense se continuait avec ardeur et persévérance. En effet, il était temps que l'on s'en occupât, car les murailles, soit par l'effet de la vétusté, soit par défaut de construction s'écroulaient en plusieurs endroits. L'hiver de 1570 vit tomber ainsi 700 pieds de murs; les chroniques ne disent point de quel côté. L'année suivante (1571) on refit en briques un pan de mur de 200 pieds d'étendue, entre la porte du St-Sépulcre et la porte de Cantimpré, et l'on se remit à maçonner entre le château de Selles et la porte du Malle. — † Ms. 884, p. 177.

Mais en définitive les longs travaux que nous venons de mentionner, et ceux qui suivirent n'étaient pour la plupart que des restaurations et ne changeaient rien au système de défense.

Les Espagnols firent en 1601 quelques constructions militaires qui sont diversement appréciées par les investigateurs de nos anciens temps. Un chroniqueur bénédictin dit : Ils construisirent « *deux forteresses;* l'une à la porte de Cantimpré, l'autre à la porte de Selles, lesquelles firent grand dommage à plusieurs bourgeois, pour la ruine de leurs maisons. » — § Ms. 2, p. 109.

L'abbé Dupont s'exprime en ces termes, dans son *Histoire de Cambrai:* « L'an 1601, on travailla à la construction de quelques fortifications, ainsi qu'aux *casernes* des portes de Selles et de Cantimpré, ce qui causa quelque préjudice à plusieurs bourgeois, qui furent obligés de vendre leur terrain à bas prix. — *Hist. de Cambrai*, par Dupont, part. VII, p. 10.

On voit la différence notable qui existe entre ces deux versions, dont la première est extraite d'un manuscrit qui appartenait autrefois à la bibliothèque de l'abbaye du St-Sépulcre. Le vieux chroniqueur parle de forteresses, tandis que l'abbé Dupont ne mentionne que des casernes et quelques fortifications. D'autres, après lui, ont pensé que cette forteresse de Cantimpré n'était qu'un simple bâtiment élevé au-dessus de la porte. Mais il existe, à la Bibliothèque impériale, une collection de plans de Cambrai, parmi lesquels plusieurs, manuscrits et imprimés, éclaircissent nettement la question. Les ouvrages à cornes traversés par les ponts de Cantimpré et de Selles y sont désignés sous le nom de *petites citadelles.* Or, il n'est point douteux que la forteresse construite, suivant l'auteur du manuscrit du St Sépulcre, à la porte de Selles, était autre chose que le château qui existait depuis longtemps. C'était évidemment la pièce de fortification que l'on voit devant le château. Il en est de même de la forteresse de Cantimpré, au milieu de laquelle on avait élevé des bâtiments assez importants. Ajoutons que cette forteresse était entourée d'eau. Les travaux exécutés pour le creusement du bassin de Cantimpré, en ont modifié le périmètre. Quant à la porte elle-même, elle pouvait alors passer aussi pour un petit fort. A l'extérieur, deux grosses tours y défendaient le passage, et deux bastions en garnissaient les extrémités. A l'intérieur, c'est-à-dire du côté de la ville, une forte tour qui devait être située à peu près à la place de la grille de droite de la caserne actuelle d'infanterie, et un petit bastion à l'autre angle, maintenant confondu dans le rempart, prouvent le soin que l'ingénieur avait pris pour défendre cette porte autant contre les attaques de la ville que contre les aggressions du dehors.

Il n'est rien dit ici de la Citadelle, parce qu'un article spécial lui est consacré dans cet ouvrage. — V. *Citadelle.* — Nous ferons seulement remarquer que l'érection de cette forteresse coûta à la ville d'immenses sacrifices. Sans parler de la contribution de cent mille florins, des corvées et des matériaux innombrables qu'il fallut fournir, on ne peut se rappeler sans un pénible sentiment, les démolitions que cela occasionna. Une église, une abbaye, un hôpital, huit cents maisons pour préparer l'emplacement de la Citadelle, six cents autres maisons abattues plus tard par le comte de Fuentes, pour faire une place d'armes devant cette redoutable forteresse; en tout quatorze cents maisons, voilà ce qu'il fallut livrer en échange du don généreux de Charles-Quint. Il faut avouer que c'était payer bien cher l'avantage d'être mitraillé à la première velléité d'indépendance. Ajoutons à cela que Louis XIV, quelque temps après la prise de Cambrai, fit encore abattre plusieurs choques de maisons depuis la Porte-Neuve jusqu'à la *Croix-à-Poterie*, pour agrandir la *place-d'armes* de ce côté. — *Mém. chron.* p. 126.

Dès le commencement du XVIIe siècle, les remparts furent garnis de plantations. « En 1612, furent plantés tous les arbres, tant sur le rempart que sur la citadelle; et fut par le commandement de M. de Rivas nostre gouverneur. » † Ms. 884, p. 251.

À cette même époque, Cambrai passait pour une place imprenable. — *Mém. chron.* p. 98.

Depuis l'an 1601, jusqu'à la prise de Cambrai par Louis XIV, nous ne voyons pas que l'on ait modifié les fortifications de la place. Tous les travaux se sont bornés, sans doute, à quelques précautions passagères de défense en cas de siége. En effet, le comte d'Harcourt, le vicomte de Turenne, l'un au mois de juin 1649, l'autre au mois de mai 1657, y vinrent tenter d'inutiles efforts. Louis XIV, plus heureux y entra, et Vauban mit la dernière main aux fortifications de Cambrai qui sont encore aujourd'hui à peu de choses près, dans l'état où les a laissées cet illustre ingénieur.

Nous n'avons parlé du *Château de Selles*, de la *Citadelle* et de l'*abbaye de Cantimpré*, qu'au point de vue des fortifications générales de la ville ; nous renvoyons le lecteur à chacun de ces mots pour l'histoire particulière de ces grands monuments.

Disons maintenant quelques mots des portes et des tours principales de la ville.

Portes.

Les portes de Cambrai furent pendant longtemps au nombre de sept.

La plus ancienne est, au dire de Le Carpentier, la *Porte de Selles*, dite autrefois *Porte St-Jean*. A cette porte se rattache le souvenir d'un homme généreux, d'un de ces bienfaiteurs de l'humanité que trop souvent les générations subséquentes oublient volontiers, pour glorifier de grands ambitieux qui en ont été le fléau. Au XII siècle, « y avoit un très cruel passage à la porte de Selles, et le tenoit en fief ung chevalier appelé messire Fouquart, auquel passaige nul ne pooit venir qu'il ne paiast grans deniers, et quant l'on n'avait de quoy payer, le sergent audit Fouquart prendoit bœufs, vaches, chevaux, drap, linge, et tout che que on portoit. Et de toute chose que l'on apportoit à vendre, y falloit paier argent, et souvent on faisoit de grandes insolences. » — † Ms. 659, p. 56. — Alors vivait un citoyen nommé Wirambaud, homme riche qui, mû par un admirable sentiment de charité, pour les pauvres voyageurs, racheta ce péage vexatoire, et pour éviter dans l'avenir le rétablissement de ce droit, laissa une rente perpétuelle destinée à l'entretien du pont. V. Dupont, *Histoire de Cambrai*, part. II, — p. 76 (1).

Entre les ponts qui traversent les deux bras de l'Escaut, auprès du château de Selles, se trouvent de grands moulins qui sont, en temps de siége, d'un immense secours pour l'alimentation de la ville. — V. *Château de Selles. — Moulins de Selles.*

La porte de Selles, confondue actuellement dans la vaste construction du château de Selles, est probablement postérieure à la forteresse. On ignore son origine.

La *Porte de Cantimpré*, que l'on trouve quelquefois appelée *porte des Moulins* (1), *Porte d'Entreponts* (2) *Porte de pierre*, tire son nom de l'ancien monastère qui existait dans le voisinage. Elle est de date très ancienne. Elle fut rebâtie en 1390, à la suite d'une inondation qui avait été cause de son écroulement. Si l'on en croit Julien de Lingne, elle aurait été également détruite par une inondation en novembre 1532 et reconstruite en 1537. (§ Ms. 4, p. 21). Y aurait-il entre ces deux versions confusion de date ? nous l'ignorons ; il n'est d'ailleurs pas impossible que le même évènement soit arrivé deux fois.

Quoi qu'il en soit, cette porte n'était point autrefois telle qu'elle est aujourd'hui. L'aire se trouvait quelque pieds plus bas ; elle était aussi un peu plus à droite en sortant de la ville. Au reste, la voûte en existe encore sous le rempart et sert comme de poterne auprès de la porte nouvelle. Elle était resserrée entre deux fortes tours dont les fondations ont été mises à découvert, il n'y a pas longtemps, lorsqu'on a creusé le fossé qui longe actuellement, de ce côté, la première muraille de la ville.

Nous ne ferons que renvoyer à ce qui a été dit plus haut ralativement au château qui fut construit à la porte de Cantimpré.

La *Porte du St-Sépulcre*, qui prend également son nom de l'abbaye voisine, n'a pas non plus de date certaine. Elle fut réparée par Robert-des-Prets, abbé de ce lieu, en 1549. Environ trente ans après, Maraffin, comme nous l'avons dit plus haut, fit construire sur cette porte un château-fort fermant contre la ville. Il y mit de l'artillerie et un grand nombre de soldats ; enfin il l'entoura de bastions.

En 1837, lorsque le génie militaire fit faire des travaux pour élever la voûte de cette porte qui, par suite de l'exhaussement du sol, était devenue trop basse, on mit à découvert, du côté

---

(1) Wirambaud de la Vigne ou de la Vignette, ne borna pas là ses œuvres de charité, il dota largement et augmenta l'hôpital de St-Julien où il se consacra lui-même au soin des pauvres malades.

(1) C'est ainsi qu'elle est désignée sur un plan de Cambrai existant à la Bibliothèque impériale.

(2) V. *Entreponts*.

de la ville, une ancienne façade devant laquelle avaient été placées d'autres constructions ayant pour but d'élargir le rempart, et sans doute aussi de supporter le château dont il vient d'être question. Quelques jours après, les choses étaient remises dans leur état ordinaire, et cette façade est sans doute enfouie aujourd'hui pour des siècles (1).

La *Porte du St-Sépulcre* s'appelle aussi *Porte de Paris*.

La *Porte de St-Georges*, aujourd'hui fermée, tire son nom de l'ancienne église de St-Georges dont elle était voisine. Elle fut, suivant Le Carpentier, réparée en 1581, On l'appelait aussi *Porte de France*.

La *Porte de St-Ladre*, ainsi nommée, à cause de l'hôpital de St-Ladre qui existe dans le voisinage, était à peu près à l'endroit où est aujourd'hui la porte de secours de la citadelle (2). Cette porte disparut dans les constructions de la forteresse de Charles-Quint. On fit plus tard, pour la remplacer, *la Porte Neuve*.

La *Porte Neuve* dite aussi *Porte de Berlaymont*, parce que ce fut Louis de Berlaymont qui la fit faire et non restaurer, comme le dit Le Carpentier (3), eut pour destination de remplacer la porte St-Ladre, lorsque celle-ci fut supprimée. L'archevêque duc de Cambrai, voyant sans doute combien la suppression de cette porte entravait les communications avec le faubourg de St-Druon et de St-Ladre, aura fait percer cette nouvelle porte qui prit le nom de son auteur, et aussi celui de *porte Neuve*. — V. *Mém. chron.*, p. 91. — Louis XIV, après la prise de Cambrai, fit murer la porte Neuve qui ne fut plus ouverte depuis, bien qu'une partie des ponts existe encore aujourd'hui. — V. *Mém. chron.*, p. 126.

La voûte et le petit château dont elle était surmontée n'ont point été détruits. Ils servent aujourd'hui de magasin à poudre. La voie qui y conduit s'appelle *Allée des soupirs*.

La *Porte Robert* fut construite, suivant Le Carpentier, par un riche et puissant chevalier nommé *Robert* ayant surnom *Coulet*, *Colet* ou *Coillet*, tout auprès de son hôtel ; suivant d'autres, par l'évêque Robert, fait que Le Carpentier nie formellement. Un titre du XIIIe siècle en fait mention (1).

Cette porte, fermée depuis longtemps, ne sert plus que de poterne, pour arriver dans certaines pièces de fortifications dites les *Casemates Robert*. Elle est surmontée d'un corps-de-garde ; le bastion dans lequel elle est pratiquée s'appelle *Bastion Robert*. Il contient un parc à boulets.

Quelques-uns ont émis le doute que la *Porte Robert* ait jamais été autre chose qu'une poterne. Il est bien certain cependant qu'elle a été porte à usage ordinaire. On trouve, dans les chroniques, la mention d'un *droit de portage*, tenu en fief par Jean Estiévenard sur la porte

---

(1) Un dessin de cette façade a été fait et lithographié par l'auteur du présent Dictionnaire, afin d'en conserver le souvenir aux archéologues.

(2) Le Carpentier, trompé par la situation du couvent de St-Lazare qui, en dernier lieu, occupait une grande partie du quartier de la ville appelé encore aujourd'hui quartier de St-Lazare, avance que la porte de St-Ladre se voyait jadis entre les portes de Selles et de Cantimpré. Une foule de circonstances historiques, que Le Carpentier n'ignorait pas, rend inconcevable la grossière erreur dans laquelle il est tombé. Il lui aurait suffi de se rappeler que le faubourg St-Ladre était, comme il n'a jamais cessé d'être, derrière la citadelle de Cambrai.

(3) On ne sait en vérité où Le Carpentier avait l'esprit quand il a écrit son chapitre des *Ouvrages publics* à Cambrai. Il dit, part. Ire, p. 301 : « La porte Neuve porta longtemps le nom de Berlaymont à cause de l'évêque de ce nom, son fondateur *ou plustot restaurateur*, CAR je trouve que le duc d'Anjou ou d'Alençon fit son entrée solennelle en qualité de prince de Cambray par cette mesme porte. Ses armoiries s'y voyaient encore l'an 1594. » — Qu'est-ce donc que prouvent les faits qu'il articule ? Louis de Berlaymont élu archevêque de Cambrai en 1570, y prit résidence en 1572. Le duc d'Alençon fit son entrée à Cambrai en 1581. Comment Le Carpentier prétend-il conclure de ce que le duc d'Alençon était entré par cette porte en 1581, que l'archevêque arrivé en 1572 ne pouvait pas l'avoir fait bâtir ? Il avait eu, à tout le moins, neuf ans pour cela. Au reste les *Mémoires chronologiques* dont nous avons toujours constaté la véracité et l'exactitude, disent formellement que la *Porte de Berlaymont* fut construite par l'archevêque de ce nom.

(1) Un titre des Chartriers, en date du mois de mai 1266, fait mention de la porte Koillet. Il est aussi question de la porte *Coillet* dans le titre de fondation de l'hôpital St-Jean. Ces deux pièces sont aux archives du Bureau de bienfaisance et des hospices de Cambrai.

On lit dans Le Carpentier (*Histoire de Cambrai*, IIIe part., p. 413) : « Les registres du Cambresis sont remplis des munificences et belles actions des seigneurs de cette maison, à cause des biens qu'ils y ont possédés, et de la résidence qu'ils y ont tenue. Ils furent mesme si puissans, qu'un d'entr'eux nommé Robert Coulet, Sr de Vilers-Ploüy, Paluisel, Pronville, etc., bastit une porte en la ville de Cambray, au sortir de son palais, à laquelle il donna son nom, connue encore de nos pères sous le nom de *Porte Robert*. »

Robert, sur la porte du Malle, et sur celle du St-Sépulcre. — V. † Ms. 887, p. 532.

La *Porte du Malle*, plus tard *Porte de Notre-Dame* et *de Valenciennes*, tirait son premier nom du mot *malleus* (marteau), parce que, disent les anciens chroniqueurs, la rue qui y aboutissait était habitée par les *febvres* ou féronniers. Elle prit le nom de *Notre-Dame*, lorsque placée sous l'invocation de la Ste-Vierge, elle fut ornée d'une statue de la Mère du Sauveur.

La voûte de cette porte fut faite en 1554, du temps des Espagnols, ainsi que nous l'avons vu plus haut, et la façade en 1623. C'est alors que fut pratiquée dans la partie supérieure de la porte, la niche où l'image de la Mère de Dieu reposa jusqu'en 1793 (1). C'est aussi à partir de cette époque qu'on voit la porte du Malle mentionnée dans les chroniques sous le nom de *Porte de Notre-Dame*. Il n'est pas inutile de noter qu'une autre statue de la Vierge existait également dans une niche ménagée dans la façade qui regarde l'intérieur de la ville.

La porte de Notre-Dame dont un dessin seul pourrait donner une idée exacte, est un monument remarquable par son style architectonique. La description en a été faite aussi bien que possible par M. l'abbé Thénard, prêtre érudit, dans une notice remarquable qu'il a publiée le 24 décembre 1845. Nous y renvoyons le lecteur.

Il est aisé de voir que le trophée et le soleil qui couronnent le monument sont de date postérieure à son érection. Ils y ont été placés à la gloire de Louis XIV, après la prise de Cambrai en 1677.

Une inscription sur marbre, encastrée dans la façade de la porte, consacre le souvenir du siège mémorable par suite duquel Cambrai est devenu ville française.

Portes de la Citadelle. — Aux diverses portes dont il vient d'être parlé, il faut ajouter celles de la Citadelle, savoir : la porte d'entrée qui regarde la ville, et la porte de secours,

---

(1) En 1852, par suite d'une délibération du Conseil municipal de Cambrai, provoquée par M. Henri Leroy, l'un de ses membres, une image de la Vierge, en pierre sculptée, a été replacée dans la niche restée vide depuis 1793. Cependant il est juste de rappeler que le Conseil municipal avait déjà, dans sa séance du 10 mai 1825, décidé que cette grande réparation serait donnée au sentiment religieux de la ville de Cambrai. Mais alors cette décision n'eut pas de suite.

laquelle est située à peu près à la même place que l'ancienne porte de St-Ladre. Quant à la porte d'entrée, elle est aujourd'hui dépourvue du couronnement qui lui donnait autrefois un aspect pittoresque, une forme élégante. Le dessin de cette construction est conservé dans la collection des plans de Cambrai, à la Bibliothèque impériale.

Tours.

Parmi les Tours nombreuses qui garnissaient la ceinture de la ville, plusieurs portaient des noms connus du peuple, peut-être même donnés par le peuple. Ceux de ces noms parvenus jusqu'à nous, grâce aux manuscrits qui en font mention (car il y a longtemps que le peuple de Cambrai ne s'occupe plus de ses fortifications) sont les suivants :

Tour des Sottes, ou *de St-Fiacre*. — C'est cette belle Tour que l'on voit encore au bout de la rue des Sottes.

Tour des Bons-Enfants.—Celle-là tire son nom de la maison des *Bons-Enfants*, plus tard l'abbaye de Prémy, dont elle était voisine.— V. *Bons-Enfants*.

Tour des Arquets, ou *des Archers*.—Il est évident que le mot *Archers* n'est qu'une altération du mot *Arches*, qui est le véritable; car cette grande et belle Tour est celle dans laquelle sont pratiquées les arches par où l'Escaut entre dans Cambrai.

Tour des Amoureux. — Nous pensons que cette Tour, qui avait ce nom de commun avec un pont dont elle était voisine, avait pour but de protéger les arches par lesquelles le principal bras de l'Escaut sort de la ville.

Tour du Caudron.—Nous n'oserions affirmer que ce soit celle qui existe entre la *Tour aux Arquets* et la porte de Cantimpré. Cependant nous sommes tenté de le croire. On lit dans les chroniques que, pendant le siège de 1595, deux bourgeois de Cambrai, chargés par leurs concitoyens d'aller négocier la capitulation de la ville avec le comte de Fuentes, se firent *avaler* (descendre) *avec une corde, du rempart près la tour du Caudron, car la porte de Cantimpré* n'était pas encore ouverte. — † Ms. 8, p. 43. — C'était donc du côté de la porte de Cantimpré qu'il fallait sortir, c'est probablement près de la porte de Cantimpré qu'ils se firent descendre du rempart.

Tour de Bèvres.—On appelait ainsi la Tour qui existe encore, tenant au rempart, en face du petit quartier de cavalerie, dit *Quartier de St-Pierre*. Elle tire son nom de la maison et du quartier de Bèvres, dont elle était voisine. —V. *Bèvres*.

Tour de Croy.—Les chroniques nous parlent de cette Tour, qui portait le nom du célèbre évêque, son auteur. Le lundi 3 septembre 1595, « par ceux de la ville fut abattue une fort belle tourelle de compétente haulteur, et de magnificq structure, en bricq, qu'avoit aultre fois fait bastir feu de bonne mémoire messire Robert de Croy, sur le chasteau de Selles. » Cela eut lieu « soubs prétexte que ceux du camp la pourroient abattre, et qu'à ceste occasion, il y pouroit avoir quelques-uns de tués. »—§ Ms. 8 provenant de l'abbaye de St-Sépulcre, p. 10.

Tour Maraffin. — Elle était probablement située sur le boulevard qui existe entre le château de Selles et la porte de Notre-Dame, non loin de la Maison des Orphelins. Ce qui nous porte à penser ainsi, c'est que, pendant le siége de 1595, effrayés des ravages que faisait sur le rempart une batterie qui tirait des hauteurs de La Neuville, les assiégés, pour *s'élargir* (se défendre) *de la dite batterie*, dressèrent *une belle et grande plate-forme à l'endroit de la Tour Maraffin, pour contregarder les soldats et bourgeois étant audit rempart.*—§ Ms. 8, p. 23.—§ Ms. 2, p. 62. —Or, cette plate-forme n'est autre chose, suivant toute apparence, que celle qui existe encore dans le même but, c'est-à-dire de préserver le rempart d'une batterie qu'on placerait à La Neuville, du côté de Tilloy. On voit, sur d'anciens plans de la ville, cette pièce de fortifications et la Tour à laquelle elle touchait.

Le monastère de St-Géry, qui occupait originairement l'emplacement de la citadelle, et qui, ainsi que nous l'avons dit, se reliait, par son mur d'enceinte, aux fortifications de la ville, était défendu par plusieurs tourelles dont un ancien tableau nous a conservé les noms. L'une d'elles portait, comme la Tour du château de Selles, le nom de *Croy*. Les autres étaient la *Tour-au-Tan*, la *Tour du Blanc-Museau*, la *Tour des Quatre-Vents*, la *Tour St-Légier*.

Nous terminerons cette notice sur les fortifications de Cambrai, en faisant remarquer que, de longue date, l'inondation a été un grand moyen de défense pour le côté Ouest de la place. On la pratiquait, comme on la pratique encore, en fermant de grandes vannes placées, de temps immémorial, dans la Tour remarquable dite *des Arquets*, laquelle est, à l'intérieur, de construction ogivale.

FOSSE-AU-POUILLEUL, — trou qui existait non loin de la Grande-Justice à la porte Notre-Dame. Au XVIe siècle, c'était un repaire très connu des gens de mauvaise vie. « En 1562, le jour de bonne Pâques, on print sept hommes qui jouaient à dés en la *Fosse-au-Pouilleul*, hors la ville, vers la grande justice. » — † Ms. 659, p. 369. — « Le jour du Sacrement 1565, on print prisonnier le maître du collége de Cambray pour *sodomique*, et fut sentencié le 7 juillet, pour être brûlé après avoir esté estranglé à une attache, hors la ville, *à la Fosse-au-Pouilleul*, près la grande justice. » —† Ms. 884, p. 164.

FOURCHE. — V. *Gibet*.

FOURREURS, *Pelletiers* ou *Plétiers*. — La corporation des fourreurs était autrefois assez nombreuse dans Cambrai. Voici la substance de leur réglement dont nous n'avons pu retrouver que le sommaire, et dont la date est ignorée.

Réglement pour les Fourreurs.
SOMMAIRE.

1º Que tous fourreurs feront léalment tout ce que à leur mestier appartient.

2º usque 8º Ordonné qu'ils répareront le dommaige lorsqu'ils auront manqué, ou mal-taillé les peaux qu'on leur aura données.

9º Qu'ils ne mettront perches sur les fenestres.

10º Qu'ils ne feront pas plus que trois pièches nœuves sans les monstrer aux Mayeurs.

11º Qu'ils ne vendront viel escoërie (peau travaillée) avec nœuve.

12º Qu'on ne vendra peaux de noirs aigneaux qui soient engraissez, ne bouserez de charbon, etc.

13º Qu'on ne vendra menu-vair qui soit empapiné, etc.

14º Qu'ils obéiront aux Mayeurs.

Le réglement, dont on vient de lire le sommaire, était inscrit au *Livre aux bans* :

Les fourreurs avaint Saint Roch pour patron.

FRANCISCAINS. — V. *Cordeliers*.

FRANÇOIS (*Couvent de St.*) —Jusqu'au commencement du XVIIe siècle, les anciennes chroniques cambresiennes désignent, sous ce nom, le couvent des Cordeliers. — V. *Cordeliers*. Plus tard, le nom de St-François se trouve appliqué au couvent des Capucins qui arrivèrent à Cambrai en 1612 ou 1613. — V. *Capucins*.

FRANQUEVILLE (JEAN-BAPTISTE DE). —Ce fut un des hommes les plus remarquables du clergé cambresien. Né d'une famille très honorable de Cambrai, peut-être de celle de Pierre de Franqueville, il se fit distinguer par une profonde érudition et des capacités extraordinaires. Il était doyen de la métropole lorsque Fénelon vint y prendre résidence. Il contribua pour une bonne part à faire revenir de ses préjugés contre le clergé de Cambrai, le précepteur du duc de Bourgogne qui ne s'attendait pas à trouver dans son diocèse d'aussi savants personnages. Jean-Baptiste de Franqueville devint pour Fénélon un sujet continuel d'admiration. En effet, dit un vieux manuscrit, « c'était un prodige de science, un homme de tête, de conseil, et très entendu en toutes sortes d'affaires. »

Il mourut le 8 décembre 1715. — V. *Mém. chron.*, p. 156.

FRANQUEVILLE (PIERRE DE); *Francheville, Francaville, Francavilla*, habile statuaire, né à Cambrai en 1548, d'une famille noble que certains disent originaire d'Espagne. Il eut de bonne heure un goût prononcé pour les arts; et, malgré les répugnances de sa famille, il se livra en secret à l'étude de la sculpture. Un jour son père le surprit dans l'humble réduit où il cachait ses travaux, jeta par la fenêtre modèles et matériaux et fit fermer l'atelier. Pour se soustraire à ces obstacles qui l'affligeaient beaucoup, le jeune artiste sollicita et obtint la permission de faire un voyage en France, pour apprendre la langue française qu'on ne parlait pas à Cambrai dont le patois actuel était alors en usage dans la haute société.

Pierre de Franqueville passa deux ans à Paris où, sous prétexte d'études littéraires que d'ailleurs il ne négligeait pas, il suivit les leçons d'un bon maître de dessin et de sculpture. Mais, après ces deux années, son père lui ayant donné l'ordre de rentrer à Cambrai, il partit pour l'Allemagne avec quelques-uns de ses compagnons d'atelier, n'ayant pour ressources que le travail de ses mains, pour espérance que la gloire qu'il rêvait.

Il parvint ainsi à Inspruck, capitale du Tyrol, où il trouva un sculpteur dont il se fit le disciple. Ce maître ne tarda point à le prendre en affection et lui fournit de quoi subvenir à ses besoins. Il alla plus loin : il le recommanda à la bienveillance de l'archiduc Ferdinand, gouverneur-général du Tyrol. L'archiduc, charmé des talents et des bonnes manières de son jeune protégé, ne négligea rien pour favoriser l'essor de son génie.

Franqueville, après un séjour de six ans à Inspruck, partit pour Rome où il étudia soigneusement les chefs-d'œuvre antiques, et qu'il quitta bientôt pour se rendre à Florence auprès du célèbre architecte et sculpteur Jean de Bologne, à qui il avait été chaudement recommandé par l'archiduc Ferdinand. Là il retrouva, parmi ses condisciples, un grand nombre de Flamands qui se formaient à cette école florentine, si célèbre dans l'histoire de l'art.

Florence offrit à l'artiste cambresien une occasion heureuse de fonder sa réputation et d'assurer son avenir. Un noble Florentin, l'abbé Antoine Bracci, à qui Jean de Bologne avait présenté Franqueville, chargea ce dernier de peupler de statues une belle villa qu'il possédait à deux milles de Florence. Il lui fit pour cela une pension généreuse et lui laissa la liberté de suivre les cours de sciences et d'arts qui se faisaient à Florence. L'artiste répondit avec succès à l'attente du riche propriétaire, qui le chargea aussi d'orner sa maison de ville. Là encore Franqueville fit des merveilles et acquit de nouveaux droits à la célébrité.

Baldinucci, éminent artiste florentin (1), qui a écrit une vie de P. Franqueville, où nous avons puisé la plupart des détails qu'on vient de lire, Baldinucci, disons-nous, fait le plus grand éloge des œuvres du sculpteur cambresien, et manifeste une égale admiration pour ses talents, pour son génie et pour son désintéressement (2).

Or, il est à remarquer que Baldinucci écrivait non pas un *éloge historique*, mais simplement une *notice* sur Pierre de Franqueville, ce qui exclut toute idée de panégyrique, et par conséquent d'exagération dans le mérite de l'homme dont on s'occupe.

Après ces travaux qui venaient de le poser si honorablement, l'artiste cambresien fit à Rome une excursion de quelques mois qu'il employa à étudier les grands modèles qu'il avait déjà analysés et tenté d'imiter.

De retour à Florence, il partagea les travaux de Jean de Bologne, qui n'hésita point à se l'associer. Il laissa aussi à Genève des souvenirs glorieux de son talent. Enfin, après avoir semé des chefs-d'œuvres dans les églises, dans les palais, dans les villas, sur les places publiques d'Italie, à Florence, à Pise, à Genève, à Viterbe, etc., il quitta l'Italie emportant avec sa gloire d'artiste le droit de cité qui lui avait été conféré par les citoyens de Pise et par ceux de Florence.

(1) Philippe Baldinucci vivait à Florence au XVII. siècle. Il mourut en 1696, âgé de 72 ans. Il est auteur d'une vie des peintres, parmi lesquelles figure *La vita di Francavilla*.

(2) Voir les notices de Baldinucci sur les peintres et les sculpteurs florentins : tom. 8, *Vita de Francavilla*.

Il arriva à Paris en 1601, sur les instances réitérées du roi Henri IV, qui lui donna un logement dans le palais du Louvre, et le traita avec tous les honneurs dus au génie. Il amenait avec lui sa femme Lucia de Fabiano Boni et ses deux filles. Dès lors ce fut à la France qu'il consacra tous ses travaux. On conserve au Louvre quelques ouvrages de ce grand maître. Dans le musée de la Renaissance, une salle porte le nom de *Francheville* : on y voit sa statue de David, vainqueur de Goliath; un buste en bronze, portrait de Martin Freminet ; une statue colossale d'Orphée, en marbre blanc, faite à Florence ; enfin les quatre statues en bronze qui faisaient partie du monument élevé en 1614, sur le Pont-Neuf, à la mémoire du bon roi Henri IV (1). Ces statues soustraites, nous ne savons comment, au marteau des vandales de 1793, sont admirées par les artistes de nos jours.

Franqueville avait aussi exécuté une statue pédestre du Béarnais, laquelle, avant la révolution, était placée au bas du Pont-au-Change. Elle fut donnée plus tard à la ville de Pau par Louis XVIII. Sous Henri IV et sous Louis XIII, Franqueville porta le titre de sculpteur du roi. Versé dans les sciences physiques, il laissa à Florence des instruments ingénieux de cosmographie et d'astronomie : des sphères et autres objets, fruits de cet extrême activité d'esprit et de ces vastes connaissances, qui en ont fait un des hommes les plus distingués de son temps.

On ignore la date de sa mort et le lieu de sa sépulture, nous avons fait à ce sujet de vaines recherches.

M. Duthilleul, conservateur de la bibliothèque de la ville de Douai, a écrit sur cet illustre fils de Cambrai une notice remarquable sous le titre d'*Eloge historique*. Le savant bibliothécaire a puisé, comme nous l'avons fait après lui, la plupart de ses documents dans l'œuvre de Baldinucci. Nous cédons au désir de citer un passage de la notice de M. Duthilleul. « Qui croirait, dit-il, qu'un homme dont la carrière a été aussi brillante et à la fois aussi honorable, soit inconnu même aux contrées qui l'ont vu naître? Qui croirait que l'on ne puisse rien découvrir en France sur ses dernières années, et que l'on ignore le lieu et l'époque précise de sa mort? Insouciance coupable qui aurait privé la Flandre d'un nouveau fleuron de gloire, si les monuments du génie de cet habile artiste n'étaient restés debout, pour disputer au temps et à l'oubli sa juste portion de célébrité. »

FRATRES OU HIÉRONIMITES.—V. *Vie Commune* (Clercs de la).

FRÈRES DE LA DOCTRINE CHRÉTIENNE.— V. *Doctrine chrétienne.*

FRESSIES (*fort de*). — Le village de Fressies est fort ancien; il existait avant le XIIIe siècle; il est probable que le chateau datait également d'une époque assez reculée. Nous n'avons que peu de documents sur cette forteresse qui était baignée par les eaux de la Sensée. On lit dans nos anciennes chroniques, que « au mois d'août 1583, la *gendarmerie* de Cambray, fut menée au Bac à Fressies, avec trois pièces de canon, et fut le *fort* dudit lieu rendu par composition, après avoir reçu bien 36 coups de canon. » — Mais le 19 du même mois « les ennemis vinrent avec quelques *pièces de fonte*, pour prendre le fort de Fressies, lequel ils cannonnèrent dès dix heures du matin, et ceux de dedans ayant reçu 36 à 40 coups de canon, furent pris d'assaut et n'en échappa qu'un seul qui se jeta dans la rivière. » —† Ms. 884, p. 223. — § Ms. 2, p. 22 et 23.—† Ms. 670.—Le château dont il est question, était évidement bien fortifié, puisqu'il fallait de l'artillerie pour le prendre. Nous ignorons quand il fut démoli.— V. Carpentier *Hist. de Cambrai*, part. III, p. 599, pour ce qui concerne les seigneurs de **Fressies.**

FRIPIERS. — V. *Viésiers.*

FRUITIERS, *fruictiers* et *verduriers.*

Règlement pour les Fruictiers, dont s'en suit le sommaire.

1° Il est ordonné que personne n'achepte fruicts dans la ville ou banlieue, pour revendre, si ce n'es au marché ou dans les greniers, etc.

2° Que les fruictiers prendront aussy bien le bon marché que le mauvais.

3° Qu'ils obéiront aux Mayeurs.

4° Qu'ils ne mettront fruicts dans leurs maisons sans avoir estez visitez par les Mayeurs.

5° et 6° Qu'ils ne vendront en un jour à la main plus qu'une charrette ; et en gros, deux.

7° Qu'aucuns ne prennent fruicts sans le gré de celuy à qui ils appartiennent.

8° Qu'ils ne diront aucune injure aux Mayeurs.

9° Qu'ils n'achepteront les fruicts qu'après douze heures sonnées.

---

(1) La statue du roi était l'œuvre de Dupré, sculpteur français; le cheval avait été fondu à Florence par Jean de Bologne; les statues qui ornaient les quatre coins du piédestal, et les bas-reliefs qui en décoraient les faces étaient l'œuvre de Franqueville que Louis XIII avait chargé de l'érection du monument.

10° Même défense à l'égard des revendresses de verdure.

11° Que les fruictières ne vendront fruicts au marché que sur la cauchie (la chaussée), devant la maison qui fust à maistro Regnault Fœron.

12° Que les fruicts de caresme seront eswardéz par les Mayeurs, défendant de meslanger les nouveaux avec les vieux.

13° Que les fruictiers seront sermentez.

14° Qu'aucun Mayeur ne mesurera les fruicts sans être lui deuxième et soleil luisant.

15° Qu'ils ne vendront noix, gauges (sorte de noix), etc., si elles ne sont eswardéz.

16° Fait mention des amendes.

17° Que les marchands forains ne pourront vendre leurs fruits aux revendresses que sur le marchet, ny icelles les pourront achepter ailleurs, etc.

18° Que les fruictiers n'iront au devant des marchands hors du marchet; qu'ils n'achepteront auparavant l'heure limitée, et vendront les cerises par poids ou par escuelles.

19° Désigne comment les fruictiers se doibvent placer, et qu'ils ne combattront avec les marchands.

20° Qu'on ne vendra les fruicts au marchet au Fromage.

Ce réglement sans date était inscrit au livre aux bans.

Nous ne ferons aucun commentaire au sujet de cette pièce administrative : la sagacité du lecteur en comprendra facilement les motifs et la portée; mais nous ne pouvons nous empêcher de remarquer avec quelle sagesse toutes ces dispositions sont rassemblées et coordonnées entre elles ; comme elles parent aux abus, en protégeant les intérêts de tous, et combien l'institution des Mayeurs avait d'efficacité pour garantir l'observation de ces règles de police. La suppression des corps d'état a porté le plus grand préjudice à l'honneur des métiers et à l'intérêt des consommateurs.

Un autre réglement du 12 août 1578, enjoignait aux fruitiers de s'établir « en la rue des Pourcheaux (rue de la Caille), au long des murs de St-Aubert, » et rappelait les dispositions qui leur défendaient d'acheter des fruits avant midi, d'aller au devant des denrées, etc.

Peu de temps après, on leur permit de retourner sur le Grand-Marché pour y vendre à l'ordinaire.

Mais, le 5 septembre 1581, une nouvelle ordonnance leur assigna encore pour lieu de marché, des *hobettes* construites dans la rue des *Pourcheaux*.

Un réglement plus récent, daté du 29 juillet 1627, revient de nouveau sur les dispositions précédentes. Il porte en substance :

« Que généralement tous les fruits apportez en ceste ville de Cambray, pour y estre venduz seront estaplez sur le marchet, pour estre visitez par les Mayeurs; que les fruitiers et verduriers ne pourront achepter lesdits fruits, sinon après onze heures du matin en esté ; et, depuis la St-Remy jusques à Pasques, après douze heures : que lesdits fruitiers ne pourront vendre lesdits fruits que sur le Marchét-aux-Bois, devant le portail du milieu de la grande boucherie : que personne ne s'entremetterat de vendre lesdits, s'il n'est sermenté de MM. du Magistrat, etc. »

Une ordonnance, du 26 octobre 1644, exige que « tous les aulx apportés en ville seront estaplés sur le marché, pour estre eswardez, avec défense aux revendresses de les apporter hors du marché, et de se les appropprier sans avoir contenté les marchands. »

Il paraît que c'était chez les *revendresses* de fruits une persévérante habitude que de s'emparer des denrées, de les bien vendre, mais de ne les point payer. C'est à cet abus que remédie une ordonnance du Magistrat du 22 mai 1787, dans laquelle on lit : « Voulant remédier aux difficultés qu'éprouvent les marchands étrangers pour se faire payer du prix des fruits qu'ils apportent en ville; et pour les encourager à y revenir plus souvent, le Magistrat autorise les Mayeurs des fruitières à percevoir un patard au sac de fruits qui sera vendu en ville et banlieue, outre les droits qui leur sont attribués pour la visite du fruit ; à la condition expresse qu'ils payeront aux marchands le total du prix des fruits vendus, une heure après les marchés conclus. Les Mayeurs auront le droit d'interdire aux marchandes la vente d'aucun fruit, jusqu'à ce qu'elles aient remboursé le prix de leurs marchandises. »

On trouve cette ordonnance dans la *Collection Faille*, à la Bibliothèque de Cambrai.

Les fruitiers avaient pour patrone *Notre-Dame-aux-Neiges*.

FUENTES (Pierre de Gusman comte de) — n'appartient à l'histoire de Cambrai que par le siége qu'il fit de cette ville en 1595, et qui eut pour résultat le retour de la domination espagnole dans Cambrai.

Le comte de Fuentes était alors gouverneur-lieutenant-général des Pays-Bas, et chef de l'armée de S. M. catholique. C'était un des plus grands capitaines de son temps. Il se fit remarquer, après la prise de la ville et de la citadelle de Cambrai, par sa courtoisie envers les officiers français qui se retiraient en France. Il accompagna lui-même le duc de Rhételois, l'espace de plus d'une lieue hors de la ville ; et se fit ensuite représenter par un de ses officiers qui ne quitta le duc qu'à Péronne ; après, chemin faisant, lui avoir offert, ainsi qu'aux principaux seigneurs français, un souper servi avec magnificence. — V. Le Carpentier, part. I, p. 209.

FUNÉRAILLES. — Les obsèques des évêques de Cambrai se faisaient, aux XVe, XVIe et XVIIe siècles avec un appareil magnifique. On était dans l'usage d'y chanter trois messes : la première, en l'honneur de la sainte Vierge ; la seconde en l'honneur du Saint-Esprit ; et la troisième pour les trépassés. — V. Dupont, *Histoire de Cambrai,* part. IV, p. 109.— Les deux citations suivantes donneront au lecteur une idée exacte de ces pieuses cérémonies. L'une a rapport aux funérailles de Jean de Lens, mort en 1439 ; l'autre concerne Henri de Berghes, mort en 1502. L'une et l'autre sont extraites des *Mémoriaux* de St-Aubert, et ont été déjà reproduites par l'abbé Dupont, dans son *Histoire de Cambrai.*

Funérailles de l'évêque Jean de Lens.

« Demoura le corps dud. Seigneur à Liethkerque bien longhement sans enterrer et fu widiez et embaussmez et mis en I vassel de bos couvert et saudé de ploncq jusques au Joesdi apresdisner VII jour de May enst que on ladmenast en une karette a Catimpré assez secretement et simplement et fist on savoir de par ses parens et amis et de par ses executeurs as Eglises de Cambray que le Vendredi apres disner on lapporteroit en l'Eglise de Cambrai et la present le corps diroit on les Vegilles et lendemain le Messe.

» Se sassembla on le Venredi entre une et II heures apres disner apres ce que on heult canté Vespres et Complie en lEglise de Cambray et ossi apres ce que en led. Eglise au matin et a St. Jeri St. Aubert et St. Sepulchre on avoit sonné sollempnellement comme pour I Abbé et I Canonne ainsi qu'il appartenoit et sen allerent les Gens des dessus nommees Eglises et de Sainte Croix en pourcession par luys de lorloge devant Sainte Croix St. Julien le petit Palais pardevant les Cordelois si avant que les Archediakes ne passerent point le Croix ne le porte des Cordelois et ceux de devant eux passerent oultre si avant quil se porrent estendre sans eulx desjoindre de le pourcession. et la vinrent le Colliege de Cantimpré, les parens et amis de lEvesque et le corps a grant nombre de flambiaux en somme XXIIII et sen y avoit de par Capitle XII lesquels torses portoient de par lEvesque les plus notables Bourgeois de Cambray et y fut le Loy a lacompaignier et le deuil ossi. Et amenoit on le corps en une litiere sur deux chevaux vestis de noir armoyez de papier des armes de lEvesque et le corps couvert dun lincoel et dun drap dor armoyé en plusieurs lieux de papier comme les chevaux et les torses ossi de par Capitle armoyez. Et quant on vint devant les Cordelois le pourcession retourna et devant le corps de lEvesque on wida des Cordelois les II corps des II freres dud. Evesque Sire Henri et Sire Philippe Chevaliers qui la furent ensevelis en sarcus de ploncq des l'an XIIII et XV quil morurent a le bataille que heurent les Franchois le jour de Saint Crespin et Saint Crispinien a Ailincourt ou a Roussiauville en Boullenois ou Ternois ou il moru grant Chevallerie de France dArtois de Haynnau et de Picardie Au mains (*au moins*) deux luisiaux en representation de leur deux corps ; car le jour devant que on les avoit destierrez par conseil pour ce quil estoient trop infect on ordonna a les enfowir en lEglise de Cambray empres led. Evesque par nuit et estoient ces II corps ou luisiaux sur II litieres que portoient II chevaux chacun vestis de noir et couvers de littieres de noir armoyez de leurs armes de papier et torses autour. Et ainsi precedant les II Freres lEvesque, et lEvesque enste on les mena en le nef de lEglise de Cambray lun a I lez lautre a lautre lEvesque au mylieu. Et la dist on Vegilles toutes les Eglises ensemble et presentes et fist lOffice ce jour et lendemain un Evesque Cordelier Suffragant de lEvesque de Tiarewane en Pontifical. Lendemain apres ce que on heult toute cante a lEglise de Cambray et es aultres Eglises on sassembla en lEglise de Cambray en cuer et la dist on Commendises et Messes et bien et notablement et solempnellement et fu chascun la present sans dire a part ne Vegilles ne Messe et y heult VIII gros chirons au tour des corps et VIII grans flambiaux que tenoient VIII hommes vestus de noir et estoient les corps et luisiaux de front en coer lEvesque derriere et le Messe dite et le Recommendation du corps on entiera led. Evesque en cuer devant se sepulchre quil avoit fait faire. Se y furent de par lui les II freres lun Archediake de le Campine lautre le Seigneur de Lens Chevalier et autres que nepveux que cousins gentils hommes. Se donnerent les Executeurs au couvent de Saint Aubert VIII l. pour pitance. As Eschievins XVII et au Fievez XVI l. pour boire ensamble et aux Bourgeois ne scay combien. lAbbe de St. Aubert et de Saint Sepulchre dinerent au palais ce jour en le cambre au Pavillon avoec plusieurs Canones de Cambray et aultres seculers et le dueil disna a par luy en le cambre de lEvesque et ne fu on mie trop bien servi ne trop bien abuvré mais pourement. Dieux lui pardoinst ses meffais. Ce fu uns bons homs de lui meismes mais il se laissoit tos informer et creoit trop legierement. Il estoit cras et materiel et fort raempli et fu suffoquiez et pris en haste *quasi ex improviso.* »

Obsèques de Henri de Berghes.

« Le 24 d'Octobre 1502. journée fut assignée par les parens et amis de Msgr. de Cambray de faire faire son service en l'Eglise de N. D. où ledit Sgr. est enterré, où vinrent pour faire le dœul Msgr. de S. Bertin frere au Défunt, le fils Msgr. de Berghes et le fils Mess. Corneille de Berghes avenc les exécuteurs et firent prier plusieurs Abbez de Haynau et de Cambresis aveuc toutes les Eglises de Cambray. Lesd. Sgrs. firent requeste à cheulx de Capitle quil fussent contens que on para le Ceur de leur Eglise de noir drapt. et que on les poust ravoir pour ung gracieux pris, mais de la cire que montoit bien à VIII à IX C liv. ils n'en demandoient riens. Lesquels de Capitle ne accorderent ne refuserent, mais on entendi bien que se on y mettoit lesd. draps qu'ils y demeureroient dont lesd. S^{grs}. furent mal content et oy dire aux plus grans que se on eut pensé telle rudesse que le corps ny eust point été enterré.

» Aux Vigiles le dœul s'appointa en la Cappelle du Pallaix où tous cheulx qui estoient priez estoient. La Gallerie dudit Pallaix jusques à l'Eglise estoit toute tendue de noir drap et des Escuschons dudit Sgr. et plaine d'estrain.

Dedans la nef estoit une Cappelle tendue de Bourgran noir plaine de Chiron IIII gros Chirons sur IIII candeliers et autour XXIIII hommes vestus de noir tenant chascun une torche. Au widier hors de lad. Cappelle premiers tous les Serviteurs dud. Sgr. vestu de noir alloient derriere cheulx qui portoient les torches II a II apres les Gentilshommes, apres le maistre dOstel, apres les Heraust et Chevaucheurs portant leur robbes d'armes et en leur main un grant blason des armes dud. Défunt, après le dœul et les Abbez, après les Chevaliers et aultres gens de bien et demourerent tous en la nef tant que tout le service fut fait où toutes les Eglises de ceste Ville avoient chascune fait les Vegilles. Apres on retourna aud. Paillaix selon la maniere dessusdite.

» Lendemain à VIII heures du matin on retourna au service et au Ceur où lad. Cappelle estoit mise et furent à loffrande le dœul où chascun donna une pieche dor. Le service fait on retourna au Pallaix où toutes les cambres estoient prêt pour assir à table. Je fut aveuc le dœul Mssrs les Abbez en sallette pres du dœul. En le cambre aupres Mssrs. les Canones, en le cambre du Pavillon Mssrs. de S. Gery et aultres gens de bien. En la salle premiere toute maniere de gens et y fut on bien servi de vins et de viandes à grant plente. Après disner ung Cordelier fist les graces et un petit sermon pour le trespassé et en la fin Msgr. de S. Bertin remerchia Mssrs. de Capitle et aultres et ainsi un chascun retourna en sa masson. »

De notre temps, les funérailles de l'évêque L. Belmas, et de l'archevêque P. Giraud, ont été célébrées également avec une grande pompe. — Voir les relations qui en ont été publiées.

G

GAR

GALLUS (prononcez *gallu*.) Du mot latin *gallus*, coq, symbole de la vigilance. On appelait ainsi, à Cambrai, un guetteur quel qu'il fût. Ce nom appartient encore aujourd'hui à celui du beffroi. On le donnait également au surveillant du *guet* de la Citadelle. « Le samedy (27 août 1595) au matin, fut abattu la poincte de la *Tour-Galut*, où estoit le guet de la Citadelle, qui estoit faicte de bon plomb, etc. » —† Ms. 8, p. 3, f° recto. — § Ms. 2, p. 48. — V. *Guet*. — *Beffroi*.

GARDE BOURGEOISE. — La position exceptionnelle de Cambrai, qui était une ville neutre, lui imposait l'obligation de se garder elle-même, en temps de paix comme en temps de guerre. Sans parler des époques rapprochées de son origine, où les invasions des barbares forçaient les Cambresiens, hommes et femmes, à des luttes désespérées sur leurs murailles et derrière leurs palissades, il faut remarquer qu'ils eurent constamment à se défendre contre les agressions d'une foule de puissants aventuriers qui ne se seraient pas fait faute de piller la ville, si l'on n'y avait mis obstacle. Plus d'une fois les bourgeois eurent à chasser de la cité, ou à combattre dans leurs repaires ces chefs de bandes et ces routiers dont il fallait réprimer les excès.

C'est ainsi que, vers la fin du Xe siècle, sous le commandement de l'évêque Rhotard, en compagnie d'autres troupes flamandes, ils prirent et rasèrent le château de Vincy, construit par un nommé Otton, dont la ville et la campagne étaient devenues tributaires;

Qu'en 1063, ils aidèrent le bon Liébert à détruire le château d'Oisy et à chasser Hugues d'Oisy du pays.

C'est encore ainsi qu'au commencement du XIIe siècle, un grand nombre de chevaliers de Cambrai et du Cambresis concoururent, sous les ordres de l'évêque Gaucher, à la destruction de plusieurs châteaux-forts, véritables repaires de voleurs.

Nos bourgeois firent aussi, très probablement partie de ce corps de troupes avec lequel l'évêque Burchart, au XIIe siècle, mit à la raison le châtelain de Cambrai, Hugues d'Oisy, fils de celui que Liébert avait combattu.

Il leur arriva même de guerroyer contre le gré de leur évêque. Cela se fit notamment en 1138 et 1139. « Les Bourgeois de Cambrai, dit l'abbé Dupont, qui voyaient de mauvais œil tant de châteaux fortifiés aux environs de la ville, voulaient qu'on rasât celui de St-Aubert. L'évêque n'ayant jamais voulu y consentir, ils firent alliance avec le comte de Hainaut (1) qui leur accorda un corps de troupes, avec lequel ils mirent le siège devant le château de St-Aubert. La belle résistance de ceux qui le défendaient (sous le commandement de Simon d'Oisy) les ayant contraints d'abandonner leur entreprise, ils revinrent à Cambrai ou, par dépit de l'avoir manqué, ils abattirent l'hôtel de Simon. L'évêque qui ne se crut plus en sureté dans la ville, se sauva prudemment à Oisy. Les bourgeois qui avaient le champ libre saccagèrent les terres et les châteaux des environs; et espérant être plus heureux à Crèvecœur qu'à St-Aubert,

(1) C'était Baudouin IV, aïeul de Baudouin comte de Flandre, qui fut depuis empereur de Constantinople.

ils vinrent y mettre le siége; et s'en seraient rendus maîtres, si Simon n'eut eu recours à la protection de Thierri comte de Flandre (1). Ce prince accorda très volontiers un corps de ses troupes dont il donna le commandement à Michel son porte étendart. Ce secours s'étant rendu en toute diligence aux environs de Crèvecœur, attaqua les assiégeants avec tant de valeur qu'il les défit totalement. Cette bataille se denna le 17 janvier de l'an 1139. Les vaincus eurent mille hommes de tués, environ trois cents prisonniers; le nombre de leurs blessés fut bien plus considérable; de sorte qu'ils furent obligés d'accepter les conditions que l'évêque voulut leur imposer. »

Mais c'est surtout pour la garde de leurs remparts et de leurs portes que les bourgeois s'étaient armés. Ces hommes qui avaient entouré leurs foyers de si hautes tours, de si fortes murailles, ne manquaient point de veiller sur leurs créneaux, sitôt que le danger les menaçait.

Tous les bourgeois et manants de la ville devaient, suivant l'expression d'alors, *exercer les fonctions* de la garde bourgeoise. — § Ms. 5, p. 196. — Il n'y avait d'exception que pour certaines personnes que des services publics retenaient dans les greffes et dans les prétoires. Encore celles-là devaient-elles se faire remplacer à leurs frais. Au reste, le service n'était pénible qu'en temps de guerre ou d'alarme. Alors on plaçait une *cinquantaine* (V. *Cinquantaine*) au poste de l'Hôtel-de-Ville. On mettait aussi des gardes nombreuses à chaque porte de la cité et des sentinelles sur les remparts.

Les compagnies ou *enseignes* bourgeoises étaient divisées par quartiers. Au XVIe siècle, elles étaient au nombre de treize. — † Ms. 659, p. 341. — Un capitaine et un enseigne commandaient chaque compagnie. Les chefs subalternes qui remplissaient les fonctions des sergents-majors d'aujourd'hui, s'appelaient *Esgardeurs*. — § Ms. 5, p. 195. — Des réglements fixaient les devoirs de la garde bourgeoise. Il en existait deux, en date des 4 et 24 septembre 1529. Trois échevins étaient ordinairement chargés des fonctions analogues à celles des conseils de discipline de nos jours. — § Ms. 5, p. 198. — † Ms. 902.

Les revues s'appelaient *montres* ou *monstres*. On disait : « Les bourgeois ont fait la montre. »

(1) A cette époque le château de Crèvecœur appartenait à la famille d'Oisy.

Lorsqu'en temps de guerre, les villageois se réfugiaient dans la ville, « ils devaient faire guet et garde. » — *Ordonnance impériale* de 1634.

Il existait des compagnies d'élite en dehors des compagnies de quartier. On les appelait les *Serments* Tels étaient le serment des arbalètriers, celui des archers et celui des canonniers. Ces corps devaient, comme les autres, le service de la garde ; néanmoins, pour laisser sans doute aux vieillards la faculté d'y demeurer inscrits, il existait des dispenses de garde pour six arbalètriers et pour les vingt-quatre plus vieux canonniers. —§ Ms. 5, p. 103 et 197. — L'exemption des canonniers datait du mois d'octobre 1558.

La population de Cambrai présentait un effectif assez nombreux comme garde bourgeoise. On lit dans les *Mémoires chronologiques*, p. 61, que quand Maximilien de Berghes fit son entrée à Cambrai, le 22 octobre 1559, « dix enseignes de bourgeois allèrent en bel ordre au devant de leur Seigneur, faisant nombre de deux mille sept cents hommes, *tous bien armés.* » La ville de Cambrai pouvait également monter un grand nombre de cavaliers. Une vieille chronique nous apprend que du temps de Gérard de Dinville, le 22 décembre 1377, deux cents bourgeois à cheval allèrent au devant de l'empereur Charles IV qui passait par Cambrai. — V. † Ms. 884, p. 44.

Mais les bourgeois ne se jugeaient point encore en nombre suffisant pour se défendre efficacement quand leur indépendance était menacée. Ils *soudoyaient* des troupes pour le temps que durait le danger, et ils les licenciaient ensuite.

« Le 22 octobre 1413, deux cens compaignons furent choisis en Cambrai et en Cambresis, pour garder la ville, pendant que les soldats allèrent courir. » — *Calendrier historial* de Julien de Lingne.

Le 18 mars 1488, l'empereur Frédéric, qui voulait aller combattre les Flamands révoltés, demandait aux Cambresiens de lui envoyer le plus de leurs troupes qu'ils pourraient, et que ces troupes fussent munies de tout attirail de guerre.—V. *Mém. pour le magistrat C. l'archevéque*, p. 64.

« Le 14ᵉ d'octobre 1513, fut mis un impost sur toutes marchandises en Cambrai, pour payer deux cens compaignons soldats à la ville, pour garder icelle et le pays de Cambresis. Et furent tous compaignons de Cambresis. » — § Ms. 6, p. 133.—« Le 13ᵉ de septembre 1521, fut mis maltôte sur toutes marchandises pour payer cent cinquante soldats que l'on print pour garder Cambray, et avoient cinq gros par jour pour paye ; et depuis, on print encore aultres soldats pour faire nombre de trois cens chinquante. » —§ Ms. 6, p. 140. — « Le 9 d'août 1537, on cassa 300 soldats qu'on avoit faicts pour soustenir la ville avec les bourgeois. » —*Mém. chron.*, p. 33. — « Aux mois d'octobre 1543, la ville de Cambray avoit soudoié huit à neuf cens soldats pour sa garde. On disoit tous les jours que l'Empereur (Charles-Quint) mettroit garnison de sa part dans cette ville. Il y avoit tous les jours à trois portes, car les autres étoient fermés, bien 200 hommes ; et de nuict, au guet, 300. Robert de Croy faisoit luy-même le guet toutes les nuicts avec les prévost et eschevins. » — *Mém. chron.*, p. 39.

Nous nous bornerons à ces citations, que l'on pourrait multiplier.

Ce n'est point ici le lieu de parler des garnisons que les princes protecteurs ou usurpateurs placèrent, à diverses époques, dans Cambrain. Il n'est question que de la garde bourgeoise.

Du reste, ces garnisons n'empêchaient pas le service de la garde bourgeoise dans les temps d'agitation ; elles provoquaient, au contraire, quelques fois des prises d'armes fort désagréables pour les habitants de Cambrai. Ainsi, par exemple, en février 1554, les soldats espagnols qui tenaient garnison à Cambrai, et que par une négligence coupable, on laissait sans solde et sans ressources, *se mutinèrent* plusieurs fois, et devinrent très menaçants pour la ville. Afin de les appaiser l'autorité espagnole leur faisait de belles promesses qu'elle ne tenait pas. Enfin le 27 de février ils se mirent encore en armes sur le marché : le comte de Ravestein leur *couronel*, y vint aussi muni d'un ordre de l'empereur qui le chargeait de réprimer toute émeute : et sur l'avis de cet officier supérieur, « MM. de la ville assemblèrent tous les serments et les treize *enseignes* de la bourgeoisie de la ville. Et en cas que les Espagnols ne s'accordassent point avec leur capitaine, et qu'ils voulussent encore mutiner, on eut ordre de ruer (se jeter) sur eux, et les mettre tous à sac (les écraser). Mais ils s'accordèrent incontinent. On en prit deux qui eurent la tête tranchée sur le marché, pour avoir esté le motif de la dicte mutinerie. » — † Ms. 659, p. 341.

Pendant le siége de Cambrai par le comte d'Harcourt, en 1649, le gouverneur de la ville forma un corps de deux mille bourgeois de la jurisdiction du *Magistrat*, qu'il divisa en seize compagnies. Il enrôla environ cinq cents hommes *de la jurisdiction du Clergé*, et fit un régiment de huit cents paysans, qui s'étaient réfugiés dans la ville, et qu'il distribua en douze compagnies. — V. Ms. 884, p. 320.

Malgré le caractère martial des bourgeois, il fut quelquefois nécessaire de stimuler leur zèle; il n'en était point autrement alors que de nos jours.

« Ordonnance du 13e de juin 1625.

» Sur ce que, mercredi dernier, onzième de ce mois, jour auquel se faisoit récréation en ceste ville, par ordre de Son Altesse Sérénissime, pour l'heureuse prinse de la ville de *Bréda*, ayant esté reduicte à l'obéissance de Sa Majesté, peu de jours paravant, avoit esté ordonné par MM. les échevins et magistrats de ceste ville pour tant plus solempniser ceste récréation que toute la jeunesse auroit à monter le soir en garde, soubs son capitain et enseigne, et que nonobstant icelle ordonnance, la pluspart de la dite jeunesse auroit, en mespris de ce, laissé de monter, n'aiant les dits capitaine et enseigne estez suivis que de fort peu de gens, mes dits sieurs eschevins et magistrats désirant pourvoir à tel despens, et ranger par voie raisonnable les jeunes gens, à ce que une autre fois semblable désordre ne se commette, ont ordonnez et ordonnent que, d'icy en avant, iceux de la jeunesse auront à monter en garde armez sy qu'il convient quantes fois que la compagnie bourgeoise soubs laquelle ils sont demeurans monterat; et ce de mesme pour les autres bourgeois mariez, et jusques à autre ordre dispense ou rappel de mes dits sieurs, sur peine que sera procédé contre les contrevenans ainsy que de raison. A quel effect seront chargez les esgardeurs des dites compagnies en donner advertence et faire commandements pour la première fois aux dits jeunes gens demeurans soubs lesgard ou compagnie doivant monter. Bien entendu que ne seront comprins en la présente ordonnance, ni chargez de la dite garde, ceux aians montez ledit jour mercredy dernier, ny ceux aussy aians excuses légitimes et recepvables, dont ils debvront appaiser le capitain de la compagnie, soubs la quelle ils sont demeurans. » — Extrait du *Livre des anciennes ordonnances*, fol. 3.

En 1677, après la prise de Cambrai, Louis XIV supprima la garde bourgeoise. « Sa Majesté ordonna aux bourgeois de mettre leurs armes à leurs portes. On les chargea sur des charrettes et on les mit dans l'arsenal de la citadelle. C'est ainsi, ajoute le chroniqueur, que les bourgeois qui avaient toujours porté les armes pendant la souveraineté des archevêques et du temps des Espagnols, furent obligés de quitter leurs biscayens et leurs mousquets. » — *Mém. chron.*, p. 125.

Il est probable que les compagnies d'arbalétriers et d'archers continuèrent à subsister.

Quoi qu'il en soit, les bourgeois ne tardèrent probablement pas à recouvrer leurs armes. Il est certain qu'en 1694, plusieurs compagnies bourgeoises à pied et à cheval, suivaient la procession dans la fête centenaire de St-Géry, « faisant plusieurs décharges de mousquetairie. »

Ce fut en 1713, à l'occasion des fêtes qui célébrèrent dans Cambrai la paix d'Utrech, que les *Serments* prirent l'habit uniforme. « Ils étaient tous habillés richement, portant le plumet blanc au chapeau. » — *Mém. chron.*, p. 155.

« En 1745 le 18 de may les bourgeois de Cambray firent la garde par ordre du Magistrat ; mais, comme cette charge ne tomboit que sur des gens de métiers, ils refusèrent de la faire dorésnavant, ce qui excita le commandant de la ville de fermer trois portes ; de ne laisser que la porte de Selle ouverte, parce que c'est la porte de l'armée ce qui ne dura que deux jours, scavoir jusqu'au douze de juillet : puis de ne laisser que deux portes ouvertes ce qui ne fut pas aussi de durée, et enfin de ne laisser que la porte de St-Sépulchre fermée. Les bourgeois voisins de cette porte se chargèrent de la garder en fournissant trois hommes tous les jours, et l'abbé de St-Sépulchre s'est obligé d'en donner un aussi. Ainsi toutes les portes de la ville ont été ouvertes à l'ordinaire. »

« En 1747, obligation aux bourgeois de Cambrai de faire la garde. Personne n'en est exempt. Ceux qui ne la font pas donnent douze patars pour la faire à leur place. Ils commencèrent à la monter en avril, ce qui dura jusqu'à la Toussaint. » — « En 1748, la citadelle de Cambrai est gardée par cinquante invalides : les bourgeois gardent la ville. » — V. *Mém. chron.*, p. 253, 262, 265.

La garde bourgeoise cambresienne subsista jusqu'en 1790, époque où elle prit le nom de garde citoyenne, de garde nationale.

Nous ne pousserons pas plus loin l'histoire militaire des bourgeois de Cambrai.

GAUJEURS (*Jaugeurs*). Ils étaient chargés de jauger le bois à brûler, les fagots et le foin qui se vendaient en ville. Ils devaient faire transporter à la chambre échevinale les bois et fagots qui n'étaient pas *trouvés de jauge*, pour être statué par le Magistrat, ce que de justice. Tous les foins apportés en ville devaient être jaugés ou pour le moins prisés par les jaugeurs.

Le Magistrat avait fixé à soixante florins le maximum des frais que les gaugeurs devaient payer pour leur réception dans le corps d'état.

A cette occasion, ils devaient convier M. le Prévost et *Madame sa compagne* à leur dîner de bienvenue, et prendre jour, pour cela, avec eux.

« Du 4ᵉ jour de juin :
» Sur ce qu'il est venu à la cognoissance de MM. que quelque nouveau gaugeur de bois et de foing estant, selon les reiglements donnez en ceste chambre, obligé entre autre choses, de convier et appeller Monsieur le prévost, et Madame sa compagne à son disner principal, auroit fait préparer le dit disner durant l'absence du dit Sieur, et sans luy en avoir donné advertence au préalable, mes dits Sieurs aians fait appeller tous les gaugeurs en la chambre, les ont advisez, et déclarez, qu'ils entendent et ordonnent que, pour l'avenir, les nouveaux gaugeurs n'auront plus à faire préparer semblables disners, sans préalablement l'avoir proposé au dit sieur prévost, et le requis de prendre un jour propre et convenable pour faire le dit festin. *Alias* sera procédé contre eux comme infractaires de leurs ordonnances, selon qu'en justice sera trouvé convenir. Signé MAIRESSE. »
— † Ms. 5, p. 200.

GAVE, GAVENIER. — On appelait *Droit de gave* ou *gavène* (d'un mot flamand qui signifie don, présent) un tribut que les églises de Cambrai payaient en reconnaissance de la protection que leur accordaient les comtes de Flandres. Les historiens et les chroniqueurs ne sont point d'accord sur la date de l'origine de ce droit. Voici en quels termes l'abbé Dupont, savant religieux de l'abbaye de St-Aubert, s'exprime à ce sujet dans son *Histoire de Cambrai*.

« .... La tranquillité et le repos n'avoient pas d'attraits pour les seigneurs de ce temps là; ils ne pouvoient s'accoutumer au joug de la dépendance. Au moment qu'ils croyoient pouvoir le faire impunément, ou avec quelque apparence de succès, ils couroient aux armes, et arboroient l'étendard de la révolte. C'est ce que nous avons vu jusqu'à présent arriver si souvent dans le Cambresis, qui étant trop éloigné des Etats de l'empire d'Allemagne, n'en pouvoit être secouru à temps; et c'est ce qui fit prendre à Burchard (en 1122) la résolution de prier le comte de Flandres, d'accepter, avec le consentement de l'Empereur, le titre et la charge de protecteur des églises de Cambrai. Le comte qui désiroit fort d'avoir toujours un pied dans le pays (ce dont les rois de France même ont toujours été jaloux depuis) accepta, avec plaisir les offres de l'évêque, vint en conséquence souvent à Cambrai et y maintint la paix, jusqu'à sa mort (en 1127) qui jeta la consternation dans tout le pays.

» Telle est l'origine du droit de Gave que les comtes de Flandres, les ducs de Bourgogne et les rois d'Espagne, comme possesseurs des comtés d'Alost et de la Flandre impériale, ont si longtemps perçu sur certains biens des églises de Cambrai. L'empereur Conrad, l'avait supprimé en 1146, mais cette suppression n'eût pas lieu, ou il y fut dérogé par une convention postérieure, car Thierri comte de Flandres, qui régna depuis 1128 jusqu'en 1168 en eut la jouissance; et son fils Philippe fit, en 1189, un concordat avec l'église de Cambrai, où ce droit est déterminé à un demi muid de froment et d'avoine sur une charrue et un mencaud de chaque pour celui qui n'avoit pas de terre à cultiver.

» Il y avoit dans Cambrai un Gavenier qui prêtoit serment à l'église de cette ville, et son lieutenant préposé à la recette de ce droit. Après la prise de Cambrai par Louis XIV, on voulut encore l'exiger, et MM. Le Pelletier et de Bagnols, intendants de Flandre, rendirent des ordonnances en faveur des fermiers du Domaine qui l'exigeoit sous prétexte que ce droit étoit domanial; mais on en appela au Conseil du Roi, et après avoir démontré que le Gave n'avoit jamais été payé aux rois d'Espagne comme souverains, mais comme *Protecteurs*, Sa Majesté consentit à en libérer les églises de Cambrai. » — *Hist. de Cambrai*, par Dupont, partie IIᵉ, p. 73 et 74.

Chaque nouveau comte de Flandre, à l'occasion de ce droit, s'obligeait solennellement, soit par lui-même, soit par son gavenier, à maintenir les églises de Cambrai, contre leurs ennemis, dans la domination du St-Empire, et dans l'obéissance de leurs évêques.

On peut voir dans l'*Histoire de Cambrai* par Le Carpentier, part. IIIᵉ, p. 24, un chapitre sur le droit de gave. Le sujet y est beaucoup moins bien traité que dans Dupont.

GAYANT, du mot *Géant*.— Figure colossale en osier recouvert de toile. Les Gayants (Reuzen), ces héros fabuleux des épopées communales, avaient, pour origine, le souvenir de quelques paladins du Moyen-Age, redoutables ou bienfaisants; de quelques redresseurs de torts, ou vengeurs de l'opprimé. Ils étaient autrefois répandus dans tous les Pays-Bas où l'on en trouve encore beaucoup. Les géants de Bruxelles; ceux de Malines, le cheval Bayard de la même ville; le Goliath d'Ath; les mannequins merveilleux de Wetteren, et de Grammont; le Reuzen de Dunkerque; Lyderic et Phinaert, de Lille; la famille Gayant de Douai, sont en possession d'exciter l'enthousiasme des populations qui ont le bonheur de les posséder.

Les Cambresiens, si amis des fêtes, ne pouvaient pas laisser les géants de côté; cependant il paraît qu'ils en ont fait peu usage. On lit dans les *Mémoires chronologiques*, qu'à l'occasion de l'entrée de Maximilien de Berghes (en 1559), « les cordiers et ployeurs firent un Gayand et une Gayande fort braves. » Nous ignorons si ces Gayants avaient un nom particulier. C'est, du reste, la seule fois où ces grands mannequins soient mentionnés dans nos chroniques.

GAZETTES. — V. *Journaux*.

GENGULPHE (*Chapelle paroissiale de St-*). — Cette chapelle faisait partie des constructions de la Métropole de Cambrai, elle était située au dessus du porche de l'église, du côté du Palais épiscopal.

« Icelle église, dit Julien de Lingne, est pour les chantres de l'église métropolitaine, lesquels ne sont point bénéficiés en icelle, et pour les officiers et serviteurs laïcs; et aussi pour les serviteurs et servantes de messeigneurs les chanoines.

» Un doyen de Cambrai, nommé Hugo (Hugues) (1), la fit édifier, et Gérard II, évêque (2), la dédia par un jour pénultième de décembre (3). — § Ms. 4, p. 31 — † Ms. 658, art. 8.— Le curé, nommé par le chapitre cathédral, était toujours un chapelain de ce même chapître.

« On doit croire, dit l'auteur des *Recherches sur l'Eglise métropolitaine de Cambrai*, que la chapelle primitivement bâtie par ce doyen (Hugues), aura partagé le sort funeste de l'église, dans l'incendie de 1148, et qu'elle aura été rééditiée en même temps que le corps principal de l'édifice.

Pour augmenter les revenus de la cure de St-Gengulphe, Guillaume de Berghes y annexa, le 10 octobre 1605, les dotations attachées à la chapelle de St-Jean-l'Evangéliste (1).

GEORGES (*Eglise paroissiale de St-*).— Cette église datait du XIe siècle. On n'en connaît pas exactement l'origine. La nef avait été reconstruite en 1439, le clocher datait de 1500. Le chœur en avait été refait en 1539, ainsi que deux chapelles qui l'accompagnaient. Mais ces constructions ne furent dédiées qu'en 1602. Les orgues avaient été faites en 1603.

La cure de la paroisse St-Georges était à la collation de l'abbé du St-Sépulcre.

Cette antique église occupait, avec son cimetière, le terrain où l'on voit aujourd'hui les salles de l'Asile St-Georges, dans la rue de ce nom. Elle était tournée vers l'orient. La nef n'en était point voûtée; elle laissait apercevoir la belle charpente de sa toiture. Le cimetière était entouré, en certains endroits, par des murs à hauteur d'appui; en d'autres parties, par des bornes plantées à des distances assez rapprochées.

L'église St-Georges a été vendue révolutionnairement et démolie.

V. † Ms. 658, art. 10.—*Cameracum christianum*, p. 393. — *Hist. de Cambrai*, par l'abbé Dupont, part. IIe, p. 127 des Remarques.

GÉRARD OU GRARD DE FLORINES, évêque de Cambrai et d'Arras, fut l'un des plus grands prélats dont s'honore le clergé de Cambrai. Fils d'Arnould (ou Arnulf), il était né à Liège, et avait fait ses études dans l'école de Gerbert, sous le patronage et pour ainsi dire sous les yeux d'Adalberon, son parent, archevêque de Reims. Il portait le titre de chapelain de l'empereur Henri, quoiqu'il ne fût que diacre (2), lorsque les votes combinés du peuple et du clergé de Cambrai, le proclamèrent évêque. L'empereur, qui désirait cette élection, la confirma (3) avec empressement, au mépris des

---

(1) Ce Hugues de Villa, mourut religieux d'Anchin, le 8 décembre 1093.

(2) Gérard II, fut élu en 1076, et mourut en 1092.

(3) 1079. V. *Recherches sur l'Eglise métropolitaine de Cambrai*, p. 9.

(1) La chapelle de St-Jean-l'Evangéliste était située dans l'église métropolitaine.

(2) Balderic.

(3) Les empereurs confirmaient les élections, et donnaient le temporel de l'évêché, ce qui a fait dire à un des plus savants évêques de ce temps-là, qu'on parvenait à l'épiscopat, par l'élection du clergé, les suffrages du peuple, et le don du roi. — *Hist. de Cambrai*, par l'abbé Dupont, part. IIe, p. 2.

prétentions ambitieuses d'un concurrent nommé Azelin.

Le nouvel évêque avait puisé, dans ses études ecclésiastiques et dans ses relations avec la cour impériale, des connaissances religieuses et des usages du monde, ce qui le rendait également propre à porter la mitre épiscopale et la couronne de comte. C'était un homme pieux et instruit; c'était un seigneur énergique et brillant; c'était, en un mot, l'homme nécessaire dans les circonstances.

L'épiscopat d'Herluin, prédécesseur de Gérard, avait été empoisonné par les intrigues et les vengeances du moine Fulrad, et surtout par les atrocités du châtelain Watier (1) qui avait fini par braver les foudres ecclésiastiques, et qui, sur son lit de mort, n'avait eu d'autre pensée que de léguer sa haine à son fils et à ses soldats; héritage que ceux-ci n'avaient que trop soigneusement recueilli. Les derniers moments du malheureux Herluin avaient été troublés par les cris des soldats du nouveau châtelain, qui pillaient l'évêché, et le prélat avait rendu l'âme en ajournant ce bandit devant Dieu. Là ne s'était point arrêtée la fureur impie du châtelain, il avait porté l'insulte et le scandale dans l'église, pendant le service d'Herluin, en y entrant l'épée à la main, en dispersant les prêtres, et en faisant cesser les prières funèbres (2).

Maître de la ville de Cambrai, par les armes et par la terreur, il y commettait mille vexations, il y vivait comme en pays conquis. « Un chacun, dans ces circonstances, dit l'abbé Dupont, eût regardé l'exil comme un bien. »

Tel était l'état de la ville épiscopale, lorsque Gérard fut appelé à en occuper le siége. Il ne fallait rien moins, comme on le voit, qu'un prêtre-chevalier, pour relever le bâton pastoral et la pesante couronne d'Herluin.

Aussi le nouvel évêque n'arriva-t-il pas seul à Cambrai. Les abbés Richard et Berthauld d'Ende, avec Herman comte de Verdun, l'accompagnèrent comme délégués de l'empereur. Le comte Baudouin se hâta de le rejoindre en route, et ce fut avec cette escorte qu'il arriva à Cambrai, où le peuple et le clergé ivres de joie, l'accueillirent comme un libérateur, et lui firent une magnifique réception.

Watier, qui s'était installé dans le palais de l'évêque, jugea qu'il était prudent de déguerpir. Il se posa en victime, essaya de faire croire qu'il avait eu peur du comte Baudouin, et qu'il n'avait eu d'autre but que de s'abriter dans le palais, contre un coup de main du comte. On ne prit garde à ces hypocrites excuses, et l'on exigea de lui des promesses qu'il ne sut pas tenir.

Après avoir reçu le serment de fidélité de son peuple et de son clergé, Gérard se rendit à Nimègue où il fut ordonné prêtre, en présence de l'empereur qui lui concéda en bénéfice le village de Walchra. Cette ordination faite, Gérard revint passer quelque temps à Cambrai qu'il trouva plongé dans la terreur et la désolation. Watier s'y livrait à de nouveaux excès, *faisait battre les uns, accablait les autres d'exactions extraordinaires* (1).

En vain le nouveau comte de Cambrai essaya-t-il de ramener au devoir ce redoutable usurpateur; rien n'y fit, et ce fut la mort dans l'âme, que Gérard quitta sa ville désolée, pour aller recevoir à Reims, des mains de son métropolitain, la consécration épiscopale. Une fois revêtu de ce noble caractère, il fit entendre à l'Empereur de plus énergiques doléances. Alors, celui-ci joignant à son indignation contre les griefs du présent, le souvenir des méfaits dont Herluin avait été la victime, résolut de mettre un terme aux crimes du châtelain de Cambrai. Il chargea de ce soin le comte Godefroy (qui devint duc par la suite) et Herman, comte de Verdun, qui précédemment avait eu l'occasion de morigéner le châtelain.

En présence de ces deux champions, Watier s'humilia profondément; reconnut qu'il avait violé la foi jurée, et fit de nouveaux serments qu'il ne devait pas tenir davantage. Gérard, lui-même, trompé par ce feint repentir, intercéda pour son ennemi. Les comtes alors se contentèrent de cinq ôtages de grande importance, qui jurèrent d'abandonner Watier s'il manquait à ses derniers serments, et de prendre le parti de l'évêque.

Cet oubli des serments devait bientôt ramener le coupable, jusque sous les murs de Cambrai. En effet, pendant que l'évêque était retenu avec l'empereur, au siége de Metz, Watier, sans provocation aucune, et poussé par une turbulence qui tenait de la folie, se mit à ravager les domaines de l'évêque, et s'en vint mettre le feu aux faubourgs de Cambrai. Puis,

---

(1) Balderic l'appelle *Walterus*, *Watier*, c'est ainsi qu'ont traduit MM. Faverot et Petit. L'abbé Dupont traduit par Gautier. Walterus, Gualterus ne sont que des variantes du même nom.

(2) Balderic, liv. II, chap. CXIX.

(1) Balderic. Liv. III. Chap. II.

peu de temps après, effrayé lui-même de ses actes insensés et prévoyant sans doute que la répression ne s'en ferait pas attendre, il se présenta, en compagnie de personnages éminents, dont il implora l'intervention, devant Gérard irrité. Il avait choisi pour cela les jours de pénitence du saint temps de Carême. Le bon Gérard ne sut pas résister à l'attrait d'un pardon. Il l'accorda encore, « *tout en déplorant la fatalité de ces malheurs domestiques.* »

Nous n'irons pas plus avant dans l'histoire des parjures et des crimes du châtelain Watier qui finit par se faire mettre à mort par ses ennemis : nous en avons parlé plus qu'il ne le mérite, mais on ne pouvait passer sous silence ces tristes débats qui ont tant marqué dans la vie de Gérard, et qui mettent si bien en relief son sang-froid et sa charité.

En effet, au milieu de cette existence pleine d'amertume, Gérard conservait assez de liberté d'esprit pour veiller aux intérêts spirituels de son diocèse, et pour remplir ses fonctions pastorales. Ce fut lui qui, en 1023, entreprit la reconstruction de la cathédrale de Cambrai. Il fut assez heureux, dans cette circonstance, pour trouver à Noyelles et à Lesdain des carrières de pierres propres à la construction de l'édifice, ce qui le dispensa d'en faire venir de loin, et procura une économie considérable. L'église fut rebâtie en sept ans, et Gérard en fit la dédicace en octobre 1030, avec une grande solennité. Il voulut que des réjouissances publiques, célébrassent cet important évènement.

L'évêque de Cambrai ne borna point à cette immense église, ses œuvres de construction. Il fit faire « de bonnes portes et tours au Chastel-en-Cambresis » (le Câteau), qu'Herluin avait fait en bois. Et fonda dans cette même ville, un monastère sous le titre de St-André, où il plaça « des moines de l'ordre de Monsieur St-Benoît. »

Il fit deux autres monastères à Florines, dont il portait le nom (1)

Un édificateur tel que Gérard ne pouvait se dispenser de mettre la main à la fortification de Cambrai qui, de son temps, était une place peu défendue. « L'évêque Gérard, premier de ce nom, dit Jean Duchâtiel, l'avait faict fermer et clore de palis de bois (palissades), et avait faict serrer en la cité *un hault chasteau de murs*, et à l'environ de profonds fossés; et dedans le chasteau estoit l'église de Notre-Dame et de St-Aubert. » — § Ms. 6, p. 80. — † Ms. 672.

— Gérard de Florines fut donc le fondateur du *Château* ou *Donjon*; cette grande forteresse de l'évêque, située au milieu de la ville, comme une seconde cité dans la première. — V. *Château.* — La turbulence habituelle des seigneurs, au Moyen-Age, les agressions brutales du châtelain de Cambrai, expliquent suffisamment ce grand travail de Gérard. Mais s'il fit clore la ville, s'il y fortifia quelques points particuliers, il eut aussi l'occasion de s'opposer à des projets de fortifications d'un autre genre. Watier, dont nous avons raconté les prouesses malfaisantes, avait persuadé au comte de Flandre, Baudouin IV, qu'il devait faire ériger des forts à Cambrai. Gérard comprit aisément l'usage que Watier voulait faire de ces fortifications, aussi trouva-t-il moyen de faire avorter le projet, ce qui n'était pas sans difficulté.

De son temps, disent de vieilles chroniques, — † Ms. 659, p. 30. — † Ms. 673 — « fut grand'-mortoille (mortalité) et famine en Cambray, tellement que les chimetières n'estoient point assez grandes pour enterrer les corps, tellement que l'évesque fict faire un carneau (charnier) en une grande carrière qui estoit hors la ville, et après la peste, y fict faire une églisette du Saint-Sépulchre. »

Telle est l'origine de l'église et de l'abbaye du Saint-Sépulcre de Cambrai, vers l'an 1031.

Homme de science, véritable lumière de l'église, il assista, en 1024, au Synode d'Aix-la-Chapelle.

Il tint, en 1024, un Synode à Arras, contre quelques Manichéens qui s'étaient établis dans cette ville, et qui se convertirent à la voix du pieux prélat.

Il se fit aussi remarquer dans le concile de Tribure, près Mayence.

Son dévouement à soutenir la cause de l'Église ne passait jamais le but; et il sut, avec une égale énergie, défendre les droits de la royauté contre ce qu'il regardait comme un envahissement de l'Église. De son temps, les évêques de Soissons et de Beauvais, Bérold et Warin, effrayés des désordres, de l'oubli des lois et de l'abus des guerres particulières qui signalèrent cette époque, portèrent, de leur autorité privée, un décret par lequel ils soumettaient les peuples, sous peines canoniques, à l'observation des lois et de la justice (1). Gérard, dans ce

---

(1) Florines, près de Philippe-Ville.

(1) Ils ne faisaient qu'imiter en cela d'autres évêques de France.

décret, dicté d'ailleurs par une louable intention, vit autre chose qu'un acte de police ecclésiastique; prenant les choses d'un haut point de vue politique, il y aperçut une atteinte portée à l'autorité royale, et il protesta, en soutenant qu'il n'appartient qu'aux souverains de réprimer les séditions par la force, de terminer les guerres, et de faire la paix. Il ajouta que *le devoir des évêques se borne à avertir les rois, et à prier Dieu pour qu'il leur donne la victoire.*

Cette distinction des pouvoirs civils et religieux prouve la haute portée de l'esprit de Gérard. Cependant, craignant de voir mal interpréter, par les hommes de désordre, ses protestations consciencieuses, il finit par adhérer à ce décret de paix : et lorsque, quelques années plus tard, les évêques proclamèrent *la Trêve de Dieu* (1), il accueillit plus volontiers cette trêve qui était d'ailleurs un tempérament à la loi absolue de la *Paix* de Dieu.

Gérard, dans ses idées intègres sur la politique, ne tenait pas seulement à sauvegarder l'autorité monarchique, il combattit aussi, avec prudence, diverses obligations onéreuses que certains évêques de France voulaient imposer au peuple (2).

Nous ne suivrons pas l'illustre évêque dans les nombreuses assemblées, dans les mémorables cérémonies, où il figura avec honneur. Nous ne ferons pas l'histoire des négociations qu'il mena à heureuse fin. Nous n'énumérerons pas d'avantage les corps saints qu'il *leva* (exhuma) pieusement. Cependant nous ne pouvons passer sous silence sa dévotion pour les reliques de St. Géry et de St. Aubert. Sa piété éclairée usait des connaissances artistiques qu'il avait acquises. Il voulut honorer les restes de Saint-Aubert, en les plaçant dans une châsse plus riche que celle où ils avaient été déposés

---

(1) Les guerres particulières et les désordres qui troublèrent le pays, au commencement du onzième siècle, obligèrent les évêques à les défendre en certains temps, sous les peines canoniques. C'est ce qu'on appela la *Trêve de Dieu, Treuga Dei*. L'époque la plus ancienne, à laquelle, selon Bergier, on puisse rapporter cette institution, est l'an 1030, ou 1034. Le Père Labbe, dans ses *conciles*, tome IX, p. 1249, la fixe à l'année 1027.

Tous les seigneurs et chevaliers, devaient cesser chaque semaine, leurs hostilités, depuis le mercredi au soir, jusqu'au lundi matin, et pendant l'Avent et le Carême. La religion obtint ainsi pour les peuples, quelque temps de repos et de sécurité que l'Autorité royale était impuissante à leur procurer.

(2) Balderic. Liv. III, chap. XLVII.

originairement. Cet exemple fut imité par un archidiacre de Cambrai qui, à son tour « fict faire une nouvelle *fierte* d'or et d'argent pour le corps de Monsieur Saint-Géry. » Nous n'avons vu nulle part l'image de la châsse de St. Aubert; plus heureux pour celle de St. Géry, nous en possédons un dessin. Ce dessin existe aussi dans la *Vie de tous les saints*. Mais le style de ce petit monument est d'une époque postérieure à celle où vivait Gérard Ier, ce qui confirme le fait allégué par Dupont, qu'en 1245 l'évêque Gui de Laon fit une translation des reliques de saint Géry, d'une vieille châsse dans une nouvelle. Cette nouvelle *fierte* était, par conséquent, la troisième.

On conçoit difficilement les travaux immenses, et les actes de Gérard, lorsque l'on considère les tribulations dont sa vie fut traversée. Voyageur infatigable pour le bien de l'église, et l'utilité du prochain, il se montre à Nimègue, à Reims, à Arras, à Florines, au Câteau, à Aix-la-Chapelle, à Soissons, à Metz, à Maëstrich etc. Il consacre des évêques, il figure dans des conciles, assemble des synodes, combat les hérétiques, rétablit la discipline dans plusieurs monastères, rappelle des princes à leurs devoirs conjugaux, appuye de son crédit des évêques dépossédés, fait entendre à d'autres prélats des avis salutaires, réconcilie de puissants ennemis, soutient l'autorité royale, prend en main l'intérêt des peuples; il construit des églises, fonde des monastères, fortifie des villes, érige dans Cambrai cette forteresse ecclésiastique qu'on a appelée le *Château*.

Il lutte avec un mâle courage contre les spoliateurs de l'église. Aldon de Vido, avoué de l'église de St. Géry, en avait été le déprédateur. L'évêque appela en champ-clos cet homme sans foi qui, vaincu dans le combat, confessa sa défaite, et perdit légalement ses biens.

Le lecteur s'étonnera d'un duel provoqué par un évêque : Mais il s'agissait en cela d'un de ces duels judiciaires si pratiqués au moyen âge, et il est fort à croire que Gérard ne se présenta pas lui même, mais qu'il fut remplacé par un *Champion*, suivant la tolérance de l'usage. Du reste les dernières lignes du chapitre de Balderic qui fait mention de ce duel (1) se sont trouvées effacées dans les manuscrits : le chapitre reste donc incomplet, et l'on a perdu ainsi les explications que le chroniqueur donnait sur un sujet si intéressant par sa singularité.

---

(1) *Chronique* de Balderic, liv. III, Chap. LI.

L'homme qui, pendant sa longue carrière, n'avait cessé de travailler au maintien de l'ordre dans les états, à la sauvegarde des prérogatives royales, se vit abandonné dans ses vieux jours par son prince Suzerain. On peut voir, dans une lettre qu'il lui écrivit, toutes les amertumes qui navraient sa belle âme. Cette lettre est un chef-d'œuvre : elle est digne du grand évêque qui l'écrivit.

Lettre de l'évêque Gérard à l'empereur Henri III.

« Au seigneur Henri (1), sérénissime Auguste, Gérard, le dernier des évêques, le serviteur des serviteurs de Dieu, paix et salut éternel.

» Vers la fin de ma vie, lorsque je suis accablé d'ans et de fatigues, j'impute à mes péchés le chagrin d'être privé des consolations que j'attendais de vous. Ce n'est point vous qui en êtes cause, mais c'est Dieu contre lequel je pèche continuellement. Cependant je ne crains pas de vous adresser ce peu de paroles, parce que je n'ai point failli envers vous, et que j'ai été fidèle à travailler au maintien de la commune patrie. Trente ans se sont passés depuis que nous vivons dans notre ville, menacé par le glaive des habitants de notre diocèse. Je ne veux point rappeler ici tout ce que ces hommes ont reçu de notre église dans des distributions journalières ; des rois Otton et Henri de bienheureuse mémoire, des évêques mes prédécesseurs, ni enfin de tout ce que je leur ai donné de mon propre patrimoine. Et de même que votre libéralité a un trésorier, qui fait chaque jour, les dépenses qu'exigent les circonstances, de même je suis leur trésorier, et je tâche d'obtenir, je ne dirai point la tranquillité de la vie, mais le délai de la mort de ceux qui sont avec moi ; C'est là ce qu'aurait dû faire la verge de votre justice. N'était-ce point du trône que je devais attendre reconnaissance? et cependant la main de votre courroux s'est appesantie sur nous, lorsque notre humilité était le moins coupable envers vous. Je dis ceci à mon seigneur, afin qu'il puisse apprécier mes maux. Pour ce qui est de nos intérêts et de notre cause, qu'il ne prête point à tous une oreille favorable, mais qu'il consulte ceux qui connaissent la patrie et la nation, et qu'il ait égard à l'utilité publique plutôt qu'aux insinuations. Il ne convenait point à la personne royale d'avoir pour amis les adversaires de la paix et d'éloigner ceux qui l'ont fait fleurir jusqu'à ce jour. Croyez-moi, ce sont là des insinuations perfides et calomnieuses. C'est pourquoi, j'ai différé de vous obéir, parce qu'il ne resterait plus désormais de repos ni à nous, ni à vous. Il n'est pas étonnant que, pour ce fait, vous vous irritiez trop vivement contre moi, comme Maurice le fit contre Grégoire : quoique je sois de beaucoup inférieur à Grégoire redoutez la vengeance qui frappa Maurice ; car celui dont nous représentons la personne, était hier, et il est encore aujourd'hui. Par celui qui a formé l'Eglise, qui lui a donné l'unité, au prix de son sang, nous vous en conjurons : ne la divisez pas, ne la dispersez pas. Gardez-vous de vous trouver hors de son sein (loin de moi cette pensée) lorsque Dieu prendra son van en main. N'admettez pas auprès de vous, comme Roboam, ces jeunes gens bavards, imitez le silence réservé de Chusaï ; David, le premier d'entre les rois les plus signalés qui... »

(1) (la fin de cette lettre manque dans les manuscrits.)

Gérard s'inclinait vers la tombe ; il avait, dans sa vieillesse, trouvé un appui qu'il s'était préparé lui-même. Liébert issu d'une noble famille, et confié de bonne heure aux soins du bon évêque, formé aux leçons de cet admirable maître, était devenu un homme distingué. Il aidait le vieillard à tenir le bâton pastoral. Mais alors encore l'influence d'un intrigant (2) s'exerça fatalement sur l'existence de Gérard. Elle le priva, si non du concours, du moins de la présence de Liébert qui en butte à la haine de cet homme puissant, fut obligé de fixer son séjour au Câteau, d'où il ne revenait que rarement et sous l'escorte d'une troupe armée, pour visiter son vénérable évêque.

Enfin l'heure du repos sonna pour Gérard Ier Il s'endormit dans la paix du Seigneur, après un long épiscopat, qui dura environ 38 ans. Il fut, sans contredit l'un des plus grands évêques de son temps. On lui doit *une Histoire de St. Géry et de St. Aubert*, et la *Chronique de Cambrai et d'Arras*. Il fit faire ces ouvrages par Balderic qu'il honorait de son amitié. (*V. Balderic*) L'illustre prélat avait compris l'utilité de laisser aux siècles futurs, l'histoire

---

(1) Henri III, surnommé le noir, qui roi de Germanie depuis 1026, succéda, comme empereur, à son père Conrad, en 1039.

(1) Traduction de MM. Faverot et Petit.
(2) Jean, avoué d'Arras, qui épousa Ermentrude, la digne veuve de Watier, châtelain de Cambrai

fidèle de ses prédécesseurs, et de sa propre carrière. Balderic qui lui survécut poussa plus loin la chronique.

Liébert, prévôt de l'église de Cambrai, lui succéda.

La mort de Gérard était arrivée suivant l'opinion commune en 1049.

L'abbé Dupont a essayé de prouver que ce fut en 1051.

M. Leglay fait remarquer qu'il est le premier évêque de Cambrai qui ait porté un surnom.

Les principaux ouvrages où l'on trouve des documents sur Gérard de Florines sont : — La *Chronique de Cambrai et d'Arras*, par Balderic. Liv. III°. — Le *Cameracum Christianum* p. 22. — *Histoire de Cambrai*, par Le Carpentier, part. II, p. 345. — *Histoire de Cambrai*, par l'abbé Dupont, part. II°, p. 1ʳᵉ et suivantes. — § Ms. 6, p. 75. — † Ms. 659, p. 30. — Ordre et *suite des évêques de Cambrai et d'Arras*, par Guillaume Gazet, p. 25.

GÉRY (Saint-), anciennement *Saint Gaugeric*. — De tous les noms des hommes, le nom le plus révéré dans l'antique cité de Cambrai, était, sans contredit, celui que nous venons d'écrire. Quand on a prononcé le nom de saint Géry, on a désigné le protecteur puissant, l'intercesseur fidèle, le bienfaiteur céleste que priaient nos pères. Ces fiers bourgeois s'inclinaient avec vénération devant son image, devant sa bannière. Ils lui avaient voué un culte presqu'égal à celui de la mère du Sauveur; et s'ils appelaient le Cambresis *la terre de la Vierge*, ils nommaient volontiers Cambrai la *ville de Monsieur Saint Géry*. Dans les jours de calamités, on l'invoquait publiquement : si la peste sévissait dans la ville, on promenait par les rues, la fierté qui contenait ses reliques; si un grand incendie s'allumait, les clercs apportaient sur les lieux la châsse du gardien de la cité. On lui attribuait, pour ainsi dire, sa part dans toutes les miséricordes de Dieu (1).

« Robert (comte de Flandre) vint en une nuit avec grand'gens; entra en la cité, et au château de Selles, et y bouta le feu. Et n'eurent loisir les bourgeois d'eux défendre; mais Dieu, la vierge Marie, et Monsieur saint Géry y firent biau miracle, car les gens du comte s'enchassèrent l'un l'autre hors de la cité, et ainsi *rendoient grace les bourgeois à Monsieur Saint Géry.* » — § Ms. 6, p. 85.

Depuis les mauvais jours de 1793, la dévotion des Cambresiens s'est refroidie à l'endroit de leur saint patron. Un événement imprévu la réveillera peut-être un jour.

Saint Géry était natif d'Yvoy (aujourd'hui Carignan) dans le Luxembourg; son père, suivant Julien de Lingne, s'appelait Gaudentius et sa mère Stadiola. Il reçut de Magneric, évêque de Trèves, la cléricature et ensuite le diaconat; puis il fut élu, pour ses vertus, évêque de Cambrai par le clergé et par le peuple. Aussitôt que Childebert II, roi France, eut connaissance de cette élection, il le fit consacrer et proclamer par Gilles, évêque de Reims. La date de cette consécration n'est pas certaine; les hagiographes et les chroniqueurs varient à cet égard. Le *Cameracum Christianum* fait commencer son épiscopat en 580; et le catalogue des évêques de Cambrai qui fut officiellement formé en 1722 pour être mis dans le chœur de la métropole, fixe la date de la mort de Védulphe, son prédécesseur, en 584. Cette date infirme celle donnée par le *Cameracum Christianum*. Julien de Lingne, indique l'année 595, Guillaume Gazet 594. On explique ces contradictions par l'obscurité qui règne sur l'histoire de nos temps anciens. Au reste la date est, dans le cas présent, assez indifférente.

A cette époque, les évêques étaient encore, à proprement parler, des missionnaires faisant la guerre au paganisme qui livrait ses derniers et sinistres combats. Saint Géry s'occupa ardemment de sa sainte mission, et pour prix de son zèle, eut le bonheur de voir tomber sous la hache chrétienne un bois sacrilège qui couvrait la colline où Charles-Quint construisit plus tard la citadelle de Cambrai. En ce lieu même souillé par le culte d'Odin ou de Teutates, il éleva, comme un monument expiatoire, le monastère qui porta d'abord le nom de St-Médard et bientôt après celui de son saint fondateur.

Il y fut inhumé. Quelques-uns disent même qu'il y avait fixé sa demeure : mais nous préférons comme plus vraisemblable la tradition d'un ancien chroniqueur cambresien qui s'exprime ainsi : « Nous trouvons lisans que saint Géry ne démourait pas en grant palais, mais, à l'exemple de saint Vaast, il habitoit *en humble maison tenant à l'église de Nostre-Dame.* » — † Ms. 659, p. 7. — Il est en effet peu probable

---

(1) Ce n'est point seulement à Cambrai que St-Géry était servi avec une dévotion particulière; la plus ancienne paroisse de Bruxelles fut mise sous son invocation dès le neuvième siècle; les villes d'Arras et de Valenciennes ont, comme Cambrai, leurs églises de St-Géry; enfin une foule de villages du Cambresis et du Hainaut sont dans le même cas.

que le prélat ait jamais quitté la maison voisine de son église épiscopale, pour aller vivre à longue distance de là, dans une petite abbaye.

Ce grand évêque mourut le 11 août 624.

Les légendes cambresiennes attribuent beaucoup de miracles à saint Géry. Il ne nous appartient pas de discerner, en pareille matière, la vérité de l'erreur. Nous renvoyons le lecteur aux légendes, il les appréciera comme il l'entendra.

V. pour documents sur saint Géry : *Histoire des évêques de Cambrai*, par Guillaume Gazet, p. 7. — *Camerac. Christ.*, p. 6. — *Notices sur les églises de Cambrai*, par Julien de Lingne, Ms. 658 de la Bib. de Cambrai. — § ms. 4, p. 25. — *Vies des Saints des diocèses de Cambrai et d'Arras*, par l'abbé Destombes, t. 1, p. 135. — † Ms. 885, dans lequel on trouve une dissertation sur le temps du pontificat de saint Géry. — *Actes des Saints* des Bollandistes, t. 2 d'août.

GÉRY (*Monastère de St-*), première collegiale de Cambrai. — Julien de Lingne raconte ainsi la fondation de ce célèbre monastère : « En l'an 595, St-Géry, évêque de Cambrai et d'Arras, fit faire un monastère sur le Mont-des-Bœufs (1), lors hors la ville de Cambray. Il le dédia à Dieu sous le titre de St-Médard et de St-Loup. Il y mit des religieux de St-Benoît, et ordonna St-Lando, son frère, abbé premier. » — « En l'an 850, St-Théodoric, évêque de Cambray, érigea ledit monastère en collégiale, en lui laissant toutefois le nom de monastère (2). »

Il est probable que l'église originaire de cet établissement religieux, construite en bois, comme beaucoup de nos premiers temples chrétiens, sera devenue insuffisante, à mesure qu'enrichis par les largesses des princes et des rois, les religieux de St-Géry augmentaient en nombre ; à mesure que les miracles qui s'opéraient au tombeau du saint personnage, le rendaient plus célèbre. C'est ce qui explique ce passage de Balderic : « L'an 863, de l'incarnation de Notre-Seigneur J.-C., le 16 des Calendes de Juillet, on commença à bâtir le temple de St-Géry, qui dans la suite fut achevé d'une manière magnifique. » Évidemment, il ne peut être ici question que d'une reconstruction. Et en effet, il venait d'être reconstruit quand les Normands le détruisirent par le feu en 881. « Ils brûlèrent, dit l'abbé Dupont, Liège, Maes-

treck, Tongres, Cambrai, etc. Le temple de St-Géry, *bâti depuis peu*, fut réduit en cendre, après avoir été pillé. » Régnier, comte de Cambresis et de Hainaut, le fit refaire en 887 (1). Mais bientôt après, il eut encore beaucoup à souffrir des Hongrois qui se répandirent dans le pays. Ce fut sous l'épiscopat de Fulbert, vers l'an 953 ou 954. Ces barbares n'ayant pu s'emparer de Cambrai, exercèrent leurs ravages dans les faubourgs, et attaquèrent l'église St-Géry qu'ils croyaient pleine de richesses. L'église ne tomba point de suite en leur pouvoir. Elle était protégée, sans doute, par les autres constructions du monastère, et par un toit de plomb qui ne laissait pas de prise à l'incendie. L'expérience du passé avait instruit le nouvel architecte. Le temple était d'ailleurs vaillamment défendu par les moines et par un certain nombre de bourgeois. Les barbares pensaient donc à abandonner leur projet, lorsqu'un clerc, placé dans le clocher, s'avisa malencontreusement de leur décocher une flèche qui tomba parmi eux comme un défi et une insulte. Plus furieux que jamais, ils recommencèrent l'attaque et s'emparèrent enfin du monument où ils tuèrent tous ceux qui l'avaient défendu. Ils mirent alors le feu aux lambris qui communiquèrent l'incendie à la charpente ; et le toit de plomb, transformé en un liquide bouillant, s'écoula comme l'eau en formant des ruisseaux. — Dupont. *Hist. de Cambrai*, part. I, p. 47.

Bientôt l'église sortit une seconde fois de ses ruines (2), elle fut, cette fois, réparée à l'aide des largesses de l'empereur Otton, et subsista sans autre catastrophe jusqu'en 1545, époque où elle tomba, par ordre de Charles-Quint, pour faire place à la Citadelle, dont les lettres d'érection sont datées de novembre 1543.

Il ne resterait aujourd'hui sur ce monument que des traditions bien incertaines, si un maître maçon, nommé Melchior Fallon n'en avait conservé l'image. Il en fit un grand tableau à l'huile qui s'est, comme par miracle, conservé jusqu'à nos jours, et qui après avoir été trop longtemps relégué dans des greniers, a enfin trouvé, dans les salons de la mairie de Cambrai, une place que l'on doit, sinon au mérite de l'œuvre, du moins à l'image qu'elle perpétue. Pour qu'il n'y eût d'ailleurs nul doute sur le nom du monument qu'il léguait à l'avenir, le modeste artisan plaça

---

(1) V. dans ce Dictionnaire. *Mont-des-Bœufs.*
(2) *Cameracum christianum*, p. 101.

(1) Julien de Lingne.
(2) En 963. — *Calendrier historial* de Julien de Lingne.

dans un coin de son tableau l'inscription suivante : « En l'an 1543, l'église de M. St-Géry, » sur la montagne, estoit semblable à cette carte » remarquée par Melchior Fallon, maistre ma- » chon de messieurs de la dite église, par l'es- » pace de 40 ans ou plus. »

L'église, à l'époque de sa destruction, avait la forme d'une croix latine surmontée d'une petite flèche placée au centre de la croisée. Le portail était très orné de sculptures. Comme l'église occupait une éminence escarpée, on y arrivait par deux escaliers en pierre, assez voisins l'un de l'autre, et composés d'un grand nombre de marches. Il existait entre le portail et l'escalier une assez large plate-forme au milieu de laquelle on remarquait un tombeau en pierre. Nous pensons, malgré l'opinion de quelques personnes, que ce n'était pas là le sépulcre de St-Géry. Outre qu'il est peu probable qu'on aurait laissé ce précieux dépôt en dehors de l'église, et en plein air, quelques lignes d'une ancienne chronique, nous semblent trancher la question : « Alors (1), dit-elle, étoit l'église de St-Géry, plus près des appas (marches), pourquoi *la tombe de Raoul, comte du Cambresis* (2) est demeurée en son lieu ; car, pour les guerres, ladite église a été plusieurs fois réédifiée. » — § Ms. 6, p. 69. — † Ms. 672. — Ce serait donc la tombe de Raoul que l'on remarquerait sur le tableau de Melchior Pallon.

Toute l'abbaye était entourée d'un grand mur contre lequel, d'espace en espace, s'élevaient des tourelles. Chacune de ces tourelles avait un nom particulier. Telles étaient celle de Croy, celle au Tan, celles du Blanc-Museau, des Quatre-Vents, de Saint-Légier, etc. Dans l'enceinte, se trouvaient beaucoup de bâtiments séparés les uns des autres. Ainsi l'on y voyait d'abord la maison du chapître, puis la maison des enfants-de-chœur, le four-chapitre, la maison ou refuge de Fémy, la maison ou refuge du Mont-St-Martin, la Haute-Folie, la Grange-à-Dîmes, etc. De grands arbres lui prêtaient le charme de leur ombrage, des vignes y grimpaient autour de longs échalas. C'était presqu'une ville que cette abbaye, ville charitable et hospitalière où le malheureux ne se présentait pas en vain.

Telle était ce célèbre monastère en 1543. Il fut dans son origine, comme on l'a dit en commençant, hors de la ville qui, en s'étendant de ce côté, finit par le rejoindre. Il en était d'abord à *deux stades*. « *Juxta eamdem civitatem, in vicino monte, sita erat ecclesia sancti gaugerici, non longiusquam duorum stadiorum spacio distans.* » Et le même écrivain ajoute : « *Stadium autem dicitur mensura centum viginti quinque passuum.* » — V. †Ms. 907, p. 199. — § Ms. 6, p. 62.

La stade étant de cent vingt-cinq pas, il en résulte que l'église était éloignée de la ville de deux cent cinquante pas.

Julien de Lingne, dans son travail sur les églises de Cambrai, nous apprend la position exacte de l'église de St-Géry. Il dit, en parlant de celle de la Citadelle actuelle : « Cette église est située un petit arrière de la place où l'église collégiale étoit, laquelle fut ruinée en l'an 1543 (1). »

Lorsqu'il fallut abandonner leur antique église, les chanoines de St-Géry cherchèrent un autre sanctuaire. Ils jetèrent d'abord les yeux sur l'abbaye de St-Aubert. Ils se seraient parfaitement arrangés de partager l'usage du chœur avec les riches abbés qui l'avaient fait bâtir. Ce projet souriait à l'évêque et aux échevins qui se mêlèrent activement de l'affaire. Inutile de dire que les religieux de St-Aubert repoussèrent énergiquement toute proposition à ce sujet. La circonstance était grave, les Etats furent tenus au palais épiscopal ; il fut question alternativement de St-Georges, de St-Eloy, de St-Vaast, du couvent de St-François (2). Chacun se défendait du mieux qu'il pouvait. « Et fut-on par plusieurs fois en ambassade par devers l'empereur (3), même monsieur de Cambrai, y fut avec des chanones de Nostre-Dame et aucuns eschevins de Cambray, dont fut rapporté, par les-

---

(1) Sous l'épiscopat d'Etienne, évêque de Cambrai.
(2) Raoul ou Rodolphe, fils de Baudouin, Bras-de-Fer, et de Judith de Flandre. Le premier fils du célèbre comte de Flandre, fut Baudouin, dit le Chauve, qui succéda à son père dans le Comté ; le deuxième fils, fut Raoul, qui eut en partage la ville et le comté de Cambrai, que son père avait conquis. — V. *Histoire des comtes de Flandre.*

(1) Nous reproduisons cette date de 1543, pour être fidèle au texte que nous citons. Mais il faut remarquer que, si la Citadelle fut commencée dès 1543 ou 1544, ce ne fut qu'en novembre 1545, c'est-à-dire plus d'une année après, que l'on procéda à la translation des tombeaux et des vases sacrés. Les historiens et les chroniques sont d'accord sur ce point. Néanmoins, comme les lettres de Charles-Quint pour l'érection de la citadelle sont datées de 1543, on date assez généralement de cette même année la ruine du monastère de St-Géry.

(2) V. † Ms. 658, art. St-Géry.
(3) C'était alors Charles Quint.

dits embassadeurs, que les chanones de St-Géry iroient à St-Aubert, ou que Monsieur de St-Aubert payeroit quinze mil carolus pour aidier aux susdits de St-Géry à faire une église pour leur serviche. Et fut ordonné que St-Vaast seroit la plache pour leur faire leur dicte église. » † Ms. 659, p. 276. — *Mém. chron.*, p. 44.

L'abbé de St-Aubert n'hésita point entre les deux alternatives qui lui étaient si durement imposées. Il paya la somme exigée et demeura maître chez lui.

Malgré les travaux de la citadelle, il avait été permis au monastère de subsister encore quelque temps. Ce ne fut qu'en 1545 que s'accomplit la translation à St-Vaast. Le 16 juillet, on alla chercher processionnellement la châsse vénérée qui contenait le corps de saint Géry (1). Et le 18 novembre suivant, une nouvelle procession alla chercher le saint ciboire, le tombeau du saint et celui de Jacques de Croy qui avait voulu être inhumé dans l'église de St-Géry. « Au temps de Robert de Croy, en l'an 1545, le 18 novembre, on rapporta le tombeau de Saint-Géry, et le sarcus (cercueil) de Jacques de Croy, à St-Vaast. Et fut en grande procession le coliége de Nostre-Dame, de St-Aubert, du St-Sépulcre, et fut rapporté le cibolle (ciboire) où le *Corpus Domini* reposait dedans, avec le sacrement de baptême, (les saintes huiles). Et portoit-on le corps de nostre Seigneur dessoubs le chiel (ciel, dais) que Messieurs de la loy portoient comme on faict le jour du sacre, et tous les officiers de la ville portoient une torse devant le *Corpus Domini.* » — † Ms. 659, p. 279.

On chanta l'office pour la première fois dans l'église de St-Vaast, ce même jour 18 novembre 1545; et dès lors cette petite église prit le nom de St-Géry, quoique l'on continuât à y faire l'office de la paroisse. Cet état de chose dura jusqu'en 1650. — V. *Vaast (église de St.)*

Le modeste monument paroissial ne suffisait pas au chapitre de St-Géry; on songea à construire un nouveau chœur. Robert de Croy en posa la première pierre en 1546, le 8 mars. Ce travail fut terminé en 1553. Mais un défaut de construction causa une catastrophe qui aurait pu avoir les conséquences les plus funestes. La voûte s'écroula avec une partie des piliers du côté gauche. La Providence permit que cet évènement arrivât pendant la nuit : ce fut le 4 novembre. On se remit à l'œuvre et le nouveau chœur fut achevé en 1563. Le 10 août de la même année, les chanoines y transportèrent solennellement le chef et la châsse de saint Géry; et y chantèrent, pour la première fois, les vêpres qui étaient celles de ce saint. Ce fut le 23 septembre qu'eut lieu la dédicace du chœur par Martin Cuper, évêque de Calcédoine, suffragant de Maximilien de Berghes qui était présent.

Le transept ne fut achevé que vers l'an 1618.

On plaça le tombeau de pierre de saint Géry, dans un caveau pratiqué sous une chapelle, derrière le chœur; et quoique l'on n'y ait pas laissé longtemps les reliques du saint, les fidèles continuaient à visiter le sépulcre à certains jours de l'année (1). — V. l'abbé Dupont, *Hist. de Cambrai*, part. II, p. 116.

Un vieillard, très digne de foi, nous a affirmé qu'après le cataclysme de 1793, il a retrouvé au milieu des ruines de St-Géry l'entrée du caveau et qu'il y a revu plusieurs fois cette tombe abandonnée. Tout fait supposer même, qu'elle existe encore sous la vaste cour du magasin de charbon qui occupe, depuis un certain nombre d'années, la place de l'ancien chœur de l'église (2).

L'église de St-Géry (autre fois St-Vaast) avait deux portes d'entrée. Ces deux portes étaient pratiquées, l'une en face de l'autre, dans les flancs de l'église, du côté du clocher. On franchissait d'abord un escalier de cinq marches en pierre, puis un large palier, puis encore cinq ou six marches, et l'on était sous le clocher. Ces deux escaliers en regard faisaient l'effet d'un grand perron à l'intérieur. Arrivé sous le clocher, on était de plain pied avec la nef.

Un autre portail donnait sur la rue de Notre-Dame, presqu'en face de la rue de la Prison. Au-dessus de ce portail on voyait, dans une

---

(1) Notez que la châsse n'était pas le tombeau où l'on déposait cette châsse.

(1) Les reliques reposaient, au-dessus du maître-autel, dans une belle châsse où elles furent placées, en 1245, par l'évêque Gui de Laon. Nous possédons un dessin de cette châsse, lequel existe aussi dans la *Vie de tous les Saints*. Ces restes précieux du saint patron de Cambrai étaient, auparavant, dans une fierte d'or et d'argent qu'un archidiacre, contemporain de Gérard de Florines, avait fait faire vers le milieu du XIe siècle, pour en remplacer une plus ancienne. Ils furent donc successivement conservés dans trois châsses différentes.

(2) Cette cour appartient à la maison située n° 37, rue actuelle de l'Arbre-à-Poires.

niche, une grande statue en pierre représentant le patron de l'édifice.

Les stalles du chœur étaient citées pour leurs riches sculptures.

Le clocher était un des plus beaux morceaux d'architecture du pays.—§ Ms. 2, p. 59.—C'était une tour en pierre, simple et noble à la fois, surmontée d'une flèche en bois revêtue d'ardoises. Il avait été commencé en 1508.—§ Ms. 4, p. 24.

Pendant le siège de 1595, il fut fort endommagé par l'artillerie du comte de Fuentes. Balagny avait imaginé de faire placer, au haut de cette tour, de petites pièces de canon nommées fauconneaux, qui ne laissaient pas d'inquiéter les assiégeants. Ceux-ci, pour démonter la batterie, tirèrent considérablement sur la tour, et en emportèrent environ vingt pieds de maçonnerie dans un des angles.—† Ms. 883.—§ Ms. 3, p. 135. Ce dommage ne fut jamais réparé.

La plus grosse cloche fut brisée. Les chanoines avaient bien prévu cet accident, auquel ils voulaient parer en descendant la cloche, mais Balagny ne leur en avait pas laissé le temps.

Il n'est pas hors de propos de noter que, quand le chapitre de St-Géry vint prendre possession de l'église de St-Vaast, les paroissiens de cette église furent contraints d'ôter leurs cloches pour faire place à celles de MM. les chanoines. Les cloches de St-Vaast furent vendues aux paroissiens de St-Martin.—§ Ms. 4, p. 24.—Les chanoines n'en avaient pas besoin, car ils en étaient bien pourvus. « Le 15 de may 1601, furent baptisées toutes les cloches de St-Géry, au nombre de dix-neuf, grosses et petites, et quelques jours après, rependues au clocher. »—Ms. 2, p. 111.

Au siècle dernier, le plus beau carillon de la ville était celui du clocher de St-Géry.—V. *Carillons*.

Nous avons dit plus haut que l'office paroissial continua à se faire à St-Géry. En effet, une chapelle y fut réservée à l'usage des paroissiens de St-Vaast, qui y firent construire un petit clocher en l'an 1551. — Ms. 4, p. 24.

Plus tard, lorsqu'en 1650, la paroisse St-Vaast fut transférée dans sa nouvelle église, on n'en laissa pas moins, dans l'église St-Géry, une paroisse qui se forma du démembrement de la grande paroisse de St-Vaast. Le curé, qui était à la nomination du chapitre, était aussi chapelain du chœur.—*Hist. de Cambrai*, par l'abbé Dupont, II° part., p. 117.

A tout ce qui vient d'être dit sur le monastère, il est bon d'ajouter quelques mots particulièrement relatifs au personnel qui l'habita.

Nous ignorons à quelle époque les chanoines de St-Géry prirent une vie absolument séculière. Il est certain qu'au temps de Balderic, c'est-à-dire vers la fin du XI° siècle, ils vivaient encore en commun; ils prenaient du moins leurs repas dans un réfectoire commun.

En 1415, les religieux de St-Géry eurent un grand démêlé avec les bourgeois, à propos d'une emprise faite par ces derniers sur les jardins du monastère, pour élargir les remparts de la ville. Les choses allèrent au point que les chanoines jugèrent prudent de fuir, et se réfugièrent à Lille, où ils attendirent que le duc de Bourgogne, dont ils avaient imploré l'intervention, eût réglé, ou plutôt fait régler le différend. Enfin réparation fut faite aux religieux qui revinrent à Cambrai. On trouvera les détails de ce différend, au mot *Fortifications*, page 151 (1).

A cette même époque, ils avaient, dans le pays, des vignobles, et faisaient du vin dont ils tiraient quelque parti. Ils possédaient en ville une cave ou cellier dans laquelle on débitait ce vin. La querelle à propos des fortifications apporta des entraves au débit du vin de St-Géry. Plus tard, les chanoines trouvèrent moyen de reprendre la vente de leur vin.

Au XIII° siècle, les chanoines de St-Géry portèrent successivement l'habit rouge et l'habit violet. Mais ils avaient perdu la tradition de ce brillant costume, et portaient humblement l'habit noir, lorsqu'en 1727, voyant le luxe s'introduire dans l'habit des chanoines de la métropole, ils se souvinrent de leur ancienne élégance, en retrouvèrent la preuve dans des tableaux du treizième siècle (2) et obtinrent de M. de St-Albin, archevêque de Cambrai, l'autorisation de porter l'habit rouge à parements violets, et l'aumusse partie en hermine, partie en petit-gris. Cette mise éblouissante effaroucha le chapitre métropolitain, qui réclama auprès de l'archevêque. Celui-ci, ordinairement sage, manquant de prudence dans cette circonstance, revint d'une façon maladroite sur ses premiers actes, laissa s'envenimer les choses, y compromit son autorité, usa même de l'*interdit* contre les chanoines de St-Géry, d'où résulta une longue et scandaleuse querelle, qui se termina par la suppression du malencontreux costume, qui avait fini par n'être

(1) Voir encore des détails très circonstanciés sur ce sujet, dans le † Ms. 881, p. 17.

(2) *Mém. chron.*, p. 191.

plus qu'une chose très accessoire dans l'affaire. — V. *Mém. chron.*, p. 191. (1).

Le monastère de St-Géry, la royale et vénérable abbaye, comme l'appelle Balderic, avait eu un grand nombre de bienfaiteurs, parmi lesquels on cite saint Anségise, abbé de Fontenelle, le roi Thiery, Charles-le-Chauve, Régnier, comte de Cambresis et de Hainaut, plusieurs empereurs d'Allemagne, etc. Ses religieux, de l'ordre de saint Benoît, étaient, dans l'origine, au nombre de cent. Ainsi l'affirme Le Carpentier. Après avoir varié depuis lors assez fréquemment, ce nombre était en dernier lieu réduit à trente-six, dont trois dignitaires, savoir : le prévôt, le doyen et l'écolâtre. Le prévôt était à la nomination du roi, le doyen à celle du chapitre, l'écolâtre était nommé alternativement par l'archevêque et par le roi. L'archevêque partageait encore avec le roi le droit de conférer les prébendes, sauf quelques-unes (les presbitérales), dont la collation appartenait au chapitre et au roi.

Au XVIe siècle, le chapitre de St-Géry battait monnaie.

Cette riche collégiale disparut dans le naufrage de toutes les institutions religieuses de France, à l'époque de la révolution. — V. le *Cameracum christianum*, p. 100. — *Hist. de Cambrai*, par Le Carpentier, part. IIe, p. 480. — *Hist. de Cambrai*, par l'abbé Dupont, part. 2e, p. 115. — Julien de Lingne, † Ms. 658, art. 2 et 6. — Et surtout des *Mémoires historiques de l'église collégiale de St-Géry à Cambrai*, † ms. 885, ouvrage de l'abbé Tranchant, où le savant prêtre a consigné une foule de titres curieux.

GIBET, *Fourche, Fourque, attache*. — On voit souvent, dans les chroniques cambresiennes, le gibet désigné sous le nom de fourche, fourque (*furca*) ou d'attache. Il y avait à Cambrai plusieurs gibets.

Les fourches patibulaires que l'on appelait la *grande justice* (celle du Magistrat), étaient situées hors de la porte du Malle (aujourd'hui de Notre-Dame). — † Ms. 884, p. 252. — *Mém. Chron.* p. 54. — § Ms. 5, p. 27. — C'était là que l'on suspendait, pour y être dévorés par les oiseaux de proie, les corps des suppliciés. « Le » 27 d'avril 1613, fut exécuté par la corde, » audevant de la Maison-de-Ville, un larron; et

(1) Cet ouvrage contient tous les détails, tous les actes latins et français, qui constituent l'histoire de ce trop fameux démêlé. — Nous en avons donné de longs extraits dans la partie des *Mém. chron.* que nous avons publiée en 1857.

» fut son corps *mis aux oiseaux*, à la grande » justice, hors de la Porte du Mal: Et fut le » premier qui y fut mis depuis que ladite justice fut refaite, aiant été abattue d'un grand » coup de tonnerre quelques années auparavant. » — § Ms. 2, p. 125.

Ces fourches n'étaient pas seulement un lieu d'exposition, on y faisait aussi des exécutions.

« Le 14 de may 1613, fut exécuté par la » corde, à la grande justice, hors de la ville, » un jeune homme, etc. » — † Ms. 884, p. 252.

Il y avait une autre justice au haut du faubourg de Paris, à l'endroit de la jonction des deux chemins de St-Quentin et de Marcoing. Celle-là était la justice du bailli de Cambresis (petite justice); on y pendait les criminels du ressort de la justice du Palais.

Au reste il est quelquefois arrivé que, pour des motifs particuliers, le bailli de Cambresis faisait son exécution sur le Grand-Marché. Mais alors ce n'était point à l'endroit de la justice de la ville : l'instrument de supplice était dressé devant la *Maison de Rome*, et il fallait qu'on en obtînt permission du Magistrat. Voici une requête du bailli à cette occasion.

« Le neuvième jour du mois de février mil cinq cent quarante-huit, noble homme François de Wancquetin, seigneur dudit lieu, etc., bailly de Cambresis, accompagné de Jean Buzelin et Jacques Regnard, hommes de fiefs du baillage, a remontré à Messeigneurs en pleine chambre que, par jugement de la cour du baillage, un nommé François Martin, naguerre banny de la cité et banlieu et accondute, étoit condamné pour meurdre, larchin et autres maléfices, être rompu sur une croix, ce qu'il entendait faire exécuter sur un hour au marché de cette ville devant la *Maison de Rome*, requérant luy être permis ce pouvoir faire et sans préjudice de la juridiction ordinaire de mesdits seigneurs : sur laquelle requette mesdits seigneurs, en faveur de justice, ont accordé, pour cette fois, au Sr Bailly pouvoir faire ladite exécution en la cité, au lieu dessus dit, sans préjudice et sans us et coutume. »

Tantôt le gibet était une potence, tantôt une croix, tantôt une roue. En un mot, on se servait à Cambrai des divers instruments de supplice en usage en France.

Suivant le lieu du délit, et la *justice* dont relevait le coupable, les exécutions avaient lieu en divers endroits.

En 1524, on planta une roue sur le *Marché-*

au-Bois, et l'on y pendit quatre pillards. — † Ms. 659, p. 172.

En 1531, on pendit un homme à la *Neuville*, par jugement des échevins de Cambrai. — † Ms. 884, p. 97.

En 1518 (9 février), le bailli de Cambresis fit exécuter un criminel sur une croix de bois, devant le *Logis de Rome*, sur le Marché. — † Ms. 659, p. 282.

Des exécutions eurent lieu, en d'autres temps, au même endroit. Nous venons de voir qu'elles étaient du ressort de la justice du *Grand Baillage*, ou Baillage de Cambresis.

Après l'une de ces exécutions, en 1561, le supplicié fut mis à une potence, hors de la *Porte St-Georges*.

En 1560, on exécuta trois faux-monnayeurs, l'un à la *Justice de Cambrai*, les deux autres au chemin de Marcoing. — † Ms. 884, p, 153.

En 1562, un bourgeois de Cambrai fut étranglé sur un échaffaud, devant la *Maison-de-Ville*. — Ms. 884, p. 160.

En 1565 (20 mai), deux meurtriers furent rompus sur une croix, et mis sur deux roues, hors de la *Porte du St-Sépulcre*. — † Ms. 659, p. 375.

En la même année 1565, un homme fut, pour crime de sodomie, brûlé, après avoir été étranglé à une attache (potence) hors de la ville, à la *Fosse au Pouilleul*, près de la Grande Justice. — † Ms. 884, p. 164.

En 1568, un homme fut pendu sur le Marché-au-Bois, et remis ensuite à la *grande attache* hors la ville. — † Ms. 884, p. 206.

En 1574, on exécuta un voleur et meurtrier, devant la *Maison-de-Ville*. — † Ms. 884, p. 182.

En 1581, on décapita plusieurs traîtres sur le Marché, et leurs têtes furent exposées à la justice auprès de la *Croix-au-Pain*, sur le Marché. » — † Ms. 884, p. 217.

En 1584 (20 décembre), un officier de Balagny fut décapité auprès de la *Croix-au-Pain*.

En 1595, « on pendit à une potence plantée, à cet effet, *près du cimetière de l'église St-Martin*, du côté de la rue de Noyon », un soldat et une fille de joie, coupables de meurtre. — † Ms. 884, p. 237.

En 1614, on fit une exécution par l'épée devant la *Maison-de-Ville*, sur un échafaud. — † Ms. 884, p. 253.

En 1529, à cause du monde considérable qu'appelaient à Cambrai les préliminaires de la *Paix-des-Dames*, on planta, par prévision, un gibet ou potence sur le *Pré-d'Amour*. — *Mém.*

Chron., p. 29. — § Ms. 6, p. 153. — † Ms. 659, p. 199.

Les indications qui précèdent, prises parmi les nombreuses exécutions qui eurent lieu à Cambrai aux XVIe et XVIIe siècles, suffisent pour faire connaître les principaux endroits où l'on plaçait les gibets et les divers instruments de supplice dont on faisait usage.

A la fin du siècle dernier, avant l'invention de la guillotine, les exécutions criminelles se faisaient généralement devant l'Hôtel-de-Ville. On voyait encore au commencement de 1854, sur la Grand'Place, un fort grès percé d'un trou dans lequel on introduisait le tenon en fer de la potence, lorsqu'il était besoin de la dresser.

V. pour compléter les documents sur les exécutions de la justice, les mots *Justice criminelle*, *Croix* et *Pilori*.

GIGOT. — Monnaie cambresienne équivalente au liard de France. Henri de Berghes en fit forger dans son palais, en 1497. — V. *Monnaie*.

GILLES (Chapelle St-). — Cette chapelle était située hors de la porte St-Sépulcre, sur le chemin de Proville, à l'entrée de l'avenue qui conduit actuellement aux blanchisseries que l'on découvre à la droite du chemin. Elle avait été érigée et dédiée en 1488. Le pape Alexandre VI y avait attaché des indulgences. — † Ms. 658, art. 49.

La chapelle St-Gilles appartenait à l'abbaye du St-Sépulcre, et avait été totalement ruinée en 1580. Réédifiée par la suite, elle fut détruite de nouveau en 1793.

GILLES (Ile St-). — On appelle ainsi l'île formée par les deux bras de l'Escaut qui se divise au Moulin-du-Plat, avant d'entrer dans Cambrai. Cette île est une étroite langue de terre, qui se prolonge du moulin jusqu'aux fortifications : quelques chaumières y sont construites.

L'Ile St-Gilles tire son nom de la chapelle qui existait dans son voisinage, sur le chemin de Proville. — V. *Gilles (Chapelle St-)*.

GLACIÈRE. — On ignore à quelle époque la glacière de la ville de Cambrai a été construite; ce qu'il y a de certain, c'est qu'elle existe de temps immémorial.

Le génie militaire a quelquefois mis en doute que la glacière fût une *propriété communale*; mais à défaut d'autres titres, il existe, dans les registres de la municipalité de Cambrai, une constatation qui ne laisse aucun doute à cet égard. Ce document trouve ici sa place naturelle. On ne saurait trop prendre acte de toute ce qui peut servir à établir la propriété des biens de la commune.

« Du 11 novembre 1801.

« Sur la revendication faite par le maire, de la glacière de la ville, qui a été aliénée comme domaine national à un particulier de Maubeuge, qui n'en a pas acquitté le prix, le Préfet du département ayant répondu que cette *propriété communale* devait être justifiée par titre ou par une possession immémoriale, le président annonce qu'il n'a trouvé aucun titre; mais qu'il conste du chapitre des dépenses ordinaires et des comptes de la ville, que l'entretien et les réparations annuelles de cette glacière étaient à sa charge, et que, dans tous les temps, les échevins en ont eu seuls l'administration. »

« Tous les membres du conseil viennent confirmer, par leur connaissance personnelle et parfaite, que, dans tous les temps, la glacière a été une propriété communale, et que, ce qui le prouve, c'est que l'ancien Magistrat en a toujours eu, *à lui seul*, la police et l'administration. » — V. *Histoire de la Municipalité de Cambrai*, par E. Bouly, t. 2, p. 297, et mieux encore : les registres de la Commune de Cambrai, à la date du 11 novembre 1801.

GOBELIN. — Espèce de démon domestique qui s'amuse à rendre service aux habitants des chaumières, ou à les tourmenter par des espiègleries, quelquefois même par de grands malheurs. C'est ainsi qu'on peut définir le Gobelin du Cambresis. La croyance au Gobelin est encore aujourd'hui répandue dans beaucoup de villages de ce pays. Lorsque l'automne ramène à la veillée les jeunes gens et les vieillards, les merveilleuses histoires du Gobelin reviennent à la mémoire de chacun. On se les raconte en tremblant et l'on en a toujours de nouvelles à ajouter aux anciennes. Beaucoup ont vu le dangereux lutin sous la forme d'un chat noir. Il s'est montré à d'autres plus heureux, sous l'apparence d'un lapin blanc. C'est celle qu'il prend quand il est de bonne humeur et qu'il veut rendre service.

Ces épopées de village, tantôt naïves et gracieuses, tantôt terribles et lamentables formeraient, si elles étaient recueillies par une plume fidèle, un livre charmant dans le genre fantastique.

GONNELIEU, autrefois *Guignelieu, Gognenliu*. — Le château de Gonnelieu ne joue pas un grand rôle dans les annales du Cambresis, province dont il fit très probablement partie dans l'origine. Nous voyons, dans une *Chronique*,

† Ms. 673, qu'il fut pris par les Bourguignons le 1er juillet 1536. Les sires de Gonnelieu étaient d'illustre lignage. Hugues de Gonnelieu fut le bienfaiteur de l'abbaye d'Honnecourt, en 1060. Gauthier de Gonnelieu assista en 1096 au tournoi d'Anchin. — V. § Ms. 6, p. 157. — Le Carpentier, *Hist. de Cambrai*, part. III, p. 626. — *Glossaire du Cambresis*.

GORLIER. — On entend par ce mot un ouvrier qui fait les colliers et harnais des chevaux de trait. Un réglement du 28 juillet 1595 érige les selliers en corps de métier séparé de celui des gorliers. Avant cette époque, les gorliers et les selliers ne formaient qu'un seul état.

Un réglement, dont nous ignorons la date, portait :

« 1° Qu'ils ne feroient *gorel*, qu'il ne soit de bourre dessoubs comme dessus ; et de quel matière ils doibvoient faire les goreaux.

» 2° Qu'ils ne rallongeroient derrière, parmy les boidissures.

» 3° Qu'ils ne feroient *canestre* ny *traitel* de mouton.

» 4° Qu'ils ne feroient dossière du travers de cuir. »

Une sentence du 26 novembre 1657 « défendait aux gorliers de vendre *cingles*, *soubcingles*, *crupiers*, *potras*, *estriviers*, *coussinets* et aultres pièces semblables, et de raccommoder les selles. — V. † Ms. 902, art. *Gorliers*.

Le patron des Gorliers était saint Eloi d'hiver.

GOUT. — St-Goût et St-Appétit. — En parlant des travaux effectués, en 1726, dans la Métropole de Cambrai, l'auteur des *Mémoires chronologiques* s'exprime ainsi : « On effaça, avec juste raison, deux figures qui servoient de piédestal à deux autres qui sont dans le vestibule qui mène au palais. L'une étoit appelée, par le vulgaire ignorant, *saint Goût*, parce qu'elle représentait un homme qui mange une carotte ; l'autre s'appelait *saint Appétit*, parce que c'était la figure d'un homme qui mange une grosse tranche de pain. Les bonnes gens qui n'avoient pas d'appétit attachoient quelquefois à ces deux postures des chandelles, et les prioient. Je fus obligé, une fois, d'instruire une bonne femme qui s'étoit chargée de prier saint Goût et saint Appétit pour un malade ; et de lui faire connoître que ces statues ridicules n'étoient rien d'autre que l'effet de la fantaisie d'un sculpteur. »

GOUVERNEURS de Cambrai et du Cambresis. — Bien que les historiens donnent quelquefois la qualité de gouverneur à des officiers supérieurs qui ont passagèrement commandé dans Cambrai, l'établissement des gouverneurs proprement dits ne remonte pas au-delà de l'année 1595 (1). Le roi d'Espagne devenu maître de Cambrai y fit représenter son gouvernement par des officiers qui commandaient en son nom, non-seulement dans la ville, mais encore dans le Cambresis. Louis XIV succédant à l'Espagne ne changea rien à cet usage. La république supprima les gouverneurs qui furent, plus tard, remplacés par des commandants de place dont l'autorité est néanmoins plus restreinte.

Voici une liste des gouverneurs de Cambrai, dont nous empruntons une partie à l'abbé Tranchant, l'autre à l'abbé Dupont.

Gouverneurs sous la domination Espagnole, à dater du 2 octobre 1595.

1. Don Augustin Mexia.
2. Don Alphonse de Mendose.
3. Don Sanche Martines de Levas.
4. Don Jean de Rivas.
5. Don Carlos Coloma.
6. Le Marquis de Fuentes.
7. Don Loys Bernaindes.
8. Le comte de Fuensaldagne.
9. Le comte de Garcies.
10. Le comte de Salazar.
11. Don Fernandes Solis.
12. Don Gabriel de Latorre.
13. Le marquis de Mouroy.
14. Don Pedro de Savala.

Gouverneurs depuis la prise de Cambrai par Louis XIV, 5 avril 1677.

1. M. Barthélémy de Gilas, seigneur de Césan.
2. Le comte de Montbron.
3. Le Maréchal de Biron.
4. Le marquis de Biron, fils du précédent.
5. Le comte de la Marck.
6. Le comte de la Marck, fils du précédent.

—V. *Hist. de Cambrai*, par Dupont, part. VIIe p. 165 et † Ms. 902.

GOUY (*Château*). — On lit dans une ancienne chronique, citée par M. Leglay dans ses notes sur Balderic : « En cel temps (vers l'an 1093, après la mort de l'évêque Gérard) avoit un mal homme à Cambray qui ot nom Foulques; si estoit vidame de le cité. Ichieux, comme il vit que l'église estoit sans défenseur, si entra el palais l'évesque, o lui moult de chevaliers, et saisi les rentes de l'esvesquiet et en vivoit oultrageusement. Quand ce virent li anemi de l'église, si furent moult es joi. Si or consel ensamble, et fremèrent castiaux, pour oppresser le cité ; entre lesquels un chevalier qui ot nom Amouris en fit un à Gouy, et Manasses à Rumilly... puis guerrièrent le païs à grande forche. Si que le cité qui devant avoit guerre de langues et de tanchons, l'ot après d'armes, de fu et d'espée et gastèrent si le pays, que à peine y demoura-il ahanier (laboureur) qui les terres cultivast. »

De ce passage qui est reproduit en langage un peu plus moderne, par Jean Duchastiel, dans sa *Chronique cambresienne*, § Ms. 6, p. 82, il serait naturel de conclure que le château de Gouy doit son origine à un chevalier nommé Amouris qui l'aurait fait construire vers l'an 1093. Mais il n'en est rien, s'il faut en croire cette même chronique de Jean Duchastiel, où il est question du château de Gouy à des époques antérieures. Ainsi, du temps de Tetdon, vers 967, « vint l'empereur Otton contre Aubert comte de Vermandois, au chasteau de Gouy en Arrouaise, lequel il print ; et pour ce que c'étoit près de son pays, il garnit fort le chasteau, laquelle place fit, depuis, moult de maux en Cambrai et à l'environ. — § Ms. 6, p. 71.

En effet, on voit plus loin, du temps de Rothard, le château de Gouy servir de repaire à un fils du comte de Vermandois, nommé Otton, qui faisait guerre à l'évêque, et rapine en Cambresis. — *Hist. de Cambrai*, par Dupont, part. I, p. 60.

Les faits que nous venons de signaler feraient remonter l'existence du château de Gouy au dixième siècle, tandis que la *Chronique française* citée plus haut n'en fixe l'origine qu'à la fin du onzième.

La manière la plus naturelle d'expliquer cette contradiction est de supposer que le chroniqueur aura considéré comme une construction nouvelle ce qui n'était qu'une restauration du château. Tous les jours, à cette époque, un aventurier s'emparait d'un vieux donjon et le fortifiait pour s'y maintenir. Quoiqu'il en soit, fondateur ou usurpateur du château de Gouy, le chevalier Amouris en fut bientôt dépossédé par l'évêque Gaucher qui s'empara de la forteresse et y fit Amouris prisonnier. — § Ms. 6, p. 83.

Nous ignorons l'époque de la ruine de ce château, et les circonstances qui l'accompagnèrent. Nous en avons fait mention dans ce Dictionnaire, parce qu'*il a fait autrefois partie du*

---

(1) V. Le Carpentier, *Histoire de Cambrai*, part. IIIe, p. 16.

Cambresis. Quelques anciens comtes du Cambresis n'ont pas dédaigné de prendre le nom de Gouy.

Colliette, dans son *Mémoire pour l'histoire du Vermandois*, XIII, 81, s'exprime ainsi, au sujet de Gouy : « C'étoit un lieu respectable, sous nos premiers comtes de Vermandois héréditaires. Il avait une tour ou forteresse considérable sur l'Escaut, près de l'église, qui défendoit l'entrée de cette partie du Cambresis, dont l'étendue s'approchoit bien près de la chaussée Brunehaut qui divisoit les provinces du Cambresis et du Vermandois, aussi bien que les diocèses de Cambrai et de Noyon. Par la conquête que firent nos comtes de cet amorcellement, il devint et fit, sinon une partie du Vermandois, du moins ce qu'on appela depuis la Picardie, et il y est annexé avec Honnecourt et quelques villages voisins. »

Il est question du château de Gouy dans : — Balderic, *Chron. cam. et atreb.* liber 1, cap. XCV. — *Chron.* de Jean Duchastiel, passim. — *Mém. pour l'Hist. du Vermandois* cité plus haut. — *Glossaire de l'ancien Cambresis*, p. 151 des pièces justificatives.

GREFFIERS ou *Clercs de l'Echevinage*. — Le Magistrat de Cambrai avait un premier et un second clercs dont les fonctions sont suffisamment définies dans les deux actes de nomination suivants. Nous les donnons *in extenso*, pour conserver à l'histoire ces précieux documents.

« ORDONNANCES faictes en pleine Chambre le XIIe jour du mois de juing, l'an mil quatre cent et quarante six, par MM. les Eschevins : C'est à sçavoir par Aubert Sr de Sorel chevalier, Jean Sr de Longsart escuier, Guy Rosel, Bertrand de Sausoy, Pierre le Borgne, Gilles de Caulery, Raoul Brancque, Jacquemar le fuselier, Henry le sellier, Willaume Clouquin, Jean de Heraugier, Pierre de Wingles, Alart d'Austriche et Jacques de Hertaing, à ce jour eschevins.

» Art. 1. Mes seigneurs les eschevins ont donnez et octroyez à Jean Pingret, l'office de le Clergie de le Chambre de le paix, par les manières et conditions qu'ils s'ensuivent. C'est à sçavoir que ledit Jean Pingret, est et sera tenu de venir chascun jour en ladite chambre, en jour qui ne sera point feste, en dedans l'heure du grand coup de prime sonné à Nostre-Dame, ou à St-Géry et de non partir hors d'icelle Chambre sans le congé et licence de mesdits seigneurs sur l'amende de deux sols tournois.

» 2. Item, sera tenu iceluy Pingret de enregistrer toutes les causes des procès, que chascun jour se feront en icelle Chambre, avec aussi toutes les assemblées des consaux qui se feront pour les affaires d'icelle ville, sans pour ce avoir aucun profflict ou sallaires.

» 3. Item, sera tenu pareillement de faire toutes lettres missibles, procurations et autres escriptures nécessaires à icelle ville sans aucun profflict.

» 4. Item, ne pourrat estre iceluy Pingret à la pension, ny conseiller de nulles des églises d'idelle cité, et aussi ne sera point practicien practiquant en nulles coures, ny auditoirs d'icelle ville, ny en nuls autres offices de quelqonecques seigneurs que ce soit, mais renoncerat à toutes celles qu'il a de présent.

» 5. Item, quant aux sentences chirographes, et autres lettres de partie contre autre, mesdits seigneurs ordonnent que iceluy Pingret prend son salaire courtoisement, en résignant à eux la tauxation et avec ce ordonnent que de toutes rescriptions sur commissions réquisitoires n'en soit paié que III sols IIII deniers tournois.

» 6. Item, de tous les comptes qui se rendront en plaine Chambre, iceluy Pingret prend son sallaire autant que deux de MM. les eschevins, et s'ils estoient deux clercs, si n'en auroient ils non plus que dit est, et pareillement de tauxation de tous dépens.

» 7. Item, sera tenu iceluy Pingret d'aller es besognes et affaires hors de ceste cité, toutes quant et fois que mes seigneurs le requéreront, et qu'ils en auront affaire, pour le bien d'icelle cité, moiennant qu'il aura pour sa peine et sallaire, pour chascun jour à deux chevaux, X livres VIII s. tourn. et non plus.

» 8. Item, ne pourrat, ny debvra iceluy Pingret estre à nuls consaulx de quelconcques causes, ne besognes, qui doibvent venir ny retourner en icelle Chambre de la paix.

» 9. Item, serat tenu iceluy Pingret que toutes lettres et mémoires que on luy bailllerat pour visiter, ou contre escrire, de icelles rapporter en plaine Chambre incontinent qu'il les aura faict.

» 10. Item, ne pourrat iceluy Pingret aller hors d'icelle cité sans le congé et licence de mes seigneurs les eschevins.

» 11. Item, aurat iceluy Pingret pour son sallaire et gaiges ordinaires, chascun an, la somme de trente livres tournois et ses draps et penne, à cause de l'office de clergie.

» Ce dit jour fust Jean Fanon par mes seigneurs les eschevins, receu en plaine Chambre, à estre avec ledit Pingret second clercq de ladite Chambre aux charges et conditions dessus dites, parmy dix livres tournois chascun an, avec les draps ; moiennant les quels gaiges aussy, ledit Jean Fanon sera tenu d'enregistrer tous les enquêtes qui se rendront tous les mercredy en plaine Chambre, et de, avec ce, sans en prendre quelque sallaire, et tous les fois que mestier serat, faire et escrire toutes les escritures et besognes d'icelle dite cité, ainsi et par la manière que ledit Pingret est tenu de faire.

» Et nous Jean Pingret et Jean Fanon, clercs de mes seigneurs les eschevins de ladite Chambre, promettons loyaulement et par nos foi et serment, faire entretenir et accomplir toutes les ordonnances cy dessus déclarées : et en plus grande approbation de ce que dit est, nous avons mis nos seings manuels à ceste dite ordonnance, qui fust faicte et escripte l'an et jour dessus dit. Estoit signé J. Pingret J. Fanon avec paraphe. »

Les actes de nomination qui précèdent étaient inscrits au *Livre à la chaîne,* fº 150 verso, et 151. Ce livre existe peut-être encore parmi les archives de la ville de Cambrai.

Une ordonnance du corps échevinal en date du 4 février 1627, portait : « Un des greffiers de la *chambre* doit estre députez, pour rédiger par escript les revendures qui se feront au Mont de piété de ceste ville de Cambrai. »

Un règlement d'honoraires, fait vers la fin du XVIIᵉ siècle par Michel le Pelletier, intendant de la justice, police et finance de Flandre, en faveur de MM. du Magistrat, les collecteurs, les greffiers et autres officiers de la ville, fixe les émoluments des greffiers à la somme de 400 florins, payables par quartier de trois mois en trois mois; plus 100 florins *pour leur robe et parure.* — Ms. 6, p. 163.

Indépendamment des deux *greffiers de la chambre échevinale,* il y en avait un autre qu'on appelait le *greffier de la chambre du domaine.* Il avait les mêmes émoluments que ses confrères.

GRENADIERS DE ST-FÉLIX. — Il existait, à Cambrai, une belle compagnie de Grenadiers dits de St-Félix. C'était, sous le rapport du costume, la plus brillante de la milice bourgeoise. Ces Grenadiers portaient l'habit rouge, la veste en tissu d'or et d'argent, la plume blanche au chapeau. Or, quand on considère la coupe élégante et noble des costumes du temps de Louis XIV, époque à laquelle cette compagnie florissait, on peut se figurer l'effet qu'elle devait produire sous les armes (1).

On la voit signalée dans les *Mémoires chronologiques,* année 1713, comme *première compagnie* bourgeoise. Mais ce titre honorable appartenait aux *arbalestriers* qui le maintinrent toujours haut et ferme.

En 1726, on la retrouve dans le cortège qui alla au devant de l'archevêque de St-Albin, une compagnie de *Grenadiers bourgeois* habillés de bleu, et portant des bonnets de peau d'ours. Il n'est point question des Grenadiers de St-Félix dans ce cortège. Peut-être ces Grenadiers bleus étaient-ils les mêmes que ceux de la Compagnie rouge de 1713. A cette époque, nulle loi n'imposait l'habillement aux compagnies qui le fixaient et le modifiaient à leur gré. Cela se faisait en réunions générales, par simple voie administrative. Le registre des arbalestriers qui est en notre possession en fait foi.

GROS. — Monnaie qui valait, à Cambrai, sept deniers et demi. Il en fallait deux pour un patar ou cinq liards. Le *gros* était le sol parisis dont il est parfois question dans les chroniques locales. Il y avait aussi des *demi-gros.* — Voir *Monnaie.*

GROSSIERS. — V. *Merciers.*

GUET, *Ghet, guetteur, wette.* — L'institution du guet date de plusieurs siècles; il y a dans les archives de la ville des actes du XVᵉ siècle qui prouvent qu'à cette époque il y avait déjà un guetteur au beffroi. Il est très probable que l'usage du guet est bien plus ancien encore. La tour de St-Martin est sans doute, depuis qu'elle existe, consacrée au service du guet de la ville. — V. *Beffroi.*

La citadelle avait aussi son guetteur. On voit sur les anciens plans de Cambrai la tour du guet de la citadelle. C'était une tourelle ronde surmontée d'un petit clocheton revêtu de plomb. Elle était située près du bastion *Est* de la forteresse. Bien qu'elle ne fût pas très-haute par elle même, sa position sur un lieu élevé plaçait le guetteur dans des conditions aussi favorables que celui de la ville. La tour du guet de la citadelle, portait aussi le nom de *Tour-Gallus.* On la trouve ainsi désignée dans des manuscrits anciens. La pointe de cette tour fut démolie pendant le siège de 1595, par les assiégés eux-mêmes. « Le samedy (27 août 1595) au matin, fut abattue la poincte de la tour-gallu où estoit

(1) Ce fut en 1713 que les serments de Cambrai prirent l'habit uniforme. — *Mém. chron.,* p. 155.

le guet de la citadelle, qui estoit faicte de bon plomb; et aussy fut le comble, qui fut estimez par plusieurs estre une pure folie. » — Ms. 8, f° 3, recto et verso. — † Ms. 1017.

Au reste on était en voie de démolition, car les bourgeois qui blamaient ceux de la citadelle en faisaient autant de leur côté. « Le lundi (4 septembre 1595) par ceux de la ville fut abatue une fort belle tourelle de compétente haulteur, et de magnifique structure, de bricq, qu'avait aultrefois faict bastir feu de bonne mémoire messire Robert de Croy, sur le chasteau de Selles, sous prétexte que ceux du camp la pourroient abatre et qu'à ceste occasion, il pouroit avoir quelques uns de tués. » — § Ms. 8, f° 5, verso. — † Ms. 1017. — Cette tourelle ressemblait par la forme à celle de la citadelle.

Les guetteurs s'appelaient aussi *wettes* du mot *wettier* qui, en patois cambresien, signifie regarder. Au reste le peuple ne les désignait pas autrement que sous le nom de *Gallus* du mot latin *gallus*, coq symbole de la vigilance.

Nous insistons sur ce fait qu'il y avait en la citadelle *une tour Gallu*, parce que plusieurs ont fait à cet égard une confusion avec la tour du beffroi de la ville.

Les citations suivantes ne laisseront plus de doute : « En ce dit jour (année 1589) au soir, sur les 5 ou 6 heures, *les soldats de la citadelle* se trouvèrent en division, de sorte qu'ils en jetèrent en bas des remparts jusqu'à quatre ou cinq.... et le lendemain, fut jeté étant encore tout vif, celui qui faisait le gué en *la tour que l'on appelait Gallus*, en bas des remparts de la citadelle. » Ces soldats insurgés faisaient leur trouble dans la citadelle ; c'est du haut des remparts de la citadelle qu'ils jetèrent le militaire qui faisait le guet dans la tour de Gallu. Il est impossible de supposer qu'ils aient été chercher au haut de la tour de St-Martin, un guetteur qui n'avait rien de commun avec le désordre qui se passait dans la forteresse. La démarche de ces soldats serait trop inexplicable. Ils n'auraient pu y penser. Et d'ailleurs, ils n'étaient pas maitres de la ville et on les aurait empêchés d'attaquer le beffroi.—V. § Ms. 2, p. 40. — † Ms. 884 p. 235.

Mais voici une dernière preuve plus explicite encore : En 1589 on cherchait à occuper les mendiants valides pour éteindre la mendicité. « A raison de la guerre et des ouvrages que l'on fit faire, à la ville, à *un Ravelin qui est entre la tour Gallus et la porte Robert*, l'on donna moyen aux pauvres de gagner du pain. » § Ms. 2, p. 39. —† Ms. 884, p. 234. — Aprés une pareille preuve, il faudra bien que l'erreur tombe. Nous sommes dispensés de commenter le passage que nous venons de citer.

GUILLEMINS, *Guillelmites ou Prieuré du Val-Notre-Dame, près Walincourt.* — Ce Prieuré de l'Ordre de St-Guillaume, sous la règle de St-Benoit, fut fondé en 1255, par Baudouin de Dours, seigneur de Walincourt en Cambresis, et l'un des pairs du Hainaut. —*Hist. du Hainaut*, par l'abbé Hossart, t. II, p. 72. — Ses religieux, chassés de leur pieux asile par les guerres du XVIe siècle, allèrent, en 1554, remplacer à Cambrai les frères Hiéronymites qui y tenaient un collége. Mais la Sénéchale de Hainaut, dame de Walincourt, protesta contre le déplacement des Guillemins, en sa qualité d'héritière des anciens sires de Walincourt, fondateurs du prieuré ; et ces religieux revinrent dans leur maison en 1575. — V. *Hist. de Cambrai* par Dupont, part. Ve, p. 37. — La Révolution les dispersa en 1790.

Le Carpentier, dans son *Histoire de Cambrai*, a écrit sur les Guillemins un article si obscur, que nous ne pouvons y renvoyer le lecteur.

Les Guillemins ont eu un refuge à Cambrai, « en la rue de St-Georges, vers l'église, du côté droit, comme est en un cartulaire écrit en l'an 1384. » — § Ms. 4, p. 92.—Plus tard ils établirent ce refuge dans la petite rue St-Martin, où sont aujourd'hui les n°s 4 et 6. C'est là qu'il était en 1789.

— V. *Cameracum Christ.* p. 345. — Dupont, part. I, p. 106.

H

HAL

HALLES. — DROIT DE HALLAGE. — Des antiques halles de Cambrai, il ne reste que la cour dite encore aujourd'hui *Cour des Halles*, derrière l'Hôtel-de-Ville. Il existait aux archives de la ville un privilége donné par l'évêque Enguerrand, en 1284, et confirmé par l'empereur

Rudolphe en 1285, « à MM. les échevins de la cité de Cambray, de pouvoir ériger les maisons voisines à la chambre de paix, en *Halles*; et ordonnances à tous marchands d'y aller vendre les choses vénables. » — V. au présent dictionnaire, *Archives*, p. 27, colonne 2ᵉ.

La Halle principale occupait l'emplacement où l'on voit aujourd'hui le consistoire et l'anticonsistoire; elle s'étendait sous le grand vestibule où l'on a pratiqué le bel escalier dit l'*Escalier d'honneur* de l'Hôtel-de-Ville. Il y a quarante ans, les marchands, en temps de foire franche, envahissaient encore tout l'anticonsistoire, le vestibule, l'escalier et même la salle haute des Pas-Perdus. « En l'an 1512, l'orloge de la ville *sur la halle* fut parfaite. » — † Ms. 884, p. 72.— Cette citation prouve que la halle comprenait le vestibule actuel au-dessus duquel est encore l'horloge qui a succédé à l'ancienne. Un plan qui existe à la bibliothèque impériale (Topographie cambresienne), et qui nous paraît remonter à l'an 1720 ou 1721, présente sous le nom de halle, le bâtiment dans lequel on a pratiqué plus tard la salle ovale dite le consistoire.

D'autres vieux bâtiments existant encore aujourd'hui et formant les dépendances de l'Hôtel-de-Ville, ont été aussi à usage de Halles.

On appelait *droits de hallage*, les rétributions que l'on percevait des marchands qui vendaient à la halle.

L'échevin Ladislas de Baralle, dans son volumineux répertoire, nous en a conservé des notes précieuses.

« Lorsqu'il s'agira, dit-il, de savoir quels marchands doibvent tenir halles, et ce qu'ils doibvent payer pour droit de hallage, vous le pourrez voir au livre aux bans f° 298, dont le sommaire s'en suit.

« Les drapiers doibvent tenir halles et payer pour le droit de hallage chacun an. . . . 28 sols parisis.

« Les caucheteurs. 20
« Les tanneurs. 20
« Les pletiers. 20
« Les toiliers. 20
« Les liniers 20
« Les marchands de cuir tanné 20
« Les viésiers. 40
« Les pletiers de viése pléterie. 20

» Item tous marchands forains qui amènent en ceste ville marchandises des dits métiers, doibvent pour le droit de hallage :

« Pour un chariot. . . . . . 5 sols parisis.
« Pour une charette . . . . 2 sols 6 deniers.
« Pour un cheval. 0   15 deniers.
« Pour une voiture à col ou à brouet 7 deniers.

— † ms. 902.

HAUCOURT. (Château de) — Quel a été ce château, quel rôle historique a-t-il joué dans les vieux jours ? C'est une question à laquelle les annales du Cambresis ne donnent point de réponse. Le Carpentier (1) cite bien une longue liste de titres et de chartes dans lesquels figurent les seigneurs d'Haucourt; mais du château, il ne dit pas un mot. On lit dans le même historien (2), que « Frédégonde, au dire de vingt auteurs, prit naissance au village de Haucourt en Cambresis. » Mais de ce qu'elle serait née dans ce village, il ne s'ensuivrait pas nécessairement que ce fût dans le château. Il serait au contraire permis de supposer qu'elle aurait eu pour berceau quelqu'obscure chaumière du village; car les historiens dignes de foi s'accordent à dire que Frédégonde était de basse extraction.

Au reste, les chaumières d'Haucourt en Cambresis, pas plus que le château, ne peuvent revendiquer le triste honneur d'avoir vu naître Frédégonde. « Elle était native d'Avaucourt en Picardie. »(*Diction. Histor.* de Moreri, tome III, p. 730). — « On dit qu'elle était native d'Avaucourt en Picardie, et de fort bas lieu. » (Méseray, *Abrégé chronol. de l'Hist. de France*; art. *Frédégonde*).

Dans quelques auteurs, le nom d'Avaucourt est changé par contraction en celui d'Aucourt; de là, sans doute, la confusion.

Il résulte donc des citations de Méseray et de Moreri, qui sont à nos yeux des autorités plus respectables que Le Carpentier, que Frédégonde n'était pas une fille de châtelain, mais une créature *de bas lieu*; et que si elle est née dans un village appelé Aucourt, ce village est celui de Picardie, et non le Haucourt de Cambresis.

Certains chroniqueurs citent encore Haucourt comme lieu de naissance de Saint-Aubert, évêque de Cambrai. Mais ce fait n'est nullement prouvé. Balderic signale *la rareté des documents* qu'il a sur Saint-Aubert. Le savant abbé Destombes, qui a fait, sur ce sujet, des recherches particulières, déclare aussi ne rien savoir du lieu de naissance de l'illustre évêque de Cambrai. Il faut donc se contenter de dire qu'il n'est pas impossible que Saint-Aubert soit né à Haucourt. En tout cas, cette circonstance ne pourrait pas s'appliquer au château qui est très probablement de date postérieure.

(1) Part. III, p. 664.
(2) Part. I, p. 43.

L'origine de cette forteresse est inconnue. Le Carpentier rapporte, d'après Gélicq, que Titwin de Haucourt signa, l'an 1025, la charte de fondation de l'abbaye de St-Gengoulphe de Florines. Le docteur Leglay, dans son *Glossaire du Cambresis*, rappelle un acte de l'évêque Godefroy de Fontaines, du mois de décembre 1227, par lequel Haucourt est détaché de la paroisse d'Esnes. Mais ces actes ne prouvent pas que le château existait à l'époque où ils furent souscrits.

Un titre qui serait plutôt de nature à faire admettre l'existence du château à l'époque où il a été rédigé, c'est la loi donnée en 1240 aux habitants d'Haucourt, par Renaut d'Haucourt et Ade sa femme. Nous consignons ici ce curieux document, qui existe aux archives du département du Nord (fonds de St-Aubert).

« En nom le Pére et le Fil et le Saint Esprit. Amen. Je Renaut, sire de Hoocort, fac savoir à tous ciaus ki cest escrit verront et oront ke je, por le salu de m'arme et de mes ancessors, ai donnée et assise loi en me tiere à le requeste le mes homes en le vile de Hoouçort. Et li loi ies tele. Quicunques tuera home ou desmenjerra dedens le tieroir le seigneur de Hoouçort, mort por mort, membre por membre, ou en le volenté au seigneur, se li sire ne puet celui ki méffais seroit remettre en le vile sans en faire raisnable pais as amis. Et li mordreres n'a point de merchi. Se auscuns manant en le vile a were à autre manant en le vile, li sire le doit faire aseurer dedens le franchise de le vile et li sire doit faire prendre celuy qui refuseroit l'asseurement à faire, et saisir toutes ces coses tes k'atant k'il ait fait asseurement bon et loial, et s'il est hors de le vile, on doit tenir ces coses teska VIII jors. Et se il fait dedens les VIII jors loyal asseurement il r'a tuites ses coses, et s'il nel fait dedens les VIII jors, totes ses coses, et en le volenté au seigneur, s'il nest hors del pais prueck'il ne soit defuians por ceste cose. Tout forfait hors loi sunt sont le volenté au seigneur. Et se aucuns clainme kateus ke eskievins doivent jugier, s'il es provés de faus clains, il doit V sols de Cambresiens au segneur d'amende. Et se aucuns noie dete ou cateus, s'il en est convencus, il doit V sols, et se clainme iretage dont il soit convencus de faus clain, il doit X sol de Cambresiens d'amende ; et cil ki seroit convencus de faus not XL sols ; et se aucuns meffasoit en le franchise le segneur, et cil cui on aroit meffait ne se voloit plaindre, li sires se poroit plaindre de cascuns et lever l'amende de cascun et faire tenir paix a cascun. Quicunques rescouroit pas ou wage au serjans feutable le segneur ou au messier, LX en doit ; et li serjans ou li messiers le doit prever par son sairement ; et s'aucuns hom de le poesté treuve forfait sor le sien, prendre i puet et mener à le justice ; et s'aucuns li fait force, il est à XX sol por le sairement de celuy cui on aroit fait le damage et si renderoit le damage. Li sires puet mener ses homes en ost et en chevauchée as weres et as tornois, sans malvaise okison. Se li serjans ou li messiers prent home ou feme alant par faus sentier, li estranges doit II deniers, s'il ne preuve par sen sairement k'il ne savoit mie ke li sentier fuet deffendus. Et li hom de le vile ou li feme doit IIII deniers. Et karete karians parmi autrui damage, V sol et le damage rendre. Kikonques ferroit le serjant feutable le segneur, sans ocire et sans afoler, li forfais doubleroit as autres forfaits, se li estoit convencus par tesmoignage ; et se li serjans n'avoit tesmoignage, se li serjans en fait sairement, il paie simple forfait sans doubler. Et se li sire pooit savoir ke li serjans le fesist por autrui grever, il seroit à le volenté le segneur. Et se cri lieve, tout doivent aler au cri ; et cil ke n'iroit cui li serjans au segneur aroit semons, XX sol doit par le sairement ce serjans. Et se bans est fais de par le segneur sor bolengier, sor macelier ou sor autre vendeur de denrées, s'auscuns est provés de fausses denrées faire, il doit X sol, et kikonques venderoit vin sans aforer par eskievins, XL. Li maires au segneur doit semonre en plaine glise VIII jors devant çou ke cascuns home doive se rente, ke il l'ait paié tele rente com il doit au segneur au jor k'il le doivent. Et cil ki ne paieroit au jor doit II sol de forfait. Nu des homes au segneur ne puet acctrer en le franchise au segneur ke un messe, ce n'est par le volenté au segneur. Se li serjans au segneur treuve kaisne coupant u portant à col u a carete del bos au segneur, se li serjans en a tesmognage, cil est à XXX sol de forfais ; s'on puet forer le kaisne d'un tarere eucherec, et se li serjans juroit sans tiesmognage ken si X fust, cil doit XV de tout vers bos, V sol del faissaut à karete, de sec bos VI deniers del fais. Li vache u li cevau trouyée par jor en bos u en blef ou en damage d'autrui à warde faite, doit XII deniers et li vache u li cevau forcorute, s'on le truve en forfait, VI deniers à font de brebis forcurut en bos u en damage d'autrui, XII deniers, et se li fons de brebis est trouvés en damage à warde faite, cascune brebis doi denier, li porciaus II deniers, li fons d'oes deniers. Si le fons de brebis u vache u ceveau u porchians nuittante desmanevées est trovés en forfait, se cil cui il est à tesmoignage kil l'ait le nuit demande par sen sairement, s'en passe, se li sire le velt prendre, et s'il n'en a tesmoignage il en doit X sols, et cascuns de ciaux ki bieste i aroit X sol; cil ki porciel y aroit V sol et si renderoit le damage. S'on vent maison manaule, li sires en ara le tiere. S'il a u manoir grange ne burc ne autre forfait faire en puet li hom se volenté. De le mencaudée de tière vendue, II sol d'issue et II sol d'entrée. Li sorostes doit XII deniers et les corvées s'il maint en cief de maison. Chacuns hom ki manoir tient entier doit IIII corvées l'an; li manoir doit VI deniers por le corvée; s'il ne paie quant il en iert semons, se li sires les velt prendre. Cil ki a un ceval doit II sol, et cil ki a II cevaux III sol. Et s'il en a trois il paie IIII sols et s'il en a IIII plus ne paie. Et li sires prent les corvées ou les deniers s'il velt, se li manovrier est semons à le corvée et il n'i va XII deniers doit de forfais et s'il as cevaus II sol. Les corvées des manouvriers prent li sire, une en march, une en gaskière, une en wain, une entre feste saint Andriu et Noel. Des cevaus une en march, une en gaskière, une en aost, une entre feste saint Andriu et Noel. Li sires puet prendre si com il suet kuettes en se tiere, et li maire doit faire sairement kil les prendras loiaument et commencera à un des corom de le vile et prendra tout à fait sans espargnier. Et se li hom ou li feme purt se keut a cort, li sires li doit rendre. Kikonques desmentira autrui par ir V sols doit, s'il en est convencus par tesmoignage u il le conoist. Kikonques apielera feme putain, V sols. Kikonques ferra feme ki n'est en se mainburnie XX sols. Se feme fiert autre ki n'es soi en se mainburnie V sols. Quiconque donc kenée autrui ki n'est en se mainburnie XX sols. Ki fiert de baston sans faire sang et sans afoler, XL, et s'il fait sang LX sols et I denier. Kikonques trait coutel à pointe sor autrui sans ferir XL sol; s'il en fiert sans ocire et sans afoler, X livres et autel s'il fiert de hache ou il trait d'arc. Qui a trait sor autruy espée sans férir XX sol, et s'il en fiert, C sol, et de tout autre arme molue, C sol et rendre au navré damage raisnaules. Kikonques de X ans ou de plus seroit par jor trouvés damage faisant en cortil ou en gardin, II sol, et nuittante V sol. Kikonques fiert autrui en se maison, XL sol. Kicunques assauroit autrui en se maison por faire mal sans entrer ens, C sol, et cascuns de ses aidans, XL sol. Et cascuns ki

ens enterroit X livres. Se auscuns estraignes de ces forfaits devant noumés en le tière le segneur ou en le justice tenir le doit ou tres qu'atant kil done komplegel d'amender par le loi de le vile des forfaits ke eskievins doivent jugier. Et s'auscuns est apielés d'autrui dont il ait tiesmoignage por detenir aucun malfaitenr privé ou estraigne, et s'il refuse à aidier, XL sol doit. Et se cil ki demande aieue n'a tesmognage, s'il s'en passe par sen sairement. Se li serjans au segneur treuve nuittante karette kariant bos dont on n'ait bon warant, le karette et li cheval demeurent a le volenté del segneur. Et li sires ne puet faire ban sor nul venel, se par eskievins non. Et s'aucuns forfais avenoit ki ne soit només en ceste carte, li eskievins le doit jugier u et as coutumes des forfaits ki devant sunt dit en li carte. Et s'il avenoit cose ke nus des manans de Hooucort quesist segneur tant con li sires li soit droit faisans parmi le dit de ceste carte, et cors et meules et iretage et des eschaances et sauf les bans de tous venus et sans les drois le maieur et les eskievins. Ceste loi ai jou créanté à tenir et Ade me feme. Et por cou ke ce soit ferme cose et estable parmenaulement, je leur ai donée me carte saelée de mon saiel. Ce fut fait en l'an de le incarnation notre seigneur mil et CC et quarante, el mois de sieptembre. »

Les seigneurs de Haucourt étaient, paraît-il, d'importants chevaliers. Plusieurs furent en même temps sires ou seigneurs de Lesdain. Le Carpentier, d'après Rosel, rapporte plusieurs épitaphes de cette famille. Entre autres la suivante : « Chy gist nobles homs Guys de Hou-
« court, chevaliers sygneurs de Leideng et de
« Fontaines li Gobiers, ki triespassat li an no-
« tre signor 1384, may jors XIXe. Opries li
« gist nobles dames. Dame Maroie de Fontaines
« se fame moerte en li an del grasse 1380, fe-
« buriers jors X^e. » Ledit Guy, au dire du vieil auteur, se voyait *représenté sur son tombeau en grand cavalier à l'antique, avec ses armes blasonnées; et sa femme ajustée à la façon des plus grandes dames, avait à son côté un escus qui ne figurait qu'une bande qui est Fontaines l'Evesque, l'ancien.*

L'antique château d'Haucourt est aujourd'hui remplacé par une maison moderne et sans aucun caractère. Néanmoins, deux tours avaient été conservées, dont l'une s'est écroulée en 1830, sous le poids d'un énorme colombier dont on l'avait imprudemment surchargée. Celle qui reste est en pierre grise, n'a qu'un rez-de-chaussée et un étage. Elle est percée de quelques fenêtres carrées à angles coupés par le haut. Elle est surmontée d'un couronnement qui fait saillie et qui a pu jadis, sans créneaux, servir de parapets à hauteur d'appui. Aujourd'hui, un toit conique en ardoise couvre cette pièce de fortification.

Si le château d'Haucourt a été entouré de fossés, selon l'usage adopté pour la plupart des forteresses du temps, il n'en reste du moins aucune trace. Il n'en est pas de même d'un souterrain qui a été découvert récemment, et qui sans doute, en temps de siége, mettait les assiégés en communication avec l'extérieur.

Les jardins ne présentent aucun indice particulier; ils paraissent être de la même époque que la maison moderne. Ils sont très pittoresques et divisés en plusieurs étages, résultat heureux des dispositions naturelles du terrain. Une grande vallée boisée s'étendait autrefois au pied de cette belle propriété comme un immense tapis d'un vert sombre. Aujourd'hui la cognée du spéculateur a dépouillé la vallée de son riche ornement, et la charrue s'efforce d'obtenir de cette terre dénudée, des moissons qu'elle semble ne donner qu'à regret.

Haucourt est appelé dans les anciens actes : *Hoocort, Houceurt, Haukurt, Alkurt, Alicurtis.* — Haucourt portait d'argent billeté de gueules au lion de même. Cri : Walincourt.

— V. pour les seigneurs de Haucourt, *Histoire de Cambrai*, par Le Carpentier, p. III, p. 664.

HAUSSY (Château de). — Quoique Haussy n'ait jamais fait partie du Cambresis, dont d'ailleurs il était limitrophe, nous dirons quelques mots du château de ce village, parce qu'il ne reste pas toujours étranger à l'histoire du pays. Si l'on en croit Le Carpentier, la famille de Haussy aurait été mise en relief, avant l'an 1060, par Guillaume de Haussy qui aurait eu assez de courage « pour tenir dans ses prisons le châtelain de Cambrai qui molestait l'évêque Liébert. » Or, si le seigneur de Haussy avait dès lors des prisons, à plus forte raison avait-il un château : il est naturel d'en conclure que la forteresse de Haussy existait déjà au XIe siècle. On lit dans l'*Histoire du Hainaut*, par l'abbé Hossart, que le comte de Flandre, en 1185, ayant pénétré dans le Hainaut avec son armée, laissa partout des marques de dévastation. « Il s'empara des forts de St-Pitton, de Solesme, *de Haussi,* auxquels il mit le feu. » Mais cet incendie ne détruisit pas la forteresse qui eut de rudes assauts à soutenir pendant les guerres qui se firent dans le Hainaut aux XIIIe et XIVe siècles.

Le château de Haussy tomba au pouvoir des routiers en 1440. Voici comment s'exprime à ce sujet l'historien Enguerrand de Monstrelet : « Durant aussi le temps dessus dit (1440), s'aduancèrent enuiron huict vingts saquemens de l'hostel du roy Charles, et allèrent ou pays de Hainault, en une ville nomée Haussy : en laquelle auoit bel chastel. Et se logèrent là, et s'y tindrent deux ou trois iours, si composèrent plusieurs villes et villages tant de Hainault comme de Cambresis à grand finance : durant lequel temps messire Jean de Croy baillif de Hainault assembla aucune puissance de gens d'armes au Quesnoy-le-Comte, et s'en vint pour les détrousser : mais une partie se retrahirent audit chastel, les quels furent tantost assailliz : au quel assault fut mort un moult notable gentil-homme assez ancien, nommé Lordenois d'Osterne. Et depuis fut fait traicté dudit baillif avec iceux par tel si, qu'ils se departiroient en délaissant ce qu'ils auoient prins : et avec ce luy donnèrent une somme d'argent, affin qu'il les laissast partir. Et en y auoit eu plusieurs morts et détroussez, qui auoient esté trouvez en la dicte ville de Haussy. Si se partirent tous ensemble pour eux tirer vers la ville de Laon : mais ils furent rencontrez des gens du comte de St-Pol vers le pont au Nouvion, et du tout détroussez : et la plus grande partie y demourèrent morts en la place. »

Des ruines, et les restes d'une antique muraille, dite dans le pays le *mur des Sarrazins*, indiquent la place qu'occupait le château de Haussy. L'église actuelle du village était, dit-on, incluse dans l'enceinte des fortifications de la forteresse.

HAUTES-ŒUVRES (Exécuteur des). — Le bourreau, ce ministre sanglant de la justice humaine qui est aussi la justice de Dieu, cet homme nécessaire dans les sociétés civilisées, et qui a inspiré à M. de Maistre quelques-unes des plus admirables pages qu'il ait écrites (1), fait tellement partie intégrante de la justice criminelle, que nous n'avons pas cru devoir l'en séparer dans notre livre.

— V. donc, pour ce qui concerne le bourreau, l'art. *Justice criminelle.*

HERCLIN ou *Ercline.* — Petite rivière qui provient de sources nombreuses situées à l'ouest d'Iwuy ; et qui va se jeter dans l'Escaut, après

1. Soirées de St-Pétersbourg, premier entretien

un cours de 400 mètres, un peu plus haut que le village d'Estrun.

On donne aussi le nom d'*Herclin* à un grand torrent qui, partant des bois de Gattignies et d'Honnechies, traverse le Cambresis en se dirigeant vers le nord jusqu'à St-Aubert, puis vers l'ouest jusqu'à Iwuy, où, prenant le cours de la petite rivière d'Herclin, il précipite dans l'Escaut ses eaux sauvages et souvent furieuses après les grandes pluies.

Ce torrent parcourt un espace d'environ 35 kilomètres.

HÉRÉTIQUES, *Luthériens, Huguenots.*—Lorsque les funestes erreurs de Luther eurent jeté le trouble dans le monde catholique, et allumé la guerre civile, notamment dans les Pays-Bas; Cambrai, grâce à la foi vive qu'entretenait dans ses murs un clergé nombreux et éclairé, ne laissa que très peu de prise aux atteintes du fléau; mais il fallut que des mesures énergiques protégeassent la partie saine et paisible de la population contre l'esprit de désordre, qui toujours veille dans ces bouges honteux où les perturbateurs et les révolutionnaires de tous les temps recrutent leurs armées.

On a beaucoup écrit sur la doctrine du fameux hérésiarque et sur les conséquences qu'elle a produites. Les partisans de l'hérésie ont fait de bruyantes déclamations contre l'intolérance religieuse et à propos de la liberté de conscience, violée par les catholiques, etc. Notre intention n'est pas d'entrer dans la discussion de ces choses en général. Nous voulons nous circonscrire dans les limites de notre sujet et n'envisager, du rôle des hérétiques, que la partie qu'ils en ont jouée à Cambrai et dans le Cambresis.

Si ces novateurs s'étaient contentés de professer dans leur conscience et dans la paix de leurs logis, ou de leurs temples, une religion inoffensive, nul sans doute n'aurait songé à les inquiéter dans Cambrai, la ville par excellence des libertés et des franchises. Mais il n'en était point ainsi; Luther lui-même, le fougueux et violent Luther, déplorait les excès de ses adeptes. Dans une lettre rapportée par Bergier, voici comment il s'exprime : « Il n'y a aucun prédicant qui ne se croie cent fois plus savant que moi : ils ne m'écoutent point. J'ai une guerre plus violente avec eux qu'avec le pape... Je souffre qu'il y ait des images dans le temple, quoique *des furieux* en aient brisé quelques-unes avant mon retour... Si vous lisez mes livres, vous verrez que je n'approuve pas les *perturbateurs de la paix qui détruisent des choses qu'on peut laisser*. Je n'ai aucune part à *leurs fureurs ni aux troubles qu'ils excitent...* » Cette lettre, dont nous ne donnons que des extraits, est signée *Martin Luther*, Sabatto, post Reminiscere, 1528.

Les dépositaires du pouvoir administratif et ecclésiastique eurent donc le droit de voir dans les huguenots qui paraissaient à Cambrai, autre chose que des sectateurs paisibles : ils virent, et ils ne se trompaient pas, des fauteurs de trouble et de guerre civile (1). Et, en effet, comment débutent-ils dans Cambrai? quels sont les premiers actes par lesquels ils font connaître leur présence? Ils insultent, ils frappent, ils détruisent les images du Sauveur des hommes que la pieuse population cambresienne avait élevées en plusieurs places et carrefours de la ville; puis, bientôt après, *le poignard à la main*, ils viennent sommer le magistrat de les laisser professer à leur aise la *confession d'Ausbourg*. Or, pour eux, professer la confession d'Ausbourg, c'était renverser les images saintes, insulter aux croyances religieuses de toute une population, profaner les églises, enrôler dans leur parti tous les gens sans aveu, les libertins, la vile et turbulente engeance des tavernes de bas étage, des garçons bouchers, etc., et prêcher à tout ce monde, que le clergé, que le chef du diocèse, que les magistrats de la ville étaient tous d'abominables fanatiques. En un mot, pour les hérétiques de ce temps-là, professer leur religion, c'était organiser une véritable révolution; car le chef du diocèse était aussi le duc de Cambrai, et leurs efforts ne pouvaient pas supprimer l'évêque sans supprimer le duc, sans

---

(1) Au reste, ces huguenots n'étaient pas tous luthériens proprement dits. On trouvait parmi eux « des anabaptistes qui se faisoient rebaptiser, des calvinistes, des adamistes et plus de 20 autres sectes. » — Ms. 884, p. 166.

Les anabaptistes prêchaient la haine contre les puissances et la noblesse; ils voulaient que tous les hommes fussent égaux, et ne prétendaient à rien moins qu'à exterminer *les impies*, c'est-à-dire ceux qui s'opposaient à leur doctrine. — V. *Bergier*. — Les calvinistes étaient les disciples de cet homme qui écrivait qu'il fallait *exterminer les zélés faquins qui s'opposaient à l'établissement de la réforme; que pareils monstres doivent être étouffés.* — V. *Bergier*. — Quant aux adamistes, ils proclamaient la communauté des femmes. — V. *Bergier*. — C'est de tous ces honnêtes gens que se composait le parti opposé aux catholiques.

apporter un bouleversement complet dans l'état politique de la province. Ces hérétiques étaient donc de véritables révolutionnaires. La querelle, comme on le voit, n'était pas seulement religieuse : elle était politique. On agit avec eux comme on agit avec des traîtres à la patrie. Quant aux supplices, on n'en inventa point pour eux. On employa ceux en usage à cette époque.

C'est donc à tort que quelques écrivains, peu éclairés sur la question, ont crié à l'intolérance. Ce n'est point un acte d'intolérance que de sauvegarder le repos et les institutions d'un pays. Les révolutionnaires eux-mêmes ont-ils jamais toléré que l'on brise et renverse impunément les statues de leur déesse ? Et pour ne parler encore que de Cambrai, seraient-ils bien venus de déplorer l'intolérance du XVIe siècle, ces hommes qui, à la fin du XVIIIe, envoyaient à l'échafaud les pauvres vieilles femmes chez lesquelles on trouvait des images de saints ou des livres de prières.

La première fois qu'il soit fait mention d'un hérétique dans les chroniques cambresiennes, c'est (à notre connaissance du moins) au mois de juin de l'année 1531. Cet homme avait « *battu un Dieu de pitié, dans les environs de Crèvecœur, et lui avait dit plusieurs choses infâmes.* » Il fut battu de verges, flétri et banni de Cambrai.

Le magistrat, voyant l'hérésie s'introduire dans la ville, et jugeant de ce qui était réservé à Cambrai par ce qui se passait dans les Pays-Bas, fit mettre « une fourque au marchet au bois et fit publier *à la pierre* que tous ceux qui seraient trouvés lutériens seraient pendus à la dite fourque. »

Cette menace produisit sans doute un effet salutaire, car nous ne retrouvons d'autres faits d'hérétiques qu'en 1557. Le 27 août, on brûla un de ces fauteurs de trouble devant la maison de ville.

Le clergé ne se contentait pas de sévir, il priait aussi pour ces hommes égarés. « L'an 1560, la sepmaine de St.-Pierre et St.-Paul, furent publiés les pardons du plein jubilé, pour prier Dieu qu'il guérisse les lutériens et autres errans en la foy, car ils mettoient leurs armes hors en France, en plusieurs costés. » — † Ms. 884, p. 152.

Le 16 du mois de février 1561 « fut rompu le Dieu de pitié près St.-Aubert, et celui du cymentière de St.-Martin ; et une croix fut abattue dans le cymentière St.-Georges en Cambray, par aucuns hérétiques. » † Ms. 659, p. 368. — Les misérables savaient qu'il y allait pour eux de la vie en de pareilles expéditions. Luther avait protesté contre ces bris de statues et de calvaires, contre les *excès* de ces furieux ; d'un autre côté, ils savaient quelle vénération les populations portaient à ces images sacrées..... et cependant ils ne voulaient pas les tolérer, ils ne permettaient point au peuple de s'en faire paisiblement un objet de dévotion ! De quel côté donc étaient l'intolérance et le fanatisme ?

La justice découvrit plusieurs des coupables. Deux furent pris dès le lendemain ; l'un s'appelait Martin Savary, et paraît avoir été le chef de la bande ; l'autre était un maçon, nommé Jespin Lefebvre. Plus tard on s'empara encore d'un garçon boucher, nommé Piat, d'un nommé Antoine Carron, et d'un autre, Estienne Beauvarlet. Une femme fut également arrêtée ; elle était épouse d'un François Delattre, planeur de toiles.

Les cinq hommes furent punis de mort. La chronique ne dit pas quel fut le sort de la femme.

« L'an 1561, le 3 juillet, fut exécuté un hérétique, du glaive.... Monseigneur Maximilien de Berges, archevêque, donna deux cents livres avec quelqu'autre aumône pour mettre ses enfants à l'école, afin qu'ils ne tombent point en telle erreur que leur père. » — Ms. 884, p. 155.

Dans les entrefaites, les huguenots avaient organisé des prêches secrets, et malgré la surveillance active de la justice qui sévissait quand elle découvrait les coupables, malgré le zèle apostolique du clergé, et notamment des Jésuites que l'archevêque de Cambrai avait appelés dans la ville « *pour instruire la jeunesse et conserver le peuple dans la religion catholique,* » les prédicants étaient parvenus à faire un certain nombre de prosélytes.

Enfin, ils osèrent lever la tête au grand jour. Le 13 de mars 1566, la population de Cambrai fut fort émue du bruit qui courait « qu'aucuns devoient présenter requeste à MM. de la Ville pour vivre selon la confession d'Ausbourg, laquelle fut présentée, du matin, à l'heure de dix heures, dont messieurs de la ville furent bien étonnés de voir un si grand peuple assemblé. Mais ils trouvèrent en leur conseil d'appréhender celuy qui présenteroit (la requête) et avoient mis si bonne conduite de soldats avec les *serments* de la ville, qu'un chascun se tenoit prêt. Et alors vint un nommé

Franchois le Clercq, lequel présenta au semainier la dicte requeste *avec un poignard à la main*, et en la présentant fut appréhendé du prévost de la ville, Forvy, qui dégaisna son espée pour faire sortir un chascun hors du parquet; et fuct le dict Franchois mené en la *chambre*, sur l'heure, devant MM. les eschevins qui l'interrogèrent pour sçavoir qui luy avait faict présente requeste', il ne le voulut jamais dire; delors qu'il fut prins, plusieurs de la ville s'enfuyrent, craindant qu'ils ne fussent accusez des aultres. » — † Ms. 659. — Le même fait est relaté dans les *Mém. chron.* et dans le † Ms. 884.

Cette façon de demander asile pour sa religion, une requête dans une main et un poignard dans l'autre, était bien l'expression des principes et des moyens de cette secte qui voulait s'établir dans Cambrai-la-Catholique. Inutile de dire que ce solliciteur d'étrange espèce fut puni de mort.

Nous voyons encore dans une chronique que 63 de ses complices furent mandés en *la chambre de Cambray*, le 7 de septembre 1568. — † Ms. 884, p. 207. — La chronique ne dit pas ce qui s'ensuivit. Probablement ils en furent quittes pour une admonition.

Si les mesures de rigueur, prises contre les huguenots par la justice de Cambrai, n'avaient point été suffisamment justifiées par les antécédents de ces fanatiques et violents sectateurs, elles l'auraient été de reste, quelques mois après, par ce qui se passa à Valenciennes, à Tournay, à Lille, au Câteau-Cambresis.

Nous laissons encore parler une chronique presque contemporaine des événements :

« L'an 1566, environ la my-aoust, régnoit un fort mauvais temps au pays de Brabant, Flandres, Hainault et Artois. Le peuple s'esleva contre les gouverneurs ou seigneurs au mois d'aoust, dont ceux d'Anvers ont tout abbatu et rompu les images de l'église Nostre-Dame et autres lieux, et persécutèrent les gens d'église et de religion, et pilloient et déroboient par toutes les églises ou maisons.

« Et les dits hérétiques ou huguenots faisoient la presche en divers costez publiquement et à Lille, à Tournay, à Valenciennes, au Chasteau en Cambresis et là-environ pareillement, preschant contre les commandements et ordonnances de l'Église et des saints sacrements; et s'assembloient 10, 15 et 20 mille personnes pour ouir les prédicans, tellement que les chanoines de Tournay et plusieurs gens de bien se sauvèrent à Douay et à Cambray, et aux autres villes qui tenoient la foy catholique. Les dits hérétiques s'appeloient huguenots de diverses sectes, entre autres des anabaptistes qui se faisoient rebaptiser, les aultres calvinistes, adamistes et plus de vingt autres sortes. Ils rompirent aussi toutes les images es villes de Tournay, Valenciennes et au Chastel en Cambresis, es monastères d'Anchin, Fontenelles, Denain et plusieurs autres églises et abbayes, sans rien excepter, mesme fouler aux pieds les saints sacrements et rompirent toutes les fourmes, les orghues, bancqs et coffres, et aussi les cloques, et enfin bruslèrent tous les livres et ornemens dont on cessa le St. service divin. » — † Ms. 659, p. 378.

Ainsi, pour ne parler que du Cambresis, et laissant de côté les villes de Flandres et de Hainaut, voilà les hérétiques maîtres du Câteau-Cambresis; ils y ont méconnu l'autorité de l'évêque-comte du Cambresis, et du corps échevinal; ils y font publiquement leurs prédications incendiaires, ils y ont rompu toutes les images, ils ont foulé sous leurs pieds sacrilèges *les saints sacrements*, ils ont saccagé les églises et chapelles, brisé les formes, les orgues, les cloches, les bancs, les coffres dont, sans doute, on ne croira pas qu'ils aient respecté le contenu; ils ont brûlé les livres, les ornements sacrés et fait cesser tout à fait le service divin. Prêtres, moines, gens de bien ont fui cette ville désolée.

C'est dans cet état de dévastation générale que les sauvages disciples de Luther ont plongé la seconde ville du Cambresis; c'est dans ce même état qu'ils mettraient la cité de Cambrai elle-même, s'ils en avaient le pouvoir.

Lors donc que bientôt des troupes catholiques, accompagnées de populations nombreuses et indignées, viendront châtier ces audacieux rebelles, faudra-t-il s'étonner que l'on use à leur endroit du glaive et de la potence, et pourra-t-on dire, comme l'a fait un de nos contemporains, qu'on les poursuivait *pour de simples opinions?*

Le savant et laborieux conservateur des archives du département du Nord réfute cette allégation erronée, qui blesse ses connaissances historiques. « Je suis parvenu, dit-il, à recueillir et à coordonner une correspondance officielle fort considérable et fort curieuse sur les troubles religieux qui agitèrent le Cambresis en 1566 et années suivantes. Ces troubles furent tels que la ville du Câteau tomba au pouvoir des *insurgés* calvinistes, qui ne manquèrent pas d'y commettre de grands excès. Jusqu'à présent, *nos historiens locaux les plus modernes* s'accordaient (1) assez à regarder l'insurrection religieuse du Câteau et des environs comme le résultat de l'intolérance ecclésiastique. La correspondance dont je parle, et que j'ai communiquée à M. le ministre de l'instruction publique, prouvera qu'il n'en est pas tout à fait ainsi. L'archevêque Maximilien de Berghes s'y montre *patient*, miséricordieux, *débonnaire peut-être jusqu'à la faiblesse.* » — *Mémoire sur les archives des églises et maisons religieuses du Cambresis*, p. 15.

Revenons aux rebelles du Câteau. « La nuit en suivant Pasques fleury, (24 mars), l'année 1567 (2), se partit de Valenchiennes le comte de Mansfeld, avec un régiment de gens de pieds, pour frummer le Chastel en Cambresis, lequel estoit rebelle à monsieur l'archevêque de Cambray et avoit fait ainsi que ceux de Valenchiennes. Donc partirent de la ville de Cambray deux cents soudars avec le baillif de Cambresis, le prévost de la ville, Henry de Forvy, avec plusieurs bourgeois de la ville (3), pour frummer ceux du dit Chasteau et pour les prendre prisonniers avec deux prédicans. Et après qu'ils furent mis en obéissance, plusieurs furent pendus et exécutés. Oultres les aultres, fut pendu un nommé Ledieu Steppe, un des prédicans qui mourut obstiné; l'autre se retourna à nostre foy, le quel fut exécuté par l'espée. » † Ms. 659, p. 380.

Que dire enfin de ces déplorables guerres allumées par l'hérésie dans notre malheureux pays? Il faudrait faire l'histoire de ces longues querelles où les deux partis eurent tantôt le dessus, tantôt le dessous; et pendant les quelles les armées catholiques espagnoles, comme les armées huguenotes commirent d'affreuses déprédations dans le Cambresis, et ailleurs. Le clergé ne cessait d'invoquer les miséricordes du très-haut. On faisait des processions pour obtenir la pacification générale. De ces graves circonstances et de bien d'autres causes, surgit la confédération des *Provinces unies*, qui, au nombre de huit, secouèrent la domination espagnole et se séparèrent de ce que l'on appelait les *dix-sept provinces* dont le reste forma le Pays-bas catholique. Les choses finirent par prendre un caractère plus politique que religieux. Le livre que nous écrivons ne comporte pas l'histoire de ces agitations belliqueuses qui ne prirent réellement fin qu'en 1648, et pendant lesquelles Cambrai passa en la puissance de divers maîtres. Les faits d'hérésie ne s'y montrèrent plus que d'une manière isolée, si ce n'est en 1626, où les fauteurs essayèrent de relever la tête, mais sans succès.

Nous avons jeté un coup d'œil rapide sur l'histoire des hérétiques dans le Cambresis au XVIe siècle. Chacun peut apprécier la religion luthérienne comme il l'entend; et, sous ce rapport, nous conviendrons avec les partisans des huguenots, que ces derniers avaient le droit de préférer leur nouvelle foi à celle qu'ils reniaient. Mais ce que nous ne pouvons accorder, c'est qu'il faille attribuer aux catholiques du Cambresis la guerre civile, les excès et les perturbations qui sont l'œuvre de ces novateurs dans nos contrées. Nous y voyons les huguenots agresseurs partout; oppresseurs quand ils le peuvent. On a tort de prendre les effets pour les causes, et la répression des excès pour une provocation à ces excès. Il y a eu des supplices, les Cambresiens n'ont aucun intérêt à les nier. Mais c'est encore un abus que de rapporter ces supplices en prenant soin de cacher les crimes de la faction séditieuse qui les avait mérités. On représente comme victimes de l'intolérance, les hommes les plus intolérants qu'ait produits un schisme religieux. On prend dans un manuscrit un passage qui rapporte l'exécution d'un huguenot dans le château de Selles et, travestissant la date de ce passage, on place la mort du coupable avant les excès commis par la faction dont il faisait partie; on dit qu'il fut puni pour de simples opinions religieuses, ce qui peut faire croire au lecteur que ce sont les supplices qui ont amené la rebellion, et non pas la rebellion qui a nécessité les supplices. Ce n'est point ainsi qu'on doit écrire l'histoire: quand on se donne cette solennelle

---

(1) Il n'est pas étonnant de les voir s'accorder, quand, en les examinant soigneusement, on vient à découvrir qu'un certain nombre de ces prétendus historiens ne sont que les aveugles plagiaires les uns des autres, sans contrôle, sans critique, sans jamais remonter aux sources qu'on a souvent dénaturées dès le commencement.

(2) Quoique dans le ms. original il y ait 1566, cette date du 24 mars répond à l'année 1567. Cela résulte d'une note du savant abbé Mutte, placée à la p. 376 du † ms. 659... La répression n'a pu venir d'ailleurs qu'après l'insurrection.

(3) Certains manuscrits ajoutent: « Avec un grand nombre d'habitans des villages. »

mission, il faut savoir tout dire, et surtout ne rien dire qu'après avoir tout examiné. Nous ne sommes plus, grâce à Dieu, dans ces jours malheureux où il était de mode d'accuser le catholicisme de toutes les misères de la société. Le mot intolérance est une arme aujourd'hui d'un usage suranné ; enfin le temps est venu de faire à chacun sa part légitime, et de renvoyer aux huguenots ce qui appartient aux huguenots.

HERLUIN fut le premier évêque de Cambrai, qui reçut le titre et les prérogatives de *Comte du Cambresis*. D'abord archidiacre de Liége, il arriva au siège épiscopal de Cambrai, vers l'an 995 par l'influence de Notger son maître et son évêque, et de Mathilde, fille de l'empereur Othon-le-Grand, laquelle était abbesse de Queldimbourg. Il faut dire, d'ailleurs, que les mérites et les vastes connaissances du nouvel évêque le rendaient parfaitement digne du poste éminent où il fut élevé. Il était, au dire de Balderic, également versé dans les sciences ecclésiastiques et profanes. Il était sans doute de haute lignée, car le même auteur nous apprend qu'il avait souvent fréquenté les palais des grands. Il l'emporta, dans cette circonstance, sur un compétiteur nommé Azelin, fils naturel de Baudouin, comte de Flandre, lequel dans la suite fut évêque de Paris.

Des troubles excités dans l'église de Reims par Arnould et Gerbert qui revendiquaient le siége métropolitain, ne permirent pas à Herluin de se faire sacrer dans cette ville; il partit pour Rome où il reçut la consécration épiscopale des mains de Grégoire V. Cependant, le chatelain Wattier, dont les méfaits sont racontés longuement dans les chroniques cambresiennes, pillait et dévastait les biens de l'évêché de Cambrai. Herluin comptant peu sur ses propres forces, pour se délivrer de ces déprédations pour lesquelles Wattier avait trouvé des complices, exposa au St-Père l'état malheureux où se trouvait son évêché. Grégoire en fut tellement affligé qu'il n'hésita pas à lui mettre en main des armes spirituelles contenues dans un privilége dont voici le texte :

« Grégoire, évêque, serviteur des serviteurs » de Dieu, à son fils chéri Erluin, évêque de la » sainte église de Cambrai, et à ses successeurs » à toujours. Notre devoir pastoral, la dignité » du St-Siége, dont nous sommes revêtu quoi» que indigne, nous oblige à protéger et à ad» ministrer, avec une vigilante sollicitude, avec » l'aide du Christ, non-seulement les églises » qui se trouvent sous nos yeux, mais encore » celles qui sont loin de nous. En conséquence, » comme par suite des démêlés survenus entre » Arnould, archevêque de Reims, et l'usurpa» teur Gerbert, le dit évêque Erluin, (c'est un » fait connu de tout le monde), exposé à leur » haine, n'a pu être consacré selon les rites » canoniques, sa consécration a dû arriver au » St-Siége apostolique. En le consacrant, nous » avons entendu ses plaintes et ses douleurs, » relativement aux pertes nombreuses, qu'a» vaient fait subir à son évêché des hommes » pervers, du temps de ses prédécesseurs, » c'est pourquoi, il nous a supplié humblement » de vouloir bien lui prêter l'appui de notre » autorité apostolique contre les ennemis de la » sainte église. Attentif à ses prières, nous » défendons, par ce privilége de notre autorité » apostolique, à tout duc, marquis, comte, » vicomte, à toute personne, soit faible, soit » puissante, d'envahir, de dépouiller les biens » de la dite église. Que celui, qui osera violer » cette défense, sache que, de par J.-C. et de » par le B. apôtre Pierre, nous l'anathémati» sons jusqu'à ce qu'il ait satisfait à l'évêque » du dit siége, où qu'en venant à Rome, il s'y » soit purifié. Nous défendons aussi, qu'à la » mort de l'évêque ou des autres prêtres de la » dite église de Cambrai, aucune personne, » inspirée par l'esprit malin, ne s'avise de pil» ler, de dévaster les biens de l'église qu'au» ront ou l'évêque ou les prêtres. Et pour pré» venir leur spoliation, nous le leur interdisons » de notre censure apostolique; s'ils n'en tien» nent pas compte, de quelque titre ou dignité » qu'ils soient revêtus, ils seront frappés d'a» nathême, jusqu'à ce qu'ils se soient amendés » en donnant une juste satisfaction. Nous dési» rons aussi vivement, que les frères demeu» rant dans le monastère de la dite église et » que toutes les congrégations qui en dépen» dent, tiennent et possèdent fermement, sans » aucun préjudice, tous les biens qui leur ap» partiennent justement et légalement, afin que » secondés suffisamment par les secours tem» porels, ils puissent, sans murmure, aspirer » avec plus de confiance aux biens éternels.

« De plus, par les dispositions de notre pré» cepte, nous confirmons, à perpétuité, le dit » évêque Erluin et ses successeurs, dans leurs » possessions et défendons qu'aucun duc, mar» quis, comte ou tout autre personne, de quel» que rang qu'elle soit, ose tenir aucun district, » jugement ou plaid dans le dit lieu, sans en

» avoir obtenu la permission de l'évêque dudit
» siége, ou sans avoir été appelé par lui. Mais,
» qu'il lui soit permis de choisir parmi les siens
» qui bon lui semblera pour remplir cet office.
» Si quelqu'un, ce que nous ne souhaitons
» pas, violait ce privilége apostolique, qu'il sa-
» che qu'il sera brûlé par le feu éternel avec
» le traître Judas et les anges apostats. Au con-
» traire, celui qui l'observera et le défendra,
» méritera d'obtenir de J.-C., notre Sauveur,
» la bénédiction, la grâce, le pardon de ses pé-
» chés et la vie éternelle. Ainsi soit-il.—Ecrit
» de la main de Pétrisgion, notaire écrivain de
» la sainte église de Rome, au mois de mai,
» indiction 9. Salut en J.-C. L'an Ier du pon-
» tificat du Seigneur Grégoire, souverain pon-
» tife, et pape de l'église universelle, l'an XIe
» du règne du Seigneur empereur Otton III. »
(Balderic, traduc. de MM. Faverot et Petit.)

A son retour dans son diocèse, Herluin le trouva assez paisible, si ce n'est aux environs de la forêt de Thiérache que des soldats du Laonnois et du Vermandois inquiétaient souvent par des attaques inopinées. Le nouveau comte du Cambresis comprit la nécessité d'opposer un obstacle à ces incursions ennemies, et pour cela, fit l'acquisition du village de Perronne-sur-Selle, qui avait autrefois appartenu aux évêques de Cambrai, et dont ils avaient été dépossédés on ne sait comment. Il obtint de l'empereur l'autorisation d'y construire une forteresse où il put placer une garnison toujours prête à faire des sorties contre les dévastateurs. Ce fut là l'origine de la petite ville du Câteau.
—V. *Câteau.*

Malheureusement l'honneur et la discipline militaires ne régnaient guère dans ces bandes de soldats qu'on levait à cette époque pour les besoins passagers. Herluin au lieu de trouver de loyaux auxiliaires dans la troupe qu'il *soudoya*, n'éprouva d'abord de sa part que *des insultes* dont il eut grand peine à se préserver. Enfin il dompta cette bande indisciplinée et en tira le parti qu'il en attendait.

L'empereur qui aimait Herluin, lui accorda aussi la permission d'établir une foire franche, le droit de battre monnaie, les droits de tonlieu et de ban. (V. *Tonlieu*) dans sa forteresse qui avait pris le nom de Ste *Marie.*

Mais d'autres embarras attendaient Herluin à l'issue de ces premières contrariétés. « La discorde se mit entre Baudouin comte de Flandres et Arnould comte de Valenciennes, on en vint aux armes. Herluin était très attaché à ce dernier, comme vassal de l'empereur, ce qui engagea Baudouin à porter le désordre et le ravage sur les terres du Cambresis, mais avec encore plus de fureur, lorsqu'il apprit la mort de l'empereur Otton. Il n'en resta pas là, car ayant assemblé une armée assez considérable, il mit le siége devant Valenciennes et s'en rendit bientôt maître, Arnould étant trop faible pour l'en empêcher. Henri duc de Bavière qui avoit succédé en 1002 à Otton dont il étoit le plus proche parent, somma plusieurs fois Baudouin de restituer cette place à Arnould. Baudouin ayant constamment refusé de le faire, Henri prit le parti d'assiéger Valenciennes, mais Baudouin étant venu au secours avec des troupes de Robert roi de France dont il étoit vassal, et celles du duc de Normandie, l'obligea à lever le siége.

» Baudouin croyant que l'évêque Herluin étoit celui qui avoit le plus contribué à engager Henri au siége de Valenciennes, menaça de tirer la vengeance la plus signalée sur la ville de Cambrai, ce qui épouvanta tellement Herluin qu'il prit le parti de se retirer de la ville et d'aller trouver Henri. Les choses s'étant accommodées l'année suivante par la cession de Valenciennes que l'empereur fit à Baudouin à condition de la tenir de lui et de lui en faire hommage, la paix fut aussi rétablie dans Cambrai. » Dupont, part. 1re, p. 68.

Alors Herluin, dont l'épiscopat était destiné à des tribulations de toute espèce, se trouva en présence d'un nouvel adversaire. Un abbé de St-Vaast, nommé Fulrad, avait, sous le prédécesseur d'Herluin, indigné le diocèse par sa vie scandaleuse. Frappé alors des foudres ecclésiastiques, il avait courbé un moment la tête, mais pour la relever plus indignement par la suite. Herluin se vit forcé d'employer les mêmes moyens que son prédécesseur et l'excommunia. Cette fois Fulrad brava ouvertement l'anathème et trompant la religion du comte de Flandre, il en obtint des troupes avec lesquelles il ravagea tous les biens que l'évêque possédait en Artois. Mais bientôt le comte Baudouin détrompé, prit le parti de l'évêque et lui livra le moine coupable pour qu'il le mit en lieu de sûreté. (1)

Ces attaques incessantes dont l'évêque de Cambrai était la victime, ces envahissements

---

(1) L'abbé Dupont rapporte que Fulrad s'échappa de prison et s'en alla à Reims avec une forte somme d'argent qu'il avait enlevé à son abbaye.

des comtes et seigneurs du voisinage sur les biens de l'église, ces troubles intestins dont le Cambresis était souvent agité, les pilleries des châtelains, les rivalités entre la puissance ecclésiastique et la puissance civile, firent comprendre à l'empereur suzerain la nécessité d'une mesure qui donnât pour l'avenir des gages de sécurité et de pacification. Ce fut à ce sujet qu'il réunit les pouvoirs temporels et spirituels dans la même main, en donnant à l'évêque le comté de Cambresis en propre et en toute souveraineté.

Cette grande mesure politique fut prise en l'an 1007. Depuis cette époque, les évêques de Cambrai ne cessèrent de porter le titre de Comte de Cambresis. Ils n'en furent dépouillés que par la révolution. (V. *Comté*.)

Cela n'empêcha pas que les derniers jours d'Herluin fussent empoisonnés par les inconcevables agressions du châtelain Wattier, qui, méprisant les foudres de Rome, n'eut, sur son lit de mort, d'autre pensée que de léguer sa haine et sa vengeance à son fils et à ses soldats. Ceux-ci tinrent parole jusqu'à ce qu'Herluin, à son tour, eût terminé sa carrière, car son dernier soupir fut troublé par les cris des soldats de Wattier qui pillaient l'évêché; et le prélat rendit l'âme en ajournant le brigand devant Dieu qui punit tous les crimes.

Le nouveau châtelain ne s'arrêta pas même devant un cercueil, et durant la cérémonie funèbre qui se faisait dans l'église cathédrale, poussé par une audace impie, il entra dans l'église l'épée à la main, et, suivi de ses gens, dispersa les prêtres qui priaient, et couvrit d'imprécations ce tombeau délaissé qui ne fut béni que plus tard par l'abbé de St-Vaast. Celui-ci fit transporter le corps d'Herluin dans l'église de St-Pierre (1), dont il avait été le bienfaiteur, et où il fut inhumé du côté du nord. — Balderic.

La mort d'Herluin arriva en l'année 1011 ; d'autres disent 1012. Nous nous en rapportons, pour les dates concernant la mort des évêques, au tableau dressé en 1722, pour être mis dans le chœur de la métropole, et que l'abbé Dupont a heureusement conservé à l'histoire.

HIÉRONIMITES. — V. *Vie commune* (clercs de la)

---

(1) L'église de St-Pierre, dans la suite St-Aubert, ne prit ce dernier nom qu'en l'an 1030. — V. Aubert. (*Abbaye et Eglise de St.*)

HIRCHARE. — Nom que l'on donnait à la grande foire franche de Cambrai, qui, de temps immémorial, s'ouvre le 28 octobre.— V. *Foires*.

HISTOIRE DE CAMBRAI ET DU CAMBRESIS. — *Bibliographie. — Documents historiques.* — Les matériaux pour l'histoire de Cambrai sont encore abondants, quoique la révolution en ait fait disparaître un grand nombre; et cependant, il n'existe pas une histoire bien complète de cette ville et de la petite province dont elle était la capitale. Le Carpentier en a écrit une en 1664; l'abbé Dupont en a publié une autre en 1759 et années suivantes; enfin, nous en avons donné une troisième en 1842. Ces trois ouvrages laissent à désirer.

L'histoire de Le Carpentier est souvent erronée ; il semble que son but principal ait été de fournir des généalogies à un grand nombre de familles qui en étaient mal pourvues. Aussi intitule-t-il d'abord son livre : *Histoire généalogique des Pays-Bas*. Nous verrons plus loin que, lorsque Le Carpentier n'avait pas de titres il en fabriquait.

L'ouvrage de l'abbé Dupont est, avant tout, une histoire ecclésiastique. L'auteur qui était religieux de St.-Aubert l'a composé avec des matériaux presque exclusivement hiératiques; et bien que nous n'admettions pas les critiques exagérées qu'un esprit de dénigrement à l'endroit de l'église, a inspirées contre cette histoire, nous reconnaissons que la partie civile y est laissée trop à l'arrière plan.

C'est ce défaut que nous avons voulu éviter dans notre *Histoire de Cambrai* publiée en 1842. L'un de nos devanciers avait écrit l'histoire de la noblesse, l'autre l'histoire du clergé, nous avons essayé de faire celle du *peuple*, c'est-à-dire de tout le monde. Mais resserré, comme l'abbé Dupont, dans les limites étroites d'un *Almanach*, obligé de nous conformer aux convenances d'un éditeur dont l'intérêt pécuniaire primait la question historique, nous n'avons pu qu'effleurer la matière. Nous n'avons trouvé de place pour aucune pièce justificative, la partie la plus importante peut-être de l'histoire d'une cité telle que Cambrai.

Notre livre plus général que les deux autres dans son plan, n'a donc pas atteint les développements que ce plan comporte.

Au reste, il n'en est point de l'histoire d'une localité comme de l'histoire d'un royaume tout entier. Indépendamment des grands événements qui constituent les fastes d'une nation, et dans lesquels se trouvent enveloppées toutes les localités, ces dernières ont une vie intérieure qui leur est propre, une vie de détail qu'on ne peut bien étudier qu'en en prenant, à part, chaque élément à son tour. Et dans ce cas, chacun des sujets à traiter, s'isolant, pour ainsi dire, du grand ensemble dont il fait partie, donne lieu à un travail spécial que l'on appellera Biographie, Notice ou Recherches, suivant la nature du sujet. Or, la forme de dictionnaire est la plus commode pour présenter la réunion de toutes ces notices ou histoires partielles qui ne se succèdent pas dans un ordre chronologique, mais qui procèdent parallèlement dans la marche régulière des temps.

C'est précisément cette partie si importante et si intime de l'histoire cambresienne que nous donnons dans le présent dictionnaire, travail qui n'a encore été ni accompli, ni essayé par personne ; et que, pour ce motif, nous avons osé entreprendre.

Mais notre livre, loin d'être exclusif, doit être, au contraire, comme l'indicateur général des ouvrages qui traitent du même sujet, et il est utile d'y consacrer quelques pages à la nomenclature de ces œuvres imprimées ou manuscrites dont l'ensemble forme ce que l'on pourrait appeler : *La Bibliothèque historique de Cambrai.*

Cette nomenclature pourra paraître fort incomplète à ceux qui la compareront à des travaux très-estimables qui ont été faits antérieurement sur le même sujet, et notamment à la partie qui concerne l'histoire cambresienne dans la *Bibliothèque du père Lelong*. Mais si l'on considère que ce travail du père Lelong et ceux qui en ont procédé, contiennent, dans leur liste, les trésors historiques dont la révolution a dépouillé les églises et les monastères qui les possédaient; si l'on considère qu'une grande partie de ces matériaux précieux a été anéantie pour toujours ; on comprendra les restrictions apportées dans notre travail. Nous n'avons pas voulu faire un *Desiderata*, mais bien un catalogue que l'on puisse consulter avec chance de trouver les livres qu'il indique. Il y en a certainement encore de très rares, et par suite difficiles à rencontrer.

Nous avons, il faut bien l'avouer, fait aussi quelques omissions volontaires, à propos d'ouvrages sans aucun intérêt, ou tellement erronés qu'il n'est pas possible de les signaler comme documents utiles. Hâtons-nous d'ajouter qu'il ne faudrait pas ranger dans cette dernière catégorie tous les livres que, par inadvertance ou faute de les connaître, nous aurions omis dans le catalogue qui va suivre. Nous tenons, avant tout, à ne jamais laisser mettre en doute notre sincère estime, et notre juste sympathie pour tous ceux de nos devanciers ou de nos contemporains qui ont mis une main consciencieuse à l'édifice commun.

HISTOIRE GÉNÉRALE DE CAMBRAI ET DU CAMBRESIS. (¹)

1. Chronicon cameracense et atrebatense, sive historia utrius que ecclesiæ, in lucem edita et notis illustrata per Georgium Colvenerium.

Jusqu'à la publication qu'en fit Colvener en 1615, à Douai, la Chronique de Balderic était restée inédite. Cette Chronique commence au temps de Clovis et finit en 1070. Colvener confondait, comme tous ses contemporains, Balderic, l'auteur de la *Chronique*, avec Baudri l'évêque de Noyon. C'est une erreur aujourd'hui reconnue.

La Chronique de Cambrai et d'Arras a été, pour ainsi dire, popularisée par deux éditions modernes. Celle de M. Leglay qui en a publié le texte latin, en le faisant suivre de notes intéressantes ; et celle de MM. Faverot et Petit, qui est une excellente traduction en français, suivie également de quelques notes par M. Leglay.

2. Chronique raccoursie des évesques de Cambray, avec un pareil narré d'aucuns de leurs faits; et des choses les plus remarquables arrivées de leur temps, tiré en partie de Baldéric, jadis évesque de Noyon et de Tournay (2), en partie des anciennes tables de l'église de Cambrai, et manuscrits d'aucuns autheurs particuliers. Par F. Romain Choquez, prédicateur et confesseur récolletz. *Tournay, veuve Adrien Quinqué*, 1662. petit in-4°.

3. Chronique de Cambrai, par Adam Gélicq.

Adam Gélicq écrivait vers 1500. Cette chronique manuscrite qui existe à la bibliothèque de Cambrai sous le n° 884, est une copie faite sur l'original qui reposait à l'abbaye de St-André du Câteau.

4. Du pays et comté de Cambresis, p. 215, 230, du second vol. de la Description générale de la France, t. 7 de l'Atlas de Jean Blaeu. in-f°.

---

(1) Il est nécessairement question de Cambrai dans les histoires de Flandre, de Hainaut et même de France. Nous ne donnons point ici les titres de tous ces ouvrages. Il suffit d'en parler pour mémoire. Les personnes qui se livrent aux études historiques ne négligeront pas de les consulter.

(2) Notre Balderic ne fut jamais évêque de Noyon. V. *Balderic.*

Cette description particulière est précédée d'une carte du Cambresis, dédiée à M. Vanderburch archevêque de Cambrai, mort en 1644. « Le discours historique semble être l'ébauche et le canevas de l'histoire de Cambrai et du Cambresis, que Jean Le Carpentier publia à Leyde en 1664. Je suis bien trompé si ce morceau n'est pas de la même main. Je vois des deux côtés la même emphase dans les louanges données à la ville de Cambrai, la même crédulité pour quantité de fables et de traditions populaires, et le même goût pour les généalogies faites à plaisir. » — *Remarques de M. Mutte, doyen de l'église métropolitaine de Cambrai.*

5. Kalendrier historial de Cambrai, par Julien de Lingne. († Ms. 907.)

Cette curieuse compilation a reçu des additions d'un autre auteur, car on y trouve relaté quelques faits postérieurs à la date de la mort de Julien de Lingne, arrivée en 1615.

6. Histoire généalogique des Pays Bas, ou Histoire de Cambrai et du Cambresis, contenant ce qui s'est passé sous les empereurs et les rois de France et d'Espagne, par Jean Le Carpentier, historiographe. 4 parties en 2 vol. in-4°. *Leyde* 1664.

La première partie de cet ouvrage contient une histoire générale de Cambrai; la seconde partie renferme les vies et généalogies des prélats et autres personnes de distinction qui se rattachent à l'église; la troisième est consacrée à l'état de la noblesse du Cambresis; enfin dans la quatrième sont les pièces justificatives.

« Grand nombre de ces pièces, dit l'abbé Mutte, sont fabriquées à plaisir ou altérées et interpolées, surtout pour les noms de famille. Les généalogies qui les précèdent sont mêlées de bien des mensonges.

» Le Carpentier avait un certain nombre de noms qu'il voulait célébrer. Sa collection de titres était préparée relativement à ces desseins. Il écrivait au milieu de la Hollande, sans contradicteurs intéressés à relever ses bévues et sa mauvaise foi... Une chose caractérise l'effronterie de Le Carpentier : il produit de faux titres et néanmoins il ose mettre une indication à la marge, pour désigner le lieu du dépôt, et les archives où se trouve l'original. Souvent des gentils hommes intéressés, à cause de leur nom et de leur maison, aux chartes ainsi indiquées, ont fait diligence pour en avoir communication ; et après des recherches inutiles, ils ont eu pour réponse qu'il ne se trouvait dans les archives, ni original, ni copie de ce que l'on demandait, et que les inventaires même anciens n'indiquaient rien d'approchant. Les personnes qui ont soin des archives des chapitres ou des monastères de Cambray et du Cambresis, ont été presque toutes dans le cas de chercher de prétendus originaux dans leur dépôt, sur les indices donnés par Le Carpentier, et ont reconnu que ce n'était qu'illusion pour bien des titres. Un auteur qui en use ainsi, calomnie les dépôts anciens et donne lieu de croire qu'ils contiennent des actes faux et controuvés ; il trompe le public dans le temps qu'il paraît lui inspirer de la confiance. » — *Remarques de l'abbé Mutte.*

7. Histoire ecclésiastique et civile de Cambrai et du Cambresis, par Dupont, gradué en théologie et chanoine régulier de Saint-Aubert à Cambrai.

Cet ouvrage a paru en sept parties dans l'almanach ecclésiastique, civil et militaire de Cambrai et de la province du Cambresis, imprimé chez Berthoud, année 1759, 1760, 1762 à 1765 et 1767. Les sept parties qui ont chacune leur pagination particulière, se trouvent généralement réunies en trois volumes pour lesquels on a imprimé des titres et quelques cartons de raccord.

Cet ouvrage présente un grand intérêt par les notes qu'on y trouve, à la fin de chaque partie, sur les maisons religieuses du pays, et par des extraits que l'auteur a empruntés aux mémoriaux de l'abbaye dont il était religieux.

L'histoire de Dupont qui est maintenant assez estimée fut, à son apparition, fort mal accueillie par le magistrat de la ville. Elle devint l'objet d'une délibération ainsi conçue :

« Du 19 avril 1765. MM. du magistrat s'étant fait représenter dans leur assemblée de ce jour le mémoire adressé par la voie de M. l'intendant sur une nouvelle édition de la *Bibliothèque historique* du père Lelong ;

» Ayant mûrement délibéré sur l'importance de l'objet; et considéré qu'un ouvrage intitulé : *Histoire de Cambrai et du Cambresis*, inséré par partie dans l'almanach historique, militaire et civile de la ville de Cambrai et pays de Cambresis, des années 1759, jusques et compris 1765, pourroit avoir été envoyé pour être inséré dans cette édition ;

» Que cet ouvrage contenoit, non seulement des faits hasardés et non approuvés, ni reconnus publiquement, dans plusieurs de ses parties, mais encore des plus suspects aux habitants du pays, ayant été composés sans l'examen, les vérifications et les précautions nécessaires par un auteur anonyme dont la clandestinité seule semble, d'un côté, annoncer le peu de foi que l'on peut ajouter à cet ouvrage, et de l'autre, le défaut de preuves et de titres des faits qu'il y hasarde, avec une partialité aussi marquée pour tout ce qui peut intéresser le clergé; qu'il y apporte au contraire de l'animosité et de l'affectation de rappeler les faits qui peuvent le plus nuire à la ville et à son administration, en commettant une réticence sensible sur ceux qui lui sont les plus favorables ;

» Considérant au surplus que l'on pourroit, à l'avenir abuser de cet ouvrage, pour s'attribuer des privilèges ou former des prétentions au préjudice des droits du roi, de ceux de la ville et des particuliers ; même entraîner d'autres conséquences préjudiciables, et induire le public en erreur ; ayant également considéré d'ailleurs que cet ouvrage, de toute façon, peu réfléchi et imparfait, avoit été imprimé sans avoir été examiné et approuvé par le magistrat, seul juge de police :

» Ont unanimement résolu de désavouer et de désapprouver ledit ouvrage, et de faire, au besoin, des représentations pour empêcher qu'il soit inséré dans la nouvelle édition de la *Bibliothèque historique* du père Lelong ; du moins jusqu'à ce qu'il ait été plus sérieusement examiné, et par eux approuvé dans les règles usitées, comme juges de police. Et, à cet effet, ils ont nommé des commissaires, pour former un bureau et s'appliquer, sans délai, à faire les recherches et les mémoires nécessaires, pour sur leur rapport, être ultérieurement délibéré et résolu ce qu'il appartiendra.

» Ordonnent en outre que la présente délibération sera inscrite sur le registre ordinaire et envoyée à Mgr l'intendant qui sera supplié d'employer ses bons offices pour que cette prétendue histoire de Cambrai et du Cambresis ne soit pas insérée dans la *Bibliothèque historique* du Père Lelong, comme avouée et reconnue du magistrat.

» Fait et délibéré en pleine chambre, les jours, mois et an que dessus. »

L'abbé Dupont ne méritait pas la protestation violente qui fut faite contre lui. Elle n'aurait très probablement pas eu lieu en d'autres temps que celui où il écrivit son histoire. M. de Choiseul venait d'arriver au siège épiscopal de Cambrai. Il avait posé la grave et irritante question des *Droits de l'archevêché de Cambrai*. Dupont qui avait écrit surtout avec des éléments hiératiques se trouvait avoir fait, sans s'en douter, une histoire de circonstance ; sans doute, il aurait été bon qu'il consultât les archives de la commune, mais le pouvait-il, puisque la communication de ces papiers *sans déplacement* avait été refusée même à l'archevêque ? — V. † Ms. 887, p. 228. Cependant le magistrat ne trouvant point dans la nouvelle histoire de Cambrai les documents que lui seul possédait et qu'il avait voulu laisser ignorer, eut le tort de voir de la mauvaise foi là où il n'y avait qu'impossibilité matérielle, par son propre fait, par sa propre volonté. L'auteur de cette histoire à qui l'on reprochait de garder l'anonyme, n'hésita pas à inscrire son nom et ses qualités sur le titre de l'ouvrage, alors qu'on imprima ce titre.

8. **Chronique Vulgaire**, colligée par l'abbé Mutte. Ms. 659 de la bibl. de Cambrai.

Cette chronique a été faite par le savant doyen de l'église de Cambrai, d'après plusieurs copies anciennes qui offraient des lacunes et qu'il compléta les unes par les autres. On trouve au commencement du volume une dissertation intéressante sur les divers manuscrits que l'auteur a eus en main.

9. **Chroniques des Evesques ayant esté Evesques de Cambrai.** Ms. 884 de la bibl. de Cambrai.

Ce manuscrit est pour ainsi dire une mise au net de l'ouvrage précédent, auquel l'on a fait une continuation depuis 1578 jusqu'en 1668. Il est l'ouvrage de l'abbé Tranchant, qui a eu le tort, selon nous, de traduire le vieux style en langage plus moderne, ce qui ôte à sa chronique ce charme et cette naïveté qu'on aime à trouver dans les ouvrages de ce genre.

10. **Mémoires chronologiques contenant ce qui s'est passé de plus remarquable à Cambrai et aux environs depuis le commencement du XV° siècle, jusqu'en 1753.** Manuscrit appartenant à M. Eugène Bouly.

Ce mémorial qui se conserve depuis longtemps dans la famille de l'auteur du présent dictionnaire, peut être considéré comme l'un des plus curieux qui existent sur le même sujet. Il contient sur bien des hommes et des événements des détails que l'on ne rencontre dans aucune autre chronique. Une partie en a été publiée en 1837.

11. **Annales du Cambresis**, par Coquelet, ancien chanoine de St.-Géry, et curé de Béthune.

Manuscrit qui, suivant M. A. Dinaux, doit se trouver dans les archives de la Société d'Emulation de Cambrai.

12. **L'Indicateur Cambresien, ou Exposé alphabétique des objets les plus dignes de fixer l'attention et de piquer la curiosité des étrangers à Cambrai et dans le Cambresis.** *Cambrai, Samuel Berthoud* 1815, in-12.

L'auteur, M. le docteur Leglay, n'y a point attaché son nom.

13. **Glossaire topographique de l'ancien Cambresis, suivi d'un Recueil de chartes et diplômes pour servir à la topographie et à l'histoire de cette province, avec annotation et remarques**, par M. Leglay. *Cambrai* 1849. 1 vol. in-8°.

14. **Dictionnaire géographique des Pays-Bas, du Cambresis et de Liége.** *Amsterdam*, 1695, in-8°.

Ce petit ouvrage est fort incomplet en ce qui concerne le Cambresis.

15. **Lettres sur Cambrai ; esquisses historiques par Eugène Bouly.**

Ce livre est une analyse succincte de l'histoire de Cambrai sous forme de lettres. Cette histoire s'étend depuis les premiers temps de la cité jusqu'à l'époque de Louis XIV. Il en existe deux éditions. La première in-12. *Cambrai* 1835. La seconde in-8. *Paris* 1835.

16. **Histoire de Cambrai et du Cambresis**, par Eugène Bouly ; *Cambrai* 1842. 2 vol. in-8°.

Nous avons donné plus haut notre appréciation sur cet ouvrage.

17. **Les soirées de l'abbé Tranchant, ou entretiens, anecdotes et souvenirs relatifs à l'histoire de Cambrai**, par Eugène Bouly. *Cambrai* 1845, 1 vol. in-8°.

Cet ouvrage n'a guère rien de commun avec l'abbé Tranchant, que le titre qu'on lui a donné. L'auteur y met en scène des jeunes gens qui réunis, pendant les longues veillées d'hiver, chez l'abbé Tranchant, en 1793, reçoivent du vénérable prêtre des instructions et des notes de toute espèce sur l'histoire de Cambrai. Dans ce cadre sont rassemblés une foule de souvenirs et de documents historiques.

18. Jean-Bapt. Gramaye, Antiquitates Belgicæ, *Lovani* 1708, in-f°.

Il s'y trouve une notice sur Cambrai, où l'auteur, dans son style naïf, compare Cambrai à Jérusalem.

19. Cameracum ; auctore Antonio Meyero.

Cette pièce est imprimée à la fin de son ouvrage en vers, intitulé : *Comites Flandriæ, etc. Antuerpiæ* 1556 in-12. Elle est également en vers latins.

20. Discours de l'Estat ancien et moderne de la ville et cité de Cambray, et duché de Cambresis.

Ce discours est un mémoire écrit en 1585, qui, en faisant l'historique des princes Suzerains de Cambrai, a pour but de prouver que nul n'a plus de droits que le roi de France à cette suzeraineté. Nous connaissons quatre copies de ce manuscrit. Trois sont à la bibliothèque impériale, n° 206, fonds Harlay ; n° 323, fonds des missions étrangères ; n° 97, fonds de Brienne. La quatrième fait partie de notre collection particulière.

21. Mémoire sur la ville de Cambrai, rédigé par ordre de Louis XIV, après ses conquêtes de Flandre.

Il se trouve dans un manuscrit de la bibliothèque communale de Cambrai catalogué sous le n° 1010. Semblables mémoires avaient été dressés par les intendants des provinces, pour le Hainaut, la Flandre, le Languedoc, le Soissonnais, la Bretagne, la Touraine et les trois évêchés d'Alençon, du Perche et d'Alsace. On y avait joint des plans et des cartes.

Ce *mémoire* sur la ville de Cambrai est un travail statistique très bien fait. Il est peu connu, nous le donnons au mot *Statistique*.

22. Les Délices des Pays-Bas, ou Description géographique et historique des dix-sept provinces Belgiques.

Il en existe plusieurs éditions, la septième de 1786 se compose de 7 volumes in 12. On y trouve, au tome III, une notice en trois parties contenant : 1° la description du Cambresis ; 2° la liste des évêques et archevêques de Cambrai, jusqu'à M. de Rohan ; 3° un précis de l'histoire de Cambrai. On y a joint un plan de la ville, une vue de l'ancien hôtel-de-ville, une vue de l'ancienne église métropolitaine, et un plan de l'abbaye du St.-Sépulcre. Ces planches sont assez grossièrement exécutées.

23. Le Dictionnaire géographique des Gaules et de la France, par l'abbé Expilly, contient au mot Cambrai une Notice remarquable sur l'ancien état de cette ville.

24. Le Dictionnaire universel, géographique, statistique, historique et politique de la France ; *Paris* 1804, en offre une qui mérite également d'être mentionnée.

25. Notice sur la ville de Cambrai, faite en 1808.

Manuscrit peu volumineux, mais intéressant. Ce travail semble être l'œuvre de quelque officier du génie militaire, car le chapitre des établissements militaires y est très développé. On y rencontre surtout un état détaillé des casernes, pavillons et bâtiments affectés au logement des troupes dans la ville de Cambrai. Nous ne connaissons pas d'autre copie de cette notice que celle que nous possédons.

26. Précis sur la ville de Cambrai, par Emile Dibos. V. Mémoires de la société d'Emulation, 1818, p. 155.

27. Statistique du département du Nord, par Dieudonné, préfet. *Douai*, 1804, 3 vol, in-8°.

Ce travail important contient des renseignements précieux sur Cambrai et le Cambresis. Ces documents sont disséminés dans l'ouvrage, mais la table très bien faite en facilite la recherche et les réunit, pour ainsi dire, sous les yeux du lecteur.

28. Précis de l'Histoire de Cambrai, par M. Edouard Leglay. — V. l'histoire des villes de France, publiée par Aristide Guilbert. *Paris* 1845, tom. 3, p. 268.

29. Chronologie de l'histoire de Cambrai, par M. Adolphe Bruyelle. — V. Mémoires de la Société d'Émulation de Cambrai, année 1850-1851, tome 13, 2° partie.

30. Ephémérides du Cambresis, par M. Adolphe Bruyelle. *Cambrai* 1852. 1 vol. in-8°.

31. Notes historiques, statistiques et géologiques sur les communes de l'arrondissement de Cambrai, par M. Adolphe Bruyelle. *Cambrai* 1849.

Ce travail publié en diverses parties, à la suite de l'almanach de Cambrai, a été réuni en un volume. *Cambrai* 1849.

32. Guide pittoresque du voyageur en France (département du Nord).

Cet ouvrage contient une notice historique et statistique sur Cambrai et sur les principales localités de son arrondissement.

33. Précis statistique sur l'arrondissement de Cambrai ; attribué à Hurez imprimeur.

Ce travail contient de graves erreurs.

Nous le mentionnons, parce qu'il a été quelquefois cité dans d'autres notices. Il était placé, en tête de l'*Almanach de Cambrai*, publié pendant un certain nombre d'années, à partir de l'an XII.

34. Calendrier général des gouvernements de la Flandre, du Hainaut et du Cambresis, conte-

nant la description et les particularités les plus remarquables de toutes les villes de ces provinces, le nom des personnes qui composent l'état militaire, civil et ecclésiastique, etc.

Ce calendrier, qui paraissait tous les ans, a cessé d'être publié à l'époque de la révolution. La plus ancienne année que nous possédions est celle de 1759. Nous croyons que c'est la première qui ait paru.

DOCUMENTS RELATIFS A DES ÉPOQUES ET LOCALITÉS PARTICULIÈRES.

35. Recueil de pièces relatives à l'histoire de Cambrai, depuis Charles-Quint en 1543, ms. in-f° de la bibliothèque de Cambrai, n° 641.

36. Mémorial de plusieurs choses remarquables, arrivées tant à Cambrai qu'aux lieux circonvoisins, depuis 1576, jusqu'en 1616, ms. in-4°, appartenant à la bibliothèque de Cambrai, où il est catalogué sous le n° 670.

Une autre copie du même mémorial est reprise au catalogue sous le n° 1017. Nous en possédons également une copie.

Ce curieux mémorial contient, entre autres documents utiles, la relation jour par jour de ce qui est advenu au siège de Cambrai, par le comte de Fuentes en 1595.

37. Cartulaire contenant 340 chartes, lettres et autres actes relatifs aux établissements publics de Cambrai et du Cambresis et à un grand nombre de familles.

Ce manuscrit d'une écriture du XVIe siècle est à la bibliothèque de Cambrai sous le n° 933.

38. Dénombrement de la terre et seigneurie d'Honnecourt, avecq tous les fiefs et dépendances d'icelle, et toute haute justice, moienne et basse, le 19 novembre 1506. Ms. in-f°. Bibliothèque de Cambrai n° 908.

39. Dénombrement des communes de Quentin, Hestrumel, Hesnne, Corroir, Troisville, Bertry, etc., item épitaphes, immunités ecclésiastiques. Ms. in-f°. — Bibliothèque de Cambrai, n° 639.

40. Notice sur le village d'Esnes, par M. Leglay.

Cette notice se trouve dans les *Mémoires de la Société d'Émulation* de Cambrai, 1833, p. 311.

HISTOIRE ECCLÉSIASTIQUE.

41. Histoire ecclésiastique des Pays-Bas, contenant l'ordre et la suite des évêques et archevêques de chaque diocèse : avec un recueil de leurs faits les plus illustres. Ensemble un catalogue des saints qui y sont spécialement honorez, les fondations des églises, monastères, collèges et autres lieux, etc. Plus la succession des comtes d'Artois et les choses mémorables arrivées de leur temps, par Guillaume Gazet, pasteur de Ste-Marie-Magdeleine d'Arras. — *Arras, de la Rivière*, 1614, in-4°.

Nous faisons ici mention de cet ouvrage, parce que, jusqu'à la fin du XIe siècle, le diocèse d'Arras n'a fait qu'un avec celui de Cambrai.

42. L'ordre et suite des évesques de Cambray et d'Arras, avec une briefve histoire de leurs faits les plus illustres, ensemble le catalogue des saints qui sont spécialement honorez aux diocèses de Cambray et d'Arras, etc., par M. Guillaume Gazet, pasteur de Ste-Marie-Magdeleine à Arras. — *Arras*, chez *Gilles Bauduyn*, à l'enseigne de *la Fontaine*, 1598, in-12.

Cet ouvrage de G. Gazet a été fondu dans celui plus général publié en 1614, et que nous avons cité à l'article précédent.

43. Gallia christiana, ouvrage célèbre des Bénédictins, dans lequel on trouve l'histoire ecclésiastique du diocèse de Cambrai.

44. Cameracum christianum, ou histoire ecclésiastique du diocèse de Cambrai, extraite du Gallia christiana et d'autres ouvrages, avec des additions considérables et une continuation jusqu'à nos jours, publiée sous les auspices de S. E. Mgr le cardinal-archevêque de Cambrai, par M. Leglay. — *Lille, Lefort*, 1849. 1 vol. in-4°.

C'est à la sollicitation et sous les auspices de Mgr Pierre Giraud, que le docteur Leglay, archiviste du département du Nord, a commencé et mené à fin la publication de cet intéressant ouvrage. Les directeurs du petit séminaire de Cambrai, qui se recommandent par une solide érudition, ont puissamment aidé le savant archiviste dans son travail si digne d'éloge et d'estime.

45. Histoire des évêques et archevêques de Cambrai, écrite par Julien Delingne, avec des additions de Louis Foulon, chanoine de Notre-Dame de Cambrai, secrétaire de Mgr François Vanderburch, archevêque. Ms. in-4°, catalogué dans la bibliothèque de Cambrai sous le n° 674.

Ce manuscrit précieux de Julien De Lingne a été soustrait à la bibliothèque de Cambrai vers 1840. Nous le mentionnons cependant, parce qu'on n'a pas perdu tout espoir de le retrouver.

46. Chroniques des évêques de Cambrai. Ms. in-4°.

On trouve deux chroniques sous ce titre à la bibliothèque de Cambrai. Elles sont cataloguées sous les n°ˢ 673 et 675.

47. Les noms des Evesques et Ducqs de Cambray, comtes de Cambresis et princes du sainct Empire, commenchant à Diogène 1ᵉʳ Evesque, jusques à Robert de Croy exclusivement. Ms. in-4°, du XVIᵉ siècle.

Ce manuscrit existe actuellement dans la bibliothèque de Valenciennes.

48. Histoire des Evesques et Archevesques de Cambray, divisez en seize catalogues et deux calendriers, pour estrenne de l'an de grâce 1615, à Mgr François Buisseret, par Julien Delingne, prestre, in-4°. — Ms. catalogué sous le n° 903 à la bibliothèque de Cambrai.

49. Acta et decreta synodi-diœcesanæ cameracensis celebratæ anno 1550, mense octob. Item antiqua statuta synodalia cameracencis diœcesis. *Parisiis*, ex typographia *Mathæi Davidis* 1551, in-4°.

Cette belle édition, rare aujourd'hui, contient des armoiries.

50. Synodus diœcesana cameracensis celebrata anno 1567. *Bruxelles* in-4°.

51. Concilium provincialæ cameracense, habitum anno 1586. Adjunctæ sunt aliquot constitutiones pontificiæ et edictum regium de hujus concilii decretis observandis, addictum est etiam concilium primum cameracense; auctore Francisco Bonhomio, montibus 1587, in-4°.

52. Idem 1602, in-8. — 1636, in-8. — 1686, in-8°.

Actes et décrets des divers conciles tenus à Cambrai.

Ces décrets sont tous publiés en latin. Ils ont paru sous les titres suivants:

53. Decreta diœcesanæ cameracensis, præsidente reverendissimo Roberto de Croy, mense octobri 1550. *Cambrai, Guillaume Robat*, 1614, in-12.

54. Canones et decreta sacri concilii provincialis cameracensis, præsidente Maximiliano a Bergis, 1565.— *Cameraci*, ex officina *Judoci Laurent*, 1615, in-12.

55. Synodus diœcesanæ cameracensis, celebrata anno domini 1567, mense octobri, presidente Maximiliano a Bergis. — *Cambrai, Guillaume Robat*, 1614, in-12.

56. Concilium provinciale cameracense in oppido montis hannoniæ habitum, anno domini 1586, præsidentibus illustrissimis et reverendissimis dominis Francisco Bonhomio episcopo et comite versellensi Nuncioque apostolico cum potestate legati de latere, ac Ludovico de Berlaymont archiepiscopo et duce cameracensi, etc. *Cameracy* apud *Judocum Laurent*, 1614, in-12.

57. Decreta synodi diœcesanæ cameracensis, per illustrissimum et reverendissimum dominum D. Guilielmum de Berges celebratæ anno domini 1604, mense octobri. *Cameraci* apud *Guilielmum Robat* et *Judocum Laurent*. 1614, in-12.

Comme on le voit, les diverses collections qui viennent d'être indiquées sont des rééditions faites par Robat et Laurent au XVIIᵉ siècle. Ce sont les seules qu'on trouve facilement.

58. Recueil des synodes de Cambrai, publié par Mgr de St-Albin, archevêque duc de Cambrai. *Paris, Marc Bordelet*, 1739, in-4°.

59. Collectanea D. Jacobi Moart, canonici ecclesiæ cameracensis, spectantia, ad res ejusd. ecclesiæ et ad urbis ecclesias. Mss. in-f°.

Cette précieuse collection est conservée à la bibliothèque de Cambrai sous les n°ˢ 647 et 651.

60. Notices de Jacques Moart, sur divers sujets ecclésiastiques, civils et criminels. 7 vol. Mss. Bibl. de Cambrai, n° 678.

61. Miscellanea Jacobi Moart. Ms. in-f°. Bibl. de Cambrai, n° 939.

C'est un recueil de pièces relatives à l'église de Cambrai.

62. Chronicon multiplicis historiæ utriusque testamenti, auctore Masseo cameracenate. Antuerpiæ, 1546, in-f°.

On trouve dans cette chronique qui n'est pas sans mérite, des détails sur les évêques de Cambrai.

63. Historiæ camerasensis ecclesiæ compendium et collectanea de rebus cameracensibus. Ms. par Ferdinand Nicolas Pierson, chanoine de Cambrai, mort en 1676. Bibl. de Cambrai, n° 653.

64. Ritus observandus domino archiepiscopo

in ecclesiâ suâ metropolitanâ assistante. Ms. in-f°, écriture du XVIII° siècle. Bibl. de Cambrai, n° 988.

65. Résultat des conférences ecclésiastiques du diocèse de Cambrai, publié par l'ordre et avec l'approbation du cardinal Pierre Giraud, archevêque de Cambrai. — *Cambrai, Lesne-Daloin,* imprimeur de l'archevêque.

Plusieurs vol. in-8° paraissant successivement. La première année est celle de 1843, publiée en 1844.

66. Mémoires sur les archives des églises et maisons religieuses du Cambresis, par M. Leglay. *Lille* 1852, in-8°.

Cet ouvrage est un inventaire raisonné des archives religieuses du Cambresis, qui ont échappé à la destruction en 1791, et qui sont aujourd'hui au dépôt central des archives à Lille.

67. Recueil de pièces pour servir à l'histoire ecclésiastique du diocèse de Cambrai. Ms. in-4°, appartenant à la bibliothèque de Cambrai, et catalogué sous le n° 887.

68. Historiæ cameracencis ecclesiæ compendium et collectanea de rebus cameracensibus. Ms. in-f° de la bibl. de Cambrai, n° 653.

L'auteur de ce recueil est un chanoine de Cambrai nommé Ferdinand-Nicolas Pierson. Il mourut en 1676.

69. Mélanges historiques concernant principalement les évêques de Cambrai, depuis saint Aubert, évêque en 636, jusqu'en 1467, 6 vol. in-f°. Ms. de la bibl. de Cambrai, n° 657.

C'est une collection de cahiers écrits de différentes mains, qui contiennent des extraits de plusieurs imprimés et de plusieurs mémoires manuscrits qui n'ont point été publiés, avec des chartes répandues çà et là. L'auteur qui a dirigé la formation de ce recueil, écrivait sous l'évêque Gaspard Némius. Il n'a point fait connaître son nom. (Note de M. Leglay.)

70. Protocole, ou registre d'affaires séculières et ecclésiastiques, par Foulon. Ms. in-f° de la bibl. de Cambrai, n° 665.

71. Protocole pour les vicaires généraux, ou registre d'affaires séculières et ecclésiastiques, depuis 1571, jusqu'en 1584 environ. Ms. in-f° de la bibl. de Cambrai, n° 666.

Nous avons placé ces registres au nombre des documents ecclésiastiques, parce que c'est surtout pour l'histoire de l'église qu'ils sont intéressants.

72. Notices intéressantes sur l'église de Notre-Dame de Cambrai, et sur toutes les autres églises, abbayes, chapitres, hôpitaux et autres établissements pieux de ladite ville. Ms. in-f° de la bibl. de Cambrai, n° 658.

Cet ouvrage intéressant a été achevé en 1603 par Julien De Lingne.

73. Les sanctuaires de la mère de Dieu, dans les arrondissements de Cambrai, Valenciennes et Avesnes. A M. D. G. *Lille, Leleu,* 1848, 1 vol. in-12.

74. Mémoires sur les communautés de femmes qui existaient à Cambrai, par l'abbé Tranchant. Ms. in-4° de la bibl. de Cambrai, n° 905.

75. Notice sur les communautés de femmes établies à Cambrai avant la révolution, par Madame Clément Hémery.

Cette notice est contenue dans les mémoires de la Société d'Emulation de Cambrai, 1825, p. 141. Une commission d'examen dont M. Leglay faisait partie, a ajouté au travail de Mad. Clément des notes utiles qui le complètent et le rectifient en plusieurs endroits.

76. Essai historique sur la rentrée des biens, tant à l'Église qu'à la nation, avec des réflexions sur la nature de ces biens, 1789, in-8°.

Ce livre contient des détails intéressants sur les biens monastiques du Cambresis.

77. Mémoire sur ce qui se passa lors de la séparation de l'évêché d'Arras d'avec celuy de Cambrai, après la mort de Gérard et depuis l'élection de Lambert, jusqu'à sa consécration : lu dans la société littéraire d'Arras en 1771, par l'abbé de Lys.

Cette pièce existe dans les mémoires de la société d'Arras.

78. Farde de pièces relatives aux contestations qui eurent lieu par suite de l'érection de Cambrai en archevêché. Ms. de la bibl. com. de Cambrai, n° 1042.

On en peut voir l'inventaire dans le catalogue imprimé des manuscrits de la bibliothèque de Cambrai, p. 229.

79. Bulles d'érection des nouveaux évêchés dans les Pays-Bas, et protestation des archevêques de Reims.—Ces bulles se trouvent dans les concil. novissim. galliæ. — *Parisiis* 1646, in-f°, p. 54, 60, 75 et 274.

80. Protestation de messire Charles Maurice Le Tellier, archevêque duc de Reims, etc., contre la prétendue érection de l'église de Cambray en métropole, avec la signification de la

dite protestation du 14 février 1678. *Paris, Léonard*, 1678, in-f°.

Lorsque le roi Louis XIV eut réuni Cambrai au royaume de France, l'archevêque de Reims tenta de nouveaux efforts, pour faire rentrer cette ville sous son pouvoir métropolitain. La protestation de M. Le Tellier fut écrite dans cette intention.

81. Mémoire présenté au roy, au mois de janvier 1695, par messire Charles Maurice Le Tellier, archevêque duc de Reims, etc., contre l'érection de l'église de Cambray en archevêché.—*Paris*, imprimerie royale, 1695, in-4°.

82. Recueil des Mandements de messire François de Salignac de la Motte Fénélon, archevêque duc de Cambrai, etc., à *Valenciennes*, chez *Gabriel François Henry*, 1708. 1 vol. in-12 de 64 pages.

Ce recueil est très rare à présent. Il contient onze mandements. — Cinq pour le carême en 1704, 1705, 1706, 1707, 1708. — Cinq pour des prières et un pour le jubilé de 1707.

83. Instructions, lettres pastorales, mandements, et discours de Mgr Pierre Giraud, archevêque de Cambrai.

La partie des œuvres du cardinal qui concerne le diocèse de Cambrai, est contenue dans les 3e et 4e vol. de ses œuvres complètes publiées à Lille. *Lefort*, 1850, 4 vol. in-8.

84. Les mandements de M. Louis Belmas, évêque et prédécesseur du cardinal Giraud.

Ces Mandements n'ont point été réunis en collection. L'Evêque les faisait imprimer, suivant l'usage, sur format in-4° à mesure qu'il les publiait.

85. Calendrier ecclésiastique de Cambray, on y a joint l'Estat du clergé séculier et régulier de la ville et du diocèse. *Cambrai, Samuel Berthoud*, Place-au-Bois, 1754.

D'après un avis placé à la première page sous le titre: *Excuse du libraire*, on voit clairement qu'il est l'auteur de ce livre. Nous pensons que c'est le premier almanach ecclésiastique imprimé à Cambrai.

86. Souvenir du 4e jubilé séculaire de N.-D.-de-Grâce à Cambrai, ou récit des fêtes et cérémonies qui ont eu lieu à l'occasion de cette solennité, par M. l'abbé Capelle. *Paris, Gaume frères*, 1832. 1 vol. in-18.

ÉGLISE MÉTROPOLITAINE ET CHAPITRE.

87. Collection de pièces relatives au chapitre métropolitain de Cambrai. Ms. in-f°. 4 vol. Bibl. de Cambrai, n° 634.

88. Copie de plusieurs lettres et chartes de l'église métropolitaine de Cambrai. Ms. in-f°. Bibl. de Cambrai, n° 635.

89. Sommaire des antiquités de l'Eglise de Cambrai. Calendarium historiale ss. episcoporum, camerac : et atrebat : carmen. Notes historiques sur les églises de Cambrai. Martyrologium ecclesiæ cameracensis. Histoire brève de St-Julien Martyr. Histoire des évêques et archevêques de Cambray.

Toutes ces pièces écrites de la main de Julien de Lingue, sont contenues dans un carton. Bibl. de Cambrai, n° 636.

90. Collection de pièces relatives à l'église métropolitaine, aux évêques et archevêques, à la ville et aux églises de Cambrai. Le tout écrit par Julien de Lingue, prêtre. Ms. in-f°. Bibl. de Cambrai, n° 644.

91. Recueil de pièces sur l'histoire de l'église et de la ville de Cambrai, par l'abbé Tranchant. Ms. in-4°. Bibl. de Cambrai, n° 886.

92. Acta capituli ecclesiæ, primum cathedralis, postea metropolitanæ cameracencis. Mss. in-f°. et in-4°, 43 vol.

Cette précieuse collection des actes capitulaires commence en 1364 et finit en 1745. Elle a malheureusement des lacunes. Bibl. de Cambrai du n° 944 au n° 987.

93. Cahier de remontrances des ecclésiastiques attachés au service du chapitre métropolitain. Ms. in-f°. Bibl. de Cambrai, n° 990.

94. Collationes canonicatuum, prœbendarum, et dignitatum ecclesiæ cameracensis, 1524 à 1560. Ms. in-4°. Bibl. de Cambrai, n° 991.

95. Vetus repertorium privilegiorum capituli ecclesiæ cameracensis. Ms. in-f°. Bibl. de Cambrai, n° 994.

96. Liber privilegiorum ecclesiæ et civitati cameracensi concessorum. Ms. in-4°. Bibl. de Cambrai, n° 1029.

Parmi les titres contenus dans ce recueil, existe une charte donnée par Frédéric II, en 1215, au sujet de la commune de Cambrai.

97. Vetus repertorium privilegiorum ecclesiæ cameracensis. Ms. in-4°. Bibl. de Cambrai. n° 995.

98. Vetus repertorium privilegiorum ecclesiæ cameracensis. Ms. in-4°. Bibl. de Cambrai, n° 996.

Ce dernier répertoire contient un travail d'ordre qui n'existe point dans le précédent.

99. Metropolitanæ ecclesiæ cameracensis capituli statuta. Ms. in-4°. Bibl. de Cambrai, n° 1020.

100. Collectio omnium inscriptionum in metropolis ecclesiæ cameracensis monumentis seu tabulis æreis, marmoreis et saxeis incisarum, anno 1764. Ms. in-f°, par l'abbé Tranchant. Bibl. de Cambrai, n° 941.

Cette collection contient, outre les inscriptions funéraires, un plan très curieux de l'ancien chapitre de Cambrai. Après les épitaphes de la métropole, on y trouve un grand nombre d'inscriptions recueillies dans d'autres églises de Cambrai, à savoir : de St-Aubert, de la Madeleine, de St Nicolas, de St-Martin, de Ste-Croix, de St-Géry, de Prémy, de St-François, des Clarisses et de St-Fiacre.

101. Antiquités de l'église de Cambrai et de son clergé, précédées d'un calendrier à l'usage de la même église, et de détails liturgiques y relatifs. Ms. in-f° par l'abbé Tranchant.

102. Mémoire des reliques, joyaux, cappes et tous aultres meubles et biens estant en la thrésorerie de l'église métropolitaine de Cambray, 1623, par Guillaume du Pin. Ms. in-f°. Bibl. de Cambrai, n° 927.

103. Recherches sur l'église métropolitaine de Cambrai, par A. Leglay. *Paris* 1825. 1 vol. in-4°.

104. Archives épiscopales et capitulaires.

Il est important de rappeler ici qu'une portion considérable des archives épiscopales et capitulaires de Cambrai repose au dépôt central des archives du département du Nord à Lille. Ce seul fonds ne s'élève pas à moins d'environ 13,321 chartes isolées. Il s'y trouve 12 cartulaires etc., plus 152 plans. — V. *Mémoire sur les archives des églises et maisons religieuses du Cambresis, par M. Leglay.*

COLLÉGIALE DE ST—GÉRY.

105. Mémoires historiques de l'église collégiale de St-Géry à Cambrai. Ms. in-4° par l'abbé Tranchant. Bibl. de Cambrai. Ms. 885.

106. Pièces relatives à l'église de St-Géry de Cambrai. Ms. in-f°, collection faite par l'abbé Mutte. Bibl. de Cambrai, n° 652.

107. Lettres de convocation pour l'assemblée des états de Cambrai et du Cambresis, adressées au chapitre de l'église collégiale de St-Géry. Ms. in-f° contenant toutes les lettres autographes de convocation, depuis 1597 jusqu'en 1787. Bibl. de Cambrai, n° 1024.

108. Cahier de remontrances de la communauté des chapelains de l'église 1re collégiale de St-Géry de Cambrai. Cahier ms. in-f°. Bibl. de Cambrai, n° 989.

109. Archives de St-Géry.

Une grande portion des *archives de St-Géry* repose au dépôt des archives du Nord. V. le *Mémoire sur les archives religieuses* précité.

ABBAYE DE ST—AUBERT.

110. Registre de l'abbaye de St-Aubert, commençant aux abbés mitrés, constitutions, nécrologes. Ms. in-f° de la main de Joseph Pouillaude, abbé de ce monastère. Bibl. de Cambrai, n° 662.

111. Abrégé de l'histoire de l'abbaye de St-Aubert. Ms. in-f° par Joseph Pouillaude. Ce travail est daté de 1710. Bibl. de Cambrai, n° 663.

112. Abrégé de l'histoire de l'abbaye de St-Aubert depuis sa fondation. Ms. in-f° par Joseph Pouillaude. Bibl. de Cambrai, n° 654.

113. Registre contenant ce qui s'est passé de plus remarquable à l'abbaye de St-Aubert, depuis la mort de M. Denis, au 12 novembre 1708, par Joseph Pouillaude. Ms. in-f°. Bibl. de Cambrai, n° 655.

114. Etat de l'abbaye de St-Aubert depuis le 1er abbé mitré jusqu'en 1730, par l'abbé Pouillaude. Ms. in-f°. Bibl. de Cambrai, n° 656.

115. Privilèges de St-Aubert en Cambresis, Bertheries, St-Vaast, Sauzoy et un grand nombre d'autres villages. Ms. in-f°. 2 vol. Bibl. de Cambrai, n° 1022.

116. Mémoriaux de St-Aubert.

On sait que ces mémoriaux étaient égarés depuis longtemps. M. Leglay en a retrouvé une partie. Elle repose aux archives centrales de Lille.

117. Archives de St-Aubert.

Le fonds de ces archives contient près de 4,000 chartes, des registres au nombre de 323 et 40 plans. Le tout reposant au dépôt départemental des archives du Nord. — V. le *Mémoire* précité,

ABBAYE DU ST—SÉPULCRE.

118. Narratio controversiæ exortæ inter Gerardum abbatem monasterii sancti sepulchri, et conventum prædicti monasterii. Ms. in-4°.

Cet intéressant travail est l'œuvre d'un abbé de St-Sépulcre, nommé Jean de Raillencourt qui l'écrivit vers 1274. Il est catalogué dans la bibl. de Cambrai sous le n° 661.

119. Archives de l'abbaye du St-Sépulcre.

Le fonds en existe au dépôt des archives départementales du Nord. — V. le mémoire ci-dessus cité.

120. Chronologia stemmatica B. fundatoris et abbatum ecclesiæ ac monasterii sancti sepulchri cameracensis, cum brevi expositione vitæ et gestorum eorumdem, ex actis authenticis in eodem monasterio asservatis collecta, anno 1740.

Ce manuscrit qui appartient à la bibl. de Douai y est catalogué sous le n° 776.

COLLÉGIALE DE STE-CROIX.

121. Mémoires sur l'église et le chapitre de Ste-Croix à Cambrai.

Compilation manuscrite par l'abbé Tranchant. On y trouve un règlement de 1220 pour l'hôpital de St-Julien. Bibl. de Cambrai, n° 1018.

122. Registre contenant plusieurs chirographes de rentes, amortissements et accords faits par MM. du chapitre de Ste-Croix en Cambray, in-f°. Ms. de la bibl. de Cambrai, n° 904.

123. Cartulaire de l'église collégiale de Ste-Croix à Cambrai. Ms. in-4° de la bibl. de Cambrai, n° 934.

124. Archives du chapitre de Ste-Croix.

Une partie importante de ces archives repose au dépôt central des archives du département du Nord. — V. *Mémoire sur les archives religieuses*.

ABBAYE DE CANTIMPRÉ.

125. Archives de Cantimpré.

Aux archives centrales de Lille. — V. le *Mémoire sur les archives religieuses* précité.

ST-ANDRÉ DU CATEAU.

126. Archives de l'abbaye de St-André.

Elles sont au dépôt central de Lille. — V. le *Mémoire sur les archives religieuses*, cité plus haut.

CHAPITRE DE N. D. DE WALINCOURT.

127. Archives au dépôt central de Lille.

V. le *Mémoire* précité.

GUILLEMINS LES-WALINCOURT.

128. Archives au dépôt central de Lille.

V. le *Mémoire* précité.

ABBAYE DE PRÉMY.

129. Documents curieux sur l'abbaye de Prémy, dans le Ms. de la bibl. de Cambrai, repris au catalogue sous le n. 905.

130. Archives de Prémy au dépôt central de Lille.

ABBAYE D'HONNECOURT.

131. Archives au dépôt central des archives du département du Nord.

V. le *Mémoire* précité.

ABBAYE DE VAUCELLES.

132. Archives très nombreuses au dépôt central des archives, à Lille.

V. le *Mémoire* précité.

133. Inventaire analytique des titres, chartes, bulles et autres documents concernant l'abbaye de Vaucelles. in-f°. 2 vol. Ms. de la bibl. de Cambrai, n° 1027.

134. Collection de poésies etc. Ms. de la bibl. de Cambrai, n° 870.

Nous mentionnons ce recueil parce qu'il s'y trouve quelques documents relatifs à l'abbaye de Vaucelle.

COUVENT DE ST-LADRE OU ST-LAZARE.

135. Ce sont toutes les rentes et revenus de l'hôpital St-Ladre dalés Cambrai renouvelés et éscrits par messire Guy de Vaus, maistre du dit hôpital, l'an de grâce 1371 et en suiant toutes les rentes ainsi que l'hôpital doit. Ms. in-4° de la bibl. de Cambrai, n° 932.

136. Archives de St-Lazare au dépôt central de Lille.

BÉNÉDICTINES ANGLAISES.

137. Archives au dépôt de Lille.

JÉSUITES.

138. Pièces relatives aux Jésuites de Cambrai, au dépôt central de Lille.

ORDRES MENDIANTS.

139. On trouve aux archives départementales, parmi les papiers de l'abbé Tranchant, un travail de ce prêtre laborieux, ou il a rassemblé les documents qu'il a pu se procurer sur les diverses maisons des ordres mendiants à Cambrai.

HOPITAL ST-JULIEN.

140. Archives de St-Julien au dépôt central des archives, à Lille.

HOPITAL ST-JACQUES.

141. Quelques titres de cet hôpital sont au dépôt des archives à Lille.

OFFICIALITÉ.

142. Archives de l'officialité au dépôt central des archives à Lille.

V. le *Mémoire sur les archives religieuses*, cité plus haut.

HAGIOGRAPHIE ET BIOGRAPHIE ECCLÉSIASTIQUE.

143. Catalogue des saincts et sainctes du diocèse de Cambray avec annotation des ans, mois et jours aux quels ils sont trespassés, et où reposent leurs corps, etc. Ms. du XVIe siècle.

Nous ignorons le nom du possesseur actuel de ce catalogue. M. A. Dinaux, dans un travail sur la bibliographie cambresienne, fait connaître qu'il a été vendu en 1820 à la vente de Mlle d'Yve à Bruxelles, sous le n° 3312.

144. Les vies des saints et des personnes d'une éminente piété des diocèses de Cambrai et d'Arras, par l'abbé Destombes, professeur d'histoire au petit séminaire de Cambrai. *Cambrai*, 1851. 4 vol. in-12.

145. Vie de St-Géry, dans les Bollandistes. 11 août.

146. Abrégé de la vie et des miracles de St-Géry par le P. Choquez, récollet. — *Tournay*, 1662, in-4°.

147. Vie de St-Géry par Adrien Baillet. Imprimé dans son *Recueil des vies des saints*, au 11 août.

148. Vita sancti Auberti, auctore Fulberto, episcopo carnotensi.

Cette vie est imprimée dans le recueil de Surius, au 13 décembre.

149. Vie de St-Aubert par Baillet, dans son *Recueil des vies des saints*, au 13 décembre.

150. Miracula, sancti Auberti episcopi cameracensis. Ms. in-f°. Bibl. de Cambrai, n° 761.

151. Vita sancti Vindiciani, auctore francisco Doresmieux, abbate Montis Eligiani. — Au recueil des Bollandistes, 11 mars.

Doresmieux est mort en 1640.

152. Vie de St-Vindicien, par François Giry. Dans son *Recueil des vies des saints*, au 11 mars.

153. Vie du même par Baillet, également dans son *Recueil des vies des saints*, même jour.

154. De sancto Hadulpho, dans les Bollandistes au 19 mai.

155. De sancto Ableberto, auctore Joanne Bollando. Dans le recueil des Bollandistes, au 15 janvier.

156. Histoire de la vie et des ouvrages d'Halitgaire (Halitchaire), par D. Antoine Rivet, bénédictin; dans l'*Histoire littéraire de la France*, tom. IV, page 504.

157. Histoire de Wibold, par D. A. Rivet bénédictin, dans l'*Histoire littéraire de la France*, t. VI, p. 311.

158. Histoire de la vie et des écrits de Gérard Ier par le même, *Histoire littéraire de la France*, tome VII. p. 431.

159. Vita sancti Lietberti, auctore Rodulpho, monacho sancti sepulchri, au tome X du spicilège de D. Luc d'Achery, p. 675.

160. Vitæ B. Lietberti cameracensis episcopi.

Le mot *vitæ* est au pluriel parceque le même livre contient deux vies. La première est écrite par Rodulphe, c'est celle qui est indiquée à l'art. précédent. Ms. in-f°. Bibl. de Cambrai, n° 766.

161. La vie du même saint avec commentaire par un jésuite, se trouve au recueil des Bollandistes, 23 juin.

162. Histoire de la vie et des écrits de Gérard II, par D. Antoine Rivet bénédictin, dans l'*Histoire littéraire de la France*, tom. VIII, p. 396.

163. Vita beati Odonis, auctore coævo Amando de Castello. Dans le livre de Raisse intitulé : *Auctuarium ad natales sanctorum Belgii : Duaci* 1626, in-8°.

La même vie est au recueil des Bollandistes.

164. Remarques sur Odon, évêque de Cambrai, dans le *Dictionnaire historique et critique de Chauffepié*.

165. Vita Petri cardinalis de Alliaco.

166. Notice sur Pierre d'Ailly, par M. A. Dinaux, dans les Mémoires de la Société d'Emulation de Cambrai, 1824.

167. Notice sur le cardinal Pierre d'Ailly, par Eugène Bouly. *Cambrai*, 1847, in-8°.

168. Mémoires pour servir à l'histoire de Louis de Berlaymont, archevêque duc de Cambrai, par Balique et Cotolendy. Ms. de la bibl. de Cambrai n° 883.

169. Vita et panegyris Francisci Buissereti; auctore Nicolao Guisio, canonico cameracensi, *Cameraci*, 1616 in-4°.

170. Epitome vitæ et virtutum Francisci-Vanderburch, auctore Ludovico Foulon. *Insulis, de Rache*, 1647, in-4°.

La même vie traduite en français. *Mons*, 1712, in-4°.

171. Eloge historique de François Vanderburch, archevêque duc de Cambrai, prince du saint empire, comte du Cambresis, par l'abbé Ouvray, 1785.

Ce livre a été imprimé à Cambrai, chez Samuel Berthoud. M. Ouvray était principal du collège de Cambrai.

172. Notice sur François Vanderburch, par M. Duthilleul; aux Mémoires de la Société d'Emulation de Cambrai. 1823, p. 149.

173. Histoire de la vie de Fénélon, archevêque de Cambrai, par le chevalier de Ramsay; *La Haye*, 1723; *Bruxelles*, 1725.

André, Michel de Ramsay, noble écossais, embrassa la religion catholique, par suite de ses entretiens avec Fénélon.

174. Histoire de la vie et des ouvrages de M. de Fénélon par le P. Niceron. Dans ses mémoires, tom. 38, p. 346 et suiv.

175. Recueil des principales vertus de M. François de Salignac de Lamotte, Fénélon, par un ecclésiastique. *Nancy, Cusson*, 1725, in-12.

176. Histoire ou récit abrégé de la vie de M. François de Salignac de Lamotte Fénélon, accompagnée de la généalogie de sa famille, et d'une liste exacte de ses ouvrages. *La Haye, Neaulme; et Londres, Davis* 1747, in-8°.

177. Remarques sur M. de Salignac de Fénélon, par de Chauffepié, dans son *Dict. hist.*

178. Histoire de Fénélon par le cardinal de Bausset, ancien évêque d'Alais, 4 vol. in-8°. *Versailles*, 1817, 3e édition.

Nous n'ajouterons point aux indications qui précèdent, un grand nombre de vies de Fénélon, écrites à divers points de vue; pour la plupart très-succinctes et surtout peu intéressantes.

179. Vie du cardinal P. Giraud, archevêque de Cambrai, par M. l'abbé Capelle, missionnaire apostolique. *Lille, Lefort* 1852. 1 vol. in-8°.

180. Biographie des prêtres du diocèse de Cambrai morts depuis 1800 et qui se sont le plus distingués par leurs talents et leur zèle, par l'abbé Capelle, in-8° 1847.

181. Notice biographique sur Jacques Ruffin, dernier abbé de Vaucelles, par M. Pascal Lacroix. — Dans les Mém. de la Société d'Emulation de Cambrai, 1820.

Ajoutons ici qu'on trouve, dans le *Cameracum christianum*, une notice plus ou moins complète sur chacun des évêques de Cambrai, depuis St-Vaast qui en est le 1er, jusqu'au cardinal Pierre Giraud.

HISTOIRE POLITIQUE ADMINISTRATIVE ET JUDICIAIRE.

182. Archives de la ville de Cambrai.

Ce dépôt doit, à juste titre, être cité le premier.

183. Recueil de chartes et diplômes octroyés à la cité et au magistrat de Cambrai, depuis 1230 jusqu'en 1478.

Cette précieuse collection qui appartient à l'auteur du présent dictionnaire, ne contient pas d'originaux. Ce sont des copies collationnées et pour ainsi dire légalisées par divers greffiers.

184. Mémoire pour l'archevêque de Cambrai in-4°.

Ce mémoire qui a été rédigé pour soutenir les prétentions de M. de Choiseul sur la souveraineté de Cambrai, présente un grand intérêt historique à cause d'un nombre considérable de chartes et autres titres qui y sont rapportés comme pièces justificatives.

185. Mémoire pour le magistrat de Cambrai contre l'archevêque, in-4°.

Cette pièce est la défense du magistrat contre les prétentions de M. de Choiseul. Elle présente, au point de vue historique, moins d'intérêt que le mémoire de l'archevêque, néanmoins elle est utile à consulter.

D'autres pièces ont été publiées dans le cours de cette grande affaire, où malheureusement on a souvent mêlé l'injure au raisonnement. Elles ne peuvent servir qu'à l'histoire même de ce célèbre procès.

186. Première loi écrite donnée aux Cambresiens.

187. Loy Godefroy.

V. ces deux lois dans le présent dictionnaire au mot *Loi*.

188. Calendrier général du gouvernement de la Flandre, du Hainaut et du Cambresis.

Nous l'avons indiqué plus haut. Il n'est mentionné ici que pour mémoire.

189. Documents historiques et administratifs, touchant la ville de Cambrai. § Ms. 9 de la bibl. d'Eugène Bouly.

Ce manuscrit est formé d'une collection d'actes intéressants surtout pour l'histoire des diverses juridictions de Cambrai.

190. Documents diplomatiques.

Nous désignons sous ce titre divers actes de protection et de neutralité, octroyés à la ville de Cambrai par différents monarques. On trouve ces pièces à la Bibl. impériale, collection Harley n° 206.—Fonds des missions étrangères n° 323.— Fonds de Brienne, n° 97. (Section des Mss.)

191. Lettres de chartes de la protection de Cambrai, données par le roi Henri IV, à St-Germain en Laye, au mois d'avril 1594, et autres actes relatifs, imprimés, in-4° de 60 pages, 1595.

192. Articles accordés et conclus de la part de Mesdames les archiduchesses d'Autriche et duchesse d'Angoulême, mère du roi très chrétien, sur leur assemblée qui se doit prochainement faire en la ville et cité de Cambrai, pour le fait de la paix. Du 29 juin 1529.

Ces préliminaires de la *Paix des Dames* sont imprimés à la fin de l'almanach formant la V° partie de l'*Histoire de Cambrai*, par l'abbé Dupont, 1764.

193. Au roi et à nos seigneurs de son conseil. Très humbles et très respectueuses représentations des négociants et marchands de Cambray et du Câteau, pour qu'il plaise à S. M. réunir le comté de Cambresis à la juridiction consulaire de Valenciennes. *Valenciennes*, 1768, in-4°.

Ce mémoire fut rédigé par M. Paul Joseph Nicodème.

194. Histoire de la ligue de Cambray faicte en l'an 1508 contre la république de Venise, par J. B. Dubois. *Paris, Delaulne* 1709. 2 vol. in-12.

195. La paix faicte à Chambray, entre l'empereur et le très crestien roi de France, avec leurs aliez. 1508. in-8°.

Ce poëme singulier a été composé à l'occasion de la ligue de Cambrai contre la république de Venise. Il vient d'être mis en lumière par le zèle éclairé de M. A. Dinaux, qui l'a édité d'après une brochure ancienne qu'il croit unique et qui appartient à M. Dancoisne, notaire à Hénin Liétard.

196. Mémoires pour servir à l'histoire du congrès de Cambrai. 1723, in-4°.

197. Mémoires du comte de Varack, contenant ce qui s'est passé au congrès de Cambrai. *Amsterdam* 1733. in-12.

198. Règlement pour les états de Cambrai et du Cambresis, 9 décembre 1670, in-4°.

Nous connaissons d'autres règlements pour les états, antérieurs en date à celui qui vient d'être mentionné. Ils sont du 6 juillet 1654, du 24 mai 1658, du 24 août 1665.

199. Considérations générales sur l'histoire des états du Cambresis, de l'Artois, du Hainaut, de la Flandre, du Tournaisis et du Brabant, par Alcibiade Wilbert. *Lille* 1846, in-8°.

200. Mémoire au roi pour la noblesse du Cambresis. 1783, in-4°.

201. Etats de Cambrai. *Paris* 1783, in-4°.

Ce mémoire signé par l'abbé de Carondelet, député des états du Cambresis, est une réponse au mémoire de la noblesse.

202. Extrait du procès-verbal de l'assemblée des états de Cambrai et du Cambresis, 9 novembre 1789, brochure.

203. Recueil de pièces relatives aux états de Cambrai et du Cambresis. Ms. in-f°. Bibl. de Cambrai, n. 638.

204. Cahier de la noblesse de Cambrai et du Cambresis, précédé du discours de M. le marquis d'Estourmelle. 1789, in-8°.

205. Collection de pièces relatives aux états de Cambrai et du Cambresis. Ms. in-f°. Bibl. de Cambrai, n. 642.

206. Pièces relatives aux états de Cambrai. Ms. in-fol. Bibl. de Cambrai. n. 643.

207. Registre aux délibérations des assemblées des états de Cambrai et du Cambresis, commençant en 1763, dont les originaux expédiés par le greffier des états et adressés chaque année au chapitre de la collégiale de Ste-Croix, sont déposés aux archives en la boëte des états. Ms. in-fol. Bibl. de Cambrai, n° 924.

208. Assemblée générale des états de Cambrai et du Cambresis, le 12 novembre 1784. Ms. in-4°. Bibl. de Cambrai, n° 925.

209. Recueil de publications révolutionnaires.

La révolution a enfanté, pendant ses préliminaires et pendant toute sa durée, une foule de brochures de toutes natures dont Cambrai a eu sa bonne part. On trouve un grand nombre de ces œuvres de circonstance à la bibliothèque de Cambrai, dans un assemblage de fardes désignées sous le nom de *Collection Faille*.

210. Coutumes générales de la cité et duché de Cambray et du païs et comté de Cambresis : émologuées et décrétées par monseigneur l'illustrissime et révérendissime messire Loys de Berlaymont, archevesque et duc de Cambray, prince du saint empire, comte du Cambresis, etc. imprimées à *Douay* chez *Loys de Winde*, et mises en vente à Cambrai, chez Guillaume Robat (1574). 1 vol. in-12.

C'est l'édition originale. Les coutumes ont été réeditées depuis avec commentaire sous le titre suivant.

211. Coutumes générales de la ville et duché de Cambray, pays et conté de Cambresis, avec une explication succinte de ce qu'elles contiennent, fondée sur la théorie des lois, la pratique des coutumes, les règlements et ordonnances, et la décision des arrêts, par maître M. Pinault, Sr de des Jaunaux, docteur es loix etc., à *Douay* chez *Mairesse* imprimeur juré à la Salamandre. 1 vol. petit in-4°. 1691.

212. Des anciennes coutumes du nord de la France, et de leur influence sur la première organisation communale de ces contrées, par Alcibiade Wilbert. *Lille* 1846, broch. in-8°.

213. Commentaire sur la coustume de Cambrai etc. Ms. in-fol. Bibl. de Cambrai, n° 603.

L'abbé Mutte, dans une note placée en tête de ce volume, attribue ce commentaire à Christophe Preudhomme et à Sébastien son fils. V. *Preudhomme*.

214. Commentaires sur la coutume de Cambrai et du Cambresis, par Jean Ladislas de Baralle, cambresien, procureur général du parlement de Flandre. Ms. in-fol. Bibl. de Cambrai, n° 608.

215. Répertoire des privilèges, franchises, droits, juridiction et aucthorité de MM. du magistrat de Cambray, rédigé par ordre alphabétique par Ladislas de Baralle, eschevin, l'an 1679. Ms. grand in-fol. Bibl. de Cambrai n° 902.

216. Histoire de la municipalité de Cambrai, depuis 1789 jusqu'à nos jours. — Extraits et analyse de ses délibérations importantes, par Eugène Bouly. *Cambrai* 1851. 2 vol. in-8°.

Cet ouvrage est précédé d'une introduction qui renferme, dans une esquisse sommaire, l'*histoire de la commune cambresienne* depuis son origine.

217. Liste des échevins de Cambrai depuis 1595 jusqu'à 1773. Actes de nominations d'échevins. Procès-verbaux d'installation. Ms. n° 13 de la bibl. d'Eugène Bouly.

Nous publions dans le présent dictionnaire, au mot *Magistrat*, ce document curieux que nous croyons unique, et que, dans l'intérêt de l'histoire et des familles, il importe de conserver.

218. Bans de Mars pour la ville de Cambrai.

Il y a plusieurs éditions de ce recueil des lois et règlements de police locale.

219. Mémoire sur le Mont de Piété de Cambrai.

Ce travail que nous possédons en manuscrit original a été écrit en 1785, par M. Bourdon de Maugré, notre ayeul maternel. Nous l'avons publié dans les *Soirées de l'abbé Tranchant*, p. 207 et suivantes. C'est par erreur que M. Wilbert, dans une notice, l'a attribué à l'abbé Tranchant.

220. Notice historique sur le Mont de Piété de Cambrai par M. Wilbert. 1848. Brochure in-8°.

221. Extraits des registres aux plaids du Bailly du Cambresis, de la Tour du chapitre métropolitain, du Prévôt séculier et Francs servants. Ms. in-fol. Bibl. de Cambrai, n° 637.

222. Divers jugements et condamnations. Nomination d'un bourreau. Pièces manuscrites détachées, réunies en la farde A. — Biblioth. d'Eugène Bouly.

223. Recueil de Nicolas Pingret, bailly du chapitre de Cambrai, sur la juridiction du dit chapitre. Ms. in-fol. Bibl. de Cambrai, n° 605.

HISTOIRE MILITAIRE.

224. Les guerres de Los Estados-Baxos. Desde el ano 1588, hasta el de 1599. *Anvers*, *Pierre Bellere*, 1625, in-4°.

Cet ouvrage est de Charles Coloma, noble Espagnol, gouverneur de Cambrai.

225. Petit discours sommaire des troubles et guerres advenues à la ville et duché de Cambray, depuis l'an 1575 jusques à la réduction

d'icelle qui fut l'an 1595, recueillies par Jean Doudelet, clerc de nostre Dame de la cauchie en Valenciennes. Ms. in-4°. Bibl. de Cambrai, n° 881.

C'est le ms. authographe.

226. Discours contenant les choses mémorables advenues au siége de la ville et citadelle de Cambray, rendues, au mois d'octobre, au très illustre comte de Fuentes, gouverneur-lieutenant-général des Pays-Bas, et chef de l'armée de S. M. catholique, l'an 1595, avec une comparaison et similitude de Regnacarius et de Jean de Mont Luc dict Balagny, tyran moderne de cette ville. *Arras, Guillaume de la Rivière et Gille Baudouin*, 1596, petit in-4°.

227. Discours véritable de la reddition de la ville et du château de Cambray entre les mains du roi d'Espagne, par le comte de Fuentes. *Bruxelles*, 1595, in-12.

228. Discours au vrai de la défaite de la garnison de Cambrai, par le chevalier du Peschier, estant en garnison à Guise. *Paris, de Montreil*, 1597, in-8°.

229. Lettres envoyées et présentées au roi, de la part du comte de Chasteau-Villain (sieur d'Aquavive-Atrye) de Cambrai, le 27 juillet 1624. *Douai*, 1624, in-8° 30 pages.

230. Relation particulière de tout ce qui s'est passé au siége de Cambrai, depuis le 24 juin 1649, jusqu'au 4 juillet, auquel les Français ont été contraints de se retirer, pour les secours que son Altesse impériale, l'archiduc Léopold y a fait entrer, 1649, in-4°, 4 pages.

231. Lettre du roi Louis XIV écrite à M. le duc de Montbazon, sur le sujet du siége de la ville de Cambrai. *Paris, imprimerie Royale*, in-4°, 6 pages.

232. Relation du siége de Cambrai, entrepris par le comte d'Harcourt en 1649.

Ce récit composé par Alphonse de Villers-au-tertre, chevalier seigneur de Ligny et de Masnières, prévôt de Cambrai, et qui était dans la place assiégée, présente de grandes garanties d'exactitude. Nous en faisons ici mention, bien que nous ignorions ce qu'il est devenu (il faisait autrefois partie de la collection du doyen Mutte), parceque les continuateurs de la bibliothèque historique du Père Lelong pensent que ce pourrait bien être celui dont l'abbé Dupont a donné l'abrégé dans son *Histoire de Cambrai*.

233. Cambrai délivré du siége par les faveurs de la très sainte Vierge, N.-D.-de-Grâce, et par les armes de S. A. I. l'archiduc *Léopold-Guillaume, le 3 juillet 1649*, imprimée l'an 1650, petit in-4° de 42 p.

L'épitre dédicatoire à Son Altesse Impériale est signée par Jean Lalloux Prêtre, mais il présente cette relation comme à lui dictée par le colonel de Brouk, à qui il sert de chapelain et de secrétaire. Ce colonel commandait le secours qui entra dans Cambrai. (Note du père Lelong)

234. Cameracum obsidione liberatum, carmine epico, ad serenissimum archiducem, Leopoldum Guillelmum. *Antuerpiæ, Plantin*, 1650, in-4°.

235. Idem 1656, in-8° *Francofurti*.

L'auteur de ce poëme est un jésuite nommé Othon Zyl; mort le 13 août 1656.

236. Journal du siége et de la prise de Cambrai, par Louis XIV en personne, l'an 1677. *Cambrai*, 1677, in-4°

L'abbé Dupont a fait un abrégé de ce journal dans son histoire de Cambrai.

237. La campagne du roi très chrétien en 1677, avec les particularités du siége de Valenciennes, de St-Omer et de Cambray, et de la bataille du mont Cassel. *Paris, Michallat*, 1678, in-12.

238. Idem *London* 1679. (En Anglais).

239. Idem *Parigi* 1677. (En Italien).

240. Précis historique de la prise de Cambrai et du séjour du roi dans cette ville. (En 1815.) *Cambrai, chez Samuel Berthoud*. Broch. in-8°.

241. Précis historique de l'arrivée et du séjour de S. M. Louis XVIII à Cambrai en 1815. — *Cambrai*, 1815.

HISTOIRE HÉRALDIQUE.

242. Recueil de sceaux et écussons dessinés à l'encre de la Chine. Ms. in-f°. Bibl. de Cambrai, n° 942.

Ce volume est l'œuvre d'un peintre de Cambrai nommé Antoine Taisne, qui l'a exécuté sous la direction et aux frais de l'abbé Mutte. Les sceaux qui y sont représentés ont été copiés sur des titres qui concernent Cambrai ou le Cambrésis.

243. Collectio omnium inscriptionum in metropolis ecclesiæ cameracensis monumentis, seu tabulis æreis, marmoreis et saxeis incisarum, facta anno salutiferæ redemptionis nostræ

millesimo septingentesimo sexagesimo quarto, ms. in-f° Bibl. de Cambrai, n° 941.

Voici l'annotation qu'on lit dans le catalogue imprimé des mss. de ladite bibliothèque : « Ce recueil est l'ouvrage de François Dominique Tranchant, chapelain de la métropole. On y trouve un assez grand nombre d'écussons et de blasons armoriés, ainsi que les dessins de quelques monuments, et une *carte figurative de l'ancien chapitre.* A la suite des épitaphes de la métropole, l'auteur en a ajouté d'autres qu'il a recueillies dans les églises de St-Aubert, de St-Géry, de la Madelaine, de Ste-Croix, de St-Martin, de St-François, de St-Nicolas, de Prémy, de Ste-Claire et de St-Fiacre à Cambrai. »

244. Chronique de Cambrai, ms. in-4° Bibl. de Cambrai, n° 672.

Ce manuscrit attribué à Jean Duchastiel, contient les armoiries de tous les évêques de Cambrai, depuis St-Diogène dont l'existence est contestée, jusqu'à Vanderburch.

245. Armorial cambresien, ms. petit in-4°

Ce manuscrit qui appartient à l'auteur du *Dictionnaire historique de Cambrai*, contient les blasons des douze pairies du Cambresis, et les armoiries de tous les évêques et archevêques de Cambrai.

246. Histoire généalogique des Pays-Bas, IIIe partie de l'histoire de Jean Le Carpentier.

Nous rappelons ici cette partie de l'ouvrage, lequel est mentionné plus haut, parceque l'auteur y indique soigneusement le blason de chacune des familles dont il fait la généalogie.

247. Généalogies et armoiries des familles du Cambresis, la descente des Poyures, etc., ms. in-f°. Bibl. de Cambrai.

HISTOIRE LITTÉRAIRE.

248. Mémoire pour servir à l'histoire littéraire des 17 provinces du Pays-Bas, 3 vol. in-f°, par Paquot.

Cet ouvrage curieux, et trop généralement ignoré, contient des notes sur un certain nombre de personnages de Cambrai qui se sont distingués dans les lettres. Paquot, licencié en théologie, était professeur de langue hébraïque dans l'université de Louvain.

249. Les sciences, les lettres et les arts à Cambrai, par Eugène Bouly.—*Cambrai* 1844, 1 vol. in-8°

Cet ouvrage constitue une espèce d'inventaire des gloires scientifiques, littéraires et artistiques de la ville de Cambrai, à l'époque où il a été écrit.

250. Mémoire sur les trouvères Cambresiens par M. Arthur Dinaux.

Ce travail plein de mérite et qui a remporté une palme académique, se trouve dans les archives du Nord de la France et du Midi de la Belgique, t. 3, p. 128 et suiv.

251. Bibliographie cambresienne, ou catalogue raisonné des livres et brochures imprimés à Cambrai, suivant l'ordre chronologique des imprimeurs de cette ville, suivi d'une liste alphabétique des ouvrages qui traitent de l'histoire de Cambrai et du Cambresis, par M. Arthur Dinaux, 1822.

Cette bibliographie a été publiée dans les mémoires de la Société d'Emulation de Cambrai année 1822. M. A. Dinaux, dont le monde savant connait le nom et les ouvrages, a, par ce travail, doté la ville de Cambrai du plus beau monument littéraire que l'on puisse élever à sa gloire. La bibliographie cambresienne est précédée d'un discours préliminaire qui est une étude remarquable sur l'état des lettres, des arts et surtout de la librairie aux diverses époques de notre histoire.

252. Chroniques et traditions surnaturelles de la Flandre, par S. Henri Berthoud. *Paris*, 3 vol. in-8°, 1831.

Dans ces chroniques, Berthoud fait souvent mention de Cambrai, sa ville natale.

253. Histoires fantasques de la Flandre, par Eugène Bouly. *Cambrai*, 2 vol. in-8°, 1839.

Plusieurs de ces histoires sont des sujets cambresiens.

254. Le règne du Diable, par Eugène Bouly, *Cambrai*, 2 vol. in-8°.

Ce roman est l'histoire de la terreur à Cambrai, dans laquelle on a dissimulé les véritables acteurs sous le voile de personnages supposés.

255. Les bords de l'Escaut, par Eugène Bouly. *Cambray*, 1 vol. in-8°, 1838.

256. Fénélon, poème, par Marchand, broch. in-8°. *Cambrai*, 1804.

257. Les sept merveilles du Cambresis, poëme par M. H. Carion, 1 vol. in-8°, *Cambrai*, 1836.

258. Catalogue descriptif et raisonné des manuscrits de la bibliothèqne de Cambrai, par M. Leglay, 1 vol. in-8° 1831.

259. Mémoire sur les bibliothèques publiques et sur les principales bibliothèques particulières du département du Nord, par M. Leglay, *Lille*, 1 vol. in-8° 1844.

260. Inventaire des livres déposés dans la ci-devant église de St-Aubert à Cambrai, provenant de la bibliothèque de la ci-devant abbaye de Vaucelles, ms. in-f°. 2 vol. Bibl. de Cambrai, n° 888.

Ce catalogue, et tous ceux qui suivent ont été

dressés à l'époque de la suppression des établissements religieux et de la vente des biens des émigrés.

261. Catalogue des livres provenant de la bibliothèque du ci-devant chapitre métropolitain de Cambrai, des Guillemites-lez-Walincourt, du sieur Ragayez, ex-curé, du sieur Parigot de Santenay, du sieur de Prémont de Villers-Guislain, ms. in-f°. Bibl. de Cambrai, n° 889.

262. Catalogue des livres de la ci-devant abbaye de St-Aubert, ms. in-f°. Bibl. de Cambrai, n° 890.

263. Catalogue des livres qui ont appartenu à la ci-devant abbaye du St-Sépulcre à Cambrai, ms. in-f°. Bibl. de Cambrai, n° 891.

264. Catalogue des livres qui ont appartenu à la ci-devant abbaye de St-André du Câteau et aux récollets de la même ville, ms. in-f°. Bibl. de Cambrai, n° 892.

265. Catalogue des livres qui ont appartenu aux carmes de Cambrai, à la ci-devant abbaye d'Honnecourt, au sieur Kennedy, prêtre déporté, au sieur Griffin, prêtre déporté, ms. in-f°. Bibl. de Cambrai, n° 893.

266. Catalogue des livres provenant des capucins de Cambrai, de l'archevêché dudit Cambrai, ms. in-f°. Bibl. de Cambrai, n° 894.

267. Catalogue des livres provenant des sieurs Dautteville, Ronse, Forrière, ex-prieur d'Honnecourt, Wuiart, Renaux, des sœurs de la charité, des sieurs Beaucourt, Dinaux, de Besselaer, de Bryas, Massart, et Mairesse de Pronville, ms. in-f°. Bibl. de Cambrai, n° 895.

268. Catalogue des livres provenant des sieurs Lelièvre, Despreux, de Valicourt, Lancelle, l'abbé de Biré, Dufour, Chardon, Tranchant, Laplace, de Villavicencio, ms. in-f°. Bibl. de Cambrai, n° 896.

269. Catalogue des livres provenant de la bibliothèque du collège de Cambrai, ms. in-f°. Bibl. de Cambrai, n° 897.

270. Catalogue des livres provenant des récollets de Cambrai et des sœurs de Monaldy, Tahon, Delabre, Lion, de Dion, Demont et Rallez, ms. in-f°. Bibl. de Cambrai, n° 898.

271. Catalogue des livres provenant des sieurs Oudart, Déhée, de quelques chanoines de Walincourt, des sieurs Parise, Quarrez, Couvet, Taise, de divers émigrés, des sieurs Thobois, de Maugré, Lallier, Carondelet de Bantouzel, Ragayez, Godefroy, Herlem, Dron, du comité de surveillance, des sieurs de Francqueville, Deloffre, de la paroisse de Gonnelieu, des sieurs Colpart, Richard, Depreux, de Chauny, de l'hôtel de Thun, du sieur Derbaix, de la paroisse Notre-Dame de Cambrai, des sieurs Bourlier et Dherbaise, ms. in-f°. Bibl. de Cambrai, n° 899.

272. Catalogue des livres provenant des livres du séminaire de Cambrai, des sieurs de Carondelet, Cordier, Delannoi, Lebel, Dehannin, de diverses communes, des sieurs Bouly de Lesdain, Maulret, Martin, de l'abbaye de Prémy et du sieur Goulard, ms. in-f°. Bibl. de Cambrai, n° 900.

273. Catalogue des livres provenant de la maison des bénédictines anglaises de Cambrai, ms. in-f°. Bibl. de Cambrai, n° 901.

C'est avec une grande partie des livres contenus dans les dépôts ci-dessus mentionnés et confisqués à l'époque de la révolution, qu'on a formé, plus tard, les bibliothèques de la ville de Cambrai, de l'évêché, du séminaire, de la sous-préfecture, des tribunaux civil et de commerce et du collège.

274. Recueil de pièces relatives à l'église de Ste-Renfroye de Denain, et à l'école dominicale de Cambrai. Ms. in-f°. Bibl. de Cambrai, n° 645.

ARCHÉOLOGIE.

275. Indication des principales recherches à faire sur les antiquités et l'histoire de l'arrondissement de Cambrai par M. Leglay, 1820, broch. in-8°.

L'auteur a, par la suite, fondu cet ouvrage dans le suivant.

276. Programme d'études historiques et archéologiques sur le département du Nord, in-18. *Lille* 1836.

277. Rapport sur l'histoire, l'état de conservation et le caractère des anciens monuments de l'arrondissement de Cambrai, fait à la Société d'Emulation par Alc. Wilbert. 1 vol. in-8°. *Cambrai* 1844.

278. Les Souterrains de Cambrai et du Cam-

bresis, par Eugène Bouly et Adolphe Bruyelle. 1 vol. in-8°. *Cambrai* 1847.

On sait que, sous la ville de Cambrai, s'étendent d'immenses souterrains, qui selon la tradition, avaient autrefois des communications avec la campagne. Le Cambresis lui-même est sillonné d'un grand nombre de ces excavations qui servaient au moyen-âge soit à la défense des châteaux, soit à protéger les populations villageoises qui s'y retiraient en temps de guerre. Nous voulumes un jour étudier soigneusement ces immenses substructions ; nous nous adjoignimes plusieurs curieux, parmi lesquels M. Bruyelle qui partagea nos travaux avec un zèle digne du sujet intéressant qui nous occupait, le résultat de nos études et de nos recherches communes fut ensuite consigné dans le livre qui vient d'être signalé.

279. Essai archéologique sur l'image miraculeuse de Notre-Dame-de-Grâce de la cathédrale de Cambrai, et sur la possibilité que saint Luc en soit l'auteur, ainsi que d'autres images de la vierge Marie, honorées en Grèce, en Italie et en France, par M. E. J. Failly, broch. in-8°. *Lille* 1845.

Cet essai a donné lieu à une assez longue polémique qui a engendré les ouvrages suivants qui traitent du même sujet.

280. Lettre à M. E. J. Failly au sujet de son *essai archéologique* sur l'image miraculeuse de Notre-Dame-de-Grâce, par M. l'abbé Capelle, broch. in-8°. *Cambrai* 1845.

281. Sur quelques assertions de M. Failly dans sa notice sur l'image miraculeuse de Notre-Dame-de-Grâce, par A. DeBaralle, broch. in-8°. *Cambrai* 1845.

282. Quelques réflexions à propos de l'essai archéologique sur l'image miraculeuse de Notre-Dame-de-Grâce de Cambrai. Lettre à M. l'abbé Capelle, broch. in-8°. *Cambrai* 1845.

L'auteur qui a jugé convenable de garder l'anonyme, est un artiste parisien qui avait toutes les connaissances requises pour traiter à fond le sujet qu'il a abordé.

283. Notice sur l'image de Notre-Dame-de-Grâce de Cambrai, par M. l'abbé Capelle, broch. in-8°. *Cambrai* 1849.

Julien De Lingne avait fait une histoire de l'image de Notre-Dame-de-Grâce, laquelle est mentionnée dans la *Bibliothèque historique* du père Lelong. Nous ignorons ce qu'est devenu ce manuscrit.

284. Epitaphes de Cambray, Lille et Tournay. Ms. in-f°. Bibl. de Cambrai n° 922.

285. Recueil de toutes les pièces relatives à l'historique du monument que la ville de Cambrai a délibéré d'ériger à la mémoire de l'immortel Fénélon. Ms. in-f°. Bibl. de Cambrai, n° 937.

Le monument dont il est ici question n'a point été exécuté. Celui qui existe aujourd'hui dans la cathédrale de Cambrai a été érigé en 1825, et inauguré le 7 janvier 1826.

286. Dissertation sur l'Ostensoir d'or, offert par Fénélon, à son église métropolitaine, pour servir de supplément aux différentes histoires de Fénélon, broch. in-8°. *Paris, Ferrat jeune*, 1827.

MONNAIES ET MÉDAILLES CAMBRESIENNES.

287. Monnaies de Cambray, par l'abbé Tranchant.

C'est un recueil de notes et de titres fort intéressants, relatifs à la Monnaie cambresienne. Il fait partie du ms. n° 887 de la Bibl. de Cambrai.

288. Recherches historiques sur les anciennes monnaies des souverains, prélats, et seigneurs du Cambresis, avec les médailles dont cette province a été l'objet, par Auguste Tribou. Broch. in-8°, avec planches. *Cambrai, Berthoud*, 1824.

289. Des monnaies obsidionales de Cambrai, de leur rareté, et de leur valeur présumée au 1ᵉʳ octobre 1844, par M. Failly, inspecteur des douanes et membre de la commission historique du département du Nord, broch. in-8°. *Cambrai* 1844.

290. Rapport fait à la Société d'Émulation de Cambrai, dans sa séance du 6 novembre 1844, par M. Alc. Wilbert, sur la notice intitulée *des monnaies obsidionales de Cambrai*, par M. E. J. Failly.

Ce rapport de M. Wilbert est un complément et une rectification de la notice dont il traite. Il s'y trouve trois planches de gravures.

291. Etudes numismatiques sur Cambrai et le Cambresis.

Nous mentionnons à l'avance cet ouvrage qui n'est point encore publié, mais que le nom de son auteur recommande à l'intérêt des Antiquaires, c'est M. Charles Robert déjà connu par d'autres travaux sur la numismatique, qui prépare cette publication.

MÉLANGES HISTORIQUES ET PUBLICATIONS PÉRIODIQUES.

292. Mélanges d'actes recueillis par l'abbé Mutte. Ms. in-f°. Bibl. de Cambrai n° 1023.

293. Archives du Nord de la France et du Midi de la Belgique. Publication périodique, in-8°. *Valenciennes* (environ un vol. par an).

Depuis l'année 1829, époque de sa fondation, cette précieuse publication n'a cessé de justifier son titre. Dirigée et rédigée en grande partie par M. Arthur Dinaux, elle a mis en lumière un nombre considérable de documents historiques, dans lesquels la ville de Cambrai rencontre sa bonne part. M. Leglay a fait aux archives du Nord d'assez nombreuses communications relativement au Cambresis.

294. Bulletin de la Commission Historique du département du Nord, in-8°. *Lille*.

La commission historique du département du Nord fondée à Lille par arrêté préfectoral en date du 14 novembre 1839, publie à des époques indéterminées le bulletin de ses séances. On trouve dans ces curieux mémoires beaucoup de pièces relatives à l'histoire de Cambrai.

295. Mémoires de la Société d'Émulation de Cambrai.

On trouve dans les mémoires de cette société académique fondée le 16 octobre 1804, beaucoup de pièces relatives à diverses parties de l'histoire Cambresienne. Nous avons eu occasion de signaler les plus remarquables dans le cours de ce catalogue.

296. La Védette cambrésienne (réunion de 6 livraisons). 1 vol. in-8°. *Cambrai* 1819-1820.

Ce journal qui n'eut que six mois d'existence à cause des lois sur la presse survenues en 1820, contient quelques bons articles d'histoire locale et quatre nécrologies.

297. La Revue cambresienne. *Cambrai* 1835 à 1838.

Ce journal contient un grand nombre d'articles relatifs à l'histoire de Cambrai. Malheureusement il faut dire que plusieurs des rédacteurs qui les ont écrits n'avaient pas les connaissances nécessaires pour le faire sans erreurs grossières.

298. Annuaire de Cambrai et de son arrondissement par Ad. Bruyelle, in-18, paraissant chaque année depuis 1834.

Les JOURNAUX POLITIQUES qui s'impriment aujourd'hui à Cambrai pourront être consultés avec fruit pour l'histoire contemporaine.

299. Les programmes des fêtes publiques de Cambrai, avant, pendant et après la révolution.

Ce sont les fêtes politiques communales, religieuses, entrées de princes ou prélats; fêtes funéraires, etc.

300. Notice sur les principales fêtes et cérémonies publiques qui ont eu lieu en cette ville, depuis le XIIe siècle jusqu'à nos jours. *Cambrai* 1822, in-4°.

Peu d'exemplaires de cette notice ont été tirés à part, mais on la trouve en tête du programme de la fête communale de Cambrai, 1822.

301. Fêtes civiles et religieuses du département du Nord, par madame Clément Hemery. 2 vol. in-8°.

302. Voyage du roi au camp de St-Omer et dans les départements du Nord. Septembre 1827. 1 vol. in-8°. *Paris* 1827.

Il y est question du passage du roi à Cambrai.

HIVERS RIGOUREUX. — Les chroniques cambresiennes signalent les années suivantes comme funestes au pays, par les rigueurs de l'hiver et par les conséquences qu'elles ont produites.

1144. — « L'hiver fut si pluvieux que la récolte n'ayant été que très modique, la plupart des habitants furent obligés, pour se soustraire aux horreurs de la famine, de déserter le pays. » —Dupont, *Hist. de Cambrai*, part. II, p. 87.

1498.—« La pluye tomba pendant tout le jour et la nuit de Noël; et à minuit, il fit un si grand vent et il gela tellement qu'on ne sçavoit aller par les rues ni par les champs. Les arbres furent abattus et rompus. On print plus de cinq cents *bitardes* (1) à la main, et on les vendit à Cambray. On avoit une bitarde pour 5 gros et 3 patars. » — *Mém. chron.* p. 11.

1521. — « En celuy an, n'avoit point gellé tout l'hiver, mais environ le 12 de janvier commencha à geller s'y fort que merveille. Et nevia (neigea) huict jours sans cesser. » —† Ms. 659.

1523. — « Au dit an, il fit IV ou VI jours de grande et véhémente gellée, que tous les bleds qui estoient en terre furent engellez, desorte que nul bled ne creut cette année. Dont pour ceste cause, environ le my apvril l'an 1524, le bled valut XX patars le mencault, et l'année de devant ne valoit que X patars. »

1528. — « Le bled valloit en Cambrai trente huit gros le mencault, et faisoit si froit le mois d'apvril et de may, qu'on ne sçavoit durer, et par ce furent toutes choses attargiées que c'étoit grand pitié. Et en ce temps le bled étoit si chier en France que tous les jours il y venoit plus de trois cens personnes du pays de France quérir du bled en Cambray. Et disoit-on qu'on se morroit de faim en France. »

(1) La bitarde, dont le vrai nom est outarde, était alors assez commune dans les plaines du Cambresis. Cet oiseau ne s'y rencontre plus qu'accidentellement.

1537. — « Il n'avoit point gellé tout l'hivier, et commencha à gellor en may, et furent les vignes et gaugiers (noyers) engellez. »

1549. — « Le jour de St-Pierre 29ᵉ de juing on fit procession générale..... et fut portée N. D. de grâce en priant Dieu pour les biens de terre, car il faisoit si froid et se pluvoit tous les mois de may, juing, que les blés ne sçavoient meurir, et depuis qu'on eut porté la belle Dame de grâce, il fit beau. »

1564. — « Le XVI de décembre il commencha à geller, et continua si très fort qu'il gella en aulcunes boves et caves.... et continua ladite gellée VII sepmaines et II jours, dont toutes les vignes furent gellées et fut faute de vin l'année en suivante. »

1606. — « La dite année, l'hiver fut si rude et la gelée si forte, qu'il y avoit aux environs de cette ville des glaces qu'elles avoient deux pieds et demi de profondeur. Et dura la dite gelée l'espace de six à sept semaines : et vous puis assurer que, mettant dans un vaisseau des eaux devant le feu, le milieu se glaçoit. Les puits qui n'étoient pas des plus profonds, l'eau y étoit glacée, et 15 jours après Paques, il y avoit encore des glaçons qui avoient plus de deux pieds d'épaisseur. Les anciens de cette ville disoient n'avoir jamais vu rien de semblable. »

1615. — « L'hiver fut fort rude et fort abondant en neige, tellement que sembloit être la ville des montagnes de neige. La quelle gelée dura près de six semaines, au bout desquelles vint tout à coup un dégeau (dégel) tellement que jamais de ma vie, je n'ai vu les eaux si hautes et si grandes. La rivière de Cambrai déborda dedans les fossés de la ville et surpassoit le pont de la porte de selle. »

1709. — « L'année mil sept cent et neuf qu'on appelle la chère année ou *l'année du grand hiver*, a été remarquable par une gelée des plus excessives qui dura près de trois mois. La veille des Roys il fit une très grande pluye qui continua bien avant dans la nuit, le matin l'on fut bien étonné de voir une gelée très forte, la continuation de cette gelée prognostiquoit beaucoup de misère aux pauvres. Elle fit cesser tout à fait le commerce ; les gens de mestier ne pouvoient pas travailler ; ce n'étoit qu'à force de feu dans les caves qu'ils pouvoient faire leur travail ordinaire. Une si grande froidure causa beaucoup de ravages : plusieurs voyageurs moururent dans les chemins ; une quantité de sentinelles, quoique renouvelées très souvent, furent trouvées mortes à leur poste ; une grande partie des arbres fruitiers, principalement les noyers et les vignes furent exterminés ; le gibier en souffrit beaucoup. A Cambrai l'Escaut n'avoit de la glace qu'à ses bords parcequ'il y est assez rapide ; mais à Bouchain et aux tenures (1) de Neuville où il ne coule pas avec tant de rapidité, parce que son lit est plus large, les glaces étoient si fortes qu'on osoit y passer avec des chariots chargés de foin et autres denrées. Plus cette rivière s'éloignoit de sa source, plus sa glace étoit assurée : si bien qu'à Anvers ses eaux glacées ressembloient à une place où on ne voyoit que tentes et que baraques qui avoient été dressées pour y vendre du vin, de la bière et autres liqueurs.

» Il tomba cet hiver beaucoup de neige.... Enfin l'air plus doux tant attendu d'un chacun, arriva le 18ᵉ jour de mars : il dégela une bonne fois. Les neiges fondues inondèrent plusieurs endroits. Nous avons vu les bas quartiers de Cambrai, vers la porte de Cantimpré tout remplis d'eaux. Elles vinrent jusqu'au delà de l'abbaye des dames de Prémy (2) et contraignirent tous les habitants à se loger dans leurs chambres hautes.

» La campagne étant délivrée de toutes ses neiges, les laboureurs faisant une revue de leurs terres, s'apperçurent que la racine des grains étoit pourrie. Peu de terres furent à l'abri de ce malheur. »

Il résulta de tout cela une disette qui fit horriblement souffrir les habitants de Cambrai et du Cambresis.

1740. — « La gelée commença le 6 de janvier le même jour que celle de 1709, elle dura jusqu'au neuf de mars. Elle ne fut pas moins rude, ni moins opiniâtre que celle cy, on a même remarqué qu'elle la surpassa pendant quelques jours, principalement le samedy 9 de janvier, le dimanche et lundy suivant. Le 10 de ce mois il fit un si grand vent de bise qu'il étoit presque impossible d'y résister. Plusieurs voyageurs que la nécessité a obligés de se mettre en chemin pendant ces trois jours, sont morts de froid. Cette gelée fit cesser le travail des ouvriers et causa beaucoup de misère. Pour y remédier on distribua dans Cambrai, beaucoup de bled et de grosses sommes d'argent aux pauvres. Le chapitre de N. D. donna, dans le commencement de la gelée, deux cents mencauds de bled,

---

(1) Tenures, dépendances.

(2) Cette abbaye est maintenant tranformée en une vaste usine : celle de M. Jourdan.

et deux cents autres sur la fin. L'archevêque fit donner toutes les semaines, depuis le mois de février jusqu'à Pâques, à chaque paroisse de la ville, vingt mencauds de bled et cinquante florins. La reine de France fit distribuer par les échevins douze cents florins. L'abbé de St-Sépulchre et plusieurs autres firent aussi de grandes aumônes. »

« Voici le plus haut prix des denrées en 1740 :

» L'orge de mars dans le temps de la semaison a valu 24 florins la rasière; la pamelle 19 florins la rasière; le bled 12 florins le mencaud; le soucrion 8 florins la rasière; l'avoine 4 florins; le beurre 14 patars la livre; les œufs 10 patars le quarteron; la viande 7 patars la livre; le pain 18 patars; l'huile de lampe 9 patars la livre; une couple de pigeons 12 patars; la bière 4 patars et quatre doubles.

» L'archevêque, considérant la misère commune, et en ayant été requis par l'archiduchesse, gouvernante des Pays-Bas, donna la dispense de manger de la viande pendant ce carême quatre jours de chaque semaine, à commencer le dimanche de la quadragésime, jusqu'au jeudi de la première pâques. Il accorda la même dispense en 1741.

» Ce digne prélat, toujours attentif à soulager la misère de son peuple, continua, depuis pâques, de faire de grosses aumônes en pain, que les pauvres allaient chercher avec un billet de leur pasteur au four du chapitre, jusqu'à son départ pour Paris qui fut vers le commencement du mois d'aoust.

» Les monastères de la ville donnèrent, vers le mois de may, la soupe aux pauvres, certains jours de la semaine jusqu'au mois d'aoust; on la donnoit aussi à l'hôtel-de-ville, celle de St-Aubert étoit la meilleure (selon le dire des pauvres) et celle de Prémy la plus mince. On faisoit entrer dans ces soupes du riz, etc.

» Au mois de décembre, après une recherche exacte, on trouva en cette ville dix-neuf cents familles faisant le nombre de huit mille pauvres ou environ, sans compter les honteux. L'archevêque désirant encore les secourir donna depuis le mois de janvier de l'an 1741, jusqu'au premier du mois d'avril, cent écus par semaine; le chapitre de Notre-Dame donna aussi cent écus par semaine; l'abbaye de St-Aubert 50 florins; celle de St-Sépulchre aussi 50 florins; le chapitre de St-Géry et les autres couvens à proportion; si bien que les curés distribuoient aux pauvres de la ville, depuis le premier de janvier, jusqu'au premier d'avril, plus de trois cents écus par semaine. »

— Toutes les citations qui précèdent sont tirées, les unes du † Ms. 659, les autres du † Ms. 884; et les deux dernières, des *Mém. chron.* On peut voir dans ce livre, dont la dernière partie a été publiée par nos soins, des détails très intéressants sur la disette qui a suivi l'hiver de 1740.

HOMMES REMARQUABLES *dans l'histoire de Cambrai, par leurs vertus, par leur savoir, ou par les services qu'ils ont rendus à leurs concitoyens.*

— S'il existe dans l'histoire d'une cité un chapitre digne de l'intérêt de tous ses habitants, c'est, sans contredit, celui qui traite des hommes vertueux, savants ou utiles qui l'ont illustrée. Pourquoi se montre-t-on généralement si indifférent pour ces premiers membres de la grande famille, qui ont fait sa gloire et sa noblesse? Hélas! cela tient à la fragilité des souvenirs de l'homme, à cet oubli des morts, qui devient de plus en plus habituel dans nos générations égoïstes. Mais nous, qui aimons à nous souvenir de nos pères, qui écrivons pour ceux qui n'ont point répudié le culte de la famille, nous avons recherché avec amour ces ancêtres de la cité, si dignes de nos respects et de nos hommages. Nous n'avons point pensé que ceux-là seuls ont bien mérité de leur patrie, qui ont fait des livres ou des actions d'éclat. N'était-ce point aussi de glorieux bienfaiteurs, des hommes vraiment utiles, que ces évêques qui bâtissaient la ville et qui l'environnaient de fortifications, que ces moines qui se faisaient soldats quand le péril l'exigeait, que ces pieux bourgeois qui, de leurs propres deniers, fondaient des hôpitaux pour les pauvres, des asiles pour les lépreux, de saintes hôtelleries pour les voyageurs, des monastères pour les âmes qui souffrent; et qui, en définitive, se faisaient parfois eux-mêmes les serviteurs des pauvres malades? N'était-ce donc point d'héroïques martyrs que ces champions de la Commune cambresienne, qui mouraient sous le fer usurpateur de l'étranger, plutôt que de renier l'indépendance et la nationalité de la patrie?

Ce sont surtout ces hommes que nous voulons signaler à l'attention de la génération actuelle.

Puisse cette justice tardive rendue à plusieurs d'entre eux, éveiller chez les Cambresiens des sentiments de reconnaissance! puissent-ils prendre en vénération des noms trop long-temps laissés dans l'oubli, et pourtant dignes de l'immortalité ! puissent-ils surtout ne point dénier à leurs compatriotes une admiration qu'on leur enseigne dans les écoles pour les grands hommes de l'antiquité !

HOMMES REMARQUABLES DANS L'HISTOIRE DE CAMBRAI.

VIe siècle.

SAINT VAAST, premier évêque de Cambrai, et apôtre des contrées habitées par les Atrébates et les Nerviens. — V. *Vaast (saint)*.

SAINT GÉRY, évêque de Cambrai, apôtre vénéré dans le pays. — V. *Géry (saint)*.

VIIe siècle.

SAINT AUBERT, évêque de Cambrai.—V. *Aubert (saint)*.

VIIIe siècle.

ALBERIC ou ALBRICQ, évêque de Cambrai. — Il nous reste un monument précieux de sa sollicitude pour le clergé : c'est le manuscrit intitulé : *Canones hibernici;* lequel appartient à la bibliothèque de Cambrai. C'est un volume à deux colonnes, d'une écriture minuscule du VIIIe siècle. On lit à la fin de ce manuscrit la souscription suivante : *Explicit liber canonum quem Dominus Albericus episcopus urbis Cameracensium et Atrebatensium fieri rogavit. Deo gratias. Amen.* On ignore la date de la mort d'Alberic, mais il est certain qu'il vivait vers la fin du VIIIe siècle ; d'où il résulte que le manuscrit dont il vient d'être question a environ dix siècles et demi. — V. le Catalogue des Mss. de la bibliot. commun. de Cambrai, p. 122.

HILDOWARD ou HEDUARD, élu évêque de Cambrai vers 790, mort en 816.— Nous le laissons au VIIIe siècle, parce qu'il lui appartient par la plus grande partie de sa vie. Il a laissé, comme Alberic, des preuves de son zèle pour les études ecclésiastiques. La bibliothèque de Cambrai possède un *Sacramentaire* manuscrit sur vélin. Vers la fin du volume, on trouve cette indication en lettres onciales : *Hildoardus præsul, anno XXII sui onus episcopatum* (sic) *hunc libellum sacramentorum fieri promulgavit.* — V. le Catal. précité, p. 22.— Hildoward a laissé de plus une copie du commentaire de Bède sur saint Luc. Le pieux évêque, dit M. Leglay (dans son introd. histor. du *Cameracum christianum*), avait consacré ce manuscrit à la sainte Vierge par le quatrain suivant :

« En tibi ter senos, pia virgo Maria, libellos
» Quos Beda in Luca tractavit presbiter almus,
» Hildowardus ego, devotus munere præsul,
» Dono ; mihi vitam tribuas sine fine beatam. »

Nous citons ces vers parce qu'ils sont remarquables par leur facture harmonieuse. Hildoward assista vers 812 au synode de Noyon, et obtint de Louis-le-Débonnaire des immunités pour son église.

IXe siècle.

HALITCHAIRE. — Homme de grande doctrine, fut envoyé en ambassade à Constantinople, d'où il rapporta des reliquaires et de précieux manuscrits, renfermés dans des tablettes d'ivoire. (Balderic, liv. 1er, chap. 59). Il rédigea, à la sollicitation d'Ebon, archevêque de Reims, *six livres sur les remèdes contre le péché, l'ordre et les jugements de la pénitence.* Ces six livres constituèrent le pénitentiel de la province de Reims. Balderic nous a conservé la lettre écrite à ce sujet par l'archevêque à Halitchaire; on y lit le passage suivant : « Très cher frère, ne nous privez pas de vos lumières, vous qui avez toujours été animé d'un zèle si ardent pour l'étude des sciences célestes, vous qui avez occupé tous vos loisirs si purs à la méditation profonde des saintes écritures, acceptez sans excuse, je vous en supplie, le lourd fardeau que je vous impose... communiquez-nous, savant interprète, ce que vous avez appris du Seigneur. » Est-il langage plus digne et plus sublime que celui-là ? cela s'écrivait au commencement du IXe siècle. — V. *Balderic* (traduction de MM. Faverot et Petit), p. 89 et 90. Halitchaire mourut en 829.

MADALULFE, célèbre peintre cambresien, qui, en 823, décora avec magnificence l'intérieur du réfectoire de l'abbaye de Fontenelle, par les ordres de saint Anségise. — V. *Madalulfe.*

DODILON, évêque de Cambrai, entreprit et fit exécuter d'immenses travaux de fortification autour de la ville. — V. *Dodilon.*

Xe siècle.

SÉRALDE ou SARRALD, clerc de l'église de Notre-Dame, sauva, par son héroïque intrépidité, l'église de Cambrai d'un incendie imminent, pendant le siége qu'en firent les Hongrois, du temps de Fulbert, en 953. L'ennemi faisait pleuvoir sur l'édifice sacré une multitude de flèches enflammées ; Séralde monta sur les toits, muni d'un vase qu'on lui remplissait d'eau ; et là, soutenu à l'aide de simples cordes, il éteignait l'incendie partout où il commençait à se manifester.—V. *Balderic*, liv. 1er, chap. 74.

— *Hist. de Cambrai*, par Dupont, part. I, p. 45. — On ne sait rien de plus sur Séralde.

XI° siècle.

HERLUIN, premier *évêque-comte* de Cambrai. — V. *Herluin*.

GÉRARD DE FLORINES, l'un des plus grands prélats qui aient illustré le siége épiscopal de Cambrai. Il fit travailler à la fortification de la ville. — V. *Gérard de Florines*.

LIÉBERT, évêque, fonda l'abbaye du St.-Sépulcre, et agrandit le périmètre des fortifications de Cambrai, en même temps qu'il l'entourait de fossés. — V. au mot *Evêques*, p. 118, 2° colonne.

GÉRARD II, fit exécuter le plus grand travail de fortification qui ait été fait autour de la ville de Cambrai. — V. au mot *Evêques*, p. 119, 1re colonne. — V. aussi au mot *Fortifications*, p. 151, 2° colonne.

BALDERIC, célèbre chroniqueur cambresien. — V. *Balderic*.

ELLEBAUD-LE-ROUGE, riche et généreux bourgeois de Cambrai, consacra sa grande fortune à de nobles travaux et à des actes de bienfaisance. Il contribua aux dépenses de la fortification de la ville; il fit construire, auprès de son palais, l'hôpital St.-Julien ; fut le bienfaiteur d'autres hôpitaux, dota l'église de Ste-Croix, y fonda un chapitre en 1070, et y fut inhumé. — V. *Julien (St.)* — La maison qu'Ellebaud-le-Rouge habitait avec sa famille était vaste et belle. Il la laissa par testament aux chanoines de Ste-Croix. Elle porta le nom de Petit-Palais. — V. *Palais (Petit)*. — Le Carpentier dit qu'Ellebaud-le-Rouge était issu des anciens comtes de Vermandois. Julien de Lingne le qualifie *bourgeois de Cambrai, homme noble*.

XII° siècle.

ODON, évêque, était très versé dans les saintes écritures : éloquent orateur et auteur de plusieurs ouvrages ecclésiastiques. Avant d'occuper le siége de Cambrai, il avait, pendant son séjour à Tournai, donné des leçons publiques de philosophie; et il avait vu, de jour en jour, la foule se presser plus nombreuse pour l'entendre; soit que, dans le cloître du chapitre, il enseignât les subtilités de la dialectique, soit qu'au milieu de la nuit, assis devant la porte de l'église cathédrale, il montrât à ses disciples émerveillés les constellations du firmament, et leur fit comprendre le mouvement des astres. — V. *Camerac. christ.*, p. XXXI de l'introduction, p. 30 de l'ouvrage. Odon, revêtu de la consécration épiscopale au concile de Reims, en 1106, mourut à l'abbaye d'Anchin, dans la disgrâce du Pape, en 1113.

Au XII° siècle, l'établissement des léproseries était un si grand service rendu à l'humanité, que nous croyons devoir citer ici, parmi les hommes essentiellement recommandables, les fondateurs de l'hôpital St.-Ladre, de Cambrai. Ce furent :

BURCHARD, ce saint évêque, qui gouverna avec une sagesse profonde son vaste diocèse, mort en 1131. — HUGUES, chanoine de l'église de Notre-Dame, qui donna le champ sur lequel fut construit l'hôpital. — Sire GORAN, chanoine de St.-Géry, qui abandonna à St.-Ladre tous les revenus de sa prébende. — Messire SIMON D'OISY, châtelain de Cambrai, et sa femme MARGUERITE, lesquels fondèrent aussi avec saint Bernard, la célèbre abbaye de Vaucelles. — Messire RAOUL DE RUMILLY, chevalier. — Messire GILLES DE ST.-AUBERT, chevalier. — Sire NICOLAS DE SONGNIES, chanoine de St.-Géry. — Maître JEAN DE NEUFCHATEL. — M. JEAN DE LIGNY, en Cambresis, chevalier. — Messire WALERAND DE LUXEMBOURG. — Messire ROBERT DE COUCY, chevalier. — Messire JEAN DE WALINCOURT, chevalier.

L'hôpital St-Ladre comptait encore parmi ses bienfaiteurs un certain nombre de seigneurs étrangers au Cambresis. — V. *Ladre (St.) hôpital*.

WIREMBAUD DE LA VIGNE OU DE LA VIGNETTE, bourgeois de Cambrai, qui racheta un péage très onéreux, qui se percevait à la porte de Selles. Le même Wirembaud fut bienfaiteur de l'hôpital St.-Julien. — V. *Wirembaud*.

BAUDOUIN LAMBERT, fondateur de l'hôpital St.-Jean. — V. *Jean (St.) hôpital*.

LAMBERT WATERLOS, était chanoine régulier de l'abbaye de St-Aubert, où il entra en 1118, à l'âge de onze ans. « Il écrivit l'histoire de ce qui se passa de plus remarquable depuis l'année 1108 jusqu'en 1170. Cet ouvrage n'a jamais été imprimé. » — *Note de l'abbé Dupont, Hist. de Cambrai*, part. II, p. 85. — V. *Waterlos*.

XIII° siècle.

GODEFROY DE FONTAINES ou de CONDÉ, le célèbre évêque, auteur de la loi qui porte son nom. — V. *Loi Godefroy*. Il fut incontestablement savant prélat, habile administrateur et homme bienfaisant. Mort en 1237. — V. au

mot *Evêques* (ci-dessus, p. 119, 2ᵉ colonne).
—V. encore *Camerac. christ.*, p. 41.

Guy ou Guyard de Laon, évêque de Cambrai en 1238, était un homme lettré. Il composa plusieurs ouvrages. Mort en 1248. — V. *Camerac. christ.*, p. 42. — Ms. 8353 de la bibl. impér., f° 384.

Thomas de Cantimpré, célèbre Dominicain, légendaire et poète latin. — V. *Thomas de Cantimpré*.

Vilars de Honnecort (d'Honnecourt), architecte, fit reconstruire, vers le milieu du XIIIᵉ siècle, une partie de la cathédrale de Cambrai. — V. *Vilars*.

Nicolas de Fontaines, évêque de Cambrai, homme remarquable par son aptitude au gouvernement des affaires ecclésiastiques, agrandit les palais de Cambrai et du Câteau, fit d'importantes réparations aux murailles de la ville et au château de Selles. Ce fut lui qui construisit la forteresse de la *Malmaison*. Il eut aussi la satisfaction de voir terminer, dans les premières années de son épiscopat, le chœur de l'église cathédrale de Cambrai. Il mourut en 1273. — V. *Evêques* (ci-dessus, p. 120).

Ubald ou Ubaud de Sart, chanoine et doyen de la cathédrale de Cambrai, vivait à la fin du XIIIᵉ siècle. Nous le mentionnons ici, quoiqu'il ne soit connu que par une magnifique Bible latine, qu'il fit copier par un habile écrivain, nommé *Jehan-aux-OEufs*, et corriger ensuite par les plus savants théologiens qui fussent alors à Cambrai. Un pareil travail, au XIIIᵉ siècle, ne pouvait être dirigé que par un homme supérieur, et le nom de cet homme mérite d'être conservé. La Bible d'Hubaud de Sart, achevée en 1295, se gardait à l'abbaye de Vicogne, ordre de Prémontré, près Valenciennes. Nous ignorons si elle existe encore. On lisait à la fin de ce bel ouvrage : « *Ubaldus de Sartis, canonicus et decanus Ecclesiæ cameracensis, hanc Bibliam scribi fecit per Johannem scriptorem, dictum Ad Ova; et eam quamplurimis vicibus emendari fecit per diversas bibliothecas, cum maxima diligentia et per theologos tunc temporis peritiores in cameraco commorantes. Dicta autem biblia perfecta fuit anno Domini 1295.*

Cambrai peut encore revendiquer parmi ses hommes remarquables, un bon nombre de ces poètes, de ces trouvères qui, pendant le XIIIᵉ siècle, donnèrent tant de relief à la *Gaie science*. Nous leur consacrons, dans ce livre, un article spécial. — V. *Trouvères*.

XIVᵉ siècle.

Batiste Cambrai, suivant la tradition, tissa, vers l'an 1300, les premières toiles fines à Valenciennes. On ne sait rien de certain sur cet homme qui dota le pays de la plus célèbre industrie qui y ait jamais été exploitée. Il était, dit-on, natif du village de Cantaing, près Cambrai. — V. *Batiste*.

Nicolas Brassart, abbé de St-Aubert, depuis 1359 jusqu'en 1388, a écrit la partie des mémoriaux de St-Aubert qui correspond à cette époque. Le Carpentier en donne un extrait fort curieux dans les *Preuves* de son *histoire de Cambrai*, p. 51.

Tabari ou Tabarini (Jean) limousin, secrétaire, médecin et chambellan de Charles V, roi de France, fut admis au chapitre de Cambrai, le 14 mai 1372, et n'en sortit que dix ans après, pour passer à l'évêché de Térouanne. Il écrivit, selon Ferri de Locres, un *Traité de médecine*, en six livres, qu'il dédia au roi Charles VI. Jean Tabari mourut à Paris en 1403. — *Recherches sur l'église métropolitaine*, par M. Leglay.

XVᵉ siècle.

Pierre d'Ailly, l'un des plus grands évêques de Cambrai. — V. *Ailly*.

Gilles Carlier, né à Cambrai, était le fils d'un forgeron; il fit ses études au collège de Navarre, à Paris, obtint le grade de docteur en théologie, et prêcha dans cette capitale avec un succès qui lui valut un certain renom. Il était, paraît-il, chanoine de Cambrai, depuis l'an 1411, lorsqu'il fut nommé doyen du chapitre le 12 octobre 1436. Il assista au concile de Bâle, et fut chargé par ce concile d'une mission vers les Bohémiens. Il s'acquitta avec honneur de cette mission. — Mort le 13 novembre 1472. — Il composa plusieurs ouvrages dont quelques-uns ont été imprimés. L'abbé Dupont. *Hist. de Cambrai*, part. IV, p. 92, donne des détails intéressants sur ce doyen de N.-D.

Enguerrand de Monstrelet. — V. *Monstrelet*.

Arnould Pingrez, que sa mort héroïque rend digne de célébrité, périt victime de son dévouement à l'indépendance de la ville de Cambrai, usurpée par Louis XI. — V. *Pingrez*.

Jean Roberti ou Le Robert, né à Havelu, près Valenciennes, succéda à Jacques Lecoq, abbé de St-Aubert, en 1431; résigna la crosse en 1468, et mourut en décembre 1471. Il a écrit une partie des mémoriaux de St-Aubert.

Philippe Bloquiel, abbé de St-Aubert, né à

Bouchain, vers 1435, d'une famille distinguée du Cambresis, était filleul de Philippe-le-Bon. Il succéda à Jean Le Robert et prit la crosse abbatiale en 1468. Il écrivit sa part de continuation dans les *Mémoriaux de St-Aubert*, et notamment les descriptions de l'entrée de *Jean de Bourgogne à Cambrai*, et de la réception de *Philippe-le-Bon* dans la même ville; fragments reproduits par Dupont dans son *Histoire de Cambrai*, part. IV, dans les notes (1) Philippe Bloquiel fit, en 1502, partie du conseil du roi de Castille.

Lorsque le roi Louis XI, méditant l'occupation de Cambrai, envoya des députés pour obtenir des trois états de la ville qu'on lui en ouvrît les portes, Philippe Bloquiel fut placé à la tête de la commission des états qui eut, dans cette circonstance, la mission la plus épineuse à remplir, mission dont les mandataires devinrent injustement les victimes, accusés qu'ils furent de favoriser le roi de France au préjudice de l'Espagne. — On peut voir dans l'*Histoire de Cambrai*, par l'abbé Dupont, part. IV, p. 94 et suivantes, la relation de ces événements faite d'après le manuscrit de Philippe Bloquiel lui-même. — L'abbé Bloquiel mourut en 1504.

JOSQUIN DE CAMBRAI, célèbre musicien. — V. *Josquin Despretz*.

JEAN STANDON fut le fondateur d'une école dominicale à Cambrai, en 1499. Il avait été exilé de France pour avoir eu le courage de blâmer le divorce de Louis XII, et se retira dans le diocèse de Cambrai, où il fonda des écoles et fit entendre, avec fruit, la parole évangélique.

XVIe siècle.

JEAN SCHOTTUS, ou SCHOTTE, né à Cambrai en 1464, fut chevalier de la Toison-d'Or, du temps de Charles-Quint, et composa les annales de cet ordre célèbre. Il mourut en 1531, très-considéré pour ses vertus et ses talents.

CHRÉTIEN MASSOEUS ou MASSEUW, savant hiéronimite, brilla pendant longtemps au collège des Bons-Enfants à Cambrai, où il mourut en 1546. — V. *Massœus*.

SÉBASTIEN SCROFA, ou TRUIE, médecin de Cambrai. Il jouissait évidemment dans cette ville d'une haute considération, car il fut pourvu du titre de *médecin de la ville* (1). On l'appelait à Cambrai : *Maître Sébastien Truie*. Son nom de Scrofa, qui ne se trouve que dans les biographies, n'est autre chose que le mot latin qui signifie truie. Il s'attacha particulièrement à la doctrine de Galien. Comme il était très-versé dans les sciences philosophiques et dans les langues grecque et latine, il traduisit du latin quelques traités de son auteur favori, auxquels il ajouta des notes de sa façon. Scrofa vivait au XVIe siècle. Ses versions ont paru sous les titres suivants :

Galeni libellus de bono et malo succo. Parisiis 1546, in-8°. (Scrofa était à Paris lorsqu'il publia cet ouvrage. Il en fit la dédicace à un puissant ecclésiastique, et la data de Paris 3 juillet). — *De bono et malo succo, et de remediis parabilibus, cum scholiis*. Lugduni 1547, in-16. — *De remediis, parabilibus, cum scholiis, Parisiis*, 1548, in-8°. — V. *Dict. histor. de la médecine ancienne et moderne, par N. F. J. Eloy. Mons*, 1778.

JACQUES DE CROY, premier duc de Cambrai. — V. *Croy (Jacques de)*.

ROBERT DE CROY, évêque de Cambrai. — V. *Croy (Robert de)*.

MARTIN CUPER, né à Malines, vers l'an 1498, fut appelé à Cambrai en 1541, par Robert de Croy qui en fit son coadjuteur, en remplacement de Capella qui venait de mourir. A cet effet, il fut sacré évêque de Calcédoine, le 14 novembre 1544. Il fut également suffragant de Maximilien de Bergues, et de Louis de Berlaymont. En 1549, il devint abbé de Crespin; prononça, en 1550, une harangue dans le synode de Cambrai. Il mourut le 26 juillet 1572, à l'abbaye de Foretz, où il avait cherché un abri contre les excès commis par les protestants.

PHILIPPE MAJORIS, doyen du chapitre de Notre-Dame, homme essentiellement libéral et éclairé, fonda, à Cambrai, un collège où l'on enseignait le grec et le latin aux jeunes gens pauvres de la ville. — V. *Majoris*.

LAURENT DEVOS, habile musicien et compositeur, maître des enfants de chœur de la métropole de Cambrai, fut mis à mort par ordre de d'Inchy, usurpateur de Cambrai, en 1580. — V. *Devos*.

CHRISTOPHE PREUDHOMME, échevin de Cambrai. — V. *Preudhomme*.

---

(1) La partie des *Mémoriaux de St-Aubert*, écrite par Jean-le-Robert, et Philippe Bloquiel, a été récemment retrouvée, par M. Leglay, dans les archives départementales du Nord, dont le fonds de cette abbaye fait actuellement partie. On regrette encore la perte des autres cahiers de ces précieux mémoires.

J. V. § Ms. 5, p. 315.

Maximilien de Bergues, archevêque. — V. *Bergues*.

Louis de Berlaymont, archevêque, promulgua les coutumes de Cambrai et du Cambresis. — V. *Berlaymont*.

Charles de Hérauguières, gentilhomme cambresien, capitaine d'infanterie au service des confédérés, se fit remarquer au siége de Breda, par un stratagème ingénieux qu'il employa avec autant de bonheur que d'intrépidité, et qui le rendit maître de la ville, le 4 mars 1590.

Il s'introduisit dans cette place au moyen d'un bateau chargé de tourbes, sous lesquelles il s'était caché avec soixante-dix hommes déterminés. En reconnaissance de ce remarquable coup de main, les états le nommèrent gouverneur de la place qu'il venait de leur conquérir. Il mourut à La Haie en 1610, et son fils Maurice de Hérauguières, en considération des services rendus par le père, reçut des états généraux une pension annuelle de mille francs. — Le Carpentier fait remonter la généalogie de ce brave capitaine au commencement du XIVᵉ siècle.

Claude de Hennin, seigneur de Warlin, de Baudimont-la-Catoire, et de Quérénaing, quoique membre d'une noble et ancienne famille, ne dédaignait pas de prendre quelquefois le titre de bourgeois de Cambrai, ville qu'il habitait. Il fonda l'école dite de *Quérénaing*; les vieux hommes de St-Paul ; et fit beaucoup de bien dans le pays.— V. fondations charitables.— La famille d'Hennin, l'une des plus nobles de Cambrai, tristement déchue de sa grandeur passée, s'éteint en ce moment dans la personne d'un ouvrier charpentier.

Antoine de Pouvillon, abbé de St-Aubert, mérite d'être mentionné pour la part qu'il prit à la rédaction des *Mémoriaux* de son abbaye, et pour sa *Chronique des évêques de Cambrai*, avec leurs vies abrégées. Il était originaire de Béthune, et mourut à Cambrai le 16 avril 1606; par conséquent presque toute sa vie appartient au XVIᵉ siècle. — Outre les ouvrages ci-dessus mentionnés, il a laissé un *Traité de la nature et qualité des aliments et breuvages*. Traduction en français.

Michel d'Esnes est particulièrement remarquable par la noblesse de sa conduite pendant l'usurpation du baron d'Inchy, et par le mouvement littéraire qu'il détermina et propagea dans le pays.

Né à Cambrai le 8 janvier 1540, d'Adam d'Esne, seigneur de Béthencourt et de Bonne de Lalaing, il fit ses humanités au collége d'Houdain, à Mons; fut reçu, dès l'âge de 15 ans, parmi les pages du roi Philippe II, à l'époque où ce prince tint son premier chapitre de l'ordre de la Toison-d'Or à Anvers, le 21 janvier 1555. Ayant pris le parti des armes, il servit le roi pendant près de 6 ans, tant en France qu'en Espagne où il le suivit. Mais bientôt il revint en Flandre, où il eut occasion de faire éclater son zèle pour la liberté de sa patrie. Il lutta contre l'usurpation du baron d'Inchy, dont il eut beaucoup à souffrir. Il ne fut pas mieux traité par le duc d'Alençon lorsque celui-ci se fut rendu maître de la ville et de la citadelle. Alors Michel d'Esne chercha, dans les travaux de l'intelligence, une consolation à ses ennuis ; il se livra aux charmes de la poésie, et entraîna dans l'étude des belles-lettres une foule de personnes qui suivirent son exemple. Nous avons vainement recherché quelque fragment de ses poésies françaises dans lesquelles il excellait particulièrement.

Il est permis de croire qu'elles avaient un caractère mystique et religieux, car c'est au milieu de ces paisibles exercices, qu'il sentit naître la vocation qui le conduisit à l'état ecclésiastique. Il déposa l'épée, laissa tomber le crayon du poète et monta à l'autel le 5 janvier 1589. Bientôt après il se retira à Douai pour y servir Dieu plus paisiblement, sans y jouir d'aucun *bénéfice*. Dès lors il s'occupa de traduire en français des ouvrages ascétiques. Mais son éloignement des choses du monde ne lui fit point oublier le prince qu'il avait tant aimé. Le jour où l'on chanta à Douai le *Te Deum pour la réduction de la citadelle de Cambrai* en 1595, il voulut dédier au roi d'Espagne la traduction qu'il venait de faire de la *vie de St-François de Borgia*. Le roi sensible à cette marque de fidélité, le nomma à l'évêché de Tournay le 29 novembre de l'année suivante.

Michel d'Esne n'accepta cette dignité qu'après beaucoup d'hésitation. Enfin, il prit possession le 19 novembre 1597, et fut sacré le 7 décembre suivant. Il tint un synode dans sa cathédrale, la seconde semaine de Pâques de l'an 1600. Il mourut en 1614 après avoir pendant près de 17 ans, gouverné son diocèse avec zèle, prudence et charité.

Il ne répudia jamais son goût pour les belles-lettres ; les bibliothèques des Jésuites de Tournai, de Douai et de Comines reçurent des marques de sa libéralité.

Les ouvrages publiés de Michel d'Esne sont des œuvres hagiologiques.

Ce noble évêque avait pour devise: *Virtute non sanguine*, maxime passablement libérale qui étonnera peut-être nos philosophes d'aujourd'hui.

Nicolas-Philippe Loys, chanoine de Tournai, a écrit en prose la vie de Michel d'Esne. Nicaise Dieulot, curé de Rongy, en a publié un abrégé en vers.

Le Carpentier, dans sa généalogie des seigneurs d'Esne, fait mention de Michel, mais ne fournit aucun détail. Ceux que nous venons de donner ont été puisés dans le *Mém. pour l'hist. littéraire des Pays-Bas*, par Paquot.

XVIIe siècle.

JULIEN DE LINGNE, prêtre distingué, a laissé de nombreux travaux sur l'histoire de Cambrai. — V. Lingne (*Julien de*).

JEAN BUZELIN, né à Cambrai vers l'an 1571, entra dans la compagnie de Jésus en 1590, à l'âge de 18 ans, après avoir fait ses études à Douai. Il composa deux ouvrages importants sur l'histoire de la Flandre, savoir: *Annales Gallo-Flandriæ* et *Gallo-Flandria sacra et profana*. Il ne manquait pas de talent pour la poésie latine.

Buzelin mourut à Lille le 15 octobre 1626.

WIART ROBERT, chanoine de N.-D. et docteur en médecine, fondateur du médecin de charité de Cambrai. — V. *Wiart*.

FRANÇOIS BUISSERET, archevêque de Cambrai. — V. *Buisseret*.

PIERRE DE FRANQUEVILLE, célèbre sculpteur. — V. *Franqueville*.

PIERRE PREUDHOMME, né à Cambrai, chanoine de la cathédrale, secrétaire de Louis de Berlaymont, et scelleur de l'archevêché: mort le 23 juin 1628, après 53 ans de canonicat. — Il a laissé de bons mémoires manuscrits sur l'histoire de Cambrai. C'était un des hommes de son temps les plus versés dans le droit coutumier du pays.

SÉBASTIEN BRIQUET, naquit à Cambrai, et devint de bonne heure un homme d'un mérite transcendant. Chanoine de N.-D., il fut employé par l'évêque de Cambrai, dans les affaires difficiles de son temps. Il fut le négociateur qui prépara l'intervention du comte de Fuentes, gouverneur-lieutenant-général des Pays-Bas, contre l'usurpation de Balagny. Ce fut lui, par conséquent, qui provoqua la chute de ce tyran de Cambrai, en 1595. Il fut envoyé, en 1613, par Jean Richardot, vers l'empereur Mathias, à la diète de Ratisbonne, pour y traiter des droits de souveraineté de son église. Le factum qu'il rédigea à cette occasion a été imprimé. Il est écrit en espagnol. Sébastien Briquet n'était pas seulement un homme savant et un habile diplomate, c'était aussi un ami des arts et des artistes. C'est lui qui donna, en 1616, à l'humble église des Capucins, le magnifique tableau de Rubens (le christ au tombeau), que l'on conserve aujourd'hui dans l'église de St-Aubert (et St-Géry) à Cambrai (1). C'est lui qui fit faire cette belle statue, en albâtre, de saint Sébastien, qui passait pour le plus beau morceau de sculpture de la métropole (2). Il en avait confié l'exécution à un célèbre sculpteur nommé Marsy, né à Cambrai, et que nous croyons être le père de Gaspard et de Balthasar Marsy, dont la renommée est une gloire pour Cambrai. (V. *Marsy*.) On voit que Briquet se connaissait en artistes et qu'il savait les choisir. Ce savant chanoine mourut vers la fin de l'année 1624. On plaça sur son tombeau la statue de saint Sébastien. Elle y était encore à l'époque de la révolution.

LAMELIN (ENGLEBERT), naquit à Cambrai vers la fin du XVIe siècle, d'une famille justement considérée dans la ville. Son père, Antoine Lamelin, docteur en médecine, y exerça les fonctions d'échevin depuis 1633, jusqu'en 1643. On voit d'ailleurs figurer, à différentes époques, d'autres membres de cette famille, dans le Magistrat de Cambrai.

Englebert embrassa avec succès la profession de son père, et se fit connaître dans le monde savant par des publications médicales. Son premier ouvrage fut imprimé à Lille en 1628, in-12, sous ce titre: *De vita longa libri duo, quibus adjecta sunt commoda et incommoda sobriæ, et moderatæ vitæ*. Son père avait composé un traité de la peste, en français; Englebert le traduisit en latin, et le joignit à son propre ouvrage sous le titre de *Tractatus de pestá, ejusque preservatione*.

On a encore de Lamelin fils un livre intitulé: *L'avant-goût du vin, déclaration de sa nature, faculté médicale et alimentaire*. Douai 1630, in-8. — V. *Dict. hist. de la médecine ancienne et moderne*, par J. F. Éloy.

BOURDON DE MAUGRÉ, (François), gentilhomme cambrésien, officier distingué au ser-

---

(1) — V. Rubens.
(2) — Mémoires chronologiques.

vice de l'Espagne. En 1636, la ville d'Honnecourt était au pouvoir d'une bande nombreuse d'avanturiers picards et artésiens qui, sous les ordres d'un nommé Marotel, commettaient d'affreuses déprédations dans le Cambresis.

Le gouverneur de Cambrai, ne pouvant tolérer un pareil état de choses, chargea le Sieur de Maugré de réprimer ces brigandages. Le valeureux officier accepta avec empressement cette mission périlleuse ; et, prenant avec lui une troupe d'hommes déterminés, il alla attaquer ces espèces d'écorcheurs dans leur forteresse dont il fit sauter les portes à l'aide de la poudre. Maître de la place, il le fut bientôt de l'ennemi ; et il en purgea le pays. — † Ms. 884, p. 296.—Dupont, *Hist. de Cambrai*, part. VII°, p. 85.

Cet officier, nommé Bourdon de Maugré, était ingénieur de Sa Majesté catholique et appartenait à cette famille cambresienne des Bourdon, qui fournit, pendant les XVI°, XVII° et XVIII° siècles, un célèbre médecin, des ingénieurs, des colonels et des capitaines de cavalerie dont plusieurs morts sur les champs de bataille, soit au service de la France, soit aux ordres de l'Espagne; des seigneurs d'Haucourt, des échevins au Magistrat de Cambrai ; des surintendants au mont-de-piété de cette même ville, et dont le dernier descendant mâle, M. F. J. Norbert Bourdon de Maugré, officier de cavalerie, s'est éteint, à Cambrai même, le 31 mai 1818 (1). — V. *Bourdon (Amé)*.

JOSEPH DE BERGAIGNE, archevêque de Cambrai. — V. *Bergaigne*.

VANDERBURCH, archevêque de Cambrai.—V. *Vanderburch*.

JEAN LE CARPENTIER, ex-religieux de St-Aubert, est l'auteur d'une *histoire généalogique des Pays-Bas, ou histoire de Cambrai et du Cambresis*. — Mort en 1674. — V. *Carpentier*.

LADISLAS DE BARALLE, échevin de Cambrai en 1679. Ce laborieux et infatigable magistrat entreprit et accomplit un travail qui est devenu un véritable trésor pour la ville de Cambrai dont les archives ont été cruellement maltraitées à l'époque de la révolution. C'est un *Répertoire des privilèges et franchises, droits, juridiction et autorité de MM. du Magistrat de Cambrai*. Ce volumineux travail, qui est catalogué parmi les manuscrits de la bibl. comm. de Cambrai, sous le n° 902, contient une analyse faite avec intelligence, de tous les titres constitutifs et réglementaires des corporations de Cambrai. C'est à cette source précieuse, et unique aujourd'hui, que nous avons puisé une grande partie de nos documents sur les corps de métiers. C'est à elle que nous devons d'avoir pu sauver de l'oubli toute cette ancienne organisation ouvrière, si malencontreusement détruite par les novateurs.

JÉROME LE BRUN, natif de Cambrai, prit l'habit de St-Dominique, à Valenciennes, et fut depuis successivement professeur en philosophie, maître des étudiants et second lecteur en théologie au collége de St-Thomas-d'Aquin à Douai ; ensuite prieur des couvents de Valenciennes et de Revin-sur-la-Meuse. Il mourut à Cambrai, le 14 janvier 1703, et fut enterré à St-Aubert, les Dominicains n'ayant dans cette ville qu'un hospice sans cimetière. — *Paquot*.

ROBERT DE CAMBRAI, prêtre capucin, que nous croyons natif de Cambrai, à cause du surnom qu'il prit, fut un éloquent prédicateur dans la province de Lille. Il vivait vers la fin du XVII° siècle, et se fit connaître par deux laborieuses compilations qu'il donna au public sous les titres suivants.

1° *Aurifodina universalis scientiarum divinarum et humanarum. Sub titules septingentis, ordine alphabetico distributa, ad usum concianatorum*. Paris. Dionys. Thierry, 1680, in-f°, 2 vol.

2° *Aurifodina universalis scientiarum divinarum, et fontibus aureis utriusque testamenti electarum, etc.*; in vigenti libros distributa. Insulis, F. Fiévet, 1696, in-f°.

Nous pourrions citer ici une foule de noms ignorés du vulgaire et dignes cependant de vivre dans la mémoire des générations cambresiennes. Mais pour ne point nous répéter nous renverrons le lecteur aux mots *Fondations charitables*. Il y trouvera les noms de ces hom-

---

(1) Jean Bourdon, seigneur d'Haucourt, membre de la magistrature de Cambrai, fut le principal instigateur de la soumission de cette ville à Louis XIV. Le roi voulant lui donner une marque particulière de son estime et de sa satisfaction, lui fit don d'une médaille commémorative, la seule de ce coin qui ait été frappée en or ; cette médaille est octogone et à bélière, pèse une once quatorze grains : elle porte d'un côté le buste du roi armé et couronné de lauriers. Inscription : Lvd. XIIII D. G. FR. ET NAV. REX. Exergue 1677. Au revers, la ville de Cambrai ; inscription : DVLCIVs VIVE MVs. Exergue *Cambray*.

Cette médaille, religieusement conservée dans la famille Bourdon, est actuellement en la possession de M. Eugène Bouly, petit fils, par sa mère, de M. Bourdon de Maugré.

mes généreux qui, dans le XVIIe siècle surtout, dotèrent la ville d'un nombre considérable d'établissements de bienfaisance. On peut affirmer qu'à cette époque, aucune misère humaine ne resta sans secours, et ce serait à bon droit que, dans Cambrai, l'on appellerait le XVIIe siècle, le *siècle de la charité*.

XVIIIe siècle.

DE FRANQUEVILLE (Jean-Baptiste), l'un des hommes les plus remarquables de son temps, dans le clergé de Cambrai. — V. *Franqueville* (J.-B. de).

FÉNELON. — V. *Fénelon*.

STIÉVENARD (Simon-Pierre), chanoine de la métropole de Cambrai, avait fait ses études théologiques à Paris où il avait obtenu le grade de licencié. Il devint secrétaire de Fénelon. Il a laissé une dissertation sur la chronologie des évêques de Cambrai. Il mourut dans cette ville le 19 août 1735. — On peut voir quelques détails sur ses ouvrages, dans *les Recherches sur l'église métropolitaine de Cambrai*, par M. Leglay, p. 153 et 224.

JOSEPH POUILLAUDE, abbé de St-Aubert depuis 1709, jusqu'en 1732. Il a laissé à l'exemple de ses prédécesseurs, des mémoires intéressants sur l'abbaye de St-Aubert. — V. *Pouillaude* (1).

MAZILE (Adrien-François), fut d'abord curé de la Madeleine à Cambrai, ensuite chanoine de Notre-Dame, le 25 février 1701 ; et en définitive doyen du chapitre le 23 décembre 1717. Il mourut le 16 octobre 1744. *Les Mém. chron.* font mention de sa mort en ces termes : « Le 16 d'octobre 1744 est décédé Adrien-François Mazile, natif de Cambrai, doyen de Notre-Dame, et vicaire-général de l'archevêché. Ses vertus et sa science lui firent mériter ces dignités. C'était de son temps, le plus grand génie et le plus profond théologien du diocèse. » Il a écrit une chronique intitulée : *De episcopis cameracencibus*.

ST-ALBIN, archevêque de Cambrai, dota la ville d'une bibliothèque publique. — V. *Albin* (St).

JACQUES LEFEBVRE, ou Lefeburc, R. P. Jésuite, premier conservateur de la première bibliothèque *publique* qui exista à Cambrai. En 1744, M. de St-Albin, voulant doter la ville de Cambrai d'une bibliothèque à l'usage de tous, la mit en dépôt au collège des Jésuites, où chacun avait accès, et en confia la garde au père Lefebvre. — V. *St-Albin*. — *Bibliothèque*.

— Cinq ou six ans après, le père Lefebvre fut chargé de la direction du séminaire de Beuvrage. — V. *Séminaire*. — Ce savant religieux né à Glajon, dans les environs d'Avesnes (1), le 1er novembre 1694, avait fait ses premières études à Cambrai. Il mourut à Valenciennes le 29 d'avril 1755. On a de lui plusieurs ouvrages dont voici les titres : — *Bayle en petit ou anatomie de ses ouvrages* in-12, Douai 1737, et Paris 1738 (2). — *La seule religion véritable, démontrée contre les athées et tous les sectaires*. In-12. Paris, 1744. — *Entretiens sur la raison, suite de la critique des ouvrages de Bayle*. Ce travail fait suite à la 3e édition de *Bayle en petit*.

Pendant son séjour à Cambrai, le P. Lefebvre eut un démêlé littéraire avec M. de Montmaur, touchant les idées innées. La dispute se passa en lettres écrites de part et d'autre, et restées manuscrites.

Paquot dans son *Mémoire pour l'histoire littéraire des Pays-Bas*, tom. II, p. 357, consacre au père Lefebvre une notice d'une certaine étendue.

DUPONT, chanoine régulier de St-Aubert à Cambrai, est auteur d'une Histoire ecclésiastique et civile de Cambrai et du Cambresis. — V. *Dupont*.

MUTTE (Henri Denis), homme d'une vaste érudition, fit de grandes recherches sur l'histoire de Cambrai. Il était doyen du chapitre de Notre-Dame. — V. *Mutte*.

SAINT-AUBERT, peintre Cambresien. — V. *Aubert* (Antoine-François Saint)

TRANCHANT (François-Dominique), bénéficier de la métropole, laborieux compilateur des chroniques Cambresiennes. — V. *Tranchant*.

La liste que nous venons de présenter au lecteur, tout arbitraire qu'elle puisse être, ne contient, nous l'espérons du moins, aucune grave omission. Il faut dire cependant, que si, parmi les évêques de Cambrai, nous n'avons cité que les plus remarquables, notre intention n'a point été pour cela, d'exclure la plupart

---

(1) La famille Pouillaude est encore représentée aujourd'hui dans Cambrai, par une demoiselle fort âgée que nous croyons la seule parente du savant religieux.

(1) Glajon, village aujourd'hui de l'arrondissement d'Avesnes, canton de Trélon.
(2) Le même livre fut encore réimprimé à Paris en 1747 ; mais cette fois, il fut intitulé :
Examen critique des ouvrages de Bayle.

des autres du nombre des hommes distingués du pays. Force nous a été de faire un choix, pour ne pas allonger indéfiniment notre catalogue que le lecteur pourra d'ailleurs compléter en parcourant la liste des évêques et archevêques ci-dessus donnée p. 117 et suivantes. — D'un autre côté nous n'avons pas considéré comme un titre suffisant à figurer parmi les hommes remarquables, le simple avantage d'avoir écrit un livre bon ou mauvais. Aussi avons-nous passé sous silence un certain nombre de noms mentionnés quelquefois par des auteurs qui nous ont précédé ; mais nous les avons abondamment remplacés par d'autres jusqu'ici négligés et bien autrement dignes de l'admiration publique.

On nous reprochera peut-être d'avoir arrêté notre liste à la fin du XVIIIe siècle, et de n'avoir rien dit des hommes du dix-neuvième. Certes, ce dernier siècle aussi a fourni dans Cambrai des hommes remarquables et utiles, et cependant nous gardons le silence à leur égard. Le motif de ce silence, c'est le respect que nous avons pour eux. Nous n'avons pas voulu exposer des familles honorables à voir discuter, peut-être même contester, le mérite de leurs pères par les mauvaises passions contemporaines. Laissons faire à cet égard l'impartiale postérité.

HONNECOURT (abbaye de) fondée en 670 (1). — « Le monastère de St-Pierre, au village d'Honnecourt, où repose le corps de Ste Polline, fut fondé par un noble personnage nommé Amalfrid, et sa femme Childeberte. Ils y placèrent des religieuses, et leur donnèrent pour supérieure, leur fille Auriane. Ce couvent prospéra longtemps en religion et en richesses. » — Balderic, livre II, chap. 10. — Le Carpentier cite Ste Austreberte comme ayant dirigé cette maison avant Auriane ; mais il est, en cela, contredit par les Bollandistes, par Dom Mabillon et par l'abbé Dupont, trois fois plus d'autorités qu'il n'en faut pour se défier de Le Carpentier. Dupont s'en explique nettement : St-Vindicien, dit-il, assisté de St-Lambert de Liège, consacra l'église de cette abbaye en l'honneur de la Vierge, de St-Pierre, de St-Martin et de Ste Polline, et y établit des clercs et des religieuses dont Auriane, fille du fondateur, fut la première abbesse ; car *c'est sans fondement qu'on a avancé que Ste Austreberte l'avait été.* Amalfride donna l'abbaye à St-Bertin et à son monastère en 677, « pour y préposer celui qu'ils jugeraient à propos, après sa mort, cependant, et celle de sa fille. » L'acte de donation, rédigé dans le sens qui vient d'être indiqué, fut *fait à Vermand, la onzième année du règne glorieux de Théodoric, le 8 février. — Camerac. christ*, p. 160.

Ce monastère placé sur les confins de France, et dans le voisinage des hommes de guerre, finit par ne plus présenter assez de garantie pour la moralité des filles qui l'habitaient ; alors les successeurs de St-Bertin les remplacèrent par des religieux. Mais les déprédations dont ils étaient souvent victimes de la part des soldats et des routiers, ne permirent point à ceux-ci de développer la prospérité de leur maison. Ils se relevèrent néanmoins, vers l'an 911, grâce à la munificence d'Odon, châtelain de Cambrai. Ce ne fut d'ailleurs que pour un temps, après quoi la déchéance fut pire encore. Les chanoines, vers le milieu du onzième siècle, étaient réduits à un très petit nombre, et furent, quelque temps après, remplacés par des Bénédictins. L'abbé Dupont qui mentionne ce fait, ne précise pas la date de cette substitution. De son temps les Bénédictins étaient encore à Honnecourt.

Le Carpentier rapporte, d'après Gélic, que, sous le règne du roy Philippe de Valois, on trouva sous un marbre du vieux cloître de cette abbaye, « une casaque d'armes garnie de lames ou tables d'or et de pierres précieuses, une croix émaillée à l'antique, un haume d'or enrichy de rubis, un bouclier d'argent au naturel, qui sembloit, au milieu, représenter un lion et plusieurs autres pièces d'or et d'argent, avec une tablette d'or à la teste du cadavre qui portoit ces mots : *Odo Kast. Kambr-H. A. Rest.* » que l'on traduit ainsi qu'il suit : « Odo kastellanus kambracensis, hujus abbatiæ restaurator ; » latin un peu barbare qui signifie : Odon, châtelain de Cambrai, restaurateur de cette abbaye.

Au siècle dernier, ce triste monastère était en pleine décadence, et les bénédictins qui l'habitaient s'occupaient, sans doute, fort peu des

---

(1) C'est à l'abbé Dupont que nous empruntons cette date de 670. Le Carpentier indique 660. Mais il est probable qu'il se trompe, car suivant Baldéric, suivant la *Gallia christiana*, suivant l'abbé Dupont, ce fut St-Vindicien et non St-Aubert qui bénit et dédia cette abbaye. Or St-Vindicien ne succéda à St-Aubert qu'en 669 ou 670.

« Vindicien consacra à la gloire de Dieu et de St-Pierre, un monastère situé dans un village à sept milles de Cambrai et qui a reçu de nos ayeux le nom d'Honnecourt. » Bald. liv. I, ch. 26.

travaux qui avaient rendu leur ordre si célèbre. Vainement, Fénélon, en 1698, avait essayé de rétablir la discipline dans cette maison désordonnée. La désunion de ses membres y avait amené en 1757 (10 novembre) un évènement tragique. Le prieur y avait été assassiné à coups de couteau, vers 10 ou 11 heures du soir. Un des religieux, nommé Dom Malo, soupçonné d'être l'auteur de ce crime, s'était soustrait aux poursuites de la justice, en se réfugiant en Angleterre. Le roi avait fini par faire rendre un arrêt ordonnant la confiscation des biens au profit d'une œuvre utile à l'Eglise ou à l'Etat; mais les quatre seuls religieux qui restassent alors dans la maison et qui, aux termes de cet arrêt, devaient se retirer dans une autre abbaye de leur ordre, avaient résisté. On peut lire les détails de cette grave affaire dans un mémoire rapporté en note à la page 163 du *Cameracum christianum*.

M. de Choiseul en 1770, dans une ordonnance par laquelle il rappelait les religieux d'Honnecourt à l'observation des statuts que leur avait donnés Fénélon, exprimait sa douleur sur l'état où se trouvait cette abbaye.

Les bâtiments de l'abbaye d'Honnecourt sont en partie détruits; ce qui en reste semble appartenir à l'architecture du dernier siècle. Des particuliers ont approprié à leurs convenances les cloîtres dont on voit encore des arcades. L'église est un monument curieux dont les antiquaires se sont mainte fois occupés. La tour et le porche en sont remarquables au point de vue archéologique. — V. *Rapport sur les anciens monuments de l'arrondissement de Cambrai*, par M. Wilbert, p. 191.

On trouve dans le *Cameracum christianum*, une liste incomplète des abbés d'Honnecourt. L'un d'eux dont Froissart parle avec éloge, mais dont il ne donne pas le nom, se distingua par sa vaillance pendant un siège d'Honnecourt vers 1339. Nous en parlons à l'article *Ville et château d'Honnecourt*.

L'église d'Honnecourt a eu le patronat de l'église collégiale de N.-D. de Walincourt.

— V. sur l'abbaye d'Honnecourt : Le Carpentier, part. II, p. 506. — L'abbé Dupont, *Hist. de Cambrai*, part. IV, p. 10 des notes.— Balderic, liber. I, cap. 26; liber. II, cap. 10. — *Glossaire du Cambresis*; p. 52 et 85. — *Mémoire sur les Archives religieuses du Cambresis*, p. 30 et 75. — *Cameracum christianum*, p. 160.

HONNECOURT (ville et château de) *Hunolcurth, Huncurt, Hunelcort, Hunulphi* ou *Hunonis-Curtis*, aujourd'hui simple village à 15 kilom. au sud de Cambrai (1). — On ne sait rien des origines du château et du village d'Honnecourt : ce village existait dès le septième siècle; époque où l'abbaye de St-Pierre y fut consacrée par l'évêque Vindicien. « Vindicien, dit Balderic, consacra un monastère dans un village à sept milles de Cambrai, lequel a reçu de nos ayeux le nom d'*Hunolcurth*. » C'est ce nom que l'on traduit aujourd'hui par Honnecourt. Cette localité qui n'est plus qu'un village pittoresque, fut jadis une ville assez fortifiée. On peut voir, dans l'article qui précède, que l'abbaye de St-Pierre y fut fondée en 670 par un seigneur nommé Amalfrid, et sa femme Childeberte; que cette abbaye reçut d'abord des religieuses qui furent dans la suite remplacées par des moines. Enfin, on y peut trouver d'intéressants détails sur ce monastère dont il ne reste plus que des ruines. Quant au château-fort, nous ignorons les circonstances de son érection.

Comme la ville d'Honnecourt était située sur les confins du Cambresis, il est probable qu'elle aura été fortifiée dès son origine. Elle l'était encore au 16e siècle. Dans un dénombrement de la terre et seigneurie d'Honnecourt, dressé au mois de novembre 1563, il est fait mention de la *Tour-aux-Chiens*, de la *porte Poulallier*, pièces de fortifications dont les traditions du village ne peuvent plus indiquer la place. Un ancien manuscrit fait mention de la *Tour de la porte* d'Honnecourt, où furent brûlés, environ deux mille Français, pendant le siège qu'en fit, en 1536, une armée de Bourguignons, pour le compte de l'empereur d'Allemagne. — V. § ms. 3 (bis), p. 100. Cette tour devait être une

---

(1) Le Carpentier qui commet quelquefois des naïvetés étonnantes, trouve une pitoyable étymologie au nom de Honnecourt. « Le bourg de Honnecourt, dit-il, (2e vol. p. 454), par abréviation Honcourt, qui vaut autant que *Honte courte*, marque le déshonneur, la confusion et la *courte honte* que peut avoir remportés un trop ambitieux attaquant, tel qu'estoit Jules César. »

Le Carpentier ne savait peut-être pas que les villages qui se terminent en *court* tirent la finale de leur nom des mots *Curs, Curtis, Cortis*, (en vieux français *courtil*), jardin, verger, habitation des champs; d'où la terminaison *court*.

Au reste, l'ex-religieux de St-Aubert n'est pas moins plaisant dans son étymologie des noms de Crèvecœur et de Vinci. V. *Crèvecœur*.

pièce de fortification très importante, mais on ignore à quel endroit elle était située. Il existe d'ailleurs en plusieurs endroits des vestiges de murailles, des fossés de défense maintenant presque comblés et mis en culture. On voit encore à peu de distance du village, vers le Nord-Est, un grand tertre carré, appelé les *Castelets;* il semble évident qu'un fort a subsisté à cet endroit. Des fondations de maisons que l'on rencontre quelquefois, en creusant la terre, entre les demeures actuelles du village et les *Castelets* donneraient à croire que, si l'enceinte de l'ancienne ville ne s'étendait pas au-delà des limites du village d'aujourd'hui, du moins avait-elle un faubourg qui s'approchait du fort détaché dont il vient d'être question. Les habitants désignent encore sous les noms de *Noble-ville*, de *Franque-ville*, etc., plusieurs quartiers de cette ville déchue. L'Escaut la traverse et un limpide cours d'eau y fait tourner les anciens moulins de l'abbaye. Le monastère et son église étaient voisins du château. Cette forteresse, à en juger d'après les ruines qu'on en retrouve, était munie de bonnes fortifications. Elle était entourée de fossés et pourvue d'un pont-levis. On y voit encore les restes de la prison féodale. La situation d'Honnecourt n'était pas favorable à la défense de la place, car cette ancienne ville est entourée de collines qui la dominent de tous côtés, mais ce désavantage était racheté, en partie, par les prairies au milieu desquelles elle est située, et qui sans doute couvertes de bois, et souvent d'eau, rendaient difficile tout accès par une autre voie que par la route ordinaire. Or, les *catelets* dont il est question plus haut, étaient évidemment destinés à commander cette route sur le bord de laquelle ils sont situés.

Cette ville fut souvent le théâtre d'escarmouches acharnées, d'expéditions de routiers et d'autres faits de guerre. Froissart parle d'un siège qu'elle eut à soutenir en 1339. Nous laissons parler le naïf chroniqueur dont le style pittoresque a tant de charme, que c'est toujours une bonne fortune que d'avoir à le citer.

Chapitre LXXXVI du livre 1ᵉʳ des chroniques de Froissart.

« *Comment messire Jean de Hainaut et plusieurs autres grands seigneurs cuidèrent prendre Honnecourt; et comment l'abbé et ceux de la ville s'y portèrent très vaillamment:*

» Entrementes que le roi anglois se tenoit en l'Abbaye du Mont Saint-Martin, ses gens couroient tout le pays de là environ jusques à Bapaumes et bien près de Péronne et de Saint-Quentin. Si trouvoient le pays plein et gras, et pourvu de tous biens, car ils n'avoient oncques mais eu point de guerre. Or avint ainsi que messire Henri de Flandre, en sa nouvelle chevalerie, et pour son corps avancer et accroître son honneur, se mit un jour en la compagnie et cueillette de plusieurs chevaliers, desquels messire Jean de Hainaut étoit chef, et là étoient le sire de Fauquemont, le sire de Berghes, le sire de Baudresen (1), le sire de Kuck et plusieurs autres, tant qu'ils étoient biens cinq cents combattants; et avoient avisé une ville assez près de là, que on appeloit Honnecourt, où la plus grand'partie du pays étoit, sur la fiance de la forteresse, et y avoient mis tous leurs biens. Et-jà y avoient été messire Arnoul de Blakehen et messire Guillaume de Duvort (2) et leurs routes, mais rien n'y avoient fait : donc, ainsi que par esramie, tous ces seigneurs s'étoient cueillis en grand désir de là venir, et faire tout leur pouvoir de la conquérir. Adonc avoit dedans Honnecourt un abbé (3) de grand sens et de hardie entreprise, et étoit moult hardi et vaillant homme en armes; et bien y apparut, car il fit au-dehors de la porte d'Honnecourt faire et charpenter en grand'hâte une barrière, et mettre et asseoir au travers de la rue; et y pouvoit avoir, entre l'un banc et l'autre environ demi-pied de creux d'ouverture; et puis fit armer tous ses gens et chacun aller ès guérites, pourvu de pierres, de chaux, et de telle artillerie qu'il appartient pour la défendre. Et si très tôt que ces seigneurs vinrent à Honnecourt, ordonnés par bataille, et en grosse route et épaisse de gens d'armes durement, il se mit entre les barrières et la porte de ladite ville, en bon convenant, et fit la porte de la ville ouvrir toute arrière, et montra et fit bien chère et manière de défense.

» Là vinrent messire Jean de Hainaut, messire Henri de Flandre, le sire de Fauquemont, le sire de Berghes et les autres, qui se mirent tout à pied et approchèrent ces barrières, qui étoient fortes durement, chacun son glaive en son poing; et commencèrent à lancer et à jeter grands coups à ceux de dedans; et ceux de

---

(1) Vraisemblablement, *Bautershem*.

(2) Peut-être, *Ducenvorde*. On trouve dans les *Troph. du Brab.* un *Willaume de Ducenvorde*, chambellan du comte de Hainaut.

(3) La liste des abbés d'Honnecourt est incomplète; on n'y trouve point celui ci.

Honnecourt à eux défendre vassalment. Là étoit damp abbé, qui point ne s'épargnoit, mais se tenoit tout devant en très bon convenant, et recueilloit les horions moult vaillamment, et lançoit aucune fois aussi grands horions et grands coups moult appertement. Là fut faict mainte belle appertise d'armes ; et jetoient ceux des guérites contre val, pierres et bancs, et pots pleins de chaux, pour plus essonnier les assaillants. Là étoient les chevaliers et les barons devant les barrières, qui y faisoient merveilles d'armes ; et avint que, ainsi que messire Henri de Flandre, qui se tenoit tout devant, son glaive empoigné et lançoit les horions grands et périlleux, damp abbé qui étoit fort et hardi, empoigna le glaive dudit messire Henri, et tout paumoiant et en tirant vers lui, il fit tant que parmi les fentes des barrières il vint jusques au bras dudit messire Henri, qui ne vouloit mie son glaive laisser aller pour son honneur. Adonc quand l'abbé tint le bras du chevalier, il le tira si fort à lui qu'il l'encousit dedans les barrières jusques aux épaules, et le tint là à grand meschef, et l'eût sans faute saché dedans, si les barrières eussent été assez ouvertes. Si vous dit que ledit messire Henri ne fut à son aise tandis que l'abbé le tint, car il étoit fort dur, et le tiroit sans épargner. D'autre part les chevaliers tiroient contre lui pour rescourre messire Henri ; et dura cette lutte et ce tiroi moult longuement et tant que messire Henri fut durement grevé. Toutes fois par force il fut rescous ; mais son glaive demeura par grand'prouesse devers l'abbé, qui le garda depuis moult d'années, et encore est-il je crois, en la salle de Honnecourt : toutes voies il y étoit quand j'écrivis ce livre, et me fut montré un jour que je passai par là, et m'en fut recordée la vérité et la manière de l'assaut comment il fut fait, et le gardoient encore les moines en parement. »

On lit dans la chronique de Jean Duchastiel, qu'en l'année 1521, le 12 de mars, à 3 heures après minuit, « les François pillèrent Cantimpré, et le faubourg entre deux portes, dont fut sonné alarme, et *emmenèrent le butin à Honnecourt.* »

La même chronique nous apprend qu'en novembre 1523, les Bourguignons s'emparèrent d'Honnecourt, et puis bientôt après se retirèrent en Hainaut, abandonnant leur prise aux François qui y rentrèrent le 23 du même mois.

En ces occasions, il n'est pas question du château, mais nous trouvons dans plusieurs manuscrits, tels que les *Mémoires chronologiques*, la *Chronique de Jean du Chastiel*, la *Chronique des évêques de Cambrai*, †ms. 659, etc., que le 2 de juillet 1536 la ville d'Honnecourt fut prise d'assaut par les Bourguignons, le château détruit, et le monastère fait prisonnier. L'auteur de la chronique des évêques rapporte cet événement avec les détails que voici :

« En 1536, le deuxième jour de juillet, les Bourguignons mirent le siége devant Honnecourt, et l'assaillirent ; auquel assault il y en eubt plusieurs de tués. (Une note à la marge du manuscrit rapporte qu'il y eut environ deux mil Franchois brûslés dans *la tour de la porte*.) Après que la ville fut prise le capitaine Franchois se bouta au chasteau et tirèrent à forche, et y fut tué le capitaine des Bourguignons appelé Mons. de Longprez, natif de Mons en Hainaut ; le quel conduisoit les Namurois. Après que le capitaine fut tué, on rua des boulets après le chasteau, tant que on abaty une grande partie de muraille, et le lendemain se rendirent à la volonté de M. du Rœu chef de toute l'armée.

« Il y a une abbaye de noirs moines, lesquels se défendirent et tirèrent après les Bourguignons, et dit-on que ce fust un moisne qui occit le dict capitaine, pourquoi tous les moisnes furent faicts prisonniers et plusieurs autres avec eux. »

Le château-fort détruit en 1536, fut bientôt reconstruit et subsista encore un siècle ; après quoi, il fut démantelé, ainsi que la ville, probablement pour toujours.

En 1636, à la faveur des guerroyeuses querelles de la France et de l'Espagne, une bande nombreuse d'aventuriers Picards et Artésiens, s'était organisée, sous le commandement d'un chef audacieux nommé Marotel. Ces bandits, après s'être fortifiés dans Honnecourt, dont ils avaient fait le point central de leurs opérations, se mirent à exploiter le pays, mettant à contribution tous les villages voisins d'Honnecourt. Ils poussaient même quelquefois leurs courses dévastatrices jusque sous les murs de Cambrai.

De pareils brigandages appelaient une répression énergique. Le gouverneur de Cambrai chargea *le Sieur de Maugré* de cette périlleuse entreprise. Le Sieur de Maugré était un officier remarquable pour son intrépidité, un homme au cœur chevaleresque, pour lequel une mission aventureuse était une bonne fortune. Il se mit donc à la tête d'une troupe d'hommes déterminés ; il courut vers Honnecourt, et, malgré la vive résistance des flibustiers qui l'occupaient, finit par s'en emparer, en faisant sauter une porte à l'aide de la poudre. Ce fut alors (en 1636), que pour prévenir de nouveaux brigandages, et enlever à ces compagnies de pillards, si communes à l'époque dont nous parlons, tout moyen de se retrancher, on fit démanteler cette place qui, n'étant pas assez forte pour former un boulevard au pays, suffisait néanmoins pour mettre l'ennemi à couvert.

Depuis lors, Honnecourt a perdu toute son importance comme ville, et est tombé au rang obscur de village. Il semble qu'à partir de ce moment son nom ne devait plus s'attacher qu'à des souvenirs de défaite. C'est auprès de ce village, que le pauvre maréchal de Guiche fut, par un excès de zèle (1), cause de la sanglante journée où, le 26 mai 1642, l'armée française fut battue par les Espagnols (2). On montre, non loin d'Honnecourt, un lieu dit *les Tranchées*, où la tradition place ce funeste champ de bataille.

A l'époque de la révolution, le village d'Honnecourt avait encore un château environné de fossés avec pont-levis. La seigneurie en appartenait à la famille de Lannoy.

Sur les castelets d'Honnecourt, on a trouvé des tombeaux anciens, dont nous parlons à notre article *Antiquités*.— V. p. 17. — On trouve aussi, dans le voisinage, du côté de Gonnelieu, des vestiges de constructions romaines.

Nous ne dirons rien ici de l'abbaye et de son église auxquelles nous avons consacré la notice qui précède celle de la ville et du château d'Honnecourt.

Honnecourt portait jadis d'argent semé de billettes de gueules, au lion de même.—Cri : Oisy.

HOPITAL GÉNÉRAL DE LA CHARITÉ. — Cet hôpital fut fondé en 1752, par lettres patentes du roi, sur la proposition de l'intendant du Hainaut (1). Il fut principalement composé de tous les biens meubles et immeubles de huit anciennes fondations charitables, auxquelles on joignit ensuite les orphelins. Nous avons cité à l'article *Fondations charitables* la plupart de ces établissements introduits comme éléments dans l'hôpital général de la charité. Mais nous devons faire remarquer qu'il en manque deux à notre liste. Nous avouons n'être nullement éclairé à leur égard et nous aimons mieux le silence qu'une erreur.

Le calendrier général de Flandre, Hainaut et Cambresis (année 1759), contient une notice intéressante sur l'hôpital général de la charité de Cambrai. Ce travail est probablement l'œuvre d'un des administrateurs de l'hospice. Nous croyons devoir le reproduire à titre de document.

---

(1) On sait que Puiségur et Rantzau cherchèrent à détourner le maréchal de livrer ce combat, où les Espagnols étaient deux fois plus nombreux que les Français.

(2) Voici comment cet événement est raconté dans un manuscrit de la bibliothèque communale de Cambrai, n° 884 :

« Les avant-coureurs de l'armée Espagnole paruront aux environs de Bonavis. Toute l'armée les suivoit, marchant en ordre de bataille. Elle se rendit entre Villers-Guislain et Honnecourt. Comme elle se trouvoit, par cette position, au même côté de l'Escaut que le maréchal de Guiches, les généraux François, et nommément Rantzau, depuis maréchal de France, et Puységur, ministre de camp du régiment de Piémont, firent toutes les instances possibles au maréchal pour l'engager à se retirer au-delà de la rivière, afin d'éviter le combat ou de le soutenir avec plus d'avantage. Ils ne purent rien obtenir et toute sa réponse fut qu'il vouloit attendre et combattre l'ennemi où il étoit ; et que s'il l'attaquoit il le battroit. Rantzau répartit qu'il souhaitoit que cela fût, mais qu'il avoit peine à le croire, les Espagnols étant deux fois plus forts ; et il ajouta que, puisqu'il ne vouloit pas suivre son avis, il n'avoit qu'à distribuer les postes aux trois maréchaux de camp qui se trouvoient dans l'armée. Le maréchal lui dit : Courcelle est le plus ancien, il commandera l'aile droite ; vous êtes le second, vous irez à l'aile gauche ; Lenoncourt qui est le dernier, sera au milieu ; et moi j'irai et viendrai par tous les postes. Rantzau l'ayant assuré qu'il seroit pris ou tué plutôt que d'abandonner le sien, il s'y rendit et ce fut là que la bataille commença. Le comte de Buquoy l'attaqua avec vigueur ; et le général Becq donna sur la droite ; on ne fit rien au centre. Les François se défendirent très bien et repoussèrent plusieurs fois ces deux généraux ; mais il fallut enfin céder au nombre. Ceux-ci étant toujours revenus à la charge, la valeur des autres ne put les sauver d'une déroute complète ; ils furent presque tous tués ou pris. Les principaux qui perdirent la vie furent, Boucharanes qui commandoit la cavalerie, et St-Souplet avec vingt ou trente autres officiers. Roquelaure, St-Martin, Puységur, Rambures, et trois ou quatre cents autres furent faits prisonniers. Ce dernier fut tué peu après par d'autres que par celui qui l'avoit pris ; pour l'empêcher d'en rien avoir de rançon. Le maréchal de Guiches resta des derniers, et ne vouloit pas se retirer, mais y ayant été contraint, il alla se jeter dans Guise avec six escadrons. Tout le canon, le bagage ; et cent mille écus destinés à payer les troupes, restèrent au pouvoir des Espagnols qui ne perdirent pas deux cents hommes. »

(1) L'intendance de Valenciennes comprenait le Cambresis et le Hainaut français. — V. *Intendance*.

« Plusieurs motifs également puissants ont déterminé Sa Majesté à établir et faire construire à Cambrai un *Hôpital général de la charité*, et à s'en déclarer le protecteur, le conservateur et le gardien par son édit du mois de juin 1752 ; enregistré au parlement de Flandre, le 3 août suivant. D'un côté, l'insuffisance absolue des mesures déjà prises de la part de cette ville, pour y arrêter la mendicité, quoique dictées par un zèle religieux, et par le désir de se conformer à la déclaration du 18 juillet 1724 ; de l'autre, les succès visibles qu'ont eus de pareils établissements exécutés à Lille et à Dunkerque, ont invité le roi à lui communiquer le même avantage, pour en bannir la mendicité. Sa Majesté a été persuadée, qu'en même temps qu'il importe de réprimer ce qui n'est, dans la plupart, qu'un désordre produit par la fainéantise, et qui lui même n'est qu'une source de dérèglement, elle a dû regarder comme des objets dignes de pitié, et les enfants destitués de tous secours, et les pauvres qui, accablés sous le poids de l'âge ou des infirmités, n'ont de ressource que dans la compassion publique.

» L'article 2 de l'édit d'établissement du dit Hôpital-Général, y unit *huit fondations particulières*, avec tous les biens meubles et immeubles, droits, actions et prétentions, qui leur appartiennent ; pour tous lesdits biens être confondus en une seule masse, et employés et régis par les Administrateurs du dit Hôpital, à l'exclusion de tous autres. (La déclaration du mois d'avril 1754, duement enregistrée, y unit encore la Fondation des *Orphelins et Orphelines* de ladite ville.)

» Par l'article 4, tous les pauvres valides et invalides de l'un et de l'autre sexe, les insensés, les enfants orphelins, les enfants abandonnés ou trouvés, et généralement tous les pauvres qui étoient à la charge de la ville, seront enfermés dans le dit Hôpital, pour y être employés à des ouvrages proportionnés à leurs talens et à leurs forces.

» Article 9. Les adjudications d'amendes, les dons et legs cy-devant faits, et à faire à l'avenir en termes généraux, par contrats, testamens et autres actes, appartiendront au dit Hôpital, au quel, par l'article onze, Sa Majesté a permis toutes quêtes, troncs et bassins, grandes et petites boëtes dans les églises, et lieux les plus apparens de la ville.

» L'article 14 défend expressément à toutes personnes (à la réserve des religieux et religieuses, qui en ont le droit), de mendier dans l'étendue de Cambrai et ses faubourgs, de quelque manière et en quelque tems que ce soit, enjoignant à tous vagabons et gens sans aveu d'en sortir à peine de fouet.

» Les administrateurs ont par l'article 15 toute autorité, juridiction et police sur les mendians qui contreviennent, tant dehors que dedans l'Hôpital, aux défenses portées par l'édit de son établissement, sauf que lesdits mendians devront être renvoyés aux juges ordinaires, dans les cas des peines afflictives, qu'il faudroit exécuter hors le dit Hôpital.

» Les articles suivans donnent pouvoir aux dits administrateurs d'établir des gardes qui porteront l'épée et une bandoulière aux armes du roi et de la ville, pour arrêter les mendians partout, etc.; font défenses à toutes personnes de donner manuellement l'aumône aux mendians, et de retirer chez elles les fainéants, vagabons et gens sans aveu, sous les peines y énoncées ; exemptent le dit Hôpital et ses dépendances des logemens, passages et contributions aux gens de guerre, le déchargeant, ainsi que les manufactures qui seront établies dans son enceinte, de tous subsides, péages, droits d'entrée, et généralement de toutes impositions publiques et particulières ; l'exemptent pareillement de Guet et Garde, Fortification, Canal, Fermeture, et autres charges, et généralement de toutes contributions ; à condition par les administrateurs de donner un certificat, signé de trois d'entre eux au moins, contenant les qualités et quantités de denrées, marchandises et autres choses sujettes auxdits droits, qu'ils feront venir pour les besoins du dit Hôpital, et d'y faire conduire le tout sans en rien divertir, ni recéler.

» Le roi exhorte par l'article 20, tous les corps, communautés séculières et régulières, et tous les particuliers de Cambrai, à concourir par des aumônes au soutien du dit Hôpital.

» Toutes les expéditions, dont l'Hôpital aura besoin, lui doivent être délivrées gratuitement en vertu de l'article 21 ; et le 22e enjoint aux greffiers de tous les tribunaux ordinaires et extraordinaires de la ville et banlieue d'envoyer gratuitement au bureau du dit Hôpital les extraits des jugemens et sentences, portant condamnation d'amendes ou d'aumônes à son profit, ou à celui des pauvres en général, à peine contre lesdits greffiers de répondre en leurs propres et privés noms desdites amendes, et de tous dépens, dommages et intérêts.

» Article 23. Sa Majesté enjoint pareillement et sous les mêmes peines, à tous curés, desservans, notaires et toutes personnes publiques, d'envoyer audit bureau, après la mort du testateur, les extraits des testamens et autres actes de dernière volonté, qu'ils auront reçus, et qui seront demeurés en leur possession, si ces actes et testamens renferment quelques legs en faveur de l'Hôpital, ou des pauvres en général ; ordonne de plus aux notaires d'envoyer les extraits des compromis, qui stipuleront des peines pécuniaires, dont l'Hôpital puisse prétendre le payement.

« Le dit Hôpital a, par l'article 25, ses causes commises en première instance, tant en demandant qu'en défendant en la cour du parlement de Flandre, séant à Douay.

» Article 31. Aucun des enfants renfermés dans l'Hôpital ne pourra être engagé, tant qu'il y demeurera, par les officiers des troupes du roi, sans une permission par écrit de l'administrateur du mois, à peine de nullité.

» L'Hôpital général est régi par sept administrateurs, du nombre des quels le procureur syndic l'est de droit par sa place et tant qu'il l'occupe ; le roi a nommé dans son édit, pour la première fois seulement, en qualité d'administrateurs électifs :

Messieurs
Jacquerie, } chanoines et vicaires
De Millancourt, } gén. de l'archevêché.
Le procureur syndic de la ville.
Grenet.
Boulenger, avocat.
Lamelin.
De Gillaboz.

» La faculté de nommer aux places des administrateurs et de receveur, lorsqu'elles viennent à vaquer, appartient, suivant l'article 8, aux autres administrateurs, et en conséquence sur la démission faite par le dit sieur de la Torre, ils ont choisi le sieur De Gillaboz, avocat et échevin actuel, le quel a été confirmé, et a prêté serment devant le magistrat, aux termes du dit article.

» M. Baillet, prêtre chapelain de la métropole, est chargé de la direction intérieure du dit Hôpital.

» M. Hallet, notaire et procureur, a été pris pour receveur et secrétaire. »

Nous avons déjà dit que l'idée de cette nouvelle et grande fondation qui absorbait, tout à coup et à la fois, huit maisons de charité anciennes dans la ville, fut conçue par l'intendant du Hainaut. Il faut bien ajouter maintenant qu'une pareille innovation n'obtint pas l'assentiment général. Les diverses administrations des établissements envahis firent entendre d'unanimes protestations, et comme elles étaient composées d'hommes honorables et généralement estimés, ces administrations trouvèrent beaucoup d'écho dans la ville. On voyait d'abord dans cette réunion, dans cette centralisation des diverses institutions charitables, une violation flagrante des intentions des fondateurs primitifs ; on y voyait le mépris de leurs volontés, une espèce de confiscation de biens. Les anciens receveurs refusèrent d'abord la remise des titres à celui qui les remplaça ; il fallut un arrêt du conseil d'Etat, pour forcer quelques-uns d'entre eux à s'en dessaisir. L'archevêque et le clergé dont les traditions sont essentiellement conservatrices, ne pouvaient voir ces innovations d'un bon œil ; il ne paraît pas, cependant, que le prélat ait pris une position active dans cette affaire. C'était alors M. de St-Albin. On ne prit pas garde à lui ; mais le roi, par son édit, fit entrer deux vicaires généraux dans la liste des premiers administrateurs. Ce qui nous porte à croire que l'on manqua de procédé envers l'archevêque, c'est la réponse que fit, quelques années plus tard, en novembre 1768, M. de Choiseul, à une lettre par laquelle les administrateurs de l'Hôpital général demandaient des secours au prélat. Nous donnons d'abord cette lettre, à la suite de laquelle nous placerons la réponse de l'archevêque.

Lettre des administrateurs de l'Hôpital général de Cambrai à Mgr l'archevêque.

« Monseigneur,

Nous avons l'honneur d'écrire à votre excellence pour lui exposer l'état fâcheux où l'hôpital général de la ville de Cambrai est maintenant réduit. La misère du tems et la cherté des vivres qui s'accroissent de jour en jour, l'impossibilité où nos débiteurs se trouvent d'acquitter, pour le présent, une créance de plus de 20,000 florins dont le payement du moins en partie nous seroit d'un grand secours dans ces circonstances critiques, tout cela réuni nous met dans l'impuissance de satisfaire à nos charges les plus communes et les plus pressantes. Dans la triste mais inévitable nécessité où nous sommes d'avoir recours à des moyens extraordinaires, nous avons résolu de faire, avec l'agrément de Messieurs les vicaires généraux, une quête générale dans la ville de Cambrai, et nous prenons la liberté de nous adresser à vous, Monseigneur, comme au protecteur, au tuteur, au père de tous les établissemens pieux et charitables de votre diocèse ; vous priant de vouloir bien faire parvenir jusqu'à nous quelqu'un de ces secours généreux que votre libéralité se plait à répandre sur les indigens. C'est la connaissance que nous avons de vos vertus bienfaisantes qui nous inspire cette confiance. Nous espérons que vous voudrez bien l'excuser et condescendre à nos désirs, et nous serons tous les jours de votre vie, avec les sentiments de la plus vive reconnaissance et du dévoucment le plus respectueux, Monseigneur,

» Vos très humbles et très obéissans serviteurs.

» Les administrateurs de l'hôpital général de Cambrai.

» Par ordonnance : G. Cattet, secrétaire. Cambrai, le 14 novembre 1768.

» Nous supplions instamment votre excellence d'écrire une lettre d'exhortation aux différentes abbayes et communautés, pour exciter leur commisération en faveur de cet hôpital. »

Réponse de Mgr l'archevêque.

« J'apprends, Messieurs, avec douleur, par votre lettre du 14 de ce mois, l'état fâcheux où l'hôpital général se trouve réduit ; j'en suis d'autant plus surpris, que c'est la première fois que vous me parlez de cette administration.

» L'hôpital a été établi par l'intendant du Hainaut qui y a fait réunir, contre le gré des supérieurs majeurs, des fondations pieuses destinées à d'autres usages. C'est à lui comme votre fondateur que vous auriez dû vous adresser.

» Avant les lettres patentes de 1766, comme archevêque je devois connoître votre état, quels étoient vos charges et vos revenus ; depuis ces lettres qui me donnoient un titre de plus, le silence que le bureau a gardé vis-à-vis de moi, m'a étonné ; vous le rompez aujourd'huy pour me demander des remèdes et des secours. On ne peut remédier à un mal qu'autant qu'on en connoit la cause. Je n'ai pas la plus légère notion de votre administration. Si mon état, mon titre et ma façon de penser exigent de moi de vous accorder des secours, ils me prescrivent aussi de savoir l'usage que vous vous proposez d'en faire, à qui et comment ils seront donnés.

» L'hôpital général a des revenus plus que suffisans pour remplir l'objet de son établissement.

» Qu'a-t-il besoin d'une quête pour secourir les pauvres du dehors ? c'est aux curés des différentes paroisses à en prendre soin.

» Je ne demande pas mieux que de contribuer au soulagement des malheureux ; mon cœur préviendra toujours leurs cris. Mais comment puis-je faire ce que je désire le plus, quand j'ignore ce qui se passe dans les administrations qui m'offriroient tous les moiens qui me manquent. Plus de confiance de votre part, Messieurs, auroit prévenu le mal, je ne veux user de mes droits que pour faire le bien de tous. Quand je connoîtrai votre position par des détails faits pour instruire, je remédierai autant qu'il sera en mon pouvoir à ce qui peut occasionner votre embarras. En attendant trouvez bon que je pourvoye au soulagement du peuple, sans me joindre à votre bureau, et de la seule manière dont je pense qu'on doive opérer pour le secourir utilement. »

Quoi qu'il en fût de l'improbation que rencontra l'édit du roi, improbation que l'on eût peut-être évitée, en apportant dans l'affaire plus de prudence et d'égard envers les intéressés, l'hôpital général fut institué, et continua à fonctionner, suivant ses statuts, jusqu'à l'époque de la révolution. Il reçut alors le nom de *Maison de la Fraternité* (le mot *Charité* n'est pas un mot révolutionnaire). On le plaça sous la direction d'un économe, et bientôt « le désordre des mœurs, la privation des choses les plus nécessaires à la vie, l'insouciance des chefs et des employés » devinrent la conséquence déplorable du régime nouveau de l'hôpital général. Telles furent, dit M. Wilbert, les raisons données pour justifier une réforme désirée depuis longtemps, lorsqu'en 1826 on prit la résolution de remplacer l'économe par des sœurs de la charité. On opéra une restauration complète dans les bâtiments; et les filles de Saint-Vincent-de-Paul y entrèrent en 1829. Elles y sont aujourd'hui très-nombreuses.

Le bureau d'administration des hospices de Cambrai montre une louable sollicitude pour ce vaste et utile établissement alimenté par la charité des vieux siècles qui, en fait d'assistance publique, ne le cèdent point au nôtre.

L'hôpital général est situé rue de Sainte-Elisabeth, entre le seul abreuvoir qui reste dans la ville et le quartier de cavalerie. Ce grand et salubre hospice occupe l'emplacement d'une des anciennes maisons de charité dont il a absorbé les biens et les revenus.

M. Wilbert, secrétaire des bureaux des hospices et de bienfaisance, a publié une Notice historique sur l'hôpital général de Cambrai. On la trouve dans les mémoires de la société d'Emulation de Cambrai, 1854; nous y renvoyons le lecteur pour une foule de documents puisés dans les archives dont M. Wilbert a la garde.

HOPITAUX. — Les divers hôpitaux qui ont existé à Cambrai, sont :

L'*Hôpital St-Julien*, le seul qui reste aujourd'hui (1).

L'*Hôpital St-Jean*.

L'*Hôpital St-Vaast*, qui fut compris dans les éléments de l'hôpital St-Jean.

L'*Hôpital St-Ladre*, plus tard *St-Lazarre*.

La *Léproserie* ou *Ladrerie de Cantimpré*.

L'*Hôpital des Maladeaux*.

L'*Hôpital St-Roch*, ou des *pestiférés*.

La *Léproserie de l'église Notre-Dame*.

V. ces différents noms.

(Nota). Dans l'hôpital St-Jean avait été fondu un *hôpital Ste-Barbe* ou Hôtel-Dieu, qui existait autrefois à Crèvecœur.— V. *Jean (Hôpital St-)*

HORLOGE COMMUNALE. — Il est probable que la première horloge établie à Cambrai ne fut pas celle de la commune. La première fois qu'il en est question dans les chroniques locales, il y est également fait mention de l'horloge de Notre-Dame. On y voit que l'horloge de la ville ayant été supprimée, les Cambresiens allaient deux fois la semaine prendre l'heure à l'église Notre-Dame.

Dans l'histoire cambresienne, l'existence de l'horloge et du beffroi est liée à celle de la commune. Ces symboles de l'émancipation bourgeoise paraissent et disparaissent avec elle. Le pouvoir ecclésiastique, au contraire, libre, riche, éclairé, jouit paisiblement de son horloge, qu'il aura établie sans obstacle, quand l'usage des horloges commença à se répandre (2), d'où nous concluons qu'il est probable que l'horloge de Notre-Dame de Cambrai existait avant celle de la commune. Si cela n'était pas, les deux horloges seraient du moins contemporaines.

Il est certain qu'à la fin du XIe siècle, Cambrai possédait déjà une horloge publique. « Du temps de Manassès (de 1095 à 1105), disent d'anciennes chroniques, pour le grand dissention et haine du peuple de Cambray contre les chanones, fust ordonné, par jugement, que le beffroid seroit abattu et l'orologe et cadran défaits (1), et aller deux fois la semaine à l'heure de l'église de Nostre-Dame de Cambray. » — § Ms. 6, p. 82. — † Ms. 659, p. 55.

Nous n'avons pas à suivre l'histoire de la *Commune*, à propos d'une horloge ; on peut voir aux mots *Beffroi* et *Commune*, les événements dans lesquels l'horloge communale a joué son rôle. Néanmoins nous citerons quelques faits et dates qui concernent particulièrement l'horloge elle-même.

Il a existé dans les archives de la ville « un privilége donné par Vanceslas, roy des Romains, le 16 juin 1395, au magistrat de Cambray, pour pouvoir ériger *l'horloge de l'Hôtel-de-Ville*. » V. dans ce dictionnaire, *Archives cambresiennes*, p. 26, 2e colonne.

Mais de pareils priviléges n'étaient point donnés à perpétuité, et l'horloge disparaissait. On voit les bourgeois s'ingénier constamment à trouver des prétextes pour rétablir leur horloge, tantôt à l'Hôtel-de-Ville, tantôt au Beffroi.

« Lorsque les François se furent emparés de la ville, dit l'abbé Tranchant, les bourgeois commencèrent à sonner leur cloche de la tour St.-Martin, pour annoncer l'arrivée des troupes. Puis les marguilliers de St.-Martin, en accord secret avec les bourgeois, firent placer à la tour un grand cadran en pierre qui pouvait être vu du marché. On alloit y peindre les heures, y placer les aiguilles et la sonnerie, lorsque le chapitre en ayant eu connaissance, s'en plaignit à M. de Cambrai, qui fit gratter le cadran et enlever l'échafaudage.

» Alors ceux de la ville en appelèrent à Maraffin, lieutenant du roy à Cambray, lequel reconnoissant que l'horloge étoit utile au service militaire, comme à la vie bourgeoise, parce

---

(1) Il y a aussi à Cambrai un bel hôpital militaire, placé sur le château de Selles, dans la situation la plus salubre et la plus favorable. Il appartient au gouvernement, et ne peut être compté, par conséquent, parmi les établissements de la ville.

(2) La première horloge à roues qui ait paru en France fut envoyée à Pépin-le-Bref par le pape Paul Ier, l'an 760 de l'ère chrétienne. — Charlemagne, vers l'an 807, en reçut une du calife Haroun-al-Raschild.

(1) Il est à noter qu'avant le XIVe siècle, il n'y avait pas d'horloges sonnantes. Un homme était chargé de frapper, sur la cloche, les heures marquées par l'aiguille sur le cadran. Ce fut vers le milieu du XIVe siècle que l'on imagina d'adapter aux horloges le mécanisme de la sonnerie.

qu'elle était la seule qu'on eût établie, autorisa la réédification de l'horloge. Mais le chapitre vint à son tour expliquer ses doléances, et Maraffin fit définitivement supprimer l'horloge. »

L'abbé Tranchant, que nous venons de citer, signale des faits dont nous n'avons nul motif de contester la réalité ; seulement, nous ferons remarquer qu'il leur assigne une date erronée, et que, par conséquent, nous n'avons pas rapportée. Il suffit de savoir que cela se passait sous le gouvernement de Maraffin, vers 1479.

Plus tard, vers l'an 1509, les bourgeois firent une nouvelle tentative. L'abbé Tranchant, — † Ms. 886, — nous apprend qu'ils commencèrent sur le Marché de Cambrai un grand édifice (c'était tout simplement la façade de l'Hôtel-de-Ville), « qui annonçait devoir être surmonté d'une tour et beffroi, afin d'y placer une horloge et une cloche commune, pour la sonnerie des heures. » Le chapitre en appela à l'empereur et à l'archiduc qui, par leur conseil de Malines, ordonnèrent la disparition de l'horloge. Mais cette fois les bourgeois reçurent fort mal le lieutenant du gouverneur d'Arras, qui venait mettre la sentence à exécution. Le prévost et l'un des quatre hommes le firent promener par les rues, escorté de 7 ou 8 sergents, pour le montrer au peuple, et finirent par le jeter hors de la ville.

Ils se hâtèrent de plus belle de travailler à l'édifice et à l'horloge. Bien plus, pour associer la ville entière à cet acte d'indépendance, des bourgeois notables allèrent de maison en maison faire signer une souscription pour les travaux.

Pour en agir ainsi, les bourgeois déclinèrent la compétence de l'empereur et de l'archiduc. Les champions des libertés communales étaient, comme on le voit, devenus bien hardis.

L'abbé Tranchant ne donne pas l'issue de cette affaire : On la trouve dans Julien de Lingne (1), qui dit que la cloche du beffroi fut placée sur la maison de ville en 1511 et l'horloge en 1512, en vertu de lettres de Maximilien empereur. Ces lettres dataient de 1510. Elles furent une conséquence de l'érection de la ville de Cambrai en duché par l'empereur Maximilien, qui avait une estime considérable pour l'illustre évêque Jacques de Croy. — V., dans le présent dictionnaire, au mot : *Archives*, p. 28.

Le chapitre de Notre-Dame fut extrêmement contrarié de l'érection de l'horloge († Ms. 884,

p. 72). Il comprenait bien que cette fois la chose était faite pour toujours.

La cloche, comme il vient d'être dit, précéda l'horloge d'une année (1) ; on la plaça sans doute dans un campanille semblable à celui qui couronnait encore l'Hôtel-de-Ville en 1786, lorsqu'on en détruisit la façade pour la remplacer par une colonnade grecque. Cette élégante tourelle avait été incendiée en 1704 (29 juin), par les étincelles d'un feu de joie.

C'est, selon toute apparence, en 1512, lorsqu'on établit l'horloge et son système de sonnerie, que furent construites les figures bizarres de Martin et de Martine qui font, pour ainsi dire, partie intégrante de cette grande machine. Une circonstance qui vient à l'appui de notre opinion, c'est que le mécanisme qui faisait mouvoir Martin et Martine exigeait, pour son échappement, une force considérable (2), et que cette force avait dû nécessairement être prévue dans les combinaisons de l'horloge. Aussi ne saurions-nous partager l'avis de ceux qui croient que l'on doit attribuer à Charles-Quint l'origine de ces deux automates. Le monarque espagnol s'empara de Cambrai en 1543 ; l'horloge n'existait que depuis une trentaine d'années ; elle était donc toute neuve, et il est douteux que l'usurpateur de Cambrai l'ait fait recommencer pour y placer ces deux sonneurs mauresques. Bien plus, c'est qu'il n'aurait pas suffi de faire recommencer le mécanisme de l'horloge, il aurait fallu aussi travailler au bâtiment : car les contre-poids de ces figures fonctionnent dans un grand espace vide qu'on a ménagé dans la façade, et qui évidemment avait été également réservé dans la construction de 1510.

Une vieille complainte, il est vrai, parle de Charles-Quint à propos de Martin et Martine. Elle place ces paroles dans la bouche de Martin :

La nuit, le jour je regrette
Charles-Quint, le noble empereur,
Depuis les pieds jusqu'à la tête
Il me fit revêtir en honneur.
Mais hélas ! ce grand qu'on renomme
Est au tombeau ;
Depuis sa mort mon habit tombe
Tout par lambeaux.

Cette antique chanson, fondée sur la tradi-

---

(1) † Ms. 658, art. 31.

(1) La cloche fut posée en 1511, cassée au commencement de l'année 1517, refondue le 12 avril de la même année, et remise en place par maître Guillaume, charpentier de la ville. — Ms. 658, art. 12
(2) Aujourd'hui, grâce aux progrès merveilleux de l'horlogerie, les frottements ont été diminués, et une horloge plus petite fait mouvoir les figures

tion, ne dit pas que Charles-Quint ait construit les automates de l'horloge; elle dit qu'il les fit *revêtir en honneur*, c'est-à-dire remettre à neuf. C'était encore ce que l'on demandait au Magistrat de la ville quand on fit la chanson.

Et d'ailleurs, au moment où s'établissait la domination espagnole, Martin et Martine avaient déjà une réputation très étendue. Le curé de Meudon, le drôlatique Rabelais, en parlait dans un de ses livres. On lit dans le prologue de *Pentagruel*, qu'il écrivait vers 1545 : « C. cour-
» toisement remercie Mercure, révère le grand
» Jupiter; sa coignée antique attache à sa cein-
» ture de cuir, et *s'en ceint sur le cul, comme
» MARTIN DE CAMBRAI* (1). » *Pentagruel*, par Rabelais, édition de Lyon, 1558, p. 246.

Nous insistons sur cette circonstance que Rabelais écrivait son ouvrage vers 1545 (*Dictionnaires historiques* de Feller et l'Advocat), c'est-à-dire au commencement de la domination espagnole.

Il nous reste à répondre à un argument tiré du plaisir qu'aurait pris Charles-Quint à faire des Maures un jouet pour le peuple; d'où l'on conclut que Martin et Martine étant des figures mauresques, sont l'œuvre de Charles-Quint. Nous avons la preuve qu'avant la domination de Charles-Quint on exhibait à Cambrai des figures de Maures. Dès l'année 1521, et même auparavant, il y avait sur le marché de Cambrai, en regard du *Flot de la Cayère*, une maison à l'enseigne du *Morien*. — § Ms. 6, p. 139. — Ms. 673. — V. *Flot de Cayère*.

L'argument tiré des figures mauresques demeure, comme on le voit, sans valeur.

Tout nous porte donc à croire que les plaisants personnages de *Martin et Martine*, dont on trouve d'ailleurs des exemples dès le XIV° siècle, dans les Pays-Bas (2) et en Allemagne,

(1) Ces expressions de Rabelais sont-elles devenues une locution proverbiale, ou le proverbe existait-il avant que Rabelais en fît usage? Nous l'ignorons. Ce qu'il y a de certain, c'est qu'au siècle dernier, il était fort en usage en France. « Comme la première de ces figures, dit l'abbé Expilly (*Dictionn. des Gaules et de la France*, — 1764, — art. *Cambrai*), représente un paysan en jacquette, ayant sur ses reins une ceinture qui le serre bien fort, de là est venu le proverbe *Ceint sur le cul comme Martin de Cambrai*. »
(2) Notamment à Courtray, où se trouvaient les *Jacquemart* que le duc de Bourgogne, Philippe-le-Hardi, fit transporter sur la tour de l'église Notre-Dame, à Dijon.

sont contemporains de l'horloge construite en 1512.

Le mouvement de cette horloge était encore compliqué d'un carillon, qu'elle faisait jouer à l'aide d'un immense cylindre. On y piquait les airs comme sur le cylindre d'un orgue de Barbarie. Inutile de dire que les airs changeaient avec les gouvernements ou les passions des hommes. C'est ce même carillon qui, pourvu d'un clavier, servait et sert encore aux jours de réjouissance publique.

Notre antique machine, qui avait mesuré les heures pendant plus de trois siècles, cent fois réparée par des artisans plus ou moins adroits, avait fini par tomber en ruines. Elle fut néanmoins restaurée, ainsi que le carillon, en 1822 (1).

Elle fut encore restaurée en 1829, mais pour la dernière fois. On avait bien, dès lors, songé sérieusement à la remplacer; mais l'état des finances de la ville ne permettait point la réalisation de ce projet. « Considérant, dit une délibération du Conseil municipal, du 2 mai 1829, que l'établissement d'une nouvelle horloge coûterait de dix à douze mille francs, ainsi qu'il résulte des propositions faites par divers horlogers de Paris, et que l'état actuel des finances de la ville ne permet pas de faire une pareille dépense; le conseil arrête que l'horloge actuelle sera réparée; émet le vœu que cette réparation se fasse par économie, et que M. Eugène Bouly veuille bien se charger de la diriger. »

Par suite de cette réparation qui fut effectuée, le mécanisme délabré fonctionna encore dix ans.

Enfin, en 1839, la ville se trouva en position de faire l'acquisition d'une nouvelle horloge, qui fut placée dans la grande salle des Pas-Perdus, où conduit le bel escalier de l'Hôtel-de-Ville. Cet excellent ouvrage d'horlogerie, sorti des ateliers de Lepaute, est contenu dans une vitrine qui permet d'en voir tout le détail.

A l'étage supérieur, sont encore les débris de l'antique horloge, à laquelle les réparations

(1) A cette même époque, une bannière aux armes de la ville fut placée au-dessus du campanille. Elle porte une inscription latine, suivant l'antique usage. — *Hist. de la Municipalité de Cambrai*, t. 2, p. 416.

nombreuses qu'elle a subies ont enlevé toute espèce d'intérêt archéologique (1).

A Cambrai, de temps immémorial, le guetteur du beffroi est dans l'usage de répéter les heures de l'horloge communale sur la cloche du guet. La nuit seulement il annonce chaque demi-heure avec un cornet de fer.

HORLOGE DE NOTRE-DAME. — Nous avons dit, dans l'article qui précède (V. *Horloge communale*), les motifs par lesquels il est permis de penser que la première horloge établie à Cambrai fut celle de la cathédrale ; nous ne répéterons point ici des citations qu'on peut lire plus haut ; nous constaterons seulement qu'il existait une horloge à Notre-Dame dès le XIe siècle, et qu'elle subsista jusqu'à la fin du XIVe ou jusqu'au commencement du XVe, époque à laquelle Pierre d'Ailly en fit construire une autre.

Quoi qu'en disent quelques auteurs modernes, nous ne pouvons admettre que Pierre d'Ailly n'ait fait qu'une simple restauration ; car Julien de Lingne est précis à cet égard. Il dit en parlant du prélat : « Comme il était non-seulement théologien, mais aussi astrologue, *il ordonna l'horloge de Notre-Dame.* » Puis, comme s'il craignait que l'on pût croire qu'il ne s'agissait que d'une réparation, il ajoute ; « Il y en avait une autre auparavant. » — † Ms. 658, art. 33.

Or, Julien de Lingne, prêtre distingué et savant, qui, durant sa longue carrière, parcourut divers emplois ecclésiastiques dans la métropole de Cambrai ; Julien de Lingne qui vivait au XVIe siècle, qui avait sous la main les précieuses archives de l'église de Notre-Dame, qui n'aura pas manqué de porter une attention particulière sur l'horloge curieuse de cette église, nous paraît devoir être pris à la lettre dans tout ce qu'il en dit. Il est seulement à regretter qu'il n'ait pas indiqué quelque date.

Le Carpentier en donne une. Il dit que l'horloge fut achevée en 1397. Mais de cette date, qui est aussi celle de l'avénement de Pierre d'Ailly, il résulterait que l'horloge du savant évêque fut improvisée comme par enchantement, puisqu'en 1397, celui qui *l'ordonna* était à peine en possession de son siége. La date donnée par Le Carpentier nous paraît contestable. Cet auteur semble n'avoir pas eu connaissance des faits cités par Julien de Lingne ; en revanche, il rapporte la fabuleuse histoire d'un berger industrieux qui serait l'auteur de la merveilleuse horloge, et auquel on aurait crevé les yeux, « parce qu'il avait entrepris d'en bâtir d'autres en France et ailleurs, avec plus de curiosité et de perfection. »

Sans plus disserter sur la date précisée par le vieil historien de Cambrai, nous accepterons la tradition de Julien de Lingne, à savoir que la seconde horloge de l'église de Notre-Dame fut faite par ordre de Pierre d'Ailly. Peut-être même ses conseils furent-ils pour une bonne part dans la conception et dans l'exécution de cette machine.

Julien de Lingne nous apprend encore que l'horloge de Notre-Dame fut réparée en 1548 et en 1602. Elle le fut également en 1765.

C'était une pièce merveilleuse pour le temps : aussi nos pères la classaient-ils parmi les sept merveilles du Cambresis (1). Le Carpentier en fait la description dans les termes suivants : C'est, dit-il, « une des rares pièces de l'art, qui marque les heures avec un globe représentant le cours du soleil et de la lune ; et quand la cloche vient à sonner, la veüe se laisse surprendre à contempler certains petits personnages de bronze qui se produisent comme des acteurs sur le théâtre, pour représenter une partie de la passion de notre Seigneur, qui par le moyen de certains ressorts marchent l'un après l'autre, et passant devant la cloche, cha-

---

(1) Trois cloches sont à remarquer dans la sonnerie actuelle de l'Hôtel-de-Ville de Cambrai.

La plus forte, qui est la cloche des heures, la seule dont on fasse usage depuis l'établissement de la nouvelle horloge, porte l'inscription suivante :

Ludovico Magno regnante, comite de Montbron gubernante, restauratum est hoc tintinnabulum quassatum in obsidione anni 1677. Reddunt Deo et regi gratias senatus populusque Cameracensis, anno Dni 1691. Cameraci per Tossanum Petrum Cambron insulensis.

La seconde, qui sonnait autrefois les demi-heures, présente la légende que voici :

Ceulx de Cambray nous firent ferre pou ulx servir de jour et de nuitz par unc nomé Maistre Jan Serre. 1663.

La troisième, placée sous la grande, est ainsi marquée :

Ceulx de Cambray nous firent ferre sol pour res jouir le populaire.

Elle n'a pas de date.

(1) Les sept merveilles du Cambresis étaient : — *La métropole de Cambrai. — L'image de Notre-Dame-de-Grâce. — La procession de Cambrai. — L'horloge de Notre-Dame, dite l'horloge du berger. — La châsse de sainte Maxellende. — La couronne de la Vierge. — Martin et Martine.*

cun d'eux frappe de son petit marteau avec une gentillesse tout à fait animée. »—Le Carpentier, *Histoire de Cambrai*. part. II, p. 434.

A cette description faite par Le Carpentier vers le milieu du XVIIe siècle, nous en ajouterons une fournie par deux vieillards qui, dans leur jeune âge, avant la révolution, ont contemplé souvent et admiré cette horloge.

Elle était placée dans le transsept méridional de l'église, c'est-à-dire dans la croisée du côté de l'épitre. Elle formait le couronnement d'une arcade de forme ogivale, sous laquelle on avait érigé ce que l'on appelait la *chapelle du sépulcre* (1), parce qu'en effet là se trouvait un groupe en marbre représentant Notre-Seigneur au tombeau. L'horloge constituait par elle-même un petit monument composé d'un dé sur une base plus large, et d'une petite flèche dans le genre de celle de la métropole. Le cadran occupait le centre du dé. De chaque côté du cadran étaient deux ouvertures par lesquelles on voyait, pendant le jour, le soleil; pendant la nuit, la lune, suivant leur cours ordinaire. Au haut du clocheton, un ange tenait une trompette dont il sonnait à chaque heure. Au pied du même clocheton, on voyait un ange et la sainte Vierge agenouillée. Aux heures de l'*Angelus*, l'ange s'adressait par un geste à Marie, qui s'inclinait en signe de soumission aux volontés de Dieu. Ces deux figures étaient habillées d'étoffe. Dans la base, était pratiquée une ouverture ogivale qui servait comme de théâtre au *mystère* qui se jouait, toutes les heures, par de petits personnages en bois peint. En effet, au moment où le carillon annonçait l'heure, on voyait s'ouvrir quatre petits volets (deux de chaque côté), en forme de diptyques; dans ces diptyques apparaissaient des têtes de mort en relief, avec des inscriptions sur le jugement dernier. En même temps, l'on voyait successivement passer, par l'ouverture principale, les divers personnages de la passion du Sauveur. Ce spectacle se terminait par le sacrifice de la croix; après quoi tout disparaissait.

Cette merveille du Cambresis ne fut pas détruite à l'époque de la révolution. L'auteur des *Recherches sur l'église métropolitaine de Cambrai* affirme qu'elle se trouvait à Paris en 1825, entre les mains d'un particulier qui cherchait à la vendre.

(1) On l'appelait aussi *Chapelle du Crucifix*, à cause d'un crucifix qui s'y voyait.

HORLOGE DU PALAIS *des évêques*. — Il existait à Cambrai, depuis le milieu du XIVe siècle, une horloge dont il est fait mention dans les chroniques du pays. Nous voulons parler de *l'horloge du palais* érigée par ordre de Pierre d'André ou Andrieu, qui fut un évêque d'une haute intelligence, sage et prévoyant administrateur, à qui appartient la gloire d'avoir construit la *Maison-de-Ville* de Cambrai, ce que l'on appelle aujourd'hui, en termes plus ambitieux, un *Hôtel*-de-Ville.

L'horloge du Palais, dont on ne peut préciser la date, existait donc évidemment avant 1368, année de la mort de Pierre d'André. — § Ms. 6, p. 33 et 108. — Chronique d'Adam Gélicq.

HORLOGERS. — Nous avons parlé des horloges historiques de Cambrai, il nous reste à dire quelques mots des horlogers de la même ville. Il est aisé de comprendre que cette ville, capitale d'un immense diocèse, habitée par un riche et nombreux clergé, était devenue le séjour des artistes les plus capables du pays. Les principaux horlogers furent PICARD et LION. L'un vivait du temps de Louis XV, l'autre à la fin du règne de Louis XVI.

Il existe encore des pendules de Picard, dont les excellents mouvements sont irréprochables et dont les boîtes en bois de rose, avec garnitures de cuivre doré, rappellent les belles et élégantes pendules du style de la régence. Quant à Lion, il suffira pour faire connaître son mérite, de reproduire la description d'un chef-d'œuvre de mécanique qui, vers la fin du siècle dernier, excitait l'admiration des étrangers passant par Cambrai.

«Le sieur Lion, horloger de S. A. Mgr le prince Ferdinand DE ROHAN, archevêque de Cambrai, etc., demeurant en ladite ville, sur la Grand'Place, rang de la Feuillie, vient d'établir à une croisée du second étage de sa maison, une pendule mécanique, qui, en offrant au public un spectacle amusant et récréatif, étonne les connaisseurs et montre l'habileté de l'artiste.

» Cette pendule, dont le mouvement réglé sur le méridien, ne se monte que tous les trente jours, roule à l'extérieur sur un cadran de quatorze pieds de haut, sur sept de large, et est ornée magnifiquement de tous les agrés nécessaires à ses différentes opérations.

» Le cartouche présente l'extérieur d'un fort, sur les boulevards duquel se font les mouvements qui flattent et qui étonnent également l'œil le plus éclairé. Sur les côtés sont deux musiciens qui jouent continuellement, l'un du violon, et l'autre de la basse; et au haut du cadran est une tête de lion, dont les yeux sont dans un mouvement continuel, et la langue lui sort neuf fois de la gueule au moment que l'heure sonne.

» Dans ce même instant une porte latérale s'ouvre, et on voit paraître un carosse attelé de six chevaux magnifiquement harnachés, et conduits le long de la galerie établie sur le bord du boulevard, par un cocher et un postillon à la livrée du prince. Ce mécanisme est si artistement conduit, que l'on voit les chevaux ruer et trépigner, comme s'ils étaient naturels. Au moment où le carosse paraît, une sentinelle qui est de faction rentre dans le corps-de-garde pour avertir la troupe, et il en sort aussitôt une compagnie de grenadiers qui présentent les armes à S. A.; une compagnie bourgeoise richement habillée, vient en bataille à sa rencontre; un détachement de hussards à cheval précède la voiture; une figure qui se trouve au-dessus du corps-de-garde donne du cor pendant toute la marche; et le Corps-de-ville en cérémonie salue le prince, tandis que celui-ci baisse la glace de sa voiture et rend le salut à MM. du magistrat.

» D'un autre côté et sur un bastion, se trouvent deux canonniers qui, au moment de cette marche, mettent le feu aux canons, dont on entend les coups lorsque la voiture et toute son escorte est prête à rentrer dans le fort; on voit un pont-levis se baisser et se lever aussitôt la marche finie. Au-dessus de ce pont est la renommée qui sonne de la trompette, et un génie qui descend pour offrir une guirlande de fleurs au prince.

» Au sommet du cartouche est la Félicité, sous la figure d'une femme assise, qui frappe les heures avec les mains sur un timbre; à ses côtés est un chasseur qui guette un ours dans sa tanière, qui se trouve à l'autre extrémité; cet animal qui aperçoit le chasseur, se sauve et se retire autant de fois que celui-ci le met en joue, et ce petit manége de chasse se répète jusqu'à dix fois.

» Tout ce mécanisme est en mouvement à chaque heure de la journée, et renouvelle à tous ces moments, aux yeux des amateurs, l'effet du talent et des connaissances profondes qui font l'artiste.

» Cette pendule, qu'on peut regarder comme une merveille de l'art, par la complication des ouvrages qui la composent, offre encore un agrément de plus, par un joli carillon qui fait entendre un air nouveau à chaque heure. »

HOSPICES. — Les *hospices* proprement dits n'étaient point des hôpitaux; on désignait, par ce mot, des lieux, des *maisons de charité* où, suivant l'intention des fondateurs, on logeait les pèlerins et les pauvres voyageurs, où l'on nourrissait et où l'on soignait les pauvres vieillards, orphelins, ou infirmes. Cambrai, la ville de la bienfaisance, possédait autrefois bon nombre de ces charitables asiles. Ils furent, en 1752, presque tous confondus dans l'hôpital-général. Le lecteur, à l'art. *Fondations charitables*, trouvera la liste des nombreux établissements de secours dont la ville de Cambrai était dotée autrefois. Nous y avons placé l'hôpital St-Julien parmi les hospices, parce que, bien que sa principale destination soit celle d'un véritable hôpital, on y loge aussi les pauvres voyageurs.

HOTEL-DE-VILLE, *Chambre de paix*, *Maison de paix* (1), *Cour séculière*, *Chambre aydée*, *Maison commune*. — Ces différents noms ont été donnés autrefois à l'hôtel commun de la cité de Cambrai. On ne connaît pas l'époque de son origine, mais nous voyons dans les chroniques, qu'au temps de Manassès, c'est-à-dire vers l'an 1100, « pour le grand dissention et haine du peuple de Cambray contre les chanones, fut ordonné par jugement que le belfroid serait abattu... et l'horloge et cadran défaits. »—† Ms. 659, p. 55. §—ms. 6, p. 82.— Il y avait donc dès lors, à Cambrai, une horloge avec cadran, et une cloche ou beffroi, car dans les temps anciens, c'était la cloche elle-même qu'on désignait par le mot beffroi (2). Si tout cet appareil communal n'implique pas nécessairement l'existence d'une maison de ville, du moins est-il permis de la supposer. Il est tout naturel de croire que, dans le monument quel qu'il fût où l'on avait placé l'horloge et le beffroi, on avait au moins pratiqué une place pour la réunion des notables de la cité. Nous voyons donc, dans ce fait, la première trace de

---

(1) La *Maison de paix* était l'auditoire du juge, et comme il est dit dans le Glossaire du droit français, *forum ubi judicatur, jus dicitur*. Le lieu où s'exerçait la justice de la feuillie s'appelait *prétoire*. Ce prétoire avait fini par être transporté dans l'hôtel-de-ville, mais il était distinct de la *Chambre de paix* qui était celle de l'échevinage. — Mémoire à consulter pour le magistrat de Cambrai contre l'archevêque, p. 56.

(2) Campana sive campane et campanille quod beffrois dicitur. — V. Mém. pour l'archevêque, p. 36 lig. 35.

la Chambre de paix dont il est fait mention, environ 84 ans après, dans la *première loi écrite* donnée aux Cambresiens par l'empereur Frédéric en 1184. On y lit : « Sex viri jurati in Domo pacis possunt construi. »

Or, prenant ces dates pour point de départ, voici, par ordre chronologique, les principaux faits qui concernent l'hôtel-de-ville de Cambrai. Nous donnons d'abord, d'une manière aride, ces notes recueillies dans le cours de nos études, parce qu'elles laisseront apercevoir plus facilement les progrès, les vicissitudes et les développements du monument; puis nous essayerons d'en esquisser, aussi soigneusement que possible, l'histoire artistique et monumentale.

1100 (environ).—Suppression du beffroi qui sans doute faisait partie de la *Maison de paix*.

1184.—Mention de la *Maison de paix* dans la première loi écrite donnée aux Cambresiens. — V. *Loi*.

1226. — Nouvelle suppression du beffroi par ordre de Frédéric, empereur.— *Mém. pour l'archevêque*, p. 33 et 36.

1284. — Erection des halles de l'hôtel-de-ville. — « Privilége et permission donnés par Enguerrand évesque, aux échevins de la cité de Cambray, de pouvoir ériger les maisons voisines à la Chambre de paix en Halles. » — V. au mot *Archives*, boite 5, n° 25. — Or, il est bon de noter de suite que la halle principale de l'hôtel-de-ville, dite le *Marché aux vieux draps*, était la partie de ce monument qui contient aujourd'hui le vestibule d'entrée, l'anticonsistoire et la salle dite le *Consistoire*. — V. *Halles*. — Nous dirons aussi, pour être bien compris par la suite, que, suivant notre opinion parfaitement corroborée par les faits archéologiques, la Chambre de paix occupa originairement la partie de l'hôtel-de-ville que l'on trouve à droite du grand vestibule, où est l'escalier d'honneur, et qui est consacrée aujourd'hui au greffe du tribunal civil. Nous donnerons plus loin nos preuves.

1285. — Confirmation par l'empereur Rudolphe du privilége donné pour l'érection des halles.— *Mém. pour l'arch.*, p. 61.

1313. — On lit dans la *Sentence arbitrale* de Ferri de Pecquigny, qu'en cette année le célèbre procès entre l'évêque et les bourgeois, vidé par l'arbitrage de ce seigneur, fut débattu dans la halle au drap ; que le prevost, Eskievins et plusieurs autre de chacun ewart, et généralement tout li peuples de la dite cyté, furent *assemblés au viés marchié des viés dras, joindant à le Maison de le païs* (furent assemblés au vieux marché des vieux draps, qui touchait à la Maison de paix.)—*Mém. pour l'arch.*, p. 76.

1354. — Nous mentionnons à cette date un fait qui a peut-être quelque connexité avec la Maison de paix. La communauté cambresienne étant privée de son horloge et de son beffroi depuis 1226, et du droit d'avoir, dans la ville, aucune *Bretesche* (lieu fortifié) depuis 1313 (1); avait en 1354, entrepris au milieu du marché l'érection de ce qu'elle appelait un *Maisiel* (boucherie.) Mais l'autorité ecclésiastique y vit autre chose, et craignit que ce monument ne fût destiné à recevoir la cloche qu'on ne pouvait plus mettre sur la maison de paix et à remplacer les lieux fortifiés qu'on aimait à avoir dans la ville. En conséquence, elle fit de cette difficulté un des points principaux d'une transaction avec les bourgeois, laquelle est connue sous le nom d'*Appointement de Wallerand de Luxembourg*, il en résulte que le *Maisiel commun* ne sera pas construit sur le marché, et ne pourra jamais être fortifié, ni recevoir cloche ou clocher.

1364. — Reconstruction de la chambre de la ville par l'évêque Pierre André. « En l'an 1364, Pierre fit bâtir la chambre de la ville intitulée *Chambre de paix*, en laquelle les prévost et échevins tiennent leur conseil et plaidoyers pour la justice temporelle. » Julien de Lingne et Le Carpentier se trompent quand ils avancent que la Maison de paix doit son commencement à Pierre André. Nous venons de voir qu'elle existait plus de deux siècles et demi avant lui. Cet évêque ne fit que la reconstruire; peut-être même ne fit-il qu'en autoriser la reconstruction. Il n'est dit nulle part que cette construction eut lieu à l'endroit même qu'occupait la première, mais il n'est guère permis d'en douter, quand on considère que les halles qui touchaient à la Chambre de paix en 1184, continuèrent à rester contiguës à la nouvelle maison de ville. L'expérience des siècles nous prouve d'ailleurs que les monuments détruits et réédifiés tendent à se perpétuer dans le même lieu.

1364. — Erection de la bretêque par les échevins de Cambrai. — Mém. pour l'archevêque, p. 319. *Bretesche* en vieux langage, signifie lieu fortifié. *Bretêque* signifie portail,

(1) Par la sentence arbitrale de Ferri de Pecquigny.

mur de face (1). La Bretèque ne fut probablement d'abord qu'un simple perron, à la porte de l'hôtel-de-ville, car elle ne fut soutenue sur six piliers de grès, que lorsqu'on la fit reconstruire en 1561. Ce qui le prouverait au besoin, c'est qu'elle portait aussi le nom de *Pierre*; on continua même par la suite à dire indifféremment *la Bretèque* ou *la Pierre*.

Plaçons maintenant une réflexion à ce sujet : il était naturel que la bretèque fût située devant la chambre échevinale, afin que les magistrats n'eussent qu'à passer de leur chambre sur ce lieu consacré aux publications qu'ils faisaient. Or, la Bretèque était précisément placée devant la partie de l'hôtel-de-ville que nous avons désignée plus haut comme ayant été nécessairement la primitive Chambre de paix. Les figures de l'ancien hôtel-de-ville ne laissent pas de doute à cet égard.

1395.—Privilége donné le 16 juin, par Vanceslas, roi des Romains, au magistrat de Cambrai, pour pouvoir ériger l'horloge de la ville. — V. au mot *Archives*, boite 5, n° 2.— Ce privilége fut retiré ensuite.

1509. — L'abbé Tranchant († Ms. 886) nous apprend qu'à cette époque, les bourgeois de Cambrai commencèrent, sur le marché, « un grand édifice qui annonçait devoir être surmonté d'une tour ou beffroi, afin d'y placer une horloge et une cloche, pour la sonnerie des heures. » Cet édifice ne pouvait être que la partie de l'hôtel-de-ville, qui fut élevée devant les vieilles halles (2) ; le chapitre s'effaroucha, protesta, en appela à l'empereur et à l'archiduc, qui, par leur conseil de Malines, ordonnèrent la disparition de l'horloge. Mais les échevins n'obtempérèrent point à cette défense, déclinèrent l'autorité de l'empereur et de l'archiduc, bravèrent les pouvoirs du gouverneur d'Arras qui venait mettre la sentence à exécution et le firent conduire hors de la ville par leurs sergents. De plus, pour associer toute la cité à cet acte d'indépendance, des bourgeois notables allèrent, de maison en maison, faire signer une souscription pour aider à l'achèvement des travaux.

On ne trouve pas, dans les notes de l'abbé Tranchant, l'issue de cette affaire; mais elle est suffisamment indiquée dans les annales cambresiennes. L'émancipation communale avait fait son chemin : les empereurs, les évêques eux-mêmes n'y répugnaient plus. Le chapitre seul avait provoqué la défense du conseil. Des explications de la part des bourgeois auront fait triompher la cause de l'horloge ; car l'année suivante, ils obtinrent l'adhésion des suzerains.

1510. — « Lettres contenantes authorisation de pouvoir par Mess. du Magistrat faire ériger un beffroi et y asseoir une orloge. » — V. *Archives*, boite 8, n° 6. — On continua donc, devant les vieilles halles, la partie de l'hôtel-de-ville qui porta cette nouvelle horloge. « La devanture sur laquelle l'horloge est assise, dit Julien de Lingne, fut faite en l'an 1510. — § Ms. 4, p. 81. † Ms. 658, art. 31. —V. *Horloge* pour ce qui concerne particulièrement l'horloge communale.

1511. — On place la cloche sur l'hôtel-de-ville. — § Ms. 4, p. 81.

1512. — L'horloge est achevée, « l'horloge de Cambrai sur la halle fut parfaite, » et ce fut par l'octroi que Maximilien empereur fit à l'évêque Croy avec son duché, nonobstant l'opposition du chapitre qui en fut très mal content. » —† Ms. 659, p. 149.

1544. — Suivant Julien de Lingne, « on commença le devant de la maison de ville en 1544. » — † Ms. 658, art. 31. Ce fut alors qu'aux deux premières parties (l'ancienne Chambre de paix au-devant de laquelle se trouvait la Bretèque, et la façade faite en 1510 devant les halles), on ajouta à droite et à gauche un prolongement monumental qui donna à la façade totale cette large étendue, cet aspect majestueux que nous montrent les anciens dessins. Nous en ferons plus loin la description.

Les chroniques nous ont conservé un fait qu'il est intéressant de rappeler. Le 12 juin 1544, jour du St-Sacrement, au retour de la procession, une messe fut dite dans la Chambre de paix, *sur le bureau*, et Robert de Croy, alors évêque, dîna *dans cette nouvelle maison de ville*, en compagnie du Magistrat. — † Ms. 659, p. 270. — § Ms. 6, p. 197. — Nous ajouterons une observation : c'est que ce grand tra-

---

(1) Dictionnaire roman, walon, celtique et tudesque.

(2) Au premier abord, ces mots : *grand édifice qui annonçait devoir être surmonté d'une tour ou beffroi*, pourraient faire demander s'il n'y aurait pas ici confusion avec le grand Maisiel commencé sur le marché en 1354. L'exactitude bien connue de l'abbé Tranchant et les détails qui accompagnent le fait qu'il rapporte, ne permettent pas de supposer qu'il ait commis une erreur. On voit du reste que la date (1509) qu'il assigne à cet événement concorde parfaitement avec l'année où la devanture des halles qui supportait l'horloge fut achevée (1510).

vail de l'hôtel commun fut accompli du temps d'un évêque des plus éclairés, des plus énergiques et des plus aimés de la population cambresienne. Le fondateur des canonniers de la couleuvrine ne craignait pas les progrès de l'hôtel-de-ville.

Au reste, si les chroniqueurs ne se trompent pas, ces parties nouvelles de l'hôtel de la commune seraient contemporaines de la citadelle ; leurs dates mêmes coïncideraient. On pourrait alors s'étonner de voir entreprendre un pareil travail par les bourgeois, au moment même où ils avaient à payer l'énorme contribution de cent mille florins que Charles-Quint venait de leur imposer. Nous ne saurions explicer un pareil sacrifice que par l'héroïque résolution de montrer à l'usurpateur que sa puissance militaire n'abattrait point l'indépendance bourgeoise, et que la maison de la commune grandissait en même temps que la forteresse du despote.

1548. — On ne se contenta point d'élargir l'hôtel-de-ville, on y ajouta aussi des constructions en profondeur ; et derrière l'antique chambre de paix, on construisit tout ce quartier où est située la chapelle. Cette chapelle ne fut dédiée qu'en 1574, le 20 août, par Louis de Berlaymont. — § Ms. 6, p. 46. Elle reçut le vocable de St-Sébastien, et les archers de la ville obtinrent le privilége d'y faire chanter une messe, chaque année, le 20 janvier, jour de leur patron. — V. † Ms. 658, art. 31.

1561. — Reconstruction de la Bretêque. « La place où l'on fait les publications, soutenue de six piliers de grès, fut faite en l'année 1561. » — Julien de Lingne. — † Ms. 658, art. 31. — † Ms. 884, p. 155.

1704. — Incendie et reconstruction de la pyramide de l'hôtel-de-ville. « Le 29 de juin 1704 la pyramide de l'horloge de l'hôtel-de-ville fut consommée par le feu qu'excita une étincelle qui voltigea du feu de joye qui étoit vis-à-vis l'hôtel-de-ville, dans un nid d'oiseau. Cette pyramide fut réparée quelque temps après selon la même forme qu'elle avait auparavant. » — *Mémoires chronologiques*, p. 135.

1723. — Construction d'un grand escalier dans la halle (vestibule actuel.) Le Magistrat de Cambrai ayant reçu avis que le congrès des puissances européennes se tiendrait à Cambrai, « prépara avec soin dans l'hôtel-de-ville, la chambre du congrez où les ambassadeurs devaient tenir leurs séances. On y fit *ce grand escalier qui se voit dans la halle.* »

L'escalier dont il est question n'est point celui à deux rampes qui se voit aujourd'hui : il fut construit en bois et occupa à peu près la place de la rampe gauche de l'escalier actuel : seulement les premières marches étaient un peu plus en avant, de sorte que le palier était plus élevé. Arrivé sur ce palier, on tournait à droite et l'on arrivait, à l'aide d'une seconde rampe, sans retour, à la salle haute des Pas-Perdus. Cette distribution que nous indiquons à coup sûr est ainsi marqué sur un plan de l'hôtel-de-ville cambresien, qui repose à la bibliothèque impériale.

1765 environ. — On transforme la vieille halle aux draps en une belle salle ovale dite le *Consistoire*, précédée d'une vaste antichambre. Le plafond de cette salle rappelle encore par son style l'époque de Louis XV. « Seront tenus les prevost et eschevins de faire mettre dans le consistoire par eux construit dernièrement, au-dessus de la porte d'entrée intérieurement, les armes de notre dit cousin (l'archevêque) avec les attributs de sa dignité. » — *Pièce de l'affaire Choiseul contre le Magistrat.* — † Ms. 887, p. 387.

1786. — On remplace la belle façade gothique par une construction uniforme, de style grec. Pendant les mêmes travaux on construit, dans le vestibule d'entrée, l'escalier double en pierre, lequel existe encore.

1838. — Dernière restauration de l'hôtel-de-ville. Dans ce travail furent compris 1° le rejointement des pierres ; 2° le rescellement de toutes les agraphes ; 3° la consolidation des balustres ; 4° le revêtement en plomb des corniches ; 5° le renouvellement de plusieurs morceaux de corniches ; 6° le remplacement de plusieurs plates-bandes; 7° l'incrustement d'une partie des chambranles des croisées ; 8° l'incrustement de certaines moulures et la retouche générale des autres; 9° le remplacement de plusieurs tambours des fûts des colonnes engagées ; 10° enfin, la réparation des châssis et persiennes et leur peinture.

Nous venons d'assister pour ainsi dire à l'édification sept fois séculaire de l'hôtel-de-ville de Cambrai ; nous avons suivi, à travers le temps, la marche progressive du noble monument : voyons maintenant l'aspect qu'il présentait à l'œil, lorsqu'il fut achevé et lorsque, tout noirci de la rouille des âges, debout sur la place publique, il rappelait, majestueux vieillard, aux générations nouvelles l'émancipation et les franchises de leurs pères. Pourquoi faudra-t-il avouer ensuite qu'un jour, égarés par le goût faux de l'époque, nos échevins firent tomber ce beau monument sous la pioche barbare d'une école aveugle et ignorante? Ils oublièrent que le style de leur antique *maison* avait seul l'admirable privilége de représenter la nationalité du pays et les beaux siècles de la Commune : ils commirent un énorme anachronisme et un véritable contre-sens : ils firent un temple grec sous les brumes flamandes, ils rappelèrent Corinthe, là où il fallait rappeler les bourgeois, les échevins et la chambre de paix de Cambrai.

Pour mettre de l'ordre dans notre description, nous diviserons la façade de l'hôtel-de-ville, telle qu'elle était avant 1786, en quatre parties distinctes.

La première, la plus ancienne, formait le devant de la chambre de paix, dès l'année 1364, époque où elle fut construite. Elle était flanquée, dans sa partie la plus élevée, de légères tourelles rondes avec combles coniques, et accolées au mur de la façade. Ces tourelles étaient construites en encorbellement. Entre les tourelles, était pratiquée une fenêtre qui éclairait le second étage. Le toit de l'édifice, beaucoup plus élevé que les constructions qui l'accompagnèrent par la suite, portait trois lucarnes. D'élégantes girouettes garnissaient ces ouvertures ainsi que les toits des tourelles où l'on remarquait aussi de petites lucarnes. Une seule grande fenêtre donnait jour dans la chambre située à l'étage principal. Cette chambre était vraisemblablement très élevée. Il est probable que c'était l'ancien lieu de réunion des échevins. La partie aveugle de la façade était ornée d'un grand cadran solaire peint avec art. Enfin, devant l'édifice, s'élevait la bretèque souvent appelée *la Pierre*. Cette tribune soutenue par six piliers en grès recevant la retombée d'arcs surbaissés, était de date plus récente que le monument qu'elle précédait, puisqu'elle avait été reconstruite en 1561. Elle avait, sauf la richesse des ornements, quelque ressemblance avec le beau jubé qu'on voit encore à St-Géry. Deux portes ouvraient de la grande chambre sur cette espèce de balcon qui était surmonté d'un toit léger adossé à la façade. Telle était la première partie de l'hôtel-de-ville, laquelle avait évidemment formé un bâtiment indépendant auprès duquel les autres constructions furent juxta-posées, comme on l'a vu, à différentes époques.

La seconde partie, celle de l'horloge, était juxta-posée à la première et formait avec elle, le milieu de l'édifice. Elle datait de 1510. C'était celle qui couvrait la grande halle dite la *halle au drap*. Elle se trouvait donc à gauche de la première (1). Dans son soubassement étaient pratiquées une belle porte d'entrée et deux petites portes latérales ; entre les petites portes et la grande, on voyait, de chaque côté, une fenêtre de minime dimension. Au-dessus de la porte principale était une niche contenant la figure de la vierge Marie. Le rez-de-chaussée était surmonté de deux étages ornés de grandes fenêtres flanquées de pinacles. Les intrados des archivoltes de ces baies étaient probablement décorés de festons formés par une série de petites contre-arcatures tréflées et découpées à jour. Un couronnement formé de festons trilobés, régnait le long de chaque étage et du rez-de-chaussée. Inutile de dire que les portes étaient rigoureusement du même style que les fenêtres.

L'horloge était placée au 2e étage entre deux pilastres ou contreforts appliqués et terminés par des pinacles. Ces pilastres recevaient la retombée d'un arc à talon, c'est-à-dire à courbure simple et à contre-courbure, terminé par un pédicule surmonté d'un bouquet. Le tout était couronné d'une balustrade élégante du milieu de laquelle s'élevait la jolie campanille de Martin et Martine. C'était un clocheton octogone d'une extrême légèreté, formant saillie sur la façade et construit en encorbellement. Sur chaque face, on avait pratiqué des niches peu profondes ornées d'élégantes nervures : on y voyait des images dont la tradition ni les livres ne disent rien. Plus haut, se trouvait la partie qui contenait les cloches, et sur les flancs de laquelle Martin et Martine, posés sur des consoles assez saillantes, faisaient sentinelle. La partie supérieure de ce joli clocher était une fine pyramide octogone, soutenue sur huit menus piliers qui laissaient à jour tout l'appareil de la sonnerie. Enfin, il faut noter qu'une multitude de girouettes à la tige ornée et qui s'élevaient des toits d'autant de petites lucarnes pratiquées autour de l'aiguille, donnaient à ce petit monument un caractère piquant d'originalité. Le beffroi de Douai rappelle encore ces *jeux* de girouettes dont on faisait volontiers usage dans les temps passés. Quatre grands écussons armoriés décoraient cette façade de l'horloge. Nous n'avons trouvé nulle part la

---

(1) Nous prenons les droite et gauche du spectateur qui regarde l'hôtel-de-ville.

mention des armes qu'ils portaient. Il est permis de croire que c'était 1° celles de l'empire; 2° celles du duché de Cambrai; 3° du comté de Cambresis; 4° de la justice de la ville.

Quant aux deux autres parties extrêmes de la façade, elles remontaient au XVIe siècle, et rappelaient parfaitement le style que l'on remarque sur tous les édifices civils construits dans les Pays-Bas, sous la domination espagnole.

Les portions de droite et de gauche de la devanture offraient donc les mêmes dispositions architecturales; sans être identiques, elles étaient également divisées et avaient toutes deux un rez-de-chaussée irrégulièrement percé. On remarquait, sur la partie extrême du rez-de-chaussée de droite, trois arcades surbaissées, soutenues sur des piliers. Il est probable qu'elles donnaient accès à une petite halle. C'est ce bâtiment qui a été remplacé par la grande salle qui sert aujourd'hui de musée provisoire.

Ce rez-de-chaussée était surmonté d'un étage ou plutôt d'un grand entresol à fenêtres basses, venant se relier à la partie supérieure avec le premier cordon, à la hauteur des bases en encorbellement des colonnes du premier étage. A cette hauteur, les deux côtés de la façade étaient d'une décoration exactement semblable et ne différaient que par le nombre des travées. Celles-ci étaient formées d'un ordre composite de colonnes engagées et superposées. Les colonnes de l'ordre inférieur reposaient sur des bases en encorbellement orné. Entre chaque colonne, on remarquait la même ordonnance de fenêtres avec meneaux prismatiques en pierre, se coupant à *angle droit*. Au-dessus du linteau de chaque croisée, lequel était probablement orné d'une large moulure saillante, ou d'un tore avec gorge, on remarquait des écussons ou cartouches de différentes formes et diversement ornementés, en ce qui concerne le corps de gauche; car, sur le corps de droite, ils étaient tous semblables.

L'étage supérieur ne différait du premier que par un peu moins d'élévation. Il est probable que les fûts des colonnes étaient ornementés depuis leur base jusqu'à la moitié de leur hauteur. L'entablement de l'étage supérieur était surmonté de lucarnes ou fenêtres saillantes en pierre, faisant pénétration dans les toits. Les lucarnes de la partie gauche, qui n'étaient que simulées, étaient remplies par des bas-reliefs représentant de riches trophées, et étaient flanquées de colonnes engagées, supportant un fronton surmonté d'un petit pinacle ornementé. Les lucarnes du côté droit étaient beaucoup plus importantes et avaient la forme de pignons se terminant par des ailes à volutes. Ce système de volute était rappelé à l'égard des lucarnes de gauche, mais dans des proportions infiniment moindres. L'un des pignons supérieurs de droite était percé de deux fenêtres à meneaux, l'autre n'en avait qu'une. Les lucarnes simulées de gauche étaient reliées ensemble par une balustrade formée de petits pilastres et de panneaux enrichis d'ornements et d'armoiries. Chacun des pilastres supportait un pinacle de forme sphérique.

Deux caves existent sous l'hôtel-de-ville. L'une était le cellier au *brandevin* (eau-de-vie), l'autre le cellier au vin. La première est située sous le local qui sert de musée provisoire; la seconde, sous le corps-de-garde de la place et les bureaux de la mairie. Autrefois ces deux caves avaient leurs larges entrées sur la place, et prises dans la façade du monument. Aujourd'hui ces baies ont été supprimées. L'entrée de l'ancienne cave au vin est dans la rue de la Prison. Nous ignorons si l'autre a encore un accès quelconque.

Pour en finir avec l'ancienne devanture de l'hôtel-de-ville, nous dirons deux mots de la statue de Jean-de-Bove, bailly de Marcoing, Cantaing et Ligny, devenu célèbre par cette figure expiatoire. Condamné par le Magistrat de Cambrai, pour une arrestation arbitraire, à crier merchy à la justice, devant l'hôtel-de-ville, le bailly subit sa peine et fut de plus obligé d'en perpétuer le souvenir « en faisant faire sa remenbranche d'airain, au pan du mur de la ville au *bas de l'horloge.* »

En effet, au-dessus de la petite porte latérale de gauche, pratiquée dans la partie dite de l'horloge, on voyait la statue de Jean-de-Bove à genoux en présence d'une figure de la justice. Ces deux figures, un peu plus petites que nature, étaient en cuivre et reposaient sur des consoles distinctes appliquées à la muraille. — V. *Bove* (Jean de).

Telle était l'ancienne façade de l'hôtel-de-ville de Cambrai, que nous venons de décrire d'après les dessins qui en restent, car on n'en a conservé aucune description écrite. Il n'est pas impossible qu'obligé d'apprécier ce morceau d'architecture sur des images plus ou moins exactes, nous ayons commis quelques erreurs de détail; quant aux grandes lignes, notre description doit être fidèle. Il existe quelques dessins fort rares de la maison commune cambresienne, chez des particuliers. On en trouve la gravure dans les *Délices des Pays-Bas*. La bibliothèque impériale en possède un dessin, fait sous Louis XIV par Vander Meulen; nous nous sommes surtout renseigné sur ce dessin du célèbre peintre des conquêtes du roi. Enfin, il faut bien que nous ajoutions qu'un dessin du même édifice a été publié en 1835, par les éditeurs de la *Revue Cambresienne*, mais que ce dessin, très joliment lithographié du reste, est complétement erroné. Il porte, dans la première partie, des tourelles carrées, tandis qu'elles étaient rondes. Il supprime le toit qui couvrait la bretêque; il change le style architectonique des portes de la seconde partie. Il change des portes en fenêtres et modifie le style dans les deux parties plus modernes. Nous avons cru devoir prémunir le public contre les erreurs dans lesquelles peut induire ce plan qui est malheureusement trop répandu.

Venons maintenant à la façade nouvelle. Voici ce qu'en dit M. DeBaralle, architecte, dans un rapport adressé à l'autorité municipale de Cambrai :

« La façade actuelle de l'hôtel-de-ville, le grand escalier et toutes les pièces dépendantes des tribunaux, ont été construits par les soins de l'intendant du Hainaut, M. Cenac de Meilhan. Ce fut Antoine (Jacques Denis), architecte de l'hôtel des monnaies de la ville de Paris, qu'on chargea de ces travaux en 1786... La façade a dû présenter de nombreuses difficultés pour raccorder avec ensemble les nouveaux aux anciens bâtiments de l'édifice. Antoine sut profiter avec beaucoup d'art du terrain irrégulier qu'offrait le milieu des constructions. Il combina la distribution intérieure de l'escalier avec l'effet de la décoration extérieure qui consiste en un avant-corps de quatre colonnes corinthiennes, élevées sur un soubassement de trois arcades, orné de refends et surmonté d'une balustrade formant terrasse. Un grand entablement avec modillons surmonté d'un fronton, couronne cet avant-corps; sur ce fronton, s'élève une campanille décorée de colonnes portant une calotte en forme de dôme. Au-devant de cette campanille sont les deux fameux personnages, Martin et Martine, depuis si longtemps l'orgueil du peuple cambresien.

» Les autres parties de l'édifice sont décorées de deux petits ordres superposés : celui du premier étage est ionique, et celui du deuxième étage est corinthien : ces colonnes, qui sont engagées dans les murs, forment seize travées percées de croisées qui décorent toute la longueur de la façade. Des panneaux renfoncés et des guirlandes complettent cette composition, dont la corniche de couronnement est terminée par une balustrade à jour.

» Toutefois, ce monument laisse à l'œil exercé certaine négligence de style qu'on doit plutôt attribuer aux ouvriers chargés de sa construction qu'à l'architecte. »

Voilà pour la façade.

A l'intérieur, cet édifice subit aussi des modifications. La grande halle au drap changea de destination. On en prit une partie pour établir le grand escalier double, dit l'escalier d'honneur de l'hôtel-de-ville; à l'autre extrémité on pratiqua la jolie salle elliptique qui porte aujourd'hui le nom de *Consistoire*, parcequ'elle servit longtemps à la tenue des séances de l'échevinage. L'intervalle qui restait entre le vestibule d'entrée et le consistoire fut destiné à servir d'antichambre à la chambre échevinale. On y établit une série de garde-robes qui devint le vestiaire du Corps de ville.

Au premier étage, on construisit cette magnifique salle, la plus belle qui existe dans Cambrai, qui sert aujourd'hui aux audiences du tribunal civil, et qui servit jadis à la tenue des Etats. Le style en est majestueux; ses colonnades, ses lambris, ses corniches, ses ornements, le tout en chêne admirablement sculpté, lui donnent un aspect sévère et solennel qui la rendait digne de l'usage auquel elle était consacrée.

On exécuta encore quelques travaux de raccord, nécessités par la façade nouvelle.

A ces modifications près, l'hôtel-de-ville subsiste, derrière sa nouvelle façade, presque tel qu'il était autrefois. On trouve encore *le Ferme*, ce dépôt des archives de la cité, derrière le bâtiment qui formait la première *chambre de paix*. Le ferme porte inscrite sur sa voûte la date de 1473. — V. *Ferme*. Dans la cour dite *des Halles*, sont encore les anciennes constructions comprises dans ce grand système de hallage adopté par l'ancien Magistrat de la ville. Deux portes couvertes donnant issue, l'une sur la rue de la *Grande Chaussée*, aujourd'hui des Carmes; l'autre sur la rue des *Vi-siers*, aujourd'hui de la Prison, subsistent encore également. Ces portes solidement fermées pouvaient mettre l'hôtel-de-ville à l'abri de ces coups de mains qu'il fallait toujours craindre dans les temps de troubles, de la part non-seulement des troupes de passage ou de garnison, mais même des soldats du dehors, qui poussaient quelquefois, par surprise, une reconnaissance dans la ville. Ainsi fermée, la maison de ville devenait non pas une forteresse, car l'autorité ecclésiastique n'avait jamais permis aux bourgeois de la fortifier, mais un lieu où ils auraient pu se maintenir en armes, pendant quelque temps.

Il fallait d'ailleurs qu'en tout état de cause, la justice et l'administration communale pussent y fonctionner avec sécurité.

En effet, la maison de paix, c'était l'auditoire du juge.

C'était devant la maison de la ville qu'avaient lieu les grandes cérémonies qui devaient avoir pour témoin la ville tout entière. C'était là, sur un *échafaud* richement pavoisé, qu'au XVI° siècle et pendant les suivants, tout nouveau duc de Cambrai venait en grand costume, avec les insignes de son rang, prêter et recevoir le serment civil : c'était encore en face de la maison de paix que s'exécutaient les hautes œuvres de la justice échevinale. Nous avons déjà dit que toutes les proclamations se faisaient du haut de la bretèque. C'était de là que l'on annonçait au peuple ses privilèges et ses franchises ou les actes qui les supprimaient, les lettres de la neutralité de la ville, les déclarations de paix ou de guerre entre les souverains, les ordonnances du corps échevinal, etc.

C'était dans la chambre de paix que le Sénat cambresien recevait les hôtes illustres qu'il voulait fêter. En un mot, cet édifice était autrefois, bien plus qu'il ne l'est aujourd'hui, la véritable *maison de la ville*.

Ce fut dans une des salles de l'hôtel-de-ville qu'en 1724 se tinrent les conférences du stérile congrès des plénipotentiaires de l'Europe. Cette salle, qui sert aujourd'hui aux audiences du tribunal de commerce, porta longtemps le nom de *Salle des conférences*, de même que le beau vestibule qui y conduit, lequel est éclairé par une grande verrière en forme de lanterne, fut appelé *Corridor des Ambassadeurs*.

Il résulte des notes inscrites sur un plan de l'hôtel-de-ville, dressé à l'époque et à l'occasion du congrès, que ce monument était alors fort pauvrement meublé. Il ne l'est guère mieux aujourd'hui (1854). Néanmoins, on y peut remarquer, dans la salle, en ce moment à usage du parquet de la justice, quatre fort beaux panneaux de tapisserie de haute lisse, représentant des sujets de fables, et portant dans leurs ornements de bordure les armes de Cambrai. On ne fait point assez de cas de ces belles pièces de tapisserie dont le moindre prix est d'avoir été commandées par la Commune cambresienne.

De nos jours, d'augustes voyageurs ont honoré l'hôtel-de-ville cambresien de leur présence. Napoléon et Marie-Louise y ont logé en 1810; le duc d'Angoulême en 1818, Charles X en 1827, y ont assisté à des fêtes données en leur honneur.

HOTELIERS, *Hostellains, Taverniers, Carbateurs*. Dans l'admirable organisation administrative de la cité de Cambrai, les hôteliers avaient été l'objet de mesures particulières, que l'on retrouve dans les règlements de police qui les régissent actuellement.

« *Ordonnance du 18 décembre* 1628.

« MM. du Magistrat recognoissans, les excès et abus que commettent journellement les hostes et taverniers brasseurs vendans leurs bierres en leurs maisons et usines, leurs ont pour ceste interdit et deffendu de vendre leurs bierres à l'advenir, à plus haut prix, qu'est imposé par mesdits sieurs, aux bierres que brassent les autres brasseurs; et qu'ils n'aient à en faire compte, à ceux qui seront mangeans et beuvans en leurs maisons *en tas et en blocque*, ainsi qu'ils s'ingèrent de faire journellement; ainsi qu'ils en feront compte particulier et spécifique, sur peine aux contrevenans d'estre à toujours privez de pouvoir brasser pour leur susdite usine. Vide verbo *brasseurs*, tirez du *Livre des ordonnances*, fol. 64, verso. »

Les taverniers, hostellains, carbateurs ne pouvaient brasser ni faire brasser chez eux. — V. *Brasseurs*.

« *Ordonnance* aux taverniers de n'avoir dans une cave que d'une sorte de vin, et tout à un prix; de ne mesler vins nouveaux aux vins vieux. » — Ce règlement était au *Livre aux bans*, fol. 29.

Un règlement sans date portait que les taverniers, carbatiers et autres ne pourraient « achepter volailles sur le marchiet, qu'après l'heure limitée, qu'ils obéiraient aux mayeurs, » et plusieurs autres mesures de police concernant ce métier.

Un règlement du 7 septembre 1439 « limitait le prix des patez qui se vendaient par les taverniers. »

« Défense aux taverniers, hostellains, carbateurs, de ne donner crédit aux jeunes gens et enfans de famille de cette ville, plus grande somme que de vingt sols tournois, à peine de perdre le surplus de ce qu'ils leur feront crédit. »—Cette ordonnance du 29 décembre 1564, était au *Livre aux bans*, fol. 325, verso.

« Ordonnance aux taverniers et hostellains de porter au lieu désigné, et à l'heure limitée, les noms des étrangers qui sont logés chez eux. » Cet acte était du 14 janvier 1649, et était au *Registre des résolutions et ordonnances sommaires*, fol. 26, verso.

HOTELLERIES. — Les plus anciennes hôtelleries dont il soit fait mention dans les chroniques locales sont :

L'hôtellerie de la Bombe, où logèrent, en 1521 (15 janvier), des soldats bourguignons qui eurent une collision avec les bourgeois de Cambrai : où logèrent aussi, en 1664, des cavaliers espagnols qui apportèrent la peste dans la ville de Cambrai. Cette auberge existe encore sur la Place-au-Bois n° 26. V. *Bombe*.

L'hôtellerie de l'Epervier, située vis-à-vis l'église de St-Martin; l'*hostellain* de cette auberge qui s'appelait Jean Tronchaut, fut le premier qui en 1581 fit ériger des constructions sur le *Flot de la Kayère* que l'on avait pris le parti de combler, probablement pour assainir la ville. En 1645, l'hôtellier de l'Epervier, qui s'appelait Floris Crespin, avait obtenu du Magistrat l'autorisation d'établir une brasserie dans sa maison. Mais le Magistrat ayant reconnu l'abus qu'il y avait à laisser cumuler le métier de brasseur avec celui d'hôtellier, et le préjudice qui en résultait pour la ville, révoqua son autorisation, ou plutôt donna à Floris Crespin le choix entre son *style de brasseur* et celui *d'hostellain*. Crespin ne voulut rien entendre, et il fallut l'intervention du prevost et d'une force suffisante pour démolir la chaudière. Ms. 5, p. 46-47.

L'hôtellerie de l'Epervier est maintenant une maison de commerce : elle porte, rue St-Martin, le n° 28. On voit encore dans la cour de cette ancienne maison une belle margelle en grès sur laquelle est sculpté en relief un épervier.

L'hôtellerie du Lion-d'Or, qui fut en 1579 le théâtre d'une affreuse catastrophe. « Le 19 juillet 1579, un samedy, à dix heures du soir, le *Logis du Lion*, sur le marché, fondit avec un bruit épouvantable. Environ vingt personnes qui s'y trouvaient y furent étouffées. » — *Calendrier historial* de Julien de Lingne.—L'auberge du Lion fut reconstruite, et était encore à usage d'hôtellerie avant 1789. C'est maintenant un magasin de commerce, sur la place, rang du Lion-d'Or, n° 79. Inutile de dire que c'est le nom de l'auberge qu'on a donné au rang de la place où elle se trouve.

L'hôtellerie du Miroir dont il est question dans un titre des chartriers, daté de 1449. Elle existe encore aujourd'hui, voisine de l'ancien couvent des Récollets, rue de Cantimpré, n° 1.

L'auberge de Dunkerque, où logèrent en 1708 le duc de Bourgogne et le duc de Berri, en compagnie du prince de Galles, fils de Jacques II d'Angleterre. Les princes passaient par Cambrai, pour la campagne de Flandre. « Ils n'allèrent pas à l'archevêché, à cause de la disgrâce de M. de Fénelon. L'archevêque les visita dans l'auberge de Dunkerque vis-à-vis St-Géry. » — *Mém. chron.*, p. 136. — La maison où logea le duc de Bourgogne est encore à usage d'auberge, rue de l'Arbre-à-Poires, n° 32 ; elle n'a plus d'enseigne.

On peut encore citer parmi les anciennes hôtelleries de Cambrai :

L'auberge des dix-sept Provinces qui fait le coin des rues de St-Nicolas et des Liniers. Cette maison est encore à usage d'auberge et conserve ses vieilles écuries souterraines dont l'entrée donne sur la voie publique, rue de St-Nicolas, n° 2.

L'auberge du Chef St-Jean, rue des Clefs, n° 11.

L'hôtellerie de l'Ange, située sur la place en face de l'hôtel-de-ville sur le rang qui porte le nom de l'Ange.

L'hôtellerie Ste-Barbe qui a également donné son nom à un rang de la place.

Nous possédons un titre sur parchemin, daté de 1734, qui fait mention d'une grande propriété comportant plusieurs maisons et formant le coin des rangs de l'Ange et de Ste-Barbe sur la place. Il y est dit que cette propriété touchait en fond aux hôtelleries de l'Ange et de Ste-Barbé.

HOTELS divers. — L'habitation la plus remarquable de Cambrai, après le *palais de l'archevêque*, était l'*hôtel St-Pôl* qui appartint à Jean de Châtillon, comte de St-Pôl; qui fut habité par Louise de Savoie, mère du roi et régente de France, en 1529, pendant les négociations de la paix des dames; qui devint la propriété d'Henri IV, lequel en fit cession à Robert de la Hamaide. Vu l'importance de cet hôtel, nous lui consacrons une notice spéciale. — V. *Pôl* (Hôtel St). Nous agissons de même à l'égard du palais épiscopal et des *petits palais*. — V. *Palais*.

Le Carpentier fait une énumération plus ou moins exacte des seigneurs qui avaient, longtemps avant l'époque où il écrivait, des hôtels dans Cambrai. « Les seigneurs du surnom d'Oisy, de Colet, de Haucourt, d'Anneux, d'Inchy, de Bailleul, de Beaumetz, de Beaurevoir, de Hennin, de Graincourt, de Sohier, de Honnecourt, de Saveuzes, de Rumilly, de Beaumont, de Hargival, de Walincourt, d'Esnes, de Chiry, de Roupi, d'Iwy, de Solesmes, de Levin, de Creton, de St-Aubert, de Gonnelieu, de Noüvelles, de Mancicourt, de Loussart, de Pellicorne, etc., eurent leurs hôtels dans cette ville, comme l'on trouve dans divers registres de rentes foncières, et semblables vieux cahiers. Tous ces hôtels sont, de nos jours (1664), ruinés, ou convertis à d'autres usages. » — V. Le Carpentier, part. 1, p. 302.

En un autre endroit de son livre, Le Carpentier est plus explicite relativement à l'hôtel d'Inchy cité dans la liste qui précède. Il parle d'un Hugues, sans doute seigneur d'Inchy en Cambresis, « lequel avait (dès 1097) un hôtel » à Cambray, non loin de l'abbaye de St-Aubert, » situé en une rue qui est encore, de nos jours, » nommée la rue d'Inchy. » — V. *Hist. de Cambrai*, par Le Carpentier, part. III, p. 706.

Mais il faut mettre en regard de cette allégation de Le Carpentier, un passage des *Mémoires pour servir à l'histoire de Louis de Berlaymont*, par Balicq et Cotolendy (ms. 883 de la bibl. de Cambray), qui attribue au séjour que le baron d'Inchy, usurpateur de Cambrai, faisait dans la rue d'Inchy, l'origine du nom de cette rue. « Il vint d'abord, dit le manuscrit, dans la ville de Cambray, où il faisait assez ordinairement son séjour, dans une rue située auprès du Palais et qui s'appelle encore aujourd'hui la rue d'Inchy. »

Des hôtels anciens qui restent dans Cambrai, on ne peut guère signaler que l'hôtel St.-Pôl et quelques maisons de construction espagnole. Telles sont :

Une maison située rue des Chanoines, n° 13. Elle a pignon sur rue, la façade qui regarde la cour est flanquée de deux tourelles polygones à toits pointus, dans lesquelles sont pratiqués les escaliers qui conduisent aux étages. Le pignon était autrefois gracieusement ornementé ; mais des grattages successifs, exécutés brutalement par des ouvriers ignorants, en ont fait disparaître toutes les finesses et même jusqu'à la dernière trace, en certains endroits. Il était surmonté d'un couronnement arrondi en forme de coquille. Au-dessus des fenêtres du premier étage, on retrouve le système des coquilles. Nous tenons d'un vieillard érudit, mort à Cambrai au commencement de ce siècle (1), qu'on lisait sur un cartouche en pierre, engagé dans ce pignon, l'inscription : *Nec plus ultrà*.

Toutes les fenêtres étaient autrefois divisées par des meneaux prismatiques en pierre, qui existaient encore il y a environ trente ans. Ces meneaux et les baies qu'ils partageaient étaient ornés de moulures.

Au commencement de ce siècle, la tradition populaire affirmait encore que Charles-Quint avait habité cette maison. Aussi la désignait-on souvent sous le nom de *Maison de Charles-Quint*. Que faut-il croire de cela ?... Nous ne le saurions dire ; mais nous ferons observer que la tradition qui n'a que faire des inscriptions et qui marche dans les siècles, avec une entière indépendance, désigne précisément pour l'habitation de Charles-Quint, celle qui, pendant plus de deux siècles, porta gravée sur son front la devise du monarque espagnol : *Nec plus ultrà*.

Il est certain que cette maison était une des plus belles qui fussent à Cambrai, de style espagnol. Elle a perdu aujourd'hui tout son caractère ; les mutilations qu'elle a subies en ont fait un bâtiment fort ordinaire.

A deux pas de cette propriété, s'en trouve une autre qui, prenant issue sur la rue des Chanoines, présente son principal corps-de-logis rue des Ratelots, n° 17. C'est encore une construction espagnole. Elle a subi comme sa voisine, l'humiliante restauration des maçons modernes. Néanmoins, à ses ornements près, on peut juger de ce qu'elle était jadis. L'entrée est pratiquée dans une tour carrée à pignon aigu, qui sert d'avant-corps au bâtiment dont les deux parties de la façade s'étendent, de droite et de gauche, à quelques pieds en retraite ; l'étage supérieur, faisant saillie, à la façon espagnole, sur le rez-de-chaussée. Sur le même plan que le corps avancé, sont des murailles de clôture peu élevées qui forment, de chaque côté, une courcelle étroite, le long de la façade du bâtiment.

Ces murailles combinées avec la partie de l'avant-corps, produisent un effet assez pittoresque, et l'on peut affirmer qu'une pareille

---

(1) M. Legendre, avocat.

maison, restaurée avec intelligence, reprendrait un caractère agréable d'originalité. Là aussi existaient des fenêtres partagées par des meneaux croisés. Ces croisures se retrouvent encore dans quelques baies de la façade.

Il est évident que le rez-de-chaussée de cette maison n'était point destiné à l'habitation des maîtres. C'est à l'étage supérieur qu'étaient distribués les appartements. On retrouve, à quelques rares endroits de la façade, les traces des moulures qui la décoraient. Cette maison, entièrement de construction espagnole, porte une date également espagnole. Le chiffre 1572 y est écrit au moyen des ancres qui lient la maçonnerie, et font nécessairement partie intégrante de l'avant-corps-de-logis. Aussi ne saurions-nous adopter l'opinion d'un de nos amis dont les travaux historiques sont estimés à juste titre, lequel fait remonter le bâtiment dont il est question au XIII siècle. Nous pensons que c'est là une erreur, et nous le maintenons pour une œuvre du XVI.

Deux autres belles maisons dont le style décèle le XVI siècle existent aussi dans Cambrai ; l'une, Place-au-Bois, n° 17 ; l'autre, place Fénelon, n° 2. Dans l'une comme dans l'autre, les pignons aigus sont tournés du côté de la rue. Elles sont construites en pierre. L'une et l'autre sont ornées d'une tourelle polygone dont la partie supérieure s'élargit en encorbellement, et dans laquelle est pratiqué l'escalier qui mène aux étages. Ces tourelles dépassent les maisons auxquelles elles appartiennent, de la hauteur d'un étage, lequel est à usage de colombier. Un toit aigu en ardoises, avec girouette, couronne ces petits monuments. Il y en avait autrefois un assez bon nombre de semblables dans Cambrai.

Il nous resterait, à propos des anciennes maisons, à dire quelques mots de celle du Mont-de-piété de Cambrai, dont Vanderburch posa la première pierre en octobre 1623. Comme nous consacrons à cet établissement une notice spéciale, nous nous contentons ici d'y renvoyer le lecteur. — V. *Mont-de-piété*.

A l'époque de la révolution, un grand nombre de personnes de distinction possédaient dans Cambrai, qu'elles habitaient, des hôtels de moderne construction, qui portaient le nom de leurs propriétaires. La plupart de ces riches habitations dataient du XVIII siècle. Aujourd'hui ces nobles familles ont quitté le pays, se sont éteintes, ou ont été ruinées à l'époque révolutionnaire : leurs hôtels restent, mais ils n'ont plus de titre.

Voici l'indication de quelques-unes de ces maisons. Les traditions s'effacent, la génération actuelle ne recueille plus les souvenirs de famille ; il peut être utile qu'ils soient écrits quelque part.

L'hôtel de Chauny est devenu l'hôtel de la sous-préfecture, rue St-Georges ;

Hôtel de Fagan, rue de l'Epée, n° 19 ;

Hôtel de Franqueville, rue de l'Epée, n° 15 ;

Hôtel Parigot de Santenay, rue de St-Géry, n° 14 ;

Hôtel de Thun, rue du Marché-au-Poisson, n° 11 ;

Hôtel de Monaldi, rue du Marché-au-Poisson, n° 17 ;

Hôtel de Berclaert, rue des Rôtisseurs, n° 58 ;

Hôtel des Bleumortiers, rue des Capucins, n° 22 ;

Hôtel de Chantemelle, disparu dans les constructions nouvelles du Petit-Séminaire, rue de ce nom.

Hôtel de Wargnies, rue de la Herse, n° 35 ;

Hôtel de Leroi-de-Ville, Place-au-Bois, rang de Pierre De Francqueville, n° 44.

Nous ne mentionnons point, parmi les hôtels, les belles maisons de refuge que possédaient dans Cambrai diverses abbayes du Cambresis. On les trouvera au mot *Refuges*.

HUGUENOTS. — V. *Hérétiques*.

HUILE.—Nous ne saurions dire à quelle époque ont été construits dans Cambrai ou dans le Cambresis les premiers moulins à l'huile dits *tordoirs*. Au commencement de ce siècle, on a écrit quelque part que ces tordoirs sont dans le pays de date assez récente : expressions vagues que nous préciserons davantage en constatant qu'en 1709 les moulins à l'huile, quoique en petit nombre, étaient déjà en pleine exploitation dans le Cambresis. On lit dans les *Mémoires chronologiques* que, pendant la famine qui désola cette triste année, les pauvres gens mettaient des tourteaux dans leur soupe. Le tourteau, ajoute le chroniqueur, « c'est ce qui reste dans le tordoir après qu'on a tiré l'huile du menu grain, et qui sert pour faire le breuvage des vaches en hyver. »

Cette citation prouve que, dès le commencement du XVIII siècle, les graines oléagineuses étaient déjà cultivées et mises en œuvre dans le Cambresis, et que l'usage y était établi de faire le breuvage des étables avec le tourteau.

M. Dieudonné, préfet du département du Nord en 1804, a laissé une excellente statistique de ce département, de laquelle il résulte que dans l'ensemble des communes d'Abancourt, Beauvois, Béthencourt, Blécourt, Boussières, Cambrai, Carnières, Le Câteau, Crèvecœur, Honnechy, Iwuy, Marcoing, Masnières, Neuville-St-Remy, Noyelles, Paillencourt, Proville, Quiévy, Raillencourt, St-Pithon, Saulzoir, Thun-Levêque, Tilloy, Vendegies-sur-Ecaillon, dont la plupart faisaient partie du Cambresis en 1789 et qui toutes sont comprises dans l'arrondissement de Cambrai, le nombre des tordoirs se décomposait ainsi qu'il suit :

En 1789 — 16 tordoirs mus par le vent ;
En 1801 — 25 id.
En 1789 — 7 tordoirs mus par l'eau ;
En 1801 — 8 id.

Il y avait peut-être aussi quelques tordoirs mus par des chevaux.

Depuis cette époque, la fabrication de l'huile a pris dans Cambrai et dans son arrondissement un prodigieux développement. Une excellente statistique locale dressée, suivant toute apparence, par un officier du génie militaire, constate qu'en 1808, le nombre des tordoirs construits récemment à peu de distance de Cambrai, s'élevait à environ cinquante. —§ ms. 3 (bis). — Aussi s'explique-t-on difficilement l'assurance avec laquelle l'auteur d'une notice imprimée pendant plusieurs années en tête de l'almanach de Cambrai (chez Hurez, libraire), donnait encore pour 1822 les mêmes chiffres que M. Dieudonné pour 1801.

D'aussi grossières erreurs prouvent le cas que l'on doit faire de ce travail auquel on a indûment accordé quelque autorité.

Aujourd'hui en 1854, le nombre des tordoirs s'élève dans l'arrondissement de Cambrai à 46.

Les ouvriers qui exploitent ces tordoirs s'appellent *Olieux* du mot latin *Oleum*.

I

ILE ST-GILLES. — V. *Gilles, (Ile St.)*

IMAGES, *figures sacrées.* — Cambrai, la ville dévote, avait autrefois un aspect particulier, par le nombre considérable d'images de saints en pierre et en peinture, dont ses rues, ses places publiques, ses monuments, à l'extérieur comme à l'intérieur, étaient ornés. Si ce caractère de piété se rencontre dans beaucoup de villes catholiques, c'était surtout à Cambrai qu'il était prononcé. Presque tous les coins de rue avaient leur niche plus ou moins élégante : un grand nombre de maisons portaient aussi, sur leurs pignons ou sur leurs façades, ces marques de dévotion. Souvent ces niches formaient, par elles-mêmes, de petits monuments très remarquables d'architecture ou plutôt de sculpture, soit dans le style gothique, soit de l'époque de la renaissance, soit d'une école plus moderne. Nos contemporains pouvaient admirer encore, il y a quelques années, au coin des rues de St-Jérôme et du Marché-au-Poisson, une de ces anciennes niches, d'une finesse et d'une légèreté extrême d'exécution. Elle avait, jusque-là, échappé à la destruction ; mais un jour, un vandale, dont rien ne peut expliquer la brutale fureur, eut le courage de mutiler, de piler littéralement cet élégant *coin de rue;* le pinacle, les colonnettes, le cul-de-lampe, tout disparut sous son marteau impie. Cette exécution, comme toutes les mauvaises actions, se fit la nuit : il fallut user d'escalade pour l'accomplir ; et le lendemain, les passants étonnés déploraient les effets de la rage ou de la démence du malfaiteur.

Les vestiges de la dévotion de nos pères, sous le rapport des images, disparaissent tous les jours ; le temps continue l'œuvre commencée, durant les excès de la révolution, par une bande de forcenés qui, sous le nom de *Fédérés*, signalèrent leur passage à Cambrai par une dévastation générale de tous ces petits monuments vénérés, pendant des siècles, par les générations qui se succédaient.

Sans parler des *Dieux de pitié*, auxquels nous avons consacré une notice particulière,— V. *Dieux de pitié*, — on pourrait citer un grand nombre de figures de la Vierge et d'images de saints dont nos vieillards se souviennent encore.

L'image de la mère du Sauveur se voyait avant tout : — au-dessus de la porte d'honneur de l'hôtel-de-ville de Cambrai, sculptée en pierre, comme le monument ; — au-dessus de la porte Notre-Dame, du côté regardant la campagne, et à l'intérieur de l'enceinte, dans une autre niche que les archéologues étudiaient avec plaisir (1); — à la fontaine Notre-Dame, — V. *Fontaine Notre-Dame;* — au pont de *Bon-Secours*, où elle existe encore aujourd'hui. — On la voyait, sous le titre de *Notre-Dame-des-Anges*, dans une niche en face de l'église de Ste-Elisabeth, rue de ce nom, aujourd'hui en face de la maison qui porte le n° 13; — sous le titre de *Notre-Dame-du-Rosaire*, aux angles du péage du St-Sépulcre; — sous le même titre de N.-D.-du-Rosaire (2), dans la rue St-Georges, contre la muraille de ladite abbaye du St-Sépulcre, en face du n° 17 actuel. La niche s'y voit encore. — Une autre figure de la Vierge existait rue des Juifs dans une petite niche grillée, elle fait encore partie de la maison n° 20.

On voyait dans l'église métropolitaine l'image de *Notre-Dame-la-Flamanghe*, qui avait orné longtemps une chapelle de ce nom fondée par le chanoine Jean de Tournay. — † Ms. 658, art. 32. — Mais, au temps de Julien de Lingne, « cette image était au revestiaire, enclose en une treille de fer. »

Julien de Lingne parle, au même article, d'une autre figure de *N.-D.-de-Pitié* qu'on vénérait également dans la métropole.

On voit au † Ms. 884, p. 46, que Pierre d'Ailly avait fait faire la Notre-Dame d'albastre qui était au chœur de la métropole, et qu'il avait fondé le ciron ardent qui brûlait sans cesse devant cette figure.

Nous ne citerons qu'en passant les images de *Notre-Dame-la-Grande*, de *Notre-Dame-de-Miséricorde*, de *Notre-Dame-des-Neiges*, toutes trois dans la métropole.

Les figures de saints étaient également en grand nombre dans les rues de Cambrai. Nous pouvons indiquer les suivantes : — au-dessus du portail de l'église de St-Géry (1), du côté de la rue de la Prison, un grand saint Géry en pierre; — de chaque côté de la porte des Clarisses, au Marché-au-Poisson, des niches contenant l'une l'image de Sainte-Claire, l'autre celle de Ste-Colette; — au-dessus de la porte du couvent de Lille ou de Ste-Anne, une statue de Sainte-Anne; — au coin des rues de Ste-Elisabeth et de Ste-Barbe, une figure de Sainte-Elisabeth; — au coin de l'hôpital St-Julien, rue de ce nom et place Ste-Croix, une grande figure de saint Julien en pierre; la niche s'y voit encore; — au coin des rues de St-Jérôme et du Marché-au-Poisson, dans la belle niche dont nous avons raconté plus haut la destruction, une grande statue de Saint-Aubert (du XVe siècle); — dans un enfoncement de quelques centimètres, pratiqué rue St-Jérome en face du n° 1 actuel, une image peinte de Saint-Jérôme; elle était sur fond d'or; — rue des Juifs, n° 3, une figure de saint Roch; — au-dessus de la porte d'entrée du béguinage St-Georges, une figure du saint patron de ce couvent.

Nous ne dirons rien de ces milliers de statues qui décoraient l'intérieur de nos églises. Presque tous ces objets d'art ont été brisés par les iconoclastes de 1793. Plusieurs néanmoins ont été sauvés. On les voit les uns au musée de la ville, les autres dans la sacristie de l'église dite aujourd'hui de St-Géry. M. le docteur Hardy en a fortuitement retrouvé trois dans le vaste jardin de sa maison, rue des Sœurs-de-la-Charité, n° 2. Ces statues d'un style assez incertain, mais d'un bon dessin et d'une bonne conservation, gisaient enfouies probablement depuis la révolution. Nous pensons qu'elles proviennent de l'église Ste-Croix.

Passant maintenant aux images peintes, nous aurions une longue liste à faire des différents titres sous lesquels on représentait la mère du Sauveur. La piété toute particulière des Cambresiens pour la Reine du ciel, remonte aux premiers jours du christianisme dans nos contrées. Dès l'année 1070, le bon Liébert *admonestoit le comte de Flandre qu'il partist, avec son armée hors des* TERRES DE LA VIERGE MARIE. — § Ms. 6, p. 78. — Dès avant cette époque, la capitale et le pays de Cambresis étaient consacrés à la Vierge qu'on en regardait comme la protectrice déclarée. On comprend

---

(1) Le génie militaire, qui ne respecte pas toujours les objets d'art, a fait tomber sous la pioche d'un maçon, les parties ornées et saillantes de cette niche, pour la remettre à fleur de la muraille. C'est en 1852 que fut commise cette regrettable mutilation. Le Conseil municipal s'est au contraire montré restaurateur en faisant rétablir la statue de la Vierge dans la niche extérieure, au mois d'août de la même année.

(2) L'église de l'abbaye du St-Sépulcre était dédiée, non-seulement sous le titre du sépulcre de Jésus-Christ, mais aussi sous le nom de la Vierge. Une confrérie du rosaire y existait depuis l'année 1577.— † Ms. 658, art. 4e. — Cela explique suffisamment la présence des images de Notre-Dame-du-Rosaire dans les niches pratiquées dans les murailles de l'abbaye.

(1) Il s'agit ici de l'église St-Géry, antérieurement St-Vaast, et non pas de l'église de St-Aubert qu'on appelle aujourd'hui St Géry.

aisément que le pinceau ingénieux de nos naïfs et pieux artistes ait orné les images de Marie des nombreux attributs, symboles des grâces diverses pour lesquelles on l'implorait. Mais il est incontestable que jamais image n'obtint dans Cambrai une vénération égale à celle qui environna l'image de Notre-Dame-de-Grâce qu'une pieuse tradition attribue au pinceau de St-Luc.

Pour ne pas séparer la description de cette image de ce que nous avons à dire du culte qui s'est attaché à la Sainte Vierge, sous le vocable de *Notre-Dame-de-Grâce*, nous renvoyons le lecteur à la notice spéciale que nous lui consacrons. — V. *Notre-Dame-de-Grâce*.

Il existe un nombre considérable de copies de cette image miraculeuse, sur bois peint ou sculpté, sur toile, sur papier, sur cuivre repoussé, sur médailles de différents métaux, et même sur les monnaies capitulaires.

IMPOTS, *assises, mallôtes*. — On trouve l'origine des impôts à Cambrai, dans la nécessité où les habitants ont été de fortifier la ville, d'y entretenir des troupes et des moyens de défense; enfin de subvenir aux frais de son administration.

Un mémoire, qui date du milieu du XVᵉ siècle, contient à ce sujet des détails curieux.

La cité de Cambray, y est-il dit, « pour doubte des guerres et divisions, a soutenu et soutient encore des grands et intolérables dépens, tant en réparation de ses murs, tours, fossés, portes, cauchies (chaussées), ponts, rivières, saudoyers (soldats) et artillerie, comme en gages et retenuz des conseillers et officiers; en dons et présents de vins, pour amour entretenir avec les seigneurs passans par icelle, et aultrement en plusieurs et diverses manières dont une telle cité ne se peut bonnement passer. » — § Ms. 5, p. 253. — § Ms. 9, fᵒ 1.

Telles étaient les charges de la ville, charges lourdes, comme on le voit et qui s'aggravaient encore des intérêts des emprunts qu'elle avait dû faire pour y subvenir; car elle ne trouvait pas, dans le revenu ordinaire de son domaine, le quart des deniers dont elle avait besoin. — Mémoire déjà cité.

« Et pour ceste cause, adfin de subvenir aux nécessitez avant dictes, en la forme et manière des autres citez et bonnes villes voisines, a esté, passé-longtemps (depuis longtemps), par l'empereur souverain seigneur de la dicte cité, à la supplication des citoyens et habitans en icelle, *mise sus* certaine assise ou mallotte, sur les vins et aultres breuvages qui se vendent et despensent en la dite ville.

» Par le moien de la quelle assise, *de tout temps, depuis l'imposition d'icelle*, la dicte cité a esté retenue, gardée, acquittée et entretenue en compétente prospérité, et tous les habitans maintenus en bonne et seure paix, tranquillité et union; ensemble et aussi avec tous seigneurs voisins et aultres quelconques. » — Mémoire cité plus haut.

Telle est donc l'origine des impôts dans Cambrai; c'est d'ailleurs celle des impôts primitifs de la plupart des villes. Mais la position exceptionnelle de Cambrai, ville libre, en rendait l'établissement plus nécessaire encore.

Comme ces impôts étaient payés par tous les habitants, c'était devant eux que l'on rendait compte de l'emploi des deniers publics. — « Quand on rend les comptes de la dite cité, viennent et sont présents tous les bourgeois et habitans de la dite cité, qui y veulent estre et venir : et leur fait-on sçavoir à pleine bretèque; et a-t-on accoustumé, de tout ancien temps, de bailler l'un des dits comptes, quand ils sont renduz, au seigneur évesque, et l'autre à l'un des notables bourgeois qui est présent à la dite rendition, ce que on ne fait mie aux dicts du chapitre. » — Mémoire cité plus haut.

Au reste il n'est point étonnant que ces copies des comptes de la ville aient été remises, l'une à l'évêque qui représentait suffisamment tout l'état ecclésiastique, l'autre à un notable bourgeois qui représentait tout l'état civil de Cambrai. Mais ce qui est plus étonnant, c'est que, bien que le clergé, avec tout le personnel qui lui était attaché, formât bien le tiers de la population, le chapitre de N.-D. eut souvent la prétention de se soustraire aux impôts; comme s'il n'eût pas profité des avantages de la défense, de la fortification, des chaussées, etc., que l'on payait avec cet impôt.

Le clergé semblait d'autant plus mal venu de refuser l'impôt, que les assises n'étaient jamais établies sans l'agrément de l'évêque. Il est vrai que c'était en sa qualité de comte et seigneur temporel de Cambrésis qu'il donnait son adhésion. Mais enfin il était évêque aussi, et il semblait qu'à ce second titre, il engageât moralement son clergé. Mais on vit malheureusement trop souvent le chapitre de Cambrai lutter contre l'évêque à propos d'intérêts pécuniaires [1].

---

[1] Notamment sous Maximilien de Berghes, 26 mars 1484.

Dans l'origine, les assises votées devaient être octroyées par le prince suzerain. Mais plus tard, vers 1324, les bourgeois rebutés par la distance qui les séparait de l'empereur et par les difficultés, et même les dangers, que de si longs voyages présentaient à cette époque, préférèrent faire appel à l'autorité du comte de Cambrai, qui, en définitive, relevant de l'empereur lui-même, le remplaçait suffisamment dans cette circonstance.

Nous ne reproduirons ici, ni les nombreuses contestations auxquelles les impôts donnèrent lieu, ni les occasions plus nombreuses encore où il en fut mis d'exceptionnels. Tantôt c'était sur les boissons, tantôt sur les vivres, quelquefois sur les cheminées. — † Ms. 884, p. 319.

C'était les états qui, rassemblés au palais, sur la convocation du comte de Cambrai, réglaient ces assises, au mieux des intérêts de la cité. La répartition et la perception en était faite par quatre *preudhommes* et *un receveur*, gens *notables de la cité* commis par les eschevins, auxquels on joignait deux *collecteurs* nommés par l'évêque. Ce bureau de finance avait l'administration des deniers et en rendait compte chaque année publiquement, ainsi que nous l'avons dit plus haut.

Outre leurs assises volontaires, les Cambresiens eurent quelquefois à supporter des contributions extraordinaires.

Les deux plus énormes contributions de ce genre furent l'emprunt forcé de Louis XI et la contribution levée par Charles-Quint pour la construction de la citadelle. Le percepteur en chef du redoutable Louis XI fut le brutal et cruel Maraffin, dont le nom resta longtemps en exécration dans la mémoire des Cambresiens. Ce farouche capitaine ne se contenta point de lever pour son maître les *quarante mille écus d'or*, qui formaient le chiffre de l'emprunt. Il joignit à cette effrayante imposition de guerre des exactions considérables pour son profit particulier. Le trésor de la ville, les biens des particuliers, les joyaux des églises, tout fut confisqué par ce maître pillard. Il ne rougissait pas d'étaler à la cour même du roi le fruit de ses rapines. Un jour qu'un gentilhomme examinait un magnifique collier d'or que Maraffin s'était fait des reliques des églises de Cambrai, « n'y touchez pas dit le roi, en souriant, car « ce collier est un objet sacré ! »

Il est juste d'ajouter que, dans un de ces moments de superstitieuses terreurs où Louis XI tombait de temps à autre, il restitua les 40 mille écus d'or; mais ce qu'il ne put restituer, ajoute un vieux chroniqueur, ce fut l'existence de tous ceux qui avaient péri pendant l'affreuse tyrannie de Maraffin. — *Mém. chron.* p. 3.

La contribution levée par Charles-Quint ne fut pas moins dure. Il s'agissait de *cent mille florins*. Cela fut cause d'une ruine générale dans le pays. Les maisons de la ville et les terres du Cambresis furent imposées extraordinairement : chaque propriétaire dut payer la moitié du loyer de sa maison, et trois gros par mencaudée de terre. — *Mém. chron.* — Mais, comme cette effrayante contribution devait être payée dans le délai de deux ans, il fallut augmenter encore ces charges déjà si pesantes, car on ne tarda pas à s'apercevoir que la répartition faite sur les bases premières ne suffisait pas.

Nous ne parlons pas des maisons, églises, châteaux et forteresses que l'Espagnol sacrifia à l'érection de cet énorme monceau de décombres que l'on allait revêtir de murailles et flanquer de bastions.

En 1733, le 10 octobre, le roy de France déclara la guerre à l'empereur qui s'opposait au rétablissement du roi Stanislas sur le trône de Pologne. — *Mém. chron.* — Pour subvenir aux frais de cette guerre, Sa Majesté fit lever une imposition du dixième sur tous les biens-fonds du royaume dont le Cambresis, comme on le sait, faisait partie depuis 1677. La déclaration de cette contribution est datée du 17 novembre 1733. Les états de la ville de Cambrai et du Cambresis offrirent de la remplacer par un abonnement qui fut de quarante mille livres, à commencer au 1er janvier 1734. Le roi à cette occasion leur accorda un arrêt pris en son conseil dont suit la teneur.

« Sa Majesté étant en son conseil, a ordonné et ordonne qu'en payant par les estats de Cambray et pays de Cambresis, dans les termes portez par la déclaration du 17 novembre dernier, entre les mains des receveurs généraux des finances de Flandres, quarante mille livres, à commencer du premier janvier dernier, tant et si longtemps que le dixième aura lieu, la dite ville de Cambray et pays de Cambresis demeureront deschargez de l'exécution de la dite déclaration : au moyen du payement de laquelle somme les biens et revenus qui y sont situez, de quelque espèce et nature qu'ils soient, seront exempts de l'establissement du dixième, excepté néantmoins les gages et appointemens des commis des fermes générales, sous-fermes particulières, et autres employez, et les gages, rentes et autres parties comprises dans les différents estats des domaines et finances de Sa Majesté, les quels demeureront sujets au dixième, et dont la retenue se fera par les fermiers, sous-fermiers, trésoriers, receveurs, payeurs et autres. Permet Sa Majesté aux suppliants, de faire l'imposition desdites quarante mille livres sur les biens et revenus de tous les propriétaires privilégiez et non privilégiez : Ordonne Sa Majesté que les contribuables seront contraints au payement de leur cote, conformément à ce qu'il est ordonné par les articles IX et X de la déclaration du 17 novembre 1733, et que les locataires et cotisez seront contraints au payement de leur cote entière, sauf à retenir sur le prix de leurs loyers ce qui sera à la charge des propriétaires, nonobstant toute clause à ce contraire qui pourroit estre insérée dans les baux; et en conséquence du présent abonnement, veut Sa Majesté que les estats de Cambray et pays de Cambresis soient subrogez en tous les droits pour l'exécution de la déclaration du 17 novembre dernier. Enjoint Sa Majesté au sieur de la Grandville, commissaire départi au département de Flandres, de tenir la main à l'exécution du présent arrest, sur lequel toutes lettres nécessaires seront expédiées. Fait au conseil d'estat du roy, Sa Majesté y estant, tenu à Versailles le vingt-troisième jour de may mil sept cens trente-quatre. Signé Baüyn.»

Nous connaissons d'autres abonnements du même genre pris en 1744 et 1782.

De nos jours l'impôt des 45 centimes a fait marquer d'une croix noire en France l'année 1848.

IMPRIMERIES. — On a cru pendant longtemps que la ville de Cambrai était, parmi celles du département du Nord, la première qui ait possédé une imprimerie. Cette erreur a été détruite par M. A. Dinaux qui a prouvé que Valenciennes a eu son imprimerie dix-huit ans avant Cambrai. Cambrai n'a donc que le second rang à cet égard.

Le premier imprimeur qui s'établit dans la ville épiscopale fut BONAVENTURE BRASSART. Son *officine* y fonctionna en 1518.

Vers la fin du XVe siècle, il y avait bien déjà des libraires à Cambrai, mais ils faisaient imprimer au loin, et surtout à Bruges et à Paris, les livres qui faisaient l'objet de leur commerce. Nous citerons par exemple, d'après M. A. Dinaux, JEAN DESCAMPS qui, en 1494, avait un magasin de librairie dans la rue Taviau (Tavelle); NICOLAS DU MOUSTIER qui, en 1503, tenait une librairie dans la rue des Maziaux, (aujourd'hui de l'Arbre-d'Or) (1); PHILIPPE-LE-COQ qui était libraire dans la rue Taveau, soit comme concurrent, soit peut-être comme successeur de Jean Descamps.

Voici l'ordre des imprimeurs établis à Cambrai. Nous croyons donner une grande autorité à notre travail, en déclarant qu'il est fait d'après des notes qui nous ont été fournies par le savant rédacteur des *Archives du Nord*, l'homme le plus compétent pour traiter d'un pareil sujet, puisqu'il est le plus laborieux et peut-être le plus riche bibliophile du pays.

1. BONAVENTURE BRASSART, 1518. — Le premier livre imprimé à Cambrai n'est pas, comme on l'a cru jusqu'ici, le *Voyage à Jerusalem de Jacques Lesaige*, qui est de 1520 environ; c'est un *Rudimenta gramatices*, à l'usage des enfants, portant la date de 1518, in-4° goth.

Bonaventure Brassart était *demourant en la rue St-Jehan, emprès la Magdelaine*.

2. BONAVENTURE ET FRANÇOIS BRASSART, 1549. — Association du père et du fils.

3. FRANÇOIS BRASSART, 1561. — Il avait pour emblème *le Sacrifice d'Abraham* avec cette légende : *Obedientia felicitatis mater*. Il faisait ainsi allusion à son dévouement à l'autorité ecclésiastique à laquelle il avait fait serment de ne rien imprimer sans son approbation.

4. NICOLAS LOMBART, 1561. — D'une famille honorable du Cambresis. Un Nicolas Lombart figure en 1574, en qualité de receveur de l'abbaye de St-André-du-Câteau, parmi les notables du pays qui reçurent les coutumes de Cambrai données par Loys de Berlaymont. Le même Nicolas Lombart reçoit le dominicain Pierre de Backère de Gand, réfugié à Cambrai en 1579 pendant les troubles. C'est chez N. Lombart qu'il rassembla les pièces de vers latins de 120 auteurs pour en faire son *Tabula sacrorum carminum. Duaci*, 1579, in-8°. L'auteur déclare dans son avertissement daté de Cambrai, le 14 mars 1579, qu'il n'aurait pu terminer son ouvrage sans le secours de N. Lombart, son hôte.

PIERRE LOMBART, 1566, et VICTOR ROBAT, 1579, étaient seulement libraires, comme le

---

(1) Peut-être habitait-il cette maison qui fut en 1616 occupée par *Jean de la Rivière*, sous l'enseigne de *l'Arbre-d'Or*, d'où la rue prit le nom qu'elle porte aujourd'hui.

furent *Jean Descamps* en 1494, rue Taviau ou Tavelle, *Nicolas Dumoustier* et autres.

5. Après les quatre maisons d'imprimeurs citées plus haut, il semble y avoir une lacune dans la série des typographes cambresiens; cependant il y en eut probablement un sous la tyrannie de Balagny; mais il ne signait pas les brochures qu'il imprimait de peur des réactions. Ainsi l'on connaît *le Roi triomphant* (en vers à Cambrai, par Philippe Desbordes, 1594, grand in-8° ou in-4°.— *Coppies des lettres de chartre de la protection de Cambray*, 1595, in-4° (sans nom de lieu ni d'imprimeur, mais assez semblable au *Roi triomphant*, pour la forme). Le titre de ce dernier ouvrage porte les armes de Balagny et de sa femme, avec celles du Cambresis brochant sur le tout. Il n'est donc point impossible que PHILIPPE DESBORDES ait été le cinquième imprimeur de Cambrai. Mais il aura disparu à la rentrée des Espagnols et de l'Archevêque.

6. JEAN DE LA RIVIÈRE, 1609. — C'était un zélé catholique qui réimprima beaucoup d'ouvrages contre l'église de Genève. L'imprimerie de Jean de la Rivière était située en la rue et à l'enseigne de l'*Arbre-d'Or*.

JOSSE LAURENT et GUILLAUME ROBAT, en 1614, vendaient des livres à Cambrai, mais ils n'étaient que libraires. Nous ne les comptons point, par conséquent, parmi les imprimeurs.

7. JOSSE LAURENT, imprimeur juré en 1633.

8. PIERRE LAURENT, 1646.

9. GASPARD MAIRESSE 1675.

Nous citerons encore en passant un simple libraire : DANIEL DENIZOR, vers 1670-1675. C'était celui des Pères Jésuites.

10. JACQUES MAIRESSE, 1703.

11. NICOLAS-JOSEPH DOUILLEZ, 1711, imprimeur sur la place, à l'enseigne de la *Ville de Rome*.

12. SAMUEL BERTHOUD, 1755, successeur de Nicolas Douillez.

Avant l'imprimeur Berthoud, il y avait à Cambrai, un Samuel Berthoud, libraire-relieur, né dans la principauté de Neufchâtel en Suisse, *paroisse de St-Blaise*, en 1690; et qui mourut à Cambrai en 1733. Il avait servi d'abord, en qualité de cadet, dans un régiment suisse. Puis, amené à Cambrai par nous ne savons quelle circonstance, il y abjura la religion protestante en l'église de St-Aubert et fonda, rue des Lombards, un établissement de *Libraire-Relieur de livres*.

Son fils Samuel Berthoud, né également dans la principauté de Neufchâtel, avant que le père eût quitté ce pays, lui succéda dans sa librairie, et finit par acheter l'imprimerie de Nicolas Douillez en 1755 (1). Les presses de Douillez étaient rue des Lombards, Berthoud les transféra dans sa maison de la Place-au-Bois, où il avait également transféré la librairie de son père.

Cette imprimerie se perpétua sans interruption dans sa famille jusqu'en 1834.

Elle fut néanmoins exploitée sous le nom de *Flandrin-Berthoud*, depuis l'an III jusqu'en l'an XI, parce que, durant ce temps, elle appartint à une fille de cette famille, mariée à un nommé Flandrin. Après la mort de cette fille (en l'an XI) son frère (toujours du nom de Samuel) reprit l'établissement qu'il géra jusqu'en 1834.

13. DÉFRÉMERY frères et RAPARLIER, 1791.

14. FLANDRIN BERTHOUD, 1794.

15. SAMUEL BERTHOUD (fils du successeur de Douillez), 1803.

16. T.-F.-J. HUREZ, an XII (1803-1804.)

17. A.-T. HUREZ, fils du précédent, 1818.

18. LESNES-DALOIN, 1832.

19. JULIEN CHANSON, successeur de S. Berthoud, 1834.

20. HENRI CARION, successeur de Hurez, 1845 (2).

21 PIERRE LÉVÊQUE, successeur de J. Chanson, 1842.

22. SIMON, 1848.

23. FÉNELON DELIGNE, successeur de Lesnes-Daloin, 1842.

Un fait remarquable qui n'aura probablement point échappé au lecteur, c'est qu'à chaque époque révolutionnaire : 1791, 1830, 1848, un imprimeur nouveau s'est établi à Cambrai.

On peut noter pour l'histoire de l'art, qu'en 1839, Julien Chanson a établi dans la même ville la première imprimerie lithographique.

---

(1) Nous avons entre les mains l'acte signé par les parties contractantes : la date de 1755 y est très visiblement écrite en toutes lettres. Cet acte conclut l'acquisition de l'imprimerie, sous la condition réservée que S. Berthoud obtiendra *l'agrément et l'authorisation nécessaires*, lesquels ne furent accordés qu'en 1756. C'est donc par erreur que l'on a attribué aux presses Berthoud un Almanach ecclésiastique de 1754, dont ce dernier n'a été que l'auteur et l'éditeur. Aussi Berthoud n'est-il qualifié que *libraire* sur le titre de cet ouvrage.

(2) Nous ne faisons pas figurer dans cette liste un nommé Carpentier qui prêta, pendant quelque temps, son nom à M. Henri Carion, et qui signa quelques impressions comme imprimeur, quoiqu'il ne le fût pas.

— V. sur le même sujet une *Bibliographie cambresienne* au *Catalogue des livres et brochures imprimés à Cambrai, selon l'ordre chronologique des imprimeurs*, par M. A. Dinaux; *Mém. de la Société d'Emulation de Cambrai*, 1822. Ce travail doit néanmoins être modifié en tout point où il diffère de celui que nous venons de donner, puisque ce dernier est fait d'après les nouvelles découvertes dues aux investigations de M. A. Dinaux, lui-même.

INCENDIES. — La prodigieuse quantité de bois que l'on faisait entrer autrefois dans la construction des monuments publics et des habitations particulières (1); le mode d'édification des églises elles-mêmes qui, pour la plupart, dépourvues de voûtes, comportaient des charpentes immenses, nues ou revêtues de plafonds en planches; les tours, les clochers faits aussi tout de bois; l'emploi du chaume pour les toitures, dans certaines parties de la ville; les vastes granges dans lesquelles les abbayes et un grand nombre de bourgeois cultivateurs resserraient leurs moissons récoltées dans les campagnes voisines (2); les clôtures en planches, les étables, les fumiers, les véritables fermes, en un mot, que l'on avait établies dans la ville; tout devenait une provocation et un aliment à l'incendie. D'un autre côté, l'impuissance des moyens de répression, qui se bornaient à une certaine quantité de crocs, d'échelles et de seaux, n'opposant qu'un faible obstacle aux progrès du feu, il en résultait que, pour peu, que les circonstances atmosphériques y contribuassent, on voyait se développer d'effroyables embrasements. Lorsque ces grands sinistres se présentaient, on avait recours à la protection du ciel. Les clercs de St-Géry apportèrent, quelquefois, la châsse du patron de Cambrai sur le lieu du désastre. Mais hélas! si nous devons admirer la foi pieuse et naïve de nos pères, il faut bien dire aussi que les saintes reliques n'avaient d'autre efficacité que d'inspirer confiance et courage aux travailleurs. C'était déjà beaucoup, mais une pompe à incendie a, de nos jours, plus de puissance sur le feu.

Les chroniques locales nous ont conservé le souvenir de plusieurs de ces grands sinistres qui, dans le cours des siècles, ont désolé la ville de Cambrai.

Nous ne serons pas plus dédaigneux que nos anciens compilateurs, et nous citerons, à leur exemple, les incendies allumés dans Cambrai et ses faubourg, soit par causes fortuites, soit par les rigueurs de la guerre.

En l'an 707, 15 juillet, il y eut un grand incendie à Cambrai vers le mont St-Géry.— Julien Delingne, *Kalendrier historial.*—§Ms.6, p. 26.

En 881, incendie considérable allumé par les Normands qui saccagent et ruinent Cambrai.

En 953, mois d'avril, incendie des faubourgs de Cambrai par les Hongrois. La métropole est préservée d'un embrasement par le courage du clerc Séralde, — V. *Hommes remarquables, Séralde*.

En 1020, un grand incendie embrasa une partie de Cambrai. L'abbé Dupont rapporte, d'après Baldéric et la vie de St-Géry, que l'incendie fut arrêté par l'intercession du patron de Cambrai. C'est le sujet d'un tableau qui fut, jusqu'à l'époque de la révolution, dans l'église de St-Géry, et que l'on conserve aujourd'hui soigneusement dans l'hôtel-de-ville de Cambrai (1). — *Hist. de Cambrai*, par Dupont, part. II, p. 89.

En 1068, un incendie considérable endommagea beaucoup l'église de Notre-Dame.

En 1123, 14 octobre, une bonne partie de la ville fut brûlée. — *Kalendrier historial.*

En 1126, « le 9 kalende d'aoust, eubt un grand fu en Cambray, et eust esté bruslée (la ville) se n'eust esté le mérite de St-Géry, patron de Cambray. On porta le corps en procession, et incontinent fust esteint. » — † Ms. 659, p. 56. — Adam Gélic, p. 121.

En 1129, 24 aoust, « une grande partie de la ville fut bruslée. » — Julien Delingne, *Kalendrier historial.*

En 1145, « le 6 de may, l'abbaye du St-Sepulcre fut bruslée, et plusieurs maisons de Cambrai. » — *Kalendrier historial.*

En 1148, 6 décembre, « il y eut un feu

---

(1) L'ancien bâtiment des grandes boucheries de Cambrai peut donner une idée de la manière dont on construisait au XIVᵉ siècle. Il n'y a pas cent ans que Cambrai contenait encore un nombre considérable de maisons de bois.

(2) La grange de St-Julien et celle de l'hôtel St-Pol existent encore. Cette dernière est mentionnée dans les chroniqueurs. En 1563, la cloche du guet du clocher St-Martin, cassée le 4 mars de l'année précédente, fut fondue dans la grange de l'hôtel St-Pol. — *Mém. chron.* — † Ms. 881, p. 162.

(1) M. Petit-Courtin, maire actuel de Cambrai, a, par une sollicitude qui l'honore, fait restaurer plusieurs anciens tableaux, derniers et précieux débris de certains souvenirs historiques.

fort extraordinaire dans la ville et qui fut tel, qu'il consuma l'église de Notre-Dame, la maison de l'évêque, avec tous ses offices, et l'église de St-Aubert avec tout le reste du *Château*. »

Dans la deuxième moitié du XIVe siècle, du temps de Pierre Andrieu, un incendie dévora le palais épiscopal.

En 1503, 1er juillet, heure de minuit, un incendie considérable se manifesta chez le trésorier de Notre-Dame, Mgr de Vado. Deux ou trois maisons voisines furent consumées.

En 1521, 15 octobre, « le feu se bouta en une maison: et le clochier de St-Martin sonna allarme. Et on commencha à crier et à fuir chà et là, et fut la maison récousse. »

En la même année 1521, « les Franchois boutèrent le feu à Cantimpré et bruslèrent le logis de la clef. »

En 1540, « le 20e jour d'octobre, le fu se bouta en une maison emprez le porte Robert, et par bonne ayde, n'y eubt gherre de dommaige; et le jour de la feste à Cambrai, à dix heures de nuict, le fu se prit en le rue Candillon, et y eubt deux maisons bruslées. La grande maison faisant le touquet sur le grant rue de le viez-rue, et quatre ou chinq maisons, en deschendant à le croix de selles, furent fort adommagées. Sans le bon secours, toute la choque eubt estée bruslée. »

En 1543, nuit du 9 octobre, « les Franchois vinrent bouter le fu à Cantimprez, bruslèrent le molin, les boucheries (1), et plus de vingt maisons. »

En 1552, « avant Pasque, les Espagnols vinrent en Cambray environ 28 enseignes de piétons et bien 1,500 chevals, les quels firent grand domaige... ils bruslèrent plusieurs maisons et les carpentages et combles. »

En 1553, 7 septembre, des boute-feu ennemis incendièrent huit ou dix maisons au faubourg St-Ladre; ils mirent également le feu au faubourg de Cantimpré et détruisirent ainsi une partie de l'abbaye de ce nom. Cinq de ces boute-feu furent pris et noyés dans le *Flos de le Cayère*.

En 1556, « le dortoir des sœurs noires de St-Jacques fut tout bruslé du fu de méchief. »

En 1613, le lundi 16 septembre, « il y eut le feu à la chapelle de N.-D.-de-Grâce. On donna huit livres tournois aux hommes qui éteignirent le feu, vers les neuf heures du soir. »

En 1698, « le feu ayant pris par la bibliothèque, un quartier du palais de l'archevêque fut consommé par les flammes. »

En 1704, 29 juin, « la pyramide de l'horloge de l'hôtel-de-ville fut consommée par le feu qu'y excita une étincelle qui voltigea d'un feu de joie qui était vis-à-vis de l'hôtel-de-ville. » — V. *Hôtel-de-Ville*.

En 1739, au commencement du mois de décembre, vers minuit, les charbons du foyer de la première sacristie de Notre-Dame allumèrent un incendie qui se propagea par la boiserie et eut bientôt embrasé toute cette sacristie, dans laquelle les argenteries et les vaisselles à l'usage du chœur furent fondues. On parvint à concentrer, dans cette seule place, l'incendie dont le sacristain s'aperçut assez tôt pour appeler des secours qui préservèrent le reste de l'édifice.

Nota. — Les citations dont nous n'avons point indiqué l'origine sont toutes extraites, soit des *Mém. chron.*, soit du † Ms. 659, soit du † Ms. 654.

INCHY (CHATEAU D') *et de Clermont*. — Les auteurs de notices et même les anciens chroniqueurs ont établi une telle confusion entre Inchy en Artois et Inchy en Cambresis, lequel porte actuellement le nom d'Inchy-Beaumont, que nous craindrions de commettre de semblables erreurs, en cherchant à débrouiller ce cahos. M. Leglay a signalé de graves confusions de faits historiques à ce sujet. — V. *Glossaire du Cambresis*, p. xxxvij. — Quant à nous, fidèle à la loi que nous nous sommes faite, nous aimons mieux nous abstenir que de nous exposer à des erreurs presque inévitables, faute de documents suffisamment clairs.

Nous dirons seulement quelques mots du château de *Clermont*, situé entre Inchy-Beaumont et Béthencourt, et que l'on a quelquefois pris pour le château d'Inchy. « Si nous voulons, dit Le Carpentier, croire Gélic, Delingne et des Prets, nous reconnoistrons pour fondateur de ce célèbre chasteau un Adam puisné de la maison de Clermont-Lodève, qui se transporta de Languedoc en ce pays, vers l'an 1200, y attiré par Pierre de Corbeil, son parent, appelé à la chaire épiscopale de Cambrai (1).

---

(1) C'était les petites boucheries qui furent transférées en 1581 dans la rue qui porte aujourd'hui le nom de grande rue Vanderburch. — V. *Boucheries*.

(1) Pierre de Corbeil quitta, en 1200, le siége episcopal de Cambrai pour l'archevêché de Sens, ce qui rend peu vraisemblable, quoique possible, l'origine attribuée au château de Clermont.

— Le Carpentier, *Hist. de Cambrai*, part. III, p. 404.

Au reste, nous ne savons pourquoi Le Carpentier donne au château de Clermont l'épithète de *celèbre*; car nous ne lui voyons jouer dans l'histoire de nos contrées qu'un rôle très obscur. On n'en dit rien jusqu'au XVe siècle. Un manuscrit de la famille d'Esclaibes à laquelle il appartint, confesse que, pendant longtemps et même au XVe siècle, il était habité par des concierges ou des fermiers. Enfin, un jour le chevalier Georges d'Esclaibes s'y installa avec sa famille qui s'y perpétua jusqu'au XVIIe siècle. (Ces détails ne sont pas de l'histoire); seulement au XVIIe siècle, le château de Clermont servit de garnison à quelques troupes du roi de France, qui partaient de là pour aller harceler la garnison espagnole du Chasteau-Cambresis.

Enfin, en 1642, les Français, sous le commandement du comte d'Harcourt, démolirent cette forteresse, dont on ne trouve plus d'autre trace qu'un fossé, presque comblé et mis en culture.

Le manuscrit cité plus haut dit que le château de Clermont avait trois tours à l'épreuve du canon « qui défendoient de tous costez, et une *suprême* (une tour qui dominait les autres) qui seule pouvait subsister après que tout le donjon auroit esté bouleversé. »

Aujourd'hui une maison de campagne de style moderne remplace l'ancien château-fort.

Il existe à Inchy de vastes *souterrains de guerre*. — V. *Souterrains*.

INDIVIS (LES), grande étendue de terrain, située au faubourg de Cambrai, entre la porte St-Sépulcre et celle de Cantimpré, dont la haute et moyenne justice appartenaient indivisément à l'archevêque et au chapitre de St-Géry, avec droit de plantis dans tous les chemins, flégard, etc. — *Glossaire topographique du Cambresis*. — Un plan des *Indivis* existe au dépôt central des archives à Lille.

INHUMATIONS. — Nous avons, au mot *Funérailles*, parlé des anciennes cérémonies funèbres qui ont eu lieu à Cambrai. Nous avons, à l'article *Cimetière*, fait connaître un règlement important publié à l'époque de la translation de ces champs de repos hors de l'enceinte de la ville. Nous dirons ici quelques mots de l'usage établi, de temps immémorial, pour le transport des corps dans les inhumations, et de l'opposition violente que le peuple fit au service des corbillards lorsque l'autorité en ordonna l'emploi.

Le règlement dont il est question plus haut, lequel date du 6 avril 1786, en ordonnant la translation des cimetières hors de l'enceinte urbaine, prescrivit, comme une conséquence naturelle de l'éloignement des lieux de sépulture, l'établissement d'un service de corbillards. L'article 8 portait: « Tous les corps, à
» l'exception de ceux mentionnés dans l'article
» suivant, seront conduits aux cimetières communs, dans un char en forme de tombe,
» peint en noir avec la croix rouge, et un Christ
» relevé sur le derrière de la tombe, lequel
» char sera attelé d'un ou deux chevaux qui
» iront au pas. »

L'article qui suivait admettait une exception en faveur de ceux qui voudraient faire transporter les corps des personnes auxquelles ils appartenaient, dans un carosse et à leurs frais.

Cette exception fut une faute. Le peuple ne vit dans les corbillards qu'une mesure peu séante prise pour lui seul; et ne considérant pas qu'un char funèbre, avec tout son appareil, présente quelque chose de bien plus solennel que la mesquine civière portée par quatre hommes plus ou moins respectables, il se crut offensé dans sa dignité et réprouva la mesure. Si l'enterrement de quelque personne riche et considérable avait donné lieu à l'inauguration du corbillard, l'usage en aurait été accepté probablement sans opposition; mais il n'en fut pas ainsi. Ce fut d'abord à des familles de basse condition qu'on en fit l'application. De là, effervescence populaire; de là, le scandale qui eut lieu le 26 avril dans l'église de St-Nicolas. Des hommes et des femmes s'emparèrent violemment du corps qui venait d'être apporté par un char funèbre, et l'emportèrent sur leurs épaules jusqu'au cimetière. La même scène de désordre se renouvela deux autres fois, pendant les jours suivants. Vainement le Magistrat fit-il intervenir la force armée; son autorité fut méconnue, et il eut le malheur de se voir obligé de faire fléchir la loi devant l'effervescence populaire.

On ne déracine pas aisément les usages anciens. L'administration révoqua l'article de son arrêté qui établissait l'emploi des corbillards, et l'on continua à porter à épaules d'hommes, sur un simple brancart, les corps à l'église et au cimetière, comme cela s'était toujours pratiqué à Cambrai.

La dépouille mortelle des hommes qu'on ne

saurait transporter avec trop de décence et de vénération, a été, de nos jours, l'objet de malheureuses démonstrations qui, sous le prétexte hypocrite et grossier de respect pour les morts, n'avaient d'autre but que le scandale et l'insulte aux choses saintes. Nous aimons à croire que telle ne fut pas la pensée qui domina dans les scènes violentes de 1786, il est préférable de n'y voir qu'un sentiment de dignité mal entendu. Nous ne saurions pas davantage faire au peuple un reproche de son défaut d'intelligence, puisqu'en ces tristes circonstances, certains religieux du St-Sépulcre, voisins de l'église de St-Nicolas et placés sur leur porte pendant le désordre, s'associaient eux-mêmes aux sentimens populaires, et les encourageaient du geste et de la parole. Ce fait, dont nous ne les louons pas, nous a été affirmé par un vieillard digne de foi qui en a été le témoin oculaire.

En 1850 (23 avril), le corps du vénérable cardinal Pierre Giraud, archevêque de Cambrai, fut transporté, de son palais à l'église métropolitaine, sur un char funèbre. Cette cérémonie se fit processionnellement, en suivant dans la ville un long itinéraire.

Les restes mortels de M. Belmas, évêque, mort en 1841, avaient été portés sur un drap. —V. *Funérailles.* — *Cimetières.*

INONDATIONS. — Toutes les rues déclives qui conduisent du centre de la ville vers la partie basse qu'on en pourrait appeler *le Marais*, sont formées par des remblais. En effet, quand on étudie la topographie de Cambrai, il est aisé de remarquer que ce vaste marais sur lequel est établi le quartier inférieur de la ville, s'étendait autrefois beaucoup plus vers l'orient. Nous avons constaté, dans une étude sur la topographie de la cité (v. ci-dessus. p. 52, au mot *Cambrai*), que son sol actuel, sur la place Fénelon, est environ 12 pieds plus haut que le sol du temps des Romains. Il n'est point douteux que cet exhaussement, obtenu au prix de travaux considérables, ait eu en partie pour objet d'éviter les inondations causées par le débordement de l'Escaut (1). Or, les débordements de ce fleuve devaient être d'autant plus fréquents et d'autant plus élevés que son lit n'était ni redressé ni creusé comme il l'est aujourd'hui. L'Escaut coulait autrefois dans un lit sinueux qu'il s'était frayé à travers des marécages et des sites abruptes, où mille obstacles gênaient l'écoulement de ses eaux : de sorte qu'à l'époque des crues occasionnées par les dégels, il débordait nécessairement, et s'étendait sur les territoires riverains. Des travaux immenses furent exécutés, dans Cambrai, pour prévenir des sinistres de ce genre, probablement fort fréquents. Nous manquons d'ailleurs de renseignements sur les dates et sur l'exécution de ces travaux. Il y a même, dans les chroniques si nombreuses et si scrupuleusement rédigées qui traitent de l'histoire de Cambrai, une chose remarquable : c'est le silence unanime qu'elles gardent sur les immenses carrières de la ville, sur les prodigieux remblais auxquels elles ont fourni des matériaux. Elles nous racontent l'origine du plus petit monument, la date de l'écroulement d'une muraille; il leur arrive parfois de mentionner le pavement d'une rue; mais de ces gigantes travaux qui changèrent le niveau et pour ainsi dire la surface de la ville, aucune ne dit mot. Ce concert de silence est une singularité digne de remarque.

Au reste, les chroniques ne signalent qu'un très petit nombre d'inondations, fatales à la ville. C'est qu'en effet, bien moins funestes que le feu, dans une cité où le courant des eaux se trouvait rompu par mille obstacles; quand les inondations étaient retirées, elles ne laissaient que des meubles endommagés peut-être, mais elles n'avaient pas dévoré, comme l'incendie, des habitations, des propriétés tout entières.

Le Carpentier cite, sans y joindre de détails, une inondation en 1260.

Une autre inondation causa des ravages en 1532. « Environ le my-novembre, disent les chroniques, commencha fort à geller, et tost après plouvoir, et depuis il nevia (neigea) si fort qu'on ne sçaroit dire; et le dimanche devant le jour de Noël, il commencha à dégeler et fit tant d'eau que le porte de Cantimpret pardessus les champs fut abattue; et depuis le *petit marchet* (1) jusqu'à la porte de Cantim-

---

(1) A une époque beaucoup plus moderne, en 1790, on fit de grands travaux d'exhaussement dans la rue de Cantimpré. Le moment n'était pas propice à de pareilles entreprises; mais il fallait occuper les ouvriers. On employa à ces travaux une partie d'un emprunt de deux cent mille livres que la Municipalité fut forcée de contracter, pour alimenter les *ateliers de charité*. — V. Registres de la Municipalité de Cambrai, octobre 1790.

(1) On appelait petit marché, la petite place qui existe dans la rue Fénelon, à l'entrée de la rue d'Inchy.

pret, che n'étoit que une rivière, et sy profonde que les chevals nageaient, car l'eau passait par dessus le pont de pierre de le hauteur des appoyelles (appuis, garde-fous) et dura le dit desyaux deux jours sans rappetisier, et fit grand domaige au plat pays. » — † Ms. 659, p. 206. — † Ms. 884, p. 92.

Pendant l'hiver de 1615, il tomba une telle quantité de neige, que *semblait être la ville des montagnes de neige,* puis vint tout-à-coup « un dégeau tellement que jamais de ma vie, je n'ai vu les eaux si hautes et si grandes. La rivière de Cambrai déborda dedans les fossés de la ville, et surpassait le pont de la porte de Selle. — † Ms. 884, p. 254.

En 1709, un épouvantable hiver frappa nos contrées de misère et de ruine. Une gelée longue et rigoureuse, des neiges abondantes, un dégel rapide, tout y provoqua de grandes catastrophes. « Nous avons vu, dit l'auteur des *Mém. chron.,* nous avons vu les bas quartiers de Cambray, vers la porte de Cantimpré, tout remplis d'eaux. Elles vinrent jusqu'au delà de l'abbaye des dames de Prémy, et contraignirent tous les habitans de ces quartiers de se loger dans leurs chambres hautes. »

Nous avons vu nous-même, une fois, au commencement de ce siècle, les eaux déborder par les ouvertures des égoûts et par les jardins que le bras du clicoteau traverse à ciel ouvert, inonder la rue du Paon et celle aux Chevaux, ainsi que plusieurs propriétés riveraines, et une grande partie des faubourgs de Cantimpré et de St-Roch.

Il n'y a pas lieu de parler ici des inondations artificielles, à l'aide desquelles le génie militaire défend les abords de la ville, du côté du sud-ouest, en temps de siége. Cela est l'œuvre volontaire des hommes et les désastres qui s'ensuivent ont pour cause la guerre et non la nature.

INSURRECTIONS. — V. *Troubles.*

INTENDANCE DU HAINAUT *et du Cambresis.* — Lorsque la Flandre, le Hainaut et le Cambresis furent définitivement acquis à la France par le droit de conquête et par les traités, on institua des *intendances* ou *généralités*, pour la haute administration de ces provinces. Celle dite du Hainaut, dont le siége était à Valenciennes, comprenait le Cambresis et le Hainaut français. L'intendant de ces provinces était chargé de la police générale et de certains points de l'administration. Mais la partie la plus notable en était réservée aux états généraux.

Nous avons constaté que l'intendant du Hainaut l'était aussi du Cambresis, afin que cela serve d'explication aux personnes qui s'étonneraient de voir, en certaines circonstances, ce haut fonctionnaire s'immiscer dans les affaires cambresiennes.

INVESTITURE. — Cérémonie par laquelle les empereurs d'Allemagne avaient la prétention de conférer aux évêques les pouvoirs inhérents à la crosse et à l'anneau pastoral. L'investiture se donnait par ces attributs de la puissance spirituelle que le prince mettait entre les mains du prélat élu et qu'il s'agissait de confirmer. Mais précisément, parce que la crosse et l'anneau sont des attributs du pouvoir spirituel bien plutôt que des signes de la puissance temporelle, les papes et les conciles s'opposérent à cette forme d'investiture. Les empereurs Henry IV et Henry V furent excommuniés pour avoir opiniâtrément prétendu en faire usage.

Henry V, en 1111, ayant extorqué par violence le consentement du pape Pascal II, après l'avoir fait, dans Rome, prisonnier ainsi que plusieurs cardinaux; une partie de l'église blâma le pape de sa faiblesse, et révoqua la concession qu'il avait faite. Les prétentions exorbitantes de Henry V ne prirent fin qu'en 1122. Il renonça alors aux investitures et se contenta du pouvoir de donner les *régales*. On appelait ainsi les droits royaux de justice, de monnaie et de péage accordés à certaines églises. De cette manière, chaque chose fut à sa place, et les empereurs ne firent plus que donner le temporel de l'évêché, ce qui fit dire que l'on arrivait à l'épiscopat par l'élection du clergé, les suffrages du peuple et le don du suzerain.

J

JACQUES-AU-BOIS (HÔPITAL DE ST-), dit le *Mineur*; dit aussi le *Couvent aux sœurs-noires.* — Ce couvent était situé dans la rue qui a conservé le nom de St-Jacques, et formait un côté de la rue de l'Epine-en-Pied où l'on voit encore sa chapelle, appropriée aujourd'hui à usage de brasserie. On en fait généralement remonter la fondation à l'année 1231, ou 1232; mais Julien de Lingne, dans ses *Notices* sur les maisons religieuses, ne s'explique point à cet égard. Quant à nous, le premier titre authentique que nous rencontrions, relatif à la maison de St-Jacques, est *un acte de donation* de cette maison par *Jacques d'Aubencheul et Alis, sa femme,* l'an 1266; *avec la confirmation de l'évesque Nicolas de Fontaines.* Ce titre était conservé aux archives de la ville, coté 14, dans la boîte n° 4. — V. ci-dessus p. 26, 1re colonne.

Faut-il conclure de ce fait, que la maison de St-Jacques ne fut fondée qu'en 1266? Nous n'oserions l'affirmer, car il faudrait contredire l'abbé Dupont et l'abbé Tranchant, ordinairement bien informés. Néanmoins, nous devons faire remarquer que ces deux auteurs, et tous ceux qui ont écrit d'après eux, semblent avoir ignoré la date et même l'existence de la donation dont nous parlons. Ils se contentent d'avouer qu'ils ignorent par qui fut fondé cet établissement religieux.

Quoi qu'il en soit donc des fondateurs et de la date de la fondation, il paraît qu'originairement St-Jacques-au-Bois fut destiné à la réception des pèlerins. Il était, suivant Julien de Lingne, desservi par des religieuses vêtues de blanc. L'abbé Tranchant ajoute que, d'après la tradition, il aurait aussi été administré par des femmes veuves, Béguines. Ce qu'il y a de plus certain, c'est que, du temps de Jacques de Croy, en 1514, ce grand prélat, le chapitre métropolitain et le Magistrat de Cambrai contribuèrent à la restauration de cette maison. L'évêque y plaça des sœurs-noires de l'ordre de St-Augustin, qu'il fit venir de Mons, de Binches et de Lessines.

L'offrande du chapitre, dans cette réorganisation, fut de cent écus; la ville y contribua pour trois fois cette somme, à la condition que les sœurs iraient garder les malades de la peste et logeraient les pauvres passants; « pour lesquelles œuvres pieuses, ajoute Julien de Lingne, CINQ MUIDS de blé leur furent assignés par l'évêque sur les revenus du monastère de St-Lazare. »

L'évêque donna aussi, de ses deniers, cinq cents écus à la ville, pour l'entretien de cette maison.

La part qu'on voit prendre par la ville dans les affaires qui concernent St-Jacques-au-Bois, explique suffisamment comment l'acte de donation fait par Jacques d'Aubencheul et sa femme reposait aux archives communales.

La première supérieure des sœurs-noires fut Anne Dufour en 1514. Ces sœurs étaient mendiantes. Il paraît qu'elles eurent aussi, dans le commencement de leur séjour à Cambrai, le soin des enfants trouvés. Certains actes du chapitre de la cathédrale en faisaient foi.

La première chapelle de cette maison fut remplacée par une plus grande en 1552. C'est cette dernière qui est aujourd'hui transformée en brasserie. Elle portait, avant la Révolution, les armes de Robert de Croy sur ses verrières, en souvenir de la grande part qu'avait prise le prélat dans les frais de cette reconstruction. Le chapitre de Cambrai y avait aussi contribué pour six florins. D'autres personnes pieuses avaient également fourni quelques deniers.

Le 31 août 1556, jour même de la mort de Robert de Croy, le dortoir des sœurs-noires fut dévoré par les flammes. Maximilien de Berghes le fit reconstruire.

Jusqu'à l'époque de la Révolution, ces bonnes religieuses conservèrent avec vénération un tableau de la *Présentation* qui, par une circonstance inexplicable, était resté intact au milieu des ruines faites par l'incendie de 1556.

Les sœurs de St-Jacques eurent beaucoup à souffrir sous la tyrannie du baron d'Inchy, qui jeta dans les prisons de la citadelle la supérieure et deux des plus anciennes religieuses. Vainement le chapitre, en l'absence de l'archevêque, réclama-t-il l'élargissement de ces pauvres filles inoffensives. Le brutal homme de guerre les conserva sous les verroux, et, chose étrange, Balagny, qui lui succéda dans le gouvernement de la citadelle, maintint l'emprisonnement.

L'abbé Tranchant, qui rapporte ce fait, ajoute qu'il a vainement recherché la cause de ces rigueurs.

En 1777, les sœurs de St-Jacques firent l'acquisition d'une partie de terrain tenant à leur couvent, du côté de l'Esplanade, et dont elles firent un cimetière clos de murs. Nous pensons que ce fut la ville qui leur vendit ce terrain, car elles payaient pour cela au Magistrat une rente foncière de dix florins par an.

A l'époque de la Révolution, ce couvent n'était plus à usage d'hôpital et ne logeait plus les pauvres voyageurs. Il avait sans doute cessé d'être soumis à ces charges, lors de l'érection de l'hôpital-général, en 1752. Les sœurs-noires n'avaient plus d'autre obligation que de garder les malades dans les maisons honnêtes où on les faisait demander.

Elles étaient ordinairement au nombre de vingt, et gagnaient leur vie en tenant école et en logeant des pensionnaires. Les économies qu'elles avaient faites leur permirent de reconstruire leur maison en 1759 et 1760. Leur chapelle ne manquait pas d'une certaine élégance. Elles la tenaient très-proprement.

— V. Sur le couvent de St-Jacques-au-Bois, † Ms. 905. — † Ms. 658, art. 28. — § Ms. 6, p. 31. — *Hist. de Cambrai*, par Dupont, part. I, p. 114.

JACQUES (MAISON DES PÈLERINS DE DIEU ET DE MONSIEUR SAINT-). — Cette maison s'appelait aussi *St-Jacques-le-Majeur* ou *St-Jacques-en-Boulangerie*, du nom de la rue de la *Boulangerie*, aujourd'hui rue des Rôtisseurs, où elle était située.

Il y avait au XVe siècle à Cambrai, une certaine association de bourgeois réunis sous le titre de *Confrères de M. St-Jacques*. Ils avaient pour *Mayeur* un nommé Gérard Rabœuf ou Rabief. Ces hommes pieux célébraient alors leur fête, chaque année, dans la chapelle de St-Jacques-au-Bois.—† Ms. 658, art. 25.— En 1489, ils voulurent avoir une chapelle à eux, et conçurent le projet d'ériger un hôpital pour loger les pauvres pèlerins de St-Jacques. A cette époque, il existait entre les rues de la Boulangerie, des Bellottes et la rue Neuve, un wareschaix, ou terrain vague; les bourgeois de la confrérie de St-Jacques en firent l'acquisition, et y érigèrent leur chapelle, ainsi que la maison hospitalière qu'ils destinaient aux pèlerins. Cette maison prit le nom d'hôpital des pèlerins de Dieu et de monsieur St-Jacques. Elle subsista jusqu'en 1752, époque où elle fut confondue avec un grand nombre d'autres fondations particulières, dans l'hôpital-général de la Charité. — V. *Hôpital-général*.

Ni Julien de Lingne ni l'abbé Tranchant, qui ont traité des maisons religieuses de la ville de Cambrai, ne disent par qui cette pieuse et charitable hôtellerie était tenue. Les confrères y ont-ils exercé eux-mêmes les devoirs de l'hospitalité? Nous n'en savons absolument rien.

La chapelle était un joli petit monument du XVe siècle. Un miracle attribué à S. Jacques y était représenté sur une verrière. « En l'an 844, Ramirus, roy d'Espagne, combattoit contre les Sarrazins, auquel saint Jacques apparut monté sur un cheval blanc, avec une enseigne marquée d'une croix rouge, et combattit avesque les chrétiens, dont 6,000 Sarrazins furent occis. Ceste histoire est pourtraicte en une verrière de la chapelle saint Jacques en Cambray. » — Ms. 658, art. 25.

Aujourd'hui, il ne reste plus que des souvenirs de cette chapelle et de la maison de St-Jacques. Le tout fut vendu, le 27 février 1753, à un bourgeois de Cambrai, M. Lammelin, seigneur de St-Olle et Raillencourt, bailli de l'église collégiale de St-Géry. Au mois d'octobre suivant, l'hospice fut entièrement démoli, et remplacé ensuite par une belle maison qui passa entre les mains de M. Lefèvre de Rieux, à cause de son mariage avec Mlle Natalie Lammelin, fille du seigneur de St-Olle. Ces détails très précis se trouvent au † Ms. 905, écrits de la main de l'abbé Tranchant. Le propriétaire actuel de la maison qui remplace l'hôpital de St-Jacques-le-Majeur, est M. Piettre, ancien notaire, qui l'habite encore. Elle porte, rue des Rôtisseurs, le n° 35.

JARDIN BOTANIQUE. — *Cours de pharmacie et d'anatomie.* — C'est en 1719 que furent établis à Cambrai ces cours si utiles à l'instruction des jeunes médecins et chirurgiens militaires. Le jardin botanique fut établi dans la Citadelle, ainsi qu'il résulte des deux pièces que nous donnons ici :

« *A Monseigneur de Meliand, conseiller du roi en son conseil, maître-des-requêtes honoraire de son hôtel, intendant de justice, police et finances en Flandre.*

» Supplie humblement Guillaume-François de Blary, médecin-major des hôpitaux du roy à Cambray, disant que conformément au règlement de Sa Majesté du 20 décembre 1718, publié par votre ordonnance du 4 février dernier, il est ordonné, par l'art. 10, de cultiver un jardin de plantes usuelles, dont le lieu doit être désigné par votre grandeur; et par l'art. 21, qu'on doit faire tous les ans un cours d'anatomie pour perfectionner les chirurgiens dans leur art. Pour satisfaire audit règlement votre Grandeur est très humblement suppliée de désigner un jardin appartenant à l'église de la Citadelle de cette ville, où le suppliant se charge, avec soin, de faire exécuter ces deux articles, comme il a déjà commencé, offrant ledit suppliant d'employer pour les frais d'anatomie et de culture, le logement qui lui est dû en qualité de médecin-major, et qu'on fait difficulté de lui payer, quoique le susdit logement soit payé au chirurgien-major des mêmes hôpitaux ; et ferez justice. »

« *Ordonnance de M. le conseiller du Roi.*

» Veu la requête ci-dessus, l'ordonnance du Roi y énoncé, et tout considéré, nous ordonnons que l'ordonnance du Roi du 20 décembre dernier, concernant les hôpitaux, sera exécutée selon sa forme et teneur, et en conséquence permettons au suppliant de cultiver le jardin appartenant à l'église de la Citadelle, de planter des plantes usuelles pour la pharmacie ou chirurgie des hôpitaux du Roi, et de faire, tous les ans, un cours d'anatomie pour l'instruction des chirurgiens dans leur art, en conformité des art. 10 et 21 de ladite ordonnance ; et pour le dédommager de la dépense qu'il sera tenu de faire à ce sujet, ordonnons qu'il sera payé par le trésorier de la ville de Cambray, ou celui des états, de son logement en qualité de médecin-major des hôpitaux du Roi, dans la présente ville, à commencer par la présente année 1719, sur le pied que ledit logement a été payé aux médecins-majors des hôpitaux qui l'ont précédé audit emploi.

» Fait à Cambrai le 10 juin 1719, signé MELIAND.

» Et plus bas : par Monseigneur,

» REMOND. »

Le jardin, abandonné pendant les mauvais jours de la Révolution, fut plus tard rétabli à l'extrémité de la rue du Marché-au-Poisson, à droite et près de l'entrée de la caserne de cavalerie, dans le terrain où sont aujourd'hui les écuries des chevaux malades ; mais on en fit à peine usage, et bientôt il n'en fut plus question.

JARDIN DES OLIVIERS. — Ce jardin existait dans le couvent des Récollets, ancienne maison des Cordeliers. — V. *Cordeliers.*

JAUGEURS. — V. *Gaujeurs.*

JEAN-BAPTISTE (HÔPITAL DE ST-). — « Environ l'an de grâce 1150, Baudoin Lambert (1), bourgeois de Cambray, et Jeanne, sa femme, donnèrent un héritage situé vers l'église paroissiale de Ste-Marie-Magdelaine, pour faire un hospital, auquel ils laissèrent quelques rentes. L'évesque y mit des sœurs-noires pour soigner les malades. » — Julien de Lingne. — †Ms. 658, art. 27. — Telle est l'origine que ce savant compilateur des archives religieuses de Cambrai donne à l'hôpital de St-Jean qui devint, par la suite, un des plus importants de la cité. Mais il faut dire qu'on a quelquefois émis l'opinion que l'hôpital de St-Jean ne fut que la continuation d'un plus ancien établissement hospitalier, connu sous le nom de *St-Vaast*, et dont nous parlerons tout à l'heure.

Au reste, il est certain que les sœurs-noires qui desservirent la maison de St-Jean, dès son origine, étaient des Augustines, de même que les sœurs de la maison de St-Vaast.

L'abbé Tranchant, qui a rassemblé de précieux documents sur plusieurs des communautés religieuses de Cambrai, produit deux titres importants, desquels il est naturel de conclure que les hôpitaux de St-Vaast et de St-Jean furent distincts jusqu'en 1243. Nous avons cru devoir néanmoins indiquer en passant l'opinion différente puisqu'elle a été émise. Nous ne disons ici que quelques mots de ce premier hôpital, auquel nous consacrons d'ailleurs une notice, à son ordre alphabétique. — V. *Vaast (Hôpital de St-).*

Lorsqu'on fait abstraction des constructions et des détours de la voirie, il est aisé de reconnaître que le vaste emplacement sur lequel est aujourd'hui construite *la Maison de Notre-Dame*, fondée par Vanderburch, est voisin de celui sur lequel s'élevait autrefois l'antique église de St-Vaast, devenue plus tard St-Géry. Le fond des jardins de la maison de Vanderburch n'est séparé de la rue de la Clochette, qui longeait l'église de St-Vaast, que par un rang de maisons. Ceci dit, le lecteur comprendra pourquoi l'hôpital dont nous parlons aura reçu, comme l'église, le nom de St-Vaast. C'est que, construit sur le terrain où plus tard fut élevée la maison de Vanderburch, il était voisin de l'église, dont très probablement, il n'était pas même séparé par d'autres constructions (1).

Cet hospice de St-Vaast, destiné à recevoir des pauvres et des infirmes, *pauperes et infirmos*, était desservi par un frère et plusieurs sœurs Augustines ; l'évêque Godefroy l'avait pris sous sa protection spéciale en 1227, défendant, sous peine d'anathème, qu'il fût détourné de sa primitive destination.

Selon toute apparence, il subsista assez pauvrement jusqu'en 1243. Ce fut à cette époque que Guy de Laon, évêque de Cambrai, considérant l'exiguïté des ressources de cette maison, et la triste nécessité où étaient les pieuses

---

(1) D'autres disent Lambert de la Place ou de la Rue, Lambert *de Platea.*

(1) De graves erreurs ont été commises à l'égard de l'hôpital de St-Vaast. Quelques personnes l'ont confondu avec le béguinage du même nom qui subsiste encore, rue des Anglaises. Nous réfutons ces erreurs au mot *Vaast (Hôpital de St-).*

filles qui la desservaient d'avoir recours à la mendicité, prit le parti d'en transférer le personnel et le maigre domaine à l'hôpital de St-Jean, où déjà, dès 1220, suivant toute apparence, plusieurs sœurs de St-Vaast avaient été appelées pour le service. Les lettres de translation données par Guy de Laon sont du mois de novembre 1243.

A dater de cette époque, l'hôpital St-Vaast se trouva donc supprimé, et celui de St-Jean, mieux pourvu de personnes et de biens, n'en eut que plus de prospérité.

En 1254, la communauté de l'hôpital St-Jean obtint du pape Innocent IV l'autorisation d'avoir une cloche à sa chapelle, pour la convocation des offices.

Dans l'origine, cet établissement charitable n'était pas seulement tenu par des femmes; il s'y trouvait aussi des frères. Plus d'une fois il y eut conflit entre l'autorité ecclésiastique, ou même l'autorité civile, et les sœurs-noires à l'occasion de frères qu'elles ne voulaient pas se laisser imposer. Elles prétendaient avoir, à cet égard, le droit de présentation. Il paraît du reste qu'elles préféraient n'en avoir ni d'une manière ni de l'autre. C'est sans doute ce qui fit que les frères finirent par disparaître entièrement, et que l'usage s'établit de fournir tout le personnel par des femmes.

Mais les frères n'étaient pas le seul embarras qui fût suscité aux religieuses de St-Jean; les nobles, les puissants de la ville leur proposaient, ou plutôt leur imposaient des consœurs dont le nombre excédait les besoins de la maison, et qu'elles n'osaient refuser, de peur de s'aliéner la protection ou de s'attirer la haine de ces grands personnages. Cet abus absorbait une partie des ressources destinées aux pauvres. Le nombre des sœurs cependant ne devait pas excéder sept, en y comprenant la supérieure. Une plainte portée à l'évêque ouvrit les yeux du prélat sur ces graves inconvénients. Il y porta remède en décidant que le nombre des religieuses à l'avenir, comme par le passé, n'excéderait jamais sept, et que lorsqu'une d'elles décéderait, les autres en présenteraient une nouvelle pour la remplacer. Cette décision épiscopale fut prise le 18 novembre 1372.

En 1505, la peste qui sévissait à Cambrai ayant frappé plusieurs des religieuses de Saint-Jean, l'autorité ecclésiastique les remplaça par des religieuses du même ordre prises à l'hôpital St-Julien. Elles y vinrent avec leur costume blanc et s'y trouvèrent mêlées aux Augustines noires qui y étaient d'ancienne date. Pour faire cesser cette disparate, tout en respectant le costume noir auquel les anciennes tenaient sans doute beaucoup, il fut décidé que toute nouvelle religieuse entrant à St-Jean prendrait le costume blanc des Augustines de St-Julien. Par ce moyen, et dans un temps donné, l'habit blanc devint général. C'est ainsi que les sœurs-noires disparurent de St-Jean. — Toutes les circonstances ci-dessus rapportées sont puisées dans le recueil de pièces composé par l'abbé Tranchant. — † Ms. 905.

En 1653, l'hôpital St-Jean fut encore augmenté d'une nouvelle accession. Un hospice assez bien doté existait, depuis longtemps, dans la commune de Crèvecœur, sous le nom d'Hôtel-Dieu (1). Il avait pour destination de loger et d'héberger les pauvres passants. On sait que Crèvecœur était alors sur la route dite *de France*. C'était le chemin qui conduisait de Cambrai à Paris. Philippe d'Anneux, seigneur de Crèvecœur, considérant la ruine de cette maison par les armées ennemies qui tenaient la campagne; considérant en outre les désordres qui s'y étaient introduits, prit la résolution de la supprimer, et, sous l'approbation de l'archevêque de Cambrai (Gaspard Némius), fit don de tous les biens qui y étaient attachés à l'hôpital de St-Jean (2).

(1) Dans un rapport fait au conseil de la commune de Cambrai le 1er pluviôse an II, on donne à cet Hôtel-Dieu le nom de *Ste-Barbe*. C'est la seule pièce que nous connaissions où il soit fait mention de ce nom.

(2) Comme l'Hôtel-Dieu de Crèvecœur, supprimé depuis le milieu du XVIIe siècle, ne figure, que nous sachions, dans aucun des recueils de notices, composé par nos laborieux compilateurs du siècle passé, nous croyons devoir consigner ici deux pièces intéressantes qui le concernent, ne fût-ce que pour montrer une fois de plus que si certains seigneurs, au moyen âge, étaient de véritables pillards, il s'en trouva aussi de généreux et de charitables, et que si quelques-uns détroussaient les passants, d'autres voulurent qu'on offrît à leurs frais le gîte et l'hospitalité aux pauvres voyageurs. Les pièces suivantes font partie des archives hospitalières de Cambrai.

« François de Rasse, chevalier personaire des ordinaires du Roy, seigneur de la Hargerie, etc., gouverneur et usufructuaire de Crèvecœur, Arleux et St-Souplet, des appendances et appartenances d'icelles salut. Sçavoir faisons à tous quy ces présentes verront ou oiront, que comme des piecha es faulxbourgs dudit Crèvecœur vers Cambray, ait esté faict, et édifié certain hospital communément nommé Hostel-Dieu de Crèvecœur et pour l'entretenement d'iceluy, aussy du herbège, réception, et assolagement des passants, tant par fin de noble recordation

L'hôpital St-Jean avait deux chapelles. L'une, la plus ancienne, aujourd'hui à usage de bibliothèque communale, et située à gauche de l'entrée de l'hôpital, portait le vocable de St-Jean-Baptiste ; l'autre, pratiquée à l'extrémité de la grande salle des malades, était dédiée à la sainte Trinité.

La belle chapelle de St-Jean-Baptiste, fondée en 1232, par Jean-le-Mayeur, bailli du chapitre, et sa femme, fut reconstruite en 1597, et dédiée le 31 mars 1603.

Sa façade était ornée de trois arcades supportées par des colonnes canelées, en pierre bleue. L'arcade du milieu était plus grande que les deux autres. Il y avait une grande analogie entre le style architectonique et même le travail matériel de cette entrée, et celle du palais archiépiscopal qui existe encore aujour-

et mémoire, messieurs noz prédécesseurs, seigneurs du dit Crèvecœur, comme par nous et aultres bonnes personnes pour Dieu, et en aulmosne aient esté eslargis et donnez aucunes terres, rentes et héritaiges, revenus et possessions, dont soubs nous et nos dits prédécesseurs au nom que dessus, aucunes religieuses ont eub par ancien temps l'administration, lesquelles à notre contentement ne s'y sont conduites, et pour à ceste cause de bien en mieulx accroistre la salutaire intention des dits fondateurs et la réception et addresses des dits pauvres passants, en meure délibération par nous faicte, cercheans tous moyens possibles à ce que le dit Hostel-Dieu puisse estre garny et furny de six lits estoffez de linceulx, et couvertoires, à coucher lesdits pauvres passants, et qu'iceulx pauvres, depuis le jour de tous les saints, 1er de novembre, jusques au 1er jour du mois de mars, ayent oultre le dit herbège, pour leur nutrition, chacun, et pour chacun jour, une esculée de potaige, et en chacun des dits jours, pour leur rechauffement, ung fagot de grosse..., et aussy que par traicts de temps, nous soions faits enquérir et informer des biens, vertus, dévotion et bonne renommée de sœur Marie de Viebourg, prieuse de la maison de l'Hostel-Dieu de monsieur St-Antoine de Bohain, humble et dévote religieuse du tiers ordre et pénitente de monsieur St-Dominique, aussy aulcunes de ces sœurs en ladite religion, et ayant sceu leur charitative dévotion et affection estre de elles retraire, et voulloir user leurs jours audit hospital, et elles employer de tout leurs pouvoirs à la réforme d'iceluy, et au service de Dieu et des dits pauvres passants, pour l'honneur de Dieu, et entretenir les aulmosnes, furnir les dicts six licts, potaige, etc., à l'entretennement de la chapelle du dit hospital, et de chercher moyen pour le fonder, au moins y avoir sanctuaire et entretenir d'aucunes messes chacune sepmaine, s'y faire se poult, et avec amazement à elles nécessaire, pourveu que tous les biens appendants au dit hospital, leur voulissions accorder et permettre d'avoir, soubs nous, et notre justice, tout entre leurs mains. Sçavoir faisons que pour les ressources du dit hospital, comme leur espoir est que les dits pauvres, de bien en mieulx y seront traictez et recheuz désormais, et en la manière ditte ainsy que nous désirons, et affin d'avoir participation aux biens méritoires, que polront faire les dites sœurs Marie de Viebourg, et autres avec elles résidantes dantes au dit hospital, et les aultres successeurs, à perpétuité, et que le dit divin service au dit hospital se puisse accroistre et augmenter en usant de notre droict, prééminence, et auctorité, à nous donnez et accordez du roy notre sire, et monsieur le dauphin, avons octroyez et accordez à sœur Marie de Viebourg, qu'elle soit maîtresse et prieuse du dit hospital, et aussi et soubs elle y puissent estre et demeurer huit sœurs à son choix, ou plus, sy mestier leur est, et qu'à icelle maîtresse (qui soubs nous et de par nous et nos successeurs, ou nos officiers au dit lieu, seront commises) appartienne la préeminence, et paisible jouyssance, réception et administration de tous les biens, héritaiges, terres, rentes, revenus appendans au dit hospital, et qui y seront par aulmosne charitative cy-après eslargis, pour employer à l'usaige des dits pauvres et en la manière avant ditte, et sy besoing seroit, le surplus à l'entretenement de la ditte chapelle et du dortoir des dittes sœurs, et selon qu'icelle prieuse, et aultres ses successeurs, penseront estre à faire au dit hospital, pour le mieulx, saulf et réservé à nous et à nos dits successeurs seigneurs du Crèvecœur, toute la justice, juridiction et seigneurie temporelle, haulte, moïenne et basse, telles que nous et nos dits prédécesseurs avoient eub jusques à ores, entendons avoir audit hospital et dits héritaiges, terres, rentes et revenuz y appendant, et d'authorité du roy à l'entretennement, et aux dits officiers de la supérintendance, en tant qu'il adviendroit (que Dieu ne veuille) que les dittes prieuses ou maistresses, les dittes sœurs et aulcunes d'elles tombassent en défault de terminement desdits six licts, furnissant de potaige et fagot, au soulagement, et usance desdits pauvres, en la manière ditte, ou mesurant des biens eslargis, ou à eslargir au dit hospital, en commissant quelques offenses ou débats scandaleux ou répréhensibles, et en ce cas la répréhension ou punition soit par privation des dits délinquants et proscription de leurs personnes du dit hospital, ou aultrement selon l'appartenir et l'exigence du cas, lesquels cas se débvront punir par les vicaires et officiers de très révérend père en Dieu et Sr Monseigneur l'évesque de Cambray, à la complainte de nous et notre bailly et officiers, et sy lesdits vicaires de Monseigneur de Cambray ne faisoient la raison de justice, en ce cas nous ou nos dits officiers le polront faire selon que le cas le désiroit. D'avantage les dites maistresses et sœurs ne polront vendre, aliéner, ny amoindrir aultrement les dits héritaiges et biens présents appendants et appartenans ou quy au temps advenir polront estre donnez et eslargis au dit hospital, aussy seront tenues rendre compte de l'administration des revenuz du dit hospital, aux officiers et commis de nous et nos successeurs, quand en seront requises par le seigneur ou officiers. Sy donnons en mandement au bailly, hommes de fief, prevost et eschevins, manans et habitans de la ville de Crève-

d'hui et dont elle était presque contemporaine. Au-dessus de cette chapelle s'élevait un joli clocheton terminé par une aiguille, et dominé par une girouette représentant l'agneau de St-Jean-Baptiste, avec la petite bannière traditionnelle.

La petite chapelle de la Trinité dont nous ignorons la date, fut reconstruite, ainsi que la salle des malades, par Jean Mouscron, cha- noine, grand archidiacre et official de Cambray, lequel mourut en 1535.

Nous croyons devoir noter ici que toutes les dates que nous venons de donner au sujet des chapelles de St-Jean, sont celles fournies par l'abbé Tranchant.— † Ms. 905.— Il n'est point d'accord avec Julien de Lingne, mais il nous paraît plus conforme à la vérité.

Une partie de l'hôpital St-Jean fut recons-

cœur, présents et advenir que nos dits octroy et accord et aultres choses cy dessus en ceste présente lettre contenu ils faissent, souffrent et laissent la ditte sœur Marie de Viebourg, comme maistresse et prieuse, et aultres sœurs, et celles quy après elles viendront, et par nous et nos successeurs y seront reçues, pleinement et paisiblement jouyr et possesser, sans en ce faict mettre et donner aulcun empeschement, car nos dit octroy et accord et aultres choses dessus dittes volons désormais demeurer permanentes et durables à toujours, sans par là déroger aux droits paroissaulx ny à la justice spituelle que doit avoir ledit évesque de Cambray ou ses officiers. En tesmoing de ce, nous avons ceste présente lettre signé de notre main et icelle fait sceller de notre sçel armoyé de nos armes en cire vermeille, quy fut faict et donné au chasteau de Crèvecœur, le 19e jour d'octobre an 1525. »

Signé : FRANÇOIS DE RASSE.

« Collation faicte avec un extrait d'une vieille copie écrite par moi alors chapelain dudit Crèvecœur, daté du 21 de novembre 1628, est trouvée concorder de mot à mot, par moi maintenant notaire apostolique, faict ce 19e jour du mois de septembre 1653. »

Signé : WALLERAN-COUVREUR, notaire.

« Philippe d'Anneux, marquis de Wargnies, baron de Crèvecœur, chastelain héréditaire de Cambray, premier paire de Cambresis, seigneur de Rumillies, Saint-Souplet, Fontaine, Abancourt, Warluz, Buach, etc., du conseil de guerre du roy, mestre de camp d'un tiers d'infanterie wallone, gouverneur de la ville d'Avesnes en Haynault et de son district, à tous ceux qui ces présentes lettres voirront ouoirront, salut. Sçavoir faisons que comme ainsy soit, que passez plusieurs siècles, ez faulxbourgs du dit Crèvecœur, vers le dit Cambray, auroit esté fondé et édifié certain hospital, communément nommé l'Hostel-Dieu de Crèvecœur, par messieurs nos prédécesseurs seigneurs dudit Crèvecœur, pour y recevoir et loger les passants, et leur donner à l'arrivée une esculée de potaige et le feu nécessaire en temps d'hyver, et que pour la dite fondation, nos dits prédécesseurs et aultres bonnes et pieuses personnes auroient donnez, eslargiz et affectez plusieurs terres, héritaiges, revenuz et possessions dont aulcunes religieuses du tiers ordre et pénitentes de St-Dominique, ont soubz nous et nos dits prédécesseurs, de temps immémorial, eubz la régence et administration, aucunes des quelles cependant contre la gloire de Dieu, le salut de leurs âmes, et édification du prochain, n'y se sont comportées selon leur vocation, à nostre grandissime regret, et de nos dits prédécesseurs, en sorte qu'au lieu de loger les pauvres passants, certains lostes et vagabonds y souloient venir loger avec grand scandal de la dite maison et hospital, et les dittes religieuses, desquelles la dernière estant allée de vie à trespas, passées quelques années, le dit hospital, et biens y affectez se sont trouvez désertz et abandonnez au préjudice de la dite maison pieuse et intention des fondateurs, la maison et édifice ayant esté abattuz, ruinez et bruslez diverses fois depuis ces guerres entre ces deux couronnes d'Espagne et de France, durant les quelles icelle fondation at esté rendue inutile et de nul effect, joint qu'il n'y at plus et ne reste aulcun espoir de pouvoir restablir le dit edifice en un lieu si limitrophe, qu'il ne poulrat ny peult oncques estre asseuré, pour les guerres qui de temps en temps surviendront entre ces deux roys. Pour ces causes et aultres bonnes et raisonnables, à ce nous mouvant, désirant de pouvoir en quelque façon et à nostre possible à tels déordrés qui vraysemblablement poulroient par cy après produire l'entière abolition dudit Hostel-Dieu de Crèvecœur, nous avons, à meure délibération par bons adviz et conseilz, sous le bon plaisir de très révérend père en Dieu l'archevesque du dit Cambray, et de messieurs ses vicaires généraulx, cédez, donnez et transportez, comme par ces présentes cédons, donnons et transportons tous et chascuns les biens, terres, censes et revenuz, avec les arreraiges en dus cy devant donnez et eslargis, et ayant jusques ores appartenuz et appartenans audit Hostel-Dieu de Crèvecœur, à la maison pieuse et hospital de St-Jean en Cambray ce acceptant par vertueuse et discrette religieuse sœur Florence Canonne, dame et administratrice des biens d'iceluy hospital, accompagnée des sœurs Jeanne Roselle, Claude Leleu, Barbe Malfille, Michelle Castellain, anciennes religieuses représentantes la communaulté dudit hospital de St-Jean, pour par elles et leurs successeuresses en jouir, user, et possesser perpétuellement et à tousjours comme de leurs propres biens, à charge et condition toutteffois (et non aultrement) qu'elles ont promis et se sont obligées d'establir et ériger en la grande salle de leur dit hospital de St-Jean, deux couches entièrement garnyes, où seront apposées nos armes, avec l'inscription de cette présente cession et fondation en lettres d'or, à effect d'y prendre, recevoir, coucher, nourrir et panser selon la coustume dudit hospital, à l'exclusion de tous aultres, les pauvres malades de nostre dite terre et baronnie, perpétuellement aussy et à

truite en 1578. Durant le siége de 1595, l'artillerie espagnole lui causa beaucoup de dommage. Cela nécessita de nouvelles réparations. La grande salle des malades notamment fut rebâtie en 1615. Il y avait à peine un siècle qu'elle avait été refaite.

Un quartier des bâtiments habité par les religieuses fut commencé en 1763; on refit à neuf d'autres constructions du côté de l'Esplanade en 1778.

Il paraît que l'hôpital St-Jean avait une brasserie située dans une partie de ces bâtiments du côté de l'Esplanade, occupés aujourd'hui par la maison-mère des Augustines. Aucun des manuscrits anciens que nous avons consultés ne fait mention de cette brasserie, mais nous

tousjours, le tout à l'exception de ceulx ou celles quy seroient entaschez de la peste, vérolle, ladrerie ou aultres maladies contagieuses, et afin que ceste nostre volontée et fondation soit mise en exécution ainsy et en la forme que dit est, perpétuellement et à tousjours, nous prions et requérons le révérend père en Dieu monsieur le prélat de St-Aubert en Cambray, avec le pasteur dudit Crèvecœur, religieux dudit St-Aubert et leurs successeurs, de tenir la bonne main at ce que le tout soit bien et duement accomply et entretenu à jamais. En tesmoignage de tout quoy avons les dites présentes, signées de nostre propre main, et faict apposer notre scel armorié de noz armes, quy furent faictes et données audit Cambray le cinquiesme de septembre mil six cent cinquante trois. »

Signé : Ph. d'Anneux,
Marquis de Vuergnies.

« Nous Gaspard Némius, par la grâce de Dieu et du St-Siège apostoliqz, archevesque et duc de Cambray, prince du St-Empire, comte du Cambresis, etc., ayant leu et meurement examiné les susdites cessions, donation, et transport des biens, terres, censes et revenus de l'Hostel-Dieu de Crèvecœur, par le sieur Philippes d'Anneux, marquis de Wargnies, baron de Crèvecœur, etc., faites à la maison pieuse et hospital de St-Jean en nostre ville et cité de Cambray, et l'acceptation en faicte par l'administratrice et religieuse du mesme hospital pour les raisons reprises es lettres, des dites cession, donation et transport de nostre aucthorité ordinaire et de la puissance nous en donnée par le St-Concile de Trente, les advouons, ratifions et confirmons, pour sortir leur plein et entier effect en tout leur contenu, obligeans et déclarans obligées les administratrices et religieuses présentes et futures du dit hospital St-Jean, d'observer et accomplir exactement les devises, charges et conditions y apposées, en la forme et manière y mentionnées. »

« Donné à Cambray, soubs nostre scel, et la signature de nostre secrétaire, le sixième de septembre, l'an mil six cent cinquante trois. »

Par ordonnance de sa S^{rie} Ill^{me} R^{me}.
Signé : Foulon, secrétaire.

possédons deux titres qui ne peuvent pas laisser de doute à cet égard. Ce sont : un acte de vente et une cession en date de 1806, par lesquels des particuliers achètent et cèdent à la commission administrative des secours publics de Cambrai, les bâtiments dits *la Brasserie de l'hôpital St-Jean*, avec pigeonnier, etc. On sait qu'à l'époque de la Révolution, l'hôpital St-Jean reçut le nom de Maison des Montagnards, puis d'Hospice de Mars (les sages de ce temps qui ne voulaient plus de St-Jean, reconnaissaient le dieu Mars). Il est fait mention de ce dernier nom, en même temps que de l'ancien, dans les actes dont nous venons de parler. Au reste, il n'est point étonnant de voir dans l'hôpital St-Jean une brasserie pour les besoins de la maison : l'hôpital St-Julien avait la sienne. — V. ses Archives. — Le palais archiépiscopal en avait une construite par Vanderburch. — § Ms. 6, p. 54.

L'hôpital St-Jean, à diverses époques, reçut des dotations de personnes charitables qui y établissaient des lits ou d'autres secours, soit pour le soulagement de leurs propres parents, soit pour le bien-être des pauvres de Cambrai. Les principaux bienfaiteurs sont d'abord : Lambert de la Place, le fondateur; ensuite Gérard Wallon, Fulcon de la Rue, Godefroy Duchange, Bauduin Walderic, Elbaud Rondin, Watier de Sumoing, Fulcon Amisard, Roger de St-Martin, Druon du Câteau, Bernard de Proville, Théodoric de St-Olle, Godefroy Cokiel, Thomas Rosel, Gérard de Banteux, Mathieu et Nicolas de la Porte, Jacob d'Aubegnies, Bauduin de Gomincourt (1).

Quoi qu'en aient pensé quelques personnes, il paraît évident que l'hôpital de St-Jean était purement civil. Si quelquefois il reçut des militaires, c'était pour cause de force majeure, comme, par exemple, après la bataille de Malplaquet; ou bien par suite de traités spéciaux et momentanés avec l'autorité militaire, tel qu'il en fut fait un, le 12 juin 1677.

Frappée, confisquée et ruinée par la Révolution, comme tant d'autres établissements religieux de Cambrai, cette maison fut momentanément appropriée, sous le titre d'*Hospice de*

---

(1) Nous devons à l'obligeance de M. Wilbert, secrétaire du bureau des hospices, la liste des noms que nous venons de citer, ainsi que plusieurs autres communications dont nous avons fait usage, soit dans cette notice, soit dans d'autres, consacrées aux établissements de charité de la ville.

Mars, pour recevoir des militaires malades ; puis elle finit par être tout-à-fait supprimée. La dotation fut reversée sur celle de l'hôpital-général.

Les religieuses qui, à l'époque de la Révolution, y étaient au nombre d'environ trente, avaient été arrêtées, puis chassées, et remplacées par des infirmiers.

En 1802, lorsqu'on restaura, dans Cambrai, l'instruction publique totalement anéantie pendant les années de barbarie révolutionnaire que l'on venait de traverser, les bâtiments de St-Jean furent appropriés à l'établissement du collége. Ils conservèrent cette destination jusqu'en 1823, époque où le collége fut transféré dans les bâtiments de l'ancienne abbaye de Cantimpré. C'est à peu près depuis la même époque, que les frères de la doctrine chrétienne sont établis dans la maison de St-Jean. La partie de cette maison qui a entrée sur l'Esplanade, fut longtemps consacrée au logement des Sœurs de la charité qui y tenaient leurs écoles et leur maison de *miséricorde*. Elles quittèrent cet asile en 1846, pour aller habiter la maison de Vanderburch. La maison-mère des Augustines ne tarda pas à les remplacer. Elle y était encore en 1854.

La bibliothèque communale de Cambrai est établie depuis le commencement de ce siècle (1803) dans la grande chapelle de St-Jean, laquelle a fini par être cédée à la ville, moyennant une somme de 25,000 francs. Cette cession a été faite par l'administration des hospices le 21 mars 1828. C'est depuis lors que la chapelle de St-Jean a perdu sa forme d'église. On en a supprimé le joli clocher ; et la façade ornée d'arcades et de gracieuses colonnes dont nous avons parlé plus haut, a été remplacée par une construction d'un style tout-à-fait différent. — V. sur l'Hôpital St-Jean, † Ms. 905, chap. 7. — † Ms. 658, art. 27. — § Ms. 4, p. 73. — § Ms. 6, p. 16, 17.

JEAN-LE-ROBERT. — V. *Hommes remarquables*, XVe siècle.

JÉSUITES. — Nous n'avons point à écrire l'histoire de cet ordre célèbre qui fut fondé vers le milieu du XVIe siècle par Ignace de Loyola, sous le nom de *Compagnie de Jésus* (1). Nous ne parlerons des Jésuites qu'en ce qu'ils ont de commun avec la ville de Cambrai. Au milieu des troubles religieux qui désolaient les diocèses belgiques, Cambrai inspirait au bon archevêque Maximilien de Berghes une légitime sollicitude. Ce prélat, malgré les auxiliaires dont il disposait déjà, jugea qu'il était expédient d'appeler à son aide ces hommes qui font une profession particulière de travailler au salut du prochain par la prédication et par l'instruction de la jeunesse.

Sur la demande de l'archevêque, les pères Jésuites arrivèrent donc à Cambrai, en 1562. Ils commencèrent à y prêcher le jour de Noël de la même année, et y ouvrirent leurs classes au mois de mai 1563. Le père Eleuthère Dupont fut chargé de l'organisation de ce nouveau collége.

Nous disons *nouveau collége*, parce que déjà il en existait un sous le nom de collége des *Bons-Enfants* ; mais bientôt cette institution disparut, abandonnée qu'elle fut par la jeunesse qui se portait en foule au collége des Jésuites. — V. *Bons-Enfants* et *Collége*.

Les Jésuites achetèrent l'hôtel de Philippe d'Anneux, seigneur d'Abancourt, et y firent les appropriations convenables. Messire Antoine Quarré, chanoine de la métropole, les dota de leur première église qui fut terminée en 1576, et consacrée le lundi de Pâques, 23 avril de la même année, par Louis de Berlaymont, archevêque de Cambrai. Cette église fut dédiée à Dieu et à St-Michel. Elle avait alors quinze belles verrières qui lui avaient été données par des personnes pieuses dont les armoiries étaient placées au-dessus de chaque verrière. — § Ms. 4, p. 59.

Les troubles qui, vers l'an 1580, exilèrent de la ville de Cambrai tout le clergé fidèle à l'archevêque, éloignèrent aussi les Jésuites qui n'y revinrent qu'en 1596, — *Mém. chron.* — après que le comte de Fuentes eut reconquis la ville à l'autorité du roi d'Espagne, en 1595.

Ces pères retrouvèrent leurs biens, dont l'abbé Dupont attribue la conservation au duc d'Anjou. « Le duc, dit-il, frère du roi Henri III, qui se qualifiait des titres de Protecteur de Cambrai et de seigneur souverain de la citadelle, donna aux pauvres orphelins de la ville les rentes que les Jésuites y possédaient, *à charge que si ceux de la Compagnie de* JHÉSUS *veulent revenir demeurer en la dite ville, ils rentreront sans contredit en la joyssance des dites rentes.*

De retour à Cambrai, les Jésuites songèrent

---

(1) Ce fut sur la fin du carême de l'année 1538 que saint Ignace jeta les fondements de son ordre. Le pape confirma cet institut par une bulle qui fut expédiée le 27 septembre 1540. — *Trévoux*.

à s'établir plus grandement qu'ils ne l'avaient été jusques-là. Ils obtinrent des états en 1604 une somme de 1,500 florins pour le rétablissement de leur collège. Ils firent l'acquisition de l'hôtel de Jacques d'Anneux, qui était voisin de celui qu'ils avaient primitivement acquis de Philippe d'Anneux. De ces deux propriétés, ils firent le magnifique établissement qu'occupe aujourd'hui le grand séminaire de Cambrai. La partie provenant de Jacques d'Anneux, seigneur de Talma, fut celle qui servit à l'établissement des écoles; qui devint, en 1793, le siège de l'exécrable tribunal de Lebon : celle enfin qui longe toute la rue qu'on nomme encore actuellement *des écoles*.

On lit sur la façade de ce bâtiment qui donne dans la rue du Grand-Séminaire, l'inscription suivante :

D. O. M.
Societatis Jesu scholæ pia cameracencium ordinum impensa formandæ juventuti extructæ. CIƆ IƆ CXIIII.

Dès l'année 1604, les Jesuites avaient rouvert leurs classes, le lendemain de la fête de St-Jean-Baptiste, probablement dans les anciens bâtiments consacrés à cet usage.

Les chroniques rapportent que le 8 octobre 1604, l'archevêque *célébra en état pontifical* dans l'église des Jésuites. Un grand nombre d'ecclésiastiques et le Magistrat de la ville assistèrent à cette cérémonie, qui fut probablement une messe du St-Esprit. Les pères offrirent ce jour-là un banquet au Chapitre et au Magistrat. — † Ms. 884.

L'agrandissement du collège fit sentir la nécessité d'une plus vaste église. Le généreux Vanderburch fit en grande partie les frais de ce nouveau monument qui ne fut pas achevé de son vivant, car on ne le termina qu'en 1692 (1). Mais pour consacrer le nom du bienfaiteur, on plaça sur le fronton du temple le chronogramme suivant :

Reginæ angeLorVM eXtrVXIt VanDerbVrCh.

Le temps a détruit l'inscription; mais le monument, habilement restauré, demeure pour attester une fois de plus le génie charitable et la magnificence de cet homme immortel dont tous les jours furent marqués par des bienfaits, et qui ne fit rien qui ne fût grand.

---

(1) 1692 et non 1682 comme le dit par erreur l'abbé Dupont.

Douze tableaux peints par Arnould de Vuez, artiste flamand, décorèrent l'église des Jésuites, et au-dessus des autels latéraux, dans de grands médaillons sculptés sur la pierre, on plaça deux autres toiles dont l'une représentait saint Ignace foudroyant l'Hérésie (1).

Les Jésuites possédaient, derrière leur vaste habitation, un très grand jardin qui s'étendait jusqu'au rempart, et dont ils étaient séparés par la rue de St-Fiacre. Ils firent établir au-dessus de cette rue un pont qui subsista longtemps, et qui joignait à la propriété principale ce beau jardin qui en était une précieuse annexe. On voit encore aujourd'hui, enfermés dans la maçonnerie, les pilastres qui formaient l'entrée du pont.

Le jardin sur lequel reste un ancien pavillon, et où l'on a bati une belle habitation particulière, est repris sous le n° 1 de la rue St-Fiacre. La muraille qui le ferme du côté du rempart a été construite par les Jésuites en 1628. L'autorisation d'élever cette muraille fut donnée par le Magistrat, le 3 avril 1628, à la requête des pères, et sur le vu d'une permission accordée par Dom Coloma, alors gouverneur de Cambrai. — § Ms. 5, p. 213.

Ce fut dans le collège des Jésuites que M. de St-Albin, archevêque de Cambrai, établit une bibliothèque publique en 1744. — V. *Bibliothèque*. — Cette bibliothèque occupait deux places dans le bâtiment. — Dupont.

En 1764, lorsqu'un édit du roi bannit de France la Compagnie de Jésus, le révérend père Guéri était recteur à Cambrai; les religieux y étaient au nombre de 22, y compris les frères et cinq régents qui enseignaient les humanités (2). Il y avait alors au collège plusieurs

---

(1) Les tableaux d'Arnould de Vuez sont aujourd'hui dans l'église de St-Aubert; il en manque un néanmoins, qui a été remplacé par une toile de B.-J. Wampe. Quant aux tableaux des autels, celui de S. Ignace appartient aujourd'hui à M. St-Aubert, peintre, l'autre est perdu.

(2) L'édit du roi dont nous venons de parler intéresse assez vivement la ville de Cambrai où les Jésuites résidèrent pendant longtemps, pour qu'il soit utile de le consigner ici.

Édit du roi, concernant la Société des Jésuites.

« Donné à Versailles au mois de novembre 1764.

» Louis, par la grâce de Dieu, roi de France et de Navarre : à tous présens et avenir, salut. Nous nous sommes fait rendre un compte exact de tout ce qui concerne la Société des Jésuites, et nous avons résolu de faire usage du droit qui nous appartient essentiellement, en expliquant nos intentions à ce

bourses de 100 et de 50 florins, fondées pour les écoliers de syntaxe, de poésie et de rhétorique, qui se distinguaient dans les classes. — V. *Dupont*, part. I, p. 110.

L'année suivante, c'est-à-dire en 1765, les Jésuites quittèrent la ville de Cambrai pour n'y plus revenir. Leur maison continua à servir de collége où enseignèrent des prêtres séculiers. — V. *Collége*.

Du temps de la terreur, l'église des Jésuites et les grands corridors de leur maison servirent de prison révolutionnaire. Ce fut, comme nous l'avons dit plus haut, dans le bâtiment dit des écoles, à l'étage au-dessus des classes, dans la salle des exercices des écoliers, que Lebon établit son tribunal de sang.

Transformée plus tard en établissement de poste-aux-chevaux, cette grande maison fut acquise en 1836, par M Belmas, évêque de Cambrai, qui y établit son grand séminaire.— V. *Séminaire*.

Les Jésuites avaient à Marcoing, une maison

---

sujet. A ces causes, et autres à ce nous mouvant, de l'avis de notre conseil, et de notre certaine science, pleine puissance et autorité royale, nous avons dit, statué et ordonné, et par notre présent édit perpétuel et irrévocable, disons*, statuons et ordonnons, voulons et nous plaît, qu'à l'avenir la Société des Jésuites n'ait plus lieu dans notre royaume, pays, terres et seigneuries de notre obéissance ; ce qui au surplus ne sera exécuté dans le ressort de notre cour de parlement de Flandres qu'à compter du premier avril prochain ; permettant néanmoins à ceux qui étaient dans la dite Société de vivre en particulier dans nos états, sous l'autorité spirituelle des ordinaires des lieux, en se conformant aux lois de notre royaume, et s'y comportant en toutes choses comme nos bons et fidèles sujets. Voulons en outre que toutes procédures criminelles qui auraient été commencées à l'occasion de l'Institut et Société des Jésuites, soit relativement à des ouvrages imprimés, ou autrement, contre quelques personnes que ce soit et de quelqu'état, qualité et conditions qu'elles puissent être, circonstances et dépendances, soient et demeurent éteintes et assoupies, imposant silence à cet effet à notre procureur-général. Si donnons en mandement à nos amés et féaux conseillers les gens tenant notre cours de parlement de Flandres à Douay, que le contenu en notre présent édit, ils ayent à faire exécuter nonobstant tous édits, déclarations, arrêts et règlements et autres choses à ce contraires, auxquels nous avons, en tant que besoin, dérogé et dérogeons par notre présent édit. Car tel est notre plaisir ; et afin que ce soit chose ferme et stable à toujours, nous y avons fait mettre notre scel. Donné à Versailles au mois de novembre, l'an de grâce 1764, et de notre règne, le cinquantième. »

Signé : Louis, et plus bas par le roi, le duc de Chois eul , visa Louis.

---

de campagne, appelée Fama. C'est aujourd'hui une ferme qui porte encore le même nom.

— On peut voir sur l'établissement des Jésuites à Cambrai : — L'abbé Dupont, *Hist. de Cambrai*, part. Ire, p. 109; part. IIIe, p. 133.— † Ms. 658, art. 21. — § Ms. 4, p. 59.— *Mém. chron.*, p. 66, 91, 94, 127. — *Cameracum christianum*, p. 359.

La partie de la propriété des Jésuites occupée par le grand séminaire actuel, est comprise entre les rues du Grand-Séminaire et de St-Fiacre, des Écoles et de la Vierge-Marie. L'ancien jardin de cette maison est compris entre la rue de St-Fiacre, le rempart, les rues des Vaches et de la Neuve-Tour.

JEUDI ABSOLU, *blanc Jeudy*. — On appelait ainsi le Jeudi-Saint. — V. § Ms. 3 bis, p. 113 et p. 116. — *Absolu*, parce que c'était ce jour-là que l'on donnait l'*absolution* aux pécheurs qui faisaient pénitence publique. *Blanc*, parce qu'en ce saint jour, on distribuait du pain blanc aux pauvres. — V. *Art de vérifier les dates*, édition in-f°, p. 145. — Cette charitable coutume existait à Cambrai. La distribution des pains avait lieu après le lavement des pieds.

JONART (LADISLAS), dixième archevêque de Cambrai, était né à Mons. Successivement chanoine de l'église Notre-Dame, doyen et vicaire-général, évêque nommé d'Arras en 1651, par le roi d'Espagne, puis évêque de St-Omer, à défaut du siége d'Arras qui était tombé entre les mains des Français, finalement archevêque de Cambrai, où il prit possession le 4 avril 1671, il mourut en 1674, le 22 septembre.

Ladislas Jonart tenait avec dévouement le parti de Sa Majesté catholique, à laquelle il rendit des services par l'influence légitime qu'il exerçait dans le pays. Il se fit surtout remarquer par le noble désintéressement qu'il montrait en toutes occasions. Nous en citerons deux exemples dignes d'être conservés à l'histoire.

Un jour, les troupes espagnoles qui tenaient garnison dans Cambrai se révoltèrent, parce que depuis longtemps on les laissait sans solde. Les habitants, dans cette occurence, se voyaient exposés à des pillages ou du moins à des troubles graves. Ladislas Jonart, qui n'était alors que doyen du chapitre, fit cesser la sédition en désintéressant les troupes. Il sacrifia à cet acte de générosité une partie considérable de ses deniers. — Ms. 884, p. 354.

Lorsqu'il prit possession de l'archevêché de Cambrai, on lui présenta trois années de revenus qui avaient été encaissés, pendant la vacance du siége. Il refusa cet argent en disant qu'il ne lui appartenait pas, et le fit distribuer aux pauvres.

« Ce digne prélat mourut âgé de plus de quatre-vingts ans; il ne voulut avoir d'autres héritiers que les pauvres de Cambrai. » — V. *Mém. chron.*, p. 114; — et ce legs est encore administré aujourd'hui sous le titre d'Aumône-Jonart.

Il n'avait occupé le siége métropolitain que pendant quatre ans environ.

JOSQUIN DESPRETZ, dit *Josquin de Cambrai*. — C'était, au point de vue de l'art musical, une grande et célèbre école que celle de Cambrai au XVe siècle. La *chapelle* de la cathédrale de Cambrai était en si haute réputation, que la métropolitaine elle-même, l'église de Reims, lui emprunta sa méthode et ses traditions. La musique fut introduite dans la cathédrale de Reims en 1446, « et on envoya un nommé *Petit-Jean* à Cambray pour l'apprendre. » — *Description de la ville de Reims*, par Géruzez, ex-génovefin, chap. 12.

Nous voudrions pouvoir donner ici la liste de ces artistes célèbres qui firent la réputation du chœur de la cathédrale de Cambrai et qui se succédèrent dans la direction de la *Sallette* de Notre-Dame. Malheureusement les documents nous font défaut; et nous serons d'autant plus silencieux à cet égard que nous préférons toujours une omission au risque d'une erreur. Néanmoins, nous pouvons citer comme un de nos plus célèbres maîtres de musique, Josquin Despretz que de *la Monnaye* dit : « natif du pays de Hainault, en la Gaule-Belgique », mais qui fut directeur de la Sallette de la cathédrale cambresienne. Voici en quel termes l'admirable et consciencieux Alexis Monteil confirme ce fait. Après avoir parlé de l'effet prodigieux de ces grandes pièces de musique sacrée qui remuaient si fortement l'âme des fidèles en l'enivrant de ravissements célestes, il ajoute : « mais à qui devons-nous tous ces progrès, toutes ces merveilles ?

» Je m'incline profondément et je nomme Dufai de Chimai, Binchois de Paris.

» Je m'incline plus profondément encore, et je nomme Ockeghem de Bavai, Leteinturier de Nivelle.

» Je m'incline plus profondément encore, et je nomme Josquin de Cambrai.

» Ces grands musiciens de cette grande école de Cambrai ont endoctriné la France septentrionnale; la France septentrionale a endoctriné la France méridionale; la France a endoctriné l'Allemagne, l'Italie, qui ont endoctriné l'Europe qui endoctrine maintenant le monde » *Hist. des Français des divers états, par Amans-Alexis Monteil*, t. IV, p. 171.

Josquin fut donc un de ces grands maîtres qui endoctrinèrent le monde. Il fut « l'un des premiers et des plus excellents et renommez musiciens de son siècle (fin du XVe). Il a mis plusieurs chansons en musique, imprimées à Paris, à Lyon, à Anvers et autres lieux, par une infinité de fois. »

« La musique de Josquin étoit simple, et s'il arrivoit à quelqu'un de ceux qui chantoient les motets au chœur, de vouloir les broder, il se fachoit, et les querelloit; très disposé d'ailleurs à se corriger lui-même sur-le-champ, comme il lui arrivoit quelquefois, lorsque certains endroits de ses compositions venaient à choquer son oreille dans les répétitions. » *Duchat, sur le mot Josquin Despretz, dans Rabelais, au prologue du IVe Livre de Pantagruel, note 48.*

La musique de Josquin avait une grande réputation, même en Italie; Le Doni, dans sa *Libraria*, au chapitre intitulé : *La Musica Stampata*, cite la Messe di Josquino, cinque libri.

JOURNAUX *et publications périodiques*.

La Gazette des Moulins. — Le premier journal de Cambrai dont nous ayons retrouvé les traces est la *Gazette des Moulins*. Encore ne le connaissons-nous que par son *prospectus*. Ce fut le 14 mars 1791 que parut l'annonce de cette Gazette. Après une longue et indigeste profession de foi de l'auteur qui signe : *Le Meunier des Moulins de Cambrai;* on lit la conclusion que voici : « C'est pourquoi je présente aux amateurs un *prospectus* pour la souscription ou abonnement de la *Gazette des Moulins* de Cambrai, rédaction du *Meunier*.

» Cette *Gazette* est composée d'une demi-feuille d'impression, même *forma*, même caractère que ma confession de foi, ou huit pages in-8°.

» Elle ne contient qu'un composé de propos tenus dans les moulins de Cambrai, par les moliniers, les porte-faix, les habitans de Cambrai et de la campagne qui y viennent moudre, et qui tiennent une espèce de conférence perpétuelle sur les affaires du temps ; conférence que le *Meunier* recueille et rend publique, en forme de dialogues.

» Un notable de la ville vient y rendre compte

tous les jours de la substance des décrets, des nouvelles étrangères ; il éclaire, dissipe les doutes de ces bonnes gens, leur dévoile et leur fait goûter le mérite de la constitution ; ceux qui ont des peines ou des griefs viennent les y exposer ; et l'assemblée populaire les ramène au sentier de la bonne raison.

» C'est là, en un mot, que toutes les nouvelles du pays aboutissent, et que le peuple se réunit, s'éclaire et se fortifie pour le soutien de la liberté.

» Cette feuille ne sortira que toutes les fois que quelque objet intéressant fixera le rédacteur.

» Le prix de l'abonnement sera de deux sous par nº.

» L'on ne pourra souscrire que pour trente numéros à la fois, et les personnes connues ne payeront qu'après la réception du dernier.

» L'on pourra écrire directement pour la souscription, franc de port, au bureau de la *Gazette*, rue de Selles, nº 39, au coin, ou aux personnes indiquées ci-après.

» Les douze premiers numéros se délivreront aux abonnés, sur le pied de six autres, à titre d'égard ; le treizième numéro ne sortira que lorsqu'il y aura un nombre de souscriptions suffisantes.

» Ceux qui auraient des connaissances ou des réflexions qu'ils croiroient mériter l'attention du public, peuvent les adresser, franc de port, à M. Lenglet, au bureau de la *Gazette*, ou les transmettre à la première assemblée pour y subir un examen, et les soumettre aux discussions.

» Nous n'aurons aucun égard aux pièces anonymes ; mais aussi le nom de la personne ne sera jamais dévoilé que par une nécessité impérieuse.

» Nous ne nous permettrons aucune personnalité sur cette feuille, à moins que le besoin de la patrie ne l'exige ; en ce cas, le voile de *l'incognito* sera déchiré, et le *Meunier* signera seul.

» Cette *Gazette* ne parlera que d'objets relatifs, soit à la constitution, soit à l'administration, soit au progrès du commerce, de l'industrie, enfin aux besoins et aux secours publics.

» A Cambrai, le 14 mars 1791.
*Le Meunier des Moulins
de Cambray.* »

Quant à la couleur politique de la *Gazette des Moulins*, si tant est que le rédacteur en ait eu une, elle paraît avoir été celle de ces aveugles qui conduisaient, de bonne foi, à l'abîme, le pays et son gouvernement.

FEUILLE DE CAMBRAI, *chef-lieu du 4º arrondissement du Nord, ou journal d'affiches, annonces judiciaires et commerciales, avis divers, sciences et arts, politique*, etc.— Cette feuille date des premières années du siècle actuel. Ce fut d'abord une simple *feuille d'annonces*, pliée in-8º. Plus tard, elle prit les allures et le format d'un journal politique. Comprimée par la censure, au commencement de la Restauration, elle profita en 1818 du rétablissement de la liberté de la presse, pour développer les principes démocratiques dont elle était l'organe dans Cambrai. Lorsque le mot *Echo* fut devenu en France un titre significatif des journaux révolutionnaires comme le mot *Gazette* était la signification des doctrines monarchiques, la *Feuille de Cambrai* prit le titre d'*Echo de Cambrai*. Ce journal fut supprimé par l'autorité supérieure, au commencement de 1852.

LA VÉDETTE CAMBRESIENNE. *Epigraphe : Dieu et le roi, la légitimité et la charte*, in-8º. » Ce journal, dont la première livraison parut en novembre 1819, se distribuait, une fois le mois, par livraison de deux ou trois feuilles d'impression. La couleur politique de la *Védette Cambresienne* est suffisamment indiquée par son épigraphe. Une large part était réservée dans ses colonnes à l'étude de l'histoire locale. Cette publication périodique cessa de paraître après six mois d'existence, par l'effet de la loi sur la presse. La collection complète forme un volume de 192 pages. — Les rédacteurs ont gardé l'anonyme.

LA GAZETTE DE CAMBRAI ; d'abord *Journal de l'arrondissement de Cambrai*. — Fondée en 1822 pour la défense des principes monarchiques (1), elle prit en 1830 le titre de *Gazette constitutionnelle*. Elle reprit en 1841 son titre de *Gazette de Cambrai*.

La *Gazette* a paru d'abord deux fois, ensuite trois fois la semaine. Elle paraît encore.

L'EMANCIPATEUR, *journal de la Flandre, de l'Artois et du Cambresis.*— Fondé en 1834. — Ce journal professant les doctrines monarchiques a paru d'abord deux fois, puis trois fois par semaine. Il existe encore.

PAPIER A PAPILLOTTE, *journal des dames de Cambrai. — (Littérature, histoire, légendes, arts, modes et théâtres).* — Cette publication

---

(1) Le premier numéro parut le 25 octobre 1822.

éphémère destinée à durer un hiver, ne traitait point de politique. Elle paraissait chaque dimanche. Le 1er numéro fut celui du 25 octobre 1835. Le dernier parut le 31 janvier 1836.

REVUE CAMBRESIENNE, *journal des intérêts locaux ; agriculture, industrie, histoire locale, beaux-arts, instruction publique, gravures, modes,* etc. — La *Revue Cambresienne* parut le 1er octobre 1835, et cessa de paraître après trois ou quatre années d'existence.

LE FEUILLETON CAMBRESIEN, *journal hebdomadaire, littérature, histoire locale, arts, industrie, modes et causeries.* — Ce journal paraissait le dimanche destiné, comme le *Papier à Papillotte*, à durer un hiver ; il publia son premier numéro le 28 novembre 1841, et le dernier le 22 mai 1842.

L'INDUSTRIEL. — *Agriculture, commerce, littérature, cours des marchés, annonces.* — Quelque temps après la suppression de l'*Echo de Cambrai*, vers la fin de juillet 1852, l'*Industriel*, paraissant les mercredi et samedi, fut créé. Nous ne dirons rien de ses doctrines politiques, parce que légalement parlant, il n'en doit point avoir. Ce journal existe encore.

JOUTES. — V. *Tournois.*

JUBÉ, *Doxal* ou *Trin.* — On appelle ainsi un lieu élevé dans les églises, une tribune ou galerie qui sépare le chœur de la nef, et sur lequel on lit l'épître et l'évangile des messes solennelles. Nous ne savons au juste quelles étaient les églises de Cambrai pourvues de jubés, mais nous pouvons citer : celui de St-Aubert qu'on voit encore aujourd'hui sous les orgues de cette église. — V. *Aubert, abbaye de St-.*, et celui de l'église métropolitaine. Ce dernier fut détruit en 1726 par d'ignorants restaurateurs du temple, qui, au grand regret des amis des arts, le remplacèrent par une grille. Il était tout de marbre noir, orné d'un treillage en cuivre. Un grand Christ accompagné de la Vierge et de St-Jean en occupait la partie supérieure. De magnifiques chandeliers y étaient disposés de manière à former une brillante illumination lorsqu'il se faisait quelque office solennel. Ce beau morceau d'architecture avait été fait des deniers d'Henri de Berghes, archevêque de Cambrai. Il n'était point entièrement terminé à la mort du prélat, qui arriva le 7 octobre 1502. On y travaillait déjà en 1485. La destruction de ce monument fut généralement blâmée dans Cambrai. — *Mém. chron.*, p. 12 et 185. — † Ms. 884, p. 63.

Il en avait existé un autre auparavant, et même ce dernier avait été commencé en une autre place dans l'église. Nous en trouvons la preuve dans un manuscrit qui cite, comme autorité, les *actes capitulaires*. « Le nouveau doxal de l'église Notre-Dame de Cambray, n'ayant pas paru bien placé, il fut ordonné de démolir ce qui était commencé, et de le placer plus près du chœur. — *Actes capitulaires* des 15 et 16 octobre 1511. — V. § Ms. 3 bis, p. 72.

C'était au jubé de Notre-Dame que l'on proclamait le nom de chaque nouvel archevêque, quand le chapitre réuni avait fait son choix. On y annonçait aussi les déclarations de neutralité en faveur de la ville, les traités de paix et autres publications importantes (1). Le jubé en idiome cambresien s'appelait Trin. On disait : *publier au Trin.*

Le 4 novembre 1543, jour de prière pour obtenir la paix, on dressa un autel au *Trin* de Notre-Dame, et on y chanta une grand'messe solennelle. — Ms. 884, p. 112.

Il y avait encore un Trin ou Jubé, dans l'église de St-Géry (autrefois St-Vaast). Lors de la translation du chapitre de St-Géry dans l'église de St-Vaast en 1545, on détruisit dans l'église qu'on abandonnait sur le mont des bœufs, le tombeau de Jacques de Croy qui y était fait tout de cuivre. Ce fut avec ce cuivre que l'on construisit le Trin dans la nouvelle église qu'on allait occuper. — § Ms. 3 bis, p. 72.

JUBILAIRE. — On appelait ainsi les confrères qui faisaient partie d'un *serment* ou compagnie bourgeoise depuis plus de 50 ans (Ils avaient fait, pour ainsi dire, leur jubilé).

JUGEMENTS *par duels judiciaires.* — L'usage des *combats judiciaires*, au moyen âge, usage barbare, il faut le reconnaître, est néanmoins basé sur une pensée religieuse, ou, si l'on veut, sur un écart de la foi que nos pères avaient dans la justice de Dieu. Ils se persuadaient que sa providence ne pouvait point abandonner le champion de la justice et de la vérité, lorsqu'on le mettait en lutte contre un malfaiteur. C'était donc l'issue du combat qui discernait l'innocent du coupable ; le droit de l'injustice.

Cet usage était tellement dans les mœurs au XIIIe siècle, que le bon et sage évêque Godefroy, le législateur de Cambrai, en fit l'objet de plusieurs articles de sa loi, en 1227. Mais cette loi laissant quelques doutes sur l'applica-

(1. V. *Mém. chron.*, p. 60.

tion du duel judiciaire, une ordonnance vint y suppléer trois ans après, vers 1230.

Le principal article de la loi Godefroy sur les jugements par duel judiciaire, porte : *Ki est vaincus en bataille Campel; on le délivre à punir au prouvost u as prouvos, selon le jugement d'Eskiévins, sauf en autres coses, le droit de l'éveske* (1).

Voici maintenant l'ordonnance qui réglait la forme du combat :

« *C'est li ordonance et li usaiges des apiaus de bataille, campel et de campions de le cité de Cambray.*

» Tout premiers, quant li clains et li arries est fais de nombre et de catel, et dou plus, et sour chou, jours assenés de le justice, en tiesmoins d'eskievins, li justice le doit faire savoir au prouvos et as eskievins; et les doit li justice bien warder, si comme pour lui-meismes;

» Et quant ce vient à le journée ki assise leur est, on doit amener les parties en le cambre de le maison de le pais, par devant le prouvost et les eskievins; et, à le requeste de le justice, li prouvos et li eskievins les doivent aler querre en le maison le justice; et les amaine li justice sous le fiance dou prevost, des eskievins et des siergians.

» Et quant il sont venu en le cambre de le maison de le pais, devant le prouvost et devant les eskievins, li justice se fait quiter de le somme del argent et d'ou plus dont on se tenoit devant à le justice.

» Et dont commence sen apiel, cil ki apieler veut, et met avant ses amparliers les cas, et le vilain fait dont il veut apeler, et toutes ses raisons, si comme il set que boin est.

» Et li autre partie respont et met avant ses raisons, si comme boin leur samlle.

» Et doit li prouvos faire avoer adiès le partie pour cui li amparliers parole.

» Et quant les raisons de cascune partie son ensi mises avant à celi journée, li prouvos et li eskievins font passer les parties outre deviers lo court et bien warder.

» Et li eskievins rewardent et remirent se, par les raisons dites à celi journée, il pueent et doivent l'apel jugier.

» Et s'il voient ke à celi journée li apiaus face à jugier par les raisons dites des parties.

» Li eskievins font revenir les parties devant iaus, et jugent l'apiel et assieent jour as parties pour iaus remoustrer en le cambre de le maison de le pais, à le quinzaine.

» Et s'il avient ke, par les raisons des parties, li eskievins voient ke apiaus ne face mie bien à jugier à le première journée, il font rassir le jour as parties à le quinzaine; et ke s'il vuellent tiesmoignages conduire, k'il les amainent et conduisent devant eskievins là en devens.

« Et dont les remaine li prouvos et li eskievins et li siergiant en le maison le justice, et les recommandent li prouvos et li eskievins, à le justice pour les cors.

» Et quant ce vient à le quinzaine, on les ramaine

(1) Nous donnons la loi Godefroy, dans ce dictionnaire, à son ordre alphabétique. — V. *Loi*.

en le maison de le pais, en le cambre, si come à le première journée.

» Et anchois k'il issent de le maison de le justice, li justice se fait quiter dou péril, deci adont k'on les a ramenés et k'on li a rekierkiés.

» Et quant il sont venu en le cambre de le maison de le pais, à celi quinzaine, devant le prouvost et les eskievins, les parties recordent leurs raisons et se prousentent portant comme il doivent.

» Et se li apiaus avoit esté jugiés à le première journée, on leur rassiet jour à le quinsaine pour revenir devant le prouvost et les eskievins, ensi armés et warnis, comme ils doivent estre ou camp de le bataille, fors ke d'enoindre et de roeignier, et ensi se doivent monstrer et présenter en leurs armes.

» Et doivent li eskievins retenir les bastons pour faire apointier d'une longhece.

» Et se li apiaus n'est jugiés à le première journée, li eskievins doivent jugier à le première quinsaine après, selon les raisons dites des parties et selonc les tiesmoignages ke il ont oïs, se li piaus vaut u non vaut.

» Et se il jugent l'apiel come boin, il leur font rassir jour por iaus moustrer armes, si comme dit est à le quinzaine. Et se li apiaus ne vaut riens, cil ki apele le doit amender enviers le signeur de cent sols de Cambray pour le lait dit; et celui cui il avoit apelé desdamagier dusc'au dit d'eskievins, soit ke li jugemens soit fais à le première journée u à le quinzaine.

» Et quant li apiaus est jugiés, et il se sont monstré armé à le quinsaine, li prouvos, par enseignements d'eskievins, leur rassiet jour à le quinsaine pour faire à le journée chou ke il doivent, se pais ne se fait anchois. K'il soient malet et kil aient crokiet.

» Et dont les ramainent li prouvos et li eskievins en le maison le justice, et les reccommandent à le justice pour les cors à rendre, et metent li eskievins, les armures et les bastons par deviers iaus, et métent les armures en sas et les bullent, par coi on ne les puist cangier.

» Et doivent li prouvos et li eskievins, là endevens, aler veir les campions par plusieurs fies et demander se riens leur faut et faire gieter iaus à leurs bretons par-devant eskievins, et au partir li eskievins, les doivent enorter et prier de pais faire.

» Et se li une des parties u toutes deux demandent à avoir le dépens de le vile souffisamment, par-devant le prouvost et les eskievins, anchois ke li apiaus soit jugiés, li prouvost leur doit livrer souffisamment, tel comme il est estaulis et leurs armures, selonc chou kil est ordené, et il sont tel k'il n'aient pooir de finer ne del avoir par iaus.

» Et se il ne le demandent devant chou ke li apiaus soit jugiés, il n'en doivent point avoir.

» Et dou jour mouvant ke li bataille est jugié, ils doivent avoir le dépens duskes au jour de le bataille, s'ils l'ont demandet, si comme il doivent, ensi comme il est ordené et estauli.

» Et si tos comme li apiaus est jugiés, li prouvos doit faire férir la première ostake dou parc, et en doit avoir li prouvos X, lib. de Cambresien, se on fait pais ; et se on ne fait pas pais, cil ki vaint en vas délivrés, et cil ki apele paie les wans et les verghes des eskievins. Et quant vient au jour de le bataille, li prouvos et li eskievins doivent estre tempre apparilliet à le maison le justice, pour iaus faire armer et apparillier, et warder k'on ne mèce es armures chose ki iestre n'i doivent.

» Et quant il sont armé et roegniet et enoint, li prouvos, li eskievin et li siergiant doivent aler premiers pour celui ki a apelet, et le doivent amener en le cambre de le maison de le pais; et le doit-on mettre au lès deviers le buffet, et reva on pour l'autre tout ensi et le met-on à l'autre lès.

» Et quant il sont ensi venu, li amparlier (1) les présentent devant li prouvost et devant les eskievins pour faire chou k'il doivent, et quant il sont ensi présenté, li prouvos, par enseignement d'eskievins, et li eskievins les mainent ou parc, celui ki apelet à premiers et celui qui est apelés après.

» Quant li prouvos et li eskievins ont menés ensi les campions en camp, et bataille doit i estre, on doit bien warder les campions k'il n'aient pooir d'aprochier li un l'autre, deci adonc k'on leur a commandet à aler ensamble; et doivent li prouvos et tout li sergiant bien estre warni et armé.

» Et premiers quant on est venu au camp, li prouvos et li eskievins mainent les campions un tour, en tour le parc, pour faire prier as boinnes gens pour iaus; et doit aler cius ki a apelet devant, et avec lui li prouvos et une partie des eskievins; et ses bretons (2) porte sen escu devant lui, et après cius ki est apelés et li autre partie des eskievins auvec lui, et ses bretons ki porte sen escus devant lui.

» Et quand il sont revenus à leur tour, on prend celui qui a fait l'apiel et l'amaine on devant les sains ou parc, aussi comme à trois agambées ou à quatre près de l'entrée, et là tient uns des maistres siergians les sains, et uns des eskievins prent le baston de celui ki a apelet et le tient en sa main, deci adonc qu'il a fait sairement : et au faire le sairement, un eskievins, en le présence dou prouvost et des eskievins, prent le main de celui ki a apelet et li met sor les sains et dont li divise on et escarist sen sairement, en le veue et en l'oüe de son adversaire, ki près est, sauf chou k'il ne puet mie à lui avenir et k'on le warde bien.

» Et quant cil ki apelet a afait son sairement, liquels doit estre au lès devers le cauchie, dont li remet on sen baston et sen escu en ses mains et le maine on un petit arière si ke il puist vir l'autre jurer, et le doit on bien warder.

» Et tout en autele manière doit on faire à celui ki est apelés, ki doit i estre deviers le maison de le pais.

» Et quant li uns et li autres a fait sairement, et il ont leur escus et leur baston en leurs mains, on les doit amener l'un près de l'autre et bien warder et tenir les bastons par le korou deseure, et dont doit on faire metre celui ki est apelés sen escus seur sen kief, aussi comme à couverture et bien tenir

(1) Amparlier, avant-parlier, conseiller, avocat, celui qui aide le campion de ses conseils, de sa parole et de ses démarches. — V. Ordonnances des rois de France, I, 261. — Note de M. Leglay.

(2) D. Carpentier, au mot britones, a mal interprété cette expression en la traduisant par conseillers et la confondant ainsi avec amparliers. Les Bretons étaient des espèces de spadassins ou plutôt de batonistes, qui enseignaient aux champions à breter ou à s'escrimer avec le bâton et l'écu. Note de M. Leglay.

sen baston par le debout par deseure l'espaule, et doit un eskievins prendre le baston de celui ki a apelet parmi le moien, sauf chou ke li campions en soit adiès tenans; et doit dire li eskievins, trois fies en crokant dou baston trois fies sor l'escu del apelet : *Droit te quiers*, et en autre tel manière doit on faire al apelet, ki est deviers le maison de le pais, et dire : *Tort me quiers*, trois fies. Et quant tout chou est fait, on doit celui ki a apelet, mener d'une part à sen lès, deviers le cauchie et l'autre d'autre apelet; et leur doit on partir bien à droit le soilleil, si ke li uns en ait autant comme li autres, et dont doivent li prouvos et doi eskievin aler del un à l'autre par trois fies et demander se riens leur faut. Et quant tout chou est fait, li prouvost ou tiesmoins d'eskievins, et par jugement, leur dist k'il voissent ensamble, de par Diu, et facent chou k'il doivent, et don tantos li prouvos et li eskievin issent dou parc et passent outre le cordic et les laissent convenir et vont tout entour; ne ne doit nus demourer entre le cordic et le roillie, fors ke li prouvos et li eskievin. Et doivent li eskievins warder et oreillier et entendre sogneusement ke nus ni mefface ne mesdic sous le ban k'on en a fait.

» Et quant li bataille est faite, li prouvos doit avoir apparillier et porveut au coust mon signeur, keval, goheriaus et trais souffissamment pour celui faire trainer ki vaincus est. »

« *C'est li ordenance estaulie des frais des campions.*

» Li prouvost de par mon signeur doit faire faire tout le parc à sen coust.

» Après, se li campion demandent le despens de le vile et li eskievins dient k'avoir le doivent.

» Li prouvost de par mon signeur leur doit livrer,

» Por 11 bretons, à cascun XL. s. de tornois.

» Por leur armures, à cascun LX s. de tornois.

» Por 11 amparliers, à cascun XL s. de tornois.

» Pour le feure XL s. de tornois.

» Pour leur despens mouvant dou jour ke bataille est jugié, V. s. de parisis à cascun, cascun jour.

» Por le justice pour cascune couple XXVII d. tornois cascun jour, puis le bataille jugié.

» Et est à entendre ke cascun campions en ces despens, ne puet avoir ke 1 breton et 1 amparlier.

» *C'est li sermens de celui qui a apielet.*

» Ce oë li pais et li eskievin, ke tel clain, tel apiel et tel arramie ke jou ai fait sour N., si comme de men N., ke mauvaisement a droit l'ai fait comme cius ki i fui et le vi et oï et senti et m'en convint partir, ne pour péril de mort, je ne lui oisai aidier, se dius m'ait et cil saint et tout li autre.

» *C'est li seremens de celui ki est apielés.*

» Ce oë li pais et li eskievin, ke tel clain, tel apiel et tele arramie ko N. A fait sour mi, si comme de sen N., k'il dist ke mauvaisement je mourdri, à tort l'a fait, et à tort men a apielé, car je n'y fui, ne ne le fis ; se dius m'ait et cil saint et tout li autre.»

Les documents qui précèdent sont consignés dans un livre qu'on appelait le *Livre bleu* ou *Livre de le loy*, manuscrit curieux du XIIIe siècle, maintenant en la possession de M. le docteur Leglay.

JUGEMENTS. — Nous réunissons, sous ce titre, quelques condamnations judiciaires, curieuses par l'ancienneté de leurs dates, et qui ne laissent pas d'être intéressantes au double point de vue de l'histoire des mœurs et de l'étude de l'ancienne jurisprudence.

« L'an 1521, le 27 jour d'avril, y eust une une feme qui fust condampnée à estre fourrée au pilory et puis mise en le mande, et là pendue jusqu'à temps qu'elle aroit copé le corde, et pour che vir, il y avoit plus de mil personnes appuyées autour du flot de l'kayère. »

Cette curiosité du peuple amena un accident dont on peut lire la relation au mot : *Flots*.

« Du 20e jour de juing 1617.

» Vu le procès criminel démené à la charge de Melchior Bertin, faubourtier, demeurant hors la porte neufve, prisonnier, par le quel il est véhémentement suspecté d'avoir abusé de Marie Daubreville dernièrement bannye de cette ville, et d'autres; ensemble atteint et convaincu par sa propre confession d'avoir abusé, durant son mariage, de Barbe Tribout, commettant, par ce moyen, le crime d'adultère; réponses et confessions et dénégations d'iceluy : Messieurs ont condamné et condamnent le dit Melchior Bertin, de tenir prison le reste de cette sepmaine, pour y estre nourri au pain et à l'eau; et le condamnent aussi de faire le voyage de N. D. de Montagû, pour illecq y présenter un cierge de chire du poids d'une livre, et d'en rapporter certificat de l'avoir faict et achevé, à partir dimanche prochain, purgeant despens de son emprisonnement. »

« Du 2e jour d'aoust 1618.

» Jacques Marmouzey chartier de son style, prisonnier chargé d'incontinence, de hanter ordinairement les lieux publics et scandaleux dont il est apparû par information en tenuë avec ses responses : Messieurs, attendu la détention de prison dudit Marmouzey, où, passé trois jours, il aurait vécû avec pain et eau, partie de sa punition, l'ont condamné d'aller faire un voyage à pieds jusqu'à Notre-Dame de Montagû, et illecq se confesser et communier, y faire dire une messe, avecq y présenter aussi un chierge d'une livre de chire, et d'en apporter certificat; avecq commandement de ne plus hanter lesdits lieux, ny avecq personnes mal famez, à peine y récidivant, d'être banni de cette ville et banlieue. »

» Du jour 20e de septembre 1618.

» Simon Dupont dit Misérable, natif de cette cité, prisonnier, pour, en méprisant la crainte de Dieu, s'être oublié que le jour de la Nativité de Notre-Dame, dernière, avoir usé de plusieurs et divers blasphèmes éxécrables et renié le St Nom de Dieu, ce qu'il aurait réitéré cinq à six fois, étant habitué aux blasphèmes; homme oisif, s'adonnant à la boisson, ayant commis autres excès contenus en son procès criminel : Nous prevot et eschevins, avons, icelui Simon Dupont prisonnier, condamné et condamnons, d'avoir, au devant de cette maison de ville, la langue perchée d'un fer chaud, à l'exemple d'autres. »

« Du 28e de juillet 1621.

» Veu le procès criminel de Jean Robalte marqueur, prisonnier, chargé d'avoir usé et proféré plusieurs propos scandaleux et faisant tant contre notre religion catholique sainte appostolique et romaine, que au mépris des princes chrétiens et catholiques, selon qu'il est plus amplement reprins au procès : Messieurs, pour ces causes, ont renvoyé et renvoyent ledit Robalte avec décharge et impugny, lui enjoindant de, par chaque semaine deux fois, se faire catéchiser sur la profession de sa foy, soit pardevant M. le plénipotentier en l'église métropolitaine de Cambrai, le père recteur des Jésuites, où le père gardien des récollets en cette cité. Et par chacun mois, aller à la confesse en l'un desdits lieux, et y recevoir la sainte et sacrée Communion, et ce, par continuation de demian, et de ces debvoirs, en rapporter, par chacun mois, certificat de l'un des dessusdits, purgeant les dépens de son emprisonnement. »

« Du 9e jour du mois d'aout, an 1621.

« Veu le procès criminel démené à la charge de Jean Leprêtre prisonnier, natif du faubourg de cette ville, sur les plaintes et doléances de Marie de Paris sa mère, par lequel il se trouve suffisamment convaincû, tant par témoins, qu'autrement, d'avoir appellé ladite Marie sa mère plusieurs fois, *vielle carogne, vielle b........*, véhémentement suspecté d'avoir dit qu'elle n'était pas sa mère; de *l'avoir battue et inhumainement traitée* et contrainte de quitter sa propre demeure et se mettre ensuite chez diverses personnes sans y oser retourner, pour la crainte qu'elle avait de lui et être en continuelles discussions depuis dix-sept ans et plus avec elle : pour ces causes et autres résultant dudit procès : Nous prevost et eschevins, avons, ledit Jean Leprêtre, condamné et condamnons de comparoir au devant de cette maison de ville avec chemise en blanc, ayant une torche en main, pour, illecq, pieds, tête nues, genoux fléxis et mains jointes, prier mercy à Dieu, à justice et à sa mere, et illecq aller authour de la chapelette sur le marché et rapporter ladite torche dans la chapelle de paix pour y être arse et consommée : ce fait, avons icelui Leprêtre prisonnier, banny et bannissons de cette ville et banlieue de Cambray, par l'espace de trois ans, lui enjoindant de ne médire ni méfaire de fait, de parolle ou autrement à sa dite mère, sur peine de vie. »

« Du 10e jour du mois de décembre 1621.

« Veu, etc., pour avoir enfreint son ban de bannissement ledit Leprêtre, et avoir, de nouveau injurié exécrablement Marie de Paris sa mère : nous prevost et échevins, avons ledit Jean Leprêtre, condamné et condamnons de comparoir et monter sur un eschaffaut au devant de cette Maison-de-Ville, et illecq tête nue, mains jointes et genoux fléxis, prier mercy à Dieu, à justice et à sa mère offensée, et ce fait, baiser l'espée de la justice qu'il lui sera présenté par l'officier des hautes œuvres, le bannissant au surplus sy que le banissons de cette dite ville et banlieue de Cambray, à toujours.

» Laquelle Marie de Paris sa mère, ledit Leprêtre en contrevenant aux debvoirs et respect qu'il lui doist l'a plusieurs fois injuriée de nouveau, nonobstant l'admonition et défense sur peine de la vie a lui faite, par sentence contre lui prononcée le 9 du mois d'aoust dernier ci-dessus. »

Nous renvoyons le lecteur au mot *Boucherie*, pour un jugement très curieux en date du 28 avril 1624, prononcé contre les bouchers de Cambrai qui s'étaient permis une coalition.

« Du 29e jour de juing 1624.

» Messieurs, sur la plainte des voisins de Marguerite Durieu, femme de Michel Thouret, carbonnier de son style, demourant en la rue de le Rose, touchant ses mauvaises conduites, auroit été appellée en pleine chambre, à laquelle il a été fait commandement de se mieux gouverner et maintenir, vivre en paix avec ses voisins; lui mettant en mémoire qu'elle auroit, comme femme incorrigible, été admonestée par mes dits sieurs, de mieux vivre et comporter, lui commandant de, par dedans le jour de St Remy prochain, prendre sa demeure ailleurs et sortir hors de la rue : le tout, sur peine y récidivant, d'être mise hors de cette ville, où telle autre pugnition qu'il plaira, à mesdits sieurs, ordonner. »

« Dudit jour.

» Jacques Flament, chavetier de son style, appellé pardevant Messieurs en pleine chambre, commandement lui a été fait, ledit jour, de ne plus hanter ni converser avec ladite Marguerite Durieu, à peine d'estre chastié et pugny, comme aussi de ne plus battre ni molester sa femme, ains, vivre en toute paix et amitié ensemblement. »

« Du dix-neufviésme de juing 1627.

» Veu le procès criminel faict à Bon Boniface homme marié se disant natif de cette ville, eaigé de trente-six ans ou environ, prisonnier; les informations préparatoires tenues à sa charge; ses réponses aulx interrogatoires à luy faictes; ses confessions, variations et dénégations ; les recollements et confrontations d'aulcuns tesmoins contre luy ouys ; l'acte par lequel il a esté admis à ses justifications ; aultre par lequel il a déclaré n'en avoir aulcune à faire, et celuy des conclusions prinses contre luy d'office et tout ce que faisait à veoir et considérer mouvoir peult et doibt. Nous prevost et eschevins, disons et déclarons jceluy Bon Boniface suffisamment atteint et convaincu, tant par les dépositions des susdits tesmoings, que par ses confessions propres et volontaires, d'avoir depuis environ deux ans, robbé nuictamment en la maison de la dame Debaratte diverses parties de mœubles, d'avoir esté a la maison que l'on dict *la Folie* aussy de nuit et y desrobbé semblablement plusieurs parties de meubles le 7 may de l'an dernier passé, d'avoir aussy dudepuis desrobbé diverses parties de meubles en certaine maison de Richard Dehennin vers Prouville, d'en avoir encore robbé ailleurs en le maison de George Pierquin vers *La Buse*, aultres en la maison de Messre Guillaume Bernard vers Cantimpret, aultres en la maison de Catherine Oudard veuve de Jean Roulcourt et aultres en la maison de Mre Jean Crul, hors la porte Noeuve; tous jceulx larchins faicts et commis de nuict en la compagnie de Nicolas Joly avec force et fraction par luy et ses complices faicts tant aulx haïes, qu'aulx portes, ferrures, pentures, fenestres ou voiriers desdites maisons pour entrer en jcelles : d'avaintaige véhémentement suspecté d'avecq ledict Nicolas Joly avoir esté nuitamment depuis environ un an en ceste saison en certaine terre d'Adrien Cuissette vers la prédicte maison de *la Folie*, et illecq, avoir battu la navette y croissante et là mis en deux sacqs pour la desrobber et emporter comme ils eussent faict sans le rencontre et empéchement d'aulcuns sergeans ; suspecté au surplus d'encore aultres larchins et mésus et communement tenù et reputé homme de mauvais vie, larron et vivant à l'advantaige, crainct et redoubté d'un chacun : Pour ces causes et aultres resultantes dudict procès, l'avons condampné et condampnons d'estre pendù à une potence et y estranglé tant que la mort s'ensuive à l'exemple d'aultres. »

« Du 19e jour d'aoust 1627.

« Pierre de Groulle officier des hautes œuvres en ceste ville de Cambray, prisonnier criminel pour se estre advancé depuis environ douze jours, de, sans ordre de justice ni qu'il luy apparût de condampnation préalable, faire barbier (raser) en sa maison par un sien fils, précèdemment maistre des haultes œuvres de Douay, deux certaines femmes de la résidence de Favroeil, les visités de toutes pars, et d'avoir donné attestation à ceux qui l'en ont requis qu'à l'une d'icelle il avoit trouvé certaine marque semblable à celles qu'ont esté suspectées de sortilège, et qu'en icelle il avait mis une espingle jusqu'à la tête au désceu de la dite femme ; et qu'à l'autre, il n'avoit recogneu chose semblable ; ayant encore faict le mesme durant le karesme dernier à l'encontre de cinq aultres femmes et filles de la résidence de Longuevalte et à l'environ et mesme prins et reçu, par composition, notable somme de déniers pour ce faire, de ceulx les ayant enmené en sa dicte maison ; estant d'ailleurs véhémentement suspecté d'avoir encore, contre le serment qu'il at presté de s'acquiter fidèlement de sa charge, faict divers aultres compositions semblables en l'exercice de son office ; homme au surplus haut à la main et fort présomptueux, s'estant ingéré, en l'an 1619, d'enfermer en sa maison certaine femme bourgeoise de ceste ville et la traiter inhumainement ; l'insultant de plusieurs propos injurieux et scandaleux en lui faisant plusieurs menaces si elle n'obtempéroit à sa demande, s'estant aussy, par diverses fois, permis de quereller contre plusieurs bourgeois de ceste ville, et les menaça de les malmettre de son espée, au premier refus qu'ils luy faisoient. Pour raison de quoi et de plusieurs aultres insolences et oultrages par luy commises, luy auroit ordonné, l'an mil six cent vingt et le faict connu évidemment en ceste chambre, de sortir de ceste ville, ce que toutes fois à ses instentes prières et promesses de mieux vivre à l'advenir, auroit esté suspendu : à quoy néanmoins il n'auroit laissé de contrevenir diverses fois du depuis. Pour ces causes et aultres reprinses en son procès criminel ; nous prévost et eschevins prenant aultre fois regard à la promesse qu'il a reiteré ceste fois de s'abstenir pour jamais de semblables faultes et excès, l'avons renvoyé impugny avecq les charges, l'admonestans sérieusement qu'à la première faulte ou contravention qu'il luy arrivera de commettre, pour petite qu'elle seroit ; indubitablement sera exécuté contreluy le commendement que luy at esté faict cy devant de sortir de ceste ville et aultrement pugny selon la rigueur du cas, sy luy est faicte très expresse défense de faire plus cy après aulcune visite de personne telle que dessus, ne fust par charge expresse des juges en ayant la charge. »

« Du 9e jour de mars mil, six cent, vingt huict.

« Veu le procès criminel faict allencontre de Robert Bourdon natif de cette ville eaigé de dix huict à dix nœufs ans, tailleur de son style, prisonnier ; les informations tenuës à sa charge ; l'ordonnance de prinse de corps contre luy décrétée, les interrogatoires a luy faicts, ses responses, variations et dénégations, ses recollemens et confrontations desdits tesmoings contre luy oys avecq les debvoirs par luy faicts à sa justification, par lequel procès, jceluy prisonnier se trouve atteint et convaincù de s'estre tant oublié par un dimanche troisième may de l'an 1626, estant sur les huict heures du soir en la grande rue Aubeinche, vis à vis la maison d'un Jean-Paul, son beau frere, dire et proférer méchamment et malicieusement plusieurs vilains propos et blasphemes exécrables en despect de l'obligation et honneur qu'il doit à Dieu et à la sacrée Vierge Marie et spécialement réiterer par plusieurs fois qu'il regnoit Dieu et sa... mère : Pour ces causes, et aultres reprinses audit procès criminel, nous prevost et eschevins, en préférant grace a la rigueur de justice audit Robert Bourdon prisonnier, eû esgard à sa jeunesse et que lors il estoit fort prins de boisson, l'avons condampné et condampnons de comparoir en jugement en chemise blanche, teste et pieds nuds, tenant un chierge ardent ès mains, et illecq, genoux fléchis, cryer mercy à Dieu, à la sacrée Vierge Marie et à la justice : déclarer qu'il luy déplait grandement d'avoir proféré lesdits blasphemes sy énormes et qu'il en demande pardon; puis, en même état, aller faire pareille réparation audit lieu où il a commis lesdites offenses, comme aussy en l'église Métropolitaine de ceste ville devant l'image de Notre-Dame-de-Grace et y laisser ledit cierge pour y estre are et consommé durant le saint service divin, à l'exemple d'aultres.

» Laquelle sentence a de point en point illico esté mise à exécution. »

Tous les jugements rapportés ci-dessus sont extraits d'une farde de pièces de ce genre, d'une ancienne écriture, et qui font partie de notre collection particulière.

JULIEN (HOPITAL ST-). — Cette maison hospitalière, la première qui fut fondée à Cambrai, doit son commencement à Ellebaud Le Rouge qui, pendant la seconde moitié du XIe siècle, la fit construire *dans son pourpris, ou plustost joindant les murailles de son palais* (1). L'évêque Gérard, second du nom, neveu de Liébert, agrandit et dota le même hôpital, y dédia une chapelle et y fonda des messes.

Environ un demi-siècle plus tard, en 1120, Burchard, évêque de Cambrai, et Wirembaud, riche bourgeois qui désirait augmenter l'œuvre d'Ellebaud Le Rouge, ajoutèrent encore à cette maison de nouvelles et vastes constructions, ainsi que de riches dotations. En 1122 le même évêque rendit un décret par lequel il défendait à tout séculier et ecclésiastique de troubler l'hôpital St-Julien, dans la possession de ses aumônes, de ses alleux, de ses dimes et de ses terrages (2). « Decrevimus
» etiam ut in elemosinis, alodiis, decimis,
» terragiis et cæteris rebus ad hospitalitium
» pertinentibus, *nec episcopus*, nec persona
» quælibet secularis aut canonica minuere et
» defraudere aliquid ulterius presumat, neque
» hereditarie et per successionem de his
» aliquid requirat, sed in perpetuum augmen-
» tent usibus pauperum profutura, etc. »
M. Leglay qui reproduit, dans son *Glossaire de l'ancien Cambresis*, la charte dont nous venons de donner un extrait, fait remarquer que Burchard n'y fait nulle mention d'Ellebaud

(1) On sait que Ellebaud Le Rouge, à la charité duquel on doit tant de bienfaits et de fondations pour les églises et pour les pauvres, possédait une magnifique habitation dans le voisinage de St-Julien. — V. Palais (petit).

(2) Un autre décret de Burchard, en date de 1123, donnait à St-Julien un défenseur de ses intérêts, et réglait les peines à infliger à ceux qui lui feraient quelque tort. *Glossaire du Cambresis*, p. 38

Le Rouge comme fondateur de l'hôpital St-Julien, dont il attribue l'origine à ses prédécesseurs : « a predecessoribus nostris fundatum. » Il ne faut pas s'étonner de cette omission. Nous en avons trouvé maint exemple dans des cas analogues. Ces fondations pieuses et bienfaisantes ne se faisaient pas sans le concours ou sans l'intervention de l'autorité ecclésiastique. Le bienfaiteur fournissait le terrain, pourvoyait aux constructions, à la dotation; l'évêque, quand il ne donnait rien de ses deniers, était du moins dans l'usage d'imposer la règle et autorisait l'érection de la chapelle. De sorte qu'il se trouvait ordinairement associé à l'œuvre, et que, s'il n'était pas de rigoureuse justice de taire le nom du fondateur, du moins n'était-il pas faux de citer le nom de l'évêque. Quoi qu'il en soit, trop de chroniqueurs s'accordent à reconnaître Ellebaud Le Rouge comme le premier fondateur de la maison de St-Julien, pour que cela fasse à nos yeux le moindre doute.

Quant au bourgeois Wirambaud de la Vigne, il est également incontestable que non-seulement il dota de ses biens le dit hôpital, mais qu'il s'y dévoua lui-même au service des pauvres malades. Cet homme vertueux était marié et avait trois fils et une fille. Toute cette famille, mue par un prodigieux sentiment de piété, voulut se consacrer au service de Dieu. L'épouse de Wirambaud se retira dans une abbaye de femmes; deux des fils furent chanoines à St-Aubert; le troisième religieux à l'abbaye du St-Sépulcre, la fille entra dans un couvent de Reims, et le père, comme il vient d'être dit, prit le tablier d'infirmier dans l'hôpital où il mourut en 1123.

Dans l'origine, l'hôpital de St-Julien, aujourd'hui desservi exclusivement par des sœurs Augustines, était tenu par des frères et des sœurs vivant en commun; d'abord, probablement, sans autre règle que l'inspiration de leur charité, ensuite sous un règlement qui leur fut donné par le chapitre de Notre-Dame en 1220.

Cette pièce intéressante est rapportée en latin avec une traduction romane dans le *Glossaire du Cambresis*. Nous donnerons ici la traduction, parce qu'elle sera à la portée d'un plus grand nombre de lecteurs que ne le serait l'original.

Règle primitive de l'hôpital St-Julien à Cambrai (1220).

« S'ensieut le anchienne et premieraine constitution de la rigle et forme de vivre des frères jadis et sereurs servant pour Dieu et ministrans aux povres malades en le hopital de St-Julien à Cambrai.

» R. prevos, et Doiens, et tous li capitele de Notre-Dame de Cambrai, à tous chiaus qui ceste presente lettre verront, salut en nostre seigneur. Congnute cose soit à vostre université que à l'onneur Dieu, medame sainte Marie, auvec le salut des armes, nous avons ordené en no capitele, de commun assentement des frères, en ce jour avons estauli sans nul reclaim, une manière de vivre en l'ospital St-Julien de Cambrai soubz ceste fourme : s'aucuns crestiens se soit offert à nostre seigneur à sergant en l'ospital St-Julien, ne doit mie estre recheues en frère et en sereur ; s'ait conversé entre les frères et les sereurs et esprouvés par VI mois, et s'ait coneu le labeur de le maison et le manière de vivre. A dont nous otrions, s'il plaist no capitele, qu'il renonche au siècle, et à propre, et à propre volenté et face veu de continenche, c'est casteté, et de povreté et d'obédience, et méche se main sur l'estole en main de prebtre pour faire le veu devant dit, et sous lui il eslieve le fais d'obédience.

» Des vestures nient colourées doivent estre li frere et li sereur vesti en une fourme ; mais les sereurs doivent porter par jour gris escapulaires ou noirs sous leurs côtes.

» Refroitoir, dortoir et autres officines doivent avoir li frere par yaus, et les sereur pas esses ; li freres auvec se sereur ne doit mie ameller en saule ses secrés ne se paroles. Li frere ne doit mie seir avec se sereur seul à seul que soupchons n'en puist naistre de mal. Li frere et les sereurs doivent estre repeut de communs boires et de communs meigniers, se aucune cause d'acession y soit sousentrée par enfermeté u par negligence des personnes.

» Nulle personne ne doit estre rechute à frere ne à sereur, fors à ministrer les malades, et as aultres coses nécessaires de la maison. Une saige personne y soit trouvée par l'especial congiet de capitele. Nulz des freres ne des sereurs ne doivent mie issir des sens de le maison sans certaine cause et licence de sen souverain. Si suer a congié ne doit mie aler par le cité sans temoignage et sans compagnie d'austre sereurs u d'onneste personne. Nus des freres et des sereurs huers de la maison, en quelconques lieues qu'il soient en Cambrai, ne doivent megnier ne boire que deux fies.

» En dortoir, en oratoire et en refroitoir doivent li freres et les sereurs tenir silence ; mais s'aucune besoine nécessaire entre le megnier constraint auscun de parler, il se doit lever, et en estant die brièvement chou que li necessités li demande. Li frere et li sereurs doivent, cascune semaine, au mains une fie estre en le capitele des necessités de le maison et des oustrages, s'aucun i sont à amender. Des outrages il doivent estre puni en leur maison en satisfaction, u en mettre huers à l'ordenanche du procureur de chili hospital et dou conseil dou capitele, se besoins estoit. Nus home ne doit estre rechus auvec se femme. Cil qui aront aprins lettres u qui saront l'orison dou dimenche, il diront, selonc l'ordenanche dou procureur, chou qu'il saront. Li malades doit estre rechus benigment, et ensi que li sires de le maison, doit estre repeus cascun jour devant chou que li frere ne les sereurs megnienchent, selonc leur enfermeté ; et se aucune cose vient ou desir dou malade, on le doit querir, s'on le puet trouver, parsique ce ne soit contraire cose au malade, selonc le pooir de le maison ; et chou doit on faire parfaictement dusques à dont qu'il soit restaulis en santé. Li malades doivent estre wardé soigneusement. S'auscuns des convers ait esté convins à propre, il doit être griement punis. Mais de tes défaut, on en doit faire comme d'escumenüet, et sans divin office doit estre ensevelis. Tel malade soient rechutant seulement que de tel maladie sont empesehiet qu'il ne peuvent aler mendier d'uis en huis. Li canones procureres de cele maison il ordonne sur toutes ces coses et sour celles à venir, aussi comme il ara coneut à avenir, et des doutanches et des grans coses, rekeure au capitele. Et pour ce que ceste ordenanche demeure ferme, nous avons fait sceller ceste presente lettre de no scel, et ce fu fait l'an de l'incarnation de nostre seigneur Jhesu Christ mil cc.xx, ou mois de may. »

Les statuts de la maison de St-Julien furent renouvelés en 1499 et en 1575. Ces deux règlements qui reposent aux archives du nord ne concernent plus que les sœurs Augustines. Alors il n'y avait plus de *Frères* à St-Julien (1).

Nous donnons intégralement le règlement de 1499, parce qu'il reste comme la consécration du nouvel ordre de choses qu'amena dans l'hôpital St-Julien la suppression des *Frères*.

(1) En 1564, quelques-unes des Augustines de St-Julien furent appelées pour réformer l'hôpital d'Arras.

Statuts de l'année 1499.

« Prevost, doyen et chapre de l'église de Cambray, a tous ceulx que ces présentes lettres verront, liront ou orrônt, salut en notre Seigneur. Sâchent tous que du mois de may mil deux cent et vingt, à l'hônenr de Dieu, de la benoite vierge Marie, de tous les saints aussi et pour le salut des ames, nos confrères et predecesseurs dung cômun assentement sans aulcune reclamation aux freres et seurs de l'hôspital St-Julien de Cambray, qui pour ce temps y estoient, ou seroient au temps advenir, avait ordonné en icelui une manière de vivre et sambleblement avoir baillié une rigle laquelle les dits freres et seurs, en icelui lieu, debvront garder. Mais pour ce que le nom des frères cesse oud. lieu et les seurs seules desjà longtemps sont oud. lieu, ministrans et servans aux poures. Mesmes considerons que la manière de vivre et rigle devant dites ensamble et du teneur d'iceulx et intention on est aulcunement dechu et venu al arrière. Usans d'autorité samblable à nos predecesseurs et de pareille raison esmis en renouvellant la rigle avant dite et manière de vivre oud. lieu et par petites additions le augmentant. Aux dites seurs les articles et forme cy apres descriptes pour tout observer, les declarons soubz ceste forme et teneur.

» Se aulcune catholique Vierge sest offerte à servir Dieu en l'hospital St-Julien de Cambray, elle ne doibt estre receue a sœur jusques a ce qu'elle ait conversé et estre approuvée entre les sœurs l'espace de six mois, et quelle ait experimenté les labeurs, veilles et sollicitudes de la maison tant entour les poures et malades comme entre les aultres cômunes besongnes de la maison dite. Et s'il est que elle soit trouvée de mœurs et approuvée conversation, semblablement de forte et robuste corpulence. Adont du consentement de nre chapre elle sera receue aux vœux accoustume de faire en la dite maison; c'est a scavoir a renoncier au siècle et a sa propre volenté, et en faisant samblablement le vœu de continence. La quelle en solennizant les dis vœus selon lancienne coustume, mettre ses mains soubz lestole entre les mains du prestre qui iceulz vœux recevra, les quels elle prononcera de bouche et de cœur selon la forme qui cy ensieut.

« Je N..... voue et prometz a Dieu, a la
» benoite vierge Marie, a monseigneur St-
» Julien et a tous les saints, garder en ceste
» hospital et habit, castete, pourete et obe-
» dience a mes seigneurs de chapre de Cam-
» brai, mes seigneurs souverains, jusqu'a la
» mort. »

« De vestures non coulourees seront vestues les dites sœurs, d'une meisme forme et maniere, et dessus leurs vestemens porteront scapulaire de noire couleur.

» Nulle personne ne sera receue en sœur fors a ministrer et servir les malades. Neantmoins lune dicelles ou quelque aultre personne ydone et discrete a procurer les aultres utilitez de la maison, par lespecial congie de nre chapre y sera instituée. Laquelle tous les ans, lendemain de la nativité de St Jehan Baptiste, ou quel temps on celebre nre chapre general, sera tenue en signe de temporele et non perpetuele administration presenter les clefs du dit hospital en nre chapre. Et lors on veoit qu'il fust oportun et expedient, on le porroit redintegrer, entretenir et continuer a la cherge de la dessus dite administration et procuration, ou une aultre, soit sœur ou quelque personne ydone et discrete, sera en son lieu de nouveau instituée.

» Nulle des sœurs ne doibt issir hors du pourpris et closture de la maison en courant par les rues, places et maisons d'autrui sans cause raisonnable et licence de son souverain ou de la sœur qui, par chapre, a ce sera deputee et ordonnee. Et lors que ara faculte et permission de aler côme dit est, ny doibt pas aler sans tesmoignage et compaigne d'une des sœurs ou d'aultre honneste personne.

» Nulle des sœurs en quelque lieu qu'il soit, ne prende refection dehors l'hospital, se ce n'est de la grace et especiale permission du maistre.

» En l'oratoire, refectoire et dormitoire, doibvent les sœurs tenir silence, se grande necessite ne les contraint. Du quel cas la sœur ainsy contrainte de parler se levera, et en estant toute droite dira en brief ce qu'il semblera estre expedient.

» Les sœurs chascune sepmaine une fois se assembleront en leur chapre pour traitter les affaires de la maison et aussi pour corriger leurs exces en charite et fraternele dilection. En se faisant sil advenoit que aulcune des sœurs pour son demerite fust trouvee a corriger plus durement que de parolles, soit punis dedans la maison par satisfaction. Ou se la gravite du crime commis le requeroit, soit mise dehors par l'ordonnance du maistre et du consentement de chapre.

« Les sœurs qui scevent lettres, comme le

psaultier, heures N.-Dame, vigiles, commendaces et telz suffrages, ou loraison dominicale avec *Ave Maria*, diront ce qu'il leur sera enjoint par leur maistre ou la sœur a laquelle il ara de en ordonner commis sa puissance.

» Se aulcune des sœurs est convaincue que elle ait *propre* (1), soit griefvement punie, et de tel et grant exces soit delle fait comme dung excomunye, et si avant, que sans office divin soit ensevelie.

» Le malade que de telle maladie est empeschie qu'il ne pœut mendyer d'huis en huis, benignement soit rechupt, et ainsi que le seigneur de la maison, chûn jour ainchies que les sœurs prendent leur repas soit refectionne selon la maladie et qualite dicelle. Et se aulcune chose se ingere et vient au desir du malade, on le doibt querir, porveu que ce ne soit point chose contraire a sa maladie. Et se doibt estre habondamment fait et plainement selon la faculte et puissance de la maison, jusques adont qu'il soit restaure en santé.

» Les malades, en toute diligence soient gardez et en les servant ne soient pas par les sœurs de dures paroles ou griefves exasperez, mais plus tost soient consolez de doulz et pitoiables mots, en leur mettant au devant parolles de sainte exhortation que patiâment ils soutiennent la verge de Dieu. Que benignement et en rendant graces, ils rechoivent les benefices et biens de la maison et payent Dieu devotement pour les bienfaiteurs dicelle maison.

» Et pour ce que de la derniere heure de nre vye, nous sommes tous incertains, mesmes les poures malades qui sont desja couchans es litz de l'hospital, souvent de plusieurs griefves maladies sont empeschiez, dont par naturele conjecture sont estimetz plus prochains de la mort, affin que sans recepvoir les sacremens de l'église par especial sans faire confession sacramentele ne voyent de vye par mort; nous volons que les sœurs amonnestent les dis malades et poures a leur entre ou dit hospital, de faire au prestre confession sacramentele, affin que se la maladie engriefve en eux, plus seurement soy confient de passer a Dieu le createur.

» Le chanoine maistre deputé par le chapre a la superintendance et gouvernement de l'hospital, ordonnera sur toutes les choses dessus dites, tant presentes comme advenir selon qu'il congnoistra estre plus expedient. Et des doubtes et choses haultes, ara recours en chapre, auquel appartient telles matieres et difficultez jugier.

» Et affin que ceste presente ordonnance et rigle soit a toujours ferme et estable, avons ceste presente lettre fait sceller de notre grant et solennel scel.

» Donnee a Cambrai en nre chapre general, en lan nre Seigneur mil quatre cens quatre vingts dix et neuf, le quatriesme jour du mois de novembre. »

Les bâtiments de l'hôpital St-Julien se composent aujourd'hui de deux vastes salles de malades d'une grande élévation, qui en ont fait un des établissements de ce genre les plus salubres, d'un grand corps-de-logis, encadrant une cour spacieuse, d'une construction dite la grange, et de divers communs, salle de bains, etc.

La plus spacieuse des deux salles de malades est séparée en deux parties inégales par une belle grille en pierre, du commencement de la renaissance et qui peut passer pour un véritable chef-d'œuvre d'architecture.

La partie de la salle du côté de l'est forme la chapelle proprement dite : là sont l'autel et les stalles du chœur. La partie de l'ouest qui est la plus grande contient les lits où l'on place les femmes malades.

Nous n'essaierons pas de faire la description de la grille de St-Julien, un dessin seul pourrait bien faire connaître ce magnifique morceau d'architecture. Nous dirons cependant qu'elle se compose d'un soubassement et d'un couronnement soutenu par huit piliers, dont les deux extrêmes sont accolés aux murs de la vaste salle. Ces piliers sont de la même matière et ornementés dans le même style que les autres parties de la clôture. Les intervalles en étaient remplis, autrefois, par une série de balustres ou colonnettes en cuivre, qui, posant sur le soubassement, recevaient dans leur partie supérieure, les retombées de petites arcades élégantes qui soutiennent elles-mêmes le couronnement du monument. L'intervalle du milieu qui sert de porte, était surmonté d'un beau crucifix. Tout le couronnement était garni d'une série de pinacles en forme de frontons à jour, surmontés de statuettes.

Cette belle clôture était un des monuments

---

(1) *Convicta de proprio* ; convaincue d'avoir conservé quelque chose en propre. — Il était, et il est encore expressément interdit aux religieux qui ont fait vœu de pauvreté, de conserver quoi que ce soit en propriété privée, même de l'argent. L'infraction au serment de pauvreté était punie par les peines les plus sévères.

les plus remarquables de Cambrai, alors même qu'on citait la ville épiscopale comme un musée de chefs-d'œuvre de l'architecture chrétienne. Julien de Lingne dit quelque part qu'elle fut faite en 1542. La nef dans laquelle elle est placée avait été reconstruite, en grande partie, en 1538.

Julien de Lingne dit encore formellement que la clôture dont il vient d'être question est en marbre noir. N'ayant pu vérifier le fait, nous avons, suivant la tradition, écrit autre part qu'elle est en pierre bleue. Néanmoins il est à remarquer que les quatre grandes colonnes qui supportent le dôme dans l'église de St-Aubert, et que l'on croit généralement être en pierre bleue, sont cependant du plus beau marbre noir, non poli. On peut s'en assurer par un petit espace qui a été poli sur l'une de ces colonnes, et qui donne l'échantillon du marbre dont elles sont faites. Il en est peut-être ainsi de la grille de St-Julien, et dans ce cas, il suffirait d'un poliment pour lui donner un grand éclat. Au reste, il est à désirer qu'une restauration intelligente rende à cette œuvre d'art ses colonnettes et les statues qui ornaient son couronnement.

Dans la grande chapelle dont la clôture de pierre séparait le chœur de la nef, il existait de belles verrières de couleur. L'abbé Tranchant nous apprend que l'une d'elles représentait l'histoire de Gédéon et la naissance de J.-C. Elle avait été donnée par Hugo de Capella, trésorier de l'église de Notre-Dame.

Une autre que l'on devait au doyen Philippe Majoris, décédé le 9 mars 1555, représentait l'entrée de Notre-Seigneur à Jérusalem.

Une troisième représentait Jésus au jardin des Oliviers.

Sur une quatrième on voyait le Sauveur portant sa croix.

Et enfin une cinquième représentait l'apparition de Jésus à Madelaine, après sa résurrection.

Un petit clocher à l'usage de l'hôpital fut érigé au XVIe siècle (sans doute sur la chapelle). Il contenait une cloche fondue à Douai et portant le nom de Julienne. — *Julien de Lingne*. — Alors la chapelle ne servait probablement point aux malades; car Julien de Lingne, qui écrivait au commencement du XVIIe siècle, dit que « la salle des malades fut où est la grange. »

La seconde salle des malades, celle consacrée aux hommes, fut aussi, dans son origine, une chapelle. En décembre 1732, les religieuses de St-Julien obtinrent du chapitre métropolitain l'autorisation de faire construire une chapelle pour leur usage particulier. Sans doute alors les sœurs ne croyaient pas pouvoir se contenter de la chapelle commune dont la nef était depuis longtemps consacrée au séjour des malades. On construisit à cet effet la chapelle qui longe la rue du Temple, et sous laquelle est une belle pièce souterraine où existent les caveaux funéraires des anciennes religieuses de St-Julien. L'achèvement et la bénédiction du nouvel édifice eurent lieu en 1734.

Il avait existé, avant cette époque, une petite chapelle souterraine de St-Julien, dite *sub scalâ (sous l'escalier)*, nous ignorons quel était exactement l'emplacement de ce pieux monument.

Le grand corps-de-logis renferme la lingerie, les cuisines, le parloir et le réfectoire qui est une salle très-remarquable par ses riches boiseries et par les tableaux qu'elles encadrent. L'étage contient les cellules des religieuses, et de longs corridors qui conduisent à ces cellules.

La grange, *où fut la salle des malades*, à une époque très-reculée, est maintenant coupée par un étage où l'on a établi les femmes incurables.

Non loin de cette grange, sont des constructions voûtées, qui servent aujourd'hui de buanderie et qui furent autrefois à usage de *brasserie*; car l'hôpital St-Julien était pourvu de tout.

Non-seulement il faisait sa bière, mais il avait sa ferme. On trouve, par exemple, dans des comptes de 1360, qui reposent aux archives hospitalières de Cambrai, qu'on élevait dans l'hôpital des *vakes*, des *géniches*, des *buefs*, des *moutons*, des *pourchiaux*. Ces animaux servaient à l'alimentation de la maison, leurs *piaulx* étaient vendues au profit de l'hôpital.

Vis-à-vis la porte d'entrée, se trouvait ce qu'on appelait alors le *Pré-de-l'Atre-St-Julien*. On y avait pratiqué des écuries et hangards pour les *quevaulx*, *cars* et *carettes*. En un mot, tous ces bâtiments constituaient une ferme, dont le beau colombier existe encore aujourd'hui et porte la date de 1633. Il est d'ailleurs très probable que ce colombier en remplace un plus ancien. La grande ferme dont nous parlons était située entre la rue des *Cygnes*, autrefois des *Truands*, la rue *St-Julien* et la ruelle de *Biaurepaire*, dont une grande partie a été annexée aux jardins qui y touchaient, et dont il ne reste que le warechaix qui sépare les bureaux actuels de l'administration des hospices, de la maison de l'aumônier de St-Julien (1).

Un véritable *tunnel* conduisait de la cour de l'hôpital St-Julien à la ferme, en passant sous la rue. Il unissait ainsi les deux parties de ce grand établissement, par une pente douce qui en permettait l'accès aux bestiaux. L'hôpital proprement dit, était autrefois complétement isolé entre la place Ste-Croix, les rues de St-Julien, du Temple, et un prolongement de la rue des Cygnes qui, sous le nom de *petite rue St-Julien*, joignait la grande rue du même nom à la rue du Temple, et séparait l'hôpital des maisons qui occupent l'emplacement de l'ancien palais d'Ellebaud Le Rouge. Aujourd'hui cette petite rue, murée à ses deux extrémités, sert de préau aux convalescents de l'hôpital.

En 1848, la ville de Cambrai a fait ériger, dans la partie extrême du jardin de la ferme de St-Julien, une salle d'asile qui prend son entrée dans la rue des Cygnes.

Tous les bâtiments et dépendances de St-Julien vont changer de destination. Un nouvel hôpital plus vaste et aussi salubre, commencé en 1854 sur une propriété de la commune où étaient les écoles d'art, doit bientôt remplacer celui dont nous venons de faire l'histoire. La ville, en cédant le terrain où s'élève le nouvel hôpital, a reçu en échange toute la vieille maison de St-Julien avec le vaste terrain qu'elle occupe. Ainsi va disparaître de cet emplacement le plus ancien établissement hospitalier de la ville, après y avoir subsisté l'espace de près de huit siècles.

On trouve de courtes notices sur l'hôpital St-Julien de Cambrai dans les ouvrages suivants. — † Ms. 658, art. 26. — § M, 4, p. 70. — *Cameracum christianum*, p. 371. — *Histoire de Cambrai*, par l'abbé Dupont, part. Ire, p. 113. — *Hist. de Cambrai*, par Le Carpentier, part. II, p. 527.

JURÉS *composant le Sénat de paix.*—V. *Magistrat.*

JURIDICTIONS. — V. *Justice.*

JUSTICE.—*Juridictions diverses.*—Il y avait dans Cambrai plusieurs siéges de justice indépendants les uns des autres. Cette diversité de juridictions s'explique par les origines distinctes des pouvoirs qui s'y sont établis. La ville de Cambrai n'appartint pas d'abord à un gouvernement unique. Son centre primitif fut l'église et un certain nombre d'habitations qui se groupèrent à l'entour. Cette circonscription forma l'étendue du ressort de l'évêque de Cambrai. Plus tard, de riches monastères furent fondés dans le voisinage, sur des biens particuliers qu'on leur donnait en dotation. Les abbés avaient la juridiction de ces biens où furent érigées aussi des habitations qui demeurèrent soumises à la même justice que lesdits biens. Un fief dit *la Feuillie* conserva de la même manière son autorité de justice sur quelques maisons qui le composaient dans Cambrai. Quant à la justice du Magistrat, elle fut une conséquence de la création des *Jurés*, plus tard de l'Echevinage.

Lorsque ces domaines différents furent enfermés dans la clôture de la ville, et formèrent ainsi une cité unique, les droits de chacun subsistèrent; et alors devint plus sensible cette disparate de juridictions qui pourrait étonner aujourd'hui; raison pour laquelle nous avons cru devoir donner la courte explication qui précède.

Nous dirons ce qu'étaient ces juridictions diverses à l'époque qui précéda la révolution française; et pour cela nous nous aiderons d'un excellent travail publié par l'abbé Expilly dans son dictionnaire géographique. C'est dans les vieux livres que nous aimons surtout à puiser l'enseignement de la génération moderne.

Les *Justices* de la ville de Cambrai étaient celles: 1º de l'Official; 2º du Magistrat; 3º du baillage de la Feuillie; 4º du baillage du Cambresis; 5º du baillage du chapitre de l'église métropolitaine; 6º du baillage et prévôté du chapitre de Saint-Géry; 7º du baillage et prévôté du chapitre de Sainte-Croix; 8º du baillage et prévôté de l'abbaye de Saint-Aubert; 9º du baillage et prévôté de l'abbaye du Saint-Sépulcre.

L'*Official de l'archevêché de Cambrai* exerçait deux sortes de juridiction: l'une ecclésiastique ordinaire et l'autre civile. Comme juge ecclésiastique, il avait le droit de connaître de toutes les affaires, qui, dans les autres diocèses, appartiennent également aux officiaux; comme juge civil, il pouvait connaître de toutes les affaires en matières personnelles dans la ville de Cambray, dans le pays de Cambresis et dans la ville du Château-Cambresis, où il était permis aux habitants de se pourvoir en action personnelle, ou pardevant le Magistrat, ou pardevant l'Official. Quant l'Official jugeait

---

(1) Les bâtiments où sont établis les bureaux ont été construits en 1666.

en matière civile, il était obligé d'en faire mention dans ses jugements, et alors les appellations en étaient portées au parlement de Douay; au lieu que lorsqu'il jugeait en matière ecclésiastique, l'appel de ses jugements se devait relever pardevant le juge supérieur ecclésiastique qui était le Pape.

La Magistrature de Cambray était composée d'un prévôt (qui faisait les fonctions de semonceur, ou plutôt qui ne faisait que requérir, comme un procureur du roi, dans les affaires criminelles et de police) : de quatorze échevins, de deux collecteurs, de deux conseillers pensionnaires, de deux greffiers et d'un receveur. Les échevins étaient renouvelés tous les ans en vertu d'une commission du roi adressée au gouverneur et à l'intendant de la province (1). Quant aux autres officiers, ils étaient permanens, leurs charges ayant été érigées en titre d'offices. Le Magistrat qui les avait achetées revendit celle de receveur. La juridiction de ce Magistrat consistait à connaître, en première instance, de toutes les actions civiles, réelles et personnelles entre les bourgeois et habitants de la ville et banlieue. Il était aussi juge de police et, en matière criminelle, même des cas royaux et privilégiés. Autrefois sa juridiction en matière criminelle était souveraine; mais depuis que le pays était passé sous la domination de la France, l'appel des jugements du Magistrat, tant en matière civile que criminelle allait au parlement de Flandres. Le Magistrat de Cambray connaissait aussi, en première instance, des appellations des jugements, rendus également en première instance par les prévôts de St-Géry, de Sainte-Croix et du Saint-Sépulcre, et par les mayeurs et échevins des quatre-vingt-neuf villages ou hameaux dont était composé le Cambresis, et il en était de même par rapport à quelques villages de la chatellenie de Bouchain (2).

(1) Autrefois le Magistrat de Cambrai était à la nomination de l'archevêque. Plus tard ce fut à l'archevêque de demander au roi la continuation de ce Magistrat, en considération de son joyeux avènement à l'archevêché. L'objet de cette requête était toujours accordé.

(2) « Cette juridiction d'appel a commencé par des avis qu'on venait prendre des échevins de Cambray pour les juges exerçant la basse justice, et pour les causes eschevinales sur les quelles les échevins des villages avoient à prononcer au conjurement des mayeurs.

» Beaucoup de seigneurs hauts justiciers, en donnant à leurs manans et justiciables les chartes d'affranchissement, enjoignaient à leurs eschevins d'aller

Il y avait, outre cela, dans la magistrature de Cambray la *Justice du marché*, laquelle avait pour chef le bailli de la Feuillie, qui faisait la fonction de semonceur, et conjurait les échevins de faire droit aux parties. Les affaires dont ce tribunal prenait connaissance étaient celles des saisies et arrêts, tant en cause réelle que personnelle : les appellations des jugements qui y étaient rendus allaient également au parlement de Flandres. — V. *Justice du marché*.

L'ancienne coûtume déffendait au Magistrat de poursuivre d'office les criminels. « Les juges ne pouvoient faire aucune enqueste, si ce n'était à la requeste de partie. » Mais en 1369, des lettres de l'empereur d'Allemagne levèrent cette entrave, et ordonnèrent qu'à l'avenir les juges pourraient prendre l'initiative en toute circonstance. — § ms. 5, p. 246.

Le bailluge de la Feuillie, dont on ignore l'origine, a été possédé anciennement par les comtes de Haynault, à cause du fief de *la Feuillie*, qui consistait en quelques maisons situées dans la ville de Cambrai; et c'était le seul domaine qui appartînt au roi dans cette ville. Ce tribunal était composé d'un bailli, qui faisait la fonction de *semonceur des hommes de fiefs*, et d'un greffier. Il ne connaissait que des matières féodales. Les appellations des jugements qui y étaient rendus allaient au parlement de Flandres. L'office de bailli était un engagement du domaine. Le roi, à cause de ce fief, avait le droit de faire recevoir les cautions et consignations, et d'établir un geôlier dans les prisons qui dépendaient de ce baillage. — V. *Feuillie*.

Le bailliage du Cambresis, autrement dit de *la cour du Palais*, à cause qu'il tenait ses séances dans la cour du palais archiépiscopal, était composé d'un grand bailli, *semonceur des hommes de fiefs*, qui devaient être au moins au nombre de quatre, d'un procureur d'office et d'un greffier. La juridiction de ce tribunal était personnelle et féodale, et s'étendait sur tous les villages, terres et métairies qui appartenaient à

à l'enqueste aux eschevins de Cambray, quand ils ne seroient point sages, c'est-à-dire suffisamment instruits de l'affaire dont il s'agissait.

» Les advis donnés par les eschevins de Cambray sur ces procès étoient comme les *responsa prudentum*, que les eschevins venus à l'enqueste étoient chargés de rapporter à leurs confrères ; ce qui n'étoit pas attributif de juridiction : mais insensiblement la chose se convertit en ressort et juridiction à l'égard de beaucoup de mairies. — § ms. 887, p. 518.

l'archevêque. Il est néanmoins à remarquer qu'il avait été défendu au bailli de la cour du Palais de Cambray, par arrêt du parlement de Flandres, de prendre désormais le titre de *grand bailli*.

Les Franchiévés, qui étaient le grand prévôt, le maître d'hôtel, le pannetier, l'échanson, le grand veneur, et autres grands officiers de l'archevêché, au nombre de vingt-quatre, ainsi que les domestiques de l'archevêque, les douze pairs du Cambresis et le baron de Crèvecœur étaient aussi justiciables en première instance pardevant la cour du palais archiépiscopal. Outre cela, cette cour recevait les appellations des jugements rendus en matière féodale par les douze pairs du Cambresis, par les officiers de la baronnie de Crèvecœur, par ceux des seigneuries appartenantes au chapitre de Saint-Géry, au chapitre de Sainte-Croix, à l'abbaye de Saint-Aubert et à l'abbaye du Saint-Sépulcre. Elle recevait de même les appellations des jugements rendus en matière criminelle dans toutes les justices féodales. Ces appellations allaient ensuite directement au parlement de Flandres, ainsi que celles des jugements rendus à la cour du Palais de Cambrai, soit en première, soit en seconde ou en troisième instance.

Le bailliage du chapitre de l'église métropolitaine de Cambray était composé d'un bailli semonceur, de quatre hommes de fiefs, ou *francs servans*, d'un procureur d'office et d'un greffier. Ce tribunal exerçait la justice haute, moyenne et basse (qui appartenait audit chapitre), sur tout ce qui était de sa dépendance, comme dans l'église, dans les cloîtres, les maisons des chanoines, et dans les maisons, terres ou métairies appartenantes à ce chapitre, où qui en relevaient. L'appel des jugements qui y étaient rendus, tant en matière civile que criminelle, allait directement au parlement de Flandres.

Le bailliage du chapitre de Saint-Géry, exerçait la justice haute, moyenne et basse sur les terres et métairies qui appartenaient à ce chapitre dans vingt-deux villages du Cambresis. Ce tribunal était composé d'un bailli, de quatre hommes de fiefs, d'un procureur d'office et d'un greffier. L'appel des jugements qui y étaient rendus, allait pour le civil au palais de la cour de l'archevêque, et pour le criminel au parlement de Flandres.

Il en était de même *du baillage du chapitre de Sainte-Croix*, de *l'abbaye de Saint-Aubert*, et de celui de *l'abbaye du Saint-Sépulcre*, qui étaient tous composés d'un bailli, de quatre hommes de fiefs, d'un procureur d'office et d'un greffier, lesquels connaissaient des affaires de haute, moyenne et basse justice sur les terres de ces chapitres et abbayes. Les appellations des jugements qui y étaient rendus allaient, en matière civile, à la cour du Palais de Cambrai, et en matière criminelle au parlement de Flandres.

Les comtes d'Artois avaient aussi originairement une juridiction sur toute la partie de la ville, du côté de Cantimpré, qui s'étendait depuis un lieu dit *la Barette*, près de la maison des Béguines de Cantimpré, jusqu'à *l'ancien Escaut*. Mais en 1666, le comte d'Artois fit abandon de tous ses droits de haute et basse justice à l'archevêque, au nom de qui le Magistrat les exerçait sur l'étendue de cette juridiction.

La détermination des limites des différentes juridictions qui existaient dans la ville amena souvent des contestations dont on retrouve les traces dans nos documents sur l'histoire judiciaire. — V. entr'autres, *Mém. pour l'arch.*, p. 154. — V. divers documents sur la *justice* dans les livres suivants : † ms. 887, p. 452. — § ms. 9, f°. 26 verso et 76 verso. — *Glossaire du Cambresis*, p. 77.

Dans des recherches que nous avons faites sur la progression et la décroissance du nombre des procès, nous avons trouvé les résultats suivants. Ils sont extraits du *Registre aux causes du vendredi*, servant pardevant MM. du Magistrat.

Pour le plaid du 3 novembre 1564, 90 causes.
    id.   du 19 novembre 1574, 71 »
    id.   du 23 novembre 1584, 76 »
    id.   du 4 novembre 1594, 117 »
    id.   du 19 novembre 1604, 60 »

En présence de pareils chiffres, on s'explique difficilement comment les juges venaient à bout d'expédier leur besogne. Heureusement pour la concorde et pour la justice, le goût processif des Cambresiens finit par se modérer, et dès le commencement du XVIIIe siècle, chaque plaid ne contenait plus que peu de causes dont le nombre s'élevait rarement à dix.

Des extraits légalisés du registre aux causes de la Feuillie nous ont fourni les documents suivants.

Au XVe siècle, les plaids de la Fueillie se tenaient de quinzaine en quinzaine.

Pour le plaid du 14 novembre 1564, 22 causes.
    id.   du 18 novembre 1574, 17 »
    id.   du 27 novembre 1584, 25
    id.   du 10 novembre 1594, 17
    id.   du 17 novembre 1604, 16

On peut, en comparant les deux tableaux qui précèdent et qui se correspondent par les dates, juger de la différence qui existait entre l'importance d'un tribunal et celle de l'autre (1).

JUSTICE DU MARCHÉ. — C'était un office inféodé par les évêques et uni au fief de la Feuillie, vers le XI° ou XII° siècle. On peut voir au mot *Feuillie* ce que c'était que ce fief : nous dirons ici que, comme chef de la justice du marché, le bailli de la Feuillie était le gardien d'office de tout ce dont la justice se saisissait.

La justice du marché avait cela de singulier, qu'elle s'exerçait par les échevins de la ville, mais dans un tribunal particulier, et à la semonce du bailli du marché qu'on appelait aussi lui-même la *Justice*.

Voici une pièce très ancienne et très précieuse à conserver. Elle existait dans un livre intitulé : *Police de Cambray*, lequel reposait aux archives du Palais. Nous en avons une copie faite au XVII° siècle par l'échevin Ladislas de Baralle dont les travaux et les recherches comme magistrat excitent sans cesse notre admiration. Cette pièce fournit sur la justice du marché, tous les renseignements désirables.

« *Forme du serment de la justice de Cambray, combien, et de ce qu'il appartient à son office.*

» Justice, vous jurez sur ces saincts, et sur tous les autres, que vous ferez bien et loiaument l'office de la *Justice*, et warderez les droits de la justice, les citains, les manans, et leurs biens traicterez, et meurez par loy, et par dire des eschevins, tous les commandemens, qui vous seront querquez par eschevins, et par sergeants renderez entièrement aux prévosts, et eschevins, les prisonniers; warderez loiaument et honestement selon ce qui vous seront commandez, n'y d'eux ne prenderez émolument, ny taxation, fors ce quil est accoustumé et ceux, qui voudront tenir prison en la . . . . . là les metterez, sy vous aide Dieu, ses saincts et tous autres.

» 1° Le justice du marché doibt avoir lusage de le prison des malfaicteurs, des larrons, des robeurs, ou qu'ils soient prins dedans le cité et banlieu, hormis le juridiction du chapitro, et doibt estre warde de le roeube, et du larcin, et ce que on prend avec les gens, jusques a tant que justice ait fait d'eux, et par eschevins, doibt délivrer le roeube, et le larcin.

» 2° Après s'il advient que on se clame a le justice, ou au sergeant, d'un homme de forain, et s'il veut esquiver, et fuir avant que les eschevins y viennent, le justice doibt avoir de le clameur, douse deniers cambrisiens, jacoit ce que le clemeur soit aité par eschevins, et sy eschevins y venoient, et le clain fust renouvellé pardevant eschevins, n'en doibt avoir le justice fors ses douse deniers cambrisiens, de le première clameur, car c'est tout un claing, et si le justice ou ses varlets le laissaient aller, ou il leur eschapat, le justice rendreroit le catel que clamé seroit.

» 3° Si aucuns citains, ou manans, ou des forains se clament d'aucun homme, et ceux de quy on se clame veullent bailler seureté, prendre le doibt le justice quelle seureté que ce soit, mais que ly eschevins disent par jugement, ou par enseignement que le seureté souffit, et partant le justice en est délivré, et celuy de qui on déclame est souffisant, et qui reviendra au jour pour attendre loy, si les eschevins disent par enseignement ou par jugement qu'il est souffisant, le justice ne le peut detenir mais quite en est partant.

» 4° Si on seclame par eschevins à le justice, soit au matin, soit au vespres, et celuy de quy on seclame ne soit en le maison de le justice à l'heure de manger, le justice ne doibt point avoir les douze deniers cambrisiens pour le droiture de le prison, mais sy il estoit à heure de manger, mangeat ou non, puisqu'on luy auroit livré sa provende, le justice doibt avoir ses douze deniers cambrisiens, pour le droiture de le justice, de le prison, et de le provende ; et si celuy de qui on seroit clamé demeuroit lé nuict en prison et fust lendemain délivré devant manger, le justice ne doibt avoir rien, puisqu'il ne seroit à heure de manger.

» 5° Et si ceux qui ne veuillent pas estre en le cambrelle, et qui veuillent avoir franche prison, le justice doibt avoir pour un homme seul laissé aval la maison, deux sols cambrisiens le jour, et si luy convient avoir un varlet avec luy en fers le justice en doibt avoir chascun jour trois sols cambrisiens, et parmy ce ne luy doibt livrer fors sa provende de prison tant seulement.

» 6° Et sy doibt avoir justice prison, pour les hommes mettre a par eux, et les femmes entre elles.

» 7° Et si le justice veut plaider, il doibt aller querir les eschevins, tant comme de le maison de le paix, comme des poëstés.

» 8° Et si ne doibt le justice mettre honnestes personnes, ny gens de valleur, avec les communes gens, et malfaicteurs hovariers, ny hovarières.

» 9° Et si doibt le justice livrer potages aux personnes, suffisant et deux pains de valeur de deux deniers cambrisiens, et du reffraict de le valeur de un denier cambrisien en char ou en fromage, ou en hareng; et au vespres deux pains de deux deniers, et le resfraict en le valeur de une obole, ne plus ne leur doibt faire, et s'il deveront au prisonnier de se provende oultre son vivre aider, ne peut luy, se femme, ses enffans, ou autruy, si comme il veut sans fraude cachier.

» 10° Et si doibt avoir le justice d'un prisonnier, qui est en fers, pour catel, a l'issir hors de le prison, douse deniers cambrisiens.

» 11° Et si doibt quoir pour se prison, qui est au cep, pour debte, à l'yssir de le prison pour le cep, trois deniers et non plus.

» 12° Et se doibt souffrir le justice que on venie et vienne sans débat parler aux prisonniers, qui pour catel y sont, pour leurs fins pour cachier, ou pour leur pourveance, et si les prisonniers veullent man-

---

(1) Le premier plaid lisible au plus ancien registre de la *Feuillie* était du jeudi, 14 mai 1444. Il contenait 13 causes.

der aucune chose dehors pour leurs sou ten a es. le justice leur doibt livrer sergeant sans contredit, aux cousles des prisonniers.

» 13º Et de ceux qui sont en prison pour fourfaict, le justice doibt avoir douse deniers cambrisiens le jour pour le prison et pour le prouvende, et non plus, et doibt le justice, rendre le prisonnier en tel estat qu'il le prent, soit pour debte, soit pour fourfaict.

» 14º Et point ne doibt avoir doresnavant de Mahomet à tousiours, en telle manière que quiconque feroit, qu'il fust deswagé pour le Mahomet, ou qu'il eut paié ly justice luy renderoit, et acquiteroit.

» 15º Et de tous ceux et de toutes celles dont on se tient à le justice, en doibt avoir six deniers parisis, tout ainsy comme s'en estoit clamez puis qu'on se tient à le justice.

» 16º Et si un homme est délivré de le prison qui n'ait point d'argent et il veut bailler wage pour son claing, et pour les fraies de le prison, prendre le doibt le justice jusques au dire dés eschevins et warder le quinsaine, et si on se clame d'un homme forain et il veut bailler wage du claing que on fait sur luy, et des droits de la justice, prendre le doibt le justice.

» 17º Et si prevost et eschevins commandent aux bourgeois que ils voient tenir prison à le justice sans comandise de somme d'argent recevoir les doibt le justice, et warder sans fers et laisser aller aval la maison et jusques à l'entrée de le justice parmy douse deniers cambrisiens le jour, mais rien ne leur doibt livrer ne pain ne refraict.

» 18º Et de toutes les avant dites choses, soit de claing d'héritage de rentes de saisinne, de toutes bestes emprisonnées, de tous fintis, de tous cerquemenages, de toutes choses estrangères et espaves, et de toutes autres choses qui adviennent ou peuvent advenir, en le cité et en le banlieu, le justice en doibt faire enseignement des eschevins, selon les us et coustumes de le cité.

» 19º Et quant il y at nouvelle justice hérité, tantost qu'il at fait son serment aux eschevins, il doibt à manger aux dits eschevins. »

Nous consignerons encore ici une autre pièce qui remonte à l'année 1701, et dans laquelle sont nettement articulés les attributs de la charge du bailli de la Feuillie. On y verra, en même temps, les efforts que le Magistrat faisait pour se rendre indépendant de ce chef de juridiction.

« *A nos Seigneurs, nos Seigneurs de la Cour de parlement de Tournay.*

» Remonstre très-humblement Joseph Bruhier, de la Neuville, bailly *pour le roy* en sa seigneurie et justice de la Feuillie de la ville et cité de Cambray, disant qu'il a été bien et duement pourveu de la dite charge par lettres patentes de Sa Majesté enregistrées en cette cour ou le suppliant a esté receu, et quoyque, depuis deux ans qu'il a eu ses provisions, il ait du jouir de tous les droits, prérogatives, honneurs, et prééminences appartenant à la dite charge, tels entre autres que de présider aux plaids qui se tiennent par chacune semaine dans le prétoire de la Feuillie par les eschevins de la dite ville de Cambray qui sont les juges des differens des parties au conjurement et semonce dudit bailly de la Feuillie, comme il se fait dans toutes les juridictions de ces provinces, où le chef de justice a le droit de semonce et conjurement, après les quels jugemens rendus, le suppliant, en sa dite qualité, a le droit de faire mettre a exécution les dits jugemens, et quoyque ces droits luy soient incontestables, néanmoins les eschevins de la dite ville de Cambray ont refusé au remontrant de tenir les dits plaids audit prétoire de la Feuillie et d'y soufrir la semonce et conjurement du suppliant, et d'autre part le sieur prevost de la dite ville a empris de mettre les sentences de la Feuillie à exécution, de manière que le suppliant se voit dépouillé des attributs les plus considérables de sa charge que les eschevins de la dite ville de Cambray veulent absolument ruiner et supprimer comme il paroit assez de la manière qu'ils s'y sont pris par leur réponse faitte le quatorze du présent mois sur l'acte de représentation et protest que le suppliant leur a fait le dit jour, qui ne luy donne aucun lieu d'espérer qu'ils luy rendront la justice qui lui est deue, cause qu'il se retire vers la cour.

» Suppliant qu'il luy plaise de maintenir le suppliant dans les droits, honneurs, prérogatives et prééminences de la dite charge et particulièrement dans les dits droits de tenir les plaids, semoncer les eschevins jugeans, et faire mettre les sentances à exécutions. Ordonner que les dits eschevins, et sieur prevost seront obligés de le souffrir ainsy et d'autant qu'ils ont traitté indignement le suppliant par l'acte du 14 du présent mois, ordonner qu'ils en feront la réparation convenable, que l'acte de leur réponse sera rayé et biffé au registre de la Feuillie avec notte de l'arrest qui y interviendra, condamnant de plus les dits eschevins et sieur prevost, chacun à leur égard aux dépens dommages et intérêts soufferts et à souffrir par le suppliant et ferez justice. »

Inutile de dire que le roi fit droit à la requête de son bailli.

— V. *Feuillie* et *Bailli*.

JUSTICE CRIMINELLE, *Bourreau*. — Le bourreau, ce personnage tristement nécessaire dans les sociétés civilisées, joue un rôle assez apparent dans les chroniques Cambresiennes. Dès les XVe et XVIe siècles, les exécutions judiciaires sont relatées avec exactitude par les annalistes. La première que nous ayons rencontrée est celle d'Arnould Pingrez, bailli du chapitre. Sa mort fut un assassinat juridique ou plutôt militaire. Le cruel et avide Maraffin, lieutenant de Louis XI, et gouverneur du château de Selles à Cambrai, vers 1479, était chargé de lever les quarante mille écus d'or empruntés a la ville par le roi de France. « Il fit des maux incroyables à Cambray et dans le pays de Cambresis. Pendant ces troubles, Arnould Pingrez, bailly du chapitre, eut la tête tranchée. Sa tête fut mise au pilori, sur un baston; parce qu'il vouloit soutenir la neutralité de la ville de

Cambray. C'était un homme de bien et d'honneur. » — *Mém. chron.* p. 2. — Arnould Pingrez fut donc victime d'un noble et glorieux dévouement à l'indépendance de son pays. Le Carpentier donne une liste d'autres victimes de la tyrannie de Maraffin : il cite Jean Dury, Bartholomée de Chanteraine, Marc de Neufville, Eustache de Régniaume, Pierre de la Haye, et Jean de Saulx : tous gentilshommes qui n'avaient pour but que le service de leur prince légitime et le bien de leur patrie (1).

Après ces sanglantes et iniques exécutions, on trouve une longue série de supplices plus mérités, et infligés à des criminels par la justice civile.

En 1521, exposition d'une femme placée dans un panier suspendu au pilori, sur le bord du flot de la Cayère (2), et ainsi livrée aux insultes publiques jusqu'à ce qu'elle eût coupé la corde. Supplice plus grotesque que douloureux, qui ne témoigne pas de beaucoup de barbarie chez la justice du temps. — En 1524, quelques pillards pris à Estourmelles et amenés à Cambrai, « furent examinez, et fut trouvé qu'ils avoient fait plusieurs pilleries et larchins, dont fut planté un reue (roue) au marchiet au bois, et en pendit-on quatre à celle reue, et furent là jusque à lendemain au soir, et furent boutez au carneau de la Magdelaine. » — En 1525, « Le 21ᵉ jour de juillet, les soudards de Cambray prinrent un Franchois Piéton, le quel avoit fait plusieurs pilleries en Cambresis, et fut pendu à le reue du marchet au bois à 9 heures du soir. » — En 1526, un capitaine français qui, pendant la guerre, avait pillé le pays de Cambresis « fut pendu pour ses démérites. » — En 1531, « au mois de juing, fut prins ung homme le quel avoit battu et dit plusieurs paroles infames à ung Dieu de pitez au dehors de Crèvecœur pour la quelle chose, il fut battu de verges par les quarefours de la ville, et flétry à les deux jo (joues), et che faict, fut banny de Cambray. » — En la même année deux autres supplices eurent lieu. Un homme fut pendu à la Neuville, et un autre « fut battu par les quarrefours de la ville et fut flatry en la jo, pour che qu'il estoit Luther. Et, che dict jour, fut mis une fourcque au marchet au bois, et fut publié à le

Pierre (1) que tous ceux qui seroient trouvez Lutériens seroient pendus à la dicte fourcque (2). — En 1542, un misérable qui avait assassiné un jeune homme dans le bois de Brûle, près Cantaing, et qui, après ce meurtre, était revenu à Cambrai « trionfer avec les paillardes et en tavernes, fut poursuy tellement qu'il fut prins, et le nuict saint Jean Décolasse, fut condampné à avoir les jambes et les bras croquiez et les rains et après le cainoel (col) rompu; et après traîné sur une cloye, et mis sur une reue. » — En 1543, un Allemand convaincu de trahison, lequel s'était engagé à livrer son colonnel à l'ennemi et à mettre le feu dans Cambrai, « fut, pour ses démérites, mis sur un chariot et mené par les portes; et là, fut pinché de tenielle de fer toute rouge, et de là fut mis sur un hour devant lé maison de le ville, estendu sur une croix et là les jambes et les bras rompus : après son costé ouvert et son cœur tiré hors, et à luy monstré. Après escartelé et mis par les portes. Le quel homme ne dit oncques mot et ne fit semblant de rien, sans se remuer ne cangier, sans prebstre ne personne qui l'administrast en nulle manière quelconque. » On voit qu'en cette circonstance, la froide énergie du supplicié fut égale à la cruauté du supplice. — En 1548 un homme coupable de plusieurs assassinats et autres *crimes exécrables*, « fut condampné à estre rompu sur une croix de bois et fut traîné, depuis le palais où il estoit prisonnier, sur une cloye, jusque devant le logis de Rome sur le marchet, et fut là exécuté par le bailly de Cambresis. » — En février 1554, deux soldats Espagnols eurent la tête tranchée sur le marché, à la suite d'une mutinerie qu'ils avaient excitée. — En 1557, un hérétique fut brûlé devant l'hôtel de ville. — En août 1560 « furent exécutés trois faux monnoieurs : l'un à la *justice* de Cambray, les deux autres au chemin de Marcoing. — Le 3 juillet 1561, exécution, par le glaive, d'un hérétique. L'archevêque de Cambrai donna « 200 livres avec quelque autre au-

---

(1) Hist. de Cambrai par Le Carpentier, part 1, p. 121.

(2) On peut voir au mot *Flot*, un événement qui arriva à l'occasion de ce châtiment judiciaire.

(1) On appelait *la pierre*, le lieu où se faisaient les publications de la loi. — V. Bretèque.

(2) On ne peut s'étonner de la sévérité des Cambresiens envers les luthériens, quand on considère les excès et les troubles dont ces hérétiques se rendaient coupables dans les localités voisines, où ils avaient pris quelque consistance. Les Cambresiens craignaient pour leur cité les mêmes troubles religieux qui ressemblaient à une véritable guerre civile. — V. *Hérétiques*.

mône, » pour mettre ses enfants dans une école catholique. — En la même année, deux autres hérétiques s'étant livrés à de sacriléges dévastations sur des dieux de pitié et sur une croix du cimetière de St-Georges, l'un nommé Martin Savary « fut exécuté le 14 mars par le bailly de Cambresis, devant la maison de Rome sur le marché; mais fut premièrement mené devant le Dieu de pitié de St-Aubert, et là eut sa char estenaillée de fers rouges, et de là fut devant celuy de St-Martin, où lui fut faict le semblable; et puis après, devant le cymentière St-Georges, et puis ramené au lieu du supplice. Et illec eut le poing dextre coupé, et fut estranglé à une attache, et enfin mis à une potence hors la porte St-Georges. » — L'autre nommé Jespin Lefebvre, « machon, fut aussi au mesme lieu exécuté par mesme juge et eut la tête couppée, le 24 d'avril 1561. » — En 1562, « le jour de bonne Pasque, on print sept hommes qui juoient à dets en la fosse au Pouilleul, hors la ville, vers la grande justice, les quels furent fustigés de verges tous ensemble, autour du marchet, le 9 d'apvril. » — En cette même année 1562, on fit plusieurs exécutions d'hérétiques et de profanateurs, parmi les quels se trouvèrent des complices de Martin Savary dont il a été question plus haut. — « Le 20 de may 1565, on print deux hommes au *logis de Ste-Barbe*, sur le marché, les quels avoient mourdry un censier, au bois de Messencouture, la sepmaine de devant, et furent condampnés à mort, le 24 du dict mois, à estre rompus sur une croix, puis mis sur deux roues hors la porte St-Sépulchre. L'officier s'appeloit maistre Jean *Foule-Bœuf*, et estoit la première fois qu'il faisoit justice dans Cambray. » — La nuict de pentescote de la même année, on amena encore deux meurtriers lesquels « furent pareillement rompus et puis bruslés. » — « Le jour du sacrement on print prisonnier le maistre du collége de Cambray pour *sodomique*, à trois heures du matin; et fut sentencié le 7 juillet, pour estre bruslé, après avoir esté estranglé à une attache hors la ville; à la fosse au Pouilleul près la grande justice. » — En 1566, exécution capitale. — En 1567, le 9 février « fut battu de verges un nommé Carpenuy, pour avoir désobéi à Messieurs de la ville, en se moquant de la justice de la ville. Et après fut banni. » — En la même année, exécution d'un hérétique sur le château de Selles. Il fut enterré sur le lieu même. — En 1574, 17 avril, exécution d'un meurtrier devant la maison de ville. — En 1566 et 1568, exécutions d'hérétiques. — Au mois de mai 1581, exécution de quatre soldats convaincus d'avoir voulu livrer la ville à l'ennemi. Leurs têtes furent exposées à la justice, auprès de la Croix au Pain, sur le marché. — Le 20 décembre 1584, « un nommé Capitaine Gascon, lieutenant de Balagny, fut décapité près de la Croix au Pain, sur le marché, et un sien domestique fut pendu, et deux des serviteurs dudit gascon fustigés par les carrefours du marché et vers la porte St-Georges. » Ces exécutions eurent lieu pour vol, et à la requête de Balagny lui-même. — Le 30 juin 1585, le bourreau de Cambrai nommé Nicolas Trewart fut exécuté et mis au dernier supplice par la corde. Ce fut le bourreau d'Arras qui l'exécuta.

Nous ne parlerons pas des exécutions faites militairement par ordre de Balagny, pendant que ce tyran de Cambrai se débattait contre la haine et les mouvements populaires qu'il excitait par ses exactions.

En 1601, « étoit une chose admirable d'ouir parler et voir un tel nombre de sorciers au pays de Cambresis, et à cette ville de Cambray, que journellement on faisoit exécuter par le feu. Il y avoit alors en garnison à Cambray des Allemans. Plusieurs de leurs femmes furent aussi exécutées par le même supplice : le nombre des dits sorciers se comptoit par centaine, et des plus riches des villages. »

Le 30 décembre 1604, « furent exécutés par la corde deux François les quels avoient conspiré quelque trahison contre la citadelle à Cambrai. » A cette occasion, on fit sortir de la ville tous les Français qui y demeuraient, hommes, femmes, enfants, serviteurs et servantes. — En 1606, exécution par la corde devant la maison de ville, d'un soldat nommé Troullet, convaincu de plusieurs vols. — En 1613, « le 27 avril fut exécuté par la corde, au devant de la maison de ville, un larron, et son corps mis aux oiseaux à la grande Justice hors la porte du Mal. » — « Le 14 may du dit an, fut exécuté par la corde, à la grande Justice hors de la ville, un jeune homme de Valenciennes nommé Parent, pour plusieurs larcins. » — En 1614, 1er juillet, « fut exécuté par l'espée, au devant de la maison de ville, un nommé Nicaise Deleau dit Crassouillet, le quel avoit, le jour auparavant, tué d'un coup de couteau un nommé Jacques Flamant. »

La plupart des citations qui précèdent sont extraites d'un précieux manuscrit d'Adam Gélic, intitulé *Chroniques de Cambray* (1). Nous n'avons eu d'autre but, en les réunissant, que de faire connaître les usages et la nature de la justice criminelle, dans les temps reculés à Cambrai. A partir du commencement du XVIIe siècle, les chroniqueurs et les historiens du Cambresis se taisent à ce sujet. Le lecteur trouvera au mot *Jugements*, quelques condamnations judiciaires qui peuvent servir de complément à notre travail sur la justice criminelle.

Nous citerons un seul jugement de la justice ecclésiastique, dite *l'Officialité*, qui avait rarement à prononcer des condamnations capitales.

Extrait du *Registre aux causes extraordinaires de la cour de l'officialité de Cambray*.

« Reveu la plainte du promoteur de ce diocèse demandeur complaignant d'office, à l'encontre de Marie Marguerite Stiévenard, fille du village de Romeries accusée prisonnière es prison de cette officialité; notre ordonnance sur icelle portant permission d'informer du dix-sept octobre dernier, ordonnance pour assigner témoins du vingt suivant, avec l'exploit d'assignations données en conséquence par l'appariteur Depery, information par nous tenue à Romeries le vingt-un, conclusion du promoteur; décret de prise de corps par nous rendu contre ladite Stiévenard, le vingt-sept du dit mois d'octobre, exécuté le douze décembre suivant, interrogatoire par elle subi le vingt, conclusion du promoteur auquel le tout a été communiqué, et tout considéré, le saint nom de Dieu invoqué avant tout : *Nous Charles Antoine Goulart*, prestre, chanoine et chantre de l'église métropolitaine, official, juge ecclésiastique de cette ville et diocèse de Cambray, déclarons la dite Marie Marguerite Stiévenard deumeñt atteinte et convaincue par ses propres aveux mesmes et confessions, d'avoir commis adultère recidive, avec trois différents hommes mariez, jusques à procréation de plusieurs enfans, au très grand scandal de la paroisse de Romeries, et celles des environs, pour réparation de quoy l'avons condamnée d'estre exposée ce jourd'huy au pilory de cette officialité, où elle restera depuis les onze heures du matin jusqu'à midy, avec écriteau contenant ces mots *adultère récidive;* ensuite sera conduite en la paroisse du dit Romeries où le dernier coup de la messe paroissiale sonnant, elle sera menée à l'église revêtue d'une chemise blanche, les cheveux épars, les verges attachées sur le dos, et tenant une torche ardente en ses mains pour y rester jusques à l'offertoire, auquel temps elle sera conduite au pied du ban de communion, et là, à haute et intelligible voix, demandera pardon à Dieu, à l'église et justice, des crimes et excès par elle commis, et au peuple du scandal qu'elle a causé, promettant le réparer par une meilleure vie à l'avenir, et assistera au reste de la messe à l'entrée de la dite église, d'où elle ne se retirera que quand le peuple en sera sorti : luy faisons défense de récidiver ultérieurement, sous peine plus grièvre; la condamnons aux dépens, liquidez à cent trois florins six patars. Fait à Cambray, ce treizième janvier mil sept-cent vingt-cinq; était signé Goulart, offic. de Camb.

On a pu voir que les supplices usités à Cambrai, aux XVIe et XVIIe siècles, étaient assez conformes à ceux employés en France à la même époque. Du reste il ne faudrait pas conclure de cette sinistre nomenclature d'exécutions que nous venons de fournir, que le Magistrat de Cambrai était implacable et sanguinaire. Dans les fastes de la justice cambresienne, il se montre au contraire souvent paternel et miséricordieux. Il a égard au jeune âge, à l'état d'ivresse, aux bons antécédents d'un coupable; ce sont autant de circonstances atténuantes qu'il saisit avec empressement, et *préférant*, selon son expression, *grâce et merci*, *à la rigueur de justice*, il renvoye *impugnys* ou il condamne à peine légère les coupables qu'il espère voir revenir à récipiscence. Souvent aussi, pour éviter le scandale d'un procès, il appelle à sa barre des gens de mauvaise conduite, et il essaye d'abord de l'effet d'une admonition. Enfin il aime mieux, quand cela lui est permis, bannir de la ville, que frapper le coupable. Voilà pour la justice criminelle; il nous reste à dire quelques mots de l'officier, de l'exécuteur de cette justice.

Nous donnerons d'abord une formule de *nomination*. Cette pièce est l'extrait d'un registre en long, couvert de vélin, et intitulé *Cambray*, qui reposait aux archives de cette ville.

LE BOURREAU.

« Du 22 d'aoust 1585.

» Jacques Bara, natif de Tournay, fils de Jacques, a aujourd'huy, à sa requeste et instance, esté pourvu de l'office d'officier et exécuteur de la haute justice, vacant par la mort de Nicolas Trewart exécuté et mis au dernier supplice par la corde, pour par luy en jouir aux gaiges proficit et émoluments accoustumés, et duquel et de bien exercer le dict office et estre obéissant à messieurs prevost et eschevins il a presté le serment accoustumé. »

Plusieurs autres nominations du même genre se trouvaient en un autre registre en long, savoir : fo 57, du 12 juing 1615. — Fo 87, du 29 décembre 1618, etc., ainsi que dans le registre aux offices : fo 101, du 12 septem-

---

(1) L'exemplaire qui nous sert est une copie de cette *chronique*, d'une belle écriture du XVIe siècle et d'une correction remarquable, il fait partie de notre bibliothèque particulière.

bre 1630 ; — f° 111, du 7 novembre 1632 ; — f° 118, du 8 novembre 1632 ; — f° 123, du 23 aoust 1633, etc. (1).

On sait de reste en quoi consistaient les devoirs du bourreau, mais il avait aussi des droits qui sont plus généralement ignorés. Le lecteur verra dans la pièce suivante les priviléges que le bourreau s'arrogea pendant un certain temps.

Règlement donné à l'officier des hautes œuvres.

« Du 19 avril 1630.

» Veu et examiné en pleine chambre certaine requeste présentée ce jourd'huy par maistre Pierre Legroube, officier des hautes œuvres, tendante affin de quelque mercède et récompense, au lieu du droict qu'avant la défense à luy faicte de leur part, depuis quelques années en ça, il souloit (avait coutume de) percevoir, le jour de la foire marchande de ceste ville, sur ceux et celles y apportans denrées et compenaige (herbes potagères) au marchet. Item sur les potences et gibets, où, par jugement de mes dits sieurs, se faisoient exécutions par la corde, les quelles lui estoient propres sitost les dites exécutions accomplies. En oultre au lieu du prouficit qu'il tiroit de diverses visites qu'il estoit accoustumé de faire des personnes suspectées de sortiléges, et finalement sur les immondices qui se tiraient des latrines que l'on vide en ceste ville ; MM. ont imposé et imposent silence au remonstrant luy enjoindant de se conformer tant pour luy que pour ses successeurs aux défences à luy faictes ; luy accordant néanmoins, à chaque exécution qui se fera cy après, par la corde, de leur jugement et ordonnance, en ceste ville, augmentation de vingt pattards par dessus son salaire convenu. » — † ms. 902.

Que si l'on est curieux de connaître ce que c'était que ces visites mystérieuses à propos de sortilége, dont le bourreau tirait profit, on en trouve l'explication dans un acte d'instruction criminelle qui existait au *livre de justice*, f° 152 verso. Dans cet acte, daté du 9 août 1627, ledit Pierre Legroube, officier des hautes œuvres, est accusé « d'avoir sans ordre de justice, visité de toutes parts deux certaines femmes de Favreuil et d'avoir donné attestation à ceux qui l'en ont requis, qu'à l'une d'icelle il avait trouvé certaine marque semblable à celles qui ont été suspectées de sortilége ; et qu'en icelle, il avait mis une épingle jusqu'à la teste, au desçu (à l'insu) de la dicte femme, et qu'à l'autre il n'avait recogneu chose semblable ; ayant encore faict la mesme, chose durant le karesme dernier, à l'encontre de cinq aultres femmes et filles ; et mesme d'avoir prins et reçu, par composition, notable somme de deniers pour ce faire, de ceulx les ayant menées dans sa maison (1). »

Comme on le voit, de déplorables superstitions avaient fait de l'officier des hautes œuvres un étrange docteur que certaines gens consultaient dans les affaires occultes.

C'est cet abus que la sagesse des échevins avait supprimé, et dont maître Pierre Legroube regrettait les profits. Heureusement il lui restait d'autres priviléges. Le jour de la foire de Saint-Simon-Saint-Jude, le bourreau faisait hommage à l'abbaye du St-Sépulchre, en présentant, épée nue et genou en terre, trois paires de gants à mons l'abbé. En remerciment de ce présent, l'abbaye lui donnait à dîner ainsi qu'à *son cortége*, on lui offrait en outre un jambon, six lots de vin, six pains et une tonne de bière, ce qui valait bien un hommage du bourreau et trois paires de gants. — V. *Sépulcre (abbaye du St.)*

— V. aussi, pour compléter les documents sur la justice, les mots, *Gibet, Pilori* et *Croix de justice.*

JUSTICE (GRANDE). — On appelait ainsi le gibet de la ville, celui où l'on exécutait les condamnations capitales prononcées par le Magistrat. La grande justice (ou fourches patibulaires), était située hors la *porte du Malle* (porte Notre-Dame), entre les chemins du Câteau et de Solesmes, sur une voie de traverse que l'on appelait *chemin des Ribauds*, nom parfaitement en harmonie avec le lieu où il conduisait. Nous pensons que ce lieu devenu, depuis la Révolution, une simple voirie où l'on déposait les charognes, sert encore aujourd'hui à quelque usage du même genre. Nous y avons vu nous-même, au commencement de ce siècle, beaucoup d'ossements d'animaux. Auprès de la grande Justice était un trou assez vaste dit *la Fosse au Pouilleul*.

---

(1) Ces renseignements précis sont tirés d'une pièce qui est en notre possession, et qui a presque la valeur d'un titre officiel, puisqu'elle est certifiée conforme par le greffier *Dechièvre*.

(1) On peut voir au mot *Jugements* la sentence prononcée dans cette affaire contre le bourreau Pierre Legroube.

K

KAIÈRE, *caïère, chayère*. — C'était la chaise d'infamie où l'on faisait monter les délinquants pour les *assauriller* ou leur *bailler le fouet marqué de l'aigle*. — V. *Pilori*. — Cette kayère, située sur le grand marché, avait donné son nom à un grand flot ou retenue d'eau dont elle était voisine. — V. *Flot de la Cayère*.

L

LAD

LADRE (HÔPITAL ET COUVENT DE ST-), plus tard de ST LAZARE. — Ce monument édifié d'abord à l'orient de la ville de Cambrai, au pied du *Mont St-Géry*, dans le faubourg qui porte encore aujourd'hui le nom de *St-Ladre*, se trouvait, lors de sa suppression, à l'époque de la Révolution, dans la partie occidentale de la ville, sous le nom de *St-Lazare*, et occupait un vaste terrain dans la rue qu'on appelle encore de St-Lazare.

En 1116, le sire d'Oisy, l'évêque Burchard, Jéhan de Montmirail, et autres seigneurs tant ecclésiastiques que laïcs, touchés de compassion pour ces pauvres parias, firent bâtir, hors des murs de la ville, au pied du mont St-Géry, du côté de l'est, une léproserie avec église et cimetière, que l'évêque consacra à St-Lazare et à St-Sauveur. Cette maison fut d'abord desservie par des frères vivant en commun, et par six femmes veuves. Mais l'évêque Nicolas de Chièvres, en 1145, y mit des filles de l'institut de St-Benoît, auxquelles il donna des règles et des statuts. Il en éleva le nombre jusqu'à douze. Plus tard, en 1438, Jean de Lens réduisit ce nombre à six (1). On comprend aisément que ces variations dans le nombre des hospitalières étaient déterminées par le nombre des lépreux. Notons cependant qu'au XVIIe siècle où les lépreux étaient fort rares à Cambrai, le nombre des religieuses de St-Lazare s'élevait au chiffre d'au moins dix-sept. Cela résulte d'une lettre écrite par les religieuses au Magistrat de la ville en 1640. Nous donnerons plus loin cette lettre revêtue de dix-sept signatures.

Dès le XIVe siècle, l'hôpital St-Ladre était devenu l'objet d'une foule de dotations charitables qui finirent par placer ses ressources beaucoup au-dessus de ses besoins. Pour utiliser cet excédant de revenus au profit de la religion, Guy de Collemède y établit, en 1301, douze prébendes et huit chapellenies.

Cette maison, souvent ruinée par les guerres, fut presque détruite du temps de Louis XI qui s'empara de Cambrai en 1477. Elle fut réédifiée dans le même lieu, vingt ans après, et y subsista jusqu'au temps de Charles-Quint. Alors s'éleva, sur les ruines du vénérable monastère de St-Géry, la redoutable citadelle qui coûta si cher aux Cambresiens. La destruction du monastère entraîna, quelques années après, celle de l'hôpital de St-Ladre qui fut complétement mis en ruine le 8 juin 1554.

« Les religieuses allèrent alors se réfugier à l'hôpital des Pestiférés, au bas du cimetière St-Roch. Autres disent qu'elles furent aussi en la cense de St-Aubert, près d'Escaudœuvres, vers l'Escaut.

» Enfin, après plusieurs années, elles vinrent demeurer en cette ville. » — † Ms. 905, p. 19.

Cette nouvelle demeure fut celle qu'elles habitaient encore, rue St-Lazare, au moment de la Révolution. Elle fut construite « sur une prairie et pâturage appartenant à une laitière. » La première pierre en fut posée, le 4 mai 1572, par Louis de Berlaymont, archevêque de Cambrai. La chapelle du couvent fut dédiée, en l'an 1602, par Guillaume de Berghes.

A peine cette maison était-elle achevée, en 1580, que le baron d'Inchy, ce misérable et indigne officier qui exerça dans Cambrai de

---

(1) Nous pensons que la réduction au nombre de six existait déjà de fait depuis longtemps, car l'ordonnance de Guy de Collemède, qui en 1301 établit à St-Ladre des prébendes et des chapellenies, fait mention des trois frères et des six sœurs, *qui se trouvaient lors en santé dans cette maison*.

véritables brigandages, fit sommer les religieuses d'en démolir un étage, sous le prétexte que cet étage était nuisible à la fortification de la ville. Les religieuses ne se firent point illusion sur la nature de cet ordre ; elles comprirent que c'était de la part du gouverneur une manière de demander de l'argent. Elles essayèrent d'un arrangement et « en furent quittes pour une bonne somme d'argent qui, jointe au prix du bâtiment, dérangea tellement le temporel de leur maison, qu'elles tombèrent dans une extrême misère. » — † Ms. 905, p. 10.

Elles remirent leurs affaires par la suite. Quant aux chanoines et aux chapelains créés en 1301 par Guy de Collemède, ils avaient sans doute disparu à l'époque de la ruine du monastère en 1554. Nous n'en trouvons plus de traces dans la suite.

« L'année suivante, 1581, l'abbaye des dames de Prémy ayant été démolie par ordre du baron d'Inchy, il fallut pourvoir ces dames d'une habitation. Les religieuses de St-Lazare, à la demande de M. l'archevêque et de MM. du Magistrat, reçurent chez elles la plus grande partie des dites dames. Ce ne fut pas sans difficulté, mais les religieuses de St-Lazare y furent d'autant plus contraintes, *qu'ayant alors fort peu de Ladres*, et la fondation n'étant pas employée, elles craignirent la suppression de leur maison ; et d'ailleurs, Balagny, gouverneur de la ville de Cambrai, qui exerçait en icelle un pouvoir tyrannique, le voulait ainsi. » — † Ms. 905, p. 10.

Cette maison de *St-Ladre*, qui depuis sa translation dans la partie occidentale de la ville, fut appelée principalement *St-Lazare*, fut reconstruite en 1740 et entièrement renouvelée, à l'exception de la chapelle qui ne fut recommencée qu'en 1780 et bénite qu'en 1784. Une partie de ce beau couvent existe encore, et forme trois maisons particulières voisines de l'abattoir de la ville.

La chapelle était, au dire de l'abbé Tranchant, une des plus jolies églises monastiques de Cambrai.

Le sceau de l'hôpital de St-Lazare était aux armes des seigneurs de Montmorency, en souvenir des bienfaits dont cette noble famille avait comblé le couvent. — § Ms. 4, p. 63.

En dernier lieu, les religieuses de ce couvent étaient grillées. Elles ne l'avaient pas toujours été, et n'avaient pris la clôture qu'en 1643. Elles étaient au nombre de vingt-deux. Elles portaient la robe de laine blanche, avec un scapulaire noir. Chaque année, le jour du Jeudi-Saint, la population de Cambrai se portait en foule dans l'église de St-Lazare, ou le sépulcre était toujours fait avec un goût remarquable et dans un style particulier. Le *Stabat* y était également chanté avec beaucoup de soin.

Les bonnes filles de St-Lazare étaient aussi réputées pour les bonbons cristallisés et les tablettes de réglisse qu'elles confectionnaient elles-mêmes, et dont elles faisaient d'abondantes largesses aux pauvres de la ville. Les riches ne dédaignaient pas non plus ces produits d'une paisible industrie qui n'avait rien de mercantile, car ils se donnaient et ne se vendaient jamais.

Les détails que nous venons de fournir ne regardent que les religieuses du siècle dernier ; nous ignorons s'ils pourraient s'appliquer à celles d'un temps plus ancien.

C'est un devoir pour l'historien de livrer à la reconnaissance publique les noms de ces hommes bienfaisants qui, pendant de longs siècles, ont soulagé les misères du peuple. Nous ne manquerons jamais volontairement à cette tâche. Voici les noms des fondateurs et des bienfaiteurs de la léproserie de St-Ladre :

Burchard, évêque de Cambrai. — Les seigneurs de Montmorency. — Hugues, chanoine de N.-D. en 1117. — Sire Goran, chanoine de St-Géry. — Messire Gautier, abbé de St-Amand. — Jean, seigneur de Montmirail. — Simon d'Oisy, châtelain de Cambrai, et Marguerite, sa femme, fondateurs de l'abbaye de Vaucelles en 1131. — Messire Jean de Fonsonne, chevalier. — Messire Godefroy d'Auteville, chevalier. — Messire Raoul de Rumilly, chevalier. — Messire Gilles de St-Aubert, chevalier. — Sire Nicolas de Songnies, chanoine de St-Géry. — Maître Jehan de Neufchatel. — Jean de Ligny en Cambresis, chevalier. — Wallerand de Luxembourg, chevalier. — Robert de Coucy, chevalier. — Robert de Coucy, chantre et chanoine de N.-D. — Jean de Walincourt, chevalier. — Robert, comte d'Artois.

L'ancien hôpital St-Ladre, situé au pied du mont St-Géry, avait donné son nom au faubourg de la ville, qui le porte encore, et à l'une des portes de Cambrai, qui disparut dans les constructions de la citadelle (1).

---

(1) Le Carpentier, par une de ces inconcevables inadvertances qui lui arrivent trop souvent, et qui nous le rendent à bon droit fort suspect, avance (part. 1re, p. 301) que la porte St-Ladre « se voyait jadis entre celles de Selles et de Cantimpré. » Il

L'hôpital de St-Lazare était exclusivement consacré au soulagement des lépreux cambresiens. Il existait autrefois aux archives de la ville, dans la boîte 7 du grand-ferme, une lettre des religieuses de St-Lazare, en date du 1ᵉʳ décembre 1640, qui déclarait que nul ne pouvait être reçu à l'hôpital de St-Lazare, s'il n'était issu de père et mère cambresiens.

Pour secourir les pauvres lépreux étrangers, une autre maison avait été fondée sous le nom de *Léproserie des Maladeaux*, non loin de l'hôpital St-Ladre, au faubourg St-Georges (1).
— V. *Maladeaux*.

Nous transcrivons ici, pour la conserver à l'histoire, la lettre dont nous venons de parler.

« Comme ainsy soit que nous soubs signées dames religieuses de la maison et hôpital de Mʳ St-Lazard de ceste ville et cité de Cambray, avons de temps immémorial recheu en nostre dite maison, nourry et alimenté ceux et celles quy estoient et ont esté attachés du mal et maladie de Mʳ St-Lazard, estant présentés par MM. les prévost, eschevins et magistrat de ceste dite ville et cité ou leurs parents, ensuite d'un concordat et accord cy devant faict entre MM. nos provisieurs maistres, frères et sœurs de nostre dit hospital, et les dits Sʳˢ prevost, eschevins et magistrat d'icelle ville et cité en date du 14ᵉ jour d'octobre 1325, moyennant que les dits malades fussent et soient pour le temps advenir nez et renez, comme aussi leurs pères et leurs mères en ceste dite ville et cité, de bonne vie n'estant n'y estants suspects, dissolus, deshonnestes et diffamés, conformément à la bulle du pape Eugène, en date du 10 de juing 1439, proclamée et publiée par Jacques, abbé de St-Sépulchre, juge à ce commis, estant les dits prevost et eschevins et magistrat obligés de s'informer de ceulx et celles attaché du dit mal de St-Lazard et de leurs maladies, auparavant de nous les présenter, nos provisieurs ou commis sur ce, vuys et appelez suivant le concordat cy dessus déclarez.

» Or comme de brief, aviec la grâce de Dieu pour mieulx vaquer au salut de noz âmes, du gré sceu et consentement de Monseigʳ l'illᵐᵉ et Révérᵐᵉ messire François Vanderburch, archᵉ et duc du dit Cambray, nous, dames et religieuses, debvons faire vœu de cloisture, desirantes satisfaire à notre obligation, avons par ceste promis, consenty et accordé, promettons, consentons et accordons nous et nos successeresses pour le présent et pour toujours à l'advenir, de repcevoir, admetre et administrer tels et telles malades en la place de notre cloistre à ce affecté, selon la forme, manière et condition déclarées aux susdites bulles et concordat; en approbation de quoy avons signé ces présentes le 1ᵉʳ décembre 1640.

» Plus bas ainsy signé : Sœure Catherine Pamard humble dame, sœure Marie Milot, sœure Bonne Trigault, sœure Magdelaine Doby, sœure Marie Liévon, sœure Agnès Blondeau, sœure Marie Bucqure, sœure Marie Colart, sœure Marthe Lefebvre, sœure Elisabeth Libert, sœure Françoise Leroy, sœure Marthe Linier, sœure Scholastique Bouvegnies, sœure Marguerite Bonniface, sœure Marie Leleu, sœure Jeanne Clauwet et sœure Marguerite Thérèse Oudart.

» Il est ainsy à l'act original, tesmoing le greffier de Cambray soubsigné : et signé F. Mairesse, avec paraphe. »

La maison St-Lazare fut vendue révolutionnairement le 18 prairial an IV.

— V. une collection de titres importants relatifs à l'hôpital St-Lazare, réunie par l'abbé Tranchant, dans le † Ms. 905. — § Ms. 6, p. 5, 12, 18, 50, 51.

Ladrerie de Cantimpré.

Il est utile de mentionner ici une espèce de succursale de l'hôpital de St-Ladre, laquelle existait au faubourg de Cantimpré, sur la paroisse St-Sauveur. Cette Ladrerie de Cantimpré était entièrement dépendante de celle du mont des Bœufs. On croit qu'elle fut établie sous l'épiscopat de l'évêque Nicolas de Chievres. Il s'y trouvait une chapelle dont le patronat appartenait au trésorier de l'église cathédrale.

Cette succursale aura disparu par suite des guerres, en même temps que l'abbaye de Cantimpré et l'église paroissiale de St-Sauveur.

LAZARE (HÔPITAL ST-). — V. *Ladre*.
LÉGENDES. — V. *Traditions surnaturelles*.
LÉPREUX et **LÉPROSERIES**. — Au XIIᵉ siècle et aux suivants, le mal affreux rapporté d'Asie par les chrétiens croisés avait déjà fait, en Europe, des progrès considérables et d'incroyables ravages. Les lépreux s'étaient multipliés et étaient devenus les objets de la réprobation populaire. Dès lors aussi, la charité chrétienne, qui ne délaisse aucune misère, les avait couverts de sa protection. On bâtissait partout des hôpitaux pour les recueillir. Ces maisons s'appelaient *Léproseries* ou *Ladreries*; et les lépreux s'appelaient *Ladres*, à cause de St-Lazare, *le patron des pauvres et des languissants*, que le vulgaire appelait Saint-Ladre.

Cambrai, qu'on pourrait appeler la *cité de la charité*, ne laissa pas ses pauvres ladres à l'abandon. Plusieurs asiles leurs furent ouverts. Tels furent :

L'hôpital St-Ladre. — V. *Ladre (hôpital St-)*.
L'hôpital des Maladeaux. — V. *Maladeaux*.
La Ladrerie de Cantimpré, qui n'était autre

---

fait en cela preuve d'une distraction inexplicable. Il lui aurait suffi de se rappeler que les évêques de Cambrai, entrant en ville suivant l'usage par la porte St-Ladre, faisaient, en vertu du cérémonial consacré, une station dans l'église de St-Géry sur le mont des Bœufs, avant de pénétrer dans la cité épiscopale.

(1) Il y a eu aussi dans la rue des Waranges, à Cambrai, une maison de lépreux qui appartenait à l'église de N.-D. — V. *Léproserie de Notre-Dame*.

chose qu'une succursale de l'hôpital St-Ladre.
— V. *Ladre (hôpital St-)*.
La Léproserie de l'église Notre-Dame. — V. *Léproserie Notre-Dame*.

LÉPROSERIE de *l'église Notre-Dame*. — Il existait, au temps de Julien Delingne, qui écrivait en 1603, une léproserie, rue des Waranges (aujourd'hui de St-Vaast), à Cambrai. « Notez, dit ce savant chroniqueur, qu'en Cambray, en la rue des Warances, est une maison de lépreux, laquelle appartient à l'église de Notre-Dame. » — *Notices sur les établissements pieux de Cambrai*, art. 22.

Nous ne savons de cet hôpital que ce qu'en dit Julien de Lingne; mais on lit dans le † Ms. 884, p. 270, à la date de 1624 : « Il y avait en cet endroit (rue des Waranches), certains héritages et maisons ruineuses appartenants à la fabrique de l'église métropolitaine. Les paroissiens de St-Vaast firent un échange avec le chapitre de la métropole, pour avoir ces héritages. »

C'est sur l'emplacement de ces maisons *ruineuses* qu'ils bâtirent leur nouvelle église. Or, il est à remarquer qu'au XVIIe siècle, il y avait à Cambrai fort peu de lépreux, peut-être même n'y en avait-il plus du tout. La Ladrerie de N.-D. était donc devenue inutile, ce qui expliquerait le mot *ruineuses* que le chroniqueur applique aux maisons dont il parle, puisqu'il fallait les entretenir, tandis qu'elles ne servaient à rien. Il n'est donc point impossible que ce fût ainsi qu'aurait fini la léproserie de l'église Notre-Dame.

LÉPROSERIE ou **LADRERIE** de Cantimpré. — V. *Ladre (hôpital St-)*.

LESDAIN, *Lesdaing, Leideng (château de)*. — A la différence des Burgs d'Allemagne, qui sont bâtis au sommet d'un rocher, mouillé des vapeurs du ciel, les châteaux féodaux de Flandre, et notamment du Cambresis, sont généralement encaissés dans des lieux bas et humides, souvent enveloppés des brouillards de la terre. Les châtelains de ce pays tenaient moins à dominer par la position topographique que par la force des armes. Et d'ailleurs les rochers sont rares en Flandre : les marais s'y rencontrent partout. Au reste, ces châteaux entourés d'eaux vives, ombragés de hauts et verts bouquets d'arbres, munis de jardins fertiles, environnés de gras pâturages, ne laissent pas d'avoir leur aspect pittoresque et sont, au point de vue du confortable, bien mieux situés que ceux que de puissants burgraves allaient construire, bien loin des hommes, entre ciel et terre, sur d'arides rochers.

C'est donc un caractère particulier de nos vieux châteaux du Cambresis, que d'être entourés d'eau, d'élever leurs élégantes ou lourdes tourelles du milieu des plantes marécageuses : tel est celui du château de Lesdain.

Le château de Lesdain remonte à l'année 1391. Il fut bâti par très redouté seigneur *Gui d'Honnecourt* (1). Mais cet antique monument n'est pas arrivé jusqu'à nous dans son intégrité. En l'an 1554, Henry II poursuivait l'Espagnol dans nos contrées désolées, mettant tout à feu et à sang. Il rasa maint château fort dans les environs. « Il vint au mois de juillet camper à Crèvecœur, Masnière et Rumilly ; et après avoir été huit jours aux environs de Cambrai, il démolit la ville et château de Crèvecœur, et *Lesdain* et plusieurs forteresses du Cambresis ; brusla plusieurs villages, etc. » — *Mém. chron.*

En 1637, le colonel Gassion, depuis maréchal de France, fit, vers la fin d'octobre, « une course en Cambresis, avec huit cens chevaux, dont on dut se souvenir longtemps. Il commença par le village de Lesdain, qu'il brûla, et en fit de même à l'égard de plusieurs autres. » — *Hist. de Cambrai*, par Dupont, part. VII, p. 87. — Nous ignorons si, dans cet épisode de guerre, le château de Lesdain joua un rôle actif ou passif. Démoli ou plutôt démantelé en 1554, était-il remis sur un pied de défense en 1637 ? nous ne saurions le dire. Ce qu'il y a de certain, c'est qu'il fut complètement restauré en 1699, date qu'il porte aujourd'hui au-dessus de l'entrée du principal corps-de-logis.

Il est probable que cette forteresse féodale était originairement composée de quatre tours principales. Néanmoins un plan dressé en 1706, sept ans après sa restauration, n'indique que trois tours. Ces tours disposées en rectangle étaient jointes ensemble, savoir : d'un côté au

---

(1) Les titres qui constatent ce fait sont entre les mains du propriétaire actuel. Le château a donc en 1855, quatre cent soixante-quatre ans. On voit en 1313, un *Arnoud de Lédaing* assister, comme témoin, à la sentence arbitrale rendue par Ferrie de Pecquigny, dans le démêlé qui eut lieu entre l'évêque et les habitants de Cambrai. Une charte de 1348 parle de Jean d'Haucourt, *sire de Lesdaing*. (*Histoire de Cambrai* par le Carpentier part. III, p. 666.) Ces circonstances pourraient faire supposer que déjà il y avait un château dans ce village, et que par conséquent celui de 1391 n'est pas le premier qui ait existé.

nord par le corps d'habitation, et des trois autres côtés par des murailles, ou plutôt de véritables remparts de pierre sur lesquels l'homme d'arme faisait sentinelle, à l'abri des parapets qui garnissaient les murailles. Des restes qui existent encore aujourd'hui ne laissent pas le moindre doute à cet égard. Ainsi le corps-de-logis était flanqué de deux tourelles qui sont encore entières. Dans le mur de droite qui était perpendiculaire au bâtiment et qui faisait face à l'ouest, était pratiquée la porte d'entrée, surmontée d'une grande tour carrée. La tour de gauche, opposée au corps principal, était plus grande que les autres, et porte les vestiges d'une plate-forme. Des dragons de pierre (nommés gargouilles), dont les gueules vomissaient les eaux pluviales, s'élancent aujourd'hui sans usage, mais comme d'antiques souvenirs, de la corniche nouvelle sur laquelle pèse un toit d'ardoises assez élégant. Une vaste cour d'honneur était ménagée entre le corps-de-logis et les bâtiments accessoires qui se trouvaient en face. Enfin de larges fossés, alimentés par l'eau vive et salubre de fontaines voisines, baignaient de toutes parts les murailles du manoir.

Ainsi, la partie principale du château de Lesdain présentait à l'extérieur l'apparence d'un grand parallélogramme dont les angles étaient armés de tours et dont de vastes et profonds fossés défendaient l'approche.

Auprès de cette grande maison de guerre, s'étendait parallèlement, du côté du midi, un enclos qui n'en était séparé que par la largeur du fossé, et où l'on parvenait à l'aide d'un pont-levis. Cet enclos contenait *la cense*, les granges et autres bâtiments d'exploitation rurale. Des tourelles surgissaient également aux quatre angles de l'enclos, mais elles étaient beaucoup moins grandes que les tours. La même pièce d'eau entourait aussi l'enclos de la cense, dont une porte donnait sur le village. Cette porte était resserrée entre deux tourelles.

Autour des grands fossés qui mouillaient le château et la cense, s'étendaient les jardins qui étaient eux-mêmes entourés, en grande partie, d'une ceinture d'eau vive ; d'où il résultait un double fossé de défense autour de la forteresse. Ces jardins avaient deux issues dans la campagne, au moyen de deux ponts-levis flanqués de tours, jetés sur le fossé extérieur.

Le château de Lesdain est dominé, au nord, par des hauteurs, par des espèces de roches tendres et friables qui forment jusqu'au village d'Esnes une chaîne non interrompue d'escarpements au pied desquels roule *le torrent d'Esnes*, qui va se jeter dans l'Escaut. Ce torrent, tantôt furieux et gonflé par l'orage, tantôt calme et presque desséché, promène bruyamment ses flots jaunes et bourbeux, ou sert de pâture aux troupeaux du village.

Maintenant, si nous examinons à l'intérieur ces restes antiques d'un des plus beaux manoirs du pays, nous le trouvons bâti en pierres dures, provenant probablement des carrières mêmes de Lesdain. On sait qu'il y a dans ce village des carrières immenses abandonnées depuis longtemps et auxquelles les traditions rattachent un souvenir merveilleux. L'évêque Gérard, disent-elles, affligé de ne pouvoir trouver dans les environs de Cambrai des pierres propres à la construction de l'église de Notre-Dame qu'il voulait réédifier, se mit en prière, et eut une révélation qui lui fit connaître deux carrières fort riches : l'une *à Lesdain*, l'autre à Noyelles. Quoi qu'il en soit de la vision, les pierres de Lesdain furent employées par Gérard, c'est donc probablement de la même carrière que sont sorties celles dont est construit le château de ce village.

Chacune des tours qui défendent le corps-de-logis est composée d'une salle souterraine et voûtée, et d'une salle supérieure également voûtée, à laquelle on arrive par quelques marches pratiquées dans l'intérieur du bâtiment. Un toit d'ardoises couvre le faîte de ces tours qui ne paraissent pas avoir jamais été couronnées de créneaux. Les murailles en sont très épaisses. Deux fenêtres qui se rétrécissent à l'extérieur, en véritables barbacanes, éclairent les salles supérieures. Une tradition ancienne désigne comme prison de guerre la salle souterraine de la tour de l'est. Cela n'est pas invraisemblable. Le château n'a pas d'autres caves que les deux salles qui se trouvent sous les tours.

La troisième tour, plus forte et beaucoup plus élevée que les autres, contient trois places voûtées et superposées. La première est à niveau de rez-de-chaussée. La seconde, qui contient une cheminée fort habilement ménagée dans la muraille, est éclairée par trois fenêtres, dont les embrasures présentent, dans l'immense épaisseur du mur, des assises ou banquettes de pierre. Cette salle, à laquelle on n'arrive pas aujourd'hui sans échelle, se trouvait autrefois à la hauteur des murailles sur lesquelles on faisait le guet, et servait, à n'en pas douter, de corps-de-garde aux soldats du château.

Des inscriptions gravées dans la pierre attestent le passage des hommes d'armes. L'une contient ces mots : *La guerre est la chause* (cause) *que nous sommes ici*. D'autres plus anciennes, en caractères du XVIe siècle, mais devenues illisibles, laissent pourtant apercevoir très distinctement le mot *mort* plusieurs fois répété, comme si ce mot terrible avait été plus profondément gravé que les autres ; comme si ce mot était le seul qui ne dût point s'effacer dans l'histoire des hommes !

On lit encore distinctement ce nom et cette date : *Claude Losiot le 27 de janvier*. Et autre part, de la même écriture, 1566.

La troisième salle à laquelle on parvient par une échelle extérieure, sans qu'on puisse croire qu'il y ait jamais eu d'autre moyen d'y arriver, est également éclairée par trois fenêtres. Elle sert aujourd'hui de colombier.

Il est hors de doute, comme nous l'avons dit plus haut, que la grande tour dont il est question a été originairement dominée par une plateforme : les gargouilles qui y restent suspendues en attestent suffisamment l'existence.

Mais, de nos jours où toutes puissances s'en vont au néant, les larges fossés qui baignaient les murs ont été comblés, et l'espalier étend ses rameaux verts là où battait le flot agité par le vent.

Il n'est pas rare que l'on retrouve, en remuant la terre autour du vieux manoir, des fondations de murailles ou de tourelles, des fragments d'armes rongés par la rouille.

Nous nous sommes étendu, un peu longuement, dans la description du château de Lesdain, parce qu'il a eu le privilége de rester debout parmi tant d'autres qui se sont écroulés ; parce que, pour nous (les honnêtes gens nous pardonneront cette complaisance personnelle), c'est un souvenir de famille. La Révolution de 1793 le trouva entre les mains de M. Bouly de Lesdain, secrétaire du roi. Elle s'en empara. Les armes du seigneur qui ornaient le fronton du vieux manoir furent grattées et remplacées par un bonnet de liberté, œuvre grossière d'un sculpteur de village. Ce stigmate existait encore en 1831, lorsque le propriétaire actuel, l'un des fils de l'ancien maître du château, en fit de nouveau l'acquisition. Cette propriété était alors dans un état pitoyable de dévastation ; elle est redevenue l'une des plus belles habitations du pays. Avec les hommes les choses changent.

LESDAIN (RIVIÈRE DE). — On l'écrit quelquefois : de *l'Esdaing*; on l'appelle aussi *Fontaine de la Ville*. Ce petit cours d'eau prend sa source au milieu du village de Lesdain, alimente les fossés de clôture du château, traverse, dans une auge en bois, le *torrent d'Esnes*, fait tourner à quelque distance de là un moulin à farine, et tombant ensuite dans le lit du torrent, va joindre ses eaux à celles de l'Escaut qu'il rencontre à Crèvecœur.

LIBRAIRES *anciens*. — V. *Imprimeurs*.

LICORNE (FÊTE DE LA). — V. *Tournois*.

LIEUE *de Cambrai*. — On exprime vulgairement et sans grande erreur la lieue de Cambrai en kilomètres. Chacun sait qu'elle en contient quatre.

Nous donnons ici pour les curieux la valeur de cette mesure itinéraire exprimée en millimètres et fractions de millimètres, poussées jusqu'à dix décimales.

La lieue égale 4286468, 5928497805 millimètres.

LIÉVIN (CHAPELLE ST-). — Cette petite chapelle existe de nos jours à l'angle formé par la jonction du chemin qui conduit aux *Pierres jumelles* avec la grande route de Valenciennes, c'est-à-dire à la hauteur de l'allée de Corsignies, mais de l'autre côté de la chaussée.

Avant la Révolution, il en existait une plus grande, en forme d'*églisette*, où l'on pouvait dire la messe. Elle occupait l'emplacement de la maison aujourd'hui habitée par Madame veuve Ketten. Cette églisette recevait un grand concours de pèlerins qui priaient le saint pour les fiévreux. A l'époque de la Révolution, cette modeste chapelle fut détruite par le feu. Pour la brûler, les furieux la remplirent de paille qu'ils allumèrent ; mais la figure du saint fut sauvée. L'honnête aubergiste, dont la maison, voisine de la chapelle avait subi le même sort que ce petit temple rustique, rebâtit sa maison sur l'emplacement de la chapelle, et y déposa le saint. Bientôt le concours des pèlerins de jour et de nuit recommença. Alors un prêtre, le fils du vieux Ketten, fit construire, à l'extrémité du jardin de son père, la petite chapelle qui existe aujourd'hui et dans laquelle on déposa l'image vénérée.

Tous ces détails nous viennent de Madame veuve Ketten.

LIGNE (JULIEN DE). — V. *Lingne*.

LIGNY (CHATEAU DE). — Il existe peu de

documents sur ce château. L'advoué Malezy, au dire de Le Carpentier, y était capitaine en 1453.

Le sieur de Montbrehain y commandait en 1460.

« Le 7 d'aoust de l'an 1583, M. de Balagny, gouverneur de Cambrai, accompagné de plusieurs gens de guerre, s'en alla avec trois pièches de canon au village de Ligny, en Cambresis, le *Fort* duquel ils eurent par composition, et ramenèrent desdits lieux cent vingt prisonniers et plus. » — § Ms. 3 (bis), p. 226. — † Ms. 884, p. 222.

Une tour reste debout, presque seul vestige du château primitif. Cette tour ronde et massive commande une partie des anciens fossés de la forteresse. La tradition rapporte que, dans l'origine, chacun des quatre angles de ce monument féodal était armé d'une semblable tour. Les trois autres ont disparu. Il n'y a pas longues années qu'il en restait encore deux. De larges fossés entouraient le château dans lequel on ne pénétrait que par un pont-levis. Cette habitation si fortifiée était et se trouve encore placée au milieu d'un vaste jardin, entouré lui-même, du côté de la route, d'une muraille élevée, baignée d'eau; et, des autres côtés, par un fossé assez profond; de sorte qu'avant d'approcher le château, il fallait déjà franchir des obstacles que les assiégés pouvaient rendre menaçants.

Des salles voûtées, ornées d'une nervure en croix, passant par le centre de la voûte, existant dans la tour. Un toit d'ardoises surmonté d'un lanterneau lui donne un aspect assez pittoresque.

Le château actuel de Ligny, dont les constructions remontent à l'année 1631 et rappellent parfaitement le style espagnol, n'a plus d'apparence guerrière, et n'a conservé d'autre souvenir des temps féodaux que sa vieille tour grise et des galeries souterraines, percées de meurtrières.

Deux circonstances : l'une, qu'il existait un Hugues, seigneur de Ligny, dès l'année 1130 (1); l'autre, qu'à peu de distance du dernier manoir, on voit un emplacement qui a conservé le nom de *Vieux Château*, pourraient faire supposer que c'est là qu'au XIIe siècle, existait la forteresse des sires de Ligny.

En effet, le lieu dit le *Vieux Château*, est une *motte* de forme carrée, située au milieu

(1) Le Carpentier, part. III, p. 651.

d'un bosquet, et entourée d'un large fossé, encore profond, lequel est alimenté par les eaux d'une source qui jaillit dans le fossé même. Il est certain qu'une pareille situation était très-favorable à l'établissement d'une maison de guerre.

Mathieu, seigneur de Ligny, donna en 1286, *une loi de commune* à ses vassaux. L'original latin de cette loi repose aux archives du Nord.

Le château de Ligny appartient aujourd'hui à M. Ernest de Pancy.

LIGUE DE CAMBRAI. — On appelle ainsi la fameuse ligue qui fut faite entre l'empereur d'Allemagne Maximilien Ier, le roi de France Louis XII, le pape Jules II et le roi d'Espagne Ferdinand V, contre les Vénitiens, et qui mit leur république à deux doigts de sa perte.

Cambrai, en sa qualité de *ville neutre*, fut choisie pour les conférences. Cette ligue devant demeurer secrète jusqu'au moment de son exécution, on prit pour prétexte des négociations la pacification de la Belgique. Marguerite d'Autriche, fille de l'empereur, le cardinal d'Amboise, premier ministre du roi de France, y représentèrent l'une son père, l'autre le roi son maître. Cette ligue n'ayant aucun rapport avec l'histoire de Cambrai, il n'en sera pas ici question davantage. — V. *Hist. de Cambrai*, par Dupont, part. 5, p. 32. — *Histoire de la Ligue de Cambrai*, Paris, 1785.

LINGNE ou *Ligne* (JULIEN DE), naquit à Cambrai, dans la première moitié du XVIe siècle. Il devint successivement vicaire de l'église métropolitaine le 20 mai 1555, chapelain de la même église le 18 avril 1561, maître du chant des enfants de chœur le 25 juin 1571, l'un des grands vicaires de Notre-Dame en 1575; puis, de nouveau, maître du chant le 15 mars 1580.

Les troubles de 1581 le forcèrent, comme une grande partie du clergé, à s'éloigner de Cambrai. Il se réfugia à Douai, *pour y tranquilliser sa conscience*, comme il le dit lui-même, et pour s'y livrer à la culture des saintes lettres.

Simon Warlouse, abbé de saint Andrieu de Grammont, retiré alors à Tournay, l'encourageait à cette étude par des lettres fréquentes qu'il lui écrivait, et que souvent il accompagnait de quelque présent (1).

(1) V. *Mém. pour servir à l'Hist. littéraire des Dix-Sept provinces des Pays-Bas*, par Paquot, t. 1, p. 9.

En 1588, Julien de Lingne revenu, après es troubles, dans sa ville natale, permuta sa grande vicairie pour une chapellenie de la métropole, celle de Ste-Elisabeth.

Ce prêtre distingué mourut le 21 mars 1615, suivant l'abbé Tranchant; le 14 mars de la même année, si l'on en croit le père Lelong qui, sans doute, a reçu ses notes de l'abbé Mutte; enfin en 1606, si l'on s'en rapporte à 'auteur des *Mémoires chronologiques*.

Julien de Lingne a beaucoup écrit; il a laissé d'utiles recherches sur l'histoire de Cambrai. Ses notes sont généralement exactes, toujours consciencieuses. Colvenère le cite dans une note sur le chapitre 99 du *Chronicon Cameracense* de Balderic. Le père Lelong, dans sa *Bibliothèque historique*, mentionne une *Histoire de Cambrai en vers par Julien de Lingne*; un *journal des choses arrivées à Cambrai*, ms. par le même; un *Kalendrier historial de Cambrai*, ms. par le même (1); l'histoire de *l'image de Notre-Dame-de-Grâce* (il est regrettable que cet ouvrage soit perdu); un *Calendrier des fondations, fêtes et obits dans l'église métropolitaine;* un *Traité de l'érection du collège de la Compagnie de Jésus à Cambrai;* un autre *des Béguines de Cambrai, formé d'après leurs archives;* un troisième de *l'hôpital de St-Julien*. Les *Mém. chron.* donnent aussi la liste de quelques-uns de ses ouvrages, savoir : un *Traité de la vertu et dignité du nom de Jésus*, imprimé à Douai en 1583; un *Livre des quatre fins de l'homme;* plusieurs *Tables de matières sacrées*, comme de la dignité sacerdotale, de la préparation à la messe, des prières pour les trépassés; enfin plusieurs *Catalogues des évêques et archevêques de Cambrai*. Nous nous contenterons d'ajouter à cette nomenclature : un *Sommaire des antiquités de l'église archiépiscopale de Cambray;* et ses *Remarques sur les églises, monastères et pieuses fondations dans la ville de Cambray*, précieux manuscrit qui a servi de base à tout ce qui a été écrit depuis sur la même matière (2).

(1) Le Calendrier historial de Julien de Lingne ne va, d'après le titre qu'il y a placé lui-même, que jusqu'en 1604. On y a fait quelques additions d'événements postérieurs à cette date.

(2) On doit déplorer amèrement la disparition d'un manuscrit de la bibliothèque communale de Cambrai, *Histoire des Évêques et Archevêques de Cambrai*, par Julien de Lingne, avec addition de M. Louis Foulon, chanoine de N.-D. de Cambrai. Ce manuscrit, inscrit sous le n° 674, a été dérobé, il y a quelques années.

— V. pour compléter la liste des ouvrages de Julien de Lingne, les *Recherches sur la métropole de Cambray*, par *M. Leglay*, p. 137.

LINIERS. — Nous ignorons le temps où la corporation des liniers a été constituée à Cambrai. L'industrie linière date, dans le pays, d'une époque très-ancienne. Lorsque César arriva dans nos provinces belgiques, on y cultivait le lin, dont on faisait la toile. Il est très-probable que, sous la domination romaine, cette industrie n'aura fait que se développer davantage. Mais le commerce de nos contrées, paralysé ou plutôt détruit par les invasions de barbares, qui affligèrent l'Europe civilisée, vers la fin du Ve siècle, le commerce qui seul fournissait des débouchés à l'art industriel, aura entraîné dans sa ruine les tisseurs et les liniers.

Après le siècle de barbarie, arrivèrent les jours de la féodalité, encore peu propices au commerce. Et si le Cambresis reprit la culture du lin, il le fit sans doute sur une échelle très-limitée. Cependant, sous Charlemagne, on fabriquait en Flandre des étoffes de laine et de la toile (1).

Peu à peu les arts industriels reprirent faveur. Il fallut, pour cela, plusieurs siècles. Enfin, vers 1300, le tissage du lin avait reçu dans le pays de tels perfectionnements, que les *batistes* et les toiles de Cambrai méritaient une renommée universelle.

Le premier règlement que nous ayons à citer, concernant les liniers, est une pièce sans date qui était consignée au *Livre au bans* de la Chambre échevinale, f° 232 et 233.

En voici le sommaire :

1° Que tous lins apportez en ceste ville, seront eswardez par les maieurs.

2° Que personne ne puisse porter lin à vendre par la ville.

3° Que personne ne tienne estal au lin le samedi sur ses genoux, si ce n'est aux halles, aux places désignez par les mayeurs.

4° et 5° Qu'ils obéissent aux mayeurs.

6° Qu'ils ne mettront les lins en d'autre ploy que celuy qu'il doibt avoir, selon le lieu d'où il vient.

7° Que tous les liniers tiendront leurs places les jours de marché aux halles au lin.

8° Qui voudra vendre lin ouvré par boittelotes, mettra le pois de demie livre.

Un autre *règlement* moins ancien était à la date du 11 juin 1518. Il porte :

Que tous lins de Normandie, dits lins de bulle, se vendront par douzaines, et boittelotes, les douzai-

(1) Dieudonné, *Statist. du départ. du Nord*, t. II, page 6.

nos pesantes huict livres, et les boittelettes, demie livre, etc.

Qu'ils se vendront à bon, juste pois, et léale balance, et se poiseront au lieu accoustumé, et aux salaires et droits ordinaires.

Que chaque botte de lin de Corbie debvrat peser trois livres et une quarte. — *Livre aux bans*, f° 233.

Une *ordonnance* du 3 octobre exigeait « que tous lins apportez en ceste ville pour y estre vendus, seraient estaplez à la petite halle qui était près la chambre des quatre hommes. »

Nous trouvons encore un règlement également consigné au *Livre aux bans*, et daté du janvier 1629.

Sommaire du Règlement du 3 janvier 1629.

1° Que nuls liniers ne pourront recepvoir dans leurs maisons ou ailleurs aucuns lins, qui n'aient estez représentez aux mayeurs en la halle de la maison de ville.

2° Que les liniers et autres marchands seront tenuz monstrer aux mayeurs leurs pois et balances.

3° Qu'ils ne pourront exposer en vente lins meslangez ou falsifiez.

4° Que les forains amenans lins en ceste ville, seront tenuz en advertir les fermiers, comme aussy les marchands bourgeois recevans les dits lins dans leurs maisons.

5° Que les liniers acheptant lins aux marchands forins, seront tenuz en rendre aux bourgeois le requerans, avant le transport d'iceux hors de la ville.

6° Que les lins vendus en bottes auront leur pois ordinaire.

7° La généralité des liniers achepterat tous les ans un flambeau, qui serat porté par l'un deux, à la procession du vénérable St-Sacrement.

8°, 9° et 10° Règlent les sallaires des mayeurs.

11. Ceux qui voudront vendre lins en ceste ville, debvront paier aux mayeurs pour leur bien venue, quatre livres.

Au mois de janvier 1636, MM. de la ville firent « défense de laisser sortir les marchandises de lins hors de la ville de Cambray. »

Les liniers de Cambrai avaient St-Roch pour patron.

LOI. — *Première loi écrite donnée aux Cambresiens.* — *Loi Godefroy.* — Lorsqu'en 1184, l'empereur Frédéric donna à la ville de Cambrai et à tout le Cambresis la *première loi écrite* qui devait les régir dans la suite, le pays n'était pas, comme on le pense bien, dépourvu de règles et de coutumes. Seulement la loi qui dominait n'était que traditionnelle. Les vainqueurs des Gaules et de la Belgique avaient nécessairement laissé dans les mœurs et même dans les aspirations du peuple cambresien, des traces profondes des institutions romaines. Les souvenirs des *municipes* y étaient sans doute vivaces; et les coutumes traditionnelles, qui formaient le code de nos pères, ne devaient pas être autre chose que des reproductions plus ou moins altérées des lois romaines.

De ces souvenirs des municipes romains, provenait ce besoin d'émancipation communale qui tourmenta les Cambresiens, et suscita ces luttes contre le pouvoir ecclésiastique, dont l'histoire nous a conservé d'incomplètes relations.

Une de ces secousses d'institution politique venait d'avoir lieu: une commune avait été établie par les bourgeois et détruite en 1182 par l'empereur Frédéric, comme contraire aux droits des empereurs et des évêques; mais les habitants de Cambrai, vaincus dans l'application du principe, n'en persistaient pas moins à invoquer des droits selon eux imprescriptibles. La forme de l'administration, qu'on pourrait appeler *gouvernementale*, les règles de la justice, le mode de posséder, les droits et les devoirs des marchands étrangers, ainsi que beaucoup d'autres questions, étaient devenus le sujet de graves discords entre les citoyens et l'évêque de Cambrai.

Ce fut pour mettre un terme à ces agitations incessantes, que Frédéric promulgua une loi écrite à l'usage de la cité de Cambrai. Il fit cette loi avec discernement, avec poids et mesure, comme il convient, dit-il, à la majesté impériale. Il voulut entendre le pour et le contre, il s'éclaira des conseils des sages et des grands qui l'environnaient. Il alla plus loin, il commença par mettre d'accord les parties, par une transaction volontaire; il rétablit la paix entre les cœurs irrités; et dans son impériale et louable sagesse, il ne fit que consacrer par *la loi* les règles que chacun acceptait volontiers.

Voici le texte latin de cette loi qui fut comme le préliminaire de la grande *Loi Godefroy*. Nous préférons conserver à l'histoire le texte original que d'en donner une traduction française, qui serait à la vérité à la portée d'un plus grand nombre de lecteurs, mais qui ne présenterait aussi qu'une tradition altérée par des néologismes inévitables.

Première loi écrite, donnée, en 1184, par l'empereur Frédéric *à la ville de Cambrai et à tout le Cambresis.*

« In nomine sanctæ et individuæ Trinitatis.

» Fridericus, divinâ favente clementiâ, Romanorum imperator Augustus.

» Æquitas imperatoriæ majestatis, et ejus deliberatis principum consiliis librata discretio : hanc in rebus dubiis, suâque difficultate gravibus debet habere patientiam, ne dissona causarum et casuum varietas generet principi fastidium, nec dispendiosa temporis consumptio judicem cogat properatam ferre sententiam. Decet enim imperatorem in audiendis allegationibus sapientem accomodare diligentiam, et in promulgatione sententiæ qua omnis controversia justo fine clauditur, prudentem sollertiam adhibere. Nihilominùs quoque serenitatem imperialis clementiæ decet, ut hinc inde temperata transactione consensu partium et arbitratu boni viri, discordes consonare faciat, et inter corda plus odiis quàm amicitiæ studiis inclinata, veram pacem, firmamque concordiam restituat. Eapropter cognoscat fidelium imperii tam præsens ætas, quàm successura posteritas; quod *cum dilectus princeps*, noster Rogerus, episcopus Cameracensis, et fideles nostri cives Cameracenses pro regimine et consuetudinibus, ac jure civitatis suæ, diu graviterque dissentirent, et nos debitam operam ad honestam compositionem dederimus, tandem divinæ nutu misericordiæ, à quo omne datum optimum, fugatis à cordibus utriusque partis simultatibus et litibus controversiæ per concordiam partium in manum nostram positis, has eis consuetudines pro legibus et regimine bonoque statu civitatis auctoritate nostra per consilium principum et prudentum nostrorum indulsimus; quas ab eis in perpetuum fideliter observari imperatoriæ majestatis virtute jubemus. Si quis infra civitatem occiderit hominem, si deprehensus et convictus fuerit, mori debet; si subterfugerit, domus ejus diruetur, et bona sua mobilia et area domus publicabuntur: quorum medietas episcopo, altera vero medietas munitioni civitatis assignabitur. Si quis aliquem membro mutilaverit, membrum pro membro perdet; et si fugerit, domus ejus diruetur, et à civitate banniatur. Si quis cultello hominem vulneraverit, reus mortis deputabitur. Si quis infra civitatem, armis molutis vulneraverit, et percussor deprehensus, et testibus convictus fuerit, vulnerato C. solidos componat. Episcopo L. ad muniendum civitatem L. et si habet domum diruatur. Si infra civitatem aliquis conviciatus alicui fuerit, præter clerum, XX solidos dabit iujuriam passo, XX episcopo et civitati. De familia verò clericorum quæ victu eorum pascitur hoc statuimus, un infra XV dies in omni causa pecuniaria episcopus et clerus habeant justiciare familiam suam. Transactis XV diebus, si justitiam non fecerint, Burgenses habebunt justitiare eam. Si quis infra banni leugam hominem occiderit, deprehensus et convictus, X libras persolvet episcopo et juratis, et domus ejus diruetur. Qui infra banni leugam hominem mutilaverit, X libras componet, quarum medietas vulnerato, altera medietas episcopo et civitati persolvetur, et domus ejus diruetur, qui vero præter hos duos modos infra banni leugam foris fecerit, tenebitur ad medietatem pœnæ vel compositionis statutæ pro forisfacto in civitate. In duello convictus, capite plectatur, et obsides ejus X libras persolvent : medietatem victori et aliam medietatem episcopo et juratis. Si post judicatum duellum concordaverint, X libras persolvent. Constituimus pacem omni mercatori ad mercatum venienti, exceptis hiis qui aut pecuniæ commodatæ, aut prædæ factæ in cives, possunt argui. Quod si quis aliquem in veniendo aut redeundo perturbaverit, si spoliavit ipsum aut captivaverit, convictus reddet capitale cui damnum intulit, cum emendatione X librarum, C solidos injuriato, C solidos episcopo et civitati. Præter hæc decernimus, ut nullus pro vadimonio quod episcopo dederit, aut pro justitia quam in præsentia ejus fecerit per juratos pacis impediatur. Itemque nullus pro aliquo jure, quod juratis pacis fecerit ad eos pertinente; à judice episcopi gravabitur. Si quis autem de hiis qui de pace sunt debitorem suum convenerit, vel aliquem forinsecum pro aliquo negotio ad judicem trahere voluerit, si duos de pace testes contumelia provocatus habuerit, quidquid ei interim suas vindicando iujurias et opprobria fecerit, penes judicem reus non erit. Quod si quis civium aliquem in civitate, super quem querclam habet, apprehendere et tenere volens quemlibet de pace secum in auxilium vocaverit, et ille commonitus ire noluerit, si duobus testibus super hoc convictus fuerit, tantumdem ei persolvet cui opem ferre negavit, quantum vocator probare poterit se per eum amisisse. Item jurati pacis justitiam de forisfactis quorumlibet hominum exceptis clericis, et justiciare debent milites liberos homines et eorum mobilia et familiam. Si quis cujuscumque sexus ad tantam paupertatem devenerit, quod non habeat unde se sustentare possit, si testimonio vicinorum suorum ad juratos in domo pacis venerit, et hanc paupertatem suam eis ostenderit, cognità veritate poterit hereditatem suam vendere auctoritate et testimonio juratorum. De hereditatibus verò et mobilibus Burgensium et Rusticorum justiciabit episcopus, per se vel per ministrum suum : et si minister ejus neglexerit facere justiciam, et commonitus per duos juratos pacis facere justiciam supersederit, jurati pacis justiciabunt. De quacunque re ad juratos pacis clamor processerit de qua justiciare habeant, prout poterunt justitiam facient omni petenti. De omnibus maleficiis extra banni leugam Burgensibus irrogatis, licebit Burgensibus in continenti suas persequi injurias si poterunt. Si in continenti non poterunt, ab episcopo satisfactionem requirant. Si episcopus non poterit per se, juvabit eos de illata injuria vindictam obtinere. Si quis aliquod eorum commissorum fecerit quod pecuniaria pœna debeat mulctari, et convictus precium statutum solvere noluerit, vel nequiverit, ponetur XV diebus in custodia episcopi; quibus transactis mittetur in angariam quæ Pilloris dicitur, postea de civitate expelletur, nec ultra in illam redire poterit sine permissione illius quem injuriando offendi, et consensu episcopi et juratorum pacis. Statuimus insuper quod nullus de civitate alicui patriam impugnanti servire liceat. Quod si forte hujusmodi servire cœperit, priusquam ille cui servit guerram contra civitatem movere cœperit, servitium illud cœptum consummabit, ita tamen quod conductu suo dampnum civibus non inferet. Sed et si rapina alicubi de substantià civium facta fuerit, ubi sub Domino suo militet : si quicquam ei inde offertur nulla calliditate quasi ne reddat accipere recusabit, sed ea conditione quod reversus in civitatem reddet ei cui ablatum est quantum in partem suam pervenerit. Quod si amplius exigitur, juramento se expurgabit, quod nec conductum ibi fecerit, nec plus habuit. Sex viri jurati in domo pacis possunt constitui, qui possunt testimonium portare cum aliquo scabinorum in eis causis in quibus solent cum eis testificari. Item, si præpositus conventum ad sonum campanæ indixerit sub pœna V solidorum pro quacumque necessitate, qui non venerit V solidos componat, episcopo medietatem et aliam medietatem civitati. Præterea quocumq. motio agatur, firmissimam pacem cunctos in procedendo pariter et redeundo statuimus habere, quam si quis quolibet modo infregerit, eandem legem subire compelletur, quam infra civitatem pacem violantibus constituimus. Ab hac tamen lege excipimus judices et juratos qui homines habent conducere. Item, si homicida civitatem intraverit, persona ejus in civitate salva erit, nisi quantum justitia dictaverit. Quicumque vero de civitate, bestias suas per prædationem amiserit, et raptorem earum in civitate viderit, ad judicem ipsum adducet : cumque ante judicem assistent, si prædo quod exigitur negaverit, ad pugnam quam campum dicunt, vel ipse civis si voluerit, vel aliquis ex sua parte, illum vocabit, oportebitque vocatum aut se ipsum deffendere, aut ablatum reddere. Quod si negantem vocare noluerit, sed per usitata legis jura, sua repetat; necesse erit ei qui impetitur, aut se sacramento expurgare, aut capitale reddere. Quotiens autem testes producentur, qui testimonium perhibituri sunt, de quacumque facta injuria, oportebit eos prius jurare quod verum dicent secundum quod viderint et audierint. Item, si quis in furto deprehensus fuerit per sententiam juratorum judicabitur, et si in deprehensione illa, ille cui facta est injuria hujusmodi latronem verberaverit, nullius legis ob hoc reus deputabitur. Et si verberatori in ultione læsionem intulerit, noverit in se juratorum pacis inimicitias redundare. Item, qui foris fecerit quod domus sua obruatur, per judicium juratorum jurati eam obruent. *Item, nullus omnino bannus in civitate fiet nisi per episcopum.* Item, quicumque reus vel forisfactor civitatem intraverit, salvus erit et civitas eum retinere debet quamdiu paratus est stare justiciæ secundum legem civitatis. Per manum justiciarii episcopi, vel per nuntium ejus satisfactiones forisfactionum colligentur. Si vero justiciarius requisitus à duobus juratis nec venire voluerit, nec nuntium mittere; jurati eas colligent, et indivisas servabunt usque ad præsentiam ipsius justiciarii vel nuntii sui. Addicimus insuper quod si episcopus dedecus extra banni leugam civitati irrogatum non emendaverit, postquam ei fuerit à juratis ostensum, liceat civibus illud persequi et vindicare quandocunque potuerint. Ut autem hæc majestatis nostræ statuta rata maneant, et in ævum firmiori robore convalescant, præsentem inde paginam conscribi jussimus et sigilli nostri munimine signari. Statuentes et imperiali auctoritate sancientes ut nulla omnino persona humilis vel alta, sæcularis vel ecclesiastica, nullus princeps, nulla potestas nullumve commune hanc nostræ constitutionis auctoritatem audeat attemptare nec ausu temerario infringere. Quod si quis fecerit majestatis reus C. libras auri puri pro pœna componat, dimidium fisco imperialis cameræ et reliquam partem injuriam patientibus. Hujus rei testes sunt Conradus Maguntinus archiepiscopus. Hermannus Monasteriensis episcopus. Rogerus Cameracensis episcopus. Rudolfus prothonotarius curiæ. Johannes præpositus S. Germani Spirensis. Hugo decanus majoris ecclesiæ Cameracensis. Walcherus ejusdem ecclesiæ canonicus. Fridericus dux Sueviæ. Lodowicus lantgravius Thoringiæ. Heinricus comes de Dichse. Albertus comes de Everstein. Bobpo comes de Wertheim. Henricus comes de Seine. Gerhardus comes de Lone. Wernherus comes de Bonlant. Willelmus advocatus Aquensis. Johannes Tassun. Johannes Gerlant. Baldewinus calvus. Michahel Plantefuil. Johannes Pilepois.

» Signum domini Friderici Romanorum imperatoris invictissimi.

» Ego Gotefridus imperialis aulæ cancellarius vice Conradi Magunt. archiep. et Germaniæ archicancellarii recognovi.

» Acta sunt hæc anno Dominicæ Incarnationis M. C. LXXX. IIII. indictione II. regnante domino Friderico glorioso Rom. imper. Augusto Anno regni ejus XXX. III. imperii vero. XXX. I.

» Datum apud Geilenhusen XII. kal. Julii feliciter. Amen.

» Pendet ex autographo aurea bulla Friderici imperatoris.

» Ex autographo inciso et cancellato nunc extante in archiv. eccles, Camerac. g. XVI. Contuli. *Sig.* MUTTE, D. »

Un an après la promulgation de la loi qui précède : en 1185, une CONVENTION intervint entre l'évêque de Cambrai, Roger, et le Magistrat de la ville, pour régler l'exercice réciproque de leur juridiction. Nous possédons une ancienne et précieuse copie de cette charte qui faisait partie des archives de l'église métropolitaine. Nous la reproduisons ici, parce qu'elle est comme le corollaire de la loi donnée par Frédéric.

Règlement d'attributions, ayant force de loi, entre l'Évêque et le Magistrat (1185).

« In nomine Domini, Rogerus divinâ permissione Cameracensis Episcopus, tam presentibus quam futuris in perpetuum. Bona pacis quam portantium pedes beati sunt, quanto constant cæteris digniora, tanto firmius observanda, sacris annotari litterarum apicibus meruerint. Eapropter notum fieri volumus universis quod nos et cives nostri, inter nos pacis amicitiam stabilius nitentes conformare, octo compositorum nos commisimus veritati. Hi itaque, salubrioribus antiquorum consuetudinibus innitentes, sano consilio decreverunt quidquid ad nostrum et civitatis pertinet honorem, lucidius declarare : recognoverint equidem quod per judices domini episcopi, et prepositos et scabinos, et juratos barræ poni debent, et proventus inde exeuntes ad usus distribui calcearum. Civitas precepta super suos burgenses sine capitali solvendo, sine campanâ sonante, a triginta annis facere consuevit, Episcopo tamen reclamante licet hoc peregit. Dominus Episcopus molendina de selis per se, per serviantes suos, et justiciam suam, et scabinos habet justiciare, rediensque à suâ consecratione vel domino imperatore, omnes malefactores, bannitos, præter homicidas in civitate, et membrorum ablatores in civitate, potest in civitatem reducere et donec ei renuntiatum fuerit retinere, alios omnes retinere potest salvo civis capitali, de pœnâ tamen pecuniariâ non potest, nisi juratis assentientibus, in suam remittere portionem. Judicatum autem potest penitus relaxare. Omnes milites, et nobiles viros, et eorum familiam, donec ei renunciatum fuerit, conducere tuto potest. Si quis quem Dominus episcopus conduxerit, ab aliquo detentus fuerit, dicere debet episcopus ut dominus quod tunc cum conducebat, illeque liber abibit. Dum vero capitum nisi conductum domini episcopi statim pretenderit, teneatur. Postquam domino renuntiatum fuerit episcopo, potest homines suos conducere sui die placiti semel suâ fretus aucthoritate, deinceps autem non nisi pace consultâ civitatis; totâ die quâ in Cameraco est, vel ab eâ recedit, vel in eam venturus est, homines conducere potest, quoad ei fuerit resignatum. De juratorum numero, dominus episcopus scabinos suos, quos volet, prudentes, et bonæ viros opinionis, eligere debet. In omni decursu aquæ, si per eum navis decurrere possit, dominus episcopus accipere pisces habet, cives non possunt aquas domini episcopi intrare; quod si fecerint, ad hujus correctionem excessus : quoties dominus episcopus ire voluerit, suo cum judice, prepositos cum scabinis et juratis secum ducet ad justiciæ complementum. Omnis urbis hereditates dominus habet episcopus justiciare; capitula nobilium Domus pacis justiciabit. Ea quæ nullus reclamat in civitate, domini propria sunt episcopi; ab omni lege civitatis, dominus liber est episcopus. dominum episcoporum pro suo, et ecclesiæ, et civitatis honore tuendo, juvare civitas, et unâ die duci debet, et reduci. Quoties dominus episcopus consilio civium indiget in civitate, cives ad ejus debent presentiam convenire. Vigenti quatuor serjanti episcopi domini, et quatuor serjanti ecclesiæ beatæ Mariæ, et eorum uxores, quamdiù post ipsos viduæ permanserint, liberi sunt ab omni onere civitatis. Feoda serjantorum ecclesiarum, sancti videlicet Gaugerici, sancti Auberti, sancti Sepulcri, et janitorum, ab omni sunt onere libera civitatis. Si quos jurati, judicio banniverint, non habet episcopus de suâ justiciâ respondere. Jurati prestare debent in causâ coram judice sacramentum. Nullus emere potest, vel invadiare redditus de selis, vel domum feodum episcopi nisi domino episcopo permittente. Omnes milites et rustici extrà et nobiles, infra civitatem manentes, suum possunt bis placitum contramandare. Domus justiciæ ad libertatem quâ tenebatur predecessorum domini scilicet Nicholai ac domini Petri tempore libera esse debet. Jus suum universum quod scabinorum subjacet judicio, per judicem suum judicio scabinorum, si super aliquo injuriam patiatur, dominus debet episcopus obtinere. Si verò per se judex non sufficiat exequi, prepositi pacis, si ab episcopo fuerint requisiti, plene supplendo mandabunt executioni, judicio scabinorum illeso per singula manente. Omnis cassa mensura et pondus non equum, per judicem et scabinos et prepositos et juratos accipi debent. Si verò pars altera aliqua ad hujus executionem justiciæ, prompta minus invenitur, pars altera nihilominus exequetur ; a quocumque tamen capiantur, ad Domum justiciæ deferuntur, et ibidem ad equitatis tramitem reducentur; Stalli in foro et bige piscium, per judicem et scabinos et prepositos et juratos statui debent, et locari. Si autem pars altera ad exequendum torpescat, pars altera plenius exequetur. Ceterum si memorati stalli, vel bige, suo pro forefacto capiantur, ad Domum justiciæ deferentur nisi per prepositos non reddentur. Ut igitur hæc nostræ compositionis pagina maneat inconcussa, ea nostri sigilli et civitatis ap-

pensi caracteri et testium subsignatione duximus communire. Signum Waltæri archid. Signum Hugonis decani. Signum Anselli, Walteri presbiterorum. Signum Willelmi, Walteri levitarum. Signum Hugonis Egidii Sublevitarum. Signum Anselli, joannis ger. prepositorum. Signum Thomæ Rosel, Balduini Calvi, Godefridi, Michaelis, juratorum. Actum anno Verbi incarnati millesimo centesimo octuagesimo quinto, presulatus verò nostri IX. Ego Gautherus cancellarius subnotavi et recensui. (1) »

— Extrait d'un ms. intitulé : *Documents historiques et administratifs concernant la cité de Cambrai.* Ce livre fait partie de notre bibliothèque particulière.

Quarante-trois ans après la proclamation de cette première loi écrite, le bon évêque Godefroy, à la suite de graves démêlés politiques avec les bourgeois, démêlés dans lesquels il avait fini par triompher, en obtenant de la diète impériale la destruction du beffroi et la suppression des priviléges communaux, *octroya* spontanément une charte aux Cambresiens. Cette grande charte, qui était comme le code général du Cambresis, fut accueillie par les bourgeois avec une extrême faveur; elle valut à son auteur une immense popularité, et le nom du *Bon Évêque* devint immortel comme la loi elle-même qui prit dans l'histoire le nom de *Loi Godefroy.*

La loi Godefroy fut confirmée en 1258, par Richard, roi des Romains.

Les bornes de notre ouvrage ne nous permettant pas de donner ensemble les textes latin et roman de cette loi, nous nous contenterons encore ici de la version latine, préférable selon nous, parce qu'elle est la plus concise et la plus nette.

LOI GODEFROY.
(1227)

In nomine sanctæ et individuæ Trinitatis.

GODEFRIDUS, Dei gratiâ, Cameracensis episcopus : universis fidelibus tam præsentibus quàm futuris in perpetuum.

Sicut olim per Moysen dominus plebi suæ leges dedit conscriptas, quæ bonos in pace foverent et à malis compescerent insolentes ; sic et forté fortiùs hiis diebus quibus crevit malitia super terram idem voluit observari, ut scilicet leges tradant subjectis rectores et principes populorum, per quas benè et pacificè vivant boni, mali verò à suis temeritatibus reprimantur.

Unde notum fieri volumus universis, quod cùm inter nos et etiàm Prædecessores nostros *ex una parte* et Cives nostros Cameracenses *ex alia,* dudùm orta fuisset diùque durasset contentio super Dominio

---

(1) La Charte que nous venons de transcrire se retrouve avec d'assez notables différences, dans le *Glossaire du Cambresis,* p. 77. Nous avons publié la copie que nous possédons, afin que l'on puisse, au besoin, comparer les deux textes.

Civitatis, et ex hoc frequenter turbatio inter Clerum et Populum oriretur; tandèm per Serenis. Dominos nostros FEDERICUM piissimum Imperatorem et HENRICUM Illustrem Regem filium ejus, ac PRINCIPES Imperii ac Regni Alemanniæ solempni judicio declaratum fuisset quod ad Nos et Successores nostros et ad Ecclesiam nostram pertinebat omninò Dominium antedictum, sicut in ipsorum Imperatoris et Regis Privilegiis continetur; NOS omnimodis affectantes ut de cætero viverent in pace et justicia Cives nostri, et non solùm cum Clero sed etiam inter se firmam pacem haberent, de assensu Capituli nostri et consilio sapientium et bonorum virorum statuimus eis leges in perpetuum observandas, quibus Cives et Civitas utilitèr et honestè regantur, et scriptas edidimus publicè in hunc modum.

1. Instituentur duo Præpositi et quatuordecim Scabini ab Episcopo in Civitate Cameracense, permansuri, si Episcopus voluerit, per annum: quos tamen omnes vel partem infra annum amovere, vel post annum retinere poterit Episcopus, prout ei visum fuerit expedire. Et tales Scabinos debet instituere qui sint Cives discreti et bonæ opinionis, et astricti ad onera Civitatis.

2. Forma Juramenti quod Scabini facient, talis erit: Jurabunt quod Jura et Libertates Ecclesiæ et Ecclesiasticarum personarum secundùm Deum pro posse suo servabunt. Personam, jura et bona Episcopi tanquam Domini sui, et Capituli, diligenter et fideliter custodient.

3. Causas Civium secundùm leges institutas ab Episcopo Capitulo consentiente, bonâ fide judicabunt.

4. Forinsecorum Inquestas legitimè dabunt.

5. Forma Juramenti quod Episcopus et Capitulum facient, talis erit, Episcopus et aliquis de Capitulo in animam Capituli, jurabunt quod diligenter servabunt personas et res Civium Cameracensium.

6. Omnes autem Emendas pecuniarias et forisfactiones et eschaantias colliget qui ab Episcopo fuerit institutus ad colligendum per Scabinos.

7. Si quis infra Civitatem Hominem occiderit; si deprehensus fuerit et convictus, reliquitur puniendus Præposito vel Præpositis secundùm judicium Scabinorum. Si subterfugerit, ædificium domûs ejus diruetur, et Mobilia ejus erunt Episcopi.

8. Ædificia domorum quæ propter Homicidia diruentur, publicentur. Mobilia verò et Areæ erunt Episcopi. Nec infra annum ab aliquo poterunt reædificari vel claudi: elapso verò anno, dare vel vendere poterit Episcopus reædificandas quibuscumque voluerit, exceptis illis qui personam Homicidæ usque ad quartum gradum consanguinitatis attingent, propter odium Homicidii; ita quod qui ædificaverit, debitos redditus persolvet; et domus in eodem statu in quo ante fuerat, remanebit, videlicet vel libera vel ad onera Civitatis.

9. Pro quibuscumque causis aliis præterquàm pro Homicidio domus diruantur, reædificari poterunt.

10. Præterea qui Hominem Civitatis Cameracensis aut Clericum vel aliquem de familiâ Clericum infra Bannilegam occiderit; si deprehensus fuerit et convictus, relinquitur puniendus Præposito vel Præpositis secundùm judicium Scabinorum, tanquam si Hominem occidisset infra civitatem. Si verò subterfugerit, ædificium Domûs ejus diruetur, et publicetur et Mobilia et Areæ erunt Episcopi, sicut superiùs est expressum.

11. Si quis infra Civitatem Hominem membro mutilaverit; si deprehensus fuerit et convictus, relinquitur puniendus Præposito vel Præpositis secundùm judicium Scabinorum, et triginta lib. persolvet, quarum decem sunt vulnerato, et viginti Episcopo, si subter fugerit, domus ejus diruetur et publicabitur, et à Civitate banniettur.

12. Idem erit qui infra Bannilegam Civem, vel Clericum vel aliquem de familia Clericorum membro mutilaverit.

13. Præter hos duos modos, si quis infra Civitatem hominem cutello acuto vulneraverit, aut infra Bannilegam hominem Civitatis vel Clericum vel aliquem de familia Clericorum Civitatis; et detentus est et convictus fuerit, relinquitur puniendus Præposito vel Præpositis secundùm judicium Scabinorum.

14. Si quis cutellum acutum extraxerit contra aliquem sine feriendo, et deprehensus fuerit et convictus, quindecim lib. persolvet, et Civitatem amittat donec retulerit et solverit dictam pænam.

15. Si quis in Furto deprehensus fuerit, per sententiam Scabinorum Præposito vel Præpositis relinquitur puniendus. Et si in deprehensione illa, ille cui facta est injuria, Latronem, verberaverit, nullius legis ob hoc reus deputabitur. Et si quis verberatori læsionem in ultitionem intulerit, noverit in se Scabinorum inimicitias redundare.

16. In Duello convictus relinquitur puniendus Præposito vel Præpositis secundùm judicium Scabinorum, salvo in aliis jure Episcopi.

17. Civis Civem ad Duellum appellare non potest. Et si hoc fecerit, et ille qui fuerit appellatus inde querimoniam fecerit; appellatus hoc emendabit per pænam centum solidorum, unde tertia pars appellato et duæ Episcopo reddentur.

18. Idem decimus si Forincecus Civem appellaverit. Et si Civis Forinsecum appellet, Duellum debet deducere per proprium Corpus suum, et Forinsecus similiter. Et si civis habere debuerit Advocatum per jus et legem, Forinsecus eum similiter habebit si voluerit.

19. Si Forinsecus appellet Forinsecum in Civitate, Præpositi et Scabini inde facient quod debebunt.

20. Nec appellatio potest fieri nisi de Murdro, de Trouga infracta vel Rapina; et qui aliter faceret, solveret præfatam Emendam.

21. Si quis infra Civitatem vel Bannilegam aliquam mulierem vi oppresserit, relinquitur puniendus Præposito vel Præpositis secundùm judicium Scabinorum, salvo in aliis jure Episcopi.

22. Si quis infra Civitatem armis molutis aliquem hominem vulneraverit, vel hominem Civitatis; vel Clericum vel aliquem de familiâ Clericorum infra Bannilegam; si percussor deprehensus et testibus legitimis convictus fuerit, viginti lib. persolvat, et domus ejus diruatur; et si non habuerit domum, triginta, lib. persolvat et expensas in medicos, et damna quæ occasione vulneris incurrit. Et creditur læso sub periculo animæ suæ adjurato, de eo qui ei vulnus intulit, vel de eis qui intulerunt cum amminiculo legitimæ Inquisitionis super hoc faciendæ.

23. Item quicumque fecerit quod domus sua obruatur per judicium Scabinorum, Præpositus vel Præpositi et Scabini eam facient obrui.

24. Si quis infra Civitatem alicui convitiatus fuerit, quadraginta solidos persolvat, tertiam partem læso, et duas Episcopo.

25. Si quis palmo vel pugno percusserit, centum solidos persolvat, et si Sanguinem fecerit, decem lib. Si percusserit baculo, decem lib. Et si sanguinem fecerit, quindecim lib.

26. Eodem modo punietur qui percusserit patino, vel pugno cum lapide, vel ictu consimili, sicut et de baculo.

27. Si dejecerit ad terram, centum solidos.

28. Si per Capillos traxerit dejectum, vel pede percusserit, decem lib.

29. Qui ad Domum fecerit assultum cum Armis, tenebitur ad pœnam triginta lib. Si sine Armis, Scabini eum punient secundùm quantitatem et modum forisfacti.

30. De omnibus pœnis istis dabitur tertia pars læso, et duæ Episcopo.

31. Constituimus pacem omni Mercatori aut Negotiatori ad Mercatum venienti, exceptis hiis qui aut pecuniæ commodatæ aut prædæ factæ in Cives possunt argui. Quod si quis aliquem veniendo aut redeundo perturbaverit, si spoliaverit ipsum aut captivaverit, convictus reddet Capitale cui damnum intulit, cum emendatione quindecim lib. quarum tertia pars injuriato et duæ Episcopo reddentur.

32. Si quis autem Hominem Civitatis, aut aliquem Forinsecum, vel Civem fugientem super debito convenire voluerit; si Justicia præsens non fuerit, ipsum arrestare poterit; et si ille rebellis extiterit et ante judicem venire noluerit, advocabit in auxilium suum duos de Civitate adminùs, qui eum detinebunt quousque coram Judice vel coram Justicia comparuerit. Et si per vim voluerit se contratenere, per vim ad Justitiam adduci poterit sine aliquo forisfacto; et si homines vocati ei opem ferre noluerint, et super hoc convicti fuerint, tantum ei reddent quantum probare poterit se per defectum eorum amisisse.

33. Quicumque autem aliquem in causam traxerit pro catallo vel debito quod probatum fuerit per judicium Scabinorum, de debito Creditori suo reddendo infræ quindenam reddere tenetur per salvam securitatem faciendam. Quod si facere securitatem vel noluerit vel non potuerit, Præpositus Episcopi eum facient detineri et custodient eum legitimè, et ad finem quindenæ oportebit Creditori, Præposito reddere custum rationabilem quem Præpositus posuerit ad eum custodiendum, in cibis et in aliis expensis, et emendationem Justitiæ qualem ipse debitor debebit. Et jurabit Creditor coram Præposito et Scabinis quod legitimè custodiet eum super terram in ferro, vel fusto si voluerit, et ei sufficientem escam dabit per quam possit rationabiliter sustentari, et tamdiu eum captum tenebit donec de debito suo et de custis quos pro eo posuerit, eidem creditori fuerit satisfactum.

34. Et Sciendum quod Liberi homines sunt in prisione Præpositorum, alii verò in prisione Justiciæ.

35. Liberi Homines debent quotidie pro expensis duos sol. alii verò duodecim denarios, quamdiu in prisione erunt sive Præpositi, sive Justiciæ, sive Creditoris.

36. Nec ille qui est in prisione pro debito, poni debet cum Latronibus vel Maleficis aliis. Et Justicia semper debet habere ferreamenta et alia instrumenta prisionis parata secundùm quod lex requirit. Et in exitu prisionis debet Ferreamentum duodecim denarios, et Cippus quatuor denarios.

37. Si quis aliquod eorum commissorum fecerit quod pecuniariâ pœnâ debeat multari, et statutam pœnam solvere noluerit vel nequiverit, quindecim dies in prisonia ponatur, quibus transactis in Pilloriæ ponatur, et a Civitate bannietur; nec ultrà in Civitatem redire poterit nisi priùs satisfecerit injuriam passo et retulerit damnum forisfacti.

38. Quotiens autem testes producuntur, qui testimonium perhibituri sunt de quacumque facta injuria, oportet eos priùs jurare quod verum dicent secundùm quod viderunt et audierunt.

39. In injuriis corporalibus et factis atrocioribus illatis Civibus vel Clericis vel familiis Clericorum, valebit testimonium cujuslibet honesti viri Christiani, salvo eorum quod coram Scabinis testimonium proferatur pro Civibus, et pro Clericis coram suo judice proferatur. Et Manens in Civitate in hiis potest habere testimonium tam Forinseci quam Manentis in Civitate. Forinsecus autem contra Civem non potest habere testimonium nisi Manentis in Civitate.

40. Si quis verò convictus fuerit falsum perhibuisse testimonium, numquam de cœtero ad testimonium admittetur, et sexaginta lib. persolvat, vel a Civitate perpetuo bannietur.

41. Infames homicidas qui vulgò *Mourdreurs* appellantur, fures etiam et prædones publicos bannitos ab oppido vel civitate per suos Judices pro tali crimine, Civitas non recipiat; sed postquam sciverit ipsos esse tales, banniet eos.

42. Si Episcopus aliquem banniverit de terra sua, in Civitate remanere non poterit.

43. Item si aliquis in Civitate inventus fuerit qui insidietur rebus vel personis Episcopi, Clericorum vel Civium, de Civitate expellatur. Si verò in ea remanere voluerit, ad securitatem præstandam compellatur.

44. Ecclesiarum redditus scilicet in Caponibus, in Denariis et rebus aliis ad statutum terminum persolventur, et portabuntur ad Domos eorum quibus debentur, Capones etiam, et Denarii qui cum Caponibus debentur, infra octavum diem Natalis Domini solvi debent. Si verò infra statutum terminum soluti non fuerint, singuli debitores reddituum pœnam incurrent duorum solidorum. Et ad solutionem tam reddituum quam legum per aliquem missum a Baillivo et Scabinis negligentes debitores compellantur.

45. Idem juris de redditibus Civium statuimus.

46. Scabini sub juramento Scabinatûs sui promittent quod Ingressus et Exitus domorum et hæreditatum omnium quæ vendentur, infra octo dies post venditionem reddent illis ad quos pertinet, et nominabunt eis venditorem et emptorem.

47. Nullus omninò Bannus, vel Præceptum, vel commandesia, vel quocumque modo nominetur, quidquid sit in elusionem Banni, fiat nisi per Episcopum.

48. Si Præpositus vel Præpositi conventum indixerint sub pœna quinque vel decem solidorum vel ampliùs; qui non venerit, pœnam persolvat statutam.

49. Si quis cujuscumque sexis ad tantam paupertatem devenerit quod non habeat unde se sustentare

possit, et hanc paupertatem suam per testimonium vicinorum suorum Præposito vel Præpositis et Scabinis ostenderit; cognitâ veritate, poterit hæreditatem suam vendere auctoritate et judicio Præpositorum et Scabinorum.

50. Item si Homicida alibi Civitatem intraverit, persona ejus salva erit, nisi quantum justicia dictaverit.

51. Item quicumque reus vel forisfactor Civitatem intraverit, salvus erit; et Civitas eum detinere debet quamdiu paratus est stare justitiæ secundum legem Civitatis, exceptis illis de quibus specialiter est expressum.

52. Statuimus insuper quod nulli de Civitate alicui Patriam impugnanti servire liceat. Quod si forte hujusmodi servitium cœperit priusquam ille qui servire cœperat, contra Civitatem guerram movere cœperit, servitium illud cœptum consummabit, ita tamen quod coñductu suo damnum Civibus non inferat. Sed et si rapina alicubi de substantia Civium facta fuerit ubi sub Domino suo militet, si quicquam inde ei offerat nullâ caliditate quasi ne reddat accipere recusabit; sed eâ conditione quod reversus in Civitate reddet ei cui ablatum est, quantum in partem suam pervenit. Quod si ampliùs exigeretur, juramento se expurgabit quod nec conductum fecerit ibi, nec plus habuerit.

53. Præterea quæcumque motio agatur, firmissimam pacem cunctos in procedendo pariter et redeundo statuimus habere. Quod si quis quolibet modo infregerit, eamdem legem subire compelletur quam infra Civitatem pacem violantibus instituimus. Ab hac tamen lege excipimus illos qui Homines habent conducere.

54. De Talliis faciendis constituimus hoc. Si infra Civitatem oportet fieri Talliam, de Episcopi assensu per Præpositum vel Præpositos et Scabinos fieri et colligi debet, et in usus debitos converti per consensum Episcopi et per eosdem ex parte Episcopi; ita quod Talliæ, factæ per Præpositos et Scabinos in duabus paribus Tabularum fideliter scribentur, et submonitio Talliæ, fiet sub testimonio utrarumque tabularum. Deinde unum par reponetur penes illos quos ad hoc Episcopus destinaverit, alio pari penes Scabinos remanente; et collecta Talliâ fiet computatio per utrasque.

55. Item vectura Piscium in foro, et Stalli pro vendendis piscibus per Baillivum Episcopi per consilium Scabinorum disponentur. Singuli etiam venditores jurabunt quod legitimam facient venditionem omni ementi secundùm qualitatem temporis et statum Civitatis. Si autem venditor Piscium alitèr fecerit, et super hoc convictus fuerit, Baillivus Episcopi de consilio Scabinorum hoc districtè emendabit.

56. Item vacante Sede, Præpositi et Scabini et tota Civitas tenebitur Capitulo quod est in loco Vicedomini, eodem modo quo tenebantur priùs Episcopo. Et idem posse habebit Capitulum quod Episcopus; Et Capitulum tenebitur similiter Civitati, donec alius electus fuerit et Regalibus investitus.

57. Et cum aliquis in Episcopum electus fuerit, et de Regalibus investituram receperit, assecurabit ipse et Capitulum personas et res Civium et legem præscriptam, sub forma juramenti prædicti.

58. Et Cives similiter, tam ipsum quam Capitulum et legem dictam, assecurabunt præstito juramento.

59. Omnes Leges præscriptas juraverunt Episcopus et Capitulum et Cives bonâ fide servare. Et si quid in posterum videretur emendandum vel addendum pro melioratione et regimine Civitatis, in eis Episcopus de consilio Capituli fideliter emendaret vel adderet, et emendationem vel additionem, si qua facta fuit ut dictum est, judicabunt Scabini sicut alia supradicta.

60. Scindum verò quod Episcopus quando voluerit querelas Civitatis audiet et terminabit cum Scabinis, vel eas Præpositis et Scabinis audiendas et terminandas relinquet.

61. Quicquid autem statuerimus vel ordinaverimus de prædictis, non est Nostræ intentionis vel Capituli Nostri renuntiare in aliquo privilegiis Nobis et Ecclesiæ Nostræ ab Imperatore vel Rege, ut dictum est, concessis; sed ea volumus et intendimus in omnibus illibata servari.

62. De omnibus quæ Scabini Episcopi judicabunt pro justitia facienda per jus et Legem, nec possunt nec debent ab aliqua justicia tanquam culpabiles reprehendi.

63. Occasione hujusmodi legum et institutionum, justitiæ Ecclesiasticæ et Liberati Cleri nullomodo intendimus derogare, qui suo jure, scilicet Ecclesiastico, regi debet.

Ut igitur dictæ Leges ad utilitatem et pacem publicam constitutæ firmius et cautius in perpetuum observentur, ipsas Carta præsenti diligentiùs annotatas Nostri fecimùs Sigilli karactere communiri. Capitulum quoque Nostrum, et Civitas similiter ipsis suæ appenderunt Sigilla.

Datum anno Dominicæ Incarnationis Millesimo ducentesimo vigesimo septimo, Mense Novembris.

» *C'est li fourme dou* SAIREMENT *que Mesire li* ÉVESKE DE CAMBRAI *doit faire quant il vient premierement à Cambrai, et il rechiut l'Enviesture de ses Regales.*

» *Tout premiers a le Banliuwe, u anschois que Messire li Evesques entre en le Cité, soit as Cans. u a Saint Ladre, on li requiert de par toute le Vile, qu'il face tel Sairement.*

» SIRE, vous jurés, *in verbo Sacerdotii*, que vous asseurés les Personnes et les Coses des Citoyens de Cambrai, et le Loi escrite, les Usages et les maniemens de le Cité de Cambrai.

» *Apresque Messire li Evesques sera venu en le Cité, a l'entrée de l'Eglise Nostre Dame de Cambrai, on li doit dire et requerre de par toute le Vile.*

» SIRE, vous jurés, *in verbo Sacerdotii*, que vous warderez soigneusement en bonne foi, et asseurés les Personnes et les Coses des Citoyens de Cambrai, le Loi escrite, les usages et les maniemens de le Cité de Cambrai.

» *Et tout en autel maniere doit faire un Canonnes de Nostre Dame, et jurer pour tout le Capitle a l'entrée dou Moustier Nostre Dame, quant Messire li Evesques ara fait sen Sairement.* »

Le Sairement de l'Eskevinaige.

« Vous jurés sour ces Sains et sour tous les autres, ke vous bien et loiaument le Persone et les Drois de Monsigneur l'Evesko de Cambrai sicomme de vo Signeur warderes fiaulement.

» Et les Drois et les Frankises et les Persones de

Capitle et les Ecclesiastes Personnes selonc Dieu a vo pooir warderes.

» Les Causes et les querieles des Citains de Cambrai selonc les Lois estaulies de Monsigneur l'Eveske par le consentement de Capitle, jugerés loiaument.

» Les Enquestes des Deforains donrés loiaument.

» Et les entrées et les issues ke vous rechoverés des vendaiges et des wers ke on fera par vous, renderes a chiaus a cui on le devera rendre devens les wit jour ke vous les ares réchiutes, et nommeres le vendeur et l'acateur, se vous les savez nommer.

» Et menrés les Citoiens et leur biens par Loi et par Dit d'Eskievins.

» Et celerés le conseil des Eskievins.

» Se Dius vous aiwt et cil Saint et tout li autres.

» *Et ales faire serment a Capitle dedens* VIII. *jours.*

» PROUVOST. Vous jurés sour ces Sains et sour tous les autres que vous bien et loialement warderes les Droitures Monsigneur l'Evesque de Cambrai.

» Et menrés les Citains et les Kateuls par Loi et par Dit d'Eskievins.

» Et celerés le Conseil. Monsigneur le Vesque et le Conseil des Eskievins.

» BAILLIUS. Vous jurés sour ces Sains et sour tous les autres, que vous le Personne et les Drois Monsigneur l'Éveske et de Capitle warderes bien et loialement.

» Et que vous les Personnes des Citains et des Manans ne leur Catels ne menrés fors par Loi et par Dit d'Eskievins. »

Sairement de le Justice.

« JUSTICE. Vous jurés sour ces Sains et sour tous les autres, que vous ferés bien et loialement l'office de la Justice, et warderes les Drois de le Justice ; les Citains, les Manans et leurs biens, traiterés et menrés par Loi et par Dit d'Eskievins.

» Toutes les Commandises qui vous seront kierkies par Prevost, par Eskievins, ou par Sergans, renderez entierement au Prevost et a Eskievins.

» Les Prisonniers wardérés loialement et honestement selonc che qu'il vous seront recommandét, et d'eaus ne prenderés emolument ne exaction fors che ki est accoustumé.

» Si vous ayt Diex, et cil Saint et tous li autres.

» *Et chiax ki vauront tenir prison en le Cambrette, la les metterés.* »

Nous n'avons point à parler ici de différentes difficultés et contestations qui s'élevèrent, dans la suite, entre les bourgeois et l'évêque de Cambrai, lesquelles contestations furent vidées par arbitres et terminées par *appoinctements*.

Ces appoîntements sont consignés, avec une foule de chartes très curieuses, dans les pièces à l'appui du *Mémoire de M. de Choiseul contre le Magistrat.* Nous y renvoyons le lecteur.

Pour compléter la revue de l'ancienne législation cambresienne, le lecteur devra se reporter au livre des *Coutumes* de Cambray. — V. dans ce Dict. au mot *Coutumes,* quand et comment elles ont été publiées par l'archevêque Louis de Berlaymont. — V. pour le texte des mêmes coutumes, les diverses éditions qui en ont été faites, et dont on retrouve aisément des exemplaires dans les anciennes bibliothèques du pays (1). On pourra aussi voir au mot *Jugements par duels judiciaires*, les dispositions qui régissaient la justice à ce sujet.

Les règlements de police font encore partie de la législation d'un pays. On trouvera au mot *Police,* le corps de ces anciens règlements que l'on publiait, chaque année, sous le titre de *Bans de mars.* — V. *Police.*

Un grand nombre de villages avaient aussi leurs lois. Nous n'avons point hésité à consigner dans ce dictionnaire celles dont nous avons connaissance, parce que tous ces documents servent à l'histoire des mœurs et peuvent rectifier bien des traditions erronées.—V. aux articles Haucourt, Niergnies, Walincourt, Esnes.

LOI (LA). — On voit souvent, dans les chroniques cambresiennes, qu'en telle circonstance, on a déposé ou renouvelé *la loi.* Ce mot signifie, en ce sens, *Justice, Magistrat, Corps échevinal.*

LOMBARDS. — Si les traditions n'avaient pas conservé dans Cambrai le souvenir des Juifs et des Lombards, on trouverait une preuve suffisante de leur séjour en cette ville, dans les noms des deux rues voisines du *Mont-de-Piété*, nommées, l'une *rue des Juifs* ; l'autre *rue des Lombards* : tant il est vrai que les noms des rues d'une vieille cité en sont véritablement l'histoire écrite sur la pierre.

On appelait *Lombards*, en Flandre comme en France, les marchands italiens qui venaient y commercer, parce qu'en effet presque tous ces marchands étaient de cette partie de l'Italie que l'on appelait Lombardie. Or, comme les marchands *Lombards* étaient usuriers, on finit par donner aux usuriers en général le nom de Lombards.

Prêt-Lombard.—« On l'appela ainsi, parce qu'autrefois ceux qui faisaient métier de prêter à intérêt, étaient la plupart *Lombards* ou Juifs. Le Prêt-Lombard est un prêt sur gage à tant par mois. Cette sorte de prêt à usure, après bien des disputes, a enfin été approuvé par au-

(1) Elles sont intitulées : *Coutumes générales de la cité et duché de Cambray et du pays et comté de Cambrésis.*

torité publique dans les Pays-Bas. »— *Dictionnaire de Trévoux* : mot *Lombards*. — Pour le prêt, V. *Mont-de-Piété*.

Il est probable que les tables des changeurs qui se tenaient au XVIe siècle, auprès du *Flot de la Cayère*, dans les hobettes appelées *Cambges*, étaient exploitées par des Lombards.

La transaction passée, en 1354, entre l'évêque et les échevins de Cambrai, connue sous le nom d'*Appointement de Wallerand de Luxembourg*, sauvegarde (art. X.) les intérêts des *Lombards* auxquels les échevins avaient la prétention de *prendre argent, pour manoir en leur conduit* (boutique) et *prester en la cité*. Par cette transaction, les échevins renoncent à cet impôt levé sur les Lombards.

LOT.—Mesure de capacité, autrefois en usage à Cambrai, principalement pour le vin. Le lot contenait 2 pots, ou 4 canettes, ou 8 pintes.

Quatre lots formaient un septier.

LOUIS (ÉGLISE PAROISSIALE DE ST-). — L'église de la citadelle fut commencée en 1599. La première pierre en fut posée un dimanche, 11 mars. Cette église, achevée en 1601, fut dédiée le 28 avril 1602, par Guillaume de Bergues, archevêque de Cambrai. Elle avait été commencée sous les auspices de Dom Sanche Martin de Leyva ou Levas, qui mourut avant l'achèvement de l'église. Dom Juan Pellegrin, lieutenant de Dom Sanche de Leyva, la fit terminer. La veuve de Dom Sanche dota ce monument d'une belle verrière.

« Cette église est située, dit Julien de Lingne, un petit arrière de la place où l'église collégiale était, la quelle fut ruinée en 1543 (1). »

Elle contenait cinq autels : Celui de St-Jacques apôtre, patron de l'Espagne ; celui de Notre-Dame, l'autel de St-Géry, l'autel de St-François, et celui de Ste-Barbe qui était à l'usage des canonniers de la citadelle.

Jusqu'en 1719, l'église paroissiale de la citadelle fut desservie par un Récollet qui avait titre d'aumônier. A cette époque cette église fut pourvue d'un *curé*.

Elle sert aujourd'hui de magasin d'artillerie. Sous son pavé reposent les restes mortels de plusieurs gouverneurs de la citadelle et de divers chanoines de l'ancien St-Géry. Parmi ces tombes, se trouve celle de Dom Sanche de Leyva qui fit commencer la construction de l'église (2).

— V. sur le même sujet, † Ms. 658, art. 16. — § Ms. 1 bis, p. 48.— Et, pour la liste des desservants, *Camerac. christ.*, page 393.

LUTHÉRIENS. — V. *Hérétiques*.

M

MAD

MADALULFE, *Madalulfus*. — C'était un peintre cambrésien qui vivait au commencement du IXe siècle. Nous ne le connaissons que par la mention qu'en fait un chroniqueur de l'abbaye de Fontenelle, qui a écrit la vie de St Ansegise, laquelle vie est rapportée par les Bollandistes. On y voit que St Anségise avait doté son abbaye de plusieurs constructions nouvelles. « ... post quod, ædificavit etiam domum quæ vocatur *refectorium*, quam ita per medium, maceriâ ad hoc constructâ, dividere fecit, ut una pars refectorii altera foret cellarii ; de eâdem videlicet materiâ similique mensurâ, sicut et dormitorium ; *quam variis picturis decorari in maceriâ et in laqueari fecit, a Madalulfo, egregio pictore Cameracensis ecclisiæ*. » — *Acta sanctorum*, recueil des Bollandistes, in-fo., t. V, p. 95 (20 juillet).

Ainsi la chronique de Fontenelle, que l'on ne peut révoquer en doute, parce qu'elle n'avait nul intérêt à tromper, nous apprend que St Anségise, mettant la dernière main au réfectoire qu'il venait de faire édifier, *le fit orner de diverses peintures sur les murailles et le plafond, par Madalulfe, peintre distingué de l'église de Cambrai*.

Le même fait est rapporté dans les *Annales Bénédictines*, en termes presque identiques. « Refectorium etiam fabricavit, cum

(1) V. sur cette date de 1543, une note qui fait partie de l'article *Saint-Géry*, dans le présent livre, p. 176, 2e colonne.

(2) « Le dernier jour de janvier 1691, alla de vie à trépas Dom Sanches Martines de Leva, notre gouverneur ; et le jour de la Chandeleur suivant, fut mis son corps en terre, en la neuve église de la citadelle. Son corps fut porté par six religieux de l'ordre de St-François, Récollets. »—† Ms. 884, p. 241.—§ Ms. 3 (bis), p. 255. — On s'explique facilement pourquoi l'on eut recours aux Récollets, puisque l'aumônier était un des leurs.

adjuncto cellario, *variisque picturis decorari fecit a Madalulfo egregorio pictore Cameracensi.* » — *Annales Bénédictines*, t. II, p. 485. On lit de plus à la table du même volume: « *Madalulfus egregius pictor Cameracencis.* »

Madalulfe n'était donc point seulement un peintre ordinaire, mais il avait un talent distingué, et cela est facile à croire; car s'il n'eût point été en réputation, Anségise ne l'eût point fait venir, de Cambrai, au diocèse de Rouen, où était située l'abbaye de Fontenelle.

Ces faits se passaient vers l'an 823. Il n'est point inutile à l'histoire de la peinture de constater qu'un peintre flamand existait au IX⁰ siècle, et que ce peintre était Cambresien.

MADELAINE (ÉGLISE PAROISSIALE DE LA). — V. *Magdelaine*.

MAGASIN (GRAND) *aux vivres militaires*. — Ce vaste bâtiment, commencé en 1782, est un des plus beaux établissements militaires de Cambrai. Il peut contenir 15,000 sacs de grains et une grande quantité de farines. Il comprend dans ses dépendances des fours de munitions et une habitation pour les employés. Enfin l'on a ménagé, sous le principal corps de bâtiment, un arsenal voûté, de plein pied avec la rue des Capucins sur laquelle il a ses entrées.

Ce beau magasin, élevé entre la grande rue St-Vaast et celle des Capucins, est dans une situation très-favorable; il est en partie construit sur deux anciennes maisons pieuses : celles des *Vieux hommes de St-Paul*, et l'antique *Refuge d'Anchin*, où furent plus tard établis les *Chartriers*. — V. l'article *Fondations charitables*, à la p. 148.

MAGDELAINE (1) (ÉGLISE PAROISSIALE DE STE-MARIE). — Cette église était déjà paroissiale dans le onzième siècle : il en est question dans la charte de fondation de l'abbaye du St-Sépulchre, par l'évêque Liébert, laquelle charte est datée de 1064.

---

(1) Nous écrivons Magdelaine et non Madelaine, par un sentiment de respect pour les noms anciens. Nous comprenons que l'on modifie l'orthographe des mots d'une langue, mais nous n'acceptons qu'à regret les altérations apportées dans la manière d'écrire les noms propres. A l'époque de la destruction de l'église dont nous allons parler, on écrivait encore, comme on avait toujours écrit, *Magdelaine* : pourquoi écrirait-on aujourd'hui un nom qu'elle n'a jamais porté? Autant que possible, nous conserverons, en pareille circonstance, l'ancienne orthographe, surtout lorsque la nouvelle change la prononciation d'un nom.

A l'époque où la pioche révolutionnaire fit tomber l'église de la Magdelaine, ce monument venait d'être reconstruit de fond en comble. Il n'était pas même entièrement achevé. Tout ce que nous allons dire de la Magdelaine doit donc être rapporté à l'ancienne église qui, elle-même, n'était plus l'église primitive.

Au temps de Julien de Lingne, le chœur seul datait de l'origine. « Le chœur, dit ce savant prêtre, est de l'ancienne église, fait à l'antique, obscur suivant les pères anciens, lesquels voulaient *que les églises fussent obscures, pour retirer nos yeux de la lumière, afin d'être plus récolligés* (recueillis) *en l'oraison.* » — †Ms. 658, art. XIV.—§ Ms. 1 (bis), p. 45.

La croisée avait été refaite en 1414; la nef était de date postérieure. Le clocher commencé en 1525 n'avait pas existé longtemps dans son intégrité. Les choniques locales nous apprennent qu'en 1552, « le 11 du mois de juillet *on abattit le cloquier de la Magdélaine*, les combles de la porte de St-Sépulchre, de la porte Robert, de la porte de Selles, pour le siége qu'on attendait de jour en jour. » — § Ms. 3 (bis), p. 139. — *Mém. chron.* p. 54. — Ms. 884, p. 127. — Quoique les chroniqueurs emploient le mot *abattre*, il ne faut cependant entendre que *raccourcir*, car il s'agissait seulement d'empêcher que, du haut de la tour de la Magdelaine, on pût voir dans la citadelle. Cela n'exigea pas la ruine de cette tour qu'on se contenta de diminuer de hauteur. Elle n'en conserva pas moins, sans doute, ses sept cloches qui avaient été bénites le 1ᵉʳ novembre 1527.

Ce ne fut qu'en 1619 que l'on reconstruisit le chœur de l'antique église. Vanderburch posa la première pierre du nouveau chœur, le 26 mars de cette année; et il en bénit l'autel principal, ainsi que celui de la chapelle St-Nicaise, le 30 octobre 1622. — § Ms. 6, p. 52.

L'église de la Magdelaine possédait une très riche et très belle image de St Christophe, martyr, en argent, qui lui avait été donnée par un franc servant de l'église de N.-D., nommé Jacquemart Hardy, mort en 1543. — Ms.1 (bis), p. 46.

La cure de Ste-Marie-Magdelaine était à la collation de l'abbé de St-Sépulchre.

La dédicace se célébrait le dimanche après Quasimodo.

La nouvelle église de la Magdelaine qui, comme nous l'avons dit en commençant, n'était point encore complètement achevée à l'époque de sa destruction, avait été réédifiée sur l'emplacement de l'ancienne. Elle était située entre les rues actuelles de Ste-Magdelaine, des Rôtisseurs et du Petit-Séminaire. Le vieux clocher avait été conservé, il était au coin des rues des Rôtisseurs et de Ste-Magdelaine.

Le cimetière de la paroisse attenait à l'église, du côté de la rue de Ste-Magdelaine.

L'église de Ste-Marie-Magdelaine fut vendue révolutionnairement le 2 décembre 1791.

MAGISTRAT DE CAMBRAI. *Corps échevinal. Chambre échevinale. La Loi. MM. de la ville.* — Notre but n'est pas d'écrire l'histoire du *Magistrat* de Cambrai : ce serait faire celle de la commune, celle de la ville tout entière; car le Magistrat n'est autre chose que la personnification politique du peuple Cambresien, et se trouve nécessairement et intimement lié à l'histoire de ce peuple. Ce serait, en un mot, sortir des limites qui nous sont posées par la nature du livre que nous publions. Nous n'avons d'autre intention que de faire connaître l'organisation, les usages, les fonctions, les prérogatives, et les devoirs de cette double magistrature qui fut presque toujours composée des hommes les plus recommandables et les plus dignes de la cité.

En commençant cet article, il est utile que nous renvoyions d'abord le lecteur au mot *Commune*, où nous avons tracé comme le préliminaire de ce qui va être dit du Magistrat. Plus tard, nous renverrons au mot *Justice, Juridiction*, pour compléter ce qui concerne le corps échevinal considéré comme Chambre de justice.

Bornons-nous, avant de parler du Magistrat proprement dit, à rappeler ici quelques souvenirs des corps qui l'ont précédé.

XIe SIÈCLE.

On lit dans Le Carpentier, partie Ire, p. 257 : « Au commencement que les évesques furent reconnus souverains de la ville, il y avait un grand nombre de *jurez* (que l'on nommait vulgairement Communauté, et *Sénat de Paix*) qui s'assembloient journellement dans la maison de ville, qu'ils appeloient la *Maison du jugement*, pour travailler au bien public. Ces jurez, au nombre de quatre-vingts, estoient choisis d'entre les familles patrices de la ville, et estoient, pour l'ordinaire, gens nobles ou de grands moyens. Ils estoient obligez, comme jadis à Valenciennes, à Tournay et à Lille, d'entretenir un cheval de selle et un varlet, pour estre plus prompts et habiles à l'exécution de la justice, et pour tant mieux faire les visites et enquestes de leurs charges. »

Ces *jurés de paix* dont il est permis de croire que le nombre varia souvent, furent maintes fois créés et supprimés avec la commune.

XIIe SIÈCLE.

La *Chambre de paix* fut reconnue en 1184 par l'empereur Frédéric, dans la première loi écrite qu'il donna aux Cambresiens, première loi qui n'était évidemment que la consécration de leurs anciennes coutumes (1); mais cette loi, qui arrivait comme une transaction entre le peuple et l'évêque, ne les préserva pas cependant de nouvelles contestations. Dès l'année suivante, il fallut faire intervenir une convention entre Roger, évêque, et le Magistrat, pour régler l'exercice de leur juridiction (2).

XIIIe SIÈCLE.

L'interminable querelle sur la question de savoir si la souveraineté de la ville et, par suite, la nomination des échevins, appartenait à l'évêque se réveilla de nouveau. Les bourgeois décidèrent à leur manière; l'évêque, comte de Cambrai, maintint ses prétentions; et cela nécessita, après de longs débats, un jugement de l'empereur Othon IV, qui termina le différend en donnant gain de cause à l'évêque (3).

Nous ne parlerons pas des nouvelles luttes qui succédèrent à ce diplôme d'Othon IV; nous arriverons de suite à l'année 1227, époque ou le sage évêque Godefroy, maître de la position, dans une de ces grandes luttes dont nous venons de parler, octroya aux habitants de Cambrai une charte connue, dans l'histoire, sous le nom de *Loi Godefroy*, et par laquelle il institue deux prévôts et quatorze échevins à la nomination annuelle de l'évêque, et même sous la réserve du droit, pour le prélat, de les révoquer tous ou en partie, en dedans de l'année, s'il le juge convenable.

Une disposition remarquable de cette loi, (art. 1er), c'est le soin qu'elle prend de n'admettre comme aptes à ces fonctions honorables, que des citoyens de Cambrai, *astreints aux charges de la ville*, c'est-à-dire ne jouissant

---

(1) M. Alc. Wilbert a écrit, sur ce sujet, une dissertation très remarquable. Ce travail est intitulé : *Des anciennes coutumes du nord de la France, et de leur influence sur la première organisation communale de ses contrées.*

(2) Cette pièce est rapportée en entier dans le présent Dictionnaire, p. 302.

(3) V. *Mém. pour l'archevêque*, p. 28 des pièces justificatives.

d'aucune exemption, et par conséquent unis d'intérêts à la communauté entière des bourgeois qu'ils doivent administrer.

Dans cette charte si sage et si prévoyante, le grand évêque donne un code de justice tout entier. Nous ne répéterons pas les dispositions qu'il comporte, et que le lecteur peut trouver dans le présent ouvrage, au mot *Loi Godefroy*.

Dès lors, le MAGISTRAT fut établi; et, sans pouvoir indiquer à quelle époque ce mot nouveau prévalut sur celui de *Sénat* ou *Chambre de paix* (1), nous prendrons notre étude sur le Magistrat au XVIe siècle, à cette grande ère de progrès, de développement et de perfectionnement en toutes choses, qui compléta et sut consacrer le travail ébauché par les siècles qui le précédèrent.

XVIe SIÈCLE.

On trouve, dans un ancien document, des notions exactes sur l'autorité et les fonctions du Magistrat de Cambrai. Cette pièce est une requête adressée à l'empereur d'Allemagne, en 1548, par l'évêque et par les habitants de Cambrai (2). « L'Evesque, y est-il dit, a, de tout temps, eu auctorité et jurisdiction, tant pour la conservation et administration de justice, que pour l'entretènement de la police, de créer ung ou deux prevostz, quatorze echevins, maieurs des mestiers et autres officiers, amovibles néantmoins au plaisir du dict évesque, les quelz prevostz et eschevins ainsi créez et establys après serment par eulx faict, ont l'administration de la justice et police de la cité, avecq auctorité, quand le cas s'y offre et l'exigence le requiert, de faire des éditz par cry public de punir les délinquans, corriger les abus, et faire tout ce que à l'office de hauls justiciers appartient; es mains desquelz aussi, après leur création et serment faict, ont toujours été les clefs des portes de ladite cité, le soin du guet et garde d'icelle, baillant le mot aux guéteurs, amplier ou restraindre le nombre d'iceulx, selon l'exigence du temps: à eulx aussi appartient eslire un receveur à eulx subject, pour recevoir les deniers du domaine de la dicte cité, ensemble des assizes et semblables, à la charge d'en rendre bon compte, toutes et quantes fois qu'il lui est ordonné. Par dessus lequel receveur, les dits quatorze echevins instituent quatre personnages qui se nomment les *Quatre-Hommes*, les quels sont *super intendens* aux ouvraiges necessaires en la dicte cité, soit aux fortifications de la closture d'icelle, réparations des lieux et maisons à elle appartenans, entretennement des chaulchées, waresquaix et semblables, et suivant les ouvrages faitz, ils ordonnent les payer après le contrerole faict. Est aussi l'office des dits Quatre-Hommes toutes et quantes fois que besoin est, ou qu'il leur plait, de visiter les wysinnes et tavernes de la dicte cité et banlieue, faire compte aux vendeurs de ce qu'ils auroient fourfait pour les assizes et droicts de la ville, adfin que le receveur s'en faice payer. Oultre les quels prevostz, eschevins, receveur et Quatre-Hommes, sont establys plusieurs mayeurs sur les métiers pour avoir regard sy fraude se commet ès marchandises qui se vendent journellement, adfin d'en faire rapport en la chambre, et que les malversins en leurs stilz soyent pugnyz et amendez. »

Malgré que cela ait été contesté, nous ne doutons pas que, depuis la réunion du comté de Cambresis, c'est-à-dire de la seigneurie temporelle de la ville à l'autorité ecclésiastique, dans les mains de l'évêque, celui-ci n'ait eu le privilége de nommer les eschevins jusqu'à la fin du XVIe siècle.

C'était une conséquence de son droit seigneurial qui ne fut jamais nié que par l'insurrection ou par l'usurpation, autrement dit, par les partisans d'un état de choses anormal.

Voici un acte de *renouvellement*, émané de Maximilien de Berghes en 1559 :

« Maximilien de Berghes, par la grâce de Dieu, évesque et duc de Cambrai, prince du Saint-Empire, comte de Cambresis, etc., à nos tres chiers et bien amés les presvost et eschevins de notre cité et duché de Cambrai, salut et dilection. Sçavoir faisons que, pour le bon rapport que fait nous a esté, des personnes de MM. Jean Blocqueau, Augustin Haghelère licenties ès-droit, Jaques du Merchie sieur de Nourent, Antoine Formye escuyer, Antoine Laude, Roland de Bauvay et Guillaume Leclerc, bourgeois et manans de notre dite cité et duché; ensemble de leurs bons sens, leaultez et preud'hommie (loyauté et prudence), les avons, de notre propre mouvement et certayne science, faits, créés, constitués, et establys, faisons, créons, constituons et establissons eschevins d'icelle notre cité et duché, aux lieux de MM. Adrien de Hennyn, etc..... lesquels, par cestes, déportons de l'état

---

(1) Quoique le mot *Magistrat* ait prévalu, on ne répudia pas entièrement celui de *Chambre* qu'on retrouve dans plusieurs écrits anciens.

(2) Elle est rapportée dans le *Mém. pour l'arch.* à la p. 171 des pièces justificatives.

d'Eschevinaige, en les remercians du bon debvoir et service qu'ils avaient fait en iceluy estat. En donnant aux ditz eschevins par nous présentement faits, créez, etc., plein pouvoir authorité et mandement général, espécial de, avec nos autres eschevins (1), illecq par ci-devant par nous commis et constitués (lesquels en iceluy estat, avons continué et continuons par ces présentes), faire droict, loy et justice à tous ceux et celles qu'ilz en requereront, et en général et en particulier, faire, dire et exercer tout ce que à bon et leaulx eschevins, il appartient de faire. Sy vous mandons et commandons que, en recepvant les dits MM. Jean Bloqueau, Augustin Haghlère, Jaques du Merchie, Antoine Formye, Antoine Laude, Roland de Bauvay, et Guillaume Leclerc, nos eschevins et de chascun d'eulx en notre nom, le serment accoustumé, les recogniez et admettiez, au dit état d'eschevinaige, aux honneurs, prérogatives, prouffitz et émolumens y appartenans et accoustumés, car ainsi plaît-il.

» Donné à Bruxelles, soulz nostre scel, le pénultième jour de janvier 1559, style de Cambray. »

Le droit de nomination du Magistrat de Cambrai était tellement inhérent à la souveraineté de la ville, que, toutes les fois que cette souveraineté passait en mains nouvelles, le premier usage qu'en faisait le nouveau possesseur était de renouveler la *Loi*. Quand l'évêque mourait, le chapitre de l'église Notre-Dame, en sa qualité de vidame (2), ne manquait pas de casser la *Loy* existante et d'en nommer une nouvelle. L'évêque, comte de Cambrai, n'était pas plutôt en possession de son siège, qu'il cassait l'œuvre du Chapitre et renouvelait le Magistrat. Telle était la loi. Les usurpateurs eux-mêmes s'empressaient de former une Chambre échevinale à leur dévotion. C'est ainsi que le baron d'Inchy, en 1578, renouvela les échevins. Balagny alla plus loin : il se fit donner, en même temps que le droit d'institution et de destitution du Magistrat, le privilége de pourvoir à la collation des bénéfices ecclésiastiques (1). Au reste, le renouvellement du corps municipal, dans un esprit conforme au pouvoir du moment, est une mesure de tradition perpétuelle pour tous les gouvernements nouveaux qui surgissent. Nous en avons vu l'application très constante en France, surtout depuis qu'on a eu la prétention de rompre avec les usages du passé.

Nous allons voir de suite comment ce droit attaché autrefois à la souveraineté de la ville, suivit cette souveraineté dans les mains qui l'arrachèrent définitivement à celles de l'archevêque.

En 1595, lors du retour de la domination espagnole, les échevins nommés par Balagny, usurpateur de la seigneurie de Cambrai, traitèrent avec le comte de Fuentes. L'archevêque Louis de Berlaymont avait été forcé depuis longtemps de quitter la ville. *Dans le fait*, les représentants de la cité ne relevaient que d'eux-mêmes ; *dans le droit*, ils manquèrent à la justice en oubliant, dans leur traité, toutes les prérogatives de l'archevêque. On ne peut, du reste, s'étonner de cet oubli, quand on considère que les échevins avaient été choisis par l'usurpateur parmi des hommes nécessairement hostiles à Louis de Berlaymont. Celui-ci réclama auprès de l'empereur, mais la mort l'enleva avant qu'aucune solution eût été donnée à la question importante qui s'élevait alors.

Le roi d'Espagne prit donc en 1595 ou, si l'on veut, reçut des bourgeois le droit d'instituer et de destituer le Magistrat, retenant à lui et à ses successeurs la souveraineté et la seigneurie de Cambrai.

XVIIe SIÈCLE.

Le roi de France, en 1677, en s'emparant de Cambrai, et réunissant cette ville à la France, en assura en même temps le haut gouvernement à la Couronne.

---

(1) On sait que le Magistrat se renouvelait ordinairement par moitié.

(2) *Vidamie*, fief-lige qui donnait à son possesseur « le droit de prendre, avoir et faire siens, toutes fois que l'évêché de Cambray vacait, tous les prouficts, fruits, émolumens de la dicte comté et temporalité, tant et si longuement que ly eslou, confirmé en l'evesché, en eust faict hommage à l'empereur ou roy des Romains. »

(1) « Le roi (Henri IV) nomma le duc de Retz pour aller, en son nom, faire à Cambray, tous les serments requis et recevoir ceux du maréchal de Balagny et des états du pays.... Et comme *tout était disposé de longue main*, l'acte de concession des Etats de Cambray ne fut pas longtemps à se faire.... Ils donnèrent au roy le titre de *Protecteur* et au sieur de Balagny tous les droits et honneurs de la souveraineté : *L'institution et destitution du Magistrat....* mais ce qu'il y a de plus singulier, c'est que l'on transféra à Balagny la provision et la collation des bénéfices, dont il a usé ensuite.» — Ms. 3 (bis), p. 121.

XVIIIᵉ SIÈCLE

En 1745, sept charges d'échevins furent rendues vénales, les sept autres demeurant à la nomination de l'intendant de la province. Cette mesure fiscale était une spéculation du gouvernement de Louis XV qui battait monnaie de tous ses pouvoirs. Comme l'échevinage réunissait les fonctions d'administrateur et de juge, comme ces fonctions emportaient avec elles des émoluments et des honneurs, il fut facile de trouver des acheteurs. De nouveaux enrichis, sans consistance parmi leurs concitoyens, remplacèrent, par leurs écus, le mérite auquel seul on accordait précédemment cette double et respectable magistrature. Mais, en achetant les places, ils ne purent acquérir la considération publique : « Ils furent méprisés des bourgeois. » *Mém. chron.*, p. 253. — Les échevins et la ville tout entière comprirent bien que la vénalité nuisait à la dignité du Magistrat; ils proposèrent au roi le rachat des places municipales, et un arrêt du conseil, en date du 23 novembre 1751, fit droit à cette juste réclamation. — Les premiers bourgeois, devenus échevins moyennant finances, avaient été installés le 16 juillet 1745; ils avaient payé leurs charges mille écus, c'est-à-dire trois mille livres, monnaie de France.

Un édit du roi Louis XV, en date de 1765, règlement fort détaillé sur l'organisation des corps de ville, mérite une attention particulière, à cause de la sagesse qui a présidé à sa rédaction. M. le baron Dupin l'analyse ainsi, dans son histoire administrative des communes de France :

« Dans toutes les villes et bourgs de 4,500 habitants et plus, le corps de ville était composé d'un maire, quatre échevins, six conseillers, un syndic-receveur et un secrétaire-greffier. Ces deux derniers n'avaient point voix délibérative ; le secrétaire-greffier ne pouvait même assister aux délibérations, à moins qu'il n'y fût mandé. Tous ces officiers étaient élus au scrutin dans une assemblée de notables. Le Roi se réservait seulement la nomination du maire, sur une liste triple de candidats élus par cette assemblée, comme au temps de saint Louis.

» Le maire ne pouvait être choisi que parmi ceux qui avaient déjà rempli cette charge, ou qui avaient été ou étaient actuellement échevins. Pour être nommé échevin, il fallait être ou avoir été conseiller de ville ; et parmi les échevins il devait toujours y avoir un gradué. Pour être nommé conseiller, il fallait être ou avoir été notable.

» Le maire était en charge pour trois ans ; il ne pouvait être continué ou élu de nouveau qu'après un intervalle de trois autres années. Les échevins étaient pour deux ans ; chaque année on en élisait deux, de façon qu'il y en eût toujours en exercice deux anciens et deux nouveaux ; et les échevins sortans ne pouvaient être réélus avant deux ans. Les conseillers étaient pour six ans ; chaque année il en sortait un qui ne pouvait être réélu qu'après un intervalle de temps égal au moins à celui pendant lequel il était resté en charge. Le syndic-receveur et le greffier étaient élus pour trois ans, et ils pouvaient être continués autant de fois qu'on le jugeait convenable. Le syndic-receveur était chargé des recettes et des dépenses ; le greffier avait la garde des titres et papiers de la commune.

» L'assemblée des notables était composée du maire, des échevins, des conseillers, et de quatorze notables. Elle était présidée par le premier officier du siége, lequel n'avait point voix délibérative, mais recueillait les suffrages, recevait le scrutin, et dressait procès-verbal. Les fonctions du ministère public y étaient exercées par le procureur du Roi dans les juridictions ordinaires.

» Pour former le nombre de notables prescrit, il en était choisi un dans le chapitre principal du lieu, un dans l'ordre ecclésiastique, un parmi les personnes nobles et officiers militaires, un dans le bailliage ou sénéchaussée, un dans le bureau des finances, un parmi les officiers des autres juridictions, deux parmi les commensaux de la maison du roi (1), les avocats, médecins et bourgeois vivant noblement, un parmi ceux qui composaient la communauté des notaires et procureurs, trois parmi les négocians en gros, marchands ayant boutique ouverte, chirurgiens et autres personnes exerçant les arts libéraux, enfin deux parmi les artisans. S'il

(1) On donnait le titre de Commensaux de la Maison du roi aux officiers qui avaient une table chez le roi, la reine, les enfants de France et les princes du sang, auprès desquels ils servaient. Les officiers commensaux avaient le droit de *committimus*, c'est-à-dire qu'ils pouvaient porter en première instance aux requêtes du palais leurs affaires personnelles, possessoires ou mixtes, et y faire renvoyer les causes où ils étaient parties, quoiqu'elles eussent déjà été plaidées devant d'autres juges. Ils étaient aussi exempts de tailles, de corvées, de guet et de garde.

manquait quelqu'une de ces classes d'habitants, la classe suivante, dans l'ordre ci-dessus, y suppléait.

» Pour parvenir à l'élection des notables, chaque chapitre séculier, l'ordre ecclésiastique, les nobles et officiers militaires, le bailliage et chacune des autres juridictions, et chacun des autres corps et communautés du lieu, s'assemblaient séparément, et chacun de ces corps nommait un député. Les députés ainsi nommés se réunissaient à l'hôtel-de-ville, et procédaient en commun à l'élection des notables.

» Ne pouvaient être élus notables que des habitants âgés au moins de trente ans, domiciliés dans la ville, n'ayant aucune fonction qui exigeât leur résidence ailleurs, et ayant passé par les charges de leur communauté, s'ils étaient d'une communauté ayant des syndics ou jurés. Les notables étaient pour quatre ans, et ils pouvaient être continués autant qu'on le jugeait à propos.

» Nul habitant ne pouvait refuser la place à laquelle il avait été élu.

» Dans les villes et bourgs de deux mille habitants à quatre mille cinq cents, le corps de ville ou communauté se composait d'un maire, deux échevins, quatre conseillers, un syndic-receveur et un secrétaire-greffier. Le nombre des notables était réduit à dix; du reste, toutes les règles que nous venons d'exposer leur étaient applicables.

» Enfin, dans les villes et bourgs au-dessous de deux mille âmes, il n'y avait que deux échevins, trois conseillers, un syndic-receveur, un secrétaire-greffier, six notables, et point de maire. On divisait la ville en trois quartiers; chacun desquels s'assemblait séparément devant le juge ou le premier échevin, et nommait quatre députés pour procéder à l'élection des notables.

» Quoique dans cette organisation les officiers municipaux fussent seulement qualifiés de maires et d'échevins, l'intention était pourtant de ne rien changer aux anciennes dénominations locales de ces officiers; on croyait utile de conserver à chaque ville ses souvenirs historiques. Le roi se réservait aussi d'étendre au besoin l'organisation municipale, pour mieux l'adapter au service des grandes villes. »

Cet édit, qui fait époque dans l'histoire des municipalités parce qu'il est une sage application du système électoral, ne fut pas longtemps en vigueur. L'intérêt fiscal le détruisit en 1771, il ne reçut même jamais d'application à Cambrai. Le roi ne crut pas, sans doute, pouvoir empiéter sur les droits anciens de l'archevêque, et par lettres-patentes du 13 septembre 1766, lui accorda, aux sollicitations pressantes de M. de Choiseul, la nomination de la moitié des échevins, toutes les fois que le monarque français jugerait convenable de renouveler le Magistrat.

Enfin, un arrêt du conseil du Roi, daté du 3 avril 1773, dispose que le Magistrat de Cambrai ne sera plus composé que d'un prévôt, de deux conseillers pensionnaires, de *douze échevins*, d'un procureur syndic, de deux greffiers, d'un trésorier et de deux collecteurs. Lesdits échevins devront être nommés savoir : moitié par le Roi, moitié par l'archevêque, pour six années seulement, en telle sorte qu'il en soit renouvelé quatre tous les deux ans.

Voici plusieurs pièces officielles qui, par application de cet arrêt, font connaître le formulaire exact de la nomination des échevins. Nous les citons ici, parce qu'elles nous semblent présenter un grand intérêt dans la question que nous traitons.

« De par le Roy,

» Louis-Gabriel Taboureau, chevalier, seigneur des Réaux, conseiller du Roy en ses conseils, maître des requêtes ordinaires de son hôtel, intendant de justice, police et finances de la province du Hainaut, pays d'entre Sambre et Meuse et d'outre Meuse, Cambrai et comté de Cambresis, Bouchain, Saint-Amand, Mortagne et leurs dépendances;

» Etant nécessaire de renouveler le Magistrat de Cambrai, conformément aux articles 5 et 6 de l'arrêt du conseil du 3 avril dernier, suivant lesquels ce corps ne doit plus être composé que d'un prévôt, de deux conseillers pensionnaires, de douze échevins, d'un procureur syndic, de deux greffiers, d'un trésorier et de deux collecteurs; lesdits échevins devront être nommés sçavoir : moitié par Sa Majesté et l'autre moitié par M. l'archevêque, pour six années seulement; en telle sorte qu'il en soit renouvelé quatre tous les deux ans, et attendu que le nombre en étant aujourd'hui de quatorze, il se trouve qu'il y en a six à remercier, dont trois de la nomination du roy, et trois de celle de M. l'archevêque; et quatre seulement à remplacer dont deux au nom du roy et deux en celui de M. l'archevêque. Nous, sur les bons et louables rapports qui nous ont été faits des bonnes vie, mœurs, religion catholique, apostolique et romaine, affection au service du roy, capacité et expérience des cy-après nommés, avons, pour et au nom de Sa Majesté, sous son bon plaisir et en vertu des pouvoirs à nous donnés, nommé, commis, et établi, nommons, commettons et établissons pour échevins de la dite ville et duché de Cambray, les sieurs Jean-Philippe Frémin, licentié ès-loix;— Pierre-François-Joseph Dehercq, écuier licentié ès-loix;— Gilbert-Joseph Lievra, licentié ès-loix; — Charles-Phocas-Joseph-Dominique De Valicourt, écuier licentié ès-loix; — Frédéric-Joseph De Francqueville de Chantemelle;— Maximilien Cotteau, négociant.

» Pour conjointement avec ceux nommés par M. l'archevêque de Cambray en exercer les fonctions aux honneurs, fruits, profits, revenus et émoluments appartenants auxdits offices; et après qu'ils auront prêté entre nos mains le serment en tel cas requis et accoûtumé dans la forme et manière prescrites par l'art. 7 de l'arrêt du conseil du trois avril dernier, ils prendront rang et séance suivant l'usage observé en ladite ville de Cambray.

» Fait le treize août mil sept cent soixante-treize.

» Signé, TABOUREAU. »

« Léopold-Charles de CHOISEUL,

» Par la grâce de Dieu et du Saint-Siége apostolique, archevêque duc de Cambray, prince du Saint-Empire, comte du Cambresis, etc., etc.

» Sur le bon et louable rapport qui nous a été fait, des sens, loyauté, prud'hommie, capacité et expérience dans les affaires, du sieur de Franqueville d'Abancourt, nous l'avons nommé et établi, nommons et établissons échevin de la ville, cité et duché de Cambresis, au lieu du sieur Oudart que nous remercions des services qu'il nous a rendus en la dite place; requérons les prévôt et échevins de la dite ville de le faire reconnaître en ladite qualité, installer audit office, et jouir des honneurs, franchises, prérogatives et émolumens y appartenans, après qu'il aura prêté le serment accoutumé et celui ordonné par l'arrêt du conseil du roy du trois avril dernier.

» Donné à Cambray, en notre palais archiépiscopal, sous notre seing, le sceau de nos armes et le contre-seing de notre secrétaire, le douze août mil sept cent soixante et treize.

» Signé : LEOP. CH., arch. duc de Cambray.

» Par Monseigneur,

» Signé, BERNARD. »

Les cinq autres échevins à la nomination de l'archevêque furent désignés, de la même manière, par le prélat.

Procès-Verbal d'Installation.

« Ce jourd'hui treize août mil sept cent soixante et treize, dix heures du matin, nous Louis-Gabriel Taboureau, seigneur des Réaux, conseiller du roy en ses conseils, maître des requêtes ordinaire de son hôtel, intendant de justice, police et finances de la province du Hainault, pays d'entre Sambre et Meuse et d'outre Meuse, Cambray et comté de Cambresis, Bouchain, Saint-Amand, Mortagne et leurs dépendances; en exécution de la commission par nous expédiée ce jourd'hui, par laquelle nous avons, pour et au nom de Sa Majesté, et sous son bon plaisir, en vertu du pouvoir à nous donné par Sa Majesté, nommé pour échevins de la ville et duché de Cambray les sieurs Jean-Philippe Fremin licentié ès-loix, Pierre-François-Joseph Dehercq licentié ès-loix, Gilbert-Joseph Lievra licentié ès-loix, Charles-Phocas-Joseph-Dominique De Valicourt, Frédéric de Franqueville de Chantemelle écuier et Maximilien Cotteau, aux conditions par eux, ainsi que par les sieurs Alexandre Doutart, Louis-François Lefebvre, Jean-Philippe-Englebert Coullemont, tous trois licentiés ès-loix, Jérôme-Alexis d'Henaut licentié en médecine, Nicolas-Robert de Franqueville d'Abancourt écuier, et Christophe Douay négociant nommés par M. l'archevêque de Cambray, de prêter entre nos mains le serment en tel cas requis et accoutumé, dans la forme et manière prescrite par l'article sept de l'arrêt du conseil du trois avril dernier. Nous sommes transportés au consistoire commun de cette cité, où nous avons trouvé assemblées les douze personnes cy-dessus nommées; tant ceux par nous nommés au nom du roy, que ceux nommés par M. l'archevêque de Cambray, revêtus de robes et rabats : lesquels, s'étant mis à genoux devant un prie-Dieu, ont prêté entre nos mains le serment dû au roy, à cause de leurs places; en jurant, sur le St-Evangile posé sur le prie-Dieu, qu'ils promettent de vivre et mourir en la religion catholique, apostolique et romaine, de la garder et maintenir sans jamais aller au contraire en façon du monde, et ne traiter ni coigner avec hérétiques ou fauteurs d'hérésie; et d'être perpétuellement fidèles et obéissants vassaux et sujets du roy, notre souverain seigneur, pour lui, ses hoirs et successeurs, et d'employer leurs vies et biens envers et contre tous, pour le maintien et conservation de son état et souveraineté du duché de Cambray; de procurer, de tous leurs moyens, son bien et profit et fuir son dommage; même de ne jamais traiter ni adhérer en aucune manière, ni avoir communication ni amitié avec ses ennemis, comme aussi de maintenir les droits, priviléges et prérogatives de l'église de Cambrai et en outre d'exercer bien et dûment les offices qui leur ont été confiés pour le service de Sa Majesté notre souverain, et ses successeurs, au bien et soulagement de ses vassaux et sujets.

» Ce fait, nous avons reçu et installé lesdits douze échevins en la manière ordinaire; de tout quoy nous avons fait et dressé le présent procès-verbal, et icelui signé avec le greffier que nous avons chargé de copier et transcrire sur le registre aux renouvellements de la loy et de nous en délivrer incessamment une expédition authentique.

» Signé, TABOUREAU et DECHIÈVRE.
» Avec paraphe. »
« Du 13 août 1773.

» Messieurs du Magistrat étant assemblés pour délibérer sur celui des échevins nommés au nom du roy qu'ils avaient à proposer pour député aux Etats (1), se sont trouvés partagés en opinion; les uns ayant choisi le sieur Frémin, les autres le sieur Liévra : en conséquence, se sont adressés au seigneur intendant pour agréer l'un des deux, afin d'exercer les fonctions de députés du tiers-état, conjointement avec le sieur Lefebvre aux assemblées tant ordinaires qu'extraordinaires au bureau permanent desdits états.

» Sur quoy ledit seigneur intendant a déclaré qu'il agréait pour député ledit Fremin, pour, avec ledit sieur Lefebvre, exercer les fonctions de députés audit bureau permanent des états; en foy de quoy ils ont ordonné que le présent acte sera enregistré au registre ordinaire concernant le renouvellement du Magistrat.

» Fait en pleine chambre les jour, mois et an susdits. »

(1) Les Etats étaient composés des corps ecclésiastiques, des anciens gentilshommes de la province possesseurs de terres à clocher, et du Magistrat de Cambrai qui représentait le tiers-état. Pendant le temps où les états n'étaient pas réunis en corps, pour statuer sur les demandes de subsides, l'assemblée n'était composée que de six membres : deux du clergé, deux de la noblesse, deux du Magistrat.

Nous avons dit plus haut que le Magistrat de Cambrai avait un double caractère, ainsi que de doubles fonctions; qu'il était, en même temps, corps administratif et corps judiciaire. Ajoutons que, comme corps administratif, il avait des fonctions à peu près analogues à celles des mairies et des conseils municipaux d'aujourd'hui; et que, comme tribunal, il jugeait en matière criminelle et en matière civile, mais avec des restrictions. Le lecteur trouvera au mot *Justice-Juridictions diverses*, les limites de la juridiction et de la compétence du Magistrat de Cambrai.

Il est utile de faire connaître, en peu de mots, en quoi consistaient les fonctions des différents personnages qui composaient le *Magistrat*.

1° Le PRÉVÔT de la ville de Cambrai, bien qu'il fût considéré comme le premier membre du Magistrat, n'avait cependant point une importance considérable : « *A la juridiction*, c'était positivement, pour le criminel et la police, un *Procureur du Roy*; pour le civil, un *semonceur* qui n'avait pas même voix consultative. *Au bureau de la municipalité*, c'était un premier *inter pares*, qui n'avait que sa voix. » Il avait la police de la ville, comme pouvoir exécutif, mais il n'en faisait point les ordonnances; il devait se borner à provoquer les mesures utiles au maintien de l'ordre et de la sûreté publique.

Il avait à sa nomination :
Les sergents de la prévôté;
Les mayeurs des mestiers, lesquels prêtaient le serment pardevant échevins;
Le crieur;
Le pendeur qui tenait *la table du jeu de Dés;*
Le tue-chien;
Les messiers, (gardes de vignes et de blés, espèces de gardes-champêtres);
Les courtilleurs, (inspecteurs des jardins).
Voir pour plus de détails sur ce fonctionnaire au mot PRÉVÔT.

2°. Les COLLECTEURS étaient chargés de la levée des deniers de la taille et des autres impositions. Chaque échevin semainier, en entrant en fonction, payait aux collecteurs une bienvenue qui consistait en deux livres de *succade* et quatre lots de vin. — § Ms. 5, p. 155.

3° Les CONSEILLERS-PENSIONNAIRES étaient deux hommes de loi gagés par la Chambre échevinale, pour l'assister de leurs conseils dans les affaires difficiles.

4° Les GREFFIERS ou *clercs de l'échevinage*

avaient à remplir des fonctions analogues à celles des greffiers des tribunaux actuels et des secrétaires de mairie. Ils étaient de plus chargés de tenir les procès-verbaux de ventes du mont-de-piété. — V. *Greffiers*.

5° Le RECEVEUR avait mission de recevoir les deniers des domaines de la ville et les assises, à la charge d'en rendre compte. En un mot, c'était un receveur municipal.

6° Les QUATRE-HOMMES étaient institués par les échevins. « Ils étaient super-intendants aux ouvrages nécessaires à la cité, soit aux fortifications, soit à la clôture d'icelle, réparation des lieux et maisons à elle appartenant. » Ils étaient de plus chargés de l'entretien de la voirie, des warechaix, etc. Ils avaient aussi la surveillance des usines et tavernes de la ville et de la banlieue. — V. *Quatre-Hommes*.

Quant aux ÉCHEVINS, leurs fonctions, leurs priviléges, leurs droits, et leurs devoirs forment l'objet principal du présent article. Nous continuons à traiter ce sujet si complexe.

Règlement que doresnavant s'observera par ceux de l'Estat du Magistrat, ministres et officiers de la ville de Cambray, pays et comté de Cambresis.

(1614).

Premièrement. Est ordonné que le Magistrat se renouvellera tous les ans, comme d'ancienneté, au 6ᵉ jour de may.

2ᵉ. Que lesdits magistrats s'acquitteront dubment de leur devoir.

3ᵉ. Qu'ils s'assembleront aux jours, heures et lieux accoustumés, sans s'absenter, etc.

4ᵉ, 5ᵉ, 6ᵉ, 7ᵉ. Règlement des absences desdits du Magistrat, hors de la chambre.

8ᵉ. Qu'en proposant les affaires, on commencera aux publiques, pour venir aux particuliers.

9ᵉ. Que lesdits du Magistrat ne feront aucune ligue par ensemble.

10ᵉ. Que les comptes du domaine se rendront tous les ans sur la fin du mois d'apvril.

11ᵉ. Qu'aux dits comptes, assisteront les personnes accoustumées d'y assister d'ancienneté.

12ᵉ. Qu'il ne se fera plus que 12 brevets.

13ᵉ. Qu'es-dits brevets se coucheront les billets des ouvriers clairement et sincèrement.

14ᵉ. Que les Quatre-Hommes s'obligeront par serment à leur office.

15ᵉ. Qu'iceux feront les marchés des ouvrages publics.

16ᵉ. Que les provisions nécessaires de la ville s'achepteront en saison.

17° Qu'iceux faisant les esseux (règlements) avec les taverniers, ne prendront aucuns pots de vin ny bancquets.

18ᵉ. Que les draps de Messieurs du Magistrat se payeront en argent.

19ᵉ. Que les robes et bonnets desdits seront uniformes, et se porteront es-lieux et heures accoustuméz.

20ᵉ. Que les maîtres de la feste ne feront despens superflus.

21ᵉ. Que les Quatre-Hommes ne prendront rien pour ouvertures de fenestres, etc.

22ᵉ, 23ᵉ. Ce que lesdits sieurs doivent avoir pour leurs droits de visite.

24ᵉ. Que lesdits Quatre-Hommes ne pourront exiger des fermiers aucuns bancquets.

25ᵉ. Ce que Messieurs du Magistrat doivent avoir pour l'audition des comptes des maisons mortuaires et abandonnées.

26ᵉ. Règlement pour les maisons mortuaires.

27ᵉ, 28ᵉ, 29ᵉ, 30ᵉ. Règlement pour les bancquets, et que doresnavant, ne s'en feront plus que dix.

31ᵉ. Ce que doivent donner les sacristes.

32ᵉ. Que tous les recepveurs de la ville et de l'Estat seront sermentéz.

33ᵉ. Qu'iceux mettront dans leurs comptes les noms de ceux auxquels ils auront fait payement.

34ᵉ. Que lesdits recepveurs seront changés de 3 ans en 3 ans.

35ᵉ. Que lesdits recepveurs n'auront qu'une recepte.

36ᵉ. Qu'iceux ne pourront mettre en mises les encres, papiers, plumes et ligatures de leurs comptes.

37ᵉ. Qu'ils rendront leurs comptes au plustost, six semaines après leur escheance.

38ᵉ. Que nuls desdits recepveurs ne pourront être fermiers.

39ᵉ. Que les commis aux fortifications feront aussy les brevets.

40ᵉ. Qu'à la rendition desdits brevets, il n'y aura que six bancquets.

41ᵉ. Qu'iceux ne feront aucuns bancquets, lorsque se fera quelque marché des ouvrages de la ville.

42ᵉ. Qu'à la rendition des comptes des estats et dits commis, ne se fera bancquet que pour les auditeurs seulement.

43ᵉ. Que toutes les fermes se passeront à cry public.

44ᵉ. Les comptes des estats se rendront dans la chambre desdits estats, etc.

Il est regrettable que le texte même du règlement dont on vient de lire l'analyse, ne nous ait pas été conservé par le laborieux et savant échevin (1), auquel on doit tant de souvenirs et de précieuses notes, contenues dans le ms. 902 de la *Bibliothèque communale* de Cambrai.

Ce règlement, en date de 1614, était inscrit au *registre aux remontrances*. Ce n'était, pour ainsi dire, que la reproduction d'un règlement antérieur donné par Juan de Rivas, gouverneur de Cambrai.

Le 2 octobre, 1658, le Magistrat se fit relire, en pleine Chambre, le règlement de 1614, et rendit une ordonnance qui le déclarait obligatoire en tous ses points. — § Ms. 5, p. 63.

Il existait, dans la Chambre échevinale, une espèce de service de permanence qui consistait à faire exécuter, dans le plus bref délai, les ordonnances de la Chambre. Les échevins étaient chargés de ce soin à tour de rôle, presque toujours deux à deux, quelquefois en plus grand nombre. Ce service particulier et obligatoire durait une semaine (2), d'où vint le nom de *Semainier, Sepmaniers,* pour désigner les échevins de semaine.

La charge d'échevin était jadis une des plus honorables que l'on pût exercer dans la ville. Les hommes qui en étaient revêtus, étaient ordinairement des plus considérables de la cité. Souvent ils étaient nobles, mais c'était comme *bourgeois de Cambrai*, et non en vertu de leurs titres nobiliaires, qu'ils y étaient promus. Aussi, dans les assemblées des états figuraient-ils parmi les bourgeois et non pas avec la noblesse.

Le clergé et le chapitre de Notre-Dame lui-même, si pointilleux à l'endroit des prérogatives, se plaisaient à rendre hommage à la considération dont le Magistrat de Cambrai était environné. « L'an 1617, le 7 octobre, le chapitre, par grâce spéciale, accorda aux échevins de Cambray une place au chœur de l'église, lorsqu'ils y assisteraient en corps. » — § Ms. 3 (bis), p. 274.— Le chapitre ne faisait, en cela, que consacrer un usage déjà établi en 1559. A cette époque, et à l'occasion d'un *Te Deum* que l'on chantait pour la paix récemment conclue entre le roi de France et le roi d'Angleterre, « Messieurs entrèrent dans le chœur et *s'assirent en fourmes comme chanoines*, ainsi qu'ils se mettent en la Chambre de la ville. — § *Chronique* d'Adam Gelic. — † Ms. 659, p. 357. — § Ms. 3 (bis), p. 164.

Lorsque le Magistrat était en corps à la procession, il avait le pas sur la noblesse. Le corps de la noblesse ayant essayé de lui contester ce privilège, l'affaire fut portée au conseil de Malines qui, par une sentence rendue le 20 juin 1671, donna gain de cause aux échevins. — § Ms. 5, p. 360.

Pour comprendre cette susceptibilité à l'endroit d'une prééminence, il faut se rappeler qu'autrefois l'autorité était environnée d'un prestige salutaire qui a complétement disparu de nos jours. Les fonctionnaires publics semblent n'avoir plus pour eux-mêmes cette considération personnelle qu'ils avaient jadis. Et en effet, il n'est que trop vrai de le dire, les hommes mesurent beaucoup l'estime qu'ils font de leur propre personne à celle qu'autrui leur accorde. Il faut reconnaître d'ailleurs qu'on néglige trop les moyens d'inspirer du respect aux populations. Et, sous ce rapport, tout décorum, tout apparat s'en sont allés; tout, jusqu'au costume. Les échevins et M. le prévôt portaient, dans leurs séances, une grande robe noire, comme celle de nos juges actuels. Mais les jours de grande cérémonie, ils avaient la *robe de gala*, ce que l'on appelait la *robe du sacre*, laquelle était de couleur écarlate.—*Mém. chron.*, p. 62. — § Ms. 2 (bis), p. 69. — † Ms. 659, p. 358. — § *Chronique* d'Adam Gelic, an 1559.

En tout état de cause, ils devaient, pour venir de chez eux à la Chambre, porter un habit noir ou fort brun, qui fût en harmonie avec la robe qu'ils allaient revêtir.— § Ms. 5, p. 74.

M. le prévôt ne marchait jamais, dans les rues, qu'accompagné d'un ou de plusieurs sergents armés de hallebardes. Chacun se découvrait en passant devant lui. Lorsque le Magistrat allait quelque part en corps, il était entouré de la *Barre*, espèce de barrière portative que soutenaient des sergents de ville.

Ces usages existaient encore au commencement de ce siècle.

Le dernier reflet de cet antique cérémonial, qui faisait de nos magistrats ce que l'on pourrait appeler des *hommes de poids*, s'est éteint, dans Cambrai, avec M. le président Waternau.

---

(1) Ladislas de Baralle. — Il vivait en 1679.— V. *Hommes remarquables*, XVIIe siècle.

(2) § Ms. 5, p. 67.

On le voyait, en 1820, se promener majestueusement et à pas comptés dans les rues de la cité, vêtu de noir et en costume du temps de Louis XVI; le chef poudré, le tricorne sous le bras, l'air gracieux quoique toujours grave, et rendant, par une inclination de tête, le salut à tous ceux qui lui faisaient cette politesse, fussent-ils des enfants du peuple. Ce vénérable vieillard, que nos mœurs *débraillées* ne sauraient plus comprendre, était le dernier type de notre ancienne magistrature.

Le Magistrat figurait nécessairement dans toutes les grandes cérémonies publiques. C'était lui qui recevait le serment du duc de Cambrai, à toute prise de possession du duché, et qui faisait, pour la ville entière, le serment de fidélité.

Le jour du *sacre* de la ville, MM. de la loi portaient le *chiel* ou dais à la procession. — V. † Ms. 659, p. 280.

En 1543, MM. les prévôts, échevins et autres officiers de la ville *allèrent tous à cheval avec leur robe de cérémonie*, au-devant de l'empereur Charles-Quint et de son fils, jusqu'au village de Fontaine-Notre-Dame.

On trouve dans le *Répertoire* de l'échevin De Baralle, † ms. 902, un arrêté ainsi conçu :

« Du 30 décembre 1697.

» Afin qu'il ne reste plus de difficulté sur les cérémonies que MM. du Magistrat doivent faire le jour de l'an, il a été arrêté en pleine Chambre que l'un des conseillers, avec les deux sepmaniers (semainiers), iront en robes souhaiter le bon an à Monseigneur l'archevêque, M. le gouverneur, Mad. la gouvernante, M. le lieutenant de roy de la ville, et à MM. les gouverneur et lieutenant de roy de la citadelle. Et puis, les deux sepmaniers iront, sans robe, en faire de même à M. le major de la ville. »

Le même répertoire signale un arrêté touchant *l'appellation de MM. du Magistrat et autres Officiers du Consistoire*.

Cet acte, en date du 20 février de l'an 1630, émané du Magistrat, porte en substance que « les huissiers et tous autres officiers, ayant à appeler quelqu'un de Messieurs du Magistrat, les qualifieront si comme le prévôt, conseillers, et sepmaniers, de *Monsieur le prevost, Monsieur le conseiller, Messieurs les sepmaniers*. Et tous les échevins indifféremment, nobles, lettrés ou non, de *Sires*, avec leurs noms et soubs-noms, et les greffiers du titre de *greffiers* avec leurs soubs-noms. »

De plus les échevins interdisent « au procureur d'office de leur Chambre, bailly et greffier de la feuillie, et tous procureurs de porter leurs bonnets et parements de robes en velours tels qu'ils soient, ains (mais) de quelque autre estoffe moindre, si comme de camelot de soie, ou autre semblable, à peine arbitraire. »

Le Magistrat assistait aux enterrements et funérailles de ses membres décédés. Une ordonnance de 1554 obligeait tous ceux qui portaient les *grands draps* d'assister à toutes cérémonies de ce genre où se trouvait le Magistrat.

L'installation des échevins n'était point, comme de nos jours, pour les officiers municipaux, une simple formalité légale. Nos anciens Magistrats tenaient à recevoir une sainte et solennelle consécration. A peine étaient-ils nommés, une sorte d'auréole se formait autour d'eux : Ils échappaient, pour ainsi dire, à l'autorité qui les avait créés, et tombaient au pouvoir de leur charge qui prenait possession d'eux plutôt qu'ils ne prenaient possession de leur charge.

On a pu voir plus haut, dans un procès-verbal que nous avons rapporté, de quelle façon se passait cette cérémonie. Lorsque le peuple, au son joyeux du carillon, à la voix grave et solennelle du beffroi, se rendait à la maison de ville pour voir et accueillir ses nouveaux magistrats, il était pris d'un saint respect à la vue de ces hommes d'élite, revêtus de leurs grandes robes, ornés de longs rabats de dentelle blanche et sans tache. Les échevins arrivaient avec dignité, pénétraient dans l'hôtel commun de la cité, et là, recevaient une sorte d'investiture. Lecture faite des commissions, chacun des magistrats allait s'agenouiller devant un prie-Dieu couvert de velours, et sur les saints évangiles qui y étaient déposés, en présence de l'image du Sauveur, ces pairs du peuple prononçaient le serment de vivre et de mourir dans la religion catholique et romaine, et de la défendre au besoin ; d'être fidèles au roi de France, au duc de Cambrai ; de bien et dûment exercer leurs offices pour le service du roi et pour *le bien et le soulagement de ses vassaux et sujets*.

Une messe solennelle s'ensuivait. L'esprit saint était invoqué ; le peuple priait pour ses échevins et le grand pacte d'amour, de respect, de dévouement et de zèle, était accompli entre la cité et ses premiers magistrats.

Le Magistrat, avant la Révolution, tenait ses séances dans la salle dite encore aujourd'hui le *Consistoire* (1). Avant que cette salle existât, le lieu de ses séances était situé à l'étage; on l'appelait la *Chambre*. — V. *Hôtel-de-Ville.* — Au-dessus de la porte du Consistoire, et probablement, plus anciennement, au-dessus de la porte de la *Chambre* était une inscription : *Audi alteram partem.* — Ms. 887, p. 286. — Cette sentence s'adressait au corps échevinal en tant que tribunal. A une époque très reculée, les échevins tenaient les plaids dans l'auditoire de la Feuillie (V. *Feuillie*). Plus tard, au contraire, la Feuillie eut son prétoire dans l'hôtel-de-ville, mais distinct de la Chambre du Magistrat.

Le corps échevinal avait à sa collation un grand nombre d'offices. Il était juste et nécessaire qu'il eût le choix des fonctionnaires et employés dont il avait la responsabilité morale; de ces hommes, en un mot, par le ministère desquels il exerçait sa bienfaisante et immense administration.

Déclaration des offices qui sont à la collation de MM. du Magistrat.

« Premier, créent et font chascun an lesdits échevins, le 6ᵐᵉ jour de febvrier, les Quatre-Hommes, et le recepveur pour demourer esdits offices, le terme et espace d'un an, depuis leur création; et aussy toutes fois qu'il les faut faire, s'ils alloient de vie à trépas, pendant ledit an, ou s'ils estoient faits eschevins, parquoy il y faulsit pourveoir d'aultre ou d'aultres; et ont lesdits Quatre-Hommes pour leur peine, au dit an, pension de . . . . à chascun d'eux.

» *Item*, donnent le clergie de leur office de l'eschevinage.

» Le clercq des Quatre-Hommes.

» Les conseillers et procureurs de la ville.

» Le concierge et warde de la maison de ville.

» Le messager qui porte la boiste des armes de la ville.

» Le valet des Quatre-Hommes.

» L'artilleur de la ville.

» Le charpentier.

» Le fèvre (ferronnier).

» Le machon.

» Le cauchieur (paveur).

» Le couvreur.

» Le chirurgien de la ville.

» Le plommier (plombier).

Les quels ont les draps de la ville.

» *Item* donnent les estaux de la boucherie toutes les fois qu'ils eschient, par la manière ordonnée par lesdits eschevins.

» Font les deux sergeans de la Chambre, qui ont draps.

» Aussi le wette de la ville (guetteur).

» *Item* font les grands chartriers, et leur clercq.

» Les eswardeurs des draps à la perche.

» Les gavieurs de vin, qui ont gages ordinaires.

» Les eswardeurs pour les eswards.

» Les priseurs de la ville.

» Les déquerqueurs du vin.

» Les mesureurs des grains.

» Les porteurs du charbon et de la braise.

» Les portiers qui wardent les clefs des portes.

» Les revendeurs et revenderesses des biens, ou autres choses pour autruy.

» Les mesuresses de sel et les couletiers.

» Les couletiers des laines et waranches.

» Les prévosts des ladres, et l'aunage des toilles.

» Les mesureurs de terres.

» Les cerquemanneurs (borneurs d'héritages).

» Les mères aleresses.

» Le porcqmer.

» Et est à sçavoir que tous les maieurs des mestiers et marchandises, où il y at et appartient à avoir flastre (empreinte d'un fer chaud), enseigne, ponchon, ou marque, se doibvent faire en pleine Chambre, en icelle estre sermentez par ledit prévost; et puis en ladite Chambre leur sont, et doibvent estre, par lesdits échevins, baillez et délivrez lesdites enseignes, flastres, ponchons ou marques, pour en faire et user comme il appartient, en leur chargeant de les rapporter en ladite Chambre, toute et quante fois que déportez seront de leurs offices.

» *Item* font le greffier des commis aux fortifications.

» De mesme pour le receveur desdits commis.

» *Item* font les porte-sacqs.

» Les charbonniers.

» Les mineurs (minkeurs).

» Le valet des maieurs et mineurs des poissons, dit le clercq du main (mink). »

---

(1) *Consistoire*, du mot latin *consistorium*, siége d'une assemblée. Le Consistoire fut construit à l'endroit de la grande Halle, lors de l'immense restauration de l'hôtel-de-Ville de Cambrai, commencée en 1786.

Le 2 septembre 1556, à l'occasion de la mort de Robert de Croy, le chapitre de Notre-Dame, en sa qualité de vidame, *renouvela la loi*. Il voulut aussi renouveler les Quatre-Hommes, les deux huissiers, le concierge, et les valets des Quatre-Hommes; mais le Magistrat, récemment nommé par le chapitre, ne le lui permit pas : et ces hommes débutèrent dans leurs fonctions, en sauvegardant les privilèges municipaux contre les entreprises du pouvoir qui venait de les leur confier. — V. Ms. 3 (bis), p. 159.

Cette lutte du Magistrat pour garder son autorité et pour maintenir sa juridiction dans toute leur intégrité, est incessante. Dans tous les temps, dans toutes les circonstances, on le voit jaloux de son pouvoir. Tantôt c'est contre l'évêque qu'il agit, tantôt contre l'abbé de quelque puissant monastère; souvent contre le chapitre de Notre-Dame; d'autres fois, contre un bailli de village : témoin Jean de Bôve. — V. *Bôve*. — Enfin, toujours sur la brèche, il ne laisse entamer par personne ces privilèges bourgeois qui sont les titres de noblesse et le riche héritage de la cité de Cambrai (1).

Nous invitons le lecteur à voir au mot *Archives*, l'inventaire des titres, droits et immunités qui forment le chartrier du Magistrat.

Jusqu'au commencement du XVIIe siècle, l'usage voulait que la ville fournît, en nature, l'étoffe, c'est-à-dire le drap dont étaient faits les costumes du Magistrat et de certains officiers qui en dépendaient. Mais tout le monde ne portait pas ces costumes aussi amples. Le prévôt, les échevins, les conseillers, le receveur, etc., en un mot, le Magistrat proprement dit, portait la robe et le bonnet; les employés ne portaient qu'un vêtement plus modeste, qu'on appelait la petite robe. De là, sont venues les expressions de *grands draps* et *petits draps*, souvent employées dans les chroniques locales ou dans les *résolutions* du Magistrat.

Au commencement du XVIIe siècle (nous croyons que ce fut en 1614), il fut demandé par le corps échevinal, et accordé par les commissaires de leurs altesses sérénissimes l'archiduc Albert et l'infante d'Espagne, sa femme, que les draps en nature seraient, à l'avenir, remplacés par une somme d'argent monnayé. Nous n'avons pu trouver le texte de ces actes, mais nous en avons de postérieurs sur le même sujet; ils sont d'autant plus précieux qu'ils font connaître quels étaient les émoluments de plusieurs des fonctionnaires qui composaient la haute administration de la ville.

« *Règlement des draps et honoraires de MM. du Magistrat, collecteurs, greffiers et autres officiers de la ville.*

» Michel Lepelletier, conseiller du roy, en son conseil d'estat et de la cour du parlement de Paris, intendant de la justice, police et finance de Flandre.

» Sur ce qui nous a esté remonstré par les prévôt et eschevins de la ville de Cambray que s'estant pratiqué, lors de l'adjudication des fermes des impôts de ladite ville, les adjudicateurs payer la somme de trois cens florins ou environ à chacun des eschevins, et aux autres officiers du Magistrat à proportion, par forme de pot de vin pour leur tenir lieu d'émoluments ou honoraires pendant chaque année, cet usage fut aboli en 1665 par les ministres d'Espagne, qui promirent en même temps de régler les émoluments des suppliants pour en être payé par les mains de leur receveur, ainsi qu'il se pratique dans toutes les villes de la Flandre; mais ce règlement n'ayant pas esté fait, il n'a esté payé aucune chose, depuis ce temps-là, au susdit Magistrat, à la réserve de la somme de 102 florins pour la robe et parure qu'ils portent journellement et dans toutes les cérémonies publiques; en sorte que l'application continuelle qu'ils ont pour l'administration de la justice, n'estant aucunement récompensée, cela pourrait causer quelques refroidissements du zèle avec lequel les magistrats doivent servir le public, à quoy estant nécessaire de pourvoir.

» Attendu que, par les comptes du receveur de la ville de Cambray, nous avons reconnu, qu'il n'y est employé en dépenses aucune somme pour les honoraires du Magistrat, nous ordonnons, sous le bon plaisir du roy, que pour donner moyen aux suppliants et aux autres membres dudit Magistrat de rendre le service qu'ils doibvent à Sa Majesté et d'administrer la justice au public, il leur sera payé annuellement à l'avenir, à commencer du jour du dernier renouvellement, savoir : au prévôt,

---

(1) La dernière et l'une des plus grandes luttes qu'ait soutenues le Magistrat, est celle que provoqua M. de Choiseul en revendiquant, pour son évêché, des droits périmés depuis longtemps.—V. *Les pièces de ce procès dans les nombreux Mémoires qui ont été publiés à cette occasion.*

500 florins; à chacun des quatorze échevins, 250 florins; au premier conseiller, 1,000 florins; au second conseiller-pensionnaire, 700 florins; à chacun des deux greffiers de l'échevinage, 400 florins; à chacun des deux collecteurs, 200 florins; au greffier de la Chambre du domaine, 400 florins; et au médecin de la ville, 100 florins. Lesquelles sommes ils recevront, à titre d'honoraires, de trois mois en trois mois à la fin de chaque cartier; comme aussy il sera payé à chacun desdits du Magistrat et autres cy dessus nommés, la somme de 100 florins pour leur robe et parure, laquelle leur demeurera pour tout le temps qu'ils seront dans le Magistrat, sans qu'ils soient obligés de la rapporter en cas de mort ou autrement, et sans qu'ils puissent prétendre plus grande somme au cas que le renouvellement de la loy fût différé de plus d'un an, ny sous aucun autre prétexte que ce puisse estre . . . .

» Ordonnons qu'en cas de mort de l'un des deux greffiers de l'eschevinage, ou du greffier de la Chambre du domaine, les deux greffiers survivants exerceront alternativement la charge vacante, sans pour cela qu'ils puissent prétendre aucune augmentation d'honoraires. Ordonnons pareillement, qu'à l'avenir, la robe et parure sera payée le lendemain du renouvellement de la loy, tant aux six échevins et au collecteur qui en sont sortis, qu'à ceux qui y sont restés, etc. . . . . »

« Michel Lepelletier, etc.

» Etant nécessaire, pour éviter la multiplication des articles qui s'employent ordinairement dans la dépense des comptes de la ville, au sujet des émoluments et salaires du receveur du domaine, des huissiers, du concierge, etc., et autres officiers qui exécutent les ordres des magistrats. . . . .

» Nous ordonnons, sous le bon plaisir du roy, qu'à commencer du jour du dernier renouvellement du Magistrat, il sera payé annuellement aux neuf officiers de l'hôtel-de-ville, ci-après mentionnés, par les mains du receveur de la ville, pour tous émoluments et salaires, savoir : à chacun des deux huissiers de la Chambre, 120 florins; au concierge de l'hôtel-de-ville, 120 florins; au valet de la Chambre du domaine, 320 florins; et au messager juré de la ville, 60 florins. Lesquelles sommes leur seront payées sur leur quittance et par le receveur de la ville. . . . .

» Et attendu que ledit receveur porte la robe ainsi que MM. du Magistrat, et que ses émoluments et honoraires qui sont aussi employés en plusieurs articles dans la dépense des comptes, n'ont point été réglés par nous, nous ordonnons, conformément à l'avis de MM. du Magistrat, qu'à commencer du jour du dernier renouvellement de la loi, il jouira annuellement de la somme de 500 florins qu'il retiendra par ses mains, tant pour ses honoraires que pour sa robe et parure.

» Fait à Lille le 2e jour de novembre 1679.
» Etait signé : Lepelletier. »

Un des caractères saillants de la population cambresienne fut, de tout temps, l'amour de la bonne chère. Témoin ce bœuf que les mulquiniers firent rôtir tout entier dans un carrefour de la ville, et qu'ils avaient pris soin de larder de cochons de lait, d'oisons, de poulets, de pigeons; cuisine gigantesque à l'aide de laquelle ces bons Cambresiens entendaient fêter l'entrée de Robert de Croy en 1529. — V. † Ms. 659, p. 188. — *Mém. chron.*, p. 23.

Le Magistrat ne reniait nullement ce goût pour les festins. Il en avait neuf ordinaires par an, sans compter les extraordinaires. On trouve dans le † ms. 902, au mot *Disners*, une mention conçue en ces termes : « Déclaration des disners qui se font *ordinairement* en l'hostel-de-ville, par MM. du Magistrat, par chacune année, qui sont au nombre de neuf. »

Les époques de ces banquets ne sont point indiquées; mais nous savons d'autre part qu'il y en avait un le jour du sacre de la ville (jour du St-Sacrement), et qu'il était suivi d'un bal splendide. Nous pouvons dire encore que, parmi les dîners ordinaires du Magistrat, se trouvaient ceux du *Marteau*. Ces dîners du Marteau étaient offerts aux porteurs des grands draps, par les *mayeurs de cuir*, des *tanneurs*, des *cordonniers*. Nous ignorons les époques de l'année auxquelles les mayeurs devaient s'acquitter de cette obligation.

Deux des festins du Magistrat étaient payés sur le produit des amendes et condamnations pour crime. Ils avaient lieu de semestre en semestre, et le prix en était imputé sur les amendes du semestre expiré (1).

Dans les temps de disette ou de calamité, le Magistrat supprimait ces fêtes et en donnait le prix aux pauvres (2).

En temps de prospérité, au contraire, il al-

(1) § ms. 5, p. 156.
(2) § ms. 5, p. 151.

lait de l'avant, et la gravité échevinale ne reculait pas devant un acte de galanterie. En voici la preuve.

« Du 20 juin 1628.

» Sur la proposition faite en pleine Chambre, de la part MM. noble homme Guillaume de Neron et Henry de Vermay payans, jeudy prochain, jour du vénérable Saint-Sacrement, le bancquet et festin qui se font comme de coustume en ceste maison de ville, comme eschevins nouveaux, qu'ils sont de volonté de prier à dîner le dit jour, en la maison dudit sieur Neron, les femmes de tous MM. du Magistrat, avec celles des conseillers et greffiers, mesdits sieurs du Magistrat, à la réquisition desdits requerrans, leur ont permis de ce faire, pourveu que le faict ne soit tiré en conséquence pour leurs successeurs audit estat à l'advenir, pour n'entendre qu'en ce faisant, iceux y seroient aussy obligez, ains (mais) seulement d'y appeler celles que de coustume on a toujours appelées : faict en pleine Chambre. Signé Mairesse. » — § Ms. 5, p. 152.

Lorsque l'un de messieurs les échevins, ou de ceux qui portaient les grands draps, mariait un de ses enfants, on lui présentait, au nom de la ville, *les vins de la noce*. Mais, en revanche, il devait inviter ses collègues au banquet nuptial (1).

Les dîners de l'échevinage se donnaient à l'hôtel-de-ville, ordinairement dans une salle dite la *Chambre verte*. C'était celle située à l'extrémité ouest du monument, laquelle sert aujourd'hui aux audiences du tribunal de commerce (2).

Pour réglementer ses travaux et ses vacations dans le courant des sessions, le Magistrat, chaque année, à sa rentrée des vacances, arrêtait et publiait un tableau que l'on appelait le *Journal du Magistrat*. Nous allons mettre sous les yeux du lecteur celui de 1759, qui fait partie des pièces nombreuses que nous avons collectionnées.

JOURNAL
DU MAGISTRAT DE CAMBRAI.

La rentrée du Magistrat se fait annuellement le quatre octobre, fête de saint François, jour auquel il assiste en corps et cérémonie à la messe solennelle qui se célèbre aux Récolets.

Messieurs les échevins s'assemblent *dans leur Chambre*, à l'hôtel-de-ville, les jours ouvrables, depuis les dix heures du matin jusqu'à midy, exceptés les samedis.

Ils ne s'assemblent point les dimanches, fêtes chômées, ni les jours de fêtes supprimées avec obligation d'entendre la messe.

Le lundi gras, MM. les échevins vont à l'hôtel-de-ville à l'heure ordinaire, seulement pour changer les semainiers, ensuite la Chambre est fermée jusqu'au jeudi suivant exclusivement.

Pendant la quinzaine de Pâques, on ne plaide que les causes privilégiées et de police : le mercredi de la semaine sainte, le Magistrat entend dans le consistoire un sermon, qu'y prêche un père Récolet, ensuite il sort, pour ne s'assembler que le jeudi d'après Pâques.

Lorsqu'il survient quelque affaire pressante, et qui requiert célérité, messieurs les échevins s'assemblent extraordinairement par convocation faite de la part des semainiers.

Vacations du Magistrat.

Les grandes vacances de la Chambre commencent le quinze août, et durent jusqu'au lendemain de la St-Rémy, à l'égard de toutes les affaires civiles ordinaires ; néanmoins, pendant ce temps, les échevins s'assemblent tous les jours ouvrables, pour expédier les causes privilégiées.

AOUST.

Le 2, fête de Notre-Dame-des-Anges ;

Le 10, St Laurent ; le 11 St Géri, patron de cette ville ;

Le 16, St Roch ; le 24, St Barthélémy ;

Le 25, St Louis.

SEPTEMBRE.

Le 14, fête de l'exaltation de Ste-Croix ;

Le 21, St Mathieu ; le 29, St Michel.

OCTOBRE.

Le 1er, fête de St Rémy.

La foire commence le 27, à midi, et continue sept jours complets, pendant lesquels on n'entre point en Chambre.

NOVEMBRE.

Les 3 et 4, fêtes de St Hubert et de St Charles Borromée ;

Le 11, St Martin ; le 25, Ste Catherine ;

Le 30, St André, apôtre.

DÉCEMBRE.

Le 6, fête de St Nicolas ; le 13, St Aubert, patron de la ville ;

---

(1) § ms. 5, p. 152.

(2) Sur un plan de l'hôtel-de-ville de Cambrai, dressé en 1721 et déposé aujourd'hui à la bibliothèque impériale, cette chambre, marquée H, est indiquée par la légende comme garnie d'une tapisserie de verdure.

Le 21, St Thomas, apôtre.

La veille de Noël jusqu'au jour des SS. Innocents compris.

FÉVRIER.

Le 6, fête de St Vaast; le 24, St Mathias, apôtre.

MARS.

Le 19, fête de St Joseph.

MAI.

La foire commence le 1er, à minuit, et dure huit jours entiers, pendant lesquels il n'y a point de Chambre ouverte.

Le 9, fête de St Nicolas-Dubar;

Le 19, St Yves.

Les vacances de la Pentecôte durent jusqu'au jeudi d'après exclusivement.

JUIN.

Le lendemain de la Trinité, jour de la procession de la ville, à laquelle assistent MM. les prévôt et semainiers seulement.

Pendant l'octave de la Fête-Dieu, on ne plaide que les causes privilégiées; le jeudi de l'octave il n'y a point de Chambre.

Le 25, fête de St-Eloi.

JUILLET.

Le 2, fête de la visitation de Notre-Dame;

Le 4, translation de St Martin;

Le 22, fête de Ste Marie-Magdelaine;

Le 25, St Jacques et St Christofle.

(*date* : 1759).

Le corps échevinal faisait partie du tiers-état. Il le représentait dans les *Etats de la ville*. — V. *Etats*.

Les nobles n'étaient point exclus des fonctions municipales, mais alors c'était en qualité de *bourgeois de Cambrai* qu'ils y arrivaient. Ils siégeaient aux *Etats de la ville*, non pas comme nobles, mais comme échevins ; et lorsqu'il s'agissait, dans la Chambre, d'une difficulté contre les états, ils devaient quitter la séance. — § Ms. 9, f° 154.

Le Magistrat de Cambrai, digne héritier des vertus traditionnelles de ses prédécesseurs, existait encore en 1789, lorsque la Révolution le brisa, comme elle brisait toutes choses. Alors des municipalités, de nature uniforme, furent établies dans toutes les communes de France. Leur chef prit le nom de maire; les dénominations *d'Echevins* furent remplacées par celles *d'Officiers municipaux*. Au costume solennel de l'ancien corps de ville, on substitua une simple écharpe. Auprès de chaque municipalité, il y eut un procureur de la commune auquel, dans les villes au-dessus de dix mille âmes, on adjoignit un substitut.

Des notables furent nommés en nombre double de celui des officiers municipaux, et formèrent, avec ces derniers, une assemblée qui prit le nom de Conseil général de la commune.

Tout ce personnel administratif fut soumis à l'élection.

Le corps électoral fut composé, non plus comme autrefois des métiers et corporations, mais de tous les citoyens actifs (1) réunis en assemblées de quartiers ou d'arrondissements.

On peut voir dans *l'Histoire de la municipalité de Cambrai*, que nous avons publiée en 1851, comment se fit la substitution de l'administration nouvelle à l'ancienne. Ce fait immense s'accomplit le 1er mars 1790. Ce ne fut pas un brusque contraste; le premier Conseil municipal élu dans un esprit d'ordre et de convenances, servit comme de transition pour arriver au violent état de choses qui devait surgir pendant les mauvais jours.

On conserva même d'abord les deux huissiers, les six sergents de la ville, les concierges de la maison commune et des provisions, le geôlier, ainsi que tous les ouvriers attachés au service de la ville et connus sous le nom *de Porteurs de petites robes*. Ce ne fut que plus tard que tout cela disparut dans le commun naufrage.

A la suite de la notice que nous venons d'écrire sur le Magistrat de Cambrai, il est utile d'enregistrer un certain nombre de pièces et de documents inédits, qui concernent le même sujet, et présentent un grand intérêt pour l'histoire de notre ancienne organisation administive et judiciaire.

Extraits du répertoire des priviléges, droits, juridictions, etc., de MM. du Magistrat, rédigés par Ladislas de Baralle.

Du 29 de novembre 1631.

Chacun eschevin doibt, à son tour, servir de sepmanier.

Du 16e jour de décembre 1631.

Sur ce que quelques fois aucuns particuliers de MM. eschevins, devans servir de sepmanier pour, durant le cours de leur sepmaine, entendre aux affaires publicques, et faire ce qui est de leur charge et fonction, le négligent pour éviter la fatigue, ou soubs prétexte qu'ils ont d'autres affaires particu-

---

(1) On appelait *citoyen actif* tout homme majeur de vingt-cinq ans, domicilié de fait dans le lieu depuis au moins un an, payant une contribution directe de la valeur locale de trois journées de travail, et qui ne se touvait attaché à qui que ce soit, à titre de serviteur à gages.

lières ce qui tombe à la surcharge des autres leurs confrères ; et aussy d'ailleurs qu'aucuns s'ingèrent et advancent de, sans nécessité, et pour de certain prétexte, exercer l'office du sepmanier, ce qui apporte à icelui non-seulement du mépris et mescontentement, mais aussy cause que les affaires ne sont si bien reiglez, et advancez par ordre, et à l'accélération de la justice : Mesdits sieurs désirans à ce remédier, ont ordonnez et ordonnent, conformément à ce qui s'est, de temps immémorial, pratiqué par leurs devanciers eschevins, que ceux qui debvront en leur sepmaine exercer ledit debvoir de sepmaniers, seront tenuz d'eux en acquitter eux-mêmes, sans le remettre à d'autres leurs confrères, ne soit avec excuse légitime, ou qu'ils soient hors de la ville.

Faict en pleine Chambre. Signé, Mairesse.

Siége pour les ecclésiastiques dans la Chambre eschevinale.

Du 26 febvrier 1626.

Comme quelque fois, par inadvertence, MM du Magistrat auroient faict asseoir et prendre la première place, en ceste Chambre, à aucunes personnes ecclésiastiques, y entrant pour faire quelque proposition, combien qu'ordinairement ils prennent siége proche du dernier eschevin, MM. les eschevins ont, par ceste, conclud et arresté que, quand il entrera en ladite Chambre, une personne ecclésiastique, laquelle aura quelque qualité supérieure de sa maison, on la devra faire asseoir sur la susdite première place. Et au regard de toutes autres personnes ecclésiastiques, seront assises au ban de MM., proche dudit dernier eschevin.

Ordonnance que tous ceux qui portent les grands draps de la ville ne pourront faire aucuns remonts sur les fermes, directement, ny indirectement.

Du 29 janvier 1549.

Messieurs estant, comme autre fois ont esté, sur le fait de réformer le désordre plusieurs fois advenu sur les remonts des fermes des impôts, ont statué et ordonné, comme par-cy devant avoit esté conclud et arresté, que doresnavant, nul portant les grands draps de la ville, ne pourra, par ou pour lui, ni par ou pour autrui, faire remonts sur lesdites fermes, ains pour éviter toute confusion ; soubit après la publication faicte, se rapporteront les criées à la descente de MM. du Magistrat, et se mettront sur le bureau de la Chambre, pour cascun remontant estre ouï et receu, par ordre, à faire lesdits remonts de sorte que n'y ait confusion ni obscurité nulle.

Ordonnance de quels prouffets et émoluments doibvent être rapportés à la bourse.

Du 21 febvrier 1577.

MM. ont ordonné que doresnavent, tous gains, salaires, prouffets, émoluments que journalièrement adviendront aux actes et exploits de l'office eschevinal, se rapporteront à la bourse, pour venir à prouffct commun. Tant des voyages pour les debvoirs de vendition, qu'audition des tesmoins, procurations, attestations et aultres semblables exploits ; sans par les sepmaniers et aultres particuliers pouvoir rien convertir à leur prouffct. Fors le droit de leurs signatures. — Ceste ordonnance ayant lieu durant l'heure de la Chambre seulement.

Ordonnance au greffier de mettre par escript tout ce qui se résoud et ordonne en ceste Chambre pour, par MM. les sepmaniers y avoir recours, pour le faire mettre à exécution deüe (24 juillet 1625).

Cette ordonnance fut réitérée le 6 febvrier 1648.

Les prévost et sepmaniers ne pourront faire aucuns exploits de justice, es-maisons bourgeoises sans résolution préalable de la Chambre, ne soit pour matière criminelle.

Du 6 juin 1637.

MM. du Magistrat recognoissant la nécessité qu'ils ont d'eux s'assembler souvent et fois en corps en ceste Chambre eschevinale à l'extraordinaire, pour diverses occurrences et affaires importantes qui s'y rencontrent où ils ont besoing d'eux trouver ; aussy bien qu'aux heures ordinaires pour rendre et distribuer la justice à un chacun, combien que fort souvent aucuns d'eux négligent d'assister auxdites assemblées extraordinaires soubs prétexte qu'il n'y at aucuns prouffcts ou autrement, désirans y apporter les remèdes convenables, ont par ceste conclud et arrestez, que, pour l'advenir, toutes lesdites assemblées extraordinaires se feront sur peine de la bourse, en telle sorte qu'à la fin de chascunes d'icelles assemblées, ceux y aians assistez répartiront entre eux les deniers qui pourront estre en leur dite bourse, soit des droits seigneuriaux, ou autrement à eux appartenans, et sans qu'il serat besoing à leurs huissiers de les signifier sur peine d'icelle bourse, selon qu'aux occasions il s'est pratiqué jusques à présent. — Signé, Mairesse.

Les nobles portans les grands draps, doibvent sortir de la Chambre lorsqu'il s'agirait des difficultez que MM. du Magistrat ont contre les députez des états.

Lorsque l'on est en la Chambre agitant quelque affaire qui regarde quelques seigneurs dont aucun de Messieurs pourroient estre officiers, iceux seront tenus de sitôt se retirer.

Du 4e jour de janvier 1638.

MM. du Magistrat ayant recognu que souvent et fois à succession de temps, il leur advient des difficultez, ainsi qu'ils ont ce jourd'huy divers procès, en cours, et au grand conseil de Sa Majesté, contre les sieurs députez du clergé et de la noblesse aux estats de ceste ville et pays de Cambresis, ont arrestez que quant il y aura aucun ou aucuns nobles, qui seront leurs confrères eschevins, et que l'on parlerat desdites difficultez en la Chambre pour la conservation de leurs droits, qu'iceux nobles aussi bien que M. le prévost debvront sitost sortir de ladite Chambre, en sorte qu'ils n'auront, ou ne debvront avoir aucune cognoissance de ce qui se serat agité de telles matières, et de ce que l'on pourrat avoir résoud, nonobstant l'excuse et déclaration qu'ils ont faites, qu'estant prévost et eschevins, bien que nobles, ils tiennent la partie du tiers membre de l'estat.

Faict en pleine Chambre. Signé, Mairesse.

Règlement pour les vacances.
Du 5 de janvier 1631.

MM. les eschevins du Magistrat de Cambray, pour couper chemin aux longueurs des procédures et autres justes causes à ce les mouvant, ont ordonnez et ordonnent par les présentes, que les vacances qui, jusques à présent, souloient durer depuis la veille de St-Simon et St-Jude, jusques après la St-Martin ; ne dureront plus que depuis ladite veille le midy saints Simon et Jude, jusques au premier jour plaidoiable qui escherat après celui *des âmes :* celles de Noël, depuis la veille St-Thomas, jusques aussy au premier jour plaidoyable, qui escherat après celui de l'an ; abolissant pour le tout, celles qu'elles souloient s'observer es environs de la feste du St-Sacrement, laissant celles de Pasques, et aoust qu'elles ont estées cy devant.

Fait en pleine Chambre. Signé, Mairesse.

Du 2 juin 1631.

Un eschevin Capitain des bourgeois, lorsqu'il est en garde sur le marché, est réputé pour diligent à la Chambre.

Ceux portans les grands draps ne peuvent décliner la jurisdiction de MM. du Magistrat.
Du 13 janvier 1638.

Sur ce que cejourd'huy MM. du Magistrat visitant certains procès meus pardevant eux, entre honorable homme maître Corneil de le Court, licentier-es-droit demandeur, à l'encontre d'aussy honorable homme maître Eustache Foullon, l'un de leurs conseillers pensionnaires, ils auraient recogneu que ledit sieur Foullon, entre autres ses moiens d'exceptions, auroit allégué par certaine sienne pièce d'écriture, qu'il estoit l'un des vingt quatre francq fievez, et que partant, en telle matière qu'est question audit procès qui est pure personnelle, bien qu'elle n'ait rien de commun avec son office de conseiller, il seroit libre de décliner s'il vouloit, et quand il le voudroit se prévaloir de la dite exception déclinatoire ; il debvroit du moins pour proroger la jurisdiction de mesdits sieurs en avoir demandé la permission au préalable en la cour desdits francq fievez, à raison de l'ordonnance qu'ils ont au contraire, de ne pouvoir proroger la jurisdiction d'autruy sans leur en faire part auparavant : mesdits sieurs du Magistrat voulant observer, ce que de tout temps a esté pratiqué en leur Chambre eschevinale, d'avoir asuggesti, soient aucuns d'eux pourveuz des dits francq fievez ou autres exerçans offices publics, soubs eux et par eux establis, si comme conseillers, quatre-hommes, recoveur, greffiers, et tous autres portans les grands draps et livrées de MM., indifferamment de respondre pardevant eux, et subir leur jugement, soit en action civile ou criminelle (comme la raison le veut) ont fait appeler ledit sieur Foullon, et luy ont enjoint qu'il ait à déclarer s'il entendoit subir leur jurisdiction, ou se tenir à celle des dits francq fievez, pour, suivant ce, y pourvoir selon qu'en justice ils trouveront convenir ; lequel sieur Foullon at ouvertement déclaré qu'il se soubmettoit à ladite jurisdiction de MM. du Magistrat, et qu'il les tenoit pour ses supérieurs, et juges ordinaires. Ensuite de quoy il lui at esté enjoint de se déporter de ladite exception déclinatoire, mesme d'en faire acte particulier en teste de ladite pièce d'écriture, lequel at prié qu'au lieu de ce faire, icelle pièce d'écriture fust rompue et lacérée, comme à l'instant elle auroit esté en sa présence. — Signé, Mairesse.

MM. du Magistrat doibvent venir à la Chambre en habits noirs ou fort bruns.
Du 7 may 1658.

MM. du Magistrat recoignoissant que, depuis quelques années en ça, il s'est coulé que plusieurs d'entre eux, et de leur corps se sont accoustrés d'habits gris et autres non convenables à la robe et parure du dit Magistrat, ont ordonné et ordonnent que désormais, et ensuite de l'ancienne usance, ils debvront paroistre en habit noir ou fort brun, sur peine que les contrevenants seront par eux amendez, ou aultrement corrigés, selon qu'ils trouveront convenir.— Signé, Mairesse.

Lettres faisantes mention des appoinctements faits par l'évesque, le bailly de Cambresis, le prévost, les eschevins et Quatre-Hommes de Cambray, pour les clercqs bannis, la croix au pain, et autres choses déclarées es dites lettres, dont le sommaire s'en suit.

SOMMAIRE.

1° Aux prévost et eschevins appartient la cognoissance et prise des sergeans du bailly du Cambresis.

2° Le bailly du Cambresis doibt avoir la cognoissance du pain qui se vend sur le marché, au lieu dit *la Croix au Pain;* et aux eschevins appartient la cognoissance du pain, qui se vend dans les maisons des boulangers de leur jurisdiction.

3° Ledit bailly a toute cognoissance dans la maison seise vers le château de Selles, qui est des fiefs du Palais, comme es-autres fiefs dudit Palais.

4° Auxdits eschevins appartient la garde des champs, la cognoissance des fumiers hors des portes de Cambray, en le banlieue, et des Maieurs des courtieux et champs en le banlieue.

Et audit bailly la cognoissance de relever creste des fossez, ou de fouir sur chemins et warescaix.

5° Lesdits échevins et maistres de feste doibvent percevoir certaine somme d'argent pour l'estalage de la *tente du jeu des dez,* que on met en la place environ le flos que on dit de le *Kayère,* pendant la feste de Cambray.

6° Qu'au regard des arrentements des warescaix on suiverat le règlement fait par Mons. Wallerand de Luxembourg.

7° Que les cerquemenages sur les rives des eaux se doibvent faire par les cerquemaneurs sermentez, en la forme y prescrite.

8° Que le bailly de Cambresis at la cognoissance des empeschements mis ou faits au cours des eaux.

9° Que les prévost et eschevins ont, au cours desdites eaux, la jurisdiction et cognoissance tant de lever les morts, comme des autres excès, etc.

10° Déclaration que le sergeant du bailly de Cambresis avait mal adjourné les prévosts et eschevins pardevant ledit bailly, pour fait de cerquemenage, etc.

11° Comment et par qui les clercqs de la ville doibvent estre pugnis, bannis et corrigez, etc.

Conflict de jurisdiction entre MM. du Magistrat et MM. du chapitre de Notre-Dame.

Le cas est.

« Mons. le prévost de la ville ayant constitué prisonnier un délinquant trouvé en flagrant délit, et l'amenant es-prison de la Feuilly, en passant par la place de l'église de Notre-Dame, icelui prisonnier, qui n'estoit pas tenu par les sergeants s'évada, et s'enfuit sur ladite place vers l'église, ce que voiant ledit sieur prévost, le poursuivit et le fit reprendre par ses sergeants sur ladite place, et l'amena es-prison de la Feuilly. MM. du chapitre de Nostre-Dame en ayant estez informez, demandèrent à MM. du Magistrat que on leur restitueroit ledit prisonnier, comme ayant esté repris sur leur jurisdiction, où il n'avait pas esté au pouvoir du dit prévost de le reprendre. Sur quoy débat s'est meu, et fust escript de part et d'autre pour leurs fondements respectifs; mais à fin MM. du Magistrat, pour éviter à ultérieures procédures, donnèrent acte de non préjudice auxdits sieurs du chapitre. »

Du 11 de septembre 1625.

Ordonnance de (sans résolution de MM. du Magistrat) n'aller faire quelque exploict de justice et maisons des bourgeois, ne soit pour matière criminelle.

« Comme puis naguères, Monsieur le prevost, avec deux de MM. les eschevins sepmaniers, se sont transportez es maisons d'aucuns bourgeois de ceste ville, sans ordre expresse de MM. du Magistrat, pour à l'instance du dit sieur prévost, faire quelque exploit de justice, en ce qui concernoit la recherche de quelques marchandises prohibées et défendues par les placarts de Sa Majesté, ce qu'ils auroient mesme fait à heure indue, et trop précipitamment, apportant quelque fraieur et appréhension auxdits bourgeois et leur famille, ce qui tourne au préjudice du repos publicq et desdits bourgeois, desquels lesdits sieurs sont les conservateurs, pour ce est-il que mesdits sieurs désirans y remédier, ont, à meure délibération, ordonnez et ordonnent par ceste que, pour l'advenir, ledit sieur prévost, n'y aucuns de MM. ne pourront plus aller en figure de justice, es-maisons desdits bourgeois, sans ordonnance expresse préalablement en faicte par mesdits sieurs eschevins, pour quel subject que ce soit ou puisse estre, excepté pour matière criminelle, pour laquelle, à l'accélération de justice, il conviendroit faire recherche et appréhension du criminel, ou délinquant. »

La forme comme les bourgeois doibvent estre conduits en prisons pour debtes civiles, et en quels cas.

Du 5° jour de mars 1635.

S'estant ce jourd'huy meu débat en ceste Chambre sur l'appréhention qui se doibt faire par les sergeans de la prévosté parmy ceste ville et banlieue des personnes bourgeois et habitans de ladite ville qui sont tombées en désobéissance, pour n'avoir en temps satisfaict aux trois commandemens à eux faicts par les huissiers par ordonnance de MM. de satisfaire à leurs parties, ce en quoy ils peuvent avoir, par sentence rendue en icelle Chambre, estez condemnez; autres estant pour estre appréhendez par lesdits sergeans soit par peine servie à Monsieur le prévost, pour estre payé des sommes qu'ils sont recognu debvoir à leurs créditeurs par obligations, ou autrement par voye d'arrest simple fait par la Justice du marché, présens deux de mesdits sieurs, sur lesdits bourgeois et habitans en conformité de la coustume de ceste ville, et quelques fois lesdites personnes aiantes estez touchées soit par ladite Justice du marché, ou lesdits sergeans, se sauvent en leurs maisons, ou autres bourgeoises à effect de jouir du droit et privilége de la bourgeoisie, tel que pour debte civile iceux ne pouvoir estre appréhendés en aucune maison bourgeoise : MM. donnant sus ce esclaircissement, ont dit que quand iceux leurs bourgeois et subjets auront esté touchez par lesdits sergeans par désobéissance, et pour exécution de leurs dites sentences, encore bien que par après ils se soient retirez en quelques maisons bourgeoises, iceux pourront estre saisis et appréhendez en icelles maisons par le dit sieur prévost, présens deux de mesdits sieurs, à leur ordonnance en pleine Chambre, pour estre par lesdits sergeans conduits es prison de la Feuilly, veu que c'est à cause qu'ils sont en rémission de satisfaire à leursdits commandemens. Mais, au regard desdites exécutions par peine servie, ou bien desdits arrêts simples pour lesquels il n'y at eu aucuns commandemens fait de leur part, ceux aians estez touchez par ladite Justice du marché ou sergeans, et s'estans sauvez esdites maisons bourgeoises, jouiront dudit privilége de la bourgeoisie, sans pouvoir estre tirez hors. — Faict en ladite Chambre. — Signé : MAIRESSE.

L'aucthorité de MM. du Magistrat, pour les biens abandonnez et vacans, quoy qu'ils soient en quelque poësté.

Du 28 mars 1635.

Sur ce qu'est venu à la cognoissance de MM. du Magistrat de ceste ville de Cambray, que le mayeur et eschevins de la poësté de St Géry, auroient, puis naguères à l'instance des vefve et hoirs du feu sieur d'Esne fait et formé clair sur les biens meubles delaissez par feu Jean Lepaveure, de son vivant maitre salpétier demeurant en ceste ville, trouvez occupans certaine maison et héritage appartenans auxdits vefve et hoirs séant en cestedite ville, et poësté devant l'esplanade de la citadelle, pour estre paiez du louage de ladite maison, combien qu'auparavant ledit clain lesdits sieurs du Magistrat avoient par leurs députez mis la main de Justice sur lesdits biens, les fait inventorier et quelque partie fait enfermer dans un coffre, dont ils avaient la clef comme délaissez et abandonnez, à effet de les faire vendre au plus offrant au prouffict des créditeurs dudit défunt. Mesdits sieurs du Magistrat, ont ordonné et ordonnent, par ceste, auxdits maieurs et eschevins de remettre lesdits meubles en ladite maison, pour les faire vendre à l'effect que dit est, comme seuls juges qu'ils sont d'en cognoistre et d'establir curateurs à semblables biens vacans, admettans toute fois que ladite maison est située en ladite poësté, et que ceste ordonnance se fait sans préjudice de la juridiction foncière que les mayeur et eschevins ont en ladite maison. — Signé : BRACQUEGNIES.

MM. du Magistrat, joinctement avec monseigneur l'archevêque, et MM. de St Géry, ont choisy le palais archiépiscopal, pour s'y assembler à effect de cognoistre des causes concernantes la seigneurie des Indivis.

Du 17 septembre 1635.

« MM. du Magistrat de la ville de Cambray aians recognu que le bailly de la terre et *Seigneurie des Indivis*, s'extendant aux environs de la banlieue de ladite ville, a fait appeller leurs députez, pour eux trouver en sa maison, et autrefois en quelque maison empruntée, afin d'assister (comme ils doibvent faire) à l'instruction et widange des procédures criminelles de ladite *Seigneurie des Indivis*, avec les hommes de fief de la haute cour du palais archiépiscopal de Cambray, et ceux de MM. du chapitre de l'église première collégiale St Géry audit Cambray, qui conjointement ont exercice de la juridiction des *Indivis*, combien qu'ils ne sont tenuz de comparoistre auxdits lieux, ains à un lieu convenable à prendre et choisir entre eux; et aians, par leursdits députez, pour ce, conféré avec Monseigneur l'Illustrissime et Reverendissime messire François Vanderburch, archevêque de Cambray, et lesdits sieurs de St Géry, ont respectivement convenu, et accordez, que lesdites assemblées se feront, pour l'advenir, audit palais archiépiscopal, où seront aussi appellez, à peine de ban et cris publicqs, les délinquans et criminels; mesmes les sentences desdits procès y debvront estre prononcées à charge qu'elles seront republiées et exécutées, présens lesdits dessus nommez, sur le district et juridiction de ladite *Seigneurie des Indivis*. — Signé : MAIRESSE. »

MM. du Magistrat, maintiennent leur juridiction proche les moulins de Selles, par la levée qu'ils font d'un corps mort trouvé nié dans la rivier de l'Escaut proche lesdits moulins.

« Maître Michel Dufour aiant esté trouvé nié dans la rivier proche les moulins de Selles, MM. les prévots et sepmaniers se sont transportez audit lieu, pour faire la levée du corps, à quoy se sont opposez les grand bailly et hommes de fiefs du palais archiépiscopal, sur quoy s'estant meu débat, parties ont pris le lendemain pour en décider, auquel jour MM. du Magistrat aians amplement déduit leurs raisons, pour lesquelles ils maintenoient avoir juridiction dans ce lieu, lesdits bailly et hommes de fiefs, ont consenty qu'ils lèveroient ledit corps. »

MM. du Magistrat prennent prisonnier un habitant, pour crime dans une maison chanonicalle de St-Géry.

Du 18 avril 1638.

« MM. du Magistrat désirant practiquer le pouvoir et jurisdiction ordinaire qu'ils ont en toutes les maisons chanonicalles de l'église première collégialle de St-Géry en Cambray, et estans présentement advertis, qu'Anthonin Regnard, natif de Bétencourt, dernièrement demeurant à Estrumel, et de présent en ceste ville à cause des guerres et en la maison de M. le chanoine Leroy, rue de la porte Notre-Dame, dite du Mal, à l'opposite de celle du sieur de Lamby, tenant à l'héritage des hoirs du sieur Dusartel, et à l'héritage de la Sirène appartenant aux vefve et hoirs Nicolas Chawin, ont députez Mons. le prévost de la Jumelle avec les sieurs Louys de Hennin et Pierre Froye, eschevins sepmaniers, de l'aller

42

constituer prisonnier, comme aiant, puis naguerres, décrété prinse de corps contre luy, chargé d'avoir homicidé audit Estrumel, Barbe Canonne, femme de Jean Marchant, ce qu'à l'instant ils ont esté effectuer. L'aiant saisy en la cour de ladite maison, en la présence dudit sieur Leroy, après iceluy leur avoir faict ouverture de la porte, et le mené es-prison de la Fœullie pour luy instruire son procès criminel. — Signé : MAIRESSE. »

Débat meu entre MM. du Magistrat, et MM. les ecclésiastiques, touchant une réparation à faire au rempart d'entre la citadelle et la porte neuve, offrant lesdits du Magistrat de contribuer deux tiers, soustenant que les ecclésiastiques doibvent contribuer l'autre tiers.

« Le rempart d'entre la citadelle et la porte neuve estant fondu, il fust besoing aussitost de le réparer, et construire une muraille, lesquelles réparations furent estimées, au dire des experts, pouvoir monter à douze mille florins. MM. du Magistrat offrirent aussitost d'y contribuer deux tiers soustenant que les ecclésiastiques debvoient contribuer l'autre tiers : à quoy les ecclésiastiques n'ont voulu condescendre, soustenant n'y estre obligez, ce pourquoy MM. du Magistrat se sont addressez au roy qui les ayant renvoyés au conseil privé, ledit conseil après cognoissance de cause, ordonna auxdits ecclésiastiques de s'assembler dans huict jours, après qu'ils en auront deubment estez sommez, au lieu dont ils conviendront, sans préjudice de leurs droits respectifs, à l'effect de répartir entre eux la somme de trois mille florins applicables aux réparations susdites.

« Sur la plaincte faite par honorable homme Hierosme Lievou, licentier es-droict, et Robert de Francqueville, eschevins sepmaniers, à Monseigneur le marquis de Mouroy, notre gouverneur, de ce que le 15ᵉ jour du mois d'octobre 1670, environ les quatre heures de l'après-midy, certains paysans aiant estez poursuivis au poinct de l'épée par des soldats du régiment de Monseigneur le baron de Capres, dans la rue des Chaux-Fours, et s'estant évadé d'eux, l'un desdits soldats demeurans blessez à la teste du coup de lameau (1) que lui avait inféré l'un desdits paysans censier de la cense de Bonabus, se seroit sauvé dans la maison de Jean Boidin, féronier, alfer bourgeois, demeurant en la rue des Pigeonneaux, où seroit arrivé le major dudit régiment, accompagné de grand nombre de soldats avec le mousquet, la mesche allumée, fusicques et allebardes, par lesquels ils fust si téméraire que de faire fouiller ladite maison haut et bas, pour trouver ledit paysan, contre tous droits et priviléges de la bourgeoisie ; appartenant seulement au Magistrat de ladite ville de faire tels debvoirs, à l'exclusion de tous autres; suppliant, partant, lesdits sieurs complaindans, ledit sieur gouverneur de leur vouloir donner raison, et satisfaction de tel excès, et emprise; suivant quoy ledit gouverneur du tout deubment appaisé, auroit le lendemain appellé devant luy, ledit sieur major dudit régiment, en présence des capitains et autres officiers dudit régiment, lui aiant donné bonne réprimande, et luy faict entendre que tels debvoirs se debvoient faire par lesdits du Magistrat, et nullement par les militaires, qui ne peuvent entrer de cette façon es-maisons bourgeoises sans enfraindre le privilége de la bourgeoisie, pour lesquels excès et emprise, et donner quelque satisfaction auxdits du Magistrat, il l'aurait mis en arrest pour quelques jours, luy interdisant, à l'advenir faire semblable emprise contre les priviléges de ladite bourgeoisie, de tout quoy lesdits sieurs eschevins sepmaniers nous ont fait rapport en pleine Chambre. Avons ordonné qu'en seroit tenue notte pour nous en servir cy après.

» Faict du 20 octobre 1670. Signé : LOBRY. »

Deffence à M. le prévost de ne transiger, appoinctier, ou traicter en quelle sorte et manière que ce soit, pour les amendes engendrées, ou apparentes de s'engendrer, es-quelles les pauvres pourraient avoir part.

Aujourd'hui vingt deuxième du mois de novembre 1618, MM. les eschevins étant en pleine Chambre, désirans, que le droit, que les Communs Pauvres, et lieux pieux de ceste cité et duché de Cambray, doibvent avoir en plusieurs amendes, leur soit ponctuellement gardé, et la police de ceste ville plus étroitement maintenue et observée, sans aucune connivence, ou dissimulation qu'elles se pourroient glisser, par transaction, et divers appointements, que les transgresseurs aians encourus les amendes indictes pour leurs ordonnances, traicteroient avec Monsr. le prévost, au préjudice du bien public, et dits pauvres, s'il n'y estoit pourveu de remède convenable, pour ce est-il que, ces choses considérées, ils ont ordonné, et ordonnent par ceste, au

(1) Lameau, lame d'épée.

dit sieur prévost, de ne transiger, appointer ou traicter, en quelle sorte, et manière que ce puisse être pour les amendes engendrées ou apparantes de s'engendrer, es-quelles lesdits pauvres doibvent avoir part par lesdites ordonnances, sans l'intervention et participation de deux membres de ce Magistrat, lors sepmaniers, et de faire renseing de toutes les autres à chascun fourfaict, affin que, par ce moien, ils puissent avoir cognoissance si les polices sont observées.

Fait en la dite Chambre, de l'ordonnance de mesdits sieurs. — Signé : DE LA MIRE.

Les collecteurs ayant présenté requeste à MM. du Magistrat le 23 novembre 1618, se plaignant que ceste année on ne les avait pas invités comme à l'ordinaire au disner qu'on souloit faire pour les maistres de feste, ont reçu pour réponse :

Veu qu'il seroit fort convenable à la bonne économie des deniers publics qu'aux repas que les maistres de la feste ont accoustumé prendre à la maison échevinale, ne soient désormais autres personnes que celles qui sont nécessaires à ladite feste, ont jugé que les collecteurs n'y estoient aucunement nécessaires.

Le marquis de Fuentes, gouverneur de Cambray, ayant fait emprisonner dans la citadelle un bourgeois de ladite ville, qui ensuite fust mis sur la torture par l'auditeur juge militaire, MM. du Magistrat en aians eu cognoissance, ont députez en ayant deux de leur corps, qui, aians estez ouys dans leurs raisons, obtindrent ordonnance audit gouverneur de remettre ledit bourgeois entre les mains de MM. du Magistrat. — § Ms. 5, p. 203.

Plainctes interjectées à son alteze sérénisssime par les députez des estats de Cambray, contre le comte de Salazar, gouverneur de ladite ville, pour les désordres qui se commettoient en la ville, les extorsions qu'il y faisoit, les malversations qu'il connivoit dans les fermes, les mauvais traitemens qu'il faisoit à MM. du Magistrat, tant en corps qu'en particulier, et autres plusieurs remontrances et plainctés au nombre de 44.

Ordonnance de son alteze, ordonnant audit comte de Salazar de luy rendre compte des mauvais traitemens, outrages et menaces faictes à MM. du Magistrat, et pardevant le grand conseil de Malines rendre compte de ses autres emportements etc. Et du depuis, sçavoir le 4 de may 1658, fust émané un règlement de son alteze, sur les plainctes et remontrances desdits états, concernant le gouvernement de la ville de Cambray et pays de Cambresis. § Ms. 5, p. 205.

Nous possédons seul un document d'un grand intérêt pour les anciennes familles de Cambrai. Nous voulons parler d'une liste complète de tous les échevins qui ont figuré dans le Magistrat, depuis l'année 1595 jusqu'en 1773. Nous donnons ici ce travail important, malgré sa longueur, car il importe de ne pas s'exposer à voir un jour cet exemplaire unique disparaître par quelque événement imprévu.

LISTE DES PERSONNES QUI ONT COMPOSÉ

LE MAGISTRAT DE CAMBRAI
depuis 1595 jusqu'en 1773.

25 *octobre* 1595. — Jean Ballicq; M° Géry Pelet; André Dollé; Jerosme Sart; Nicolas Lefebure; Adrien Bernard; Jean le Carlier, seigneur de Pinon; Claude Mallet; Bauduin Bruyant; Jean de Villers; Jean de Bétencourt, seigneur de Warlu; Philippe Carlier; Jean-Baptiste Laude; Jacques Maillez.

7 *février* 1597. — Jean Commart; Claude de Beaulincourt; Jean Milot; Michel Dehennin, Jean de Boucaut; Jean-Philippe Laude; Jacques Clauwez; Philippe Laoust; Estienne Deleguellerie; Claude Godin; Charles de Francqueville; M° Michel Cresteau; François Delefosse; Jean Derocourt.

19 *février* 1598. — Robert Bloquel; Robert Pierrin; Claude de Baulincourt; Jean Castelain; Jean-Philippe Laude; Jacques Clauwez; Philippe Laoust; Nicolas Deligniere; Estienne Deleguellerie; François Delefosse; Jean Derocourt; Jean Patin; M° Ponthus de Wermay; Gilles Lievra.

13 *novembre* 1599. — M° Augustin Preudhomme; Nicolas Buselin; André Dollé; Pierre Deheraugiere, escuier; Robert Bloquel; Robert Pierrin; Jean Crul; Jean de Boucaut; Daniel Godin; M° Michel Cresteau; Pierre Commart; Jerosme Danneux, escuier; Robert Pelet; Antoine-Baptiste Laude.

6 *avril* 1601. — M° Augustin Preudhomme, licentié es-loix; M° Jean Fremin, aussy licentié; M° François Gerardelle, licentié; Jean Preau; George de Bernemicourt, escuier; Nicolas Lefebure; Philippe Laoust; Daniel Godin; Pierre Commart; Jerosme Danneux, escuier; Robert Pelet; Antoine-Baptiste Laude; Pierre de St-Vaast, escuier; Jean Denimaye.

21 *avril* 1607. — Robert Bloquel; Pierre de St-Vaast, escuier; M° Jean Fremin, licentié es-loix; André Dollé; George de Bernemicourt, escuier; Jerosme Sart; Jerosme Deheraugieres, escuier; Nicolas Lefebure; Jean Crul, licentié es-loix; Philippe Laoust; Martin de Boileux; François Desucre, escuier; Jean de St-Vaast, escuier; Simon Dehennin.

6 *septembre* 1605 fut, par la mort d'honorable homme Augustim Preudhomme, créé eschevin Jerosme Deheraugieres.

12 *may* 1608. — Robert Bloquel; M° François Gerardelle, licentié es-loix; M° Eustache Foulon, aussy licentié; Nicolas Buselin; André Dollé; Pierre Deheraugieres, escuier; Jerosme Sart; Jean Crul, licentié es-loix; Jean de Boucaut; Daniel Godin; Nicolas Delignieres; Jean Derocourt; François Desucre, escuier; Simon Dehennin.

27 *may* 1609. — Pierre de St-Vaast, escuier; M° Eustache Foulon, licentié es-loix; Chretien Mallet, aussy licentié; Pierre Deheraugieres, escuier; Jean Milot; Jean de Bourchault; Philippe Lahoust; Nicolas Delignieres; Jean Derocourt; Jean de St-Vaast, escuier; Christophe Degrusseliers; Michel de Rotsart, Jean de Francqueville; Louis de Boileux.

14 *novembre* 1609 fut, par la mort d'honorable homme Nicolas Delignieres, créé eschevin Charles de Francqueville.

27 *janvier* 1610 fut, par la mort d'honorable

homme Pierre de St-Vaast, créé eschevin Robert Frayere.

27 may 1610. — Robert Bloquel; M° Chretien Mallet, licentié es-loix; André Dollé; Jerosme Deheraugieres, escuier; Jean Milot; Philippe Laoust; Charles de Francqueville; François Desucre, escuier; Philippe Degruseliers; Michel de Rotsart; Louis de Boileux; Robert Frayere; Jean Deheraugieres, escuier; Jean Bernard.

18 may 1611. — M° François Gerardelle, licentié es-loix; André Dollé; Jerosme Deheraugieres, escuier; Jean Trigaut; Daniel Godin; Pierre Commart; François Desucre, escuier; Simon Dehennin; Robert Frayere; Jean Deheraugieres, escuier; Jean Bernard; Henry de St-Vaast, escuier; Jean Laude; Philippe Sart.

17 may 1612. — M° François Gerardelle, licentié es-loix; M° Jean Crul, aussy licentié; Pierre Deheraugieres, chevalier; Jean Trigaut; Philippe Laoust; Simon Dehennin; Michel de Rotsart; Henry de St-Vaast, escuier; Jean Laude; Philippe Sart; Jacques Hustin; Nicolas Lansel; M° Sebastien Truye, docteur en médecine; Louis Desourmeaux.

11 may 1613. — M° Jean Fremin, licentié es-loix; M° Jean Crul, aussy licentié; M° Adrien Denimaye, licentié es-loix; André Dollet; Philippe Laoust; François Desucre, escuier; Louis de Boileux; Christophe Degruseliers; Jean Deheraugieres, escuier; Jacques Hustin, Nicolas Lansel; M° Sebastien Truye, docteur en médecine; Louis Desourmeaux; Louis Dehennin.

6 may 1614. — M° François Gerardelle, licentié es-loix; M° Adrien Denimaye, aussy licentié es-loix; M° Nicolas de Bourchault, licentié es-loix; André Dollet; Jean Pattin; Pierre Commart; Christophe Degruseliers; Robert Frayere; Jean Deheraugieres, escuier; Henry de St-Vaast, escuier; Louis de Boileux; Louis Dehennin; Nicolas de Francqueville; Jean Prié.

8 may 1615. — M° François Gerardelle, licentié es-loix; M° Nicolas de Bourchault, licentié es-loix; Jerosme Deheraugieres, escuier; Jean Milot; Jean Trigaut; Daniel Godin; Jean Pattin; Robert Frayere; Jacques Hustin; Philippe Sart, seigneur de Potelle; Nicolas de Francqueville; Jean Prié; Richard Dehennin; Jean Desourmeaux.

24 may 1617. — Jean Fremin, licentié es-loix; M° Eustache Foulon, licentié es-loix; M° Jean Crul, licentié es-loix; M° Pierre Brujant, escuier et licentié es-loix; M° Robert Moreau, licentié es-loix; André Dolet; Jean Milot; Christophe Degruseliers; Jean Deheraugieres, escuier; Henry de St-Vaast, escuier; Nicolas de Francqueville; Richard Dehennin; Henry Dehennin; Jean Ballicq.

6 may 1618. — M° Jean Fremin, licentié es-loix; M° Chrestien Mallet, licentié es-loix; M° Jean Crul, licentié es-loix; M° Pierre Bruyant, escuier et licentié es-loix; M° Robert Moreau, licentié es-loix; M° Louis Carlier, licentié es-loix; Philippe Laoust; M° Michel Crestiau, docteur en médecine; Gilles Lievra; Christophe Degruseliers; Jean Deheraugieres, escuier; Henry de St-Vaast, escuier; Jean Ballicq; Philippe Preau.

28 juin 1617 fut par la mort d'honorable homme André Dolet, nommé eschevin M° Michel Cresteau.

9 may 1619. — M° François Gerardelle, licentié es-loix; M° Eustache Foulon, licentié es-loix; M° Chrestien Mallet, licentié es-loix; M° Jean Crul, licentié es-loix; M° Louis le Carlier, licentié es-loix; M° Jacques Canonne, licentié es-loix; Jean de Bourchault; Philippe Laoust; Daniel Godin; Gilles Lievra; François Desucre, escuier; M° Sebastien Truye, docteur en médecine; Philippe Preau; Jean Moreau.

6 may 1620. — M° François Gerardelle, licentié es-loix; M° Eustache Foulon, licentié es-loix; M° Jean Crul, licentié es-loix; M° Jacques Canonne, licentié es-loix; M° Louis Leforestiers, licentié es-loix; François Desucre, escuier; Simon Dehennin; Jean Deheraugieres, escuier; M° Sebastien Truye, docteur en médecine; Jean Moreau; Daniel Lievou; Jean de Bourchault; Henry de Boileux; Laurent Lefebure.

16 may 1621. — M° Jean Fremin, licentié es-loix; M° Jean Crul, licentié es-loix; M° Nicolas de Bourchault, licentié es-loix; M° Pierre Bruyant, escuier et licentié es-loix; M° Louis le Carlier, licentié es-loix; M° Louis Leforestier, licentié es-loix; Jean Milot; M° Robert Moreau, licentié es-loix; Henry de St-Vaast, escuier; Nicolas de Francqueville; Daniel Lievou, Henry de Boileux; Laurent Lefebure; Guillaume Bernard, docteur en médecine.

16 may 1622. — M° Jean Fremin, licentié es-loix; M° Jean Crul, licentié es-loix; M° Nicolas de Bourchault, licentié es-loix; M° Pierre Bruyant, escuier et licentié; M° Robert Moreau, licentié es-loix; M° Louis le Carlier, licentié es-loix; Jean Milot-Philippe Laoust; Gilles Lievra; Louis de Boileux; Henry de St-Vaast, escuier; Nicolas de Francqueville; Guillaume Bernard, docteur en médecine; Nicolas Buselin.

6 may 1623. — M° François Gerardelle, licentié es-loix; M° Eustache Foulon, licentié es-loix; M° Jean Crul, licentié; M° Jacques Canonne, licentié es-loix; Philippe Laoust; Gilles Lievra; François Desucre, escuier; Louis de Boileux; Jean Laude; Philippe Sart, seigneur de Potelle; Jean Ballicq; Philippe Preau; Nicolas Buselin; Charles Dehennin.

9 may 1624. — M° Eustache Foulon, licentié es-loix; M° Chrestien Mallet, licentié; M° Jean Crul, licentié es-loix; François Desucre, escuier; Jean Laude; Philippe Sart, seigneur de Potelle; M° Sebastien Truye, docteur en médecine; Jean Prié; Jean Ballicq; Philippe Preau; Charles Dehennin; Henry Allart; Jean Dhercq; Anselme de Francqueville.

6 may 1625. — M° Jean Fremin, licentié es-loix; M° Chrétien Mallet, licentié; M° Jean Crul, licentié es-loix; M° Pierre Bruyant, escuier et licentié; Philippe Carlier; Henry de St-Vaast, escuier; M° Sebastien Truye, docteur en médecine; Jean Prié; Richard Dehennin; Jean Moreau, licentié; Jean Dhercq; Anselme de Francqueville; Jean de Frémicourt, chevalier; Louis Ballicq.

6 may 1626. — M° Jean Fremin, licentié es-loix; M° François Gerardelle, licentié; M° Jean Crul, licentié; M° Pierre Bruyant, escuier et licentié; M° Cornil Delecourt; Philippe Carlier; Simon Dehennin; Louis de Boileux; Henry de St-Vaast, escuier; Richard Dehennin; Nicolas de Francqueville; Jean Moreau, licentié; Jean de Frémicourt, chevalier; Louis Ballicq.

9 may 1627. — M° François Gerardelle, licentié es-

loix; M⁰ Eustache Foulon, licentié; Mₑ Nicolas de Bourchault, licentié; M⁰ Louis le Carlier, licentié; M⁰ Robert Moreau, licentié; M⁰ Cornil Delecourt, licentié; M⁰ Louis Rousseau, licentié; Simon Dehennin; Louis de Boileux; Louis Dehennin; Nicolas de Francqueville; Jean Ballicq; Philippe Preau; Robert Milot.

7 *may* 1628. — M⁰ Eustache Foulon, licentié es-loix, M⁰ Nicolas de Bourchault, licentié; M⁰ Robert Moreau, licentié; M⁰ Louis le Carlier, licentié; M⁰ Louis Rousseau, licentié; Gilles Lievra; Jean Laude; Louis Dehennin; Jean Ballicq; Philippe Preau; Nicolas Buselin; Robert Milot; Guilliaume Neron, chevalier; Henry de Wermay.

6 *may* 1629. — Jerosme Deheraugieres, escuier; M⁰ Chrestien Mallet, licentié es-loix; Gilles Lievra; Henry de St-Vaast, escuier; Jean Laude; M⁰ Sebastien Truye, docteur en médecine; Richard Dehennin; Nicolas Buselin; Jean Dhercq; Guilliaume Neron, escuier; Henry de Wermay; Michel Clauwez, licentié es-loix; Pierre Ramet; Fremin Driaucourt.

12 *may* 1630. — Jerosme Deheraugieres, escuier; M⁰ Chrestien Mallet, licentié es-loix; Henry de St-Vaast, escuier; M⁰ Sebastien Truie, docteur en médecine; Jean Prié; Richard Dehennin; Daniel Lievou; Jean Dhercq; M⁰ Michel Clauwez, licentié es-loix; Pierre Ramet; Fremin Driaucourt; Robert Dehertaing, escuier; Jean Sart, licentié es-loix; Guilliaume Nys.

6 *may* 1631. — Jerosme Deheraugieres, escuier; M⁰ François Gerardelle, licentié es-loix; M⁰ Eustache Foulon, licentié; Simon Dehennin; Louis de Boileux; Jean Laude; Nicolas de Francqueville; Philippe Preau; Daniel Lievou; Robert Milot; Robert Dehertaing, escuier; Jean Sart, licentié es-loix; Guilliaume Nys; Pierre Desuere, escuier.

6 *may* 1632. — Jerosme Deheraugieres, escuier; M⁰ François Gerardelle, licentié es-loix; M⁰ Nicolas de Bourchault, licentié; M⁰ Louis le Carlier, licentié; Simon Dehennin; Jean Laude; Louis de Boileux; Louis Dehennin; Philippe Preau; M⁰ Jean Moreau, licentié es-loix; Robert Milot; Pierre Desuere, escuier; Antoine Lecaron; Pierre Froy.

6 *may* 1633. — Jerosme Deheraugieres, escuier; Henry de St-Vaast, escuier; M⁰ Nicolas de Bourchault, licentié es-loix; Jean de Fremicourt, chevalier, seigneur de Boubaix; M⁰ Cornil Delecourt, licentié; M⁰ Louis Rousseau, licentié; Louis Dehennin; M⁰ Jean Moreau, licentié; Louis Ballicq; Henry de Wermay; Pierre Froy; Antoine Lamelin, docteur en médecine; Daniel Lievou; Robert Lavechin.

6 *may* 1634. — Jerosme Deheraugieres, escuier; Henry de St-Vaast, escuier; Jean de Frémicourt, chevalier, seigneur de Boubaix; M⁰ Cornil Delecourt, licentié es-loix; M⁰ Louis Rousseau, licentié es-loix; Richard Dehennin; M⁰ Jean Moreau, licentié es-loix; Nicolas Buselin; Henry de Wermay; Antoine Lamelin, docteur en médecine; Daniel Lievou; Robert Lavechin; Pierre de Bourchault; Robert Creton.

26 *octobre* 1634 fut, par la mort d'honorable homme Jerosme Deheraugieres, nommé eschevin Jean Ballicq.

25 *may* 1635. — Jerosme Danneux, chevalier; M⁰ François Gerardelle, licentié es-loix; Jean Laude; Nicolas de Francqueville; Richard Dehennin; Jean Ballicq; Robert Milot; Guilliaume Neron, chevalier; Michel Clauwez, licentié es-loix; Pierre Ramet; Pierre Desuere, escuier; Pierre de Bourchault; Robert Creton; Antoine Lievra.

28 *avril* 1636. — Jerosme Danneux, escuier; M⁰ François Gerardelle, licentié es-loix; Simon Dehennin; Jean Laude; Louis Dehennin; Nicolas de Francqueville; Guillaume Neron, chevalier; Michel Clauwez, licentié es-loix; Pierre Ramet; Pierre Desuere, escuier; Pierre Froy; Antoine Lievra; Pierre Fiefvet; Jerosme Lievou, licentié es-loix.

6 *décembre* 1635 fut, par la mort d'honorable homme Robert Milot, nommé eschevin Simon Dehennin.

19 *février* 1636 fut, par la mort d'honorable homme Jean Ballicq, nommé eschevin Pierre Fiefvet l'aîné.

3 *janvier* 1638 fut, par la mort d'honorable homme Pierre Desuere, nommé eschevin Henry de St-Vaast.

19 *novembre* 1638. — M⁰ François Gerardelle, licentié es-loix; Henry de St-Vaast, escuier, seigneur de Revelon; Nicolas de Bourchault, licentié es-loix; Jean de Frémicourt, escuier, seigneur de Boubaix; Cornil Delecourt, licentié es-loix; Louis Rousseau, licentié es-loix; Nicolas de Francqueville; Richard Dehennin; Philippe Preau; Guilliaume Nys; Antoine Lamelin, docteur en médecine; Jerosme Lievou; Pierre Fremin, licentié es-loix; Pierre Ballicq.

13 *juin* 1640. — M⁰ Chrestien Mallet, licentié es-loix; Henri de St-Vaast, escuier, seigneur de Revelon; Nicolas de Bourchault, licentié es-loix; Jean Laude; Nicolas de Francqueville; Jean de Frémicourt, escuier, seigneur de Boubaix; Guilliaume Nys; Pierre Froy; Robert Creton; Pierre Fiefvet; Pierre Fremin, licentié es-loix; Pierre Ballicq, Antoine Dupuis; Thomas Cresteau, docteur en médecine.

26 *aoust* 1640 fut, par la nomination de conseiller pensionnaire d'honorable homme Pierre Fremin, nommé eschevin en sa place Robert Lavechin.

19 *octobre* 1640 fut, par la mort d'honorable homme Jean de Frémicourt, nommé eschevin Fremin Driaucourt.

26 *aoust* 1641. — François Gerardelle, licentié es-loix; Simon Dehennin; Jean Laude; Louis Dehennin; Jean Dhercq; Michel Clauwez, licentié es-loix; Fremin Driaucourt; Robert Creton; Antoine Lievra; Pierre Fiefvet; Antoine Dupuis; Thomas Cresteau, docteur en médecine; Paul Denise; Quentin Lecouffe.

21 *may* 1642. — François Gerardelle, licentié es-loix; Henry de St-Vaast, escuier, seigneur de Revelon; Cornil Delecourt, licencié es-loix; Simon Dehennin; Louis Dehennin; Pierre Ramet; Fremin Driaucourt; Guilliaume Nys; Pierre Froy; Antoine Lamelin, docteur en médecine; Antoine Lievra; Quentin Lecouffe; Jacques de Francqueville; François Desgruseliers, licentié es-loix.

31 *may* 1643. — Henry de St-Vaast, escuier, seigneur de Revelon; Cornil Delecourt, licentié es-loix; Guilliaume Nys; Pierre Ramet; Pierre Froy; Antoine Lamelin, docteur en médecine; Robert Lavechin; Pierre Fiefvet; Jerosme Lievou, licentié es-loix; Paul Denise; Jacques de Francqueville; François Desgruseliers, licentié es-loix; Nicolas Mallet, licentié es-loix; Nicolas Dupuis.

12 *may* 1644. — François Gerardelle, licentié es-loix; Nicolas de Bourchault, licentié es-loix; Jean

Laude; Nicolas de Francqueville; Jean Dhercq; Robert Lavechin; Pierre Fiefvet; Jerosme Lievou, licentié es-loix; Paul Denise; François Desgruseliers, licentié es-loix; Nicolas Mallet, licentié es-loix; Nicolas Dupuis; Jacques Couvreur, docteur en médecine; Nicolas Ballicq.

14 *juin* 1645. — François Gerardelle, licentié es-loix; Henry de St-Vaast, escuier, seigneur de Revelon; Nicolas de Bourchault, licentié es-loix; Cornil Delecourt, licentié es-loix; Jean Laude; Michel Clauwez, licentié es-loix; Pierre Froy; Antoine Lamelin, docteur en médecine; Pierre Fiefvet; Nicolas Dupuis; Jacques Couvreur, docteur en médecine; Robert Lievra, licentié es-loix; Charles de Francqueville, licentié es-loix; Pierre Crespin.

27 *may* 1646. — Henry de St-Vaast, escuier, seigneur de Revelon; Cornil Delecourt, licentié es-loix; Jean Dhercq; Michel Clauwez, licentié es-loix; Pierre Froy; Antoine Lamelin, docteur en médecine; Pierre de Bourchault; Jacques de Francqueville; Nicolas Ballicq; Robert Lievra, licentié es-loix; Charles de Francqueville, licentié es-loix; Pierre Crespin; Philippe de Louverval, escuier; Guilliaume Macfland, docteur en médecine.

26 *mars* 1647 fut, par la nomination d'honorable homme Michel Clauwez auditeur des gens de guerre, nommé en sa place eschevin François Desgruseliers.

10 *juin* 1648. — Henry de St-Vaast, escuier, seigneur de Revelon; Jean Laude; Robert Creton; Jacques de Francqueville; François Desgruselier, licentié es-loix; Nicolas Mallet, licentié es-loix; Nicolas Dupuis; Robert Lievra, licentié es-loix; Philippe de Louverval, escuier; Guilliaume Macfland, docteur en médecine; Martin Driaucourt; Jean Deparis; Jean Clauwez; Mathias Desmaret.

10 *juillet* 1648 fut, par la mort d'honorable homme Jean Laude, nommé eschevin Pierre de Bourchault.

24 *may* 1649. — Henry de St-Vaast, escuier, seigneur de Revelon; Nicolas de Bourchault, licentié es-loix; Robert Creton; Jacques de Francqueville; Jerosme Lievou, licentié; Nicolas Mallet, licentié; Nicolas Dupuis; Jacques Couvreur, docteur en médecine; Martin Driaucourt; Jean Deparis; Jean Clauwez; Mathias Desmaret; Louis Ballicq; Jean de Baralle, licentié es-loix.

5 *octobre* 1649 fut, par la mort d'honorable homme Jacques Couvreur, nommé eschevin Fremin Driaucourt.

14 *décembre* 1649 fut, par la mort d'honorable homme Robert Creton, nommé eschevin Pierre Hustin.

7 *juin* 1651. — Nicolas de Bourchault, licentié es-loix; Fremin Driaucourt; Jerosme Lievou, licentié; François Desgruseliers, licentié; Robert Lievra, licentié; Guilliaume Macfland, docteur en médecine; Louis Ballicq; Jean de Baralle, licentié; Pierre Hustin; Daniel Crespin; Jean Petit; Pierre Fiefvet; Jean-Baptiste Clauwez; Philippe Mallet.

12 *may* 1652. — Nicolas de Bourchault, licentié es-loix; Jacques de Francqueville; François Desgruseliers, licentié; Robert Lievra, licentié; Guilliaume Macfland, docteur en médecine; Mathias Desmaret; Daniel Crespin; Jean Petit; Pierre Fiefvet; Jean-Baptiste Clauwez; Philippe Mallet; Jean-Baptiste Glorieux, licentié; Michel Dupuis; Martin Boulanger.

23 *septembre* 1652 fut, par la mort d'honorable homme Jean-Baptiste Clauwez, nommé eschevin Pierre Froye.

21 *juin* 1653. — Fremin Driaucourt; Pierre Froye; Pierre de Bourchault; Jacques de Francqueville; François Desgruseliers, licentié es-loix; Jean de Paris; Mathias Desmaret; Jean de Baralle, licentié; Pierre Fiefvet; Philippe Mallet; Jean-Baptiste Glorieux, licentié; Michel Dupuis; Martin Boulanger; Jean Sart.

28 *may* 1654. — Fremin Driaucourt; Robert Dehertaing, escuier, seigneur de Rosé; Pierre de Bourchault; Nicolas Mallet, licentié es-loix; Nicolas Dupuis; Nicolas Ballicq; Robert Lievra, licentié; Guilliaume Macfland, docteur en médecine; Jean Paris; Pierre Hutin; Jean Sart; Jean Bourdon fils, licentié; Pierre de Francqueville; Oudart Couvreur, docteur en médecine.

23 *may* 1655. — Robert Dehertaing, escuier, seigneur de Rosé; Pierre Desucre, escuier; Pierre de Bourchault; Jerosme Lievou, licentié es-loix; François Desgruseliers, licentié; Nicolas Dupuis; Robert Lievra, licentié; Jean Paris; Pierre Hutin; Jean Bourdon, fils Damé, licentié; Pierre de Francqueville; Jean Bourdon, fils d'Estienne, licentié; Charles Driaucourt.

27 *may* 1657. — Robert Dehertaing, escuier, seigneur de Rosé; Pierre Desucre, escuier; Pierre de Bourchault; Jerosme Lievou, licentié es-loix; Quentin Lecouffe; Guillaume Macfland, docteur en médecine; Daniel Crespin; Jean Petit; Pierre Fiefvet; Philippe Mallet; Jean-Baptiste Glorieux, licentié; Jean Sart; Jerosme Grenet, licentié; Charles Delignieres, docteur en médecine.

21 *juillet* 1656 fut, par la nomination d'honorable homme François Desgruseliers conseiller pensionnaire, nommé eschevin Oudart Couvreur.

3 *septembre* 1657 fut, par la mort d'honorable homme Robert Dehertaing, nommé eschevin Robert Sart.

17 *may* 1660. — Henry de St-Vaast, escuier, seigneur de Revelon; Fremin Driaucourt; Jacques de Francqueville, Nicolas Dupuis; Jean de Paris; Mathias Desmaret; Jean de Baralle, licentié es-loix; Pierre Fiefvet; Philippe Mallet; Martin Boulanger; Pierre de Francqueville; Jean Bourdon, fils d'Estienne, licentié; Laurent Sart; Michel Chauwin.

1er *juin* 1661. — Henry de St-Vaast, escuier, seigneur de Revelon; Fremin Driaucourt; Pierre Froye; Jacques de Francqueville; Nicolas Mallet, licentié es-loix; Mathias Desmaret; Jean de Baralle, licentié; Jean Bourdon, fils d'Amé, licentié; Pierre de Francqueville; Jean Bourdon, fils d'Estienne, licentié; Laurent Sart; Michel Chauwin; Antoine Canonne; Charles Dechievre.

13 *février* 1663 fut, par la nomination d'honorable homme Jean Bourdon conseiller pensionnaire, nommé eschevin Jean-François Fiefvet.

19 *may* 1663. — Henry de St-Vaast, escuier, seigneur de Revelon; Nicolas Mallet, licentié es-loix; Nicolas Ballicq; Jean de Paris; Pierre Hutin; Daniel Crespin; Charles Driaucourt; Jerosme Grenet, licentié es-loix; Robert Sart; Antoine Canonne; Jean-François Fiefvet; Gery Doyen; Mathieu Mairesse; Jean Dhercq.

11 *juin* 1664. — Pierre de Bourchault; Jacques de Francqueville; Jean de Paris; Mathias Desmaret.

Pierre Hutin; Philippe Mallet; Jean-Baptiste Glorieux, licentié es-loix; Michel Dupuis; Jean Sart; Charles Driaucourt; Jean-François Fiefvet; Mathieu Mairesse; Jean Dhercq; Jean Nys.

7 *septembre* 1666 fut, par la mort d'honorable homme Jacques de Francqueville, nommé eschevin Nicolas-Ballicq Junior.

8 *juin* 1667. — Fremin Driaucourt; Pierre de Bourchault; Jerosme Lievou, licentié es-loix; Nicolas Mallet, licentié; Mathias Desmaret; Jean Bourdon, licentié; Jerosme Grenet, licentié; Michel Chauwin; Antoine Canonne; Gery Doyen; Nicolas Ballicq; Jacques Dehennin; Guilliaume Nys; Philippe Dupuis.

22 *juillet* 1669. — Jerosme Lievou, licentié es-loix; Nicolas Mallet, licentié; Jean de Paris; Jean de Baralle, licentié; Pierre Hutin; Jean-Baptiste Glorieux, licentié; Charles Driaucourt, licentié; Pierre de Francqueville; Antoine Canonne; Mathieu Mairesse; Guilliaume Nys; François Lamelin, licentié; Robert de Francqueville; Louis Dehennin.

9 *septembre* 1670 fut, par la mort d'honorable homme Jean de Paris, nommé eschevin Martin Boulenger.

6 *juillet* 1671 fut, par la mort d'honorable homme Martin Boulenger, nommé eschevin Martin Mairesse.

27 *navembre* 1671. — Mathias Desmaret; Jean de Baralle, licentié es-loix; Philippe Mallet; Pierre de Francqueville; Jean Bourdon, licentié es-loix; Jacques Dehennin; Louis Dehennin; Martin Mairesse; Antoine-Albert Canonne.

27 *juillet* 1677. — Pierre de Bourchault; Jerosme Lievou, licentié es-loix; Charles Driaucourt, licentié; Jerosme Grenet, licentié; Mathieu Mairesse; Nicolas Ballicq; Guilliaume Nys; Philippe Dupuis; François Lamelin, licentié; Robert de Francqueville; Ferdinand Lesart, escuier; Lancelot de Baralles, licentié; Pierre Watier; Alphonse Fremin.

26 *mars* 1677 fut, par la nomination d'honorable homme Louis Dehennin collecteur, nommé eschevin Pierre de Bourchault.

13 *novembre* 1677 fut, par la mort d'honorable homme Jerosme Lievou, nommé eschevin Daniel-François Lievou.

9 *juillet* 1678. — Pierre de Bourchault; Nicolas Mallet, licentié es-loix; Charles Driaucourt, licentié; Robert de Francqueville; Martin Mairesse; Antoine-Albert Canonne; Ferdinand Lesart, escuier; Lancelot de Baralles, licentié; Pierre Watier; Daniel-François Lievou, licentié; Nicolas-François de Wanquetin, escuier, seigneur de Ste-Olle; Jean Bougenier, licentié; Pierre Beugnies; Jean-Baptiste Leroy.

6 *juillet* 1679. — Nicolas Mallet, licentié es-loix; Nicolas Ballicq; François Lamelin, licentié; Robert de Francqueville; Louis Dehennin; Martin Mairesse; Ferdinand Lesart, escuier; Ladislas de Baralles, licentié; Nicolas-François de Wanquetin, escuier, seigneur de Ste-Olle; Jean-Baptiste Leroy; François Dehertaing, escuier; Thomas Hanmer, escuier; Philippe de Bourchault, licentié; Guilbert Duforest.

11 *aoust* 1680. — Philippe Mallet; Pierre de Francqueville; Charles Driaucourt, licentié es-loix; Mathieu Mairesse; Nicolas Ballicq; Jacques Dehennin; Louis Dehennin; Pierre Beugniez; François Dehertaing, escuier; Philippe de Bourchault, licentié;

Jean-Henry Lievou; licentié; Jean-François Clauwez; Philippe Hanmer; Charles Ballicq.

20 *octobre* 1681. — Philippe Mallet; Charles Driaucourt, licentié es-loix; Robert de Francqueville; Antoine-Albert Canonne; Ferdinand Lesart, escuier; Ladislas de Baralles, licentié; Pierre de Beugnies; Thomas Hanmer, escuier; Guilbert Duforest, Charles Ballicq; Louis Driaucourt; Jean de Francqueville, licentié; Arnould-Nicolas Lemerchier, licentié; Hypolite Bridou.

9 *aoust* 1682. — Nicolas Mallet, licentié es-loix; Mathieu Mairesse; Robert de Francqueville; Louis Dehennin; Antoine-Albert Canonne; Ferdinand Lesart, escuier; Ladislas de Baralles, licentié; Thomas Hanmer, escuier; François Dehertaing, escuier; Guilbert Duforest; Jean de Francqueville, licentié; Pierre-François de Cardevac, escuier, seigneur de Gouy; Jean-Jerosme Bourdon, licentié en méd.; Nicolas Bernard.

8 *octobre* 1683. — Philippe Mallet; Robert de Francqueville; Antoine-Albert Canonne; Ferdinand Lesart, escuier; Ladislas de Baralles, licentié es-loix; Pierre de Beugnies; Thomas Hanmer, escuier; Guilbert Duforest; Charles Ballicq; Louis Driaucourt; Jean de Francqueville; Arnould-Nicolas Lemerchier, licentié; Hypolite Bridou; Jacques Guilbert.

24 *octobre* 1684. — Nicolas Mallet, licentié es-loix; Philippe Dupuis; Robert de Francqueville; Ladislas de Baralles, licentié; Daniel-François Lievou, licentié; François Dehertaing, escuier; Charles Ballicq; Louis Driaucourt; Arnould-Nicolas Lemerchier, licentié; Jean-Jerosme Bourdon, licentié en méd.; Nicolas Bernard; Pierre-François Lamelin, licentié; Jacques Watier; Pierre de Francqueville.

20 *novembre* 1685. — Nicolas Ballicq; Philippe Dupuis; Ferdinand Lesart, escuier; Ladislas de Baralles, licentié es-loix; Daniel-François Lievou, licentié; François Dehertaing, escuier; Thomas Hanmer, escuier; Hypolite Bridou; Jean-Jerosme Bourdon, licentié en méd.; Pierre-François Lamelin, licentié; Guilliaume-Charles Foulon, escuier, seigneur de Parfonval; Antoine-François Mallet, licentié; Jacques Dehennin, licentié; Jean-Jerosme Grenet, licentié.

19 *avril* 1686 fut, par la mort d'honorable homme Philippe Dupuis, nommé eschevin Jean-Philippe Dominique de Mory.

26 *novembre* 1686. — Nicolas Ballicq; Robert de Francqueville, Antoine-Albert Canonne; Ferdinand Lesart, escuier; Daniel-François Lievou, licentié es-loix; Thomas Hanmer, escuier; François Dehertaing, escuier; Charles Ballicq; Louis Driaucourt; Jacques Guilbert; Antoine-François Mallet, licentié; Jacques Dehennin, licentié; Jean-Jerosme Grenet; Jean-Philippe Dominique de Mory, escuier.

24 *novembre* 1687. — Philippe Mallet; Jacques Dehennin; Robert de Francqueville, Ferdinand Lesart, escuier; Ladislas de Baralles, licentié es-loix; François Dehertaing, escuier; Charles Ballicq; Jean de Francqueville, licentié; Arnould-Nicolas Lemerchier, Jacques Guilbert; Jean-Philippe Dominique de Mory, escuier; Fredericq Sart, licentié; André Lecocq, licentié; Pierre Bourdon.

11 *avril* 1687 fut, par la mort d'honorable homme Thomas Hanmer, nommé eschevin Arnould-Nicolas Lemerchier.

27 *novembre* 1688. — Robert de Francqueville

Antoine-Albert Canonne ; Ferdinand Lesart, escuier ; Daniel-François Lievou, licentié es-loix ; François Dehertaing, escuier ; Charles Ballicq ; Jean-Jerosme Grenet, licentié ; Jean-Philippe Dominique de Mory; escuier ; Fredericq Sart, licentié ; André-Joseph Lecocq, licentié ; Pierre Bourdon ; Robert Clauwez ; Chrestien-Joseph Mallet ; Antoine Bernard.

20 *décembre* 1689. — Robert de Francqueville; Pierre Watier ; Daniel-François Lievou, licentié es-loix ; Charles Ballicq ; Louis Driaucourt ; Arnould-Nicolas Lemerchier, licentié ; Pierre-François Lamelin, licentié ; Antoine-François Mallet, licentié ; Jean-Jerosme Grenet, licentié ; Jean-Philippe Dominique Demory, escuier; André-Joseph Lecocq, licentié; Nicolas-Joachim Dufour, licentié ; Jacques Watier, licentié ; Antoine-Henry de Baralles, licentié.

13 *mars* 1690 fut, par la charge de greffier des états pourveu honorable homme André-Joseph Lecocq, nommé eschevin en sa place Guillaume-Charles Foulon de Parfonval.

13 *janvier* 1691. — Robert de Francqueville; Pierre Watier ; Daniel-François Lievou, licentié es-loix ; Charles Ballicq ; Louis Driaucourt ; Arnould-Nicolas Lemerchier, licentié ; Pierre-François Lamelin, licentié ; Antoine-François Mallet, licentié ; Jean-Jerosme Grenet, licentié ; Jean-Philippe Dominique Demory, escuier; André-Joseph Lecocq, licentié; Nicolas-Joachim Dufour, licentié ; Jacques Watier, licentié ; Antoine-Henry de Baralles, licentié.

26 *avril* 1692. — Robert de Francqueville ; Daniel-François Lievou, licentié es-loix; François Dehertaing, escuier ; Charles Ballicq ; Jean de Francqueville, licentié; Jean-Jerosme Bourdon, licentié en médecine ; Guilliaume-Charles Foulon, escuier, seigneur de Parfonval ; Antoine-François Mallet, licentié ; Jacques Dehennin, licentié ; Jean-Philippe-Dominique Demory , escuier ; Fredericq Sart , licentié ; Robert Clauwez ; Antoine-Henry de Baralles, licentié ; Mathieu Pinault Desjaunaux, docteur en droit.

28 *janvier* 1694. — Robert de Francqueville ; Antoine-Albert Canonne ; Ferdinand Lesart, escuier ; François Dehertaing, escuier ; Louis Driaucourt; Arnould-Nicolas Lemerchier, licentié es-loix ; Jean-Jerosme Bourdon, licentié en médecine ; Jacques Guilbert; Jacques Dehennin, licentié ; Jean-Jerosme Grenet, licentié ; Chrestien-Joseph Mallet ; Antoine-Henry de Baralles, licentié ; François Desgruseliers, licentié ; Louis de Francqueville, licentié.

3 *may* 1697. — Antoine-Albert Canonne ; Daniel-François Lievou, licentié es-loix ; Pierre-François Lamelin, licentié ; Antoine-François Mallet, licentié; Jean-Jerosme Grenet, licentié ; André-Joseph Lecocq, licentié ; Antoine Bernard ; François Desgruseliers, licentié ; Jacques de Francqueville, licentié ; Guilliaume Foulon de Moutonville, escuier; Jean-Michel Chauwin, licentié ; Daniel-François Gerardelle, licen ; Martin Boulenger, Pierre-François Glorieux.

11 *décembre* 1694 fut, par la nomination d'honorable homme François Dehertaing à un canonicat de la métropole, nommé en sa place Guilliaume-Charles Foulon de Parfonval.

28 *mars* 1695 fut, par la mort d'honorable homme Robert de Francqueville, nommé eschevin Jacques de Francqueville.

10 *may* 1698. — Daniel-François Lievou, licentié es-loix ; Jean-Baptiste Leroy ; Jean-Jerosme Bourdon, licentié en médecine ; Pierre-François Lamelin, licentié; Guilliaume-Charles Foulon, escuier, seigneur de Parfonval ; Jean-Philippe Dominique Demory, escuier ; André-Joseph Lecocq, licentié ; Louis de Francqueville, licentié ; Guilliaume Foulon de Moutonville, escuier ; Daniel-François Gerardelle, licentié ; Martin Boulenger ; Pierre-François Glorieux ; Pierre-François Driaucourt, licentié ; Jean-François Mallet.

4 *aoust* 1699. — Antoine-Albert Canonne ; Jean-Baptiste Leroy ; Jean-Jerosme Bourdon, licentié en médecine ; Guilliaume-Charles Foulon, escuier, seigneur de Parfonval ; Antoine-François Mallet, licentié es-loix ; Jean-Jerosme Grenet, licentié ; André-Joseph Lecocq, licentié ; François Desgruseliers, licentié ; Louis de Francqueville, licentié ; Jean-Michel Chauwin , licentié ; Pierre-François Driaucourt, licentié ; Hyacinthe-Antoine-Albert Delaires, escuier; Jean-Nicolas Oudart, licentié ; Jacques-Watier le jeune.

24 *may* 1700 fut, par la promotion d'honorable homme Guillaume-Charles Foulon à une autre charge, nommé eschevin en sa place Daniel-François Gerardelle.

28 *juin* 1701. — Antoine-Albert Canonne ; Daniel-François Lievou, licentié es-loix; Jean Bougenier, licentié ; Antoine-François Mallet, licentié ; Jean-Jerosme Grenet, licentié ; François Desgruseliers, licentié ; Jacques de Francqueville, licentié ; Jean-Michel Chauwin, licentié ; Daniel-François Gerardelle, licentié ; Hyacinthe-Antoine-Albert Delaires, escuier ; Jean-Nicolas Oudart, licentié ; (Jean-Philippe Desvignes, licentié ; Gery Dupuis, licentié ; Louis-Tristant-Armand Briais.

5 *octobre* 1702. — Daniel-François Lievou, licentié es-loix; Jean Bougenier, licentié ; Jean-Jerosme Bourdon, licentié en médecine ; Jacques-Dehennin, licentié; Jean-Jerosme Grenet, licentié; André-Joseph Lecocq, licentié; Chrestien-Joseph Mallet; Jacques de Francqueville, licentié ; Guilliaume-Foulon de Moutonville, escuier; Daniel-François Gerardelle, licentié; Pierre-François Glorieux ; Jean-Philippe Desvignes, licentié; Gery Dupuis, licentié ; Louis-Tristan-Armand Briais.

21 *avril* 1704 fut, par la promotion d'honorable homme Daniel-François Gerardelle à un consulat du parlement de Flandre , nommé eschevin Ignace-Alexandre Delebarre.

7 *may* 1704 fut, par la promotion d'honorable homme Louis-Tristan-Armand Briais à l'exercice d'une charge de commissaire de guerre, nommé eschevin Charles-Joseph Dhercq.

20 *mars* 1705 fut, par la promotion d'honorable homme Jacques de Francqueville à un consulat du parlement de Flandre, nommé eschevin Gery Fremin.

5 *septembre* 1705. — Antoine-Albert Canonne; Jean Bougenier, licentié es-loix ; Antoine-François Mallet, licentié ; Jean-Jerosme Grenet, licentié ; Louis de Francqueville, licentié ; Jean-Nicolas Oudart, licentié ; Jean-Philippe Desvignes, licentié ; Gery Dupuis, licentié ; Charles-Joseph Dhercq ; Gery Fremin ; Nicolas-Pingard d'Aufort, escuier ; Michel Dechievre, licentié ; Pierre-François Fiefvet, licentié; Joseph Mairesse.

28 *mars* 1708. — Arnould-Nicolas Lemerchier, licentié es-loix; Jean-Jerosme Grenet, licentié ; Jean-Jerosme Bourdon, licentié en médecine; André-Joseph

Lecocq, licentié; Chrestien-Joseph Mallet; François Desgruseliers, licentié; Louis-Joseph de Francqueville, licentié; Pierre-François Glorieux; Pierre-François Driaucourt, licentié; Hyacinthe-Antoine-Albert Delaires, escuier; Jean-Nicolas Oudart, licentié; Nicolas-Pingard d'Aufort, escuier; Pierre-François Fiefvet, licentié; Jean-François Watier.

7 *juillet* 1707 fut, par la mort d'honorable homme Antoine-François Mallet, nommé eschevin Pierre-François Driaucourt.

31 *décembre* 1707 fut, par la mort d'honorable homme Antoine-Albert Canonne, nommé eschevin André-Joseph Lecocq.

29 *mars* 1710. — Arnould-Nicolas Lemerchier, licentié es-loix; Jean-Jerosme Grenet, licentié; Jean-Jerosme Bourdon, licentié en médecine; Jacques Dehennin, licentié; André-Joseph Lecocq, licentié; Chrestien-Joseph Mallet; François Desgruseliers, licentié; Charles-Joseph Dhercq; Nicolas-Pingard d'Aufort, escuier; André-Joseph Delaplace, escuier et licentié; François-Albert Bruneau, seigneur de Wassignies, escuier et licentié; Adrien Preau, licentié; Martin Boulenger, licentié; Nicolas-François Tatinclaut.

23 *avril* 1714. — Jean-Jerosme Grenet, licentié es-loix; Louis de Francqueville, licentié; Jean-Nicolas Oudart, licentié; Jacques Watier; Jean-Philippe Desvignes, licentié; Ignace-Alexandre Delebarre, licentié; Gery Fremin; Nicolas-Pingard d'Aufort, escuier; Arnould-Hubert Lemerchier, licentié; Pierre-François-Joseph Watier, licentié; Jean-Baptiste de Francqueville, licentié; François Mairesse; Guilliaume-Joseph Leroy; Charles Boulenger.

11 *juillet* 1711 fut, par la mort d'honorable homme Charles-Joseph Dhercq, nommé eschevin Guillaume de Cambray.

4 *juillet* 1715. — Jean-Jerosme Bourdon, licentié en médecine; Jean-Jerosme Grenet, licentié es-loix; Jacques Dehennin, licentié; François Desgruseliers, licentié; Jean-Nicolas Oudart, licentié; Ignace-Alexandre Delebarre, licentié; Jean-François Watier; Adrien Preau, licentié; Arnould-Hubert Lemerchier, licentié; Pierre-François, Joseph Watier, licentié; Jean-Baptiste de Francqueville, licentié; François Mairesse; Charles Boulenger; Charles Dupuis, licentié.

23 *mars* 1717. — Jean-Jerosme Grenet, licentié es-loix; André-Joseph Lecocq, licentié; Chrestien Mallet; Louis de Francqueville, licentié; Pierre-François Driaucourt, licentié; Jean-Philippe Desvignes, licentié; Ignace-Alexandre Delebarre, licentié; Gery Fremin; Pierre-François Fiefvet, licentié; Martin Boulenger, licentié; Guillaume de Cambray; Jean-Baptiste Mairesse, licentié; Philippe-Antoine-François Mallet, licentié; Jacques Canonne.

30 *may* 1720. — Jacques Dehennin, licentié es-loix; Jean-Jerosme Grenet, licentié; Jean-Philippe Desvignes, licentié; Ignace-Alexandre Delebarre, licentié; Adrien Preau, licentié; Pierre-François Watier, licentié; François Mairesse; Charles Boulenger; Jean-Baptiste Mairesse, licentié; Philippe-Antoine-François Mallet, licentié; Jacques Canonne; Jean Doblet, escuier, chevalier de l'ordre de St-Louis; Charles Deglatigny; Jean-François Desmaret, de Sancourt.

22 *septembre* 1723. — Jacques Dehennin, licentié es-loix; Jean-Jerosme Grenet, licentié André-Joseph Lecocq, licentié; Pierre-François Driaucourt, licentié; Jean-Philippe Desvignes, licentié; Gery Fremin; Martin Boulenger, licentié; Jacques Canonne; Jean Doblet, escuier, chevalier de l'ordre de St-Louis; Jean-François Desmarets, de Sancourt; Pierre-François-Joseph Tordereau, escuier, seigneur d'Aupret, licentié; Nicolas-Robert de Baralles, escuier et licentié; Martin-François Brousse, seigneur de Blécourt, licentié; Gilbert Lievra, licentié.

11 *septembre* 1724 fut, par la mort d'honorable homme Gery Fremin, nommé eschevin Pierre de Bourchault.

26 *septembre* 1725. — Jacques Dehennin, licentié es-loix; Jean-Jerosme Grenet, licentié; Pierre-François Driaucourt, licentié; Jean-Philippe Desvignes, licentié; Martin Boulenger, licentié; Jacques Canonne; Jean Doblet, escuier, chevalier de l'ordre de St-Louis; Jean-François Desmarest de Sancourt; Nicolas-Robert de Baralles, escuier et licentié; Martin-François Brousse, seigneur de Blécourt, licentié; Gilbert Lievra, licentié; Pierre de Bourchault Dusartel, licentié; Nicolas Pingard, escuier, seigneur d'Aufort, licentié; Jean Sart, licentié.

6 *octobre* 1728. — Arnould-Nicolas Lemerchier, licentié es-loix; Jean-Jerosme Bourdon, licentié en médecine; Jacques Dehennin, licentié; Jean-Jerosme Grenet, licentié; Guillaume de Cambray; Jean Doblet, escuier, chevalier de l'ordre de St-Louis; Nicolas-Robert de Baralles, escuier et licentié; Martin-François Brousse, seigneur de Blécourt, licentié ?; Gilbert Lievra, licentié; Nicolas-Joseph Pingard, escuier, seigneur d'Aufort, licentié; Dominique De Calonne, escuier; Nicolas-François Oudart, licentié; Charles-Nicolas Cotolendy, licentié; Philippe-François Mairesse Delavieville.

3 *avril* 1729 fut, par la mort d'honorable homme Arnould-Nicolas Lemerchier, nommé eschevin Marie-Joseph Bougenier.

12 *octobre* 1730. — Jean-Jerosme Bourdon, licentié en médecine; Jacques Dehennin, licentié es-loix; Jean-Jerosme Grenet, licentié; Adrien Preau, licentié; Guillaume De Cambray; Arnould-Hubert Lemerchier, licentié; Pierre-François-Joseph Watier; licentié; Jean Doblet, escuier, chevalier de l'ordre de St-Louis; Martin-François Brousse, seigneur de Blécourt, licentié; Pierre de Bourchault Dusartel, licentié; Nicolas Pingard, escuier, seigneur d'Aufort, licentié; Dominique Decalonne, escuier; Charles-Nicolas Cotolendy, licentié; Marie-Joseph Bougenier.

8 *novembre* 1732. — Jean-Jerosme Bourdon, licentié en médecine; Jacques Dehennin, licentié es-loix; Jean-Jerosme Grenet, licentié; Adrien Preau, licentié; Martin Boulenger, licentié; Pierre-François-Joseph Watier, licentié; Jean Doblet, escuier, chevalier de l'ordre de St-Louis; Martin-François Brousse, seigneur de Blécourt, licentié; Gilbert Lievra, licentié; Pierre de Bourchault Dusartel, licentié; Nicolas-Joseph Pingard, escuier, seigneur d'Aufort, licentié; Dominique De Calonne, escuier; Marie-Joseph Bougenier; Jean-François Lecocq, licentié.

26 *novembre* 1731, honorable homme Arnould-Hubert Lemerchier ayant jugé à propos de se retirer, fut nommé eschevin en sa place Martin Boulenger.

28 *avril* 1733 fut, par la mort d'honorable homme Jacques Dehennin, nommé eschevin Charles-Nicolas Cotolendy.

9 *septembre* 1733 fut, par la mort d'honorable homme Martin-François Brousse de Blécourt, nommé eschevin Philippe-Joseph Oudart.

7 *novembre* 1738. — Jean-Jerosme Bourdon, licentié en médecine; Jean-Jerosme Grenet, licentié es-loix; Pierre-François Driaucourt, licentié; Pierre-François-Joseph Watier, licentié; Jean Doblet, escuier, chevalier de l'ordre de St-Louis; Gilbert Lievra, licentié; Pierre de Bourchault Dusartel, licentié; Dominique De Calonne, escuier; Charles-Nicolas Cotolendy, licentié; Jean-François Lecocq, licentié; Philippe-Joseph Oudart, licentié; Henry-Christophe Dehennin, escuier, seigneur d'Espret; Jean-François Dhercq, escuier; Nicolas-Alphonse Fremin, licentié.

6 *novembre* 1739. — Jean-Jerosme Grenet, licentié es-loix; Pierre-François Driaucourt, licentié; Adrien Préau, licentié; Charles Boulenger; Nicolas-Joseph Pingard, escuier, seigneur d'Aufort; Philippe-François Mairesse de la Viéville; Philippe-Joseph Oudart, licentié; Henry-Christophe Dehennin, escuier, seigneur d'Espret; Jean-François Dhercq, escuier; Nicolas-Alfonse Fremin, licentié; Jean-Baptiste-François Bridou, licentié; Pierre-François-Joseph Quarré de Tilly, licentié; Michel Bougenier; Pierre-Joseph Watier.

19 *may* 1740 fut, par la mort d'honorable homme Henry-Christophe-Dehennin d'Espret, nommé eschevin Jean Doblet.

1er *juin* 1741 fut, par la mort d'honorable homme Jean-Baptiste-François Bridou, nommé eschevin Dominique De Calonne.

16 *octobre* 1745. — *A cette époque, sept places d'échevins devinrent vénales. Nous marquons d'un* * *les échevins pourvus à prix d'argent.*

Jerosme-Joseph Grenet, licentié es-loix; * Gilbert Lievra, licentié; Pierre-François Driaucourt, licentié; * Antoine-Louis-Joseph Bruneau, licentié; Adrien Préau, licentié; * Alexandre-François Jesquy, licentié; Charles Boulenger; * Alexandre Doutart, licencié; Nicolas-Joseph Pingard, escuier, seigneur d'Aufort; * Ignace-Alexandre Lasserez; Philippe-François Mairesse de la Viéville; * Nicolas-Joseph Frémicourt; François-Joseph Dehennin, licentié; * Basile Piette.

9 *juillet* 1746. — Jean-Jerosme-Joseph Grenet, licentié es-loix; * Antoine Maronniez, id.; Pierre-François Driaucourt, id.; * Jacques-François-Joseph Lallier; Adrien Préau, id.; * Alexandre Doutart, id.; Charles Boulenger; * Charles Lamelin; Nicolas-Joseph Pingard, seigneur d'Aufort; * Nicolas-Joseph Frémicourt; Philippe-François Mairesse de la Viéville; * Pierre-François Cottiau; François-Joseph Dehennin, licentié; * Luc-Joseph Frémicourt.

6 *juillet* 1648 fut, par la mort d'honorable homme Pierre-François Driaucourt, nommé échevin Charles-Nicolas Cotolendy.

26 *mars* 1749. — Jerosme-Joseph Grenet, licencié; * Antoine Maronniez, id.; Adrien Préau, id.; * Jacques-François-Joseph Lallier, id; Martin Boulenger, id.; * Gilbert Lievra, id.; Nicolas-Joseph Pingard, escuier, seigneur d'Aufort, id.; * Alexandre Doutard, id.; Charles-Nicolas Cotolendy, id.; * Charles Lamelin; Marie-Joseph Bougenier; * Nicolas-Joseph Frémicourt; François-Joseph Dehennin, licentié; * Pierre-François Cottiau.

11 *décembre* 1751. — *A cette époque les charges vé-* nales disparurent, et les échevins furent tous nommés par le roi.

Jerosme-Joseph Grenet, chevalier, seigneur de Marquette, licentié; Adrien Préau, licencié; Martin Boulenger, id.; Nicolas-Joseph Pingard, escuyer, seigneur d'Aufort, licencié; Charles-Nicolas Cotolendy, id.; Marie-Joseph Bougenier; François de Hennin, id.; Jean-Baptiste Mairesse, escuyer, seigneur de Neuilly; André-François de La Place, escuyer, seigneur de Sorval; Adrien-Philippin, licentié; Dominique-Gabriel Lemerchier, seigneur de Gonnelieu, licentié; Louis-Marie-Auguste Brousse, licentié; Ignace-Alexandre Deglatigny; François-Louis Driaucourt.

28 *novembre* 1753. — Jerosme-Joseph Grenet, seigneur de Marquette, licentié; Martin Boulenger, licentié; Gilbert Lievra, id.; Charles-Nicolas Cotolendy, id.; Marie-Joseph Bougenier; Philippe-Joseph Oudart, licentié; Charles Lamelin; Louis-Marie-Auguste Brousse, licentié; Ignace-Alexandre Deglatigny; Prosper de Hennin; Jacques-Joseph de Francqueville, escuyer, licentié; André-Joseph Lecocq, licentié; Pierre-Aimé-Joseph Dufour; François-Joseph Desmaret, seigneur Longâte.

6 *novembre* 1756. — Jerosme-Joseph Grenet, chevalier, seigneur de Marquette, licentié; Martin Boulenger, licentié; Gilbert Lievra; Nicolas-Joseph Pingard, escuyer, seigneur d'Aufort, licentié; Charles-Nicolas Cotolendy, licentié; Michel Bougenier, Alexandre Doutart, licentié; Charles Lamelin; François-Joseph de Hennin, licentié; Dominique-Gabriel Lemerchier, seigneur de Gonnelieu, licentié; Ignace-Alexandre Deglatigny; André-Joseph Lecocq, licentié; Claude-Louis-François de Gillaboz, escuyer, licencié; Jean-Baptiste Desbleumortiers.

25 *novembre* 1756 fut, par la mort d'honorable homme François de Hennin, nommé eschevin Prosper de Hennin.

25 *octobre* 1759. — Jerosme-Joseph Grenet, chevalier, seigneur de Marquette en Ostrevant, licentié es-loix; Martin Boulenger, licentié es-loix; Gilbert Lievra, id.; Marie-Joseph Bougenier; André-François de La Place, seigneur de Sorval; Jacques-François-Joseph Lallier, licentié; André-Joseph Lecocq, id.; Claude-Louis-François de Gillaboz, escuyer, id.; Jean-Baptiste Desbleumortiers; Jean-Baptiste Chanderlos de Laclos, chevalier de l'ordre de St-Louis; Jean-Philippe Fremin, licentié; Louis-François Lefebvre, licentié; Antoine-Joseph Demaret, seigneur d'Inville; Jean-Baptiste Bouflers.

En remplacement du sieur Grenet, manquant, fut nommé le sieur Clawez, avocat. En remplacement du seigneur Lecocq, décédé, fut nommé Prosper de Hennin. — Le 4 *mars* 1754, fut nommé greffier le sieur Théophile-François-Joseph Dechièvre, en remplacement du sieur Albert-François Dechièvre, décédé. En remplacement du sieur Bougenier, fut nommé le sieur Jean-Baptiste Lefebvre, de Rieux.

31 *juillet* 1763. — *Continuation.* — « Le roy ayant bien voulu, Messieurs, en considération de la paix, vous accorder la continuation, pendant une année, de votre magistrature, M. le duc de Choiseul m'a chargé de vous prévenir de cette grâce, et je me fais un plaisir de vous l'annoncer.

» Je suis très parfaitement, messieurs, votre très humble et très obéissant serviteur.

Signé, DE BLAIR. »

1er *janvier* 1766. — Claude-Louis-François de Gillaboz, écuyer, licentié es-loix; Gilbert Lievra, id.; Philippe-François Mairesse de la Viéville, écuyer; Philippe-Joseph Oudart, licentié; Jean-François Dhercq; Antoine Maroniez, id.; Jacques-François-Joseph Lallier, id.; Alexandre Doutart, id.; Jean-Baptiste de Bouflers; Henry-Adrien-Joseph Clawez, licentié; Jean-Baptiste-Albert de la Place, seigneur d'Hamette, escuyer, licentié; Jean-François Lussiez, id.; Jean-Philippe-Anglebert Coullemont, id.; Albert-Louis-Joseph Bruneau, id.

18 *novembre* 1766. — *Echevins nommés par l'archevêque.* — Le roy ayant momentanément accordé, par lettres patentes du 13 septembre 1766, à l'archevêque le droit de nommer la moitié des échevins, M. de Choiseul nomma pour fonctionner avec ceux désignés par le roi :

Joseph Oudart; Jean-François Dhercq; Alexandre Doutart; Jean-Baptiste-Albert de la Place; Jean-François Lussiez; Jean-Philippe-Anglebert Coullemont, et Albert-Louis-Joseph Bruneau.

19 *novembre* 1766. — *Echevins nommés par le roi.* — De Gillaboz, avocat et subdélégué; Maroniez, avocat; Lievra, avocat; Lallier, avocat; Bouflers le cadet; Clauwez, avocat; Mairesse de la Viéville, ancien échevin.

21 *février* 1770. — *Echevins nommés par l'archevêque.* — Albert Bruneau; Alexandre Doutart; Philippe-Joseph Oudart; Jean-Philippe Coullemont; Marie-Frédéric Boulenger; Louis-François Lefebvre; Jerôme-Alexis Dhenaut, médecin.

1er *mars* 1770. — *Echevins nommés par le roi.* — Gilbert Lievra; Philippe-François Mairesse de la Viéville; Jacques-François Lallier; Henry-Adrien Clauwez; Jean-Philippe Fremin; Pierre-François-Joseph Dhercq; Charles-Phocas; Joseph Dominique de Valicourt.

12 *août* 1773. — *Echevins nommés par l'archevêque.* — Mêmes noms que ceux de 1770, sauf Oudart remplacé par de Francqueville d'Abancourt, et Bruneau remplacé par Christophe Douay.

13 *août* 1773. — *Echevins nommés par le roi.* — Jean-Philippe Fremin; Pierre-Joseph Dhercq; Gilbert-Joseph Lievra; Charles-Phocas; Joseph-Dominique de Valicourt; Frédéric-Joseph de Francqueville de Chantemelle; Maximilien Cotteau, négociant.

MAIRES de *Cambrai*, depuis l'installation du premier conseil municipal de Cambrai, le 1er mars 1790.

MM.

1. WATIER d'Aubencheul, 1er mars 1790. — 2. Frédéric de CHANTEMELLE, 30 novembre 1790. — 3. Alphonse CODRON, 21 mai 1791, continué en novembre 1791, par une nouvelle élection. — 4. DOUAY, 28 novembre 1792, destitué révolutionnairement le 9 juin 1793. — 5. Vincent LEMOINE, maire par intérim, 9 juin 1793. — 6. GUENIN, maire par intérim, 29 juin 1793, démissionnaire le 22 décembre 1793. — 7. PANISSET, maire par intérim, 22 décembre 1793, démissionnaire deux jours après. — 8. MABIRE, 24 décembre 1793. — 9. PANISSET, maire définitif, 15 janvier 1794, conservé par Joseph Lebon; confirmé plus tard, le 3 novembre 1794. — 10. GUENIN, 22 mai 1795. — 11. BÉTHUNE-HOURIEZ nommé par 4 voix, le plus grand nombre des suffrages obtenus dans une élection faite au sein du conseil, 10 janvier 1797. — 12. GUENIN, 24 mars 1797. — 13. LEFEBVRE, homme de loi, 28 septembre 1800. — 14. DOUAY fils, 1801. — 15. FRÉMICOURT, 1er décembre 1810. — 16. DOUAY fils, 6 juillet 1815. — 17. BÉTHUNE-HOURIEZ, septembre 1817. — 18. TAFFIN-SAUVAGE, octobre 1830. — 19. LALLIER Amédée, 28 janvier 1832. — 20. FRANÇOIS, Henri-Joseph, 18 juillet 1835. — 21. DESJARDIN Clément, 20 novembre 1840. — 22. LENGLET, Juvénal-Joseph, 15 août 1843. — 23. PETIT, Jean-François-Herman-Tronchain, 23 septembre 1848.

MAIRIE. — Le droit que les seigneurs du Cambresis avaient de connaître par leurs juges, des différents qui survenaient entre leurs sujets, tant au civil, qu'au criminel, était exercé en leur nom par deux espèces de tribunaux séculiers. C'étaient les *Mairies* et les *Baillages*. Les *Mairies* étaient composées d'un mayeur et de sept échevins; les Baillages, d'un bailly et de quatre hommes de fief. Les Baillages représentaient la haute, la basse et la moyenne justice. Les *Mairies* ne représentaient que la basse et la moyenne justice. Les Baillages regardaient proprement les fiefs : ils relevaient de M. le Bailly du Palais. Les Mairies ne regardaient que les mains-fermes (1), et relevaient du Magistrat de Cambrai, qu'on pouvait considérer comme la première Mairie du Cambresis.

Il faut dire cependant qu'il se trouvait quelques Mairies qui, par un privilége exceptionnel, avaient droit de prison, pouvaient infliger des amendes et exercer quelques fonctions de la haute justice.

— On trouve un bon commentaire, sur les siéges de juridiction, dans les coutumes de Cambrai expliquées par Desjaunaux, p. 396.

Le mot *Mairie* avait plusieurs acceptions. On disait, par exemple : les mairies de St-Sépulcre, de St-Aubert, pour signifier les juridictions de ces abbayes ou le siège de ces juridictions.

(1) On appelait communément *main-ferme*, tout héritage qui n'était pas reconnu fief. — V. sur ces matières la *Coutume de Cambrai* commentée par Desjaunaux, titres 1 et 2.

On disait qu'un bourgeois venait d'être appelé à la mairie de telle corporation, pour indiquer qu'il avait été nommé *Mayeur ou Maistre* de ce *Mestier*.

MAIRONNIERS. — On appelait ainsi, à Cambrai, les marchands de bois. — V. *Marché-au-Bois*.

MAISIEL, *Maseaux*. — V. *Boucheries*.

MAISON DE VILLE. — V. *Hôtel de ville*.

MAISONS-FORTES, *Maisons de défense*.—Le Cambresis contenait un grand nombre de maisons fortifiées, dites *Fortes-Maisons* ou *Maisons fortes* qui, sans avoir l'importance de forteresses, ne laissaient pas d'être capables d'opposer de la résistance en cas d'attaque. Chaque seigneur comprenait la nécessité de se mettre à l'abri des coups de mains des routiers, ou des fourrageurs de ces troupes ennemies qui parcouraient souvent le Cambresis. Ils employaient, pour cela, les tours, les ponts-levis, les fossés, mais avec moins de développement qu'on ne le faisait dans les fortifications des grands châteaux.

Suivant l'abbé Expilly (1), à l'époque ou Cambrai fut érigé en duché, c'est-à-dire au commencement du XVI® siècle (1510), la province du Cambresis comprenait 4 villes, 18 châteaux forts de premier ordre, et 22 maisons fortes.

Le Carpentier dit plus encore : « L'on pouvait jadis compter en ce pays (oultre les villes du Chasteau-Cambresis, de Crève-cœur, d'Oisy, d'Arleux et de Solesmes) plus de *quatrevingt* donjons, c'est-à-dire lieux les plus hauts, les plus éminents, tous garnis de boulevards et de tours d'une superbe structure... L'on y voyait encore plus de *sixcents maisons de défense*, comme de petits chasteaux, très bien munies et fortifiées, qui étaient les demeures des gentilshommes; de sorte que, dans un mesme village, l'on pouvait compter plus 10, 12, 15, voires 20 semblables séjours, comme l'on en voyait encore des vestiges, sur la fin du siècle précédent (au XVI® siècle), dans Avesnes-lez-Aubert, village qui n'est pas des plus célèbres dans le pays, qui pourtant enferme encore, dans son enclos, 17 seigneuries. » — Le Carpentier, *Hist. de Cambrai*, part. III®, p. 42.

Il est regrettable que Le Carpentier n'ait pas recueilli les noms de cette foule de maisons de défense : un travail topographique de cette nature n'aurait pas manqué d'intérêt. Le vieil historien du Cambresis en cite cependant quelques-unes, mais seulement pour une localité.

« Non loin d'Élincourt, dit-il, se voyaient jadis les seigneuries et *Maisons fortes* de le Héries, de Béreiges, des Loges, de Warnert, de Wermont, d'Iry, de Senlèces, de la Grange et plusieurs autres ruinées par les guerres. » — Le Carpentier, *Hist. de Cambrai*, part. III®, p. 543.

Ailleurs il dit encore : « Ces donjons, chasteaux et maisons estoient garnis de fortes tours, de très épaisses murailles de pierre blanche, et de très larges fossez, sous lesquels, ou aux environs desquels, il y avoit, pour la pluspart, des lieux souterrains voutez et cambrez (disposés en chambres) que le vulgaire appelle carrières, *caches, musses* ou *muches*, propres à mettre leur meilleur à couvert des courses et ravages de leurs ennemis. »

Les derniers vestiges de fortifications s'effacent, tous les jours, sous les restaurations que les propriétaires font subir aux rares manoirs qui nous restent des siècles guerriers de la féodalité.

— Nous traitons, aux mots *Châteaux forts*, des forteresses les plus importantes du Cambresis.

MAITRISE, *Psallette*.—Maison où sont élevés les enfants de chœur. Le mot Psallette vient du latin *psallere*, chanter.

On employait aussi, dans les églises cathédrales, le mot *sallette* au lieu de *psallette*, pour désigner la salle où le maître de chant donnait la leçon aux enfants. — Ménage; *Observations sur la langue française*, t. 1er, p. 107.

Autrefois, il n'y avait en Flandre, comme en France, d'autres écoles de musique que ces écoles attachées aux cathédrales, où étaient entretenus et instruits, aux frais du chapitre, des enfants qui, soit comme chanteurs, soit comme instrumentistes, faisaient le service de la musique du chœur. C'est dans ces maîtrises que se développèrent et s'accomplirent, aux XV® et XVI® siècles, les progrès de la musique religieuse.

La maîtrise de Cambrai, aujourd'hui si obscure, avait encore, avant la Révolution, une certaine réputation, reflet affaibli de l'éclat prodigieux dont elle avait brillé au XV® siècle, époque à laquelle elle tenait non-seulement en Flandre, mais en France et en Europe, la tête, du mouvement musical; jours de prospérité, où Josquin de Cambrai, l'un de ces grands maîtres *qui endoctrinèrent le monde*, faisait

(1) Dictionnaire historique.

exécuter par la Psallette de Cambrai, dont il était le maître, ces grandes pièces de musique sacrée qui produisaient sur les fidèles étonnés une impression qui tenait du prodige. On peut voir la preuve de ce que nous avançons dans *l'Hist. des Français des divers états*, par Amans Alexis Monteil, t. 4, p. 171. — V. aussi dans le présent Dictionnaire, *Josquin Desprelz*.

La Psallette de la cathédrale de Cambrai était alors en si grande renommée, que la métropolitaine, l'église de Reims, voulant, en 1446, introduire la musique dans ses offices, « envoya un nommé Petit-Jean à Cambray, pour l'apprendre. » Ce clerc vint donc s'initier aux traditions artistiques de la maîtrise cambresienne, et organisa, sur le même plan, celle de la métropole de Reims.

Mais de ce que nous citons de préférence la maîtrise du XV° siècle, il ne faudrait pas conclure qu'elle n'ait brillé qu'à cette époque. Nous retrouvons, au contraire, partout dans les chroniques locales, les traces de ses succès. En 1600 notamment, à l'occasion du séjour de l'archiduc Albert d'Autriche, et de l'infante d'Espagne, sa femme, à Cambrai, il y eut, dans cette ville, de grandes solennités, pendant lesquelles les offices furent faits avec splendeur : « leurs altesses furent ouïr la messe à l'église de Notre-Dame, et se mirent sous un poêle paré de velours rouge; M. de Buisseret, doyen de ladite église, chanta la messe *avec la musique très belle*. »

Parmi ces pages diverses où il est question de la maîtrise de Cambrai, il s'en trouve une émouvante, où l'art paisible fait place à l'héroïsme. Celle-là date de 1580; elle raconte la généreuse imprudence, le supplice et la mort de Laurent Devos qui eut le courage de braver l'usurpateur d'Inchy, en faisant exécuter, par ses enfants de chœur, un motet de sa composition, dont les allusions trop transparentes provoquèrent la vengeance du tyran de Cambrai. On y lit aussi la digne conduite de ces jeunes enfants qui conduisirent le corps de leur maître au champ du repos, après avoir osé chanter à son service ces paroles de circonstance : *Ex ore infantium Deus præcepisti laudem, ut destruas inimicum et ultorem*. — *Vous avez reçu, ô mon Dieu, les louanges des enfants qui vous prient de détruire l'ennemi au cœur vindicatif*. — On ne sait ce qu'on doit le plus admirer, de l'héroïsme de ce prêtre fidèle à son archevêque et à son pays, ou de celui de ces jeunes disciples qui vengent la mort de leur maître en bravant à leur tour les fureurs du baron d'Inchy. — V. pour plus de détails dans ce Dict. *Devos*, et † ms. 883.

Laurent Devos avait, comme Josquin et beaucoup d'autres, signalé son talent par des compositions remarquables (1).

Autrefois, les maîtres de musique de la Psallette de N.-D. étaient toujours ecclésiastiques. Ce n'est que depuis la Révolution et la restauration du culte que, faute de prêtre musicien, on a confié l'enseignement musical à un laïc : quant à la direction de la maison et à l'éducation des enfants, c'est toujours un prêtre qui en est chargé. On reviendra aussi forcément un jour au maître de chapelle ecclésiastique, qui est plus conforme aux traditions de l'Église et aux convenances du chœur.

MAJORIS (Philippe), *doyen de l'église de Notre-Dame*. — Ce fut un homme supérieur sous tous les rapports. Né vers 1478, il se fit remarquer, dès son jeune âge, par ses vertus et par ses capacités : il obtint ses grades de licence en droit civil et en droit canon, devint successivement chanoine de l'église de St-Géry, chanoine de Ste-Croix, avec charge de gérer les affaires du chapitre; puis doyen de St-Géry, et, deux ans après, il fut pourvu d'une prébende de juriste au chapitre cathédral. Enfin, il ne tarda point à devenir doyen du même chapitre. Mais comme il ne pouvait se charger des affaires de l'église et du chapitre à la fois, il laissa sa prébende de juriste, pour en prendre une autre qui se trouvait vacante, et qu'il conserva jusqu'à sa mort. Au reste, cette longue carrière ecclésiastique fut remplie par les charges les plus honorables, par des missions, par des actes de bienfaisance. Vicaire de Robert de Croy, il remplit une triple mission auprès de l'empereur Charles-Quint, de François Ier, du roi d'Angleterre Henri VIII. Il devint l'aumônier et le conseiller de la reine de Hongrie. Tant d'honneurs ne lui firent point oublier les pauvres; il leur prouva son amour en fondant, au profit des étudiants sans fortune, une école où l'on enseignait le grec et le latin. Cette école qui était contemporaine de celle des Guillemins (V. *Collège*), prit le nom de *Collège Majoris*, et n'exigeait

(1) Les messes et les motets de plusieurs maîtres de chant de Cambrai étaient en grande réputation dans le clergé de St-Quentin.

d'autre rétribution de ceux qui la fréquentaient que quelques prières pour les trépassés et notamment pour le repos de l'âme du fondateur.

Admirable charité chrétienne ! à chaque pas que nous faisons dans nos études, vous nous arrachez des exclamations de reconnaissance.

Le collége Majoris était situé vers la porte de St-Jean (aujourd'hui porte de Selles), dans la rue St-Eloi. On voyait, avant la Révolution de 1789, dans le trésor de la métropole, parmi les ornements sacrés, une chappe de drap d'or avec des orfrois de la plus grande richesse, provenant d'une libéralité du doyen Majoris.

Philippe Majoris mourut à Bruxelles le 9 mars 1555 (1), à l'âge de 77 ans, laissant des monuments immortels de son savoir, de son haut mérite et de sa bienfaisance. Son corps fut rapporté à Cambrai et inhumé dans l'église de Notre-Dame, en la chapelle de St-Philippe, apôtre, qu'il avait fait bâtir.

Nous avons vu dans une chronique (†ms. 659, p. 258), une circonstance assez singulière de la vie de Philippe Majoris. « En 1543, y est-il dit, M. le doyen s'en alla hors de Cambray, pour ce qu'on disait que le roy venait en cette ville, et fut défendu qu'on le laissât rentrer. Et le 5 de juillet il revint pour rentrer en Cambrai par la porte Robert, mais on luy défendit l'entrée, et s'en alla à la porte Saint-George, entra en la ville. Et M. de Cambray, qui estoit averti, y envoya des soudards, et quand le doyen aperchut tant de gens, il se bouta à St-Sépulchre, et M. de Cambray y alla et le fist remettre hors par les soudards, et fut sonné alarme, parquoy le peuple fut fort esbahy. »

Nous nous demandons quel si grand intérêt Majoris avait à fuir Cambrai, à l'approche du roy de France; et pourquoi, quand il y revint, son évêque le fit mettre hors de la ville par des soldats. Serait-ce qu'il aurait encouru la disgrâce de François Ier dans quelque négociation? ou bien aurait-on craint le ressentiment du roi, parce que le doyen avait fait escorte à l'évêque de Valence, oncle de Charles-Quint, qui deux mois auparavant, s'était enfui de France, où il avait été retenu prisonnier? Mais la même chronique dit aussi que l'évêque de Valence avait été très bien reçu par Robert de Croy,

(1) Le *Cameracum chistianum* ne donne point la date du 9 mars, mais celle du 22 février. Nous devons nous en rapporter à la date inscrite sur son épitaphe, qui est le 9 mars.

par le chapitre et par le Magistrat de la ville. Dans cette hypothèse, tout le monde était donc compromis; le doyen Majoris ne l'était pas plus qu'un autre. Nous avouons ignorer le motif certain de cette violente expulsion ordonnée par l'évêque de Cambrai, parce que le roi approchait de la ville.

L'épitaphe que l'on voyait dans la chapelle de St-Philippe et dont nous avons extrait un grand nombre des détails sus-mentionnés, est assez intéressante pour être rapportée en entier.

Deo Opt. Max. Memoriæque Rever. D. Philippi Majoris, hujus insignis Ecclesiæ decani et canonici positum, qui, dùm max. suorum studiorum ac virtutum incrementis processit, ad majora paulatim evectus est, primùm enim juris utriusque licentiatus, ab episcopo Cameracensi, Henrico à Bergis, in advocatum adsciscitur, quo officio probè fungenti Ecclesiæ S. Gaugerici canonicatum et prebendam confert idem episcopus. Mox canonicorum sanctæ crucis ut negotiorum capituli curam gereret confrater annumeratur; paulò post sancti Gaugerici decanus præficitur, anno autem secundo vix revoluto, vacante præbendâ hujus cathedralis Ecclesiæ per juris peritos obtineri solitâ, ei quoque collata est, nec multò post in deconum eligitur, cæterùm quia servitiis Ecclesiæ simul et capituli incumbere nequibat, jurisprudentium præbendam alteri cessit, habitâ aliâ liberâ quam ad extremum vitæ diem cum decanatu retinuit. Intereà tamen non sinè magnâ laude multis honorabilibus muniis functus est, inter quæ fuit illud vicarii munus quod sub R{mo} episcopo Cameracensi Roberto Croyo administravit; omittuntur ejus legationes diversis locis summo cum honore habitæ, tam apud Cæsarem Carolum V, quàm apud reges Franciæ Franciscum I, et Angliæ Henricum VIII; dùmque ad tantum famæ culmen pertegisset, eum ipsum evocavit relicta Hungariæ et Bohemiæ regina Maria ut sibi a concilio, confessionibus ac elemosynis præesset; quo munere fideliter administrato, anno Dni MV{C}LV, ætatis verò suæ LXXVII, Bruxellis IX Kal. Martii moritur, ac in hoc sacello quod suis facultatibus partim extruxit, sacroque bis quotidiè faciendo dotavit, proximo sepulchro recondi voluit; sed hoc prætereundum non est quod etiam pauperibus in hâc civitate adolescentibus græcâ, latinâque linguâ erudiendis ex suis bonis collegium *Majoris* nomine instituerit, fundaveritque ut quotidianis precibus anima ejus et animæ omnium fidelium defunctorum Deo Opt. Maximo commendentur.

— V. *Sur Philippe Majoris*, Julien Delingne, † ms. 658, art. 48. — *Camerac. christ.*, p. 98.

MAL-LAVÉS. — Ils formaient une association assez nombreuse pour avoir un étendard qu'ils portaient dans les réjouissances publiques. Nous n'avons trouvé les *Mal-Lavés* cités qu'une seule fois dans les chroniques locales. C'est à l'occasion des fêtes qui eurent lieu en réjouissance de la paix de 1559, « Et fut déployé, par ceux du Quétivier, leur grand étendard, *et celuy des Mal-Lavés aussi*. Et allaient par la ville, selon les quartiers, avec clairons, trompettes, tambours, et autres instruments musicaux. » — † Ms. 884, p. 151. — † Ms. 659, p. 362. — § Ms. 3 bis, p. 164.

Un semblable passage ne suffit pas pour faire connaître ce qu'étaient les *Mal-lavés*. Cette espèce d'assimilation que les chroniqueurs en font, en les citant ensemble dans le même trait, pourrait faire croire que, comme ceux du Quétivier, qui n'étaient autre chose que le quartier de St-Fiacre, les mal-lavés étaient les habitants de quelque autre quartier pauvre.

D'un autre côté, il ne serait pas impossible qu'on eût appelé ainsi les hommes qui, de nos jours, forment ce qu'on appelle *l'armée noire*, singulier corps de métier qui date dans Cambrai de temps immémorial, et qui résiste aux coups des révolutions. Chacun sait que l'armée noire, à Cambrai, est composée de gens assez *mal-lavés*, demi-commissionnaires, demi-ouvriers, qui rendent, moyennant salaire et surtout moyennant quelques pots de bierre, tous les services dont on peut avoir besoin pour les rudes travaux de diverses espèces qui réclament des bras vigoureux et des vêtements peu soignés.

MALADEAUX *(Léproserie ou Hôpital des)* — Cette léproserie existait autrefois, hors de la ville, non loin de l'hôpital St-Ladre, dans le faubourg St-Georges. Elle était indépendante de l'hôpital de St-Ladre, et avait été fondée, au XIV° siècle, pour le soulagement des pauvres lépreux étrangers à la ville de Cambrai, et que, pour cela, on ne pouvait recevoir dans l'hôpital St-Ladre. Les revenus de cette modeste maison étaient assez modiques. Ils étaient administrés par un bourgeois de Cambrai qui en était le receveur.

Il existait dans les archives de St-Sépulcre, des lettres relatives à cet Hôpital, en date de 1379, et dans lesquelles il était désigné sous le titre de *Leprosaria*.

La maison des Maladeaux ne subsista pas longtemps après la ruine du grand hôpital de St-Ladre. Elle fut détruite en 1580, et la fondation en fut sans doute supprimée. Nous n'en avons du moins trouvé aucune trace depuis cette époque. — V. † ms. 903.

MALADRERIE. — Nom que l'on donnait aux hôpitaux de lépreux. Il est souvent employé dans les chroniques. Il y eut jadis à Cambrai plusieurs maladreries. — V. *Lépreux*.

MALLUM. — Le *Mallum* ou *Mallus* était une sorte d'assemblée d'État, où les comtes ou leurs délégués discutaient et jugeaient les affaires du pays : il était défendu d'y venir armé. Ces assemblées, qui avaient lieu deux fois l'an, au printemps et à l'automne, ne pouvaient se tenir dans les églises ni aux environs; prohibition singulière, quant aux environs du temple et dont on ne s'explique le motif que par la crainte des troubles que pouvaient occasionner les affaires politiques. Des assemblées moins importantes, qu'on appelait Malli-Minores, avaient lieu pour le service ordinaire de la justice. Elles se tenaient en plein air, soit dans la cour d'un château, soit à l'ombre d'un chêne séculaire; et la naïve bonne foi de nos pères remplaçait alors ce prestige, cette magie théâtrale dont les cours de justice furent plus tard forcées de s'armer contre des mœurs blasées, contre des consciences qui ne sont plus accessibles qu'à l'étonnement ou à la crainte.

Certaines terres du Cambresis étaient franches : les comtes n'y pouvaient établir ni *Mallum*, ni tribunaux, ni taxes, ni impôts. — *Chron. de Baldéric*, liv. Ier, chap. LXXII.

MALMAISON. *(Forteresse de la)*. — La chronique attribuée à Jean Duchastiel et d'autres manuscrits du même genre nous apprennent que ce fut Nicolas de Fontaines qui fit édifier la Malmaison en l'an 1255. — « Il fit construire la Malmaison près le chastel en Cambresis, à une lieue. » Gélic et Froissart disent qu'elle en était à deux lieues. L'on pense généralement que ce véritable boulevard du Cambresis, du côté du Haynaut, était situé entre les villages d'*Ors* et de *Câtillon*. En un endroit qui porte encore le nom de la forteresse, le curieux retrouve des traces de fortifications qui semblent confirmer l'opinion générale.

Nous ne connaissons pas d'autres descriptions de cet antique château fort que celle que l'intelligence du lecteur peut tirer d'une page d'*Enguerrand de Monstrelet*, que l'abbé Dupont a reproduite en style moderne, avec assez peu d'exactitude et que nous aimons mieux citer avec le style naïf du vieil auteur.

« Au commencement de cet an (1427), fut prise la forteresse de la Malmaison, séante à deux lieues, près du chastel en Cambresis, laquelle étoit à Jean de Lens, seigneur de Liekaerque et évêque de Cambray, à cause de son évêché. Et la prit messire Jean Blondel, tenant le parti du roi Charles, accompagné de ses gens qui étoient en petit nombre. Dedans icelle étoit comme capitaine par ledit évêque, un bel écuyer nommé Watier de Baillon, lequel fut trouvé en son lit. Et entretemps, les dessus dits, en traversant *les fossés parmi l'eau*, et montant par échelle de dedans *la basse-cour* audit lieu, prirent le guet. Et après ils s'embuchèrent devant le *pont du donjon* ; et au matin, quand le portier avala ledit pont, ils saillirent sus, les épées traites, et occirent ledit portier. Puis entrèrent tout paisiblement dedans, sans y trouver quelque défense ni empeschement, jà soit ce que ce fut la plus forte place et mieux gardable qui fût en toutes les marches ès pays d'environ. »

Il résulte de ce récit que le donjon, la partie la plus fortifiée de la forteresse, lequel était garni d'un pont-levis qu'on levait toutes les nuits, était précédé d'une avant-cour séparée de ce donjon par un fossé, et dans laquelle on faisait le guet. Le tout était ceint de murailles baignées d'eau et assez hautes pour qu'on ne pût les franchir qu'à l'aide d'escalade.

La forteresse était toujours munie de garnison à la solde de l'évêque de Cambrai qui y résidait quelquefois.

Citons maintenant divers événements antérieurs à cette surprise dont nous n'avons parlé d'abord que pour avoir la description de la forteresse.

On lit dans Froissart qu'en 1340, elle avait une garnison assez importante pour former un renfort à *une chevauchée de six cents armures de fer* qu'on envoyait de Cambrai à la ville de Haspre.

.... « Ainsi que je vous ai ci-dessus devisé, dit plus loin le même Froissart (1340), les garnisons des frontières étaient pourvues et garnies de gens d'armes; et souvent y avoit des chevauchées, des rencontres et des faits d'armes les uns aux autres, ainsi que en tels besognes appartient. Si avint en cette même saison que *soudoyers* allemands se tenoient, de par l'évêque de Cambray, en la Malmaison, à deux lieues du Castel-en-Cambresis, et marchissant (limitrophe) d'autre part plus près de Landrecies dont le sire de Potelles étoit capitaine.

» ... Si avoient souvent le hutin (bruit) ceux de la Malmaison et ceux de Landrecies ensemble. Dont un jour saillirent hors de la Malmaison les dessus dits allemands bien montés et bien armés et vindrent courir devant la ville de Landrecies et *accueillirent la proie* et l'emmenoient devant eux. Adonc s'arma le sire de Potelles et fit armer ses compagnons, et montèrent à cheval et se partirent pour rescourre aux Allemands leur proie qu'ils emmenoient. Si étoit adonc le sire de Potelles tout devant et le suivoient chacun qui mieux mieux. Il, qui était de grand'-volonté et plein de hardiment, abaissa son glaive et cria aux François qu'ils retournassent, car c'étoit honte de fuir. Là avoit un écuyer allemand qu'on appelloit Albrecht de Cologne, appert homme d'armes durement, qui fut tout honteux quand il se vit ainsi chasser. Si retourna franchement et baissa son glaive, et férit le cheval des éperons, et s'adressa sur le seigneur de Potelles, et le chevalier sur lui, tellement qu'il le férit sur la targe un si grand horion que le glaive vola en pièces; et l'Allemand le consuivit par telle manière de son glaive raide et enfumé, que oncques ne brisa ni ploya, mais perça la targe, les plates et l'oqueton, et lui entra dedans le corps et le poignit droit au cœur, et l'abattit jus de dessus son cheval, navré à mort. Dont vinrent les compagnons Hainuyers, et le sire de Bousies, Girard de Mastain, Jean de Mastain, et les autres qui de près le suivoient; qui s'arrêtèrent sur lui quand en ce parti le virent, et le regrettèrent durement ; et puis requirent les François fièrement et asprement en contrevengeant le seigneur de Potelles qui là gissoit navré à mort. Et combattirent et assaillirent si dur Albrecht et sa route (troupe) qu'ils furent déconfits, morts et pris, ou peu en échappèrent; et la proie rescousse et ramenée, et les prisonniers aussi, en Landrecies, et le sire de Potelles mort, dont tous les compagnons en furent courroucés durement. — *Chroniques de Froissart*, liv. 1, partie I, chap. 113.

Des chroniqueurs rapportent qu'en 1403, la forteresse de la Malmaison fut prise d'une manière fort singulière.

Voici comment l'abbé Dupont rapporte cette aventure qui eut lieu sous l'épiscopat de Pierre d'Ailly :

« Mansart pair du Cambresis et Grignart chevalier, tous deux fils du sieur d'Enne, sous prétexte de traiter du mariage de Jean de le Motte écuyer, avec la fille de Jean d'Aubencheul châtelain de la forteresse, saisirent le moment où il étoit allé à la chasse pour s'en rendre les maîtres. Le fils du châtelain et sa sœur qui brûloit d'envie de voir conclure son mariage, ordonnèrent aux sentinelles et au portier de les laisser entrer avec plusieurs de leurs gens. Pour affoiblir la garnison qui auroit pu mettre obstacle à leur dessein, ils envoyèrent quelques soldats au châtelain pour lui demander de se rendre à la forteresse, afin de travailler au mariage dont il étoit question. Le châtelain dut bien être surpris lorsqu'à son entrée, on se saisit de lui, et qu'on le fit prisonnier. Alors Mansart et Grignart, au lieu de traiter du mariage, envoyèrent à Enne prendre du canon et autres munitions de guerre pour s'y défendre, et ayant soudoyé des Ardenois et déclaré la guerre à l'évêque et à la ville de Cambrai, ils se mirent à piller le pays et à y faire tout le dégât possible. »

L'évêque était alors absent de Cambrai. Ses vicaires et les bourgeois décidèrent que, pour mettre ces pillards à la raison, on s'adresserait au comte du Hainaut. Le comte répondit aux députés qu'on lui envoya dans cette circonstance que, *en brief on en aurait bonnes nouvelles*. En effet, trois ou quatre jours ensuite, le comte de Hainaut était en possession de la forteresse, ce qui n'empêcha pas les sieurs d'Esnes de faire la guerre à l'évêque pendant plusieurs mois.

Cependant le *libérateur* qui s'était emparé de la forteresse, s'y trouvait très à l'aise, et n'en voulait plus déguerpir. L'évêque à qui elle appartenait, la lui réclama en lui offrant de l'indemniser de tous les frais de son expédition; mais le comte n'entendait pas trop raison. Néanmoins il finit par ouvrir trois voies d'accommodement : la première de démolir le château, car il portait ombrage au Hainaut; la seconde, de le conserver par lui-même pour le compte de l'évêque; la troisième, d'y mettre un châtelain, sujet du comte et à gages communs; ce qui équivalait à ceci : ou démolir la forteresse, ou la laisser occupée par le comte ou un de ses gens.

L'évêque était assez disposé à faire raser la forteresse, mais de perfides conseils l'en détournèrent. Elle fut remise à un écuyer du Hainaut, Girard de Sémousies, qui n'y fut pas plutôt qu'il fit difficulté d'y laisser entrer l'évêque. Celui-ci ne put s'y introduire qu'avec une suite très peu nombreuse. Le nouveau capitaine intrigua et parvint à se faire venir du Hainaut un ordre de garder très sévèrement la forteresse.

Mais le terme de l'existence de la Malmaison approchait; ce fut en 1427 qu'après avoir été un sujet de soucis, de querelles et d'intrigues, ce célèbre château fort fut démoli.

« Tôt après, dit Jean Duchastiel, le duc de Bourgogne étant à Mons en Haynault avec son conseil, messire Jean Blondel y arriva par sauf conduit, car par ledit duc avoit esté plusieurs fois requis de rendre la forteresse, auxquelles requêtes il ne voulut mie obéir; dont le duc et son conseil délibérèrent de bailler gens et aide à l'évesque jusques à temps qu'il auroit reconquesté la Malmaison. Et pour cela furent commis messeigneurs de Lallaing, de Lannoy, le gouverneur de Lille et autres gentilshommes, avec un certain nombre de gens d'armes. Messire Jean Blondel ayant appris ces nouvelles, et que le duc de Bourgogne s'en mesloit, demanda à traicter et délibéra de rendre la forteresse moyennant que sa paix fust faicte avec le duc et ses biens saufs, et pour ses dépens 4,000 écus, laquelle chose fut promise. Et par ainsi délivra la Malmaison en la main du bâtard du Quesnoy, qui par le duc y était commis. Et pour payer ladicte somme, fut mise une grosse taille en tout le pays, tant sur gens d'église que sur autres. »

L'abbé Dupont fait judicieusement, à ce sujet, les réflexions suivantes : « Il y auroit de quoi s'étonner de la facilité avec laquelle le duc accepta ces conditions, si la forteresse n'avait pas été remise à Balthasar, bâtard du Quesnoy, pour la garder au nom du duc; et si les 4,000 écus n'avaient pas été levés sur le Cambresis. »

Ces charges énormes, ces troubles continuels auxquels elle donnait lieu, ces injustes entreprises dont elle était l'objet, tous ces déplorables inconvénients que ne balançaient pas les avantages qu'elle pouvait procurer, déterminèrent alors la destruction de la Malmaison. Ce ne dut pas être sans un profond sentiment de regret que l'évêque et les principaux seigneurs du pays se décidèrent à cette mesure extrême. Elle fut donc *toute démolie dont ce fut grand dommage, car c'était la non pareille et la mieux édifiée qui fust en tout le pays à l'environ, et le plus fort lieu.*

Ainsi, pour résumer son histoire, nous dirons que construite en 1255, par Nicolas de Fontaines, démolie en 1427, la forteresse de la Malmaison exista pendant 172 ans.

MALPLAQUET (*Suite de la journée de*). — Le nom de cette sanglante et funeste bataille se rattache aux annales de Cambrai par le souvenir des débris mutilés de l'armée française, qui se retirèrent dans nos murs.—Pauvres soldats de Louis XIV qui eurent leurs funérailles dans la ville de Fénelon ! Nous n'avons à en parler que sous ce rapport, tâche pénible pour notre cœur, comme le sont tous souvenirs des malheurs de la patrie. On trouve dans les *Mémoires* *chronologiques* des détails pleins d'intérêt sur ce qui se passa dans cette triste circonstance. Nous les reproduisons tels qu'ils sont écrits.

« L'armée française, quoique exténuée de la disette qui commençait seulement à se ralentir, ne laissa pas de montrer son courage à la journée de Malplaquet, qui arriva le 11 septembre de cette même année 1709. Elle aurait sans doute remporté la victoire, si les Gardes françaises et le régiment du roi n'avaient donné ouverture aux ennemis. On les a accusés d'avoir contribué à la perte de la bataille ; c'est un déshonneur à ces grands corps et à ces gens de parade qui ne s'effacera jamais de l'esprit des autres soldats qui les renverront toujours à Malplaquet (1). Il y avait un temps considérable que l'armée n'avait plus de vivres ; cela n'empêcha pas le soldat de se battre avec vigueur. Le maréchal de Villars, général de l'armée de France, reçut une blessure à la cuisse dont il fut boiteux. Il y eut beaucoup de perte de la part des Français et des Hollandais ; les blessés qui pouvaient marcher, tâchèrent de gagner les villes voisines ; il y en eut un si grand nombre qui tombèrent sur Valenciennes, qu'on fut obligé de fermer les portes à leur nez. Ces pauvres gens ne sachant que devenir, ramassèrent toutes leurs forces, et tâchèrent de se traîner jusqu'à Cambrai. Nous sommes sortis de la porte Notre-Dame pour voir ce triste spectacle : ce n'était que blessés dans le grand chemin ; les uns avaient la tête enveloppée avec leur chemise, les autres le bras soutenu avec la cravate, celui-ci tombait par terre et ne savait plus marcher, celui-là ne faisait que gémir et déplorer son malheur ; d'autres revenaient à cheval ne sachant pas se soutenir dessus ; on en menait d'autres sur des chariots. C'étaient ceux-là qui excitaient le plus la compassion ; ils étaient tout couverts de sang, et assurément on les aurait pris pour des hommes écorchés, tant ils étaient maltraités de blessures.

» Il fallait que les blessés se présentassent devant le commissaire pour avoir le billet de leur logement. Ce commissaire demeurait dans la rue des Juifs : on voyait toute cette rue couverte de blessés attendant l'ordre pour savoir où ils iraient coucher. Les deux hôpitaux de Saint-Jean et de Saint-Julien n'étaient pas suffisants pour tant de monde ; après les avoir remplis le plus qu'on put, on envoya les autres dans les casernes, jusqu'à ce qu'on eût dressé d'autres hôpitaux pour les loger. On commanda à tous les chirurgiens de la ville de les aller panser. Ce fut alors que le petit barbier qui n'avait pas encore manié la lancette, se croyait chirurgien juré ; tout était employé et tout travaillait. Heureux le soldat qui avait quelque peu d'argent pour graisser la main des chirurgiens, car la plupart passaient légèrement, et ne délibéraient pas longtemps s'il fallait couper ou non.

» On régla à la fin les hôpitaux, on fit venir plusieurs chirurgiens de Paris : on prit la grande salle des Jésuites où les écoliers représentent ordinairement leurs tragédies, pour y retirer les blessés (1). La nef de l'église des Récollets, les Chartrières, la maison de Saint-Paul, proche le béguinage, Saint-Jacques de la rue des Rôtisseurs, servirent au même usage. M. de Fénelon retira les chevau-légers, mousquetaires et autres de la maison du roi dans son séminaire, où il les fit panser avec une très grande exactitude. Il mourut un si grand nombre de blessés dans tous ces hôpitaux et ailleurs, qu'on peut dire hardiment qu'il en est mort autant sur le lit que sur le champ de bataille. »

L'archevêque fut obligé de bénir un endroit sur la Place-d'Armes (2) pour servir de sépulture aux soldats morts dans l'hôpital de St-Jean ; ce cimetière est proche le Bastion-Robert : ceux qui mouraient dans les autres hôpitaux étaient enterrés à la porte de Cantimpré, auprès de la chapelle, qui regarde le grand chemin.

MALTOTE. — V. *Impôts.*

MANUSCRITS *de la Bibliothèque de Cambrai.* — La Bibliothèque de Cambrai est extrêmement riche en beaux et précieux manuscrits. Elle réunit une grande partie de ceux que pos-

---

(1) « Cette tache a été effacée par le régiment du roi qui fit des merveilles en Italie et par les Gardes françaises qui firent des actes de valeur incroyables au siége de Philisbourg en 1734. » — *Mém. chron.*

(1) C'est dans ce même lieu que bien des années après, et comme pour lui conserver une tragique destination, le féroce Lebon jouait des drames de sang, autrement horribles ; c'est de là que son tribunal révolutionnaire envoyait les victimes à l'échafaud. Cette salle est aujourd'hui divisée en cellules de séminaristes.

(2) Il s'agit ici non pas de la place d'Armes d'aujourd'hui, que l'on appelait alors le Grand-Marché, mais bien de l'espèce de Champ-de-Mars, situé près de la Porte-Robert, devant la citadelle.

sédaient le chapitre métropolitain, les abbayes de St-Aubert, du St-Sépulcre, de Vaucelles, des Guillemains, de Walincourt et de St-André, du Câteau. Parmi ces manuscrits, on trouve beaucoup de mémoriaux et de chroniques qui traitent de l'histoire de Cambrai. Ils sont signalés dans le catalogue que nous donnons dans ce Dictionnaire au mot *Histoire*. — V. aussi *Bibliothèque*. — Et surtout le *Catalogue descriptif et raisonné des manuscrits de la Bibliothèque de Cambrai*, par M. A. Leglay.

MARAIS et **ÉTANGS** *du Cambresis*.—L'Escaut et la Sensée qui parcourent le Cambresis, l'un dans toute l'étendue de ce territoire, du sud au nord; l'autre dans sa partie septentrionale, traversent de nombreux marais, dont une grande partie a été, depuis un siècle, conquise à l'agriculture.

Les marais les plus voisins de Cambrai sont :

Le marais de Selles, tout récemment mis en culture;

Le marais d'Escaudœuvre;

Le marais d'Esward;

Le marais de Thun-St-Martin;

Le marais de Cantimpré;

Le marais de Proville.

A la fin du siècle dernier, il existait un marais fort renommé dans la banlieue même de Cambrai. C'était celui de *Tout-y-Faut*. Son importance lui venait de ce qu'il était en été un but de promenade pour les habitants de Cambrai, un endroit de réunion pour la jeunesse qui y allait folâtrer, un lieu d'exercice pour les compagnies bourgeoises d'archers et d'arbalétriers qui y établissaient leurs tirs, à certains jours de l'année. Le mât du tir à l'oiseau y restait en permanence. Il se trouve figuré sur un ancien plan de la banlieue de Cambrai. Quand la ville donnait des prix aux *Serments*, c'était là que les champions se les disputaient. Ces exercices y attiraient une foule considérable. Le marais Tout-y-Faut, était situé sur la rive droite de l'Escaut et s'étendait sur tout l'espace compris entre ce fleuve, le marais d'Escaudœuvre et l'antique blanchisserie dite de Gobeaux, dont la ville fut expropriée par le gouvernement pendant la Révolution de 1793. C'est sur ce marais qu'ont été établies les deux propriétés occupées aujourd'hui par MM. Brabant frères, blanchisseurs.

On voit dans la *Statistique du département du Nord* par Dieudonné, qu'en 1804, les marais occupaient, dans le Cambresis, une étendue de 94 hectares. Depuis lors cette étendue a considérablement diminué.

Les principaux étangs du Cambresis étaient : aux portes de Cambrai, celui de l'abbaye du St-Sépulcre, situé contre les glacis de la place, entre le bras droit de l'Escaut et la fontaine St-Benoît. Cet étang a été desséché, et converti en pré pour la blanchisserie qui existe aujourd'hui en cet endroit.

Dans la campagne,

Ceux de Busignies, dont deux ou trois sont situés dans le bois. Ils ont toujours produit d'excellent poisson.

Les étangs de l'abbaye de Vaucelles qui ne le cédaient pas en produits à ceux de Busignies. Ils ont disparu avec l'abbaye dont ils dépendaient.

La carte du Cambresis dressée par P. Olivier en 1774, indique six autres étangs, le long du cours et à gauche de l'Escaut, depuis le village de Banteux jusqu'à Crèvecœur.

Nous ne parlons pas d'un nombre considérable de viviers plus ou moins étendus, dont la plupart des maisons de plaisance du Cambresis étaient pourvues. Mais nous mentionnerons pour mémoire ces vastes *clairs* formés par l'extraction de la tourbe dans les marais situés au-delà d'Aubencheul-au-Bac, du côté d'Arleux. A l'époque où les anciennes villes d'Oisy et d'Arleux faisaient partie du Cambresis, quelque portion de ces grandes étendues d'eau aura sans doute appartenu à notre province.

MARCHES TRIOMPHALES, autrefois *Marches triomphantes* — V. *Fêtes*.

MARCHÉS *divers*. — Avant de nous occuper des règlements qui régissaient les nombreux marchés de Cambrai, nous parlerons des lieux publics qui servaient à la tenue de ces divers marchés.

GRAND MARCHÉ.

On nommait ainsi, autrefois, la Grande Place de Cambrai, dite aujourd'hui Place-d'Armes (1). C'était sur ce vaste espace que se tenaient, en des endroits spéciaux, les marchés partiels : — *Aux grains*, — *au pain*, — *aux fromages*, *beurre, œufs*, etc.— *Aux herbes*,— *aux aulx, ognons, porions*, — *aux poulailles*. — *Aux faucilles*.

C'était encore là, sur le bord du *Flot de la*

---

(1) Cette dénomination nouvelle de *Place-d'Armes* donnée à l'ancien *grand marché*, a fait prendre le change à plusieurs personnes qui ont confondu cette place avec la Place-d'Armes devant la citadelle. — V. *Place-d'Armes*.

Cayère, auprès du puits-à-chaîne, qu'avait lieu le *marché au poisson*.— V. plus loin *ordonnance* du 24 janvier 1614.

MARCHÉ AU POISSON.

La place où se tenait ce marché fut pavée, en 1550, avec le produit de l'amende payée par Jean de Bove, bailli de Marcoing, pour sortir de la prison de la ville. — V. la singulière affaire de ce bailli au mot *Bove (Jean de)*.

Après la suppression du Flot de la Cayère qu'on fit disparaître en 1581, le marché au poisson fut transféré proche les Clarisses, à l'endroit où est encore aujourd'hui le Mink. Il occupait cette large rue qui porte le nom de rue du Marché-au-Poisson.

PETIT MARCHÉ.

Il était situé dans la rue dite aujourd'hui grande rue Fénelon, ou plutôt, c'était la partie de cette rue comprise entre le coin de la rue d'Inchy et le pont de Bon-Secours. Originairement, sans doute, le marché proprement dit n'était que la petite place qui existe au coin de la rue d'Inchy; mais les marchandes arrivant en grand nombre, s'étendaient vers le pont et occupaient souvent toute la partie de la rue que nous venons de désigner : d'où vient, que l'on appelait *Petit Marché*, l'espace entier fréquenté par les marchandes de légumes et de fruits.

Il est question du *Petit Marché*, à la date de 1532, dans les † mss. 659, p. 206,— 884, p. 92, — et dans le § ms. 3 (bis), p. 97, à propos d'un débordement considérable de l'Escaut.

MARCHÉ AU BOIS.

C'était l'endroit que l'on appelle encore, de nos jours, Place-au-Bois. C'est au milieu de cette place que se trouvait ce que l'on appelait le Pré-d'Amour.— V. *Pré-d'Amour*.

MARCHÉ AU CHARBON.

Nous pensons qu'il n'était autre chose qu'une petite partie du *Marché-au-Bois*.

MARCHÉ AU VIEUX DRAP.

On désignait ainsi quelquefois la halle au vieux drap, où s'installaient aussi d'autres marchands que les fripiers. — V. *Halles*.

Nous avons parlé des marchés en tant que lieux, où se réunissaient les marchands; nous allons maintenant rapporter les règlements et ordonnances de police qui régissaient les divers marchés.

MARCHÉ AUX GRAINS.

Il a toujours été tenu sur la partie du grand marché qui lui est encore consacrée.

Sommaire d'un règlement sans date qui était inscrit au livre aux bans, f° 43 jusque 47.

1°. Est ordonné que les marchands n'auront qu'un achepteur dans une maison.

2°. Que les grains amenez sur le marchet pour vendre, seront tels dessoubs, comme dessus.

3° et 4°. Limitent l'heure de l'ouverture du marchet.

5°. Que les *monstres* qu'on apporte au marchet seront telles, que les grains sont en la maison.

6°. Est deffendu aux hostellains de mesler paille avec l'avoine.

7°. Qu'on ne porterat au marchet grains mouillez, etc.

8° et 9°. Que les grains seront mesurez de mesure bonne et loiale, flastrée de la marque de la ville.

10° et 11°. Qu'on ne revende les grains qu'on at acheptés la mesme journée.

12° et 13°. Que les marchands de grains ne garderont les greniers d'autruy.

14° Qu'on ne meslerat vieux bleds avec nouveaux, depuis la St-Jean Décolace jusqu'à la St-Martin.

15°. Que les marchands n'achepteront grains sur les rues, mais en plain marché.

16°. Que nuls marchands n'acheptent bled ou avoine, hors la ville, etc.

17°. Que les mesuresses ne mesureront sinon par mencaud, les deux pouces dessus, par francquet et boisteau.

18°. Qu'on ne pourrat faire pain de bled embousquet.

19°. Que nuls hostelains tiennent marchet en leurs maisons, des grains qui viennent de dehors, etc.

20° Que nuls ne mesurent grains en la cité, fors les mesureurs ou mesuresses à ce sermentez, excepté les censiers pour les cens qu'ils doibvent aux bourgeois, etc.; que lesdits mesureurs ou mesuresses ne feront chose contre les bans.

21°. On pourrat mesurer poids et fèves sans mesureurs, jusqu'à un francquet. Item les bourgeois et manans qui voudront vendre les grains qu'ils ont dans leurs maisons, à qui que ce soit, pourront le faire mesurer par qui il leur plairat, jusques à un muid à la fois, sans lesdits mesureurs; ce qu'ils pourront faire aussy à l'égard de tous les grains qu'ils envoiront dehors la ville, n'estans venduz.

22°. Que nuls marchands forains pourront emmener les grains qu'ils auront acheptez hors du marché, sinon que le marchet soit fini, affin que les bourgeois qui en voudront avoir pour le prix qu'ils sont venduz en puissent prendre.

23°. Que tous marchands mesureurs et mesuresses obéissent aux mayeurs.

24°. Que les grains venduz soient mesurez publiquement, afin que le peuple en puisse prendre à ce prix si bon lui semble.

25°. Que les mesureurs auront au marchet mencaud, francquet, boisteau, pour mesurer.

26°. Que nuls marchands ne pourront achepter grains pour revendre jusques' au 24 du mois d'octobre, etc.

Autre règlement pour le marchet aux grains et les marchands de grains (14 octobre 1627).

SOMMAIRE.

1°. Est ordonné que le marchet aux grains s'ouvrirat depuis Pâques jusques à la St-Rémy, à dix heures du matin jusqu'à deux heures après midi; et depuis le St-Rémy jusques à Pasques, à onze heures du matin, jusques à trois heures après disner.

2°. Que ceux qui voudront estre marchands de grains se debvront, tous les ans, déclarer à la Chambre, pour se faire enregistrer.

3°. Que les marchands de grains ne peuvent achepter grains dans la ville, hors du marchet, soit à monstre ou autrement.

4°. Qu'ils ne peuvent achepter grains hors la ville à cinq lieues à la ronde.

5°. Qu'ils ne pourront achepter bleds verds ou à venir.

6°. Que tout le bled venant de dehors soit estaplé au marchet, aux conditions et portées.

7°. Que les bleds mis au marchet par sacquies, soit dehors, ou dedans, ne pourront estre acheptez par les marchands.

8°. Que le bourgeois pourrat lever grains au grenier du marchand lorsqu'il les vend par monstre.

9°. Comment les marchands forains doibvent se régler, touchant l'achapt des grains.

10°. Deffense aux marchands, blateurs, boulangers, brasseurs, et autres d'entrer au marchet avant l'heure limitée : et le mesme fust encore deffendu par un autre règlement, qui est au livre aux bans, f° 52, art. 4.

11° Le marchand ayant achepté une charée de bled, n'est tenu d'en donner part à ses compagnons marchands, mais bien aux bourgeois le requerrans.

12°. Quand un marchand marchande une charée de bled, nul autre marchand ne doibt approcher, etc.

13°. Que les marchands ne feront sortir leurs grains avant la St-André.

14°. La peine et amende aux contrevenans.

Une ordonnance du 4 août 1642, inscrite également au livre aux bans, modifiait les règlements précédents en ce qui concernait l'heure limitée pour la vente sur le marché, des grains amenés par les *censiers*, *blatiers* (marchands de grains) et autres.

On trouve encore mentionnées, dans un inventaire dressé en 1679 par l'échevin Ladislas de Baralle, les pièces suivantes relatives au marché aux grains, savoir :

« Règlement donné à ceux qui sont commis pour vendre les grains au marchet. » — Date du 15 décembre 1647.

« Ordonnance que le débit des grains sur le marché commencera depuis les 9 heures du matin jusqu'à 12 heures du midi, pour toutes personnes indifféremment, à la réserve des boulangers, brasseurs et autres marchands, pour lesquels l'heure sera après les 12 h. du midi, aux peines y commises. » — Date du 13 septembre 1655.

« Règlement général du marché aux grains, du 4 août 1679.

» Ordonnance aux marchands de grains de n'aller au devant des grains, hors des portes, ni jusqu'aux portes, ni dans les rues; mais les laisser aller au marché pour y estre vendus, à peine, etc. » — Date du 5 novembre 1516.

L'échevin cite encore un règlement concernant les marchands de grains, daté du 13 août 1641.

Voici maintenant une ordonnance du XVIIe siècle qui concernait particulièrement les mesuresses de grains. A cette époque, les femmes étaient, comme les hommes, admises au service du *mesurage juré* qui se fesait sur le marché. On verra dans l'ordonnance qui va suivre que les femmes avoient fini par envahir le marché, s'instituant, de leur autorité privée, mesuresses de grains, et jetant ainsi la perturbation dans la police du marché. C'est à cet abus que les échevins portèrent remède.

Ordonnance du 21 septembre 1630.

« Sur ce que seroit venu à la cognoissance de MM. eschevins, et Magistrat de ceste ville de Cambray, que, parmy le marchet au bled, se commettent plusieurs notables abus et désordres, par diverses femmes et filles s'ingerans de leur autorité privée, d'entrer audit marchet, et y faire toutes fonctions de mesurage, sans aucun serment de fidélité fait et présenté en préalable; non sans de grandes confusions, et préjudice du publicque, Mesdits sieurs désirans à ce pourvoir le plus convenablement et efficacement que faire se peut, ont ordonnéz et arrestez, que doresnavant personne desdites femmes ou filles, qui debvront estre seulement du nombre de trente pour l'advenir, n'aurat à se placer audit marchet pour y exercer les fonctions de revendresses ordinaires, soubs l'aucthorité publicque; qu'avant tout, elles aient à ce estez admises, et retenues par mesdits sieurs, et de ce en presté le serment, en tel cas accoustumé, paiant pour leur admission, comme toutes autres personnes retenues à fonctions semblables, sept livres, et aux greffiers une livre, sur peine à celles s'ingerans de faire le contraire, d'estre privées pour tout de ladite entremise, et rigoureusement punies celles qui, soubs prétexte d'aide, s'advanceront à l'advenir d'être audit marchet et assister les revendresses sermentées, comme elles souloient (avaient coutume de) faire cy devant. Bien entendu, toutes fois, que, par la présente ordonnance, ne sont exclues les personnes particulières, dont les bourgeois, censiers, et autres forains se voudroient servir, pour la vente de leurs grains, lesquelles seront toujours libres d'y entrer et exposer en vente ce que, par lesdits bourgeois, censiers forains et autres, leur aurat esté particulièrement commis et confié à ceste effet. Laquelle ordonnance at esté notifiée auxdites revendresses en plain conclave, le jour, mois et an que dessus : Signé CANONNE. — Cette pièce était au *Livre des Ordonnances* du Magistrat, f° 110, verso. »

« Les marys des mesuresses des grains seront tenuz eux obliger pour leurs femmes. — Du 3 janvier 1640. — *Livre aux bans*, f° 182. »

Le laborieux échevin de Cambrai cite encore les sommaires de quelques règlements et ordonnances, dont la simple lecture suffit pour faire comprendre à quels abus ils portaient remède.

« *Règlement pour les mesureurs et mesuresses de grains, et comment ils doibvent se régler :*

1º. Est ordonné, que les mesureurs et mesuresses ne feront aucun achapt de grains sur le marchet ou ailleurs pour revendre, etc.

2º. Que lesdites mesuresses n'accosteront les censiers et autres pour tâcher de vendre leurs grains.

3º. Est ordonné aux mesureurs de grains des abbaies de Cantimpret et Arrouase de ne mesurer leurs grains provenans de leur cense, qu'à la mesure de la ville.

4º. Que le mesme serat à l'égard du comte d'Egmont et autres seigneurs temporels.

5º. Que le fermier du mesurage de grains ne pourrat commettre plus de mesuresses, que le nombre limité.

6º. Que lesdits mesureurs et mesuresses vendront léalement les grains qui leur seront donnez pour vendre, sans en pouvoir retenir l'argent, soubs prétexte de quelque gain particulier. »

Une autre ordonnance voulait « que les mesuresses de grains ne fissent aucuns achapts, en aucunes maisons des ecclésiastiques, gentils-hommes ou autres. »

La même défense fut faite par un règlement de 13 août 1641.

« *Règlement donné à ceux commis au marchet pour la vente des grains, contenant en substance :*

« Qu'ils n'iront pas au-devant des censiers, qu'ils ne vendront les grains à plus haut prix qu'ils n'auront estez afforez, qu'ils ne recepvront grains en leurs maisons, qu'ils n'attendrons les boulangers, brasseurs hostellains, etc., pour vendre les grains qu'ils ne tiendront l'argent des marchands plus d'un jour, etc. — 14 décembre 1647. »

Ces divers règlements étaient au *Livre aux bans.*

Le marché aux grains fut, à diverses époques, en temps de disette ou de troubles civils, le théâtre de scènes de violence et de désordre populaires.

Ce fut surtout pendant la Révolution que la police du marché aux grains devint pénible et difficile. On en trouve la preuve dans les procès-verbaux du Conseil municipal de Cambrai.

On lit ce qui suit dans le procès-verbal du 26 juillet 1789.

« Ce jourd'hui, cinq heures de relevée, MM. du Magistrat étant assemblés au Consistoire de l'hôtel-de-ville, ont envoyé deux députés pour prier la plupart des citoyens qui se trouvaient également assemblés pour la composition du corps de la milice bourgeoise, de se rendre parmi eux, à l'effet de délibérer sur les moyens d'établir le bon ordre et ramener la tranquillité dans le marché aux grains. Et *tous réunis*, ayant considéré les inconvénients qui pourraient résulter de permettre que le peuple fixât arbitrairement le prix des bleds à un taux infiniment au-dessous du prix courant des villes voisines, puisque cela écarterait nécessairement l'importation de cette denrée de première nécessité que les fermiers et autres étrangers pourraient amener aux marchés, et favoriserait l'exportation de ceux destinés à l'approvisionnement de la ville, provenant des achats faits par l'administration municipale, et celle des états du Cambresis; et après mûre délibération, il a été unanimement arrêté que, demain et chaque autre jour, trois commissaires du Magistrat avec M. le Prévot, choisis par le corps, et quatre commissaires choisis par les citoyens, se rendront au marché aux grains, pour veiller tant au prix des grains, qu'à la liberté que chacun doit avoir de vendre sa denrée, ainsi qu'il trouve convenir : et, en conséquence, M. Desgaudières (1) sera prié de commander un piquet d'infanterie et un de cavalerie de la garnison, comme aussi les chefs de la milice bourgeoise commanderont semblablement un piquet en nombre convenable pour, de concert, prêter, en cas de besoin, main-forte pour le maintien du bon ordre, de la sûreté et de la tranquillité publiques.

» Et de suite MM. du Magistrat ont nommé à cet effet les deux échevins de semaine, à tour, et un des deux commissaires au marché: et les citoyens ont fait choix de MM. Boileux, avocat; Trocmez, Podevin et J.-M. Boileux. »

On trouve encore, dans le procès-verbal du 14 juin 1793, le passage suivant :

« On représente qu'une foule nombreuse se presse sur les sacs de blé et met des entraves à la régularité de la vente et de la distribution.

» Le Conseil arrête qu'il sera fait sur la place, comme en 1789, *un carré formé de planches, où tous les blés qui seront distribués par les administrations, seront placés,* afin que les commissaires qui présideront à cette besogne puissent la faire avec méthode et sécurité. »

Ainsi, une enceinte palissadée, des piquets d'infanterie, de cavalerie et de garde natio-

---

(1) M. Desgaudières était lieutenant du roi.

nale, n'étaient pas de trop pour seconder l'intervention de l'autorité représentée par plusieurs de ses membres, et pour préserver le marché d'un pillage imminent.

C'est qu'un peuple qui a faim, entend facilement les suggestions des hommes de désordre. La famine a toujours été le plus puissant auxiliaire des révolutions.

Nous ne parlerons pas du pillage et de la ruine des boulangeries de Cambrai; cela ne regarde pas directement le marché, mais nous laisserions cette notice incomplète, si nous ne rapportions les scènes tumultueuses dont il fut le théâtre le 5 novembre 1795. Nous en empruntons la relation à l'*Histoire de la Municipalité de Cambrai*. On nous permettra de nous citer nous-même, puisque nul que nous n'a encore écrit cette histoire.

Journée du 5 novembre 1795.

FORMIDABLE ÉMEUTE.

« Les promesses du gouvernement n'empêchent pas la populace de se précipiter sur un convoi, passant par Cambrai pour se rendre à Paris.

»Vainement le Conseil assemblé intervient-il personnellement au milieu de la bagarre qui a pris tous les caractères d'une véritable insurrection. Aucun raisonnement ne peut calmer la multitude qui se grossit d'hommes en armes. Le Conseil, de retour dans le lieu de ses séances, le trouve envahi par la foule. Un de ces hommes redoutables par leur exaltation, qu'on rencontre toujours à la tête des émeutes, a la prétention d'exiger du Conseil qu'il confisquera les grains en destination pour Paris. La bande qui accompagne cet homme profère des cris et des menaces terribles. Cependant on apprend que la troupe soldée qu'on avait appelée sur le marché, est insultée de toutes parts, et qu'elle se dispose à faire usage de ses armes pour repousser l'agression. Le Conseil demande que l'on ne donne pas l'ordre de tirer, et, devant cette masse insurgée, la troupe se retire l'arme au bras entraînant avec elle plusieurs soldats que les insurgés avaient déjà désarmés. Mais cette première concession ne suffit pas à la populace, elle prétend que le Conseil a expédié des courriers dans les villes voisines pour faire venir la force armée; elle exige que le commandant lui remette les clefs des portes pour qu'elle soit assurée que les renforts n'entreront pas. Le commandant de la place se refuse énergiquement à cet acte imprudent de faiblesse.

» Cependant les traits des chevaux ont été coupés, les grains déchargés; on est sans force armée, et la garde nationale, loin de prêter main-forte à l'autorité, se mêle en partie à l'émeute. Enfin, un nommé Lavalle, sergent dans la garde nationale, force la barre à la tête d'une nouvelle bande d'insurgés. Les membres du Conseil sont disséminés et obligés de monter sur les banquettes du Consistoire, lieu de ses réunions à cette époque. Des meneurs vont jusqu'à demander qu'on leur confie des canons. Le maire répond alors avec une noble énergie : « Ce n'est pas à des insurgés que l'on donne » des canons ! »

» Le danger devient tellement menaçant, que le Conseil décide qu'on priera les préposés à la conduite des grains d'en laisser à Cambrai 150 quintaux qu'il s'oblige à restituer en nature. Le Conseil espérait, par ce moyen terme, faciliter du moins le départ du reste du convoi. Mais les insurgés, ne se contentent pas de si peu et se mettent à piller les voitures. Alors le Conseil pense qu'il doit prendre, sous sa sauvegarde, le grain ainsi abandonné; et donne ordre qu'il soit amené à l'Hôtel-de-Ville. Mais un nommé Mollard, un des meneurs de l'insurrection, insulte à ce propos le Conseil qui décide que Mollard sera arrêté sur-le-champ. Alors ce misérable se sauve et va chercher asile au milieu des émeutiers. Mais le maire et le procureur de la Commune, ainsi que l'un des membres du Conseil, dénués de tout appui, de tout secours de la troupe et de la garde nationale, oubliant le danger qu'ils courent pour accomplir leur devoir, en donnant gain de cause à la loi, vont arracher le fugitif à la foule qui le réclame et le conduisent au corps-de-garde, sans trouver sur la place un seul citoyen qui consente à leur prêter main-forte.

» Ces hommes de cœur dont les noms méritent d'être conservés, étaient MM. Guenin, Douay fils et Raparlier. Cet acte d'énergie a décidé une vingtaine d'honnêtes citoyens à se joindre au Conseil général qui, payant courageusement de sa personne, se transporte sur les divers endroits où se commet le pillage et parvient à s'emparer d'une certaine quantité de sacs qu'il fait transporter dans une des salles de la Maison commune.

» Ensuite, le Conseil ouvre une enquête sur les discordes qui viennent d'affliger la ville et délibère que, sur-le-champ, M. Raparlier partira pour Paris avec le procès-verbal des événements pour le communiquer aux comités du gouvernement; et que M. Descamps se transportera aussi à Lille immédiatement, pour remettre au représentant Delamme une copie du même procès-verbal.

» Il est alors neuf heures du soir; le Conseil qui a fait preuve, dans cette fatale journée, d'un grand dévouement, d'un noble sang-froid, et d'une rare énergie, décide qu'il restera en permanence pendant toute la nuit.

» Du 6 novembre 1795.

» Le lendemain de la fatale journée qui vient d'être racontée, le Conseil écrit au Comité de Salut public pour lui rendre compte des événements et pour demander qu'une garnison respectable soit envoyée à Cambrai.

» Le Conseil avise au moyen de faire partir pour Paris le grain qu'on avait, la veille, sauvé du pillage et déposé à l'Hôtel-de-Ville. Plusieurs de ses membres se dévouent à cette périlleuse entreprise et la mènent à heureuse fin.

» Cependant la populace se présente à la barre et, dans les termes les plus grossiers, avec les gestes les plus menaçants, demande la mise en liberté de l'insurgé Mollard qui a été arrêté, la veille, et remis au pouvoir de la loi par l'énergique, nous dirions volontiers l'héroïque intervention du maire, du procureur de la Commune et d'un conseiller municipal. Le maire répond à ces nouveaux insurgés que Mollard étant actuellement au pouvoir de la loi, le Conseil n'a plus le droit d'en disposer. Cette réponse ne satisfait pas la populace qui continue à faire du bruit et à menacer, jusqu'à ce que le maire, pour s'en faire quitte, déclare la séance levée. »

MARCHÉ AU PAIN.

L'espace compris entre la chapelette qui existait sur le grand marché, et l'entrée de la rue des Maseaux (aujourd'hui de l'Arbre-d'Or), était réservé pour la vente du pain. Une croix de fer, élevée en cet endroit s'appelait, pour ce motif, *Croix au Pain* (V. *Croix au Pain*). C'était sur le marché au pain que devait être vendu tout pain bis ou de demi-qualité, dit de 2 ou 3 deniers. Cet usage datait de temps immémorial. — V. *Boulangers*.

MARCHÉ AU POISSON.

Sommaire d'un règlement général pour le marchet aux poissons de mer.

1er. Deffence de vendre sain de sardines, harengs, baline, chien de mer, etc., si ce n'est à lot, demy lot, pintes ou à sestiers, ou en gros.

2e. Que les harengiers et poissonniers obéiront aux mayeurs.

3e. Qu'aucun n'achepte poisson de mer, moulles, harengs, etc., en deça de Douay, Arras, dedans la ville et banlieue pour revendre.

4e. Que les harengiers, poissonniers, ne laissent avoir part aux achapts qu'ils font, à leurs femmes et enfants, mais chacun vend à part luy ce qu'il a achepté, et qu'ils ne vendront poissons, si ce n'est que les mayeurs les aient veuz.

5e. Que les poissons de mer, frais, n'auront qu'un jour de vente, si ce n'est les harengs, hennons, et saumons frais, lesquels cependant debvront estre remonstrez aux mayeurs le second jour.

6e. Qu'on n'ammenera en ceste ville, harengs et morlus, qui ne soient dans les tonnes telles dessous comme dessus, et l'afforage se ferat selon la valeur des denrées.

7e. Qu'on ne rapporte dans la ville, pour revendre, poissons et harengs qu'on auroit banny de la ville.

8e. Que nuls harenghiers et poissonniers acheptent saumons de Flandres, et aloses, plus proche de la ville que de six lieues.

9e. Qu'on ne vendra harengs et morlus, si les mayeurs ne les ont afforez *(taxés, mis à prix)*.

10e. Qu'on ne mienne harengs, hors de la ville, sans le consentement des mayeurs.

11e. (Ignoré).

12e. Que le valet ne vende autre poisson qu'il n'est permis à son maitre.

13e. Que femme ne puisse vendre à loyer poissons, et harengs.

14e. Que vendeur à loyer ne vend qu'une fois le jour.

15e. Qu'on ne tienne dans une autel, qu'un estal.

16e. Qu'ils vendront les harengs, macquereaux, morlus et autres, ainsy qu'elles auront estez afforées, sans pouvoir les remonter, à quoy les sergeans, et maieurs auront soing.

17o. Que celui qui veut vendre poisson de mer, desloie ou fasse desloier pour vendre, quand le coup de prime sonnerat à Notre-Dame.

18e. Qu'il n'y ait qu'un vendeur à une somme.

19e. Que les mayeurs soient prêts sur le marché aux poissons pour faire l'eswart, et qu'ils aient eswardé devant le coup de prime.

20e. Que les saumons frais, esturgeons, porcs de mer, et alloses se vendront devers la *chapelle du marchet*, et non ailleurs.

21e. Que s'il semble aux harenghiers et poissonniers, que leurs denrées ne sont bonnes et suffisantes, ils les reprendront et rendront l'argent, sans débat avec les marchands.

22e. Qu'ils ne refuseront de donner aux gens blancs harengs sans sors, et les sors sans blancs.

23e. Qu'ils n'iront directement, ni indirectement au devant des poissons, outre le moustier Notre-Dame.

24e. Qu'ils ne vendent mannes de harengs sores, pour ce qu'elles contiennent, et sans compte.

25e. Qu'ils ne vendront les mannes en tasque.

26e. Qu'ils ne vendront harengs sores qu'ils ne soient eswardez des maieurs.

27e. Que ceux qui n'auront jettez le lot au jour désignez, ne pourront vendre sans congé des maieurs.

28e. Que personne ne ferat venir en sa maison harengs en tonnes, ou autrement, sans les avoir montrés aux maieurs.

29e. Idem pour les harengs sores.

30e. Que si les harengs, et harengs sores, ne sont trouvez bons et suffisans dans les tonneaux, les marchands seront amendez, etc., et si lesdites denrées ne sont tout à fait corrompues, elles seront vendues derrière les murs de St-Aubert.

31e. Et que ceux qui auront semblables harengs à vendre, n'en pourront vendre d'autres, que ceux-là ne soient vendus, ny les pourront rapporter en leurs maisons sans les monstrer aux mayeurs.

32e. Que les hostelains, carbateurs, taverniers, et revendeurs n'achepteront de tels harengs.

33e. Ce que doibvent avoir, sur chasque millier de harengs, pour faire l'argent bon, ceux qui auront l'envoi des denrées d'afforage.

34e. Ce que les femmes qui voudront vendre harengs, pourront prendre sur chascun millier pour afforage.

35e. Que tous ceux qui seront commis et ordonnez, feront serment es mains des prévost et eschevins.

36e. Que ceux qui voudront vendre poisson pour autruy, donneront caution.

37e. Qu'on ne vendrat les poissons et autres denrées, qu'elles ne soient eswardez auparavant.

38e. Que ceux de la ville qui voudront aller à la mer, chercher la marée, ne molesteront, ny diront injures aux chasses-marée ordinaires, ne cacheront par les chemins la marée, et se comporteront sans fraude.

39e. Ce que les vendeurs pourront prendre sur chascune somme à vendre, pour faire l'argent bon.

40e. Ce qu'ils prendront pour chacune chevalée de moulles.

41e. Idem que l'art. 17e.

42e. Que les harenghiers ne pourront achepter harengs exposez en vente sur le marché au poisson, etc.

43e. Qu'ils ne sépareront les grands des petits harengs, mais les vendront tels qu'ils sont empacquetés.

44e. Que les mayeurs ne feront aucun esward, qu'ils ne soient trois du min.

45e. Jusque 53, règlent ce que les mayeurs doibvent avoir de sallairs, pour l'eswart de chacune somme de marée, selon la diversité, des diverses espèces de poisson.

53e. Qu'ils se contentent des sallairs déclarez es dits articles.

54e. Que s'ils jugeroient denrées pour bonnes, qui seroient trouvées mauvaises, ils seront privés de leurs charges.

55e. Ordonnance à tous varlets de poissonniers, et harenghiers, d'avoir nétoié le marché et osté les estaux, en dedans des vêpres.

56e. Qu'on ne mettra fumier ny ordures quelconques es lieux où on at ascoutumé vendre les poissons, à peine, etc.

57e. Que personne ne reçoive poisson pour revendre, qu'il ne le fasse décharger en plein marché.

58e. Que ceux qui ont les envoys d'harengs qui viennent à Cambray, informent les mayeurs, combien les envoys contiennent chascune manne.

59e. Que les harenghiers ne mettront harengs en leurs maisons qu'ils ne soient visitez des mayeurs.

60e. Deffence à ceux qui reçoivent les envoys de n'achepter aucuns poissons pour revendre, etc.

61e. Qu'ils ne s'approcheront des maieurs, ou se mettront entre eux, que lorsqu'ils sont ensemble pour faire l'affor.

62e. Ordonnance rafraîchissante les susdits règlements.

63e. Que le poisson de mer se doit vendre au min, et ceux qui achèptent donnent caution.

64e. Que celuy qui reçoit les envoys, ferat le debvoir à monnoie coursable, *en diminuant*, et mettant premièrement les denrées en plattes mannes, et ce ordonnées, affin que les marchands les voient.

65e. Que les denrées ainsy mises es dites plattes mannes, passeront l'eswart des mayeurs auparavant d'estre mises à prix.

66e. Qu'en dessoubs de huict sommes, les mineurs ne pourront avoir qu'une somme, mais en dessus chascun en pourrat avoir tant qu'il lui plairat.

67e. Que du poisson de mer vendu le matin, le prix ne serat paié au sommelier en dedans une heure après midy, et celuy vendu l'après-midy devant la cloche des vêpres.

68e. Que le poisson de mer venu le matin serat vendu au lieu accoustumé, et feront les vendeurs diligence de le vendre en dedans les onze heures, et celuy venu l'après-midy en dedans de cinq heures à peine, etc. Excepté les jours de caresme, es quels on pourrat jusques à douze heures, sauf les dimanches.

69e. Qu'après les susdites heures, les vendeurs debvront marquer leurs denrées de quelque signe, et ne pourront les vendre, ny au marché, ny ailleurs dans la ville, à peine, etc.

70e. Que celuy qui reçoit l'envoy, n'aurat aucune part sur les marchandises, avec les chasses-marée.

71e. Que personnes n'irat au devant des denrées, mais seront tous portées au marchet.

72e. Que les denrées qui auront estez portées au marchet ne pourront estre portez ailleurs, si ce n'est que le devoir du min ait esté fait.

73e. Que les mineurs ny autres ne pourront avoir quelque personne pour les aider à distribuer les denrées, sinon leurs enfants non jettans les lots.

74e. Qu'un sommelier, ou recevant envoy, à d'effault de prix offert par autruy, pourrat dire min et le retenir à soy, sinon qu'un bourgeois le voudroit avoir pour le prix de la demeure.

75e. Que vendeurs de poissons de mer frais ne vendront en la journée poissons salez.

76e. Que les taverniers, carbateurs, hostelains et autres ne pourront, par eux ny par autruy, dire min, ny mesme revendre le poisson qu'ils auront acheptez, s'il n'est cuit.

77e. Que toutes personnes pourront achepter poissons à dire min, moiennans paier les droits du mestier, et jetter les lots pour les estaux.

78e. Quant et comment les marchands aians fait envoy et non manans de ceste ville, se pourront faire paier prestement.

79e. Parle des sallairs de l'envoy, et des droits qu'on prend sur les poissons, item que deux *mannes* feront une *somme*, et que les aloses, macquereaux et merlans seront venduz au min.

80e. Que sy saumons frais seront apportez en ceste ville en dessoubs de six, de chasque saumon serat fait une somme, et chaque vendeur n'en pourrat avoir qu'un; et s'il y en a plus que six, deux saumons feront une somme, et chasque vendeur en pourrat avoir deux.

45

81e. Que personne n'entre dans les bailles, pour taster les poissons, que les maieurs, celuy qui fait le min, et les chasses-marée; et si après le min dit, les denrées ne trouvez suffisantes, celuy qui aurat dit min serat quitte de son marché.

82e. Deffence à ceux recevant l'envoy de dire min. »

Ce règlement sans date était inscrit au *Livre aux bans*.

Ordonnance du 24 janvier 1614.

« Ordonnance à toutes personnes s'entremettant de vendre harengs, mollus, saumons, et autres poissons salez, de les aller vendre *au marchet aux poissons, au dessoubs, et au rang* du *Puits*, et non ailleurs, sur peine d'acquisition desdites denrées contre les contrevenants. » — Extrait du *Livre aux bans*.

Règlement pour les mayeurs des poissons, mineurs (1), chasses-marée et autres. — 9 mars 1615.

SOMMAIRE.

1er. Est ordonné que les mayeurs de poisson, envoyes, clercs et valets commis pour l'esgard des poissons, ne prendront que les droits ordinaires, sans pouvoir solliciter les *chasses-marée* de leur donner quelque poisson à chasque somme, si ce n'est qu'ils leur donnent de bonne volonté, sans induction.

2e. Bien entendu que s'il n'y at que cabeliaux, et autres gros poissons, ils ne pourront espérer, ny prétendre sur telles sommes, autres droits que ceux en argent, comme ordinaire.

3e. Que lesdits mayeurs faisant visite de poissons pour l'eswart, n'en pourront prendre aucuns, et ceux qu'ils jugeront n'estre capables d'entrer au corps humain, les rapporteront au Magistrat.

4e. Est deffendu aux femmes des mineurs, de les approcher à leurs estaux, pour les assister à vendre les poissons, sur peine de soixante sols.

5e. Deffence aux chasses-marée de mettre en cloyers, ici aux environs, une partie de leur poisson, etc.

6e. Ordonnance de jeter à la rivière la marée, et brusler les harengs qui ne seront trouvez suffisants pour entrer au corps humain : et ce, en la manière y prescrite; et pour la marée qui ne serat trouvée tout à fait corrompue, pourrat estre vendue *à tourne dos*, au lieu ordinaire.

7e. Ordonnance que les mineurs ne pourront redoubler leur min, si ce n'est qu'auparavant, le nombre de douze d'entre eux n'aient particulièrement minez. » — Extrait du *Livre aux bans*.

Règlement pour les marchands de poissons d'eau douce.

SOMMAIRE.

1er. Deffence aux marchands de poissons d'eau douce, d'aller au devant des poissons hors des portes, ou de les achepter dans la ville, s'il n'est midy sonné.

2e. Qu'ils ne soient que deux ensemble.

3e. Que les marchands forains s'assoiront ensemble sur le marché, et les marchands de la ville ensemble, sans s'entremettre.

4e. Ignoré.

5e et 6e. Idem que le premier article.

7e. Qu'on ne mettra en vente poisson pasmé, qu'il n'ait passé l'eswart.

8e. Que les hostelains, cabartiers, etc., ne pourront achepter poissons aux forains apportans les poissons, que la cloche au pain ne soit ‹ ‚ ‶e à Nostre-Dame.

9e. Ordonnance que les poissons d'eau douce soient venduz à l'entrée du marché aux poissons.

10e. Désigne la place des estaux, qui n ⸱⸱us en usage.

11e. Deffence aux taverniers, cabartiers, hostelains, etc., d'achepter poissons d'eau douce morts, ou pasmez pour revendre.

12e. Et affin qu'on puisse avoir cognoissance des poissons morts, ou pasmez, les maieurs et les eswardans leur couperont une partie de la teste,

13e. Deffence de mettre en vente anguilles mortes ou pasmez à peine, etc.

Autre règlement postérieur et général pour le marchet aux poissons, publié en pleine Chambre le 5 décembre 1630.

Les articles premiers jusque six, règlent les sallaires de l'envoye, des maieurs, du clercq du min et autres; leur deffendant bien expressément à tous de prendre un poisson, comme ils souloient faire du passé, sur chascune somme de marée, mais de se contenter des sallairs y spécifiez.

7e. Que les chasses-marée pourront donner quelques poissons pour Dieu, et si bon leur semble aux ordres mendians.

8e. Que le droit que prétendent MM. de St-Sépulchre, se paierat jusques à autre ordre, à raison de trois denrées à la somme.

9e. Qu'on ne prendrat aucun poisson pour le saint de la confrérie des mineurs.

10e, 11e (Ignorés).

12e. Que si les maieurs trouvent quelque chose à dire aux valets des mineurs, ils en feront rapport à la Chambre pour y estre pourveu après cognoissance de cause.

13e. Que personne n'entrerat dans le parquet pendant le min, si ce n'est l'envoye, les mayeurs, clercqs et serviteurs, à peine, etc.

14e. Que les chasses-marée y pourront entrer pour verser leur marée, et après se retireront.

15e. Que lesdits chasses-marée ne verseront deux sortes de marée, en une mesme somme, sçavoir l'une plus vielle que l'autre.

16e. Que personne n'irat vers Arras, Douay, Valenciennes, au devant de la marée.

17e. Que, depuis la St-Rémy jusques aux Pasques, le min se commencerat à huict heures et demy précisément.

18e. Et depuis les Pasques jusques à la St-Rémy, à huict heures précisément.

19e. Qu'il ne se ferat aucun bruit, désordre, ou dispute audit parquet pendant le min, à peine, etc.

20e. Que chaque mineur aurat une cuvelle ou sceau pour jetter les immondices.

21e. Que s'il y auroit aucun chasse-marée qui voudroient passer outre sans miner, seront contraints

---

(1) Mineur ou minkeur; c'était même chose.

22e. Que toute personne pourrat apporter librement poissons audit parquet.

23e. Qu'un mineur ayant miné une somme, ne serat receu à miner une autre si cc n'est après douze mins.

24e. Comment on debvrat recueillir les voix, lorsqu'il y aurat quelque dispute pour le min, et que les maieurs de poisson, presteront serment es mains de MM. du Magistrat.

25e. Que les mineurs ne pourront porter, ou envoier vendre par les rues, les poissons qu'ils auront minez, ny mesme les remporter en leur maison, ains seront tenuz de les vendre tous au marché aux poissons, en dedans l'heure limitée.

26e. Que les mineurs seront subjets de renouveller de caution deux fois par an, etc.

27e. Toutes femmes et filles vendans poissons sallez ou désallez jetteront le lot deux fois par an, en paiant aux maieurs, etc.

28e. Que tous les mineurs seront establis par MM. du Magistrat, en paiant aux maieurs 6 patars et un liart pour leur droit de présentation.

29e. Que les femmes des mineurs, ou filles ne s'approcheront des estaux de leurs maris pour vendre le poisson, etc.

30e. Que ceux qui feront venir poisson sallez en ceste ville, en advertiront les maieurs auparavant les recevoir dans leurs maisons.

31e et 32e. Que l'eswart desdites marchandises se ferat par les maieurs.

33e. Idem à l'esgard de solres, et boucq-solres.

« Deffence à l'Envoy, et Maieurs de poissons, de prendre aucun poisson des chasses-marée, sur les sommes des poissons qu'ils minent, à peine de suspension de leur office. » (5 avril 1667.)

MM. du Magistrat suspendent, le 27 de janvier 1673, « cinq maieurs de poissons, de leur office, pour avoir pris des poissons des chasses-marée, nonobstant la susdite deffence, et condamnent le sieur Aubert-Henne l'Envoy à vingt livres d'amende. »

Le nombre des mineurs de poisson de mer est limité à vingt personnes. (Du 4 de juin 1638.)

« MM. recognoissant que le grand nombre des mineurs de poisson de mer, n'apporte que de la confusion, et est cause souvent et fois que la marée est, par iceux venduë plus chère aux bourgeois et habitans de ceste ville, désirant y remédier à leur possible, ont arrestez, que, pour l'advenir, le nombre complet desdits mineurs ne serat que de 20 personnes, et non plus. Fait en pleine Chambre. — Signé : MAIRESSE. »

« Règlement ordonnant aux mineurs de donner bonne et suffisante caution à l'appaisement de l'envoy : item édictant la forme et manière que les mineurs debvront estre éxecutez, s'ils sont en deffaut de satisfaire promptement audit envoy, pour les mins qu'ils auront acheptez. Du 28 de septembre 1600. »

MARCHÉ AU FROMAGE, BEURRE, ŒUFS, ETC.

On a vu plus haut que ce marché se tenait sur le rang de la place dit aujourd'hui de Ste-Barbe.

Sommaire d'un Règlement pour le marchet aux fromages, bure, œufs, etc. (sans date).

1er. Que tous vendeurs et revendresses de fromage, bure, œufs, ne pourront tenir estaux, pour vendre lesdites denrées, que sur le marchet, sauf le samedi; et mettront leurs estaux et hayons en rang l'un de l'autre, en commençant le rang au ruyot qui fait le coin devers le marché aux aulx, et ne tiendront deux estaux, et s'il arrive difficulté pour la place, les maieurs en décideront, ainsy qu'ils trouveront convenir. Ordonnant au surplus que les hayons n'auront que cinq pieds de haut, et deffendant aux marchands de la ville, qui vendent en gros, d'achepter desdites denrées dans la ville pour revendre le mesme jour.

2e. Que tous ceux et celles, qui voudront vendre cresme et laict au marchet, le vendront au mesme lieu, aians le dos tourné devers le grand marchet. Que ceux et celles de Bourlon, apportans desdites denrées, se mettront tous en un rang, depuis l'*Esquignet* jusques au ruyot du grand marchet. Que tous marchands, manaus, ou forains apportans desdites denrées en la ville, ne les pourront vendre aux revendeurs et recouppeurs, fors que sur le grand marchet, devant la maison *Jean-le-Sellier*, entre le ruyot du grand marchet, à peine etc.

3e. Deffence à tous revendeurs, marchans et recouppeurs, d'achepter desdites denrées, qu'il ne soit le coup de prime sonné; et qu'ils n'iront au devant desdites denrées au dehors de la ville.

4e. Qu'on ne vendrat les porées au lieu susdit, ains au lieu à ce désigné, que les œufs, ayant une fois estez afforez, on ne les pourrat remonter, etc.

5e. Que si aucun apporteroit un peu de porée, avec lesdites denrées, le pourrat vendre audit lieu jusques à la valeur de 18 deniers.

6e. Qu'on ne vendrat fromages de poids, qu'ils n'aient estez visitez par les maieurs.

7e. Que personne ne vendrat moustarde qu'elle ne soit bonne et bien qualifiée.

8e. Idem pour le vinaigre.

9e. Ordonnance que tous œufs, acheptez en gros par les marchands, hors de la ville, et apportez en ceste ville, seront estaplez sur le marchet l'espace de deux heures, que les maieurs en feront l'eswart, et leur serat le prix de l'achat déclaré par les marchands.

10e. Deffence à tous revendeurs et revendresses desdites denrées, de les achepter autre part que sur le marchet, et que midi soit sonné, etc.

11e. Que lesdites denrées soient vendues en plain marchet.

12e. Que les marchands desdites denrées les vendront eux mesme, sans se servir pour cet effect, de femmes, revendeurs ou revendresses.

MARCHÉ AUX HERBES.

Le marché aux herbes se tenait sur la grande place, derrière les *cambges* ou les *changes*. Ces maisonnettes, où l'on faisait le change de la monnaie, étaient situées non loin du flot de la Cayère.

Sommaire d'un Règlement pour le marchet aux herbes (sans date).

1er. Que tous ceux qui vendront porées, les aians aportez au marchet, ne pourront les rapporter ; et que le cresson de fontaine se vendrat à part du cresson de marée.

2e. Que tous ceux qui amienent porées en la ville pour vendre, les deschargeront au marchet, et s'assoiront aux lieux que leur désigneront les maieurs.

3e. Qu'on peut porter et vendre avant la ville, porées bonnes et loiales à panier et à brouette.

4e. Qu'on ne vendrat porées mauvaises.

5e. Qu'aucunes revendresses desdites porées n'en acheterat, s'il n'est sonné sacrement à Notre-Dame, et n'aillent hors de la ville, dans le ban-lieu, en achepter.

6e. Désigne le lieu où l'on doit vendre les porées : sçavoir *derrière les cambyes*.

7e. Idem que le premier parlant des revendresses.

MARCHÉ AUX AULX, OGNONS ET PORIONS (Poireaux).

Sommaire d'un Règlement (sans date).

1er. Que tous marchands desdites denrées les aient mis en vente en dedans le grand coup de prime.

2e. Qu'ils ne vendront aucunes desdites denrées en gros, s'il n'est midy sonné.

3e. Qu'aucun habitant de la ville n'achepte desdites denrées en gros pour revendre le mesme jour et les remonter.

4e. Qu'aucun revendeur ou revendresse desdites denrées ne les achepte en aucun jour de la sepmaine s'il n'est midy sonné.

5e. Qu'ils vendront bonnes denrées passant l'eswart des maieurs.

6e. Qu'aucun marchand forain ne vende ou fasse vendre ognons en riez, si ce n'est que chasque riez ait treise houppes souffisamment estoffez.

7e. Qu'on ne vendrat aulx lavés, depuis la Pentecoste jusques aux nouveaux.

8e. Ce que doibvent avoir les maieurs pour sallairs pour leur droit d'esward.

9e. Que personne ne pourrat mesurer ognons par mesure, fors les maieurs, et ce qu'ils doibvent avoir pour le mesurage.

MARCHÉ AUX POULETS.

Le marché aux poulets se tenait à l'endroit de la place où il est encore sur le rang dit, pour cette raison : *Rang aux Poulets*.

Sommaire d'un Règlement (sans date).

1er. Est ordonné que toutes volailles apportez en ceste ville, devant nonne, seront estaplez au marchet aux poullais, et celles apportez depuis nonne, seront conservez au lendemain, sans pouvoir les porter par la ville, de rue en rue, pour les vendre.

2e. Que nuls volailles morts seront vendus, s'ils n'ont estez eswardez par les maieurs.

3e. Désigne le lieu où on doibt vendre les volailles ; (le rang de la Feuillie, aujourd'hui du marché aux poulets).

4e. Qu'on ne les peut vendre, s'ils n'ont estez visitez par les maieurs.

5e. Que toutes les volailles se vendront devant la Feuillie, sauf que les bourgeois rencontrans les vendeurs en pourront achepter pour leur provision.

6e. Deffence aux carbateurs, rôtisseurs, taverniers et revendeurs, d'achepter volailles avant que prime soit sonné à Notre-Dame, à peine, etc.

7e, 8e et 9e, concernent les rôtisseurs, dont il est fait mention soubs le mot *Rôtisseur*.

10e. Deffence auxdits carbateurs, rôtisseurs, revendeurs et autres d'aller au-devant des volailles, ny les achepter sur le marché avant l'heure limité.

11e et 12e idem.

13e. Que toutes les volailles seront apportez sur le marchet.

14e et 15e concernent les rôtisseurs jusque 24.

24e est un règlement du 13 octobre 1441 : réglant le prix des volailles cuites et crues qui se vendent par les rôtisseurs, cabartiers et autres.

Règlement : Que le marchet aux poullais se tiendrat tous les mardis et samedis de chasque semaine, deffendant aux rôtisseurs, carbatiers, etc., d'y achepter les volailles auparavant l'heure limitée. (Du 5 de juillet 1625.)

Autre ordonnance pour le mesme subject ; et que toutes volailles seront vendues au marchet à poullais, à la modification y contenue. (Du 30 septembre 1627.)

MARCHÉ AU BOIS.

Deux règlements, dont l'un sans date et l'autre du 14 avril 1627, fixaient la longueur et l'épaisseur du bois à brûler, des fagots, etc. Il est regrettable que le savant échevin de Baralle n'en ait pas donné au moins le sommaire dans son inventaire.

Sommaire d'un autre Règlement pour le marché au bois (sans date).

1er. Que les charpentiers ne pourront achepter denrées pour revendre jusques à l'heure que les *Maironniers* (marchands de bois) l'acheptent.

2e. Que personne amenant mairien (poutres, solives), en ceste ville pour vendre, ne les fasse descharger qu'il n'ait auparavant estez au marchet, tant que raison porterat audire des maieurs.

3e. Que si les maieurs trouvent lattes qui ne soient bonnes et loiales, ils les mettront en pièces.

4e. Que nuls marchands de mairien ne puist herbeghir (emmagasiner) en leurs maisons nulles marchandises de bois si ce n'est leurs marchandises.

5e. Règle ce qu'on doibt faire du bois qui aurat esté estaplé le samedi au marchet, et n'aurat esté vendu.

6e. Que nuls marchands de bois n'acheptarat sur le marchet, qu'il ne soit midy sonné à Notre-Dame.

7e. Que chariots, charettes amenans bois au marchet, ne seront fourez, le bois n'estant tel dessoubs que dessus, à peine, etc.

8e. Que les hostellains advertiront les marchands de ces bans.

9°. Que si un bourgeois ou manant veut avoir du bois à l'instant qu'un marchand de bois l'at achepté, pourrat prendre jusques à la moitié de ladite marchandise au prix de l'achapt.

10°. Règle les sallairs des mayeurs.

Ordonnance du Magistrat relative aux marchands de bois du 14 avril 1628.

« Comme il est venu à la cognoissance de nous prévost et eschevins, que les personnes qui s'entremeslent d'achepter gros bois, fagots bourrez et vists gallants, pour par après les revendre à la menuemain aux habitants de ceste ville de Cambray, et autres, vont journellement faire leurs achapts hors de ceste ville, et chez les marchands bocquois, en grande quantité desdites marchandises, et avant qu'icelles soient accommodées et menées en ceste dite ville, jusques là que, souventes fois ils advencent ausdits Bocquois aucunes sommes de deniers, pour de tant plus les obliger à leur livrer ce qu'ils peuvent avoir achepté d'icelles marchandises qui cause que lesdits bocquois et autres s'entremeslans de charier et vendre bois n'en amainent que fort peu en icelle ville pour la provision des bourgeois et autres habitans de la ville, et cause grande cherté du prix desdits bois à l'interest du public. Pour à quoy remédier à notre possible, avons, par ces présentes, deffendu et deffendons bien expressement à toutes lesdites personnes qui s'entremettent, d'achepter et revendre lesdits bois, de faire leursdits achapts hors de ceste ville, ny en quantité, ny autrement par telle autre voie que ce puisse estre, pour les faire amener et deschargér devant leurs maisons ou autres places où ils le peuvent mettre, ains debvront seulement faire iceux achapts sur le marchet de ceste ville, à fait que lesdits bois seront amenez et exposés en vente, et ce, prisme après le jour de S¹ᵉ Marie Magdelaine prochain, affin que lesdits bourgeois et habitans de la ville aient moien d'en achepter pour leurs provisions, et qu'un chascun se ressente des commodités qui en peuvent provenir ; et s'il estoit trouvé à l'advenir que lesdits marchands et revendeurs de bois recevroient aucuns d'iceux bois, sans les avoir acheptés sur ledit marchet, ils encourreront une amende de neuf livres tournois ; pour chascun chariot ou charette qu'ils auroient faict amener ou receu en la ville, chargez de bois, sans y avoir estez achetez ; et sera tenu celuy ou ceux les aians amenez, de les vendre sur ledit marchet à tel prix qu'iceux bois y pourront lors valoir, et en outre advenant qu'aucuns desdits revendeurs achepteroient bois sur ledit marchet avant ledit jour de la Magdelaine, encourreront l'amende ordinaire de vingt livres tournois, le tout applicable ; un tiers aux pauvres ; un autre à l'office ; et le troisième au dénonciateur.

Enfin, une autre ordonnance règlementaire en date du 9 juin 1518, renouvelée le 8 mai 1520, deffendait formellement aux revendeurs de bois d'acheter pour en faire provision, ni bois, ni fagots, ni laignes, avant *Notre-Dame de septembre.* — § ms. 5. — † ms. 902.

Nous avons soigneusement réuni dans cet article tout ce que nous possédons d'éléments sur la police des marchés de Cambrai ; car on ne saurait trop faire connaître les mœurs et les usages de nos pères, et montrer avec quelle admirable sollicitude aux XV° XVI° et XVII° siècles, la magistrature cambresienne veillait déjà aux intérêts de ses administrés en donnant à l'acheteur des garanties pour la bonne qualité, l'exacte quantité, le prix modéré des denrées et autres marchandises, et en mettant un frein à l'éternelle cupidité des marchands.

MARCOING (Pairie et Chateau de). — La seigneurie de Marcoing était une des douze pairies du Cambresis. Ses *armes* étaient de gueules, à la croix engrêlée d'or, à franc quartier d'argent, au lion de sable.

L'origine du château de Marcoing remonte à la fin du XI° siècle. On lit dans un manuscrit attribué à Jean Duchastiel que Robert, comte de Flandre, voyant l'évêque Gaucher et son chapitre en dissension avec la bourgeoisie (1099), envahit le pays de Cambresis et *fit fermer un* Chateau a Marcoing, *pour plus gêner la cité de Cambrai.* En effet, ce château fort, placé sur une des grandes routes qui communiquaient avec Paris, Amiens et toute la Picardie, entravait toute circulation. Voyageurs, marchandises, rien ne pouvait passer. Dans cette périlleuse occurrence, l'évêque appela l'empereur suzerain à son secours. L'empereur Henri IV se rendit à sa prière, il arriva en Flandre en l'année 1101, et pénétra dans le Cambresis où il détruisit les forteresses qui tenaient le parti de Robert. Il y en eut cinq renversées de la sorte. D'abord celle de Marcoing, ensuite celles de Paluel, d'Inchy, enfin les forts de l'Ecluse et de Bouchain qui, sans être du Cambresis, tenaient sans doute pour le comte de Flandre.

Mais le château de Marcoing ne tarda pas à se relever de ses ruines. Vers 1153, il dressait plus fièrement encore ses tourelles sous la bannière de Jean de Marcoing. Cette circonstance devint le sujet d'une guerre dans le pays.

Voici en quelques mots l'historique de cet événement. Simon d'Oisy, châtelain de Cambrai, Gilles, son neveu, et Jean de Marcoing, avec deux de ses fils, assistaient un jour de cette année 1153, à un repas offert par l'évêque Nicolas, aux principaux seigneurs du pays. Jean venait de relever la forteresse de Marcoing, ce qui portait singulièrement ombrage au susceptible Simon d'Oisy. Celui-ci demanda au seigneur de Marcoing de quelle autorité il avait construit le fort qui le gênait. — De *l'autorité de l'évêque*, lui fut-il répondu. Cette repartie, loin de le satisfaire, l'irrita même contre le prélat. Il le rendit solidaire de ce fait qu'il regardait comme un attentat à sa puissance seigneuriale. Il s'emporta, au point que les fils de Jean prirent parti pour leur père d'une manière extrêmement violente. La présence seule de l'évêque empêcha que les dagues ne fussent tirées; mais Simon d'Oisy conserva dans son cœur un projet de vengeance que les instances du prélat ne purent conjurer. Le comte de Flandre revenait d'une expédition en Normandie; Simon d'Oisy l'alla trouver et lui offrit de le reconnaître pour son souverain, en lui faisant entrevoir qu'il ne serait pas impossible que tout le Cambresis en fît autant. Le comte hésita d'abord à accepter cette proposition déloyale : mais bientôt l'ambition le tenta et il vint surprendre et piller le château de Thun, qui appartenait à l'évêque. De là, grande alarme dans Cambrai. On voulut négocier avec le comte qui n'accorda qu'une trêve de huit jours. Or, la trêve expirée, l'évêque, pour se venger sur Simon, de la ruine de Thun, alla de son côté attaquer, avec ses vassaux et les troupes de la ville, le château de Noyelles qui appartenait au seigneur félon. Il en fut bientôt maître et le livra aux flammes. Mais on aperçut l'incendie du guet d'Oisy, et Simon accourut avec les troupes du comte de Flandre. Il surprit à son tour l'évêque et sa petite armée. La mêlée fut rude; l'évêque fut blessé et pris, on le relâcha, par respect pour sa dignité. Cent hommes restèrent sur le champ de bataille. Enfin, l'on fit trois cents prisonniers, parmi lesquels étaient Jean de Marcoing et l'un de ses fils. C'est alors que Simon d'Oisy se souilla par un acte d'une lâcheté et d'une brutalité inconcevables. Il n'eut pas plutôt aperçu son ennemi de Marcoing prisonnier, qu'il voulut le tuer, et le blessa très dangereusement à la tête.

L'affaire en resta là, l'évêque s'en tira en donnant au comte de Flandre et à ses successeurs la châtellenie de Cambrai, dont il dépourvut Simon et sa postérité. Le comte se tint pour satisfait : et le turbulent seigneur d'Oisy, fort ébahi de l'issue de son intrigue, apprit du moins cette fois que félonie appelle honte et préjudice.

Le château de Marcoing continua donc à subsister. Nous trouvons la mention de Marcoing, sinon de son château, en 1339, dans une lettre d'Édouard d'Angleterre où il rend compte d'une incursion qu'il avait faite en France. *Le samedy suivant*, dit-il (25 septembre), *venismes à Markeing qu'est entre Cambré et Fraunce.*

Combien le château de Marcoing dura-t-il encore? c'est ce que nous ne saurions dire; mais nous avons des raisons de croire : 1° qu'il endura des sièges par les armes à feu, ce qui ne put arriver, au plus tôt, que vers la fin du XVe siècle; 2° que la maison appelée aujourd'hui château de Marcoing n'est pas sur l'emplacement de l'ancienne forteresse féodale. Cette opinion s'appuie sur les documents suivants :

Sur la rive gauche de l'*Eauette* ou *Escauette*, petite rivière qui passe dans Marcoing et va se jeter dans l'Escaut; à l'endroit même où la grande route qui menait jadis en France par Péronne traversait cette rivière que l'on passait à gué, l'on a trouvé, il y a quelques années, des vestiges de fondations énormes. Il est évident que ces fondations ont été celles d'un bâtiment bien autrement grand et solide que les chaumières et les fermes qui forment et surtout qui formaient jadis le village de Marcoing. A vingt pas de cet endroit on a rencontré, à quinze pieds de profondeur, un souterrain voûté, dans la maçonnerie duquel se trouvaient des crampons en fer. Ce souterrain, dont la direction est parallèle à l'ancien chemin, s'étendait d'un côté vers les fondations dont il vient d'être parlé, et de l'autre vers l'église, auprès de laquelle on voit encore des débris de voie souterraine. Nous en parlerons tout à l'heure. Enfin, récemment on a trouvé, en creusant le lit de l'Eauette, en face des antiques constructions, des armes de guerre de grossière apparence, des poignées d'épées, des tronçons de dagues, des canons de mousquets, de petits boulets, en un mot de ces débris qui indiquent le lieu d'une bataille ou d'un siége.

Il est naturel de conclure de ces circonstances qu'autrefois un fort existait sur la rive gauche de la rivière de Marcoing; que sans doute ce fort était entouré d'eau; qu'à coup sûr un de ses côtés était baigné par la rivière; qu'il commandait la route sur laquelle il lui était facile d'intercepter toute communication. Il faut en conclure encore qu'il éprouva au moins un siége par les armes à feu; qu'enfin il communiquait avec des lieux éloignés par une voie souterraine. Les habitants du village croient généralement que cette route mystérieuse conduisait dans quelque bosquet voisin et au château de Cantaing, qui lui-même avait une issue du même genre dans le bois de Bourlon. Ce qu'il y a de certain, c'est que, tout près de l'entrée principale du cimetière de Marcoing, se trouve, à découvert, une voûte dont il serait curieux d'explorer l'intérieur ; c'est que, beaucoup plus loin dans le village, sur la direction de Cantaing, on voit, dans le puits d'une belle et ancienne ferme, à la profondeur d'une quinzaine de pieds, une galerie que l'on dit appartenir au même souterrain.

Ces souterrains restent aujourd'hui inexplorés à cause des éboulements et des frais considérables qu'occasionneraient les fouilles.

Jusque vers le milieu du XVIe siècle, le village de Marcoing, dont le château cessa d'exister à une époque que nous ignorons, a été désigné dans les actes publics qu'on y passait sous le titre de *Ville, Seigneurie et Pairie*.

L'église voisine et contemporaine du château primitif n'existe plus. Elle a été réédifiée en 1758. Nous avons trouvé dans les archives du village *un reçu donné par Philippe Jardet, machon, le 24 de septembre 1685, d'une somme de quarante florins, pour avoir travaillé à la réédification du clocher*.

Il y avait donc eu un premier clocher avant 1685.

A peu de distance, au nord-est du village, on voit un autre château de style espagnol, bâti en 1664. On l'appelle *Talma* (1).

MARIE (CHATEAU DE STE-). — Ce fut le premier nom du Câteau. — V. *Câteau*.

MARLY (PETIT-). — « Maison, bois et pré, séant entre deux portes de Selles », donné aux petits vicaires de Notre-Dame de Cambrai, par les seigneurs de Marly. — V. *Hist. de Cambrai, par Dupont*, part. IIIe, p. 132 des additions.

MARSY (FAMILLE). — Les frères Marsy, Gaspard né à Cambrai en 1624, et Balthasar né au même lieu en 1628, sont tellement liés entre eux par leurs talents, par leurs travaux et par les habitudes de leur vie, qu'on est forcé de les confondre, en esquissant leur histoire, comme ils le furent dans leur communauté de fortune. Leur père, qui se nommait Gaspard, et peut-être aussi Barthélémy, était lui-même sculpteur, et donna à ses fils les premières leçons de son art. Il les garda près de lui jusqu'en 1648. L'aîné avait alors 24 ans, et le plus jeune 20 ans. A cette époque ils allèrent à Paris où ils travaillèrent pendant un an chez un sculpteur sur bois. Après quoi, voulant pousser plus loin leurs études, ils se mirent à suivre des cours sérieux de sculpture. Ils furent bientôt remarqués par les habiles artistes, Anguier (1), Sarrazin (2), Van Obstal (3) et Buister (4), qui, tous quatre en possession de la faveur publique et de celle du roi, exécutaient d'importants travaux en divers endroits de Paris et de Versailles. Ces hommes distingués employèrent les frères Marsy qui, après quatre ou cinq années passées à de si bonnes écoles, ne pouvaient manquer de voir leur réputation s'établir à la hauteur de leur talent.

Aussi firent-ils, au point de vue pécuniaire, de bonnes affaires, tant par leurs travaux sur le marbre, que par les ouvrages en stuc qui étaient alors fort en vogue. Leur fortune devint assez ronde, et ils l'employèrent honorablement. Au milieu de leurs succès, ils avaient conservé la religion de la famille. Leurs parents habitaient encore à Cambrai; ils appelèrent d'abord auprès d'eux une de leurs sœurs, puis leur père et deux de leurs frères. Gaspard se maria en 1664, et Balthazar en 1669. Ils furent l'un et l'autre membres de l'académie royale de peinture et de sculpture.

Balthasar mourut en 1674. Gaspard n'est mort qu'en 1681.

Nous avons dit en commençant cette notice que Marsy, le père des célèbres frères, s'appelait peut-être Barthélémy. Nous tirons cette induction des *Mémoires chronologiques*, manuscrit généralement très exact. On y lit ce qui suit : « Le même chanoine (Sébastien Briquet) fit faire cette belle figure d'albastre de St Sébastien, posée dans la nef de la métropole, sur son épitaphe (5). C'est la plus belle pièce de sculpture qui se trouve dans cette ville. *Elle est de Barthélémy Marsy, natif de Cambrai, célèbre sculpteur établi à Florence.* »

On pourrait croire d'abord que l'auteur des *Mémoires chronologiques* a écrit Barthélémy pour Balthasar; mais, outre qu'il est douteux que jamais Balthasar Marsy ait été, même passagèrement, établi à Florence, il faut remarquer que le chanoine Sébastien Briquet est mort en 1624. — (V. son épitaphe dans les

---

(1) Aujourd'hui le château de Talma est en mauvais état d'entretien. Ce n'est plus qu'une pauvre ferme, dont le célèbre tragédien Talma avait désiré, à cause de son nom, refaire une maison de plaisance. Mais il ne put s'en rendre acquéreur.

(1) Anguier (François et Michel), tous deux sculpteurs, morts, l'un en 1689, l'autre en 1686.

(2) Sarrazin, peintre et sculpteur, né à Noyon, mort le 4 décembre 1660, à l'âge de 68 ans.

(3) Van Obstal (Gérard), natif d'Anvers, recteur de l'académie de peinture et de sculpture de Paris, mourut en cette ville en 1668, âgé de 73 ans.

(4) Buister (Philippe), natif de Bruxelles, mort à Paris en 1688.

(5) Elle était attachée à un pilier, au-dessus de l'épitaphe encastrée dans ce même pilier.

Recherches sur l'église métropolitaine de Cambrai, par M. Leglay, p. 181.) Or, cette année 1624 est précisément celle de la naissance de Gaspard Marsy (1), frère aîné de Balthasar, qui ne naquit que quatre ans après. En supposant donc que la statue de St Sébastien n'eût été faite qu'en vertu d'un testament du chanoine Briquet, et non de son vivant, encore faudrait-il admettre que l'on n'attendit pas qu'un artiste fût venu au monde, eût vieilli et se fût placé au rang des grands sculpteurs pour lui confier l'exécution du St Sébastien. Il n'est donc pas probable que cette statue soit l'œuvre d'un des frères Marsy, puisque le plus âgé était à peine né au moment de la mort de Sébastien Briquet qui commanda la statue. Mais il est tout naturel de croire que cette œuvre d'art fut confiée au Cambresien Marsy père qui, sculpteur lui-même, a pu l'exécuter. Il resterait à savoir si Marsy le père s'appelait Gaspard ou Barthélémy et s'il a pendant quelques temps habité Florence, ce qui semble résulter du passage des *Mémoires chronologiques.*

Nous avons cru devoir nous livrer à cette courte dissertation, parce qu'elle peut servir à élucider une question de biographie au sujet de la famille Marsy, et une question d'art, à propos de la statue de St Sébastien que l'on conserve dans le musée de Cambrai.

Nous allons maintenant emprunter à un document authentique, puisqu'il provient de l'académie des Beaux-Arts, la liste des œuvres magistrales des frères Marsy.

« Ils furent employés à plusieurs ouvrages de stuc dans le quartier du Marais, surtout dans la belle maison nommée l'Hôtel Sallé, où les ambassadeurs de Venise ont logé longtemps. Ils travaillèrent à de semblables ouvrages dans le château du Bouchet, qui est auprès d'Etampes, et qui, appartenant alors à un fermier général très opulent, nommé M. Marchand, a depuis été possédé par M. Duquesne, lieutenant général des armées navales du roi. Ils firent ensuite pour la chapelle basse de l'église des Martyrs, dans l'abbaye de Montmartre, un saint Denis qui est à genoux, et en action de prières, sur un piédestal. La figure est de marbre avec plusieurs ornements de stuc pour la même chapelle. Alors ayant été appelés aux ouvrages du roi, ils firent pour le Louvre les figures et les ornements de stuc qu'on voit dans la moitié de la galerie d'Apollon, du côté du grand escalier. Ils firent de pierre tous les frontons qui règnent le long de l'entablement de la petite écurie, tant du côté qui fait face à la rivière, que du côté qui regarde la place des Tuileries. Parmi les superbes ouvrages de Versailles, ils ont fait de métal, c'est-à-dire d'un mélange de plomb et d'étain, toutes les figures de la fontaine du Dragon, toutes celles de la fontaine de Bacchus, toutes celles de la fontaine de Latone, où la seule figure de Latone est de marbre, et toutes celles de la petite fontaine qui est proche de la fontaine de Latone; aux bains d'Apollon, deux tritons et deux chevaux de marbre blanc, où l'on voit l'un de ces tritons qui jette la housse sur un des chevaux, ce qui sert à distinguer ce groupe d'un semblable que M. Guérin a fait pour le même endroit; dans l'appartement du roi aux quatre chambres d'Apollon, de Mars, de Vénus et de Mercure, les ouvrages de stuc qui sont aux plafonds et au-dessus des portes; à la façade du château qui regarde le canal, huit figures de pierre et un pareil nombre de masques, un triton et une syrène de métal qu'on a ôtés de leur première situation, sans qu'on en ait encore fixé la seconde. Ils ont fait aussi dans l'église de Saint-Germain-des-Prés, le tombeau de Jean Casimir, roi de Pologne, qu'ils ont embelli de plusieurs figures de marbre, de pierre et de stuc. Voilà les principaux ouvrages où les deux frères ont travaillé de concert, et voici ceux que Gaspard a faits en particulier, et que les critiques ont trouvés d'un moindre goût, et beaucoup moins terminés que ceux où ils ont travaillé en commun.

» Gaspard a donc fait lui seul pour le petit parc de Versailles deux figures de marbre, l'une représentant Vénus, et l'autre le Point-du-Jour; dans la chambre des bains, une figure de métal représentant le mois de février; au cadran de la cour du château, une figure de Mars qui est de pierre; deux autres figures de pierre dans la même cour au-dessus de l'entablement du bâtiment; à la grille de l'avant-cour du château, une grande figure de pierre représentant la Victoire avec un aigle à ses pieds, pour signifier le progrès des armes du roi dans l'Allemagne. Il a fait à Sceaux, pour M. Colbert, dans les appartements d'en bas, une figure de marbre représentant la Vigilance; à Saint-Denis, pour le mausolée de M. de Turenne, deux fi-

---

(1) On a donné quelquefois d'autres dates que celle que nous citons; mais nous croyons avoir puisé à une source certaine, en nous adressant aux *Mémoires sur la vie et les ouvrages des membres de l'académie de peinture et de sculpture*, publiés d'après les manuscrits de l'école des Beaux-Arts.

gures de marbre, l'une représentant la Valeur, et l'autre la Libéralité. Enfin, sous la prévôté de M. Le Pelletier, contrôleur général des finances, M. Gaspard Marsy fut un des quatre sculpteurs qui furent choisis dans l'Académie pour travailler aux quatre bas-reliefs de la porte Saint-Martin, où l'on a représenté les avantages des armes du roi en 1674 et en 1675. Et comme ce détail succinct est à la gloire de la compagnie, nous dirons que des deux bas-reliefs qui font face vers la ville, celui qui représente la seconde réduction de la ville de Besançon a été fait par M. Desjardin, celui où l'on voit le roi sous la figure d'Hercule qui foule aux pieds Gérion, célèbre par les trois corps dont il était composé, a été fait par M. le Hongre pour figurer l'anéantissement de la triple alliance. Des deux autres bas-reliefs qui font face vers le faubourg, celui où l'on voit le dieu Mars qui porte l'écu de la France et qui poursuit un aigle a été fait par M. Marsy pour signifier les victoires du roi en Allemagne. L'autre bas-relief, qui représente la prise de la ville de Limbourg, a été fait par M. Legros. »
— *Extrait d'un mémoire historique des ouvrages de MM. Gaspard et Balthasar Marsy,* conservé manuscrit à l'école des Beaux-Arts, et publié dans les *Mémoires inédits sur la vie et les ouvrages des membres de l'académie royale de peinture et de sculpture.*

Outre la statue de St Sébastien dont nous avons parlé plus haut, la ville de Cambrai possède un bas-relief très remarquable dû au ciseau de Gaspard.

Ce bas-relief en albâtre représente la prise de Cambrai par Louis XIV, le 5 avril 1677. Il fut acheté en 1828 par les soins du conseil municipal de Cambrai. Voici en quels termes ce fait est constaté dans le procès-verbal de la séance de ce conseil, du 11 mars 1828. « Un membre (1) annonce au conseil qu'il a reçu l'avis que, le 19 de ce mois, il devait se vendre aux enchères, à Paris, un bas-relief représentant la prise de Cambrai en 1677, et exécuté par Gaspard Marsy, sculpteur né à Cambrai.— Le conseil engage M. le maire à faire l'acquisition de ce morceau de sculpture locale, se réservant d'en voter les frais. » Le maire de Cambrai, conformément à ce désir, pria le député de Cambrai, M. Cotteau, alors à Paris, de faire l'acquisition du bas-relief, ce qui eut lieu. Ce bel objet d'art fut acquis pour la somme de 600 fr. Il coûta pour menus frais et transport, 37 fr. 45 centimes, moyennant quoi, la ville de Cambrai fut mise en possession d'une chose doublement précieuse pour elle, puisqu'elle est l'œuvre d'un Cambresien, et la représentation d'un des plus grands événements de son histoire.

Ce morceau a un mètre 24 centimètres de largeur, sur $0^m,53$ centimètres de hauteur. Il est d'une très belle conservation, sauf une cassure de haut en bas. Le sujet y est traité d'une manière allégorique; les personnages y sont, suivant le goût de l'époque, habillés à la romaine, au milieu des canons et des étendards fleurdelysés. Louis XIV, monté sur un cheval ardent, y porte l'ample chevelure historique, sur laquelle le génie de la guerre, les ailes étendues, vient poser un casque. Deux autres génies précèdent le roi, et portent l'un une des trompettes de la renommée, l'autre une corne d'abondance. Sous les pieds du cheval, on voit renversé une espèce de satyre portant l'écusson impérial. Autour du monarque s'agitent des combattants; et, dans le lointain, on aperçoit la ville de Cambrai couronnée de sa multitude de clochers.

Au centre de ce tableau on lit sur une banderole : *Prise de Cambrai.*

MARTIN (ÉGLISE PAROISSIALE DE ST-).— On lit dans un manuscrit contenant le *Calendrier historial* de Julien de Lingne, copié par l'abbé Tranchant, et catalogué à la bibliothèque de Cambrai sous le n° 907, p. 199 : « Ex lectionibus quæ die festo hujus sacræ virginis (Maxellendæ) die XIII novembris, leguntur in ecclesià Cameracensi, notandum quod eo tempore, *extrà murum* Cameracæ civitatis, constructa erat *ecclesia Sancti Martini.*

On voit, d'après ce passage, qu'originairement l'église de St-Martin était hors des murs de la ville; non pas qu'elle ait été située en un autre lieu que celui qu'elle occupait au siècle dernier, mais parce que la clôture d'enceinte de Cambrai n'allait pas au delà de ce lieu.

« C'était, dit Julien de Lingne, une *abbiette* de nonnains, lesquels gardaient les corps de Ste Maxellende, vierge, qui fut occise par Harduin au village de Caudry, au jour 13e de novembre 670. »

On lit dans les § ms. 6, p. 68 et § ms. 1 (bis) p. 106 : « En ce temps là (fin du VIIe siècle), Vindicien fit une abbaye à Caudry, où le corps de Ste Maxellende estoit. Et y mit des nonnains; mais il advint que, pour les guerres,

(1) M. Eugène Bouly père.

ledit corps fut apporté au pays de Cambrai, en une abbaye de nonnains, *hors des murs*, qui est, à cette heure, la paroisse de St-Martin. Et fût là loin-temps et long espace. »

Plus tard, vers la fin du Xe siècle, les reliques de cette sainte furent transportées dans une chapelle de l'église de Notre-Dame; puis en l'an 1023, dans l'abbaye de Saint-André-du-Câteau. — V. *Maxellende*.

« L'abiette de St-Martin fut bruslée par méchief, puis on fit faire une autre église, laquelle fut dédiée à St Martin et érigée en paroisse. » — *Notices de Julien de Lingne*.

Telle fut l'origine de cette église dont la tour a pris, comme beffroi, la première place parmi tous les clochers de Cambrai.

Voici quelques notes que nous avons recueillies dans divers manuscrits de Julien de Lingne, et autres anciens auteurs dignes de foi.

L'église fut brûlée en l'an 700 ou 705, celui même de la mort de St Vindicien, « puis refaite plus grande et érigée en paroissiale. »

Le clocher commencé en 1447 (1), élevé jusqu'au cadran en 1459, fut terminé en 1474. Il s'y trouvait des tourelles qui furent abattues par l'orage le 26 juillet 1528. Il fut refait tel qu'il est en 1736. — V. *Beffroi*.

La branche de la *croisée*, du côté de la rue de Noyon, fut faite en 1488; l'autre ne fut construite qu'en 1504.

La charpente et la couverture de la nef, en 1584.

Le grand portail fut érigée en 1493.

Le Dieu-de-Pitié, en 1517.

Les orgues furent faites en 1514, elles coûtèrent 520 livres tournois.

L'église dont il s'agit fut l'objet de grandes libéralités de la part de Louis XI qui avait une dévotion particulière envers St Martin. Ce roi bizarrement dévot fit faire « une treille d'argent à l'endroit où le corps de St Martin reposait, laquelle treille pesait 7777 onces marcs d'argent, et coûta deux cents mille livres tournois. » *Notices de Julien de Lingne*, † ms. 658, art. XII. Le même roi fit encore d'autres présents à la même paroisse.

Cette paroisse possédait une belle sonnerie; c'était en partie celle de la première église de St-Vaast dont les paroissiens avaient vendu leurs cloches à ceux de St-Martin, à l'époque où le chapitre de St-Géry, chassé de son antique église du Mont-des-Bœufs, par Charles-Quint, prit possession de l'église de St-Vaast. — § ms. 4, p. 24.

L'église de St-Martin était pourvue d'un vaste cimetière, divisé en deux parties : l'une de ces divisions qu'on appelait le *Jardinet*, était réservée à la sépulture des enfants. — V. *Cimetières*.

Le portail principal de cette église donnait sur la rue de Noyon.

En face du portail, était une grande hôtellerie à l'enseigne de l'*Epervier*, dont il est quelquefois question dans les chroniques locales. — V. *Hôtelleries*.

L'église paroissiale de St-Martin fut vendue révolutionnairement, le 16 août 1791, et démolie immédiatement. — V. *sur l'église St-Martin*, le † ms. 658, art. XIIe.

MARTIN ET MARTINE. — Figures mauresques qui sonnent l'heure sur la cloche de l'horloge de la ville de Cambrai. On les citait autrefois comme une des sept merveilles du Cambresis. Nous en parlons assez longuement à propos de l'horloge communale. — V. *Horloge communale*.

MASEAUX. — V. *Boucheries*.

MASEAUX (RUE DES). — C'était la rue de l'Arbre-d'Or. — V. *Rues*.

MASSŒUS ou *Masseuw*. — Chrétien Masseuw se donna lui-même le surnom de Cambresien, *cameracenas*, à cause de son long séjour à Cambrai, quoiqu'il fût originaire de Warneton, bourg de Flandre sur la *Lis*. Né le 13 mai 1469, il fit de bonnes études par suite desquelles il entra dans la congrégation des *Clercs de la vie commune*, et reçut l'ordre de la prêtrise. Une grande partie de sa vie fut consacrée à l'instruction de la jeunesse. Il enseigna les humanités à Gand, jusqu'en 1509, époque à laquelle l'évêque Jacques de Croy l'appela à Cambrai, avec quatre de ses confrères, pour y tenir le collège des Bons-Enfants, dits *Cappets*. Les clercs de la vie commune vinrent donc s'établir dans cette maison à Cambrai, où ils furent plus généralement désignés sous le nom de Hiéronimites ou *Fratres*. — V. *Vie commune (Clercs de la)*. — Après quarante années passées dans l'enseignement, Massœus, épuisé de vieillesse et de travaux, mourut à l'âge de 76 ans, le 25 septembre 1546. Il reçut la sépulture dans cette maison des *Fratres* où il avait passé 37 années de

---

(1) La veuve de Jean Lobry, conseiller de la ville de Cambrai, avait donné à l'église St-Martin, en 1446, une somme de cent sols d'or qui furent employés à la construction du clocher. — JULIEN DE LINGNE, † ms. 658.

sa vie si remplie de travaux utiles et remarquables.

L'un de ses confrères, nommé Godefroi Régnier, natif de Cambrai, lui avait fait une épitaphe qu'on vit longtemps dans la chapelle de la maison, qui devint par la suite l'abbaye de Prémy.

L'abbé Paquot, auquel nous avons emprunté quelques-uns des détails donnés ci-dessus, a publié, dans ses *Mémoires pour l'hist. littér. des Pays-Bas*, une liste des ouvrages de Massœus : nous y renvoyons le lecteur.

Massœus avait, entre autres choses, composé une *Chronique de Cambrai*, laquelle se trouvait, avant la Révolution, dans la bibliothèque de l'abbaye du St-Sépulcre. Cette chronique est perdue. — V. encore sur Massœus : *Mém. chron.* p. 93 et 94. — *Bibliographie cambrésienne*, par M. Arthur-Dinaux.

MATÉRIAUX DE CONSTRUCTION. *Chaux, sable, briques, tuiles, pierres.* — Le contrôle de l'autorité administrative sur les choses vénales, la garantie donnée au consommateur pour les objets dont la qualité est difficile à constater, s'exerçait autrefois jusque sur les matériaux de construction.

Un règlement sans date, inscrit au *Livre aux bancs*, f° 271 et suivants, portait les dispositions que voici :

Sommaire d'un Règlement général.

CAUCHE (chaux).

1re. Que nulle carrière ne vende blanche pierre qu'elle ne soit bonne et loyale, au dire des mayeurs.

2e. Idem.

3e. Que les mayeurs trouvant quelques vices auxdites denrées les marqueront, etc.

4e. Salaires des mayeurs.

5e. Que personne n'aura deux chaufours ensemble, ni les pourra fermer au préjudice du bien public.

6e et 7e. Que la mesure de la cauche soit flastrée de la marque de la ville, et que la cauchée soit léalement mesurée, etc.

8e. Que les machons qui travaillent, iront eux-mêmes ou enverront leurs commis à la mesure de la chauchée.

9e. Règle le prix de la mande de chaux.

10e. Qu'il ne soit caufourier, carrier, sablonnier, thiérier, qui tiennent ensemble deux chaufours, deux carriers, deux sablonniers, etc.

TUILES.

11e. De quelle longueur et largeur doivent estre les thuiles. Item, comme elles doivent estre bonnes et suffisantes au dire des mayeurs.

12e. Que toutes thuiles seront eswardez par les mayeurs.

13e. Que nul ouvrier ne mettra en œuvre la marchandise dont il est marchand.

14e. Que nul couvreur ne mettra en œuvre les thuilles qu'il aura livrées.

15e. Que si les couvreurs de thuilles trouvoient qu'en ouvrant les thuilles ne seraient suffisantes, ils en advertiront MM. du Magistrat.

16e. Que lesdits mayeurs feront bien leur debvoir.

17e. Qu'auxdits eswards des thuilles seront commis trois couvreurs et trois potiers de terre.

BRIQUES.

18e. Que tous briqueteurs feront bonnes et loyales briques. Item le prix des briques.

19e. Que les machons, couvreurs, etc., trouvant en ouvrant les briques n'estre suffisantes, en advertiront MM. du Magistrat.

20e. Que les mayeurs de thuilles visiteront les briques quand bon leur semblera.

BENNEAUX.

Ordonnance que le benneaux de sablon contiendra 6 mencauds 1/2 à la mesure du bled, et que le sablon soit bon et loyal.

Le prix des benneaux de sablon, etc.

MATHÈRE. — On appelait ainsi un endroit où tous ceux qui vouloient brasser devaient aller prendre, à un certain prix, le ferment ou levain. — Dupont, part. II, p. 23.

MAXELLENDE (SAINTE), vierge et martyre. — Cette jeune fille de Caudry appartenait à une noble famille. Elle avait fait vœu de virginité, et fut enlevée et assassinée pendant l'absence de ses parents, par un misérable nommé Harduin qui la recherchait vainement en mariage. Ce meurtre qui constitua un martyre eut lieu en 670. On en célèbre l'anniversaire à Caudry le 13 novembre.

La mort de Ste Maxellende produisit une profonde sensation dans le Cambresis. Le pays ne tarda point à retentir du bruit des miracles qui s'opéraient à son tombeau.

On avait d'abord déposé le corps de la victime dans l'église de St-Souplet; mais bientôt ses reliques eurent les honneurs d'une chapelle particulière que l'on construisit à Caudry. Les guerres survinrent et l'évêque de Cambrai jugea prudent de déposer le tombeau de Ste Maxellende dans la petite abbaye de St-Martin, près Cambrai (1), d'où elles passèrent successivement (en partie du moins) dans la cathédrale de Cambrai, dans l'abbaye de St-André-du-Câteau, et finalement dans l'église de Caudry où elles reposent aujourd'hui au sein d'une châsse en cuivre doré, tellement remarquable par le travail artistique, qu'elle passait autrefois pour l'une des sept merveilles du Cambresis.

Nous trouvons dans nos notes la description

(1) V. *Martin* (église de St-).

suivante qui peut donner une idée de la châsse de Ste Maxellende.

« Cette belle fierte est tout en cuivre, et présente la forme d'une église ogivale. Elle a environ un mètre 70 millimètres de longueur, sur 63 centimètres de hauteur. Elle porte, dans son pourtour, une série de niches au nombre de douze, savoir : cinq de chaque côté, et une à chaque extrémité. Dans ces niches sont des statuettes. Les deux statuettes des extrémités représentent l'une, Ste Maxellende transpercée d'un glaive ; l'autre, St Sarre, tenant un livre en main. Ces deux figures sont debout ; les dix autres sont assises. Autour de la fierte, sont disposées des colonnes dont les pinacles dominant l'édifice, lui donnent une certaine élégance. Sur le toit, règne une crête découpée en fleurons quadrifoliés. Au milieu de cette crête est un globe surmonté d'une fleur de lys à quatre faces. A chacun des angles de la fierte l'artiste a placé un lion au repos. Des anges dont l'un porte écrit sur son baudrier, les mots *Ave Maria*, complètent l'ornement de ce magnifique travail. »

Au temps de Julien de Lingne on conservait dans la cathédrale de Cambrai l'épée qui avait frappé de mort la sainte jeune fille de Caudry. « *Les fillettes la portaient aux processions solennelles.* » — *Notices sur les églises de Cambrai.*

Les bornes de notre ouvrage ne comportent pas plus de détails sur Ste Maxellende. On trouvera sur ce sujet une notice complète dans les *Vies des saints des diocèses de Cambrai et d'Arras, par l'abbé Destombes*, tom. Ier, p. 245. — V. encore † ms. 658, art. XIIe. — † ms. 884, p. 15. — § ms. 3 (bis), p. 10.

MAYEURS. — Ce mot désignait deux sortes de fonctionnaires.

Il y avait d'abord les *Mayeurs des mairies*. Ils étaient comme les présidents de ces petits tribunaux. — V. *Mairies*. — En un mot, ils étaient aux mairies ce que les baillis étaient aux baillages.

Ensuite il y avait les *Mayeurs ou maistres des métiers*. « Oultre les prévotz, eschevins, receveur et quatre hommes, sont establys plusieurs *Mayeurs*, sur les mestiers, pour avoir regard si fraude se commet es-marchandises qui se vendent journellement, adfin d'en faire rapport en la Chambre, et que les malversins en leurs stylz soient pugniz et amendés. » *Mém. pour l'arch.*, p. 172.

Certains de ces Mayeurs devaient être constitués en pleine *Chambre*. « Est à sçavoir que tous les mayeurs des mestiers où il y a et appartient à avoir flastre (empreinte d'un fer chaud), enseigne, ponchon, ou marque, se doibvent faire en pleine Chambre, et en icelle estre sermentez par le prévost. Et puis, en ladite Chambre, leur sont et doibvent être, par les eschevins, baillez et délivrez lesdits enseignes, flastre, ponchons ou marques, pour en faire et user comme il appartient : en les chargeant de les rapporter en ladite Chambre, toutes et quantes fois que déportez seront de leurs offices. »

Chaque corps de métier avait son *Mayeur*. — V. *corporations*.

MÉDAILLES CAMBRÉSIENNES. — Pour ne pas séparer deux sujets qui sont ordinairement réunis dans un même traité, nous renvoyons à l'article *monnaies* ce que nous avons à dire des médailles de Cambrai. — V. *Monnaies*.

MÉDARD (ÉGLISE DE ST-) *et St-Loup*. — Nom primitif de l'église de St-Géry sur le Mont des Bœufs. — V. *Géry (monastère de St-)*.

MÉDECIN DE CHARITÉ. — Ce médecin avait pour attribution le soulagement, le soin et l'assistance des pauvres dans leurs maladies. Il était tenu de visiter tous les malades et religieuses de St-Jean et de St-Julien, de donner ses soins à tous les religieux et religieuses de St-François, de St-Jacques, de Ste-Claire, enfin aux sœurs noires et à tous les malades de la ville, *cogneux pour vrayement povres*.

Telles étaient les dispositions de l'acte testamentaire qui avait institué, en 1613, le *médecin de charité*. Ce bienfait était dû à un homme généreux, le docteur Wiart Robert, né à Cambrai, lequel était lui-même médecin en même temps que chanoine de l'église de Notre-Dame. Le docteur Wiart, pour perpétuer cette fondation aussi utile que charitable, avait légué au médecin qu'il instituait, sa maison, des rentes et sa bibliothèque médicale. — V. *Wiart Robert*.

MÉDECIN DE LA VILLE. — C'était le docteur juré du Magistrat qui le consultait dans les questions de salubrité et autres.

On trouve dans l'inventaire fait en 1679, par l'échevin Ladislas de Baralle, la citation d'un acte concernant le *médecin de la ville*, en 1551, Sébastien Truye ou Scrofa.

Cet acte est conçu dans les termes suivants :

Du 24 mars 1551.

« Ce jourd'huy, MM., en plaine Chambre, ont accordé à maistre Sébastien Truye, médecin de la ville, en considération des services qu'il a faits et ferat à la ville, qu'il porterat le velours comme MM. et collecteurs et quatre hommes, jusques au renonc de MM.; et sans us et sans coustume. »

Cette permission était inscrite au *Registre aux remontrances.*

On voit par cette honorable exception le cas que le Magistrat faisait de ce savant médecin. — V. *Hommes remarquables*, XVIe siècle, au mot *Scrofa*.

MÉDECINS. — Nous n'avons trouvé aucune disposition réglementaire pour le corps des médecins à Cambrai, qui soit antérieure à l'année 1653. Il existait, à la date du 19 juillet de cette année, un règlement en seize articles concernant les médecins et les apothicaires. Ce règlement, dont il nous a été impossible, jusqu'à ce jour, de retrouver le texte, était inscrit au registre des lettres de police, du f° 119 au f° 122.

Un médecin pouvait, avec l'autorisation du Magistrat, ouvrir une *bouticle de pharmacie;* mais alors il ne pouvait plus exercer l'art de la médecine. — V. *Apothicaires.*

MÉMORIAUX. — C'est aux mémoriaux rédigés autrefois et conservés dans les nombreuses maisons religieuses de Cambrai, que nos chroniqueurs et nos historiens modernes ont emprunté la plupart des détails que l'on trouve dans leurs ouvrages imprimés ou manuscrits. C'est encore à la même source que doit puiser aujourd'hui tout écrivain consciencieux qui veut se prémunir contre les erreurs et les fausses interprétations. Nous avons eu, pour notre compte, tant de fois l'occasion de rectifier, en remontant aux sources premières, des allégations ou des citations erronées, produites, même de bonne foi, par des auteurs qui y avaient regardé fort légèrement, que nous ne saurions trop insister sur la nécessité de remonter aux textes primitifs.

Si, dans ce livre, nous avons pris soin d'indiquer partout les autorités, d'après lesquelles nous écrivons, c'est surtout pour donner au lecteur la faculté de vérifier par lui-même les faits et les citations.

Tous les mémoriaux et chroniques que nous connaissons, concernant la ville de Cambrai et le Cambresis, sont inscrits et désignés au catalogue historique publié dans ce dictionnaire. Nous ne pouvons qu'y renvoyer le lecteur. — V. aux mots *Histoire de Cambrai et du Cambresis.*

MENCAUDÉE DU CAMBRESIS, MESURE AGRAIRE. — Nous donnons ici, pour les curieux, la capacité de la mencaudée de Cambrai, dans sa complète expression jusqu'au millimètre carré. Cette mencaudée égale 35 ares, 46 centiares, 665,485 millimètres carrés.

La mencaudée se divisait en boitelées, et la boitelée était le quart d'une mencaudée; la pinte le quart d'une boitelée : de sorte qu'il fallait 4 boitelées ou 16 pintes pour former une mencaudée. — V. dans le *Glossaire du Cambresis*, p. 186, une note intéressante sur la définition de la mencaudée cambresienne par Ducange.

MENDIANTS, MENDICITÉ. — L'extinction de la mendicité et les tentatives faites pour y parvenir ne sont pas choses nouvelles. La ville de Cambrai, cité toute cléricale, et par conséquent essentiellement charitable, était un séjour commode pour les mendiants. Aussi s'y montraient-ils nombreux et avides. On lit dans les *Mémoires chronologiques* et dans le † ms. 884, que le jour des obsèques de Paul de Reux (Paulus de Rota), chanoine de Cambrai, mort le 6 décembre 1491, comme on donnait dans cour du palais, une pièce de monnaie (dite savoyens) à tous venants, il y vint une si grande foule de mendiants, *que la plache de Notre-Dame, devant le palais, en était toute remplie;* et que, quand on eut ouvert la porte pour distribuer l'aumône, *cheulx de derrière boutèrent si fort, que cheulx de devant furent abattus et tellement piételez* (foulés aux pieds) *qu'il en mourut trente-huit personnes.*

Ce fait est confirmé par d'autres chroniqueurs et notamment par Julien de Lingne qui ajoute : « Cette journée fut nommée *la tuéson du Palais.*

Si, d'un côté, la générosité du clergé avait favorisé le développement de la mendicité, il faut bien dire que, d'une autre part, les calamités, les disettes, les hivers rigoureux, avaient aussi puissamment concouru à la misère d'un grand nombre de familles qui, surtout au XVIe siècle, avaient, en s'unissant au sang espagnol, facilement emprunté au peuple de cette nation ses habitudes fainéantes et débraillées.

A diverses époques, l'administration cambresienne essaya de réprimer cette lèpre sociale. Dès l'année 1586, au milieu d'une affreuse disette, on lui voit prendre, à ce sujet, des mesures d'un caractère très sage et très généreux.

Elles sont rapportées ainsi qu'il suit dans le § ms. n° 3 (bis), p. 243 et suivantes.

« M. de Balagny (il était alors gouverneur de Cambrai), MM. du clergé, ensemble les bourgeois et commun peuple, advisèrent la manière par laquelle on pourroit subvenir à la nécessité des pauvres; et, pour leur donner moyen de vivre, advisèrent, lesditz surnommez, d'induire les gens de bien à élargir leur aumône par chaque semaine, sans toutefois contraindre personne, et cependant les pauvres n'iroient plus mendier; et fut député certain nombre de notables qui furent nommés *Pères des pauvres*, pour avoir surintendance sur les revenus des aumônes qui se faisoient en général et en particulier; dont furent Pierre Gamin, Michel Bloquel, Nicolas Buzelin, et Nicodème Bernard, Hiéronne Sart, Jean Canonne, Martin de Bailleul et Jean Doussel. Et pour *receveur desdites aumônes*, Jean Chastelin, greffier de son style, qui, cette année, fut mis en état d'échevinage, et leur fut baillé une maison assez proche du Faucon pour audit lieu se trouver et conférer par ensemble des affaires des pauvres. Et furent establis quatre *honnêtes hommes* pour avoir regard par la ville à ce que les pauvres n'allassent plus mendier. Et avoient iceux, par jour, 6 patars et portoient robe mipartie de velours violet et bleu de roy, aiants sur leurs manches faites en broderies les armoiries de la reine mère, de M. de Balagny et de la ville, et moiennant les aumônes des gens de bien lesquelles étoient fort grandes pour la pauvreté du peuple, à raison de la guerre et des ouvrages que l'on fit faire à la ville à un ravelin, qui est entre la tour Gallus et la Porte-Robert, l'on donna moyen aux pauvres gens de gagner du pain, et à ceux qui ne pouvoient travailler, pour leur impotence ou débilité de corps, on leur donnait par semaine quelque argent qui se distribuoit par les pauvretiers de la paroisse. Et on a continué en ceste état cinq mois durant, ce qui a coûté beaucoup à la ville : et pour à ce subvenir, l'on mit, du consentement des estats, un patars sur chaque lot de vin qui se buvoit en Cambrai en l'an 1589. »

Après cette époque les choses reprirent leur cours; les misères étaient moins grandes, mais les mendiants non moins nombreux. Ils exploitèrent assez librement leur honteuse industrie jusqu'au commencement du siècle dernier, époque où Louis XV essaya, mais en vain de remédier à cet état de choses. Enfin, en 1732, le roi frappé des immenses proportions que prenait le peuple des mendiants, arrêta des dispositions disciplinaires ayant pour but l'extinction totale de la mendicité.

« Pour en assurer l'exécution, dit M. Wilbert dans une *notice* remarquable *sur l'hôpital de la charité de Cambrai*, le roi, par l'art. 5 de ses lettres particulières du mois de juin 1738, portant établissement de l'hôpital général de Lille, donna pouvoir aux administrateurs d'établir des gardes pour arrêter les mendiants; et onze ans après seulement, le 18 décembre 1749, M. le marquis de Brézé, commandant en chef dans les provinces de Flandre et de Haynaut, généralisa cette mesure en décidant que, dans chaque village, la garde serait composée de quatre habitants et d'un sergent armés; que les plus grandes communes pourraient être autorisées à avoir plusieurs corps-de-garde, et que, dans les autres, le corps-de-garde serait placé au lieu le plus voisin de l'église; qu'à l'exception des baillys et des gens de livrée, des ecclésiastiques et des nobles, tous les habitants de chaque commune, depuis l'âge de 18 ans jusqu'à 60, seraient sujets à la garde; que cette garde serait renouvelée tous les jours à midi, et que ceux qui la composeraient devraient constamment faire patrouille. Chaque garde formée de quatre hommes devait être commandée par un sergent, et, pendant que deux de ces hommes étaient en patrouille, les deux autres devaient rester au corps-de-garde avec le sergent auquel il était enjoint de recevoir les avis du passage des mendiants, vagabonds ou déserteurs, et lorsqu'il les avait arrêtés, de les conduire dans les prisons les plus prochaines. Quant l'attroupement des mendiants vagabonds était assez considérable pour résister à la garde rassemblée, un de ceux qui la composaient devait se détacher promptement et se rendre sitôt à l'église pour y faire sonner le tocsin, après avoir pris l'avis du bailly ou du curé. Toutes les armes étaient déposées chez le bailly, qui devait, en pareil cas, les mettre à la disposition de tous les habitants en état de soutenir la garde. Chaque commune devait fournir la poudre et les balles, et subvenir à la dépense de l'éclairage et du chauffage de ses corps-de-garde. »

Cependant le nombre des mendiants n'avait fait qu'augmenter. En 1740, par exemple, après une recherche minutieuse, faite au mois de décembre, « on trouva, dans la ville de Cambrai, dix-neuf cents familles faisant le nombre de *huit mille pauvres* environ, sans compter les honteux. » — *Mém. chron.*, p. 235.

« Au commencement de 1741, le Magistrat défendit de mendier après le soleil couché. Avant cette défense, les pauvres, principalement les honteux, mendioient jusqu'à 12 heures de nuit, ce qui occasionnoit quelquefois des vols, et empêchoit la sûreté de la ville. — Défense à tous étrangers de mendier dans la ville. — Pour distinguer les vrais pauvres, après avoir fait une recherche exacte dans les paroisses, le Magistrat leur donna *une plaque de plomb ayant les armes de la ville*, pour mettre sur leurs habits. Ceux-là seuls avoient la permission de mendier. » *Mém. chron.*, p. 238.

Le 20 octobre 1750, le roi prit des dispositions sévères dont le but était de purger chaque localité des mendiants étrangers. Sur l'injonction de l'intendant de Flandre, on éloigna donc de Cambrai les *mendiants intrus*, en les pourvoyant, à cet effet, d'une espèce de passe-port où se trouvaient consignées les dispositions suivantes : « Il est défendu audit
» N... de revenir dans cette province, sous
» les peines portées par les ordonnances
» du roi et les règlements concernant la
» mendicité. L'intention de M. l'intendant
» est, que les mayeurs et les gens de loy
» des villages de son département, qui se trou-
» vent sur ladite route, procurent la subsis-
» tance audit N..., laquelle ne pourra excéder
» une livre de pain bis, à midi, et autant le
» soir, et sans que cette subsistance puisse
» être répétée ni augmentée. — Exhortons
» les magistrats et gens de loy des villages des
» autres provinces situées sur ladite route, à
» employer la même charité, et à veiller à ce
» que ledit N... suive sa route directement
» sans séjour et sans la prolonger. — Ledit
» N... sera conduit par le nombre de gardes
» suffisant qui sera pris dans le corps-de-garde
» qui doit être établi dans chacun des villages
» du commandement de Flandre, et jusqu'à
» ce qu'il en soit sorti. »

Une fois quitte des mendiants étrangers il fut plus facile d'avoir raison des domiciliés. On emprisonna les vagabonds et on secourut les invalides.

Plusieurs ordonnances royales furent encore rendues au sujet de la mendicité, et on en était à peu près quitte, lorsque arriva la Révolution, qui, secondée par la disette de 1789, ne tarda pas à engloutir toutes les lois, toutes les institutions sociales.

Le conseil municipal de Cambrai avait bien, au mois de décembre 1790, cherché les moyens de réprimer les évolutions de ce reptile aux mille têtes qui tantôt par la pitié, tantôt par la menace, met à contribution la charité publique, sans bénéfice pour la morale ni pour l'humanité. Mais les événements ne lui laissèrent aucun moyen de parvenir à son but.

Au rétablissement de l'ordre, on reproduisit, il est vrai, dans les *bans de mars* les anciennes ordonnances de police relatives à la mendicité; mais ces ordonnances avaient moins pour objet l'extinction de la mendicité que sa régularisation. Il y a peu d'années seulement que l'autorité municipale, secondée par les ressources immenses de la charité publique, est parvenue à supprimer ce fléau dans Cambrai et sa banlieue.

Quant aux villages du Cambresis ils en sont encore infestés, et nous avons vu de nos yeux, il n'y a pas longtemps, des bandes effrayantes de mendiants parcourir les campagnes de Caudry, de Ligny, de Clary, etc., semant sur leur passage la menace et l'effroi, et prélevant, sous forme de charité, des impôts forcés qui ne laissent pas même à ceux qui les payent le mérite d'une bonne action.

MENUISIERS. — Ils formaient, avant la Révolution, une communauté dont la réputation s'étendait au loin. On retrouve encore dans Cambrai de très belles pièces de menuiserie qui prouvent à quel point de perfection ils avaient porté l'adresse de leur art.

Nous avons vainement cherché les règlements qui concernaient les menuisiers de Cambrai. Nous n'en pouvons donc rien dire de particulier. Il est d'ailleurs permis de croire que ces règlements, conformes à ceux du même métier dans d'autres villes, portaient en substance et à peu de différence près, les dispositions suivantes :

« Tous les ouvrages dudict mestier doivent estre bien et dûment faicts, de bon bois, sain, sec, loyal, sans aubier, nœuds ni piqûre de vers.

» Que ceux qui seront trouvés pécher par quelques-uns de ces vices, seront saisis et confisqués, et ceux qui se trouveront assemblés d'un assez grand nombre de défauts prohibés, pour estre estimés de nulle valeur, seront brûlés devant la porte de l'ouvrier qui les aura faits; et icelui condamné à 100 livres d'amendes pour la première fois, et en plus grande peine en cas de récidive, etc. » Tel était en partie le règlement donné en 1744 au corps des menuisiers de Paris.

Les menuisiers avaient et ont encore sainte Anne pour patronne.

MERCIERS ou MERCHIERS, **GROSSIERS, QUINCAILLIERS.** — Ces trois métiers à peu près semblables étaient réunis en une seule corporation à laquelle même était originairement adjointe celle des *chapeliers*. Ceux-ci ne furent érigés en *corps de métier* distinct que le 4 janvier 1590. — V. *chapeliers*.

Sommaire du règlement des merchiers.

1re. Qu'ils tiendront leurs estaux d'un costé de la cauchie deça le wez du Flos de le Cayère, et n'auront estaux que de six pieds de long.

2e. Qu'ils se tournent tous.

3e. Qu'ils obéissent aux mayeurs.

4e. Désigne le lieu des pèseresses et revenderesses, etc.

5e. Cet article est une déclaration des denrées qu'on ne peut vendre dans la mercerie.

6e et 7e. Qu'ils ne vendent denrées à peser, qu'elles ne soient de loial poix.

8e. Que les denrées d'orfévrerie ne soient eswardez si elles ne poisent un vieux gros en plus.

9e. Qu'un des merciers soit mayeur avec les orfévres.

10e. Déclare iceluy qui paierat les frais de l'esward des marchandises qui ne sont trouvées bonnes.

11e. Que les orfévres n'auront aucune cognoissance sur les coustiaux, qui ne sont de leur mestier.

Ce règlement sans date était inscrit au *Livre aux bans*, fo 241 et 242.

Autre règlement du 29 juillet 1602.

« Règlement que les merciers, grossiers et crassiers étrangers, ne pourront vendre ou exposer en vente leurs marchandises et merceries sur le marché de ceste ville, sinon deux fois la sepmaine, sçavoir le vendredy et samedy; et les autres jours seront tenus de vendre leursdites marchandises, es-maisons et chambres où ils seront logés : et quant aux foires de Ste-Marie-Magdelaine, St-Jacques, St-Cristofle et Ste-Croix en septembre, ils auront les deux jours immédiatement en suivant pour vendre leursdites marchandises. » — Extrait du *Livre aux bans*, fo 332.

La corporation des merciers, grossiers et quincailliers, avaient pour patrone N.-D.-la-Grande.

MERVEILLES DU CAMBRESIS (LES SEPT). — Le Cambresis avait la prétention un peu ambitieuse de contenir dans son étroite étendue sept merveilles dignes de l'admiration des hommes. Le monde entier n'en comptait pas davantage aux beaux jours de l'antiquité. Ces merveilles étaient :

1° L'église métropolitaine.—V. *Notre-Dame (église de)*.

2° L'image de N.-D.-de-Grâce.—V. *N.-D.-de-Grâce*.

3° La procession de Cambrai.—V. *Fêtes*.

4° L'horloge de N.-D. dite *l'horloge du berger*.—V. *Horloge de Notre-Dame*.

5° La châsse de Ste Maxellende.—V. *Maxellende*.

6° Martin et Martine. — V. *Horloge communale*.

7° La couronne de la Vierge. — Cette couronne avait été faite des deniers de Louis XI, et demeurait suspendue dans l'église métropolitaine devant l'image de Notre-Dame-de-Grâce. — V. *Notre-Dame-de-Grâce*.

MESSIERS. — On appelait ainsi des gardes de vignes et de récoltes. Leurs fonctions étaient à peu près celles des gardes-champêtres. Les messiers étaient à la nomination du prévôt de la ville.

MESURES CAMBRESIENNES.—Elles se divisaient naturellement en quatre espèces : La mesure itinéraire, les mesures de dimension, les mesures agraires, et les mesures de capacité.

La MESURE ITINÉRAIRE s'appelait *lieue*. La lieue de Cambrai égalait, à très peu de chose près, quatre kilomètres. Nous donnons au mot *Lieue* la valeur de cette mesure exprimée d'une manière plus mathématique. — V. *Lieue*.

Dans l'expression des quantités, nous allons négliger quelques minimes fractions, parce qu'elles ne sont point appréciables dans les mesures cambresiennes. Nous n'en prévenons le lecteur que pour lui expliquer les erreurs apparentes qu'il trouvera dans nos calculs, s'il veut recomposer des nombres, en additionnant leurs subdivisions.

Les MESURES DE DIMENSION étaient :

La *ligne* qui valait.		0m,002
Le *pouce*	pour mesurage. . .	0 ,026
	pour arpentage. . .	0 ,025
Le *pied*	pour mesurage. . .	0 ,311,2019
	pour arpentage. . .	0 ,297,6714
L'*aune*.		0 ,729

Il était très important, lorsqu'il était encore permis d'employer les mesures du Cambresis en même temps que celles de France, de distinguer entre *l'aune du pays* et *l'aune de Paris*. Cette dernière valait 1m,188,0547.

Les MESURES AGRAIRES s'appelaient *pinte*, *boitelée et mencaudée*.

La *pinte* égalait 2 ares 22 centiares.

La *boitelée*, 8 ares 86 centiares.

La *mencaudée*, 35 ares 46 centiares, et quelque chose de plus.—V. *mencaudée*.

Une mencaudée valait 4 boitelées ou 16 pintes.

Les MESURES DE CAPACITÉ pour les graines étaient la *pinte*, le *boisseau*, le *mencaud*, la *rasière*.

La *pinte* contenait. . . . 3 litres,46
Le *boisseau*. . . . . . 13 ,85
Le *mencaud*. . . . . 55 ,42,2619
La *rasière*. . . . . . . 83 ,13,3929

Les MESURES DE CAPACITÉ pour les liquides, étaient la *potée*, la *pinte*, le *pot*.

La *potée* contenait environ. 0 litres,11
La *pinte*. . . . . 0 ,45
Le *pot*. . . . . 1 ,80

Un pot valait 4 pintes; une pinte 4 potées.

POIDS DE CAMBRAI.

La *livre* de Cambrai pesait. . . 473 grammes,860.
Elle se subdivisait en 16 onces.
L'*once* pesait environ. . . . 30 grammes.

MESUREURS et MESURESSES DE GRAINS. — On les appelait aussi *Halliers-mesureurs*, du mot halle. Pour ne pas diviser ce qui concerne le Marché aux grains, nous avons compris, sous ce mot, les règlements relatifs aux mesureurs et mesuresses. — V. *Marché aux grains*.

MÉTIERS. — On disait indifféremment les métiers ou les corporations.—V. *Corporations*.

MÉTROPOLE. — ÉGLISE MÉTROPOLITAINE. — V. *Notre-Dame (Eglise)*.

MEULQUINIERS. — V. *Mulquiniers*.

MEUNERIE. — V. *Moulins*.

MILICE SOLDÉE. — Outre les *compagnies bourgeoises* qui formaient la garde principale et permanente de Cambrai, il arrivait que, dans certaines circonstances, la commune soudoyait des troupes pour venir en aide aux habitants de la ville. Pour ne pas nous répéter, nous renverrons le lecteur au mot *Garde bourgeoise*, où nous avons produit des documents sur la milice soldée. — V. ci-dessus, p. 166.

L'archevêque de Cambrai, dans les moments de danger, faisait aussi sa part des frais de troupes soldées. On lit dans les chroniques que Vanderburch, en 1637, voyant l'armée du roi catholique envoyer deux compagnies espagnoles de cinquante hommes chacune *dans sa Villette du Câteau*, pour y demeurer en garnison, se hâta de *reformer la compagnie de cent mousquetaires qu'il entretenoit.* » † ms. 884, p. 298. — § ms. 3 (bis), p. 285.

MINCK. — On appelle ainsi dans nos villes du nord, le lieu où l'on vend en première main le poisson de mer aux poissonniers qui ont seul le privilége de le revendre en détail. Le mode d'adjudication du poisson a cela de particulier qu'au lieu de procéder par voie d'enchère, c'est au contraire en décroissant que l'on compte. Le contrôleur du minck pose d'abord un prix élevé et descend rapidement de nombre en nombre, jusqu'à ce qu'un des poissonniers crie *minck*. Le prix sur lequel il a crié minck devient celui de l'adjudication.

De là les poissonniers ont été appelés minkeurs ou mineurs.

Le *Livre aux ordonnances du Magistrat*, contenait, en date du 4 juin 1638, une disposition relative au nombre des minkeurs.

« *Le nombre des mineurs de poissons de mer est limité à vingt personnes.*

» MM. recognoissans que le grand nombre des mineurs de poissons de mer n'apporte que de la confusion, et cause souvent et fois que la marée est par iceux vendue plus cher aux bourgeois et habitans de ceste ville, désirant y remédier à leur possible, ont arrêtez que, pour l'advenir, le nombre complet desdits mineurs ne serat que de 20 personnes, et non plus. Fait en pleine Chambre. — Signé : MAIRESSE. »

Les anciens bans de mars, qui sont presque tous encore en vigueur dans Cambrai, portaient à l'égard du minck les dispositions suivantes :

« Défendons à tous marchands-poissonniers, chasses-marées et autres, qui amèneront des poissons de mer en ceste ville, de les décharger ailleurs qu'au marché aux poissons, en tenant l'ordre du minck. *Règlement du 10 octobre* 1775, *article premier*.

» L'heure du minck est fixée à huit heures du matin pendant l'été, et à huit heures et demie pendant l'hyver, sans que la vente puisse être retardée pour tel prétexte que ce soit, à moins que les chasses-marées fassent avertir de leur retard ; auquel cas nous permettons de différer l'adjudication d'une demi-heure seulement. *Idem, article* 2.

» Et s'il arrivait en chemin quelqu'accident aux chasses-marées, qui empêchat qu'ils ne fussent en ville pour les heures marquées ci-dessus, l'homme de service du minck fera assembler l'envoi, les égards, minckeurs et autres employés, pour mincker ladite marée. *Idem, article* 3.

» Les égards se trouveront à l'ouverture du minck, y resteront jusqu'à la clôture, et ne pourront s'en absenter sans la permission du commissaire. *Idem, article* 5.

» Ils jugeront, par les moyens qu'ils trouveront les plus propres, si le poisson doit être mis *au bon* ou à *tourne dos*; et celui qui sera jugé ne devoir pas être mincké au bon, sera mis à part, pour être mincké séparément et après le bon ; leur ordonnons de faire jetter dans la rivière celui qui sera trouvé de trop mauvaise qualité. *Idem, article* 6.

47

» Défendons à toutes personnes, soit chasses-marées, minckeurs ou autres, d'injurier de faits ou de paroles les égards, ou de les troubler dans leurs fonctions, soit par cris, querelles ou murmures contre leurs jugements, à peine d'un *franc cinquante centimes* d'amende. *Idem, article* 33. »

Le minck de Cambrai est situé au lieu dit encore aujourd'hui *le Marché au poisson*. La tribune de l'officier minckeur est annexée au mur de l'ancien couvent des Clarisses.

Les minckeurs avaient pour patron St André.

MINEURS. — V. *Minck*.

MISÉRICORDE (CONFRÉRIE DE LA) ou des pendus. — V. *Confréries*.

MŒURS ET USAGES. — Les mœurs des Cambresiens, pendant les premiers siècles de l'ère chrétienne, ne sont que celles des Nerviens dont nos pères faisaient partie. Nous donnons, au mot *Nerviens*, quelques détails sur les usages de ce peuple guerrier. Le lecteur pourra s'y reporter. Nous considérons ici les mœurs de nos pères à une période plus rapprochée de nous, celle où elles prennent un caractère particulier, et constituent nettement la physionomie morale de la population. Cette période comprend les XIVe, XVe, XVIe et XVIIe siècles.

Après avoir échappé au joug des Romains, le peuple cambresien, dont les mœurs s'étaient déjà modifiées au contact des armées d'occupation, continuèrent à subir cette transformation lente mais inévitable que tout peuple reçoit de l'action incessante du temps et de la civilisation. Le christianisme surtout fut un des puissants moteurs de cette métamorphose. Au culte de la force, il substitua celui de la foi et de la charité. Les usages s'inspirèrent de ces vertus chrétiennes, en même temps que la cité prenait un rang dans le monde politique. Indépendance au dehors, émancipation au dedans, devinrent l'objet, d'abord des aspirations, puis des efforts de ce peuple qui devait avoir la gloire d'inaugurer le beffroi. Les mœurs se ressentirent nécessairement de cette double impulsion : l'esprit des Cambresiens fut guerrier et insurrectionnel.

Il l'était encore lorsque l'Espagne vint leur imposer sa loi et, par le contact de ses soldats avec la population, faire de Cambrai une ville à demi espagnole.

Plus tard la France, à son tour, exerça son influence sur ces mœurs tant de fois modifiées. En 1712, l'armée française campa près de trois mois aux portes de Cambrai. « On vendait sur » le marché de cette ville, dit l'auteur des *Mémoires chronologiques*, tout ce que le pays » produit de plus rare et de plus recherché. » Ce commerce si fréquent avec les gens de » guerre et les étrangers causa un changement » considérable dans les mœurs et dans la façon » de vivre des bourgeois, principalement du » menu peuple. »

Cambrai était une ville essentiellement ecclésiastique ; la foi y était vive, et bien que le peuple fût constamment travaillé par un esprit de turbulence et d'opposition contre le clergé, à cause des prérogatives de ce dernier, il n'en subissait pas moins l'influence cléricale. Les rues étaient ornées d'images pieuses. Un grand nombre de familles tenaient à avoir au-dessus de la porte de leur maison, ou en un autre endroit de la façade, des petites niches avec la statuette d'un saint patron ou de madame la Vierge. St-Roch, qu'on invoquait contre la peste, se rencontrait ainsi en plusieurs rues de la ville. Des croix, des dieux de pitié étaient placés dans certains carrefours. Personne ne passait devant ces pieuses images sans faire quelque démonstration de respect. Les Huguenots seuls en détournaient la vue. On disait quelquefois la messe à la *Pierre*, c'est-à-dire à la *Bretèque*, devant l'hôtel-de-ville. Une population immense assistait avec la garnison au saint sacrifice ainsi célébré en plein air. — § Ms. 3 bis, p. 142, 143, 144. — On faisait de fréquentes processions auxquelles les principaux habitants ne manquaient pas d'assister. Le jour du sacre de la ville, *MM. de la Loy* portaient le *ciel* ou dais sous lequel on plaçait le saint sacrement. — † Ms. 659, p. 280. — Toute grande entreprise donnait lieu à des prières publiques. Dans les calamités de guerre, pendant les ravages de l'incendie, on invoquait Notre-Dame-de-Grâce et saint Géry, le patron de la cité. Au sujet de la restauration de la flèche de Notre-Dame, en 1561, « fut chanté messe du St-Esprit au chœur solennellement, comme on en avoit chanté aussi une aultre pour implorer dévotement la grâce de Dieu, avant commencer telle œuvre tant dangereuse. » — § Ms. 3 bis, p. 168. — Dans une circonstance solennelle, en 1313, le peuple et le clergé étant assemblés *dans la vieille halle au drap, joindant la Maison de Paix,* pour entendre la sentence arbitrale de Ferric de Pecquigny entre l'évêque et les habitants de Cambray, « *tous li cytains et li université de Cambray, tant clerc comme lay ensemble, nul ne contredisant, jurèrent* d'observer la sentence, *par lor foi et lor serment, les mains levées et tendues viers l'église Notre-Dame de Cambray*.—*Mém. pour l'archevêque*, p. 73, l. 4.

Les querelles qui s'élevaient trop souvent, soit entre les bourgeois et le chapitre de N.-D., soit au sein du clergé lui-même, provoquaient aussi trop souvent l'usage des foudres ecclésiastiques. On frappait les églises d'interdit, on y mettait le *ces*; autrement dit, on faisait cesser l'office divin.

C'est ainsi que Jacques de Croy, nouvellement élu, fit, le 13 mai 1503 (1), « excommunier tous les habitans de la chité de Cambray, et mit le cés en toutes les églises, pour cheque on ne l'avoit point volu rechevoir sans le congié du roy des Romains, et tous les chanones et plusieurs eschevins et bourgeois sortirent hors de la chité de Cambray. Pendant lequel cés, plusieurs bourgeois et marchands trespassèrent, et mesme un chanone de Sainte-Croix... et fut enterré en l'église de l'abbaye de Cantimpret (2); et les gens de mestier qui, en ce discord, trespassoient, les voisins les enterroient, de nuit, en leurs chimentières, et s'y avoit grand'multitude de peuple de Cambray qui alloit ouïr messe à ladicte église de Cantimpret. » — § Ms. 3 bis, p. 66. — *Chronique d'Adam Gelic* (§ ms. 13), p. 240.

Si le peuple était dévot, il était encore plus turbulent. On peut voir, au mot *Troubles*, les excès auxquels il se livrait. Quelquefois, il choisissait le lieu saint pour théâtre de ses violences. « Vendredy XI d'aoust 1503, jour de saint Géry, il y eut grand mutinerie du commun peuple, en l'église Nostre-Dame, et les portes furent fermées jusques à 12 heures : ce qui fut cause que ceux de Notre-Dame ne furent à la messe à St-Géry. Toutefois tout se pacifia. » — § Ms. 3 bis, p. 69. L'auteur de cette chronique ne dit pas le sujet de la *mutinerie* populaire.

Mais ces troubles scandaleux une fois apaisés, la dévotion reprenait le dessus, et les insurgés n'en servaient pas moins pieusement madame la Vierge et monsieur saint Géry. Ils faisaient aussi de fréquents pèlerinages à certaines madones, à certains calvaires des villages du Cambresis. Quelques riches personnages allaient bien plus loin. « Un vendredy, 14 février (1560) avant Pasques, Maistre Pierre-Jan Chupin et Mre Jan de Ligny sont revenus de Jérusalem, sont descendus à St-Sépulchre visiter la chapelle ; et les confrères de St-Jacques, en ordre, sont allés à leur rencontre. » — § Ms. 3 bis, p. 166.

Souvent aussi la justice condamnait les criminels à faire des pèlerinages, soit à quelque *Nostre-Dame*, soit à St-Jacques-de-Compostelle.

On priait saint Goût et saint Appétit, deux figures grotesques qui servaient de supports à deux statues de saints placées sous le porche de Notre-Dame.—V. *Goût (Saint)*.

Le jeudi saint, des processions immenses de fidèles circulaient en tous sens dans la ville, pour visiter les sépulcres dans les nombreuses églises et chapelles de couvents.

Chaque année, *le jour des âmes* (2 novembre), on plaçait, dans l'angle au sud-est du cimetière de St-Fiacre, une chaire de vérité, et vers neuf heures du matin, quelque temps qu'il fît, un religieux, père Récollet, y venait prêcher en souvenir des trépassés. Une foule considérable assistait à cette prédication en plein air. Après le sermon, tout ce monde s'agenouillait sur l'herbe du cimetière et priait pour les morts.—*Notes et mélanges concernant la ville de Cambrai*.

Les cimetières des paroisses étaient alors dans la ville. — V. *Cimetières*.

La nuit de Noël, c'était de nouvelles visites pieuses. On assistait à la messe de minuit, et au retour de la messe, dans chaque famille, avait lieu le *réveillon*, c'est-à-dire un repas où l'on réparait les forces épuisées par les austérités de la veille. Nulle part, peut-être, cette cérémonie du réveillon ne fut observée plus ponctuellement qu'à Cambrai ; c'est que les Cambresiens ont toujours été fort amis des festins.

L'inauguration d'une maison nouvelle était aussi l'occasion d'une fête. Le jour où le propriétaire *pendait la crémaillère* dans l'âtre de sa vaste cheminée, monsieur le curé était prié de bénir le foyer domestique, et il fallait que tous les amis vinssent manger la première soupe qui s'y faisait.

La naissance d'un enfant, le mariage d'un fils ou d'une fille donnaient également lieu à des fêtes où la Religion et les festins avaient leur large part.

---

(1) L'élection de Jacques de Croy, contrecarrée par celle d'un compétiteur, donna lieu à de longues discussions pendant lesquelles on ne voulait pas recevoir l'évêque dans Cambrai. — V. *Croy (Jacques de)*.

(2) L'abbaye de Cantimpré étant alors hors de la ville, n'était pas frappée de l'interdit.

On disait quotidiennement la messe sur le grand marché pour les ouvriers et pour les voyageurs. Cette cérémonie avait lieu, dès la pointe du jour, dans une petite chapelle qu'on nommait la *Capelette*. — V. *Capelette*.

Tous les ans, les *Ordres pauvres* faisaient une quête dans la ville, pour l'éclairage de leurs chapelles. Les personnes charitables ouvraient pour cela des crédits chez les marchands d'huile et chez les marchands de cire. Nous possédons, parmi nos papiers historiques, des *cartes* de fournisseurs pour les quêtes faites par les Clarisses, par les Capucins, par les Récollets et les Carmes déchaussés. Les offrandes consistaient d'ordinaire en une pinte ou une demi-pinte d'huile, plus une demi-livre ou un quarteron de cire.

Autour des églises les marchands de cirons (1), les marchands d'images et de chapelets établissaient des aubettes qui gâtaient l'aspect du temple, mais qui, jusqu'à un certain point, rachetaient cet inconvénient par l'animation des groupes de femmes et d'enfants que ces petites boutiques réunissaient autour d'elles. Car on était dans l'usage d'allumer fréquemment *une chandelle à la Vierge,* ou au saint patron que l'on priait de préférence. Il se faisait aussi, auprès de l'église de Notre-Dame, un grand débit d'images que des troupes de pèlerins, à certains jours de l'année, achetaient en souvenir de leurs pieux voyages.

Nous n'avons pas besoin de dire que, dans ce siècle de foi, le repos du dimanche était scrupuleusement observé.

La plupart des usages dont il vient d'être question subsistaient encore à l'époque où survint la Révolution.

Aujourd'hui le peuple est devenu philosophe; il ne croit guère en Dieu, aussi a-t-il rompu avec les mœurs antiques : il n'a conservé que la foi aux sorciers, et tel rougirait de s'adresser au curé de son village, qui n'hésite pas à consulter la sorcière de l'endroit.

Les sorciers sont de tous les temps et de tous les lieux. Mais jamais cette engeance maudite ne fut plus nombreuse, dans le Cambresis, qu'au commencement du XVII⁰ siècle. Les hérésies qui, pendant le siècle précédent, avaient affaibli et obscurci les âmes, laissaient beau jeu aux artifices du Démon. « En ce temps (environ 1601), on ne faisait que parler et veoir des sorcières en Cambray et en Cambresis, dont on exécutait journellement par le feu. Il y avait lors en garnison en Cambray des Allemans desquels plusieurs femmes estoient sorcières, et furent exécutées par le feu. Entre lesquelles estoient quatre *sages-dames* servantes à l'accouchement des femmes. Elles furent bruslées sur la place d'Armes. »—Adam Gelic, § ms. 13, p. 373.—«Le nombre desdits sorciers se comptait par centaines.»—§ ms. 3 bis, p. 255.

Après avoir parlé des usages religieux, nous allons examiner les usages civils.

On sait que les évêques de Cambrai étaient comtes du Cambresis depuis l'an 1007, et ducs de Cambrai depuis 1510; mais ils restaient grands vassaux de l'empire. On peut voir, au mot *Magistrat*, la belle organisation administrative et judiciaire qui régissait la cité. Nous n'en parlerons point ici; seulement, nous dirons que comme, suivant l'esprit de la loi, la justice rendue au nom du souverain de Cambrai remontait jusqu'à l'empereur suzerain, celui-ci conservait le droit de faire grâce. « En 1483, le 1ᵉʳ de febvrier, le duc d'Austriche vint à Cambray, accompagné de plusieurs grands seigneurs, et *rendit la ville* à Marie Gérarde, à Ernouillet-Noyseu, à une aultre femme et à plusieurs bannis. » — § Ms. 3 bis, p. 55.

On pourra lire, à l'article *Loi*, cette charte mémorable donnée aux Cambresiens, en 1227, par l'évêque Godefroy, et qui fut longtemps le Code de la cité. La loy Godefroy doit être étudiée par toute personne curieuse de connaître les mœurs Cambresiennes. On y remarquera, entre autres choses, que l'homicide inspirait une telle horreur, que l'on jetait bas la maison de celui qui *avait homicidé* dans la ville. Mais cet usage fut abrogé, en 1395, par Vanceslas, roi des Romains, qui voulut que la maison fût seulement confisquée et *acquise, en partie à l'évesque, en partie à la ville.*—L'original de cette lettre impériale reposait au grand ferme de la ville.—La loy Godefroy reconnaissait aussi le duel judiciaire.

Avant le XIVᵉ siècle, les guerres et les haines de famille étaient traditionnelles parmi les Cambresiens. Il fallut une lettre de l'empereur Charles IV pour abolir cette coutume.—§ Ms. 5, p. 246.

Nous ne parlerons point ici des jugements et des exécutions de justice. Nous nous en expliquons suffisamment aux articles *Justice criminelle,—Croix,—Pilori,—Gibet.* Nous dirons cependant ici, qu'autrefois comme aujourd'hui,

---

(1) Ciron, en patois cambresien *chiron* ou *chéron*, longue bougie en cire.

c'était pour le peuple, et surtout pour les femmes et les enfants, un spectacle attrayant que celui des exécutions. Il y avait foule autour des criminels qu'on rompait sur une roue; il y avait foule autour de la *cayère d'infamie*, lorsqu'on y exposait quelque malfaiteur. Il résulta même un jour, de l'affluence du monde, une chute de plus de cinquante curieux dans le *flot de l'Cayère*, dont la presse avait rompu les barrières. — V. *Flot de Cayère*. — Il y avait également foule à la suite du tombereau expiatoire sur lequel on promenait certains criminels par la ville. Le populaire se complaisait à suivre de station en station, devant les *croix de justice*, le patient garotté, vêtu d'une chemise rouge, ou nu jusqu'à la ceinture, et placé sur le tombereau qui devenait un échafaud roulant, puisque sur cette voiture le condamné subissait sa peine qui se bornait quelquefois à une amende honorable, mais qui, le plus souvent, consistait en quelques coups de verge appliqués par le *maistre des hautes œuvres*.

Enfin, il y avait foule autour des convois des suppliciés dont les *confrères de la Miséricorde*, que le peuple appelait les *Beubeux*, emportaient les corps au *Jardin des Oliviers*. — V. *Confrérie de la Miséricorde*, — *Jardin des Oliviers*, à l'article *Cordeliers*.

Les épidémies fréquentes qui frappaient la population cambresienne, avaient nécessité des mesures sévères de police. « On brûlait, par ordonnance du Magistrat, sur le marché et ailleurs, les lits de ceux qui étoient morts de la contagion... et ceux qui étoient guéris, étoient obligés de porter *une baguette blanche*, lorsqu'ils allaient dans la ville, pour advertir le monde de s'éloigner d'eux. » — *Mém. chron.*, p. 113. — § Ms. 2 bis, p. 120.

Les lépreux étaient obligés de se retirer dans les hôpitaux qui leur étaient destinés.

On voyait un nombre infini de mendiants dans la ville et dans les environs des abbayes. La charité qu'ils savaient y trouver les attirait. Mais on chercha plusieurs fois à éteindre cette lèpre sociale. — V. *Mendicité*.

La ville de Cambrai était, comme nous l'avons dit, une *ville libre*, et par conséquent guerrière par la nécessité où elle se trouvait de faire prévaloir, par la force, sa neutralité et son indépendance. De hautes et fortes murailles lui servaient de ceinture. Tout habitant, au besoin, se faisait ouvrier : peuple, noblesse, clergé, tout le monde prenait la brouette ou la truelle. — V. *fortifications*. — Et quand les tours étaient faites, ces mêmes hommes, laissant le sayon pour la cotte de maille, la pioche pour l'arbalète, attendaient vaillamment, sur leurs créneaux, l'ennemi qu'ils repoussaient presque toujours.

D'autrefois les bourgeois se mettaient en campagne : c'était quelque méchant seigneur du Cambresis qu'il s'agissait de mettre à la raison, en prenant son château qu'on démantelait; ou bien c'était une bande d'aventuriers qui pillaient le pays et se *repairaient* dans quelque fort dont ils s'étaient emparés.

Au reste, toujours quelqu'un veillait pour la ville. Gallus, au haut de la tour de St-Martin, avait, nuit et jour, l'œil au guet; et s'il voyait, dans les environs, des cavaliers ou des *gendarmes* suspects, il sonnait *à l'arme*. (*Chronique* d'Adam Gélic, § ms. 13, p. 215); et chacun courait aux remparts, car il fallait craindre les Français qui souvent poussaient leurs courses jusque sous les murailles de la ville.

Que si les bandes ennemies devenaient plus nombreuses, alors le Magistrat « publiait, *à la Pierre*, que tout homme *portast baston*, et que nul n'allast par les rues, depuis la cloche sonnée. » — *Chron.* d'Adam Gelic, p. 253. — § Ms. 3 bis, p. 120. — Il était de plus défendu de louer maison ni chambre à l'étranger. — *Notes historiques*, p. 71. On publiait encore qu'en cas d'alerte, on mit des chandelles à tous les huis (portes) des maisons (1). — *Mémoriaux de St-Aubert*. — On tendait en travers des rues de fortes chaînes de fer, en guise de barricades. — † Ms. 6, p. 118. — *Notes historiques*, p. 40. — Ces précautions étaient prises sans doute contre les éventualités d'une irruption soudaine de cavalerie ennemie dans la ville, ce qui n'était pas sans exemple. Au reste, les portes étaient bien gardées; on y plaçait des *cinquantaines*. — V. *Cinquantaine*. — Les chanoines eux-mêmes et les francs fiévés payaient de leur personne. Pendant les guerres qui troublèrent le Cambresis en 1536, « il n'y avoit que trois portes ouvertes dans la ville. Il y avait deux chanoines de Nostre-Dame à la porte de Cantimpré; deux de St-Géry à la Porte-Robert; deux Fiévés à la porte St-Georges; et toute la nuit, deux cinquantaines, une devant minuit, et l'autre après. » — *Mém. chron.*, p. 32.

---

(1) Alors la ville n'avait pas d'éclairage, et demeurait habituellement plongée dans les ténèbres pendant la nuit. — V. *Eclairage*.

On vient de voir que toutes les portes de la ville n'étaient pas ouvertes. Quelquefois même *on murait* celles qui devaient rester fermées. — † Ms. 884, p. 85. — § Ms. 3 bis, p. 88.
— L'artillerie garnissait les remparts. « Soudards à cheval, dit un vieux manuscrit, estoient ordonnez pour sortir au matin, à la porte ouvrante, adfin d'aller découvrir, autour de Cambray, s'il n'y avait nuls gens d'armes. Et venoient tous les portiers avec les grands bourgeois (1), au matin, en la maison de la ville; et là, tiroient à taille, pour veoir à quelles portes ils iroient. Et les deux huissiers, avec le varlet des Quatre-Hommes, portoient les clefs des portes. Et les deux bourgeois et tous les portiers ensemble alloient ouvrir les portes : et puis deux desdits portiers raconvoyoient lesdites clefs en la maison de ville. Et le soir, pour closre les portes, deux des portiers venoient quérir les clefs; et, les portes fermées, tous les portiers raconvoyoient lesdites clefs que deux des eschevins renfermoient dans un coffre. » — *Chron.* d'Adam Gelic, p. 13.

C'était au temps de Robert de Croy, l'évêque-chevalier (en 1522), que se faisait ainsi le service des clefs de la ville. Chacun sait que Robert de Croy était un prélat d'une prodigieuse énergie. En 1543, pendant les alarmes de guerre, « il y avoit tous les jours à trois portes, bien 200 hommes et de nuit, au guet, 300. Monseigneur de Croy faisoit mesme toutes les nuits le guet avec les prévost et eschevins. » — Adam Gelic, p. 280. — § Ms. 3 bis, p. 121.

Comme on le voit, les Cambresiens gardaient bien leurs foyers; aussi lorsque les armées ennemies envahissaient le territoire, voyait-on arriver en ville des bandes nombreuses de paysans qui venaient mettre en sûreté leur mobilier et leur bétail. On voyait quelquefois arriver, en pareille circonstance, jusqu'à cinq ou six cents chars de bagage et des troupeaux considérables. — § Ms. 3 bis, p. 76, 99, 115. — § Ms. 6, p. 148. — *Chronique* d'Adam Gelic, p. 253.

Mais ces malheureux fugitifs, qui venaient demander un asile et un refuge aux murailles de Cambrai, n'y restaient point inactifs. Au besoin, on les enrégimentait, pour faire, conjointement avec les bourgeois, le service de la place. Pendant le siége de 1649, le gouverneur de la ville forma ainsi douze compagnies de paysans, au nombre de huit cents. — † Ms. 884, p. 320.

Tandis que la garde bourgeoise veillait sur les remparts, une foule de curieux montaient aux divers clochers de la ville, pour voir les armées dans la campagne. « C'était, dit l'auteur des *Mém. chron.*, une coutume de ce temps-là de monter aux clochers pour voir les armées. — *Mém. chron.*, p. 150.

Ce fut du temps de Louis XI que les bourgeois « commencèrent à sonner leur cloche de la tour de St-Martin, pour annoncer l'arrivée des troupes. » — V. au mot *Horloge communale*.

Le lecteur trouvera quelques autres détails sur les usages militaires des Cambresiens à l'article *Garde bourgeoise*. Nous parlerons maintenant des bannières cambresiennes.

Chaque compagnie bourgeoise, chaque corps de métier, avait sa bannière. C'était, en toute occasion, le signe de ralliement. Plus d'une fois les turbulents Cambresiens en firent les drapeaux de l'émeute. Aussi finit-on par leur défendre de les déployer, si ce n'est par ordre du Magistrat et de l'évêque. — V. *Hist. de Cambrai*, par l'abbé Dupont, part. III, p. 62, 72, 92. — Mais comme cette prohibition ne suffisait pas, on fut obligé de supprimer les bannières de la ville, et de déclarer qu'il n'y en aurait plus qu'une, aux armes de l'évêque. — V. la *sentence arbitrale* de Ferric de Pecquigny, rendue en 1313. On trouve cette sentence dans le *Mémoire pour l'archevêque;* le passage concernant les bannières est à la page 78 des pièces justificatives.

Plus tard, l'autorité des ducs de Cambray se relâcha de cette rigueur, et les bannières reparurent. On lit dans les chroniques qu'en 1583, le duc d'Alançon « commanda que tous les capitaines et alfères des compagnies bourgeoises seroient mandés à la citadelle, et y allèrent, et leur fut présenté la collation, et *leur fut baillé enseignes nouvelles*, portant couleurs orange, gris, verd, noir et blanc. Et les vieilles furent ce jour-là laissées à la citadelle. » — § Ms. 3 bis, p. 228. — † Ms. 884, p. 224. — § Ms. 2, p. 23.

Les *bannières des mestiers* portaient les attributs de chaque état. On en trouve des dessins authentiques dans l'*Armorial de d'Horier*, qui repose à la bibliothèque impériale.

Certaines castes de la population avaient aussi leurs bannières. Le *Quétirier* possédait un grand étendard qu'il déployait aux jours de

---

(1) On entend ici, par *grands bourgeois*, les échevins de semaine.

fête. Les *Mal-Lavés* en faisaient autant. — † Ms. 884, p. 151. — § Ms. 3 bis, p. 164. — V. *Quétivier* et *Mal-Lavés*.

Nous croyons devoir rapporter la cérémonie funèbre qui eut lieu à l'occasion de la mort du baron d'Inchy, et où les bannières jouèrent un singulier rôle. Ces détails sont utiles à l'étude des mœurs de l'époque. « Le 7 janvier 1582, son corps (celui du baron d'Inchy) fut porté et enterré en grande magnificence par les cordeliers, y assistant tout le clergé de la ville, et y avoit cent flambeaux ardens, les porteurs desquels eurent chacun deux aulnes de drap noir. Toutes les compagnies, tant bourgeois que soldats, y estoient, lesquels *traînoient leurs enseignes par terre*, et chaque capitaine avoit un baston noir en main. Après que son corps fut mis en terre, en la chapelle de St-Laurent, proche la sacristie, en l'église N.-D., tous les capitaines allèrent jeter leurs bastons en la fosse du mort... » — § Ms. 3 bis, p. 223.

La ville de Cambrai n'offrait pas, il y a trois siècles, l'aspect élégant et propre qu'elle présente aujourd'hui. Les rues en étaient mal percées; des marres d'eau s'y rencontraient çà et là. Deux grands flots surtout y étaient ménagés pour procurer de l'eau en cas d'incendie, et pour recueillir les eaux pluviales qui, du sommet du *Mont-des-Bœufs* seraient descendues, en faisant ravage, jusqu'à l'Escaut. — V. *Flot de St-Géry* et *Flot de Cayère*. — On trouvait, en certains quartiers, de véritables fermes bâties en torchis et couvertes en chaume. — § Ms. 5, p. 144. — Cela explique les incendies fréquents et terribles qui dévoraient des quartiers de la cité. Ce ne fut guère qu'au XVIe siècle, à l'époque de l'occupation espagnole, que l'on construisit ces maisons pittoresques qui existaient encore, pour la plupart, il y a un demi-siècle. Un grand nombre de rues et de places n'étaient point pavées; on y laissait paître les oies, les chèvres et les pourceaux. Il n'y avait pas d'abattoir; et c'était en pleine rue que les bouchers abattaient le bétail. Nous avons du reste vu, dans notre jeunesse, les charcutiers égorger et brûler les porcs sur la voie publique. Les mœurs d'aujourd'hui ne sauraient s'arranger de ces spectacles hideux et pénibles.

Le marché au bois n'était point pavé; une partie de cette grande place était couverte de gazon, et formait ce que l'on appelait le *Pré d'Amour*; titre charmant qui semble se rattacher aux jeux de la *gaie science*, mais qui, malheureusement, ne rappelle que les ignobles tendresses des soldats et des filles de joie.

Les caves étaient, en grande partie, habitées; et les immenses carrières qui existent sous la ville, leur servaient de *boves* (1). Ce genre d'habitation, quoique moins commun, est encore en usage à Cambrai.

Les caves des mulquiniers étaient faites d'une manière particulière, c'est-à-dire qu'elles étaient pratiquées moitié en dessous de la surface du sol, moitié au-dessus. Cela permettait d'y adapter de larges fenêtres par lesquelles la lumière tombait abondamment sur les métiers à tisser. Les mulquiniers occupaient le quartier haut de la ville, dont les rues des Cachebeuvons, des Anges, des Pochonnets, Aubenche et de St-Jean pourraient être considérées comme le centre.

On sait qu'en général tous les corps de métier se groupaient de même par quartier. On retrouve les traces de ces groupes de corporations dans les anciens noms de certaines rues de Cambrai. Telles sont celles des Maseaux, des Feutriers, des Ferrons ou du *Mal*, des Candillons, des Chaudronniers, des Charpentiers, des Liniers, des Viéziers, des Tanneries, etc.

Toutes les corporations étaient admirablement organisées. Elles avaient leur règlement particulier, et formaient autant de familles dont les membres divers se donnaient un mutuel appui. — V. *Corporations*, — *Boulangers*, — *Bouchers*, — *Apothicaires*, — *Mulquiniers*, etc.

Les gens de métier avaient ordinairement pour enseigne un des instruments de leur état. Les apothicaires plaçaient à leur porte le buste d'un personnage grotesque, faisant des grimaces. Beaucoup de marchands décoraient de l'image d'un saint le dessus de leur boutique. L'une était à l'enseigne de St-Honoré, l'autre de St-Laurent, d'autres de St-Roch, de St-Jean, etc.

Ces boutiques étaient aussi modestes que leurs habitants. Des rayons en bois de chêne, couverts de grands rideaux de serge bleue ou verte, un comptoir grossier derrière lequel la marchande assise attendait, en travaillant, la *pratique héréditaire*; un plafond dont on voyait les belles solives en chêne ou en châtaigner; des fenêtres garnies d'un vitrage en petit plomb; de lourds volets que l'on fermait à la tombée

(1) Expression locale qui signifie sous-cave.

de la nuit : tel était, à peu de chose près, le magasin de chaque marchand de la ville. Dans l'arrière-boutique on ne trouvait pas, comme aujourd'hui, le piano ou le chevalet de *mademoiselle*; l'humble fille du marchand vaquait aux travaux du ménage, et cirait elle-même la belle crédence sculptée sur laquelle on étalait les assiettes et les vases de faïence qui servaient aux festins, le dimanche et les jours de fête.

Ces jours-là, les boutiques restaient fermées; la ville faisait sa toilette; on balayait les rues parce qu'un sergent de M. le prévôt était passé en agitant sa sonnette. Cet usage de sonner pour le balayage et l'arrosage des rues subsistait encore au commencement de ce siècle.

Dans la journée, on allait aux offices; on dînait à midi précis, et le soir on allait au *marais Tout-y-Faut* assister au tir des archers, ou bien au jardin des Canonniers qui s'exerçaient au jeu de l'arquebuse. C'était là le plaisir de la foule; mais on voyait aussi un grand nombre de bourgeois se diriger, avec leur famille, vers les petits jardins qu'ils possédaient dans la banlieue. Dans ces jardins, les propriétaires avaient fait ériger des *vide-bouteilles*; c'est ainsi qu'on appelait des petits pavillons où les amis réunis vidaient les bouteilles de vin ou de bière dont la cave de chaque pavillon était toujours bien garnie. D'autres pêchaient à la ligne; car les Cambrésiens étaient, comme ils sont encore, très friands de poisson. Aussi les bords de l'Escaut étaient-ils fréquentés. Mais quelque abondante que fût la pêche, nul n'en faisait jamais de pareille à celle des religieux de St-Sépulcre, dont les vastes viviers étaient admirablement fournis.

Certains Cambrésiens raffinés attachaient tant d'importance au poisson qui devait figurer sur leur table, qu'ils ne laissaient point aux ménagères le soin de l'acheter au marché. Ils y allaient eux-mêmes; et l'on voyait se presser, autour des tables des minkeurs, magistrats, chanoines, procureurs, médecins, apothicaires, riches marchands et autres, que nulle occupation n'aurait pu retenir chez eux quand *l'heure du poisson* avait sonné.

Que si l'hiver mettait obstacle à tous les délassements dont nous venons de parler, la famille égayait alors la soirée du dimanche, au coin du feu, en faisant l'antique partie de loto, en s'amusant de quelque jeu de cartes, ou en écoutant raconter par les grands parents des histoires fantastiques, des légendes du pays.

Cela nous amène à dire quelques mots des fêtes auxquelles nous consacrons d'ailleurs, dans ce livre, un article spécial. — V. *Fêtes*, — *Feux de joie*, — *Exemples*, etc.

Les grandes réjouissances se passaient rarement sans une distribution de comestibles et surtout sans faire couler du vin. D'autres fois on dressait des tables immenses sur le marché ou sur l'Esplanade, où le populaire se donnait les joies d'un festin communal. Les bouchers allaient quelquefois jusqu'à faire rôtir un bœuf tout entier, lardé de cochons de lait et de volailles de toute espèce.

Les chantres de la métropole, qui entonnaient au besoin le *Te Deum laudamus* au haut du clocher, y faisaient, ces jours-là, leur dîner au grand air. — V. § Ms. 6, p. 127.

On brûlait beaucoup de poudre, on *desserrait* les arquebuses, on allumait des feux de joie, où l'on trouvait quelquefois très plaisant de faire brûler des chats enfermés dans une cage de fer. — V. *Feux de joie.* — On se donnait le spectacle de grands feux d'artifice; on dansait. Il y avait bal pour tout le monde : bal dans la grande salle de l'hôtel-de-ville, décorée avec magnificence, illuminée par des milliers de bougies; bal dans la salle qui conduisait au balcon; bal dans une troisième salle plus modeste. Dans la première, dansaient les notables; dans la seconde, la petite bourgeoisie; dans la troisième, le menu peuple. — *Mém. chron.*, p. 267. — Et chacun acceptait sans murmure, sans jalousie, sans malédictions, cette distinction de classes. C'est qu'alors chacun comprenait que, dans une société comme dans un édifice, il faut divers étages; c'est qu'alors le vertige de l'ambition n'avait point tourné toutes les têtes; c'est enfin qu'on aimait mieux vivre honoré dans un modeste rang, que d'être déplacé, ridicule ou méprisé dans un rang supérieur. Il suffisait que tout le monde fût admis dans la *Maison commune*; on ne disputait pas sur la salle où l'on trouvait le plaisir.

Le jour du sacre de chaque église, c'était fête pour tous les paroissiens. Les grands la célébraient dans leurs salons, les petits dans la rue. On ornait cette rue de feuillage, on improvisait une salle de verdure. Là encore c'était bal et festin; puis on terminait la soirée en parcourant la ville et en chantant les rondes populaires. De longues bandes de filles, de garçons, d'hommes et de femmes mariés, alternés et les bras enlacés, se pressaient dans une joie commune, s'en allaient ainsi sautant et chantant, poussés par l'entrain irrésistible du vin et de la gaieté. Malheur alors au paisible bourgeois attardé, qui, rencontré par cette bruyante avalanche, ne trouvait pas une embrasure de porte pour se garer et laisser passer le populaire en liesse.

Gallus, de la *cellule du guet*, avait beau répéter les heures sur la cloche, et jeter par la ville les hurlements de son cornet de fer : la bande avinée n'entendait plus rien; et il fallait d'ordinaire que les sergents de la prevôté vinssent l'avertir que le jour allait paraître, et qu'il était temps d'aller commencer la nuit. Cela s'appelait, chez nos aïeux, célébrer la fête du Saint-Sacrement.

Un modeste artisan mariait-il sa fille, tout le corps de métier voulait lui faire cortége jusqu'à l'église. On arrivait, à l'heure dite, au domicile de la mariée, et de là on allait, à pied, précédé de joueurs de flûte, de basse et de violes, prier Dieu de bénir les nouveaux époux.

Aux jours de la St-Jean et de la St-Pierre, on allumait les feux de joie dans chaque quartier, ou plutôt dans chaque rue. Nous renvoyons le lecteur à l'article *Feux de joie*, où il trouvera le détail de ces réjouissances.

Le jour de St-Nicolas, c'était fête pour les garçons, et surtout pour les petits enfants. Il n'y avait pas un de ces derniers, dans Cambrai, qui, la veille de ce grand jour, ne déposât sous le manteau de la cheminée paternelle, un sac en papier, un panier ou un sabot. Il n'y en avait pas un qui ne sût que, pendant la nuit, Saint-Nicolas se promenait au-dessus de la ville, suivi de *son baudet aérien*, chargé de jouets, de bonbons; hélas! aussi de verges; et qu'il s'arrêtait à toute maison habitée par un enfant sage ou malavisé. Alors le grand saint descendait par la cheminée et déposait, dans le sac ou dans le sabot, soit des jouets du paradis, soit une verge d'enfer, selon le mérite de l'enfant qui dormait en tremblant, tandis que s'accomplissaient ces redoutables mystères.

Mais ce n'était pas la seule visite nocturne que reçussent ainsi les petits enfants de Cambrai. Pendant la nuit de Noël, *le Petit Jésus* venait doucement soulever leur chevet, et y glissait un gâteau appelé *queniole*, pour le déjeuner de l'enfant. Le Petit Jésus voulait en même temps laisser un souvenir durable de sa visite : aussi plaçait-il, au milieu du gâteau, sa propre image en terre modelée, peinte et dorée, où il était représenté dans ses langes, tel que le virent les bergers et les rois-mages.

Erreurs naïves et charmantes dont on berçait les petits enfants d'autrefois! Les rêves dont on berce les grands enfants d'aujourd'hui valent-ils mieux que ceux-là?

A l'occasion de la Ste-Catherine, les jeunes gens offraient aux jeunes filles des bouquets et des sérénades. Les bouquets étaient composés de *pommes d'amour* et de branches de romarin.

La fête des Rois se célébrait chez le chef de la famille. Au commencement du banquet, on tirait de l'urne du destin les billets qui indiquaient les fonctions de chacun. Le roi désigné par le sort *relevait sa royauté* à pareil jour de la semaine suivante. Alors on tirait non plus le roi, mais l'*abbé*, lequel était fêté comme un véritable monarque; et les convives qui le voyaient boire ne manquaient pas de crier : *l'abbé boit!* comme ils avaient crié : *le roi boit!*

C'était à partir du jour des Rois, jusqu'au carnaval, que les boulangers annonçaient leurs petits pains chauds à l'aide d'un cornet de fer. Lorsque le *mitron* (1), du seuil de la porte de la boulangerie, faisait entendre les beuglements prolongés de son cornet, on voyait accourir une foule empressée qui enlevait les *miches chaudes*, et n'en laissait jamais pour les derniers venus. Mais ceux-ci ne s'en allaient pas, pour cela, les mains vides. Le boulanger complaisant leur improvisait un autre plat de son métier. Il jetait dans le four et en retirait presque aussitôt un morceau de pâte applatie qui, saisie par la chaleur du four, formait une galette excellente, que l'on appelait *flamiche*, flamique, autrement dit *miche flamande*.

Le carnaval était brillant et animé. Des groupes considérables de masques circulaient dans les rues, leurs costumes étaient bizarres et très originaux. Une foule de femmes et d'enfants les suivaient en leur adressant des compliments plus ou moins flatteurs, mais trop souvent obscènes. Un tableau d'un ancien peintre cambrésien peut donner une idée de la variété pittoresque de ces costumes (2) : c'était à cette époque qu'apparaissaient dans la ville ces espèces de Bohémiens qu'on appelait les *Montreurs de Bêtes*. Ils arrivaient avec des ours, des chameaux, des singes, des porcs-épics. Ils parcouraient les rues au son du fifre et du tambourin. La populace ébahie les sui-

---

(1) Garçon boulanger.
(2) Nous avons nous-même, en 1852, organisé dans Cambrai une fête représentant un de ces bruyants carnavals de nos pères. — Le programme en est imprimé.

vait pour contempler *les exercices surprenants* de ces tristes bêtes. On voyait aussi les petits savoyards, joueurs de vielle, qui montraient la *marmotte en vie*. Et lorsque tous ces bateleurs voyaient la population rassasiée de leurs jeux, ils disparaissaient un beau matin, comme ils étaient venus.

Nous ne parlerons point des solennités du 15 août, jour de la fête patronale de la ville. On en trouvera le détail au mot *Fêtes*. Nous laisserons aussi le lecteur recourir au mot *Ducasses* pour ce qui concerne les fêtes des villages.

Nous ne parlerons pas non plus des entrées de princes. Nous avons, au mot *Entrées joyeuses*, fourni sur ce sujet des documents suffisants.

Nous ajouterons seulement que, dès le XVIe siècle, le jeu de bagues était en usage à Cambrai. — V. § Ms. 2, p. 29. — Que dès lors aussi, on se servait de terque pour entretenir de grandes illuminations. Ce n'était pas seulement des lampions ordinaires qu'on allumait ainsi : il est arrivé qu'on se servait de tonneaux entièrement pleins de ce goudron, et que l'on plaçait sur des *estaques* (grands pieux), pour en faire des flambeaux gigantesques.— § Ms. 3 bis, p. 108.

Nous dirons enfin qu'en 1539, on faisait de la musique sur la place publique, ni plus ni moins qu'on en voit faire encore par les musiciens d'un régiment moderne de lanciers ou de dragons. « Environ le my-mars, furent mis sus les jueurs de haut-bois, lesquels juoient deux fois le jour », vers onze heures du matin et le soir.— § Ms. 3 bis, p. 112. — *Chronique* d'Adam Gelic, p. 280.

Telle est en somme l'esquisse des mœurs de nos pères, sujet qui fournirait amplement la matière d'un gros livre, et que nous n'avons dû qu'effleurer pour rester dans les limites que notre ouvrage ne doit pas dépasser. Il est d'ailleurs une remarque à faire et qui trouve ici sa place : c'est que le *Dictionnaire historique de Cambrai* forme peut-être, dans son ensemble, l'ouvrage le plus complet qu'on puisse écrire sur les mœurs cambresiennes.

MONASTÈRES. — V. *Communautés*, — *Abbayes*.

MONNAIES ET MÉDAILLES CAMBRESIENNES. — Les recherches et les études faites sur les monnaies de Cambrai n'ont amené jusqu'ici que des résultats fort incomplets. L'abbé Tranchant, à la fin du siècle dernier, s'était livré à un travail qui est resté à l'état de *Notes*, mais qui présente un grand intérêt, parce qu'il reproduit des ordonnances de plusieurs évêques et du chapitre de Cambrai, relatives à la monnaie qu'ils ont fait frapper. Ces notes précieuses sont contenues dans le † Ms. 887 de la bibliothèque de Cambrai, depuis la page 156 jusqu'à la page 181.

En 1823, M. Auguste Tribou a publié des *Recherches historiques* sur les anciennes monnaies et médailles de Cambrai et du Cambresis. Ces recherches ont donné lieu à des remarques et observations de M. Leglay, par lesquelles ce dernier rectifie, ou plutôt augmente le travail de M. Tribou. Mais, faute de documents suffisants, il s'en est fallu de beaucoup que cette œuvre double constituât un travail sans lacune.

En 1844, M. E.-J. Failly, inspecteur des douanes à Cambrai, a mis au jour une *Notice sur les monnaies obsidionales de Cambrai*. Cette notice fut suivie d'une série d'observations de M. Alc. Wilbert, présentées sous forme de rapport.

Incontestablement ces études, de la part de deux hommes instruits, ont fait faire un pas nouveau à la science des monnaies cambresiennes; mais l'*histoire monétaire et numismatique* de Cambrai reste encore à faire. Un travail entrepris sur ce sujet par M. Charles Robert, et déjà fort avancé, promet à la ville de Cambrai un ouvrage digne de faire suite à celui du même auteur, intitulé : *Etudes numismatiques sur une partie du nord-est de la France*.

Nous n'essayerons donc pas de combler une lacune qu'un plus savant que nous s'est chargé de faire disparaître, et que, d'ailleurs, les bornes étroites de notre dictionnaire nous forceraient à laisser subsister en partie. Nous nous contenterons de consigner ici quelques notions générales et de définir, autant que possible, les monnaies que l'on trouve citées dans les chroniques locales. Peut-être ce travail concis, que nous prenons à un tout autre point de vue que M. Tribou, présentera-t-il quelque intérêt nouveau au lecteur.

Il sera très difficile et peut-être impossible de savoir jamais quelles furent les premières monnaies frappées à Cambrai. Laissant de côté les dires et les contradictions au sujet des *monnaies royales*, nous nous occuperons de suite des *épiscopales* et nous constaterons qu'en 941, sous l'épiscopat et à la requête de Fulbert, l'empereur Othon octroya aux évêques de

Cambrai le droit de battre monnaie dans la ville : *Omne teloneum, cum monetâ civitatis suæ Cameracencis.* — V. la charte d'octroi dans le *Mém. pour l'arch.*, p. 4.

Ce même droit fut confirmé en 991, par une charte de l'empereur Othon III, successeur de celui dont il vient d'être question. — V. la charte de 991 dans le *Mém. pour l'arch.*, p. 6.

En 1001, le même empereur accorda à l'évêque Herluin le droit de battre également monnaie au Câteau. — V. l'ouvrage précité, page 7.

En 1003, l'empereur Henri (1) confirma de nouveau le droit accordé aux évêques de battre monnaie à Cambrai et au Câteau.

Enfin, en 1007, le même Henri, ayant donné aux évêques de Cambrai la *souveraineté* de tout le comté du Cambresis, leur conféra, par ce fait même de souveraineté, le droit de battre monnaie dans l'étendue de ce comté. A dater de 1007, les évêques firent donc battre la monnaie cambresienne, plutôt en leur qualité de souverains de la contrée, en leur qualité de comtes et ensuite de ducs, qu'en considération de leur titre épiscopal qui, par lui-même, n'avait aucune vertu à cet égard.

Les recherches des collectionneurs n'ont point encore jusqu'aujourd'hui, découvert de monnaies antérieures à celles de Nicolas de Fontaines. Néanmoins il n'est pas douteux que les évêques aient usé du privilége que leur conféraient les chartes de 941, 991, 1001, 1003 et 1007. Il existe d'ailleurs des titres qui prouvent qu'à l'époque de Jean d'Antoing (fin du XIIe siècle) on employait dans le pays la monnaie cambresienne. Les archives de Prémy contiennent une lettre de cet évêque qui autorise le curé de Fontaine-Notre-Dame à céder aux religieuses de cette abbaye les droits qu'il avait sur leur maison, moyennant une redevance annuelle de *trois sols cambresiens*.

A cette citation faite quelque part par M. Leglay, nous ajouterons la nouvelle preuve que voici : Jean de Béthune, par acte du 17 kal. d'avril 1202, constate la vente faite par un nommé Nicolas, au profit de l'hôpital St-Julien, d'une partie de terre située entre Fontaine et Anneux, moyennant 240 livres, *monnaie cambresienne*.

Un grand nombre d'évêques de Cambrai ont *fait forger de la monnaie*. Ceux dont nous connaissons des monnaies ou des ordonnances monétaires sont Nicolas de Fontaines, Enguerrand de Crequy, Guillaume de Hainault, Gui de Collemède, Philippe de Marigny, Pierre de Mirepoix, Gui d'Auvergne, Guillaume d'Auxone, Gui de Ventadour, Pierre Andrieux ou d'André, Robert de Genève, Gérard de Dainville, André de Luxembourg, Jean de Gavre et de Lens, Henri de Berghes, Maximilien de Berghes, Louis de Berlaymont.

Louis de Berlaymont fut le dernier prélat qui battit monnaie, parce que, à dater de l'usurpation de la souveraineté de Cambrai par Bauduin de Gavre, baron d'Inchy, et ensuite par Mont-Luc de Balagny, les évêques perdirent de fait, si non de droit, les priviléges attachés à cette souveraineté, au nombre desquels était le droit de battre monnaie. La souveraineté usurpée par Balagny sur Louis de Berlaymont fut en 1595 conquise par l'Espagne sur Balagny ; en 1677, Louis XIV l'enleva aux Espagnols, tandis que la voix des archevêques de Cambrai se perdait en vaines réclamations, au milieu de cette longue série de graves événements politiques.

Le chapitre de Notre-Dame, en vertu de son droit de vidamie (1), battit plusieurs fois monnaie, depuis le XIIIe siècle jusqu'au XVIe.

En août 1563, « la monnaie jaune de Cambray (pièces de cuivre) fut *mise au billon* par tout le Pays-Bas ; à sçavoir : les blancs de 6 deniers, les 4 deniers, les 2 et 3 deniers ; tellement qu'on n'en vouloit point aussy dans Cambray. Et les bourgeois en avoient grande fascherie. Et les chanones de Cambray de qui dépendoit la monnoie, promirent reprendre celle qui estoit de leur coing... Les trois receveurs furent commis pour la recevoir et baillèrent autre argent. » — † ms. 884, p. 162. — § ms. 3 bis, p. 177. — § ms. 2 bis, p. 74.

On connaît aussi quelques monnaies du chapitre de Saint-Géry ; elles sont du XVIe siècle. Il est probable que le chapitre de Saint-Géry ne jouit que peu de temps de ce privilége inhérent particulièrement à la souveraineté du pays.

Il était naturel que les évêques maintinssent l'intégrité de ce droit. Autrement chaque petit seigneur de la contrée battant monnaie à sa guise, il en serait résulté une perturbation intolérable dans le système monétaire. Aussi voit-on Pierre de Mirepoix lancer un moni-

---

(1) Henri II, d'Allemagne, dit *le Saint* et *le Boiteux*.

(1) V. Vidame.

toire contre ceux qui s'ingéraient de battre monnaie dans l'étendue du Cambresis. « Il avoit appris, dit l'abbé Dupont, que Jean de Noyelles en faisait battre à Crèvecœur dont il étoit seigneur. Il y envoya Jean Cailly, son bailli, pour le lui interdire. Jean seigneur de Walincourt avoit fait des préparatifs pour y battre aussi monnoie : l'évêque lui représenta qu'à lui seul appartenoit de le faire dans le Cambresis. Jean le reconnut et s'excusa en alléguant qu'il croyoit pouvoir suivre l'exemple tant du seigneur de Crèvecœur de qui sa terre relevoit, que de Wallerand de Luxembourg qui l'avoit aussi fait à Serain, fief relevant de l'évêché. » — *Hist. de Cambrai* par Dupont, part. IIIe, p. 89.

L'an 1400, les changeurs avaient modifié la valeur de plusieurs monnaies ayant cours en Cambresis ; les Etats du pays en portèrent plainte à l'évêque, Pierre d'Ailly, qui fit prendre des informations sur la valeur exacte de ces monnaies, et leur rendit leur cours véritable, au grand déplaisir des changeurs dont l'industrie, réduite à d'honnêtes spéculations, devint ainsi beaucoup moins lucrative.

Plusieurs prélats cambresiens eurent leur atelier monétaire dans leur palais même. « L'an 1497, le 9e jour d'apvril, Henry de Berghes commencha à faire forger en son palais, ducats d'or à 27 patars, gros, demi-gros, gigots et deniers. » — § ms. 3 bis, p. 60.

Louis de Berlaymont permit « à Catherine Strayiz, veuve Jean Crul, *maistre de forge des monnoyes* sous son prédécesseur, de se loger avec sa famille dans un quartier de son palais, pour l'exercice de la forge des monnoyes de la ville, cité et duché de Cambray, comté et pays du Cambresis. »

Au reste, une *forge de monnoyes* ne comportait point alors un grand matériel. Quelques creusets pour les alliages, une enclume, un marteau et des coins gravés, c'était, à la rigueur, tout ce qu'il fallait à un monnayeur pour l'exercice de son industrie.

En 1581, l'archevêque-duc de Cambray, éloigné de sa ville ducale par l'usurpation française, avait forcément abandonné l'administration politique de Cambrai. En son absence « et par l'ordonnance de MM. les prévost, eschevins de la ville, comme aussi par le conseil des principaux, l'on fit forger de la monnoye de cuivre quarrée, esquelle estoient gravées les armoiries de Cambray qui sont un aigle, laquelle estoit évaluée pour un patar. » — § ms. 3 bis, p 222. — On fit aussi de la monnaie d'argent, car la ville était investie par les Espagnols, et la monnaie n'y venait plus du dehors.

Deux siéges de Cambrai, celui de 1581 et celui de 1595, donnèrent lieu à l'émission des monnaies obsidionales. En 1581, on fit même de la monnaie de carton. Nous connaissons une de ces pièces dans le cabinet d'un amateur.

Noms et désignation de diverses monnaies de Cambrai en usage aux XVe et XVIe siècles.

Anges de Cambray. — Deniers d'or *de* 64 *au marcq*, frappés par ordre de Jean de Lens. — V. † ms. 887, p. 174.

Ducats d'or. — Ceux forgés par Henry de Berghes valaient 27 patars.

Escus d'or ou *escus de Cambray*, sous Maximilien de Berghes. — Ces pièces valaient 40 patars de Flandres.—V. † ms. 887, p. 180.

Il y eut d'autres *écus d'or* de différentes époques et de diverses valeurs.

Dalders. — Ces pièces d'argent variérent comme toutes les monnaies, suivant le temps et les circonstances. Le *dalders* de Max. de Berghes valait 30 patars. — V. † ms. 887, p. 181.—Ceux que l'on frappa en 1581 étaient carrés et ne valaient que 12 patars.—V. § ms. 3 bis, p. 222.

On fit à cette même époque des *demi-dalders*, de la valeur de 6 patars.

Savoyens. — On appelait ainsi une pièce de monnaie en argent dont nous ne saurions déterminer la valeur. Les *Mémoires chronologiques* nous apprennent qu'en 1491, le jour de l'enterrement de maître Paul de Reu (Paulus de Rota), chanoine de N.-D. de Cambrai, on donna à tout venant une pièce d'argent qu'on appelait *savoyen*. Cette distribution se fit dans la cour du *palais.* « Il y vint une si grande foule de peuple, que la plache Nostre-Dame devant le palais estoit toute pleine de gens, et quand on eut ouvert la porte du palais, cheux qui estoient derrière boutèrent si fort que cheux de devant furent abattus, et tellement piételez, qu'il en mourut trente-huit personnes. — *Mém. chron.*, p. 9. —§ ms. 3 bis, p. 57.

Il exista aussi des *moutons* et *doubles-moutons*. Nous ne saurions préciser la valeur de ces monnaies.

Nous citerons encore, quoiqu'ils soient d'une époque antérieure, deux sortes de deniers frappés en 1347 par ordre de Guy de Ventadour.

Les uns, qui étaient des deniers blancs, s'appelaient *on-le-vault*; les autres étaient des deniers de cuivre nommés *vallans*. — V. † ms. 887, p. 162, 163.

Avant de parler des *patars, gros, demi-gros, gigots, deniers*, etc., il est utile de placer ici une remarque importante. C'est qu'autrefois, il y avait en France deux espèces de monnaies : la *monnaie parisis* et la *monnaie tournois* (1). La monnaie parisis avait une valeur d'un quart plus que l'autre : de sorte que 20 livres parisis valaient 25 livres tournois, de sorte encore que quatre liards parisis valaient cinq liards tournois.

On s'est servi en France, dans les comptes et dans les contrats, de ces deux sortes de monnaies jusque sous le règne de Louis XIV, époque à laquelle la monnaie parisis a été abolie.

Ces distinctions étant posées, il sera plus facile au lecteur de comprendre ce que nous avons à dire du patar ainsi que de ses subdivisions, et de s'expliquer ces fractions bizarres que l'on rencontre dans la valeur relative des monnaies cambresiennes.

Il paraît que la monnaie de Cambrai fut combinée sous l'influence du système monétaire de Paris, ce qui était assez naturel, puisque le Cambresis était plus voisin de Paris que de la Touraine. Mais lorsque la monnaie Tournois resta seule en usage en France, il en résulta un désaccord général entre la monnaie de Cambrai et celle de France. Et, chose remarquable, cette incohérence s'établit précisément au moment où Cambrai devenait ville française. Le *patar cambresien* valait donc quatre liards ou douze deniers parisis, et cinq liards ou quinze deniers tournois ; il en fallait vingt pour un florin ; il se subdivisait en gros, gigots, deniers et mailles.

Le *gros* (demi-patar) valait à Cambrai 6 deniers parisis ou sept deniers et demi tournois. Roquefort et, après lui, M. G. A. J. Hécart, ont dit que c'était l'ancien sol parisis, qui, dans ce cas, n'aurait valu que 2 liards.

Le *gigot* (demi-gros) équivalait au liard de France : il valait 3 deniers parisis.

Le *denier*, menue-monnaie cambresienne, était la douzième partie d'un patar.

La *maille* valait la moitié d'un denier.

(1) On appelait *parisis* la monnaie frappée à Paris, et monnaie *tournois* ou *tournoise*, celle qu'on frappait à Tours.

Le *sol* cambresien valait 1 sol 3 deniers tournois.

Les subdivisions monétaires étaient fort multipliées dans ces temps où l'argent avait bien plus de valeur relative que de nos jours. Aujourd'hui le centime est presque une monnaie superflue. Quelle est la chose qui ne vaut qu'un centime ? Jadis, au contraire, on pouvait, pour un prix équivalent, se procurer bien des objets utiles à la vie. Aussi, indépendamment des pièces de 6 deniers que l'on appelait tantôt *gros*, tantôt *blancs de six deniers*, y avait-il encore des pièces de *quatre deniers*, de *trois deniers* et de *deux deniers*.

Mais un grand nombre de ces monnaies diverses avaient fini par perdre leur cours ; et, pendant tout le siècle dernier, on ne connaissait guère plus, dans le Cambresis, que les florins et les patars, les livres, les sols tournois et les deniers.

Le *florin* se subdivisait en patars. Il en valait vingt, et par conséquent valait 25 sols tournois.

La livre se divisait en sols et deniers. Elle valait 20 sols ; le sol valait 12 deniers.

Il n'est point inutile de noter que le commun peuple cambresien ne faisait point usage de la *livre* ; il calculait de préférence par *florins* et par patars.

Disons maintenant quelques mots des jetons et des médailles de Cambrai.

MÉDAILLES.

On en connaît *au nom de Cambrai*, du XVIe, du XVIIe et du XVIIIe siècle. Les unes furent destinées à servir de marques distinctives ; telles celle des *commis au fortifications*, celle des *confrères de la Miséricorde de Cambrai* (1), etc. Les autres sont commémoratives ; elles ont été frappées à l'occasion d'événements heureux ou de faits importants. D'autres sont des jetons de présence à l'usage des échevins d'abord, et plus tard des conseillers municipaux. D'autres enfin sont de petits monuments de dévotion envers la vierge Marie.

Parmi les principales médailles commémoratives, on peut citer :

Des jetons de Catherine de Médicis, frappés à l'occasion de sa *Protection* de Cambrai.

Des médailles frappées à l'occasion de *la délivrance* du siége de 1649. Elles sont à l'effigie de N.-D.-de-Grâce.

(1) V. ci-dessus p. 82, à la note, la description de cette médaille.

Des médailles du siége de 1657, également à l'effigie de N.-D.-de-Grâce. L'une de ces médailles est remarquable par sa dimension et par sa forme ovale, entaillée d'échancrures. — On lit dans les *Mémoires chronologiques sur Cambrai*, qu'à l'occasion du même siége, la ville fit frapper une médaille portant pour inscription : *Virginis sacrum et Condœo liberatori*. Nous signalons aux collectionneurs cette médaille qui paraît avoir échappé aux investigations de M. Tribou.

Les plus belles médailles commémoratives sont, sans contredit, celles qui concernent la prise de Cambrai par Louis XIV, en 1677. La plus grande de ces médailles a presque sept centimètres de diamètre. Le buste du roi y est admirablement gravé, et le revers est digne de la face. Les diverses médailles frappées en cette occasion sont rondes, à l'exception d'une qui est octogone. Il en existe un seul exemplaire en or (1).

On remarque encore avec intérêt dans les collections cambresiennes la médaille du congrès de 1721.

Les jetons municipaux ont été tantôt ronds, tantôt octogones.

Les médailles à la vierge, dont le nombre est considérable, portent toutes l'effigie de N.-D.-de-Grâce. Le revers varie suivant la circonstance pour laquelle elles ont été frappées. Il représente tantôt St Luc, tantôt St Roch, tantôt une croix, tantôt St Druon, St Mor, St Léonard; tantôt une inscription en forme d'invocation, etc. Ces médailles sont ovales ou octogones, en argent ou en cuivre. Presque toutes sont garnies de bélières, parce qu'elles étaient principalement faites pour être suspendues à des colliers ou à des chapelets. Quelques-unes sont montées dans des ornements en filigrane d'argent, d'un admirable travail.

Nous croyons nous être suffisamment étendu, dans cette notice, pour faire connaître aux personnes qui ne font pas de la numismatique une étude spéciale ce qu'il leur convient de savoir des monnaies et des médailles cambresiennes. Nous nous sommes abstenu d'entrer dans aucune description, parce que cela nous aurait forcément entraîné dans un traité complet de la matière. Nous n'avons rien dit non plus de cette déplorable monnaie de papier qui fut la ruine de tant d'honnêtes gens, et qui servit si bien la cupidité des fripons, à une époque sanglante dont Cambrai ne perdra jamais le souvenir. Les caisses *patriotique* et *de confiance* de Cambrai eurent leurs billets spéciaux qu'on disait aussi *billets de confiance*. Tout cela doit faire partie d'une collection de monnaies cambresiennes, mais ne pouvait être dans notre article l'objet d'une étude particulière.

Nous terminerons en indiquant, pour mémoire, que quelques médailles ont été frappées aussi dans le siècle actuel, siècle auquel nos études ne touchent guère, parce qu'il n'appartient pas encore à l'histoire.

— Voir sur les monnaies et médailles de Cambrai, les *Recherches de M. Tribou*, imprimées dans les *Mém. de la Société d'Emulation de Cambrai*, année 1823; — La *Notice* sur les monnaies obsidionales de Cambrai, par M. Failly; —Le *Rapport* de M. Wilbert sur la notice précédente.

MONNÉE ou *Mosnée*. — C'était à Cambrai ce que l'on appelait dans d'autres villes la *mouture bannale*. — V. *Moulins*.

MONSTRE. — V. *Montre*.

MONSTRELET (ENGUERRAND DE). — Les biographes ne sont pas d'accord sur le lieu de naissance de Monstrelet. Les uns le disent originaire du Ponthieu, les autres du Boulonnais. Ce qu'il y a de certain, c'est qu'il passa une partie de sa vie dans la ville de Cambrai. C'est dans cette ville qu'il écrivit ses précieuses *Chroniques* de l'histoire de France, depuis 1400 jusqu'à 1453. Il le dit lui-même dans le prologue de ses Chroniques. « Je Enguerrand de » Monstrelet, issu de noble génération, rési- » dant, du temps de la compilation de ce pré- » sent livre, en la noble cité de Cambray, ville » séant en l'empire d'Allemaigne, me suis en- » tremis et occupé de faire et composer un » livre ou histoire en prose, etc. »

Les éditeurs de l'ouvrage de Monstrelet *Lhuiller et Chaudière*, font judicieusement, dans leur dédicace au roi, la remarque suivante : « Sire, l'autheur de ceste histoire estoit un » gentil homme demeurant à Cambray, *d'où*, » *comme d'un lieu costier et hors de la meslée*, » *il consideroit les guerres qui s'esmeurent de* » *son temps*, entre vostre très illustre maison » d'Orléans et celle de Bourgogne. » (Edition de 1572).

En effet, ce terrain neutre sur lequel se tenait Monstrelet, lui laissait le repos et l'impartialité nécessaires pour écrire l'histoire.

---

(1) Cet exemplaire est aujourd'hui en notre possession. Nous le conservons comme un glorieux souvenir de famille. — V. ci-dessus, p. 224, à la note.

On n'a point de détails sur la vie privée de cet historien. Il naquit vers la fin du XVe siècle, d'une noble souche, comme il le dit lui-même, mais d'une manière illégitime. Ce fait ne saurait être contesté, car il est signalé par un de ses amis, l'abbé de St-Aubert, Jean-le-Robert, qui a écrit sa part dans les mémoriaux de cette abbaye, et qui dit que Monstrelet *était né de bas*, c'est-à-dire *bâtard* (1). On sait, dit M. Dumersan, ancien employé à la bibliothèque impériale de Paris, qu'à cette époque le titre de bâtard n'était point déshonorant. La France a compté, parmi ses héros, plusieurs bâtards, et l'un des plus célèbres, Dunois, fut contemporain d'Enguerrand.

On lit dans Le Carpentier, part. IV, p. 804 :
« La terre de Monstrelet est située au comté de
» Ponthieu, qui eut pour seigneur, dès l'an
» 1125, un Enguerrand de Monstrelet. De cet
» Enguerrand est vraysemblablement descendu
» nostre Enguerrand de Monstrelet, ce fameux
» historien, créé grand prévôt de Cambray et
» bailly de Walincourt l'an 1444. Il choisit sa
» sépulture aux cordeliers de Cambray, où il fut
» inhumé l'an 1453, ayant laissé de sa femme
» Jeanne de Valbuon ou Valhuon une fille nom-
» mée *Bonne de Monstrelet*, alliée avec *Martin*
» *de Baulincourt*, surnommé *le Hardy*. »

Monstrelet avait été pourvu en 1436 de l'office de gavenier de Cambrai. Bientôt après il fut nommé bailli du chapitre, prêta serment en cette qualité le 20 juin 1436, et conserva cette dernière charge jusqu'en 1440. Ce fut quatre ans après qu'il devint prévôt de la ville et bailli de Walincourt. Il exerçait encore ces deux ministères à l'époque de sa mort arrivée au mois de juillet 1453.

On lit à ce sujet dans les mémoriaux de Jean-le-Robert, abbé de St-Aubert, F° 227 du ms. original :

« Le XXe jour de juillet, l'an XIIII, C. LIII, honourable homs et nobles Engherans de Monstrelet, escuyers, prevost de Cambray et bailly de Walaincourt, trépassa et eslisy (élut) se sépulture as Cordelois de Cambray, et fut là porté en ung portaloire envelopez d'une natte, vestus en habits de cordelois; le visage au nud et y heult VI flambeaux et IIII chirons, de III quartes chascun, autour de la bière, où il y avoit ung linceul estendu.... un habit de cordelois. Et heult l'office de le trésorie le quart de le dicte chire et li curé de chéens le quart des offrandes; et n'y eult nient (pas) de drap. Et fut *né de bas* et fut ung biens honnestes homs, et paisibles, et chroniqua de son temps des gherres de France, d'Artois, de Picardie et d'Engleterre et de Flandre, de ceux de Gand contre Mons. Le duc Phle : et trespassa le XV on XVIe jour avant que la payx (la paix) fuct faicte en la fin de juillet, l'an XIIII, C. LIII. Loez en soit Dieu et bénis. »

Voici un autre passage des mémoriaux de St-Aubert (p. 129), qui concerne notre Enguerrand de Monstrelet :

« Memore que le 22 de march, Enguerrand de Monstrelet, bailleux de Walaincourt et prévos de Cambray, commis audict office de baillage depar Monsieur de Jeumont seigneur de Walaincourt, depuis le trespas de Madame Jehanne dé Werchin, senescalle de Haynaut et dame dudit lieu, fu chéans en le gallerie de l'abbé au matin, et là je Jehan abbé de St-Aubert, Jehan de Longsart, Jehan de Noiers, Jehan Begard, Grard-le-Réquiaulme, Jehan Loiselet, Franque-le-Requiaulme et Jehan Motte de Goy, relevames audict bailleux au nom dudit seigneur de Jeumont comme à nouvel seigneur, et luy promesimes foy et loyauté ainsy qu'à tel cas appartient et dict lors ledit bailleux que ce qu'il en faisoit, c'estoit au commandement de sondict seigneur et du nostre. Et de après, en no présence, comme hommes dudit Walaincourt, vinrent les mayeurs et esquevins dudit Walaincourt à conseil à nous d'une question pendante, devant eux, entre Jacques le Werin d'une part demandeur, etc., et Mairin Godelier de Cambray deffendeur; et leur bailla on sentence de ce qu'ils debvoient jugier de ledicte question. Le jugement fu depuis rendu contre Jacques le Werin, bien et juste. »

Les Chroniques d'Enguerrand de Monstrelet sont pleines d'intérêt par les détails et les documents qu'elles fournissent.

Voici le titre de l'édition qui en fut faite par Guillaume Chaudière en 1572. Ce titre constitue une véritable analyse.

« Volume premier des Chroniques d'Enguer-
» rand de Monstrelet, gentil homme jadis de-

---

(1) Madame Clément Hémery, dans une notice qu'elle a écrite sur Enguerrand (Revue cambresienne t. IV, p. 41), a imaginé à ce sujet une version qui est évidemment dénuée de tout fondement. Elle suppose qu'au lieu de *né de bas*, il faut lire : *né à Bus*, et, partant de là, elle fait naître Monstrelet en Artois. Cette manière d'accommoder les textes aux caprices de l'imagination est une chose tout à fait inadmissible. Aussi ne nous arrêterons-nous pas à discuter sur une pareille hypothèse.

» meurant à Cambray en Cambresis, contenant
» les cruelles guerres civiles entre les maisons
» d'Orléans et de Bourgogne, l'occupation de
» Paris et Normandie par les Anglais, l'expul-
» sion d'iceux et autres choses mémorables ad-
» venues de son temps en ce royaume et pays
» étranges. Histoire de bel exemple et de grand
» fruict aux François, commençant en l'an
» MCCCC où finit celle de Jean Froissart et fi-
» nissant en l'an MCCCC LXVII, peu outre le
» commencement de celle de Mess. Philippe de
» Comines. Reveue et corrigée sur l'exemplaire
» de la librairie du Roy et enrichie d'abrégés
» pour l'introduction d'icelles et de tables fort
» copieuses. A Paris, chez Guillaume Chaudière,
» rue St-Jacques, à l'enseigne du Temps et de
» l'Homme Sauvage. »

Les Chroniques de Monstrelet ont été réim-
primées plusieurs fois. Nous pensons qu'il en
existe six éditions. Il y en a aussi un grand
nombre d'exemplaires manuscrits.

— On trouve un *Précis historique sur Monstrelet* par M. Dumersan, dans les *Mémoires de
la Société d'Emulation de Cambrai*, année
1808, p. 76. — *Une notice* par M. J. A. C.
Buchon, en tête de l'édition du *Panthéon littéraire*.

MONT-DE-PIÉTÉ. — Nous ne pouvons mieux
faire que de publier ici la notice suivante, qui
est l'œuvre de M. Bourdon de Maugré, ancien
Surintendant du Mont-de-Piété de Cambrai (1).

Notice sur le Mont-de-Piété de Cambrai
(1785).

« Les abus journaliers que commettaient dans la
Flandre les usuriers; les intérêts exorbitants que
percevaient les Lombards ; la ruine des familles et
du commerce, qui en était la suite, firent vivement
désirer, dans le pays, l'établissement des *Monts-de-
Piété*, charitables et prévoyantes institutions dont
le pauvre et le riche devaient recevoir tant de secours.

» Les Monts-de-Piété furent d'abord érigés en Italie, vers le milieu du XVᵉ siècle. Aux bulles données
par Sixte IV, Innocent VIII et Jules II, qui les ont
approuvées, Léon X en ajouta une nouvelle qui dit
que Paul II leur avait aussi donné le sceau de son
approbation.

» L'utilité générale et les ressources avantageuses
qu'on en tirait les firent multiplier en peu de temps.
On les considérait comme le remède seul et efficace
à l'usure énorme qui régnait alors.

» L'archiduc Albert, jaloux de faire jouir ses sujets de ces bienfaisants établissements, crut devoir,
néanmoins, consulter à ce sujet l'opinion des évêques et archevêques du pays, celle de l'université de
Louvain et des docteurs en renom. Il les fit assembler à Malines en 1617. Le résultat des conférences
fut parfaitement favorable aux Monts-de-Piété, et
la docte assemblée excita le prince à les établir dans
toute l'étendue de sa domination.

» En conséquence de cette approbation, l'archiduc,
par lettres patentes du 18 janvier 1618, autorisa
l'établissement des Monts-de-Piété dans la Flandre,
et, les couvrant de sa sauve-garde, il leur accorda
par de nouvelles lettres patentes du 13 mai 1621,
confirmées le 3 juillet 1627 par Philippe, roi d'Espagne, les priviléges les plus étendus. Il affranchis-
sait particulièrement ceux qui fourniraient des fonds
pour leur établissement *de tous droits quelconques,*
même de confiscation jusqu'à concurrence de 6,000
florins, pour tel crime qu'ils pourraient commettre,
exceptant seulement celui de lèze-majesté. Ce privilége énorme en faveur de chaque *créeur de rentes,*
s'étendait même sur ses enfants légitimes.

» La direction et la surintendance générale des
Monts-de-Piété fut confiée à Wenceslas Coberger qui
en établit, dans le cours de quinze années, dans toutes
les villes où les Lombards avaient des banques.

» Celui de Cambrai fut ouvert le 12 mai 1625 et
eut l'archevêque et le gouverneur de la ville pour
protecteurs particuliers, comme l'archevêque de
Malines et le chancelier du Brabant l'étaient de tous
les Monts-de-Piété établis dans le Pays-Bas, lesquels, dès l'année 1621, ne formèrent plus qu'une
seule et grande administration, dont chaque administration particulière était une subdivision.

» Celle de Cambrai fut composée dès sa naissance,
comme elle est encore aujourd'hui (1), d'un *surintendant particulier*, comptable et responsable de tous
les deniers, de tous les effets qui lui étaient confiés ;
de trois *conseillers auditeurs* des comptes, qui devaient, de concert avec un des magistrats et un des
pasteurs des paroisses, veiller aux intérêts du Mont-
de-Piété (2); d'un premier commis *estimateur-orfévre,*
d'un *priseur*, d'un *secrétaire*, d'un second *commis-
vendeur*, d'un *greffier* et de deux *chercheurs*, à la
charge du surintendant particulier.

» Tous ces officiers et commis, nommés par le
surintendant général, après avoir été agréés par les
protecteurs généraux et particuliers, devaient prêter
serment de s'acquitter fidèlement et avec zèle des
fonctions qui leur étaient confiées. Ils juraient de
plus de n'avoir rien donné, ni promis, directement
ou indirectement, pour obtenir leur office. *Ce dernier serment était de rigueur.* Ils étaient tenus de
donner un cautionnement proportionné à l'importance de leur office. Tous leurs biens étaient tacite-
ment engagés pour la sûreté de leur administration,
et l'action des Monts-de-Piété était privilégiée et
préférée à toute autre.

» L'intérêt du prêt sur gage dans le Mont-de-
Piété de Cambrai, originairement fixé à quinze pour

---

(1) Nous avons déjà publié cette notice dans un
autre de nos ouvrages, intitulé *Soirées de l'abbé
Tranchant*. De là est venue une méprise de M. Wilbert, qui dans sa *notice sur le mont-de-piété* a attribué
à l'abbé Tranchant l'œuvre de M. Bourdon de Maugré.

(1) Ceci a été écrit en 1785.
(2) Le service des *Conseillers* n'avait que trois ans
de durée ; les changements se faisaient de manière
qu'il y eût toujours un ancien conseiller avec deux
nouveaux.

cent, se perçoit encore sur le même pied ; savoir :

» 1° Cinq pour cent pour le cours des rentes constituées dans le principe de son établissement, pour former un fonds de caisse comptant et pour faire l'acquisition des bâtiments et ameublements.

» 2° Cinq pour cent pour l'entretien des bâtiments, paiement des gages des officiers employés, frais de bureau, etc.

» 3° Cinq pour cent pour former le remboursement des capitaux deniers des rentes constituées.

» Les pertes immenses que l'administration générale des Monts-de-Piété avait essuyées tant sur les pierreries de l'infante Isabelle, que par le malheur des temps, les effets n'ayant point été retirés, ou ayant été vendus au-dessous du prix pour lequel ils avaient été engagés, obligèrent, en 1652, messieurs les protecteurs généraux à réduire le cours des rentes à trois pour cent. Les révolutions que la Flandre a successivement essuyées par les guerres, dont elle a été le théâtre presque continuel, forcèrent encore à les réduire, en 1672, à deux pour cent. Enfin, les pertes essuyées sur les espèces, le système des billets de banque qui a paru en 1720, ont achevé d'épuiser ses épargnes et n'ont plus permis aux administrateurs de rien payer depuis.

» Le Mont-de-Piété de Cambrai a dû, dès son établissement, 14,200 florins en rentes viagères, dont les derniers paiements ont été faits, en 1692, à raison de deux cinquièmes des arrérages qui étaient dus.

» Les sommes levées en différents temps à cours de rentes héritières, à raison de cinq pour cent, tant pour l'achat et la construction des bâtiments nécessaires à son établissement que pour former un fonds de caisse suffisant pour faire le prêt, montèrent à celle de 315,916 florins dix patars douze deniers ; 107,838 florins furent remboursés sous la domination espagnole, de manière qu'il était encore dû 208,078 florins dix patars douze deniers, lorsque ce Mont-de-Piété fut réuni, en 1677, à tous ceux qui étaient dans les villes conquises par les Français pour ne faire qu'un seul et même corps d'administration sous la direction d'un conseil général des Monts-de-Piété établi à Lille par Louis XIV.

» La réduction des rentes à deux pour cent en fit désirer aux propriétaires le remboursement; ils consentirent de ne recevoir que la moitié des capitaux deniers, d'abandonner au profit des Monts-de-Piété l'autre moitié, les cours et les arrérages. C'est sur cette convention qu'il leur a été payé, en 1678, par ordre du conseil général, la somme de 21,376 florins treize patars huit deniers, qui acquitta le Mont de celle de 42,753 florins six patars seize deniers.

» En 1687, 1692 et 1698, il a été remboursé sur le même pied, par ordre de M. de Bagnol, intendant de Flandre, à qui la direction et la surintendance générale de tous les Monts-de-Piété de la domination française avaient été confiées, la somme de 13,531 florins dix-neuf patars, qui a acquitté cette administration de celle de 27,063 florins dix-huit patars.

» Enfin, par une ordonnance de M. de Caumartin du 30 août 1765, il a été payé à tous les crédits rentiers qui ont pleinement justifié de la propriété de leur rente suivant les titres par eux rapportés, les deux cinquièmes des capitaux deniers et une année de cours à deux pour cent, montant ensemble à la somme de 38,826 florins six patars, qui a acquitté celle de 92,444 florins douze patars douze deniers. Ainsi il ne reste dû que celle de 45,816 florins treize patars et huit deniers à des créanciers qui n'ont pu justifier de la propriété de leur créance.

» L'administration actuelle de ce Mont est composée à peu près comme elle l'était dans sa création, savoir :

» 1° De trois charges de *conseillers* qui doivent être remplies par un ecclésiastique, un avocat et un commerçant dont les fonctions sont d'écouter et de vérifier tous les mois les comptes que le surintendant particulier doit leur rendre de l'état de sa caisse, de l'argent qui a été prêté et de celui qu'il a reçu, et de veiller à l'exactitude de l'administration du Mont-de-Piété.

» 2° D'un *surintendant* particulier comptable et responsable de tous les deniers et de tous les effets qui lui sont confiés. Il est particulièrement chargé de veiller à l'équité et à l'exactitude de tous les officiers et commis qu'il a sous ses ordres.

» 3° D'un premier commis *estimateur-orfèvre*, dont la fonction principale est d'enregistrer tous les gages qui se présentent au Mont-de-Piété et la somme qui a été prêtée sur iceux; d'engager, de priser et d'estimer toutes les orfévreries et les bijoux qui se présentent, de manière cependant que le Mont-de-Piété n'y soit point intéressé, si ces gages venaient à n'être point réclamés. C'est pourquoi les règlements ont prescrit qu'il ne serait prêté sur l'or et sur l'argent que les quatre cinquièmes de leur valeur sans y comprendre la façon, et la moitié seulement sur les bijoux, diamants et pierreries.

» 4° D'un *priseur* chargé de l'engagement et de l'estimation de toutes les marchandises, nipes et effets qui se présentent pour être engagés et sur lesquels il doit donner les deux tiers de leur valeur.

» 5° D'un second *commis-vendeur* : c'est lui qui est chargé de la vente de tous les gages que les débiteurs ont abandonnés pendant plus d'un an et six semaines sans venir renouveler leurs engagements et payer les intérêts dus. Ces ventes se font tous les deux mois, elles sont annoncées et publiques. La multitude des gages attire un concours d'amateurs qui en facilitent les enchères; c'est un avantage pour les propriétaires à qui on remet ensuite avec exactitude le surplus de l'argent qui en provient. Il est de plus chargé du dégagement ; c'est lui qui reçoit toutes les sommes qui ont été prêtées et les intérêts qui sont dus en restituant les effets sur lesquels elles avaient été prêtées.

» 6° D'un *chercheur* : c'est lui qui veille à la conservation de tous les effets qui sont dans les magasins en les tenant toujours dans un état de propreté et d'ordre qui empêche que rien ne dépérisse et ne se confonde. Il contrôle aussi le dégagement.

» 7° Enfin, d'un *assistant du chercheur* : il l'aide à avancer tous les gages qui sont demandés et réclamés par les propriétaires, et il arrange jour par jour tous les nouveaux qui sont apportés. Ils sont tous deux responsables de tous les dépérissements qui pourraient arriver à quelques gages que ce soit par leur négligence ou leur inattention.

» Tous ces officiers et commis sont nommés par le surintendant général. Depuis que ce Mont a été réuni à tous ceux de la domination française, en 1677, les offices de secrétaires et de greffiers ont été supprimés et les chercheurs n'ont plus été nommés par le surintendant particulier qui, en perdant leur nomination, n'a plus été chargé de leurs salaires.

» Tels sont l'origine, l'établissement et l'administration du Mont-de-Piété de Cambrai, telle est sa situation vis-à-vis ses créanciers. Le fonds de sa caisse, le premier janvier 1775, consistait en une somme de 59,640 florins et neuf patars prêtée sur 9,600 gages, et en espèces, en celle de 30,709 florins quatre patars et quinze deniers, faisant ensemble celle de 90,349 florins treize patars quinze deniers. Les profits qu'il a faits depuis dix ans montent à une somme de 67,301 florins douze patars quinze deniers. La dépense qu'il a faite ne monte qu'à celle de 28,485 florins et douze deniers ; ainsi l'on peut conclure qu'il peut, ou procéder à un nouveau remboursement s'il se trouve encore des crédits rentiers qui puissent justifier de leurs titres, ou diminuer le taux de l'intérêt du prêt de plus de moitié, et ce avec d'autant plus de raison, que les intérêts étant à un taux moins haut, le plus grand concours des engagements augmenterait ses profits. Mais comme tous les Monts-de-Piété de la domination française font partie d'une seule et même administration, et que je ne connais pas l'état des autres Monts, je ne me permettrai aucune autre réflexion à cet égard. »   BOURDON DE MAUGRÉ.

Supprimé en 1793, le Mont-de-Piété a été ouvert de nouveau en l'an XI, par arrêté préfectoral.

Les bâtiments du Mont-de-Piété furent commencés en 1623, sur un terrain situé entre les rues de Noyon, des Liniers et de St-Nicolas. L'archevêque Vanderburgh en posa la première pierre au mois d'octobre, en présence de MM. Manarre, doyen du chapitre, Evrard et Broude, chanoines délégués par le corps métropolitain. — § Ms. 3 (bis), p. 278. — L'établissement fut ouvert en mai 1625; les constructions en furent donc achevées en moins de deux ans.

Le style de ce vaste bâtiment, qui a conservé tout son caractère primitif, rappelle bien franchement le commencement du XVIIe siècle. De tourelles hexagones, d'amples cheminées, de grandes fenêtres à meneaux croisés, de hauts pignons, etc., constituent, dans le Cambrai moderne, un monument vieux de deux siècles, digne d'être soigneusement conservé.

MONT-DES-BŒUFS. — *Bublemont.* — *Mont-St-Médard.* — *Mont-St-Géry.* — La ville de Cambrai est construite sur le versant d'une colline dont le sommet, aujourd'hui couronné par la citadelle, a été occupé originairement par un bois sombre consacré au culte des démons de l'idolâtrie (Balderic, liv. II, chap. 3), puis par un monastère qui fut nommé St-Médard et St-Loup, et plus tard St-Géry. Cela explique les différents noms qu'a reçus le sommet de ce mont, et qui sont cités au commencement de cet article. — V. *Géry (monastère de St-).*

« In monte urbi imminente *Bublemonte* dicto, lucum succidit. — Texte du *Propre de Cambrai,* qui est extrait de Surius, des Bollandistes et du *Propre de l'église collégiale de St-Géry de Cambrai* (1).

Le Carpentier explique, comme il suit, l'origine du nom donné à cette montagne. La citadelle, dit-il, « est pratiquée sur une éminence au bout de la ville, appelée jadis le *Mont-des-Bœufs,* à cause que l'on tient que, durant le paganisme, le bœuf y estoit adoré, et que la monnoie en estoit gravée. Gélic dit avoir veu plusieurs pièces marquées au Bœuf, trouvées dans les ruines de 800 maisons qui furent abattues pour l'érection de ceste forteresse. » — Le Carpentier, *Hist. de Cambrai,* part. 1, p. 157.

M. Leglay, dans son introduction du *Cameracum christianum,* p. 9, dit que *le Mont-des-Bœufs,* après la fondation du monastère de St-Géry, « devint une espèce de ville annexée à Cambrai, ayant ses coutumes, ses usages municipaux, et même une foire longtemps célèbre. »

La citadelle qu'occupe aujourd'hui le Mont-des-Bœufs, est l'œuvre de Charles-Quint. — V. *Citadelle.*

Une particularité naturelle se fait remarquer sur cette montagne. C'est la différence des proportions de deux puits qui ne sont séparés que par un très court espace, et dont l'un est d'une profondeur prodigieuse, tandis que dans l'autre, l'eau s'élève presque à fleur de terre.

MONT-PLAISIR, ou *Mont-Paisible.* — Ancienne maison de campagne des évêques de Cambrai, près de la ville du Câteau. Dupont, *Hist. de Cambrai,* part. V, p. 103.

Nous ignorons l'origine de ce château. Il avait peut-être été construit pour remplacer, en tant que maison de campagne, la célèbre forteresse de la Malmaison détruite en 1427. Ce qu'il y a de certain, c'est que le château de *Mont-Plaisir* existait en 1553. Le roi de France y logea le 16 septembre de cette même année, avec la plupart de ses officiers. — Dupont, cité plus haut.

Un habitant du Câteau conserve dans son jardin une colonne en grès qui provient du

---

(1) Ce dernier ouvrage fait partie de la bibliothèque du séminaire de Cambrai.

bois de Mont-Plaisir, lequel dépendait de la maison de campagne dont il s'agit. On ignore quel fut l'usage de ce petit monument.

MONT-DE-PRÉMY, ou VIEIL PRÉMY, VIEUX PRÉMY. — On trouve sur les anciens plans du Cambresis, dans l'espace compris entre l'antique *ferme de la Buse* et le *château de la Folie*, une petite éminence désignée sous le nom de *Mont de Prémy* ou *vieil Prémy*. C'est là que fut originairement la célèbre abbaye de Prémy, dont on retrouve encore des ruines quand on creuse profondément la terre en cet endroit. — V. *Prémy (abbaye de)*.

MONT-ST-MARTIN (PRIEURÉ DU), dit aussi *de Boëni*. — Nous dirons quelques mots de cette abbaye, parce qu'elle était jadis du diocèse de Cambrai, quoique située en Picardie. Elle est citée dans le *Calendrier ecclésiastique de Cambray*, année 1754, parmi les abbayes de ce diocèse et mentionnée dans les termes suivants : « Fondée à Bony en 1117; donnée ensuite à l'abbaye de St-Martin-de-Laon, de l'ordre de Prémontré; transférée au mont St-Martin l'an 1136, et unie à l'archevêché de Sens par bulles apostoliques du 14 septembre 1668. »

Julien de Lingne dit que le premier abbé de cette maison fut sacré par Liétard, évêque de Cambrai, en 1131, et qu'une réforme fut apportée parmi les religieux en 1502, au mois de juillet.

Le Carpentier constate que de graves désordres s'étaient introduits dans la maison du Mont-St-Martin ; il dit avoir trouvé, dans les chroniques de St-Aubert, des traces du scandale que donnèrent ces religieux Prémontrés. Mais il ajoute qu'après la réforme, ils vécurent au contraire d'une manière édifiante.

Nous ne savons que fort peu de choses touchant l'abbaye du Mont-St-Martin.

Julien de Lingne dit quelque part (1) que Nicolas de Chièvres, ami de St Bernard, y mourut en 1167. — Evidemment il se trompe, car Baldéric et d'autres chroniqueurs sont d'accord pour désigner Vaucelles comme lieu du trépas de Nicolas.

L'abbaye du Mont-St-Martin, située non loin du Câtelet et de Gouy-en-Arrouaise, était voisine des sources de l'Escaut. Une partie de ses bâtiments existe encore, et forme un très agréable château, admirablement situé. Ces constructions datent du siècle dernier. Les jardins à différents étages, reliés par des escaliers et des rampes majestueuses ; une belle tour surmontée d'une plate-forme bordée de riches balustrades ; le corps-de-logis qui domine, de sa large et noble architecture, cet ensemble monumental; tout cela donne à la maison du Mont-St-Martin un aspect vraiment enchanteur. De vastes avenues bien plantées y conduisent de divers endroits. Cette abbaye avait été reconstruite en 1503. — § ms. 3 bis, p. 70. — Les religieux venaient d'en refaire le principal corps-de-logis et les jardins dont nous avons parlé, lorsqu'ils furent surpris par la Révolution. L'église pour laquelle les matériaux avaient été préparés n'était pas refaite. Les moines furent chassés, et les principes qui avaient ainsi dépossédé de légitimes propriétaires, y amenèrent, par leurs conséquences funestes, le vainqueur de Waterloo. Wellington, pendant l'occupation militaire que subit la France, fit du Mont-St-Martin sa maison de plaisance. Il en dessina les jardins sur de nouveaux plans, et y donna de grandes fêtes.

Les religieux du Mont-St-Martin avaient eu un vaste et magnifique refuge à Cambrai, sur le Mont-St-Géry, tout près de l'église de ce nom. Cette belle maison construite en 1503, en même temps que l'abbaye l'avait été près de Gouy, fut détruite lors de l'érection de la citadelle. Un légat du pape y avait logé avec sa suite en 1505. — Le Carpentier, part. II, p. 509.

Un grand nombre de seigneurs du Cambresis avaient contribué « par leurs aumônes et leurs munificences » à la fondation de cette abbaye. Un grand nombre d'évêques de Cambrai en furent aussi les bienfaiteurs. — Julien de Lingne († ms. 658, art. 42), Le Carpentier (*Hist. de Cambrai*, part. II, p. 508), fournissent quelques documents sur l'abbaye du Mont-St-Martin.

MONTRE ou MONSTRE. — On appelait ainsi, à Cambrai, une *revue de troupes*. On disait *faire* ou *passer la monstre*. — « Les bourgeois ont passé la monstre. — Les soldats ont fait la monstre. »

MONTRECOURT ou MONSTRECOURT (SEIGNEURIE DE). — L'une des douze pairies du Cambresis. Cette pairie, à la différence des onze autres, était *personnelle*, c'est-à-dire qu'elle était conférée par l'archevêque à qui elle appartenait, et qui la donnait toujours au bailli du Cambresis. La famille de Hertaing fut longtemps maintenue dans la possession personnelle de cette pairie

---

(1) † ms. 658, art. 42.

Le seigneur de Montrecourt portait d'argent, à la bordure de gueule, à l'escarboucle pometée et floretée d'or.

MONUMENTS ANTIQUES dans le Cambresis. — V. *Antiquités*.

MONUMENTS FUNÈBRES.—Les églises de Cambrai et les chapelles des monastères de cette ville contenaient, avant la Révolution, d'innombrables monuments funèbres. Nous manquons de documents sur la plupart de ces tombeaux; aussi renonçons-nous à donner sur ce sujet une notice qui serait trop incomplète. Une seule série de ce genre de monuments présentait encore assez de vestiges pour pouvoir être étudiée avec fruit. M. le docteur Leglay s'est livré à ce travail en 1824, et l'a publié dans ses *Recherches sur l'église métropolitaine de Cambrai*. Nous ne saurions mieux faire; nous y renvoyons donc le lecteur.

Il n'existe aujourd'hui, dans Cambrai, que trois monuments funèbres qui sont : le tombeau de Vanderburch, celui de Fénelon et le monument de Louis Belmas (1).

TOMBEAU DE VANDERBURGH.

Vanderburgh, mort à Mons le 23 mai 1644, y fut inhumé dans l'église des Jésuites où il reposa pendant cent trente-cinq ans, sous un magnifique mausolée en marbre, jusqu'à l'époque de la suppression de cet ordre.

En 1779, la chapelle qui contenait le mausolée du prélat fut condamnée à la destruction. M. de Fleury, prévenu de l'événement qui menaçait les restes de Vanderburgh, les fit ramener à Cambrai. Cette translation se fit aux frais de M. de Fleury, qui voulut que le mausolée de son illustre prédécesseur fût aussi rapporté de Mons, et reconstruit également à ses frais dans l'église de Notre-Dame. Une inscription latine, qu'on trouve dans les *Recherches sur l'église métropolitaine de Cambrai*, contient au sujet du tombeau de Vanderburgh cette courte explication : *Marmoreo monumento quæ fuit corporis forma, quæ fuerunt sanctissimi viri precipuæ virtutes ad vivum exponente* : « Monument de marbre qui nous rappelle ce que furent les traits et ce que furent les principales vertus de ce saint personnage. »

Brisé, mutilé pendant les profanations révolutionnaires, ce monument échappa néanmoins à une destruction complète. La belle statue du saint prélat, remarquable morceau de sculpture en marbre blanc, demeura presque intacte (1). Il en fut de même de deux figures de l'Espérance et de la Charité, dont peut-être on avait orné le tombeau dans l'église métropolitaine. Ces œuvres d'art furent déposées plus tard dans l'ancienne chapelle de la maison de Ste-Agnès, où elles demeurèrent inutiles jusques en 1845, époque de la restauration de la chapelle. Alors l'architecte (2) ménagea dans un mur de la nef une arcade où il établit un nouveau mausolée dans la composition duquel il fit entrer la statue principale et les deux statues accessoires. Ce monument se compose d'un sarcophage élevé sur un stylobate. Sur le sarcophage est placée la statue du prélat vêtu de riches ornements pontificaux, couché sur le côté gauche, la tête appuyée sur des coussins et dormant du sommeil de l'éternité. De chaque côté de l'arcade, veillent l'*Espérance* (à droite) et la *Charité* (à gauche). Ces deux belles statues, en marbre blanc, comme celle de *l'archevêque*, sont remarquables par le style et par la finesse d'exécution. Pour compléter la pensée préparée par ces deux statues, l'architecte a placé d'une manière ingénieuse sur le sarcophage les symboles de la *foi*.

Au milieu du cintre de l'arcade, sont les armes de Vanderburgh, duc de Cambrai et comte du Cambresis, avec sa devise : *Unitas libertatis Arx*. Sur la base du monument, on lit l'inscription suivante :

A LA MÉMOIRE
DU FONDATEUR DE CETTE MAISON
FRANÇOIS VANDERBURGH
ARCHEVÊQUE DE CAMBRAI.

MONUMENT DE FÉNELON.

Il est curieux de connaître par quelles bizarres variations a passé, avant d'être réalisé, le projet de monument à ériger à la mémoire de Fénelon.

Les restes de cet archevêque, retrouvés en juillet 1804, firent naître l'idée de lui élever un monument. Dès lors on commença à former des projets, à dresser des plans; mais le mausolée ne fut définitivement érigé qu'en 1826.

Voici des documents authentiques qui constituent pour ainsi dire l'historique de ce monument.

Un sieur Dewarlez, architecte, avait été chargé

---

(1) Depuis quelques années, les cimetières situés dans la banlieue de Cambrai se remplissent de fort beaux monuments. Ces œuvres modernes ne concernent pas le livre que nous écrivons.

(1) Le nez seul fut brisé d'un coup de marteau.
(2) M. De Baralle.

de présenter un plan pour le mausolée. Ce plan avait été fourni en 1805. La pensée qui y dominait était d'utiliser la flèche de Notre-Dame qui restait encore debout au milieu des ruines de l'église ; mais cette restauration était si grandiose que la dépense excédait toutes les ressources possibles de la ville. Le ministre de l'intérieur ayant fait examiner ce projet, proposa des changements et des réductions à opérer. En conséquence, Dewarlez produisit un nouveau plan. Le conseil municipal, dans sa séance du 5 fructidor an XIII, examina le second travail de l'architecte. Celui-là moins dispendieux comportait encore un devis de cinquante mille francs. Il restaurait toujours la flèche de Notre-Dame, en conservant son caractère architectonique ; il présentait le monument *débarrassé de cette excessive somptuosité d'ornements accessoires* qui, dans le premier plan, *violait l'unité de style*, et menaçait d'absorber des fonds énormes. « Les ruines de l'ancienne cathédrale et du palais archiépiscopal, dit le rédacteur du procès-verbal, seront agréablement remplacées par un *Elysée* du sein duquel s'élèvera cette pyramide simple et majestueuse qui *semble n'avoir été construite que pour annoncer au loin la cendre illustre et le mérite immortel de ce grand homme* (Fénelon.) »

Le conseil municipal adopta le plan qu'on lui proposait et demanda en outre que le buste de l'Empereur fût placé *dans l'endroit le plus convenable du mausolée.*

« Le conseil municipal n'a pas oublié, dit encore le rédacteur du procès-verbal, que sa majesté impériale, en prenant les rênes de l'Etat, manifesta le désir d'honorer les restes de l'inimitable auteur de *Télémaque*; il se rappelle, en outre, avec le sentiment de la plus vive reconnaissance, l'accueil flatteur que les députés de la ville reçurent de sa majesté, lorsqu'ils lui demandèrent à Boulogne la permission d'ouvrir une souscription pour le mausolée de Fénelon et la promesse que daigna leur faire le *Grand Napoléon* de contribuer à l'érection de ce monument. Le conseil, plein de ces souvenirs, ose demander aujourd'hui que le buste du héros qui règne si glorieusement sur ce vaste empire, et sous les auspices duquel la génération actuelle va payer le tribut de sa vénération pour l'un des bienfaiteurs de l'humanité, soit placé dans l'endroit le plus convenable du monument. Les admirateurs du plus digne précepteur des princes contempleront avec enthousiasme, à côté de son tombeau, l'image du plus parfait modèle des rois, du monarque qui réunit le génie et la sagesse de Charlemagne à la valeur et à la loyauté d'Henri le Grand et qui efface, par l'éclat de son règne, la splendeur et la majesté de celui de Louis XIV. »

Nous n'avons rien à redire à la pensée dans laquelle le conseil municipal confondait Napoléon avec Fénelon; mais nous nous permettons de douter que ces deux hommes célèbres eussent jamais pu s'entendre sur l'art de gouverner un peuple.

Le temps s'écoulait; on parlait toujours du monument, mais on n'agissait pas. On finit aussi par laisser s'écrouler la flèche qui devait en être la partie la plus importante.

Séance du conseil municipal du 1er mai 1809.

« Le conseil, considérant que les habitants de cette ville, en exprimant en l'an XII (dès 1804), avec solennité, le désir d'honorer le plus illustre de leurs archevêques, ont aussi manifesté le vœu de restaurer et d'embellir l'élégante pyramide qui servait de clocher à l'ancienne église métropolitaine, et de consacrer ce chef-d'œuvre d'architecture gothique au tombeau de ce grand prélat; que, dans cette intention, il fallait acquérir le terrain environnant pour que la flèche se trouvât au centre; mais que l'écroulement inopiné (1) de cet édifice ne permet plus de donner suite au projet précédemment conçu, et dont, pour ainsi dire, la flèche devait être l'âme...

» Considérant que, bien que la ville ait perdu la superbe pyramide qui était son plus magnifique ornement, elle ne doit néanmoins faire à sa louable résolution aucun autre changement que celui que nécessite l'écroulement de la flèche; qu'un tombeau de marbre, placé dans un caveau modeste, surmonté d'une pyramide et environné de plantations, formerait un monument aussi noble que simple qu'on pourrait embellir de quatre statues accessoires et analogues aux éminentes qualités du prélat;

» Vote l'acquisition des propriétés des sieurs Martin Boucher et de la veuve Prost, inhérentes à l'ancienne métropole, pour le prix de 1,367

---

(1) La perte irréparable de la flèche de Cambrai ne fut point pour tout le monde un événement *inopiné*. Mille personnes dans Cambrai en prévoyaient, en annonçaient la chute. Quelques réparations auraient suffi pour la sauver. Mais l'autorité eut le tort de ne point tenir compte des alarmes publiques. Le clocher de Notre-Dame tomba sous les efforts de la tempête dans la nuit du 30 janvier 1809. — V. *Flèche de la métropole de Cambrai.*

francs. Vote en outre, pour qu'un caveau soit construit dans le local où se trouvait le chœur de l'ancienne métropole, et que les ossements de Fénelon soient recueillis dans un tombeau de marbre et soient déposés dans ce caveau, qu'au-dessus s'élève une pyramide terminée par une urne cinéraire; que l'une des faces de la pyramide offre l'image du grand homme, et que la base représente des bas-reliefs relatifs à ses ouvrages et aux traits les plus mémorables de sa vie; qu'aux quatre angles de la pyramide on place en marbre blanc la *Bienfaisance*, la *Piété*, l'*Eloquence* et la *Sagesse*; que de belles plantations environnent le monument, et y conduisent par des avenues tirées tant de la rue qui descend derrière la ci-devant abbaye de St-Aubert, en se prolongeant jusqu'à la maison du sieur Taffin-Sauvage, que de diverses autres rues qui aboutissent à la place Notre-Dame. »

Le vote du conseil municipal émis en 1809 attendait encore son exécution en 1819. « Le monument de Fénelon se fera-t-il enfin, demandait le rédacteur de la *Védette Cambresienne ?* On s'est beaucoup évertué à rassembler des souscriptions. Monseigneur le duc d'Angoulême, digne descendant de l'élève de Fénelon, a laissé le 12 décembre dernier, en passant à Cambrai, une somme de mille francs pour concourir à l'exécution de ce louable projet. On a eu recours à la courtoisie financière de M. Laffitte, qui n'est pas restée en défaut. On a employé l'intervention de trois cent soixante-cinq notaires, et je crois avoir ouï dire que trois cent cinquante-neuf avaient oublié de répondre. La souscription est close depuis le premier août. On assure que le total des recettes s'élève à peine à deux mille écus; on ajoute que le conseil municipal a voté, au budget de 1820, une somme de vingt-cinq mille francs et qu'il a l'intention de proposer un pareil crédit au budget de 1821. A mon avis, c'est par là qu'on aurait dû commencer ; était-ce la peine de quêter pendant deux ans et de placer un tronc dans toutes les villes de France, pour ne recueillir tout au plus que la quinzième partie des fonds nécessaires ? »

Séance du conseil municipal, 28 décembre 1819.

« Le maire met sous les yeux du conseil le plan proposé par l'architecte Courtecuisse pour le monument à élever à la mémoire de Fénelon. Après avoir entendu le rapport de la commission, chaque membre du conseil examine soigneusement le plan présenté, qui consiste en deux rangées circulaires de colonnes corinthiennes, surmontées d'un dôme et environnant la statue de l'illustre prélat, promise à la ville de Cambrai par le ministre de l'intérieur. »

Après examen, « le conseil déclare adopter le plan présenté par le sieur Courtecuisse, estime que la figure la plus convenable à placer en haut du dôme, serait celle de la renommée publiant la gloire et les vertus du prélat. »

« Le devis de ce monument s'élève à la somme de 76,755 fr. 60 cent. Le conseil vote pour 1820 une somme de 25,000 fr. se réservant d'inscrire le reste au budget de 1821. »

Séance du 16 avril 1820.

« Le maire expose que le ministre de l'intérieur n'approuve pas le plan projeté du monument de Fénelon. Le ministre craint qu'un jour la ville ne regrette d'avoir dépensé tant d'argent pour un édifice qui ne semble pas en rapport avec sa destination ; qu'il s'agit de faire, en cette occasion, l'application de tout ce que l'architecture a de plus noble et de plus pur ; enfin, qu'on pourrait charger un des plus habiles architectes de la capitale de faire un nouveau projet.

» Le conseil autorise le maire a faire dresser ce nouveau projet par M. Gauthier, architecte des hospices de Paris, lui laissant la latitude de porter la dépense de 70 à 80 mille fr.

Séance du 11 octobre 1820.

« Le conseil, après examen, adopte le projet de monument à Fénelon, dressé par le sieur Gauthier, architecte. Le devis s'en élève à la somme de 86,937 fr. 72 cent.

» Le sieur Courtecuisse, de son côté, réclame une somme de 300 fr. pour ses plans rebutés. Le conseil a toujours pensé que M. Courtecuisse, faisant partie de la société d'Emulation qui avait pris l'initiative, avait présenté son projet sans aucune vue d'intérêt. Néanmoins, il alloue 100 fr. »

Mais le monument ne s'exécute pas encore et revient à l'ordre du jour dans la *séance du conseil municipal, du 21 août* 1821.

« Le conseil adopte les plans du monument à ériger à Fénelon dans l'église cathédrale. Ce plan est dû à M. Gauthier, architecte, qui l'a développé ainsi qu'il suit :

» Le monument se compose d'un stylobate sur lequel s'élèvent deux colonnes et deux pilastres d'ordre dorique, surmontés d'un entablement complet, orné de patères et couronné par une croix. Entre les deux colonnes, se trouve le sarcophage sur lequel le prélat est représenté à demi couché, dans l'attitude de la méditation, appuyé sur les livres saints. Sur la face du sarcophage, on voit trois bas-reliefs : le premier représente une instruction au jeune prince dont Fénelon était précepteur; le deuxième, le pansement des blessés, et le troisième, le moment où le bon archevêque rend au paysan la vache qu'il avait perdue. La face du stylobate est destinée à recevoir l'inscription du monument, ainsi que les attributs du prélat. Au-dessous de l'entablement sont suspendues des guirlandes, au centre desquelles se trouve couronnée l'image symbolique de la Foi. »

Cette fois enfin, le projet devait être suivi d'exécution. Le sculpteur David fut chargé de tailler dans le marbre la statue du prélat. Ce morceau de sculpture coûta douze mille francs. En 1825 les dépenses acquittées pour le monument s'élevaient à la somme de 57,586 fr. 14 cent.; plus 2,000 imputés sur les dépenses imprévues de 1826. — V. *Histoire de la municipalité de Cambrai*, t. II. p. 434. — Nous donnons les chiffres officiels atteints en 1826. Mais il est notoire que ce monument a coûté plus de soixante mille francs. C'est beaucoup, quand on pense que la statue n'entre dans cette somme que pour le chiffre de 12,000 fr. Il faut convenir cependant qu'elle est la seule chose remarquable dans le monument dont le reste est lourd et mesquin, sans avoir même le mérite d'être vrai. Ainsi, nous ne comprenons pas qu'une réunion d'hommes intelligents ait pu adopter pour sujet de deux bas-reliefs le *pansement des blessés* et *l'histoire* grotesque *de la vache*. M. le docteur Leglay a fait quelque part justice de ces deux contes. Il y avait assez de beaux traits dans la vie de Fénelon, pour qu'on ne fût pas forcé d'accepter des traditions aussi peu sérieuses.

Le mausolée de Fénelon est situé dans le chevet de l'église métropolitaine de Cambrai.

MONUMENT DE LOUIS BELMAS.

Après la mort de M. Belmas, évêque de Cambrai, ses amis songèrent à lui élever un monument. Ils ouvrirent pour cela une souscription dans le diocèse, et voulurent que l'artiste, qui avait fait la statue de Fénelon, fût aussi l'auteur de celle de M. Belmas. Cette statue fut inaugurée dans l'église métropolitaine le 22 juillet 1848. Elle représente l'évêque assis et revêtu de ses ornements pontificaux ; donnant, de la main droite, la bénédiction pastorale, et tenant de la main gauche la crosse épiscopale. Elle est placée sur un socle en marbre, dans le bas côté gauche et presque à l'entrée de l'église.

MORTALITÉ. — V. *Pestes*.

MOULINS. — Il est ici question des moulins à farine, qui existaient d'ancienne date, ou qui ont existé à Cambrai et dans la banlieue. On trouvera au mot *Huile* les documents qui concernent *les tordoirs*.

MOULINS MUS PAR L'EAU.

Moulins de Selles (dans les titres écrits en latin : *Molendina de Salis*). — L'origine des moulins de Selles remonte à un temps de notre histoire très reculé. Le Carpentier dit que ces *moulins de l'évesché*, situés au milieu de la porte de Selles, sur les eaux de l'Escaut, « furent bastis par l'évêque Nicolas de Fontaine. » —*Hist. de Cambray*, part. 1re, p. 301.—C'est là une grave erreur. Les moulins de Selles existaient plus d'un siècle avant Nicolas de Fontaine, car cet évêque ne fut définitivement installé qu'en l'année 1249.—*Hist. de Cambrai*, par Dupont, part. III, p. 40;—et une bulle du pape Calixte, en date de l'an 1119, rapportée sous le n° 8 dans le *Mémoire pour l'archevêque*, fait mention des moulins de Selles, *Molendina de Salis*. Cette erreur de Le Carpentier prouve une fois de plus la légèreté avec laquelle l'ex-religieux de St-Aubert a écrit son livre.

Les moulins de Selles appartenaient à l'évêché, mais l'évêque n'en usait pas toujours directement. On trouve dans le † ms. 902 la mention d'un acte, en date du 8 août 1560, par lequel « MM. du Magistrat prennent à bail, pour le terme de vingt-quatre ans, de Mgr l'évesque de Cambray, tous les moulins de Selles et à *vent*, au rendage de six vingt-un muids, dix mencauds de bled par an. »

Un autre acte du Magistrat, en date du 26 février 1637, et rapporté au même livre, autorise l'érection d'un moulin aux écorces dans l'enclos des moulins de Selles.

Les règlements de la *Mosnée* donnaient aux moulins de Selles certains privilèges qui les faisaient primer les autres moulins du pays. Une circonscription était tracée autour de ces moulins de l'évêque, et toute personne comprise dans cette circonscription appelée *le Des-*

troit était obligée de faire moudre son blé au moulin de Selles, à l'exclusion de tous autres. Tout ce qui n'était pas compris dans le *Destroit* s'appelait le *Large*. Les habitants du *Large* avaient généralement la latitude de moudre où bon leur semblait; néanmoins certains habitants du Large étaient assimilés à ceux du Détroit, et forcés de moudre aux moulins de Selles. Tels étaient « les boulangiers, carbateurs (cabaretiers), pâtissiers et tous autres qui vendaient paste cuite; » en un mot, tous ceux qui faisaient métier et spéculation de cuire la pâte de farine.

Ces règlements étaient si sévères, que si les *sergents de la Mosnée* rencontraient un tributaire du Détroit avec un cheval et de la farine faite en tout autre moulin que ceux de Selles, ils avaient mission de confisquer le cheval et la farine au profit de l'évêque. A plus forte raison la confiscation devait-elle avoir lieu lorsque les sergents de la Mosnée rencontraient *un cacheur* (1) des moulins du Large, rapportant de la farine à quelque habitant du Détroit.

Les moulins de Selles devaient ces priviléges particuliers à leur qualité de propriété seigneuriale, et surtout aux services qu'ils rendaient à la ville dans certains cas. Lorsque l'ennemi environnait Cambrai et brisait les meules des moulins de la banlieue, ceux de Selles, protégés par la forteresse au pied de laquelle ils sont placés, continuaient à fonctionner paisiblement et assuraient alors le service des farines dans la cité.

Nous avons vu que les moulins hors de Cambrai pouvaient moudre farine pour les habitants du *Large* dans la cité. Mais cette faculté avait encore ses limites. Chaque moulin ne devait avoir dans la ville qu'un nombre déterminé de chevaux pour le service *des cacheurs.* Celui de Proville avait quatre chevaux, celui de Farnières, deux; le moulin de Cantigneul, un seul; celui de Cantimpré n'en avait également qu'un,

Pour éviter les fraudes, les cacheurs de ces moulins ne pouvaient *cacher* ni *à blé* ni *à farine*, dans Cambrai, avant *le cloque du jour* le matin, ni après *le cloque du vespre* le soir. Toute contravention était punie de la confiscation. — Tous les renseignements qui viennent d'être donnés sur les règlements de la *Mosnée* sont extraits d'un ms. vert, intitulé : *Mélanges et notes historiques sur Cambrai*, lequel fait partie de notre bibliothèque.

Moulin de la porte d'Eaux (molendinum ad portam Aquarum). — Ce moulin est désigné dans la bulle du pape Calixte, dont nous avons parlé plus haut. Nous n'oserions déterminer l'endroit où était situé ce moulin, mais il devait n'être pas éloigné de la porte de Cantimpré. C'était peut-être celui qu'on appelait *le moulin de Cantimpré*. S'il nous était permis de hasarder une conjecture, nous dirions qu'il est probable qu'il était au bout de la rue dite actuellement rue du Paon, et qu'on appelait alors *rue des Moulins*.

Le plan de Cambrai, publié dans le *Belgium-Hispanicum*, nous apprend qu'avant la construction de la caserne d'infanterie, la rue du Paon ou peut-être du Pont, se prolongeait au delà de l'Escaut au moyen d'un pont de plusieurs arches, et allait, par une déviation à droite, chercher la porte de Cantimpré. Ce même plan indique au delà du pont, du côté de la *tour des Arquets*, qui était peut-être alors la *porte d'Eau*, un bâtiment dont le pignon plonge dans le fleuve. Il n'est pas impossible que c'eût été là le moulin dont nous parlons.

Moulin St-Sépulcre d'Entreponts. — Ce moulin, situé dans le quartier dit *Entreponts* (V. *Entreponts*), n'était peut-être pas autre chose que le moulin de la porte d'Eau. — Il avait été donné à l'abbaye du St-Sépulcre par l'évêque Liébert qui vivait dans la seconde moitié du XIe siècle. Un titre, daté du mois de juillet 1229, contient les charges auxquelles étaient soumis les religieux du St-Sépulcre au sujet de leur moulin. « Saint-Sépulchre, y est-il dit, doit livrer toutes les estofes qu'il covient al muelin, si come en 11 bestes u asnes, u mules (mulets) et asnier et tous souffisante pour porter et rapporter le bled et fiers et clos (fers et clous) souffisans, et luminaire as mouniers et siu (suif) pour oindre le muelin... Saint-Sépulchre doit livrer boistiaux et pintes et toutes mesures qu'il convient al muelin... et si retient les escluses et si faict toutes les estanches (réservoirs) qu'il convient al muelin. » — Le titre dont nous extrayons ces documents est contenu dans un cartulaire qui repose à la bibliothèque de Cambrai, sous le n° 933 des manuscrits.

Les religieux du Saint-Sépulcre possédèrent

---

(1) Cacheur, cacheux, cache-mosnée, du mot patois *cacher* (chercher). On appelle encore ainsi dans le Cambresis les garçons meuniers qui cherchent la mosnée, c'est-à-dire le grain à moudre, et qui reportent la farine au consommateur.

le moulin d'Entreponts jusqu'au temps de M. de Bryas à qui ils le vendirent, en se réservant d'aller à celui qu'ils souhaiteraient. Cette réserve explique la faculté qu'avait l'abbaye du St-Sépulcre de moudre sur le *Large* comme elle l'entendait. — V. *Hist. de Cambrai*, par Dupont, part, II, p. 22.

Moulin de Clicquoteau. — Ce moulin fut érigé par l'archevêque Vanderburgh en 1641.

Les deux pièces suivantes contiennent de curieux renseignements sur ce sujet.

ÉRECTION DU MOULIN DE CLICQUOTEAU.

Du 7 de juin 1641.

MM. du Magistrat aians estez informez que Mgr. de Cambray prétend faire ériger un nouveau moulin sur la rivière ou canal fluant en la ville, travers les héritages des dames de Prémy et des pères Récollets (1), et estant requis pour l'accommodement d'iceluy d'accorder quelque partie de wareschaix qui se trouvent à l'environ du lieu où ledit moulin se doibt bastir, ont accordez que modit sieur, ou Philippe Pouillaude en son nom, pourrat prendre 21 pieds sur la rue, à prendre depuis le mur des pères Récollets jusques au pont, laissant néantmoins 10 pieds entre le bâtiment dudit moulin et le mur des dames de Prémy, et en longueur 30 pieds à prendre depuis ladite rivière en remontant vers St-Julien.

Monseigneur de Cambray, à raison dudit moulin, prend à sa charge l'entretenement de deux canaux et autres réparations à faire pour ce subject à l'indemnité de MM. du Magistrat.

François Vanderburgh, par la grâce de Dieu et du Saint-Siége apostolique, archevêque duc de Cambray, prince du St-Empire, comte du Cambresis, etc., à tous ceux qui ces présentes verront salut; comme ainsy soit que, pour obvier aux dommages et intérets que, par des débordements des eaux, et autrement, pourrait causer nostre nouveau moulin basti en notre ville et cité de Cambray, derrière le jardin des pères Récollets, nous aurions sur la rue joignante le mur du mesme jardin, et du long la maison et refuge de l'abbaye de St-André, faict massonner un canal pour y faire escouler les eaux qui sont en dessoubs notre moulin, lequel se vient rendre en la branche de l'Escaut qui traverse la maison et abbaye de Prémy, et ainsy amoindrir et diminuer le bras de la rivière et coulant qui passe par le couvent de pères Récollets et empescher que, par trop d'abondance d'eau, il n'intéresse leur maison; pareillement qu'à mesme effect en dessus notre mesme moulin, nous entendons faire un autre petit canal qui traverserat la rue pour aller au jardin de l'abbaye de Prémy, affin de n'endommager en aucune façon la mesme abbaye par le trop haut remont des eaux, et autrement, par la teneur de ceste, nous déclarons qu'entreprenons à notre charge, frais et despens, pour nous et nos successeurs archevesques de Cambray, l'entretennement desdits deux canaux, et en indemnons le Magistrat dudit Cambray, et tous autres, si longtemps que ledit moulin serat en estre, et à notre puissance et usage, nous obligeans à ce et nosdits successeurs, en foy de quoi nous avons faict dépescher ceste par notre secrétaire et y apposer notre scel, le 29 juillet 1642. Plus bas estoit escript: par ordonnancé, signé Foulon secrétaire, avec paraphe, et y estoit apposé le scel dudit sieur archevesque.

Pour faire tourner son nouveau moulin, l'archevêque fut obligé de faire, au moyen d'une digue, un emprunt d'eau au cours principal de l'Escaut.

Le moulin de Clicquoteau fut démoli du temps de M. de St-Albin. — † Ms. 887, p. 405.

Moulin du Plat ou de *Farnières.*—Ce moulin, en vertu des règlements de la mosnée, devait toujours avoir trois *moulins moulans* ou *trois ventelles courans*. On entendait par *ventelle* ce qui contient l'eau d'une écluse.

Et si défaut y avoit, les sergeans de le mosnée debvoient buquer de leur verge à l'huis du moulin, que le mosnier y fût ou n'y fût pas, et dire à haute voix: mosnier, tirez de l'eau. Il y avait amende contre les meuniers contrevenants.

Le moulin du Plat appartenait au chapitre de St-Géry. — § Ms. 9, f° 35. — Il était situé sur un fief qu'on appelait le *Plat-de-Farnières*, et qui consistait en quelques prairies.

Moulin de Proville. — Il appartenait à l'archevêque de Cambrai. Il devait toujours avoir deux moulins moulants, ou deux ventelles courants.

Le règlement de la mosnée contenait à l'égard de ce moulin les mêmes dispositions que pour celui du Plat.

Moulin de Cantigneul. — Il appartenait à la métropole. — Dupont, part. II, p. 27.

Moulin d'Aire. — Il appartenait au chapitre de St-Géry. — † Ms. 887, p. 404.

Les quatre derniers moulins dont il vient d'être question remontent à une date très reculée. Nous n'en connaissons pas l'origine. Il est souvent question de ces moulins dans les chroniques locales qui rapportent soigneusement les dévastations que leur faisaient subir les troupes ennemies qui si souvent paraissaient dans le pays.

MOULINS MUS PAR DES CHEVAUX.

Moulin des Halles. — En 1553, pendant les courses des Français dans le Cambresis, sous le commandement de Henri II, la ville demeurant fermée, « on fit deux molins à cheval en

---

(1) C'est par erreur que quelques personnes ont indiqué sous le nom de *Clicoteau* le bras de l'Escaut que l'on appelle l'*Escautin*, et qui baigne les murailles des anciens jardins de l'évêché.

la halle qui mollaient à tous venans.» — † Ms. 884, p. 133. — § ms. 3 (bis), p. 146. — Ces moulins disparurent probablement avec la cause qui avait donné lieu à leur construction.

MOULINS MUS PAR LE VENT.

Il y avait des moulins à vent sur deux bastions des fortifications de la ville. Les chroniques et les anciens plans de Cambrai en désignent la place. On retrouvait encore, au commencement de ce siècle, les traces de ces moulins.

L'un était situé sur le bastion Robert. Les bourgeois le détruisirent en 1595, pendant le siége que faisaient les Espagnols.—§ Ms. 8, f° IV recto.

L'autre occupait le centre du bastion voisin de la porte de Cantimpré, en face de la caserne d'infanterie. « Le mercredi 9 d'apvril 1578, le mollin à vent qui est dessus la muraille, auprès le porte de Cantimpré, fust élevé en l'air, par une tempeste qu'il fît, et fut rompu tout par pièches, sauf la masse du mitan (milieu) laquelle est demeurée. »— Ms. 3 bis, p. 202.

MUCHES. — On appelait ainsi, dans le Cambresis, des souterrains pratiqués pour mettre les populations à l'abri des incursions de l'ennemi, à l'époque des anciennes guerres. Le plus souvent ces *muches* avaient leur entrée secrète soit dans l'église, soit dans le château du village. Le Carpentier parle des châteaux du Cambresis, « sous lesquels, ou aux environs desquels, il y avait, pour la plus-part, des lieux souterrains voutez que le vulgaire appelle carrières, *caches* ou *muches* (1) propres à mettre leur meilleur à couvert. » — *Hist. de Cambrai* par Le Carpentier, p. III, p. 41. — V. sur ce sujet les *Souterrains de Cambrai et du Cambresis*, 1 vol. in-8°.

MULQUINIERS, *Meulquiniers*, *murquiniers*. — A proprement parler, le mulquinier est l'ouvrier qui tisse les batistes. Par extension, on a donné ce nom à celui qui recueille et dispose le fil destiné à la batiste. Quoique le nombre des mulquiniers soit considérablement diminué dans le Cambresis, il se fait encore une certaine quantité de batiste dans les villages voisins de Cambrai.

Un règlement sans date et probablement fort ancien gouvernait la manufacture des toilettes. Il fixait « la longueur, la largeur d'icelles, ordonnait ce que les meulquiniers debvoient faire et comment ils se debvoient comporter; comment et quand les marchands pouvoient faire les achapts desdites toilettes, les ventes et transports d'icelles hors de la ville, etc. » Nous n'avons pu retrouver ce règlement.

Originairement, deux échevins étaient chargés de l'examen des toilettes mises dans le commerce. Une ordonnance du 20 septembre 1499 défendait qu'on mît « aucunes toilettes buer (blanchir), qu'elles n'aient été vues par les deux échevins députez à ce sujet. »

En 1556, le Magistrat porta une ordonnance qui substituait aux deux échevins chargés de l'Eswart des toilettes, deux *honestes* personnes qui prirent alors le titre d'*Eswardeurs de la toilette*.

Les bueurs (blanchisseurs) ne pouvaient recevoir aucunes toiles qui n'eussent la longueur et la largeur réglementaires, et qui ne fussent marquées du timbre de la ville. — Règlements des années 1559, 1564, 1575 et 1626.

« *Ordonnance* aux ployeurs de ne recevoir aucunes toiles blanches venans de dehors pour estre ployées, si elles n'ont leur longueur, largeur, et ne soient justifiées par un des commis.

» *Ordonnance* aux Rosiers de la ville, de quelle longueur et largeur ils doivent faire les Roz selon la diversité des toiles (1).

» *Ordonnance* aux *coulletiers* de toilettes de ne porter vendre aucunes toilettes de meulquinerie soit marchandes ou batistes, si elles ne sont pliez en leur seize *ployes*, sans escaillons, etc. » (1560).

Une lettre de police dont nous ignorons la date réglait le rang et l'ordre que devaient tenir les meulquiniers à la procession.

Un acte émané du Magistrat de Cambrai en 1689 constate que, « de temps immémorial, la principale manufacture de ladite marchandise a été introduite audit Cambray, et les habitans de tout l'univers ont toujours désiré d'en avoir pour leur provision et trafique, les appellant comme ils font encore à présent, *toilles de Cambray*, tant en Espagne, Italie, qu'autres pays éloignés; ce qui est en partie présentement diminué, à raison que ceux des villes voisines sy comme Valenciennes, Douay, Bapaume, St-Quentin et autres semblables, attirent à eux esdits lieux, bonne partie des fillets par tonneaux et autrement qui sont faits et fabriqués

---

(1) *Muches* vient du mot patois mucher, qui signifie *cacher*.

(1) On appelle *Roz* le peigne par où passe la chaîne d'une toile, quand on la fabrique.

par deçà, et fabriquent eux-mêmes à présent, es-dites villes, des pareilles toiles, lesquelles ils envoyent, en après, en pays lointains et étrangers où ils les vendent et font vendre pour toilles de Cambray, et les appellent *toiles de Cambray* comme si elles auroient été faites en ladite ville. »

Le résultat de cette concurrence commerciale fut une diminution considérable dans la manufacture des batistes de Cambrai, et la translation de plusieurs *bourses (comptoirs d'achat)* dans d'autres villes.

Nous pensons qu'on s'adressa au roi pour obtenir une police plus sévère et plus vigilante au sujet des fils de lin; mais nous ignorons le résultat de cette démarche.

Les mulquiniers avaient pour patrone sainte Véronique.

— On trouve dans la *statistique du département du Nord* par le préfet Dieudonné, t. 2, p. 222, une excellente notice sur la filature et le commerce de fil de mulquinerie.

MUNICIPALITÉ DE CAMBRAI. — Nous entendons par ces mots le corps des officiers municipaux chargés par la loi d'administrer la commune. On n'attendra pas de nous une dissertation sur cette institution qui a remplacé l'ancien *Magistrat*. Nous nous contenterons de quelques indications; renvoyant, pour le reste, le lecteur à l'*Histoire complète de la municipalité de Cambrai*, que nous avons publiée en 1852. Cette histoire est celle d'une immense transformation; on ne peut en supprimer un détail sans la dénaturer; nous n'en ferons donc ni l'analyse, ni l'abrégé. Nous donnerons simplement quelques extraits des procès-verbaux qui constatent la constitution et l'installation de la municipalité de Cambrai.

15 janvier 1790.

« MM. du Magistrat ayant, sur les conclusions de l'échevin faisant les fonctions de prévôt pendant l'absence du titulaire, ordonné, le 12 de ce mois, la lecture et publication des lettres patentes du roi, du mois de décembre dernier, sur le décret de l'Assemblée nationale concernant l'organisation des municipalités, et voulant procéder aux différentes opérations relatives à l'exécution dudit décret ;

» Considérant d'ailleurs que l'évaluation moyenne de la journée de travail, dont le nombre comparé à la contribution de chaque citoyen doit déterminer l'activité qui le rend habile à l'élection ou à l'éligibilité des officiers municipaux, doit être fixée d'après le prix commun des plus fortes et des moindres journées d'ouvriers en cette ville :

» Ont délibéré 1° de faire un relevé général de tous les habitants actifs de cette ville, d'après les rôles des vingtièmes et capitations, ou d'après la notoriété des fortunes de chacun, pour en former des listes qui puissent servir à déterminer les différentes assemblées pour l'élection desdits officiers municipaux ; 2° qu'à cet effet, la division de la ville sera faite en cinq quartiers, les plus distincts et les plus proportionnés possibles à la population de chacun. Et au surplus, mesdits sieurs du Magistrat ont fixé et déterminé le prix commun de la journée de travail à seize patars chacune. »

18 janvier 1790.

« En exécution des lettres patentes du roi, du mois de décembre dernier, sur le décret de l'Assemblée nationale, concernant l'organisation des municipalités, MM. du Magistrat ont choisi et nommé, pour ouvrir la séance et inspecter l'assemblée des différents quartiers, pour l'élection des officiers municipaux à nommer, M. Lussiez, avocat, pour le quartier A; M. de Franqueville, d'Abancourt, pour le quartier B; M. Watier, d'Aubencheul, pour le quartier C; et M. Santerre, père, marchand brasseur, pour le quartier E ; pour, par chacun d'eux, remplir dans lesdits quartiers respectifs les fonctions prescrites par l'art. 8 dudit décret. »

Du 1er mars 1790, 11 heures du matin.

INSTALLATION DU PREMIER CONSEIL MUNICIPAL.

« Les différents membres choisis et élus pour composer la nouvelle Municipalité, s'étant rendus à l'hôtel commun de cette ville, d'après la convocation de la veille, faite de la part de MM. les prévôt et échevins de ladite ville, ayant pris séance, les portes du Consistoire ouvertes, et le peuple assemblé y étant entré, M. Lallier, l'un des greffiers du siège échevinal, après avoir fait lecture à haute voix des différents procès-verbaux d'élection pour la Municipalité; M. Watier, d'Aubencheul, ayant été proclamé maire, MM. Mallet, avocat; de Chantemelle; Dehenain ; Savary, avocat; Capron; Delaplace, avocat; Boulanger; Lussiez, avocat; Santerre, Thery et Collery, *officiers municipaux* ; — M. Boileux, avocat, procureur de la Commune; M. Antoine-Florent Douay, avocat, pour son substitut; et MM. Boulanger, ancien greffier ; Bruyas, official ; le comte de Coupigny; Villers-au-Tertre; de Valicourt; de Franqueville, grand bailli; Christophe Douay; Simencourt; Boileux, collecteur; Evrard, chanoine; Liévra, avocat; Carron, négociant; Houillon, horloger; Marchand; Pas-de-Loup, commissaire; Cotteau, ancien échevin; Lequeux; de Neuville, prévôt; Trocmez; Fauqueur; de Sérenvillers; Richard, avocat; Janty; Legros, avocat; *notables.*

» M. Bocquet, échevin, a prononcé, au nom du siége échevinal, un discours de félicitations à la nouvelle Municipalité, auquel M. le maire a répondu par un autre discours analogue à la circonstance. Puis MM. les maire, officiers municipaux, procureur de la Commune et son substitut, en exécution de l'article 48 des lettres patentes du mois de décembre dernier, ont prêté devant la Commune le serment de maintenir de tous leurs pouvoir la constitution du royaume, d'être fidèles à la nation, à la loi et au roi, et de bien remplir leurs fonctions. MM. les notables ont ensuite prêté le même serment.

» La Commune ayant, par divers applaudissements, témoigné sa satisfaction des discours qui avaient été prononcés, en a demandé l'impression qui lui fut accordée.

» Ce fait, *les membres du corps échevinal s'étant retirés*, les officiers municipaux et les notables formant le *Conseil général* de la Commune, demeurés dans le Consistoire, procédèrent à la nomination des secrétaires, greffiers, trésoriers; et considérant que la Municipalité allait réunir à ses fonctions celles du pouvoir judiciaire, jusqu'à une nouvelle organisation à cet égard, ils ont nommé MM. Douay et Lallier pour continuer, par provision, les fonctions de secrétaire-greffier, conjointement aux mêmes droits et émoluments que ci-devant, jusqu'à ce qu'il en soit autrement ordonné ou pourvu par un règlement. Et ont pareillement continué M. Desbleumortiers du Molinel pour trésorier, et tous trois ont, à l'instant, prêté serment de remplir fidèlement leurs fonctions.

» Les deux huissiers, les six sergents de ville, les deux concierges de l'hôtel commun de cette ville et des provisions, le geôlier et tous les ouvriers attachés au service de ladite ville, et connus sous le nom de *porteurs de petites robes*, furent aussi continués, par provision, dans l'exercice de leurs fonctions, et renouvelèrent leur serment de les remplir avec exactitude et fidélité. »

Un grand événement vient de s'accomplir. Les *échevins* se sont retirés, les *officiers municipaux* sont arrivés. L'ancien régime s'en est allé, le nouveau paraît. Dans les résultats de l'élection municipale, se sont manifestées les tendances de l'opinion. Le corps de ville récemment constitué en est l'exacte expression. On y trouve des noms nouveaux. Ces noms seraient eux-mêmes de l'histoire, si l'on connaissait encore aujourd'hui les opinions qu'ils représentaient. Mais pour les hommes de nos jours, c'est au contraire par l'histoire que ces noms pourront être appréciés.

A partir de ce moment, il s'opéra de fréquents changements dans le personnel de l'administration de la ville. La nomination des officiers municipaux, livrée trop souvent à la merci des côteries aveugles et jalouses, ne fut pas toujours dictée par un sentiment éclairé de justice et d'amour du pays. Néanmoins il faut dire qu'un grand nombre d'hommes qui ont été revêtus des fonctions municipales, s'y sont fait remarquer par leur courage civil et par leur zèle pour le bien public.

Le bureau de la municipalité, dont le maire est le chef, constitue l'autorité administrative de la cité. — V. *Maires.*

— V. Sur le même sujet, *Histoire de la Municipalité de Cambrai depuis* 1789 *jusqu'à nos jours, par Eugène Bouly.*

MURAILLES D'ENCEINTE. — V. *Fortifications.*

MUSÉE. — La ville de Cambrai n'a pas de Musée proprement dit. On recueille dans une des salles de l'hôtel-de-ville, les objets d'art ou de science qui méritent d'être conservés. Cette collection porte le nom de *Musée provisoire.* Elle se compose d'un certain nombre de tableaux ayant appartenu à des communautés avant la Révolution, ou acquis par l'administration municipale dans les expositions d'objets d'art qui eurent lieu quelquefois à Cambrai. Elle contient en outre des statues provenant de plusieurs églises détruites, les bustes de quelques grands personnages, et enfin les débris d'un *Muséum* d'histoire naturelle qui exista jadis dans la bibliothèque communale, et qui, si nous ne nous trompons pas, fut définitivement organisé en 1801.

Un des objets les plus remarquables du musée provisoire, est un bas-relief de Marsy, représentant la prise de Cambrai par Louis XIV. — V. *Marsy.*

MUSIQUE. — Cet art était en grand renom, dans Cambrai, au XVe siècle. — V. *Maîtrise.*

MUTTE (HENRI-DENIS), né à Cambrai le 15 mars 1706, baptisé le 17 à la paroisse Ste-Croix, eut pour parrain l'abbé de St-Aubert. D'abord chanoine de St-Géry, puis chanoine de la métropole (26 avril 1737), il occupa dans le chapitre une des prébendes de gradués en droit. Il fut nommé grand chantre le 8 janvier 1740, et élu doyen le 28 juillet 1752. Cet homme, plein de doctrine et de vertus, mourut le 24 août 1774.

L'abbé Tranchant qui le connaissait intimement, a laissé sur son vénérable ami une note que nous ne voulons pas laisser tomber dans l'oubli.

« Il y avait plus de vingt ans, dit-il, que j'étais bénéficier prêtre de l'église de Cambrai, sans autre connaissance de M. Mutte que sa qualité de doyen de cette église, lorsque le chapitre, ayant fait édifier une nouvelle bibliothèque, laquelle fut achevée en 1770, on m'en confia les clefs et le soin d'y remettre les livres de l'ancienne bibliothèque, et on m'en laissa la garde. Ce fut là l'occasion qui me procura une connaissance particulière avec ce savant homme qui, déjà instruit de mon inclination pour l'histoire et les antiquités de l'église et de la cité de Cambrai, sa patrie et la mienne, me témoigna estime et bienveillance : et le zèle qu'il aperçut en moi pour les intérêts de notre église et de son siège dont M. de Choiseul, alors archevêque de cette ville, poursuivait, depuis plusieurs années, auprès du souverain, à l'encontre des prévôt, échevins de cette ville, le rétablissement des droits, m'acquit son amitié et sa fréquentation. Il me fit voir ses manuscrits et autres particularités. En un mot, il me confiait volontiers ce que je désirais voir. Et plus, afin que j'eusse mémoire de lui, il me fit don de quelques manuscrits, entre autres des chroniques d'Adam Gélicq (1). »

Extrait d'un ms. de l'abbé Tranchant (actuellement † ms. 884), p. 4 et 5.

L'abbé Mutte était un homme d'une grande érudition. Indépendamment des connaissances qu'il avait en théologie et en jurisprudence, il avait fait des études considérables sur l'histoire ecclésiastique et civile de Cambrai et du Cambresis. Il était lettré pour son temps, et il a fourni des *Remarques* aussi judicieuses qu'intéressantes à la nouvelle édition de la *Bibliothèque historique du père Lelong* (1771), ainsi que de bons articles aux *Acta sanctorum* des bollandistes.

Il avait fait un remarquable travail de compilation et de comparaison entre plusieurs anciennes chroniques de Cambrai, et avait fini par en copier une en marge de laquelle il avait placé une foule d'additions extraites d'autres mémoriaux. Ce travail, qui repose aujourd'hui à la bibliothèque de Cambrai, y est inscrit sous le n° 659 des *Manuscrits*. La même bibliothèque possède encore de lui des *Mélanges* d'actes de toute nature, n° 1023 ; un recueil de *sceaux et écussons* dessinés, sous ses yeux, à l'encre de Chine, par un peintre de Cambrai, nommé Taisne, n° 942.

L'abbé Mutte possédait une bibliothèque considérable. Le catalogue de cette bibliothèque ne présente pas moins de 6192 articles, parmi lesquels on remarque une foule de manuscrits et de portefeuilles contenant des recueils précieux de notes et de pièces détachées. Il se trouvait parmi ces papiers curieux qui constituaient un véritable trésor d'histoire locale, une *dissertation* de l'abbé Mutte sur les Nerviens et autres peuplades de la Gaule. Ce travail est probablement perdu pour toujours.

C'est lui qui fut chargé de recueillir et de mettre en ordre toutes les chartes et autres pièces justificatives qu'on trouve à la suite du *Mémoire pour l'archevêque*. Ce cartulaire est un des livres les plus intéressants qui concernent notre histoire locale. Le savant prêtre contribua du reste pour une grande part à la rédaction des mémoires et requêtes au roi, dans l'affaire de M. de Choiseul contre le Magistrat.

MYSTÈRES. — Représentations scéniques. — V. *Exemples*.

---

(1) Après la dispersion des papiers du vénérable abbé Tranchant assassiné révolutionnairement à Cambrai, cette chronique d'Adam Gélicq tomba, nous ne savons par quelle circonstance, entre les mains de M. Desbleumortiers. M. le docteur Leglay, bibliothécaire à Cambrai, ayant eu connaissance de ce fait, en négocia l'acquisition pour le profit de la bibliothèque communale, où la chronique est maintenant. Cette copie est malheureusement d'une mauvaise écriture. Nous avons le bonheur d'en posséder une très belle et très lisible (écrite au XVIe siècle), qui était restée en la possession de l'abbé Mutte jusqu'au moment de sa mort. Elle fut inscrite sur le catalogue des livres de ce savant prêtre sous le n° 5875.

N

NÉMIUS (*Gaspard*) portait originairement le nom de Dubois; et comme un docteur célèbre portait aussi le nom de Dubois, l'idée vint à l'un et à l'autre de distinguer leurs noms en les traduisant en latin. Le docteur, du mot latin *Silva* (bois), s'appela Silvius; l'évêque, du mot *Nemus* (bois), tira son nom Némius. Né à Bois-le-Duc en Brabant, Gaspard Némius se distingua de bonne heure par d'éminentes qualités. D'abord curé de Werwich (§ ms. 3 bis, p. 317), puis docteur en théologie à l'université de Douai et *Président du séminaire du Roy*, il fut nommé évêque d'Anvers le 23 mai 1634, et sacré, en cette qualité, en 1635, par l'archevêque de Malines. Il fut postulé à l'archevêché de Cambrai le 24 août 1649, mais il ne fut confirmé que le 1er décembre 1651. Il prit possession le 19 mars 1652 et fit son entrée solennelle le dimanche 2 juin de la même année. » — † ms. 884.

« C'étoit un prélat qui remplissoit presque tous les devoirs de sa charge par soi-même; il proposa au diocèse le cathéchisme dont on se sert pour l'instruction des enfants. Le 20 de may 1653, il consacra la nouvelle église de St-Vaast à Cambray, il établit les Récollets en son Château-en-Cambresis. Il étoit fort affable, écoutoit volontiers ceux qui venoient luy parler pour quelques affaires; c'étoit sa coutume de donner à dîner à sa table aux curés de la campagne qui venoient le consulter. Ce bon pasteur mourut pieusement dans son palais archiépiscopal, pleuré de son troupeau et principalement des pauvres dont il étoit le père, le 22 de novembre de l'an 1667, âgé de 80 ans. Il fut enterré dans le sanctuaire de l'église métropolitaine. »

« L'archevêché a vaqué jusqu'au 4 d'avril 1671. » — *Mémoires chronologiques*, p. 107.

Ce fut de son temps que les Carmes déchaussés s'établirent à Cambrai.

On trouve une courte notice sur Gaspard Némius dans le *Cameracum christianum*, p. 71.

NERVIENS. — Cambrai faisait partie du territoire des Nerviens, lequel occupait toute la droite de l'Escaut: cette partie de la Gaule Belgique était bornée au nord par les Ambivarites, au sud par les Ambiani et les Véromendui, à l'est par les Aduatici et les Éburons, à l'ouest par les Atrébates et les Morini. En un mot, la Nervie était cette portion du pays qui devint plus tard l'ancien diocèse de Cambrai.

« Les Nerviens ne s'étudiaient point tant à défricher la terre, qu'à se rendre illustres par les armes où ils excellaient. Tous les arts mécaniques qui n'avaient point pour objet cette profession, étaient ignorés ou négligés parmi eux. Ils ne cultivaient, pour ainsi dire, que l'art militaire; aussi étaient-ils redoutables à leurs voisins: et César, juge si éclairé de la valeur des nations, n'ayant point trouvé de peuple parmi les Gaulois plus belliqueux que les Belges, n'en trouva point parmi ceux-ci de plus vaillants que les Nerviens. » — V. César, L. 1er, chap. 1er; L. II, chap. 7. — *Histoire du Hainaut* par l'abbé Hossart, t. 1er, p. 3.

Ces hommes de guerre ne permettaient l'entrée de leur pays, ni aux marchands, ni aux denrées qui pouvaient amollir le courage des citoyens. Ils aimaient mieux mourir que céder. C'est ainsi que périt leur armée de soixante mille hommes dans la fameuse bataille contre César; effroyable boucherie à laquelle il n'échappa que 300 soldats. — V. une curieuse dissertation sur le champ de bataille des Nerviens par M. Leglay (1829).

La religion des Nerviens était celle des druides. Ils étaient grands et forts : beaucoup avaient les cheveux roux, ou s'efforçaient de les roussir par des moyens artificiels. Ils se couvraient de vêtements d'étoffes qu'ils tissaient eux-mêmes. Ils portaient la saie (*sagum*) et des robes ouvertes à manches, qui ne descendaient que jusqu'à la hanche. Ces tuniques étaient teintes de diverses couleurs et la veste ou *sagum* qu'ils passaient par dessus, était ornée de bandes rouges fort étroites. Ils portaient aussi la braie, espèce de culotte, et des souliers faits d'un cuir très fort.

Ils n'employaient autour d'eux aucun ornement. Les guerriers se couvraient la tête d'un casque ou heaume, et le corps d'une cotte de maille. Ils parlaient la langue celtique. Ils construisaient dans la campagne des huttes de bois et de chaume; mais ils avaient aussi des villes considérables et bien fortifiées. Bavai était la capitale des Nerviens. Ils étaient aussi chasseurs que guerriers, et vivaient de laitage et du produit de leur chasse et de leur pêche.

Les femmes n'aimaient pas moins que les hommes ces exercices utiles à la famille. Comme le vin était chez les Nerviens une boisson très recherchée, les marchands italiens leur en faisaient parvenir. Du reste, la boisson ordinaire était la bière, le cidre et l'hidromel. Les Nerviens aimaient les chevaux. Ils avaient du bétail : vaches, porcs, moutons et chèvres.

Nous n'étendrons pas davantage cette notice dont les principaux détails sont tirés d'un ouvrage très rare intitulé : *Mémoire sur la question : quel était l'habillement, le langage, l'état de l'agriculture, du commerce, des lettres et des arts chez les peuples de la Belgique avant le septième siècle.*

Il existe une bonne notice sur les Nerviens dont l'auteur ne nous est point connu. On la trouve dans la *Védette Cambresienne*, p. 161.

NETTOIEMENT DE LA VILLE. — Le règlement dont nous allons transcrire le sommaire, faute du texte intégral, prouve combien, dès le XVIe siècle, l'administration locale avait de sollicitude pour la propreté et la salubrité de la ville. Ce règlement, qui se trouvait au *Livre aux Bans*, fo 303, et dont nous ignorons la date, est évidemment antérieur à l'année 1581, puisqu'il y est question des flots de Kayère et de St-Géry. Or, on sait que le flot de Kayère a été supprimé en 1581.

*Règlement général
pour le nettoiement de la ville.*

SOMMAIRE.

1er. Que personne ne mettra aucunes terres, fumier, décombles sur les rues, qu'il ne les fasse au plustost emmener hors de la ville, aux lieux à ce désignés et à leurs dépens.

2, 3, 4, 5, 6 et 7e, désignent les lieux où les ordures et fumiers seront menez.

8e. Que personne ne jettera ses ordures ramonnées dans les rues, n'y les jettera dans la rivière dont une personne seule serat crue dans son rapport, ains les feront porter esdits lieux à leurs dépens.

9e. Que personne tenant des porcs dans sa maison jette les immondices sur la rue où dans la rivière ; ains les fasse mener aux lieux susdits.

10e. Que toutes personnes, tant hommes que femmes, seront crus dans leur rapport des contrevenans à ces ordonnances, et si aucuns voisinages ne feroient diligence de faire ledit rapport, on feroit widier lesdites ordures à leurs dépens.

11e. Deffence de ne ramonner (balayer) les ordures dans les ruyots, mais de les tirer hors desdits ruyots et les amonceler chacun devant sa porte pour ensuite estre chariez aux despens de la ville.

12e. Que ceux qui tiennent les tacques de la ville (c'est-à-dire les fumiers) ne chariront les ordures qu'aux lieux à ce désignez.

13e. Qu'ils ne donneron ongé à aucunes personnes de mettre ses ordures sur les rues, ains iront avec leurs baraux les charger pour les porter es-dits lieux.

14e. Ordonnance que toutes ordures, immondices et charognes provenants des maisons de bouchers et trippiers, soient chariez es-fondoirs, comme de toute ancienneté, sans les laisser en leurs maisons plus de demy jour.

15e. Que tous maistres tenant eschollos envoieront leurs enfants faire leurs nécessitez hors des rues publicques.

16e. Que toutes personnes tenant des bestes en sa maison, ne feront aucun fumier devant leur porte.

17e. Que personne ne menerat, ou ferat mener aucunes ordures sur les chemins des portes de la ville, à peine, etc.

18 et 19e. Qu'on ne jetterat aucunes ordures ou immondices dans les flots de le Kaière et de St-Géry, etc.

20e. Ordonnance aux chavetiers de porter ou faire porter leurs recoppes et ordures hors des portes de la ville, deffendant de les jeter sur les rues.

21e. Deffence de mettre les fiens (fientes) des pourcheaux sur les rues et chemins hors les portes, ains de les porter es-lieux à ce désignez.

22e. Deffence de faire ses nécessités ou jetter ses ordures dans les halles de la ville.

23e. Deffence de faire ses nécessités et jetter ses ordures à 15 pieds près des crestiaux, et cela proche des portes et tout à l'entour de la ville.

24e. Qu'on ne jetterat les ordures des pourcheaux dans la rivière.

25e. Qu'on ne jetterat aucunes ordures dans l'Escaut ny dans le Wez (1) d'Escaudez.

26e. Qu'aucuns de ceux qui charient les terres hors de la ville, soit si hardy, que d'en jetter parmy la ville.

27e. Que personne ne porterat fascons hors de sa maison en lieux qui peut endommager autruy.

28e. Deffence de porter aucunes ordures et immondices derrière les murs de St-Aubert en le coppe oreille, au pilori, et autres lieux, dont péril et inconvénient pourroit s'en suivre.

Il existait encore une autre ordonnance de police deffendant à toutes personnes de jeter ses ordures et ramonnures (balayures) sur la rue. — Date ignorée.

NEUTRALITÉ. — C'était un privilége de la cité de Cambrai, que de rester souvent *neutre* au milieu des guerres que se faisaient, dans le pays, les princes et les rois. Ce n'est pas qu'elle n'ait eu plus d'une fois à se plaindre de la violation des traités, de la part de certains belligérants. Ce fut par un audacieux mépris de la foi jurée, que Charles-Quint s'assura de la possession de Cambrai en y construisant une citadelle. Mais enfin, quand les puissants monarques, de qui dépendait le repos des peuples, daignaient le permettre, la population cambresienne jouissait avec bonheur de ce droit de

---

(1) Gué, endroit où l'on passait l'Escaut à gué.

rester neutre au milieu de leurs querelles, droit qu'elle s'empressait de réclamer aussitôt que la guerre devenait imminente. Lorsque le Magistrat avait obtenu ce privilége, on le publiait à son de trompe dans la ville, on le proclamait à la bretèque de la Maison de Paix et au trin de Notre-Dame (V. *Trin*). La cité tout entière se mettait en liesse; on faisait fête, on allumait des feux de joie, etc.

« L'an 1482, la veille St-Laurent, monseigneur de Cambray retourna en Brabant, et fit tant vers le duc et les seigneurs, qu'ils rendirent Cambray et le Cambresis *neutre comme anchiennement il avoit esté*. Et monsieur maistre Jean Boulanger, chanoine de Cambray, alla par devers monseigneur de Cordes, qui fit tant au roy Louis qu'il accorda laditte neutralité; et pour l'accorder, vint en Cambray un sçavant homme nommé maistre Jean Caudel, conseiller du roy de France, lequel avec M. de Mingoval, envoyé par M. le duc d'Austriche, fit jurer à ceux de Cambray tant clercqs et laïcs qui, pour ce faire, avoient été convoquiés et assemblés au palais épiscopal, où Henry de Berghes estoit présent, de tenir la ville et cité de Cambray neutre, sans porter dommaige, ni favoriser plus une partie que l'autre; et sans soustenir aulcuns soldats en garnison ni aultrement. Et fut ce publié en l'église Notre-Dame au *trin* après la grande messe, le jour de St-Mathieu, en septembre audit an 1482. Et depuis les François et Bourguignons venoient journellement boire ensemble en Cambray, de quoy Molinet en fit un petit Rébus.

« J'ai veu parmy un voire
François et Bourguignons
Ensemble en Cambray boire
Comme bon compaignons ;
Mais au camp hors la ville
L'un sur l'autre charger,
Pour mettre en prison vile.
Ou à mortel danger. »

— *Chronique* d'Adam Gélicq, p. 215.

La citation qu'on vient de lire suffira pour faire connaître comment les choses se passaient. Nous ne donnerons pas le long détail des guerres au milieu desquelles la neutralité de la ville fut reconnue. Il suffira que nous indiquions les diverses dates de la proclamation de cette neutralité pour que le lecteur, s'il en veut savoir d'avantage, puisse se reporter aux faits historiques qui y ont donné lieu.

1476.—La duchesse de Brabant accorde des lettres de neutralité à la ville de Cambrai, à la prière du clergé et des habitans, le 15 février.

— On peut voir ces lettres dans le † ms. 887, p. 80.

1482. — Louis XI renouvelle les lettres de neutralité accordées à la ville de Cambrai par ses prédécesseurs.—Ces lettres sont rapportées dans le *Mém. pour l'archevêque*, p. 149 des pièces justificatives.

1492.—Charles VIII donne des lettres de neutralité.—Elles sont relatées dans le † ms. 887, p. 85.

1515. — L'archiduc d'Autriche donne des lettres de neutralité. — V. *Mém. pour l'archevêque*, p. 163.

1521.—« Audit an, fut faict grande assemblée de gens d'armes de par l'empereur et de par le roi de France; par quoy cheux de Cambrai craignant la guerre fort apparente, allèrent devers l'empereur et devers le roy impétrer la neutralité. Et le 24 juillet, fut publié à la *Pierre* que Cambrai et tout le Cambresis étoient neutres. » — § Ms. 3 bis, p. 76.

1527. — « Le 23 d'octobre, se partit l'ambassade pour aller devers le roy, laquelle ambassade besogna pardevers le roy en telle manière que Cambrai et le pays de Cambresis demoura neutre. Et fut publié la nuit de St-Paul. »

1536.—« Le 18ᵉ jour de juing, en dimanche, à quatre heures après dîner, la neutralité fut publiée à la Pierre, de par l'empereur et le roy de France; en sorte que ceux de Cambray et du pays du Cambresis pooient aller converser au pays d'une partie ou de l'autre, sans destourbier (inconvénient). »

1542. — Nouvelle neutralité reconnue par François Iᵉʳ et publiée dans Cambray le jour de St-Laurent.—V. les lettres au *Mém. pour l'archevêque*, p. 166.

1543. — Le roy de France reconnaît la neutralité de Cambrai.

1551.— « Le 12ᵉ jour de febvrier, l'évesque de Cambray obtint ratification de la neutralité de l'empereur, moyennant qu'il l'obtînt du roy de Franche semblablement en dedans quarante jours en suivant. »

1552. — Démarches nombreuses et difficiles pour obtenir la neutralité qui enfin est accordée. — V. *Mém. pour l'archevêque*, p. 173.

1553.—Rupture de la neutralité par la garnison de la citadelle de Cambrai qui tira sur l'armée du roi de France, laquelle passait près de Cambrai, du côté de la *grande justice*. Représailles des Français. Ils brûlèrent et pillèrent plusieurs villages en Cambresis.

Les indications qui précèdent sont tirées des *Mém. chron.* et du § ms. 3 bis.

A partir de 1553, les chroniques ne font plus mention de nouvelles publications de neutralité dans la ville.

— On trouvera plusieurs lettres de neutralité concernant la ville de Cambrai dans le ms. 206, fonds St-Germain, à la bibliothèque impériale.

NICOLAS (ÉGLISE PAROISSIALE DE ST-). — « Comme en l'an 1036, la mortalité était si véhémente en la ville de Cambray, que les cimetières ne suffisoient pour enterrer les trépassés, Gérard, lors évêque de Cambrai et d'Arras, fit faire une cimetière en la place où l'abbaye du St-Sépulchre est située, et y fit bastir *une chapelle* en l'honneur du St-Sépulchre de Jésus-Christ, parce que cette cimetière estoit le sépulchre des trépassés.

» Mais après que St-Liébert, évesque, eut fondé ladite abbaye du St-Sépulchre, Waltérus, abbé premier, fit dédier ladite chapelle à St-Nicolas, évesque de Mire. »—Julien de Lingne; † ms. 658, art. XIe.

Le lecteur comprendra aisément, d'après le passage du ms. de Julien de Lingne, que l'abbaye du St-Sépulcre comportait une église particulière qui rendait superflue pour la même abbaye, la petite chapelle érigée par *Gérard de Florines.*

» Or, en l'an 1482, on fit rebastir l'église de St-Nicolas, laquelle avoit esté édifiée en la place où anciennement avoit été ladite chapelle. Cette église nouvelle de St-Nicolas fut achevée et dédiée en l'an 1499, au dimanche 17 de may, par Henri de Berghes, sire Jean Druin estant pasteur. »—Julien de Lingne.

On avait chanté déjà au nouveau chœur, dès l'année 1492.—*Chron.* d'Adam Gélicq, p. 225.

— Mais la reconstruction ne s'était pas faite sans accident. Le 6 décembre de l'année 1491, précisément jour de St-Nicolas, au moment où les ouvriers qui travaillaient à la voûte de l'église quittaient l'ouvrage pour aller déjeuner, « ladicte voussure et le hourdage et les ouvriers quéirent aval, (tombèrent); et par la grâce de Dieu et de monseigneur St Nicolas, il n'y eut personne de tué. » — § Ms. 3 bis, p. 57. — *Chron.* d'Adam Gélicq, p. 224.

« On y commença un clocher en l'an 1531, mais *il n'a point été achevé.* » — Julien de Lingne.

De ce que Julien de Lingne dit du clocher, on pourrait conclure que l'église de St-Nicolas en était presque dépourvue; ce serait une erreur, car le clocher fut achevé; sans doute depuis la mort de Julien de Lingne. Nous en possédons un dessin. C'était une tour carrée, terminée par une galerie et surmontée d'un dôme couvert en plomb ou en ardoises. Au-dessus du dôme était une statue de St Nicolas; aux quatre angles de la galerie, on voyait des statues de saints en pierre.

Au reste, les statues de pierre étaient prodiguées dans cette église. « Il y en avait une à chaque pilier. Cette série de figures produisoit un très bel effet. »—*Notes et mélanges concernant la ville de Cambray*, p. 12 (§ ms. 14).

Il paraît que l'église de St-Nicolas eut, dans une occasion que nous ignorons, un procès assez dispendieux à soutenir contre l'abbaye du St-Sépulcre. Julien de Lingne nous apprend que le métal d'une grosse cloche, qui venait d'être cassée, *fut vendu pour les dépenses de ce procès perdu.*

Il y avait dans l'église de St-Nicolas une confrérie du St Sacrement instituée en 1551, et une confrérie de Notre-Dame de Lorette.

La *fierte* de Notre-Dame de Lorette y était déposée. « Le 22 mars 1609, M. l'archevêque bénit la fierte de Nostre-Dame de Lorrette en l'église Nostre-Dame de Cambray, par un dimanche après vespres. Et puis fut portée processionnellement en l'église paroissiale de St-Nicolas, par quatre confrères, *lieu où la confrérie fut establie.* »—† Ms. 884, p. 247.— § Ms. 3 bis, p. 260.

L'église St-Nicolas était devenue paroissiale vers le XIIe siècle.—*Histoire de Cambrai*, par Dupont, part. IIe, p. 128.

La cure était à la collation du prélat de St-Sépulcre.

Lors de la translation des cimetières hors la ville, « celui de St-Nicolas ne servait plus depuis longtemps. On enterrait à St-Fiacre. L'ancien cimetière St-Nicolas formait une terrasse entourée de bornes et plantée de quelques arbres. L'église avait deux portails; l'un sur la place St-Nicolas; l'autre, sur la rue du même nom, en face de l'auberge des *Dix-sept Provinces.* Cette dernière entrée existe encore, quoique défigurée par des maisons nouvelles.

» Un grand nombre de petites maisons et d'Aubettes étaient adossées aux murs de l'église qui occupait l'emplacement de la *rue Neuve-St-Nicolas* et tout le centre de ce pâté de maisons comprises entre la rue des Liniers, les place et rue St-Nicolas.

51

» Au coin formé par la rue St-Nicolas et celle des Liniers, était une croix de justice ; à l'autre coin, sur la place, il y avait un *Dieu de pitié* fait en 1509. » — *Notes et mélanges concernant la ville de Cambrai.*

L'église paroissiale de St-Nicolas fut vendue révolutionnairement le 21 janvier 1792.

NIERGNIES (SEIGNEURIE ET PAIRIE DE)—La seigneurie de Niergnies était une des douze pairies du Cambresis. Elle existait dès le XIIIe siècle. Le Carpentier rapporte, suivant Gélicq, que « Jean Mouton, chevalier, se qualifiait seigneur de Niergnies en 1224. » M. le docteur Leglay rapporte dans le *Glossaire du Cambresis*, une loi promulguée par le seigneur de Niergnies en 1239. Nous la donnons plus loin. Le Carpentier ajoute que Jean Mouton laissa un fils « allié avec Jeanne de Marque, sœur de Gauthier, chevalier, de laquelle il procréa *Jean-Simon*... Ce Simon est surnommé *de Neiergny* et Cambgeur de Cambray, l'an 1290. »

Nous ne voyons pas le manoir seigneurial de Niergnies jouer un rôle dans l'histoire du pays.

En 1595, lors du siège de Cambrai par le comte de Fuentes, les assiégeants élevèrent à Niergnies un fort pour l'attaque de la ville.

« Le samedi se vint camper à Niergnies une partie de ceux qui estoient à la Folie : et à l'instant même, commencèrent à y bastir un fort, comme aussi en bastissaient un, en plein marais, près de Prémy, ceux qui restaient à la Folie. »

« Le mardi fut tiré du *fort de Niergnies* deux coups de canon dont le premier fut en la citadelle et passa au travers de plusieurs maisons et signamment de l'une des chambres du sieur de Balagny. »—*Relation du siège de Cambrai*, contenue dans le † ms. 1017.

Ce fort, qui n'existait pas avant le siège, devint funeste à la ville. La batterie qui y était établie fut une de celles qui porta les plus rudes coups.

Nous donnons, à titre de document historique, la loi de Niergnies.

Loi donnée aux habitants de Niergny, par Rainier, seigneur du lieu. (1239).

« Ce sacent tout cil qui ore sont et qui à venir sont qui ces lettres veront que jou Rainiers, chevaliers, sires de Niereigni, ai estauli par le mieis maieur et eskievins en me vile de Niereigni, lesquels tous u aucune partie jou .... venu devant ....u devant .... eskievins preudomes et de bone opinion preu-doumes manans en le vile, selonc çou que jou verrai que preus iert. Li forme del sairement qu'eskievins ont faite est ceste : ils ont juré que les droits et les franchizes de le vile de Niereigni warderont, selonc deu, à lor pooir, le piersone le seigneur de Niereigni ses droits et ses biens, si come de leur seigneur, warderont loiaument et féaument. Li sires de Niereigni a juré que loiaument et soigneuzement wardera les cors et les cateus des preudommes de le vile de Niereigni. S'aucuns .... dedens le pooir le seigneur de Niereigni, s'il est pris et convaincus par tiesmoignage, on le délivre au maieur à faire justice, selonc le dit del seignor ; et s'il escape, et li sires u ses comandements le puet retenir sor ...., en doit prendre li sire à se volenté. S'aucuns dedens le pooir le seigneur de Niereigni tol à autrui membre, s'il est pris et convaincu par tiesmoignage, C sol de Cambriziens doit al seigneur. S'auscuns dedens le pooir le seigneur de Niereigni navre home de coutiel à pointe et il soit pris et convaincus par tiesmoignage, C sol de Cambriziens doit al seigneur. S'auscuns trait coutiel à pointe encontre aucun sans ferir et il soit pris et convaincus par tiesmoignage, XX sol de Cambriziens doit au seigneur ; et s'il s'enfuit, il est banis de le ville deci à dont qu'il rapportera les XX sol. S'auscuns est pris à l'arecin, il est délivrés au mayeur à faire justice à le volenté del seignor ; et se el prendre, cil cui li tors es fais bat le laron, il n'est pour çou coupaules de nule loi. S'auscuns dedens le le pooir le seignor de Niereigni fait force à feme et soit pris et convaincus par tiesmoignage, on le délivre au maieur à faire justice à le volenté del seignor. S'auscuns dedens le pooir le seigneur de Niereigni navre home d'arme molue, et il soit pris et convaincus par tiesmoignage, C sol de Cambriziens doit au seigneur. S'auscuns dist lait à aucuns dedens le pooir le seigneur de Niereigni, et convaincus en soit par tiesmoignage, X sol de Cambriziens doit. S'auscune feme dist lait li une à l'autre dedens le pooir le seigneur de Niereigni et convaincue en soit par tiesmoignage, V sol de Cambriziens doit. S'auscuns fiert de paume, et convaincus en soit par tiesmoignage, XX sol de Cambriziens doit. Se de puing, XX sol de Cambriziens doit ; se sanc y a, LX sol de Cambriziens doit ; se c'est de baston XL sol de Cambriziens doit. En autretel manière de piere a tot le puing, se sanc i a, LX sol doit ; s'il le giete à tierre, XX sol doit s'il le traine par les caviaus, puis qu'il l'a mis à tierre u il le fiert del piet, XX sol doit. Kiconques asaura autrui à armes à se maison, et convaincus en soit par tiesmoignage, LX sol doit; et s'il l'asaut sans armes, il doit XXX sol. Kiconques se clamera de fausse clameur el pooir le seignor de Niereigni, est convaincus en soit par tiesmoignage, V sol doit. Kiconques iert lui dengiés, si come de desmentir par fieste et par jiu, el pooir le seignor de Niereigni, il ne se clamera nient s'il ne velt, mais li sires s'enclamera s'il velt, et si iert cil qui cel forfet ara fait, s'il en est convaincus par tiesmoignage, à X sol de Cambriziens. Se li sergans le seigneur de Niereigni prent nului eu sen damage ne en l'autrcui que li sires ait à warder, et nus force li fait del retolir, XX sol de Cambriziens doit au seignor par le sairement del siergant au seigneur qui se forfait prend. Kiconques ait môs dedens le vile de Niereigni, vendre le puet parmi II sol de Cambriziens d'issue et par II sol de Cambriziens d'entrée, et par une gheline que cascune maisons paie à le fieste Saint-Rémi. Tous les jors que li eskievin do Niereigni iront à Cambrai por enqueste por le besoigne de le vile, cascuns eskievins à le jor VI .... XVI deniers Cambriziens .... u coment con l'apiaut autrement en non de ban que li sire ait fait par se volenté et par ses eskievins, li sire velt qu'il soient ferme et estaule, et son vent vin en le vile, on le doit aforer par eskievins ; et s'il ne le faisoit ensit, il doit XX sol de Cambriziens au seignor. Et de tous ces forfait qui ci devant sont nomé en ceste cartre cil cui on ara fait le forfait il li convenra qu'il s'en claint u il sera à X sol de Cambriziens et de tos forfais coovient come se claint sans delait dire, mais li sires s'en clamera s'il velt. Et por çou que toutes des cozes entirement que ci devant sunt dites que jo ai jurées à tenir bien et loiaument por mi et por mes oirs soit fermes et estaules, jou Rainiers, cevaliers, sires de Niereigni devant dis, ai ces lettres conférmées et saelées de mon sail en force et en tiesmoignage des cozes dezeure dites. Ce fu fait en l'an de l'incarnation Jhu-Crist. M ans et CC ans XXXIX, el mois de jenvier. »

La seigneurie et pairie de Niergnies portait de sable fretté d'argent de six pièces.

Cette pairie, à une époque que nous ignorons, fut cédée par le seigneur qui la possédait au chapitre de l'église métropolitaine de Cambrai.

NOBLESSE *du Cambresis.* — Le Carpentier a composé un volumineux travail sur la noblesse des Pays-Bas. Ce travail forme la troisième partie de son histoire de Cambrai et, surpasse en importance tout le reste de l'ouvrage. Quoique suspecte à cause du caractère servile et vénal de son auteur, l'*Histoire généalogique des Pays-Bas* (1) est encore généralement consultée, faute de mieux. Nous considérons comme presque impossible aujourd'hui la rédaction d'un recueil de l'ancienne noblesse du Cambresis. Trop de documents feraient défaut à une pareille œuvre. Aussi nous contenterons-nous de renvoyer au livre de Le Carpentier.

On lit dans le second volume de la *Description générale de la France* (atlas de Blaeu), à l'art. du *Pays et comté de Cambresis :* « Cette province proportionnément à son estendue a produit plus de noblesse que toutes les autres qui l'avoisinent, et ce fut à juste titre qu'Anselme, abbé de Gemblours, la qualifia très ancienne, et très noble, tant pour la multitude des puissans seigneurs qui y demeuroient, que pour les grandes immunitez et exemptions dont elle jouissoit, etc. Ceux qui furent de ce nombre, estoient qualifiez Chevaliers ou Escuyers. Ce mot de *Chevalier* n'estoit qu'une récompense, donnée à celui qui, poussé d'un vif ressentiment de la naissance et de la vertu, prodiguoit son sang, ses sujets et ses moyens au service de son prince et de sa patrie ; je dis ses sujets et ses moyens, parce que, selon les coustumes du pays, ils estoient obligez d'entretenir à leur fraiz, un an durant, cent lances ou soldats, pour la défense de la patrie, auquel effect il falloit estre bien puissant....

» Les droits des Chevaliers et Escuyers estoyent, d'avoir fiefs nobles, sujets, vassaux, qui leur devoyent, cents, rentes, corvées, services à la guerre, aux joustes, tournois, carrousels, et autres tels et et semblables puissances, et sur lesquels ils avoyent tant civilement que criminellement, et sans appel, haute, moyenne et basse justice, pour la quelle exercer ils avoyent Cours, Baillifs, Hommes de fiefs, Mayeurs, Eschevins, Sergeans, etc. Ces seigneurs demeuroient presque tous aux champs au milieu de leurs biens, où ils avoient édifié des donjons, chasteaux, et maisons-fortes, garnis te tours et de très épaisses mu-

---

(1) L'ouvrage de Le Carpentier est intitulé : *Histoire généalogique des Pays-Bas, ou Histoire de Cambrai et du Cambresis*, etc., etc.

railles de pierre blanche, qui les mettoyent à couvert des courses et descentes de leurs ennemis, et vivoyent en pleine franchise et liberté à guise de petits souverains. L'on pouvait voir, outre les villes de Crève-Cœur, d'Oisy, d'Arleux, du Chasteau en Cambresis et de Solesmes, plus de 30 donjons, garnis de boulevarts et tous d'une très superbe structure, qui servoyent de séjours aux plus puissants seigneurs, lesquels furent souvent attaquez par les Empereurs, et les comtes de Flandre et de Haynaut, lors que les seigneurs de ces lieux s'opiniastroyent à combattre le domaine et le repos des évesques. L'on y voyoit encore plus de six cents maisons de défense comme des petits chasteaux très bien munis, qui estoyent les demeures ordinaires des autres gentils-hommes. Toutes les diversitez de ces chasteaux et maisons ont donné sujet aux propriétaires d'en puiser leur surnom, quoy que plusieurs d'entreux fussent issus d'une mesme souche; de sorte que leurs descendans, marchant sur les pas de leurs ancêtres, ne se donnèrent à connaître dans leurs actes et escrits, que par les noms, voir les armes de leurs appennages. »

NOTRE-DAME (ÉGLISE MÉTROPOLITAINE DE), antérieurement *Cathédrale* de Cambrai. — Il règne, sur les temps qui ont précédé la venue de saint Vaast dans le pays des Nerviens et des Atrébates, une obscurité qui ne nous permet point de disserter sur l'existence possible d'une église primitive, dont les traditions seules disent quelques mots. Ne voulant rien donner à l'hypothèse ni au vague des souvenirs, nous aimons mieux prendre les choses au point où elles deviennent visibles et appréciables. Or, pour ce qui concerne l'église de Notre-Dame, nous ne croyons pouvoir mieux faire que de nous en rapporter à Julien de Lingne, prêtre éminemment instruit, qui vivait dans la seconde moitié du XVIe siècle, et ne mourut qu'en 1615. Il fut chapelain et grand vicaire de l'église de Cambrai; il eut à sa disposition les archives et la bibliothèque de cette église, pour laquelle il écrivit beaucoup. Il eut donc entre les mains tous les documents que l'on pouvait avoir sur l'église de Notre-Dame. On comprendra dès lors la confiance qu'il nous inspire.

« L'église de Notre-Dame, dit-il, fut fondée en l'an 525, selon que l'on peut colliger (conclure) de la table paschale, laquelle est en la sacristie seconde de ladite église (1). »

(1) Notices intéressantes sur l'église de N.-D. de Cambrai, etc. († Ms. 658.)

« Les Normands la ruinèrent en l'an 882 (881), Rotrad estant évesque de Cambray et d'Arras; car ces deux églises cathédrales estoient lors unies depuis environ l'an 500 (1), et l'ont été jusques à l'an 1095. »

Cette ruine de l'église aura été d'autant plus complète que la construction en était moins solide. Il est en effet très probable que ce premier édifice était tout en bois, comme tant d'autres églises du même temps, à moins que quelque monument romain, échappé aux ravages des barbares, n'ait été approprié à usage de temple chrétien. Mais ce qui nous fait pencher pour la première opinion, c'est la grande quantité de cendres et de bois brûlé que l'on a retrouvée en 1852, dans les fouilles faites sur la place Fénelon, au lieu même où fut l'église métropolitaine, à environ deux mètres cinquante centimètres de profondeur. — V. ci-dessus, art. *Antiquités*, à la p. 11.

Quoi qu'il en puisse être de cette première église, Dodilon la réédifia en 890. Et il ne faut pas s'étonner de la voir reconstruite en peu de temps. Alors encore le temple de Notre-Dame ne fut sans doute point bâti en pierres de taille et avec le riche *appareil* employé plus tard par Gérard. Peut-être le système adopté par Dodilon fut-il quelque chose d'analogue à celui très expéditif que présente l'antique bâtiment de la grande boucherie de Cambrai.— V. *Boucheries*. — Le lecteur voudra bien noter d'ailleurs que nous livrons ces observations comme de simples opinions personnelles. Nous ne les croyons pas déraisonnables, mais en définitive, elles ne sont fondées que sur des analogies (2).

L'église de Notre-Dame fut menacée d'une nouvelle ruine en 953. La muraille d'enceinte de la ville n'était point assez éloignée pour que les flèches de l'ennemi ne pussent atteindre le toit de l'édifice sacré. Or, pendant le siège qui eut lieu sous l'épiscopat de Fulbert, les Hongrois lancèrent des traits ardents sur l'église qui n'aurait pas manqué d'être incendiée, si le courage du clerc Séralde ne l'avait préservée

(1) Epoque de la mission de St Vaast.
(2) On pourrait cependant considérer comme une preuve, l'embarras où Gérard se trouva, en 1023, faute de pierre dure. Il fut obligé de se livrer à de grandes recherches, pour arriver aux carrières ignorées de Lesdain et de Noyelles. Est-il probable qu'avant lui, on ait fait apporter de bien loin les pierres pour la construction d'une église qu'on devait être tenté de bâtir en bois, suivant l'usage du pays?

d'un si grand danger. — V. *Séralde*, à l'art. *Hommes remarquables* (Xe siècle).

Enguerrand, qui fut évêque de Cambrai pendant trois ans, « fit *commencer* la petite nef du côté du septentrion, la dernière année de sa prélature. Rothard la fit achever, et fit faire la tour du clocher. » Julien de Lingne, qui consigne ces faits dans deux de ses ouvrages († Ms. 658, art. 1. — § Ms. 6, p. 195), emploie de part et d'autre le mot *commencer* et non pas *recommencer*, terme dont il se sert quand il veut parler de restaurations; d'où nous concluons que l'église cathédrale n'avait pas de nef latérale avant cette époque, et que ce fut Enguerrand qui imagina d'en adapter une. Ce travail commencé en 959 ne fut achevé que sous l'épiscopat de Rothard qui en fit la consécration en 990.

Il est juste de dire que l'évêque Teddon ou Thèdes, prédécesseur de Rothard, avait eu l'espoir de terminer cette vaste entreprise; mais les tracasseries sans nombre et les tourments que lui suscitèrent les bourgeois l'empêchèrent de réaliser son projet. Il arriva notamment un jour que, pendant l'absence du prélat, toutes les pierres qu'il avait fait rassembler pour la construction de l'église furent enlevées par un habitant de Cambrai.—
« Il (Thèdes) fit ouvrer en l'église Nostre-Dame, comme Enguerrand avoit commencé; mais cependant qu'il estoit en Allemaigne, un gentilhomme nommé *Jean*, demourant en Cambray, print toutes les pierres et s'y fit faire une forte place et maison pour luy : et quand l'evesque revint. il fut fort courroucé, et fut banny de Cambray ledict Jean.»—Adam Gélicq, § ms. 13 — † Ms. 884, p. 23.

Nous ne voyons pas qu'avant Rothard la cathédrale ait été pourvue d'un clocher. Ce fut lui qui fit construire une tour où il plaça deux grosses cloches. — V. † Ms. 658, art. 1. — Ce n'est pas que nous entendions conclure de notre observation que l'église était absolument dépourvue de cloches; probablement elle en avait une ou plusieurs petites, abritées sous quelque toit sans importance.

Le monument, restauré ou du moins augmenté par Enguerrand et par Rothard, n'était pas, semble-t-il, d'une construction bien solide; car l'évêque Gérard de Florines se trouva dans la nécessité d'en entreprendre toute la reconstruction. Le travail fut achevé en sept ans. « Il fit renouveler l'église de N.-D. de Cambray l'an 1023, et la dédia au 18 d'octobre 1030. » Il eut à ce sujet de graves préoccupations. Cet homme de génie avait conçu le plan d'un édifice beaucoup plus grandiose que celui qui existait auparavant. Craignant d'être surpris par la mort avant d'avoir achevé son œuvre, il en pressait l'exécution par tous les moyens possibles; mais, nous disent les chroniques, « il rencontrait de grands obstacles dans la lenteur du transport des colonnes qu'on taillait loin de Cambrai, à une distance d'environ trente mille. » Ce fut alors que, guidé par une inspiration céleste, « il monta à cheval, parcourut le voisinage de Cambrai, fit fouiller la terre en plusieurs endroits, et finit par découvrir de beaux gisements de pierre dure à Lesdain et à Noyelles. » — V. *Balderic*, liv. III, chap. 44.

Ce fut sans doute au même moment que ce grand prélat fit construire le *Château*, cette enceinte de fortes murailles, qui, comme une ville dans une autre ville, enveloppait l'église cathédrale, le palais de l'évêque, l'abbaye de St-Aubert et un certain nombre de petites habitations de la dépendance de l'église. — V. *Château*.

L'édifice élevé par Gérard de Florines fut la proie d'un incendie en 1064 ou 1068, sous l'épiscopat de Liébert. Ce fut Gérard, second du nom, qui se chargea de réparer les ravages. « Ledit évesque mit sa cure et son entente à refaire l'église Nostre-Dame de Cambray, qui avoit été arse (brûlée). Si la fit réédifier, et fut parfaite en son temps, moult noblement. *Et avait l'intention de la faire peindre de très bonne couleur et riche*, mais il ne put, car il trespassa. » — § Ms. 1 bis, p. 116.

Il consacra des sommes immenses à la restauration du temple saint, et finit par en faire une nouvelle consécration en l'an 1079, cérémonie qui prouve que les travaux de ce dernier évêque avaient à peu près l'importance d'une reconstruction totale.

L'œuvre de Gérard II ne dura guère plus d'une soixantaine d'années. L'incendie terrible qui, en 1148, dévora le *Château*, enveloppa dans cet épouvantable sinistre l'église qui fut ruinée presque de fond en comble.

Nicolas de Chièvres, alors évêque de Cambrai, entreprit la reconstruction de cet édifice sur un plan plus vaste et dans un style nouveau. Le génie du christianisme venait de faire apparaître dans le monde catholique cette sublime architecture qu'un siècle ignorant et obscur baptisa du nom de *gothique*. Ce fut sous les nouvelles inspirations de l'art chrétien que fut entreprise cette église si longtemps objet d'admiration et d'orgueil pour la cité de Cambrai. Les travaux marchèrent lentement, car les fonds et les ouvriers manquaient. Néanmoins, dès l'année 1167, le grand portail était debout : il était alors flanqué de deux tours importantes. Cette entrée était-elle une construction nouvelle, ou bien avait-elle échappé à l'incendie de 1148 ? Cela est difficile à résoudre, et nous ne pouvons que citer, à cette occasion, un passage d'Adam Gélicq (§ ms. 13, année 1167) : « Audit an, l'église de Cambray » avoit esté bruslée, dont par ledit feu les » deux tours principales de l'entrée de l'église » chéurent; et fondirent les cloches dont ce » fut pitié, et par le diligence de l'évesque fut » réédifiée. »

Le silence des autres chroniques cambresiennes, la rédaction même de celle d'Adam Gélicq, nous font pencher pour la supposition que les tours ne tombèrent, en 1167, que par suite des dégâts qu'y avait occasionnés l'incendie de 1148 (1).

M. Leglay, dans ses *Recherches sur l'église métropolitaine*, ne parle nullement d'un incendie qui aurait eu lieu en 1167 ; il ignore même la cause de l'écroulement des tours. Quant à la cause, elle est positivement indiquée par Adam Gélicq. Le lecteur vient de voir que c'était le fait d'un incendie. Seulement il est probable que les tours, ainsi attaquées, se sont encore soutenues pendant un certain temps comme, de nos jours, la grande flèche de la même église se soutint encore pendant plusieurs années, après que la pioche révolutionnaire l'eût privée de son appui naturel, l'église elle-même.

Ces tours jumelles furent alors remplacées par la belle pyramide qui subsista pendant cinq siècles. On ignore le nom de l'architecte de ce chef-d'œuvre, mais on sait, du moins, qu'il fut élevé sous l'inspiration et par l'ordre de Nicolas de Chièvres. Ce n'est pas un des moindres titres que ce grand prélat, cet ami de S. Bernard, ait à notre admiration.

La flèche de la métropole fut, selon l'abbé Tranchant, terminée vers l'an 1182. Nous ne dirons ici rien de plus sur ce merveilleux morceau d'architecture : il méritait une étude et un article à part, nous les lui avons consacrés. — V. *Flèche de la Métropole*.

L'église sortait lentement de ses ruines. Pierre d'Alsace, Robert, Alard, Roger de Wavrin, Jean d'Antoing, Nicolas de Rœux, Hugue d'Oisy, Pierre de Corbeil, Jean de Béthune, Godefroy de Fontaines, Gui de Laon, avaient successivement occupé le siége épiscopal, depuis Nicolas de Chièvres, et n'avaient pas eu le bonheur de voir l'achèvement de l'édifice. Ce fut Nicolas de Fontaines qui jouit de cet avantage, du moins pour une partie du monument. « Le chœur de Notre-Dame fut achevé en 1251. » — Ms. 6, p. 197.

Alors on n'avait pas, comme aujourd'hui, ces cent bouches de la presse qui prônent un artiste et préparent l'immortalité à son nom, en le répétant aux contemporains qui le rediront à la postérité. Aussi beaucoup de ces grands poètes qui écrivirent l'épopée chrétienne sur les parois de pierre de nos antiques monuments, sont-ils restés ignorés. Tel fut le sort de l'architecte habile dont le génie combina les plans du chœur de Notre-Dame; et, durant des siècles, l'étranger, en visitant ce bel édifice, s'inquiéta peu ou s'informa vainement du nom de l'homme qui l'avait élevé. Ce nom, on le connaît aujourd'hui. Le hasard la jeté tout récemment au milieu des recherches d'un savant : et l'album de Vilars d'Honnecourt, manuscrit confondu parmi les milliers de manuscrits de la bibliothèque impériale, a fourni la preuve la plus incontestable que c'est à ce Vilars, à cet enfant du Cambresis, que l'église cambresienne dut son plus beau monument. — V. *Vilars d'Honnecourt*.

Le fait que ce monument était déjà pourvu de sa flèche, dominant le portail, et du chœur dont nous venons de parler, implique nécessairement l'existence d'une nef qui reliait ces deux parties extrêmes. Cependant, il paraît que l'édifice demeurait encore inachevé; car les chroniques nous apprennent qu'il ne fut béni qu'en l'an 1471 (1). « En ce temps, avoit un chanone de l'église N.-D. Jean de Roussée (2), lequel fit moult de biens à l'église, entre lesquels la fit dédier à ses despens; et allé à Rome impétrer du pape Sixte des grands pardons de tous péchés au jour de la dédicace et toute

---

(1) Nous acceptons ici cette date de 1167, parce que nous raisonnons sur un texte d'Adam Gélicq, qui la fixe ainsi. Il faut dire cependant que Julien de Lingue, l'abbé Tranchant et, après eux, M. Leglay, assignent à cette chute la date de 1161. Au fond, la différence n'a point d'importance.

(1) Certaines chroniques disent 1472.

(2) D'autres disent *Rosut*.

l'octave. Et ledict chanone y fonda un grand double de saint Henry, et l'évesque d'Arras, nommé Pierre de Raincecourt (1), dédia ladicte église en l'an 1471. Ledict chanone donna à ladicte église une cappe de vermeil drap d'or. » — Adam Gélicq, § ms. 13.

Ainsi terminée et dédiée de nouveau à la mère de Dieu et à saint Jean-Baptiste, l'église de Notre-Dame subsista jusqu'aux mauvais jours de la Révolution. Elle fut vendue le 18 prairial an IV; d'abord consacrée à usage de magasin au fourrage, puis définitivement démolie quelques jours seulement avant la chute de Robespierre.

Nous avons indiqué l'origine, les vicissitudes et les développements de l'église-mère de Cambrai, depuis son origine jusqu'au jour déplorable de sa ruine; ce serait maintenant le cas d'en donner la description architectonique, si l'on pouvait la trouver quelque part exacte et complète. Mais il n'en est rien. M. le docteur Leglay a essayé de joindre ensemble quelques documents épars sur ce sujet. Nous nous contenterons de renvoyer le lecteur au livre du savant archéologue et de consigner ici des souvenirs qui suffiront, sans doute, au plus grand nombre des lecteurs.

L'église de Cambrai, qui occupait l'emplacement dit aujourd'hui la *place Fénelon*, avait la forme d'une croix latine, dont le chevet était dirigé vers l'orient (2). Elle était composée d'une grande nef et de deux nefs latérales; elle communiquait par son portail principal avec les jardins de l'archevêché. Au-dessus de ce beau portail se dressait la flèche si renommée qui en faisait le plus remarquable ornement.

Le vaste édifice noirci par le temps s'élevait, comme la plupart des constructions du même genre, du milieu d'un bloc informe de maisonnettes mal bâties que les gens de la dépendance de l'église avaient adossées contre ses murailles. Tout cela se trouvait heureusement aéré par deux petites places, à savoir : à droite, la place dite de *Notre-Dame;* à gauche, celle dite la *place Verte*, à cause des tilleuls séculaires qui la couvraient de leur ombrage. Mais, d'un côté, les arbres; de l'autre, les constructions, dérobaient en partie à l'admiration des curieux l'aspect extérieur du monument dont on ne pouvait distinguer la forme que des hauteurs qui avoisinent la ville.

Nous avons, dans notre jeune âge, parcouru souvent les ruines encore récentes de ce vieux temple gothique. Nous conservons mémoire parfaite de ces ogives, de ces colonnes, de ces portails qui restaient debout. Nous avons vu surtout de nombreux admirateurs s'arrêter devant le portail qui donnait sur la place Verte, et qui avait échappé au marteau des démolisseurs. On en remarquait la riche ornementation; l'œil y suivait avec curiosité ces feuillages, ces figures de saints, ces animaux fantastiques qui couraient entre les nervures de l'ogive. Nous avons vu, du côté du clocher, le vaste portique qui séparait l'église du *Palais*, où l'on pénétrait par une galerie, et au-dessus duquel se trouvait la chapelle paroissiale de saint Gengulphe. — V. *Gengulphe* (paroisse de St.-) — Nous avons contemplé cette longue série de statues rangées sous le porche, et notamment l'image colossale de saint Christophe, élevée en 1450, et devant laquelle on priait pour être préservé de mort subite. Toutes ces belles statues en pierre, dignes d'être conservées dans un musée, avaient été, pendant la Révolution, mutilées à coups de pioche ou de marteau. C'était là qu'avaient existé, avant 1726, les figures bizarres de St-Goût et de St-Appétit. — V. *Goût (Saint-)*.

Au milieu de la nef et du chœur, dont le dallage avait été enlevé, sous les arcs à demi détruits qui formaient le pourtour de l'église, gisaient parmi les décombres de grands fragments de chapiteaux, de colonnettes, de statues brisées. On y voyait de nombreux morceaux de sculpture chargés de peinture polichrome. On pouvait alors, en se promenant au milieu de ces ruines, rétablir facilement, par la pensée, tout le monument dont il restait de grandes parties de murailles. Plusieurs chapelles étaient encore très visibles; on admirait, sur les parois

---

(3) D'autres écrivent *Ranchicourt*. L'évêque de Cambrai était alors Jean de Bourgogne. Ce jeune homme, assez peu digne du caractère sacré dont il était revêtu, ne daigna pas venir à Cambrai pour la consécration de son église. Fixé à Bruxelles, il y resta, se souciant peu de la mauvaise impression que produirait son absence.

(4) C'est par erreur que M. le docteur Leglay dit qu'elle se dirigeait de nord-ouest en sud-est. — *Recherches sur l'égl. métrop.*, p. 21. — Ce savant archéologue faisant ordinairement, et à juste titre, autorité en pareille matière, il est important que nous consignions ici notre observation. Nous avons vu les ruines de l'église de N.-D., nous parlons donc en connaissance de cause; et d'ailleurs la situation de l'église est exactement indiquée sur la plupart des anciens plans de Cambrai.

de quelques-unes, l'or et l'azur qu'y avait prodigués la palette du peintre (1).

Quoique fort jeune alors, nous apportions une attention religieuse au milieu de ces débris sacrés, parce que nous y étions guidé par un homme instruit et intelligent qui nous les faisait apprécier.

Indépendamment du grand portail qui regardait les jardins de l'archevêché, l'église présentait quatre autres entrées. Il s'en trouvait une à chaque extrémité du transept. Celle qui donnait sur la place Notre-Dame, en face de l'abbaye de St-Aubert (2), s'appelait le *portail de St-Jean l'évangéliste;* l'entrée opposée et qui regardait la place Verte, était vulgairement appelé *portail de l'Horloge,* à cause de l'horloge qui était de ce côté; une troisième entrée placée à peu près en face de la rue d'Inchy, c'est-à-dire proche la porte du Palais, formait galerie et servait, pour ainsi dire, de pendant à une galerie analogue, pratiquée en regard de la première, et qui conduisait à la salle capitulaire, du côté de Ste-Croix. Cette dernière galerie occupait, par conséquent, une partie de la rue dite actuellement petite rue Vanderburch. Au bout de la galerie du chapitre, était encore un portail dont on retrouve les traces dans la rue que nous venons de nommer. Celui-là était de style grec et ne remontait point à une date fort ancienne. On l'appelait le *portail du côté de Ste-Croix.* Dans le même vestibule, en face de la salle du chapitre, qui aujourd'hui devenue maison particulière, porte le n° 3 de la rue Vanderburch, était l'entrée des caveaux funéraires des chanoines de Cambrai. Les voûtes de ces caveaux ont été rompues; et le terrain remblayé sert aujourd'hui de jardin à la maison isolée, sise entre les rues de Vanderburch, des Ratelots, la salle de spectacle et la place Fénelon (3).

Voici les diverses dimensions de l'église, d'après Julien de Lingne :

---

(1) Nous avons dit plus haut que Gérard II avait eu l'intention de faire peindre toute l'église, mais que la mort l'empêcha de mettre son projet à exécution.

(2) L'abbaye de St-Aubert occupait l'emplacement des maisons appartenant actuellement à M. Taverne et à Mad. Lallier; elle s'étendait ensuite derrière l'église jusqu'à la rue de Ste-Agnès et la rue de la Caille.

(3) Un des corps-de-logis de cette propriété est l'ancienne maison des enfants de chœur de l'église métropolitaine.

Longueur de la nef.	185 pieds.
— du chœur	130
Largeur de la nef	30
— des bas côtés.	45
Longueur de chaque croisée (1).	50

Julien de Lingne ajoute que la longueur de l'église de Notre-Dame de Cambrai, ainsi que de celle d'Arras était marquée en l'abbaye de Vaucelles. On pourrait s'étonner de cette particularité, si l'on oubliait que le chœur de N.-D. et celui de l'église de Vaucelles furent l'œuvre d'un même architecte. — V. *Vilars d'Honnecourt.*

L'église métropolitaine passait, avec juste raison, pour une des *merveilles du Cambresis*. Le chœur surtout, œuvre de Vilars d'Honnecourt, était cité comme un modèle. Jean Moulinet a dit : « Notez que pour avoir une église
» parfaite, il faudrait la nef de Nostre-Dame
» d'Arras, le chœur de Nostre-Dame de Cambrai, avec son embellissement d'épitaphes,
» la croisée de Nostre-Dame de Valenciennes,
» et le dôme et le clocher d'Anvers. »

On voit le plan du chœur si célèbre de notre église métropolitaine dans l'*Album de Vilars d'Honnecourt.* Ce plan y est dessiné de la main de l'architecte, qui a tracé en marge les lignes suivantes : « Vesci l'esligement del chevec Ntre
» Dame sainte Marie de Cambray ainsi comme
» il est en tierre. Avant en cest livre, en trouverez les montées dedans et dehors et toute
» le manière des capèles et des plains pans
» autresi (pareillement), et li manière des arcs
» boteres. » Et en effet on trouve dans ce même Album (qui est un véritable trésor) les détails en élévation du chœur de Notre-Dame et des chapelles qui l'environnaient.

Autour de l'église se trouvaient ménagées vingt-une chapelles, dont la principale était celle de la Sainte-Trinité, où reposait, depuis l'année 1450 ou 1451, l'image vénérée de N.-D. de Grâce.—V. *N.-D. de Grâce.*—Cette image, malgré son mince mérite artistique, était le premier objet que les visiteurs voulaient qu'on leur montrât.

Ils remarquaient également l'horloge qui passait, comme le temple lui-même, pour une des sept merveilles du Cambresis.—V. *Horloge de Notre-Dame.*

On admirait encore, avant 1726, un magnifique jubé en marbre noir, vulgairement

---

(1) Par croisée on entend les bras de la *croix* ou *transept.*

appelé le *Trin*, et dont les chroniques locales font souvent mention. — V. *Jubé*.

A l'entrée du chœur se trouvait une grande table de marbre noir, sur laquelle on avait inscrit le *catalogue* authentique des évêques de Cambrai, depuis l'an 500 environ, jusqu'en 1722, époque où cette liste avait été dressée.

Une série complète des portraits des archevêques de Cambrai existait dans la sacristie du chœur de Notre-Dame. Mgr. Giraud, cardinal archevêque de Cambrai, avait entrepris de reformer cette collection de portraits dans la bibliothèque du nouveau palais archiépiscopal.

Le trésor de Notre-Dame réunissait des richesses considérables. On conservait dans cette trésorerie des ornements pontificaux, des vases sacrés, des reliquaires, etc., d'un prix inestimable. C'était, pour la plupart, des présents de rois, de princes laïcs ou ecclésiastiques, de prêtres opulents. Parmi ces objets, figurait le fameux ostensoir de Fénelon.

Un grand nombre d'évêques, de chanoines et de laïcs avaient leurs mausolées dans l'église Notre-Dame, ce qui avait fait de ce temple un vaste musée dans lequel on rencontrait bien des chefs-d'œuvre.

Il faut dire enfin que l'église de Cambrai avait été l'objet d'une foule de riches donations et de pieux présents. Charles VI avait voulu y laisser son image comme un souvenir de sa piété et de sa reconnaissance envers le Ciel. En 1382, après la bataille de Rosbec où il défit plus de vingt mille Flamands, « il vint en » Cambray et fit mettre son image taillée en » pierre au chœur de l'église Nostre-Dame, » au côté droit. Il fit de grands biens à icelle » église. » — *Calendrier historial* de Julien de Lingne, 20 novembre. — « Charles roy de » France, eut bataille contre les Flamands, au- » près du Pont-à-Bouvines.... et de là s'envint » le roy Charles par la cité de Cambray, et fit » grand bien à l'église Nostre-Dame, en la- » quelle église il fit mettre sa représentation » au chœur dessus le banc des acolites. » — Adam Gélicq, *Chronique de Cambray*, § ms. 13.

— V. sur le même sujet le travail spécial de M. le docteur Leglay : *Recherches sur l'église métropolitaine de Cambrai*, et une *notice* du même auteur, insérée dans la *Revue Cambresienne*, t. I, p. 117. — Les manuscrits de la bibliothèque de Cambrai, numérotés 636, 941, 927, 658.

Aujourd'hui l'église métropolitaine de Cambrai n'est autre que la grande chapelle de l'ancienne abbaye du St-Sépulcre. — V. *Sépulcre (église et abbaye du St-)*.

NOTRE-DAME DE CONSOLATION. — C'est le titre sous lequel les Bénédictines anglaises vinrent fonder leur couvent dans Cambrai, à l'époque de la conspiration des poudres, qui fut la cause de l'émigration de beaucoup de familles anglaises. — V. *Anglaises*.

NOTRE-DAME DES PRÉS (ABBAYE DE). — Ce titre fut le nom primitif de l'abbaye de Cantimpré. — V. *Cantimpré (abbaye de)*.

NOTRE-DAME (PRIEURÉ DU VAL). — V. *Guillemins*.

NOTRE-DAME DE WALINCOURT (ÉGLISE COLLÉGIALE DE). — Cette collégiale fut fondée en 1218 par Adam Buridan, de Walincourt, châtelain d'Ypres et de Bailleul, et son épouse Isabelle, qui y établirent six chanoines avec un doyen. Cette maison fut, au moyen âge, fréquemment dévastée par les hommes de guerre. Enfin, après la suppression des ordres religieux en France, ses bâtiments furent vendus et consacrés à usage de ferme.

— V. sur le même sujet, le *Mémoire sur les archives des maisons religieuses du Cambresis*, par M. Leglay, p. 20. — § ms. 4, p. 86.

NOTRE-DAME (FONDATION DE) ou *Maison de Ste-Agnès*. — « Les bâtiments de la maison de Ste-Agnès à Cambrai, fondée pour l'éducation de cent pauvres filles de Cambrai, du Câteau et des villages d'Ors et Catillon, par Mgr. Vanderburch, étant achevés, ledit seigneur dédia la chapelle à l'honneur de Dieu, de la Ste Vierge et de Ste Agnès, vierge et martyre, le mercredi après la Pentecôte, 26 du mois de mai 1627.

» Cette maison est située sur la paroisse de St-Vaast, à l'opposite de l'église collégiale de St-Géry, du côté du midi. C'étoit auparavant un vaste terrain nommé la maison des Ours; et qui, dans un temps plus reculé, étoit un hôpital pour les pauvres malades de cette ville, et fut réuni à l'hôpital de St-Jean, en 1243, par l'évêque Guy de Laon, à cause de la modicité des biens de cet hôpital. Les lettres sont du mois de novembre, le sceau en cire verte appendant à des cordons de soie.

» Pour diriger et instruire ces filles, cet illustre prélat demanda les filles dévotaires de la congrégation de Ste-Agnès qui lors demeuroient sur la paroisse de St-Nicolas, vis-à-vis l'abbaye de St-Sépulchre, dont il avoit, au commencement de son épiscopat à Cambrai, autorisé et approuvé l'établissement pour l'instruction de la jeunesse, si nécessaire alors pour la préserver des hérésies qui, dans ce temps, causoient de grands maux dans les provinces Belgiques, et qu'il méditoit d'employer à sa fondation. Elles se rendirent aux vœux de leur archevêque. Et fut choisie pour première maîtresse et supérieure de cette nouvelle maison mademoiselle Hattu, native de Douay.

» Il la dota de quinze mille florins de rentes. Il ratifia cette fondation par son testament. Par le 1er article, il confirma la donation entre vifs qu'il avait faite à cette fondation de six rentes de 3550 florins de revenus sur les Etats de Cambray, à quoi il ajoute les arrérages tant de ces rentes que de l'usufruit qu'il avoit de deux autres dont la propriété avoit été donnée à la fondation par le seigneur de Hyon, son neveu.

» Par le second article, il lègue une rente de 350 florins sur les Etats du Haynaut; une autre de 500 florins sur les domaines de Cassel, achetée sous le nom du seigneur d'Ecaussine, son neveu; une quatrième de 400 florins sur les monts-de-piété, et enfin une de 1200 florins sur la recette générale de sa majesté catholique en Flandres avec tous les arrérages qui lui seront dus au jour de sa mort.

» Le troisième article porte la confirmation de toutes les donations entre vifs qu'il a faites à la fondation et ordonne que les immeubles qu'elle ne pourroit posséder soient vendus, et que les deniers provenans de cette vente soient employés à son plus grand avantage.

» Plus, il lui laissa sa chapelle, sçavoir: calices, burettes, plats, aiguière, canons, une grande croix d'argent d'autel, chandelliers, reliquaires et pots à fleurs, le tout d'argent doré; linges et ornements d'autel qu'on voit encore.

» Les bâtiments de cette maison ont été depuis fort augmentés, notamment au milieu de ce dernier siècle. Cette fondation est très considérable par ses rentes et revenus. Elle possède dans le Cambresis environ mille mencaudées de terre, plus de vingt mille livres de rentes.

» Cette fondation est administrée par un bureau composé d'un ecclésiastique chanoine de l'église métropolitaine, de trois notables bourgeois de la ville, de la supérieure de la maison, et d'un receveur particulier de la recette de cette fondation. »

Les notions qui précèdent et qui, selon toute apparence, ont été rédigées par l'abbé Mutte ou par l'abbé Tranchant, suffisent pour faire connaître la précieuse institution de Vanderburgh. Néanmoins, nous croyons devoir ajouter à ce premier document, des pièces authentiques émanées de l'immortel archevêque. Ces admirables monuments de sa sagesse et de sa charité sont les titres de l'institution de Ste Agnès.

Acte de fondation de la maison de Notre-Dame.

» François VANDERBURCH, par la grace de Dieu et du Saint-Siége apostolique, archevêque et duc de Cambrai, prince du Saint-Empire, comte du Cambresis, etc., à tous ceux qui ces présentes voirront, salut. Comme ainsi soit qu'il auroit pleu à Dieu par sa bonté et miséricorde nous faire souvent considérer combien les pauvres du sexe féminin en ceste nostre dite ville de Cambray et chastel en Cambresis ont besoing de nourriture et instruction chrestienne d'où provient que plusieurs jeunes filles vont s'abandonnant et se perdant de corps et d'ame journellement; pour à quoi remédier autant qu'en nous et par la mesme bonté de sa majesté divine, sommes estez inspiré de faire une fondation en ceste nostre dite ville pour y nourrir et entretenir le nombre de quatre-vingt ou cent pauvres filles, qui debvront y estre eslevées en la crainte de Dieu, piété et bonnes mœurs comme pauvres boursières; auquel effect nous aurions faict bastir une fort ample maison à l'honneur et soubz la protection et nom de Notre-Dame, et afin que les proviseurs de ladite maison et fondation, et celles qui y seront comises pour nourrir, enseigner et endoctriner lesdites pauvres filles sçachent comme ils se debvront comporter, nous avons fait et ordonné, faisons et ordonnons les règles et statuts qui s'ensuivent.

» Lesdites pauvres boursières seront nouries, enseignées et endoctrinées par les filles dévotes de Ste-Agnès suivant le règlement particulier sur ce faict, lesquelles administreront leur propre bien et seront les maistresses et soub-maistresses et autres officieres créées en la mesme forme et manière que jusques ores s'est observé.

» Il y aura quatre proviseurs, par lesquels ladite fondation et bien d'icelle seront gouvernez et receuz par un recepveur commis par eux et desquels biens ils payeront la table desdites boursières, moyennant laquelle elles debvront être nouries, chauffées et buées.

» Les filles de Ste-Agnès auront pour table de chasque boursière demy-muid de bon bled Cambresien faisant huit menceaux et cinquante-six florins par an : et si à l'advenir les vivres s'enchérissent notablement, on augmentera à proportion ladite somme, et ce au dire et jugement des sieurs du vicariat, au cas qu'au faict de ladite augmentation les proviseurs ne se trouvassent d'accord avec lesdites filles de Ste-Agnès.

» Semblable augmentation se debvra faire si ladite ville de Cambray venoit à estre assiégée, ou quelque autre sinistre ou notable accident arrivoit; et en ce cas de débat, il sera décidé par lesdits sieurs du vicariat.

» Quand quelques-unes des pauvres boursières seront malades, tout ce qu'il faudra frayer pour médecines, chirurgiens et drogues et autres choses oultre et pardessus leur traictement ordinaire, il se payera par la fondation aussi bien que tout ce qui touche leur entretenement.

» Leur nourriture sera sobre et frugale, servant plustot à contenter la nature. que d'excès au boire et manger.

» Elles prendront leurs réfections au disner et souper devant les filles de Ste-Agnès.

» Leurs habits, coiffures et chaussures seront uniformes et leurs robbes debvront estre de drap médiocre, couleur de minime.

» Chascune aura sa chambrette à part, plus petite néanmoins que celles des filles de Ste-Agnès, mais de mesme façon.

» Elles auront des matelas, des linceux de toile grosse et deux couvertoirs.

» Elles debvront estre toutes bien cathéchisées et enseignées à lire, et celles qui seront capables à escrire, ensemble à coudre soit en drap ou en linges, à filer, faire dentelles et semblables ouvrages, chacune selon sa capacité et inclination, au jugement et discrétion de la maistresse. Et lorsqu'elles seront d'age suffisant, on leur enseignera les ouvrages qui sont à faire dans un mesnage, comme laver, faire le pain, cuisiner, etc.

» Ce qu'elles gaigneront par leur labeur se recepvra par la maistresse ou ses commises, lesquelles le délivreront tous les trois mois, ou tous les demy-an aux proviseurs (qui en cela se rapporteront a la fidélité de la maistresse, adjoustans foy à sa simple parolle) et sera le tout mis en recepte au compte général au profit de la fondation de Notre-Dame.

» Les avantdits quatre proviseurs et administrateurs détermineront toutes les affaires qui se présenteront touchant l'administration des biens temporels de ladite fondation, réception et renvoye des boursières; et où il arriveroit qu'ilz ne s'accordassent pas ensemble et qu'il y eust deux d'une part et deux de l'autre, en ce cas messieurs du vicariat décideront le débat.

» Les pauvres boursières seront par les proviseurs choisies de la ville de Cambray seulement vrayement enfans légitimes de père et mère, bourgeois dudit Cambray, gens catholiques et de bonne renômée jusques au nombre de quarante. Si les forces de ladite fondation portent d'en recepvoir davantage, la moitié du surplus de telle qualité que dessus, sera prise encore de ladite ville de Cambray et l'autre moitié du Chastel en Cambresis, Ors et Castillon, au choix d'iceux proviseurs, qui paravant sur ce oyront la maistresse et soubmaistresse et auront regard à leur recômandation autant que la raison le permettra.

» On les choisira autant que faire se pourra de l'âge d'environ douze à quatorze ans et non notablement plus jeunes n'y plus vieilles; n'est que pour quelque grande et légitime cause, lesdits proviseurs, après avoir ouy la maistresse et la soubmaistresse, jugent autrement convenir.

» Elles y demeureront jusques à ce qu'au jugement desdits proviseurs, elles seront bien capables de se mettre en service ou de facilement gaigner leur vie de leur travail manuel : en tous cas, elles n'y seront jamais plus que huict ans; n'est que, pour cause urgente et légitime, lesdits proviseurs, après avoir ouy comme dessus lesdites maistresses et soubmaistresses, trouvent expédient les continuer.

» Quand elles sortiront, elles seront racoustrées aux frais de ladite fondation, à la discrétion des proviseurs selon leur bon comportement et le service qu'elles auront faict à ladite maison.

» Quand quelqu'unes d'entre elles seront réfractaires, ou se comporteront aultrement qu'elles ne doibvent, les maistresses et soubmaistresses les admonesteront et de l'admonition faicte, en advertiront les proviseurs, et si la défaillante continuoit en ses fautes après la troisième monition, iceux proviseurs oyront ce ce, non seulement lesdites maistresses et soubmaistresses, mais aussi quatre ou cinq autres filles principales de Ste-Agnès, et s'ilz trouvent bon que ladite défaillante doibve estre mise hors de la maison, ilz la mettront dehors.

» Ladite maison en tout son comprendement s'entretiendra aux frais de ladite fondation, excepté le jardin qui se cultivera à la charge des filles de Ste-Agnès, puis qu'elles en auront le profit.

» Lesdites filles pourront continuer à tenir tablières à leur discrétion jusques à ce que le nombre des pauvres boursières soit arrivé à trente-cinq ou quarante, que lors elles n'en tiendront que trois ou quatre au plus, afin de pouvoir mieux vacquer ausdites pauvres boursières.

» Les comptes de ladite fondation se rendront annuellement ausdits proviseurs, chacun desquels aura pour honoraire au lieu de disner la somme de vingt-cinq florins.

» Le nombre des filles de la communauté de Ste-Agnès n'excédera le nombre de quarante, ni ne pourra icelle communauté s'establir en quelque ordre de religion, autrement debvra sortir de la maison sans autre formalité.

» Pareillement elle debvra sortir de ladite maison en cas qu'elle ne vueille continuer d'enseigner les pauvres filles et observer les règlements et statuts de ladite fondation de Notre-Dame, et en cas de débat sur ce entre les proviseurs de ladite fondation et les filles de Ste-Agnès, messieurs du vicariat en décideront.

» Et s'il arrivoit que quelque fille de la communauté de Ste-Agnès vinst à faillir et donner scandal (que Dieu ne vueille) la maistresse la fera incontinent sortir de la maison, et si elle manque à ce debvoir, il y sera pourveu par lesdits sieurs du vicariat; comme aussi si ladite communauté en général venoit à se gouverner scandaleusement.

» Arrivant que lesdites filles de Ste-Agnès voudroient, ou pour un de cas susdits debvroient sortir de ladite maison, les proviseurs feront debvoir d'y remettre autres filles de semblable institut bien idoines, soit de la ville de Mons, Valenciennes ou autre, en nombre compétent, pour y faire les mesmes fonctions que présentement y font lesdites filles de Ste-Agnès, leur donnant la mesme rétribution pour la table des pauvres boursières qu'on donne ou qu'on eus dû donner à celles de Ste-Agnès. Voires si on n'en pouvoit avoir aucunes telles sans leur donner quelque advantage du revenu de la fondation, j'ordonne que cela se fasse, encores bien que le nombre des pauvres filles se debvroit diminuer et tout ce qui est ordonné au regard desdites filles de Ste-Agnès, sera pareillement gardé en leur endroict.

» Tous les meubles servants aux chambres des

pauvres filles, comme aussi les nappes, autres linges et estaings destinez à leur usage, se fourniront aux fraix de ladite fondation, desquels se fera un inventaire et iceluy s'exhibera d'an en an aux proviseurs par la maistresse, qui quant et quant déclarera que tout est encores en estre, ou désignera les pièces qui y manquent et sera adjoustée foy à son dire. Et tous les autres meubles et ustensils seront à la charge de la communauté de Ste-Agnès, exceptez les ustensils de la brasserie, les vaisseaux pour faire la buée et les grandes marmites et chaudrons pour la cuisine. Faict à Cambrai soubz noz scel et signature le trentiesme d'aoust de l'an seize cent trente-trois.

» Signé François VANDERBURCH, archevesq. de Cambrai. »

Acte de nomination des premiers administrateurs de l'institution Notre-Dame (1).

François VANDERBURCH, par la grâce de Dieu et du Saint-Siége apostolique, archevêque et duc de Cambrai, prince du Saint-Empire, comte du Cambresis, etc., à tous ceux qui ces présentes verront, salut. L'expérience nous enseigne que beaucoup de bonnes œuvres et fondations pieuses déchéent facilement et à succession de temps se réduisent à néant, n'est qu'il y soit pourvu par établissement de bons administrateurs qui, par charité, aient un soin particulier de les entretenir et comme ainsi, soit que Dieu, par sa bonté, nous ait inspiré de faire une fondation pieuse en cette notredite ville de Cambray, et y bâtir une forte, ample et spacieuse maison pour y retirer jusqu'au nombre de quatre-vingts ou cent pauvres filles qui, aux frais de ladite fondation, seront nourries, entretenues, instruites et cathéchisées, et en outre enseignées à travailler pour par après pouvoir gagner leur vie, désireux de perpétuer notre fondation, et qu'à icelle soit pourvue de bons administrateurs, nous confiant ès-sens et prud'homie de nos chers et bien-aimé MM. Jean Defranqueville, chanoine de notre église métropolitaine; Jean Crulle, licentié es-loix, conseiller pensionnaire; J. Ballique-Marchant et Pierre Ramez, tous trois respectivement bourgeois de ladite ville, nous les avons dénommés et constitués, dénommons et constituons par ceste, proviseurs et administrateurs de notre dite fondation, auxquels ou la plus grande partie d'entreux, conjointement donnons pleins pouvoirs et autorité de l'administrer, régir, et gouverner conformément aux règles et statuts par nous dressés, auquel effet, copie d'yceux sera mise es-mains de chacun d'eux et arrivant le trépas de l'un d'yceux, ou si quelqu'un venait à quitter la ville de Cambrai et demeurer autre part, les trois autres devront choisir un quatrième qui soit homme de bonne vie et réputation, zélé du salut des âmes et de la même qualité qu'aura été le précédent; à savoir au lieu dudit Franqueville, un chanoine de ladite église métropolitaine, au lieu dudit Crulle, un licentié es-loix, et au lieu des deux autres, des bons et notables bourgeois de ladite ville, bien entendu qu'ils ne pourront choisir quelqu'un, qui soit père, beau-père, fils, beau-fils, frère, oncle ou neveu à l'un d'eux, les comptes de ladite fondation se rendront annuellement pardevant lesdits administrateurs, et chacun d'yceux aura pour honoraires au lieu de dîner, la somme de vingt-cinq florins, les requérants et leurs successeurs qu'ils veuillent avoir un soin paternel de ladite maison par charité, de quoi ils devront attendre récompense de notre Dieu qui ne laisse aucunes bonnes œuvres sans rénumération. Donné à Cambrai, en notre palais archiépiscopal, sous nos scel et signature, le 30e d'août de l'an 1633.

Signé : François VANDERBURCH, archevêque de Cambrai.

Règlement donné aux filles de Ste-Agnès en Cambrai, touchant le gouvernement des pauvres boursières qui leur sont commises.

Elles auront un soin fort particulier de faire bien employer le temps auxdites pauvres boursières, et afin que cela se fasse avec meilleur ordre, elles répartiront les heures du jour comme s'en suit.

Tous les jours elles se lèveront à cinq heures précisément, et en une demi-heure elles seront vêtues, coiffées, et leurs chambrettes accomodées de tout point.

Elles feront les prières qui leur seront enjointes depuis cinq heures et demy jusqu'à six, l'une les récitera à haute voix, clairement, distinctement et dévotement, et sera suivi des autres qui diront à basse voix les mêmes prières, lesquelles achevées, elles iront à l'ouvroir pour apprendre à lire et écrire jusques à ce qu'on sonne la messe, excepté les mercredi et samedi, lesquels jours, au lieu d'apprendre à lire et écrire, elles se peigneront toutes.

Elles oyront la messe, laquelle achevée, on sonnera le déjeûné.

Devánt lequel l'une fera la bénédiction, et à la fin l'action de grâce; et cela fait, elles iront toutes à l'ouvroir pour travailler jusqu'à onze heures, qu'on sonnera au dîner, durant lequel se fera lecture de quelques livres pieux, comme aussi durant le souper.

A onze heures et demy, le dîner achevé, et l'action de grâce faite, elles assisteront aux litanies.

Après lesquels, les maîtresses commenceront leur dîner, durant lequel lesdites boursières auront récréation. Et le dîner achevé, lesdites boursières retourneront à l'ouvrage jusqu'à quatre heures et demy, et depuis lors on les enseignera à lire et écrire jusqu'au souper, pour lequel on sonnera à cinq heures et demi.

A six heures, elles iront aux litanies de Notre-Dame, et puis auront récréation durant le souper des maîtresses.

Lequel achevé, lesdites boursières retourneront à l'ouvrage jusqu'à huit heures et demy, que lors elles feront un quart-d'heure d'oraison et s'en iront toutes coucher.

Les dimanches, elles iront toutes ensemble à la grande messe paroissiale et au sermon qui s'y fait.

Lesdites boursières étant ensemble, soit au réfectoire, à l'église ou à l'ouvroir, même aux récréations, elles ne seront abandonnées des maîtresses, ainsi il y en aura toujours une ou deux qui surveilleront à leurs actions.

---

(1) Il est à noter que cet acte détermine en même temps les qualités que doivent avoir les administrateurs parmi lesquels le fondateur exige qu'il y ait toujours un *chanoine de l'église métropolitaine*, un *égiste et deux bourgeois.*

Elles se confesseront tous les quinze jours et communieront tous les mois si elles en sont capables; mais avant se confesser ou communier, elles en demanderont la permission à la supérieure.

Elles jeûneront les veilles de Notre-Dame, en quoi néanmoins se pourra dispenser quant aux plus jeunes et quant aux autres au temps des grandes chaleurs de l'été et pour autres causes raisonnables. Elles sortiront rarement du logis et jamais sans permissions, ni seules ains deux à deux.

Elles ne boiront ni mangeront hors d'heure ni hors du logis.

Si quelqu'un leur apporte quelque fruit ou autre chose à manger, le tout sera mis en commun à la cuisine.

Elles ne parleront jamais seules à personne, ni même à leurs parents.

Au logis desquels ou autres amis, on ne permettra qu'elles aillent pour y faire quelque séjour, ni même pour les servir en leurs maladies.

Les lundi cependant qu'elles travailleront, les maitresses en examineront aucune pour voir si elles auront retenu quelque chose du sermon du dimanche précédent.

Fait à Cambrai, sous nos scel et signature, le 30ᵉ d'août de l'an 1633.

Signé : François Vanderburch, archevêque de Cambrai.

A ces premiers actes, le bon archevêque en ajouta quelques autres parmi lesquels il est bon de citer les deux suivants.

« François Vanderburch, par la grace de Dieu, archevescq. et duc de Cambray, prince du Sainct-Empire, comte de Cambresis, etc., sçavoir faisons qu'ayans commencé une fondation pour des pauvres filles en nostre ville de Cambray; avecq intention de faire la mesme maison notre héritière universelle, nous avons ordonné et ordonnons par ceste, que les biens d'icelle fondation soient employez par les proviseurs, comme s'ensuit.

» Premierement, que toutes les réparations et entretènemens de la maison, seront tousjours à la charge de notre fondation.

» Deulxiesmement, que les pauvres filles y reçues et à recepvoir seront entièrement et de tout point entretenues du bien de ladicte fondation.

» Tiercement, qu'à leur entrée, elles seront vestues en la mesme manière et façon que celles qui y sont présentement et ce à la charge de la fondation.

» Quatriesmement, quand elles sortiront pour aller servir des gens de bien, seront revestues honestement, comme aultres servantes et pourveues de six chemises et d'autre linge à l'advenant, à la discrétion des proviseurs; moyennant qu'elles se soient tousjours bien comportées et après avoir demeuré en la maison environ huict ans et sortent avecq bon gré et consentement desdicts proviseurs.

» Cincquiesmement, quand celles quy auront demeuré en la maison environ huict ans, en seront sorties avecq honneur et auront servy sans reproche des gens de bien, se mettront en estat de mariaige ou de religion, elles auront chascune cent et cincquante florins à la charge de ladicte fondation.

» Sixiesmement, que les mesmes devenant vefves et ayans besoing d'assistance, auront à charge de ladicte fondation quatre florins par mois, jusques au nombre de trente et point d'avantaige : pourveu néanmoins qu'elles se soient tousjours bien comportées et ayent eslevé leurs enffans en la crainte de Dieu et les envoyent au catéchisme.

» Septiesmement, afin que tout ce que dessus se puisse deuement accomplir sans diminution du capital de nostredicte fondation, nous voulons que le nombre des boursières soit à l'advenant et jamais sy grand que le revenu annuel ne puisse suffir à tout ce que dessus, et quand il y aura du boni de considération, il sera employé à la rente ou à l'achapt de quelques terres pour augmenter la fondation.

» Et finalement ledict boni estant ainsy employé et venant le revenu annuel à s'augmenter, en sorte que non-seulement il basterait pour entretenir jusques à cent boursières et accomplir tout ce que dessus, mais y auroit aussi de l'excressence; nous entendons que ladicte excressence soit distribuée par septmaine, selon la discrétion des proviseurs, à quelque nombre des pauvres filles quy fréquenteront les escoles de ladiste maison et le catéchisme quy s'y faict. Car nous voulons que le nombre des boursières, n'excède jamais le nombre de cent. Ainsy faict et ordonné à Mons le trentiesme de janvier mil six cens trente-sept et en tésmoin de vérité, avons à ces présentes signées de notre main, faict appendre notre scel. Signé François Vanderburch, Archevesq. de Cambray. Par ordonnance de sa S.rie Ill.me et R.me. Signé Cunelier, Secrétaire.

» François Vanderburch, par la grace de Dieu et du Saint-Siége apostolique, archevesq. et duc de Cambray, prince du S.-Empire, comte de Cambresis, etc., à tous ceux qui ces présentes verront, salut. Ratifions et confirmons toutes les ordonnances, règles et statuts, qu'avons faict en 1633 sur le faict de notre fondation pour des pauvres filles et administration de la maison de Nostre-Dame par nous bastie et dotée en ceste ville, avons jugé convenir d'y adjouster les poincts qui s'ensuyvent et ordonner, comme nous ordonnons par ceste, qu'ilz soyent accomplys exactement et gardez à tousjours.

» Lesd. pauvres filles ne seront pas seulement accoustrées à leur réception et derechef à leur sortie, aux fraitz de notre fondation, comme dit est en nos lettres précédentes, mais en outre s'ayant tousjours comporté avec honneur, quand elles viendront à l'estat de mariaige, auront quelque dot de la maison, comme cent cinquante florins chascune, plus ou moins, selon la discrétion des proviseurs.

» Celles quy entreront en quelque religion ou bien seront receues en quelque maison de Notre-Dame ou de Ste-Agnès, auront semblable assistance de ladicte maison.

» Lesd. filles qui, après avoir esté mariées, deviendront vefves et auront besoing d'assistance recevront de la maison quatre florins par mois, jusques au nombre de trente, moyennant qu'elles ayent toujours vescus avec honneur et sans blasme et envoyé leurs enfants au catéchisme.

» Le revenu de deux mille florins par an sera employé à l'achat de nouvelles rentes seulement.

» Ces nouvelles rentes serviront pour augmenter peu à peu le nombre des boursières : et quand il sera si grand, qu'au jugement des proviseurs, il ne se debvra augmenter davantage, alors le revenu des rentes qui, par après s'acquéreront du revenu de ladite rente de deux mil florins, se distribuera tous les ans, aux pères de la compagnie, aux filles de Ste-Agnès et aux pauvres filles qui visiteront leurs escoles, selon la discrétion desd. proviseurs; ne fut que la fondation en auroit besoing pour entretenir les bastimens ou aultrement.

» Faict à Cambray soubz nos scel et signature, le 2 de septembre 1638.

» Signé : François VANDERBURCH, Archevescq. de Cambray. »

En 1792, les religieuses de Ste-Agnès, bannies pour refus de serment, laissèrent les pauvres filles adoptives de Vanderburch aux mains des hommes de la Révolution. Les administrateurs furent aussi remplacés : et la *maison de Notre-Dame* fut appelée *Maison de Lucrèce*.

Les religieuses de Ste-Agnès revinrent en 1800. Elles continuèrent à tenir la maison de Vanderburch jusqu'en 1842, époque où elles furent remplacées par des Sœurs de la Charité. Cette mesure fut provoquée par l'insuffisance des filles dévotaires de Ste-Agnès qui n'étaient plus à la hauteur de leur mission.

Une restauration complète, nécessitée par l'état de vétusté où les bâtiments étaient tombés, devint en 1845 (18 août), l'occasion d'une inauguration solennelle, où se fit, en présence de plusieurs membres de la famille Vanderburch, la consécration du nouvel ordre de choses qui venait de s'établir dans cette pieuse maison.

— Le procès-verbal de cette importante cérémonie a été imprimé.

NOTRE-DAME DE GRACE (IMAGE, COURONNE ET CONFRÉRIE DE). — « L'an Ier de Frédéric empereur (1440), fut apportée en l'église de Cambray, l'image de la glorieuse mère de Dieu, *la bonne Dame-de-Grâce*, faite par monsieur saint Luc, évangéliste; et fut un appelé maître Foursy de Bruyelle, docteur en théologie, archidiacre et chanoine de Cambray (qui l'apporta), et fut icelle image apportée de Rome. » — *Chronique* d'Adam Gélicq, p. 200.

« J'ai entendu d'aucun qu'un cardinal l'avoit à Rome, à laquelle il avoit grande dévotion, de quoi s'émerveilloit grandement ledit de Brusle (1) et y avoit grand regard. L'on m'a dit que ledit cardinal eut révélation que ladite image debvoit estre à Cambray, dequoy le cardinal fist ledit de Brusle chanoine de Cambray,

(1) Fursy ou Foursy du Brusle, de Bruyelle, de Bruille, de Bruylle : les chroniqueurs écrivent de ces diverses manières le nom de l'archidiacre de Cambrai.

et par luy, envoya ladicte image. » — † Ms. 884. —† Ms. 659. — § ms. 3 bis, p. 51.

« Quelque histoire ancienne dit que cette image fut apportée de la ville de Rome en Cambray, par maistre Foursy de Bruille, natif de Péronne en Picardie, chanoine et archidiacre des églises de Cambray et de Noyon, en l'an Ier de Frédéric empereur troisième du nom et de J. C. 1440. Toutefois par les registres de l'église de Cambray, il semble que cette image fut mise en la chapelle de la Trinité, après la mort dudit mestre Foursy, et quelle y fut portée solennellement au jour 14e d'aoust, veille de l'Assomption de Notre-Dame, en l'an 1452. Icelui mestre Foursy tréspassa en l'an 1450. » — *Notices* de Julien de Lingne *sur les églises de Cambray*, chap. Ier. — § ms. 1 bis, p. 3.

« En l'an 1452, l'image de Notre-Dame de Grâce, pourtraicte (comme pieusement on croit) par saint Luc, évangéliste, ayant été apportée de Rome par mestre Foursy de Bruyle chanoine et archidiacre, fut *portée processionnellement* en l'église de Nostre-Dame; et, après messe solennelle, fut mise en la chapelle de la Ste-Trinité. — *Calendrier historial* de Julien de Lingne (14 août).

Les quatre extraits de chroniques que nous venons de citer renferment tout ce que l'on sait de l'origine et de la translation à Cambrai de l'image miraculeuse de Notre-Dame de Grâce. Nous avons préféré, suivant notre usage, rapporter religieusement le texte des vieux écrivains, que de rédiger nous-même une relation nouvelle. C'est en passant de formules en formules diverses que les faits finissent par s'altérer. Mieux vaut toujours, à notre avis, reproduire les textes primitifs.

On voit, par les citations qui précèdent, qu'à Rome, l'image de Notre-Dame de Grâce inspirait déjà une grande dévotion au cardinal qui la possédait, et qu'apportée à Cambrai elle devint, de la part du chapitre, l'objet d'une attention toute particulière, puisque, après la mort de Fursy de Bruille, ce corps ecclésiastique jugea convenable de la transférer *solennellement et en procession* dans l'église Notre-Dame. Une pareille translation est un honneur qu'on ne fait pas à une image ordinaire; nous en concluons donc, quoiqu'il y ait des avis contraires, que l'image inspirait déjà une grande vénération au clergé. Seulement une chose nous étonne, c'est que Fursy du Bruille ait voulu, tant qu'il vécut, conserver pour lui seul un objet de dévotion auquel tout le chapitre était prêt à rendre un aussi solennel hommage.

L'image enfin livrée à la dévotion publique, ne tarda pas à croître en renommée.

Six laïcs de Cambrai, parmi lesquels se trouvaient des nobles et des artistes, joints à quelques ecclésiastiques, se formèrent en confrérie de Notre-Dame de Grâce dès l'année 1453. On peut lire dans les *Recherches sur l'église métropolitaine de Cambrai*, p. 168, les lettres émanées du chapitre de Notre-Dame et qui autorisent l'érection de cette confrérie. Elles sont du 1er août 1453.

Des princes, des rois, des héros, vinrent s'incliner devant la sainte image. Une multitude de riches présents s'accumulèrent autour de son cadre et dans sa chapelle. Nous ne ferons pas l'énumération des trésors ainsi offerts à la mère du Sauveur. Mais nous ne pouvons passer sous silence la largesse du roi de France Louis XI qui, en 1478, donna *douze mille écus d'or* (1) *pour faire la couronne et les douze plats d'argent devant Notre-Dame de Grâce*. — *Chronique* d'Adam Gélicq, p. 210. — † Ms. 884. — § ms. 3 bis, p. 53.

Dans les calamités publiques on invoquait la madone vénérée, *la belle Dame-de-Grâce*. On la portait dans les processions, dès la fin du XVe siècle. On lui attribuait une grande influence sur le sort de la ville, et les Cambresiens avaient fini par en faire leur égide sacrée. Un grand nombre de médailles commémoratives et autres furent frappées à son effigie; des copies de cette effigie sur bois, sur vélin et sur papier, furent multipliées à l'infini. Il n'y avait pas, et il n'y a pas encore peut-être en Cambresis, un château, une chaumière, une cabane où l'image de Notre-Dame de Grâce n'ait pénétré sous une forme ou sous une autre.

Une foule de pèlerins venaient s'agenouiller devant cette œuvre miraculeuse de l'évangéliste St Luc, car le peuple ne doutait pas de l'authenticité de cette peinture.

A l'époque de la Révolution, l'image célèbre, dépouillée de son cadre et des joyaux qui en faisaient l'ornement, fut sauvée par un pieux ouvrier qui, après l'avoir tenue cachée pendant les jours de la terreur, finit par la déposer au musée que l'on forma dans l'église de St-Aubert, lorsque la tempête sociale fut un peu apaisée.

Le 15 août 1796, elle fut réclamée par quelques habitants de la ville, qui désiraient la voir remise entre les mains du clergé. Le conseil de la commune prit à cette occasion une délibération que ceux qui ont écrit les vicissitudes de cette image, pendant la Révolution, semblent avoir ignorée. La voici : « Du 13 août 1796. — Vu la pétition de quelques habitants de cette commune, tendant à ce qu'il soit mis à la disposition des ministres du culte catholique, un tableau représentant l'image de la Vierge, l'administration adopte un projet de lettre pour obtenir du département l'autorisation de retirer le tableau du musée, pour le mettre à la disposition desdits ministres. »

Il paraît que cette démarche demeura sans résultat, car l'évêque Louis Belmas la retrouva dans le musée lorsqu'il prit possession de son évêché en 1802.

Nous nous bornerons aux simples indications historiques que nous venons de donner; et, dépourvu que nous sommes des documents complets dont Julien de Lingne était muni, lorsqu'il écrivit son *Histoire de l'image de Notre-Dame de Grâce*, nous ne tenterons pas de refaire son ouvrage, perdu peut-être hélas! sans retour (1).

Quant à la question archéologique que peut soulever l'examen de cette antique peinture, nous renverrons le lecteur à la dissertation publiée en 1845, par M. E. J. F. Failly, et aux diverses pièces de controverse que ce premier travail a provoquées.

Ce que l'on ne peut contester, c'est que l'image est peinte sur bois, dans le style byzantin, assez mal dessinée, mais remarquable par un singulier caractère de naïveté et de chasteté, si nous osons le dire, qui peint bien la vierge mère. Après cela, que le tableau soit ou ne soit pas une copie de St Luc, qu'il soit peint à l'huile ou à l'encaustique, qu'il soit de beaucoup antérieur à l'année 1440, ou qu'il ne remonte guère plus haut, ce sont là des alternatives sur lesquelles on discutera sans doute encore longtemps avant d'avoir obtenu une solution sans réplique.

L'image de Notre-Dame de Grâce était citée comme une des *sept merveilles du Cambresis*. Chacun sait qu'elle repose aujourd'hui dans l'église métropolitaine de Cambrai, où elle occupe une chapelle spéciale.

---

(1) Du temps de Louis XI, l'écu d'or valait 27 sols.

(1) L'histoire de l'image de Notre-Dame de Grâce par Julien de Lingne, est mentionnée dans la *Bibl. hist.* du père Lelong.

Nous ne séparerons pas de la sainte image *la Couronne de la Vierge*, autre *merveille* dont le Cambresis se vantait encore avec orgueil. Les chroniques ne donnent point la description de cette couronne. Mais Julien de Lingne, qui la voyait tous les jours dans l'église de Notre-Dame, où elle était suspendue devant l'image miraculeuse, s'exprime, sans songer à la décrire, en termes qui peuvent néanmoins donner une idée de ce quelle pouvait être. « Louis, roi de France, onzième du nom, dit-il, donna la couronne et les douze plats d'argent qui estoient sur icelle en forme de chandeliers. » On voit que ces plats d'argent étaient en réalité de larges bobèches sur lesquelles on plaçait les cirons, et que l'objet principal n'était autre qu'un beau lampadaire en forme de couronne, forme par laquelle le clergé de Notre-Dame avait peut-être voulu rappeler que ce don magnifique provenait d'une main royale.

On dit que la couronne de ce lampadaire était de fer; mais s'il est vrai que le don de Louis XI fut de *douze mille écus d'or*, ce qui, pour le temps, équivaudrait bien à un don d'environ cinquante mille francs d'aujourd'hui, il faut supposer qu'il y avait dans le travail une grande finesse d'exécution et peut-être une grande quantité de métal plus précieux que le fer.

Nous ne devons cependant pas laisser ignorer que dans une brochure publiée par M. l'abbé Capelle, en 1849, l'auteur parle de douze cents écus et non de douze mille. La *chronique* d'Adam Gélicq et le † ms. 884 portent douze mille : M. l'abbé Capelle a sans doute trouvé d'autres documents qui n'indiquent que douze cents.

NOTRE-DAME LA GRANDE (CONFRÉRIE DE). — V. *Confréries*.

NOTRE-DAME DE LORETTE (CONFRÉRIE DE), établie dans l'église St-Nicolas. — V. *Nicolas (Eglise de St-)*.

NOTRE-DAME DE MISÉRICORDE. — Une image de la vierge, vénérée sous ce nom, existait autrefois contre le chœur de la métropole. Lors des travaux opérés dans cette église, en 1726, on enleva l'image de la place qu'elle occupait, et « on la remit, pour ne pas frustrer la dévotion du public, dans une chapelle près de l'épitaphe de Buisseret. » — *Mém. chron.*, p. 187. — § ms. 2 bis, p. 188.

NOTRE-DAME LA FLAMENGHE. — Une chapelle avait été fondée sous ce vocable, dans l'église de Cambrai, par le chanoine Jean de Tournay, au XIVe siècle. Elle était décorée d'une image de Notre-Dame que l'on mit ensuite dans le *revestiaire* de l'église, *enclose en une treille de fer*. — † Ms. 658, art. 32.

NOTRE-DAME DES NEIGES. — « L'an 1531, 5 aoust, Mgr Robert de Croy fist faire, pour la première fois, grand double de *Nostre-Dame-des-Neiges* en l'église de Cambray. » — † Ms. 659, p. 204.

NOTRE-DAME DU MONT SÉRAT (CONFRÉRIE DE). — « L'an 1649, « fut érigée en l'église paroissiale de St Georges à Cambray, la confrérie de *Nostre-Dame du Mont Sérat*. » — † Ms 884, p. 335. — § ins. 3 bis, p. 317.

NOTRE-DAME DE PITIÉ. — Il exista dans l'église métropolitaine de Cambrai une image de la vierge, sous le titre de Notre-Dame de Pitié. Julien de Lingne qui la nomme en passant, ne donne aucun détail à ce sujet.

NOTRE-DAME DES ANGES. — Son image était dans une niche en face de l'église de Ste-Elisabeth, rue de ce nom.

NOTRE-DAME DU ROSAIRE. — La confrérie avait été instituée dans l'église du St-Sépulchre en 1577.

NOTRE-DAME-DE-BON-SECOURS. — Son image était et est encore placée dans une niche pratiquée sur l'angle saillant des murs de l'ancien archevêché, au lieu dit le pont de Bon-Secours. La piété des fidèles fait encore, de nos jours, brûler de nombreux cirons devant cette petite madone.

NOYELLES (CHATEAU DE). — Nous n'avons d'autre document touchant ce château, que ce qu'en dit l'abbé Dupont dans son *Histoire de Cambrai*, part. II, p. 94. « La trève étant finie (1153), l'évêque, pour se venger de Simon (1), alla attaquer avec ses vassaux et les troupes de la ville, son château de Noyelles-sur-l'Escaut : on s'en empara bientôt, et le feu y aiant été mis, la fumée s'éleva si haut, qu'elle fut aperçue du Guet d'Oisy qui l'annonça d'abord à Simon. Celui-ci se rendit aussitôt près du comte de Flandre, et ayant demandé son secours, ils vinrent ensemble à Noyelles, où ils trouvèrent l'évêque avec ses troupes qui ne s'attendaient pas à cette visite. Le comte et Simon, sans leur donner le

---

(1) Il s'agit ici de Simon d'Oisy, châtelain de Cambrai, qui suscita à l'évêque Nicolas de Chièvres de grands embarras, en éveillant chez le comte de Flandres l'idée et l'espérance de s'emparer de la souveraineté de Cambrai.

temps de se reconnoître, les attaquèrent brusquement et les mirent en déroute. Cent hommes restèrent sur le champ de bataille; l'évêque y fut blessé et pris; mais, par respect pour sa dignité, on le relâcha incontinent. Jean de Marcoing, un de ses fils, Gauthier de Lens, neveu du prélat, furent aussi faits prisonniers avec trois cents autres. Simon signala sa vengeance sur le premier en le blessant dangereusement à la tête; il l'eût même mis à mort, si on ne s'y étoit opposé. »

NUMISMATIQUE CAMBRESIENNE. — V. *Monnaies*.

O

OIS

ODON, ÉVÊQUE DE CAMBRAI. — V. ci-dessus p. 219 (art. *des Hommes remarquables*).

OFFICIAL, OFFICIALITÉ. — V. *Justice, juridictions diverses*, pour ce qui concerne les attributions de ce tribunal.

— Un manuscrit, qui fait partie de notre bibliothèque particulière, contient un acte que son étendue ne nous permet pas d'insérer ici.... nous croyons devoir en faire mention pour mémoire. Il est intitulé : *Règlement de la justice temporelle de la ville de Cambray, entre MM. du Magistrat et l'Official de ladite ville donné par Maximilien de Berghes, archevesque, en l'an* 1565, *le* 16 *février.*— § Ms. 9, f° 88, verso et suivants.

— Les archives de *l'officialité* sont conservées au dépôt central des archives départementales du Nord. Le plus ancien registre de ce tribunal remonte à l'an 1454. — V. *Mémoire sur les archives des églises et maisons religieuses du Cambresis*, p. 45.

Les bâtiments de l'officialité sont aujourd'hui occupés par le pensionnat des dames Bernardines.

OISY (CHATEAU D'). — Autrefois ce château, avec son immense domaine, faisait partie du Cambresis. Nous dirons plus loin comme il en fut distrait. Son origine nous est inconnue ; on voit seulement, d'après les chroniques, que, dès le XIe siècle, il était fortifié et redoutable ; mais il serait impossible d'en donner la description.

Hugues d'Oisy, seigneur de cette forteresse et châtelain de Cambray, était un homme déloyal qui guerroya rudement contre son évêque, et qui se fit même, pendant quelque temps, chef d'une bande de pillards qu'il avait pris à sa solde.

Une ancienne chronique raconte en ces termes les honteux exploits de cet homme dangereux.

« En che temps (environ 1060) Hugues le chastelain se voyant en tel honneur commencha à faire plusieurs insolences aux bourgeois de la ville, il print le baillieu de la ville et chambellant de l'évesque et les mist en fort prison. Che voyant l'évesque Liébert le reprint bien douchement; mais point ne se amenda, ains fust pis que auparavant. Adonc l'excommunia l'évesque; il dépita l'excommuniment et n'en tint compte et ne daigna venir à merchy. Ains s'en alla au comte de St Quentin en Vermandois et fust avec luy tout excommunié et fist à l'évesché tout le mal qu'il peult, et fist faire un chastel en lieu qui avoit nom *Porgival*, ainsy que à dix lieues près de la ville de Cambray; et quand il fust faict il entra dedans avec beaucoup de mauvaises gens qui faisoient tout le pis qui pouvoient. Nonobstant, l'évesque Liébert ne laissoit à chevauchier parmy son éveschié, dont avint une fois que l'évesque Liébert vint à une ville nommée *Buriciel*, et estoit travaillé du chemin et demoura là cette nuict. Ledit Hugues étant averti vint hastivement en laditte ville avec gens d'armes et rompit les portes où estoit logié l'évesque et occhit plusieurs de ses gens, et vint à l'huis de le chambre de l'évesque que messire Wibaul son prévost défendoit vaillamment et alla ledit Hugues prendre l'évesque en son lict et l'emmena en son chastel à Oisy et par forche le tint là longtemps. En che tems, trépassa Bauduin comte de Flandre; et Arnoult son fils estant adverti que l'évesque Liébert estoit ainsy destenu, sa mère et luy assemblèrent grand nombre de gens et vindrent à Oisy et firent tant que l'évesque leur fust délivré et le ramenèrent à Cambray à grand honneur et adonc donna ledit comte Arnould et la comtesse sa mère de beau draps de soye et plusieurs autres dons à l'église Nostre-Dame de Cambray et aussi aux aultres églises de la chité : après s'en retournèrent en leur pays de Flandres.

» Après ces choses l'évesque Liébert se vengea de Hugues son ennemi et fist destruire le chastel d'Oisy et le cacha hors de son pays, dont le pays de Cambresis demoura en paix et repos. » — § Ms. 884. — § Ms. 3 bis, p. 26.

Balderic, Adam Gélicq, Jean Duchastiel et autres chroniqueurs rapportent les mêmes faits d'une manière conforme, et semblent avoir puisé à une source commune.

Le château détruit par Liébert se releva bientôt aussi fier qu'auparavant; et l'évêque Gaucher, dans la grande expédition qu'il fit en 1095, contre les châteaux du pays, ce qui lui valut la sympathie des Cambresiens, retrouva le fort d'Oisy debout et oppresseur comme avant sa ruine. « Il fit assaillir, dit Jean Duchastiel, le château d'Oisy, qui estoit très fort de murs et de fossés, le print et rasa tout par terre, car moult dammage estoit au pays. » Le capitaine qui y commandait alors s'appelait Gossuin.

Les pierres du château d'Oisy n'étaient pas destinées à dormir dans leur poussière : elles se replacèrent encore les unes sur les autres. Plus forte que jamais, la redoutable maison de guerre opposa dédaigneusement la majesté de ses murailles à une partie de l'armée d'Edouard III, roi d'Angleterre.

En 1339, Edouard III étant en guerre contre le roi de France, faisait inutilement le siége de Cambrai. Pendant ce siége, Jean de Hainaut, allié du monarque anglais, se détacha avec cinq cents lances et mille autres combattants pour aller s'emparer du château d'Oisy. Ils livrèrent en effet à cette forteresse un rude assaut, mais les chevaliers et écuyers auxquels elle était confiée résistèrent si vaillamment que les 1,500 hommes d'armes durent se retirer honteusement. Ce fait prouve non-seulement la valeur des assiégés qui étaient peu nombreux, mais encore la force matérielle du château.

Le Carpentier dit qu'en 1438, Pierre de Levin, frère de Jacques, gouverneur d'Oisy et de Bohain, se qualifiait capitaine d'Oisy.

Nous ignorons l'époque et la cause de la destruction définitive du vieux château d'Oisy. Il en existait un très beau de style moderne, à l'époque de la Révolution. Il était situé dans une position très pittoresque, sur le sommet de la colline, à peu de distance de l'église. Ses jardins magnifiques s'étendaient sur le coteau qui regarde l'ouest. Un panorama délicieux se déroule de ce côté aux yeux du promeneur qui visite les restes du château détruit par la Révolution. Les murs d'enceinte d'une vaste cour d'honneur, laissés debout par la pioche du spé-

culateur, attestent la magnificence de la maison à laquelle ils appartenaient. La cour est mise en culture; rien n'est triste comme le contraste de ces débris luxueux au milieu d'un champ labouré.

Le dernier château d'Oisy, qui n'avait nul souvenir des traditions de guerre et des félonies de celui qui l'avait précédé, était, au siècle passé, un séjour agréable et paisible, d'où les bienfaits sortaient pour se répandre sur les plus pauvres chaumières du village.

Nous avons dit que la terre d'Oisy fit autrefois partie du Cambresis. Voici comment elle en fut distraite.

« (1336). *Une dame d'Oisy* envoya vers l'évesque (c'était Guillaume d'Auxonne), pour avoir iour de relever sa terre, lequel lui assigna iour, dont elle se vanta qu'elle le baiseroit, car il estoit renommé d'estre le plus bel homme de son évesché. Quant l'évesque le sceut, il proposa de s'en garder. Icelle dame vint au iour assigné, l'évesque l'envoya à son bailly pour recevoir son relief : ce que la dame ne daigna faire; mais, par despy, s'en alla au comte d'Artois et releva sa terre de luy et *depuis* at *tousiours* esté la terre d'Oisy du comté d'Artois, qui paravant estoit Cambresis et vray empire. »—*Chronique* d'Adam Gélicq, p. 165 (1).

Or, à cette époque, la seigneurie d'Oisy était très considérable. « La juridiction de cette noble terre, dit Le Carpentier, était si grande, qu'elle s'étendoit depuis les portes de Cambray jusques aux environs de Bapaume et jusques au fort et village d'Escarpel, au-delà de la ville de Douay; et enfermoit plus de trente-sept villages à clocher, sans les hameaux, châteaux, maisons fortes et autres fiefs nobles. »

Oisy était une ville « jadis forte, bien murée et très agréable tant pour ses forêts que pour ses vastes campagnes qui l'environnaient. » — Le Carpentier, *Hist. de Cambrai,*, part. IIIe, p. 840.

---

(1) Cette anecdote, que Gélicq rapporte à Guillaume d'Auxonne vers 1336, est attribuée à Jean de Béthune, par l'auteur d'un ancien manuscrit de l'abbaye de St-Aubert, cité par M. Leglay dans son glossaire du Cambresis, p. IX de l'introduction. Quant à nous, nous acceptons de préférence la version de Gélicq, parce qu'elle est, jusqu'à un certain point, corroborée par Le Carpentier (qui fut aussi religieux de St-Aubert), et qui dit que Guillaume d'Auxonne fut un des personnages *les plus beaux de son siècle.*

ORFÈVRES, *corporation.*
Règlement pour les orfèvres.
SOMMAIRE.

1er. Qu'ils ne travailleront d'argent, de plus grand aloy que de 4 estrelins au marc, le fin argent, etc.
2e. Qu'ils ne metteront pierre en or, etc.
3e. Qu'ils ne saudront moindre saudrure que à huict deniers d'argent.
4e. Le reste du règlement contient en substance qu'ils obéiront aux mayeurs, que lesdits mayeurs feront diligemment les visites, qu'ils ne travailleront les dimanches et festes, item la façon, et comment ils doibvent travailler.

Ce règlement sans date était inscrit au *Livre aux bans*, fº 94 et suivants.

Le même registre contenait quelques autres dispositions relatives aux orfèvres, mais nous n'en avons pas connaissance.

Il faut rappeler ici que les art. 8, 9 et 11 du règlement des merciers, avaient rapport aux orfèvres.—V. ce règlement au mot *Merciers*.

Les orfèvres avaient pour patron saint Eloy.

ORPHELINS et **ORPHELINES**. — L'hospice des orphelins existait dès le XIIIᵉ siècle. Il y a dans les archives du bureau de bienfaisance de Cambrai, un titre daté de 1280, qui concerne cette fondation. On occupait ces enfants, filles et garçons, à filer le lin, et le produit de leur travail servait à leur habillement. Les garçons étaient sous la direction d'un *homme sage* qu'on appelait le *maître des orphelins;* les filles étaient gouvernées par une femme qui portait le titre de *maîtresse des orphelines*. Les comptes de l'administration étaient rendus aux *Grands-Chartriers*.

Julien de Lingne nous apprend qu'en l'an 1560, 3 juin, les quatre grands chartriers achetèrent un vaste héritage dans la rue de St-Vaast pour y installer les orphelins. A cette époque, filles et garçons habitaient la même maison; mais en 1694, Pierre de Beugnies, ancien échevin de Cambrai, fit un legs considérable à cette institution charitable afin, dit son testament, de bâtir une maison particulière pour les filles orphelines, dans laquelle, sous la direction de deux maîtresses, elles apprendraient à lire, écrire, coudre et filer. La maison des orphelines fut établie sur le terrain compris entre la rue des Anglaises, le rempart et la rue dite aujourd'hui des *Bleuettes*. Les orphelines portaient le nom de *Bleuettes*, parce qu'elles étaient habillées de bleu.

Les orphelins et orphelines sont réunis à l'hôpital général depuis le milieu du XVIIIᵉ siècle (année 1754).—V. *Fondations charitables*.

Suit une pièce intéressante, concernant les enfans trouvés. Elle date du 12 janvier 1533.

Appoinctement faict entre l'évesque de Cambray, les doien et chapitre de Notre-Dame, les abbez de St-Sépulchre et de St-Aubert, le chapitre de St-Géry et MM. du Magistrat, touchant les enfans trouvez; par quy et comment ils doibvent estre entretenus.

« Robert de Croy, évesque et duc de Cambray, prince du Saint-Empire, comte du Cambresis, à tous ceux qui ces présentes lettres verront, ou oiront, salut en notre Seigneur, comme ainsy soit que en notre ville, cité et duché de Cambray, auparavant cestes, plusieurs différents et questions se soient meues ou apparaissent à mouvoir, entre vénérables et circonspects sieurs MM. le doien et chapitre de notre église de Cambray, révérends pères les abbés de St-Aubert, de St-Sépulchre, prévost, doien, et chapitre de St-Géry d'une part, encontre nous, nos officiers, prévost, échevins, et *Grands-Chartriers* de Cambray d'autre part, à l'occasion des petits enfans trouvez et exposez en diverses églises, places, et maisons, tant exemptes de notre jurisdiction que non exemptes, lesquels nosdits officiers, prévost, eschevins et *Grands-Chartriers* font journellement les cas advenans difficulté et refus recepvoir, et alimenter, disant à ce non estre tenuz ny obligez, lesdits doien et chapitre de Cambray, révérends pères, prévost, doien, et chapitre de St-Géry soustenans et alléguans raisons au contraire savoir faisons : que nous à nostre pouvoir désirans terminer et abolir tous et quelquonceques différens et questions entre les manans et habitans en icelle nostre ville, cité et duché vivre en bonne paix avec eux et secourir aux susdits enfans trouvez et exposez, d'un commun accord at esté advisez, concordé et transigé en la manière que s'ensuit : Premier que pour le temps advenir tous enfans trouvez et exposez soubt l'eage de trois ans, en quelque lieu que ce soit, sans nul excepter, en nostre ville, cité et duché de Cambray, seront et demoureront à la charge desdits *Grands-Chartriers*, jusques à l'eage de sept ans, pour par eux, ou leurs commis estre instruits, nourris et sustentez comme la nécessitez le requiert. Item que iceux *Grands-Chartriers* seront tenuz et obligez chascun an ; faire et rendre bon compte de tout ce que recepvront pour l'alimentation desdits enfans trouvez pardevant quatre bons personnages stilez et entenduz escomptes, lesquels se députeront l'un par nous, un autre par nostre chapitre, un par révérends pères abbez, les prévost et doien de St-Géry, et un autre par lesdits prévôt et eschevins, lesquels députez à l'audition des comptes auront plein pouvoir et aucthorité de passer et admettre leurs mises licites et raisonnables, et semblablement rayer et tracer icelles qui ne trouveront estre passables, ny admétables : et pour plus amplement subvenir aux mises et despens que conviendra faire pour lesdits enfans trouvez. Moiennant ce que dessus, nous evesque, doien et chapitre de nostre église de Cambray : révérends pères abbés de St-Aubert et de St-Sépulchre, du consentement expresse de nos convents, prévost, doien et chapitre de St-Géry, avons prómy et consenty, et par ces présentes promettons, consentons et accordons pour Dieu et aulmosne, payer la cinquiesme partie de toutes les mises desdits enfans, de laquelle cinquiesme partie la moitié se paiera par nous, et lesdits doien et chapitre de nostre église de Cambray esgalement, et l'autre moitié par les révérends pères, prévost, doien et chapitre de St-Géry, chascun autant l'un comme l'autre, à tel entendement que si nous, ou nos successeurs évesques de Cambray estoient refusans, ou dilaians fournir à ce que dessus, les autres ne seroient tenuz contribuer. Pour vérification de ces présentes, appoinctement et traictez, avons ordonné ces présentes sceller de nostre scel, joinct à ceux desdits doien et chapitre de Cambray, révérends pères abbés de St-Aubert, St-Sépulchre, prévost, doien et chapitre de St-Géry, prévost et échevins de nostre ville, cité et duché de Cambray. » — 12 janvier 1533.

OSTENSOIR DE FÉNELON. — Cet objet a pris l'importance d'une chose historique, à cause des discussions dont il a été le sujet depuis 1817. On trouvera ci-dessus, p. 123, à la note 3 (art. Fénelon), quelques notions sur ce soleil d'or, lesquelles suffiront sans doute au plus grand nombre des lecteurs. Ceux qui voudraient examiner de plus près la question devront recourir aux ouvrages suivants. — *Observations sur le soleil d'or, offert par Fénelon à l'église métropolitaine de Cambrai.* Pièce contenue dans le 3ᵉ volume des mémoires de la Société d'Emulation de Cambrai (année 1817). — *Lettre de M. de Calonne,* ancien chanoine de Cambrai, écrite le 2 juin 1820, publiée en novembre de la même année, dans l'*Ami de la Religion et du Roi.* — *Lettre de l'abbé A.-J. Guiot,* publié dans les *Archives du Nord,* tome IV. — *Un certificat* imprimé en 1819 et signé par 23 témoins oculaires. — *Dissertation sur l'ostensoir d'or offert par Fénelon à son église métropolitaine, pour servir de supplément aux différentes histoires de Fénelon.* — Paris, Ferrat jeune, libraire, 1827.

OURS (MAISON DE L'), *Fonds des Ours.* — On appelait ainsi la vaste propriété sur laquelle l'archevêque Vanderburch fit édifier la maison de Notre-Dame, dite des Boursières de Ste-Agnès.

En 1542, cette propriété était à usage de brasserie. Cela résulte d'un titre reposant aux archives de l'administration des hospices.

Une altération de nom faisait dire indifféremment : *Maison aux Ours* ou *Maison de l'Ours.* — On peut voir à la fin de notre article *Vaast (hôpital de St-),* dans le présent dictionnaire, une courte dissertation sur l'origine probable du nom de la *Maison de l'Ours.*

OUVROIRS. — On donnait particulièrement ce nom à la partie de la maison qu'un mulquinier consacrait aux travaux et au commerce de son état. Ce lieu n'était pas considéré comme lieu public. Une ordonnance du Magistrat, en date du 26 juin 1625, déclara que « arrets ne pouvoient se faire es-maisons ou ouvroirs des meulquiniers. » Un bourgeois de Cambrai ayant fait arrêter, à l'aide des sergents de la prévôté, un débiteur dans l'ouvroir d'un mulquinier, considérant cette place comme lieu public, sans doute parce qu'on la tenait ouverte et de libre accès, le Magistrat de Cambrai ordonna, « pour *justice et conservation de la franchise des ouvroirs,* que l'arrestation serait déclarée nulle et de nulle valeur, comme ayant été faicte au *préjudice du privilége de la bourgeoisie.* » — V. § ms. 5, p. 21.

P

PAI

PAIN (MARCHÉ AU). — V. *Marché;* et *Croix au pain.*

PAIRS et **PAIRIES** *du Cambresis.* — Si l'on en croit Le Carpentier, les pairies du Cambresis auraient été établies vers la fin du Xᵉ siècle, par l'empereur Othon et en faveur de l'évêque Rothard. — *Hist. de Cambrai,* par Le Carpentier, part. I, p. 95. — Ces pairies, au nombre de douze, étaient attachées à certaines terres nobles et héréditaires, à l'exception de celle de Montrécourt, laquelle n'était que personnelle, c'est-à-dire que la collation en appartenait à l'archevêque qui la donnait toujours au bailli du Cambresis. — V. *Montrécourt.*

Les pairs ou barons du Cambresis, dont les dignités concouraient à rehausser l'éclat du siége épiscopal de Cambrai, marchaient à la tête de la noblesse du pays en toute circonstance. « Ils estoient obligés d'assister annuellement, en la grande église, à la procession qui se faisait en la feste de la Purification, revestus de leurs manteaux et cottes d'armes, le hausme en teste, et l'espée de cire blanche en mains armoiriée, dont ils faisaient offrande à la messe solennelle; ils y estoient précédés chacun de deux escuyers qui portaient leurs bannières peintes et désignées de leurs armes. » — *Atlas de Blaeu*, in-f°, t. 7, p. 224. — *Hist. de Cambrai*, par Le Carpentier, p. III, p. 23.

LISTE DES PAIRIES DU CAMBRESIS, AVEC LEURS ARMOIRIES.

Seigneurie et Pairie de Niergnies. — Portait de sable, fretté d'argent de six pièces.

Seigneurie et Pairie de Rumillies. — Portait d'azur, au mouton d'argent.

Seigneurie et Pairie de Prémont (cri St-Aubert). — Portait de gueule au chevron de trois pièces d'argent, à la bordure de même.

Seigneurie et Pairie d'Audencourt. — Portait d'argent au sautoir de gueule, à la bordure engrelée de même.

Seigneurie et Pairie de Marcoing. — Portait de gueule à la croix engrelée d'or à franc quartier d'argent, au lion de sable.

Seigneurie et Pairie de Cantaing. — Portait d'or aux trois lions d'azur.

Seigneurie et Pairie de Blargnies. — Portait d'argent à trois bandes de gueule, chargées de coquilles d'or.

Seigneurie et Pairie de Caurois (ou Cauroir). — Portait d'argent à la fasce de deux pièces de gueule frettées d'or.

Seigneurie et Pairie d'Esne. — Portait de sable à dix losanges d'argent.

Seigneurie et Pairie de Cuvillers. — Portait de gueule à la bande d'or, brisé d'un lion d'azur en chef.

Seigneurie et Pairie de Monstrécourt. — Portait d'argent à la bordure de gueule, à l'escarboucle pometée et florettée d'or.

Seigneurie et Pairie de Bousies (cri les Corbeaux). — Portait d'azur à la croix pleine d'argent.

— V. chacune de ces Pairies à son ordre alphabétique.

PAIX (CHAMBRE DE). — V. *Hôtel-de-Ville*.

PAIX DES DAMES. — Ce n'est point ici le lieu de faire l'historique de cette paix qui d'ailleurs est très connue. Elle n'a de commun avec la ville de Cambrai que le choix que l'on fit de cette *cité neutre*, pour la tenue des conférences. Mais il est intéressant de faire connaître des détails inédits sur le séjour des DAMES, documents curieux que l'on ne trouve que dans quelques chroniques manuscrites.

« 1529. — Cambrai fut choisi pour être le lieu où se devoit faire la paix entre François premier, roi de France, et Charles cinquième, roi d'Espagne et élu empereur. Les plénipotentiaires étoient, de la part de la France, Madame Louise de Savoie, mère du roy et régente du royaume, accompagnée de la reine de Navarre; de la part de l'empereur, Madame Marguerite d'Autriche, sa tante.

» Les fouriers ou intendans de Madame Marguerite avoient marqué le quartier, pour loger ses gens qui faisoient nombre de douze à treize cents chevaux, depuis la porte de Cantimpré en montant pardevant St-Julien, par la rue Taveau, la rue de la Boulangerie (autrement des Rôtisseurs) jusqu'à St-Géry, c'est-à-dire la moitié de la ville qui est fermée par la porte Robert, du Mail et la porte de Selles. Ceux de Madame la régente de France prirent pour leur logement l'autre moitié de la ville qui étoit fermée de la porte St-Sépulchre, St-Georges et St-Ladre; ils faisoient aussi nombre de douze à treize cents chevaux.

» Madame Marguerite avait son logement à St-Aubert, Madame la régente à l'hôtel de St-Pôl, et la reine de Navarre devait demeurer au refuge d'Anchin, aujourd'huy les Chartriers. Il y avoit une galerie qui alloit de St-Aubert à l'hôtel de St-Pôl; on en avoit fait une autre qui, venant de l'hôtel d'Anchin par-dessus les murs du jardin de M. De Baratte et par-dessus la rue, aboutissait à l'hôtel de St-Pôl. Ces deux galeries avoient ainsi été construites afin que ces Dames auroient pu avoir communication l'une avec l'autre sans être vues.

» La régente demanda les clefs d'une porte de la ville pour entrer et sortir quand bon luy sembleroit; de plus, elle demandoit plusieurs bourgeois en otage pour la sûreté de sa personne; on assembla les estats au palais le premier jour de juillet, où il fut conclud qu'on envoiroit une ambassade à la régente qui étoit à St-Quentin; les ambassadeurs lui promirent qu'on mettroit si bonne police dans la ville qu'elle ne souffriroit aucun dommage, ce qui la satisfit et la fit se relâcher de sa demande.

» Le 2 de juillet, à cinq heures après midy, le légat du pape fit son entrée par la porte de St-Georges; il étoit monté sur une mulle dessous un dais, accompagné de toutes les croix et des collèges de St-Géry, de Ste-Croix, du St-Sépulchre, St-Aubert, Cantimprez. Il fut mené en cet état à l'église Notre-Dame, où on chanta le *Te Deum*. Son logement étoit au refuge du Mont-St-Martin, situé proche St-Géry.

» Le 5 du même mois, l'évêque de Liège fit son entrée. Il étoit accompagné de plusieurs grands seigneurs portant la toison, et d'une grande suite de gens tous bien montés et richement habillez.

» Le lendemain, 6 de juillet, Madame Marguerite entra à Cambray vers les quatre heures après midy et prit son logement à St-Aubert. Le même jour, vers les six heures, Madame la régente fit son entrée et alla directement à St-Aubert faire son compliment de la bien-venue à Madame Marguerite. De là elle s'en alla à l'hôtel St-Pôl par cette galerie, dont nous avons parlé ci-dessus. Ces deux dames avoient une très grande suite de seigneurs et de damoiselles.

» On faisoit monter le nombre des François à quatre mille ou plus, et des Bourguignons à trois mille.

» On publia à la Pierre que tous ceux qui n'avoient pas de maître sortissent de la ville et que personne ne portat espée, ny dague, ny poignart. On désarmait tous ceux qu'on trouvoit armés ; il n'y avoit que trois portes ouvertes, et à chaque porte il y avoit un échevin, quatre bourgeois, treize manants, six canonniers et deux archers. Il y avoit aussi deux capitaines, l'un de la part de madame la régente, l'autre de la part de madame Marguerite, pour ne laisser entrer personne qui n'étoit pas de leur suite, *et fut fait un gibet au Pré-d'Amour.*

» La paix fut conclue après plusieurs conférences, le 24 de juillet. Elle fut publiée le 5ᵉ jour d'aoust, et les sermens furent faits en l'église de Notre-Dame. Ce même jour, Mgr de Cambray chanta sa première messe (d'autant qu'il étoit encore assez jeune lorsqu'il fut promu à l'épiscopat) en présence des deux cours dont les dames et les seigneurs étoient montés sur des échaffauds construits dessus les formes des chanoines. Il y eut grande réjouissance dans toute la ville ; on fit plusieurs décharges de tous les canons, et il y eut plusieurs feux de joye dans différents quartiers. Madame la régente tint cour ouverte dans le jardin de l'hôtel de St-Pôl. Rien n'était plus riche et plus magnifique que la vaisselle de sa table ; on donnoit à boire à tous ceux qui s'y présentoient.

» Le légat fit la même chose en son logis, qui était illuminé de plus de 500 luminaires.

Le dimanche suivant, on fit procession générale ; la station fut en l'église Notre-Dame. Le suffragant fit office et monseigneur de Cambray porta le St-Sacrement en grand honneur et révérence.

« Le 9ᵉ jour d'aoust, le roy de France entra en Cambray environ 4 heures après dîner, lequel ne voulut point venir en Cambray si on ne luy bailloit une porte à son commandement, laquelle luy fut octroyée, et fut mis de par luy un capitaine à la porte St-Georges avec les archiers du roy et deux échevins : et pareillement les Bourguignons à la porte Robert. Et le lendemain, jour de St-Laurent, le roy fit un banquet, au Palais, tant exquis qu'on ne le sçauroit dire ; et se donna trois pièces de vin à trois sermens de la ville et une pieche qui fut donnée à plusieurs compagnies.

» Le jeudy en suivant, le roy et madame la régente et tous les seigneurs de France partirent de Cambray ; le vendredy, madame Marguerite et les seigneurs de Bourgogne. Cette paix fut nommée la *Paix des Dames.* »

« (1530) Le 5ᵉ jour d'aoust fut fait l'anniversaire de la paix par une procession générale. Monseigneur de Cambray porta le St-Sacrement et chanta la messe ; il y eut grande réjouissance ; on fit un feu de joye au milieu du marché qui dura bien vingt-quatre heures. — *Mém. chron.*

PALAIS DES ÉVÊQUES DE CAMBRAI. — « Ce Palais, dit Julien de Lingne, fut commencé par Védulphe, évêque de Cambrai et d'Arras, lequel transféra le siège épiscopal à Cambrai (1), car saint Diogènes (2), saint Vaast, saint Dominic, ses prédécesseurs, avoient résidé à Arras. » † ms. 658, art. 30.

Les chroniques nous apprennent que saint Géry, par humilité, n'habita point ce Palais. Il vécut et mourut dans une humble maison. « Ledit lieu estoit près de l'église Notre-Dame de Cambray, *non point au Palais ;* mais, à l'exemple de saint Vaast, se tenoit en *lieu humble.* » — *Chronique* d'Adam Gélicq, p. 15.

Au reste, en admettant que les premiers évêques du pays aient habité une maison moins humble que celle de saint Géry, encore faudrait-il croire qu'elle n'avait rien de splendide. En ce temps-là, les évêques vivaient en apôtres primitifs et n'avaient pas encore été obligés d'emprunter à l'éclat extérieur un prestige que leur sublime mission suffisait à leur donner.

Herluin fut le premier pour qui l'appareil

(1) Védulphe mourut en 584.
(2) Nous avons dit ci-dessus p. 117, (note première), ce qu'il faut penser de l'évêque Diogènes.

de la grandeur devint une nécessité ; à sa qualité d'évêque se joignit le titre de comte du Cambrésis. — V. *Herluin*.

Cette haute dignité politique qui advenait aux évêques de Cambrai exigeait une représentation princière. Herluin fit faire un nouveau Palais probablement sur l'emplacement du premier. Ce fut vers l'an 1008 (1). Le Palais fut (vers le milieu du XIe siècle) enfermé dans l'enceinte du *Château* avec l'église métropolitaine dont il était voisin. — V. *Château*.

En 1135, sous l'épiscopat de Liétard, les bourgeois avaient eu l'intention de rééditier le palais; « mais, dit Julien de Lingne, les vents et les oraiges gastèrent tout. » — § ms. 6, p. 28.

Ce projet fut réalisé vers 1272 par l'évêque Nicolas de Fontaine.—*Chron.* d'Adam Gélicq, p. 153.

Robert de Croy mit aussi la main à ce noble édifice en 1519. — † ms. 658, art. 30.

En 1595, pendant le siége de Cambrai par les Espagnols, Balagny fit démolir l'ancien corps-de-logis du Palais, « sous prétexte d'avoir du bois pour son logis et pour la fortification de la ville et citadelle; mais il est asseuré que c'étoit plutôt vindication qu'indigence. » — § ms. 12, p. 43.

En 1620, Vanderburch commença dans le même édifice des travaux considérables d'agrandissement. Il érigea l'entrée et la galerie en même temps que tout le corps-de-logis compris entre la paroisse de St-Gengulphe et l'aile du même Palais qui touchait aux jardins. Cela fut achevé en 1620. Il construisit encore l'escalier et la salle d'entrée (le vestibule) qui était entre les pièces qu'on appelait les grande et petite sallettes du Palais. Ce travail fut terminé en 1622. Au-dessus du portail de ce vestibule, le prélat fit placer le chronogramme suivant :

paX hVIC DoMVI (Luc IV).

(Résumé du chronogramme: MDCXVVII).

Enfin, le même archevêque avait mis la dernière main à ses travaux en construisant une brasserie dans sa vaste demeure, en y faisant paver les deux cours, ainsi que la chapelle, et en restaurant la sacristie. — † Ms. 6, p. 54.

Dès lors le Palais était un édifice bien complet, et les successeurs de Vanderburch eurent peu de chose à y faire.

Les évêques de Cambrai furent longtemps en possession du droit de battre monnaie; plusieurs d'entre eux eurent leur atelier monétaire,

leur *forge des monnaies,* comme on l'appelait, dans le Palais même. — V. *Monnaies et Médailles cambresiennes.*

L'entrée d'honneur construite par Vanderburch existe encore en partie, mais découronnée et fort avariée. Elle se compose d'un portail principal accompagné, à droite et à gauche, de deux portes de moindre dimension. Trois arcades qui dominent ces portes sont supportées sur quatre colonnes canelées d'un effet très pittoresque. Des ornements dans le style de la renaissance enrichissent ce gracieux monument. Au-dessus de chaque porte latérale, on distingue, parmi les arabesques, un écusson orné et soutenu par des anges. Sur l'un de ces écussons on lit :

A clave justicia;

Sur l'autre :

A Gladio pax.

Ces devises font évidemment allusion au double caractère d'évêque et de duc dont était revêtu le maître du logis.

De la clef de St Pierre procède la justice.

L'épée du duc garantissait à la ville le repos et la paix.

Quant au portail principal, il était parfois surmonté soit de la devise, soit des armes du chef du diocèse. Robert de Croy y avait fait inscrire sa devise : *à jamais Croy.* Louis de Berlaymont y avait placé ses armoiries peintes sur un tableau que le baron d'Inchy, lors de son usurpation de Cambray, fit enlever par ses soldats. « Pour ce faire, ils allèrent quérir une eschelle au cloistre Nostre-Dame, laquelle estoit très longue; ils la raccourcirent à grands coups de coutelas. » — Ms. 3 bis, p. 217.

L'habitation des archevêques de Cambrai était très vaste. Elle occupait tout le terrain compris entre l'église (aujourd'hui la place Fénelon, qui serait mieux nommée *place Notre-Dame*), la grande rue Fénelon autrefois de *l'évêché*, le bras de l'Escaut dit l'Escautin, et les bâtiments et jardins de l'officialité.

Il existait deux chapelles au Palais : l'une « *celle d'en haut* », dédiée à St Michel; l'autre « *la chapelle d'en bas* », consacrée à St Ignace et à St Christophe. — V. † ms. 658, art. 30.

De grands jardins prêtaient leur charme à cette habitation digne du nom qu'elle portait et qui fut souvent un séjour hospitalier pour les grands personnages.

François Ier, le jour de St-Laurent 1529, y donna un repas splendide, « tant exquis que on

---

(1) Des chroniques disent vers 1001.

ne le sçaroit dire. Et se donna trois pièches de vin aux trois serments de la ville, et une pièche à plusieurs compaignies. » — § Ms. 3 bis, p. 94.

L'incendie qui, en 1148, dévora l'église Notre-Dame, détruisit aussi la demeure épiscopale. — V. *Château*. — Du temps de Fénelon, en 1698, un autre incendie y causa des ravages. « Le feu ayant pris par la bibliothèque, un quartier du Palais fut consumé par les flammes. M. de Fénelon le fit rétablir sur la fin de ses jours. » — *Mém. chron.*

PALAIS (PETIT). — Un puissant et généreux bourgeois de Cambrai nommé Ellebaud le Rouge possédait dans cette ville, au XIe siècle, une propriété qui, selon toute apparence, consistait originairement dans cette portion de terrain comprise entre la place Ste-Croix et les rues actuelles du Temple, de St-Julien et des Poissonniers. Sur cette propriété existait une belle maison qu'il habitait avec sa famille. Il construisit dans le voisinage de cette maison, sur une partie de son vaste héritage, l'hôpital St-Julien, qu'après lui, Gérard II, évêque de Cambrai, et Wirembaud Delavigne devaient doter et agrandir (1). De plus, il laissa par testament, son habitation aux chanoines de Ste-Croix qui en firent cession au chapitre de la métropole, moyennant une rente perpétuelle. C'est cette maison qu'on appela le *Petit-Palais*, et qui sans doute ne prit ce nom qu'après être devenue propriété ecclésiastique. Le chapitre de N.-D., qui aimait assez à donner à son pouvoir des analogies avec la puissance épiscopale, fut probablement l'auteur de cette désignation appliquée à la maison d'Ellebaud le Rouge ; seulement pour le distinguer du *Grand-Palais* qui était celui de l'évêque, on appela *Petit-Palais* la propriété du chapitre. Mais plus tard il arriva que Robert de Croy fit construire un autre petit palais près de l'église de St-Géry, et l'on put encore faire confusion entre les deux bâtiments. Nous sommes tenté de croire que c'est pour remédier à cet inconvénient que la maison d'Ellebaud le Rouge reçut le nouveau nom de *Temple* et cessa presque d'être appelée Petit-Palais. Aussi l'abbé Dupont dit-il quelque part (2) : « Il y a près de Ste Croix un ancien bâtiment qu'on appelle le *Petit-Palais*, et *plus vulgairement le Temple.* »

---

(1) « Il fonda dans son pourpris ou plustost tout joignant les murailles de son Palais, l'hospital de St-Julien. » — Le Carpentier, part. II, p. 527.

(2) Histoire de Cambrai, par Dupont, part. II, p. 119.

Cet édifice était, au dire de Julien de Lingne, fait à l'antique (1). Et à ce sujet il s'élève une difficulté que nous ne nous chargerons pas de résoudre.

Il est certain qu'à la fin du XVIIIe siècle il existait auprès du Petit-Palais vulgairement appelé le Temple, et dans les dépendances de celui-ci un monument qui datait du XIIe siècle. Nous en possédons l'image qui est une découpure en papier due à l'ingénieuse adresse de Cadet-Roussel. Elle porte un titre également découpé et conçu en ces termes : *Figure d'un ancien monument* TENANT A LA MAISON DU PETIT-PALAIS (2) *vulgairement appelé le Temple, derrière les murs de l'archevêché de Cambrai, démoli le 7 may 1781.* Cadet-Roussel l'avait sans doute dessiné d'après nature, car il exerçait son industrie de découpeur à l'époque où le monument fut détruit. — V. *Cadet-Roussel*. Ce monument ne serait-il pas la maison primitive d'Ellebaud le Rouge qui vivait à cette époque, et ne faudrait-il pas croire que plus tard les chanoines de Notre-Dame en auraient fait construire un plus vaste à côté ? Quoiqu'il en soit, disons quelques mots de cet antique monument détruit en même temps que le temple en 1781 (3).

L'image que nous possédons, indique le style architectonique du XIIe siècle, époque ou vivait Ellebaud le Rouge. Ce qui pourrait faire penser que ce fut Ellebaud le Rouge lui-même qui le fit construire.

Ce monument occupait, selon toute apparence, et à en juger d'après les restes d'une antique tourelle, l'emplacement de la maison n° 5 de la rue du Temple, sa façade était encadrée dans deux élégantes tourelles, et divisée en deux parties par une frise très ornementée.

La partie inférieure était percée de trois grandes fenêtres à ogives géminées et couronnées par un œil de bœuf : le tout rassemblé dans une arcade principale figurée. Ces œils de bœuf se transformaient dans leur centre en quatre feuilles. La partie supérieure de la façade ne comportait qu'une vaste fenêtre en rose ornée de moulures.

---

(1) † Ms. 658, art. 30, part. 2e.

(2) L'abbé Tranchant dans une des curieuses compilations qu'il nous a laissées, rappelle que le *Petit-Palais* ou le *Temple* a été démoli en 1781. — V. † ms. 1018, part. I, cahier A.

(3) Donc ce n'était point, ou ce n'était plus le Petit-Palais lui-même.

Enfin le système de fenêtres géminées se continuait sur les faces latérales de l'édifice.

Nous avons cru devoir donner la description de ce monument parce qu'elle se rattache intimement à l'histoire du Petit-Palais, si tant est qu'il n'ait pas été d'abord le Petit-Palais lui-même. Quoiqu'il en soit, la maison d'Ellebaud a donné son nom de *Temple* à la rue sur laquelle elle avait sa principale entrée. Nous pensons que le Temple proprement dit occupait en dernier lieu la maison qui porte aujourd'hui dans la rue de ce nom le n° 7.

Il vient d'en être dit assez, sans doute, pour détruire cette tradition erronée d'une maison de Templiers dans Cambrai. Nous avons, dans nos études de prédilection, compilé soigneusement et pendant plus de vingt années les annales de cette ville, nous n'y avons rencontré nulle part trace de cet ordre fameux. On comprend d'ailleurs que, trompé par le dernier titre donné au Palais des chanoines et par le nom de la rue où se trouvait ce Palais, quelques personnes aient pu croire que les enfants de Jérusalem étaient pour quelque chose dans tout cela.

Nous ne terminerons pas cet article sans rappeler une chose dont nous n'avons parlé plus haut qu'en passant.

C'est qu'il y a eu à Cambrai deux Petits-Palais : celui d'Ellebaud le Rouge, rue du Temple, derrière les murs des dépendances de l'archevêché, et celui de Robert de Croy construit dans le voisinage de l'église St-Géry (1) vers le milieu du XVIe siècle.

Enfin, il y avait encore dans Cambrai un autre lieu que l'on appelait quelquefois le Palais. C'était la cour spirituelle, l'officialité. Les bâtiments en sont aujourd'hui occupés par les dames Bernardines qui y tiennent un grand pensionnat.

PARDONS. — On appelait *Pardons* « les neuf coups de la grosse cloche qu'on touchait avant le premier coup de matines à la métropole; item l'angelus à midy, sur vingt-cinq ou trente volées de la cloche du jour ; et neuf coups de la grosse cloche pour les pardons proprement dits. » La fondation des pardons fut faite, en 1609, par Jean Taisne, chapelain de l'église de Cambrai, lequel, pour ce motif, donna à la fabrique 500 florins pour être employés à l'achat de terres ou prairies de même valeur. — † Ms. 886, p. 486.

PARLEMENT DE FLANDRE A CAMBRAI. — « Le parlement de Flandre fut d'abord érigé à Tournay sous le nom de *Conseil souverain* par édit du mois d'avril 1668; depuis, par autre édit du mois de février 1686, le roi lui attribua le titre de *Parlement;* les alliés s'étant emparés de la ville de Tournay, Sa Majesté, par ordonnance du 20 août 1709, transféra le parlement à Cambrai, où il a tenu ses séances jusqu'à ce que, par édit du mois de décembre 1713, le domicile de cette cour fût transféré et fixé en la ville de Douay, où elle a commencé ses fonctions le 4 juin 1714.

L'ouverture du parlement se faisait le 2 octobre par la messe du St-Esprit; ses membres y assistaient en robe rouge.

— *Calendrier général du gouvernement de la Flandre,* année 1759.

PAROISSES DE CAMBRAI. — En 1789, Cambrai était divisé en 12 paroisses, savoir : — St-Vaast, — St-Géry, — St-Gengulphe, — Ste-Croix, — Ste-Elisabeth, — St-Aubert, — St-Sauveur, — St-Martin, — St-Nicolas, — St-Georges, — Ste-Marie-Magdelaine, — St-Louis de la citadelle. — V. ces différents noms à leur ordre alphabétique.

En 1794 on réduisit à trois le nombre des paroisses de Cambrai ; ces *paroisses constitutionnelles* furent : — Notre-Dame, — St-Géry, — St-Sépulcre.

Bientôt la proscription de tout culte religieux rendit inutiles ces trois églises où l'on ne faisait plus que des semblants d'office divin.

Aujourd'hui, il n'existe que deux paroisses dans la pieuse cité de St-Géry, savoir : la paroisse de Notre-Dame, dite aussi du St-Sépulcre dont les offices se font dans la même église conjointement avec le service métropolitain. — La paroisse de St-Géry dans l'ancienne église de St-Aubert.

PATACON. — Pièce de monnaie en usage à Cambrai au XVIe siècle. Le patacon valait 48 patars ou 60 sous tournois.

PATARS. — Pièce de monnaie en usage à Cambrai, qui valait cinq liards. — V. *Monnaies.*

PATOIS. — Le patois qui est aujourd'hui dans Cambrai et les environs, le langage du menu peuple, y était autrefois (XVIe siècle et antérieurement) celui de tout le monde. Les personnes de distinction n'en avaient point d'autre. Témoin, les chartres, les chroniques et les lettres des seigneurs de ce temps-là.

---

(1) Notez qu'il s'agit ici de l'église de St-Géry située non loin de la porte Notre-Dame. L'église St-Aubert ne porte le nom de St-Géry que depuis la Révolution.

Il est évident que l'idiôme cambresien s'est formé, comme le Roman, du mélange de l'antique langage des Druides avec le Latin que les Romains avaient introduit dans le pays, ensuite avec l'idiôme des Francs qui chassèrent les Romains; puis, en dernier lieu, de la combinaison de ce langage complexe avec l'Espagnol que parlaient les soldats de Charles-Quint. Les traces visibles de ces langages combinés ne laissent pas de doute à cet égard (1).

On retrouve dans les dictionnaires romans et surtout dans le *Dictionnaire Rouchi* de M. Hécart une foule de mots appartenant également au patois cambresien. Il est aisé de comprendre que Valenciennes et Cambrai, le Hainaut et le Cambresis, si voisins l'un de l'autre, devaient nécessairement avoir une grande analogie d'idiômes, ou plutôt ce devait être le même, à quelque modification près, car ces contrées étaient l'une et l'autre Nerviennes.

N'ayant pas à aborder ici le volumineux travail que comporterait un vocabulaire du patois cambresien, nous ne pouvons mieux faire que de renvoyer au *Dictionnaire Rouchi-Français* de M. Hécart, jusqu'à ce qu'un ouvrage spécial ait été fait pour l'idiôme de Cambrai. Nous nous bornerons à poser les règles principales que nous avons tirées de l'étude de cet idiôme, et qui en sont comme la grammaire très abrégée.

PRONOMS PERSONNELS.

Dans *moi, toi, lui*, on supprime l'*o* et l'*u*, et l'on dit : *mi, ti, li*.

Dans *nous, vous*, on supprime l'*u*, et l'on dit : *nos, vos*.

Dans *il, ils*, on supprime l'*l*, et l'on dit : *i, is*.

Dans *elle, elles*, on change l'*e* en *a*, et l'on dit : *alle, alles*.

Tu se dit *te*. — Ex : au lieu de *tu vas*, on dit : *te vas*.

Par une conséquence très logique, de même que, dans *je*, l'*e* s'élide devant une voyelle, de même il s'élide dans *te*.

Ex : *tu aimes*, fait *te aimes*, mais on prononce *t'aimes*; *tu as du bon*, *t'as du bon*; *tu iras*, *t'iras*; *tu habites*, *t'habites*, etc.

Au XVIe siècle, *je* se changeait en *jou*. Ex : *je sais, je vis*, se disaient *jou sais, jou vis*.

Encore aujourd'hui *je* se change en *jou* quand il est placé à la suite du verbe. Ex : *Sais-je? dirai-je?* font *sais-jou? dirai-jou!*

PRONOMS ET ADJECTIFS DÉMONSTRATIFS.

Ce, pronom démonstratif se dit *chou*, Ex : *Il ne sait ce qu'il dit*, se traduit *I n'sait chou qu'i dit*.

Celui se dit *sti*; *celle* se dit *chele*; *ceux* se dit *cheux*, parce que l'*s* ou le *c* se prononcent *ch*. Ainsi *celui-ci* fait *sti-chi*. *Celle-ci* fait *chele-chi*, etc.

Ce, cette, adjectifs démonstratifs se disent *che, chele*. Ex : *che bâton, chele femme*.

PRONOMS RELATIFS.

Le quel, la quelle, les quels font *le que, la queulle, les queux*.

ARTICLE.

L'article féminin s'écrit comme le masculin. Ainsi l'on n'écrit pas *la femme, la misère*, mais bien *le femme, le misère*. Et jamais dans l'article on ne prononce la voyelle. Ainsi l'on écrit *le bâton, le fille, les ennuis*, mais on prononce *l'bâton, l'fille, l's ennuis*.

Une chose remarquable dans le patois cambresien, c'est que presque toujours, on substitue le pronom démonstratif *ce, cette*, à l'article *le, la*. Ainsi au lieu de dire : *je vais mener la vache au marché*, on dit : *je vais mener cette vache à ce marché*, et l'on prononce selon les règles du patois; *j'vas mener cheul'vake à ch'marké*.

Verbe auxiliaire AVOIR.

Voici ses principales altérations :

J'ai
T'as
I ou *alle a*
Nos avons
Vos avez
Is ou *alles ont*.

J'avos (1).
T'avos
Il ou *alle avot*
Nos avote
Vos avote
Is ou *alles avote*.

J'ai éu
T'as éu
I ou *alle a éu*

---

(1) Ainsi le mot *Rane* qui signifie grenouille, vient évidemment du latin *Rana* qui a la même signification; *Toudi*, qui signifie *toujours*, prend incontestablement sa syllabe *di* du mot *dies* (jours). On pourrait multiplier les exemples.

(1) On verra plus loin que souvent la diphtongue *oi* perd l'*i* et devient un *o* seul. C'est pour cela qu'on dit : *J'avos*, au lieu de *j'avois*.

Nos avons éu
Vos avez éu
Is ou alles ont éu.

Pour le futur, on supprime simplement l'u de la diphthongue au :

J'arai
T'aras
I ara
Nos arons
Vos arez
Is aront.

Tels sont les principaux caractères du verbe avoir, qui se conjugue en entier sur ces données radicales.

Verbe auxiliaire ÊTRE.

J'sus   J'étos
T'es   T'étos
I ou alle est   I étot
Nos sommes   Nos étote
Vos êtes   Vos étote
Is ou alles sont. Is étote.

Le passé défini *je fus* n'existe pas dans le patois cambresien.

Le reste du verbe *être* se conjugue à peu près comme en français, mais à la différence des règles posées ci-dessus. Ex. *J'avos été*, etc. *J'arai été*, etc.

ADJECTIFS POSSESSIFS.

Mon, ton, son, change l'*o* en *i*, devant une consonne. *Mon bâton, ton pain, son bras* font : *Min bâton, tin pain, sin bras*. Devant une voyelle, *mon, ton, son*, perdent l'*o* sans prendre l'*i*. *Mon avis, ton amour, son habit* font : *M'navis, t'namour, s'nhabit*.

Notre, votre, leur, font : *no, vo, leu*. *Notre bâton, votre amour, leur colère*, se disent : *No bâton, vo amour, leu colère*.

RÈGLES GÉNÉRALES DE PRONONCIATION.

Les voyelles *a e i o* conservent leur prononciation, mais généralement l'*u* se prononce *eu*. *Musique* fait *meusique*, *une* fait *eune*, *lune* fait *leune*. Et par une réciprocité singulière, la diphtongue *eu* perd l'*e* et devient un *u* : *Feu, jeu*, font *fu, ju*.

Ui se change en *iu* : *Tuile, suif*, font *tiule, siuf*.

Comme nous l'avons dit plus haut, la diphtongue *oi* perd l'*i* et devient un *o* seul : *Bois, froid, doigt*, font *bos, frod, dogt*.

Dans *ou* l'*o* se retranche ; *joueur, étouffoir*, se disent : *jueur, étuffoir*.

D'autres fois *ou* se change en *eu* : *Trouver, trou*, font *treuver, treu*.

Les syllabes *an* et *en* se changent en *in* : *Dimanche, tranche, pendant*, font *diminche, trinche, pindint*.

Un se change aussi en *in* : *Emprunter, un, chacun*, font *emprinter, in, chakin*.

Presque toujours *eur* final est privé de l'*r* ; *payeur, voleur* se disent *payeu, voleu*.

Our fait quelquefois *ou* sans *r* : *pour moi* se dit : *pou mi*.

Le *B* dans l'intérieur d'un mot est presque toujours remplacé par un *V* : *établir, abattre* se disent *étavlir, avattre*.

S et *C* se changent en *ch* : *savatte, sifflet, garçon*, se disent *chavatte, chifflet garchon*.

Ch se prononce *k* : *chat, chien, chose*, font *kat, kien, kose*.

La syllabe *re* se retourne et devient *er* : *revenir, recevoir, regarder*, se disent *ervenir, erchevoir, ergarder*.

Nous terminerons ces notions par une remarque sur la construction des phrases en général.

Le patois cambresien ne se contente pas du *sujet* de la phrase : il le double pour ainsi dire en y ajoutant le pronom qui sert à conjuguer le verbe. Ainsi on ne dira pas, *Pierre va se promener* mais bien *Pierre i va se promener*. *Le chemin est long*, se dira : *ch'kmin i est long*. *Les oiseaux vont vite, chez osiaux i vont vite*. Ce pléonasme a toujours lieu.

Nous donnerons pour dernier exemple une phrase bien connue et très populaire à Cambrai, c'est la formule employée par les enfants qui quêtent du bois pour les feux de la St-Jean.

« St-Jean i a kéu dins l'iau, St-Pierre i l'a ramassé, in tiot morciau d'bos pou l'rékauffer. »

Les règles que nous venons d'esquisser d'une manière très succincte et très incomplète, peuvent néanmoins donner une idée du caractère du patois cambresien, et surtout prouver que cet idiôme est une véritable langue, et qu'il suffit d'en rechercher les règles dans les monuments écrits comme dans le langage des gens du peuple, pour constituer une véritable grammaire, logique en elle-même et susceptible d'une application constante.

Il faut ajouter que tous les jours le patois du Cambresis s'altère, que les écoles qui s'ouvrent dans les villages le font disparaître petit à petit et le remplacent par un jargon qui malheureusement n'est point encore du Français. Espérons que cela finira par en être.

— V. comme exemple du langage qu'on parlait à Cambrai au XIVe siècle une intéressante citation que nous faisons ci-dessus (dans le courant de l'art. fête), p. 135 et suivantes.

PAUVRES. — V. *Mendiants.*

PAUVRES (COMMUNS). — V. *Fondations charitables.*

PAUVRETÉS. — V. *Fondations charitables.*

PÉAGE et **BAILLAGE** de *l'abbaye du St-Sépulcre.* — L'abbaye du St-Sépulcre, avait une foule de droits de perception sur différents objets, ce que l'on pourra voir détaillé à l'art. *Sépulcre. (Abbaye du St-).* Un receveur était employé à la perception de ces droits; et comme cela faisait partie du temporel de l'abbaye, on avait placé les bureaux du péage dans le bâtiment qui contenait la salle du baillage et qui, voisin de l'entrée actuelle de l'archevêché, était compris entre la place du parvis de la métropole, et la grande rue qui conduit à la porte de St-Sépulcre. Ce bâtiment qui fait face à la place St-Sépulcre, et devant lequel existait autrefois le collet de justice de l'abbaye, présente une façade assez élégante. Aux deux angles du bâtiment sont des niches vides, lesquelles, avant la révolution, contenaient des statuettes de Notre-Dame du Rosaire.

Le double usage auquel était consacré ce bâtiment, le fit pendant longtemps appeler indifféremment *Baillage* ou *Péage*. Néanmoins ce dernier titre avait fini par prévaloir, et dans cette circonstance comme dans bien d'autres, le vulgaire avait oublié la justice pour ne se souvenir que de la finance.

PEINTRES, *Brodeurs, Tailleurs d'images* et *Verrriers.* (CORPORATION). — Ces quatre états d'artisans avaient été réunis en un seul corps de métier par un acte émané du Magistrat, le 18 janvier 1619. Un *règlement de police* leur avait été donné en même temps; nous n'en avons retrouvé que la mention, sans pouvoir nous renseigner sur les dispositions qu'il contenait.

Ce règlement fut augmenté le 17 juin 1624, et reçut encore des additions le 10 janvier 1629, et le 7 mars 1635.

Enfin un règlement pour l'élection des mayeurs de ce corps de métier fut donné le 30 septembre 1652.

Nous avons le regret de ne pouvoir qu'indiquer ces divers règlements qu'on retrouvera peut-être un jour, dans les archives de la ville de Cambrai.

La corporation des peintres, tailleurs d'images, etc., avait St-Luc pour patron.

PÈLERINS DE ST-JACQUES. — V. *Jacques* (PÈLERINS DE DIEU ET DE M. ST-).

PELLETIERS ou *Pletiers.* (PAUSSIERS). — V. *Fourreurs.*

PENDEUR. — C'était le *Bourreau* d'autrefois. Il était à la nomination du Prévôt. — V. ci-dessus p. 291 (*fin de l'art. justice criminelle*).

PENDUS (CONFRÉRIE DES) ou de la miséricorde. — V. *Confréries.*

PÉRONNE ou *Peronnelle.* — V. *Câteau.*

PERRUQUIERS. — V. *Chirurgiens-Barbiers.*

PESTE. — La ville de Cambrai fut souvent visitée par ce cruel fléau. Il serait difficile de préciser quelle en était la nature. Peut-être y en eut-il de plusieurs espèces : on ne saurait former, à cet égard, que des conjectures. Or, en fait d'histoire, nous redoutons les conjectures, aussi nous bornerons nous au terme vague employé par les chroniques, et placerons-nous sous le mot *Peste* le relevé des diverses époques où la ville fut frappée par une épidémie quelconque.

1036. — Au temps de Gérard de Florines, évêque de Cambrai « fut grand mortoille (mortalité) et famine en Cambray, tellement que les chimentières n'estoient point assez grandes pour enterrer les corps, tellement que l'évesque fict faire un carneau etc. » †ms 659, p. 30; cette épidémie dont *Gramaye*, d'accord avec plusieurs chroniqueurs, fixe la date en 1036, fut si grande que, suivant cet auteur, *il ne restait plus de vivants pour enterrer les morts.* L'année 1036, est la première que nous voyons mentionnée dans les chroniques comme funeste aux Cambresiens, sous ce rapport; cependant il est permis de croire que ce n'était pas la première fois que la peste sévissait dans le Cambresis. Le Carpentier cite en effet une peste survenue en 1006 et une en 1008, mais sans indiquer la source où il a pris ses renseignements qui, dès lors, nous deviennent suspects.

1420. — « Au mois de juin, la peste estoit à Cambray. »

1437. — « Grande mortalité à Cambrai. »

1453 et 1454, peste.

1484, jour de St-Côme et de St-Damien, procession générale « en action de grâce de la délivrance de la peste qui avoit fort affligé les lieux voisins de la ville de Cambrai. » La chronique ne dit pas que la peste ait pénétré dans la ville.

1515. — « Une grande peste régnoit en Cambray et aux villages es-environs. »

1519. — « En che temps estoit grande peste en Cambray, et si véhémente que toutes les paroisses faisoient procession en portant le corps de Jésus-Christ, en lui priant qu'il eust pitié de son pouvre peuple. » — Il mourut quinze ou seize cents personnes.

1522, 1523. — « En che temps, on se mouroit en Cambray de la peste si fort que c'estoit pitié. » — Il mourut, de compte fait, 800 personnes depuis la St Jean jusqu'a la fin de septembre, et depuis septembre, jusqu'au Noël, il en mourut encore autant. »

1538. — Grande appréhension de la peste. Prières publiques pour détourner le fléau qui sévissait à Lille, Ipres, etc,

1545. — Peste qui donna lieu à l'érection de l'hôpital des pestiférés et à l'établissement du cimetière St Roch. — V. *Roch (hôpital de St-)*

1596. — « La peste ravagea la ville de Cambrai. » Le Carpentier prétend qu'il en mourut dix-huit mille personnes. Il y a évidemment exagération.

1618. — « Peste en Cambray et prières publiques. »

1634. — « Cette année, la peste régnoit dans nos provinces et notamment à Cambrai. »

1636. — « La peste estoit encore dans les provinces et à Cambray. »

1664. — Peste apportée à Cambray par des cavaliers Espagnols logés à la taverne de la Bombe. Il en mourut huit mille personnes. — V. *Bombe. (Taverne de la)*

1666. — Peste à Cambrai.

1668. — Peste à Cambrai.

Les époques funestes que nous venons de citer sont signalées pour la plupart dans le † ms. 884, — dans le § ms. 13, continuation de *la chronique* d'Adam Gélicq — et dans les *Mém. chron.*

Nous n'avons pas besoin de rappeler à la mémoire des Cambresiens les ravages du choléra en 1832.

En 1666, on érigea dans Cambrai une confrérie de St-Eloy, pour invoquer sa protection contre la peste. — † ms. 884, p. 352.

Le magistrat de Cambrai prit, à diverses époques, des mesures de prudence à l'occasion de la peste qui sévissait et notamment en 1634, et en 1668. Il établit le 11 août 1668, « Une *Chambre de santé* pour obvier à la maladie, édicter des ordonnances de police, et régler tout ce qu'il y auroit à faire en ceste occasion. »

L'acte de création de cet établissement était au *Livre des Ordonnances*, f° 334, verso.

Nous n'avons pu trouver le texte ni de cette ordonnance ni des règlements faits à d'autres époques. Nous savons seulement par les chroniques, que lorsque le fléau se déclarait dans un quartier de la ville, on isolait aussitôt ce quartier par des mesures de police. On brûlait les vêtements et les literies des pestiférés. Et ceux qui guérissaient devaient, pendant toute leur convalescence, porter, lorsqu'ils sortaient de chez eux, une baguette blanche à la main, afin de prévenir les passants qu'il fallait s'éloigner d'eux.

PESTIFÉRÉS (HOPITAL DES) OU DE ST-ROCH.— V. *Roch (hôpital de St).*

PHAETON. — On a appelé ainsi, dans la marche triomphale qui a lieu pendant la fête communale de Cambrai, certains chars moins importants que les autres et que l'on alternait avec les *chars* proprement dits. Autrefois, les Phaëtons n'avaient que deux roues et étaient traînés par un seul cheval. Plus tard on les plaça sur quatre roues, et on y mit plusieurs chevaux.

PIED FOURCHU (IMPOT DU). — On appelait ainsi les droits qui frappaient les bestiaux dans toute l'étendue de Cambrai et du Cambresis. On comprend aisément que cette expression de *Pied fourchu*, provenait de la conformation des pieds des animaux soumis à l'impôt. Néanmoins les chevaux étaient également passibles de cet impôt. Nul marchand, laboureur, maquignon ou autre habitant de Cambrai et du Cambresis ne pouvait aller vendre, échanger ou troquer ses bestiaux hors de la province sans acquitter un droit, soit entre les mains des fermiers du Pied fourchu, si le propriétaire habitait Cambrai, soit entre celles du mayeur de son village, s'il était campagnard.

Une ordonnance des états généraux de Cambrai et du Cambresis, en date du 29 juillet 1745, règlementait l'impôt du Pied fourchu.

— Nous possédons un exemplaire de cette ordonnance imprimé.

PIERRE (ST-) et ST-PAUL. — Premier vocable de l'église de St-Aubert. — V. *Aubert (St-)*

PIERRE-ES-BÈVRES (MAISON DE ST-). — V. *Prudhommes.*

PIERRE (LA). — V. *Bretèque.* — *Hôtel-de-Ville.*

PIERRES DRUIDIQUES. — *Pierres du diable*, *Pierres jumelles.* — V. *Antiquités.*

PILORI. — On entendait par ce mot des poteaux ou des piliers auxquels, à l'aide de chaines ou de carcans, on attachait les criminels condamnés à être exposés publiquement. Ils étaient ordinairement surmontés des armes du haut justicier auquel ils appartenaient. A Cambrai, les piloris étaient appelés *collets*, à cause du collet de fer qui y était scellé. Le pilori du Magistrat porta longtemps le nom de *Cayère*. C'était une chaise en fer placée sur un socle élevé de plusieurs marches; il existait au bord d'un flot ou retenue d'eau, dit pour cela *flot de la Cayère*, qui séparait autrefois le grand marché de la Place-au-Bois. Plus tard lorsqu'on supprima le flot, le collet de la ville fut placé de l'autre côté du grand marché, proche l'entrée de la rue de l'Arbre-d'Or.

Indépendamment de celle du Magistrat, il y avait d'autres juridictions dans la ville : le collet du chapitre de la Métropole était situé sur la place Notre-Dame, en face de la rue de St-Jérôme et de l'entrée du palais archiépiscopal; — celui de St-Sépulcre était en face du bâtiment qu'on appelait le *Péage* ou le *Baillage* du St-Sépulcre. Il se composait d'une colonne en grès au sommet de laquelle étaient sculptées les armes de l'abbaye. Au pied de la colonne, étaient deux ou trois marches sur lesquelles le patient se tenait debout. — Le collet de Saint-Aubert était situé place St-Aubert, vis-à-vis le grand portail de l'église.

Il y avait à Cambrai d'autres genres de pilori. Ainsi voit-on dans les mémoriaux qu'une femme « condamnée à être fourrée au *Pilori*, fut mise dans une mande (panier) » et suspendue dans cette *mande* jusqu'à ce qu'elle fût parvenue à couper la corde. — § ms. 6, p. 139. — † ms. 673.

— V. pour les lieux d'exécution, les mots : *Gibets, Croix de Justice*.

PINGREZ ou **PINGRET** (ARNOULD). — Nous ne connaissons ce digne Cambresien que par sa mort héroïque. Maraffin, officier de Louis XI, tenait, pour le compte de son maître, le gouvernement de la ville de Cambrai à laquelle il faisait souffrir des *maux incroyables*. (Mém. chron.) Arnould Pingrez était alors (1478 ou 79) Bailli du chapitre de Cambrai. Ce courageux magistrat osa élever la voix et invoquer en faveur de ses concitoyens les priviléges de la neutralité cambresienne. Maraffin lui fit trancher la tête ainsi qu'à quelques autres personnes dont les noms ne sont point mentionnés dans les chroniques. Et, pour inspirer la terreur aux partisans de l'indépendance, il fit exposer la tête du malheureux Pingrez. « Et sa teste fut mise au pilori sur ung baston. »

— On peut lire dans l'*Histoire de Cambrai* par l'abbé Dupont, part. 4 p. 99 et suivantes, l'histoire des funestes circonstances ou plusieurs habitants notables de la cité de Cambrai perdirent la vie. Il nous suffit ici d'avoir signalé le nom d'Arnould Pingret qui, selon l'expression de l'auteur des *Mém. chron.*, était un homme de bien et d'honneur.

PINTE, mesure agraire et de capacité, en usage à Cambrai. — V. *Mesures*.

PLACES. — Les principales places de Cambrai étaient :

La place dite le *Grand-Marché*, c'était la *Grand'Place* d'aujourd'hui (1).

La place ou *marché au Bois*. — Elle porte encore ce nom : c'est là qu'était le *pré d'amour*. — V. *Pré d'amour*.

Place verte, sur laquelle donnait un portail du transept de la métropole. Cette place était située au midi de la belle basilique de Notre-Dame. Elle tirait son nom de la plantation de tilleuls dont l'ombrage vert la couvrait pendant l'été. C'est sur cette place qu'existe aujourd'hui la salle de spectacle.

La place de Notre-Dame. — Elle était située entre l'abbaye de St-Aubert et le côté nord de l'église Notre-Dame. Elle donnait accès au portail de St-Jean. C'était sur cette place que se trouvait le *grand arbre*. Cet arbre était planté devant l'abbaye et formait un lieu de juridiction. Il fut brisé par la tempête en 1528. « Il fut abattu par le vent et rompu par le milieu ung *grand arbre* vieil de deux cents ans qui estoit devant notre porte (2) et Notre-Dame, en un *parcquet* entre les cauchies (un parc entre les chaussées) où les officiers de Marcoing, Cantaing, Ligny, font leurs exploits. » — *Mémoriaux de St-Aubert*. — C'est là en effet que fut faite, en 1399, 26 juin, entre 7 et 8 heures, la remise d'un prisonnier indûment arrêté par le Magistrat de Cambrai. — V. § ms. 6, p. 111. — § ms. 1 bis, p. 138.

Place du petit Marché. — On appelait ainsi la petite place, située vers le milieu de la rue dite aujourd'hui grande rue Fénelon, et formant le coin de la rue d'Inchy. — V. *Marché (petit)*.

Place St-Sépulcre. — Elle est située devant

---

(1) On l'appelle aussi *Place-d'Armes*. Autrefois on ne désignait d'autre Place-d'Armes à Cambrai que celle qui est devant la citadelle. — V. plus loin *Place-d'Armes*.

(2) Celle de l'abbaye de St-Aubert.

l'ancienne abbaye de ce nom, dont les bâtiments sont aujourd'hui consacrés à usage d'archevêché.

Place St-Martin. — Elle tire son nom de l'église de St-Martin dont le portail principal prenait accès sur cette place. La place St-Martin est de forme triangulaire; les rues de Noyon, des Chanoines, et grande de St-Martin y aboutissent.

Place Fénelon. — C'est l'emplacement de l'antique église métropolitaine de Cambrai. On y a fait une plantation en 1822. Il est à regretter qu'au point de vue historique comme au point de vue religieux, on ne lui ait pas donné le nom de *Place Notre-Dame*.

Place Ste-Croix. — Ce n'est autre chose que l'emplacement de l'ancienne église et du cimetière de Ste-Croix. Elle est plantée de tilleuls.

Place-d'Armes (ancienne). — Ce que l'on appelait autrefois la Place-d'Armes, c'était le glacis de la citadelle, qui aboutit à l'*Esplanade*. Trois citations suffiront pour prouver ce que nous avançons.

« Je dirai que c'était chose pitoyable à voir que l'abattement et ruine de plus de 600 maisons *devant la Citadelle*, pour faire une *Place-d'Armes*. » — † ms. 670, année 1595. — § ms. 3 bis, p. 249. — § ms. 13, suite de la *Chron.* d'Adam Gélicq, p. 365.

« Le 6 de juin 1615, nuict de Pentecoste, *en la Place-d'Armes devant la Citadelle*, fut arquebusé un gentilhomme natif de Lille. » — § ms. 2 p. 130. — § ms. 3 bis, p. 271. — †ms. 884, année 1615.

« 1709, l'archevêque fut obligé de bénir un endroit, *sur la Place d'Armes*, pour servir de sépulture aux soldats morts dans l'hôpital St-Jean, (1) *ce cimetière est proche le bastion Robert*. » *Mém. chron.*; année 1709.

PLANTIS (droit de) — C'était le droit qu'avait le seigneur d'un lieu, de planter tous les chemins de sa seigneurie, ainsi que les places et ruelles vagues que l'on appelait *Flégards* ou *Wareschaix*. Les *grandes routes* ou chaussées étaient à la charge de la province qui plantait le bord de ces chaussées, à moins qu'elle n'en eût laissé le droit aux propriétaires riverains. Quant aux *petites routes* qui n'étaient que des voies de communication entre les divers villages de la contrée, elles étaient plantées par le seigneur du fief qu'elles traversaient.

---

(1) Il s'agissait de soldats morts des suites de blessures reçues à la bataille de Malplaquet.

PLAT Farniers (le) ou de Farnières. — Fief composé d'un moulin et de prairies environnantes. — V. *Moulin du Plat*.

PLOYEURS. — On appelait ainsi les ouvriers chargés de plier la *Batiste* après le blanchissage. — V. *Mulquinier*.

POESTÉ (du mot latin potestas). — On appelait ainsi la juridiction qu'avaient certaines communautés religieuses sur des quartiers ou districts de la ville. Par extension on donna également le nom de Poësté aux circonscriptions dans lesquelles s'exerçait ce droit de justice. — V. *Juridiction*.

L'abbaye du St-Sépulcre céda sa poësté à la ville en 1708. Néanmoins elle conserva des droits sur la partie de la place de l'abbaye, qui était encore entourée de bornes en 1789.

POIDS en usage dans Cambrai. — V. *Mesures*.

POISSON (marché au). — V. *Marchés*.

POL (hôtel st-). — Jean de Châtillon comte de St-Pôl et seigneur de plusieurs terres en Cambresis, qui vivait au commencement du XIVᵉ siècle *bastit ou rebastit l'hôtel St-Paul à Cambrai*, et y tint longtemps sa cour, avec sa femme Jeanne de Fiennes, issue des anciens comtes de Boulogne. Le Carpentier qui donne cette origine à l'hôtel St-Pôl (Hist. de Cambrai part. III, p. 866), annonce que c'est de Lingne qui dit cela. Et cependant nous voyons de Lingne dans ses *Notices*, († ms. 659 art. 43.) désigner un autre fondateur et une autre date. « L'hostel St-Pôl, dit ce dernier, fut édifié en l'an 1442, par Loys de Luxembourg, comte de St-Pôl. » Y a-t-il contradiction dans deux ouvrages de Julien de Lingne, ou Le Carpentier, qui traitait l'histoire avec trop de légèreté, a-t-il, par distraction, confondu Jean de Châtillon avec Loys de Luxembourg? Nous ne nous chargerons pas de résoudre cette question. Nous avons cité les deux versions; au lecteur d'en choisir une.

Le roi Henri IV fut propriétaire de l'hôtel de St-Pôl qu'il avait hérité des comtes de ce nom. Il passa, ainsi que sa femme Marie de Médicis, des *devoirs de lois* en 1601, pour les terres de Serain, et d'Elincourt, ainsi que pour l'hôtel St-Pôl. Il remplit cette formalité en personne, par devant le Bailli et les hommes de fief de Walincourt, pour les terres; et par devant quelques échevins de Cambrai, pour l'*hôtel*. — V. Dupont part. 7, p. 43 à la note.

Le roi de France vendit donc son hôtel de St-Pôl en 1601, à Robert de la Hamaïde prévôt de l'église métropolitaine. Il paraît qu'à cette époque l'hôtel royal n'était pas en bon état. Henri IV, dans une lettre qu'il écrivait à l'archiduc Albert, constate lui-même que cette propriété *tombait en ruines*.

Aussi ne faut-il pas s'étonner de la voir ensuite descendre au rang modeste d'un hospice, et devenir la demeure des Pauvres-Chartriers.

Ce n'était plus pour l'hôtel déchu, le temps, (1529,) où une mère de roi, régente de France, habitait ses splendides appartements et y recevait les visites diplomatiques de la reine de Navarre et de Marguerite d'Autriche, tante de l'empereur Charles-Quint. Tout le monde sait que ces royales négociatrices s'étaient rendues à Cambrai pour y préparer et conclure la paix entre François Ier et Charles-Quint. Louise de Savoie habita l'hôtel St-Pôl; Marguerite d'Autriche logea à l'abbaye de St-Aubert et la reine de Navarre au refuge d'Anchin. Pour faciliter les relations entre ces dames, on avait relié d'un côté l'abbaye, de l'autre le refuge, avec l'hôtel de St-Pôl, par le moyen de galeries très élevées qui passaient, l'une au-dessus de la rue du Marché-au-Poisson, l'autre au-dessus des murs d'un jardin et au-dessus de la rue St-Pôl. La galerie qui joignait l'hôtel à l'abbaye de St-Aubert subsista sans doute assez longtemps. Julien de Lingne, qui écrivait en 1603, en parle dans des termes qui pourraient faire croire qu'elle existait encore à cette époque.

Le lecteur, peut voir à l'art. *Paix des Dames*, les détails de cet événement, où le nom de l'hôtel St-Pôl est plusieurs fois cité. Il y verra qu'alors cette antique habitation avait un jardinet dans lequel la mère du roi fit placer un dressoir chargé d'une vaisselle somptueuse dans laquelle on donnait à boire à tout venant.

Nous le répétons, l'hôtel St-Pôl était bien loin de ces jours de fêtes et de royale splendeur, lorsque de pauvres vieillards y traînaient leur vie souffreteuse et débile. Il fut consacré à cet usage d'Asile obscur jusqu'au milieu du XVIIe siècle (1); époque où ses tristes hôtes passèrent dans le refuge d'Anchin.

Nous ignorons ce que devint alors l'ancien hôtel des comtes de St-Pôl.

Cette grande maison comportait une chapelle, une grange et d'assez vastes dépendances; elle occupait à elle seule le triangle compris entre les rues de St-Pôl, du Marché-au-Poisson et du Chapeau-Vert. Il est évident que le corps de logis était la partie occupée aujourd'hui par M. Pagniez, brasseur, et que l'autre maison qui y est contiguë, laquelle a été subdivisée depuis peu d'années, n'est qu'une construction élevée postérieurement dans le jardin de l'hôtel de St-Pôl.

Cet hôtel avait encore, il y a quelques années, une physionomie antique et très pittoresque, où bien certainement le génie espagnol avait, en passant, imprimé son cachet. Aujourd'hui, ce noble manoir, le plus ancien des hôtels de Cambrai, a revêtu la forme d'une maison moderne; il n'y reste guère pour annoncer au passant que là fut une antique demeure, que sa porte en ogive formée par des arceaux de grès.

POLICE —La loi Godefroy, qui date de 1227, n'est pas seulement une charte constitutive pour l'état de Cambrai, c'est en même temps un véritable code pénal et, par conséquent, une œuvre de haute police sociale. Nous invitons le lecteur à prendre connaissance de cette œuvre remarquable qui lui donnera une idée exacte des grandes mesures d'ordre observées dans Cambrai au XIIIe siècle. — V. ci-dessus p. 304.

De tout temps le duc de Cambrai et le Magistrat ont assuré, par de sages règlements, la police de la ville.

Les nombreux règlements des corps de métiers, ceux des marchés, les ordonnances pour la propreté des rues, une foule d'autres actes émanés des autorités anciennes et que nous nous sommes fait un devoir de reproduire dans ce livre, ne fût-ce que pour les conserver à la postérité, constituent déjà dans leur ensemble un immense code de police.

Il n'y avait autrefois, comme aujourd'hui, que trop de dispositions dans le peuple pour le désordre et pour une foule d'abus. Les soldats eux-mêmes rendaient parfois nécessaires des précautions particulières de police.

Ainsi, par exemple, des rixes survinrent, en 1552, entre la bourgeoisie et la garnison de la citadelle, qui eussent fini par atteindre des proportions déplorables, sans l'intervention énergique de plusieurs notables de la ville. Il s'ensuivit une ordonnance qui défendait à qui que ce soit « d'aller par les rues *embastonné* (avec des bâtons) ou sans lumière après l'heure, et estant le guet assis, sinon ceux qui estoient députez audit guet. » — V. une pièce contenue dans la farde D des Mss. d'Eugène Bouly.

(1) 1600 environ.

Dès le XVIe siècle, c'était déjà au mois de mars que se publiaient ces ordonnances de police qui finirent par prendre le nom de *Bans de Mars*.

« Le 28 mars 1560, furent publiés à la Bretêque les ordonnances de Maximilien de Berghes. » — † Ms. 884, p. 153. — Parmi ces ordonnances, il s'en trouvait une qui défendait de « pourmener à l'église, ni au marché, durant le saint service divin et le sermon; ni d'aller au cabaret, ni taverne et autres semblables. »

On verra par la déclaration suivante, émanée du Magistrat de Cambrai, que depuis longtemps on prend souci de l'alignement des rues de la ville.

« Estant une difficulté meue en pleine Chambre, sur ce que Thomas Banse voulant rebastir deux maisons, rue des Capucins, pour lesquelles mettre à droite ligne, il auroit requis MM. de la Chambre du domaine lui accorder un pied sur rue dans l'enfonçure desdites maisons, rapport en ayant esté faict en la Chambre par M. de Francqueville, sepmanier au domaine, MM. ont déclaré que ceux de ladite Chambre du domaine n'estaient autorisés ni puissans d'accorder ladite permission, laquelle devoit estre accordée par MM. du Magistrat, comme ils ont accordé audit Thomas Banse pour la somme de 8 pattacons, partageables entre MM. du Magistrat et collecteurs. » — § Ms. 5, p. 158.

En 1766, le roi, par lettres patentes du 13 septembre, réglant les droits respectifs de l'archevêque et du chapitre de Cambrai, fixe ainsi qu'il suit la compétence pour la police de la ville.

« Art. 9. — Les règlements de police faits par les Magistrats des villes de Cambrai et Câteau-Cambresis, ainsi que leurs ordonnances concernant les arts et métiers seront intitulés du nom des archevêques *ducs de Cambrai, comtes du Cambresis*, et de celui desdits Magistrats; et seront lesdits règlements et ordonnances exécutés, sauf appel, comme par le passé. »

Art. 10. — Voulons en outre que lesdits archevêques aient la faculté de faire eux-mêmes les règlements qu'ils estimeront convenables pour le maintien de la police desdites villes de Cambrai et du Câteau, et des arts et métiers d'icelles, sans toutefois qu'ils puissent être exécutés, s'ils n'ont été préalablement homologués en notre cour. »

La Révolution de 1789, en renversant l'antique édifice social, avait mis à néant les anciens *Bans de Mars*. Cela n'est pas étonnant: toute loi d'ordre gênait les hommes de désordre qui régnaient alors. Mais lorsque Napoléon, de sa main de fer, eut repris les rênes de l'état et ramassé cette couronne ensanglantée qui, de la tête de Louis XVI, était tombée sur la place de la Révolution, il voulut que partout fussent réhabilités les règlements de police; et les *Bans de Mars* furent publiés de nouveau par le maire de Cambrai (1).

Nous n'avons pas donné le texte de ce recueil au mot *Bans*, pour ne pas diviser ce que nous avions à dire de la police de la ville. Nous en reproduisons ici les parties les plus importantes.

BANS DE MARS POUR LA VILLE DE CAMBRAI.

Le Maire de la ville de Cambrai,

Vu l'article 7 de l'arrêté de M. le Préfet du département du Nord, du 13 floréal an 9, portant que les publications connues autrefois sous la dénomination de *Bans de Mars*, et prescrites par les ordonnances des 7 avril 1535, 8 avril 1671, et 14 août 1780, seront renouvellées chaque année, et affichées dans toutes les communes du département du Nord;

Considérant combien l'observation des Lois et des Règlements locaux a d'influence sur le bon ordre et la tranquillité publique;

Considérant que plusieurs sages dispositions sont tombées en désuétude, et que le nouvel ordre de choses réclame leur stricte exécution;

Considérant, enfin, qu'il importe à tous les habitans de la ville et de sa banlieue, d'avoir connaissance des obligations qui leur sont imposées pour qu'ils puissent s'y conformer;

A ARRÊTÉ ET ARRÊTE :

Les dispositions des Lois et des anciens Règlemens de police ci-après, seront, à la diligence de M. le Commissaire de Police, lues, publiées et affichées dans toutes les rues, places publiques et quartiers de cette ville et de ses faubourgs, afin que personne n'en puisse prétexter cause d'ignorance.

SURETÉ PUBLIQUE.

Les aubergistes, maîtres-d'hôtels garnis et logeurs, seront tenus d'écrire de suite et sans aucun blanc, sur un registre en papier timbré, par nous coté et paraphé, ou par M. le Commissaire de Police, les noms, qualités, domiciles habituels, dates d'entrée et de sortie de tous ceux qui coucheront chez eux, même pour une seule nuit, de représenter ce registre tous les quinze jours, et en outre toutes les fois qu'ils en seront requis, soit à l'Autorité municipale, soit audit sieur Commissaire de Police. *Loi du 22 juillet 1791, sur la police correctionnelle.*

Ceux qui laisseraient le soir des voitures à leurs portes, sans y poser une lanterne éclairante, afin

---

(1) Ils le furent avec les modifications qu'exigeait le nouvel état de choses qui s'était établi.

d'éviter les accidens auxquels ces voitures exposent les passans, seront punis de la peine portée *par l'article 605 de la Loi du 3 brumaire an 4.*

Lesdits aubergistes et logeurs, sont tenus, pendant le temps que l'éclairage public n'aura pas lieu, d'avoir une lanterne allumée au devant de leurs maisons, depuis la chûte du jour jusqu'après la fermeture des portes, fixée par les règlemens militaires. *Arrêté de M. le Préfet du 8 avril 1806, et sa circulaire du 9 août suivant.*

Nous ordonnons très-expressément à tous les cabaretiers, aubergistes et autres habitans de cette ville, de telles qualités et conditions qu'ils soient, de remettre ou de faire remettre, tous les jours, une heure après les portes fermées, à la botte déposée en notre demeure, la déclaration de tous les étrangers arrivés chez eux pour y loger, contenant leurs noms, qualités ou professions, leurs résidences ordinaires, et le temps de leurs séjours, à peine de *trois francs d'amende. Réglement du 5 mars 1776.*

Les cabaretiers, aubergistes et autres habitans de la banlieue, qui logeront des étrangers, en porteront leurs déclarations écrites, au consigne de la porte la plus voisine de leur demeure, avant qu'elle soit fermée ; et s'ils étaient arrivés après la porte fermée, le lendemain, à l'ouverture, afin que le consigne en charge son rapport, quand même les étrangers seraient partis : le tout à peine de *trois francs d'amende. Article 2e, idem.*

Faisons défenses de louer, même à tous propriétaires et locataires des maisons de cette ville et banlieue, chambres garnies, caves ou greniers, et particulièrement aux gens sans aveux et mendians, sans en avoir donné leur déclaration, et obtenu de nous la permission, à peine de *7 francs 50 centimes d'amende*, même de répondre, en leurs propres et privés noms, des inconvéniens et des dommages qui seront résultés de leur contravention. *Article 3e, idem.*

Il est enjoint aux quatre consignes des portes de cette ville, de continuer d'enregistrer, avec la plus scrupuleuse exactitude, les noms, prénoms, qualités et demeures des étrangers arrivans, et d'en porter un extrait, chaque jour, après la fermeture des portes, à la botte susdite.

. . . .

Celui qui, par imprudence ou par négligence ou par la rapidité de ses chevaux, aura blessé un Citoyen, sera puni des peines portées *par l'article 16 du titre 2 de la Loi du 22 juillet 1791.*

Le voyageur qui, par la rapidité de sa voiture, ou de sa monture, *tuera* ou *blessera des bestiaux*, sur les chemins, sera condamné à une amende égale à la somme du dédommagement dû au propriétaire des bestiaux. *Article 42 du titre 2 de la Loi du 28 septembre, 6 octobre 1791.*

Très-expresses inhibitions et défenses sont faites à toutes personnes, même aux enfans, de crosser dans les places et promenades publiques de cette ville. Les contrevenans seront traduits au Tribunal de police municipale, et seront punis conformément aux articles 605 et 606 du code des délits et des peines. *Loi du 3 brumaire an 4.*

Les pères, mères et tuteurs, seront civilement responsables des délits commis par leurs enfans, pupiles, etc. *Arrêtés des 26 nivôse an 9 et 10 frimaire an onze.*

L'article 605 du code des délits, porte que ceux qui laisseront divaguer des *insensés* ou *des furieux*, seront punis des peines de simple police.

Tous ceux qui nourrissent des chiens ne doivent pas les laisser vaguer. La Police est autorisée de faire tuer ceux qui ne sont avoués de personne.

Défenses sont faites à tous citoyens de rester au cabaret après la retraite sonnée ; et aux cabaretiers, marchands de vin, de bierre, eau-de-vie et liqueurs, de les retenir après le son de la cloche, comme aussi de souffrir qu'il s'y tienne chez eux aucun propos séditieux, tendant à despecter les Magistrats, ou à troubler l'ordre public, qu'il s'y commette aucune voie de fait, à peine de *trois francs d'amende. Bans politiques du Cambresis de 1756.*

. . . .

Les aubergistes, cabaretiers, cafetiers, marchands et autres habitans, sont de nouveau prévenus que tous les règlements militaires et locaux, leur défendent de faire crédit aux troupes, et qu'aucune plainte de la part de ceux qui auront fait crédit ou des prêts aux militaires, ne pourra être accueillie, à moins qu'ils n'y aient été autorisés par le Major du Corps, ou qu'il n'y ait eu surprise, escroquerie par violence ou force armée ; mais que dans ce cas, les parties lésées sont tenues de nous porter leurs plaintes dans les vingt-quatre heures. Passé ce délai, elles n'auront plus le droit de réclamer, et leurs plaintes seront rejetées.

Il est aussi défendu à tous marchands et artisans d'acheter aucunes hardes, meubles, linges, livres, bijoux, vaisselles et autres choses, des enfans de famille ou des domestiques, sans un consentement exprès ou par écrit, de leurs pères et mères, tuteurs et de leurs maîtres ou maîtresses : il leur est fait semblables défenses d'en acheter d'aucunes personnes, dont le nom et la demeure ne leur soient connus, ou qui ne leur donnent caution et répondant, d'une qualité non suspecte, et à toutes personnes sans qualité de s'entremettre dans lesdites ventes et reventes. Le tout à peine de *quatre cens francs d'amende*, et de répondre, en leur propre et privé nom, des choses volées, et même d'être poursuivies extraordinairement, si le cas y échèt. *Article premier de l'ordonnance de police, du 8 novembre 1780.*

Tous les marchands merciers, quincailliers, orfèvres, jouailliers, bijoutiers, horlogers, fripiers, tapissiers, fourbisseurs, potiers d'étain, fondeurs, plombiers, chaudronniers, vendeurs de vieux fers, et tous autres marchands qui achètent et revendent d'autres personnes que des artisans qui les fabriquent ou des marchands qui en font commerce, sont obligés d'avoir et tenir chacun deux registres, sur lesquels ils inscriront, jour par jour, de suite, et sans aucun blanc ni rature, les noms, surnoms, qualités et demeures de ceux qui les achèteront, et avec qui ils trafiqueront ou échangeront des effets et marchandises de hasard, ensemble la nature, la qualité et les prix desdites marchandises.

Lesdits registres, cotés et paragraphés par M. le Commissaire de Police, auquel ils seront tenus de les représenter au moins une fois le mois ; le tout à peine de *quatre cens francs d'amende*, etc. *Article 2, idem.*

Défenses sont faites à tous serruriers, taillandiers et autres ouvriers travaillant à la forge, ferrailleurs, vendeurs et crieurs de vieilles ferrailles, et à toutes autres personnes, telles qu'elles soient, d'exposer en vente et débiter aucune vieille clef ou neuve, séparément de la serrure, pour laquelle ladite clef aura été faite, sous peine de *cent francs d'amende*, pour la première fois, et de prison en cas de récidive, même d'être poursuivis extraordinairement, suivant l'exigence des cas. *Idem, article 8.*

INCENDIES.

En cas de feu, le guetteur de service l'annoncera sur-le-champ par le son de la cloche, et de la manière accoutumée ; les pompiers se rendront de suite à leur poste ; les maçons, couvreurs, charpentiers, plombiers et autres ouvriers, sont invités de s'y transporter à la réquisition de la police.

Ceux qui refuseraient leurs secours, seront punis des peines portées par l'*article 17 du titre premier de la Loi du 19, 22 juillet 1791.*

Toute personne qui aura allumé du *feu* dans les champs plus près que cent mètres des *maisons, bois, bruyères, vergers, haies, meules de grains, de paille* ou *de foin*, sera condamnée à une amende égale à la valeur de douze journées de travail, et payera, en outre, le dommage que le feu aurait occasionné : le délinquant pourra de plus, suivant les circonstances, être condamné à la détention de police municipale. *Article 10 du titre 2 de la Loi du 28 septembre, 6 octobre* 1791.

Itératives défenses sont faites à toutes personnes de circuler dans les rues et wareschaix de la banlieue de cette ville, ou auprès des meules et tas de paille, avec une pipe allumée, à peine d'un franc quatre-vingts centimes d'amende, portée par l'article 56 des Bans politiques de la ci-devant province du Cambresis. *Arrêté du 25 Messidor an 13.*

Il est enjoint aux propriétaires et locataires des maisons, d'entretenir les puits qui y existent, de poulies, cordes et sceaux en bon état ; de les faire nettoyer et curer, en sorte qu'il y ait au moins vingt-deux pouces d'eau.

L'entretien des puits banaux est à la charge des voisins qui en font usage ; et les gardes des eaux sont personnellement responsables des accidents qui résulteraient de leur négligence à cet égard.

Les propriétaires des cheminées, fours, toureilles et forges, sont tenus de les entretenir en bon état et hors de danger de feu, à péril qu'il sera prononcé, à la charge des contrevenans, les peines portées par l'*article 9 du titre 2 de la Loi du 6 octobre* 1791, *sur la police rurale.*

MENDICITÉ.

Les mendians valides pourront être saisis et conduits devant le juge-de-paix, pour être statué à leur égard, conformément aux Lois sur la répression de la mendicité. *Loi du 22 juillet* 1791, *titre* 2, *article* 22.

Aucun individu ne pourra mendier que dans le territoire de sa commune. *Arrêté de M. le Préfet du département du Nord, du 23 Pluviôse an* 10, *article premier.*

Tout individu qui mendiera dans sa commune avec menaces et violences, avec armes, en s'introduisant dans les maisons pendant la nuit, accompagné d'un ou de plusieurs mendians avec faux certificats ou congés, infirmités supposées, ou déguisement, ou après avoir été repris de justice, sera arrêté et traduit devant le Magistrat de sûreté, comme ayant encouru la peine d'emprisonnement déterminée par *l'article 24 de la Loi du 22 juillet* 1791, *et par l'article 4 du titre 3 de celle du 24 Vendémiaire an* 2.

Les vagabonds seront arrêtés et conduits devant le Magistrat de sûreté de l'arrondissement dans lequel ils seront trouvés. S'ils ne sont prévenus d'aucun délit, ils seront remis à la gendarmerie impériale, pour être conduits dans la commune de leur naissance. *Idem, article* 5.

SUBSISTANCES.

Les mesureurs, les portefaix, brouteurs de bierre, et encaveurs de vin et eau-de-vie, se conformeront, pour les salaires qui leur seront dûs, au réglement de l'Administration municipale, du 26 Frimaire an 6, à péril d'être traduits pardevant le Tribunal compétent par M. le Commissaire de police, pour s'y voir condamner aux peines portées à la charge de ceux qui se rendent coupables de taxes arbitraires.

Nul n'est obligé d'employer les individus qui prennent la qualité de portefaix, de brouteurs et d'encaveurs. La liberté la plus illimitée est accordée à tout Citoyen, et garantie par la constitution, de se servir par lui-même, ou d'appeler tel secours étranger qu'il trouve convenir : les mesureurs de grains ne pourront également s'arroger, hors des marchés, aucun droit de mesurer. *Art. premier.*

Les mesureurs, portefaix, brouteurs et encaveurs de vin et d'eau-de-vie, qui se permettraient de contrevenir aux dispositions qui précèdent, notamment les portefaix, en prétendant, contre le gré des marchands de grains, avoir le droit de décharger et recharger les voitures, soit en usant de menaces ou d'injures envers les particuliers, soit en se permettant des violences, seront sur-le-champ traduits, à la diligence du commissaire, pardevant le tribunal de police municipale, s'ils se sont seulement rendus coupables d'injures verbales, et pardevant celui de police correctionnelle, s'ils se sont rendus coupables de menaces ou de violences, et même poursuivis criminellement, s'il y a lieu, comme coupables d'attentat à la liberté individuelle. *Article deux.*

Si les mesureurs, portefaix, brouteurs et encaveurs, se permettent d'excéder, contre la libre volonté des particuliers, les taxes qui leur étaient anciennement attribuées, ils seront également traduits sur-le-champ, à la diligence du même commissaire, et comme coupables d'exaction et de taxe arbitraire, pardevant le tribunal compétent, sans préjudice à poursuites plus rigoureuses, s'il y a lieu. *Article trois.*

Les halliers-mesureurs se trouveront exactement sur le marché, au moins une demi-heure avant l'heure de son ouverture ; ils y prendront chacun la place qui leur est indiquée, pour y attendre les grains qui leur seront envoyés pour vendre, sans pouvoir aller ou envoyer au-devant des fermiers, laboureurs et autres amenant grains au marché, les appeler ou exciter, en manière quelconque, à leur remettre lesdits grains, à peine de *quinze francs* d'amende, pour chaque contravention. *Règlement du* 14 *novembre* 1788.

Faisons très-expresses inhibitions et défenses auxdits halliers-mesureurs et vendeurs de grains, d'aller dans aucun endroit pour mesurer les grains qu'on leur délivrera pour exposer en vente au marché, à peine également d'interdiction ou de destitution, suivant l'exigence du cas. *Idem, article 4.*

Lesdits halliers-mesureurs, non plus que les portefaix, ne pourront être marchands de grains ni vendeurs de farines; déclarons lesdites professions incompatibles. En conséquence, ordonnons à tous ceux desdits mesureurs et portefaix qui font actuellement l'un ou l'autre de ces négoces, d'en faire leur déclaration au greffe, et d'opter dans la huitaine péremptoirement à laquelle des deux professions ils entendent se tenir; à péril que, ce terme écoulé, ceux qui seront convaincus de faire l'une et l'autre, soit pour leur propre compte, soit par commission ou autrement, et d'avoir acheté par eux-mêmes ou par leurs femmes, leurs enfants, domestiques ou préposés et associés, à quelque heure que ce puisse être, dans les marchés ou ailleurs, des grains au-delà de leur consommation usuelle, seront et demeureront interdits et privés pour toujours de l'exercice de leurs fonctions, auxquelles il sera pourvu ainsi qu'il appartiendra.

Faisons pareilles inhibitions et défenses aux boulangers, brasseurs, cabaretiers et meûniers de cette ville et banlieue, de marchander, examiner ou visiter aucuns grains, de paraître même, d'entrer ou d'approcher directement ou indirectement par eux ou par leurs femmes, enfans ou commissionnaires, la halle ou marché aux grains, avant dix heures sonnées au Beffroi, depuis le *premier avril*, jusqu'au *premier octobre*, et avant onze heures depuis le *premier octobre* jusqu'au *premier avril*, à peine de *soixante-deux francs cinquante centimes* d'amende, et de confiscation des grains qu'ils auront achetés, même de punition exemplaire, en cas de récidive. *Idem, article 19.*

Ne pourront, sous les mêmes peines et amendes, les marchands de grains et de farines, soit de la ville ou étrangers, les marchands blattiers, les boulangers, ainsi que les brasseurs et cabaretiers étrangers, les meûniers et chasseurs de moulin, aussi étrangers, paraître, entrer ou approcher pareillement le marché, sous quelque prétexte que ce puisse être, et de quelques commissions ou priviléges dont ils se prévaudraient, ni acheter, marchander, examiner aucuns grains, même pour leur propre consommation, avant midi sonné au Beffroi, depuis le *premier avril* jusqu'au *premier octobre*, et avant une heure de relevée depuis le *premier octobre* jusqu'au *premier avril*. *Idem, article 20.*

Les halliers-mesureurs et autres ne pourront, sous peine de *cent vingt-cinq francs* d'amende, même de privation de leurs emplois, mesurer, vendre, faire prix, ou laisser visiter et examiner les grains qu'ils auront à vendre avant les heures fixées ci-dessus, par aucun des dénommés aux articles précédents; leur faisons pareillement défenses de fermer les sacs à qui que ce soit des particuliers achetant pour leur consommation ordinaire. *Idem, article 21.*

Les *Bans de Mars* contiennent ici des dispositions relatives au *minck* du poisson. Nous les rapportons à l'art. *Minck.* — V. ce mot.

Il est fait itérative défense à tous particuliers, de vendre, ou d'acheter hors des marchés, des grains, des œufs, du beurre, des légumes, des volailles, du gibier ou du poisson, à peine d'être traduits pardevant le Tribunal compétent, pour s'y voir condamner conformément au règlement local du 7 février 1782.

Tous revendeurs, aubergistes, traiteurs et pâtissiers, ne pourront acheter dans les marchés aucune des denrées ci-dessus, avant onze heures, pendant l'hiver, et avant dix heures, pendant les autres saisons, à peine de confiscation et d'amende. *Idem.*

Les bouchers qui exposeront en vente de la viande gâtée, provenant d'animaux morts ou attaqués de maladie, seront condamnés aux peines portées par la Loi du 19, 22 juillet 1791.

Il leur est défendu de jeter le sang, ou les abattis des animaux, dans les rues ou places publiques, à péril d'être traduits pardevant le tribunal de police correctionnelle. *Idem.*

Ne pourront lesdits bouchers, vendre de viande soufflée, excepté celle du veau, ni vendre de brebis, si ce n'est depuis le premier octobre jusqu'au dix novembre de chaque année.

Expresses inhibitions et défenses sont faites à tous bouchers, d'obliger les particuliers d'acheter, conjointement avec la viande du bœuf, celle de vaches, veaux, moutons et autres, pour être pesées ensemble, vendues sur un même poids et sans aucune différence de prix, à peine *de 12 francs d'amende*, pour la première fois, et d'interdiction en cas de récidive. *Article 5 du Règlement du 31 juillet 1771.*

. . . .

Il est défendu aux épiciers, ainsi qu'à toutes personnes, de fabriquer, vendre ou débiter aucune composition ou préparation entrant au corps humain, en forme de médicament, ou de faire aucune mixtion de drogues simples, pour administrer en forme de médecine, à peine de 500 francs d'amende, et de plus grande s'il y échet. *Déclaration du 15 avril 1777.*

Les boulangers et bouchers qui vendent le pain ou la viande, au-delà du prix fixé par la taxe légalement faite et publiée, sont punissables des peines de simple police. *Code des délits et des peines, du 3 Brumaire an 4, article 605.*

Les délinquans, aux termes de l'article précédent, seront, en outre, condamnés à la détention de police municipale; et en cas de récidive, les prévenus seront renvoyés à la police correctionnelle. *Idem, titre premier, article 23.*

VOIRIE.

Qui que ce soit ne pourra faire procéder à la démolition d'aucun bâtiment, façades de maisons, ou tel autre édifice que ce puisse être, donnant sur les rues, places, wareschaix ou autres lieux publics de cette ville, sans en avoir préalablement obtenu l'autorisation par écrit, sur pétition, dont la minute sera conservée au secrétariat de la mairie, pour y avoir recours au besoin. *Règlement du 5 mars 1781.*

Aucuns propriétaires, entrepreneurs, maçons ou autres, ne pourront excéder, rentrer ou sortir des alignements et proportions qui leur auront été donnés, par le commissaire aux travaux, en conséquence des pétitions et plans qu'ils auront présentés; à péril qu'outre l'amende prononcée par le présent règlement, les bâtiments et autres ouvrages qui auront été faits, ou sans permission, ou contre la teneur de celles accordées, seront démolis aux frais de ceux qui les auront érigés.

Ceux qui feront construire quelques maisons, bâtimens ou autres édifices sur les rues, places, wareschaix ou autres lieux publics, ne pourront faire avancer les marches de l'entrée des maisons, ni celles des caves, sur la voie publique, sans une permission expresse et par écrit du Commissaire aux travaux, à peine qu'elles seront supprimées à leurs frais et de quinze francs d'amende. Il est enjoint aux propriétaires dont les caves avancent actuellement sur les rues, et ne sont point fermées d'une porte de bois ou de fer, de solidité suffisante, de les y faire être dans le mois, à peine de sept francs cinquante centimes d'amende, et qu'il y sera pourvu à leurs frais. *Idem, article* 15.

Le refus ou la négligence d'exécuter les réglemens de voirie, ou d'obéir à la sommation de réparer ou démolir les édifices menaçant ruine sur la voie publique, seront, outre les frais de la démolition ou de la réparation de ces édifices, punis d'une amende de la moitié de la contribution mobilière; laquelle amende ne pourra être au-dessous de six francs. *Article dix-huit de la Loi du* 19, 22 *juillet* 1791, *titre deux.*

Faisons pareillement défenses à toutes personnes de placer et d'exposer sur les tablettes extérieures de leurs fenêtres, aucunes caisses, pots-à-fleurs et autres vases, sous tel prétexte que ce soit, à peine de 7 francs 50 centimes d'amende. *Idem, article* 20.

Il est défendu de former aucuns dépôts de décombres, pierres, bois et autres matériaux qui puissent gêner la voie publique, ou nuire à la salubrité de l'air.

Les mercredis et samedis de chaque semaine, à huit heures précises du matin, un homme de service parcourra les rues de la ville, une clochette à la main, pour les faire balayer; une heure après, les agens de la police le feront faire d'office, au compte de ceux qui auraient négligé de le faire. Les délinquans seront, en outre, condamnés à l'amende de *deux francs d'amende.*

Loi du 22 *juillet* 1791, *article* 15, *et code des délits et des peines, article* 605.

SALUBRITÉ.

Ceux qui jetteraient sur les rues ou places publiques, des choses qui pourraient nuire ou endommager par leur chûte, ou causer des exhalaisons nuisibles, seront punis des peines portées par l'article 605 du code précité.

Il est défendu à toutes personnes indifféremment, de quelque qualité ou état qu'elles soient, de faire nourrir, dans la ville, des cochons et des lapins, à peine de *six francs vingt-cinq centimes* d'amende et de confiscation. *Règlement local du* 19 *août* 1718.

Tout citoyen, quelque fonction qu'il remplisse, qui aura des chevaux atteints ou soupçonnés de morve, ou même de toute autre maladie contagieuse, telle que le farcin, le charbon, la rage, le claveau, *etc.*, est tenu, à peine de *cinq cents francs* d'amende, d'en faire sur-le-champ sa déclaration au Commissaire de Police, qui fera visiter, sans délai, les animaux affectés ou suspects, par l'artiste vétérinaire; lequel se transportera, à cet effet, dans les écuries, étables, bergeries, pour constater l'état des animaux déclarés. *Article premier de l'Arrêt du ci-devant Conseil, du* 16 *août* 1784.

Les bestiaux morts seront enfouis dans la journée, à quatre pieds de profondeur, par le propriétaire, et dans son terrain, ou voiturés à l'endroit désigné par la police, pour y être également enfouis, sous peine, par le délinquant, de payer une amende de la valeur d'une journée de travail, et les frais de transport et d'enfouissement.

Du douze mars au douze avril de chaque année, tous les fossés, coulants d'eau, ainsi que les rigoles d'écoulement, qui traversent la banlieue, devront être curés à vif fond, en laissant aux côtés une pente convenable, selon la nature du terrain, et suffisante pour prévenir l'éboulement des terres. *Arrêté de M. le Préfet, du* 13 *floréal an* 9.

. . . .

Expresses inhibitions et défenses sont faites à tous les habitans de cette ville et autres, de décharger et placer le long et sur les chaussées, chemins publics et wareschaix de la banlieue, de même que sur les glacis, à portée de la ville, aucuns fumiers, boues, mauvaises herbes, légumes gâtés, ou autres immondices, sous prétexte même qu'elles proviendraient des terrains adjacens, à peine de confiscation et de *sept francs cinquante centimes d'amende* pour chaque contravention, et de peine plus grièvre, en cas de récidive. *Ordonnance du* 14 *juin* 1768.

Les *Bans de Mars*, publiés en 1807, contenaient, sur la police rurale, sur les mœurs et sur l'état civil, un grand nombre de dispositions extraites du code civil ou des lois faites pendant la Révolution. Ces lois n'étant pas spéciales pour Cambrai, nous nous dispensons de les rapporter ici.

La restauration des *Bans de Mars* fut proclamée le 14 février 1807 par M. Douay, maire de Cambrai, énergique magistrat qui eut assez de courage civil pour assumer sur lui les haines et les rancunes qui devaient être le prix de son dévouement à réformer d'intolérables abus et à remettre en vigueur les lois protectrices de l'ordre, de la justice et de la morale.

Les ordonnances de police qui régissent la ville aujourd'hui, sont en grande partie les mêmes que celles d'autrefois. Seulement elles ont été appropriées aux nécessités du temps actuel.

PONTS DIVERS. — Il existe dans Cambrai un assez bon nombre de ponts jetés sur les trois bras d'Escaut qui traversent la ville. Ces ponts, invisibles aujourd'hui, à cause des constructions qui les bordent en formant la continuation des rues, étaient autrefois apparents, et portaient des noms particuliers. On désignait ainsi :

Le pont à l'Aubelen qui traversait le fleuve, au bas de la rue du Marché-au-Poisson, en cet endroit ou les eaux s'engagent sous une voûte pour ne reparaître que dans quelques jardins de la rue St-Lazarre et au quai qui porte également le nom de St-Lazarre.

Son nom lui vient sans doute de quelque *aubelen* (bois-blanc) qui existait dans le voisinage.

Pont de Bon-Secours, situé au bas de l'ancien *petit marché* aujourd'hui la grande rue Fénelon. Ce pont tire son nom d'une statue de *la Vierge de Bon-Secours* dont il est voisin. La madone et le pont existent encore aujourd'hui.

Le pont de l'Official ou *de l'Officialité*, situé au coin de la rue Ste-Anne, sur l'Escautin qui baigne les murs des jardins de l'*Officialité*, aujourd'hui du couvent des Bernardines. Suivant Le Carpentier, ce pont fut bâti en 1269, et réparé en 1537.

Le ponchiel de Gires, bâti sur l'Escautin, auprès de la maison des *Bons-Enfants*, plus tard de Prémy. — § ms. 5, p. 404.

Le pont des Récollets, ainsi nommé parce qu'il traversait le bras d'Escaut, dit le Clicoteau, devant la porte de la maison des Récollets, au bas de la rue de ce nom.

Le pont du Clicoteau qui traversait le bras d'Escaut auprès du moulin dit le Clicoteau, dans l'ancienne rue des Moulins, aujourd'hui du Paon.

Le pont des Amoureux, construit en planches (1), au-dessus du cours principal de l'Escaut, a été confondu dans la voûte qui supporte la large rue de Cantimpré en face de la caserne d'infanterie.

Pont de pierre. Il était également sur l'Escaut et très voisin du *pont des Amoureux*. Le Carpentier dit qu'il avait été achevé en 1266. —*Histoire de Cambrai*, part. I, p. 301.

Pont des Arquets ou *des Arches*, c'était le pont voisin de la tour des *Arquets*. —V. *Tour des Arquets*, p. 158, *(art. fortifications)*.

Ponts de Selles. La construction du château et des moulins de Selles avait nécessité la division du lit de l'Escaut en trois courants sur lesquels on avait dû jeter trois ponts. « Ante molendina *tres pontes* babentur... » — *Charte du Burchard*, datée de 1121, reproduite dans le *Glossaire du Cambresis*, p. 34.

Nous venons de citer les principaux ponts de Cambrai, ceux du moins dont il est question dans les chroniques locales. Tous existent encore, mais couverts par les construtions qui forment les rues, motif pour lequel ils ont perdu leurs noms.

On a construit pour la prolongation des rues quelques autres petits ponts au-dessus des bras de l'Escaut; nous n'en parlons pas, parce qu'ils n'ont point de noms historiques. Ce sont de simples voûtes faisant partie de la voirie.

Nous n'avons pas à nous occuper davantage des ponts que l'on rencontre dans les portes de la ville et qui ne sont que des parties accessoires de la fortification.

PORGIVAL. — C'était une forteresse dont Hugues d'Oisy avait fait un repaire de voleurs. Jean Duchastiel, d'accord en cela avec d'autres chroniqueurs, nous apprend qu'au XIe siècle Huon (Hugues) d'Oisy fit fermer un chastel au pays de Cambresis en un lieu appelé *Porgival*, à dix lieues près Cambray, et y entra avec grande compaignie de mauvais garçons qui robaient et gastoient toute la contrée. Mais quand l'évesque le sut, il assembla gens d'armes à pied et à cheval, et fit assaillir le chastel, lequel fut prins et y boutèrent le feu; et arrasèrent par forche. Mais ledict Huon n'y estoit point : il s'en estoit allé fuyant en' son chastel d'Oisy, là où il fit tous les maux qu'il pût à l'évesque. »

Il ne serait pas impossible que le fort de Porgival fut le même que celui de Bourjonval; mais, dans l'impossibilité où nous sommes de déterminer d'une manière certaine la situation de ce château, nous préférons nous abstenir de commentaires qui laisseraient la question indécise.

PORTAGE (DROIT DE).—On appelait ainsi certains droits qui se percevaient, aux diverses portes de Cambrai, sur les marchandises entrant en ville. Ces droits étaient tenus en fiefs par différentes personnes, et étaient indépendants des droits de hallage perçus pour le compte de la ville.

Voici un exemple qui donnera au lecteur l'idée de ce qu'étaient les droits de portage.

Damoiselle Françoise de Hertaing, demeurant à Valenciennes, tient un fief à simple hommage qui se comprend au *droit de portage* de la porte St-Jean qu'on dit de Selle. Lequel est tel que les denrées et choses cy après déclarées passant par ladite porte, doivent les droits qui s'ensuivent. Une charette chargée de laigne (bois) doibt une boise (buche) ni la pire, ni la meilleure. La charette de lattes, une latte. Celle de binoirs, un binois. De lances, une lance. De vesche (vesces), un waras (botte). De batoirs, de fourquiers (fourches), de palotes (pelles), de panniers, de foutelées, de salières, de

---

(1) Dans une émeute militaire qui eut lieu à Cambrai en 1585, les soldats s'étant emparés du quartier de Cantimpré, s'établirent depuis la tour des Arquets, « jusqu'au *pont des Amoureux* duquel ils ostèrent les planches, » et mirent des barricades sur le *pont de pierre*. —§ ms. 2, p. 35.

nasses, de louchers, de fuzeaux, de pelottes, de ramons (balais), de fléaux, de tillieux, de tilles et de verges, de chacune charette une pièce, ni la pire ni la meilleure. La charette de cretes, un creton. De vans et de corbeilles, un denier cambresien. De mairien (poutres), un pinel. De sel, une gonnelée. De cendres ferrées, une gonnelée. De lin, une gonnelée. De porions (poirreaux), un lanon (botte), D'aux et d'escalongues (échalottes), une gonnelée. d'ognons, un ret (tresse). De waddes, sept deniers cambresiens. De tous fruits d'arbres, une gonnelée. De navaux, pastenates (panais) et d'écrevisses, une gonnelée. De chardons, un lanon. De tieulles, deux tieulles. D'oin et de miel, une louchée. De rond bois, une pièce et quatre deniers cambresiens. De baucques (fagots) de quatre pieds ou de moins, une baucque. De baucques de cinq pieds ou de plus, deux deniers cambresiens. De mortiers, un mortier. De pots de terre, un pot. De mairieurs d'arelle servant à carliter, deux deniers cambresiens. De mairieurs d'erches, une gave. De charbon de bois, un tison. De charbon de terre, une palée. D'aisselles (planches) passant six pieds, une aisselle; et dessous six pieds, deux deniers cambresiens. De bacquets, un bacquet, de goutures, deux deniers cambresiens. De poissons de mer, deux deniers cambresiens. De poissons d'eau douce, un poisson, ni le pire ni le meilleur. De fromages, un fromage. De crassiés, deux deniers cambresiens. De chair salée, deux deniers cambresiens. De cauderlas, deux deniers cambresiens. De foin (une botte). De tous hernats de merccerie, de semailles, deux deniers cambresiens. De pains, un pain. De voire (verres), un voire. De lin, deux coquillons. Le sommier de lin, un coquillon. Le sommier de draps en toile, deux deniers cambresiens. La charette de chanvre, deux poignées. De plumes, de cuitre et coursine, deux deniers cambresiens. De panniers, un pannier. De roches, un bouge. La somme de marée, de merlans, de harengs, un poisson, ni le pire ni le meilleur. La charette autant et le chariot doit doubler et tout ce qui est de mer, de bois, de terre et d'eau doit portage.

PORTES DE CAMBRAI. — Il y avait autrefois à Cambrai sept portes, dont quatre seulement restent ouvertes. Ces dernières sont : les *portes de Selles*, de *Notre-Dame*, du *St-Sépulcre* et de *Cantimpré*. Les portes dont l'usage est supprimé bien qu'elles existent encore en partie, sont la *porte de St-Georges*, la *porte Neuve* construite pour remplacer la *porte St-Ladre* et la *porte Robert*. — V. pour les portes anciennes et actuelles de Cambrai, l'art. *Fortifications*, p. 156.

On trouvera dans le même article quelques mots sur les portes de la citadelle.

PORTEURS-AU-SAC, aujourd'hui *Portefaix*.— Le Magistrat de Cambrai, par une ordonnance du 4 février 1627, limita à 150 le nombre des porteurs-au-sac « afin, dit-il, que ceux y estant admis, aient quelque gaing honneste de leur travail, pour pouvoir vivre avec leur famille. »

Une autre ordonnance du Magistrat portait :

« Défense aux porteurs-au-sac d'approcher les chariots et charettes de grains par les rues ou sur le marchet, ni de les achepter ou envoyer aux bourgeois et habitans de la ville, par eux ou par autruy. » Cet acte du 13 août 1641 était inscrit au *Livre aux Bans*, fº 52.

Nous n'avons pu retrouver l'ancien règlement de la confrérie des porteurs-au-sac. Nous savons seulement qu'il était du 20 mars 1597, et inscrit au *Registre aux lettres de police*, fº 81.

Un autre règlement du 13 janvier 1623, fixait ce que les porteurs-au-sac devaient payer pour leur bien venue dans la confrérie.

Cette confrérie avait Saint-Maur pour patron. Les porteurs-au-sac conservaient la statue de leur patron dans une niche pratiquée à l'extérieur de la *Capelette*. — V. *Capelette*.

POT et **POTÉE**, mesures de capacité pour les liquides, en usage à Cambrai. — V. *Mesures*.

POTIERS.—Ils formaient une corporation assez importante dans la ville. Voici les sommaires de divers règlements qui concernent les potiers.

Règlement pour les Potiers (sans date).

SOMMAIRE.

1er. Est ordonné que tous potiers auront place raisonnable à l'encontre de leur leuwaige par l'ordonnance des mayeurs.

2e. Que toutes les denrées qu'ils mettront en vente passeront l'Eswart des mayeurs.

3e. Qu'ils ne cuiront par nuict, ny entre deux cloches, pots de terre, tieulles et autres denrées.

4e. Que toutes denrées venantes de dehors, soit gré, marbre, terres, ou autres, ne pourront estre vendues si elles n'ont estez eswardés par les mayeurs.

5e. Qu'ils ne feront sortir hors de la ville aucune desdites denrées faites en la ville, qu'elles n'aient estez visitées par les mayeurs.

6e. Qu'ils ne vendront les dimanches sur le marchet ou autre part, si ce n'est en leurs maisons.

7e. Qu'ils ne blasmeront les denrées les uns des autres sans cause raisonnable.

8e. Qu'ils obéiront à leurs mayeurs.

9e. Que les mayeurs auront le tiers des amendes.

Autre Règlement.

SOMMAIRE.

1er jusque 4. Ordonnent que les poteries soient bien faites, composées de bonnes terres, bien cuites et bien travaillées.

5 jusque 7. Deffendent aux potiers de ne défourner leurs poteries sans la présence des mayeurs, ordonnent aux mayeurs de s'y trouver, et de bien faire leur debvoir.

8e. Qu'ils n'exposeront en vente aucunes denrées venantes de dehors qu'elles n'aient estez visitées par les mayeurs, et règle ce que les mayeurs doibvent avoir pour leurs droits.

9e. Qu'ils ne cuiront leurs poteries de nuict.

10e. Qu'ils n'exposeront sur le marchet leurs denrées, si ce n'est aux jours, et places qui leurs seront désignez par les mayeurs.

11e. Règle les amendes.
12e. Contient l'établissement de deux mayeurs.
13e. Règle le sallaire des mayeurs.

Extrait du *Livre aux Bans*, f° 104 et 105 du 2 décembre 1641.

Du depuis sçavoir le 26 d'octobre 1646, ce règlement fut confirmé, et ordonne itérativement aux potiers d'appeler leurs mayeurs lorsqu'ils enfourneront leurs poteries. A iceux de se trouver lorsqu'on les défournera, et de bien faire leur debvoir, etc. Tiré du *Livre aux bans*, f° 105 et 106.

MM. du Magistrat établissent les mayeurs de poteries. Années 1641 et 1646.

Règlement que les potiers ne pourront avoir deux bouticles.— *Registre des lettres de police*, f° 124, verso, du 22 d'aoust 1656.

Les potiers avaient pour patronne Ste-Catherine parce qu'elle porte une roue pour attribut, et que les potiers font usage d'un tour à roue.

POUILLAUDE (JOSEPH), l'un des abbés de St-Aubert les plus distingués et les plus érudits. Il a écrit l'histoire de l'abbaye de St-Aubert et d'autres mémoriaux relatifs au même sujet. Il a tracé lui-même sa biographie dans l'*Histoire de l'abbaye de St Aubert*, Ms. de la bibl. comm. de Cambrai, 663, p. 201.

« M. l'abbé Joseph Pouillaude, né à Cam-
» brai, fut baptisé à St-Georges le 28 d'octobre
» l'an 1673.

» Eut pour noms *Pierre-Philippe* qu'il
» changea à sa profession en celui de Joseph.

» Fut tonsuré par Mgr de Bryas, devant en-
» trer à St-Aubert.

» Vint à St-Aubert le 6 octobre 1694.

» Reçut l'habit de novice le 12 d'octobre de
» la même année.

» Fit sa profession le 16 octobre de l'an 1695.

» Eut les ordres mineurs de M. l'abbé Dénis.

» Fut fait sous-diacre par Mgr Fénelon le 7
» d'avril 1696.

» Fut fait diacre par le même le 22 décembre
» 1696.

» Fut fait prêtre par le même le 15 de mars
» 1698.

» Enseigna pendant quatre ans la philosophie
» au collège du roi à Douai.

» Enseigna la théologie à St-Aubert.

» Fit sa licence en théologie le 24 d'avril
» 1704.

» Fut nommé par Sa Majesté Louis XIV à
» l'abbaye de St-Aubert le 5 d'avril l'an 1709.

» Fut béni en l'église de l'abbaye par Mgr de
» Fénelon le 6 d'avril 1710.

» Est mort...(il avait écrit ces mots. Une autre
» main a achevé la phrase) le 17 juin 1732.

» Est enterré dans le nouveau cimetière
» qu'il a fait construire sous la croisée. »

PRÉ D'AMOUR. — Ce vaste pré formait une partie de ce que l'on appelle aujourd'hui la Place-au-Bois ; il était compris entre la grande Boucherie, l'auberge de la Bombe et le flot de Cayère. C'est-à-dire qu'il occupait à peu près le terrain actuellement entouré de chaînes à l'usage du marché au bestiaux.

Le *Pré d'Amour*, malgré son nom harmonieux, était un lieu mal famé. On n'y rencontrait le soir que des soldats et des filles de joie.

On y plantait quelquefois un Gibet.—V. *Gibet*.

PRÉ D'ESPAGNE. — Ce lieu n'était pas mieux famé que le *Pré d'Amour*. Il avait de plus un cachet de réprobation qui le rendait odieux à la population éminemment catholique de Cambrai. On y enterrait les hérétiques, les suicidés, les duellistes, en un mot les impies que l'église repoussait de son sein. On y construisit aussi la première salle de spectacle. Il est fort probable que les comédiens ne furent relégués au Pré d'Espagne qu'à cause de l'idée de profanation qui s'attachait à cet endroit. Le Pré d'Espagne s'étendait depuis le rempart jusqu'à la rue St-Georges. Le *cimetière des Huguenots* était la partie du pré qui touche au rempart. *La salle de la Comédie* était voisine de la rue St-Georges. — V. *Cimetière des Huguenots* et *Théâtre*.

PRÉMONT (PAIRIE ET CHATEAU DE). — Nous ne connaissons de cette pairie que ce qu'en dit Le Carpentier. « Cette terre, dit-il, une des plus agréables du Cambresis, pour ses vastes forêts, étoit possédée par Nicole de Prémont, chevalier, qualifié oncle de Bauduin, sire de Walincourt, en une charte de l'abbaye de Vaucelles de l'an 1247.... Elle était dans la maison de Coucy, l'an 1300, car nous lisons qu'Enguerrand, sire de Coucy, comte de Soissons, donna à Jean de Roye, son cousin, le *chasteau de Prémont*... » Cette terre portait de Gueule à trois chevrons d'or, à la bordure d'argent ; cri *St-Aubert*.

PRÉMY (ABBAYE DE).—Le laboureur qui promène sa charrue sur le vaste terroir qui s'étend entre l'ancienne ferme de *la Buse* et le château de *la Folie*, au-delà de la chatellenie de Cantimpré, rencontre souvent de grosses pierres, des matériaux, des fondations gigantesques de constructions antiques. Ce sont les ruines de *l'abbaye de Prémy*.

Cette abbaye était une grande et belle maison dont les dépendances étaient très étendues, dont le mur d'enceinte avait environ une lieue de circuit. Ses murailles de clôture étaient si épaisses, *qu'un chariot auroit roulé dessus*. Son église était spacieuse et l'une des plus belles des Pays-Bas : elle contenait sept chapelles.

Ces détails que nous extrayons d'un ancien manuscrit de ladite abbaye, sont de nature à montrer toute l'importance qu'elle avait au XVIe siècle. Pour faire de l'abbaye de Prémy, une forteresse, il aurait suffi de remplacer par des soldats les saintes filles qui l'habitaient. Le baron d'Inchy, cet impie usurpateur qui promena sa pioche dévastatrice dans les environs de Cambrai, comprit bien l'usage qu'un ennemi pourrait faire de ce monastère. Il le mit en ruines en 1581. « Les matériaux, dit le manuscrit déjà cité, furent pris pour les fortifications de la citadelle (1). Il y avait quelquefois plus de cent chariots chargés de matériaux. » Ces tristes convois traversaient la ville et allaient porter à l'œuvre sacrilège de Charles-Quint, ce nouveau tribut de ruines monastiques.

L'abbaye de Prémy était le *chef-lieu* d'une congrégation considérable dans laquelle l'abbesse de St-Etienne de Reims tenait la seconde place. Il y avait dans les provinces de Reims, Cambrai, Malines et autres circonvoisines, un grand nombre de monastères formant cette congrégation dite des VICTORINES, *Ordre de St-Augustin.* — † Ms. 905, chap. 9.

L'origine de l'abbaye de Prémy était presque contemporaine de celle du monastère de Cantimpré. Elle avait même été établie, en premier lieu, dans le voisinage de ce monastère; hors de la ville, « du côté d'occident, à cinq cents pas environ des murs d'icelle ville. » — † Ms. 905.

Voici comment Julien de Lingne raconte la fondation de cette maison religieuse : « Quelques pieuses filles, dit-il, entendant la vie sainte de l'abbé (Jehan de Cantimpré), supplièrent l'évêque Jean, successeur de Roger, d'avoir quelque place pour y servir Dieu ; et l'évêque leur bailla un lieu en la dicte abbaye, et leur fit prêter obéissance à Jehan abbé, et leur fit faire un oratoire ou chapelle particulière et les religieuses chantaient la messe et leur administraient les saints sacrements de pénitence, de l'autel et de l'extrême-onction. L'évêque ordonna que l'une d'icelles serait prieure, et fut nommée Ivette, laquelle fit tout auprès de l'abbaye une église, et plus outre que l'abbaye, une maison. »

Les chroniqueurs ne s'accordent pas sur la date de cette fondation, mais si l'on admet avec Julien de Lingne qu'elle eut lieu sous l'épiscopat de Jean d'Antoing, successeur de Roger de Wavrin, cela dut se passer dans le temps qui s'écoula depuis 1191 jusqu'à 1196, époques de l'avènement et de la mort du prélat. L'abbaye de Cantimpré existait depuis 1180.

L'abbaye de femmes qui venait d'être annexée, comme on l'a vu, à celle de Cantimpré, fut consacrée d'abord sous le titre de Notre-Dame et de St-Jean l'évangéliste. Elle ne prit le nom Notre-Dame de Prémy que lorsqu'elle fut transférée dans le lieu qui portait ce nom avant qu'elle y fût établie, et dont nous avons indiqué la situation au commencement de cet article (1).

La maison des filles de St-Victor ne fut pas longtemps en contact avec celle de Cantimpré, sans qu'on s'aperçût de l'inconvénient d'une pareille proximité; il était impossible que, à tort ou à raison, il ne surgît pas de scandale de ce rapprochement de religieux et de religieuses. Le couvent de femmes sentit la nécessité de s'éloigner et obtint, en 1193, l'autorisation de s'établir sur cette portion du marais de Proville, qui portait le nom de *Prémy*. Les chroniqueurs sont encore fort obscurs à l'endroit de cette translation, et diffèrent sur l'époque où elle eut lieu. Cependant il ne peut y avoir de doute possible. Il faut bien adopter la date de 1193, en présence de l'acte de concession qui leur fut faite par Jean d'Antoing, en 1192, et que l'abbé Tranchant rapporte dans son recueil. † ms. 905. C'est avec la même certitude et le même genre de preuves que nous fixons à l'an 1214, l'époque où Jean de Béthune, évêque de Cambrai, sépara ces religieuses de la juridiction spirituelle et temporelle de l'abbaye de Cantimpré, juridiction

---

(1) On ne cessait d'augmenter les fortifications de cette forteresse.

(1) On a donné au mot de *Prémy* une ridicule étymologie qui ne vaut pas la peine d'être reproduite et qui tomberait devant les faits qui viennent d'être rapportés, si elle ne tombait pas devant sa propre absurdité. Au reste, pour qui voudrait absolument trouver une racine à ce mot, il suffirait de se rappeler que Prémy était au milieu du grand marais de Proville et de Cantaing, et l'on trouverait *Prati medium*.

dans laquelle elles étaient restées quoiqu'elles fussent séparées du monastère quant à l'habitation.

Cette habitation, nommée le *Grand-Prémy*, fut détruite en 1581. Ce fut le 10 de janvier que le baron d'Inchy y mit la pioche de ses soldats. Les pauvres filles, désolées et ruinées par cet acte sauvage de destruction, quittèrent donc leur *Grand-Prémy* et se retirèrent dans leur refuge du *Petit-Prémy*, situé dans la rue de l'Epée, lequel fut depuis employé à usage de brasserie, et n'est plus aujourd'hui qu'une cour habitée par des indigents. Mais elles étaient trop nombreuses pour pouvoir rester dans cette étroite habitation; six d'entre elles furent forcées d'aller demander asile à l'abbaye de Marquette où elles restèrent quelque temps.

Enfin, l'archevêque de Cambrai et le Magistrat, touchés de compassion, cherchèrent un adoucissement à cette déplorable infortune. Ils sollicitèrent vivement les religieuses de St-Lazare d'accorder l'hospitalité aux pauvres Dames de Prémy. Cela souffrit bien quelques difficultés. On comprend au reste que c'était une chose assez épineuse que d'établir deux communautés dans la même maison. Il fallait partager l'église et le dortoir; il fallait deux cuisines et deux réfectoires; et toutes charitables que fussent les filles de St-Lazare elles devaient nécessairement préférer demeurer chez elles. Mais une circonstance particulière les fit tout à coup changer de manière de voir. L'autorité considérant que le nombre des lépreux diminuait considérablement, que la maison de St-Lazare devenait presque inutile, et que les revenus de sa dotation n'étaient plus employés, en vint à se demander s'il était nécessaire de conserver cette maison, et l'on parla de suppression. Dès-lors le parti des religieuses fut pris, et elles cédèrent aux Dames de Prémy une partie de l'église, une partie du dortoir, le réfectoire et la cuisine qu'on réclamait.

Alors commença, pour toutes ces malheureuses femmes, une vie d'ennuis et de discorde. Cela dura quinze ans et trois mois, pendant lesquels, dit l'abbé Tranchant, elles eurent beaucoup à souffrir les unes des autres.

Enfin en (1596) les Dames de Prémy se décidèrent à faire cesser une aussi triste association; elles trouvèrent l'occasion d'acheter l'ancienne maison des *Bons-Enfans* qu'on appelait aussi *des Fratres*.—V. *Bons-Enfants*.—Cette maison qui avait fini par devenir la propriété du chapitre (1) était, au moment où les Dames de Prémy en firent l'acquisition, occupée, à cause des guerres, par des gens de village couverts de haillons et d'ordure.

Les dames de Prémy devinrent propriétaires de leur nouvelle maison au moyen d'un échange de terre. Elles se servirent d'abord de l'ancienne chapelle, puis la remplacèrent, en 1612, par une église plus grande qui, en 1762, fit place à son tour à un édifice plus beau et plus spacieux.

En démolissant le chœur de l'ancienne église, on trouva la tombe du bienheureux Jehan, premier abbé de Cantimpré. Ce corps vénéré avait été apporté de l'ancienne maison située hors de la ville, lorsque les religieux de Cantimpré avaient été obligés de sacrifier aux exigences de la stratégie, leur antique monastère.

L'église, commencée en 1762, fut achevée en 1768. Le quartier abbatial, le dortoir et *l'appartement* des dames dataient de 1700.

Ce couvent recommençait à prospérer lorsque la Révolution le supprima en confisquant toute l'habitation, dont une partie fut détruite.

Les religieuses de Prémy observaient la clôture depuis une réforme qui avait été faite en 1513.

L'abbaye de Prémy était un des plus beaux établissements religieux de la ville. Elle occupait, tant en bâtiments qu'en jardins, tout l'espace compris entre le rempart et les rues de Prémy et du Paon, depuis le magasin à poudre récemment construit, jusqu'au lit principal de l'Escaut, près de la tour aux Arquets. Deux bras de ce fleuve (l'Escautin et le Clicoteau) traversaient cette propriété. L'église était parallèle au rempart et située non loin de la tour des fortifications dite encore des *Bons-Enfants*. Elle contenait trois chapelles et une belle grille. A l'extrémité du jardin, du côté de l'ouest, se trouvait un beau pavillon richement bâti, avec perron et fronton en pierre de taille. C'était pour les dames de Prémy un quartier d'été

(1) Cette maison avait été donnée aux *Bons-Enfants*. Jacques de Croy y mit des religieux de Gand dits les *Fratres* vers 1509. Ceux-ci la cédèrent aux Guillemins de Walincourt en 1554. « Messeigneurs du chapitre l'ont acheté d'iceux en l'an 1575, et finalement mesdits seigneurs l'ont baillée aux Dames de Prémy en l'an 1596, moyennant six mencaudées de terre qu'elles ont données pour le séminaire. Elles y sont allées demeurer en 1597. » — *J. de Lingne.*

qu'elles habitaient volontiers dans les belles journées de cette saison.

Aujourd'hui, l'abbaye est une grande usine; l'église détruite est remplacée par des séchoirs. La porte seule, quand elle est fermée, rappelle encore l'entrée de la pieuse maison. Cette porte est celle construite en 1626.

Une religieuse de Prémy, dame Françoise Bigan, morte en 1581, avait écrit pour l'abbaye des livres d'offices que l'on y conservait avec grande vénération.

L'abbé Tranchant, dans un recueil qu'il a composé de pièces relatives à diverses communautés de femmes établies à Cambrai, donne la liste des abbesses de Prémy. — V. Ms. 905. — Nous avons emprunté au même recueil une partie des détails qui concernent l'abbaye. — V. encore, touchant le même sujet, le *Cameracum christianum*. — *Calendrier historial* de Julien de Lingne, 1er juillet 1597. — † Ms. 658, art. V et art. XXIII. — § Ms. 4, p. 19 et 65.

PRÉMY (PETIT). — Impasse située vers le milieu de la rue de l'Epée. — V. *Prémy (abbaye de)*.

PREUDHOMME (CHRISTOPHE), naquit à Cambrai, d'une famille honorable et déjà marquante dans l'échevinage de cette ville (1). Il se livra avec fruit à l'étude du droit coutumier du Cambresis. Fut nommé en 1546 avocat à l'officialité, puis à l'échevinage de Cambrai, charge qu'il exerçait dès 1570. Ce fut en cette qualité qu'il figura dans l'assemblée des états tenue le 26 avril 1574 pour l'homologation des Coûtumes générales de Cambrai et du Cambresis. Il est très probable qu'il prit une grande part à la rédaction de ce travail important. Ce fut un homme de noble caractère; il fut du nombre des héroïques défenseurs de l'indépendance du pays, à l'époque des troubles de 1579. S'il ne paya point de sa tête, comme quelques autres, son attachement au duc légitime de Cambrai, il en fut du moins puni par l'exil. Le baron d'Inchy, après l'avoir retenu prisonnier dans la tour du Guet de la citadelle (2), le chassa du pays. Notre échevin se retira d'abord à St-Quentin, d'où l'usurpateur de Cambrai le fit également expulser. Alors il chercha un asile au Quesnoy, à Landrecies et enfin à Mons, où il mourut en 1584. Il avait peut-être été attiré dans cette dernière ville par Louis de Berlaymont, qui s'y était réfugié pendant les troubles de Cambrai.

Christophe Preudhomme avait épousé Philippine de Wallines, dont il eut quatre fils et plusieurs filles.

Ses fils furent : Pierre, Sébastien, Maximilien et Augustin Preudhomme, tous *jurisconsultes du pays* (1).

Une de ses filles, nommée Antoinette, épousa A. le Tellier.

Sébastien, Pierre et Augustin Preudhomme furent aussi échevins de Cambrai. Ce dernier mourut en 1605.

Quant à *Pierre*, que nous trouvons mentionné sur une liste des échevins de Cambrai en 1570, il devint chanoine de N.-D. vers 1575. — V. *Hommes remarquables*.

PREUDHOMMES (MAISON DES). — V. *Prudhommes* (maison et chapelle des).

PRÉVÔT DE CAMBRAI. — C'était le premier officier de l'échevinage, et par conséquent le premier Magistrat de la ville, soit au sujet de l'administration, soit au sujet de la justice. Le Carpentier définit comme il suit les fonctions du Prévôt. « Faire observer les loix et coustumes, appaiser les querelles et tumultes, appréhender les voleurs, les pillards et les personnes scandaleuses et de mauvaise vie; les garder dans ses prisons; les punir de mort et les faire exécuter sitôt après leur sentence prononcée. Il estoit en outre obligé de veiller sur les maistres des mestiers, sur les poids et mesures, sur la bonté, l'égalité, la valeur et perfection des monnoyes (qui se battoient lors à Cambray), sur les fautes, abus et malversations commises au faict d'icelles, sur la netteté des rues, sur la liberté et franchise des foires, etc. Bref, il étoit tenu d'avoir l'oreille, l'œil, le soin et l'intendance sur tout ce qui appartenait au bien, repos, proffict, à la conservation et seureté des citoyens. » — Le Carpentier, *Hist. de Cambrai*, part. Ire, p. 253.

Il ne faudrait pas conclure de ce qui précède, que le Prévôt de Cambrai ait été revêtu des pouvoirs les plus absolus et les plus exclusifs. Ces pouvoirs étaient considérablement tempérés par la dépendance dans laquelle il se trouvait à l'égard du Magistrat. Il n'était pas juge, il n'était qu'*accusateur* en matière cri-

---

(1) En 1536, Bon et Gilles Preudhomme étaient échevins. Nous trouvons la preuve de cette assertion sur la liste des anciens échevins de Cambrai. — V. *Magistrat* (fin de l'article).

(2) Cette tour s'appelait *Tour Galla*. — V. au mot *Guet*.

(1) V. Même liste des échevins de Cambrai.

minelle, et *semonceur* en matière civile. Au bureau de la municipalité, il n'était que chef de l'assemblée, et n'y avait que sa voix. Seulement, les jugements une fois rendus, les délibérations une fois prises, il en devait faire exécuter la teneur. Il était donc en même temps promoteur auprès du Magistrat, et pouvoir exécutif. On pourrait assez exactement résumer ses fonctions en disant qu'il réunissait celles d'un maire, d'un procureur du roi et d'un chef de police.

Pour s'expliquer cette complexité de fonctions, il faut ne point perdre de vue que le Magistrat de Cambrai était en même temps tribunal et corps municipal.

Le Prévôt avait à sa nomination : les sergents de la prévôté; les mayeurs des métiers; le crieur; le pendeur; le tue-chiens; les messiers (gardes des vignes et des blés) et les courtilleurs (inspecteurs des jardins).

Une des prérogatives de M. le Prévôt était le droit d'être invité, avec sa femme, au dîner de bien-venue des personnes revêtues de certains offices subalternes. — V. *Gaugeurs*.

Pendant un certain nombre d'années, il y eut deux Prévôts à Cambrai.—§ Ms. 5, p. 381. — Le second Prévôt fut supprimé vers le milieu du XIVe siècle.—Le Carpentier, part. Ire, p. 256.

La nomination de ce fonctionnaire appartint originairement à l'évêque comte de Cambrai. Le roi d'Espagne finit par s'en emparer; et le roi de France, devenu plus tard maître de la ville, conserva ce privilège, malgré les vives réclamations de l'archevêque.

Si les fonctions du Prévôt de Cambrai ne paraissaient pas au lecteur suffisamment définies par ce qu'il vient de lire, nous l'inviterions à parcourir l'art. *Magistrat*, où nous avons pris soin de mettre en évidence l'harmonie établie dans le concours des différents fonctionnaires de ce grand corps judiciaire et administratif.

— On trouve des observations intéressantes sur les fonctions du Prévôt dans le † ms. 887, p. 414, 458 et 522. — V. † ms. 902 où il est fait mention d'un grand nombre d'actes relatifs au prévôt.—Le Carpentier, dans son *Hist. de Cambrai* part. 1, p. 255, donne une liste plus ou moins exacte des Prévôts de Cambrai pendant un long laps de temps.

PRISONS. — Des différentes prisons qui existaient à Cambrai (chaque siège de juridiction avait la sienne) la seule qui reste aujourd'hui est celle de la *Feuillie*. Cette maison de détention située dans la rue dite actuellement *de la Prison*, faisait partie du fief de la Feuillie, — V. *Feuillie*. — et dépendait, non-seulement de l'autorité du bailli de la Feuillie, mais encore de celle du Magistrat qui originairement tint aussi ses plaids dans le prétoire de la Feuillie.

On voit dans le répertoire de Ladislas de Baralle, qu'en 1582, MM. du Magistrat se réservèrent « des lieux soubsterrains qui sont au chasteau de Selles » pour en faire des prisons, et y établirent pour geôlier Cornil Willemot. — § ms. 5, p. 289.

Nous ignorons pendant combien de temps les souterrains de la citadelle servirent à usage de prison civile. Il est certain qu'à l'époque de la révolution, il y avait longtemps que la justice de la ville ne se servait plus que de la prison de la Feuillie.

La chapelle de la prison fut supprimée par ordre du conseil de la commune, le 6 décembre 1793. Elle est rétablie aujourd'hui et depuis longtemps.

Une autre prison bien connue dans Cambrai était celle du chapitre de Notre-Dame. C'était une grosse tour que l'on appelait *la Tour-Chapitre*. Elle était située au lieu où l'on voit aujourd'hui la loge des francs-maçons de Cambrai.

Le concierge de cette prison se désignait sous le titre de *Tournier du Chapitre*.

La prison de l'official était pratiquée dans le bâtiment même où se tenait le tribunal ecclésiastique. — V. *Official*.

La prison du baillage de St-Aubert était dans l'enclos de l'abbaye.

Nous ne saurions rien dire des autres prisons qui existaient dans la ville.

Nous ne parlerons point davantage des prisons révolutionnaires improvisées pendant la terreur, et à l'usage desquelles on avait prostitué les bâtiments du collège, le couvent des Anglaises et le couvent des Clarisses. Il faudrait raconter les horreurs de ces prisons, il faudrait parler de l'atroce justice et des bourreaux de cette époque. Notre livre est principalement consacré à de plus anciens souvenirs. Nous évitons volontiers ceux des mauvais jours de la patrie.

PROCESSIONS RELIGIEUSES et CIVILES. — V. *Fêtes*.

PROCUREURS. — A une époque où les grades et les diplômes n'étaient point exigés de la part de ceux qui se chargeaient des affaires d'autrui devant les tribunaux, il arrivait souvent que des hommes d'une ignorance ou d'une incapacité notables compromettaient les intérêts de leurs clients. Cela n'est point encore rare de nos jours, malgré les garanties exigées par la loi. On s'expliquera donc aisément la précaution que prit, en 1636, le Magistrat de Cambrai pour s'assurer, autant que possible, de l'aptitude des gens d'affaires.

« MM. du Magistrat de ceste ville de Cambray recognoissant que souvent et fois se présentent en ceste Chambre aucuns jeunes praticiens, à effect d'estre admis à l'estat et office de procureurs, pour pouvoir postuler tant en icelle Chambre, que toutes les autres cours du pays de Cambresis, combien qu'aucuns d'iceux ne soient assez capables et versez en la praticque, ce qui peut apporter du dommage notable à leurs parties, veoir au publicque; pour à quoy remédier, ont conclud et arrestez, que pour l'advenir, il ne serat reçu ni toléré aucun procureur en ladite Chambre, si préalablement il n'at esté deubment examiné sur le faict de la praticque des cours laies (laïques) par aucuns de MM. du Magistrat et praticien députez à cet effect, et par leur rapport trouvez capable et idoine d'estre reçu et admis audit office de procureur. — Fait en pleine chambre, le 1er février 1636.

Signé : **Mairesse.**

Un autre acte du Magistrat fit « défense aux procureurs de la Chambre de venir plaidoier leurs causes sans robbes et bonnets. » Cette ordonnance est du 11 mai 1627.

PROTECTION et PROTECTEURS. — La ville de Cambrai qui eut pendant longtemps la prétention de former, avec la petite province dont elle était la capitale, un état neutre et indépendant, n'était cependant pas assez forte par elle-même, pour faire respecter en tout état de cause cette indépendance.

Instruite par l'exemple du clergé qui, depuis 1122, avait pris pour protecteurs les comtes de Flandre, (V. Gave), la communauté de Cambrai finit par invoquer aussi cet appui tutélaire qui pouvait garantir, contre toute entreprise, son indépendance et ses libertés.

Le comte de Flandre était alors Théodoric ; il vint à Cambrai le 5 avril 1160, et reçut le titre de *Protecteur*, en même temps qu'il en prêta le serment. — *Calendrier historial* de Julien de Lingne. — Par ce serment, le Protecteur s'engageait à maintenir la cité de Cambrai et le pays de Cambresis dans leurs anciens droits, immunités et franchises.

Il paraît, du reste, que les comtes de Flandre négligèrent les devoirs qu'ils s'étaient imposés à l'égard de la commune cambresienne comme à l'égard des églises du pays, car en 1354 ce fut l'empereur Charles lui-même qui prit *en sa protection la ville et les habitants de Cambray* « dénommant pour gardiens et protecteurs d'icelle, les comtes de Blois, de St-Pol, Wallerand de Luxembourg, le chastelain de Lille et Jacques de Bouxbaix, Sénéchal d'Hainault. » — *Inventaire des archives cambresiennes*, — V. ci-dessus p. 27, n° 35.

En 1543, ce fut sous prétexte de rendre efficace sa protection dans Cambrai, que le rusé Charles-Quint érigea la citadelle.

En 1580, les Cambresiens ne sachant plus à quel moyen recourir, au milieu des troubles qui agitaient alors le pays et compromettaient les priviléges de la cité, finirent par se confier au faible duc d'Alençon, et lui offrirent le titre de Protecteur. Le duc s'empressa d'accepter un rôle si avantageux pour lui. Il fit de belles promesses aux bourgeois qui ne tardèrent pas à éprouver une triste déception.

Après la mort du duc, qui arriva le 10 juin 1584, la reine mère Catherine de Médicis trouva moyen de s'emparer de la souveraineté du pays en se déclarant protectrice de la ville. Or, il est à remarquer que la plupart de ces princes puissants qui promirent aux Cambresiens la protection de leur épée, ne furent, en dernière analyse, que des rusés dominateurs qui faisaient payer cher leurs services illusoires.

En 1594, Henri IV devint à son tour, et au même prix, protecteur de la ville de Cambrai. Ce fut Mont-Luc de Balagny qui se chargea d'exploiter les protégés.

Il en fut encore de même en 1595, lorsque les Cambresiens, excédés de la tyrannie de Balagny, se replacèrent spontanément sous la domination espagnole.

« En l'an 1595, assemblée des principaux de Cambrai pour adviser les moyens, et délibérer sur le bon état et repos perpétuel de la ville dont lesdits requirent le roy d'Espagne vouloir entreprendre la charge et protection de la ville, ce qu'il a fait. » — *Calendrier historial* de Julien de Lingne.

Louis XIV, en s'emparant de Cambrai, l'an 1677, mit un terme au système des Protecteurs. Il pourvut d'une manière plus nette et aussi plus efficace à la tutelle de la ville, en l'incorporant à son royaume de France. Seulement la ville neutre y perdit ses droits, ses immunités et ses franchises.

— On ne peut bien apprécier le système politique des *Protecteurs* qu'en étudiant l'histoire de Cambrai à laquelle nous renvoyons le lecteur. — V. divers *actes de Protection, et documents y relatifs*, dans le † ms. 884, p. 214, 215, 227, 229. —† ms. 887, p. 99, 131. — § ms. 3 bis, p. 214, 215, 232, 236. — § ms. 9, p. 85.

Peut-être plusieurs actes originaux relatifs à la protection de la ville, existent-ils encore ignorés dans les archives de Cambrai.

PROTESTANTS. — V. *Hérétiques*.

PRUDHOMMES (MAISON ET CHAPELLE DES). — Le véritable nom de cette maison doit-être, des *Vieux hommes de St-Pierre-es-Bèvre*. Elle fut fondée par Jean de Tserclaës, évêque de Cambrai, en 1379. Pierre d'Ailly en confirma et augmenta la fondation, en 1400. La chapelle, suivant Julien de Lingne, fut dédiée à St-Pierre apôtre, le lundi de Pâques, par Godefroy, suffragant de Jean de Bourgogne.

Le pape Sixte IV attacha à cette chapelle des *Pardons de cent jours*, en 1478. Le pape Adrien VI en fit autant en 1522. — V. *Les Notices* de Julien de Lingne touchant les maisons religieuses de Cambrai.

L'abbé Tranchant a écrit quelque part que ce petit monument fut détruit en 1789 et remplacé par une maison.

Julien de Lingne, dans ses *Notices*, appelle la fondation de charité dont il s'agit ici, *Maison des quatre Prudhommes*. — V. ms. 658.

Nous pensons qu'il commet une erreur. Cette maison devait-être administrée par quatre proviseurs *prud'hommes*, c'est-à-dire *hommes prudents*, mais nullement habitée par eux. Elle était consacrée au logement de pauvres honnêtes et qui sans doute y étaient assez nombreux.

L'acte de fondation que nous donnons ci-après est un document précieux à plus d'un titre. On y verra la justification de ce qui vient d'être dit sur l'erreur de Julien de Lingne, partagée par plusieurs après lui.

« Pierre, fait par la grâce de Dieu, évesque de Cambray et comte, à tous présens et advenir quy ceste escrit verront, salut en nostre seigneur.

» Venu est à nostre cognoisssance, par information véritable, que notre prédécesseur de bonne mémoire, messire *Jean Cherelais*, meu de pitié, compation et charité, et en sa dernière volonté vault et ordonna en sa cité de Cambrany, que lieu et habitation fût fais et édifiés aux povres personnes de le nativité d'icelle cité, fuissent logié, herbegié et administré pour le opprobre et confusion de mandicité eschiever (*éviter*) ; et pour ce faire, part forme de testament donna et par Lais chincq cents florins nommés francs, au coing du roy de France, comme il appert par une clause de son dit testament dont le teneur s'ensuilt, translaté en françois. Item *veut et ordonne* qu'une maison dite Bèvres ou le maison qui jadis fut Raoult de Couchy en Cambray, soit achetée et acquise, laquelle ledit Raoult iadis mist en les mains des povres domestiques, ou en les mains des Pourveurs des pauvres de la cité de Cambray pour estre soustenus en l'une desdides maisons, affin que au moins en icelles vallent et puissent avoir une chambrette et lict, pour laquelle maison acheter et en oultre réparer ou ordonner, je donne et laisse chincq cens francs du Roi, en réservant à moy et à mes successeurs évesques de Cambray le collation provision et institution des dites personnes et de chascune d'icelles en iceluy lieu instituer, sauf toute fois que, si aucuns avoient 'dévocion, intencion ou charité en iceluy lieu, d'aulcunes personnes semblables establir ou instituer ; que d'icelles personnes et de leurs lieux par eulx ordonnées ou a ordonner : puissent aussy franchement de leur droict disposer et ordonner : Desquels florins ont esté par ses exécuteurs acquis un lieu et appartenances, en ladite cité, que l'on dit Bevres, et depuis par l'ayde et aumosne de plusieurs bonnes gens édifficz aulcunes maisons pour l'habitation des susdits povres et une chapelle en espérance de multiplication et de plus grand bien. A le intencion et aumosne comme dessus ce considéré nous quy voulons, désirons les propos justes, piteux et caritables de nos prédécesseurs et de toutes aultres personnes au pourfit de leur salut entretenir et exaucher de certains propos et science eub sur ce délibération de bon conseil, de nostre auctorité, ordonnons, déterminons et statuons ledit lieu de Bèvres en toustes appartenances à perpétuité et à tousjours. Le chapelle aussy quand sera fondée et dediée en l'onneur de Dieu, sa benoitte mère, tous sains et saintes, par espécial monseigneur St-Pierre l'appostolle et le benoist martyr St-Quentin, à l'aumosne et sustancion des povres de le condition comme dessus et d'autres quy aront esleu leur demeure à toujours conservé et continuez en nostre ditte cité et aroient vescu honnestement et sans reproches dampnables, et seroient descheu de chéance par cas misérable ; ordonnons aussy et déterminons que, pour avoir regard sur le gouvernement des personnes et des biens de iceluy lieu, par le auctorité de nous, et de nos successeurs, et de ces présentes, *deux prud'hommes* de nostre ditte cité, *clercs ou lais*, sans en ce faire différence, soient esleus d'accord par l'official et selleur pour le tamps, et deux eschevins esleus par nos aultres eschevins en le chambre lesquels *seront proviseurs* et feront sérement devant lesdits official et eschevins de loyaument entendre au gouvernement desdites maisons povres, et leurs biens feront apparoir par bon et loyal compte, cascun an, de l'estas desdites maisons povres et bien et aussy qu'ils garderont les ordonnances cy dessoulz escriptes. Premiers que toutes fois que aulcuns y seront à instituer ou à subroger, lesdits proviseurs feront diligence de sçavoir les meillieurs et plus misérables personnes, des condicions dessus déclarées et par le conseil des grands Cartriers qui doivent cognoistre les povres de ledite cité, et ceux qui seront plus ablis ad ce y seront par lesdits commis institués, item que, à l'entrer, lesdits povres feront serment que ils feront de leur pouvoir et sçavoir le prouffict de ledite maison; seront caritables paisibles amiables à leurs compagnons, de bonne vie honneste et obéisans à nous et à leurs proviseurs; et se renderont et donneront leurs biens meubles à laditte maison, sans rien despendre ou transporter senon pour leurs nécessités sans fraude. Item volons et ordonnons que ceux desdits povres qui seroient trouvés de vie désordonnée, achoteux, sédicieux ou aultrement désordon-

nez, repris seconde fois, s'y ranchaient tierche fois, soyent mis hors de leditte maison sans retour en délaissant le moitié de leurs moeubles, sauf à eulx leurs vestements. Item que il soient tenu chacun jour, se mieulx ne sçavent, dire le *Pater Noster* douze fois, et prier pour leurs fondateurs et bienfaiteurs. Item, volons et ordonnons que se aulcuns ont fondé, ou en temps advenir de leurs biens et carité fondoient audit lieu, aulcunes habitation et rentes en augmentation de l'aumosne d'iceluy lieu, que ils puissent ordonner en leur vie en temps que ils toucheroient leur fondacion de l'institution des personnes de le condicion des susdits à leur bon et raisonnable plaisir. Selon le teneur de leditte clause et intention de nos dits prédécesseurs en gardant les ordonnances des susdites sauf aussy toujours nos droicts ordinaires et le droict parochial. En tesmoin des quielles choses nous avons à ces présentes faict appendre nos scel. Donné en notre cité de Cambray, l'an de grâce mil quatre cents, le dix septième jour du mois de mars.

» Collation faicte à lasusdite fondation escripte en perchemin saine et entière attachée sur bois estant en ladite maison de Saint-Pierre es-Bèvres et trouvé concorder par moy Florent Mairesse, greffier de la ville de Cambray, soubsigné le vingtiesme jour du mois d'octobre, an mil six cents vingt-sept.

Est signé,

F. Mairesse, avec paraphe. »

PSALLETTE DE NOTRE-DAME. — V. *Maîtrise*.

QUA

QUARANTAINE. — On appelait ainsi une trève de quarante jours que devaient observer les parents et amis de ceux qui avaient reçu quelques offenses. *Mémoire pour le Magistrat contre l'archevêque*, p. 56.

QUARTIERS MILITAIRES. — V. *Casernes*.

QUATRE-HOMMES. — Leurs fonctions sont parfaitement définies dans un acte du XVIe siècle rapporté dans le *Mémoire pour l'archevêque*, p. 172, des pièces justificatives. Le voici:

« Les eskévins instituent quatre personnaiges qui se nomment les *Quatre-Hommes*, lesquels sont *super intendens* aux ouvraiges nécessaires en la dicte cité, soit aux fortifications de la closture d'icelle, réparation des lieux et maisons à

QUE

elle appartenans, entretennement des chaulchées (chaussées), Waresquaix et semblable; et suivant les ouvraiges faicts, ils ordonnent les payer après le conterolle faict. Est aussy l'office desdits Quatre-Hommes, toutes et quantes fois que besoin est, ou qu'il leur plaist, de visiter les wisinnes et tavernes de la dicte cité, et banlieue, faire compte aux vendeurs de ce qu'ils auroient fourfaict pour les assises et droicts de la ville, adfin que le receveur sans faire payer. » — Extrait d'une requête présentée à l'empereur par les habitants de Cambrai, en 1548.

QUÉRÉNAING (école de). — V. *Fondations charitables* (école des pauvres).

QUESLIER. — C'est ainsi qu'on appelait autrefois les fabricants de chaises. — Les quesliers avaient, comme tous les autres corps de métier, leur règlement particulier. En voici le sommaire :

« 1º Qu'ils choisiront tous les ans deux maistres, pour estre mayeurs de la confrairie.

2º Que quiconque voudrat estre maistre dudit mestier debvrat faire son chef-d'œuvre, en payant, pour les droicts, quarante sols tournois, moitié pour l'église et l'autre moitié pour la confrairie. Et pourrat vendre à son proufict la pièce de son chef-d'œuvre.

3º Ce qu'ils doibvent payer à la confrairie chascun an.

4º Que personne ne travaille dudit mestier qu'il ne soit maistre, à la réserve y contenue.

5º Ce qu'un apprenty debvrat payer pour son apprentissage. Ce que paieront les fils des maistres.

6º A quoi l'argent de la confrairie debvrat estre employé.

7º Qu'ils se trouveront aux enterrements de leurs confrères.

Extrait du *Livre aux Bans* fº 319, du 8 juin 1527.

QUÉTIVIER. — Du mot *Quétif*, *Chétif*. On désignait sous le nom de *Quétivier* tout le quartier qui porte aujourd'hui le nom de Saint-Fiacre. Les chétifs, kétifs ou pauvres gens qui l'habitaient, acceptaient ce nom et en faisaient pour ainsi dire parade. Ils avaient un grand étendard qu'ils déployaient les jours de fête : ils tenaient leur place dans les cérémonies, dans les réjouissances publiques. Faute de pouvoir se fournir de costumes, ils s'habillaient en hommes et en femmes sauvages. Les chroniqueurs dans les relations qu'ils font des fêtes de nos pères, manquent rarement de signaler la présence du Quétivier.

QUINCAILLIERS. — V. *Merciers*.

R

RÉC

RABAUQUÊNES. — V. *Antiquités § Camps et Retranchements*.

RECEVEUR DES DOMAINES de *Cambrai*. — Il était chargé de recevoir les deniers des domaines de la ville, le produit des assises, en un mot tout argent à toucher pour le compte de la commune. C'était un receveur municipal.

RÉCOLLETS. — Avant l'an 1600, le couvent des Récollets était habité par des cordeliers. Nous invitons le lecteur à se reporter d'abord à l'art. *Cordeliers*, où il verra les commencements de cette maison, sa situation, et comment se fit la substitution des Récollets à l'ordre des Cordeliers. Ce fut donc en 1600 que la maison prit le titre de Couvent des Récollets. Les cloîtres furent alors rebâtis « des aumônes de MM. de la ville. »

On voit dans le répertoire de l'échevin Ladislas de Baralle, de quelle façon fut réglée en 1626, l'aumône de vin que le Magistrat faisait aux R. P. Récollets.

« Du 10 juillet 1626.

« MM. du Magistrat désirans que les pères Récollets de la résidence de ceste ville, aient un nombre de vin limité, à la charge d'icelle ville, sans que ce nombre soit incertain, on aians jusques à présens prins en la cave de la ville par tonnelets, une fois plus, autre moins, par chascun an, pour les messes que l'on célèbre journellement en leur église, et pour les communians, et aussi afin qu'aucune fraude ne se puisse commettre à la délivrance et distribution dudit vin, ont conclud et arrestez, que conformément

REF

à ce qui se donne aux pères jésuites, lesdits pères Récollets pourront prendre à l'advenir, et par chacun an, deux pièces de vin à leur choix, hors de la cave de ville, et à faict qu'ils en auront besoing pour lesdites messes, et communians tant seulement.

Le même répertoire contient une mention des lettres écrites en 1628, par le gouverneur de la ville, Don Carlos de Coloma, au Magistrat, pour l'inviter à assister, en l'église des Récollets, à la fête de la canonisation de Ste-Elisabeth, reine de Portugal.

En cette même année 1628, les pères Récollets ayant tenu, à Cambrai, un chapitre provincial, obtinrent du Magistrat de la ville une subvention de cent cinquante florins, pour les aider à supporter les frais extraordinaires occasionnés par cette assemblée.—Ms. 5 p. 389.

Nous rappelons ici, que le couvent des Récollets, était *un lieu d'asile, de refuge et de franchise*. — V. *Cordeliers*.

On verra encore au mot *Cordeliers*, ce que c'était que le *Jardin des Oliviers*.

REFUGES.—On appelait ainsi de vastes maisons que possédaient dans Cambrai les riches abbayes du Cambresis, et dans lesquelles les religieux de ces abbayes se *réfugiaient* en temps de guerre pour éviter le pillage et les mauvais traitements de la part des ennemis.

On comptait dans Cambrai :

Le refuge de Vaucelles, situé rue de Vaucelette, aujourd'hui n. 8. Il fut construit par

Thomas Nobescourt, 42ᵉ abbé du monastère, mort en 1526. (1) On voit encore dans ce refuge une petite chapelle voûtée à nervures, et située au premier étage au-dessus d'une autre salle voûtée de même. Elle était dédiée à St-Bernard.

Le refuge du Mont-St-Martin. — Cette grande et belle maison construite sur le mont St-Géry (Monts-des-Bœufs) en 1503 (2) en même temps que l'on construisait l'abbaye à Gouy, subsista jusqu'à l'époque de l'érection de la citadelle. Un légat du pape y avait logé avec sa suite en 1505. *Mém. chron.* p. 28.

Julien de Lingne dit que ce refuge, après sa ruine (en 1543 ou 1544) n'a plus été refait. On voit le refuge du Mont-St-Martin et celui de Fémy, figurer sur le tableau qui représente l'antique église de St-Géry en 1543, lequel tableau est conservé dans l'Hôtel-de-Ville de Cambrai.

Le refuge de Fémy. — L'abbaye de St-Etienne de Fémy, ordre de St-Benoît, eut jadis une belle maison, à Cambrai, « laquelle fut démolie en l'an 1543, à cause qu'elle était près du lieu où lors la citadelle fut bâtie. Cette maison a été réédifiée en la rue de St-Vaast en l'an 1552. » — *Notices* de Julien de Lingne. — *Calendrier historial* (13 mai).

Or il est à remarquer qu'en 1543, la rue de St-Vaast était celle qui prit plus tard le nom de St-Géry et ensuite des Anglaises, car alors la paroisse de St-Vaast était établie dans cette église qui fut cédée aux chanoines de St-Géry, après la ruine de leur monastère sur la montagne. Cette explication était nécessaire pour faire comprendre ce qui suit: « Les dames Bénédictines anglaises prirent possession du refuge de Fémy, à Cambray, au mois de décembre 1623. » — § ms. 3 bis, p. 278. — Ce n'est donc pas dans la nouvelle rue de St-Vaast qu'il faut chercher la maison de Fémy.

Cette maison, que les dames Anglaises avaient reçue en don généreux d'un abbé de Fémy, devint par la suite le sujet d'une réclamation de la part d'un nouvel abbé. Nous ne rapporterons point ce débat peu important, et que d'ailleurs on peut trouver dans le † ms.

---

(1) Nous suivons ici la tradition du *Cameracum christianum*. — V. ce livre p. 304. — Il n'est pas inutile cependant de faire remarquer que Julien de Lingne attribue la fondation du refuge de Vaucelles, non pas à Thomas, mais à son successeur Gilles de Nobescourt, mort en 1545.

(2) V. † ms. 884, p. 69. — § ms. 3 bis p. 70.

905, précieux recueil de mémoires composés par l'abbé Tranchant.

Refuge des Guillemins. — V. *Guillemins.*

Refuge d'Anchin. — L'abbaye d'Anchin, ordre de St-Benoît, située à deux lieues de Douay, du côté de Tournay, avait « une maison en Cambray, laquelle avait appartenue à quelque seigneur duquel l'abbé d'Anchin l'acheta, et y fit faire une chapelle, environ l'an 1150. — » *Notices* de Julien de Lingne. — Ce refuge était situé dans la rue des Capucins, sur l'emplacement qu'occupe aujourd'hui le grand magasin aux vivres militaires.

En 1529, la reine de Navarre, venue à Cambrai pour la négociation de la Paix-des-Dames, logea au refuge d'Anchin, que l'on mit en communication avec l'hôtel St-Pôl, où demeurait la régente, au moyen d'une galerie « qui étoit faite sur les murs des jardins de M. de Barattre, par desure la rue correspondante à l'hostel St-Pôl. » — § Ms. 3 bis, p. 91. — † Ms. 884, p. 88. — Plus tard les *Pauvres-Chartriers* furent installés à l'hôtel ou refuge d'Anchin. — V. *Fondations charitables*, à la p. 148. — *Mém. chron.*, p. 27.

Refuge du Verger. — V. *Verger* (ABBAYE DU).

Refuge de St-André. — V. *André* (ABBAYE ET REFUGE DE ST-) — V. aussi au mot *Collège*, p. 78, note Iʳᵉ.

RÉGALES. — Ce mot, qui vient du latin *regere*, signifie le droit octroyé par l'Empereur de posséder et d'administrer le temporel du comté de Cambrai. — V. *Loi Godefroy*, art. 57. — *Investiture.* — *Hist. de Cambrai* par Dupont, part. 2, p. 25, à la note.

Lorsque le siége épiscopal, et conséquemment la souveraineté de Cambrai devenaient vacants par la mort de l'évêque, les régales appartenaient, *par intérim*, au chapitre de l'église de Notre-Dame. — V. *Loi Godefroy*, art. 56. — † ms. 884, p. 73. — § ms. 3 bis, p. 74. — § ms. 5, p. 267.

RÉJOUISSANCES PUBLIQUES. — V. *Fêtes.*

RELENGHES (CHATEAU DE) *Herling, Erling.* — Au fond du marais d'Escaudœuvres, entre le village de ce nom et le hameau de Morenchies, on rencontre une petite ferme délabrée qui porte encore aujourd'hui le nom de *Relenghes* ou *Erling.* Cette pauvre habitation fut jadis une *maison forte.* On a peu de documents à son égard.

M. Leglay, dans le 4ᵐᵉ volume des archives du Nord, page 492, fournit un document conçu en ces termes :

« Au mois de juillet 1262, Nicolas de Fontaines, évêque de Cambray, autorise l'échange d'une maison sise à Cambray, rue du Malle, contre une *Motte* près Morenchies, avec prés et fossés qui en dépendent. Le nom de Relenghes n'est pas prononcé dans le texte de l'acte, mais sur le dos de la pièce originale; une note tracée en caractères de l'époque déclare que la charte a pour objet *la maison de Relenghes*. Il est bien à croire que c'est là l'origine de la forteresse.

» Si le nom de Relenghes appartenait à la maison de la rue du Malle, il faut supposer que, par suite de l'échange, on aura transporté ce même nom à la forteresse que l'on a élevée sur la motte dont il est question. »

Dès la même époque, il y avait une famille qui portait le nom de Relenghes. Après la mort de Guillaume de Hainault (1296), le chapitre élut Gérard de Relenghes, mais le pape Boniface VIII prétendant avoir le droit de nomination parce que Guillaume était mort à plus de deux journées de distance de Cambrai, promut Guy de Collemede. — Dupont. *Hist. de Cambrai*. part. 3, p. 65.

En 1314, les Cambresiens devant faire une amende honorable pour des excès commis envers le clergé, des pillages et des destructions, « Ferric de Piquini, seigneur de Saluel, (et non Paluel), ayant été accepté pour médiateur, ce seigneur prit jour au 7 de décembre pour prononcer la sentence. On choisit pour cela le marais entre *la tour de Relenghes*, et la ville (1), où se rendirent, au jour marqué, l'évêque, les abbés de Cantimpré et de Fémy, ainsi que plusieurs seigneurs. La plus grande partie des bourgeois y étant venus, ils se prosternèrent tous et demandèrent, les mains jointes et la tête nue, que l'évêque voulût bien leur pardonner. »— V. Dupont. *Hist. de Cambrai*, part. 3, p. 95.

Le pardon fut gracieusement accordé, et Ferric, monté sur un théâtre dressé à cet effet, prononça la sentence, par suite de laquelle toutes les bannières de la ville furent supprimées, à l'exception d'une seule aux armes de l'archevêque et qu'il pouvait confier à qui bon lui semblait. Le château de Selles, dont les bourgeois s'étaient emparés, fut remis entre les mains de l'évêque.

En 1340, le roi Philippe de Valois, pour punir Jean de Hainault de ce qu'il avait pris parti pour le roi d'Angleterre, fit ravager les terres de Jean.

« Avec ces dépits il avint que les soudoyers, qui se tenaient en la cité de Cambray, issirent hors de Cambray, et vinrent à une petite *forte-maison* dehors de Cambray, qui s'appelait *Relenghes*, laquelle était à messire Jean de Hainault; et la gardait un sien fils bâtard, que l'on appelait *Jean le Bâtard*, et pouvait être avec lui environ 25 compaignons. Si furent assaillis un jour tout le jour. Mais moult bien se défendirent. Au soir, ceux de Cambray se retrairent en leur cité, qui menacèrent, à leur département (départ), ceux de Relenghes, et dirent bien que jamais n'entendraient à autre chose, si les auroient conquis, et maison abattue. Sur ces paroles, les compaignons de Relenghes s'avisèrent, et regardèrent la nuit, qu'ils n'étoient mis assez forts pour eux tenir contre ceux de Cambrai, puisqu'ils voulaient ainsi les accueillir; car avec tout ce, qui bien les ébahissait, il avoit si fort gelé qu'on pouvoit venir jusques aux murs, sur les fossés tout engelés. Si eurent conseil qu'ils se partiroient, ainsi qu'ils firent; et troussèrent tout ce qui estoit leur et vuidèrent environ minuit, et bouterent le feu dedans Relenghes. A lendemain au matin, ceux de Cambray là vinrent pour ardoir et abattre. Et ainsy alla-t-il de la maison monseigneur Jean de Hainault qui en fut durement courroucé. » Froissart. liv. 1er, partie 1ere, chap. 98, année 1340, page 87 de l'édition de Buchon.

« Le duc de Normandie s'empara peu après du château d'Escaudœuvres, que le comte de Hainaut avait aussi fait fortifier, pour tenir en bride les habitans de Cambrai. On le démolit, et les débris servirent à la réparation des murailles de la ville, ainsi que ceux du *château de Relenghes* qu'on ruina en même temps. — Dupont. *Hist. de Cambrai*, 1er vol. 3e partie, p. 117.

REMENBRANCHE. — Représentation, scène. — V. *Exemple*.

REMONTRANCE. — V. *Exemple*.

RETORDEURS DE FILETS. — Vers le milieu du XVIIe siècle, des retordeurs de fil à tisser avaient, au détriment des mulquiniers, essayé de se constituer en corps de métier. La corporation des mulquiniers fit entendre à ce sujet de vives réclamations au Magistrat qui accorda protection à ces derniers, et qui rendit *une ordonnance* par laquelle *le prétendu style des retordeurs de filets* fut aboli dans la ville de Cambrai.

Cette ordonnance provisionnelle du Magistrat fut confirmée par sentence du conseil privé

---

(1) On trouve cette tour sur différentes cartes du Cambresis.

de Sa Majesté Espagnole, en date du 9 septembre 1654. Ainsi disparut cette corporation qui ne pouvait que faire une nuisible concurrence à l'industrie des mulquiniers.

Au reste, l'interdiction dont il vient d'être question fut appliquée avec intelligence. Et elle ne fut point un obstacle à ce que un nommé Philippe Grier, pût « establir en sa maison le retordage des filets blancs, gris, noirs, rouges, et autres semblables, *propres à coudre seulement.* » Cette permission fut accordée le 26 mars, 1659. — V. le *Répertoire* de Ladislas de Baralle.

REVELON (CHATEAU DE). — Au-dessus du village de Crèvecœur, et comme un aigle perché sur son rocher, se découvre le joli château de Revelon sous lequel existent de vastes souterrains. Le Carpentier parle du « *Mont-Revelon,* jadis *Belgemont,* avec ses voûtes souterraines; des médailles et autres antiquités qui s'y sont rencontrées (1). » En définitive, il ne serait pas étonnant que jadis le Mont-Revelon eût été fortifié, sa position très-avantageuse n'aura sans doute pas échappé aux habitants de la ville de Crèvecœur qui s'en seront fait un boulevard du côté de la France. Le nom même de cette montagne semble l'indiquer. En langue romane, *Revelin* signifie *boulevard.* Peut-être a-t-on dit originairement : *le montrevelin (le mont-boulevard).* Une pareille supposition n'a rien qui répugne au bon sens, ni à la vérité historique, car Le Carpentier dit encore en parlant de Crèvecœur que cette ville avait « trois diverses situations : *l'une sur la montagne dite Revelon,* l'autre sur le pendant de la rue des Vignes, et la troisième dans la vallée de Senwart, où passent l'Escaut et l'Escauette. » Or, Crèvecœur a été une ville fortifiée, et cette ville avait, avant tout, intérêt à se défendre du côté de la France.

On ne peut plus douter d'ailleurs de l'existence des souterrains dont parle le vieil historien de Cambrai. M. Frémicourt, propriétaire actuel du château de Revelon, en a acquis la preuve en diverses circonstances, et notamment en 1854. Des fouilles qu'il faisait exécuter pour la construction d'un vaste bâtiment ont mis à découvert de grandes parties de souterrains dont les voûtes avaient été, en certains endroits, détruites, en d'autres, comblées par des remblais. Le même propriétaire a trouvé aussi quelques médailles sur le même lieu. Toutes sont de la période espagnole. Ainsi se justifie l'allégation de Le Carpentier que nous citions plus haut.

Le château de Revelon est une agréable maison de plaisance dont le style n'a rien de commun avec les débris d'un autre âge qui sont ensevelis au sein de la montagne.

REVENUS DE LA VILLE *à diverses époques.*— En fait d'histoire, aucun document ne doit être négligé ; et bien que nous n'ayons pas les matériaux nécessaires pour faire, au sujet des revenus de la ville, un travail satisfaisant, nous n'en consignons pas moins dans ce répertoire historique les notes que nous avons pu nous procurer sur cette matière.

On peut voir au mot *Impôts* que, de tout temps, la ville s'est fait des revenus à l'aide des maltotes ou assises sur certaines denrées qui se vendaient et se consommaient dans son enceinte. Nous y avons expliqué de quelle manière s'établissaient ces assises. Nous donnons ici une pièce intéressante, que nous avons extraite d'un registre des *Mémoriaux de St-Aubert.*

Estat du revenu de Cambrai, présenté à MM. des trois Estats assemblez en la Maison de ville le 13 décembre 1597.

« PREMIER

« Pour les maltotes des bières qui sont de XXXII patars sur chacun tonneau de bière de LX pots chacun, portent environ XXXV mils flor : qui à l'apparence du temps à cause de la contagion ne se pourront bailler pour un tiers de ladite somme, comme ne seront tous autres fermes.

» L'impôt de maltote du vin qui est sur chacun lot, porte environ dix mils florins ; sur quoy faut déduire, tant sur ledit vin que la bière, la boisson des gens de guerre, lesquels boivent sans aucun impôt.

» Les mêmes fermes de louages de maisons appartenant à ladite ville portent six mils florins.

MISES ET CHARGES DE LA VILLE

» Les rentes que doibt ladite ville qui sont dues à plusieurs et diverses personnes portent environ XXVI^m florins, pourquoy des quatre pat : et V deniers sur le lot de vin, en sont spécialement affectés les II pat. : et V d. : et des XXXII pat., en sont aussi affectez les XVIII patars avec tous les autres menues fermes et louages.

» Les bonnaux pour nettoyer ladite ville IV mils florins ou environ.

» Les gages de toute sorte d'officiers environ IV mils florins.

» Les draps et parures des échevins et autres officiers qui n'ont aucuns gages, forts lesdits draps estant en nombre pour le corps du Magistrat, trente deux et vingt six suiteurs et officiers porte cinq mils florins ou environ.

Les provisions de la ville, de bois, charbon,

---

(1) *Histoire de Cambrai* par Le Carpentier, part. III, p. 453.

chandelles, torques, huilles, tant pour la ville, corps de garde des soldats sur les remparts et hors la ville, dix mils florins environ.

» Pour les occurrences des réparations et entretennement des ouvrages ordinaires et nécessités pour l'entretennement des portes, ponts, agarites, corps de garde et autres bastiments appartenants à ladite ville, environ six mils florins; et ce, sans comprendre aulcunes réparations ou pans de murs qui peuvent tomber de cas fortuit et autres ouvrages extraordinaires.

» Pour voyages, Menus frais et autres occurrences extraordinaires, environ IV mils florins.

» Les fortifications qui se sont faites depuis la réduction qui est pour ung an environ, vingt mils florins dont une bonne partie reste encore à payer.

» La maladie contagieuse lorsqu'elle arrive, comme elle est à présent a porté jusques à présent environ unze à douze mils florins.

» Pour le service de Monseigneur le gouverneur, du sergent major et son adjudan, cinq mils quarante florins.

» Et nonobstant toutes les charges que de plus la ville se trouve à l'arriéré et redevable non moins de trois cens mils florins ; et ce, non seulement pour arriéré de rentes, mais pour advances et prêts de deniers, sans aulcuns proffits faits par plusieurs bourgeois, particulièrement pour les fortifications et aultres occurrences de la ville. »

A l'époque où Louis XIV prit Cambrai (1677), les revenus de la ville s'élevaient à environ 100,000 livres par an, sur quoi cette ville devait en rentes ou en charges ordinaires plus de 80,000 livres par an.

Quoique la ville et le Cambresis ne formassent ensemble qu'un seul corps d'état, ils avaient néanmoins leurs revenus séparés. Ceux du Cambresis montaient à environ 220,000 livres par an, qui étaient absorbées entièrement par les charges de la province.

Voici maintenant une note de l'abbé Expylly sur les revenus de la commune en 1764.

« Les Revenus de Cambray en 1764, consistaient en quelques impôts qui se levaient dans la ville sur la bière, sur le vin, sur le bois etc, qui rapportaient tous ensemble, par an, environ cent mille ou cent vingt mille livres. Sur cela la ville était obligée d'acquitter un assez grand nombre de charges ordinaires qui absorbaient presque tous ses revenus... »

RIBAUDS (ROI DES). — On appelait autrefois *Roi des Ribauds* le capitaine d'une compagnie d'élite nommée le corps des *Ribauds* qui était à la suite et pour la garde des rois Philippe-Auguste et Philippe-le-Bel. On appelait aussi Ribauds les serviteurs de place, comme porteurs de chaises ou commissionnaires. A Cambrai, on entendait par ces mots des gens de tout autre nature. Le roi des Ribauds était l'inspecteur des filles de joie. *Il tenait table de Breleng.* Voici ce qu'on lit à son sujet dans une coûtume de Cambrai manuscrite.

« *La fixation des droits du Roi des Ribauds en Cambray*

» 1º Le dit roy doit avoir, prendre, cueillir et recepvoir sur chacune femme qui s'accompagne de homme carnellement, en wagnant son argent, pour tant qu'elle ait tenu ou tiengne maison à lowage en la cité, quinze solz parisis, pour une fois. Item sur toutes femmes qui viennent en la cité, qui sont de l'ordonnance, pour la première fois deux solz tournois. Item sur chacune femme, de ladite ordonnance, qui se remue et va demeurer de maisons ou de estuves en autre, ou qui va hors de la ville demeure vne nuict, douze deniers toutes fois que le cas y esquiet. Item, doit avoir une table de breleng à par lui sur un des fiefs du palais, ou en telle place que au bailly plaira ordonner. »

Ce personnage pourvu, comme on le voit, de fonctions assez peu honorables, était à la nomination du bailly du Cambresis. — V. *Baillage*, *Bailli*.

RICHARDOT (JEAN), cinquième archevêque de Cambrai, naquit à Malines d'une famille très honorable. Il eut pour père Jean Richardot, président du conseil d'Artois, conseiller et maître des requêtes de Philippe II, roi d'Espagne. Après s'être fait remarquer par sa doctrine dans la science philosophique et en théologie, Jean fut nommé conseiller d'état du roi catholique, et bientôt chargé d'une ambassade auprès du Saint-Père, par les archiducs d'Autriche. Peu de temps après, nommé évêque d'Arras, il ne tarda pas à être élu archevêque de Cambrai, (29 mai 1609). Il fut confirmé le 24 de septembre par Paul V, prit possession par procureurs le 15 mars 1610, et fit son entrée solennelle le 16 décembre de la même année. Ce fut lui qui posa et bénit la première pierre de l'église des Capucins. Cette cérémonie eut lieu le 5 juillet 1612. — *Notes historiques* de Julien de Lingue.

Sa mort arriva le dernier jour de février 1614. Il fut enterré dans l'église métropolitaine, devant le grand autel. Sa mort excita des regrets unanimes dans la cité.

—V. de courtes notices sur *Richardot*, dans l'*Histoire de Cambrai* par Le Carpentier, part. II, p. 420 ; — dans le *Cameracum christianum*, p. 65.

ROBES (GRANDES ET PETITES). — Même chose que les grands et petits draps. — V. ci-dessus p. 322, 1re colonne (art. *Magistrat*).

ROBERT (JEAN LE). — V. dans ce dictionnaire, p. 220 (art. *Hommes remarquables*, XVe siècle).

ROBERT (SERMENT DE SAINT-). — V. *Souffleurs*.

ROCH (HÔPITAL ET CHAPELLE DE SAINT-) ou *des Pestiférés*. — Voici en quels termes Julien de Lingne s'exprime sur *l'hôpital des pestiférés* dit *de Saint-Roch* : « En l'an 1545, la peste étoit si véhémente en Cambray, que MMgrs de la ville firent faire de petites maisons, pour ceux qui étoient atteints de cette maladie, envers les maretz d'Escaudœuvres; et depuis MMgrs firent faire un hôpital auprès de la maison nommée *Tout-y-faut*, auquel on mettoit lesdits malades qui étoient gardés et soignés par des sœurs noires de St-Jacques. Au jour 13e d'août dudit an, le suffragant consacra une mencaudée pour y sépulturer ceux et celles qui trépassaient de la peste.— † Ms. 658, art. 50 — § Ms. 1 bis, p. 101.

A ces faits qui sont confirmés par diverses chroniques, il faut ajouter que l'hôpital des pestiférés fut supprimé à une date fort ancienne que nous ne saurions préciser. Mais il existait encore en 1554, puisque les religieuses de St-Ladre, après la destruction de leur monastère, allèrent s'y réfugier. — V. *Ladre (hôpital et couvent de Saint-)*. Peut-être cette maison de St-Roch fut-elle fermée lorsque les religieuses de St-Ladre la quittèrent quelques années après, pour fixer leur demeure en ville.

En tout cas, la chapelle fut rebâtie au XVIIe siècle, car on voit dans les chroniques que l'archevêque Vanderburch « bénit la chapelle de St-Roch, proche de la porte du malle, le 22 d'août 1620. »

Cette même chapelle fut reconstruite en 1696, par MM. du Magistrat.

Enfin, détruite pendant la révolution, elle fut refaite en 1832 par une personne pieuse (1) qui, en présence des ravages du choléra voulut que la petite chapelle où nos pères imploraient la protection de St-Roch contre la peste, ne fît pas défaut à la prière des fidèles d'aujourd'hui.

Cette nouvelle chapelle de St-Roch a été élevée à peu près à la place de l'ancienne; seulement autrefois le monument occupait le milieu de l'allée de St-Roch et y formait comme le centre d'un rond-point, tandis que celle d'aujourd'hui est placée sur le côté, et laisse passer le chemin directement.

ROHAN-GUÉMÉNÉE (FERDINAND-MAXIMILIEN-MÉRÉADEC DE), *archevêque de Cambrai et successeur de M. de Fleury*. — C'est lui qui occupait le siége archiépiscopal de Cambrai, lorsque survint la Révolution. M. de Rohan, personnage distingué et d'illustre extraction, portait le titre de prince. Il était archevêque de Bordeaux lorsqu'il fut appelé au siège de Cambrai, par lettres patentes du roi, le 4 février 1781. Il prit possession le 2 mai suivant par son procureur M. l'évêque d'Amicles, qui eut souvent occasion de le remplacer dans ses fonctions pastorales. Il fit son entrée solennelle le 29 août 1782.

Banni de France par la Révolution, il se retira dans l'abbaye de St-Guislain, d'où il administra pendant quelque temps la partie belge de son diocèse, jusqu'à ce que la tempête révolutionnaire débordant les frontières françaises, eût envahi la Belgique elle-même. Ce digne prélat résigna spontanément ses fonctions archiépiscopales en 1801.

Devenu plus tard aumônier de l'impératrice Marie-Louise, il mourut à Paris le 31 octobre 1813 (1).

ROSIER. — Ouvrier qui fait les ros, c'est-à-dire les peignes qui servent à passer la chaîne d'une toile pour la fabriquer.

ROSIÈRES. — Jeunes filles que l'on couronnait en récompense de leur vertu. — V. *Fêtes*.

ROTISSEURS. — Ils habitaient en assez grand nombre la rue de la *Boulangerie*, qui finit par prendre le nom de *rue des Rôtisseurs*.

Voici diverses pièces relatives aux Rôtisseurs de Cambrai.

Deffense aux Rôtisseurs d'achepter des volailles auparavant l'heure limitée par l'ordonnance.

1627.

Nous prévost et eschevins recognoissant que, par le moyen des achapts qui se font journellement et à toutes heures, par les cuisiniers, carbatiers, hostelains et *rôtisseurs* de ceste ville et leurs gens, sur le marchet, dans leurs maisons et ailleurs, des poulets, volailles, lièvres, lapins, pingeons et autres semblables denrées, qui s'exposent journellement en vente par les poulaillers et autres, les bourgeois et habitans d'icelle ville, ne peuvent bonnement

---

(1) Madame veuve Boullecourt.

(1) Nous avons emprunté au *Cameracum christianum* les dates diverses que nous avons citées. *Cuique suum.*

achepter ce qu'ils ont besoin desdites denrées pour leurs mesnages et familles. Désirant à ce remédier et y donner police, avons ordonnez et ordonnons par ceste, que pour l'advenir se ferat deux fois en la sepmaine marchet desdites poulailles en ceste ville, savoir : le mardy et le samedy ; et quant en chascun desdits jours escherat quelque feste, le marchet, se fera le jour précédent. Deffendons bien expressement auxdits cuisiniers, carbatiers, hostelains et rôtisseurs d'icelle ville de, durant lesdits jours de marchet, acheter en leurs maisons ny ailleurs et spécialement sur ledit marchet aucuns desdits poulails, par eux, ny par autruy, directement ny indirectement avant les heures limitées par nos ordonnances précédentes, qui est de dix heures avant.midy, depuis le jour de Pasque jusques la St-Rémy, de onze heures depuis ledit jour de St-Rémy jusqu'au dit jour de Pasque, sur peine aux contrevenans d'être punis et mulctez d'amendes à ce introduites ; et de n'avoir telle autre correction que trouveront en cas appartenir. Fait à notre ordonnance en pleine Chambre, soubs la signature de notre greffier, le 23e jour de juin 1627. — Signé : MAIRESSE.

Les cuisiniers et recoppeurs de volailles ne peuvent achepter dans leurs maisons.

Du 25 de janvier 1638.

Nous prevost et eschevins de ceste ville, voyans et recognoissans journellement que, pour l'achapt que font à toutes heures les hostelains, carbatiers, cuisiniers, rôtisseurs et autres, s'entremettans à revendre et recopper des poulailles, volailles, lièvres, lapins, perdrix, cygnes, oiseaux de rivières et autres, et toutes autres sortes de sauvagines, tant à leurs maisons qu'au marchet et autres endroits de la ville, les bourgeois et habitans en reçoivent de l'incommodité et préjudice, soit par n'en pouvoir avoir et n'en trouver à acheter, soit autrement par le debvoir, et estre contraints d'en achepter à prix notablement plus chers dessubs nommez cuisiniers et recoppeurs, etc. Avons pour à ce donner ordre et remédier à notre possible suivant les anciennes ordonnances de police de ceste Chambre, prohibez et deffendu ; prohibons et deffendons à tous iceux susnommez de ne pas achepter en aucuns temps en leurs dites maisons ny autres endroits de la ville par eux ny par autres en leurs noms, aucunes dessus dites denrées telles qu'elles soient, ny aussy au marchet, autrement qu'après les heures à ce préfixées, qui est de dix heures avant midy depuis le jour de Pasque communiaux jusques à la St-Rémy, et d'onze heures depuis ledit jour de la St-Rémy, jusques audit jour de Pasque, ny mesme d'aller au devant de ceux qui en apportent, soit dedans, soit dehors la ville, le tout soubs, pour la première fois, de dix florins d'amende, et les denrées à perdre, icelle amende et denrées applicables un tiers à l'office de la prévosté, un autre tiers aux pauvres, et l'autre au dénonciateur. Pour la deuxième fois, d'être interdits de leur métier par l'espace de demy an, et pour la troisième fois, banny de la ville. Et affin de faciliter les ventes et achapts des susdites denrées à un chascun, nous ordonnons que le marchet s'en ferat et tiendrat tous les jours de la sepmaine de l'avant-diner en la place ordinaire, en laquelle partant, chacun en aiant à vendre, debvront les exposer ; et

en laquelle place ne pourront lesdits cuisiniers et autres sus nommez estre et se trouver avant lesdites heures soubs les mêmes peines que dessus. Fait en pleine Chambre. — Signé : BRACQUEGNIES.

« Règlement deffendant aux Rôtisseurs de ne remettre au hastier (broche), rôts qui at esté au feu pour le réchauffer, et que toutes les chairs qu'ils auront acheptées es-boucheries, seront cuites le mesme jour ou salez : et que les mayeurs pourront visiter leurs maisons à cet effect. Item que les rôtisseurs feront bonnes sauces, qu'ils ne demeureront deux dans une maison, qu'ils obéiront aux mayeurs, etc. »

« Deffense aux rôtisseurs, carbatiers, etc., d'achepter ou vendre lièvres, connins (lapins), butors, hérons et autres sauvagines, cuits ou crutz, etc. — Du 19 janvier 1460. »

Ces ordonnances étaient au *Livre aux Bans*.

RUBENS (TABLEAU DE). — Le tableau de Rubens représentant le *Christ mis au tombeau*, que l'on conserve aujourd'hui dans l'église de St-Aubert à Cambrai, passe généralement pour l'une des plus belles productions du grand maître. La tradition rapporte que Rubens regardait cette toile comme la meilleure parmi celles qu'il avait faites sur le même sujet. Elle ajoute que satisfait de son ouvrage, il l'apporta lui-même au Chapitre de Cambrai qui le lui avait commandé, mais que le Chapitre l'ayant marchandé, l'artiste, blessé de cette manière d'agir en fit présent à la maison des Capucins de Cambrai.

Que ce tableau, déposé à St-Aubert, provienne du couvent des Capucins, cela n'est pas douteux, mais les *Mémoires chronologiques*, ouvrage entièrement digne de foi, ne sont point d'accord avec la tradition vulgaire sur la manière dont les Capucins seraient devenus propriétaires du tableau. « Cette pièce, y est-il dit, a été donnée (aux Capucins) par Sébastien Briquet, chanoine de N.-D. en 1616. » Ce n'est donc point Rubens qui l'a donnée. Cependant les deux versions se touchent peut-être plus qu'il ne le paraît d'abord : et il ne serait pas impossible que, le marché ne s'étant pas conclu avec le Chapitre-Métropolitain, le chanoine Sébastien Briquet qui était un homme de haute intelligence et très amis des arts, ait acheté le tableau pour un prix que, dans son dépit, Rubens aurait peut-être considérablement réduit.

Or, les Capucins venaient de s'établir à Cambrai ; et comme cet ordre inspirait beaucoup d'intérêt au clergé de la ville, chacun s'empressait de leur faire son offrande. Le chanoine Briquet en fit une conforme à son esprit élevé et à ses goûts distingués.

Le tableau de Rubens échappa comme par miracle à la dévastation des objets d'art religieux, qui eut lieu à Cambrai en 1793. Transporté plus tard dans l'église de St-Aubert qu'on avait transformée en musée, il y resta quand on rouvrit l'église au culte. Il représente, comme nous l'avons dit en commençant, le *Sauveur mis au tombeau*, et non une *descente de croix*, bien qu'on lui donne habituellement cette dernière désignation.

Malgré notre amour pour les arts, et le respect religieux que nous avons pour les œuvres des grands maîtres, ce que personne sans doute ne nous contestera, nous ne saurions traiter de profanation, l'addition qui a été faite au tableau dont nous parlons. Si l'on en croit les *Mém. chron.*, le peintre avait fait le christ complètement nud, et y avait laissé voir, par conséquent, des parties du corps que le sentiment des convenances morales et religieuses ne pouvaient tolérer, surtout dans une chapelle. Soit que Rubens se fût refusé à rien changer à son œuvre, soit qu'on eût préféré ne le point prévenir de la modification qu'on y voulait apporter, soit encore que ce changement n'ait été fait qu'après sa mort (1), le fait est que ce fut un autre peintre qui se chargea de prolonger le suaire et d'en faire un voile conforme à la décence (2). C'était une grande hardiesse que de toucher à un tableau de Rubens, mais il faut convenir que cette hardiesse fut couronnée de succès, car cette belle draperie blanche produit un admirable effet, et semble avoir été comprise, telle qu'elle est, dans la conception même du tableau. Nous avons entendu déclarer par des juges compétents que modifier quelque chose à ce chef-d'œuvre tel qu'il est aujourd'hui, serait en détruire l'étonnante harmonie. Nous ajouterons qu'au point de vue matériel de l'art, la retouche ne paraît pas, et que, n'était l'allégation du manuscrit que nous avons cité, nul, de nos jours, ne saurait qu'un pinceau étranger s'est approché de cette belle peinture.

En 1836, l'administration laïque de l'église de St-Aubert s'étant aperçue que l'humidité avait porté quelque préjudice à cette œuvre d'art, l'envoya à Paris où, vu sa grande dimension, et la célébrité du maître, il fut déposé à l'école des Beaux-Arts.

Il y reçut une restauration intelligente qui ne concernait que l'envers de la toile; et fut bientôt après replacé dans l'église dont il est en même temps le plus riche et le plus bel ornement.

RUES DE CAMBRAI. — Il existe un grand nombre de plans de la ville de Cambrai, dont le plus ancien ne remonte pas au-delà de l'année 1544, puisque tous contiennent la citadelle construite à cette époque. Au reste, plusieurs de ces plans ne sont évidemment que des copies d'un même original, exécutées avec plus ou moins de soin, sur un plus ou moins grand format, selon le besoin de l'ouvrage auquel on les destinait; car la plupart ont été faits pour être adjoints à des ouvrages historiques ou géographiques. Il faut ajouter que, par suite des modifications de la ville elle-même, ils sont aujourd'hui fort inexacts, si tant est qu'ils l'aient été moins autrefois.

Mais, au contraire, deux plans plus récents peuvent être consultés avec fruit et certitude. Le premier, publié vers 1774, par Samuel Berthoud, a peut-être pour auteur P. Olivier, qui fit et signa à cette même époque, et pour le même libraire, une carte de la province du Cambresis. Ce plan de Cambrai, édité par Berthoud, représente la ville telle qu'elle était avant la Révolution, avec ses nombreuses églises et maisons religieuses. Le second plan représente la ville telle qu'elle est aujourd'hui. Il a été publié en 1833 par MM. Bruyelle. Ce travail, remarquable sous tous les rapports, est incontestablement ce qui a été fait de mieux sur la topographie cambresienne : les noms des rues, les numéros des maisons y sont inscrits avec soin et précision. Cette belle carte, munie d'une échelle métrique et rigoureusement orientée, nous permet de simplifier les notes que nous allons fournir sur les rues de Cambrai; car elle nous dispense d'en indiquer l'orientation et la dimension. Quant aux numéros, de toute façon nous n'en dirions rien; car malheureusement, le numérotage des maisons d'une ville est chose souvent variable. On a perdu, en ne le respectant pas, bien des traditions utiles à l'histoire.

Nous allons présenter la liste des rues de Cambrai avec leurs noms anciens et nouveaux; et sans parler des *Places*, auxquelles un article

---

(1) Pierre-Paul Rubens mourut à Anvers, le 30 mai 1640, âgé de 63 ans.

(2) « Rubens fit le christ nud; mais, comme les tableaux qui sont dans les églises ne sont pas là pour scandaliser, on y fit cacher *par un autre peintre* ce qui ne devait pas être vu ni découvert. » *Mém. chro.*

spécial est consacré dans ce dictionnaire, nous citerons cependant les *Rangs-de-Places* qui ont reçu des noms particuliers. Nous donnerons ensuite le tableau par ordre alphabétique des noms révolutionnaires attachés aux rues en 1793.

A

ADRIEN *(Rue St-)*, commence grande rue St-Martin, finit rue de l'Ecu-d'Or. — En 1793, rue des *Droits-de-l'Homme*.

AGNÈS *(Rue Ste-)*.—V. *Grande rue Vanderburch*.

AIGUILLE *(Rue de l')*, commence rue des Chanoines et finit rue de l'Epée. Nous ignorons l'étymologie de son nom. Elle le conserva en 1793.

ALARME *(Impasse de l')*, située rue des Fromages. Autrefois *des Larmes; de la Harpe*, dans le plan édité par S. Berthoud. Il est évident que ces trois noms ne sont que l'altération d'un seul. Le vrai nom est sans doute *Cul-de-Sac des Larmes*. — En 1793, impasse du *Bonheur*.

ANES *(Rue des)*.—V. rue des *Anges*.

ANGE *(Rue de l')*, commence Place-d'Armes et finit Place-au-Bois. Elle n'existait pas avant 1581. Ce fut à cette époque que des constructions élevées sur l'emplacement du *Flot de Cayère*, formèrent, avec le rang du Grand-Marché, la rue dont il s'agit. Elle prit alors son nom d'une hôtellerie située en face de l'Hôtel-de-Ville et qui était à l'enseigne de l'Ange. — En 1793, rue du *Génie-Français*.

ANGE *(Rang de l')* sur la Grand-Place, forme le prolongement de la rue de l'Ange. Tire son nom de l'*Hôtellerie de l'Ange*, dont nous parlons plus haut.

ANGES *(Rue des)*, commence rue du Petit-Séminaire et finit grande rue Aubenche. Autrefois rue des *Anes, vicus asinorum*. Il est aisé de voir que son nom *des Anges* est l'altération du nom primitif. — En 1793, rue de l'*Amitié*.

ANGLAISES *(Rue des)*, commence rue de St-Géry et finit rue de Selles. Elle s'appelait originairement *Grande rue de St-Vaast :* ce nom lui venait de l'ancienne église paroissiale de St-Vaast qui fut, en 1545, cédée au chapitre de St-Géry, dont l'église venait d'être démolie pour faire place à la citadelle.— V. *Géry (abbaye de St-)*. — La grande rue qui part de la rue *Notre-Dame* et descend jusqu'au carrefour de Selles, continua à porter le nom de *Grande rue de St-Vaast* longtemps même après la translation de cette paroisse dans la nouvelle église de St-Vaast, qui fut ouverte en 1650. Par la suite, cette grande rue perdit son nom, et prit celui de *St-Géry*, pour la partie contiguë à l'église cédée au chapitre de St-Géry; et celui des *Anglaises* pour la partie qui longeait l'habitation des Bénédictines-Anglaises. Ces religieuses s'étaient établies dans le refuge de Fémy, situé ancienne Grande rue St-Vaast.

Il est très important, pour l'intelligence des chroniques, d'établir cette distinction entre la première rue de St-Vaast et celle d'aujourd'hui. Il nous importe à nous d'appuyer d'une preuve le fait sur lequel nous fondons notre assertion. La voici :

« Les institutrices (anglaises) vinrent de Bruxelles à Cambray. Elles obtinrent de messire Antoine de Mont-Morency, abbé de Fémy, le *refuge* de cette abbaye, situé en cette ville, du côté du nord, *sur la paroisse de St-Vaast*, et en la grande rue *qui en porte le nom.* » — Pièce rapportée par l'abbé Tranchant dans ses *Notices sur les couvents de femmes*, n° 11, † ms. 905.

La maison des Anglaises, plus anciennement refuge de Fémy, n'est plus qu'une habitation à usage de brasserie. L'entrée principale porte aujourd'hui le n° 21.

Dans la rue des Anglaises existent encore le béguinage de St-Vaast, celui de St-Nicolas et celui de St-André. — En 1793, cette rue fut appelée *Purifiée*.

ANNE *(Rue de Ste-)*, commence rue des Récollets, finit au pont de Bon-Secours. Elle tire son nom de la petite chapelle de Ste-Anne qui appartenait au *béguinage*, dit le couvent de Lille. Ce béguinage était situé vers le milieu de la rue. On en retrouve des traces. Evidemment, dans l'origine, la rue Ste-Anne n'était qu'un quais de l'Escautin. Elle en est séparée aujourd'hui par un rang de petites maisons sans profondeur, dont le mur postérieur baigne dans l'eau du fleuve. — En 1793, rue de *Fénelon*.

ANVERS *(Rue)*.—V. rue des *Capucins*.

ARBRE *(Rue de l')*. — V. rue de la *Vierge-Marie*.

ARBRE-A-POIRES *(Rue de l')*, commence à la grand'rue Vanderburch et finit à la rue de la porte Notre-Dame. Nous ignorons l'origine de son nom : peut-être lui vient-il d'un poirier planté contre quelque maison, suivant l'ancien usage de tapisser les façades avec des vignes ou autres arbres à fruits. — En 1793, rue de la *Frugalité*.

ARBRE-D'OR *(Rue de l')*, commence à la Grand'Place et finit à la rue de St-Aubert. Son nom lui vient de l'imprimerie de Jean de la Rivière (1609), laquelle était à l'*enseigne de l'Arbre-d'Or*. Antérieurement on l'appelait rue des *Maseaux*. On lit dans les *Mém. chron.*, p. 24, une note ainsi conçue : « Remarquez que la rue de l'Arbre-d'Or s'appelait anciennement rue des Maseaux, parce que les bouchers étoient en cette rue. Le mot Maseaux (Macellum en latin), veut dire *Boucheries*. » — En 1793, rue de l'*Arbre-de-la-Liberté*.

ARCHERS *(Rue des)*. — V. rue des *Bleuettes*.

ARCHEVÊCHÉ *(Rue de l')*. — V. *Grande rue Fénelon*.

AUBENCHE *(Grande Rue)*, commence petite rue Aubenche et finit rue des Pochonets. C'est très probablement à tort qu'on a écrit *au benche* sur le plan de Cambrai, publié par S. Berthoud. Le mot Aubenche a, selon toute apparence, la même origine qu'*Aubencheul, Obencuel, Aubenchœul*, qui est le nom d'un village situé entre Cambray et Douay. La petite rue Aubenche s'appelait au XVe siècle rue d'Aubencheul. Or, il existait à cette époque des seigneurs d'Aubencheul. Il n'est point impossible que l'un d'eux eût érigé son hôtel dans l'une des rues en question, et lui eût donné son nom comme il est arrivé des rues d'Inchy, de l'Espée, de Fervaque, etc.— En 1793, la grande rue Aubenche fut appelée des *Vieillards*.

AUBENCHE *(Petite Rue)*, commence rue du Petit-Séminaire et finit grande rue Aubenche. Au XVe siècle rue d'*Aubencheul*. — V. l'art. qui précède. — En 1793, rue de l'*Amour-Filial*.

AUBERT *(Rue St-)*, commence rue des Clefs en prolongement de la rue de l'Arbre-d'Or et finit Place-Fénelon. — En 1793, rue *Montesquieu*.

B

BALANCES *(Rue des)*, commence à la Place-d'Armes et finit rue des Rôtisseurs. — Nom conservé en 1793.

BARBE *(Rue de Ste-)*, commence rue Ste-Elisabeth, finit rue des Tanneries, tire son nom d'un *jardin* dit de *Ste-Barbe*, où les canonniers-arquebusiers avaient des assemblées. Ce jardin a été réuni à la maison Durieux qui porte le no 10 dans la rue des Feutriers. Une partie de cette rue portait autrefois le nom de *St-Firmin*;

l'autre extrémité s'appelait le *Trou-d'Enfer*. — En 1793, rue de la *Carmagnole*.

BARBE *(Rang de Ste-)*, sur la place forme le prolongement de la rue des Balances.—En 1793 rang des *Spartiates*.

BEAUREPAIRE ou BIAUREPAIRE. *(Ruelle de)*.— Autrefois, le quartier de la ville contenu entre les rues de Vaucelettes, des Sœurs-de-la-Charité, des Cygnes, de St-Julien et de St-Fiacre, était partagé en quatre parties par deux ruelles qui se croisaient, dont l'une parallèle à la rue des Cygnes portait le nom de *Beaurepaire*; et l'autre dont nous ignorons le nom formait prolongation de la rue de l'Epée qu'elle mettait en communication avec la rue des Cygnes. On retrouve encore des traces de la ruelle de Beaurepaire d'abord dans le waréchaix des bureaux des hospices, rue de St-Julien, lequel n'est autre chose qu'un tronçon de la ruelle elle-même; ensuite dans les jardins avec lesquels elle a été confondue.

BELLOTES *(Rue des)*, commence Place-au-Bois et finit rue des Rôtisseurs. Bellotes en vieux langage signifie filles de joie. Cette rue n'a changé aujourd'hui ni de nom, ni de destination. — En 1793, rue de la *Vertu*.

BLANCHES-NAPPES *(Rue des)*. — V. rue des *Blancs-Linceuls*.

BLANCS-LINCEULS *(Rue des)*, commence petite rue St-Vaast, finit rue des Anglaises. Avant la Révolution cette rue s'appelait des *Blanches-Nappes* et le nom de *Blancs-Linceuls* était réservé à la petite rue St-Vaast. Elle fut débaptisée en 1793, et lorsqu'au retour de l'ordre, le maire de Cambrai, par un arrêté du 7 fructidor an X, rétablit les anciens noms des rues, il transféra à la rue des Blanches-Nappes le nom de *Blancs-Linceuls* et nomma *petite rue St-Vaast*, l'ancienne rue des Blancs-Linceuls. — En 1793, rue de *Brutus*.

BLEUETTES *(Rue des)*, commence au point de jonction des rues de St-Géry et des Anglaises, finit au rempart. Autrefois rue des *Orphelines*, de la maison des Orphelines qui y aboutissait. Pour le peuple de Cambrai, Bleuettes et Orphelines signifie même chose, parce que ces pauvres filles étaient, comme elles le sont encore, habillées de bleu. Nous pensons qu'avant la translation des Orphelines ou Bleuettes dans son voisinage, cette rue s'appelait *rue des Archers*. En 1554 les archers de St-Sébastien avaient entre le château de Selles et la Porte-du-Malle, une maison et un jardin qui furent détruits à cette époque pour l'élargissement du rempart.

— V. *Archers*. Il est donc tout naturel de croire que le nom de *rue des Archers* que nous ne saurions d'ailleurs à quelle autre rue attribuer, appartenait à celle qui conduisait à ce jardin, et qui n'est autre que la rue des Orphelines ou des Bleuettes. Il est vrai qu'on a quelquefois confondu la rue des Archers avec la rue Tilvasson. Mais c'est là une erreur, car dans un dénombrement fait en 1725, et conservé aux archives de la ville de Cambrai, on voit désignées, séparément, la rue des Archers et la rue Tilvasson, tandis qu'on ne trouve pas la rue des Bleuettes. Il est même permis de croire que le nom des *Archers* subsista longtemps encore après l'établissement des Bleuettes dans ce quartier, de même que les rues des Anglaises et de St-Géry conservèrent leur ancien nom de grande rue de St-Vaast, longtemps après la translation de cette paroisse dans un autre endroit de la ville. — V. *Anglaises*.

La rue des Bleuettes échappa, sans doute par oubli, au baptême révolutionnaire.

BOMBE *(Rang de la)*, côté sud-ouest de la Place-au-Bois, tire son nom de l'auberge de la Bombe. — V. *Bombe*.

BONS-ENFANTS *(Rue des)*. — V. rue de *Prémy*.

BOUCHERS *(Rue des)*, commence rue de la Herse, finit rue des Cordiers. L'origine de ce nom s'explique facilement. Il y a 25 ans, elle était encore habitée par un grand nombre de bouchers. — Elle garda son nom en 1793.

BOUCHERIE *(Rang de la)*, Place-au-Bois, tire son nom du bâtiment de la grande boucherie dont il est une dépendance.

BOULANGERIE ou BOULANGRIE *(Rue de la)*. — V. rue des *Rôtisseurs*.

BOURREAUX *(Rue des)*. — V. rue des *Candillons*.

C

CACHE-BEUVONS ou CACHEBOUM *(Rue des)*. — V. rue du *Petit-Séminaire*.

CAILLE *(Rue de la)*, commence grande rue Vanderburch, finit rue des Clefs. — Au XVIe siècle, rue des *Pourceaux*. — En 1793, rue de *Socrate*.

CALVAIRE *(Rue du)*. — V. rue de la *Porte-Robert*.

CANDILLONS *(Rue des)*, commence rue des Capucins, finit rue St-Lazare; on écrivit autrefois *Cantillons*. Elle fut aussi nommée rue des Bourreaux : le peuple la désigne encore par ce dernier nom. — En 1793, rue de *Franklin*.

Dans cette rue existe un ancien wareschaix qui porte le nom de *Cour-de-la-Tranquillité*.

CANTIMPRÉ *(Rue de)*, commence rue des Récollets, finit à la Porte-de-Cantimpré. V. *Fortifications, Porte-de-Cantimpré*. Au XIIIe siècle, on l'appelait rue St-Sauveur, à cause de la petite église paroissiale de St-Sauveur à laquelle elle conduisait. — V. *Sauveur (Saint-)*. — En 1793, rue de l'*Egalité*. — En 1805, rue de la *Porte-d'Arras*.

CAPOIX *(Cour-)*, espèce de wareschaix situé rue de Selles. Les anciens plans n'en font pas mention.

CAPUCINS *(Rue des)*, commence rue St-Pôl, finit rue de la porte de Selles. Son nom lui vient du couvent des Capucins qui y était situé. — V. *Capucins*. — Avant la venue des Capucins, on l'appelait *Anvers-rue*. Dans cette rue était le refuge d'Anchin qui fut absorbé dans l'érection du Grand-Magasin aux vivres militaires. — En 1793, rue de *Mirabeau* et ensuite *Lepelletier*. — Sous l'empire, rue du *Grand-Magasin*.

CAPUCINS *(Rue neuve et Place des)* commence rue des Capucins et finit rue St-Lazare. Cette nouvelle voie publique fut ouverte, en 1828, au travers de l'ancien jardin des Capucins.

CARMES *(Rue des)*, commence Place-au-Bois, finit rue de la Porte-Notre-Dame. On l'appelait autrefois la *Grande-Cauchie* (grande chaussée). Elle prit le nom des Carmes, lorsque ces religieux y transportèrent leur communauté. — V. *Carmes*. — En 1793, rue des *Sans-Culottes*.

CAUCHIE ou CHAUSSÉE *(Rue Grande-)*. — V. rue des *Carmes*.

CAUDRELIERS *(Rue des)*. — V. rue des *Chaudronniers*.

CHANOINES *(Rue des)*, autrefois des *Canonnes*; commence Place-St-Martin, aujourd'hui rue de Noyon, finit Place-Ste-Croix. Le voisinage des chapitres de Ste-Croix et de Notre-Dame, explique suffisamment pourquoi cette rue était habitée par des chanoines. — En 1793, rue de la *République*.

CHAPEAU-BORDÉ *(Rue du)*, commence rue des Clefs, finit rue de l'Ecu-d'Or. — En 1793, rue du *Bonnet-Rouge*.

CHAPEAU-VERT *(Rue du)*, commence rue des Capucins et finit rue du Marché-au-Poisson. — En 1793, rue de l'*Echarpe*.

CHARPENTIERS *(Rue des)*, plus tard de la *Magdeleine*. Cette large rue est considérée aujourd'hui comme faisant partie de la Place-au-Bois. Les deux côtés ont pris, l'un le nom de rang des Frères Marsy, l'autre le nom de Pierre de Franqueville. — V. rue de la *Magdeleine*.

CHAUDRONNIERS (*Rue des*), autrefois des *Caudreliers* qui signifiait *chaudronniers*, commence rue des Bouchers, finit rue Jean-le-Fort. Son nom indique suffisamment le métier qu'exerçaient ses habitans. La situation écartée de cette rue convenait merveilleusement au bruyant état de ces artisans dont tout le monde redoute le voisinage. — En 1793, nom conservé.

CHAUFOURS (*Rue des*), commence rue de la Porte-Robert et finit rue des Chaudronniers. — En 1793, nom conservé.

CHEF-SAINT-JEAN (*Rue du*). — V. rue des *Clefs*.

CHEVAUX (*Grande Rue aux*). — V. rue du *Paon*.

CHEVAUX (*Petite Rue aux*), commence rue de Cantimpré et finit rue du Paon. — En 1793, rue des *Secours*.

CHOULETTE (*Cour de la*). Wareschaix contenant quelques pauvres habitations, et qui existait vers le milieu de la petite rue St-Vaast autrefois des Blancs-Linceuls, côté-ouest. — Aujourd'hui supprimé.

CLEFS (*Rue des*), commence rue de la Caille et finit rue des Ratelots, autrefois rue du *Chef-Saint-Jean*, du nom d'une hôtellerie très ancienne qui y subsiste encore, et qui porte pour enseigne *au Chef-St-Jean*. — En 1793, rue du *Faisceau-National*.

CLOCHE (*Rang de la*), sur la Grand'Place entre la rue des Balances et le rang des Drapiers, du nom d'une ancienne hôtellerie, à l'enseigne de la *Cloche*.

CLOCHER-ST-GÉRY (*Rue du*), commence grande rue de St-Géry, finit rue de la Clochette ou petite rue de St-Géry. Ainsi nommée de ce qu'elle passait au pied du clocher de St-Géry.

CLOCHETTE (*Rue de la*), commence rue de l'Arbre-à-Poires, finit rue des Corbeaux. Ainsi nommée de la petite auberge à l'enseigne de la Clochette. Cette taverne, une des plus anciennes de la ville existe encore. On appelait aussi la rue de la Clochette, *petite rue de St-Géry*, en opposition à la grande qui était de l'autre côté de l'église. — En 1793, rue de la *Trompette*.

COLLÉGE (*Rue du*). — V. rue du *Grand-Séminaire*.

COMÉDIE (*Rue de la*). — V. rue du *Petit-Séminaire*.

COMÈTE (*Rang de la*), côté nord-ouest de la Place-au-Bois. Tire son nom d'une ancienne auberge à l'enseigne de la *Comète*.

CORBEAUX (*Rue des*), commence rue de la Clochette, finit rue des Blancs-Linceuls. Son nom lui vient sans doute de quelques corbeaux que les habitants y laissaient courir. On remarque beaucoup de rues qui portaient des noms d'animaux. Rues des Anes, des Vaches, des Cygnes, des Pourceaux, des Ratelots, des Chevaux, etc. Evidemment ces noms leur ont été primitivement donnés par le peuple à cause des bêtes qu'on y laissait divaguer ou qui y paissaient l'herbe et les broussailles. — En 1793 rue de *Regulus*.

CORDELIERS (*Rue des*). — V. rue des *Récollets*.

CORDIERS (*Rue des*), commence rue des Carmes, finit rue des Bouchers. Son nom s'explique suffisamment. On y voit encore aujourd'hui des cordiers exerçant leur métier. — En 1793, nom conservé.

COUPE-DRAP (*Impasse*), vulgairement appelé *cul-de-sac cope drap*, située rue des Candillons. Son nom n'est sans doute pas étranger à l'industrie des drapiers, qui florissait à Cambrai aux XVe et XVIe siècles.

COUPE-OREILLE (*Impasse du*), *Cope-Oreille* en patois. Petite place ayant issue sur la rue des Bellotes et sur la rue Neuve par d'étroites ruelles couvertes, et communiquant avec la Place-au-Bois, par un passage accessible aux voitures.

Quelques-uns ont cru voir dans le nom du *Coupe-Oreille* la preuve que cet endroit fut autrefois un lieu de supplice. Il n'en est rien. Le pilori où l'on coupait en effet quelquefois les oreilles aux criminels, ce que l'on appelait *assauriller*, ou *essauriller*, fut toujours, aux siècles anciens, sur le *grand marché de la ville*. La place dite le Coupe-Oreille est beaucoup trop exiguë pour avoir servi de lieu public d'exécution. Cet endroit fort mal hanté était plutôt un coupe-gorge qu'un coupe-oreille. — En 1793, *Place-du-Patriotisme*.

CROCUL (*Rue*). — V. rue de *Monstrelet*.

CROKE-POU (*Rue*). — V. rue de *Monstrelet*.

CROISETTES (*Rue des*), commence rue des Chanoines, finit rue St-Adrien. — En 1793, rue des *Jacobins*.

CROIX-A-POTERIES (*Rue de la*), ancienne rue de Cambrai, qui n'est plus qu'un rang de l'Esplanade de la citadelle, parce que l'autre rang a été détruit pour exécuter cette Esplanade. Elle tirait son nom d'une ancienne croix qui s'y trouvait plantée et que l'on appelait *Croix-à-Poterie*. C'était sans doute un lieu de marché pour les poteries qui se fabriquaient en grande quantité à Cambrai, au XVIe siècle. — En 1793, rang du *Contrat-Social*.

CROIX-AU-PAIN *(Rang de la)*, sur la Grand'-Place, entre les rues de l'Arbre-d'Or et des Fromages. Tire son nom de la Croix-au-Pain qui se trouvait sur le grand marché. — V. *Croix-au-Pain*. — En 1793, rang de l'*Industrie*.

CROIX-AU-RIEZ *(Rue de la)*, — V. rue du *Grand-Séminaire*.

CURÉ *(Rue du)*, ancienne rue qui existait entre l'église St-Georges (côté méridional) et le rang de maisons opposé. Cette rue commençait rue St-Georges et finissait rue des Soupirs. Le presbytère du curé de St-Georges était situé dans cette rue, d'où lui est venu son nom. Depuis la démolition de l'église St-Georges, de nouvelles constructions ont considérablement modifié les lieux. La rue du Curé n'est plus qu'une *impasse*. Elle portait aussi le nom de petite rue St-Georges. — En 1793, rue de la *Prudence*.

CYGNES *(Rue des)* commence rue de St-Julien, finit rue de St-Fiacre. Nous l'avons vu désignée dans un ancien titre sous le nom de rue *des Truands*. — En 1793, rue *Déprêtrisée*. Ce nom indique qu'avant la révolution, elle était habitée par des ecclésiastiques.

D

DÉS *(Rue aux)*, c'est une impasse située rue de la Clochette. — En 1793, rue du *Travail*.

DRAPIERS *(Rang des)* sur la Grand'Place entre le rang de la Cloche et la rue des Rôtisseur. Tire son nom des marchands de draps qui l'habitaient. — En 1793, nom conservé.

E

ECOLES *(Rue des)*, commence rue de l'Épée, finit rue de St-Fiacre. Son nom lui vient du collège des Jésuites dont les classes formaient un côté de cette rue. Nous pensons même que dans l'origine, l'entrée des *écoliers* donnait dans la rue des Ecoles. Notez, pour expliquer l'étymologie, qu'autrefois on disait écolier et non collégien. La rue des Ecoles fut quelquefois appelée du Collège, mais cette désignation resta à la rue actuelle du Grand-Séminaire, qu'on appelait indifféremment des Jésuites ou du Collège. — En 1793, nom conservé.

ECOLES-CHRÉTIENNES *(Rang des)*, côté nord-est de la Place-au-Bois entre la rue St-Jacques et la Grande-Boucherie. Tire son nom des écoles des Frères de la Doctrine chrétienne qu'on y établit en 1816, dans l'ancien local de la grande école des pauvres fondée par Vanderburch. — En 1793, rang de l'*Ecole-Nationale*.

ECU-DE-FRANCE *(Rue l')*, commence rue de la Porte-Robert, finit rue Jean-Lefort. — En 1793, rue de la *Cocarde-Nationale*.

ECU-D'OR *(Rue de l')*, commence rue St-Adrien, finit rue des Ratelots. On l'appela aussi rue du *Four-Chapitre*, à cause du four bannal que le Chapitre de Notre-Dame y avait fait ériger. Ce four existe encore; il est maintenant à usage de boulangerie particulière. — En 1793, rue de *Caton*.

ELISABETH *(Rue de Ste-)*, commence grande rue de Fénelon, au pont de Bon-Secours, et finit rue du Marché-au-Poisson. Ce n'était autrefois qu'un quai de l'Escautin. On y voit encore couler le fleuve à découvert, dans une grande partie de sa longueur. On y a disposé un bel abreuvoir, le seul qui serve aujourd'hui pour les chevaux de la ville et du quartier de cavalerie. Cette rue tire son nom de la petite église de Ste-Elisabeth, détruite pendant la révolution. — V. *Elisabeth (Ste-)*. Là fut aussi pendant un certain temps la maison des Dominicains. — V. *Dominicains*. En 1789 on l'appela rue de l'Hôpital, à cause de l'hôpital général qui y subsiste encore. — En 1793, rue de l'*Insurrection* et rue de l'*Hospice*.

ELOI *(Rue de St-)*. On appelait vulgairement ainsi une partie de la rue St-Lazare, à commencer devant l'église de St-Eloi jusqu'à la rue des *Candillons*. Vis-à-vis l'église de St-Eloi était le jardin des archers. — V. *Archers*. C'était auprès de ce jardin, et dans la même rue, que le doyen *Majoris* avait fondé son collège vers le milieu du XVIe siècle. — V. *Collège*, p. 75 à la note. — En 1793, rue de l'*Esprit-des-Lois*.

EPÉE *(Rue de l')*, commence rue de l'Aiguille et du Grand-Séminaire, finit rue des Sœurs-de-la-Charité. Elle se prolongeait autrefois jusqu'à la rue des Cygnes et traversait ainsi non-seulement la rue des Sœurs-de-la-Charité, qui n'était alors que le prolongement de la rue de Vaucelette, mais encore une petite rue que l'on appelait la rue Beaurepaire.

La rue de l'Epée porte le nom d'un riche propriétaire appelé Robert de Lespée, lequel possédait dans cette rue un bel hôtel, à l'endroit de la maison qui porte aujourd'hui les n°s 14 et 16, et qui formait le coin de la ruelle dite *la rue du Sacrement-Dieu*. Il en est fait mention dans une *Déclaration* de la mairie de Ste-Croix où il est question « du puits de la rue *Sacrement-Dieu* que Robert de Lespée a pris dans son clos. » — § ms. 5, p. 403, 406. Cette déclaration de la mairie de Ste-Croix date de 1385. La rue du Sacrement-Dieu n'existait donc déjà plus, puisqu'elle était enclose dans la propriété de Robert de Lespée. On retrouve encore les traces très visibles de cette ruelle dans l'espèce de wareschaix fermé qui fait partie de la maison n° 16, et dans les jardins qui y font suite jusqu'à la rue des Chanoines. En 1793, la rue de l'Epée fut nommée rue du *Niveau*.

Epine-en-Pied *(Rue de l')* commence Place-au-Bois et finit à l'Esplanade. Etymologie ignorée. En 1793, rue des *Amants*.

Evêché. — *(Rue de l')*. V. rue de *Fénelon*.

F

Fénelon *(Rue de)* commence Place-Fénelon, finit au pont de Bon-Secours, rues St-Elisabeth et de St-Anne. Autrefois rue de l'*Evêché*, plus tard de l'Archevêché, parce qu'elle longeait les murs du palais ecclésiastique. Une partie de cette rue s'appelait autrefois le *Petit-Marché*. V *Marché (Petit-)*. En 1793, rue de la *Mitre-Renversée*.— En 1805, rue du *Palais*.

Ferrons *(Rue des)*. — V. rue de la *Porte-Notre-Dame*.

Ferfacque *(Rue de)*, commence rue de la Herse, finit rue des Cordiers. — En 1793, rue de la *Confiance*.

Feutriers *(Rue des)*, commence grande rue Fénelon au pont de Bon-Secours, finit rue de Cantimpré. Tire son nom des feutriers qui l'habitaient. — V. *Feutriers*. — En 1793, rue de la *Franchise*.

Fiacre *(Rue de St-)*, commence rue de la Vierge-Marie, finit rue des Cygnes près du rempart. Autrefois du *Quétiviez*. — V. *Quétiviez*. — Plus tard de *St-Fiacre* à cause du cimetière et de la chapelle de St-Fiacre qui y étaient situés.—V. *Fiacre (chapelle de St-)*.— Au dessus de cette rue existait jadis un pont qui joignait au beau collège des Jésuites un vaste jardin que ces pères possédaient de l'autre côté de la rue. — V. p. 269. 2e colonne, à l'art. *Jésuites*. — En 1793, rue *Marat*.

Firmin *(Rue St-)*. — Cette rue, qui est confondue aujourd'hui avec la rue de Ste-Barbe dont elle est la continuation, commençait autrefois rue Ste-Elisabeth et finissait rue Ste-Barbe, à la grand'porte du jardin des arquebusiers qui est aujourd'hui celle de la maison Durieux. (1) — En 1793, rue du *Drapeau-Tricolore*.

Four-Chapitre *(Rue du)*. — V. rue de l'*Ecu-d'Or*.

France *(Rue de)*. Cette rue n'existe plus depuis l'érection de la citadelle. Elle longeait le monastère de St-Géry et conduisait à la porte St-Ladre qui donnait elle-même sur la route de France, laquelle passait par Crèvecœur.

« Nous entrâmes en la ville, à l'entrée de la porte St-Ladre.... et retourna la procession monseigneur, *par la rue de France en montant à mont en l'église St-Géry*. » — *Mémoriaux de St-Aubert* (entrée de Jean de Bourgogne). — V. *Hist. de Cambrai* par l'abbé Dupont, part. IVe, p. IX des notes. — *Vie des évêques de Cambray* par Jean Duchastel, p. 290.

Franqueville *(Rang Pierre de)*, côté-ouest de la partie étroite de la Place-au-Bois.— V. rue des *Charpentiers*.

Frères Marsy *(Rang des)*, côté-est de la partie étroite de la Place-au-Bois. — V. rue des *Charpentiers*.

Fromages *(Rue des)*, commence Grand'Place et finit grande rue Vanderburch. Aux XIVe et XVe siècles, *Marké as fourmages*. — En 1793, rue du *Négoce*.

Fumiers *(Rue aux)*, commence rue St-Jean, finit grande rue Aubenche. — En 1793, confondue avec cette dernière rue, elle fut nommée, des *Vieillards*.

G

Georges *(Rue de St-)*, commence rues du Petit-Séminaire, des Liniers, et Neuve-St-Nicolas, finit à l'ancienne Porte-St-Georges. Ainsi nommée de l'église paroissiale de St-Georges. — V. *Georges (St-)*. En face de cette ancienne église, aujourd'hui remplacée par les asiles des sœurs de la sagesse, fut fondé au commencement du XIVe siècle le Béguinage de St-Georges, qui existe encore. — V. *Béguinages*. — En 1793, rue de *Voltaire*.

Nota. — On appelle fond de St-Georges la partie extrême de cette rue du côté de l'ancienne porte de ce nom; et le rang qui fait retour le long du rempart, jusqu'à l'allée des Soupirs. Ce rang fut aussi nommé *rang du bastion St-Georges*.

(1 Quelques personnes affirment qu'au contraire la rue St-Firmin, commençait à la porte des Arquebusiers et s'étendait jusqu'à la rue des Tanneries.

GEORGES (*Petite rue de St-*). — V. rue du Curé.

GÉRY (*Rue de St-*), commence rue de la Porte-Notre-Dame, finit rue des Anglaises, avec laquelle elle ne formait originairement qu'une même rue sous le nom de *St-Vaast*. — V. rue des *Anglaises* à propos de laquelle nous donnons des explications communes aux deux rues. — En 1793, rue des *Braves-Lillois*.

H

HARANGHIÈRES (*Rue des*). — V. rue des *Linguières*.

HERSE (*Rue de la*), autrefois de l'*Herse* commence rue des Trois-Pigeons, finit rue de la Porte-Robert. — En 1793, nom conservé.

I

INCHY (*Rue d'*), commence rue de St-Jérôme tourne à angle droit et finit à la grande rue de Fénelon. Son nom lui vient soit du seigneur d'Inchy dont parle Le Carpentier (*Hist. de Cambrai*, part. IIIe p. 706), ou du baron d'Inchy usurpateur de la citadelle, comme il est dit au † ms. 883. — V. ci-dessus p. 248, 1re colonne, une courte dissertation sur ce sujet, dans l'art. *Hôtels divers*. — En 1793, rue d'*Emile*.

J

JACQUES (*Rue St-*), commence rue de la Porte-Robert, finit Place-au-Bois au coin de la rue de l'Epine-en-Pied. Tire son nom de l'*Hôpital de St-Jacques-au-Bois*.—V. *Jacques-au-Bois (Hôpital de St-)*. On la voit désignée, sur le plan édité par S. Berthoud, sous le nom *des Trois-Fétus*. — En 1793, conserva ce dernier nom.

JACQUES-EN-BOULANGERIE (*Rue St-*). — V. rue des *Rôtisseurs*.

JACQUES (*Rang derrière St-*), côté de l'Esplanade contigu aux dépendances du couvent de St-Jacques. — En 1793, rang de *Solon*.

JEAN (*Rue de St-*), commence rue du Petit-Séminaire et Place-au-Bois, finit à l'Esplanade. Tire son nom de l'hôpital de St-Jean. — V. *Jean-Baptiste (Hôpital de St-)*. En 1793, rue de la *Gaîté*. — *Nota*. — Depuis l'installation de la bibliothèque communale dans la grande salle St-Jean, on a quelque fois essayé d'appeler cette rue *rue de la Bibliothèque*, mais ce nom n'a point prévalu.

JEAN (*Rang derrière St-*), côté de l'Esplanade contigu aux bâtiments de l'hôpital St-Jean. — En 1793, rang de *Licurgue*.

JEAN-LE-FONT (*Rue*), commence rue des Chaudronniers, finit rue de l'Ecu-de-France. Elle n'a qu'un rang de maisons, l'autre rang ayant été démoli vers la fin du siècle dernier pour élargir le rempart. Avant cette époque, la rue Jean-le-Fort faisait partie de la rue des Chaudronniers.

JÉRÔME (*Rue St-*), commence Place-Fénelon, finit rue du Marché-au-Poisson. Son nom lui vient d'une image de St-Jérôme peinte sur fond d'or dans un cadre enfoncé et pratiqué dans la muraille de l'ancienne abbaye de St-Aubert. On voit encore ce cadre. Il est en face de la maison n° 1. A l'autre extrémité de la rue, dans une belle niche, était la statue de St-Aubert. — En 1793, rue de la *Pique*.

JUIFS (*Rue des*), commence rue des Rôtisseurs, finit rue des Liniers. Le nom de cette rue atteste suffisamment le séjour dans Cambrai d'une bande de Juifs qui y exploitaient avec les Lombards le change des monnaies, avant l'institution du Mont-de-Piété. — En 1793, rue de la *Philosophie*.

JULIEN (*Rue St-*), commence Place-Ste-Croix, finit rue de Prémy. Tire son nom de l'hôpital St-Julien qui forme tout un côté de cette rue. Avant la révolution cette rue faisait angle; et passant derrière les murs de l'hôpital allait rejoindre la rue du Temple qu'elle mettait ainsi en communication directe avec la rue des Cygnes. Alors, comme on le voit, l'hôpital St-Julien était complètement isolé. Cette seconde partie de la rue de St-Julien était souvent appelé *petite rue St-Julien*, pour la distinguer de la partie principale. Aujourd'hui cette rue murée à ses extrémités et plantée d'arbres, sert de cour ou de préau au bel hospice fondé par Ellebaud-le-Rouge. — V. *Julien (Hôpital de St-)*. — En 1793, la rue St-Julien fut appelée rue de l'*Humanité*.

L

LAZARE (*Rue St-*), commence rue du Marché-au-Poisson, finit au quai St-Lazare. Elle comprend l'ancienne rue St-Eloi. — V. *rue St-Eloi*. Tire son nom de l'hôpital St-Lazare. — V. *Lazare (Hôpital de St-)*. En 1793, rue de l'*Esprit-des-Lois*.

LAZARE (*Quai St-*), fait suite à la rue du même nom, et finit Porte-de-Selles.—Autrefois *Quai devant la Rivière* (1).

LINGUIÈRES (*Rue des*), impasse sur la Place-d'Armes, Rang-aux-Poulets. — Autrefois des

---

(1) Le peuple connaissait à peine le nom de l'Escaut; partout, même dans beaucoup d'actes, on l'appelait simplement *La Rivière*.

Harenghières (marchandes de harengs) et par altération *Aurengières*. — En 1793, rue de la *Bonne-Foi*.

Liniers (*Rue des*), commence Place-d'Armes, finit rue de St-Georges. L'origine de son nom s'explique facilement. Dans cette rue est le Mont-de-Piété de Cambrai.—V. *Mont-de-Piété*. — Les Carmes déchaussés, à leur arrivée à Cambrai (1653), habitèrent quelque temps dans la rue des Liniers. Une ancienne petite chapelle dont le bâtiment existe encore dans la cour de la maison portant le n° 56 pourrait donner à croire que c'est dans cette maison que s'établirent d'abord les religieux dont nous parlons. — En 1793, nom conservé.

Lion-d'Or (*Rue du*), côté-sud de la place, entre la rue St-Martin et la rue des Liniers. Tire son nom de l'ancienne hôtellerie du Lion-d'Or. — V. *Hôtelleries*. — En 1793, rang du *Midi*.

Lombards (*Rue des*), ou *des Lombards de la Magdeleine*. Commence rue des Rôtisseurs, finit rue des Liniers. Ainsi nommée des Lombards, qui l'habitaient. — V. *Lombards*. — En 1793, rue de la *Bienfaisance*.

M

Magdeleine (*Ancienne rue Ste-Marie*). — Avant la destruction de l'église de la Magdeleine, la portion de la Place-au-Bois contenue entre les rangs actuellement dit, de Franqueville et des frères Marsy, s'appelait *rue de Ste-Marie Magdeleine*. C'est cette même rue que longtemps auparavant on avait appelée des *Charpentiers*. Tire son nom de l'église de la Magdeleine. — V. *Magdeleine*. — En 1793, réunie à la Place-au-Bois.

Magdeleine (*Petite rue de Ste-*), commence rue des Rôtisseurs, fait un angle et finit rue du Petit-Séminaire. On l'a appelée antérieurement *rue du Fond-de-la-Magdeleine*. — En 1793, rue de l'*Angle*.

Magdeleine (*Rang de la*), côté de la Place-au-Bois qui joint la rue des Rôtisseurs à la rue de St-Jean. Ce nom est récent.

Marché-au-Poisson (*Rue du*), commence grande rue Vanderburch, finit au quartier de cavalerie, rues de Ste-Elisabeth et de St-Lazare. Tire son nom du Marché-au-Poisson qui y fut transféré en 1581. — V. *Marché-au-Poisson*. Dans cette rue se trouve encore le mink du poisson. Avant 1581, cette rue s'appelait *du Pont-à-l'Aubelen*, à cause d'un pont sur lequel on traversait l'Escautin. — V. *Pont-à-l'Aubelen*. Avant la révolution, les Clarisses y habitaient une belle et vaste maison. — V. *Clarisses*. — En 1793, nom conservé.

Martin (*Grande rue St-*), commence Place-d'Armes, finit Place-St-Martin et rue des Chanoines. Tire son nom de l'ancienne église de St-Martin. — V. *Martin (Eglise de St-)*. On l'appela autrefois *rue des Cinnes*, on trouve dans une pièce du XIVe siècle la désignation suivante : *Vicus des Cinnes dum itur de ecclesiâ sancti Martini in forum cameraci*. — En 1793, rue du *Tocsin*. — En 1805, rue du *Beffroi*.

Martin (*Petite rue de St-*), commence rue des Liniers, finit grande rue St-Martin, cette rue formait clôture au cimetière de St-Martin du côté du nord. — Les Guillemins y ont eu un refuge. — V. *Guillemins*. — En 1793, rue de l'*Union*.

Miracles (*Rue des*), commence rue de St-Fiacre, finit au rempart. Aujourd'hui c'est une impasse. Un côté de cette ruelle n'est qu'une longue muraille qui formait autrefois la clôture du cimetière de St-Fiacre, du côté de l'ouest. — En 1793, rue de la *Vérité*.

Monstrelet (*Rue de*), commence rue des Blancs-Linceuls, finit rue des Capucins. Au XIIIe siècle, rue *Croke-Pou*, plus tard rue *Crócul*.—En janvier 1792, rue de *Varennes*. — En 1793, rue de la *Surveillance*.

N

Nattes (*Impasse des*), rue St-Fiacre. — En 1793, impasse *Guillaume-Tell*.

Neuve (*Rue*), commence Place-au-Bois, finit rue des Rôtisseurs. — En 1793, rue de la *Sobriété*.

Neuve-Tour (*Rue de la*), commence rue St-Fiacre en face de la rue des Ecoles, et finit au rempart. — En 1793, rue du *Bon-Air*.

Nicolas (*Rue St-*), commence rue des Liniers, finit Place-St-Sépulcre, autrefois St-Nicolas. Tire son nom de l'église de St-Nicolas. — En 1793, rue de *Mucius-Scévola*.

Nicolas (*Rue Neuve St-*), commence rues des Liniers et de St-Georges, finit Place-St-Sépulcre. Cette rue n'existe que depuis la ruine de l'église de St-Nicolas. Elle occupe une partie de l'emplacement de l'ancien cimetière.

Notre-Dame (*Rue*), commence rue de l'Arbre-à-Poires et finit à la porte dont elle tire son nom. — V. *Fortifications, Porte-du-Malle*. — Au XIIIe siècle rue du Malle, du mot Malleus (Marteau), parcequ'elle était habitée par les féronniers, d'où elle prit aussi quelquefois le nom de rue des *Férons*. — En 1793, rue de la *Porte-de-la-Montagne*. — En 1805, rue de la *Porte-de-Valenciennes*.

Noyon (*Rue de*), commence place et grande rue St-Martin, finit Place-St-Sépulcre. — En 1793, rue de *Paris*.

O

Orphelines (*Rue des*). — V. rue des *Bleuettes*.

P

Paon (*Rue du*), commence rue de Prémy dont elle est la continuation, et finit à l'Escaut. Autrefois rue des *Moulins* à cause des moulins auxquels elle conduisait. — En 1789, on l'appelait *Grande rue aux Chevaux*, probablement à cause d'un abreuvoir pratiqué dans l'Escaut à l'extrémité de cette rue. Dans cette rue a existé le moulin du Clicoteau. — V. *Moulins*. — En 1793, rue des *Secours*.

Pochonets (*Rue des*), commence grande rue Aubenche, finit sur l'Esplanade rue de la Croix-à-Poterie. Son nom lui vient d'une enseigne sculptée dans la pierre et qui représente des petits pots, pochons ou pochonnets. On la voit encore sur la façade d'une des premières maisons de cette rue. — En 1793, rue de la *Paix*.

Poissonniers (*Rue des*), commence rue du Temple, finit rue de Prémy. Cette rue parallèle au bras de l'Escaut dit l'*Escautin* qui coule aujourd'hui sous des constructions dépendantes de l'ancienne abbaye de Cantimpré, formait sans doute, dans l'origine, un quai de cette rivière. Son nom indique suffisamment l'état qu'exerçaient ses habitants. — En 1793, nom conservé.

Pôl (*Rue St-*), commence grande rue Vanderburch, finit rue des Capucins. Tire son nom de l'ancien hôtel de St-Pôl. — V. *Pôl (Hôtel de St-)*. — En 1793, rue du *Courage*.

Pont-a-l'Aubelen (*Rue du*). — V. rue du *Marché-au-Poisson*.

Porte-Robert (*Rue de la*) ou du *Bastion-Robert*, commence rue de la Herse dont elle est le prolongement et finit à l'ancienne Porte-Robert. — V. *Fortifications (Porte-Robert)*. — En 1776, rue du *Calvaire*, à cause du calvaire qu'on planta à cette époque sur l'Esplanade. — V. *Croix (Calvaire)*. — En 1793, rue des *Epoux*.

Poste-aux-Chevaux (*Rue de la*). V. rue du *Grand-Séminaire*.

Poulets (*Rang aux*), côté septentrional de la Grand'Place, entre la rue de la Prison et la rue des Fromages. Ainsi nommée du Marché-aux-Poulets qui s'y tient de temps immémorial. — Autrefois rang de la *Feuillie*, à cause du fief de ce nom. — V. *Feuillie*. — En 1793, rang du *Nord*.

Pourceaux (*Rue des*). — V. rue de la *Caille*.

Prémy (*Rue de*), commence rue St-Julien, dont elle est la continuation, finit rue du Paon. Depuis le XIIIe siècle, jusqu'à la fin du XVIe, rue des *Bons-Enfants*. — V. *Bons-Enfants*. Tire son nom actuel de l'ancienne abbaye de Prémy. V. *Prémy (Abbaye de)*. — En 1793, comme la grande rue aux Chevaux, rue des *Secours*.

Prémy (*Petit-*), impasse rue de l'Epée. — V. au mot *Prémy (Petit-)*. — En 1793, *Quartier-Civique*.

Pré-d'Espagne (*Rue du*), commence rue St-Georges, finit au Pré-d'Espagne. — V. *Pré-d'Espagne*. — En 1793, nom conservé.

Prison (*Rue de la*), commence à la Grand'-Place, finit rue de l'Arbre-à-Poires. Tire son nom de l'antique prison de la Feuillie qui est encore celle de la ville. — En 1793, rue de la *Force*.

Puits-a-Chaine (*Rang du*), côté-est de la Grand'Place, entre les rue des Trois-Pigeons et de l'Ange. Tire son nom d'un beau puits qui s'y trouvait, dont les sceaux étaient attachés à une chaîne de fer. Ce puits est aujourd'hui remplacé par une pompe. Le rang du Puits-à-Chaine est l'ancien emplacement du Marché-au-Poisson. — V. *Marché-au-Poisson*. — En 1793, rang du *Glaive*.

Q

Quartier-de-Cavalerie (*Rue du*), supprimée. Elle existait derrière l'hôpital général, entre cet hospice et la vieille caserne de cavalerie. Elle est aujourd'hui comprise dans les cours du nouveau quartier militaire.

Quérénaing (*Rue de*), commence rue Tavelle, finit Place-Fénelon. Le nom qu'elle porte est celui d'un noble bienfaiteur des pauvres de Cambrai, Claude de Hennin, seigneur de Quérénaing. — V. *Hommes remarquables*, XVIe siècle.

Quétiviez (*Rue du*). V. rue de *St-Fiacre*.

R

Ratelots (*Rue des*), commence rue des Clefs, finit Place-Ste-Croix. Ratelots signifie *petits-rats*. Nous ignorons pourquoi l'on a donné ce nom à la rue en question.—En 1793, rue de la *Démocratie*.

Récollets *(Rue des)*, commence rue du Temple, au coin de la rue des Poissonniers, et finit rue de Cantimpré. Tire son nom de l'ancien couvent des Récollets. — V. *Cordeliers*. — Autrefois rue des *Cordelois*; et antérieurement à l'établissement des cordeliers, dans ce quartier de la ville, rue d'*Entrepont*. V. *Entrepont*. — En 1793, rue de la *Révolution*.

Riez *(Rue du)*. — V. rue du *Grand-Séminaire*.

Rome *(Rang de)*, côté-ouest de la Grand'-Place, compris entre l'entrée de la rue Tavelle, et la rue de l'Arbre-d'Or. Tire son nom de la *Maison de Rome*, qui existait dès le XVIe siècle. Nous ignorons ce que c'était que cette maison. — En 1793, rang des *Romains*.

Rose *(Rue de la)*, étroite ruelle qui commence sur la place, rang aux Poulets et finit par un retour à gauche, à la rue des Linguières. — En 1793, nom conservé.

Rotisseurs *(Rue des)*, commence à la Grand'-Place et finit Place-au-Bois. Dès le XIIIe siècle, rue de la Boulangerie ou Boulangrie, à cause des boulangers qui l'habitaient. Ensuite rue de *St-Jacques en Boulangerie*, à cause de la maison des pèlerins de St-Jacques qui s'y établit. — V. *Jacques (maison des pèlerins de St-)*. Enfin rue des *Rôtisseurs*, à cause des gens de ce métier qui remplacèrent les boulangers. — En 1793, nom conservé.

S

Sacrement-Dieu *(Ruelle du)*, petite rue qui joignait la rue des Chanoines à la rue de l'Epée. — V. rue de l'*Epée*.

Sauveur *(Rue St-)*. — V. rue de *Cantimpré*.

Scache-Beuvons *(Rue des)*. — V. rue du *Petit-Séminaire*.

Selles *(Rue de)*, commence rue des Anglaises, finit à la porte d'où elle tire son nom. — V. *Fortifications* (porte de Selles). — En 1793, rue de la *Fraternité*. En 1805, rue de la *Porte-de-Douay*.

Séminaire *(Rue du Grand-)*, commence rue de l'Epée, finit place St-Sépulcre. Tire son nom du grand séminaire de Cambrai, transféré en 1836 ou 1837 dans l'ancien collège fondé par les Jésuites. Originairement cette rue s'appelait rue du Riez, probablement d'un grand ruisseau ou riez qui y existait avant que l'on eût détourné les eaux par la rue de St-Fiacre, ce qui eut lieu en 1568. Quelquefois rue de la *Croix-au-Riez*, à cause d'une croix située au carrefour des rues de l'Epée, de l'Aiguille et des Ecoles. A l'époque où les Jésuites s'établirent à Cambrai au XVIe siècle (V. *Jésuites*), elle fut appelée rue des *Jésuites*, rue des *Ecoles*, rue du *Collège*. Lorsqu'en 1766, le séminaire fut établi à Cambrai et annexé au collège, elle s'appela indifféremment rue du *Collège* ou du *Séminaire*. — En 1793, rue de l'*Education*. — En 1805, rue de la *Poste-aux-Chevaux* à cause de l'usage de poste auquel on avait consacré le beau bâtiment du collège.

Séminaire *(Rue du Petit-)*, commence rue St-Jean, finit rue St-Georges et des Liniers. Originairement elle portait le nom de *Cache-Beuvon*, *Scache-Beuvon* ou *Cache-Boum*. Les étymologistes se sont exercés sur ce nom et nous ont appris que c'était probablement par la rue du Cache-Beuvon, ou Chasse-Bouvon que l'on chassait les bœufs qui originairement habitaient le Mont-des-Bœufs. Le mot ici écrit: *cache-boum*, semblerait expliquer la chose d'une autre manière; la terminaison *boum* ne représenterait-elle pas l'abréviation de *bovium mons* et dans ce cas cache-beuvon ne serait-il pas l'altération de cachebeumont? Or, comme on disait populairement cache ou cauchée pour une chaussée, cachebeumont ou *cauchebeumont* ne signifierait-il pas *chaussée du Mont-des-Bœufs?* C'était en effet le chemin qui conduisait du Mont-des-Bœufs à la grande voie passant par les portes de St-Sépulcre et du Malle. Sans apporter de plus longs arguments à l'appui de ces réflexions, nous les livrons comme une question à examiner; que plus savant que nous la décide.

Cette rue se trouve quelquefois indiquée dans de vieux titres comme étant habitée par *Dame Maissent Le Vinière*. Aux XIIIe siècle et suivants, alors que les rues n'avaient point d'autres désignations que celles qui leur étaient données par la population, on était dans l'usage d'attribuer aux unes le nom des professions qu'on y exerçait, aux autres les noms de quelques-uns des principaux habitans.

La rue des Cache-Beuvons fut appelée, avant et après la révolution, rue de la Comédie, à cause d'une salle de spectacle assez agréable qui y fut érigée. Plus tard elle prit le nom de rue du Séminaire, et finalement celui de rue du Petit-Séminaire, lorsque le grand séminaire fut transféré dans les bâtiments de l'ancien collége des Jésuites.—V. *Séminaires.*—En 1793, rue de *Molière.*

SŒURS-DE-CHARITÉ *(Rue des)*, commence rue de Vaucelettes, finit rue de St-Fiacre. Elle tient son nom de l'ancienne maison des Sœurs de la Charité, laquelle appartient aujourd'hui à Mlles Mallet. Cette maison porte dans son pignon, du côté du sud, un pélican, symbole de la tendresse maternelle. — En 1793, réunie à la rue de Vaucelettes, sous le nom de rue de la *Constitution.*

SOTTES *(Rue des)*, commence rue de St-Fiacre, finit au rempart en regard de la Tour-des-Sottes. Ce mot *Sottes* qui, en vieux langage, signifie femmes folles, indique suffisamment l'origine du nom de cette rue. — En 1793, rue de la *Sagesse.*

SOUPIRS *(Rue des)*, commence rue St-Georges, fait un détour à droite et finit à la Porte-Neuve sur l'Esplanade. Une partie de cette rue a perdu un rang de maisons, démolies peu de temps après la prise de Cambrai par Louis XIV. — V. à l'art. *Fortifications*, 2e colonne, p. 155. Cette partie de la rue qui longe l'Esplanade s'appelle, depuis lors, allée et non pas rue. Elle aura sans doute, dans l'origine, été appelée rue de la Porte-Neuve. — En 1793, rue et allée des *Amis.*

T

TANNERIES *(Rue des)*, autrefois rue de la Petite-Tannerie, commence rue de Cantimpré, finit rue Ste-Barbe.—En 1793, nom conservé.

TAVELLE *(Rue)*, autrefois rue Tavaux, commence à la Grand'Place, finit rue des Clefs.— En 1793, rue de la *Mercerie.*

TEMPLE *(Rue du)*, commence place Ste-Croix, finit rue des Récollets, qui commence à l'entrée de la rue des Poissonniers. Son nom lui vient d'une maison appelée le *Temple.* — V. *Palais (Petit-).* — Le côté-nord de cette rue est formé par les antiques murailles du *Château.* — V. *Château.* — En 1793, rue *Jean-Jacques-Rousseau.*

TILVASSON ou TILWASSON *(Rue)*, commence rue de la Clochette, finit rue des Anglaises. Elle tire sans doute son nom d'un fief nommé *Titewason* ou *Tilwason* et qui appartenait à l'abbaye de St-Aubert. Il est fait mention de ce fief dans les *Mémoriaux de St-Aubert.* On lit notamment dans la table de ce manuscrit : « Le maire de Tillewason est déposé par l'abbé de St-Aubert, et aultre est estably en sa place. » La rue Tilvasson s'appelait aussi rue de la *Grange*, à cause d'une vaste grange qui appartenait probablement à l'abbaye de St-Aubert, et qui est aujourd'hui remplacée par un magasin construit au commencement de ce siècle. — En 1793, rue de *Corneille.*

TRANQUILLITÉ *(Cour de la).* — V. rue des *Candillons.*

TROIS-FÉTUS *(Rue des).* — V. rue *St-Jacques-au-Bois.*

TROIS-PIGEONS *(Rue des)*, commence Grand'Place, finit Place-au-Bois. Son nom lui vient probablement de l'enseigne d'un marchand. — En 1793, rue de la *Justice.*

TROU-D'ENFER. — On appelle ainsi le Fond de la rue Ste-Barbe.

TRUANDS *(Rue des).* — V. rue des *Cygnes.*

V

VAAST *(Grande Rue St-)*, commence rue St-Pôl, fait un angle et finit petite rue St-Vaast. Elle tire ce nom de l'église paroissiale de St-Vaast qui y fut bâtie vers le milieu du XVIIe siècle (1). Antérieurement à cette époque on l'appelait rue des *Waranges* ou de la *Waranche* (Garance), à cause des teinturiers en garance qui l'habitaient. — V. *Waranche.* — On conserva même ce nom à la plus courte partie de la rue qui fait retour vers la petite rue St-Vaast. Dans la grande rue St-Vaast on rencontrait, outre l'église de ce nom, le béguinage de St-Ursule.—V. *Béguinages.* — On y trouva aussi pendant longtemps les vieux hommes de St-Paul.—V. l'art. *Fondations charitables.*—Et la maison des orphelins.—V. *Orphelins.* — En 1793, la grande rue St-Vaast fut appelée rue de *Chalié* et la partie qui conservait le nom de *Waranches*, rue d'*Aristide.*

VAAST *(Petite rue St-)*, commence grande rue Vanderburch, finit rue des Blancs-Linceuls. On l'appelait avant la Révolution, rue des *Blancs-Linceuls*, et alors, la rue actuelle des Blancs-Linceuls s'appelait des Blanches-Nappes. — En 1793, rue de *Brutus.*

VACHES *(Rue des)*, commence rue de St-Fiacre, finit rue du St-Sépulcre. Son nom lui vient des nourrisseurs qui habitaient ce quartier. — En 1793, rue des *Mères-Nourrices.*

VANDERBURCH *(Grande Rue)*, commence et fait suite à la rue des Fromages, finit rue du Marché-au-Poisson. Autrefois rue de Ste-

---

(1) On lit dans le † Ms. 884... « L'an 1624, l'église paroissiale de St-Vaast, *située présentement en la rue des Waranches*, fut commencée par la munificence de Mgr Vanderburch. »

Agnès, à cause de la maison charitable que le bon archevêque Vanderburch y fit édifier et confia aux Filles dévotaires de Ste-Agnès. — V. *Agnès (filles de Ste-)* et *Notre-Dame (fondation charitable de)*. — Aujourd'hui on a préféré lui donner le nom du bienfaiteur lui-même. — Dans cette rue étaient les petites boucheries. — En 1793, rue de *Lucrèce*.

VANDERBURCH (*Petite Rue*), commence Place-Ste-Croix, finit Place-Fénelon. C'est un des anciens accès de la métropole de Cambrai. Cette voie aboutissait au portail dit du côté de Ste-Croix. — En 1793, elle n'était point encore percée.

VAUCELETTES (*Rue de*), commence Place-Ste-Croix, finit rue des Sœurs-de-la-Charité. Tire son nom du refuge de Vaucelles qui, devenu maison particulière, porte aujourd'hui le n° 8. Le couvent des Clarisses est établi depuis 1849 dans une maison dépendante de l'ancien refuge de Vaucelles. — En 1793, rue de la *Constitution*, ainsi que la rue des Sœurs-de-la-Charité, qui fait suite à la première.

VIERGE-MARIE (*Rue de la*), commence rue du Grand-Séminaire, finit rue St-Fiacre. Au XVIᵉ siècle rue de l'*Arbre*. « Le mardi 27 avril, an 1568, on commenchit à cauchyer au coin de le rue de l'Arbre, devant le maison de le curé de St-Nicolas, pour faire aller les eaux par le quétivié, et avoit cauchyé à la my aoust, jusques au coin de le rue des Cignes. » † Ms. 884, p. 205. — § Ms. 3 bis, p. 205. — En 1793, rue de la *Paternité*.

VIÉSIERS (*Rue des*). — V. rue de la *Prison*.

W

WARANGES ou WARANCHES (*Rue des*). — V. grande rue *St-Vaast*.

LISTE DE CORRESPONDANCE DES NOMS DONNÉS AUX RUES DE CAMBRAI EN 1793.

A

AMANTS (*Rue des*) — de l'Epine-en-Pied.
AMIS (*Rue des*) — des Soupirs.
AMITIÉ (*Rue de l'*) — des Anges.
AMOUR-FILIAL (*Rue de l'*) — petite rue Aubenche.
ANGLE (*Rue de l'*) — Fond de la Magdeleine.
ARBRE-DE-LA-LIBERTÉ (*Rue de l'*) — de l'Arbre-d'Or.
ARISTIDE (*Rue d'*) — des Waranges.

B

BIENFAISANCE (*Rue de la*) — des Lombards.
BON-AIR (*Rue du*) — de la Neuve-Tour.
BONHEUR (*Rue du*) — des Larmes.
BONNE-FOI (*Rue de la*) — des Linguières.
BONNET-ROUGE (*Rue du*) — du Chapeau-Bordé.
BRAVES-LILLOIS (*Rue des*) — de St-Géry.
BRUTUS (*Rue de*) — des Blancs-Linceuls.

C

CARMAGNOLE (*Rue de la*) — de Ste-Barbe.
CATON (*Rue de*) — du Four-Chapitre (aujourd'hui de l'Ecu-d'Or).
CHALIÉ (*Rue de*) — de St-Vaast.
CIMETIÈRE-DU-FANATISME — Place Ste-Croix.
COCARDE-NATIONALE (*Rue de la*) — de l'Ecu-de-France.
COMMERCE (*Rang du*) — de la Cloche.
CONFIANCE (*Rue de la*) — de Fervaque.
CONSTITUTION (*Rue de la*) — de Vaucelettes et des Sœurs-de-la-Charité.
CONTRAT-SOCIAL (*Rang du*) — de la Croix-à-Poterie.
CORNEILLE (*Rue de*) — de Tilvasson.
COURAGE (*Rue du*) — de St-Pôl.
COUR-PATRIOTIQUE — Cour Capoix.

D

DÉMOCRATIE (*Rue de la*) — des Ratelots.
DÉPRÉTRISÉE (*Rue*) — des Cygnes.
DRAPEAU-TRICOLORE (*Rue du*) — de St-Firmin.
DROITS-DE-L'HOMME (*Rue des*) — de St-Adrien.

E

ECHARPE (*Rue de l'*) — du Chapeau-Vert.
ECOLE-NATIONALE (*Rang de l'*) — des Ecoles Chrétiennes.
EDUCATION (*Rue de l'*) — du Grand-Séminaire.
EGALITÉ (*Rue de l'*) — de Cantimpré.
EMILE (*Rue d'*) — d'Inchy.
EPOUX (*Rue des*) — du Calvaire.
ESPRIT-DES-LOIS (*Rue de l'*) — de St-Lazare.

F

FAISCEAU-NATIONAL (*Rue du*) — des Clefs.
FÉNELON (*Rue de*) — de Ste-Anne.
FORCE (*Rue de la*) — de la Prison.
FRANCHISE (*Rue de la*) — des Feutriers.
FRANKLIN (*Rue de*) — des Candillons.
FRATERNITÉ (*Rue de la*) — de Selles.
FRUGALITÉ (*Rue de la*) — de l'Arbre-à-Poires.

G

GAITÉ (*Rue de la*) — de St-Jean.
GÉNIE-FRANÇAIS (*Rue du*) — de l'Ange.
GLAIVE (*Rang du*) — du Puits-à-Chaînes.
GUILLAUME-TELL (*Impasse*) — des Nattes.

H

HUMANITÉ (*Rue de l'*) — de St-Julien.
HOSPICE (*Rue de l'*) — de Ste-Elisabeth devant l'Hôpital.

I

INDUSTRIE (*Rang de l'*) — de la Croix-au-Pain.
INSURRECTION (*Rue de l'*) — de Ste-Elisabeth.

J

JACOBINS (*Rue des*) — des Croisettes.
JEAN-JACQUES-ROUSSEAU (*Rue de*) — du Temple et de Cantimpré.
JUSTICE (*Rue de la*) — des Trois-Pigeons.

L

LEPELLETIER (*Rue*) — des Capucins.
LIBERTÉ (*Place de la*) — de St-Nicolas.
LIBERTÉ (*Rue de la*) — de St-Sépulcre.
LUCRÈCE (*Rue de*) — de Ste-Agnès.
LYCURGUE (*Rang de*) — rang derrière St-Jean.

M

MABLY (*Rue de*) — des Blanches-Nappes.
MARAT (*Rue de*) — de St-Fiacre.
MERCERIE (*Rue de la*) — Tavelle.

MÈRES NOURRICES (Rue des) — des Vaches.
MIDI (Rang du) — du Lion-d'Or.
MIRABEAU (Rue de) — des Capucins.
MITRE-RENVERSÉE (Rue de la) — de l'archevêché (aujourd'hui grande rue Fénelon).
MOLIÈRE (Rue de) — du Petit-Séminaire.
MONTAGNE (Rue de la) — porte Notre-Dame.
MONTESQUIEU (Rue de) — de St-Aubert.
MUCIUS-SCÉVOLA (Rue de) — de St-Nicolas.

N

NÉGOCE (Rue du) — des Fromages.
NIVEAU (Rue du) — de l'Epée.
NORD (Rang du) — aux Poulets.

P

PAIX (Rue de la) — des Pochonets.
PARIS (Rue de) — de Noyon.
PATERNITÉ (Rue de la) — de la Vierge-Marie.
PATRIOTISME (Place du) — le Coupe-Oreille.
PHILOSOPHIE (Rue de la) — des Juifs.
PIQUE (Rue de la) — de St-Jérôme.
PRUDENCE (Rue de la) — petite rue St-Georges.
PURIFIÉE (Rue) — des Anglaises.

Q

QUARTIER-CIVIQUE — Petit-Prémy.

R

RAISON (Place de la) — de Notre-Dame (vis-à-vis St-Aubert).
RÉGÉNÉRATION (Place de la) — ruines de Notre-Dame (aujourd'hui place Fénelon).
RÉGULUS (Rue de) — des Corbeaux.
RÉPUBLIQUE (Rue de la) — des Chanoines.
RÉVOLUTION (Rue de la) — des Récollets.
ROMAINS (Rang des) — de Rome.

SAGESSE (Rue de la) — des Sottes.
SANS-CULOTTES (Rue des) — des Carmes.
SECOURS (Rue du) — grandes et petites rues aux Chevaux.
SOBRIÉTÉ (Rue de la) — rue Neuve.
SOCRATE (Rue de) — de la Caille.
SOLON (Rang de) — rang derrière St-Jacques.
SPARTIATES (Rang des) — de Ste-Barbe.
SURVEILLANCE (Rue de la) — rue Crôcul.

T

THIONVILLE (Rue de) — du Quartier-de-Cavalerie.
TOCSIN (Rue du) — de St-Martin.
TRAVAIL (Rue du) — aux Dés.
TROMPETTE (Rue de la) — de la Clochette.

U

UNION (Rue de l') — petite rue St-Martin.

V

VARENNES (Rue de) — Crôcul.
VÉRITÉ (Rue de la) — des Miracles.
VERTU (Rue de la) — des Bellotes.
VIEILLARDS (Rue des) — grande rue Aubenche.
VOLTAIRE (Rue de) — de St-Georges.
VOLTAIRE (Impasse) — Fond St-Georges.

Plusieurs noms de rues et rangs de places, qui n'effarouchaient pas les susceptibilités républicaines, furent conservés pendant la Révolution. Tels sont les noms suivants :

    Rue de l'Aiguille.
    Rue des Balances.
    Rang de la Bombe.
    Rue des Bouchers.
    Rue des Chaudronniers.
    Rue des Chaufourds.
    Rang de la Comète.
    Rue des Cordiers.
    Rang des Drapiers.
    Rang des Ecoles.
    Rue de la Herse.
    Rue des Liniers.
    Rue du Marché-au-Poisson.
    Rue des Orphelines.
    Rue du Petit-Marché.
    Rue de la Rose.
    Rue des Rôtisseurs.
    Rue des Tanneries.

Quatre faubourgs furent nommés ainsi qu'il suit :

FAUBOURG DE LA CHARRUE — de St-Sépulcre.
FAUBOURG DE LA HERSE — de St-Druon.
FAUBOURG DE LA SERPE — de St-Ladre.
FAUBOURG DE LA BÊCHE — de St-Roch.

RUMILLY ou **RUMILLIES** (PAIRIE ET CHATEAU DE). — Ce château fut l'un de ceux élevés, à la fin du XIe siècle, par de puissants seigneurs qui, profitant des luttes scandaleuses excitées par la mort de Gérard II, entre les compétiteurs de l'évêché, avaient cherché à faire prévaloir la puissance civile sur la puissance ecclésiastique. Le château de Rumilly fut l'œuvre d'un chevalier nommé Manasses (1) lequel, au mépris de l'autorité de l'évêque comte du Cambresis, fit hommage de ses terres au comte de Flandre.

« Un chevalier appelé Amouris, fit un chas-
» tel à Gouy, et *Manasses à Rumilly*, et guer-
» royèrent le pays à grand force si durement,
» que à peine demoura hommes pour labourer
» la terre. »

L'évêque Gaucher dont la nomination vint mettre un terme aux intrigues dont le siége épiscopal était l'objet, jugea qu'il était urgent de mettre ordre à ses affaires de comte, avant de régler celles de l'évêque. Il solda une petite armée avec laquelle il rappela les seigneurs à la raison. Il s'empara de la forteresse de Rumilly, entre autres, et la mit hors d'état de nuire. Cela ne se fit pas sans peine, car elle opposa une vigoureuse résistance, « là furent loin temps, mais les gens de l'évesque un jour l'assaillirent de si grande vertu, qu'ils la prindrent et Manasses aussi qui l'avoit fait faire. Et fut le château-fort détruit ; et lui, occis (2). »

Il ne reste aucune trace du château de Ru-

---

(1) Dupont, 2e partie. Pag. 34. — Jean Duchastiel et autres.
(2) Jean Duchastiel. — Adam Gélicq, p. 99.

milly. On ne retrouve dans le village nulle tradition qui le concerne.

Nous avons entre les mains une supplique adressée jadis à M. de Choiseul, par les habitants de Rumilly, de laquelle il résulte qu'au IXe siècle, ce village n'était qu'un petit hameau composé de *six maisons au plus*; et que, vers le XIe siècle, il s'y trouvait plus de soixante maisons.

On trouve dans le *Glossaire du Cambresis* l'acte d'érection de la paroisse de Rumilly en 1217, unie jusque-là à celle de Masnières.

La seigneurie de Rumilly portait d'Azur au mouton d'argent.

S

SAC

SACRE. — Fête religieuse de chacune des paroisses de Cambrai, à l'occasion de la Fête-Dieu. Le jour même de la Fête-Dieu s'appelait le *Grand-Sacre*, c'était celui de la métropole et de toutes les paroisses réunies. Après cela, chacune d'elles avait son sacre particulier qui se célébrait pendant les dimanches qui suivaient le Grand-Sacre. Cet usage peu répandu en France est encore observé à Cambrai, pour les deux paroisses qui y restent.

SACRISTE. — Autrefois, le Magistrat était dans l'habitude de célébrer la fête du Saint-Sacrement par un banquet solennel, et souvent par un bal qui s'ensuivait. Ce banquet était d'ordinaire payé par les nouveaux échevins. On appelait *Sacristes*, les échevins qui payaient le dîner du sacre.

Dans les temps de disette ou de cherté de vivres, les frais du festin et ceux du bal étaient consacrés au soulagement des pauvres.

On trouve la pièce suivante dans le *Répertoire* de Ladislas de Baralle.

Acte de non conséquence, que les femmes de Messieurs sont priées au dîner, au logis d'un Sacriste.

Du 20 de juin 1628.

Sur la proposition faicte en pleine chambre de la part de MM. noble homme Guillaume de Néron et Henry de Wermay payans jeudi prochain, jour du vénérable Saint-Sacrement, le banquet et festin qui se font comme de coutume en ceste maison de ville, comme eschevins nouveaux, qu'ils sont de volonté de prier à disner ledit jour, en la maison dudit sieur de Néron, les femmes de tous MM. du Magistrat, avec celles des Conseillers et Greffiers, mesdits sieurs du Magistrat, à la réquisition desdits requerrants, leur ont permis de ce faire, pourvu que le faict ne soit tiré en conséquence par leurs successeurs audit estat à l'advenir, pour n'entendre qu'en ce faisant, iceux se-

SAR

roient obligez, ains *seulement d'y appeler celles que de coutume on a toujours appelez*. Fait en pleine Chambre. — Signé: MAIRESSE.

SAGESSE (FILLES DE LA). Ces religieuses vinrent à Cambrai en 1847 pour y tenir des *asiles pour l'enfance.* — V. *Asiles.*

SALLETTE DE NOTRE-DAME. — V. *Maîtrise.*

SALINES. — Nous ignorons l'époque à laquelle fut établie la première raffinerie de sel, dans Cambrai. Nous n'avons aucune donnée sur ce qu'était cette industrie avant la révolution. Nous croyons néanmoins devoir consigner ici la citation suivante, à titre de simple document.

« On voit par l'état produit sous le numéro 136, que M. Frémicourt paye (à l'archevêque) deux chapons en plumes, pour le *Bilbau* de sa saline qui est sur un des deux canaux de l'Escaut qui traverse la ville. »— Extrait d'une des pièces nombreuses produites dans le procès de M. de Choiseul. — † ms. 887, p. 405.

En 1804, Cambrai était, après Lille, la ville du département du Nord qui comptait le plus de raffineries de sel. Lille en avait 14, Cambrai 11. Douai, qui venait après n'en avait que 7. Cela résulte d'un tableau publié par M. Dieudonné, préfet du Nord, dans la *Statistique* du département.

SARRASINS. — Les gens de la Campagne ont donné ce nom aux tombeaux antiques que l'on retrouve en grand nombre dans les champs du Cambresis. Les Sarcophages d'Esnes surtout n'ont pas d'autre désignation.—V *Antiquités*: § *Tombeaux.*

Dans certains villages on appelle aussi *Sarrasins* les pièces de monnaies romaines que l'on rencontre dans les fouilles.

SARRAZIN (JEAN), troisième archevêque de Cambrai, successeur de Louis de Berlaymont, fut élu par le chapitre, le 6 du mois de mars 1596. — § ms. 6. p. 47. — Il était alors abbé de St-Vaast d'Arras. Sa réputation de vertu et de capacité lui valut l'unanimité dans cette solennelle élection. Le Pape et le roi d'Espagne, à l'autorité duquel le pays était alors soumis, lui permirent de conserver son abbaye d'Arras.

Il fut sacré à Bruxelles, le 15 décembre 1596, en présence de l'archiduc Albert, par le nonce du Pape, et fit son entrée à Cambrai le 15 septembre 1597.

Le sacre de ce prélat et son entrée à Cambrai, sont rapportés en ces termes dans les mémoriaux de St-Aubert.

Sacre.

Mémore que le XVe de décembre 1596, Damp Jean Sarrazin abbé de Sainct-Vaast fust bénit archevesque de Cambray en Bruxelles, en la chapelle de la cour, par l'archevesque de Malines; présent monseigneur Octavio Frangipane evesque de Tricarico en Calabria, royaume de Naples, assisté des evesques de Bois-le-Duc, et St-Omer; auquel Sarrazin assista Henricus Costerius pour chapelin.

Entrée de Monseigneur l'archevesque de Cambray, messire Jean Sarrazin.

Du XVe jour de septembre 1597.

Environ les trois heures sur l'après-disner, est monté à cheval, et party de sa maison monseigneur le prélat de St-Aubert, revestu d'un long manteau noir et de sa Sostane, accompagné de monsieur l'abbé de St-Sépulchre, d'un religieux de St-Sépulcre, maitre Verdavaine, et autres, à intention d'aller recueillir monseigneur Jean Sarrazin eslu archevesque de Cambray, que l'on attendoit, et qui debvoit faire son entrée cedit jour. Et estant ledit sieur de St-Aubert sorti par la porte du Mail, et parvenu jusque à la prairye qu'on dit le marets de Neufville, apperceut le coche dudit seigneur archevesque, attelé de quatre chevaux noirs, ce qui l'occasionna, comme aussy plusieurs autres, de mettre pied à terre ; que lors, s'approchant dudit coche, alla baiser les mains dudit seigneur archevesque accompagné dudit abbé de St-Sépulchre, de dampt Michel Parel administrateur de Honnecourt et d'autres. Et après lui avoir fait la révérence et lui donné le bien venue, est remonté à cheval, et ledit seigneur archevesque et devant d'aucuns ses domestiques est entré dans la ville, et est allé droit vers son palais archiépiscopal ; où estant survenu et descendu de son coche, que lors s'approcha le Prévot de Notre-Dame, pour le conduire. Mais voyant que ledit sieur de St-Aubert s'advençoit à cet effet, il luy céda la place et à l'instant ledit sieur prélat le saisissant par le bras, et conduit en ceste façon, monta en une chambre haute tapissée de cuir doré, où parvenu il s'appuya contre une table tapissée de vert, et puis avec la teste inclinée les yeux baissés et avec une face palle, (car il s'estoit porté mal, bien peu auparavant) jetant la veue sur les prélats et autres assistans, usa de ces termes : « Messieurs de vous suis grandement obligé ! » Et ayant fini ce propos, lesdits sieurs de St-Aubert, St-Sépulchre et autres voulant prendre congé de luy, afin de lui donner le temps pour se reposer, ledit seigneur archevesque s'advança pour les conduire à bas de la dite chambre, ce que ne voulant permettre, ils prindrent congé de luy et se retirèrent. Et retournant ledit sieur de St-Aubert du palais en sa maison, il apperceut en la rue descendant du marchet, le Magistrat de la ville de Cambray en la première route desquels estoyent le conseiller... le lieutenant du seigneur dom Alonce gouverneur et monseigneur l'auditeur.

» *Faict à noter* que ledit seigneur archevesque estant aux environs de Cambray, proche d'environ une lieue, aroit, pardevant deux notables hommes, déclaré qu'il ne prétendait faire cedit jour son entrée solennelle d'archevesque, protestant de la faire en après, en temps et lieu avec solennités requises et accoustumées.»

Jean Sarrazin était grand théologien, éloquent prédicateur et l'un des plus zélés défenseurs de la religion catholique, alors tourmentée par les schismes. L'auteur des *Mémoires chronologiques* dit, sans s'expliquer d'avantage, « qu'il endura plusieurs persécutions et emprisonnements par les rebelles. » — Il est regrettable que le chroniqueur ne soit pas plus explicite.

« Il ne cessa de travailler aux affaires du pays, en qualité de conseiller d'état du Cambresis et d'Artois. »

Ses travaux apostoliques et administratifs auxquels il se livrait avec une ardeur et un dévouement au-dessus de ses forces physiques, abrégèrent ses jours précieux. Il fut pris de langueur et mourut de défaillance à Bruxelles le 3 de mars 1598, à l'âge de 63 ans.

« Le mardy treizième de mars 1598, messire Jean Sarrazin, archevesque de Cambray et abbé de Saint-Waast d'Arras, déceda de ce monde en la ville de Bruxelles, environ les XII heures à midy. Requiescat in pace. » — *Mémoriaux de St-Aubert.*

« Son corps fut transporté dans son monastère de St-Waast et inhumé dans le chœur du côté de l'épître. »

On lui avait fait un magnifique mausolée où il était représenté à genoux.—V. *Mém. chron.* p. 93. — La révolution a détruit ce beau monument.

— V. sur Jean Sarrazin : — Le Carpentier part. II. p. 417. — *Cameracum christianum* p. 63. — *Ordre et suite des évesques de Cambray et d'Arras* par P. Gazet p. 58.

SAUVEUR (EGLISE PAROISSIALE DE ST.) — Longtemps avant que l'abbaye de Cantimpré existât, il y avait, au lieu même où fut depuis l'église de cette abbaye, une chapelle dédiée à St-Sauveur.

L'endroit occupé par l'église de St-Sauveur et l'abbaye de Cantimpré, n'étant pas bien connu de quelques écrivains du pays, il est utile que nous en déterminions la place. Nous le pouvons faire avec une certaine précision, pour avoir vu, nous-même, des vestiges de fondations provenant de cette abbaye. Elle n'occupait point, comme certains le pensent, l'endroit où existent aujourd'hui la caserne de Cantimpré et les fortifications qui l'environnent; c'est plus loin, du côté de l'Artois, qu'il faut en chercher la place ; c'est-à-dire dans l'espace compris entre le glacis de la ville et le chemin qui conduit de la *Maison du Comte d'Artois* au marais de Cantimpré. Au reste, ces renseignements, que nous pouvons donner *de visu*, coïncident exactement avec un ancien plan de Cambrai que nous croyons dressé en 1594, sur lequel l'abbaye et l'église de St-Sauveur sont soigneusement représentées (1). C'est donc sur toute cette portion de terrain qui s'étend à la gauche de la chaussée, en sortant des ponts avancés de la porte de Cantimpré, à la hauteur du *Dieu-de-Pitié* qui existe encore aujourd'hui, que se trouvait érigé ce grand établissement religieux.

Quant à l'église de St-Sauveur dont nous nous occupons ici, on en ignore la date. Julien de Lingne nous apprend que cette chapelle était à la collation du trésorier de l'église de Notre-Dame. Il pense aussi qu'elle avait appartenu aux dames de St-Ladre. On peut voir du moins à notre article *Ladre (Hôpital de St-)*, qu'en effet cette maladrerie avait une succursale sur la paroisse de St-Sauveur; resterait à savoir si l'église primitive de St-Sauveur était la même chose que la chapelle de cette ladrerie. Quoiqu'il en soit, lorsque l'abbaye de Cantimpré fut construite à côté de l'église St-Sauveur, en 1180, l'évêque Roger lui donna en dotation la cure de St-Sauveur (2), et comme la paroisse prenait du développement et que la petite église devenait insuffisante, l'abbé de Cantimpré, nommé Jean, la fit démolir, et la remplaça par un édifice plus vaste, qu'il dédia encore à St-Salvator ou St-Sauveur. — † Ms. 658 art. 19. — Cette église fut alors indifféremment appelée église paroissiale de Cantimpré ou de St-Sauveur.

Julien de Lingne, dans un style un peu confus, dit à ce sujet, que le curé de St-Sauveur était un religieux de Cantimpré, *si est-ce qu'aucuns disent qu'icelle église parochiale est plus ancienne, et y avoit une belle chapelle de Notre-Dame*. Celà signifie évidemment qu'indépendamment de l'église, il existait dans les bâtiments de cet abbaye une petite chapelle dédiée à Notre-Dame, ce qui s'explique parfaitement parce que l'abbaye de Cantimpré avait pour patrone *Notre-Dame-des-Prés*.

L'église de St-Sauveur subit nécessairement en traversant les siècles, les mêmes vicissitudes que l'abbaye de Cantimpré et la maison pieuse de Béguines qui existait dans le voisinage. Elle fut notamment ruinée en 1580, ou 1581 par le baron d'Inchy. Reconstruite sur un plan beaucoup plus modeste en 1601 et 1602, elle demeura plusieurs années imparfaite. Ce ne fut que le 11 mars 1619 que Vanderburch en fit la consécration. — § Ms. 6. p. 53. — Dans l'intervalle du temps qui s'écoula entre l'époque de la ruine et de la reconstruction de St-Sauveur, le curé faisait les offices de paroisse dans l'église des Récolets. Cette paroisse comprenait principalement le faubourg qui existait alors entre la porte de Cantimpré et la porte de Selles,

La nouvelle église de St-Sauveur ne subsista pas longtemps, à cause des fortifications de la porte de Cantimpré qui s'étendirent considérablement. Sans trouver nulle part l'époque exacte de sa disparition, nous voyons qu'elle fut supprimée par les exigences du génie militaire. Tout son service paroissial fut fait alors dans l'église de Ste-Elisabeth, par le curé de cette église. — Dupont *Hist. de Cambrai*. part. II p. 124.

Les religieux de Cantimpré, après une longue émigration dans leur prieuré de Bellinghen, ayant fini par s'établir à Cambrai et ayant fait, en 1765, l'échange de leur antique refuge, contre celui de St-André (le bâtiment où est aujourd'hui le collége de Cambrai), une nouvelle église y fut construite, et fut encore dédiée à St-Sauveur. Alors les offices de paroisse y furent transportés.

Tel était l'état des choses lorsque la monstrueuse révolution qui bouleversa la France à

---

(1) Si, comme le disent certaines chroniques, l'abbaye de Cantimpré ne fut ruinée qu'en 1597 (*Mém. chron.*) il n'est pas étonnant de la voir figurer sur un plan fait en 1594. Si au contraire elle fut détruite en 1580, ainsi que d'autres le pensent, il faut supposer que, sachant que les religieux avaient encore l'espoir de relever leur monastère, l'auteur du plan aura considéré le monument ruiné comme existant toujours.

(2) V. Glossaire du Cambresis, par M. Leglay, p. 74.

la fin du siècle dernier supprima d'un seul coup les temples et les ministres de la religion (1).

SAVETIER. — V. *Chavetier.*

SAVONNIERS. — Voici le seul document que nous ayons sur l'ancienne industrie du savon à Cambrai. Nous pensons que cet acte concerne la première savonnerie établie dans cette ville. Il est *du 24 mai* 1641.

Permission donnée à Fremin Driaucourt d'ériger en sa maison des Quatre-fils-Aymont une brasserie ou usine à faire savon mol.

Sur la remontrance faite en pleine chambre par honorable homme Fremin Driaucourt eschevin de ceste ville, que pour bonne considération à lui mouvante, il voudrait bien establir en sa maison des Quatre-Fils-Aymont, où il faict sa demeure, une brasserie et usine à faire savon mol, suppliant MM. de lui en donner la permission en tant que de besoing, afin que lui ses hoirs et ayant cause n'en aient à l'advenir aucune difficulté. Mesdits sieurs ayant considéré et recognu que ladite brasserie n'apporterait aucun dommage à personne, ains que vray probablement elle ferat quelques proufict au publicq, luy ont par ceste permis et consenti qu'il puisse ériger la dicte usine; sans lui en estre, non plus qu'à ses hoirs et ayant-cause, donné à l'advenir aucun obstacle ou empeschement. Du 24 mai 1641. Faict en pleine Chambre. — Signé : MAIRESSE.

SAVOYEN. — Pièce de monnaie Cambresienne. — V. *Monnaies.*

SCEAU ou *Scel de la ville de Cambrai.* — dès le XIIIe siècle, la cité faisait usage d'un sceau particulier. Cela est constaté par un procès-verbal du 16 juin 1230, suivant lequel des experts ont déclaré faux celui qui était apposé au bas d'une obligation dont un particulier voulait se prévaloir, *Factâ collatione de vero sigillo civitatis Cameracencis.* — *Mém. pour le Magistrat* contre l'archevêque de Choiseul, p. 45.

Le sceau dont nous venons de parler fut en usage pendant un long laps de temps. Nous ignorons l'époque précise où il fut changé, toujours est-il qu'au XVIe siècle, le Magistrat se servait d'un scel différent. C'était alors celui qu'on employait encore en 1774. Cela du moins est relaté dans une des pièces produites par le Magistrat de Cambrai dans l'affaire de M. de Choiseul.

Les évêques avaient aussi leurs scels particuliers. On retrouve beaucoup d'empreintes de sceaux officiels au bas d'anciens actes conservés dans les archives de la ville et dans celles du bureau de bienfaisance.

N'ayant pas été en position d'étudier à loisir les dates et la nature des titres précieux auxquels sont attachées ces empreintes, nous laissons aux conservateurs des archives le soin de les décrire et de les faire connaître.

SCROFA ou **TRUIE.** (SEBASTIEN). — V. *Hommes remarquables,* XVIe siècle.

SÉBASTIEN (CHAPELLE DE SAINT). — C'était la chapelle de l'hôtel-de-ville. — V. à l'art. *Hôtel-de-Ville* p. 242 1ère colonne.

SEIGNEURIE DE CAMBRAI. — Elle appartenait incontestablement à l'évêque, depuis que l'empereur Henri, en l'an 1007, avait transmis le comté de Cambresis, à Herluin et à ses successeurs.

Mais l'évêque n'était seigneur de ce comté qu'en vertu d'une investiture du prince suzerain, qui était au fond, et à la rigueur souverain de tout le temporel du comté de Cambresis. C'est pour cela que le comte de Cambrai devait foi et hommage à l'Empereur, et que lorsqu'élu par le clergé, il était mis par le pape en possession du pouvoir spirituel, il lui restait à se faire investir par l'empereur ou le roi des romains, du pouvoir temporel. — V. *Investiture.*

Le chapitre métropolitain contesta quelque fois à l'évêque et prétendit s'arroger cette seigneurie du comté. Une pareille prétention n'était pas soutenable : et il fut chaque fois obligé de se renfermer dans ses droits de vidamie qu'il avait achetés en 1220. — V. *Vidame.*

L'abbé Dupont, dans son *Histoire de Cambrai* fin de la partie IIIe, donne une liste des villages du Cambresis avec les *noms des seigneurs,* leurs baillis, etc. Ce tableau peut, en plus d'une circonstance, présenter un grand intérêt, c'est pour cela que nous l'indiquons au lecteur.

Pour compléter les notions sur la seigneurie de Cambrai, il est bon de se reporter, dans ce Dictionnaire, au mot *Souveraineté.*

SELLES (CHATEAU DE). — On ignore l'origine de ce château et la date de sa construction. On ignore même l'étymologie de son nom *Castellum de Salis,* à moins qu'on ne la voie dans le mot *Scaldis, Escaut,* ou mieux encore *Scheld* en flamand, nom du fleuve qui traverse Cambrai et qui baigne de ses eaux la vieille forteresse dont nous nous occupons.

---

(1) Le dernier curé de St-Sauveur le nommé Grébert, natif de Cuvillers, prêta le serment constitutionnel. Ce misérable ne tarda point à renier son caractère sacré. Il brûla ses lettres de prêtrise, se maria, tomba dans la misère et finit par tenir une maison de prostitution, rue du Marché-au-Poisson.

Le Carpentier dit bien, (*Hist. de Cambrai*, part. 1re, p. 303) *qu'on la tient estre un ouvrage des Romains* ; mais il n'affirme pas que cela soit. Le fait est qu'on n'a de preuves ni pour ni contre cette opinion.

En tout cas Julien de Lingne commet une erreur, ou ne s'explique point assez clairement, quand il dit qu'on bâtit un château sur la porte de Selles en 1601, car nous verrons plus loin qu'il est déjà question du château de Selles dans les chroniques du XIe siècle (1). Il est vrai qu'en 1601, un petit château ou forte tour fut construit à la porte de Selles, mais c'était à la tête du grand pont, où il existe encore.

Le Carpentier nous apprend que l'antique forteresse eut jadis ses châtelains et capitaines particuliers, qui dépendaient du grand châtelain seigneur de Crèvecœur. « J'ai trouvé, dit-il, dans plusieurs archives, que Régnault de Haucourt y commandoit en cette qualité, l'an 1341. Jacquemart Cabus 1354. N. Godin 1410. Aubert de Sorel 1420. N. Baudain, 1427, et autres. »

Le même auteur constate qu'autrefois (et probablement de son temps) la porte de Selles était *anoblie de dix ponts-levis*. Nous avons vu, à l'art. *Fortifications*, que le château-fort était complètement environné d'eau (2). Nous avons étudié ses modifications successives; en un mot, nous l'avons envisagé au point de vue stratégique : nous allons indiquer ici les évènements historiques dont il a été le théâtre.

Au temps de Liébert qui vivait au milieu du XIe siècle, Robert le Frison, comte de Flandre, revenant, pour la troisième fois, à la charge contre la ville de Cambrai, parvint à s'emparer du château de Selles d'où il se disposait à jeter l'incendie sur les maisons bourgeoises, lorsqu'un évènement providentiel vint au secours des Cambresiens. Les soldats du comte, exaltés par leur succès récent, se livrèrent, durant la nuit, à l'orgie et au tapage. Le butin qu'ils avaient fait devint un sujet de querelles ; les querelles amenèrent un conflit qui se termina par une véritable boucherie. Et Robert effrayé, croyant voir en ce désordre le châtiment de ses torts, se retira et devint dans la suite le protecteur du pays et de la cité de Cambray.

Il est probable que, dans l'origine, la porte de Selles ne passait pas sous le château. Nous ignorons l'époque où cela eut lieu, mais nous ne serions pas éloigné de croire que ce fut au temps de Nicolas de Fontaines. « Cet évesque, dit Adam Gélicq, ayant fait bastir le chasteau de Selles et plusieurs aultres édifices, mourut l'an 1274, (1). — *Chronique* d'Adam Gélicq p. 153. — Il est évident que, par le mot *bastir*, il ne faut entendre ici qu'une reconstruction, ou des réparations considérables.

Sans doute Nicolas de Fontaines avait mis cette forteresse sur un bon pied de défense pour en faire le point d'appui de sa puissance seigneuriale. En un mot il en avait fait la citadelle de la ville. (2)

Le 11 mars 1313, pendant une formidable émeute qui eut lieu contre le comte de Cambrai (Pierre de Mirepoix, évêque), les insurgés se rendirent maîtres du château de Selles qui n'était sans doute pas fort garni de soldats. Ils y prirent position et bravèrent delà l'interdit de Pierre de Mirepoix qui eut alors recours à un autre moyen. Il les menaça d'implorer le secours des princes voisins. Cette menace fut plus efficace que les censures, et les rebelles se soumirent le 21 mai, après avoir été plus de deux mois maîtres de la ville et du château de Selles. —V. Dupont, *Histoire de Cambrai*, part. III, p. 92 et suivantes.

En 1476 ou 1477, Louis XI vint à Cambrai, où il fit un emprunt forcé de 40,000 écus d'or. Il laissa garnison au château de Selles qu'il prit soin de faire fortifier. « Et le roy Loys estant en Cambray fit clore le chasteau de Selle de bons boulevards, *à l'encontre de la ville*. — † ms. 884, p. 52. — § ms. 3 bis, p. 51. — *Chron.* d'Adam Gélicq, p. 206.

C'est là que s'installa avec une garnison le farouche et cupide Maraffin qui fit souffrir tant de maux et d'extorsions aux habitants de Cambrai. — § ms. 3 bis p. 52.

Enfin cette tyrannie exaspéra les Cambresiens. « En le nuict St-Martin (1478) le commun peuple s'émeut contre les Franchois, et les rechassèrent jusques au chastel de Selles, et mirent le siége devant, et Maximilien, duc d'Autriche, envoya à ceux de Cambray, gens d'ar-

---

(1) Julien de Lingne le savait bien, car il dit autre part, que le même château fut refait au XIIIe siècle par Nicolas de Fontaines. — § Ms. 6 bis, p. 40.

(2) « La rivière appelée l'Escaut l'environnait. — § Ms. 1 bis, p. 155.

(1) D'autres disent 1273. Nous avons écrit 1274 pour citer fidèlement.

(2) C'était si bien la citadelle de Cambrai, qu'en 1543, lorsque Charles-Quint songea à en faire une autre sur le Mont-des-Bœufs, il commença par s'emparer des clefs du château de Selles, en attendant que la forteresse du Mont-des-Bœufs fût élevée. — § ms. 3 bis, p. 123.

mes et *artillerie*. Au bout de sept jours, les Franchois firent appoinctement tel qu'il y auroit autant de Bourguignons que de Franchois dans ledit chastel de Selles. — § ms. 3 bis, p. 53.

Les officiers commandants furent « pour le roi, Jacques de Luxembourg; pour l'archiduc, M. de Fiennes. Ces deux seigneurs furent nommés au gouvernement du château de Selles, par leurs maîtres respectifs. Ils y mirent pour garnison chacun sept hommes d'armes, et vingt-sept archers qui n'y furent ensemble qu'environ dix mois, les Bourguignons étant venus à bout d'en chasser les Franchois. »

L'abbé Dupont, dans son *Hist. de Cambrai*, part. IV p. 105, raconte l'évènement ou plutôt le coup de main qui mit en la possession des Bourguignons le château et par suite la ville tout entière.

Il exista, pendant quelque temps, sur le château de Selles, une belle tour en briques qu'y avait fait élever Robert de Croy, évidemment pour y placer le guet. Cette tour, élevée vers le milieu du XVIe siècle, fut démolie en 1595.— V. *Tour Croy*, à l'art. *Fortifications*, p. 159.

Le château de Selles servit souvent de prison militaire et civile. On voit dans l'histoire qu'une nommée Marie du Cavech et son frère Gérard furent, en l'an 1400, détenus dans ce château, pour avoir, malgré les défenses de l'évêque, exploité le change des monnaies d'une manière frauduleuse et aux dépens du pauvre.

Au temps des troubles religieux excités par l'hérésie de Luther, plusieurs révoltés y furent menés prisonniers. On y exécuta même un de ces hérétiques le 7 avril 1567, à 4 heures du matin. « Et fust enterré sur ledit chasteau. » § ms. 3 bis, p. 189.

On voit dans le *Répertoire* de l'échevin de Baralle, qu'en 1582, MM. du Magistrat se réservèrent les lieux souterrains du château de Selles pour en faire des prisons, et que Cornil Willemot y fut établi gardien. — § ms. 5, p. 289.

Au siècle dernier, les bâtiments du château de Selles furent appropriés par les états du Cambresis, à usage de manutention militaire. Plus tard, en 1813, on établit sur cette antique forteresse un hôpital pour le service de la garnison. Un grand nombre des blessés de Waterloo, y furent recueillis en 1815.

Le drapeau noir flotta sur ses murailles pendant le siège si court que les Anglais firent de la ville; et lorsqu'ils s'en furent rendus maîtres, les blessés anglais et français se trouvèrent ensemble dans cet hôpital qui venait de se changer en une vaste ambulance.

Le château de Selles défend efficacement la porte et les ponts qui portent son nom. Il protége aussi les moulins plusieurs fois séculaires qui furent souvent, en temps de siége, les seuls pourvoyeurs de la ville. — V. *Moulins-de-Selles*.

Nous n'essayerons point de décrire exactement le fort de Selles : celà n'est possible qu'avec des plans. Nous dirons seulement que c'est un haut château situé absolument au nord de la ville, construit en grès et briques. Muni aujourd'hui encore de cinq fortes tours et relié par ses courtines avec les remparts de la place, du côté de l'est et du nord-ouest. Autrefois complètement environné d'eau, et conséquemment séparé de la ville par un large fossé, il n'est plus baigné par l'Escaut que du côté du nord. Les fossés ont été comblés du côté de la ville contre laquelle il n'a plus de défense. Ses tours et ses courtines contiennent des salles et des corridors voûtés qu'on appelait déjà au XVIe siècle les *souterrains du château de Selles*. Nous avons vu plus haut qu'ils servirent autrefois de prisons militaires et civiles. Aujourd'hui, ils dorment inutiles et à demi comblés dans le sein de la vieille forteresse. Les curieux les visitent comme on visite les choses du temps passé, et n'y retrouvent pas sans intérêt des inscriptions gravées dans la pierre, qui attestent le séjour des prisonniers et celui des hommes de guerre. Nous les avons décrits dans l'ouvrage intitulé les *Souterrains de Cambrai*; nous ne nous répèterons point ici.

— On trouve une notice sur le château de Selles dans la 4e livraison du t. IIIe *des Archives du Nord*.

SELLIERS. — Ouvriers qui confectionnent des selles. Originairement les selliers étaient confondus avec les gorliers. Ils furent érigés en corps de métier particulier par un règlement du 28 juillet 1595. — V. *Gorliers*. Les selliers avaient le même patron que les Gorliers.

SEMAINIERS ou *Sepmaniers*.—Il existait dans la chambre échevinale, une sorte de service de permanence qui avait principalement pour but l'exécution des ordonnances de la Chambre. Les échevins étaient, à tour de rôle, chargés de ce soin, et presque toujours deux à deux, pendant une semaine, d'où est venu le nom de Semainiers, plus anciennement *Sepma-*

niers, pour désigner les échevins de semaine.
— V. *Magistrat*.

SÉMINAIRES. — Il existe, sur l'établissement du premier séminaire dans le diocèse de Cambrai, des documents très curieux dont M. Duthilleul a accompagné la publication d'un manuscrit inédit de Fénelon, découvert par lui en 1849. « Après le Concile de Trente, dit le savant bibliothécaire douaisien, et en exécution de ses ordonnances, pour l'établissement de séminaires, le concile provincial de Cambrai, ne trouvant pas moyen d'ériger de ces sortes de maisons dans chaque diocèse, se borna à en établir une dans la ville et université de Douai, pour y faire élever et instruire de jeunes ecclésiastiques des cinq diocèses dont était composée la province ecclésiastique de Cambrai, savoir : Cambrai, Tournay, Arras, St-Omer et Namur. Cet établissement fut nommé le séminaire des évêques. (1)

« Chaque évêque, chapitre, abbaye assistant à ce concile par ses députés, se taxa ou fut taxé annuellement à une certaine somme pour l'entretien de ce séminaire et pour le soulagement des ecclésiastiques pauvres qui y seraient élevés. Le diocèse de Cambrai en entretenait 20. Le prix de la pension était de 90 livres de France. »

Chacun des contribuables paya ces taxes pendant près d'un siècle. Mais le 4 mars 1670 le séminaire des évêques ayant été brûlé, chacun des prélats de la province ecclésiastique en ouvrit un dans son diocèse.

L'archevêque de Cambrai fut le dernier à ouvrir son séminaire. Ce ne fut qu'en 1682 que des lettres patentes de Louis XIV, datées du mois de juillet, autorisèrent M. de Bryas à ériger la maison des ordinants du diocèse de Cambrai. M. de Bryas acheta pour cet usage la terre et le château de *Beuvrages*, près Valenciennes. Cette terre appartenait au duc d'Aremberg, qui la vendit à l'archevêque pour le prix de soixante-quatre mille florins de Brabant. Beuvrages était alors du diocèse d'Arras; on l'incorpora au diocèse de Cambrai, en donnant en échange le village de Dury qui passa dans l'évêché d'Arras.

Fénelon, successeur de M. de Bryas, voyant avec regret le séminaire de Beuvrages exposé aux insultes des gens de guerre, et les jeunes clercs éloignés du chef du diocèse, transféra cet utile établissement de Beuvrages à Cambrai, l'installa dans le refuge de St-André (1), vers 1697.— *Mém. chron.*, p. 133.

Le séminaire fut d'abord dirigé par des prêtres séculiers, mais pour donner plus de stabilité et d'omogénéité à l'enseignement, Fénelon finit par en confier la direction à des prêtres de St-Sulpice.

Après la mort de Fénelon, le séminaire, qu'il avait été question d'annexer au collége de Cambrai, fut néanmoins replacé à Beuvrages. Il est probable que cette translation aura été effectuée peu de temps après le décès du prélat, car les religieux du Câteau, même du temps de Fénelon, demandaient instamment qu'on leur rendît leur refuge, pour s'y retirer pendant les troubles qui agitaient le pays à cette époque. (*Notice* de M. Duthilleul sur un manuscrit inédit de Fénelon, p. 18). Ce qu'il y a de certain, c'est qu'en 1744 le séminaire était à Beuvrages, car vers le mois de juin de cette même année, l'archevêque (2), « craignant que ses séminaristes n'y fussent inquiétés par les courses des hussards, fit déméubler le séminaire et assigna aux ordinants trois endroits à Douay pour y *faire leurs séminaires*, savoir : Celui des évêques (3), celui du roi et celui de Hennin. » *Mém. chron.*, p. 248.

Six ans après, en 1750, à l'époque de la St-Rémy, le séminaire archiépiscopal fut de nouveau replacé à Beuvrages. A cette époque, il n'était plus dirigé par les prêtres de St-Sulpice, mais par le père Lefébure, jésuite, (*Mém. chron.*, p. 273). M. de St-Albin, vers vers le même temps, donna à ses séminaristes un règlement très sage que l'on croirait fait de nos jours (4). Le séminaire était alors peu important, car l'auteur du *manuscrit* que nous citons ajoute : « Les deux professeurs et l'économe sont des prêtres du diocèse. » Tout le

---

(1) Le concile provincial fut tenu à Mons en 1580; le séminaire fondé en 1586 fut ouvert aux élèves en 1590 par Mathieu Moulart et Jean Vendeville, évêques d'Arras et de Tournay.

(1) Aujourd'hui le collége. Ce bâtiment est plus vaste qu'il n'était au temps où le séminaire l'occupait. Il a été notablement agrandi par les religieux de Cantimpré qui s'y sont établis en 1765 —V. *Cantimpré (abbaye de)*.

(2) M. de St-Albin.

(3) Le séminaire des évêques, qu'on appelait aussi le séminaire brûlé, à cause de l'incendie qui l'avait dévoré en 1670, avait été restauré et constitué de nouveau en maison ecclésiastique à laquelle le séminaire archiépiscopal était resté étranger.

—Pendant la Révolution, il servit de maison d'arrêt.

(4) V. † Collection Taille, année 1757.

personnel dirigeant cette maison était donc composé d'un supérieur, de deux professeurs et d'un économe.

Après la suppression des Jésuites (en 1764), le collège de Cambrai, qui était confié à ces religieux, se trouva complètement dépourvu; son existence même fut compromise. Le prévôt et les échevins de Cambrai, les états du Cambresis et même la cour du parlement de Flandre réclamèrent du roi la conservation du collège. Enfin, des lettres patentes signées à Versailles, au mois de mai 1766, vinrent donner satisfaction à ce vœu si légitime. Le roi décida que le collège de Cambrai serait conservé et que de plus le séminaire y serait établi. (V. *Collège*). En conséquence, cette institution fut confiée à des prêtres séculiers qui la tenaient encore à l'époque de la Révolution. Le bâtiment des Jésuites, qui servit à l'établissement du séminaire, est encore occupé par le grand séminaire aujourd'hui.

Séminaires actuels *(Grands et Petits).—*
Une des premières pensées de M. Belmas, nommé évêque de Cambrai, en 1802, fut de rétablir le séminaire diocésain. De pieuses libéralités vinrent à son aide, et cette école ecclésiastique fut ouverte le 7 octobre 1807. Il reçut 29 élèves. Bientôt après le nombre en augmenta beaucoup et l'on peut dire que ce précieux établissement a toujours été croissant et se perfectionnant jusqu'à nos jours. Il fut d'abord placé dans une maison rue de la Comédie (autrefois des Scache-Beuvons, aujourd'hui du Petit-Séminaire). Successivement, l'administration ecclésiastique fit l'acquisition d'une belle maison contiguë au séminaire, laquelle appartenait à M. de Chantemelle; d'une salle de spectacle dont le séminaire était voisin, de quelques autres bâtiments encore. Enfin, on put élever les vastes constructions dans lesquelles un nombre considérable d'élèves se trouvent encore à l'étroit aujourd'hui.

Il faut dire que, latéralement à cette grande maison ecclésiastique, M. Belmas avait créé en 1809 et vu se développer ensuite sous le nom de *Classes préparatoires à la théologie*, l'établissement qui prit plus tard le nom de *Petit-Séminaire*. Les élèves y reçurent pendant quelques mois l'instruction par un ecclésiastique; mais depuis 1810 jusqu'en 1823, les élèves suivirent les classes du collège. A cette époque, le petit séminaire prit une existence tout-à-fait indépendante, quoiqu'il fût encore situé dans une annexe des bâtiments du grand séminaire. Ce ne fut qu'en 1828 que M. Belmas fit l'acquisition de mauvais bâtiments et d'un terrain situé rue St-Lazare, lesquels provenant, partie de l'ancien couvent des Clarisses, partie de l'ancien couvent des Capucins, d'autre part, d'une ancienne caserne, avaient été appropriés à usage d'ateliers-industriels. Ils portaient improprement le nom de St-Lazare, à cause du couvent de St-Lazare qui avait existé dans la même rue. L'évêque de Cambrai les fit restaurer et y transféra son petit séminaire (1).

Mais les élèves n'y furent jamais que mal logés, et M. Belmas désirait bien ardemment changer l'état des choses, lorsqu'en 1836, il lui fut enfin possible de faire l'acquisition de l'ancien collège des Jésuites (le grand séminaire actuel). La beauté et la grandeur de la chapelle de ce magnifique collège déterminèrent l'évêque à y transférer le grand séminaire, et le local de ce séminaire devenu libre put recevoir les petits séminaristes qui quittèrent St-Lazare.

A la fin de l'année 1842, M. Giraud, alors archevêque de Cambrai, fit l'acquisition d'une vaste et magnifique propriété, située au village de la Neuville, qu'il transforma en maison de campagne pour ses séminaires. Il lui donna le nom de St-Grégoire, en souvenir du pontife qui occupait en ce moment la chaire de St-Pierre. C'est dans cette paisible et délicieuse retraite que le saint prélat, le bon et modeste cardinal, allait passer au milieu de ses jeunes lévites, de ses enfants en Dieu, les heures qu'il pouvait dérober aux exigences presque incessantes de sa vaste administration diocésaine. L'auteur de ce dictionnaire, que l'illustre cardinal recevait dans son intimité, peut affirmer que, quoi qu'en aient pu faire croire la position élevée, la dignité naturelle et l'esprit supérieur du prélat, la simplicité la plus naïve caractérisait ses relations avec les jeunes séminaristes. Dans l'asile champêtre de St-Grégoire, le cardinal Pierre Giraud n'était plus qu'un bon curé de campagne.

SÉNAT DE PAIX. — V. *Magistrat*.

SÉNÉCHAL (GRAND).—« Entre les plus grandes dignités héréditaires aux laïcs estoit celle de grand Maistre du palais de l'évêque. Il faisoit tous les ans l'estat et règlement de ce palais, recevoit le serment de tous les offi-

---

(1) C'est ce grand établissement qui, en 1854, va être transformé en hôpital.

ciers(1), domestiques, etc. On le voit qualifié dans les plus vieilles chartres, tantost maistre du palais, ou Prévost de la cour, tantôt *Grand-Sénéchal*, dignité jadis affectée à la très-illustre famille de St-Aubert.» — Atlas de Blaeu, p. 224.

SEPMANIER. — V. *Semainier*.

SÉPULCRE (EGLISE ET ABBAYE DU ST.), aujourd'hui *Eglise métropolitaine* et archevêché. — Du temps de Gérard de Florines, disent de vieilles chroniques, († Ms. 659, p. 30 — Ms. 673) « fut grand mortoille (mortalité) et famine en Cambray, tellement que les chimetières n'estoient point assez grandes pour enterrer les corps tellement que l'évesque fit faire un carneau (charnier) en une grande carrière *qui estoit hors la ville*, et après la peste y fict faire une églisette du Saint-Sépulchre. » Cette petite chapelle ne conserva point longtemps le vocable du St-Sépulcre, car Liébert, successeur de Gérard, fonda au même lieu, en mémoire du sépulcre du Sauveur (2), une abbaye qu'il pourvut d'une église ; et la chapelle primitive fut alors dédiée à St-Nicolas par Walterus 1er, abbé du St-Sépulcre.

Nous avons vu, par la citation rapportée plus haut, que le lieu où fut bâtie l'abbaye du St-Sépulcre *était hors la ville*. Mais Liébert ne voulut point laisser cette abbaye, où il avait placé des enfants de St-Benoît, à la merci des ennemis chaque fois qu'ils s'approcheraient de Cambrai : en conséquence, il l'enferma dans les murs de la ville qu'il fit fortifier et qu'il munit de fossés. — † Ms. 659, p. 43 et 47.

Le Carpentier rapporte, dans les pièces justificatives de son *Histoire de Cambrai*, le diplôme de fondation de l'abbaye du St-Sépulcre, par Liébert. Cette charte mérite d'être reproduite, à cause des détails historiques qu'elle contient. En voici le texte : copié d'après Le Carpentier.

Lietbertus Cameracencis Ecclesiæ Episcopus omnibus Christi fidelibus prosperos utriusque vitæ successus. Temporibus prædecessoris mei *Gerardi* Sanctæ memoriæ Episcopi, exorta fames in regionibus nostris adeò invaluit, ut morientium corpora capere non valerent Ecclesiastica cæmeteria Cameracensis urbis, incidit igitur huic prædecessori meo rationabile consilium, ut extra muros civitatis fodere faceret polyandrum, quod recepti foret tot corporibus condendorum pauperum ; juxta quem locum Ecclesiam postea in honore Dominici sepulcri consecravit, eamque et terris, et familiis dotavit, etc. Ego itaque Lietbertus qui ei successi, tanto et tali animatus exemplo, in prædecessoris mei primitias laboraturus introii ; et quoniam parva erat, juxta ecclesiam illam Monasterium ampliore schemate ædificavi, ipsumque in honore D. nostri Jesu Christi, et S. sepulcri ejus, et S. Dei Genit. Mariæ, omniumque Sanctorum Dei consecravi, ædificatoque claustro cum cæteris officinis Abbatem et Monachos eidem loco assignavi. De rebus vero possessionis meæ, ecce coram Deo, et præsentibus testibus, istud doto Monasterium, etc. hoc est in suburbio Camer. Civitatis Abbatia S. Martini quidquid in manu mea est, Parochiales quoque duæ Ecclesiæ S. Georgii et S. Mariæ Magdalenæ, altaria cum Ecclesiis, minutum teloneum, cambæ et plura curtilia, cum districtu toto, et terræ arabiles circa Cameracum, quas decambiavi ab Abbate Waldrico S. Andreæ Apostoli, cum aliis pluribus. In suburbio eodem Cameracensi molendinum unum, alterum et dimidium apud *Villam puerorum*, cum districtu, Item aliud apud *Nigellam* cum districtu. Concedo etiam in Pago Camerac. *Villam* omnem *S. Hilarii*, in Pago de Hainau *Villerellum* totum, in Brackbatensi Pago Eccles. de *Melin*, Item villam quæ vocatur *Niuvehova*, etc. *S. Walcheri* Arch. *Gerardi* Præp., et Arch. *S. Christiani*, *Johannis, Gilberti, Heriwardi, Amolrici, Heriberti, Widrici, Roberti* Militum. Actum est Cameraci etc., An. ab. Inc. D. MLXIV. Ind. II regnante *Henrico* Rege Lothariensium An. XII. Episcopatus D. *Lietberti* XIV. etc. *Worimbaldus* Cancellarius recensuit.

En 1145, le 6 mai, l'abbaye du St-Sépulcre fut la proie d'un vaste incendie. — *Calendrier historial* de Julien de Lingne. — La foudre tomba sur l'église le 3 juillet 1163. — *Id.*

L'abbé Dupont nous apprend que l'église du

---

(1) On entend ici par *officiers*, non pas des militaires, mais des personnes chargées d'un *office* quelconque dans la maison de l'évêque.

(2) Michaud, dans son *Histoire des croisades* (dernière édition 1er vol. page 47), rapporte ainsi la fondation de la chapelle du St-Sépulcre.

« Dans l'année 1054, Liébert, évêque de Cambrai, partit pour la terre sainte, suivi de plus de trois mille pèlerins des provinces de Picardie et de Flandre. Lorsqu'il se mit en marche, le peuple et le clergé l'accompagnèrent à trois lieues de la ville, et les yeux mouillés de larmes, demandèrent à Dieu le retour de leur évêque et de leurs frères. Les pèlerins traversèrent l'Allemagne sans rencontrer d'ennemis, mais arrivés dans la Bulgarie, ils ne trouvèrent plus que des hommes sauvages qui habitaient les forêts et vivaient de brigandages. Plusieurs furent massacrés par ce peuple barbare ; quelques-uns moururent de faim au milieu des déserts. Liébert arriva avec peine jusqu'à Laodicée en Syrie, s'embarqua avec ceux qui le suivaient, et fut jeté sur le rivage de Chypre par la tempête. Il avait vu périr la plus grande partie de ses compagnons. Les autres étaient prêts de succomber à leur misère. Revenus à Laodicée, ils apprirent que les plus grands dangers les attendaient sur la route de Jérusalem. L'évêque de Cambrai sentit alors son courage l'abandonner et crut que Dieu lui-même s'opposait à son pèlerinage. Il revint à travers mille dangers dans son diocèse, où il bâtit une église en l'honneur du St-Sépulcre qu'il n'avait pu voir.

St-Sépulcre fut reconstruite par l'abbé Marbaix, et achevée au commencement du XVIIIe siècle (1) comme le prouvait un chronogramme inscrit sur le fronton.

eXtrVXIt LVDoViCVs MarbaIX.

Cette inscription a disparu par suite de la maladroite restauration qu'on a fait subir à la façade de l'église.

L'abbé Dupont ajoute les documents suivants.

La nef a 65 pieds de largeur avec les bas côtés, 125 pieds de longueur jusqu'au chœur qui en a 95 de longueur et 30 de largeur.

L'ancien chœur avait été bâti en 1599 et dédié en 1602, par Guillaume de Berghes.

La sacristie fut reconstruite en 1749. Le quartier abbatial, le réfectoire et la bibliothèque l'avaient été par l'abbé Dambrine. Le dortoir par l'abbé Lefevre. — *Hist. de Cambrai* par Dupont, part IIe p. 125.

L'église du St-Sépulcre avait un clocher qui datait du XVIe siècle et qui fut démoli en 1792, par ordre de l'administration du département du Nord.— V. *Histoire de la municipalité de Cambrai* par E. Bouly, t. I p. 89. Ce clocher était contigu à la chapelle actuelle des trépassés, c'est-à-dire au côté-nord du monument.

L'église du St-Sépulcre, durant les mauvais jours de la révolution, après avoir servi à usage de grange, fut convertie en *Temple de la Raison*. C'est dans ce temple qu'eurent lieu les plus sales et les plus impudiques orgies révolutionnaires.

Les bâtiments de l'abbaye furent transformés en un hôpital de Galeux.—V. Registres de la municipalité de Cambrai, séance du 5 janvier 1794.

Les grilles du chœur, à la même époque, furent arrachées et servirent à entourer, sur la grand'place, l'arbre de la liberté. Elles furent par la suite replacées autour du chœur.

Tout le monde connaît les magnifiques grisailles qui décorent l'église du St-Sépulcre.(2) La plus remarquable est celle de la sacristie. Ces tableaux subirent des dégradations en 1793. — V. Registres de la municipalité de Cambrai, séance du Ier novembre 1793.

---

(1) En 1703. — V, *Mém. chron.*

(2) Ces tableaux qui sont l'œuvre de Geeraerts ont été peints non pas sur place, comme quelques-uns le croient, mais à Anvers, dans l'atelier de l'artiste, éclairé dans les mêmes conditions que l'église qui devait les recevoir. Geeraerts avait pour cela, levé le plan de la croisée.

Nous allons donner maintenant un mémoire intéressant écrit à la fin du siècle dernier par un religieux du St-Sépulcre. Cette pièce, dont l'original manuscrit nous a été communiqué, par M. l'abbé Capelle, contient des détails qui, sous tous les rapports, méritent d'être conservés à l'histoire.

SUR L'ABBAYE DU SAINT-SÉPULCRE.

« Cette Abbaye, de l'ordre de Saint-Benoît, en Cambrai, fut fondée en l'année 1064 par le bienheureux Lietbert, évêque de Cambrai. Il ne fit en cela qu'achever l'œuvre commencée par Gérard, son prédécesseur.

» Il dota largement l'Abbaye ; l'acte de cette dotation a été enlevé par les spoliateurs du clergé ; mais il se trouve imprimé dans tous les diplomatistes du clergé, tant des Pays-Bas que de France. Voyez Mirrœus, et la Gallia Christiana.

» L'abbaye du St-Sépulcre fut érigée sur l'emplacement d'un cimetière que l'évêque Gérard avait béni hors de l'enceinte de la ville, à l'occasion d'une peste qui dévastait le pays en 1031. Plus tard elle fut englobée dans l'enceinte de défense.

» C'est à titre de sa dotation que l'Abbaye est patrone et collatrice des paroisses de la Madelaine, de St-Georges, ainsi que de la paroisse Saint-Nicolas, qui fut érigée postérieurement sur le fond de l'Abbaye, à raison des établissements qui se firent dans les environs du nouveau monastère : et c'est à ce titre que, de toute ancienneté, l'Abbaye nomme les grands clercs de ces trois paroisses, et qu'elle est décimatrice de la banlieue qui s'étend depuis la rivière de l'Escaut jusqu'à la chaussée de Valenciennes. En cette qualité de décimatrice, l'Abbaye est chargée de l'entretien des chœurs des trois paroisses, de la portion congrue des curés, de leurs vicaires au nombre de cinq, sans y comprendre la paroisse de Proville qui se trouve enclavée dans le globe décimable de la banlieue, où l'Abbaye est également chargée du chœur, de la portion congrue du curé et du presbytère ; les presbytères de campagnes dans le Cambresis étant à la charge des décimateurs et non dans les villes.

Hommage de la paroisse St-Nicolas.

» On observe qu'en reconnaissance du terrain que céda l'abbaye pour l'érection de la nouvelle paroisse de St-Nicolas, le curé est tenu de fermer son église le jour de la dédicace de l'abbaye qui est le 28 octobre ; ce jour-là le curé est tenu de venir célébrer dans l'église abbatiale les offices avec ses vicaires, et il est d'un usage ancien que l'abbaye fait inviter honnêtement le curé, tant pour la célébration que pour le dîner.

» Le même jour, les marguilliers de la paroisse présentent à l'abbé, à l'issue de la messe paroissiale, un gâteau de six livres en reconnaissance de la permission qui leur fut accordée de bâtir, au profit de leur fabrique, un rang de petites maisons le long de leur église sur le terrain et juridiction de l'abbaye : c'est pourquoi elles sont numérotées sous un cartouche en vert, couleur de la livrée de l'Abbaye.

Droit de Tol au marché au Poisson, ou droit du Minck.

» Entre plusieurs droits est celui du Minck, qui consiste en certaine levée de poisson, à chaque somme, qui se fait par les égards avant que l'on mincke. L'Abbaye a joui de ce droit jusqu'en 1789 suivant l'exécution du concordat passé sur la fin du dernier siècle entre le magistrat, le gouverneur de la ville et l'Abbaye, qu'ils engagèrent à se relâcher sur certains poissons de son droit en entier, lequel était d'un poisson à chaque somme, moyennant qu'en dédommagement, elle percevrait sur les petits poissons deux ou quatre à la somme. Il ne s'est élevé aucune difficulté depuis le dernier concordat sur la perception de ce droit, qui fait une partie de la première dotation de l'Abbaye.

Droits de Cambage et Patronat.—Poestée.

» C'est au même titre de fondation que l'Abbaye jouit des droits de Cambage sur les bierres marchandes qui se font ou vendent dans l'étendue de son ancienne Poestée ou juridiction, ainsi que du droit de Patronat qui se perçoit sur les mêmes bierres dans la circonscription de son dit patronat ; ces droits sont énoncés au titre de fondation par le mot *Cambæ*.

» L'ancienne juridiction de l'Abbaye connue sous le nom de *Poestée*, s'étendait sur un tiers de la ville et banlieue, et était administrée par un maire, sept échevins à la nomination de l'Abbaye, ainsi que le greffier, procureur d'office et sergent. L'Abbaye, à la demande du Magistrat de la ville, lui fit cession de cette Poestée, en en retenant les droits utiles, à l'exception des droits de lots et ventes des mainfermes : cette cession fut faite dans les intentions du bien public et d'une police générale.

» Le droit de Cambage consiste en quatre pots de bière sur chaque brassin marchand, qui se fait ou débite dans l'étendue de la Poestée.

» Celui de patronat n'est que de deux tiers de pots de bière à l'encontre des curés respectifs des trois paroisses pour l'autre tiers.

» Ces deux droits, quoique de peu de valeur, n'étant affermés cy devant que trente-six florins, ont été le sujet d'un très grand procès entre le corps des brasseurs qui s'était lié avec celui des cabaretiers. Les deux corps ayant intéressé le Magistrat dans leur cause, le procès fut long et très dispandieux, et les droits de l'Abbaye furent confirmés par la sentence du premier juge, par un arrêt d'une chambre du parlement par appel, et enfin par un arrêt de révision des trois chambres assemblées.

Tonlieu sur les Fruits.

« Un troisième droit dont jouit l'Abbaye est celui de tonlieu sur les fruits, etc., qui se vendent au Marché et dans la ville, *minutum theloneum* ; ce droit est de peu de revenu, ne se percevant qu'à raison de deniers, liards et patars ; avant la révolution il n'étoit affermé que deux louis. »

Droit de Foire. — Bourreau de la Ville.

« Un quatrième droit est celui que perçoit l'Abbaye le jour de la foire de la Saint-Simon-Saint-Jude ; jour anniversaire de la Dédicace de l'Abbaye, repris au diplôme de Charles V, sous ces mots : *Forum in Dedicatione.*

» Ce droit consiste en un denier ou liard sur toutes les boutiques de la ville ; à l'exception des brasseurs, cabaretiers, aubergistes, boutiques établies sur la Grand'Place et dans l'Hôtel-de-Ville, qui paient chacun un patar ; ce droit se perçoit également sur les bestiaux vendus au Marché de ce jour, ainsi que sur les chariots conduisant des marchandises et denrées.

» Le produit qui est plus honorifique que lucratif, est de si peu de valeur, que, les charges acquittées, il ne reste presque plus rien ; ces charges consistant au paiement des salaires des gens employés à la perception du droit, en celui des sergens de ville qui sont, cette journée, aux gages de l'Abbaye ; en un dîner qu'on donne tant à la communauté, qu'à certains externes ; en ce que l'on paye au bourreau pour l'hommage qu'il fait chaque année en ce jour à l'Abbaye, en présentant, épée nue, genou en terre, trois paires de gants à l'abbé. On donne à dîner ce jour là au bourreau ainsi qu'à son cortège, et en outre un jambon, six lots de vin, six pains et une tonne de bierre.

» Le bourreau jouit le jour de la Foire des mêmes droits que l'Abbaye, lui demandant, en faisant hommage, ses droits ordinaires, et c'est l'Abbaye qui annonce ce jour par le son de sa cloche, l'ouverture des portes et de la Foire.

» Le jour de la Saint-Simon-Saint-Jude, il y avait anciennement, avant la cession de la Poestée faite, en 1708, au Magistrat, une foire publique sur la place de l'Abbaye. Les places des marchands se passaient au profit des officiers de justice de l'Abbaye, ainsi qu'il se pratique dans les villes ; mais depuis cette cession il n'y a plus qu'un maître cordonnier qui est obligé de s'établir sur la place de l'abbaye, le jour de la Foire au nom du corps : et on ne sait à quel titre ce même corps vient, chaque année, faire une collation à l'Abbaye, le jour de la Saint-Crespin et Saint-Crespinien après les vêpres ; on leur donne, pains, fromages et bierre. »

Droit de Justice.

« L'Abbaye jouit des attributs de la haute justice dans son enclos, ainsi que sur la place dite de Saint-Sépulcre. A l'extrémité de cette place était érigée une grande Croix en fer sur la base de laquelle se trouvoient incisées dans le grès les quatre lettres suivantes : *T. I. S. S.* signifiant : *Terminus Jurisdictionis Sancti-Sepulcri.*

Cette Croix fut supprimée lors de la révolution, ainsi que le piloris aux armes de l'Abbaye qui était planté sur ladite Place, au coin parallèle de la Croix. Le terrain de cette place était séparé de celui de la ville par de hautes bornes qui ont été brisées à rase du pavé à la même époque de la suppression de la Croix. Ce terrain se trouve encore distingué le long de la rue de St-Nicolas et d'une partie de la rue de Saint-Georges, par une ligne de pavés plats bordant lesdites rues de Saint-Nicolas et de Saint-Georges, et il se trouve dans cette dernière, encore une partie de terrain non pavée le long des jardins des religieux (1).

» L'Abbaye avoit un baillage dans son enclos

---

(1) Toutes ces traces ont disparu depuis quelques années.

qui était le chef-lieu d'où ressortissoient les seigneuries qu'elle possédoit dans le Cambresis.

» Ce baillage étoit composé d'un bailli portant épée, de quatre hommes de fief, tous gradués ; d'un greffier, d'un procureur fiscal et d'un sergent ; l'Abbaye avait aussi ses prisons particulières dans son enclos.

» Le baillage était juge en première instance de toutes les causes civiles et criminelles qui s'élevoient entre ses vassaux : ce baillage servoit de cour féodale, l'appel de ses sentences se portoit au baillage de l'archevêché et en dernier ressort au parlement de Flandre.

Etats de Cambrai et du Cambresis.

Par le don fait en 1007, du comté du Cambresis à l'évêque de Cambrai, qui est devenu successivement duc de Cambrai et prince du Saint-Empire, de la concession des empereurs ; cet évêque exerçoit dans la province les droits de la souveraineté, y battant monnoie à son coin, convoquant les états de la province quand il le jugeait à propos, il les présidoit et les abbés avoient séance avant les députés des chapitres. En cas d'absence de l'évêque, c'était un abbé qui les présidoit.

» Par la conquête de Cambrai faite en 1595 par le comte de Fuentes, au nom de Sa Majesté catholique, la souveraineté de l'évêque s'éclipsa malgré ses réclamations et celles de son chapitre.

» Sa Majesté catholique convoqua en son nom pour la première fois, en 1597, les états de la province du Cambresis auquel son commissaire présida et fit des demandes de la part de Sa Majesté.

» L'archevêque étant alors absent, les députés du chapitre de Cambrai s'emparèrent de la préséance au préjudice des abbés de Saint-Aubert, Saint-Sépulcre et Vaucelles qui étoient nouvellement nommés et auxquels on disputoit leur crosse. Ces trois abbés peu au fait de leur droit et du rang qu'avoient tenu leurs prédécesseurs dans les anciens états ; siégèrent en la place qu'il plut aux députés de leur assigner.

» Mais au sortir de l'assemblée, ils furent informés de leurs droits, et protestèrent de suite contre l'atteinte y portée par le chapitre, en énonçant que c'était par ignorance de leur droit, qu'ils avoient occupé la place que le chapitre leur avait assignée, tandis que leurs prédécesseurs dans toutes les assemblées précédentes avaient siégé avant les députés du chapitre.

» Le chapitre s'empara de suite de la députation au bureau permanent, ce qui fut matière à de longs procès.

» Les abbés voyant que toutes leurs réclamations devenaient inutiles, n'eurent d'autre marche à tenir pour la conservation de leurs droits, que de se retirer des assemblées d'états et de se pourvoir au conseil privé de Sa Majesté, qui aiant entendu les réclamations tant des abbés que des chapitres, prononça d'abord provisoirement, puis définitivement sur cette question, en faisant droit aux remontrances des abbés. »

Maisons dans la Ville.

« L'Abbaye, outre son enclos, possède une quinzaine de petites maisons y attenantes, formant le côté gauche de la rue allant à la Porte de Saint-Sépulcre, la juridiction dans ces maisons était anciennement exercée par les officiers de l'Abbaye et ce ne fut qu'en 1731 qu'elle en fit la cession au Magistrat de la ville, en se réservant la justice dans les greniers de ces maisons qui étaient à l'usage de l'Abbaye et dont l'entrée se trouvoit dans son enclos, ainsi que l'entrée de son baillage. Le Magistrat, en indemnité tant de cette dernière cession que de celle de la Poestée, en 1700, accorda à l'Abbaye l'exemption de vingt mille pesant de braye, à raison de deux liards la livre.

» Outre les maisons susdites, elle possède encore quatre petites maisons dans la rue des Vaches, se joignant les unes aux autres ; dans la rue de Saint-Sépulcre quatre maisons ; dans celle du Collége deux petites maisons attenantes à celle du coing de la rue de Saint-Sépulcre et à la brasserie de Saint-Nicolas ; une maison de la rue de Cachebeuvon ; enfin deux maisons dans la rue de St-Georges, tenant au Béguinage de Saint-Nicolas et aux jardins des religieux, contre le clos de l'Abbaye. Il se trouve cinq-ou six maisons bâties surson ancien clos et tenues en arrentement perpétuel, sous une modique reconnaissance. Toutes ces maisons ne produisent à la recette que de 2,800 Florins environ.

Mobilier de l'Abbaye.

« Le mobilier de l'Abbaye étoit considérable avant la révolution, surtout dans la bibliothèque qui renfermoit plusieurs éditions très rares, une collection de SS. PP., d'historiens, des ouvrages en tout genre des manuscrits dont le district s'est emparé.

» Une autre richesse de l'abbaye consistait en tableaux des plus grands maîtres dont une partie en neuf bas-reliefs du célèbre Gheraert, directeur de l'académie d'Anvers, lesquels faisoient l'admiration des curieux et décoraient supérieurement l'église et la sacristie, tableaux qui ont été vendus et enlevés (1).

» La sacristie ne le cédoit en rien pour la richesse et l'ensemble des ornemens, linges et argenteries utiles au service du culte.

» Dans le clocher que firent démolir les nouveaux administrateurs de l'église de l'Abbaye qui était devenue paroissiale, il se trouvoit trente-deux cloches très harmonieuses, avec un carillon mélodieux et une horloge.

Chapelle de Saint-Druon.

Il y avoit avant la révolution dans le faubourg de la Porte de Saint-Georges, une chapelle sous l'invocation de Saint-Druon dont le faubourg a pris depuis la dénomination de faubourg de St-Druon ; cette chapelle fut érigée vers l'an 1629 par le Magistrat de Cambrai, du produit des revenus de l'hôpital dit des Maladeaux, dont il prit les biens, ce qui lui forme une petite caisse particulière. Le Magistrat avoit commencé à bâtir cette chapelle qui se trouve dans le Patronat de l'Abbaye, sans avoir au préalable obtenu son consentement : en conséquence op-

---

(1) Les grisailles du Saint-Sépulcre furent déposées dans l'église de Saint-Aubert dont on avait fait un Musée. Privées de la disposition favorable des jours elles n'y produisirent aucun effet. Elles furent restituées plus tard à l'édifice sacré pour lequel elles avaient été faites.

position de la part de l'Abbaye à l'érection de cette chapelle. Sur ce différend, procès au conseil privé de Bruxelles qui fut terminé par une transaction en 1631. A la médiation du conseiller rapporteur M. Stennuys qui s'était transporté sur les lieux, l'Abbaye donna son consentement à condition qu'elle jouiroit dans cette chapelle, des droits de Patronat qui consistoient alors dans les deux tiers des offrandes : que les armes de l'abbaye seroient apposées sur la fenêtre du côté de l'évangile, et celle du Magistrat du côté de l'Epitre.

» Cette chapelle étant devenue succursale, depuis environ vingt-cinq ans, la population ayant exigé qu'on établit un vicaire dans cette partie du faubourg, le Magistrat, qui étoit resté propriétaire de cette chapelle, voulut en rejeter l'entretien sur l'Abbaye, qui s'y refusa, attendu que cette chapelle, n'étant qu'un changement du local de la chapelle des Maladeaux, dont le Magistrat s'était attribué les biens, il étoit de la justice qu'il continuât de se charger de l'entretien de la chapelle dont il était toujours resté propriétaire, quoique succursale, et il s'exécuta en conséquence en faisant les réparations nécessaires.»

Etang de l'Abbaye.

» L'abbaye possédoit, avant la révolution, un étang considérable contre le rempart et qui servait de fortification à la ville. Le contour de cet étang étoit planté de quantité d'arbres de différentes espèces, dont la vente eût procuré à l'Abbaye plus de 20,000 florins ; à cet étang, qui était très bien empoissonné, joignoient de beaux réservoirs. Le tout fut vendu 17,000 francs avec le terrain qu'on dénatura de suite, en abattant les arbres, en comblant l'étang et en détruisant les réservoirs. »

Maison de Campagne.

« Au de-là de l'Escaut qui recevoit les eaux de l'étang, se trouve la maison de campagne de l'Abbaye, contenant plus de dix-huit mencaudées, entre lesquelles sont comprises trois mencaudées tenues en arrentement perpétuel du chapitre de Saint-Géry, sous un canon de quarante florins et cinq boitelées tenues en fief de l'archevêché de Cambrai ; l'enclavement de ces deux corps de terres ayant été nécessaire pour la régularité et distribution du terrain qui est partagé en promenades et en fossés alimentés par une fontaine qui se trouve dans l'enclos lequel était très bien planté d'arbres fruitiers. Sur cette propriété était bâtie une très jolie Maison avec étage, écurie et logement de Concierge. L'ensemble a été vendu 50,000 florins au charpentier de l'Abbaye, qui a dégradé cette campagne. »

L'église du St-Sépulcre, rendue au culte et érigée en cathédrale au commencement de ce siècle, est aujourd'hui la métropolitaine du diocèse de Cambrai, l'archevêché ayant été rétabli par bulle du pape Grégoire XVI en date du 1er octobre 1841.

Dans cette église repose l'image miraculeuse de N.-D.-de-Grâce. — V. *Notre-Dame-de-Grâce*. On y remarque aussi les monuments funèbres de Fénelon et de L. Belmas. — V. *Monuments funèbres*.

On peut voir sur le même sujet, — *Hist. de Cambrai* par Le Carpentier, part. II, p. 488. — *Mémoires sur les archives des maisons religieuses du cambresis*, par M. Leglay, p. 27 et suivantes.

SÉPULTURE. — V. *Monuments funèbres*.

SERMENTS. — On appelait ainsi en Flandre et notamment à Cambrai les compagnies bourgeoises qui formaient la milice de la ville. Ce nom provient sans doute du serment que les compagnies prêtaient au Magistrat.

Les serments qui, à l'époque de la Révolution, n'étaient plus qu'au nombre de trois, savoir : Les *Canonniers*, les *Archers*, les *Arbalétriers*, avaient été plus nombreux autrefois. C'est-à-dire qu'ils étaient subdivisés. Ainsi l'on comptait les Archers de St-Sébastien, ceux de St-Christophe, ceux de St-Jacques.

Il y eut aussi une compagnie assez singulière qu'on appelait le serment des *Souffleurs*. — V. *Souffleurs*. — V. aussi chacun des serments précédemment cités, à sa lettre alphabétique.

Ce ne fut qu'en 1713, à l'occasion des fêtes qui célébrèrent la paix d'Utrecht que les serments de Cambrai prirent l'habit uniforme. Ils portèrent alors tous la plume blanche au chapeau. — *Mém. chron.*

Il y avait encore à Cambrai des compagnies de Grenadiers. — V. *Grenadiers*. — Nous ne les avons vues nulle part désignées sous le nom de serment. — V. *Garde bourgeoise* pour l'histoire de la milice cambresienne.

SERRURIERS. — V. *Ferronniers*.

SIÈGES, *ravages par l'ennemi, alertes*. — Nous avons dans nos cartons un travail intéressant qui n'a point encore été publié. C'est l'histoire détaillée des sièges que la ville de Cambrai a eu à soutenir, et des ravages causés par l'ennemi, dans la province du Cambresis. Le volume d'une pareille œuvre ne nous permet pas de l'insérer dans ce dictionnaire ; nous nous contenterons de donner ici la liste de ces évènements calamiteux avec quelques indications suffisantes pour la plupart des lecteurs.

Suivant les anciennes chroniques, les Romains, après la destruction de Bavay, firent de Cambrai le chef-lieu de tout le Hainaut. C'est alors sans doute que cette ville aura été pourvue de ses premières fortifications dont nous ne savons absolument rien ; c'est alors seulement qu'elle aura été mise en état de soutenir un siège.

Or, le premier siège, qui soit indiqué dans l'histoire, est celui que firent les Saxons et les Suèves, à une époque que nous ne saurions préciser. « Ils prirent la ville de Cambrai sur les Romains qui, survenants avec de plus grandes forces, la reprirent. »

« Depuis elle fut saccagée par le tyran Maxime, l'an 370, qui en fut chassé par les Vandales et les Alains. » — *Atlas de Blaeu*.

« Les Goths s'en rendirent les maîtres l'an 414, après qu'ils eurent ruiné toute la Belge. » — *Atlas de Blaeu*.

Clodion la prit en 428 ou 445. « Mais elle lui cousta bien cher, puisqu'il y perdit quantité de bons hommes. Les autheurs qui ont escrit l'histoire de ce temps-là, en comptent jusqu'à *cinquante et trois mille tuez* de part et d'autre, dans l'attaque et dans la défense. » — Nous laissons à Blaeu ou plutôt à Le Carpentier, auteur de cette notice éditée dans l'*Atlas*, la responsabilité du chiffre de 53,000.

Nous ne suivrons pas les chroniqueurs dans les relations obscures qu'ils font des prises et reprises de Cambrai par les princes guerriers qui se disputaient le pays pendant les Ve, VIe, VIIe et VIIIe siècles. A cet égard, rien de certain.

Nous reprendrons la série des siéges à celui de 881 par les Normands; c'est le premier où nous voyions les Cambresiens proprement dits intéressés personnellement dans l'évènement. Jusque là ce sont des puissances étrangères qui assiégent ou défendent Cambrai comme pays conquis.

— « Les Normands vinrent à grande puissance (881, Rotard étant évêque) et détruisirent moult de pays et prinrent la chité de Cambray et la détruisirent et boutèrent le feu partout. » — † Ms. 884, p. 20. — § Ms. 3 bis, p. 15.

— Sous l'épiscopat de Fulbert (milieu du Xe siècle), ravages par les Hongrois. — Siége de Cambrai. — L'évêque Fulbert fait une sortie, s'empare de l'un des chefs ennemis. — On expose la tête de ce chef sur la porte de St-Jean (de Selles), au bout d'une pique. — L'ennemi se venge en ruinant l'église de St-Géry et en ravageant le pays. — † Ms. 884, p. 21.

— On trouve dans Balderic, liv. 1er, chap. 74, une relation très dramatique du siége de Cambrai par les Hongrois.

— Sous l'épiscopat de Liébert, Robert, comte de Flandre, voulut s'emparer de la seigneurie de Cambrai. Il assiégea cette ville avec une armée de Flamands. Mais il recula devant une excommunication de l'évêque. — V. cet évènement — † ms. 884, p. 30. — *Chronique d'Adam Gélicq*, p. 88.

— En l'an 1339, siége de Cambrai par Edouard, roi d'Angleterre (1). La ville qui tenait le parti du roi de France, Philippe de Valois, fut investie par *cinquante mille hommes d'armes*. (Le Carpentier dit, 16,000 chevaux et 66,000 hommes de pied). — Froissart dit quarante mille hommes. — L'ennemi livra deux assauts, l'un à la porte de St-Georges, dont il ne put que conquérir les barrières; l'autre à la porte Robert. — Jean de Normandie, fils du roi de France, était dans la ville avec une armée. Ces forces jointes à la milice bourgeoise résistèrent aux efforts des assiégeants qui ravagèrent tout le Cambresis. — V. touchant ce siége — § ms. 6, p. 104. — § ms. 1 bis, p. 133. — *Hist. de Cambrai*, par Le Carpentier. — *Hist. du Hainaut*, par l'abbé Hossart, t. II p. 114 et suivantes.

— En 1477, « Le roy Loys XI s'en vint à Cambray et en fit ville de guerre. » — § Ms. 3 bis, p. 51.

— En 1479, crainte de siége. On abat les faubourgs, les arbres de St-Ladre, et le béguinage de Cantimpré, « et les portes et tours qui estoient trop hautes, on les mit jus. » — § ms. 3 bis, p. 54.

— 1521, 9 septembre. « On fut, toute la nuit, en armes à Cambrai, car les Bourguignons furent piller Banteul et deux ou trois grosses censes. » — § ms. 3 bis, p. 76.

— En 1524, 7 de mai, « au soir aulcuns Franchois pillèrent les faubourgs de la porte de St-Sépulcre, et fut sonné alarme. — § ms. 3 bis, p. 83. — † ms. 884, p. 81.

— En 1535, nouvelles alarmes. On fit le guet à cause des excursions du roi de France dans le pays. — † ms. 884, p. 93.

— En 1536, 26 juin, on commanda de porter baston. « Le lendemain on cloït (ferma) trois portes dans Cambrai. »

— En 1536, 13 août, nouvelle alarme. Les Français vinrent de nuit piller les faubourgs de la porte Robert, et enlevèrent 16 ou 18 chevaux. « Et fut sonné alarme, chacun alla à sa garde, M. de Cambrai s'y montra tout vertueux, car lui-même, alla tout armé sur la muraille. »

Cet évêque était Robert de Croy.

Nous ne rapporterons point le détail des

(1) Le roi d'Angleterre venait réclamer du roi de France, le royaume qu'il prétendait lui appartenir.

alertes sans cesse renouvelées vers le milieu du XVIe siècle, à cause de la guerre que se faisaient dans le pays, l'empereur et le roi de France. Les Cambresiens étaient bien en possession du droit de neutralité, mais ils vivaient à la gêne entre deux rivaux qui ne cherchaient qu'un prétexte pour violer cette neutralité, et qui, en attendant mieux, pillaient et traitaient les environs de la ville, comme un pays conquis.

— En 1543, Charles-Quint, sous l'audacieux prétexte de protéger les Cambresiens, mais en réalité violant la neutralité qu'il avait jurée, vint à Cambrai où il bâtit la citadelle. — V. *Citadelle*.

— En 1553, les Allemands et ensuite les Espagnols entrent dans Cambrai où ils accablent les bourgeois. Les Espagnols arrivèrent le 25 février. « Environ vingt-huit enseignes de piétons et bien quinze cents chevaux, lesquels firent grand dommage aux povres gens, il falloit gouverner hommes, femmes, serviteurs et chevals: battoient les gens et les cachoient hors de leurs maisons; et prenoient che qu'ils avoient. Les chevals estoient aux ouvroirs et bouctiques des drapiers et aux salles et chambres des bourgeois; décochèrent les gens de leurs licts, tant que plusieurs abandonnèrent les maisons et s'en allèrent à Valenciennes, et Douay. Lesdits Espagnols brûlèrent plusieurs maisons et carpentages et combles, rompoient bans, escrins, couches, dréchoirs, garderobes et les brûlèrent. » — § ms. 3 bis, p. 141.

— La même année, crainte de siége. Des troupes allemandes viennent garnir la ville. Elles en font sortir toutes les femmes et les enfants. — § ms. 3 bis, p. 145. — Les Français saccagent le pays, incendient les faubourgs, brûlent plus de cinquante villages dans le Cambresis. La ville est comme cernée. La garnison bat et tue les bourgeois qui résistent à ces vols.

— En 1554, on approvisionne Cambrai; trois mille hommes travaillent aux fortifications. — § ms. 3 bis, p. 151. On abat une partie des faubourgs, pour dégager la place. Les cavaliers allemands font quelques sorties contre les Français. Cent bourgeois gardent la porte de Cantimpré, les autres portes sont gardées par la garnison.

— La même année, séditions continuelles des troupes de la garnison auxquelles on négligeait de payer leur solde.

— En 1555, 24 février, mutinerie d'Allemands en garnison à Cambrai. Toutes les compagnies bourgeoises sont obligées de prendre les armes. Deux des mutins sont mis à mort. † ms. 884, p. 142.

— En 1581, 21 août, excursion de l'ennemi, vingt maisons sont brûlées aux faubourgs de Selles et de Cantimpré. — § ms. 2, p. 13.

— 1581, siége de Cambrai par le duc de Parme. Il faut lire dans l'histoire de Cambrai tout ce qui concerne l'usurpation de cette ville par le baron d'Inchy qui la vendit au duc d'Alençon, devenu le chef des confédérés dans le Pays-Bas. « Celui-ci, dit l'auteur des *Mém. chron.*, envoya Chamois maistre de camp, prendre possession par avance de la ville et de la citadelle de Cambray. Les Espagnols la tenaient déjà comme investie, gardant toutes les avenues du côté de France, tellement que ce capitaine fut défait et pris à Aspremont par les gens du seigneur qui porte ce nom. Mais Balagni, avec meilleure fortune, entra dans la place et la rassura; mais ce ne fut pas la fin de sa misère. Le duc de Parme, qui vouloit se rendre maître de toutes les provinces qui confinoient à la France, vint en personne avec de nouvelles et puissantes troupes, assiégea plus étroitement cette ville et par des forts qu'il fit bâtir tout autour, sçavoir : à Marcoin, Crèvecœur, Escaudœuvre, Nave, Vaucelles, Lesdain et autres villages, ferma si bien les avenues aux François qu'ils étoient battus toutes les fois qu'ils entreprenoient d'y faire entrer quelque convoi. Ainsi le pain y manqua bientôt tout à fait et il y avoit une si grande disette de viande et de sel dans la ville que l'on y mangeoit les chevaux, les chats et les rats. L'on vendoit une vache trois cents francs, une brebis cinquante, un œuf quarante sols, et l'once de sel huit sols. Comme il n'y avoit donc rien de plus pressant ny pour le salut de l'état ny pour l'honneur de Monsieur à qui Inchy avoit donné cette forte place, que de la délivrer au plustôt de cette extrémité, ce prince s'avança le 15 d'aoust de l'an 1581 avec toute son armée, et parut vers le soir à la vue des ennemis. Thurenne et La Voûte s'étant hasardés, par une ardeur de jeunesse, d'entrer dans la ville pour y porter la nouvelle du secours, tombèrent dans le milieu des ennemis et furent faits prisonniers par la faute de leurs guides qui s'écartèrent. La Voûte trouva moyen d'échapper, mais Thurenne en étant plus soigneusement gardé ne fut délivré qu'avec beaucoup de peine par l'intercession de la reine mère qui était sa parente, en payant cinquante mille écus de rançon.

A l'arrivée de Monsieur, le duc de Parme assembla toutes ses troupes et demeura six heures en bataille pour le recevoir; puis voyant qu'il venoit à luy en bel ordre, tout au contraire de ce qu'il s'estoit imaginé, il abandonna ses forts et se retira à Valenciennes.

La ville étant ainsy délivrée, Monsieur y fit entrer un grand convoy dès ce jour là, et le lendemain y entra lui-même armé de toutes pièces, parmy les fanfares des trompettes et les acclamations du peuple qui le reçut comme chef-souverain du château et protecteur de la liberté du pays de Cambresis. »

— 1583, 17 juillet, courses de l'ennemi dans les environs de Cambrai. — § ms. 2, p. 20.

— 1595, siége de Cambrai par le comte de Fuentes. Ce siége, l'un des plus mémorables dans l'histoire de Cambrai, puisqu'il amena un changement de domination et de gouvernement, fut fait avec dix-sept mille hommes et soixante-douze pièces d'artillerie. — § ms. 1 bis, p. 26. — Nous tenons ces chiffres pour exacts, parcequ'ils sont donnés par Julien de Lingne. Un autre chroniqueur dit qu'il fut tiré à ce siége quinze ou seize mille coups de canons de la part des assiégeants et sept à huit mille de la part de la ville. En tout environ vingt-quatre mille coups de canons. — § ms. 2, p. 100. Celà est remarquable pour le temps.

On trouve les détails de ce siége rapportés jour par jour dans les † ms. 670, — § ms. 8. —Dupont, dans son *Hist. de Cambrai*, reproduit en partie ces détails. De plus il donne, part. VI, p. 90 les articles principaux de la capitulation avec les bourgeois. Nous y renvoyons le lecteur; mais voici une pièce peu connue et qui a bien son importance historique.

Articles et poincts arrêtés entre le comte de Fuentes et ceux du chasteau de Cambray pour la rendition de la citadelle entre les mains de Son Excellence.

La citadelle de Cambray se rendra lundy prochain, neuf de ce mois d'octobre, entre les mains de Monsieur le comte de Fuentes avec les artilleries, munitions de guerre et de vivre qui y sont.

Alors Son Excellence accorde à la démolition du chasteau de Clary qui se commencera six jours après ladite rendition, moiennant que l'on envoie des massons et ouvriers de Péronne pour le faire.

Quant à Messieurs les duc de Rételois, maréchal de Balagny et autres seigneurs, gentils hommes, capitaines, officiers et soldats, de quelque nation qu'ils soient, qu'ils sortent et marchent tous ensemble en l'ordre que bon leur semblera avec leurs enseignes et cornettes déployées, et la restitution de celles qui sont demeurées en ceste ville, les trompettes sonnans, et les tambours battans, les armes, chevaux et autres équipages.

Et pour cest effect se fera debvoir de faire rendre tous les chevaux, armes et bagages de gens de guerre, qui sont demeurez en ceste ville. Et quant à ceux qui ne se trouveront, Son Excellence fera donner pour la valeur d'yceux, ce que messieurs les Mareschals de Rosne et maître de camp dom Augustin Mexia accorderont avec les seigneurs de Busy et de Vicq. Ensemble sortiront les blessés malades, francqs et quittes et particulièrement madame la maréchale de Balagny, ses enfans, ses damoiselles et servantes. Les femmes des gentils hommes, capitaines et soldats de ladite garnison; les serviteurs domestiques, les personnes ecclésiastiques, bourgeois et autres, de quelque nation qu'ils soyent, tant ceux qui sont en la citadelle, qu'autres de la ville qui voudroient sortir qu'ils aient ceste mesme permission, avec leurs coches, chariots, chevaux, meubles, bagages et équipages, estant en ladite citadelle et en la ville; mesme qu'on leur fournira les chariots à ce nécessaires pour les conduire et mener jusques à St-Quentin, Ham, ou Péronne, en donnant sa parole du sieur duc de Rételois de les renvoyer seurement.

Que pour la seureté et conduite dudit sieur Duc, mareschal de Balagny et de toutes les autres personnes susdites, leurs bagages et équipages, Son Excellence en donne sa parolle et ordonnera quelques seigneurs principaux à leur choix de ceux estant icy pour les mener.

Quant aux debtes créés dans Cambray par ledit sieur mareschal, serviteurs et tous les gens de guerre, et à la monnoye de cuivre, l'on se contente de se désister du payment et restitution, sans que luy ny autres puissent estre arrestés pour ce regard, sur la promesse qu'ils ont faicte, qu'estant arrivés en lieu de seureté ils feront revenir les députés de ceste ville estant en France, et que le duc de Rételois, de Vicq et de Busy intercéderont et feront ce qu'ils pourront pour faire revenir les bourgeois et marchands dudit Cambray qui sont semblablement en France, avec leurs biens, marchandises, debtes et actions.

Que ledit mareschal, sa femme, ses enfants, capitaines et serviteurs ne pourront estre recherchés ou inquiétés par le roy ny ses ministres, l'évesque de Cambray ou aultres, présentement ou à l'advenir, pour tout ce qui s'est passé du temps que ledit Balagny a esté en ceste ville; ny pareillement pour les levées de deniers, tailles et impositions, jouissances de biens, démolitions de maisons, dispositions et créations d'offices et bénéfices et de toutes autres choses. En quoy seront compris les ecclésiastiques, gentils hommes, capitaines, bourgeois et autres particuliers dudit Cambray. Auxquels sera permis de se rendre de demeurer en leurs maisons et jouyr de leurs biens et de les vendre, et transporter pour aller habiter ou bon leur semblera.

Faict en Cambray, le 7 d'octobre 1595. — Signé : DE MONLUCQ et CHARLES DE GONZAGA CLENES.

— En 1649, siége par le comte d'Harcourt.
— « En cette année, le cardinal Mazarin avoit fait lever une puissante armée dont le comte d'Harcourt eut le commandement avec ordre d'aller assiéger Cambray (ce qu'il fit le 24 juin 1649). Le cardinal se flattait du succès de cette entreprise, mais le secours que les Espagnols jetèrent dans Cambray, renversa ses espérances. — *Mém. chron.* — Le comte d'Harcourt fut contraint de lever le siége le 3 de juillet.
— On trouve dans le † ms. 884, p. 314 et suivantes, et dans le § ms. 3 bis, p. 301 et suivantes des détails très intéressants sur ce siége, mais que leur étendue ne nous permet pas d'insérer ici. — L'abbé Dupont *Hist. de Cambrai*, part. VII, p. 105 et suivantes, donne la relation la plus complète que nous connaissions, de ce siége mémorable.

— 1657, siége de Cambrai par Turenne. —
« Le prince de Condé s'étant mis de bonne heure en campagne, marcha contre St-Guislain et le prit à composition le 22 de mars; le vicomte de Turenne, pour se dédommager de la perte de St-Guislain, fit marcher, bientôt après ses troupes devant Cambray dans le dessein de s'emparer de cette place qui désolait toute la Picardie; quelque difficile que fût cette entreprise, il crut en pouvoir venir à bout, s'il pouvait engager le gouverneur à se défaire d'une partie de sa garnison, ce qu'il exécuta fort heureusement ayant fait semblant d'attaquer plusieurs autres places.

» Animé par cet heureux commencement, il alla investir Cambray avec toutes ses forces, sur la fin du mois de may et surprit si bien cette ville qu'il ny avoit dedans pour toutes troupes que la morte paix et une cinquantaine de cavaliers. Outre celà, les habitants et le gouverneur n'étoient pas trop bien ensemble. Le gouverneur, sans s'étonner, envoya un officier vers celuy qui commandoit dans Mons, pour l'avertir qu'il étoit assiégé et pour le prier d'envoyer au plustôt du secours avant que les lignes fussent achevées. Le prince de Condé qui avait donné rendez-vous à sa cavalerie près de là, rencontra cet officier qui lui apprit le sujet qui le faisoit aller à Mons. Cette nouvelle le surprit, mais n'en pouvant point douter, après ce qu'on luy venoit de dire, il résolut de s'aller jeter lui-même dans Cambray qu'il voyoit en danger manifeste d'être pris si on ne lui donnait un prompt secours. Il n'eut pas plutôt fait la revue de ses troupes, qu'il les fit marcher sans dire à personne où il vouloit aller.

» A l'entrée de la nuit s'étant arrêté dans un village il demanda un guide et ce fut là qu'il apprit à ses gens que Cambray étoit assiégé et qu'il falloit le secourir au plus tôt. Etant donc entré dans un bois, son guide s'égara et le conduisit dans des lieux si impraticables que chacun fut obligé de descendre de cheval et de le mener par la bride. Enfin, ayant retrouvé le chemin, il arriva dans une plaine où il mit ses troupes en bataille. Comme il faisoit fort obscur il marcha sans être découvert et ayant disposé sa cavalerie en trois lignes de six escadrons chacune, il se mit à la seconde. La première ligne entra dans le camp ennemi et passa fort heureusement sans rencontrer aucun obstacle; cependant le bruit qu'ils avoient fait ayant donné l'alarme aux ennemis, le prince trouva quelque résistance; mais comme il étoit bien monté, il perça au travers de ceux qui le vouloient arrêter et tout son escadron le suivit à la réserve de quelques-uns de ses domestiques qui furent pris auprès de luy. La troisième ligne passa encore et arriva heureusement dans la place. On ne fut pas longtemps sans sçavoir dans le camp que le prince de Condé étoit dans la ville, car aussitôt les assiégés tirèrent le canon en signe de réjouissance.

» Le vicomte de Thurenne ne balança plus, après celà, à lever le siége. Dès la pointe du jour, il décampa après avoir dépêché un courrier au cardinal Mazarin pour lui donner avis que le prince, étant entré dans Cambray avec dix-huit escadrons, ce seroit peine perdue de s'arrêter davantage devant cette place. »

La ville de Cambray, voulant témoigner sa reconnaissance au prince de Condé, fit frapper une médaille avec cette inscription latine :

Virgini sacrum et Condæo liberatori.
— *Mém. chron.*

— 1677, siége et prise de Cambrai par Louis XIV. — Ce siége marque d'une manière si importante dans l'histoire de Cambrai, que nous croyons devoir en reproduire la relation déjà publiée par l'abbé Dupont.

« Le roi de France s'étant rendu maître de Valenciennes au mois de mars 1677, vint coucher à Haspres le 21 de ce mois. Il arriva le 22 de bonne heure devant Cambrai, à la tête de son armée. Sept mille paysans de Picardie, commandés pour travailler aux lignes, achevèrent la circonvallation et contrevallation le 28. Le roi prit son quartier à Awain; le maréchal de Lorges, à Escaudeuvre; M. de Luxembourg vers Rumilli, et M. de Schombert de l'autre côté de l'Escaut. On ouvrit la tranchée le 27 au quartier de M. de Lorges; et on la poussa, la première nuit, entre le ruisseau de la fontaine de Notre-Dame et le chemin de Valenciennes, de deux mille deux cents pas, sans parvenir à la portée du mousquet : on la continua les jours suivants; de sorte que, le premier avril, on fit le logement sur la contre-scarpe, sans résistance et sans bruit, parce qu'elle était abandonnée. Le deux on se logea dans deux demi-lunes non-revêtues, entre la porte Notre-Dame et celle de Selles, et on entra dans l'ouvrage couronné de cette porte, mais on ne s'y logea que le lendemain en plein jour, les ennemis l'ayant abandonné. Par le moyen de la flèche d'un pont, que le canon des François et les assiégés avaient rompu, on parvint à un autre pont tout entier, qui menait à la même porte. Comme on y attacha le mineur, le comte d'Auvergne, par commisération pour ceux de la ville, battit lui-même la chamade. Le conseiller pensionnaire et un bourgeois étant sortis pour sçavoir ce qu'on avoit à demander, M. de Luxembourg, qui venoit d'arriver, leur répondit que le roi ne leur demandoit rien, et ne vouloit devoir leur ville qu'à ses canons et à ses soldats; mais que c'étoit à eux, qui voyoient le mineur attaché à leur dernière muraille, de dire s'ils avoient quelque chose à demander. Ayant reparti qu'ils n'avoient aucune commission, ce général en retint un, et renvoya l'autre pour aller parler aux bourgeois. Il fut convenu, peu après, qu'on ne tireroit plus de part ni d'autre, mais que le mineur continueroit son travail; cependant on leur refusa deux fois vingt-quatre heures qu'ils avoient demandé pour délibérer, néanmoins on les leur laissa gagner insensiblement. De retour le 4 au matin, pour sçavoir quelles conditions le roi leur vouloit accorder, il fut résolu que le 5 à midi la garnison abandonneroit tous les postes de la ville, et se retireroit à la citadelle. On livra en conséquence, ce même jour, une porte aux troupes françoises, qui se saisirent des fortifications à mesure que les Espagnols les abandonnoient. On n'avoit tiré pendant le siége aucune bombe sur la ville, le Chapitre ayant député à ce sujet au roi pour l'en prier; ce monarque fut aussi sollicité par le prévôt de la métropole, au nom du clergé, d'entrer dans la ville d'abord après sa reddition; mais il répondit qu'il attendroit la prise de la citadelle. Ainsi Cambrai parut oublier ses forces, et ne pas faire usage des ressources qui l'auroient certainement délivré comme autrefois, tant cette ville, enchantée par la réputation des armes de France, avoit conçu de désespoir et de pusillanimité. Ce qu'il y eut de surprenant, fut de voir la noblesse oublier que ses ancêtres avoient apartenus à l'Espagne. La conservation des Etats dans les provinces conquises en fut l'unique cause. C'est le chef-d'œuvre de la politique d'un grand roi.

» On ouvrit la tranchée devant la citadelle dès le 5 au soir sur l'esplanade. Cette nuit on ne fit que gabionner les avenues des rues et faire un logement au bout de deux qui s'aboutissent. La même tranchée qui avoit servi pour la ville, fut poussée pour une attaque au dehors sur la gauche. Les jours suivants furent employés à parfaire les travaux. Les bombes qui commencèrent à tirer le 8, firent un terrible dégât dans la place. La nuit du 11 au 12 les travaux se trouvant assez avancés, on attaqua la contre-scarpe du côté de l'esplanade; elle fut emportée sans beaucoup de résistance; mais les assiégés firent un si grand feu de mousqueterie des remparts, que les François perdirent environ 150 hommes, et entr'autres le chevalier de Courtenay. Le marquis de Resnel, lieutenant-général, et officier de mérite, avoit aussi été tué la veille hors de la ville, allant d'un quartier à l'autre; le duc, depuis maréchal de Villeroy, faillit être emporté du même coup.

» On essuya beaucoup de difficulté à la demi-lune vis-à-vis la porte, non pour la prendre, car on s'en empara deux ou trois fois, mais pour y faire un logement; à quoi l'on ne parvint que le jeudi 15 au soir, après avoir perdu bien du monde; il y eut à cette occasion un démêlé en présence même du roi, entre messieurs de Vauban et Dumetz, célèbre officier d'artillerie.

» Dès le 12 on avoit attaché trois mineurs à un des bastions qui regardent la ville, afin d'y faire brèche. La mine fut prête à jouer le 15; mais avant d'y mettre le feu, le roi fit sommer le gouverneur de se rendre. M. de Catinat fut chargé de cette commission. La réponse du gouverneur portoit : *Qu'il espéroit de ne pas se rendre indigne de la clémence de Sa Majesté, en continuant à se défendre; qu'au contraire, il mériteroit par là son estime et ses faveurs.* On fit donc jouer la mine après-midi; mais n'ayant fait qu'une brèche, où l'on ne pouvoit passer que six ou sept de front, on n'en vint pas à l'assaut général comme il avoit été résolu, si elle eût été plus grande. On attacha pour l'élargir deux autres mineurs aux deux faces, pour y faire deux ouvertures qui se joignissent à la première. On eut toute la peine du monde à retenir l'ardeur des officiers et soldats, qui accouroient de toutes parts pour monter; et le maréchal de la Feuillade n'en vint à bout, qu'en allant lui-même jusqu'à mi-brêche au feu des grenades, pour faire revenir les plus avancés. Il envoya ensuite trente grenadiers aux gardes commandés par le sieur de Boisseleau, lieutenant, pour reconnoître la brêche et l'état des choses, à la gorge du bastion. Ils y montèrent malgré la difficulté du terrein, essuyant pendant un quart-d'heure le feu de 50 grenadiers retranchés, et s'acquittèrent parfaitement de leur commission.

» Le gouverneur n'ayant pas jugé à propos d'attendre l'assaut auquel les François se préparoient, fit battre la chamade le 17. On en porta la nouvelle au roi qui étoit à la messe. Ce prince, sans témoigner aucune émotion, ne fit que dire la nouvelle au père Lachaise, et continua ses prières sans en vouloir sçavoir davantage. A la fin arrivèrent le comte de Tilly, et les colonels Covarruvias et de Buis, qui dirent à Sa Majesté qu'on imploroit sa clémence, et qu'ils espéroient que, pour avoir fait leur devoir, elle ne leur refuseroit pas la même composition qu'on leur avoit déjà faite. Ils n'eurent pas à se plaindre; on accorda à l'infanterie de sortir par la brêche, tambour battant, mêche allumée par les deux bouts, enseignes déployées; et à la cavalerie, par la porte du secours, pour être conduits à Bruxelles avec deux pièces de canon, deux mortiers, et cinquante chariots pour les malades qui pouvoient souffrir le transport; pour les autres, le roi se chargea d'en faire prendre tout le soin possible.

» Ce prince fut présent le 18 à la sortie de la garnison, qui montoit encore, non compris les blessés et les malades, à près de deux mille hommes assez mal faits et en assez mauvais état. Il parla fort humainement à don Pedro de Savala, gouverneur, qui suivoit la cavalerie en litière, ayant été blessé depuis quelques jours. Il répondit à Sa Majesté que, connoissant le prince à qui il avoit à faire, il valait mieux céder de bonne grâce, que de prodiguer inutilement le sang de ses soldats, par une longue résistance. Le roi voulut aussi voir le colonel des Croates, que le peuple appeloit *grand père des Croates*, lequel à la tête de son régiment, s'étoit signalé pendant le siége; un emploi considérable lui ayant été offert par le roi, il répondit respectueusement, *qu'il ne connoissoit qu'un Dieu et qu'un Roi*, et fit sa révérence. »

Nous dirons enfin quelques mots du siége de Cambrai par les Anglais en 1815, le dernier que la ville eut à soutenir.

On connaissait à Cambrai la défaite de Waterloo, depuis le 20 juin et l'anxiété la plus grande régnait dans la ville, lorsque « le 23, à deux heures après midi, des tirailleurs furent aperçus sur la route du Câteau, et l'instant d'après un officier accompagné d'un trompette, vint se placer à l'entrée du cimetière Notre-Dame et somma la ville de se rendre. Cette sommation n'ayant pas été accueillie par le commandant baron Noos, les tirailleurs se postèrent derrière les haies du cimetière et tirèrent sur la ville, tandis que les batteries se dressoient vers les moulins qui se trouvent sur la droite du chemin du Câteau. La citadelle leur envoya quelques boulets pendant le reste de la journée, mais ce ne fut que vers huit heures du soir que la canonnade s'engagea de part et d'autre avec assez de vivacité. » Un grand nombre d'habitants de Cambrai se soulevèrent alors, se répandirent dans les rues en criant vive le roi! se portèrent chez le commandant de place pour s'emparer des clefs de la ville, mais ne les y trouvèrent pas. La nuit qui survint et la cessation de la canonnade rétablirent momentanément une apparence de calme dans la ville assiégée.

Le 24, deux nouvelles sommations furent faites par les Anglais et reçues comme la première. Le bord du canal et le Pont-Rouge étaient occupés par des tirailleurs qui ne cessaient de harceler le rempart de la porte Notre-Dame à coups de carabines, tandis que les habitants de la Neuville et lieux circonvoisins allaient s'entretenir familièrement avec eux, et leur fournissaient des échelles. A huit heures du soir, l'attaque devint vraiment sérieuse, la canonnade commença avec vigueur, et la ville reçut un certain nombre d'obus qui ne causèrent pas grand dommage. Une grange seule qui contenait du foin fut incendiée. Cette espèce de bombardement ne dura guère qu'une demie heure pendant laquelle le mouvement populaire se renouvela malgré le danger qu'on courait à se trouver dans les rues. La ville, du reste, était en partie gardée par de pauvres conscrits qui savaient à peine se servir de leurs armes. Les Anglais montèrent à l'assaut par trois endroits différents et ne trouvèrent dans la ville que des acclamations.

La citadelle se rendit le lendemain 25, et la forteresse fut occupée le soir même, au nom du roi de France, par la garde nationale de Cambrai.

Nota. — La plupart des détails qui précèdent sont extraits d'une relation de ce siége publiée à Cambrai même en 1815.

SOCIÉTÉ D'AGRICULTURE. — En 1761, par arrêt du conseil du roi en date du 4 septembre, une société d'agriculture fut établie dans le département de l'intendance du Hainaut et du Cambresis (1). Elle était composée de deux bureaux dont l'un se tenait à Valenciennes et l'autre à Cambrai.

Voici le texte de l'acte constitutif de cette société.

Arrest du conseil d'état du Roi, portant établissement d'une société d'agriculture dans la province du Haynaut, du 4 septembre 1763. Extrait des Registres du Conseil d'État.

Le roi étant informé que plusieurs de ses sujets, zélés pour le bien public, se portaient avec autant d'empressement que d'intelligence à l'amélioration de l'agriculture ; et que dans la vue d'encourager les cultivateurs par leur exemple, à défricher les terres incultes, à acquérir de nouveaux genres de cultures, à perfectionner les différentes méthodes de cultiver les terres actuellement en valeur, ils se seroient proposé d'établir, sous la protection de Sa Majesté, des sociétés d'agriculture, dont les membres, éclairés par une pratique constante, se communiqueroient leurs observations, et en donneroient connaissance au public par leurs expériences ; que nommément dans le département de l'intendance du Haynaut, un nombre de personnes possédant ou cultivant des terres dans cette province et celle du Cambresis, distinguées par leur état, et occupées d'augmente. la culture des terres dans ces provinces, l'attendoient que la permission de Sa Majesté pour se former en société, et travailler de concert sur cet objet ; et Sa Majesté, s'étant fait rendre compte du plan qui lui a été proposé pour l'établissement de ladite société, des occupations auxquelles elle doit se livrer, et des personnes qui doivent la composer ; vû l'avis du sieur de Blair, intendant du Haynaut, sur l'utilité et la convenance de cet établissement : ouï le rapport du sieur Bertin, conseiller ordinaire au conseil royal, contrôleur-général des finances ; Sa Majesté étant en son conseil, a ordonné et ordonne ce qui suit :

Art. 1er.

Il sera établi dans le département de l'intendance du Haynaut, une société d'agriculture, qui fera son unique occupation de tout ce qui y a rapport, sans qu'elle puisse prendre connaissance d'aucune autre matière ; elle sera composée de deux bureaux dont l'un tiendra ses séances à Valenciennes, et l'autre A CAMBRAI: voulant néanmoins Sa Majesté que tous les membres de ladite société ne composent qu'un seul corps, et ayent séance et voix délibérative dans chacun desdits bureaux, lorsqu'ils se trouveront dans le lieu de leur établissement. Le bureau de Valenciennes sera composé de vingt personnes, *celui de Cambray*, de quinze, comprises dans la liste annexée à la minute du présent arrêt ; et aura le sieur intendant et commissaire départi dans la province du Haynaut, séance et voix délibérative, comme commissaire du roi, dans toutes les séances.

Art. 2.

Les assemblées ordinaires de chaque bureau se tiendront une fois par semaine, dans le lieu de la même ville, et au jour qui sera convenu ; pourront à cet effet lesdits membres prendre pour la police intérieure, le lieu et le jour desdites assemblées et pour l'élection des membres, telles délibérations qu'ils aviseront bon être.

Art. 3.

Les délibérations qui seront prises par la société sur le fait de l'agriculture, et tous les mémoires qui y seront relatifs, seront adressés au sieur contrôleur général des finances pour, sur le compte qui en sera par lui rendu à Sa Majesté, être par elle ordonné ce qu'il appartiendra. — Fait au conseil d'Etat du Roi, Sa Majesté y étant, tenu à Versailles, le 4 septembre 1763.

Signé : LE DUC DE CHOISEUL.

Liste des premiers membres de la Société d'Agriculture, bureau du Cambresis.

Daigneville de Millancourt, évêque d'Amycle; L'abbé du Fumal, prévôt de la métropole; Legœul, abbé de St-Aubert; d'Herbais, chanoine de St-Géry; Cottiau, chanoine de Ste-Croix; Le marquis de Wargnies; De Berlaymont; Lesart du Castelet; Lievra, ancien échevin; Lamelin, bailli de St-Géry; Nicolas de Frémicourt, négociant; Boileux, entrepreneur des fortifications; Leroux, négociant; Richard, arpenteur; Degillaboz, avocat et subdélégué secrétaire perpétuel de la société pour le bureau de Cambrai.

Avec les anciennes divisions administratives, disparut la société d'agriculture dont il vient d'être question.

Par arrêt du 1er octobre 1819, le préfet du Nord, conformément à une circulaire ministérielle créa une nouvelle société d'agriculture dans chaque sous-préfecture du département. Celle de Cambrai, dont les membres furent nommés, allait être installée dans le local des séances de la société d'Émulation, lorsque, par suite des démarches de quelques membres de cette dernière société, le préfet, par un autre arrêté du 22 octobre, révoqua sa première dé-

---

(1) V. *Intendance du Hainaut*, pour la signification de ces mots.

cision et confondit dans une seule assemblée ces deux compagnies et les membres qui les formaient.— V. *Védette cambresienne*, p. 29. Une nouvelle société d'agriculture, sous le titre de *Comice agricole*, a été fondée dans Cambrai, par arrêté préfectoral, en date du 1er février 1853.

SOCIÉTÉ D'ÉMULATION. — Ce fut le 19 novembre 1804, que quatorze personnes parmi lesquelles figuraient le sous-préfet de Cambrai, le maire, le premier adjoint, le bibliothécaire de la ville, le président du tribunal, etc., se réunirent pour former une société dont le but, suivant l'expression du secrétaire de cette société, était de coopérer à la propagation des lumières et particulièrement au bien-être de la ville de Cambrai et de son arrondissement. Cette réunion d'hommes lettrés prit le nom de Société d'Emulation. Elle a jeté pendant longtemps assez d'éclat pour se faire connaître au loin. C'est dans ses *Mémoires* qu'il faut chercher son histoire.

SŒURS DE LA CHARITÉ.— V. *Charité (Sœurs de la).*

SŒURS-NOIRES. — On appelait ainsi les religieuses de l'hôpital de St-Jacques-au-Bois. — V. *Jacques-au-Bois (Hôpital de St-).*

SOL CAMBRESIEN. — V. *Monnaies.*

SORCIERS. — V. *Mœurs.*

SOT-SEURIS. — On appelait *sot-seuris* des bouffons qui servaient de valets aux compagnies d'archers et d'arbalétriers qui existaient dans le Cambresis. Chacun de ces *fous* ou *sots* portait un costume bizarre et était chargé d'égayer les membres des serments et le public par leurs saillies et par leurs grimaces. Le *Sot-Seuris* des arbalétriers de Cambrai se faisait remarquer par l'originalité de son acoutrement qui lui donnait l'apparence d'un nain monté sur un âne. Ce *Sot-Seuris* paraît encore dans la marche triomphale du 15 août, où il agite ses grelots. Mais il n'appartient plus à aucune compagnie. Il est là simplement comme un souvenir des temps passés.

SOUFFLEURS (SERMENT DES) OU DE ST-ROBERT. — C'était un serment ancien et singulier dont nous ignorons l'origine. « Ses confrères tiroient l'oiseau le jour de may dans le *Marais Tout-y-Faut* avec de grandes soufflettes, et faisoient leurs exercices avec les mêmes machines, les dimanches suivants, dans le Wareschaix qui est derrière l'église de la Magdeleine, en tirant au but, avec des petites flèches dont le bout était armé d'une pointe de fer. » — *Mém. chron.*, p. 240. Ce serment cessa d'exister en 1742.

SOUTERRAINS DE CAMBRAI ET DU CAMBRESIS. — Une chose digne de remarque, c'est le silence des chroniques locales au sujet de ces souterrains qui, tous faits de main d'hommes, doivent avoir exigé des travaux considérables. Nous ne pouvons nous expliquer les motifs de ce silence, et le peu d'intérêt qu'ils semblent avoir inspiré. Nous n'avons point partagé l'indifférence de nos devanciers, et nous avons en 1847 étudié sérieusement les catacombes cambresiennes. Nous fûmes aidé dans ces recherches par plusieurs de nos concitoyens et notamment par M. A. Bruyelle, qui nous seconda avec zèle et s'associa même à la publication qui résulta de nos travaux (1).

Ce livre, dans lequel le sujet a été traité avec tout le soin possible, ne peut trouver ici place, à cause de son volume. Nous en extrairons quelques passages, nous contentant de renvoyer le lecteur, pour plus amples renseignements, à l'ouvrage lui-même.

Un fait incontestable qui résulte de la simple inspection des lieux, c'est que les souterrains qui existent sous la ville de Cambrai ne sont point des grottes naturelles ; c'est qu'ils sont faits de mains d'homme, non pas dans l'intention de s'y cacher, mais dans un but premier d'extraction. Les puits énormes, le système d'exploitation qu'on y remarque et dont nous parlerons plus tard, ne laissent point de doute à cet égard. Or nous pensons que les habitants primitifs et indigènes n'en sont point les auteurs. D'abord, ces carrières primordiales sont une œuvre gigantesque, et ont pu suffire à la construction de nombreux et vastes monuments, ou de tours et de murailles considérables. Qu'auraient donc fait de tant de matériaux, une simple et pauvre peuplade de Nerviens ? si elle en eût usé, c'eût été pour donner à la ville une importance qu'on ne lui connaît pas dans les temps anciens, puisque César, comme nous l'avons dit, n'en fait pas mention (2). L'histoire locale donne clairement à entendre qu'avant les Romains, la bourgade

(1) Cette publication a pour titre : *Les Souterrains de Cambrai et du Cambresis.*

(2) Balderic dans sa *chronique de Cambrai et d'Arras*, liv. 1er chap. 3, dit bien que le nom de Cambrai se trouve dans le livre que Jules César fit composer sur la cosmographie. Mais Balderic fait ici allusion à l'itinéraire attribué depuis à Antonin.

qu'ils appelèrent dans la suite *Cameracum*, n'était point fortifiée. A quoi donc auraient servi ces pierres ?

A la construction des maisons ? mais on sait que les habitations des Gaulois étaient faites de bois, d'argile, de chaume et de plantes desséchées.

A la construction des temples ? Mais les génies de Taran, d'Hésus et de Teutatès ne se plaisaient qu'au sein des sombres forêts, à l'ombre des vieux chênes. C'était là que leurs prêtres, sur un grossier autel de pierre, accomplissaient leurs sanglants sacrifices.

Il ne peut être ici question d'églises chrétiennes, car le Christ n'était point encore venu ; et plus tard même, le christianisme dut être pendant longtemps, dans nos contrées, à l'état de persécution de la part des prêtres gaulois, qui, dit-on, au temps de Saint-Vaast, avaient encore un bois et des idoles sur le lieu culminant où existe maintenant la citadelle (1).

Quand on considère les plus belles carrières de Cambrai, celles qui existent sous la Grand'-Place, on remarque qu'elles sont taillées avec une perfection singulière. Les travaux des Gaulois sont généralement très grossiers, ils ne présentent guères de formes régulières : Nos carrières, au contraire, contiennent des puits d'extraction très remarquables. Ils sont taillés géométriquement, les parois en sont dressées avec un soin tout particulier. La proximité de ces énormes puits, relative des uns aux autres, démontrent qu'ils ont tous été commencés et exploités à la fois, d'où il résulte qu'un très grand nombre d'hommes devaient y être employés, car, sans cela, il eut été plus simple que les ouvriers apportassent, dans l'intérieur, les matériaux au même puits. Tout cela annonce un art plus avancé que celui des Gaulois, et un peuple qui ne marchande pas ses travaux, à qui les bras ne coûtent rien.

Donc il n'est pas probable que les premiers habitants indigènes soient les auteurs de nos carrières.

Nous n'hésitons pas à croire que les Cambresiens aient été dans la suite très capables d'exécuter des travaux semblables à ceux dont nous venons de parler. Nous considérons même comme certain qu'ils ont quelquefois rouvert ces carrières pour y puiser encore. Mais il y a un fait que nul ne peut contester, qui répond à toutes les objections et qui fait forcément remonter l'existence des grandes carrières jusqu'à la domination romaine : c'est le nom de Cambrai *Cameracum* (ville voûtée). Le première fois que Cambrai est nommée dans l'histoire, elle l'est en latin et par les Latins. Ce nom est connu dès le second siècle de l'Eglise, c'est-à-dire, lorsque les Romains dominaient encore dans le pays.

Et d'ailleurs, nous voyons ces vainqueurs du monde élever autour de la ville un cordon de fortifications, dresser un château ou capitole, faire de prodigieux travaux de construction (« et même, selon Carpentier, exécuter des aqueducs et de merveilleux lieux souterrains conduits presque partout le pays. ») Pour ces grandes œuvres, il a fallu des pierres ; elles étaient à Cambrai même ; ils n'ont pas été les chercher ailleurs, car si la pierre cambresienne n'était pas assez solide pour certains travaux, elle pouvait, du moins, servir aux murs de défense et à la maçonnerie noyée dans le mortier.

Rappelons encore ce que nous venons de dire que le grand nombre et la proximité des puits d'extraction prouve qu'une multitude d'hommes travaillait à la fois aux carrières.

Nous concluons des motifs qui viennent d'être déduits, que, selon toute probabilité, c'est sous la domination romaine que furent ouvertes plusieurs des carrières qui existent sous la ville de Cambrai. Nous ajoutons cependant qu'il est évident, qu'après les Romains, elles ont continué à être exploitées soit par les Cambresiens eux-mêmes, soit par les princes vainqueurs qui usurpèrent plus d'une fois le gouvernement de la ville.

Il n'est pas douteux qu'une grande partie des murailles de la fortification de la ville, c'est-à-dire, tout ce qui en forme le remplissage, soit sorti des carrières cambresiennes. Les remblais qu'on rencontre dans de nombreux endroits de la ville n'ont point d'autre origine : soit que les matériaux en aient d'abord été mis en œuvre dans des constructions détruites par la suite, soit qu'ils aient été, dans certains cas, extraits à dessein pour exhausser certaines parties du sol.

Lorsqu'on veut pénétrer dans les carrières de Cambrai, l'on a d'abord à traverser les caves

---

(1) Quant à l'opinion de quelques personnes qui supposent que des pierres ont été extraites à Cambrai pour être transportées et mises en œuvre dans les villes voisines, nous ne pensons pas qu'il faille s'y arrêter : une pareille conjecture ne supporte pas l'examen.

particulières de certaines maisons de la ville. De ces caves où l'on arrive par des escaliers souvent étroits et grossièrement maçonnés en briques, l'on passe dans des sous-caves, appelées *boves* dans le pays, et dont les escaliers sont parfois plus étroits et plus grossiers encore. Mais là, le spectacle change; et l'on se trouve en face de magnifiques et faciles escaliers en pierre blanche, larges de 120 à 130 centimètres, voûtés pour la plupart à redents, presque toujours en plein cintre; quelquefois de forme ogivale. Les marches sont également en pierre blanche; il y a néanmoins quelques exceptions où la pierre est remplacée par le grès. Il n'est pas rare de rencontrer à droite où à gauche de ces escaliers, à la moitié de leur longueur, des espèces de chambrettes qui semblent ménagées pour servir de lieu de repos ou pour faciliter les circulations en sens contraire.

Au bas des escaliers on est à une profondeur de 17 à 20 mètres au-dessous du sol; et l'on a descendu de soixante à soixante-douze marches, y compris celles des caves et boves qui sont à peu près pour un tiers dans le nombre total.

Presque partout les escaliers sont directs et conduisent à une grande galerie transversale. Quelquefois ils aboutissent à une salle quadrilatère voûtée en plein cintre; plus rarement ils descendent immédiatement dans un puits d'extraction. De la première galerie transversale partent les autres voies souterraines qui, sur une largeur variable de 1 mètre 60 centimètres, à 3 ou 4 mètres, se prolongent ordinairement et se ramifient dans des proportions plus ou moins étendues. Ces galeries n'ont rien de bien remarquable comme travaux d'art, mais il n'en est pas de même des puits d'extraction. La forme d'un grand nombre de ces puits est conique; cependant leur coupe présente de légères paraboles qui leur donnent exactement (sauf la dimension qui est beaucoup plus grande), la figure des anciens silos romains. Le plan géométral en est circulaire. Quelques-uns ont à leur base près de 10 mètres de diamètre, environ 90 pieds de circonférence. C'est à ces vastes excavations qu'aboutissent les galeries d'extraction. On rencontre aussi, çà et là, quelques puits étroits qui ont pu servir soit de soupiraux, soit aussi de moyen de communication avec l'extérieur.

Les carrières cambresiennes contiennent dans leur sein des sources d'eau limpide et abondante. Outre les fontaines et certains cours d'eau qui circulent aussi sous la ville, on y rencontre des puits destinés à l'usage de l'extérieur et d'autres pratiqués pour la carrière elle-même, circonstance qui, au besoin, prouverait que les carrières ont été habitées dans les moments de dangers, et qu'elles ont servi de refuge aux habitants de Cambrai et sans doute des environs. Ces vastes et profondes cavités offrent, en cas de siège, des abris sûrs, des cachettes (des *muches* comme disaient nos pères) si commodes, qu'il n'est point permis de croire que leur utilité aura échappé aux générations qui se sont succédé sur le sol de notre cité. Dans les temps modernes, à la moindre alerte de guerre, pendant les sièges ou les simulacres de siège, les habitants n'ont point manqué d'y déposer leurs trésors et d'y abriter leurs familles; en aurait-il pu être autrement jadis, lorsque les risques et les rigueurs de la guerre étaient plus grands encore?

Cependant, nous devons déclarer de suite que les anciens mémoriaux du pays ne contiennent rien de positif à cet égard. Nous n'avons donc que des inductions à tirer, que des probabilités à établir. Ce silence de notre antique histoire ne nous empêche pas d'admettre que les catacombes cambresiennes ont reçu dans leur sein, à diverses époques, une partie de la population.

Une autre circonstance qui prouve que les carrières ont servi de refuge, c'est le soin avec lequel sont pratiqués les escaliers. C'est qu'on en trouve dont la pente est si douce en s'étendant sur une longueur suffisante, qu'il est évident qu'ils ont servi de voie aux bestiaux.

Dans notre ouvrage sur les *Souterrains de Cambrai*, nous avons examiné un grand nombre de questions, de difficultés auxquelles nous avons cherché à donner les solutions les plus rationnelles. On y trouvera aussi la description de tous les souterrains visibles de Cambrai et du Cambresis.

Quant à ces derniers qu'on appelait *Caches*, *Muches* ou *Souterrains de guerre*, nous n'en parlerons pas longuement ici. Nous dirons seulement que, pratiqués pour mettre la population à l'abri des incursions de l'ennemi, à l'époque des anciennes guerres, ils avaient le plus souvent leur entrée secrète soit dans l'église, soit dans le château du village : et parfois une issue cachée dans le plus épais fourré d'un bois voisin.

Les villages dans lesquels nous connaissons

des souterrains de guerre sont : Caudry, Inchy-Beaumont, Busigny, Ligny, Carnières, Lesdain, Revelon, Masnières, Rumilly, Cantaing, Fontaine-Notre-Dame, Sailly, Mœuvres, Doignies, Flesquières, Villers-Plouich, Ribécourt, Marcoing.

Indépendamment des muches de guerre, il existait aussi dans presque tous les châteaux-forts du Cambresis, des souterrains militaires qui avaient pour but d'établir des communications de l'intérieur de ces forts avec la campagne. On en retrouve encore de nombreux fragments.

SOUVERAINETÉ *de Cambrai*. — Il est important de faire une distinction entre la *souveraineté* et la *seigneurie* de Cambrai. Comme ces deux termes ont été souvent confondus et improprement employés, nous devons en déterminer exactement la valeur. *Seigneurie* signifie la qualité de celui qui possède un fief d'une plus ou moins grande étendue, qui en touche les impôts, y exerce la justice, mais qui, en définitive, reste vassal d'un suzerain auquel il doit foi et hommage. *Souveraineté* signifie le pouvoir de ceux qui n'ont personne au-dessus d'eux, qui sont absolument indépendants qui ne relèvent que de Dieu et de leur épée.

Ainsi, pour faire immédiatement l'application des définitions qui précèdent, nous ferons remarquer que l'évêque, comte du Cambresis, n'était seigneur de ce comté qu'en vertu de l'investiture du prince souverain, de l'empereur d'Allemagne qui restait réellement chef suprême de ce même comté, mais qui en déléguait tous les droits au comte.

C'est donc à tort que les anciens historiens de Cambrai disent l'évêque souverain de Cambrai. Ce prélat n'en eut jamais que la seigneurie. Ces distinctions étaient nécessaires pour bien établir les situations politiques que présente l'histoire de cette ville et de sa province.

Ce serait un livre important à faire que l'histoire de la souveraineté de Cambrai, depuis le jour où cette ville échappa à la puissance romaine jusqu'à celui où elle tomba définitivement au pouvoir de la France. Un pareil travail ne peut-être abordé dans notre dictionnaire. Nous nous contenterons de renvoyer le lecteur au mot *Cambresis*, où nous indiquons d'une manière très succinte les diverses souverainetés par lesquelles passa la petite province dont Cambrai était la capitale.

Les chartes de neutralité ne changeaient rien à cet état de choses. La neutralité était une situation exceptionnelle et favorable qu'on accordait à la ville de Cambrai, mais qui ne renversait nullement les grands principes d'hiérarchie politique.

STATISTIQUE *Cambresienne*. — Si la statistique d'une ville ou d'une province est une chose essentiellement mobile et variable, il ne faut pas néanmoins dédaigner un pareil document lorsqu'il peut fournir des points curieux de comparaison entre les temps anciens et le nôtre.

C'est à ce titre que nous voulons conserver à l'histoire la partie la plus importante d'un mémoire sur la ville de Cambrai, rédigé par ordre de Louis XIV à l'époque où cette cité devint ville française. Cette pièce existe dans le ms. 1010 de la bibliothèque de Cambrai.

VILLE DE CAMBRAI ET CAMBRESIS.

« Cette province est située entre celles de Haynaut, d'Artois et de Picardie ; elle a le Haynaut au levant, la chastellenie de Bouchain au septentrion, l'Artois au couchant et la Picardie au midi.

» Son terrain est presque uni partout et il n'y a que quelques petites collines qui ne méritent pas le nom de montagne.

» Sa longueur est d'environ dix lieues et se prend depuis Arleux jusqu'à Chatillon-sur-Sambre, et, pour sa largeur, elle n'a pas plus de cinq ou six lieues en quelques endroits et deux ou trois en d'autres. Elle est arrosée des rivières de l'Escaut et de Selles, et bordée des rivières de Sambre, d'Escaillon et de la Sensée, desquelles il n'y a aucune qui soit navigable dans le Cambresis (1).

» On a proposé d'y rendre l'Escaut navigable depuis Cambrai jusqu'à Valenciennes, où il l'est à présent, et la chose paroît assez facile. La guerre a empêché l'exécution de ce dessin, qui, lorsqu'il sera exécuté, apportera un très grand profit à ce pays, par le commerce que la commodité de cette navigation y attirera ; elle sera d'ailleurs très avantageuse pour le service du roi en temps de guerre, par la facilité du transport des munitions de guerre et de bouche.

» Les terres y sont un peu sèches, mais bonnes ; elles produisent toutes sortes de grains et des lins dont on a fait du fil si fin, que cela a donné lieu à y commencer la manufacture

---

(1) Il ne faut pas perdre de vue que ceci s'écrivait du temps de Louis XIV.

des toiles de batiste, que l'on nomme dans le pays toiles de Cambrai.

» Les pâturages y sont excellents, surtout pour les chevaux et pour les moutons, dont la laine est très fine et fort estimée.

» Il n'y a point d'autres bois que ceux de Vaucelles, de Hurtebise, de Walincourt, de Prémont, de Busigny, de Fémy et de Clermont, qui ne sont pas de très grande étendue.

» Il y avoit anciennement des vignobles qui ont été ruinés à cause du peu de profit que l'on en retiroit.

» Les richesses souterraines consistent seulement en quelques pierres blanches que l'on tire aux environs du village d'Avesnes, et des pierres grises dont on peut faire des colonnes de dix-huit pieds de haut.

» Les dépendances de Cambrai consistent en 89 villages ou hameaux, outre la ville de Chastel-en-Cambresis, et les sept villages ou hameaux qui en dépendent.

» La ville de Cambrai, située sur la rivière d'Escaut, est la capitale de ce pays, et l'étoit anciennement de tout le Haynaut, de Brabant, de Flandre et d'Artois.

. . . .

» Le génie de ses habitans y est assez vif et propre aux sciences; le peuple y est laborieux et ne manque pas d'industrie; il peut y avoir environ 12,000 habitants. »

Ici l'on trouve dans la notice des notions sur les diverses juridictions de la ville et du pays. Ce sont les mêmes que celles que nous donnons au mot *Juridiction*.

« Les revenus de la ville consistent en quelques impôts qui se lèvent dans cette ville, ils peuvent monter par an à 100,000 livr. ou environ, sur quoi cette ville doit en rentes ou en charges ordinaires plus de 80,000 liv. par an. Ainsi, il ne lui reste pas de quoi satisfaire à ses dépenses extraordinaires, ce qui a obligé le Magistrat à surseoir le paiement de ses rentes, et lui a fait perdre son crédit qui n'a jamais été fort grand.

» Les seules manufactures de cette ville sont celles des toiles ou toilettes fines, des draps, des retordeurs de fil, des savons et des cuirs, ces dernières y sont mal établies, et il n'y a que celle de toile qui y apporte du profit. Il y avoit anciennement des teinturiers d'écarlate dont l'ouvrage étoit estimé; à présent il n'y en a plus.

» Le nombre de ces maîtres ouvriers est d'environ huit à neuf cents, desquels il y en a peu de riches.

» La ville est fort diminuée par l'établissement qui s'est fait des manufactures de toiles à Valenciennes et à St-Quentin, et par la retraite journalière de ses habitants qui vont s'établir ailleurs; ce qui fait que cette ville n'est pas la moitié si peuplée qu'elle étoit autrefois.

» Il n'en est pas de même de la ville et dépendances du Chateau-Cambresis où le nombre des habitants augmente tous les jours à cause des privilèges et des exemptions d'impôts dans lesquels ils ont toujours été maintenus. L'archevêque de Cambrai est seigneur temporel de cette ville, et il fait le Magistrat qui y juge tous les différents qui y naissent entre les habitants et reçoit les appellations des jugements rendus par les échevins des sept villages ou hameaux qui en dépendent. L'appel des jugements rendus par les échevins du Câteau-Cambresis, va pour le criminel au parlement de Tournai, et, pour le civil, au Magistrat de la ville de Cambrai et ensuite à ce parlement.

Etat ecclésiastique.

» La province de Cambresis est de l'archevêché de Cambrai qui s'étend aussi dans une partie du Brabant, dans le Haynaut, dans la prévôté de Valenciennes, et dans une partie du Tournaisis et de la chatellenie de Lille, et a sous lui environ 600 paroisses. Le revenu de l'archevêché est d'environ cent mille livres par an.

» Les évêques et archevêques de Cambrai ont pris la qualité de princes du St-Empire et de ducs de Cambrai, depuis la concession qui en a été faite en 1510, par l'empereur Maximilien 1er, en considération de Jacques de Croy, lors évêque de Cambrai.

» Cette église a été érigée en archevêché en 1562, et quelque temps auparavant on avait démembré une partie de son diocèse pour en composer ceux de Malines, d'Anvers et autres évêchés érigés aux Pays-Bas, en 1559.

» Avant l'érection de l'évêché de Cambrai en archevêché, il était soumis à la métropolitaine de Reims, et comme les archevêques de Reims n'avoient point donné leur consentement à cette érection, ils ont toujours prétendu qu'elle étoit nulle, ce qui a continué jusqu'en l'année 1696, que M. l'archevêque de Reims y a consenti, et pour le dédommager en quelque façon, le roi a uni à l'archevêché de Reims la mense abbatiale de l'abbaye de St-Thierry, à Reims, moyennant quoi l'archevêque de Cambrai est devenu paisible possesseur du titre d'archevêque et de la juridiction métropolitaine qui lui a été attribuée sur les évêchés de Tournay, d'Arras et de St-Omer.

....

» Il peut y avoir dans cette province, 8 à 900 personnes ecclésiastiques, y compris environ 300 religieux.

Gouvernement militaire.

» La ville de Cambrai est du gouvernement général de Flandre.

» M. le comte de Montbron est lieutenant-général de ce gouvernement et gouverneur particulier de la ville de Cambrai ; il a sous lui un lieutenant de roi, un major, un aide-major et un capitaine des portes.

» Le gouverneur de la citadelle est M. de Fesnes ; il a sous lui un lieutenant de roi, un major, un aide-major et un capitaine des portes.

» Les états fournissent l'ameublement des casernes, et, pendant l'hiver, le chauffage de la garnison de la ville et de la citadelle.

Etats et finances.

» Quoique la ville de Cambrai et le Cambresis ne soient ensemble qu'un seul corps d'état, cependant ils ont chacun leurs revenus séparés. On a déjà dit à quoi montent ceux de la ville. Ceux du Cambresis, montent à environ 220,000 liv. par an, qui sont chargés de plus de 100,000 liv. de rentes annuelles et d'autres charges ordinaires qui montent à plus de 110,000 liv. par an, de sorte que les revenus ne suffisent pas pour les charges ordinaires, et que, pour fournir aux extraordinaires, il a fallu surseoir le paiement des rentes dont ce pays est chargé et qui sont en arrière de 18 ou 20 ans.

» Le roi ne retire des états de Cambrai et de Cambresis que 50,000 liv. d'aide ordinaire par an.

» Les états fournissent, outre cela, la plus value des fourrages dont le roi ne fait payer que 7 sols 6 deniers de la ration qui monte ordinairement à davantage.

» Le droit de quatre patards au bonnier destinés pour les fortifications, a été changé en un droit sur l'eau-de-vie qui se consume dans le plat-pays. Il rapporte par an près de 8,000 liv. dont le roi profite, ainsi que de quelques impôts qui se lèvent dans la ville sur les vins, bières et bois pour l'entretien des fortifications, et qui portent par an environ 38,000 liv.

» Le roi n'a autre domaine dans le Cambresis, que celui du bâillage de la Feuillie, qui ne rapporte pas 200 liv. par an. Le droit de Gavène qui faisait autrefois partie du domaine et qui rapportait 4,000 liv. par an, ne se reçoit plus depuis que Sa Majesté a eu la bonté de l'abolir en considération de la reconnaissance que les ecclésiastiques du Cambresis ont faite de la personne du Roi pour le légitime souverain.

Noblesse.

» Les terres les plus considérables du Cambresis, sont : (après les douze pairies) (1).

» La terre et baronie de Crève-Cœur, au baron de ce nom.

» La terre d'Abancourt, au marquis de Wargny.

» La terre de Bourlon, au sieur de Clermont.

» La terre de Ste-Olle, au sieur de Wancquetin.

» La terre de Thun-St-Martin, au seigneur de ce nom.

» La terre d'Arleux, au vicomte de ce nom.

» La terre de Ligny, au sieur de Villers-au-Tertre.

» La terre d'Awaing, au sieur de Henreguières.

» Les autres terres les plus considérables du Cambresis appartiennent à l'archevêque, au châpitre et aux autres églises de cette province.

Commerce.

» Le seul commerce du Cambresis consiste en grains, en moutons et en laines, qu'on envoie dans les provinces voisines, et en toiles fines qu'on envoie en France, en Espagne et aux Indes. »

L'excellente *Statistique du département du Nord*, par M. le préfet Dieudonné (1804), contient sur la ville de Cambrai et sur le Cambresis, des renseignements précieux. Ils sont disséminés dans l'ouvrage, mais il est aisé de les retrouver en recourant à la table générale.

(1) — V. *Pairies*.

T

TAILLANDIERS. — V. *Ferronniers*.
TAILLEURS. — V. *Couturiers*.
TANNEURS ou *Correurs*. — L'art de la tannerie était exploité à Cambrai sur une grande échelle, aux XVe et XVIe siècles. Tout le monde sait que *tanner le cuir* c'est le préparer, l'endurcir et le mettre en couleur avec du tan. Les tanneurs avaient leur quartier dans la ville, entre les deux bras de l'Escaut, pour être plus à portée de l'eau. — V. Le Carpentier, *Hist. de Cambrai*, part. 1re, p. 293. Une *rue des Tanneries* existe encore aujourd'hui.

Voici le sommaire d'un règlement sans date, qui était inscrit au *Livre aux bans*, il est antérieur à l'année 1540.

1er Les tanneurs ne vendront nuls cuirs en leurs maisons le lundy devant midy, mais les apporteront au marchet, et obéiront aux eswardeurs.

2e. Qu'ils ne vendront cuirs pour faire semelles qui ne soit de quatre tanes, et de trois pour empigne.

3e. Que nuls ne mettront cuirs en œuvre qu'ils n'aient été eswardez.

4 et 5e. Tous ceux qui vendront cuirs tannés les lundys, ils mettront tous les cuirs qu'ils voudront vendre la journée, en les halles en dedans le grand coup de none.

6e. Et s'il ne l'ont mis en dedans de la dite heure, ils ne pourront vendre toute la journée sans la permission de MM. etc.

7e. Ordonne aux mayeurs d'observer ce règlement à peine etc.

8e Que les eswardeurs seront aux halles à la dite heure pour faire leur debvoir.

9e. Que les tanneurs ne vendront cuirs qui n'ont estez veuz des mayeurs, et ne pourront vendre les lundys en leurs maisons.

10e. Que tous cuirs venans en ceste ville seront menés aux halles, pour estre montrez aux mayeurs.

11e. Qu'on n'en puisse vendre aucuns, s'ils n'ont estez visitez.

12e. Qu'ils n'iront au devant des cuirs, mais les laisseront venir au lieu ordinaire, qui est à la Feuillye.

13e Que nuls ne porte cuirs aux halles, qui ne paie le droit du hallier.

14e. Qu'on n'apporte aux dites halles les lundys aucuns cuirs qu'ils n'aient estez eswardez.

15e. Que les tanneurs ne feront faire dans la ville et ban-lieu aucuns souliers, ou autres ouvrages de cuir.

16e. Qu'ils tanneront leurs cuirs d'escorce sans aucune mistion.

17e. Qu'ils ne feront sortir aucuns cuirs de la ville, s'ils ne sont eswardez et signez du ponchon (Marque).

18e. Parle des cuirs venans du dehors, mal tannez.

19e. Que les tanneurs pourront aller vendre leurs cuirs à Reims ou ailleurs aux conditions y contenues.

20e. Que les cuirs trouvez mal tanez, soient marquoz des mayeurs par les deux côtez.

21e. Que tous cuirs trouvez avoir trop de plain excessivement, soient marquez de la marque de refus un pied en le pointe, etc.

22e. Deffense aux wantiers (gantiers) d'acheter aucuns cuirs de bœuf, vache, génisse, etc, si ce n'est au lieu à ce ordonné sçavoir : à la Feullye.

23e. Que tous souliers apportez en ceste ville pour estre venduz, seront portez aux halles, pour estre eswardez.

24, 25, et 26 idem.

27e. Que les tanneurs ne mettront es mains des caureurs les cuirs qui auront estez rejetez.

28e. Que les mayeurs tiendront registre des cuirs qu'ils auront rejetez.

29e. Que si les tanneurs ne peuvent renseigner les cuirs rejetez, doibvent estre condemnez aux amendes y contenues.

30 et 31 Contiennent deux sentences. L'une du 27 d'aoust 1434, et l'autre du 26 de juillet 1454, la première condamnant les tanneurs et caureurs y denomez de faire le voyage de St-Jacques et St-Anthoin, en Viennois; la dernière le voyage de St-Anthoin, parce que les dits tanneurs avoient donné à caurer de noir, des cuirs, qu'on leur avoit rejetté.

Un autre règlement du 16 août 1540, faisait connaître quand et comment les tanneurs devaient moudre leurs écorces.

On trouve encore au *Repertoire* de l'échevin de Baralle une ordonnance conçue en ces termes :

Deffense à tous wantiers (gantiers) cordonniers, gorliers et autres d'achepter cuirs à poil pour les revendre avec le poil, ny blanc pour y prendre aucun proufict, si iceux cuirs ne sont premièrement labovrez et tasnez, sauf les wantiers et gorliers qui, faire le pourront, autant que besoing leur serat pour les travailler blanc à usage de leurs mestier.

Item est deffendu aux tanneurs, wantiers et autres d'aller au devant des cuirs, qu'on amiène de dehors en ceste ville, mais les laisseront porter à la place ordinaire.

Cette ordonnance du 15 aoust 1564 était au *Livre aux bans* 324 verso.

Les tanneurs et les correurs avaient pour patron St-Simon.

TAPISSERIES-TAPISSIERS. — M. Dieudonné, préfet du Nord en 1804, dans sa curieuse statistique du département, pour laquelle il a été à même de puiser aux sources les plus sûres, dit, en parlant de Douai, que cette ville partageait *avec Cambrai* et Lille la fabrique de *belles tapisseries en laines*, et que dans le XVIe siècle, on commençait à y rivaliser avec succès la belle fabrication des toilettes de Cambrai. — *Statistique du département du Nord*, t. 2, p. 9. — Il faut conclure de ce document quasi officiel qu'au XVIe siècle, on se livrait, à Cambrai, à la fabrication de tapisseries en laine. Nous n'avons pas d'autre preuve de ce fait, mais il nous répugne d'autant moins de l'admettre, qu'on travaillait beaucoup de laine à Cambrai, soit en teinturerie, soit en draperie.

TAVERNIERS. — V. Hôteliers.

TEINTURIERS. — Il y avait autrefois, dans Cambrai, des teintureries en écarlate dont l'ouvrage était fort estimé. — *Dictionnaire géographique des Gaules*, par l'abbé Expilly, art. *Cambrai*. — § ms. 15, p. 26.

La manufacture de la garance ou waranche était en effet une des industries cambresiennes aux XVe et XVIe siècle. Une rue de Cambrai porta, jusqu'à la révolution, le nom de rue des Waranges, bien que le commerce en fût totalement éteint. Nous n'avons pu retrouver les règlements qui concernaient cette industrie; mais l'échevin de Baralle, dans son *Répertoire*, en fait mention en ces termes : « Attendu que la manufacture de la Waranche cesse présentement dans cette ville, je n'ai cru estre besoing de rapporter ici, par sommaire, les règlements de police édictez à ce subject, et que pourrez veoir au *Livre aux bans*, depuis le f° 260, jusque 264. » — C'était en 1679 que Ladislas de Baralle constatait la cessation de ce commerce.

Nous ne parlerons pas des autres teinturiers qui, de tout temps, ont exercé leur industrie dans Cambrai. Nous n'avons vu nulle part de règlement qui les concerne.

Le patron des teinturiers était St-Maurice.

TELIERS. — V. *Tisserands*.

TEMPLE. — V. *Palais (Petit)*.

THÉÂTRE. — Nous ne parlerons point, à propos de théâtre, de ces remontrances *Remanbranches*, ou *Mystères* que nos pères mêlaient volontiers à toutes leurs grandes fêtes. Ces jeux scéniques se passaient sur des théâtres en plein vent, qui n'ont rien de commun avec les salles de spectacle proprement dites dont il va être question.

Nous ne signalerons aussi qu'en passant, et pour en conserver la mémoire, un théâtre que Balagny fit dresser au mois de novembre 1584, dans l'abbaye du St-Sépulcre, pour distraire madame de Preil, madame de Belleforière et autres grandes dames qui passaient par Cambrai ; « auxquelles fut donné beaucoup de passe-temps par M. de Balagny aidé de ses gentils-hommes... Il avait fait faire dans une grande salle, par artifice, en la maison et abbaye du St-Sépulcre, un ciel plein d'étoiles, et, en un coing de laditte salle, des rochers ; et, au mitan (milieu) de laditte salle, un navire qui fut assailli par aucuns et défendu par le sieur de Balagny et d'autres. » — § ms. 2, p. 30. — § ms. 3 bis, p. 235.

Venons maintenant aux salles de spectacles.

La première fois, disent les chroniques, qu'une troupe de comédiens vint à Cambrai, ce fut à l'occasion du congrès qui s'y tint depuis 1721 jusqu'en 1724. On dressa dans la halle de l'hôtel-de-ville (qui était où est aujourd'hui le consistoire) *un théâtre magnifique* (Mém. chron.). On convertit cette halle en une brillante salle de spectacle, et pendant trois ans on eut à Cambrai ce que l'on appelait alors une comédie (1).

Il est probable que ce divertissement aura cessé aussitôt après la tenue du congrès, et que la halle n'aura point tardé à être rendue à sa véritable destination. Mais en 1749, on vit reparaître des comédiens. « Les comédiens vinrent au printemps, disent les *Mém. chron.*, représenter leur comédie dans *l'hôtel-de-ville*. Beaucoup de gens oisifs et surtout les officiers de la garnison, qui était alors fort nombreuse, ne manquèrent pas d'en profiter. » Le clergé s'efforça de faire cesser ces représentations, mais il n'y put rien, et cela dura *jusqu'à ce que la comédie disparût d'elle-même*. — V. *Mém. chron.* année 1749.

Les Etats du Cambresis, quelques années plus tard, jetèrent sur la Place-au-Bois, les fondations d'une salle de spectacle. Mais ce commencement d'édifice fut abandonné pour des motifs que nous ignorons.

Cependant le goût du public appelait à Cambrai une troupe de comédiens. Alors fut élevé, au lieu dit le *Pré-d'Espagne*, un grossier bâtiment à usage de théâtre. De méchants histrions vinrent l'exploiter.

---

(1) On rapporte (c'est la tradition qui dit cela) qu'à cette époque Voltaire vint à Cambrai, accompagnant madame de Rupelmonde, qui allait en Hollande; et que le poëte assista à la représentation de son *Œdipe*, dans le théâtre de l'Hôtel-de-Ville. Nous citons le fait comme une simple circonstance bonne à noter; non comme un grand honneur pour la ville de Cambrai.

Mais comme la bonne compagnie ne pouvait aborder ce lieu immonde, un particulier imagina de transformer une grande maison sise rue des Scachebeuvons (aujourd'hui du Petit-Séminaire), en une salle de spectacle plus propre et plus décente. Cette petite salle ne manquait pas d'une certaine élégance. Elle était ornée en style Louis XV, rouge et or, et bien disposée pour la circulation du public. Nous l'avons vue; elle était alors fort flétrie, mais nous devons dire qu'elle ne méritait pas le dédain avec lequel un ancien maire de Cambrai (1) en parla dans un discours prononcé en 1829 à l'occasion du théâtre qui existe aujourd'hui.

C'est dans cette petite salle qu'eurent lieu, pendant le séjour de Lebon, à Cambrai, ces représentations ignobles et impies auxquelles le buveur du sang cambresien conviait gratuitement la populace dont il faisait l'éducation. C'est sur ce théâtre qu'il donna, le sabre à la main, le spectacle de ses emportements et de ses fureurs orgueilleuses.

La salle ne fut pas restaurée après les saturnales révolutionnaires, aussi n'est-il pas étonnant qu'en 1817, lorsqu'elle fut démolie, elle n'eût rien conservé de son ancienne élégance. L'évêque de Cambrai, M. Belmas, qui en avait fait l'acquisition, la fit enclaver dans les constructions de son séminaire, et elle fut remplacée par la chapelle même de cette maison ecclésiastique (2).

Cependant il fallait un passe-temps au nombreux état-major de la garnison anglaise qui occupait alors Cambrai. A cet effet, une salle fut construite en planches sur la Place-au-Bois, parallèlement au rang des frères Marsy, et vis-à-vis la maison n° 21.

Mais cette salle, ou plutôt cette baraque provisoire, n'eut que peu de durée.

Un entrepreneur, le sieur Ronelle, aidé de quelques souscriptions particulières, érigea sur le terrain de l'ancien archevêché une petite salle assez commodément distribuée qui, sans avoir rien de monumental, fut néanmoins accueillie avec faveur par les amateurs si longtemps privés des délassements scéniques.

Enfin, en 1829, on jeta les fondations du théâtre actuel. La première pierre en fut posée, le 21 avril, par le maire de la ville (1). Ce bâtiment, construit d'après les plans de M. De Baralle, occupe le milieu du périmètre de l'ancienne *Place-Verte*.

THOMAS DE CANTIMPRÉ, célèbre Dominicain, légendaire et poète latin. — Il naquit en 1201, à Lewes ou Lewis, d'une famille noble du Brabant; son père avait accompagné Richard, roi d'Angleterre, dans les guerres de Palestine. Thomas entra en 1217, c'est-à-dire à l'âge de 16 ans, dans l'abbaye de Cantimpré. C'est de cette abbaye, où il resta environ 15 ans, qu'il tira son surnom, ce qui a fait prendre le change à Aubert Le Mire qui l'a cru natif de Cantimpré, près Cambrai. Ce fut en 1232 qu'il entra dans l'ordre de St-Dominique. Julien de Lingne rapporte qu'il fut suffragant de l'évêque de Cambrai (Nicolas de Fontaines) vers 1260. Il portait alors le titre d'évêque de Lusentino, *in partibus infidelium*. C'est du moins ce qu'on lit dans le *Cameracum christianum*, p. 44. Mais M. Leglay, qui semble avoir eu à sa disposition d'assez nombreux documents sur Thomas de Cantimpré, pense que sa plus haute dignité a été celle de prédicateur général, dans une province monastique, composée de cantons allemands, belges et français. On n'est pas fixé sur la date de la mort du savant Dominicain. Un nécrologe du monastère de Louvain dit qu'il est mort le 15 mai, sans indiquer l'année; divers biographes citent les années 1263, 1270, 71, 72, 75, 80, comme l'époque probable de cette mort. L'année 1293 qu'on indique également, est la moins probable.

Il a écrit un assez grand nombre d'ouvrages, parmi lesquels il faut citer celui intitulé : *Bonum universale de apibus*. On peut voir une savante appréciation de ses œuvres dans la *Biographie universelle*, tome 45, p. 449. L'article est de M. Leglay.

THUN-LÉVÊQUE (CHATEAU DE). — Ce château fut construit par Nicolas de Chièvres, évêque de Cambrai, promu à ce siége en 1137. Il exis-

---

(1) M. Béthune-Houriez.

(2) Dès 1810, l'autorité municipale s'était fait présenter un plan de salle nouvelle, lequel ne fut point adopté. Trois autres plans qui furent proposés ensuite eurent le même sort. Ces quatre projets et les devis coûtèrent à la ville plus de 21,500 fr. — V. Discours de M. Béthune-Houriez, du 21 avril 1829, à l'occasion de la pose de la première pierre du théâtre actuel.

(1) On conserve aux archives de la mairie de Cambrai le procès-verbal de cette cérémonie, qui constate que, sous le péron de la salle, on a scellé dans une niche un coffret en plomb contenant diverses pièces de monnaies, et des médailles, au millésime de 1829, ainsi qu'une copie sur parchemin des plans du théâtre et du même procès-verbal.

tait donc vers le milieu du XIIe siècle. Il fut saccagé en 1153 par Simon d'Oisy qui, aidé des troupes du comte de Flandre, rebelle à son évêque, à son seigneur, satisfit de la sorte de mauvaises passions que Nicolas avait vainement tenté de conjurer. L'évêque comte du Cambresis s'était occupé de l'érection de cette forteresse pour s'en servir au besoin comme d'un refuge contre les insurrections bourgeoises. La bourgeoisie l'avait laissé faire, parce que, sans doute, elle ne se croyait pas assez forte pour s'y opposer. Mais à la mort du prélat, des bandes populaires se ruèrent sur le château, le pillèrent, comme cela se faisait d'habitude, et le livrèrent aux flammes.

Le successeur de Nicolas, Pierre d'Alzace, à qui le château revenait de droit, assembla le peuple pour savoir en vertu de quelle autorité il s'était livré à la destruction du château de Thun. Le peuple répondit que l'évêque Nicolas lui-même avait reconnu qu'il avait outrepassé ses pouvoirs en élevant cette forteresse, et que, pour restituer au pays ses libertés compromises, il avait autorisé cette destruction.

Pierre exigea des preuves qu'on ne put lui fournir; en conséquence, il fit reconstruire la forteresse en partie aux frais des bourgeois. Ils eurent à payer pour cela une somme de six cents livres de monnaie courante.

Pierre était fils du comte de Flandre, on comprit qu'il n'y avait pas de lutte possible avec un pareil homme. On paya les six cents livres.

En 1339, Edouard III, qui était en guerre avec le roi de France, s'empara du château de Thun-Lévêque où il laissa une forte garnison.

Guillaume d'Auxonne, alors évêque de Cambrai, s'était attiré cette mésaventure, en prenant le parti du roi de France, et en lui ouvrant les portes de Cambrai.

« En ce château, dit Froissart, n'avoit adonc aucune garde suffisant, car le pays ne cuidoit point être en guerre. Si furent ceux de Thun soudainement surpris, et le châtel pris et conquis, et le châtelain et sa femme dedans. Et en fist le sire de Mauny une bonne garnison, et y ordonna à demourer un sien frère qui s'appelait Gille de Mauny, que on dit Grignart, lequel fit à ceux de Cambresis et de la cité de Cambray plusieurs destourbiers (troubles), et faisoit ses courses trois ou quatre fois la semaine jusques devant la bonne cité de Cambray. »

Il arriva qu'un jour, étant parti de bon matin, du château de Thun, *en compagnie de cent vingt armures de fer*, il poussa sa course jusque sous les murs de Cambrai. L'alarme fut sonnée dans la ville, les bourgeois montèrent à cheval et engagèrent une rude escarmouche avec le sire Gille de Mauny.

Celui-ci succomba; il fut tué par un jeune seigneur nommé Guillaume Marchant qui le perça d'outre en outre avec sa dague.

Les Cambresiens ne surent pas profiter de la déroute qui s'en suivit pour reprendre le château de Thun-Lévêque; Grignart de Mauny y fut remplacé par ses deux frères qui continuèrent à inquiéter le Cambresis.

Cependant les bourgeois et l'évêque supplièrent le duc Jean de Normandie, que son père, le roi de France, avait envoyé dans le pays, de les délivrer de ces voisins incommodes. Le duc se rendit à leur prière, et réunit ses troupes qui étaient en Artois et en Hainaut. Il arriva de Cambrai sous les murs du *château* de Thun (1340). « Il fit là amener et charger six grands engins (machines de guerre) de Cambroy et de Douay et les fit dresser et asseoir fortement devant la forteresse. Ces engins jetoient, nuit et jour, pierres et mangonneaux à grand'foison, qui enfondroient et abatoient les combles des tours, des chambres et des salles, et contraignirent par ce dit assaut durement ceux du chastel. Et n'osoient les compagnons qui le gardoient demeurer en chambre et en salle qu'ils eussent, fors (si ce n'est) en caves et en celliers. Oncques (jamais) gens d'armes ne souffrirent pour leur honneur, en forteresse, autant de peine ni de meschef que cils (ceux-ci) faisoient. Desquels étoit souverain capitaine un chevalier anglois, messire Richard de Limosin et aussi les frères au seigneur de Mauny, Jean et Thierry......... Pour eux plus grever et amener à mercy, ceux de l'ost (l'armée) leur jetoient et envoyoient par leurs engins, chevaux morts et bêtes mortes et puans pour eux empunaiser (empester), dont ils étoient là dedans en grand détresse, car l'air étoit fort chaud, ainsi qu'en plein été. »

Ce moyen réussit: ne pouvant pas lutter contre les maladies, les assiégés demandèrent une trêve de quinze jours qui leur fut accordée. Cependant le comte de Hainaut, averti de l'extrémité où se trouvaient réduits les intrépides *soudards* de Thun-Lévêque, accourut à leur secours à la tête d'une nombreuse armée d'alliés, parmi lesquels se trouvait Artevel, le brasseur-roi qui voulut vendre son pays à l'Angleterre.

Mais le duc de Normandie avait pris ses mesures : les ponts qui joignoient les deux rives de l'Escaut avaient été rompus, et l'armée du comte de Hainaut assista, sur l'autre bord du fleuve, à la prise de la forteresse. La garnison se sauva sur des barques et fut reçue du comte avec les honneurs dûs à son courage et à sa vigoureuse résistance.

Nous ne saurions déterminer l'époque de la destruction de l'antique forteresse de Thun-Lévêque. Un château moderne, qui l'avait remplacée, existait encore à l'époque de la révolution. Les démolisseurs de cette triste époque ont spéculé sur ses ruines. — On trouve des détails, sur le château de Thun-Lévêque, dans diverses chroniques et notamment dans celle d'Adam Gélicq, p. 170 et 172.

TIMBRE, PAPIER TIMBRÉ. — Depuis plusieurs siècles la formalité du timbre est en usage chez diverses nations de l'Europe, et notamment dans une partie des Pays-Bas. Cambrai et le Cambresis en étaient affranchis.

Quoique cet usage fiscal n'ait été introduit en France qu'à une date assez récente, il y existait déjà à l'époque de la prise de Cambrai par Louis XIV. Mais cette ville, unie alors au royaume de France, ne fut pas soumise à la formalité du papier timbré. Jusqu'à l'époque de la révolution, les actes d'état-civil étaient validés par le Magistrat qui y apposait le sceau de la ville. On faisait même mention de l'absence du timbre dans la rédaction de l'apostille. Voici un exemple de la formule usitée : « Nous Eschevins et *Magistrat* de la ville, cité et duché de Cambray, faisant fonctions de juges royaux, à tous ceux qui ces présentes verront, salut, etc.

...... En foi de quoi nous avons, aux dites présentes signées de l'un de nos greffiers, fait mettre et apposer le scel aux armes de la ville, *où le papier timbré n'est point en usage*, et le contrôle des actes supprimé par abonnement, etc. »

Quant aux actes des notaires, tels que contrats de mariage, obligations et autres œuvres qui se passaient devant eux, ils étaient validés par le *Tabellion royal, garde-notte*, qui y apposait le scel ordinaire du Roi.

La révolution, en passant son niveau sur tout ce qu'elle atteint, a établi dans le Cambresis l'usage du papier timbré, comme dans le reste de la France.

TISSERANDS autrefois **TELIERS**. — Le mot Mulquinier ayant été particulièrement appliqué aux tisseurs de la batiste, on désigna par les noms de Tisserands ou de Teliers, les artisans qui tissaient la toile ordinaire.

Sommaire d'un règlement sans date, pour les Teliers.

1º Qu'ils ne travailleront par nuict de leur mestier de tistre (tisseur).

2º Qu'ils n'emprunteront argent sur les lins, filets, toilles, etc., à peine de perdre l'argent par celuy qui le donnera.

3º Qu'ils travailleront léalement et sans fraude.

4º Que lorsqu'ils auront commencé une ouvrage, ils ne pourront mettre une autre dessus, que la première ne soit achevée.

5º Qu'ils auront justes balances, poids et mesures.

6º Qu'ils ne pourront tistre (tisser) caisne ourdie des personnes foraines qu'elle n'ait esté veue des mayeurs.

7º Que personne ne travaillera dudit style, qui ne soit admis des mayeurs.

8º Qu'ils obéiront aux mayeurs.

9º Ce qu'il est requis pour pouvoir travailler dudit mestier.

10º Inconnu.

11º Que les mayeurs pourront arrester l'ouvrage sur l'estille (métier à tisser) lorsqu'il y aura défaut.

— Livre aux bans fº 227 et 228, et enregistré aux lettres de police, fº 100.

Autre Règlement.

1º Ce que debvront ceux qui voudront estre admis audit métier.

2, 3 et 4 complètent l'art. 1er.

5º Que chascuns teliers tenant estille feront une msrque pour cognoistre leur ouvrage, laquelle ils mettront es mains des mayeurs, et de laquelle ils marqueront leur ouvrage.—Du 29 may 1407, (*Livre aux bans*, fº 228 verso 229 et au registre des lettres de police fº 100).

Règlement des droits que doibvent payer ceux qui veulent estre du style de Teliers, tant à la chapelle et pour la chandelle, que pour les mayeurs et confrères. Du 16 octobre 1597.

Les tisserands célébraient leur fête le jour de l'*Abbé-Boit*.

TOILETTES. — V. *Mulquiniers*.

TOILIERS. — On désignait ainsi les marchands de toile.

Sommaire d'un règlement sans date pour les toiliers.

1er. Qu'on ne tiendra dans une maison, qu'un estal de toillerie, et que les toilliers tiendront les places aux halles, qui leur seront echeuez par les lots.

2e. Que nuls marchands bourgeois ne feront porter les samedis toilles à vendre sur les bras, par la ville, mais le pourront faire les autres jours.

3e. Qu'on desploierat les toilles lorsqu'on les vendra, etc.

4e. Qu'on pourrat choisir en acheptant, ou l'aune ou la corde.

5e jusque 8e, contiennent en substance qu'on ne mettra aucuns pots de vin sur les marchets.
9e. Que nul coultier ne pourrat partir en l'achapt.
10e. Qu'ils obéiront aux mayeurs.
11e. Qu'on ne pourra estre marchand pour soy mesme, et revendeur pour autruy.
12e. Qu'on n'aurat qu'une revendresse.
13e. Que les toilliers tenant estaux les samedis en la viéserie, ne pourront ny eux ny leurs valets, ou servantes sortir de leurs estaux pour appeler les marchands.
14e. Que toutes toiles apportez en ceste ville, seront estaplez aux halles à ce désignées.
15e. Que les hostellains n'hesbergeront lesdites denrées plus d'une nuict.
16e. Idem que 13e.
17e. Que les marchands iront au devant desdites denrées venant en ceste ville.

Extrait du *Livre aux Bans*, f° 236 jusque 239.

Les toiliers avaient pour patronne Notre-Dame-la-Grande.

TOL (DROIT DE). — Du mot *Tollere* prendre, prélever. C'était la faculté de prélever en nature un droit sur certaines marchandises. Ainsi, par exemple, l'abbaye du St-Sépulcre levait un ou plusieurs poissons, suivant la qualité, sur chaque *somme* qui se vendait au minck.

TOMBEAUX ANTIQUES. — V. *Antiquités*, au paragraphe *Tombeaux*.

TOMBEAUX DES PRÉLATS. — V. *Monuments funèbres*.

TONLIEU, en latin *Teloneum*. — Droit qui était perçu sur les marchandises exposées en vente.

TONNELIERS. — V. *Cuveliers*.

TOUR-BAT-LE-BURE. — Tourelle dépendante de l'ancienne abbaye de Vaucelles, et à laquelle se rapporte une légende fantastique. — V. *Vaucelles* et *Traditions surnaturelles*.

TOUR-CHAPITRE. — C'était la prison du chapitre. — V. *Prisons*.

TOURBES (MAGASIN AUX). — Au XVIe siècle et antérieurement, le charbon de terre était extrêmement rare, le bois était d'un prix assez élevé, aussi le peuple, les petits bourgeois et les soldats en garnison ne se servaient-ils que de tourbes. Les tourbières d'Oisy et des environs d'Arleux en pourvoyaient Cambrai. Il y avait dans cette ville un vaste dépôt de ce combustible dans un bâtiment qui porte encore le nom de *Magasin-aux-Tourbes*, quoiqu'il soit maintenant à usage d'écurie pour les chevaux de cavalerie. Il est situé au lieu dit le *Carré-de-Paille*, à côté de la grange qui sert de remise aux *chars de triomphe*.

TOURNIER. — Titre que l'on donnait au concierge ou geôlier de la *Tour-Chapitre*. — V. *Prisons*.

TOURNOIS à Cambrai. — Chacun sait ce qu'étaient autrefois ces joûtes chevaleresques où l'élite de la noblesse luttait de grâce, d'élégance, d'adresse et de vigueur, dans des lices somptueusement décorées de bannières, d'armoiries et de trophées d'armures.

Ces jeux guerriers, au spectacle desquels les dames prenaient un extrême plaisir, étaient le genre de fêtes le plus en honneur chez ce grand corps de la chevalerie qui se distinguait surtout par le courage et par la galanterie.

La ville de Cambrai peut revendiquer l'honneur d'avoir été plusieurs fois le théâtre et le témoin de pareilles fêtes.

— 1190. —

Le premier de ces tournois, dont les mémoriaux gardent le souvenir, jette un brillant reflet sur l'histoire cambresienne. On est fier de citer le nom de Cambrai à propos de *Philippe-Auguste* et de *Richard-Cœur-de-Lion*. « L'an IIe d'Henri (1), Philippe (Auguste), roi de France, et le roi d'Angleterre Richard (Cœur-de-Lion), assemblèrent un tournois *en la cité de Cambray*, et fut jour ordonné pour ledit tournois, auquel vindrent plusieurs nobles champions; si comme Gaultier de Chastillon, le comte Joigny, le comte d'Estanfort, Guillaume de Barres, Bauduin, comte de Flandres, Andrieux de Chauvigny, le comte de Montfort, Guillaume Longue-Espée, le comte de Clèves, le duc de Luxembourg, le duc de Lembourg et plusieurs aultres, tant chevaliers que escuyers. Y fut aussi la royne de France, Isabelle, fille du roi d'Aragon, et y vint Salladin, capitaine des Sarrasins de Guise, lequel fut logé à l'Ange. Et fut ledict tournois fait hors de la cité de Cambray en allant à St-Gilles de Wedrérés, auquel tournois ledict Salladin fit merveilles d'armes. » — *Chron.* d'Adam Gélicq, p. 137.

Il est étonnant que les historiens de Cambrai aient passé sous silence cet évènement auquel se rattachent de si grands noms, et qui aura produit une grande sensation dans la ville et dans le pays.

---

(1) Adam Gélicq, que nous citons, ne donne pas de date précise. Il dit seulement l'an IIe d'Henri, empereur. C'était évidemment au commencement de 1190; car, dans cette même année, Philippe-Auguste et Richard partirent pour la Croisade.

Autre tournois. — 1345. —

« Il y eut jadis un évêque en Cambray qui fut gascon, de ceux de Buch et de Mirepoix, qui furent grand lignage et fort pour le temps de lors en Gascogne. Or, avint que, du temps de celui évêque, *un très grand tournois se fit dehors Cambray*, et y eut bien à ce tournois *cinq cents chevaliers tournoyants.* Et là eut ledit évêque un sien neveu, jeune chevalier tournoyant, richement armé et monté :

» Cil (celui-ci) s'adressa à messire Le Borgne de Mauny, père audit messire Gautier et à ses frères qui étaient durs chevaliers, roides et fort bien tournoyants. Si fut tellement le jeune chevalier gascon manié et battu, qu'oncques, depuis ce tournois, n'eut santé et mourut. »

Chron. de Jean Froissart, liv. 1er, chap. 240. — Edition de Buchon, t. 1er, p. 199.

— 1385. —

Nous trouvons encore un brillant tournois parmi les fêtes qui eurent lieu à Cambray, à l'occasion du double mariage des enfants du duc de Bourgogne avec ceux du comte de Hainaut. Le roi Charles VI y assista, et « vous devez bien croire, dit le bon Froissart, que là où le roi de France estoit, et tant de hauts et nobles princes, et de hautes et nobles dames, il y avoit grand foison de chevalerie. »

Le roi réunit au palais de l'évêque de Cambrai, où il logeait, les jeunes mariés et sa noblesse, et leur offrit un festin que servaient grand nombre de chevaliers, montés sur de hauts destriers.

Le banquet terminé, on se rendit au tournois.

« Après ce haut diner fait, grand'foison de seigneurs et de chevaliers furent armés et appareillés pour la joûte; et joûtèrent *sur le marché*; et y avoit quarante chevaliers dedans. Et joûta le jeune roi Charles de France à un chevalier de Hainaut qui s'appeloit Nicole de Espinoy; et furent ces joûtes très belles et très bien joûtées, et furent très bien continuées; et en ot le prix un jeune chevalier de Hainault qui s'appeloit Jean, sire d'Oustiennes, de lez-Baumont-en-Hainaut : et joûta le chevalier au plaisir des seigneurs et des dames très bien ; et ot pour le prix un fermail d'or à pierres précieuses, que madame de Bourgogne prit en sa poitrine, et luy présentèrent l'amiral de France et messire Guy de la Trémoille. Si ce continua toute la semaine en grand revel (fête), et se continuèrent les fêtes; et le vendredi à près diner, on prit congé au roi, et le roi aux seigneurs et dames, et se partit de Cambray : aussi firent tous les ducs et les duchesses. »
— *Chroniques* de Froissart, liv. II, chap. 223.

Les mémoriaux de St-Aubert complètent la relation de ces joutes chevaleresques et nous font connaître que ce ne fut pas seulement sur le marché de la ville que *Tournoyèrent* les nobles champions.

Jamais fête aussi splendide n'avait eu lieu ; jamais depuis lors elle n'eut sa pareille.

« Apriès disner et tous les jours, furent faits joutes, tournois, et courses merveilleux en no court et au Palais, etc. Si jou vis le braf Rey de France men signor en no court faire merveilles contre Nicolon l'Espinoi gentil homme Henuyer, auquel li sires Rey donnat mille livres parisis de rente par cascun an, pour cause de se grante valeur, et adresse, etc. Li lendimain Jehan d'Estrenne jeune chevalier de Hainaut se disoit-on, li prix emporta et l'honneur de chete journée, etc. Li lendimain deux chievaliers Holandois Jehan de Vliet, et Jehan de Myle, vainquirent tous les otres, etc. Li lendimain, jou vit vaillamment faire Alelme de Boufflers contre Robert-le-Roux, et Guion de le Maulde, et ne savoit-on à qui donner le pris : en le parfin, le duc de Bourgogne jugea à sen tour que Guion li méritoit, etc. Brief, me sens ne sont point assez fort, ni men esprit, ne me plume assez boene pour tot raconter come il fault, tot chou qui s'est passé en ches jours de fieste et de triomphe, ens en chete ville, et déhors, là où on a comptet que plus de vingt mille hommes herbegièrent, et au dihors l'on a comptet plus de six mille tentes pour herberger, tant les signors, que otres bourgeois et peuple de no veisinage, et de lointaing païs Cose quasi incroyable, mais s'il fault il cil croire, car ainsi est-il passé. »

— 1453. —

Fête de la Licorne,

« *Comment le comte de St-Pol tint la feste de la Licorne en la cité de Cambray.*

« Vous avez ouy la déclaration de la feste du banquet dont, cy devant est fait mention, en la fin duquel Louys de Luxembourg, comte de Saint-Pol, qui avoit esté à icelle, fit crier et faire à scavoir à tous nobles, tant de l'hostel dudit duc de Bourgongne comme d'aultre part, que le 18e jour de mars ensuivant, (1453) il feroit une feste en la ville et cité de Cambray, qui est ville d'Empire, la quelle se nommeroit la *Feste de la Licorne*, auquel jour il seroit luy quarantiesme de nobles hommes, montés et armés chacun la lance et l'espée au poing, et icelles espées seroient rabattues et les pointes coupées, pour courre la lance contre aultres quarante qui y viendroient, et puis tournoyer lesdites espées. Au quel jour comme il avoit fait crier, *il se trouva sur le marché de ladite cité, où il avoit fait faire un parc grand et spacieux, bien fourny de bonnes lices de bois,* luy quarante et deuxiesme, tous ses gens sans y estre venus aucuns aultres de l'hostel du dit duc, et d'aultres, sinon deux gentilshommes, dont l'un estoit chevalier et se nommoit messire Waultre, lequel estoit du pays de Brabant, assez près de Louvain, et portait sur son heaume un morion ; et l'aultre s'appelait Philippe de Lalain.

» Quand ledit comte vit qu'il avoit fait une grande despense pour fournir à ladite feste, et la rendre plus solemnelle, en plusieurs manières et grandes préparations pour les banquets, et qu'il n'y avoit aucun aultre de venu, sinon ceux dessusdit, il reconnut assez qu'aucuns avoient pris peine envers ledit duc afin qu'il n'y laissast aller aucun de ceux de son hostel ; ce nonobstant, il n'en monstra aucun semblant de courroux ; mais joyeulsement quand il se trouvèrent audit parc, il fit départir lesdits quarante avec les deux dont dessus est faite mention, et puis partir l'un contre l'autre, c'est à sçavoir vingt et un d'un costé et vingt et un de l'aultre ; en ce poinct, selon le contenu de ladite criée, ils coururent les lances, où il y eut de beaux horions donnés ; ce qui estant faict, ils tournoyèrent desdites espées ; en quoy faisant, ledit comte fut désarmé en deux lieux, et y fit grandement son debvoir. Car pour celuy de dedans, il eut ce jour le prix ; et pour celui de dehors, il fut donné audit chevalier estranger. Et me fut dit que la cause pourquoi il y eut si peu de gens de l'hostel dudit Duc, ce fut au moyen du comte d'Estampes, parceque, durant la guerre de Gand, il y avoit eu aucuns remours (débat) entre iceux comte d'Estampe et de Sainct-Pol, touchant l'avantgarde de l'armée.

» Ce nonobstant, iceluy comte de Sainct-Pol, fit de soy-mesme tousjours grande chère ; et y eut le jour de ladite feste, au banquet qui se tint dans l'hostel episcopal de l'évesque de ladite cité, plusieurs nobles chevaliers et escuyers, dames et damoiselles avec les plus notables bourgeois et bourgeoises d'icelle cité, qui furent servis de plusieurs et divers mets, tant de poissons de mer comme d'eau douce, fort exquis, grands et merveilleusement gros, pour ce que ladite feste escheut en temps de caresme, lesquels poissons ce comte avoit fait rechercher avec soin, longtemps avant, espérant qu'à icelle feste deubt estre présent ledit duc de Bourgongne en personne, accompaigné de son fils le comte de Charrolois, et de leur noble chevalerie. Semblablement y furent servis de vins bons et exquis de plusieurs manières, en grande abondance. Quant à l'hypocras il fut quasi mis à l'abandon comme s'il n'eust rien cousté. Et pour entremets, y fut faite au plus près l'histoire de Merlusine et ses enfants en grands personnages. Finalement la dite feste fut de grande despenses et excessive, à ce que je peus connoistre de la chose. Et fut grand dommaige qu'il n'y avoit de hauts princes en grand nombre ; car les préparatifs et ladite despense et aussi la grande chère et la bonne volonté qu'y fit paroistre ce comte, le valoient bien. »

Chronique de Mathieu de Coussy, édition de Buchon, chap. LXXXIX. — Voir aussi *Mémoires* d'Olivier de la Marche, édités par Michaud et Poujoulat, liv. I, chap. 31.

Nous n'ajouterons aucun commentaire aux relations qui précèdent. Nous aurions pu poétiser ces récits en les ornant d'un style éclatant et coloré ; mais nous travaillons pour l'histoire et non pour l'imagination. La citation des faits doit suffire. Nous renvoyons aux romans de chevalerie ceux qui voudraient assister, pour ainsi dire, à la mise en scène de ces brillants épisodes.

TOURS DIVERSES DES FORTIFICATIONS DE CAMBRAI. — V. *Fortifications*.

TOUT-Y-FAUT (MARAIS DE). — Marais célèbre, chez les Cambresiens, par les jeux et les exercices des serments de la ville. — V. *Marais*.

TRADITIONS SURNATURELLES *du Cambresis*, — La terre de Cambresis avec ses marais couverts de brumes, ses bois épais et sombres, ses vastes et mystérieux souterrains, ses forteresses féodales, ses antiques moustiers, avec ses moines laborieux opérant des miracles d'agriculture ; avec ses bergers observateurs, étudiant pendant leurs fonctions solitaires les symptômes de l'orage, les pronostics des saisons, les météores de la nuit ; la terre de Cambresis, disons-nous, était, comme tout le reste de la Flandre, comme la Germanie, la Bretagne et l'Ecosse, singulièrement favorable aux croyances surnaturelles. La foi naïve de nos pères, unie à leur amour pour le merveilleux, brodait volontiers les légendes, et, comme les enlumineurs de rubriques, elle jetait de vives et bizarres couleurs sur les traits primitifs des chroniques séculaires.

Il est à remarquer que la plupart des légendes populaires sont des altérations d'un évènement dont les détails vrais ont été absorbés par le caractère fabuleux qui s'en est emparé. Il arrive même parfois que, sous ces mythes gracieux ou terribles, on retrouve encore le fait qui en est la racine. Ainsi, quoi de plus naïf et de plus charmant que cette histoire de la Vierge Marie qui, sous les traits de Notre-Dame-de-Grâce, venait s'asseoir sur nos remparts assiégés, et recevait, dans son léger tablier de dentelle, tous les boulets que les canons ennemis vomissaient contre la ville? Ne voit-on pas sous cette touchante allégorie la protection que la Vierge accordait aux prières des Cambresiens, pendant que l'ennemi battait en brèche leurs murailles.

Cette autre légende de St-Géry qui, pendant la nuit, poursuit d'un rayon lumineux le larron qui venait de dérober un objet sacré dans son temple, et le livre ainsi parfaitement visible au sacristain qui le recherche, n'est encore autre chose que le symbole poétique d'un rayon de lune ou de l'intelligence du sacristain qui suivit le voleur à la piste.

Il n'entre pas dans le plan de cet ouvrage sérieux de reproduire, avec leurs détails prodigieux, toutes les histoires merveilleuses qui autrefois avaient cours en Cambresis. Nous nous contenterons d'indiquer le sommaire des principales, laissant aux conteurs des chaumières le soin d'en dérouler toutes les péripéties. Là, encore, pendant les longues veillées de l'hiver, un cercle attentif les écoute. Le citadin n'a plus de foi : heureux s'il ne doutait que des légendes surnaturelles !

Après le tablier de la Vierge et le rayon de St-Géry, on racontait cette longue procession de moines trépassés qui, chaque année, le jour des morts, sortaient, à minuit, des caveaux funéraires de l'église de St-Géry, et faisaient, à l'extérieur, le tour de leur église, en agitant leurs suaires et en récitant le *De Profundis*. Malheur à qui, dans ce moment, aurai traversé les rues de la Clochette, de St-Géry ou de Notre-Dame! La simple approche de ces fantômes l'aurait glacé du froid de la mort.

Tout le monde savait l'épouvantable aventure du fossoyeur de St-Georges qui, visitant le cimetière pendant une nuit sombre, aperçut aussi une longue procession de fantômes qui portaient de beaux cierges. Chacun en passant lui remit le sien, de sorte que le fossoyeur enchanté rentra chez lui, et plaça sous son lit une provision de luminaires suffisante pour l'éclairer tout le reste de sa vie. Mais une heure après, les morts heurtaient à sa porte, et venaient lui redemander ce qu'ils lui avaient confié. Le fossoyeur n'avait rien à refuser à ses hôtes, et comme il croyait reprendre les cierges sous son lit, il n'y trouva plus que des os de jambes et de bras desséchés et blanchis comme des cierges. Les fantômes reprirent leurs bras et leurs jambes et s'éloignèrent en silence.

La grange de Montécouvé, construite par le diable qui n'avait pas eu le temps d'en achever le pignon avant le champ du coq, lequel pignon ne pouvait plus être achevé par aucun maçon, excitait la compassion des bonnes gens pour le pauvre jeune fermier qui, au moment de voir gâter ses récoltes par les eaux du ciel, avait accepté le secours de Satan.

On s'appitoyait plus encore sur le sort des malheureuses religieuses du Verger dont l'abesse avait été brûlée, pour avoir eu recours au diable qui s'était chargé de transporter les matériaux utiles à la construction de leur abbaye. Dans les villages d'Arleux, de Hamel, d'Oisy et de Paluel, on cite comme preuve de cette histoire, la *Pierre du Diable* que celui-ci laissa tomber au milieu des marais d'Arleux, lorsqu'il fut surpris par le chant du coq au moment où il traversait les airs. Il s'agit de la haute borne que nous avons décrite à l'art. *Antiquités*.

Le peuple répétait avec plaisir l'histoire rapportée par un ancien chroniqueur de Flandre (1). « Baudouin ravit Judith, fille de Charles-le-Chauve, roy de France; et se trouve par escript, qu'une fois, ainsy comme il passait parmi l'Escaut, le diable s'apparut à luy et saillit hors de l'eau; et le vaillant comte sacqua son espée, et se combatit à luy ; et pour ce, l'appela-t-on, Baudouin, *Bras-de-fer*. »

On n'oubliait pas la légende du bienheureux Liébert. Ce bon évêque de Cambrai avait coûtume d'aller pieds nus, en certains jours de l'année, prier pour les morts dans les cimetières de la ville. « Or avint que la nuict du grand vendredy, faisant son voyage accoustumé en la chimentière (cimetière) de St-Nicolas en disant son oraison, toutes les ames d'icelle

(1) Denis Sauvage, *chronique de Flandre*.

chimentière répondirent : *Amen.* » Auquel lieu fut depuis dressé une grande croix que l'on appelait *la croix de l'Amen.* »

Le Carpentier rapporte dans son livre (1) l'histoire merveilleuse d'un chevalier de mauvaise vie qui hantait les êtres infernaux. « Ce seigneur dont la mère, pour ses méchancetez, avait esté peu auparavant emportée visiblement par le diable, avoit un temple consacré à un petit démon qu'il nommait Truandre. Ce démon à qui il obéissait comme à son Dieu, luy persuadoit de troubler sans cesse le repos de Théodoric évesque de Cambray, de ravir les biens des églises et de châtier rigoureusement ceux qui s'opposaient à ses desseins. Plusieurs moines et ecclésiastiques furent fouettez si rigoureusement par ce Truandre, qu'ils estoient obligez de céder à la violence du tyran. De plus, ce seigneur avoit un grand nombre d'autres petits démons qui, semblables aux grenouilles s'enflaient comme des taureaux... et ne songaient qu'à contenter l'ambition enragée de leur seigneur. Ce seigneur qui portoit déjà un enfer dans sa propre conscience, vint à mourir subitement... l'évesque le fit transporter hors de la ville sur un champ le plus voisin du gibet... son corps ne fut pas plustôt mis au tombeau que la terre d'alentour commença à prendre feu... et les pluyes survenues l'espace de trois ans ne furent capables de l'esteindre à cause que mille petits démons travaillaient sans cesse à y jeter de l'huile et de la poix pour nourrir ce feu dont l'approche estoit gardée par un dragon. Le bon évesque touché de compassion persuada à un vassal du défunt de faire pénitence pour luy, et le champ reprit sa première verdure.» Le Carpentier prend la précaution de déclarer qu'il ne voit en cela qu'une fable allégorique.

Le voyageur qui venait autrefois de France en Cambresis ne manquait jamais, s'il logeait à Crèvecœur, ou à Masnières, d'apprendre la chronique des souterrains du bois de Vaucelles. On lui contait comment, dans ces vastes excavations dont l'entrée est actuellement encombrée, on entendait le roulement d'un grand chariot de fer qui, traîné par des coursiers invisibles, apportait incessamment des éléments magiques aux moines de l'abbaye, car ceux-ci étaient alchimistes, et dans les entrailles de cette terre couverte de hautes-futaies, ils fabriquaient de belle et bonne monnaie d'or dont ils ne cessaient de s'enrichir.

Le voyageur apprenait encore que, toutes les nuits, dans une de ces nombreuses tourelles de pierre qui garnissaient les murailles de clôture de la vaste abbaye, une fantastique laitière formait l'excellent beurre dont les moines avaient un grand débit dans le pays. D'où est venu, à la tourelle en question, le nom de *Tourbat-le-bure,* qu'elle porte encore aujourd'hui.

Qui ne verra dans ces transparents apologues les travaux des moines de Vaucelles poétisés par l'imagination des villageois ? Le chariot de fer qui leur apportait les matières dont on fait l'or, n'était-ce point l'image de leur rude labeur desséchant et fertilisant d'immenses marais ; plantant et cultivant des bois magnifiques sur des espèces de landes sauvages? — V. *Vaucelles.*

La Tour-bat-le-bure, n'est-elle pas le symbole de leur métairie si bien pourvue de vaches laitières, et dont en effet les produits étaient recherchés par les habitants du Cambresis ?

Parlerons-nous du gobelin, cet hôte des chaumières, ce bizarre petit lutin qui, suivant le caprice du jour, désole ou réjouit, enrichit ou mène à ruine les braves gens au foyer desquels le hasard l'a fait s'asseoir. Le Goblin du Cambresis c'est le frère du lutin d'Argail qui, sous le nom Trilby, a trouvé dans l'aimable Charles Nodier un poète pour le chanter. V. *Gobelin.*

On le voit : le Cambresis comme l'Ecosse, comme tant d'autres contrées rêveuses, a ses croyances aux bons et mauvais génies ; et ses naïfs conteurs y célèbrent les vagues et mystérieuses épopées, que récitent dans leurs montagnes les vieillards écossais, à la lueur du pin sauvage qui brûle et qui pétille.

Nous ne dirons rien des sorciers et des sorcières du Cambresis, il y en a partout. Le temps est passé où, sur le sable rouge *du chemin des Sorciers,* dans le bois de Bourlon, ils arrivaient à minuit célébrer le sabat.

Nous ne parlerons pas de leurs grimoires, de leurs cures merveilleuses, des sorts qu'ils jetaient et qu'ils enlevaient à volonté ; que peut-être ils jettent encore dans plus d'un village, car on nous assure que, quoique traquée par la police d'une manière assez sévère, la lignée des sorciers du Cambresis n'est point encore éteinte. Et les paysans se hâtent de porter la main à leur chapeau quand ils passent devant un berger, de peur de trouver sous le manteau du pasteur, **un jeteur de sort.**

(1) *Hist. de Cambrai*, part. 1ʳᵉ p. 65.

Nous ne citerons pas d'avantage ces rues de Cambrai, dans lesquelles nul ne devait passer à certaines heures de nuit, parcequ'on y rencontrait un mendiant demandant la charité ; parceque ce mendiant, c'était le diable, et que ce qu'il demandait, c'était l'âme du passant.

On aurait un gros livre à faire, avec les légendes et les miracles des saints du Cambresis, avec les tours que le diable y a joués, avec les croyances et les superstitions que la frayeur et la rêverie y ont enfantées.

Nous en avons dit assez pour montrer le génie poétique et fantasque de ce peuple, chez lequel les instincts religieux dépassaient ou n'atteignaient pas le point unique où repose la vérité ; et qui, cherchant la cause première des choses, ne voyait que des fantômes vagues, faute de savoir placer à leur foyer les verres dont il faisait usage pour observer. C'est un peu l'histoire de tous les peuples.

— On peut lire, avec leurs développements, un certain nombre de traditions surnaturelles du Cambresis, dans le livre intitulé *Chroniques surnaturelles de Flandre,* par H. Berthoud.

— On en trouvera aussi dans notre ouvrage publié sous le titre d'*Histoires fantasques de de la Flandre.*

TRANCHANT, François-Dominique. — Ce prêtre, aussi modeste que savant, auquel nous devons un grand nombre d'utiles compilations touchant l'histoire locale, ne fournit pas une carrière bruyante ; il vécut humble comme ses vertus, et n'occupa l'attention publique que par sa mort déplorable. Il fut assassiné juridiquement par ordre du féroce Lebon.

Né à Cambrai d'une famille honorable, vers l'an 1722 (1) ; il fit de bonnes études, entra dans les ordres et fut nommé chapelain à la métropole en 1749 (2). Mu par un louable amour de son pays, il employa une partie de sa vie à recueillir de précieux documents sur l'histoire cambresienne. « le Chapitre, dit-il quelque part, ayant fait édifier une nouvelle bibliothèque, laquelle fut achevée en 1770, on m'en confia les clefs et le soin d'y remettre les livres de l'ancienne bibliothèque, et on m'en laissa la garde. » Il fut donc conservateur de la bibliothèque du Chapitre de Cambrai. Cette circonstance lui procura l'amitié du vénérable abbé Mutte qui avait aussi un goût prononcé pour l'histoire et les antiquités de la cité de Cambrai. Nous rapportons ci-dessus, p. 397, art. *Mutte* une note de l'abbé Tranchant qui raconte comment il devint l'ami du doyen Mutte.

Il vivait donc paisible au milieu de ses livres et de ses manuscrits, lorsque survint la révolution. Il refusa le serment à la constitution ; mais, vu son âge avancé, la loi l'autorisait à demeurer dans ses foyers. Il se confina dans sa petite maison de la rue de Vaucelette (1), où il se croyait oublié et en sureté. Il y vivait avec une pauvre parente contrefaite, uniquement occupé de ses chères études, lorsque le buveur de sang arriva à Cambrai. Le malheureux vieillard lui fut dénoncé comme conservant des *écrits fanatiques* ; c'est ainsi que les *patriotes* appelaient l'*histoire de la patrie*. C'en fut assez ; et arraché brutalement de sa retraite, le 9 mai 1794, il fut jeté dans la prison des Anglaises, puis de là traîné au tribunal révolutionnaire et à l'échafaud. Cet assassinat eut lieu le 14 du même mois. La pauvre parente de Tranchant subit le même sort. Plusieurs des écrits *fanatiques* du bon prêtre furent conservés comme par miracle. Ces manuscrits reposent aujourd'hui dans la bibliothèque de Cambrai, et nous leur devons une partie de ce que nous savons sur l'histoire de notre cher pays.

Les plus remarquables de ces recueils sont : 1° Une copie de quelques chroniques réunies par l'abbé Mutte. † Ms. 884. — 2° Des notices sur diverses communautés de femmes qui existaient à Cambrai avant la Révolution. † Ms. 905. — 3° Un volumineux recueil de notes, extraits, chartes, bulles, etc., qui ont dû servir au procès de M. de Choiseul, mais qui ont surtout un intérêt incontestable au point de vue de l'histoire. † Ms. 887. — 4° Une collection de toutes les inscriptions gravées sur les monuments de la métropole de Cambrai, etc. Ce volume contient un plan figuratif de l'ancienne salle capitulaire.

On peut voir dans le catalogue des mss. de la bibl. de Cambrai, les autres écrits que l'on doit à l'abbé Tranchant.

Ce bon prêtre était helléniste, nous possédons des ouvrages grecs qui lui ont appartenu, et nous en avons vu dans d'autres mains.

TREMBLEMENTS DE TERRE.—S'il faut en croire les chroniques, le Cambresis n'a pas toujours été à l'abri de ces secousses souterraines qui

---

(1) Nous empruntons cette date à M. Leglay, *Recherches sur l'église métropolitaine de Cambrai*, p. 149
(2) Date empruntée à l'abbé Dupont.

(1) Cette maison porte aujourd'hui le n° 3.

déchirent le sein de la terre et en font trembler la surface. Le Carpentier rapporte d'après de Lingne, qu'en l'an 450, sous le règne de Mérovée, un tremblement de terre porta la frayeur dans toutes les Gaules, qu'il se fit notamment sentir à Cambrai, et *que le chasteau de Selles en fut tellement secoué, que la pluspart de ses habitans furent accablez sous ses ruines.*

Le même historien cite encore, d'après Gélicq, deux autres phénomènes du même genre.

L'un, en 854, aurait duré six jours et cinq nuits; et la tour de l'église de St-Pierre (aujourd'hui St-Aubert) aurait, en s'écroulant, écrasé les maisons voisines.

L'autre, au mois de janvier de l'an 1001, aurait ébranlé toute la Belgique, et ruiné en Cambresis plus de 800 bonnes maisons; *dont les frayeurs* auraient été redoublées par la vision d'une monstrueuse comète.—V. Le Carpentier, *Hist. de Cambrai*, part. II°, p. 307.

Nous avons trouvé nous-même dans la *Chronique* d'Adam Gélicq, p. 244, la mention suivante : « L'an 1504, la nuict St-Barthélémy, apostre, 23° jour d'aoust, à 10 heures par nuict, fut faict un grand tremblement de terre. »

L'auteur des *Mémoires chronologiques* cite un tremblement de terre qui arriva en 1692 et dont il fut le témoin. Le caractère de l'écrivain, les détails qu'il donne ne permettent point de douter du fait qu'il rapporte.

« Le 18 de septembre, dit-il, à 2 heures après midy, il y eut un tremblement de terre ou plutôt une secousse de terre dans tous les Pays-Bas, il ne dura qu'un instant. On vit les bâtiments pencher et se remettre aussitôt dans leur situation ordinaire. Ceux qui étaient assis pensoient tomber, plusieurs qui étoient debout crurent être attaqués d'apoplexie ou tomber foibles. On faisoit la lessive chez nous; l'eau sortit du cuvier. Il y avoit un petit enfant dans le berceau, le berceau s'inclina et se remit. On dit que les petites cloches du carillon de l'hôtel-de-ville frappèrent un coup. Il n'y eut pas grand dommage, il n'y eut que quelques cheminez qui croulèrent. Le monde aussitôt se jetta dans les rues, saisi de crainte et ne sachant ce que cela vouloit dire. »

TRÉMOILLE (CARDINAL DE LA) *Joseph-Emmanuel*, fils de Louis, duc de Noir-Moustier, succéda à Jean Destrée, qui avait été nommé à l'archevêché de Cambrai, mais qui était mort avant d'avoir obtenu ses bulles de Rome. — Il serait donc mieux de dire que le cardinal de la Trémoille fut le successeur de Fénelon en remplaçant Jean Destrée, qui devait être ce successeur. La Trémoille ne fut archevêque de Cambrai que 18 mois, ne résida point et mourut à Rome, où il se trouvait en mission extraordinaire, en 1720. Il n'a laissé dans Cambrai aucune trace de son passage.

TRIN ou *Jubé*. — V. *Jubé.*

TRIPIERS. — Un règlement, dont nous ignorons la date, portait en substance : « Que les tripiers ne devaient faire les boudins que de boyaux, sang et chair de porc : que les tripes seraient bien cuites. Que les tripiers obéiraient aux mayeurs, et ne feraient pas de feu avec les os. »

Une ordonnance du 21 août 1561 indiquait la place que les tripiers devaient occuper sur le marché, savoir : « Que les tripiers auront à estaller et vendre leurs tripes, depuis la baille allant au marchet au bois, en revenant jusques à l'entrée du flos. » Ce flot était le flot de la Cayère : il était entouré de barrières parmi lesquelles des *Bailles* ou parties mobiles, fermaient, quand on le voulait, les entrées réservées.

TROU-D'ENFER. — C'était le fond de la rue Ste-Barbe, joignant la rue des Tanneries.

TROUBLES, *insurrections populaires*. — La plupart des troubles dont la ville de Cambrai a été le théâtre, ont eu pour cause, soit la prétention du peuple d'intervenir dans les affaires ecclésiastiques; soit ces instincts, ces tentavives d'émancipation communale qui, après bien des chances alternatives de succès et d'écueil, finirent par aboutir à l'institution de la Commune cambresienne.

Sans entrer ici dans des détails qui exigeraient des développements considérables, nous croyons devoir indiquer les époques de ces troubles populaires, afin de faciliter les recherches à ceux qui voudraient en faire une étude spéciale.

— En 957, sous l'épiscopat de Bérangaire, insurrection causée par les mauvais procédés de cet indigne prélat. « En che temps que ledit évesque étoit en Allemaigne, les bourgeois et le peuple de Cambray dirent qu'ils ne le laisseroient plus entrer; et quand il revint, ils lui fermèrent les portes.» — *Chron.* d'Adam Gélicq, p. 58.—† ms. 884, p. 22. — On peut voir dans ces deux manuscrits l'atroce vengeance que tira de ce méfait le cruel Bérangaire.

— Au XI° siècle, sous l'épiscopat et en l'ab-

sence de Liébert, tentative d'un nommé Jehan, prétendant à la place de châtelain de Cambrai. — V. † ms. 884, p. 26. — § ms 3 bis, p. 24.
— Le peuple ne prit point part à cette insurrection du prétendu châtelain qui la fit avec des soldats.
— Au même siècle, les Cambresiens, profitant de l'absence de leur évêque Gérard II, organisent une insurrection communale. — V. *Chron.* d'Adam Gélicq, p. 91.
— 1095, Troubles à l'occasion du choix d'un évêque. Ils sont si graves qu'un jugement souverain ordonne la destruction du beffroi, et fait dépaver certaines rues, dans les quartiers populaires. — † ms. 659, p. 55, — § *Chron.* d'Adam Gélicq, p. 97.
— 1138, Les bourgeois saccagent les terres et les châteaux des environs de Cambrai et détruisent, dans la ville même, l'hôtel de Simon d'Oisy. — Dupont part. II, p. 85 et suivantes.
— 1151, 16 mars, « Troubles en Cambray, à cause d'un clercq de l'église Notre-Dame, nommé Eustache. Mais l'évêque Nicolas y mit ordre. » — *Calendrier historial* de Julien de Lingne.
— 1165. Emeute bizarre à propos du flot de la Cayère. Troubles suscités par une ridicule superstition. — V. ci-dessus, p. 145, art. *Flot de la Cayère.*
— 1208. Sous l'épiscopat de Jean de Béthune, excès populaires qui forcent l'évêque et le clergé à s'éloigner de Cambrai. — *Hist. de Cambrai*, par Dupont, part. III, p. 13.
— 1222. Sous l'épiscopat de Godefroy de Fontaines ou de Condé, troubles et insurrection. Le chapitre est contraint de s'éloigner. Dure réparation de ces désordres. — V. *Hist. de Cambrai* par Dupont, part. III, p. 19 et suivantes. — Le Carpentier, part. I, p. 296.
— 1240. Troubles populaires, sous l'épiscopat de Gui de Laon. — Dupont part. III, p. 36. — Le Carpentier, part. I, p. 297.
— 1260. Troubles contre Nicolas de Fontaines. — V. *Hist. de Cambrai*, par Le Carpentier, part. I, p. 297.
— 1277. Du temps d'Enguerrand de Créqui, insurrection provoquée par le bailli du Cambresis, le prévot de la ville et les échevins. Proclamation de la commune. Interdit. Répression. — V. Dupont, part. III, p. 50. — *Recherches sur l'église métropolitaine de Cambrai*, p. 203, où l'on voit une sentence très curieuse, portée dans cette affaire par l'archevêque de Reims.

— 1302. Emeute violente, à propos d'une affaire de peu d'importance, sous l'épiscopat de Gui-de-Collemède. Pillages. Sévère répression. — V. Dupont, part. III, p. 67 et suivantes.
— 1313, 11 mars. Emeute populaire contre Pierre de Mirepoix; nombreux assassinats. La plus formidable insurrection qui ait jamais eu lieu dans Cambrai. — V. *Hist. de Cambrai* par E. Bouly, t. 1er, p. 190, et suivantes. — *Hist. de Cambrai*, par Dupont part. III, p. 92.
— 1479. (Sous la domination de Louis XI.) « En le nuict dé St-Martin-Bouillant, le commun peuple de Cambray s'émeut contre les Franchois, eï les rechassirent jusqu'au chastel de Selles et mirent le siège devant. — § ms. 3 bis, p. 53. — *Mém. chron.* p. 4.
— 1502. Troubles au sujet de l'élection de Jacques de Croy. — § ms. 3 bis, p. 64 et suivantes.
— 1503, 11 août. « Grande mutinerie du commun peuple, dans l'église Notre-Dame. » — V. § ms. 3 bis, p. 69 et 70.
— 1536. Emotion populaire contre des soldats de passage. — § ms. 3 bis, p. 101.
— 1557, jour de la Pentecôte. Menaces d'insurrection par le peuple à cause de la cherté du blé. — V. § ms. 3 bis, p. 161.
— 1566, 13 mars. Démonstration menaçante des hérétiques à Cambrai. — V. § ms. 3 bis, p. 185. — *Mém. chron.* p. 69. — † ms. 884, p. 168.
— 1578. Une démonstration de la populace seconde le baron d'Inchy dans son usurpation de Cambrai. — § ms. 3 bis, p. 203. — *Mém. chron.* p. 79.
— 1595. Une insurrection bourgeoise contre Balagny, hâte et favorise la prise de Cambrai, par le comte de Fuentes. — V. la relation de cet évènement dans le † ms. 670. — § ms. 8.

A partir du retour de la domination espagnole en 1595, on ne voit plus surgir d'émeute dans la population. Il faut traverser toute la période de cette domination, les règnes de Louis XIV et de Louis XV, et arriver à celui de Louis XVI, c'est à dire à la révolution de 1789, pour rencontrer des troubles sérieux. Il y eut bien en 1709, année de disette, le pillage de deux chariots chargés de farines, par des femmes affamées, sur le marché de Cambrai; mais ce désordre fut réprimé de suite par le poste de la place.

Nous n'avons pas fait mention de l'inquiétude

et du trouble moral que jeta l'hérésie dans Cambrai, au XVI° siècle. Cette fermentation ne s'étant pas traduite en actes insurrectionnels à l'exception d'une seule fois que nous avons mentionnée, nous nous contenterons de renvoyer le lecteur au mot *Hérétiques*, où il trouvera les méfaits de ces Huguenots.

Nous ne parlerons pas non plus des séditions militaires qui avaient lieu de temps à autre dans la garnison espagnole qu'on laissait, pour ainsi dire, mourir de faim; séditions auxquelles les Cambresiens étaient loin de s'associer et contre lesquelles, parfois, ils se mettaient en garde, les armes à la main. Cela n'a pas trait aux troubles politiques de la cité.

TROUVÈRES CAMBRESIENS. — Chacun sait ce qu'étaient, au moyen âge, ces poètes tendres, naïfs et chevaleresques qui chantaient le pays, la gloire et les amours; qui corrigeaient ou peignaient les mœurs dans leurs gais fabliaux.

Les ménestrels étaient des musiciens. Quelques Trouvères furent en même temps ménestrels.

« Ce sont les Trouvères qui ont formé notre langue et commencé notre théâtre... M. le comte de Vaudeuil *(Tableau des mœurs françaises au temps de la chevalerie)*, juge les poésies des Trouvères bien supérieures à celles des troubadours, c'est-à-dire des poètes du midi de la France, et il en prend l'occasion d'établir que les têtes sont mieux organisées, pour la poésie, dans le nord de la France que dans le midi. »—*Dict. des origines.*—M. Dupin a établi à son tour, par des calculs statistiques, que les départements du Nord ont fourni plus d'hommes célèbres que ceux du Midi.

Or, parmi ces *Maîtres du gai savoir*, on voit figurer honorablement un bon nombre de fils du Cambresis. M. A. Dinaux, qui a consacré de longues et profondes études littéraires aux premiers poètes de nos contrées, n'a point dédaigné de s'occuper en première ligne des Trouvères cambresiens. (1)

Les études littéraires de M. A. Dinaux auront pour résultat de faire connaître « le vrai sur les mœurs, les usages, les coutumes, le langage et les allures des hommes des siècles passés. » Mais, pour être efficace, ce travail doit comporter l'immense développement que lui a donné son auteur. Une analyse, un résumé n'atteindraient aucun but utile; nous devons donc nous contenter d'indiquer le beau travail littéraire de notre compatriote, et de constater que le Cambresis, aujourd'hui peu poétique, brilla jadis par la vive et gracieuse imagination de ses rimeurs et de ses chantres galants.

TUE-CHIENS. — Le mot exprime suffisamment quelles étaient les fonctions de cet employé de la ville, au XVI° siècle. Cette place n'existait plus au XVIII° siècle, et les fonctions en étaient remplies au besoin par le bourreau.

On voit dans les *Mém. chron.* qu'en 1709, pendant les rigueurs de la disette, « le Magistrat s'aperçut qu'il y avoit une grande quantité de chiens dans Cambrai et que plusieurs pauvres *effatuez* de ces animaux retenaient, malgré leur misère, des grands mâtins qui ne leur étaient d'aucune utilité. Il fut ordonné au bourreau d'exterminer tous les chiens qu'il rencontrerait dans les rues. Il alloit tous les jours faire sa ronde, armé d'une grosse massue avec laquelle il écrasait tous ceux qui se présentoient. »

---

(1) Son livre forme la première partie d'un grand travail d'ensemble intitulé : *Trouvères jongleurs et ménestrels du nord de la France et du midi de la Belgique*, subdivisé ainsi qu'il suit : *Trouvères Cambresiens. Trouvères de la Flandre et du Tournaisis. Trouvères d'Artois.* 3 forts vol. grand in 8°.

U

USAGES. — V. *Mœurs*.

V

VAAST (SAINT-). *Vedastus.* — On ignore s'il était natif de Toul, mais il est certain qu'il l'habitait lorsque le vainqueur de Tolbiac, traversant cette ville avec son armée, fut frappé des mérites du saint prêtre, et l'emmena avec lui pour apprendre de sa bouche les grandes vérités de la religion de Clotilde. Le jeune catéchiste fit de son royal disciple un ardent néophyte; et lorsqu'ils arrivèrent à Reims, St-Rémy répandit sur le nouveau chrétien les eaux du baptême. Ce pontife, qui venait de trouver dans St-Vaast un zélé coopérateur, n'hésita point à lui donner la consécration épiscopale et l'envoya (vers l'an 500) évangéliser les Atrébates et les Nerviens qui faisaient partie de sa métropole. Le nouvel évêque vit bénir ses travaux apostoliques. Il découvrit, sous les ronces, l'autel d'une ancienne église consacrée à la mère de Dieu. Ce fut là qu'il établit sa cathédrale; mais il répandit également les bienfaits de sa parole sur les deux églises d'Arras (Atrébates) et de Cambrai (Nerviens). Il fit plusieurs miracles, même durant sa vie. Il se prépara un successeur et mourut après un long apostolat qui, selon les chroniqueurs, ne dura pas moins de quarante ans. Mais ceux-ci ne s'accordent pas sur l'époque de sa mort et datent cet évènement des années 570, 540, 539, 536.

VAAST (ÉGLISE PAROISSIALE DE ST-). — Il faut distinguer deux époques dans l'existence de l'église paroissiale de St-Vaast. La première qui s'étend depuis la fondation de cette paroisse jusqu'en 1650, année de sa translation dans un autre lieu; la seconde qui, datant de 1650, se prolonge jusqu'à la Révolution.

Il y eut donc deux églises consacrées au service de la paroisse de St-Vaast. La première, qui fut plus tard la collégiale de St-Géry, était située entre les rues de St-Géry, de la Clochette, du Clocher St-Géry et de Notre-Dame (aujourd'hui l'extrémité de la rue de l'Arbre-à-Poires). Si l'on en croit Le Carpentier, la première église de St-Vaast aurait été la plus ancienne paroissiale de Cambrai, et elle aurait daté du temps de l'évêque St-Aubert, mort en 669. Julien de Lingne ne lui assigne pas une origine aussi ancienne. Il dit qu'elle fut faite en 1070, par Ellebaud-Le-Rouge, fondateur du chapitre de Ste-Croix et de l'hôpital de St-Julien. En 1545, le chapitre de St-Géry fut installé dans cette église, qui prit alors le titre de St-Géry, quoique l'on continuât à y faire l'office paroissial de St-Vaast, ce qui dura jusqu'en 1650. Le lecteur trouvera toutes les causes et les circonstances de cette transformation à l'art. *Géry (monastère de St-)*, nous ne les répèterons point ici.

La nouvelle église de St-Vaast fut construite dans l'ancienne rue des Waranches (1).

« En 1614 fut commencé par M. Lalis, curé, la nouvelle église paroissiale de St-Vaast. L'œuvre ayant été interrompue l'espace de plusieurs années, fut reprise à l'occasion d'une donation fort notable qu'élargit damoiselle Michelle Lacheretz, l'an 1647; puis achevée par la libéralité des paroissiens de cette église et d'aucuns ecclésiastiques et citoyens de la ville, spécialement du sieur Louis Démarets et par les soins extraordinaires de maître Georges Peugniet, licencié en théologie, pasteur de cette église et doyen de chrétienneté. Monsieur de Vanderburch y avoit beaucoup contribué dans le commencement de l'édifice. La paroisse de St-Vaast fut transférée de son église ancienne en la nouvelle, l'an 1650. M. Louis Foulon, chanoine de N.-D., y célébra la messe pour la première fois en qualité de député des vicaires-généraux du siège épiscopal, lors vacant. » — *Mém. chron.*, p. 99.

Nous n'avons point hésité à accepter les dates données par l'auteur des *Mémoires chronologiques*, bien qu'il ne soit pas d'accord avec le † ms. 884.

Mais les noms des curés fondateur et continuateur, cités par l'auteur dont nous parlons, prouvent qu'il était parfaitement renseigné.

La nouvelle église ne fut consacrée qu'en 1653, par l'archevêque Gaspard Némius. — *Mém. chron.* — Dupont, *Hist. de Cambrai*, part. II°, p. 128.

On voyait au-dessus de son portail les armoiries du bon archevêque Vanderburch.

A l'époque de l'introduction du chapitre de St-Géry dans la première église de St-Vaast, les paroissiens, continuant à avoir leur office dans une des croisées de l'église, et ne prévoyant pas alors qu'ils dussent avoir un jour une autre église, vendirent leurs cloches à l'église de St-Martin. Il fallut donc plus tard de nouvelles cloches pour l'église de St-Vaast.

Cette paroisse était très grande, elle comprenait originairement plus de la moitié de la ville et les faubourgs de Selles et de Notre-Dame. La cure était à la collation de l'abbé de St-Aubert.

L'église de St-Vaast fut vendue révolution-

(1) « Il y avait en cet endroit certains héritages et maisons appartenans à la fabrique de l'église métropolitaine. Les paroissiens de St-Vaast firent un échange avec le chapitre de la métropole. » — § Ms. 3 bis, p. 278.

nairement le 29 frimaire an V, et démolie peu de temps après.

VAAST (HÔPITAL DE ST-). — Sur le terrain où Vanderburch fit construire en 1626, la maison de Notre-Dame, dite des *Boursières de Ste-Agnès*, il avait existé, quatre siècles auparavant, un hospice érigé par la dévotion des fidèles, lequel était desservi par un frère et de saintes filles vivant sous l'habit et la règle de St-Augustin (1). Cet établissement charitable s'appelait l'*Hôpital St-Vaast*. Il avait pour but le soulagement des pauvres et des infirmes : *ad recipiendum pauperes et infirmos*.

On ignore les noms des fondateurs de cette pieuse institution. Quelques-uns l'ont attribuée à Bauduin-Lambert, fondateur de l'hôpital St-Jean; mais il est probable qu'ils font confusion. Comme l'hôpital de St-Vaast fut réuni, en 1243, à celui de St-Jean, ils auront cherché un auteur commun à ces deux institutions. Ce qui nous fait penser qu'il n'en est point ainsi, c'est que l'évêque Godefroy de Fontaines, qui prit cette maison sous son patronage en 1227, en attribuait vaguement l'origine à la dévotion des fidèles. Or, Bauduin-Lambert vivait en 1150, époque où il créa l'hôpital St-Jean, c'est-à-dire moins d'un siècle avant Godefroy de Fontaines. S'il eût été fondateur de la maison de St-Vaast, l'évêque ne l'aurait point ignoré : le fait était alors trop récent pour cela; et l'acte de Godefroy n'aurait point attribué à une communauté de fidèles ce qui eût été l'œuvre de Bauduin-Lambert.

Nous venons de dire que l'évêque Godefroy de Fontaines prit la maison de St-Vaast sous sa protection en 1227. Il faut ajouter que, par les mêmes lettres de protection, il va jusqu'à défendre, sous peine d'anathème, qu'elle soit détournée de sa destination primitive. Le même prélat, en février 1234, donna des règles de vie religieuse à cet hôpital.

Il paraît qu'assez pauvrement dotée, la maison de St-Vaast ne pouvait se soutenir que par des aumônes éventuelles qui ne venaient point toujours d'elles-mêmes, et que les religieuses étaient obligées d'aller solliciter. L'évêque Guy de Laon, en 1243, considérant l'état précaire dans lequel se trouvait cette maison, et ne voulant plus voir les pieuses filles qui y vivaient, exposées à la mendicité, transféra le personnel et les biens de ce pauvre hôpital dans celui de St-Jean. Cette adjonction fut ordonnée par lettres du mois de novembre 1243.

Ainsi disparut l'hôpital de St-Vaast qui n'eut pas sans doute un siècle d'existence.—V. pour la suite, *Jean (hôpital de St-)*.

Quelques personnes, trompées par les expressions dont se servent Godefroy et Guy de Laon dans leurs lettres relatives à l'hôpital St-Vaast, l'ont confondu avec le béguinage du même nom, situé rue des Anglaises, autrefois de St-Géry.

Il importe de rectifier cette erreur. L'évêque Godefroy dit : *Quædam domus sita ante ecclesiam beati Vedasti*. Guy de Laon s'exprime ainsi : *Cùm ante ecclesiam beati Vedasti sit hospitale*. Comme on le voit, l'un et l'autre désignent la maison ou l'hôpital de St-Vaast comme situé *devant l'église de St-Vaast*, laquelle église prit plus tard (en 1544 ou 1545) le nom de St-Géry.

A ne considérer les choses que par leur apparence actuelle, on peut ne pas comprendre, au premier abord, comment une maison, située sur l'emplacement de la fondation de Ste-Agnès, pouvait être devant l'église de St-Vaast-St-Géry, laquelle occupait l'espace compris entre les rues de St-Géry, de la Clochette, de l'Arbre-à-Poires et du Clocher St-Géry. Mais si l'on examine attentivement la disposition des lieux, on remarquera que le jardin de l'institution de Vanderburch, touche, par le fond, aux jardins des maisons de la rue de la Clochette; et qu'en supposant ces maisons détruites ou plutôt n'existant point encore, le terrain, sur lequel était au XIIIe siècle l'hôpital St-Vaast, pouvait s'étendre jusqu'auprès de l'église de ce nom. Or, au XIIIe siècle, la ville de Cambrai n'était pas à beaucoup près aussi obstruée de constructions qu'elle l'est de nos jours. Sans remonter si haut, on peut constater qu'avant la Révolution de 1789, d'immenses jardins donnaient encore l'air et la vie aux nombreuses communautés religieuses qui s'y étaient établies. Il est donc facile de s'expliquer les expressions : *Domus sita ante ecclesiam beati Vedasti*. Au reste, plusieurs textes de manuscrits ne laissent point de doute à cet égard. Nous nous bornerons à citer le † ms. 884, p. 275 : « La maison de Notre-Dame, fondée par Vanderburch, est située sur la paroisse St-Vaast, à *l'opposite de l'église collégiale de St-Géry*, du côté du midi. C'était auparavant un vaste terrain nommé *la Maison aux Ours* et qui, dans un temps plus reculé,

---

(1) L'abbé Tranchant, † ms. 905, chap. 7.

étoit un hôpital pour les pauvres malades de cette ville ; et fut réuni à l'hôpital St-Jean en 1243, par l'évêque Guy de Laon. »

C'est probablement à cause de son voisinage de l'ancienne église de St-Vaast que l'hôpital aura reçu le nom du St-Apôtre de nos contrées.

Nous croyons en avoir dit assez pour bien établir la différence qui existe entre cet ancien hôpital et le béguinage de St-Vaast qui fut fondé plus tard et qui existe encore dans l'ancienne *rue de St-Géry*, dont une partie prit le nom de *rue des Anglaises*, quand les Bénédictines anglaises vinrent s'établir à Cambrai en 1622.

Il nous reste à expliquer un autre fait auquel on trouvera peut-être puéril que nous attachions de l'importance ; mais, à notre avis, rien n'est puéril en fait de précision historique : les choses les plus indifférentes en apparence peuvent avoir des conséquences graves. Il s'agit de la dénomination *du terrain* ou *fond de l'Ours*, sous laquelle était désignée la propriété où Vanderburch fit construire Ste-Agnès.

La maison de l'Ours, que par altération on a appelée *maison* ou *fond aux ours*, ne prit très probablement son nom que depuis l'érection de l'hôpital St-Vaast. S'il nous était permis d'émettre à ce sujet une conjecture, nous dirions que sans doute la tradition miraculeuse de l'ours de St-Vaast, n'est point étrangère au nom donné à ce lieu. Peut-être le saint était-il représenté avec son ours, au-dessus de l'entrée de l'hôpital, suivant l'usage où l'on était de mettre l'image du patron sur la façade des établissements religieux ; peut-être un tavernier, un marchand ou autre personnage (1), aura-t-il, après la suppression de l'hôpital, conservé ou pris pour enseigne un St-Vaast avec l'ours. Dans ces hypothèses qui nous paraissent vraisemblables, on ne s'étonnera pas que le peuple, qui va toujours droit au merveilleux, ait désigné l'habitation par l'animal terrible plutôt que par l'image du saint et qu'il eût dit *la maison, le terrain de l'Ours*, plutôt que la maison de St-Vaast.

— V. les lettres des évêques Godefroy et Guy de Laon, relatives à l'hôpital de St-Vaast, dans le † ms. 905, chap. 7.

(1) Un titre de 1542 reposant aux archives du bureau des hospices, prouve qu'à cette époque la propriété de *l'Ours* était une brasserie avec maison, jardins, pourpris et héritage.

VAL-DE-NOTRE-DAME (PRIEURÉ DU).—V. *Guillemins*.

VANDERBURCH (*François*), 7ᵉ archevêque de Cambrai. — Ce bon et saint évêque n'a partagé ni l'éblouissante célébrité de Pierre d'Ailly, ni la renommée chevaleresque de Gérard de Florines, ni la gloire littéraire de Fénelon. Simple autant que modeste, il put jouir du paisible bonheur de répandre des bienfaits sans bruit et sans éclat ; il lui fut donné de consacrer, exclusivement aux soins de sa charge pastorale, une vie qui n'attira pas le regard des nations mais dont tous les actes semblent marqués par la providence d'un caractère d'immortalité.

Il naquit à Gand, le 26 juillet 1567, d'une des familles les plus distinguées de la Flandre. Son père, qui avait été élevé à la cour de Philippe II et qui était un zélé catholique, fut l'objet des haines des hérétiques qui, à cette époque, commettaient d'abominables excès dans les Pays-Bas. Le jeune François Vanderburch faillit périr victime de leurs persécutions. Cet enfant précieux, si l'on en croit M. l'abbé Ouvray, auteur d'une vie de Vanderburch, allait expirer à l'âge de cinq ans, s'il n'eût été sauvé par un évènement qui tient du merveilleux. Quelques personnes sensibles le virent suspendu par les pieds, et près de rendre le dernier soupir. Elles percèrent la foule et l'arrachèrent des mains des barbares. Cet évènement contribua à exciter chez lui une sensibilité religieuse qui ne l'abandonna jamais. Il prit de très bonne heure l'habit ecclésiastique, fit ses humanités à Utrech, étudia la philosophie à Douai, dans le collège d'Anchin, et prit ses grades de juriste à Louvain.

Nommé en 1591 chanoine et conseiller du vicariat à Arras, il devint, en 1596, doyen et vicaire-général de Malines ; puis en 1612, évêque de Gand. Il tint l'année suivante, au mois de septembre, un synode dans sa ville épiscopale.

Enfin, sur la proposition et la recommandation du prince Albert, archiduc d'Autriche, le chapitre métropolitain de Cambrai le choisit pour archevêque, le 14 juin 1615. Cette élection fut confirmée par Bulle du pape, datée du 2 mai 1616. Le bon prélat ne s'était décidé qu'avec peine à accepter les fonctions difficiles dont on voulait le revêtir. Mais une fois résolu à se charger de cette sainte mission, il en accomplit tous les devoirs avec une ardeur et une activité qui n'eurent de limites que les bornes mêmes de son existence.

Cette carrière, si remplie de belles et bonnes œuvres, a été analysée par un prêtre que nous croyons être M. Louis Foulon, qui fut secrétaire de Vanderburch. Ce travail vaut mieux que celui que nous pourrions faire : nous nous faisons un devoir de le reproduire ici. Vanderburch n'a pas besoin qu'on relève son mérite par des phrases sonores. L'exposé de ses travaux apostoliques est le plus bel éloge que l'on puisse faire de lui.

« François Vanderburch fit son entrée à Cambrai le 17 octobre 1616; prêta le serment et célébra la messe solennellement à Notre-Dame; et le lendemain à St-Géry. Il reçut le pallium à Tournay, en la chapelle du palais épiscopal, par Maximilien de Villain, évêque de Tournay. Il avait pris possession de son archevêché par procureur le 8 d'août 1615.

» Il admit les Bénédictines anglaises en la ville de Cambrai. La permission fut donnée le 6 d'octobre 1622. On fit venir les institutrices de Bruxelles : et le susdit archevêque vêtit les premières, le 31 décembre 1623, et reçut la profession des mêmes, le 1er jour de l'an 1625.

» Il admit es-villes de Malines, Atth et Halles, les Pères Jésuites. Es-villes de Mons et Braine-le-Comte, les Pères Dominicains, et à Péruwets, les Pères Brigittains.

» A Mons, Maubeuge, Braine-le-Comte, Soignies, Chièvres, les Pères de l'Oratoire.

» A Louvain il sépara les Anglaises des Urselines, avec lesquelles elles ne s'accordaient; et les fit avoir un nouveau monastère sous la paroisse de Saint-Jacques, qui s'appelle le monastère de Sainte-Monique de l'ordre de Saint-Augustin.

» A Mons introduisit les Célestines et les Bénédictines.

» A Mons aussi et à Valenciennes, les Carmelites.

» Mit la clôture aux Bénédictines de Saint-Lazare à Cambrai; aux Sœurs-Noires de Campeaux à Tournay; aux Sœurs-Grises de Valenciennes.

» Il dédia l'autel de la chapelle de la Maison-de-Ville de Cambrai, le 29 janvier 1619 (1).

» Outre les pieuses fondations qu'il a faites à Gand, y étant évêque cinquième; au diocèse de Cambrai, a bâti et fondé la nouvelle église paroissiale de Robercourt, près de Chastel en Cambresis.

» Au même Chastel a rebâti la maison de Vaucelles du tout ruinée.

» A Cambrai, a grandement augmenté le Palais archiépiscopal.

« A fondé et bâti de fond en comble la maison de Ste-Agnès *sur le Fonds des Ours.* Achevée en 1628.

» A aussi fait belles fondations pour les vieux pasteurs qui par impotence délaissent leurs cures.

» Il a donné la cloture de marbre de la chapelle de St-Blaise, en son église métropolitaine. (Défaite en 1789.)

» Il a béni l'autel de la chapelle de Lazare, le 4 décembre 1617.

» Il posa la première pierre, le 14 avril 1621, à la chapelle des Béguines, et la bénit le 26 de juin 1625.

» Il posa la première pierre de la croisure de l'église collégiale de Saint-Géry, le jour de la Pâques-Fleurie, l'an 1617, y ayant préalablement le même jour célébré la messe en habits pontificaux. Il consacra les deux autels d'icelle croisure, à savoir cestuy de Notre-Dame et cestuy de Saint-Géry, l'an 1621, le 25 août, jour de Saint-Louis. Bénit aussi le même jour, en la même église, 5 autres autels, à savoir : de Saint-Nicolas,—de Saint-Laurent,—de Sainte-Anne, en la carole du chœur, — de Saint-Médard, derrière le grand autel, sous les reliques de Saint Géry,—et de Saint-Vaast, en la basse-nef qui est l'autel de la paroisse de Saint-Vaast.

» Bénit aussi illec, quatre cloches.

» A aussi posé la première pierre du nouveau chœur de la Madeleine, le 26 de mars 1619. Il a consacré l'autel d'icelui chœur, et l'autel de la chapelle Saint-Nicaise et des saints évêques de Cambrai, le 30 d'octobre 1622.

» En outre a consacré, en l'église métropolitaine, l'autel de Notre-Dame-de-Grâce, le 22 mars 1619. Les autels de Saint-Grégoire et de tous les saints, le 5 juin 1617. L'autel de St-Blaise, le 22 d'août 1620.

» Les autels de la paroisse de Saint-Gengulphe, le 24 mars 1619.

» En l'église de Saint-Nicolas a consacré quatre autels, à savoir : de Saint-Anne, de Saint-Nicolas, de Saint-Eustache et de Saint-Michel, en 1618.

» Les autels latéraux de la chapelle de Prémy, le 25 d'août 1617.

---

(1) C'était évidemment un autel nouveau, car cette chapelle existait depuis l'an 1548, et avait été *dédiée*, en 1574, par Louis de Berlaymont.

» L'autel de la chapelle de la maison de Sainte-Agnès, le 28 de........

» Tous les autels des Récolets, le 8 d'octobre 1624. Lesquels il avait encore béni, auparavant que leur église fût changée le 2 décembre 1617.

» Il bénit la chapelle du couvent de Sainte-Anne, le 23 novembre 1627.

L'autel septentrional des Sœurs-Noires, le 4 de may 1620.

» L'autel de Notre-Dame en l'église paroissiale de Sainte-Elisabeth, le 7 may 1620.

» En l'église de l'abbaye de St-Sépulchre, 5 autels, le 20 may 1620, à savoir : les autels de Notre-Dame de Montagu, du nom de Jésus, de Saint-Barthélémy, de Saint-Benoit, et de Sainte-Scholastique.

» L'autel de la chapelle de la maison de St-Lazare; le 4 décembre 1617.

» Les autels de l'église de la Citadelle, le 23 d'avril 1618.

» En l'église paroissiale de Saint-Georges, 4 autels, 14 août 1619; à savoir: les autels de Notre-Dame,— de Saint-Georges,— de Sainte-Anne, — et de St-Antoine.

» La chapelle de St-Roch, proche de la porte du Mail, le 22 d'août 1620.

» Il a dédié l'église de Cantimpré, avec les autels, le 11 mars 1619.

» Il contribua de quelques milles, pour la construction de la nouvelle église paroissiale de Saint-Vaast.

» Il posa la première pierre du Mont-de-Piété de Cambrai, en 1623.

» Il accomoda l'Ecole Dominicale l'an 1626 et fit l'ouverture de la dite Ecole, le 24 d'août de la même année.

» Il a bâti de fond en comble l'entrée et la galerie du palais épiscopal, avec tout le corps-de-logis qui est entre l'église paroissiale de Saint-Gengulphe et le vieil bâtiment contre le jardin du même Palais. Ce fut achevé en 1620. Il a pareillement bâti l'escalier et la salle d'entrée entre la grande et la petite salette dudit palais. Ce fut parfait en 1622. Dont voici le *chronographe* pour apposer au portail de ladite salle :

PaX hVIC DoMVI.
(Résumé)   MDCXVVII.

» Il a aussi fait la brasserie ; pavé les deux cours et la chapelle ; accomodé la sacristie et changé en mieux le palais.

» Il a fait pareillement bâtir la sacristie des Clairisses.

» Il translata le corps de Saint-Druon à Sebourg en une autre fierte d'argent, le mardi de la Pentecôte, 13 juin 1628. (Saint-Druon trépassa au 14 du mois de juin l'an 1186 et alors l'église fut édifiée.)

» Il visita les reliques de Saint-Evrard, de Sainte-Calixte, de Saint-Maxime et autres saints à Cysoing, 16 septembre 1616.

» Il translata la même année, le 25 juillet, les reliques de Saint-Macaire, à Gand, en une fierte d'argent que la ville de Mons-en-Hainault avait offerte en reconnaissance d'une relique qu'elle avait eue du même saint.

» A aussi translaté le corps de Saint-Ghislain, 18 octobre 1626, de Saint-Humbert, à Maroilles, le 21 d'octobre 1627.

» Les reliques de Saint-Eton et saint-Hiltrude et autres à Liessies, le 1er de novembre 1618, et en autre temps.

» Les reliques de Saint-Macaire, à Mons, à Sainte-Wauldru, et de Saint-Veron, 4 avril 1617.

» Le corps de Sainte-Renelde, l'an 1624, le 20 septembre.

» Le chef de Saint-Abel à Binch, le 2 juillet 1617.

» Le chef de Saint-Aibert, le 14 octobre 1643, à Condé, en présence des prieur et religieux de Crespin.

» A introduit les reliques de Saint-Henry, martyr à Mons, le 2 d'avril et illec à l'église des Jésuites, le 4 d'avril 1617.

» A visité les reliques de Saint-Fiacre, a Saint-Fœuillien; et de Saint-Frédéric, à Bonne-Espérance, l'an 1617. Et celles de Lobbes, l'an 1624, le 27 d'août.

» Les reliques de Saint-Saulve et autres du prieuré du même Saint-Saulve, le 7 de septembre.

» Celles de Saint-Badilo, à Leuze, le 13 septembre dudit an 1624.

» Celles de Saint-Aubert, en son abbaye à Cambrai, le 3 de février 1625.

» Celles de Saint-Médard, à Auderly, et plusieurs autres, ailleurs, en divers temps.

» Il trépassa en la ville de Mons, l'an 1644, le 23 de mai. Il est enterré en la même ville, en l'église de la compagnie de Jésus ; en la chapelle de Saint-Ignace, auprès de M. Antoine de Winghe, abbé de Liessies. »

On peut voir, par ces notes curieuses, combien fut active la vie si utile de notre vénérable prélat. Il résulte d'un travail fait sur les registres du vicariat de Cambrai, que, pendant les

28 ou 29 ans que dura sa carrière archiépiscopale, il fit 6,555 clers (1), 3,337 acolytes, 3,650 sous-diacres, 3,609 diacres, 3,746 prêtres, il sacra 4 évêques, il investit 19 abbés, 4 abbesses, il dédia 74 églises, il consacra 3,059 autels.

De pareils chiffres indiquent un zèle prodigieux, et il est aisé de comprendre que le saint archevêque passait une partie de sa vie en tournées pastorales. Cette sollicitude s'explique peut-être par les dangers que courait le diocèse, travaillé qu'il était par les prédicateurs et les agents de l'hérésie.

Vanderburch, tout occupé des immenses travaux apostoliques par lesquels il signala son avènement au siège de Cambrai, n'oublia pas cependant ce qu'il devait à sa couronne ducale, et sut en défendre les prérogatives contre les entreprises de l'archiduc Albert qui, en 1617, s'était attribué le droit de nommer le Magistrat de Cambrai. L'archevêque-duc montra dans cette affaire autant de prudence que de vigueur, et légua intacte, à son successeur, la seigneurie de Cambrai

Vanderburch avait pour devise : *Unitas libertatis arx.*

Voici l'inscription qui fut placée sur sa tombe dans l'église des Jésuites à Mons.

Hic jacet illustriss. ac reverend. Dominus Franciscus VanderBurch, archiepiscopus cameracencis, per annos circiter vigentiocto, et antea gandavensis episcopus per annos prope quatuor, vir indefessi laboris, et eximiæ sanctitatis. Obiit 23 maii M. DC. XLIV, postridie sanctissimæ Trinitatis, ætatis anno septuagesimo septimo.

On peut voir à l'art. *Monuments funèbres*, quand et comment le tombeau de Vanderburch fut rapporté dans la cathédrale de Cambrai.

Indépendamment de ses innombrables bienfaits trop inconnus, même dans la ville de Cambrai, deux grandes institutions proclament hautement la gloire du bon archevêque. La maison de Notre-Dame dite *de Ste-Agnès* et l'école dominicale sont des monuments impérissables qui rappelleront toujours son esprit élevé et sa charité éclairée. — V. *Notre-Dame (fondation de)*. — Et *École des pauvres (grande)*.

---

(1) On appelle *clerc* celui qui s'est consacré au service des autels, en prenant la tonsure. La tonsure n'est pas précisément un ordre, mais une cérémonie par laquelle les clercs sont introduits dans le sanctuaire.

Louis Foulon, secrétaire de Vanderburch a écrit une vie de ce prélat, laquelle fut imprimée à Lille en 1647. Cet ouvrage intitulé : *Epitome vitæ et virtutum illust. et rever. Dom. Francisci Vanderburch arhiep. et ducis cameracencis,* a été traduit et publié à Mons en 1712.

— Il existe aussi un éloge historique de Vanderburch écrit en 1785 par M. l'abbé Ouvray, principal du collège de Cambrai. — On trouve encore des notices sur le même prélat dans le *Gallia christiania*; dans le *Cameracum christianum* (c'est la même que la précédente); dans l'*Histoire généalogique des Pays-Bas* de Le Carpentier, part. II, p. 421 ; dans les Mémoires de la Société d'Émulation de Cambrai. (1823).

VAUCELETTES, *Refuge de Vaucelles.* — V. *Vaucelles.*

VAUCELLES (ABBAYE DE). A deux lieues de Cambrai, au-delà de la ville de Crèvecœur, sur la lisière d'un bois immense, sur le bord de vastes marais, douze cénobites à la suite de St-Bernard, vinrent en 1131 ou 1132 fonder l'abbaye de Vaucelles. L'illustre moine se rendait en ce lieu à la prière du fameux et redoutable Hugue d'Oisy qui, rentré en lui-même, voulait racheter ses péchés par de pieuses fondations. Ces moines firent là ce qu'ils faisaient partout, ils défrichèrent des terres incultes, desséchèrent des marécages qu'ils rendirent fertiles et finirent par créer, en cet endroit désert et sauvage, un des plus beaux et des plus vastes monastères du pays. Ils entourèrent leur jardin d'une muraille prodigieuse par son développement et son épaisseur. Elle avait plus d'une lieue de circonférence (1). Elle était surmontée, de distance en distance, de tourelles dans lesquelles on faisait le guet durant la nuit (2). Une église magnifique, une ferme immense, des écuries et des étables sans nombre, une grange qui couvrait un arpent, des cloîtres pour les religieux, des habitations de gardes, de moissonneurs, de valets de toute espèce; un moulin à l'eau, des vergers, des viviers, le tout enfermé dans cette enceinte de pierre, faisait de cette abbaye une véritable ville.

Les moines de Vaucelles étaient de l'ordre de

---

(1) Le Carpentier, part. II, p. 499.
(2) Deux de ces tourelles subsistent encore aujourd'hui au milieu des champs en culture. L'une d'elles à laquelle se rattache une légende populaire porte le nom de *Tour-Bat-le-Bure*. V. ci-dessus, art. *Traditions surnaturelles.*

Citeaux. Le premier abbé avait nom Raoul. Et si l'on en croit Le Carpentier, il eut le bonheur de voir son abbaye prendre, dès ses commencements, des développements considérables; car avant la mort de ce premier abbé, on y comptait 107 moines et prêtres, 130 convers et 3 novices, total 240 religieux, sans compter les ouvriers laïcs. Ce personnel monastique ne tarda pas à atteindre le chiffre de 340 qui fut encore dépassé par la suite.

L'abbaye de Vaucelles, à la célébrité de laquelle suffiraient sa fortune et la doctrine de ses religieux, est encore citée dans l'histoire pour les visites que lui faisaient les grands hommes de guerre qui portèrent leurs armes dans le pays à diverses époques. Charles-Quint et le roi de France y signèrent une trève de 5 ans, le 5 février 1555.

On trouve dans le recueil des ordonnances du Louvre, t. V, p. 143 et suivantes, un grand nombre de chartes portant concession ou confirmation des privilèges accordés à ladite abbaye; En 1221 par Philippe Auguste; en 1257, par saint Louis; en 1281, par Philippe-le-Hardi; en 1291, par Philippe-le-Bel; en 1316, par Philippe-le-Long; en 1368, par Charles V. Ces dernières sont datées de Vaucelles même.

L'église de Vaucelles fut reconstruite au XIIIe siècle par Vilars d'Honnecourt (V. *Vilars*) et dédiée à la Vierge Marie en 1235, par Henri de Dreux, évêque de Reims, assisté d'autres prélats parmi lesquels figurait Godefroy, évêque de Cambrai.

A l'époque de la révolution, cette abbaye possédait une bibliothèque composée de plus de quarante mille volumes, sans compter de nombreux manuscrits. Ce musée littéraire dans lequel on avait prodigué un luxe somptueux, était l'œuvre de dom Ruffin, l'un des derniers abbés de Vaucelles. Ce prêtre érudit avait trouvé la bibliothèque dans un médiocre état, il y introduisit des trésors qu'il avait recherchés même dans des voyages entrepris dans ce but, ou qu'il avait reçus de ses nombreux correspondants établis dans les villes principales de l'Europe.

Une foule de grands personnages, prélats, princes et seigneurs ont eu leurs sépultures dans cette célèbre abbaye. L'évêque Godefroy de Fontaines y fut inhumé. — Le Carpentier, dans son *Hist. de Cambrai*, part II, p. 502 et suivantes, donne une liste de ces sépultures.

L'abbaye avait à Cambrai un refuge que l'on appelait Vaucelettes (*petit Vaucelles*), il était situé dans la rue qui en porte encore le nom (1). L'autorisation d'ériger une chapelle dans ce refuge fut donnée par Guy ou Guyard de Laon, évêque de Cambrai, en 1238. — *Camerac. christ.* p. 42.

On trouve divers documents sur l'abbaye de Vaucelles, dans les liv. suivants : — Ms. 887, p. 46. — *Glossaire du Cambresis*, p. 59, 61, 137, 138.

VENDELGIES.— V. *Câteau (Le).*

VENT (DROIT DU) — C'était le droit d'élever un moulin sur un fief. Il ne pouvait être exercé que par le seigneur qui néanmoins accordait quelquefois l'autorisation de construire d'autres moulins sur son domaine, moyennant une redevance. Payer cette redevance s'appelait payer le *droit du vent*. — † ms. 887, p. 407.

VERDURIERS. — V. *Fruitiers..*

VERGER (ABBAYE DU). Ordre de Citeaux. En latin *Viridarium*, *Virgultus Beatæ Mariæ*. — Le monastère du *Verger-Notre-Dame* a eu pour fondateurs les seigneurs d'Oisy et d'Aubencheul, avant 1225 (2). Les premières religieuses furent tirées de Blandecque, de la ligne de Clairvaux. *Calendrier ecclésiastique de Cambray*, année 1754.

Cette abbaye de femmes faisait autrefois partie du Cambresis. Nous avons rencontré, dans nos études, des documents curieux sur cette maison : entr'autres choses une description que nous ne voulons pas laisser ignorer.

« L'abbaye du Verger est composée d'une première enceinte qui contient les bâtiments et d'un enclos assez vaste, parsemé de bosquets et coupé par de petits ruisseaux. Il est renfermé entre deux rivières, l'*Hirondelle* et la *Sensée*, dont la première baigne les murs de la maison. L'une des extrémités de cet enclos est limitée par un fossé de 24 à 25 pieds qui communique à la Sensée et par une muraille qui achève la clôture, depuis ce fossé jusqu'à l'Hirondelle. Le côté opposé se termine à la jonction des deux rivières.

» Il y a dans l'abbaye du Verger un moulin destiné à son usage.

» L'abbaye du Verger fut richement dotée

---

(1) C'est aujourd'hui la maison qui porte n. 8.

(2) C'est par erreur que Guillaume Gazet fixe la date de cette fondation à l'année 1232. Il existe des actes de 1227 et 1228, par lesquels Jean de Montmirel, seigneur d'Oisy, dote l'abbaye du Verger D'ailleurs le *Calendrier ecclésiastique* du diocèse de de Cambrai est formel à cet égard.

en 1227 et 1228, par Jean de Montmirel, seigneur d'Oisy. »

Un grand procès fut intenté aux religieuses du Verger en 1614, comme coupables de débauches avec le diable, de profanation et de sacrilége, constituant des opérations de magie. A cette époque, on voulait voir des sorciers partout.

— V. *Recueil de Mémoires pour divers procès*, n° 4985, à la bibl. comm. de Cambrai (1).

Jeanne de Maugré, 24° abbesse du Verger, édifia la chapelle de la très-sainte Trinité et entoura le monastère de murailles beaucoup plus solides que celles qui existaient primitivement — *Gallia christiana*.

Un grand nombre de personnes de distinction ont eu leur sépulture dans l'église du Verger-Notre-Dame. Aujourd'hui l'église a disparu. Deux fermes ont pris la place du couvent. Quelques grandes pierres tumulaires abandonnées sur un chemin rappellent seules le souvenir de l'église. Le moulin existe encore.

L'abbaye du Verger eut jadis un refuge dans Cambrai.

On lit dans le † ms. 884, p. 245 : « L'an 1604, le 10 décembre et le 5 septembre 1606, les états, en conséquence des ordres de leurs altesses sérénissimes, ont acquis les maisons servant à loger les troupes, où était anciennement le *Refuge du Verger* et autres, près de la porte de Cantimpré, dont une partie incorporée dans le rempart. »

VERJUS. — On appelle verjus un vin acide que l'on fait avec un raisin qui n'a pas mûri. Le raisin aigre s'appelle *aigret*. C'est du moins le nom qu'il avait dans le Cambresis où il abondait, à cause du climat trop froid pour mûrir les vignobles. On apportait beaucoup d'aigret au marché où les fabricants de verjus s'en pourvoyaient.

Règlement pour les marchands de verjus
(sans date).

SOMMAIRE.

1°. Que les marchands de verjus n'achepteront de de l'aigret dans la ville et banlieue pour revendre, et ne meslangeront nouvel verjus avec vieil.

2°. Qu'ils n'achepteront aigret en jardin en tasque.

3°. Qu'on ne tordera le verjus qu'entre deux soleils.

4°. Qu'on ne le tordera par la pluie.

5°. Qu'il n'y aura à chascun blocque qu'un mesureur sermenté par les mayeurs.

6°. Que les mayeurs pourront aller es maisons des carbateurs, marchands et autres pour eswarder le verjus.

7°. Qu'on ne laissera aller les enfants où l'on bat le verjus.

8°. Ce qu'on prend pour le tordage.

9°. Qu'ils n'iront au-devant de l'aigret qu'on amiéne au marchet; que le verjus se mesurera entre deux soleils.

10°. Le 7 de septembre 1439, fust déffendu qu'on n'emporteroit hors de la ville plus de 8 ou 10 lots.

11°. Règle le prix du verjus.

Du *Livre aux Bans*, f° 193.

VICTOR (ABBAYE DE ST-). — On voit, dans les chroniques, l'abbaye de Cantimpré désignée quelquefois sous le nom *de St-Victor*, parce que les religieux de cette abbaye avaient adopté les constitutions de l'abbaye de St-Victor de Paris. — V. *Cantimpré (abbaye de)*.

VIDAME, Vidamie : de *vice dominus* vice seigneur (1). Cette charge fut originairement exercée par des seigneurs laïcs, puis ensuite par le Chapitre auquel elle avait été cédée par les premiers. Cette session avait eu lieu, selon Le Carpentier, par Foulque de Levin, vers l'an 1150; selon d'autres chroniqueurs, par Ménessier de Beauvoir, en 1220.

Dans l'origine, la vidamie était une chose utile; le vidame était non-seulement administrateur des biens de l'évêché, mais encore un protecteur puissant et efficace. Il fallait qu'il pût, en cas de besoin, s'armer en guerre, mettre des troupes au service de l'évêque; et l'on comprend, qu'à ces conditions, il ait eu de belles prérogatives. Aussi ne s'étonnera-t-on pas de trouver, parmi ces prérogatives, le droit de posséder le cheval que montait l'évêque lors de son entrée solennelle. Ce droit tout chevaleresque était l'expression la plus poétique et en même temps la plus vraie de l'état des choses. L'évêque, une fois entré solennellement, était censé n'avoir plus à s'occuper que des affaires spirituelles de son siége, c'était à son vidame à veiller pour lui sur les intérêts matériels; il était donc naturel que le cheval, symbole de prouesse et de guerre, passât aux mains du preux qui devait veiller les armes à la main. Mais ces belles théories furent bientôt souillées par l'intérêt des hommes; la cupidité, l'orgueil en firent un usage hostile; le Chapitre pêcha en eau trouble et parvint à s'arroger les droits sans être apte à la protection. Ainsi vont les institutions humaines; elles se

---

(1) On pourra lire au Recueil que nous indiquons les détails affreux de ce procès qui semble n'avoir été qu'une abominable injustice.

(1) Ménage, Origines de la langue française.

dénaturent tôt ou tard, et le fardeau reste là où l'utile n'est plus.

Pendant longtemps la vidamie ne fut plus qu'un fief lige qui donnait à son possesseur « le droit de prendre, d'avoir et faire sien, chaque fois que l'évêché de Cambrai venait à vaquer, tous les prouficts, fruicts, émoluments de ladite comté et temporalité, tant et si longuement que l'évesque élu n'avait pas rempli les formalités de l'hommage à l'empereur ou roy des Romains. »

L'histoire constate que ces droits passagers avaient fini par être exercés de la manière la plus abusive par les vidames laïcs, et plus abusive encore par le Chapitre lorsqu'il en fut possesseur. Il vidait les viviers, abattait les bois, en un mot exerçait une véritable dilapidation.

Les choses allèrent si loin, qu'un évêque de Cambrai fit intervenir l'autorité du pape. Il en résulta un accord en vertu duquel le Chapitre percevait une somme fixe pour sa gestion, avec obligation de rendre compte de tous les revenus qu'il touchait. — V. § ms. 5, p. 266. — V. sur le même sujet, *Hist. de Cambrai*, par Le Carpentier, part. I, p. 249.— § ms. 9, f° 9, verso.

VIE COMMUNE (CLERCS DE LA). — Nous n'avons pas à faire l'histoire de cet ordre fondé au XIV° siècle, par Gérard Groot ou le Grand de Deventer. Ces religieux, dont on ne connaît pas assez les services, employaient leur zèle et leur savoir à la copie, à la reproduction d'anciens manuscrits et à l'éducation de la jeunesse. C'est à ce dernier titre qu'ils furent appelés à Cambrai en 1509, par Jacques de Croy, pour y tenir le collége des Bons-Enfants, qui était auparavant dirigé par des prêtres séculiers. Ces bons religieux vinrent dans la ville épiscopale au nombre de cinq, parmi lesquels était chrétien Massœus.—V. *Massœus*. — On les désignait généralement à Cambrai sous le nom de *Fratres* ou *Jéronimites*.. Ils y séjournèrent pendant environ 45 ans ; après lesquels, rebutés par des difficultés que nous ignorons et qui nuisaient au progrès de leur maison, ils prirent le parti de se retirer. Ils furent alors remplacés par les Guillemins. — V. *Collége*.

VIÉSIERS. — Aujourd'hui Fripiers.

Sommaire d'un règlement sans date pour les Viésiers.

1°. Est ordonné que les viésiéz n'iront au devant des denrées, qu'ils vendront et achepteront aux halles, que les marchandises passeront l'eswart des mayeurs.

2°. Que nuls ne soient marchands et revendeurs à loyer.

3°. Qu'ils ne vendent point d'ouvrages refoullet.

4°. Ny des pourpoints et jacquettes tournez à l'envers, ny de nuls faux draps ou de tiretaine.

5°. Qu'ils ne pourront vendre ny achepter ouvrages neuves, voiez en c'est article ce qu'est réputé pour ouvrages neuves.

6°. Que toutes viéseries de dehors seront visitées par les mayeurs, auparavant d'être vendues.

7° et 8°. Qu'ils ne vendront viel escoherie avec neuf et ce que c'est d'escoherie.

9°. Qu'on ne vendrat pennes de noir, qui soient engrassez, ou autre chose dont on peut noircir.

10°. Qu'on ne vendrat menu vair fait de kraine ny en souffre.

11°. Que les revendeurs et revendresses presteront serment es mains des eschevins.

12°. Que lesdits revendeurs ne vendront leurs choses, avec celles qu'on leur aurat donné à vendre.

13°. Qu'il ne soit viésiers tenant estal, qui les samedis cherche œuvre aux revendeurs.

14°. Qu'on ne pourrat vendre les samedis fustailles es halles, si ce n'est es lieu a ce ordonnez.

15°. Qu'ils obéiront aux mayeurs.

16°. Que les mayeurs feront leur debvoir.

17°. Qu'un viésier ne tiendrat deux estaux.

18°. Désigne le lieu où les viésiers doibvent vendre.

19°. Qu'ils ne recevront des marchandises et denrées douteuses des marchands forains. — Tiré du *Livre aux Bans.*

Deffence aux viésiers de vendre ou faire vendre en leurs maisons et boutiques, aucuns draps en détaille ny habillemens de drap neuf, ny recevoir aucunes marchandises ou draps de fausse teinture. 8 octobre 1579. — *Livre aux Bans.*

Sentence rendue le 20 d'aoust 1599 entre les drapiers et viésiers, ayant force de règlement et édict perpétuel entre eux.

SOMMAIRE.

Que les viésiers pourront recepvoir draps de laine de fausse teinture et les pourront mettre en œuvre à ouvrages d'habillemens vieux.

Que lesdits draps seront eswardez par les mayeurs de la perche et n'excédront la valeur de 30 patars l'aulne : à la réserve des draps de soye et autres y contenus.

Que lesdits viésiers pourront vendre et débiter toutes sortes de pourpoincts jusqu'à la valeur de 30 patars.

Qu'ils n'exposeront en vente aulcuns habillemens qu'ils auront faict faire pour leur usage, si ce n'est, etc.

Qu'ils n'auront en leurs ouvroires que deux serviteurs.

Qu'ils ne donneront aucune ouvrage à faire hors de leurs maisons.

Que deux viésiers seront joints aux mayeurs de la perche, pour estre à la visite, tant des draps que des habillemens et accoustremens, etc. — *Livre aux Bans*, f° 326 jusque 328.

Le 2 de juin 1600 fust dit par sentence, que les viésiers ne pourront mettre en œuvre, ny en vente draps rouges de la manufacture et teinture de Valenciennes. — *Livre aux Bans*, f° 327, verso.

Deux règlemens donnant pouvoir aux viésiers de vendre draps de fausse teinture jusques à la valeur de 30 patars l'aulne et toute sorte de pourpoincts non excédant 3 florains, etc. L'un est du 2 mars 1600, l'autre du 16 octobre 1608.— *Livre aux Bans*.

Sentence du 3 décembre 1627 confirmant les susdits deux règlements : sauf que les viésiers pourront vendre lesdits draps de fausse teinture jusques à la valeur de 32 patars l'aulne, et exposer en vente toute sorte de pourpoincts jusques à la valeur de 3 florains 5 patars. — *Registre des lettres de police*, f° 19, verso.

Sentence déclarant, que lors qu'il y aura quelqu'un nouvellement reçu dans la confrairie des viésiers, serat tenu de demander la permission de mettre la perche à l'huis, aux trois grands mayeurs auxquels appartiendront les droits pour ce deuz, primitivement à tous leurs autres confrères. 18 janvier 1634. — *Registre des lettres de police*.

Ordonnance décrétant que les grands mayeurs des couturiers, pourront entrer es bouticles des viésiers, pour y faire leurs visites, sans prévost et echevins, jusques à la monstre seulement, et non plus avant, et ce avec un sergeant de la prévôté. 22 juillet 1631. — *Registre des lettres de police*, f° 59 et f° 111.

Sentence donnée entre les mayeurs des viésiers contre les mayeurs des drapiers, tailleurs d'habits et merciers, déclarant quels habits, quelles estoffes et quels draps les viésiers peuvent vendre, jusques à quelle valeur et en un mot confirmant, et réitérant les anciens règlements et sentences, jà plusieurs fois portées entre les mesmes parties et pour les mesmes subjets. 7 mars 1656. — *Registre des lettres de police*, f° 127, verso.

Ordonnanc aux viésiers que lorsqu'ils voudront faire, ou faire faire quelques habits ou accoustrements pour leur usage particulier de neuf estoffe totallement, ou de draps excédant la valeur limitée, ils en debvront advertir et donner vision aux mayeurs des tailleurs. 5 septembre 1662 — *Registre des lettres de police*. f° 127, verso.

Les viésiers avaient St-Roch pour patron.

VIGNES, *Vignobles*. — Il y avait autrefois d'assez nombreux vignobles dans le Cambresis; les côteaux favorablement disposés en étaient garnis. Il s'en trouvait notamment à Lesdain et à Crèvecœur. *La rue des Vignes*, dans cette dernière localité, rappelle encore que la côte qu'elle parcourt produisait du raisin. Ce clos appartenait à l'abbaye de St-Aubert. Nous empruntons au *Glossaire du Cambresis*, l'extrait suivant d'un registre mémorial de St-Aubert, où l'on voit de quelle façon se faisait la culture des vignes en 1424.

Le jour Nostre-Dame en Septembre l'an XIIII et XXIIII°, Monseigneur l'abbé marchanda à Perrin Melaye à ce jour demourant à Crèvecuer, de labourer bien et souffisamment de toute royes et de saison nos vignes estans au terroir de Crèvecuer, et jusques au dit d'ouvriers; et avec ce les doit warder ou faire warder jusques à tant qu'elles sont vendengées cascun an. Item poit retenir les hayes à sen frait, en prendant tel prouflt qu'il y puet prendre sans les amenrir. Et avec ce en temps que on vendengera les dites vignes, li et sa femme doivent aydier à vendengier les dites vignes, porter, ontonner et aller au pressoir tant que tous les vins seront ontonnez. Et pour faire toutes les dites labeurs bien et souffisamment et sans fraude l'espasse de trois ans, commenchant à jour St-Rémy l'an XIIII et XXIII, il doit avoir pour cascun XV couronnes du roi en or su monnoie à l'avenant et III meneauds de blet pris à Belaise avec le demeure de le maison des dites vignes. Item poit avoir les eskays des vignes loyaument pris : est assavoir le serment, les eswiures des escarchons, et le fraitin des escarchons, tous loyaument pris et sans fraude. Item avec les labeurs dessus escriptes, il doit faire tous les ans VIII c. de prouvains à compter III broques pour I prouvain sans rien avoir d'argent ; se plus en fait, il doit avoir VI S. du cent. Au marquiet dessus dit furent présents monseigneur l'abbé, le trésorier Jean Aubry, Piérart Parfait, Robert le Kocq et Gille le Wille.

VILARS DE HONNECOURT (*de Honnecort*), architecte cambresien. — Nous employons ici le mot *cambresien* pour signifier *appartenant au Cambresis*. En effet, Vilars était de Honnecourt. On sait peu de chose de cet architecte qui travailla cependant à notre ancienne métropole, admirable œuvre d'art qui suffirait à rendre illustre et immortel le nom d'un architecte de nos jours. Un album de Vilars, conservé à la bibliothèque impériale, contient des documents suffisants pour prouver que notre artiste Cambresien est l'auteur du chœur de Notre-Dame, de *Notre-Dame Sainte-Marie de Cambrai*, comme il l'appelle; qu'il était lettré pour son temps; qu'il a traité non-seulement des choses de son état : géométrie, trigonométrie pratique, mécanique, coupe des pierres et maçonnerie, charpente, dessin de l'architecture, dessin de l'ornement, dessin de la figure, objets d'ameublement ; mais encore de matières étrangères aux connaissances de l'architecte.

Dans une dissertation très remarquable sur Vilars d'Honnecourt, M. Quicherat n'hésite pas à faire sortir ce savant architecte de la grande école du temps de Philippe-Auguste ; il le place « au beau milieu de cette génération d'hommes, par l'industrie desquels le genre gothique atteignit, comme système de construction, ses derniers perfectionnements »

Dans l'album dont nous parlons plus haut et qui mérite une attention particulière, on trouve quelques feuillets consacrés aux détails du chœur (*du chevet*) de Notre-Dame de Cambrai. — On lit sur l'un de ces feuillets. « Vesci l'esligement del chevec Ntre-Dame Sainte-Marie de Cambrai ainsi comme il est en tierre. Avant en cest livre, en trouverez les montées dedans et dehors; et toute la manière des capèles et des plains pans pareillement autresi et li manière des ares boteres. »

Voilà pour l'église; maintenant voici comment l'artiste signe son album. « Vilars de Honnecort ung salve etc., si proie à tos ceus qui de ces engiens ouverront con trovera en cest livre, q'i proient pour lame et qu'il los soviengne de lui, car en cest livre puet on trover grant consel de le grand force de maçonnerie et des engiens de carpenterie, etc. »

M. Quicherat, en plaçant l'existence de Vilars de Honnècourt au milieu du XIIIᵉ siècle, est dans l'exacte vérité : car nos chroniques locales indiquent que le chœur de Notre-Dame fut terminé en 1251, sous l'épiscopat de Nicolas de Fontaines (1).

Ce fut donc vers le milieu du XIIIᵉ siècle que vécut notre compatriote qui fit de nombreux et fructueux voyages pour son instruction; qui en fit aussi comme maître de l'art, pour aller notamment en Hongrie où sa réputation l'avait mis en renom. Et cependant cet homme, dont les œuvres ont été immortelles sinon impérissables, était tombé dans un complet oubli. Il est juste que nous inscrivions son nom dans le modeste monument que nous élevons à l'histoire de notre pays, en attendant que la capitale du Cambresis, fière de ceux de ses enfants qui firent son ancienne gloire, leur restitue, par des hommages publics, la célébrité qui doit leur appartenir.

Il n'est point inutile de noter que l'album de Vilars d'Honnecourt, qui contient le plan du chœur de la métropole de Cambrai, présente aussi celui de l'église de Vaucelles, voisine du village d'Honnecourt. — V. l'*Album de Vilars* Mss latins Nº 1104 fonds St-Germain, à la bibliothèque impériale. — V. aussi *Notice sur l'Album de Vilars de Honnecourt* par M. J. Quicherat; Paris Leleu, libraire, 1849.

VINCY ou *Vinchy (forteresse).* — Nous ne répèterons point ici tout ce que nous avons dit, au mot *Crèvecœur*, sur l'origine de la forteresse de Vincy, sur la distinction qu'il faut faire entre Vincy et Crèvecœur que Le Carpentier a confondus; enfin sur les souvenirs de la bataille que ce lieu rappelle. Nous prions le lecteur de s'y reporter.

Rothard, évêque de Cambrai en 978, trouva la ville de Cambrai « en grand trouble dedans et dehors, qu'il ne sçavait que faire. Entre autres choses, Charlon (ou Otton) s'estoit retiré à Gouy, en Aroise, en un chasteau qu'il avoit fait; et pour encore plus grever ceux de Cambrai et l'évesque, *il fit faire un chasteau en une ville qui paravant avoit estée appelée Vincis, entre Vaucelles et Crèvecœur.*

« Ce voyant le bon évesque manda secours à Godefroy de Flandres contre son ennemi Charlon, lequel il vint en grande puissance de gens dont l'évêque fut fort joyeux, et assembla le plus de gens qu'il peult de Cambray et du pays là environ, et allèrent siéger ledit chastel de Vincis, le prinrent et le rasèrent. » — *Chron.* d'Adam Gélicq, p. 70 et 71.

M. Leglay rapporte, dans son *Glossaire du Cambresis*, une charte de l'évêque Liébert qui prouve qu'au onzième siècle Vincy avait une église particulière. Le même auteur pense même que Vincy était le chef-lieu de ce vaste territoire qui forme aujourd'hui la circonscription de Crèvecœur. Il en trouve la preuve dans un acte émané de l'évêque Liétard en faveur de l'abbaye de Vaucelles. — V. *Glossaire du Cambresis*, p. 148.

Nous ignorons si la forteresse de Vincy, ruinée du temps de Rothard, peu de temps après sa construction, a été réédifiée. Aujourd'hui le village de Vincy a disparu, une ferme seule semble demeurer en ce lieu pour n'en point laisser perdre le nom.

VINS. — MARCHANDS DE VINS.

Règlement pour l'Estaple au vin.

SOMMAIRE.

1º Que tous ceux qui amiènent vins à Cambray pour le vendre en gros, le feront conduire à l'estaple, etc.

2º. Que personne ne reçoive, ou tire vins hors de l'estaple sans congé des Quatre-Hommes, ou des assisseurs.

3º. Que tous voituriers, cartons (charretiers), estapleurs, etc. ne remplissent d'autre remplage que de bon vin.

4º. Que personne n'afforera vins à l'estaple, sinon après sacrement sonné.

5º. Comment on doibt assaier les vins, et qu'on advertira les Quatre-Hommes, où les vins pris à l'estaple seront decquerquez

6º. Qu'aucun marchand depuis que ses vins seront

---

(1) Ce chœur était si parfait, qu'on le citait comme le beau idéal dans ce genre. Jean Molinet a dit : « Notez que pour avoir une église parfaite, il faudrait la nef de Nostre-Dame d'Arras, *le chœur de Nostre-Dame de Cambray*, avec son embellissement d'épitaphes, la croisée de Nostre-Dame de Valenciennes, et le dôme et le clocher d'Anvers. »

venuz à l'estaple, ne les puisse mener hors sans vendre jusques à lendemain prime sonné.

7°. Que tous vins menez à l'estaple, ne seront amenez dehors sans congé de Quatre-Hommes ou de leurs commis.

8°. Qu'on ne tirera vins hors de l'estaple pour conduire hors de la ville, sans congé des Quatre-Hommes, ou de celui qui tient l'issue forain.

9°. Que personne ne refuse forage à monseigneur de Cambray.

10°. Qu'on n'amènera vin à brouette, si ce n'est à la place à ce ordonné.

11°. Inconnu.

12°. Que les crieurs, rapporteront aux Quatre-Hommes, tous les jours, ce qu'ils auront criez.

13°. Que personne n'ira chercher vins, ou autres breuvages, si ce n'est es lieux et tavernes qui paient l'assise.

14°. Qu'aucuns hostelains hebergera, estapliers menans vins à l'estaple; pour vendre en gros ou en détail.

» Règlement que si aucun des marchands de vin ou tavernier de la ville achèptent plusieurs pièces de vin à l'estaple; et qu'aucuns desdits taverniers ou plusieurs autres abordent paravant que lesdits vins soient délivrez audit premier marchand, à manière accoutumé, en demandant part et portion esdits vins, ledit premier marchand aura seulement une pièce desdits vins à son choix, et hors part; et pour le demourant desdits vins, il jettera lot avec les autres qui auront demandé part.»—*Livre aux Bans*, f° 38. Du pénultième jour de janvier 1511.

« Règlement désignant l'heure qu'on pourra percer ou mettre le forest es vins qui seront à l'estaple. » — *Livre aux Bans*, f° 38. Du 4 mars 1585.

« Règlement des sallairs des gaugeurs de vin, du 17 may 1589. »

« Les sallairs desdits gaugeurs furent augmentés par un règlement postérieur du 28 mars 1642. »—*Livre aux Bans*, f° 38 verso.

« Ordonnance qu'on ne tiendra vin à l'estaple, plus que trois jours.»

Cette ordonnance sans date était au *Livre aux Bans*, f° 308, verso art. 30.

Règlement pour les marchands de vin.

SOMMAIRE.

1°. Il ordonne que nul marchand de vin achepte vin coulé, ou en ait en sa cave.

2°. Que nul ne mesure vin, si ce n'est à mesure bonne loyale, et marquée du nouvel flastre de la ville.

3°. Que tous taverniers, ou autres voulant vendre vin, mettront enseigne à la porte; du moins un pot.

4°. Que personne ne fasse décharger vin dans sa cave, si ce n'est par les déquerqueurs sermentez de la ville.

5°. Que nuls taverniers tireront leurs vins estans à brocque, à chandeille de cire ou autre lumière.

6°. Que tous les vins seront enregistrez par les Quatre-Hommes.

7°. Qui voudra vendre vins étrangers pourra le faire, pourvu qu'il n'en vende point d'autres.

8°. Que les marchands vendans vins du comté de Cambresis, de Crèvecœur, de Doubbay, de la rivière de la Somme, ne pourront vendre vins François, n'y Rhemois, etc.

9° Que les taverniers aians entamez une pièce de vin, ne la remplaceront de vin dépérissant. — Du 29 d'avril 1441.

« Ordonnance de n'avoir que d'une sorte de de vin dans sa cave, et tout à un prix. Item la distinction des vins et qu'ils sont réputez François.»— Du *Livre aux Bans*, f° 29.

« Ordonnance que les marchands de vin en gros ne pourront vendre en débit et contra. » —*Livre des Ordonnances*, f° 137 verso, 138. Du 6 octobre 1635.

Règlement pour les desquerqueurs de vin, et de leurs sallairs.

SOMMAIRE.

1°. Qu'aucun desquerqueur, desquerque ou n'avale vins sans congé des Quatre-Hommes ou des assisseurs.

2°. Qu'ils desquerqueront paisiblement les vins, et s'acquitteront loïalement de leur debvoir.

3°. Qu'ils nè pourront querquer ny desquerquer vins, sans corde et sans poullain,

4° Que le premier desquerqueur qu'on trouvera à l'estaple, debvra querquer ou desquerquer les vins venduz en icelle au commandement des couletiers, sans qu'il se puisse excuser de leur coupples, et nul de leurs compagnons aurat part au gainage, fors ceux qui feront l'ouvrage.

Le reste du règlement règle les sallairs des desquerqueurs de vin, selon la distance des lieux, et les caves où ils doibvent descendre.— *Livre aux Bans*, f° 36 jusque 41.

VOIRIE. — V. *Police*.

VOS (LAURENT DE). — V. *Devos*.

W

WAL

WALINCOURT (*Château de*). — Nous ne saurions déterminer l'origine du château de Walincourt dont il est question dans les chroniques du XIIe siècle.

L'existence de cette forteresse n'est signalée par aucun évènement important : on voit la famille de Walincourt contracter, dans les siècles anciens, de grandes alliances dans tout le pays. Vers l'an 1312, un seigneur de Walincourt eut velléité de battre monnaie en son château, mais il en fut empêché par l'évêque : « Jean, seigneur de Walincourt, avoit fait des préparatifs pour y battre monnaie, l'évesque lui représenta qu'à lui seul appartenoit de le faire dans le Cambresis ; Jean le reconnut et s'excusa.... » — Dupont, part. III, p. 90.

Enguerrand de Monstrelet fut Bailli de Walincourt.

Une maison moderne, démolie depuis la Révolution par la *Bande-Noire*, avait remplacé, de longue date, la forteresse féodale.

Le Carpentier rapporte deux lois de Walincourt que nous reproduisons ici comme documents utiles à l'histoire de la législation et des mœurs du temps.

PREMIÈRE LOI DE WALINCOURT.

En nom li peres et li sint esprite, Amen. Jo *Baudoins Buridans*, sires de *Walleincourt*, fach savoir à tos chiaus ki chest escript verront et orront, ke jo por li salut de m'name, et de mi anchisseurs ai donée et assise loi en me tierre à la requeste de mes homs (vassaux) en li ville de *Wallaincourt*, de *Maslaincourt*, de *Preumont*, de *Aelincourt*, de li *Sottiere* de *Clari*, et de *Selvigni*. Et li loi si est telle. Kicunque tuera home ou desmemberra dedens li teroir li seignour de *Wallaincourt*, mort paie mort, membre por membre, u en le volente au seignour, et li sires ne puet chelui qui mesfais remetre en le ville, san en faire raisnable pais as amis. Et li mordreres prieront de merchi. Se anscuns manans en le ville a werre à autre mamant en li ville, li sires li doibt faire asseurer deden li franchise de le ville, etc. Cette loi ai-ie créancée avec *Joie Soier* no suer, et *Jean Liesuins*, sires de Doures, *Drues* ses frères, et *Colars* ses frères etc. Che fu fait en li an de le incarnation nostre seignour, M. CC. et XXXVII el mois de jenuier, etc.

DEUXIÈME LOI DE WALINCOURT.

Nous *Jehan* sires de *Walincourt* et de *Chisoing*, Bers de Flandres; fasçons savoir à tous ki ches laitres veront u oront ke veiant, et ayant veus molt de corruptele, et défaillanche en no loi de Walincourt depuis li estaulissement fait par no anchestre *Bauduins Buridans* sires de chile mesme tierre à ké Dius pardonist, nous por li salus de no asme, et de no anchestres, et ossi por li repos et pais de tos mes gens habitans en me villes de *Walincourt*, de *Selvigni*, de *Eslincourt* de *Peremont*, de *Malincourt*, de *Claris* et ostres, nous avons apielés, huqués et convoqués à no conseil molt de personnes nobles, sages et honnerables de no viesinage, pour no loi bien estaulir, deviser, et deubment konformer. Ores est-il donc kéjourd'huy XV de may à me requestre se assemblèrent en no castiel de Walincourt... (noms des témoins. . . . . .

. . . .

tant chevaliers qu'escuyers, tos hommes molt saiges et prudens por chou ke nous aviesmes à faire, en le fourme comme il s'en suit : 1° Quicunque tuera home ou demembrera ens et dedans no tieroir de Walincourt, mort doit paier mort, et piel pour piel, ou en le volentet dou seigneur, etc. Qui fiert de pied ou de poing sans faire sang XX sols paiera, et s'y sang y a LXXX sols. Qui fiert de baston sans faire sang, et sans afoler LXXX sols, et s'il fait sang, C et XX sols. Quicunque traira coutiel à pointe sour aulcun sans ferir LXXX sols, s'il en fiert sans occire et sans afoler XX lib. : Qui fiert de hache, et qui trait espée sans sang et sans ferir XL sols, et s'il en fiert C sols et de toute autre arme moelue C sols et rendre au navré doit dammage raisonable, selon li jugement de no baillue. Quicunque fiert aucun en se maison LXXX, etc. Si on vent maison manaule en no tieroir, li sires en doit avoir le thierche, etc. De le mencaudée de tierre vendue IV sols d'issuë et autant d'entrée, etc. Cascuns hom ki manoir tient entier doit IV corouvées l'an ; li manouvrier doit 8 deniers pour le courouvée, etc. Cil ki a un keval doit III sols pour le corouvée, etc. Li sires puet prendre si come il sieut les kiutes en se tiere, et li maires doit faire seurement, etc. Quicunque desmentira autrui par ire VII sols doit, s'il en est convaincu pas tesmoins. Quicunque appiellera femme putain, VIII sols. Quicunque fiert femme ki n'est en li mamburnie LXX sols, etc. Si le sires de Walincourt est fait prisonnier en guiere ou en terre sainte, les manans doibvent donner dou leur pour se redemption selon li diskretion dou sire. S'il fait faire sen fils aisné chievalier, les manans doibvent ensaule donner CLX lib. S'il doune se fille aisnée en mariage LXXX livres pour honnerer ses espeusailles. Quant li sires aura guière, ou en serat semonchiet par sen souverain, les manans debvront livrer deniers selonc le reisonable requeste de leur signor, et s'ils trop griévés se trovoient cils pourront remonstranche en faire au sires de Crievecuer, au jugement duquels mi ou li sires apries mi entendre deverat il, etc. Si manans quitte no tieroir pour se placher alieurs, il debvra al sire le quint de le valeur de sen manoir, s'il en a un, etc. Quicunque vendera vin sans afforer par eskievins C sols, etc. Si le serjant dou signor trove kesnes coupant, ou portant a cou, ou à karète, si le serjeant en a tiesmongnage, s'il a LXX sols de forfaits, etc. Si vacke, ou si keval trouvé par jor en bled, ou en bos, ou en damage d'autrui a warde faite doit XX deniers, etc. Et se aulcuns clame chatieus sour aultrui, qui eskievins doivent gugier, s'il est prouvé de fausclain, il doit VIII sols au signor d'amende; et se auscun ni dete ou chatieus, s'il en est convencus il doit X sols. Et se auscuns clame hiretage, dont il soit convencus de faus clain il doit LXXX sols d'amende, etc. Ches coses toutes oredennées nouvelement apries meur, sage et boen conseil de tous les signors et no amis à chou faire par nous en saulement appielles, comme dit est, avons confirmet, et seailet de no propre saiel, etc. Ce fut fait en l'an de l'incarnassion N. Signeur MCCC et XVI li jor susdits.

WALINCOURT (ÉGLISE COLLÉGIALE ET CHAPITRE DE NOTRE-DAME DE). — V. *Notre-Dame de Walincourt (Eglise collégiale de)*. — Cette collégiale ne doit point être confondue avec le Prieuré du val Notre-Dame, près Walincourt, vulgairement dit les Guillemins. — V. *Guillemins*.

WARESCHAIX, WARESCAIX ou **FLÉGARDS**. — Lacombe, dans son *Dictionnaire du vieux langage*, définit le Wareschaix « une commune, un pâturage entouré de fossés. » Telle n'est point la signification de ce mot à Cambrai. On y appelle Wareschaix, une ruelle étroite ou terrain quelconque compris, hors de la voie publique, entre plusieurs propriétés qui y sont contiguës, et sur lequel ces propriétés ont une issue. C'est dans ce sens que le mot wareschaix est employé dans une foule d'actes et de titres anciens.

Il y avait autrefois dans Cambrai un grand nombre de ces terrains mitoyens fort commodes pour le service des maisons dont ils dépendaient : mais l'autorité en a fait vendre beaucoup au commencement de ce siècle.

WARANCHE ou **WARANGE**, c'est-à-dire *Garance*. — V. *Teinturiers*.

WATERLOS, *Waterlosius* (LAMBERT), chanoine régulier de l'abbaye de St-Aubert à Cambrai, vivait au XIIᵉ siècle. Il entra dans ce monastère en 1118 à *l'âge de* 11 *ans*. Cette date et cet âge, que nous empruntons à Julien de Lingne, indiquent qu'il naquit en 1107. Il écrivit l'histoire de ce qui se passa de plus remarquable en Cambrai et Cambresis depuis 1108 jusqu'en 1170. Cette histoire ne pouvait manquer d'être une chose très précieuse, malheureusement elle fut égarée on ne sait comment. Elle n'avait point été imprimée, mais il en avait été fait plusieurs copies. Le manuscrit original existait encore à St-Aubert en 1664 (1). Colvenère, éditeur de la chronique de Balderic, se proposait de publier aussi celle de Lambert Waterlos ; mais il ne réalisa point son projet.

Cet ouvrage que Waterlos commença à l'âge de 45 ans (2), était intitulé : *Historia episcoporum cameracensium et rerum gestarum ab anno* 1108, *usque ad annum* 1170, *auctore Lamberto Waterlosio*. On en connaît des fragments publiés, par les soins du savant abbé Mutte, dans la continuation du *Recueil des historiens de France*, t. 13, p. 476 à 532.

Waterlos n'était plus à l'abbaye de St-Aubert quand il mourut vers 1172. Il était alors curé de Bertri, après avoir exercé le ministère pastoral dans deux ou trois autres paroisses.

Il existe deux notices sur Lambert Waterlos. L'une a été publiée par M. Brial, dans le t. 14 de l'*Histoire littéraire de la France*, p. 596. L'autre par M. Leglay, dans la *Biographie universelle* de Michaud.

On peut voir dans la *Bibliothèque historique* du père Lelong (nouvelle édition 1771) des remarques intéressantes sur le ms. de Waterlos, qui ont été fournies par l'abbé Mutte.

WETTE du mot *Wettier*, regarder, guetter. — V. *Guet*. — *Beffroi*..

WIART (ROBERT). — Il naquit à Cambrai; fut docteur en médecine; sous-diacre et chanoine du chapitre de N.-D. de cette ville ; il se montra le bienfaiteur des pauvres en instituant par testament un *Médecin de charité*, pour le soulagement et assistance des povres malades. Dans l'intention de perpétuer cette fondation, il légua au *médecin de charité* sa maison, des terres, des rentes et tous ses

---

(1) Abbé Mutte.
(2) C'est lui-même qui dit cela dans sa chronique, à l'année 1152.

livres de médecine (*sauf ceux de chirurgie en la langue françoise*). *Le médecin de charité* était tenu de visiter tous les malades et religieuses de St-Jean et de St-Julien, de donner également ses soins à tous les religieux et religieuses de St-François, de Ste-Claire, de St-Jacques; enfin aux sœurs-noires et à tous les malades de la ville *cogneux pour vrayment pôvres*.

Il n'est pas douteux qu'un homme aussi charitable n'ait lui-même, durant sa vie, prodigué aux pauvres les secours de son art; et la fondation du médecin de charité qu'il institua par son testament, ne fut probablement qu'un moyen de perpétuer les services qu'il avait rendus jusque-là. — V. son testament dans le *Mémoire sur les archives des maisons religieuses du Cambresis*, par M. Leglay, p. 85.

Pieux autant que généreux, le bon chanoine avait donné en 1600, à la trésorerie de l'église N.-D. une *rose de Jéricho* (1), dont on ornait le grand autel pendant la messe de minuit. Le peuple était persuadé que cette fleur entr'ouverte s'épanouissait au moment de l'élévation.

Robert Wiart mourut le 3 avril 1613 et fut inhumé, à la métropole, dans la *chapelle de tous les Saints*, à l'ornement de laquelle il avait contribué de son vivant.

WIREMBAUD-DE-LA-VIGNETTE ou de la *Vigne*.

Ce fut un de ces humbles bienfaiteurs de l'humanité dont l'oublieuse postérité se rappelle à peine le nom, et dont pourtant les œuvres charitables se perpétuent de génération en génération. C'est de pareils hommes que nous aimons surtout à parler, parce qu'il est bon que les Cambresiens connaissent leurs amis et leurs bienfaiteurs. Il serait nécessaire que les pauvres connussent les noms de ceux à qui ils doivent le soulagement de leurs misères.

Wirembaud vivait au XIIe siècle, du temps de Burchard. Voici ce qu'en dit l'abbé Dupont : « Ayant fait vœu de continence avec sa femme entre les mains de leur évêque, et placé deux de ses fils dans l'abbaye de St-Aubert, un troisième à St-Sépulchre et une fille dans une communauté de Reims, il se retira en l'hôpital de St-Julien, où il passa le reste de ses jours à servir les malades, après avoir donné à cet hôpital une partie de ses biens dont il employa une autre partie à esteindre un droit onéreux qu'on payait au passage de la porte de Selles, et qu'on exigeait impitoyablement, des plus pauvres même. » — *Hist. de Cambrai*, par Dupont, part. II, p. 75.

On peut voir à notre *article Fortifications*, § *Porte de Selles*, p. 156, ce que c'était que ce péage. On trouve dans le *Glossaire du Cambresis*, p. 34, un acte de confirmation (par l'évêque Burchard) de l'abolition du péage de Selles par Wirembaud. Cet acte est daté de 1121. C'est donc à tort que Le Carpentier, part. II, p. 529, fait vivre Wirembaud en 1220. Le fait est, que cet homme plein de vertus et de charité mourut en 1123, dans l'hôpital même où il s'était fait le serviteur des pauvres malades. Cette date est fournie par Julien de Lingne qui était en position de se renseigner exactement.

---

(1) *Rose de Jéricho*, nom donné improprement à une plante des bords de la mer Rouge, que les botanistes rangent dans la classe des Taraspics. Cette plante, en se desséchant, courbe en dedans l'extrémité de ses rameaux; mais quand on la trempe dans l'eau, ses feuilles se raniment et ses fleurs s'épanouissent. Le peuple croyait autrefois que ce phénomène ne se manifestait que le jour de Noël.

FIN.

ERRATA.

Il est impossible que, dans un livre tout composé de dates, de chiffres et d'*indications*, il ne se soit pas glissé des erreurs, les unes de la part de l'auteur, les autres par le fait de l'imprimeur. Nous nous proposons de recueillir et de publier un jour toutes les fautes que nous pourrons y découvrir ou qui nous seront signalées par d'obligeants lecteurs. Nous donnons aujourd'hui celles qui nous sont déjà connues, et qu'il importe de rectifier :

Page 58, colonne 1re, ligne 4, au lieu de 1680, lisez : 1580.

Page 118, colonne 2e, à la fin du paragraphe Herluin, ajoutez : V. *Herluin*.

Page 156, colonne 1re, ligne 43, au lieu de † ms. 650, lisez : † ms. 659.

Page 202, colonne 1re, ligne 5, au lieu de 674, lisez : 675.

Page 299, colonne 2e, ligne 46, au lieu de abbé de St-Andrieu, lisez : abbé de St-Adrien.

Page 310, colonne 1re, ligne 2, au lieu de *egregorio*, lisez : *egregio*.

Page 397, colonne 2e, ligne 4 de la note, au lieu de *écrite au XVIe siècle*, lisez : *écrite au XVIIe siècle*.

Page 407, colonne 1re, au lieu des nos (3) et (4) placés devant les notes, lisez : (1) et (2).

Achevé d'imprimer en Février 1856, par RÉGNIER et BOURTRAU, imprimeurs à Cambrai.

CORRECTIONS ET ADDITIONS

A PLACER A LA SUITE

DU DICTIONNAIRE HISTORIQUE DE CAMBRAI ET DU CAMBRESIS

PAR E. BOULY.

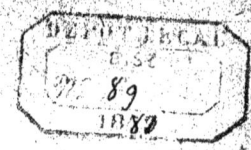

> Il y a une règle sûre pour juger les livres comme les hommes, même sans les connaître : il suffit de savoir par qui ils sont aimés et par qui ils sont haïs. Cette règle ne trompe jamais.
>
> J. DE MAISTRE.
> *Soirées de Saint-Pétersbourg.*

En terminant l'impression de notre DICTIONNAIRE HISTORIQUE DE CAMBRAI ET DU CAMBRESIS, nous disions :

« Il est impossible que dans un livre tout composé de dates, de chiffres « et d'*indications*, il ne se soit pas glissé des erreurs, les unes de la part de « l'auteur, les autres du fait de l'imprimeur. Nous nous proposons de recueillir « et de corriger un jour toutes les fautes que nous pourrons y découvrir ou « qui nous seront signalées par d'obligeants lecteurs. »

Nous tenons aujourd'hui notre promesse. Nous croyons même devoir joindre à ces corrections quelques documents historiques recueillis trop tard pour être publiés à l'époque où notre livre a paru, et des faits plus récents qui ne doivent pas rester ignorés. Mais en ajoutant ces documents nouveaux, nous n'avons pas la prétention de combler les lacunes de notre ouvrage susceptible d'ailleurs, si on le voulait, de continuelles additions. L'impossibilité, trop longtemps prolongée, de consulter les archives de la ville, nous a privé d'un certain nombre d'utiles renseignements. Heureusement, il n'en est plus de même aujourd'hui, et ce trésor précieux, habilement exploré par l'archiviste actuel (M. Durieux), a déjà servi à fixer bien des incertitudes, à révéler bien des faits intéressants.

Quant à nous, applaudissant aux travaux plus récents de nos confrères, nous nous bornerons à les signaler à l'attention du lecteur comme le meilleur complément qui puisse être donné à notre Dictionnaire historique.

EUGÈNE BOULY.

Novembre 1881.

CORRECTIONS.

Page 23, Colonne 2, Ligne 5, *ajoutez :* Il y eut de plus, et à diverses époques, les archers de Saint-Gilles et de Sainte-Christine déjà connus en 1550 ; puis encore ceux de Saint-Nicolas, de Saint Georges, de Saint-Antoine, de Sainte-Ursule et bien d'autres qui, selon toute apparence, ne furent, comme celles de nos jours, que des compagnies qui naissent et disparaissent à l'heure et à la fantaisie de leurs fondateurs.

P. 30, C. 1, L. 10, *au lieu de :* aussitôt que l'invention en a été connue (commencement du XVe), *lisez :* aussitôt que l'invention *leur* en a été connue (XIVe siècle). *Voir aux additions, un document important, art : Artillerie.*

P. 30, C. 1, L. 24 et suivantes, *au lieu de :* nous apprend que *MM.* du Magistrat, etc., *lisez :* nous apprend qu'en l'an 1556, MM. du Magistrat ayant acheté l'artillerie de l'évêque (Robert de Croy) « pour la somme de deux milz quatre cens soixante-cincq florins et demy, de vingt patars de Flandre pour chacun florin, » et le paiement de ce prix étant parachevé, décharge en fut donnée audit magistrat « le 10 d'apvril 1556, après Paques ». — (Registre aux remonstrances, fol. 23.)

P. 30, C. 1, L. 29, *au lieu de :* l'archevêque, *lisez :* l'évêque.

P. 37, C. 2, L. 39, *après ces mots :* du village de Cantaing, *ajoutez :* d'autres disent de Cuvillers.

P. 58, C. 1, L. 4, *au lieu de :* 1680, *lisez :* 1580.

P. 62, C. 1, L. 34, *au lieu de :* où elle est rapportée, *lisez :* où il est rapporté.

P. 98, C. 1, L. 28, art. *Ecole de dessin, au lieu de :* 1782, *lisez :* 1780.

P. 118, C. 2, à la fin du paragraphe HERLUIN, *ajoutez :* V. HERLUIN, article spécial.

P. 126, C. 1, L. 22, *au lieu de :* ci-dessus, *lisez :* ci-dessous.

P. 156, C. 1, L. 43, *au lieu de :* ms. 650, *lisez :* ms. 659.

P. 202, C. 1, L. 5, *au lieu de :* 674, *lisez :* 675.

P. 202, C. 1, L. 36, *à ces mots :* actes et décrets des divers Conciles tenus à Cambrai, *ajoutez :* et à Mons.

P. 255. C. 1. L. 31, après Josse Laurent, imprimeur juré, *au lieu de :* en 1633, *lisez :* en 1615.

P. 299, C. 2, L. 46, *au lieu de :* abbé de Saint-Andrieu, *lisez :* de Saint-Adrien.

P. 310, C. 1, L. 2, *au lieu de :* egregorio, *lisez :* egregio.

P. 339, C. 2, L. 12, *avant le nom :* de Frémicourt, *placez un nom oublié :* Richard-Desmarest, 30 mai 1808.

P. 383, C. 1, L. 2, *au lieu de :* vers la fin du XVe siècle, *lisez :* en 1400.

P. 389, C. 1, L. 14, *au lieu de :* un devis de cinquante mille francs, *lisez :* de cent cinquante mille francs.

P. 397, C. 2, *à la note,* L. 4, *au lieu de :* écrite au XVIe siècle, *lisez :* au XVIIe siècle.

P. 407, C. 1, au numérotage des notes, *au lieu de :* (3), *lisez :* (1) *au lieu de :* (4), *lisez :* (2).

P. 430, C. 1, L. 44, après ces mots : Arnould Pingrez était alors... *au lieu de :* (1478 ou 1479), *lisez :* (1477, ou 78, ou 79). En effet trois des anciens mss. que nous avons consultés, fixent chacun à l'une de ces dates différentes, la décapitation d'Arnould Pingrez.

P. 466, C. 1, avant la L. 3, *lisez :* Sépulcre (rue St). — En 1793, rue de la *Liberté*.

ADDITIONS.

Abbé de l'Escache ou de Cache-Pourfy. — En 1854 nous écrivions : « Nul document n'existe sur la constitution de notre abbé de l'Escache, » et nous nous estimions heureux d'en retrouver quelques traces, fort rares il est vrai, dans les anciens mémoriaux manuscrits. Nous étions donc réduit à n'en parler que d'une manière conjecturale. Et cependant, dans les archives de la ville de Cambrai inaccessibles alors à cause du désordre qui y régnait, il existait, à l'insu de tous, un certain nombre de renseignements sur cette institution singulière.

Depuis lors, un grand travail a été accompli. C'est à M. Durieux, l'archiviste actuel, qu'était réservé l'honneur de terminer (en 1878) le classement et l'installation commode de ce trésor communal. Personne n'était mieux placé que lui, pour l'exploiter au profit de la science; aussi y a-t-il déjà puisé la matière de volumineux mémoires, dont l'un traite de l'histoire du théâtre à Cambrai. On y trouve une date qui fait remonter au commencement du XVe siècle, la première manifestation historique de l'Abbé et de ses compagnons de l'*Escache*. Cette date, écrite sur un registre des comptes de la ville en 1426, est celle d'une allocation de quarante sous tournois payée d'avance à la joyeuse compagnie, à l'occasion d'une fête qu'elle devait donner le 13 janvier, jour que l'on appelait *le Vingtième*, évidemment parce qu'il est le vingtième à partir de Noël (1).

La Société de l'Escache existait donc dès le commencement du XVe siècle. Elle était, comme nous l'avons dit dans notre Dictionnaire, de la grande famille de celles qui florissaient dans la Flandre. C'était alors un goût général. Les villes et même les bourgades avaient leurs associations de plaisir, plus ou moins riches, plus ou moins nombreuses. Les joyeux compagnons se réunissaient sous les noms divers qui visaient à l'originalité. Leurs chefs ou présidents prenaient le titre de Prince, de Roy, d'Abbé, de Prévost, etc. Le Prince de Plaisance de Valenciennes, le Prince de Plaisance de Condé, les Tost-Tournés de Hasnon, le Prince d'Amour de Lille, qui s'appelait plus anciennement le Prince des Fous, l'abbé du Plat-d'Argent du Quesnoy, le Prince d'Amour de Tournay, le Roy des Cornuyaux de Douchy, etc., peuvent donner une idée des appellations bizarres de ces sociétés.

On trouve aujourd'hui un pâle reflet de leurs usages dans ceux des Sociétés chorales et des Fanfares qui abondent partout; avec la seule différence que les nôtres font de la musique, tandis que celles de nos pères se plaisaient principalement à donner des spectacles de diverses natures. Seule différence, disons-nous, entre autrefois et aujourd'hui, car ces deux époques se ressemblent par d'autres points. Alors comme aujourd'hui, les bons compagnons aimaient à rire, aimaient à boire et ne dédaignaient pas les repas de corps. Alors comme aujourd'hui, on s'invitait réciproquement à des concours, à des fêtes brillantes ; les résidants allaient recevoir aux portes de la ville, et *en grand estat*, les compagnies étrangères qui arrivaient souvent en nombre considérable. On souhaitait la bienvenue par de beaux discours, (on appelait cela *bien-veigner*) et l'on conduisait les hôtes au Palais du Prince, Roy ou abbé, où l'on offrait les vins d'honneur (1). Tout cela comme aujourd'hui à la différence des termes seulement. Puis, commençaient les jeux et esbattements.

Ces réunions offraient parfois des spectacles splendides. Des costumes brillants faits de velours, de satin, de damas; rouges, blancs, verts, oranges, cramoisis, tout ruisselants d'or et de pierreries, garnis d'her-

---

(1) On sait, en effet, que dans l'ordre des fêtes chrétiennes, celle de Noël vient la première. C'est ce jour là qu'autrefois, entre parents et amis, on se faisait cadeaux et complimens, en vue de l'année nouvelle.

Il n'est, dès lors, pas étonnant que nos pères aient compté les premiers jours de l'année en prenant Noël pour point de départ.

A Cambrai, et sans doute ailleurs, *le Vingtième* était un jour de fête, et nous retrouvons encore, dans nos vieux usages de Flandre, la fête de l'*Abbé-Boit* que l'on célébrait ce jour-là. Nous en parlons dans notre Dictionnaire à l'article Mœurs, p. 377, 2e col.

(1) Aujourd'hui c'est une salle de mairie ou un café qui servent de Palais.

mine ou galonnés d'or; des chapels, des chaperons ornés de plumes jouant au vent; des étendards de toutes couleurs aux franges d'or et de soie; des pages, des varlets, des compagnies entières à pied et à cheval, richement costumées; des chevaux caraçonnés de *toiles d'or;* et pour servir de contraste à ces richesses, des humbles, des chétifs ou *quétifs* vêtus de bure, de *canevas* sombre, ce qui ne les rendait pas moins joyeux; et tout ce monde animé par les joueurs d'instruments. Tel était le luxe des fêtes de nos pères. Ils avaient de plus des *cars*, (des chars) sur lesquels ils jouaient leurs scènes burlesques ou dramatiques. Ces chars étaient des plates-formes roulantes, ou même de simples chariots décorés suivant le sujet de leurs esbattements. Ils avaient aussi pour les voyages et les entrées joyeuses, des *chariots de triomphe*, sur lesquels prenaient place les femmes et filles des sociétaires. Cela se faisait dès les XVe et XVIe siècles. Les chars de triomphe de nos jours ne sont, comme on le voit, qu'une réminiscence de ceux-là. Et ce que nous disons concerne aussi bien l'Escache de Cambrai que les autres sociétés; car il est évident que ces institutions de plaisir procédant des mœurs du temps, il y avait conformité dans leur organisation, leurs usages et leurs amusements.

D'abord modeste et peu développée, comme toute chose qui commence, la Société de l'Escache ou de Cache-Pourfy avait pris peu à peu une importance considérable. Ses *jeux de personnages*, ses farces qui n'étaient d'abord que des scènes de tréteaux à peu près comme celles des batteleurs à la porte de leurs baraques, et que les acteurs de l'Escache faisaient sur des chariots plus ou moins ornés, avaient fini par devenir des représentations importantes que l'Echevinage réclamait souvent pour ses fêtes, pour les entrées de princes; et qu'il favorisait en ces occasions de larges subventions. Il portait même tant d'intérêt à l'existence de l'abbaye de l'Escache, qu'il lui allouait annuellement une certaine somme. Alors les *jueurs sur cars* avaient délaissé leurs chariots, ils faisaient construire sur le grand marché, tantôt un *hourd* ou échafaud; tantôt un grand théâtre que l'on décorait du nom de Palais, et qui disparaissait après la représentation ou la fête. Ce palais était placé ordinairement auprès de la *Capelette*. Le Magistrat favorisait aussi les voyages que pouvait faire l'abbé de l'Escache pour assister aux concours des villes voisines. Les plus hauts personnages d'ailleurs se plaisaient à suivre ces grandes fêtes, comme l'on court aujourd'hui aux fêtes communales.

Les relations sociales, la prospérité du commerce, le progrès par l'émulation, que l'on invoque de nos jours, et non sans raison, pour justifier ces grandes assises du plaisir, ne sont pas une idée nouvelle: on voit que nos pères n'étaient pas moins clairvoyants que nous.

Nous venons d'envisager la Société de l'Escache à son point de vue pittoresque; quant à son côté anecdotique et administratif, nous ne pouvons mieux faire que de renvoyer le lecteur au Mémoire de M. Durieux sur les *Sociétés de rhétorique et le théâtre à Cambrai avant et depuis 1789*. Il y est naturellement question de l'abbé de l'Escache, et la compétence de l'auteur ne laisse rien à désirer sur ce sujet.

Il y eut encore à Cambrai d'autres sociétés analogues, mais plus éphémères qui surgissaient dans certaines occasions et disparaissaient bientôt; tandis que celle de l'Escache a duré deux siècles, on trouvera les noms de ces compagnies dans le mémoire que nous venons de citer.

Antiquités. — *Menhirs de Belaise* (1). — Nous devons à l'obligeance de feu M. l'abbé Boniface, archéologue aussi modeste que savant, les renseignements suivants sur ces pierres druidiques.

« J'avais remarqué, dit-il, au sud-est de Belaise, à 500 mètres de la ferme, sur la rive droite de l'ancienne chaussée romaine de Cambrai à Saint-Quentin, à quelques mètres (nord) de cette route, trois grès presqu'aussi gros que nos *Pierres jumelles*, mais deux fois plus hauts, élevés à peu près verticalement, à dix mètres les uns des autres. J'interrogeai M. Passet, né vers 1760, ancien maire d'Aubencheul-au-Bois, homme très-judicieux et versé dans l'histoire locale. Il me dit avoir appris des plus savants religieux de Vaucelles, que ces pierres furent au nombre de vingt-quatre, alignées huit à huit en forme de rectangle; qu'on avait trouvé sous ces grès des ossements humains et des ustensiles usés, déformés par la rouille, mais qu'on supposait avoir servi *au culte des Dieux sauvages honorés jadis dans*

---

(1) Belaise, ferme isolée, commune de Crèvecœur-en-Cambresis.

ces lieux, sur cette hauteur qui avait été un cimetière gaulois.

« Je consultai ensuite le sieur Val, ancien domestique du dernier abbé de Vaucelles. Cet homme né à Aubencheul, et plein de jugement, m'affirma que, dans leurs promenades vers Belaise, les religieux lui avaient parlé dans le même sens. — Plusieurs autres personnes confirmèrent cette déposition.

« M. Pascal Lacroix, habitant alors la ferme des Angles, m'assura qu'il voyait dans ces pierres un reste de monument druidique, conservé presque jusqu'à nos jours, parce que ce lieu avait servi aux exécutions judiciaires des seigneurs de Crèvecœur et de Vaucelles, comme à Cambrai on les fit non loin des Pierres jumelles. »

Les derniers menhirs de Belaise, au dire de M. Boniface, ont disparu vers 1845.

« J'ai été, dit encore le même archéologue, en revoir l'emplacement ; ils se dressaient jadis sur le sommet rehaussé de main d'homme, dit la Mencaudée du Gayant, tenant à la route que l'on nomme en cet endroit : *Voie du Gayant* (du géant). C'est l'ancienne voie romaine. Ce point est nommé *le Signal* sur la carte du dépôt de la guerre, et s'élève quelques mètres plus haut que Bonavis. Les anciens y plaçaient des sabbats de sorciers ; les religieux de Vaucelles y faisaient exécuter les sentences de leur Prévôt.

« On raconte dans les environs un drame épouvantable qui s'est passé en ce lieu. Ce fut, dit-on, la dernière exécution faite près de Belaise. Une femme innocente y aurait enduré le supplice du feu à la place de son père coupable. Le fait ne paraît que trop certain. Ce misérable laissa brûler sa fille plutôt que d'avouer son crime d'incendie. »

Armoiries de la Ville. — Par lettres patentes du 11 novembre 1815, le roi déférant au vœu de la municipalité cambresienne, lui rendait ses armoiries anciennes, blasonnées comme il suit : *D'or à un aigle à deux têtes, becqué et membré de gueule, chargé sur l'estomac d'un écusson d'or à trois lions d'azur.* Ces armoiries, telles d'ailleurs que nous les avons indiquées dans notre ouvrage, forment le vrai blason de la ville de Cambrai. Mais elles ont des accessoires dont les lettres du roi n'ont point fait mention. Ce sont les tenants et la couronne. L'administration considéra le silence comme une approbation tacite, et n'hésita point à timbrer son écu d'une couronne.

Nous avons dit que cet écusson était sommé d'une couronne de comte, parce que le conseil municipal l'avait demandée telle dans sa séance du 17 janvier 1815. Mais depuis lors, on substitua à cette dernière la couronne ducale, tantôt ouverte, tantôt fermée. C'est ainsi que dans une même lettre officielle (1858) nous trouvons la couronne fermée dans les armoiries imprimées en tête du papier, et la couronne ouverte sur le sceau appliqué après la signature du maire.

Et de fait, on rencontre les mêmes disparates dans les anciennes gravures des armoiries cambresiennes. Nous en possédons où la couronne est ouverte, d'autres où elle est fermée ; d'autres encore, des États généraux de la ville de Cambrai et du comté de Cambrésis (1786), où elle est transformée en couronne de marquis, c'est-à-dire ornée de fleurons et de grosses perles alternés (probablement par la maladresse du graveur). Nous possédons également des jetons de présence des États, sous Louis XVI, où la couronne ducale est fermée. D'autres du Magistrat de Cambrai sous le même règne, où la couronne fermée n'est plus ni de comte ni de Duc, mais de pure fantaisie. On voit qu'au point de vue de la tradition, il y aurait du choix.

Enfin en 1869, par suite de recherches faites par M. Durieux, archiviste, le maire de la ville de Cambrai (M. Brabant) qui les avait suggérées, adopta, pour faire cesser toute indécision, et comme type définitif, l'écusson cambresien timbré d'une *couronne ducale fermée*. Ainsi se trouve infirmée l'énonciation du conseil municipal de 1815 qui demandait une couronne de comte.

Artillerie. — Pendant le siège de Cambrai par Edouard III, en 1339, l'artillerie à poudre dut jouer un rôle important dans la défense de la ville. « Depuis une année à
« peine qu'elle était en usage en France,
« elle avait fait de tels progrès, qu'on fit faire
« pour la défense de Cambrai, dix canons :
« cinq de fer et cinq de métal, et fabriquer la
« poudre nécessaire. — Deux titres origi-
« naux qui avaient échappé jusqu'ici aux
« recherches des érudits, et un compte des
« sommes payées par Etienne de la Baume,
« dit le Gallois, à l'occasion des dépenses
« faites pour la défense de Cambrai » ne peuvent laisser aucun doute à cet égard.

Nous invitons le lecteur curieux à se reporter à l'excellente dissertation de M. Lacabane, intitulée : *De la poudre à canon et de son introduction en France*, savante étude à laquelle nous empruntons ce qui est guillemeté plus haut, ainsi que les titres dont il vient d'être question et qui nous paraissent trop intéressants pour n'être pas reproduits ici.

Sachent tuit que nous, Hugues, sires de Cardilhac et de Bieule, chevalier, avons eu et receu de Monsr le Galois de la Balmes, maistre des arbalestriers, pour dis canons, chincq de fer et chincq de métal, liquel sont tout fait dou commandement doudit maistre des arbalestriers, par nostre main et par nos gens, et qui sont en la garde et en la deffense de la ville de Cambray, vingt et chincq livres deus soulz et sept deniers tournois, liquel sont délivrés audit maistre et à la ville. Donné souz nostre saiel à Cambray, le VIIIe jour doctobre mil CCC XXX et noœf. *Original, parchemin. Bibliothèque nationale de Paris.*

Sachent touz que je Estierfne Morel, escuiers, ay eu et receu de François de Lespitaul, clerc des arbalestriers du roy nostre sire, par la main de Raoulet Haymon, lieutenant dudit François, pour salpêtre et suffre vif et sec achetez pour les canons qui sont à Cambray, onze livres quatre soulz III deniers tournois. Desquelles XI livres IV soulz III deniers tournois, je me tien à bien paiez. Donné à Cambray, souz mon seel, le VIe jour de décembre, l'an mil CCC XXX IX, laquelle poudre a esté délivrée à monsieur le maistre des arbalestriers. *Original, parchemin. Bibliothèque nationale. Cabinet des Titres.*

Chambiges. — Nous rangeons volontiers parmi les hommes remarquables de Cambrai, MARTIN CHAMBIGES, architecte au XVIe siècle. Dans son intéressant ouvrage ayant pour titre : *Description de la Cathédrale de Beauvais*, M. Emmanuel Woillez s'exprime ainsi à propos de la nef transversale de ce monument : « On confia la direction des
« travaux à MARTIN CHAMBIGES, *de Cambrai*,
« que l'on fit venir, disent les registres du
« Chapitre à *Longinquis partibus*, et à Jean
« de Beauvais. On accorda au premier (c'est
« à dire à Martin Chambiges), une maison,
« vingt livres tournois de pension annuelle
« (quatre-vingt francs), quatre sous par cha-
« que jour de travail (quatre-vingt centimes),
« et un pain du Chapitre. » — Puis le savant auteur ajoute en note : « CHAMBIGES DE CAM-
« BRAI et non pas *Cambiche* ou *Cambriche de*
« *Paris*, comme l'indique Louvet. La signa-
« ture de cet artiste Chambiges et celle de
« Jean Vast, apposées au bas d'un rapport
« fait par eux le 2 juillet 1512, sur des travaux
« exécutés à Beauvais, ne peuvent laisser
« aucun doute sur l'exactitude de notre
« assertion. Ces signatures authentiques
« sont rapportées dans un extrait du registre
« des dépenses du Chapitre, du XVIe siècle. »

Ainsi, il est bien et dûment constaté qu'au commencement du XVIe siècle, un artiste, un architecte cambresien, du nom de Martin Chambiges, jouissait d'une réputation telle qu'il fut appelé à Beauvais pour y prendre la direction des travaux de la cathédrale. Or, on connaît la splendeur de ce chef-d'œuvre d'architecture ; et il ne faut pas perdre de vue que les deux portails font précisément partie du transept, objet des soins de Martin Chambiges.

Le long séjour que notre artiste aura fait à Beauvais, pour l'œuvre immense dont on lui avait confié la direction, peut seul expliquer l'oubli dans lequel son nom était tombé chez ses compatriotes.

Escaut. — *Ses sources*. — Nous avons dit, dans notre article sur l'Escaut, — Dictionnaire historique, — que ce fleuve prend sa source près du mont Saint-Martin. Nous avons relaté l'inscription qui en fait foi et nous sommes d'ailleurs d'accord avec une tradition généralement acceptée. Cependant, un livre, très-rare sans doute, composé par un religieux du Mont-Saint-Martin, et imprimé à Cambrai, chez Samuel Berthoud, en 1769 (1), donne à l'Escaut une première source plus reculée. Suivant l'auteur du livre, l'Escaut aurait pris sa source dans le cimetière du village de Beaurevoir. Garembert, premier abbé du Mont-Saint-Martin, avait bâti son monastère sur un monticule nommé Boni. Quoique très-sain par sa position dans les bois et le monticule sur lequel il était placé, ce bâtiment présentait un grand inconvénient : l'eau y manquait, ce qui le fit abandonner. Garembert acheta, à une demi-lieue de là, un autre terrain appelé le Mont-Saint-Martin, et plus anciennement le *Mont-des-Bœufs*, *Mons-Boum*. C'est au-bas de ce mont que le saint religieux transporta sa communauté. « Ce terrain, encore situé dans les bois, était de plus *bordé par les eaux du fleuve de l'Escaut qui, prenant alors sa source dans le cimetière de Beaurevoir, venait couler le long des jardins*

---

(1) « *Histoire du Vénérable serviteur de Dieu, le Bienheureux Garembert, fondateur et premier abbé régulier de l'abbaye royale du Mont-Saint-Martin, au diocèse de Cambray, par un Religieux de la même Maison.* » — Ce Religieux, Charles-Louis Devillers, chanoine Prémontré, était neveu de l'abbé Colliette, le savant auteur de l'*Histoire du Vermandois*.

des religieux. » Ce fut en 1130 que s'opéra cette translation du monastère, laquelle, disons-le de suite, ne fut pas encore la dernière, puisqu'au XVIIIᵉ siècle, on le reconstruisit plus vaste et plus monumental « en un terrain plus solide et un air plus sain, » où les bâtiments existent encore aujourd'hui, en partie du moins.

Reprenons maintenant les lignes soulignées plus haut, et faisons remarquer que ce fut précisément pour que le *jardin des religieux* fût *bordé* par les eaux de l'Escaut qui prenait alors (XIIᵉ siècle) sa source *dans le cimetière de Beaurevoir* que l'on plaça le monastère en ce lieu. Une assertion aussi précise nous paraissait d'autant plus concluante, que Carpentier lui-même, sur la *Carte du Cambresis*, dont il est l'auteur (*auctore Carpentier*), et un autre ancien géographe, sur une Carte particulière des *environs de Cambray, Bappaumes, Saint-Quentin, Péronne* (sic), placent la source de l'Escaut auprès du village de Beaurevoir.

Cependant, nous ne nous sommes point contenté de ces preuves, et nous avons pris, sur les lieux, des informations dont voici le résultat. — En effet, la première source de l'Escaut a existé près Beaurevoir; mais depuis longtemps cette source a tari, pour ne reparaître que de loin en loin, à des intervalles de temps irréguliers, et à la suite de pluies considérables. Le défrichement des bois au milieu desquels elle jaillissait fut, selon nous, la cause de sa disparition. — Ainsi s'explique comment celle du Mont-Saint-Martin, abondante et intarissable, est considérée depuis lors, comme la véritable source de l'Escaut.

Farde. — Ce mot très-usité chez les hommes de plume, à Cambrai et dans nos villes du Nord, n'est pas français. Hécart, dans son Dictionnaire Rouchy-Français, avoue qu'il l'avait toujours cru tel; après quoi il constate qu'on ne trouve ce mot ni dans le Dictionnaire de l'Académie, ni dans celui de Boiste. Il aurait pu ajouter ni dans ceux de Noël et Chapsal, de Bescherelle, ni de bien d'autres linguistes. — Consulté un jour par des étymologistes sur l'origine de ce mot *Farde*, voici celle que nous avons trouvée et que nous ne croyons pas contestable :

L'Espagnol a vécu longtemps parmi nous, il y a laissé des traces ineffaçables de son sang, de ses mœurs, et surtout de son langage. Un grand nombre de mots espagnols sont entrés et restés dans la langue du pays, en prenant une certaine couleur locale. Or, il y a dans la langue espagnole vulgaire un mot *Farda* qui signifie un paquet de plusieurs choses liées ensemble, ce que nous exprimons en Français par *Liasse*, en latin par *Fasciculus*, et en Anglais par *Fardel*. Nos vieux procureurs cambresiens, nos tabellions qui avaient souvent affaire avec les Espagnols, et qui n'étaient peut-être pas fâchés de trouver un mot d'argot (le mot Farda est un peu bohémien) n'hésitèrent point à désigner du nom de *Farde* leurs liasses de papiers d'affaires. Une fois adopté, l'usage de cette expression se généralisa; et voilà comme et pourquoi on peut user, sans scrupule, de ce terme d'ailleurs consacré et accepté par tous nos savants du Nord, bien que l'Académie n'en ait pas encore fait l'inscription dans son Dictionnaire.

Fontaine Saint-Benoît. (P. 149.) — Il n'est pas inutile de dire ici que le projet de distribuer dans Cambrai les eaux de la fontaine Saint-Benoît, projet repoussé en 1846, à cause des obstacles que l'on rencontrait, a été repris depuis et modifié de manière à devenir praticable. Aujourd'hui, la ville est abondamment pourvue de l'eau de cette fontaine.

Gave-Gavenier. — On a fait dans l'application du mot gavenier une singulière confusion que nous devons faire remarquer. Les uns ont nommé *gavenier* le percepteur du droit de gavène. (Voir, pour l'origine de ce droit, au mot gave dans notre Dict., p. 168.) Les autres ont donné cette qualification au comte de Flandre lui-même à qui était due la redevance.

Nous citerons en faveur de la première interprétation, Carpentier qui dit : « Il y avait encore les offices du *gavenier* et de son lieutenant, *tous deux* commis par le comte de Flandre, qui en qualité de *protecteur* des églises du pays, reçoit un droit de courtoisie annuel, que le vulgaire appelle gavène ou gave. » (*Histoire de Cambrai*, partie IIIᵉ, chap. 6.)

Ensuite, Dupont : « Il y avait *dans Cambrai* un gavenier qui prêtait serment à l'église de cette ville, et son lieutenant, *préposés* (au pluriel, c'est-à-dire l'un et l'autre) à la recette de ce droit ». (*Histoire de Cambrai*, IIᵉ partie, p. 74).

Puis, M. Leglay qui dit : « l'officier *préposé* à la recette de ce droit se nommait gavenier ». (*Recherches sur l'église métropolitaine de Cambrai*, p. 201.)

Encore M. Leglay : « A Cambrai, le protecteur des églises était le comte de Flandre, qui se reposait de ce soin sur un lieutenant nommé *gavenier*, à cause du droit de gave qu'il percevait ». (*Nouvelle édition de Baldéric*, p. 535.)

De plus, on lit dans un Mémoire produit devant la cour du Parlement de Flandre, en 1778 (p. 8, à la note) qu'en 1385, « un Gérard de Passes était tout à la fois, *de la part du Souverain*, prévôt de Cambrai et *gavenier* en Cambresis, c'est-à-dire *chargé de la recette du droit de gavène* ».

M. Wilbert abonde aussi dans le même sens. (*Rapport sur l'histoire des anciens monuments de l'arrondissement de Cambrai*, p. 63.)

Des citations qui précèdent il résulte évidemment que, dans l'opinion des auteurs désignés, le gavenier n'était autre qu'un fonctionnaire chargé par le protecteur de percevoir le droit de gavène. C'est en nous conformant à l'opinion de ces hommes qui font autorité, que nous avons dit que Monstrelet avait été gavenier de Cambrai.

Mais d'autres écrivains attribuant, comme il est dit plus haut, au comte de Flandre lui-même, protecteur des églises de Cambrai, le titre de gavenier, à cause de son droit de gavène, en ont conclu que Monstrelet n'avait pu être que lieutenant du gavenier. C'était une conséquence forcée du sens qu'ils donnaient au mot gavenier.

Buchon et quelques autres qui l'ont copié ont adopté ce dernier avis appuyé sur un cartulaire manuscrit de l'église de Cambrai. Ils ont en cela donné naissance à un sujet de controverse que nous laissons à plus savant que nous, le soin de résoudre. En résumé cela se réduit à la question de savoir auquel, du protecteur ou de son receveur, il faut attribuer la qualification de gavenier. Quant à Monstrelet personne n'a jamais songé à en faire un protecteur.

Hôtel-de-Ville. — Nous avons dit (p. 245 de notre Dictionnaire), à propos de la façade qui existait encore en 1854, que ce fut Antoine (Jacques-Denis), architecte de l'hôtel des Monnaies de Paris, qui fut chargé de dresser le plan de cette façade. — Il est utile d'ajouter que, des documents inédits sur cette construction, publiés par M. Bruyelle, font connaître que Jardin, autre architecte du Roi, fut associé à Antoine dans cette

œuvre d'architecture. — Les documents très-intéressants dont nous parlons sont consignés dans les Mém. de la Société d'Emulation, tome 28, 2ᵉ partie.

Magistrat de Cambrai. — Ignorant que le *Registre de la loi de Cambrai* existait encore, nous avions cru publier utilement un document qui nous paraissait revêtu d'un caractère suffisamment authentique et qui présentait la liste de tous les membres du Magistrat de Cambrai, depuis 1595 jusqu'en 1773. A ce sujet, M. Durieux, le nouvel archiviste de la ville, nous a fait connaître que ce *Registre* existe en original aux archives, et qu'il diffère, *pour la place de quelques noms*, de la transcription que nous avons donnée. Nous nous empressons de consigner ici l'obligeant avis de M. Durieux.

Martin et Martine. — Dans notre Dict., à l'art. *Horloge communale*, examinant la question d'origine de ces bizarres personnages si chers aux Cambresiens, nous avions été amené par raisonnement et par induction, à les déclarer, en dépit de traditions fantaisistes, contemporains de l'horloge à laquelle ils avaient été adaptés. Nous ne nous trompions pas ; car le fait est maintenant confirmé par des pièces authentiques. Cependant, il faut dire que l'abbé Tranchant et d'autres chroniqueurs, à qui nous avions emprunté la date 1512, ne sont pas d'accord avec les comptes de la ville, qu'il ne nous avait pas été loisible de compulser. D'après ces comptes, l'horloge et les automates qui en font partie ont été terminés et placés en 1511 et non 1512. Mais, de ce que cette grande pièce mécanique a été achevée et placée en 1511, s'en suit-il qu'elle était à cette époque ajustée et réglée au point de fonctionner d'une manière parfaite ? Nous lisons dans une copie très-ancienne de la chronique d'Adam Gélicq, laquelle va précisément jusqu'au temps de Robert de Croy, que « l'an de N. S. 1512 fut *parfaicte* l'horloge de la ville sur les halles ». La même date 1512 se reproduit dans un recueil de l'abbé Mutte (ms. de la ville, 659). D'où l'on pourrait conclure que, terminée en 1511, l'horloge ne fonctionna bien régulièrement, pour le public contemporain, qu'en 1512. C'est le seul moyen d'expliquer cette divergence entre des autorités qui ont chacune leur valeur.

Morenchies (ANCIEN CHATEAU DE). — Ce château situé presque sur le bord de l'Escaut, à un kilomètre du Pont-Rouge, aurait été, si l'on en croit Gélicq cité par Carpentier, édifié par Hervé de Montmorency, surnommé *Le Dueil*, seigneur de *Chanteraine* qui vivait au XIe siècle. Chanteraine ou Canteraine était un fief-noble, et c'est le manoir de ce fief que Hervé de Montmorency aurait nommé Morency (Morenchies) par abréviation de son propre nom. De là, l'origine du nom de Morenchies étendu à toute la seigneurie. Mais M. Leglay dans son *Glossaire de l'ancien Cambresis*, regarde cette origine comme contestable, sans toutefois en indiquer une autre.

L'ancien château de Morenchies qui existait encore au XVIIe siècle, avait été remplacé dans la suite par une belle maison de plaisance dont les jardins plantés de charmilles, dans le genre français créé par Lenôtre, présentaient un très-beau coup-d'œil. Cette maison et ses jardins ont, à leur tour, fait place, vers 1830, à un élégant château moderne, plus riant, plus coquet, sans doute, mais moins noble de style, en ce qui concerne les jardins surtout, que celui du siècle dernier. — Autre temps, autre mode.

Quant au nom de cet ancien fief de *Chanteraine* qui est situé, en partie, *au milieu des marais*, nous en trouvons l'étymologie dans les mots latins : *cantus ranarum*, endroit où *chantent les raines*.

On lit dans plusieurs manuscrits de la Bibliothèque de Cambrai (n°s 884, 670, etc.) que le 19 août 1581 « tout le camp du duc d'Alançon qui marchait sur Cambrai, logea à Morenchi, Escaudœuvre et lieux environs. » L'antique château d'Hervé aura fourni, en cette circonstance, sa bonne part de logement à ces hommes de guerre.

Musée. — A l'art. *Musée*, nous constatons que la ville n'avait encore qu'un Musée provisoire. Nous sommes heureux de pouvoir dire qu'elle possède aujourd'hui un Musée définitif, très-bien installé dans les bâtiments de l'ancien hôpital Saint-Julien. On a consacré à cet usage la salle où l'on soignait jadis les femmes malades, et le réfectoire d'été.

Collection de M. Delattre.

Mais il est encore un autre musée non moins important pour l'histoire de Cambrai : C'est la collection qu'au prix d'actives et intrépides démarches, de dépenses assez notables; surtout de recherches passionnées et perpétuelles, M. Victor Delattre est parvenu à former. Cette collection que l'on peut, à juste titre, qualifier de cambresienne, est comme le dépôt de toutes les épaves historiques de notre antique cité. Là, sont entassés les débris et les restes d'architecture, de statues, de tableaux, d'objets mobiliers; les titres, les chroniques, les monnaies, que le temps et les évènements avaient jetés au vent, enfouis dans la terre ou sous la poussière des greniers. Comprenant que les moindres indices, que le moindre chiffon de papier peuvent quelque fois contenir de précieuses révélations qui jaillissent à leur heure, le courageux amateur n'a dédaigné aucun fragment, aucun lambeau. Dans son vaste dépôt, les pièces triviales se mêlent aux plus riches objets; mais tout cela compose un répertoire parlant, un souvenir authentique des mœurs, des usages, en un mot de l'histoire des anciens Cambresiens. On ne peut rien écrire sur ce sujet, sans avoir passé par la collection de M. Delattre. Ce qu'on ne trouve nulle part, on le trouve chez lui. Il ne manque à ce dépôt singulier qu'un catalogue descriptif et raisonné de ce qu'il contient. Nous croyons savoir qu'il sera fait un jour.

Portes de la ville. — En fait d'histoire, aucun détail ne doit être dédaigné. Nous ajouterons donc à ce qui a été dit sur les portes de Cambrai, dans notre Dictionnaire, art. *Fortifications*, p. 156, les notes suivantes qui fournissent des dates précises.

Porte de Saint-Sépulcre. — La première pierre de cette porte qui, depuis sa construction, a été plusieurs fois réparée, fut posée le 6 juillet 1390. Elle remplaçait une autre porte qui probablement tombait en ruine; et elle fut reconstruite sur un plan différent. La ville paya 6 livres 13 sols à deux architectes : Hue de Corbie, et Gilles Largent de Saint-Quentin, pour la confection de ce plan.

M. Durieux, dans son livre sur les *Artistes cambresiens*, nous apprend que l'un de ces architectes Hue de Corbie qui était maître-maçon de la ville dès 1378, fut remplacé, pour une cause qu'on ignore, par son collègue Gilles Largent qui devint à son tour, en 1390, maître-maçon de la ville.

Nous ferons remarquer que ce titre de *maistre-machon* (comme on disait alors) n'avait pas la signification qu'on lui donne aujourd'hui. Un maître-maçon n'était pas un simple entrepreneur de maçonnerie, c'était un architecte, un maître (magister) et directeur de construction qui, comme de nos jours, après avoir fourni les plans, dirigeait le travaux. — Il est d'autre part à remarquer qu'alors déjà la ville avait son architecte attitré.

Porte de Selles. — Cette porte nommée antérieurement porte Saint-Jean, était autrefois ornée, du côté de la ville, d'une statue de ce saint. Elle présente à l'extérieur, sur sa clef de voûte, une date : 1561. Cette date est probablement celle de quelque répation dont nous ne connaissons point les circonstances.

Quant aux autres portes, nous n'avons rien à ajouter à ce que nous en avons dit.

Prisons. — A l'art. *Prisons*, dans notre Dictionnaire, il y aurait lieu d'ajouter, page 444, colonne 2, ligne 19 : En 1754, les anciennes prisons royales qui existaient sur le fief de la Feuillie, menaçant ruine, furent reconstruites sur ce même emplacement, aux frais de la Commune. Cela eut lieu aux frais de la *Commune* à cause de l'abandon que le Roi lui fit, à cette époque, de cet emplacement et de quelques droits appartenant à la même seigneurie. (*Mém. pour le Magistrat contre M. de Choiseul.*) C'est donc à partir de 1754 que les prisons actuelles ont appartenu et servi à la ville.

Touquet de le Doublure. — Nos anciennes chroniques rapportent qu'à l'entrée de l'évêque Robert de Croy dans Cambrai, en 1529, entr'autres réjouissances, « les Meulquiniers firent rostir ung bœuf tout entier, lardé de pourchelets, d'oysons, de poulets et de pigions. Et fut rosti, ajoutent-elles, au *Touquet de le Doublure*. »

On se demandait depuis longtemps en quel endroit de la ville était situé ce *Touquet* ou *Coin de le Doublure*, dont la tradition n'avait pas gardé le souvenir. M. V. Delattre, le fureteur infatigable, a fini par mettre la main sur des titres qui précisent parfaitement cet emplacement. Le Touquet de la Doublure était le coin faisant saillie sur le grand marché (grande place) et *formé par le prolongement des rues de l'Ange et des Balances, en face de la Maison de Ville*. Il tirait son nom de la propriété située à ce coin et qui était composée « *d'une petite maison où il y a un cellier dit le cellier aux oiseaux, faisant face à l'Hôtel-de-Ville, et d'une maison plus grande, tournée vers la Capelette, lequel héritage* EST *nommé vulgairement* LA DOUBLURE. » (Actes de 1663, 66, 75 et 83.)

CATALOGUE DES OUVRAGES RELATIFS A L'HISTOIRE DE CAMBRAI ET DU CAMBRESIS,
PUBLIÉS DEPUIS 1854 JUSQU'EN 1881.

Notre Dictionnaire, publié en 1854, renferme un catalogue assez complet des œuvres manuscrites et imprimées dont l'ensemble forme ce que l'on pourrait appeler la *Bibliothèque historique de Cambrai*. Mais, depuis cette époque, d'autres travaux ont été faits, et sous ce rapport notre catalogue appelle une suite que nous donnons aujourd'hui. Elle indiquera, autant que possible, les études les plus remarquables qui ont été publiées sur divers points de l'histoire de notre cité. Nous en donnerons les titres, sans nous ériger en juge de leur mérite, laissant d'ailleurs à leurs auteurs la responsabilité des doctrines et des appréciations qu'elles peuvent contenir. Le *Dictionnaire historique de Cambrai* n'est point un livre de critique et de discussion, le très-court supplément que nous y ajoutons ne doit pas en changer le caractère.

HISTOIRE GÉNÉRALE DE CAMBRAI ET DU CAMBRESIS.

✠ Mémoires de la Société d'Emulation de Cambrai.

Vaste recueil que nous indiquions déjà en 1854, mais qui, depuis lors, a pris une importance incontestable. D'ardents et laborieux explorateurs, légistes, paléographes, artistes, archéologues, etc., ont fouillé, suivant leurs goûts et leurs aptitudes, nos archives, nos lois et coûtumes anciennes, nos chroniques et les traditions; ils ont scruté les tombeaux, les ruines, le sol même de la contrée. D'où est résultée une somme de travaux, de notices, d'exhumations historiques dont la plus grande partie se trouve consignée dans les mémoires de la docte compagnie, où l'on voit figurer les noms bien connus de MM. Al. Wilbert, Blin, Durieux, Bruyelle, de Baralle, de Vendegies, Anatole Hattu, Roth-Le-Gentil, et autres également recommandables.

En se reportant à ces Mémoires, le lecteur sera guidé dans ses recherches par des tables générales insérées aux tomes 28 et 34. Plusieurs des travaux qu'ils contiennent ont été extraits et tirés à part, nous en citerons quelques uns à cause de leur importance. Nous indiquerons, à plus forte raison, les publications qui ne figurent pas dans le recueil dont nous venons de parler.

✠ Précis de l'histoire de Cambrai et du Cambresis, depuis les temps les plus reculés jusqu'à nos jours, par M. A. Lécluselle et Tablettes cambresiennes par le même.

L'auteur, après avoir constaté que les diverses

histoires de Cambrai n'existent plus dans le commerce, et ne sont point d'ailleurs, à son avis, suffisamment mises à la portée de la jeunesse, ajoute : « pour remplir la grande lacune qui existe, nous avons essayé de refaire une histoire de Cambrai sur un plan tout-à-fait neuf ; nous attachant par dessus tout au récit détaillé des grands événements. Nous l'avons divisée en deux parties bien distinctes dont l'une est le précis ou résumé de notre histoire, et l'autre le développement de tous les faits marquants ou faisant époque. »

Tel est le plan de l'ouvrage.

✠ Histoire de Cambrai et du Cambresis, de 1789 à nos jours, suivie de Tablettes cambresiennes, par A. Lécluselle, 2 vol. in-8°.

Reprenant l'histoire de Cambrai, depuis le commencement de la Révolution, sujet qui n'avait été traité dans son premier ouvrage que d'une manière très-succincte, l'auteur a fait une histoire bien complète de cette ville, pendant notre siècle si troublé. Sans sortir de la grande réserve qu'il nous convient d'observer dans l'appréciation des œuvres de nos concitoyens, nous devons dire néanmoins que l'ouvrage de M. Lécluselle a été écrit avec une vigueur et une indépendance rares de nos jours.

✠ Dictionnaire topographique de l'arrondissement de Cambrai, rédigé sur la demande de M. le ministre de l'instruction publique, par Ad. Bruyelle. — *Géologie, Archéologie, Histoire* (1862).

Travail complet sur ce sujet.

✠ Cambrai aux époques celtique et gallo-romaine, par M. A. Wilbert. — V. Mémoires de la Société d'Emulation, t. 33, 1re partie, p. 193.

✠ Cambrai sous la domination espagnole, par A. Wilbert. — V. Mémoires de la Société d'Emulation, t. 30, 2e partie, p. 221.

✠ Cambrai à l'époque de sa conquête par Louis XIV, par le même. — V. Mémoires de la Société d'Emulation, t. 33, 2e partie, p. 125.

Trois études sérieusement faites sur ces différentes époques de l'histoire de Cambrai.

✠ Notice historique sur le Bureau de Bienfaisance de Cambrai, par A. Wilbert. — Simon, 1867.

✠ L'Intendance et le Parlement de Flandre à Cambrai, par Victor Houzé, secrétaire de la mairie. — Simon, 1862.

✠ Quelques souvenirs du règne de la Terreur à Cambrai, appuyés sur des pièces authentiques et recueillis de la bouche de témoins oculaires, par P.-J. Thénard (1860).

Le titre de ce livre est suffisamment explicatif de son sujet. Mais quoiqu'il ne promette que *quelques* souvenirs, il faut dire qu'ils abondent sous la plume de l'auteur.

✠ La Disette à Cambrai en 1789, d'après des documents inédits, par A. Durieux. — Cambrai, Simon, 1869.

✠ Histoire du village d'Esne et de ses dépendances, par M. l'abbé Louis Boniface. — Cambrai, 1863.

Ce livre remarquable par les détails topographiques, historiques et archéologiques qu'il donne sur cette contrée du Cambresis, par les évènements particuliers qu'il rapporte, par les figures et les plans dont il est orné, ne peut manquer de présenter un grand intérêt aux personnes qui étudient l'histoire du pays.

✠ Notice sur Aubencheul-au-Bois et les hameaux voisins, par M. l'abbé Louis Boniface. — Cambrai, 1859.

Plans, armoiries gravées, statistique, glossaire du patois d'Aubencheul ; listes des anciens seigneurs du lieu, des abbesses du Verger devenues Dames seigneuriales d'Aubencheul, des mayeurs et maires de ce village, des curés avec notes biographiques, et des hommes remarquables du lieu, tels sont les éléments nombreux qui composent cette notice.

✠ Notice historique sur Walincourt avec planche coloriée, par M. J.-B. Blin. — Simon, 1873.

Cette notice qui contient une foule de détails inhérents ou accessoires au sujet principal, présente au lecteur un intérêt varié. En voici l'éloquente conclusion qui est comme une analyse de l'œuvre tout entière : « La gloire de ce monde s'évanouit comme la fumée. Walincourt qui fut jadis le séjour des leudes de nos premiers rois et qui donna naissance à tant de paladins, Walincourt dont le noir donjon bravait les armées de Philippe d'Alsace, et qui servit de résidence aux nobles familles de Werchin, de Barbançon, de Melun et de La Woestine, Walincourt a perdu toutes ses grandeurs ; son collège de chanoines a disparu à la Révolution ; son prieuré des Guillemins, après avoir servi de caserne aux Russes et de maison d'éducation à leur départ, est aujourd'hui une simple ferme, propriété d'un travailleur intelligent, enrichi par l'industrie ; le donjon, les ateliers monétaires, les illustres seigneurs, les baillis renommés et jusqu'à ce modeste titre de « chef-lieu de canton » dont on l'avait gratifié en 1791, tout a disparu ! Sur les ruines du château qui avait remplacé le donjon, s'élève aujourd'hui une habitation bourgeoise occupée par le notaire du canton. Un bureau de poste, quelques foires assez suivies, voilà tout ce qu'il lui reste de ses splendeurs passées. Mais en revanche, les fils des serfs et des vilains sont devenus des hommes usant librement des facultés que Dieu leur a départies, les développant par l'étude, travaillant à l'accroissement de leur bien-être, par le perfectionnement de leur agriculture et de leur industrie et par l'extension de leurs relations commerciales avec le nouveau monde. Sans regrets pour le passé, ils tournent avec confiance leur regards vers l'avenir. »

✠ Notice historique sur Beauvois, par C. Douchez, instituteur. Ouvrage couronné par la Société d'Emulation de Cambrai. — Simon, 1873.

Etude sérieuse et complète sur les origines et l'histoire de cette localité.

✠ Notice historique sur Villers-Outréaux et l'ancienne seigneurie de Mondétour, par M. l'abbé Caillez, 1re partie. — Renaut, 1878.

Quoique désignée comme première partie, cette notice n'est pas un travail incomplet. Elle embrasse déjà toute l'histoire du village de Villers-Outréaux, jusqu'au commencement de ce siècle.

La chronique contemporaine et des pièces justificatives formeront la deuxième partie.

Les diverses notices que nous venons de citer et qui sont relatives à des localités particulières du Cambresis donnent une idée de l'intérêt qui peut s'attacher à ces histoires partielles du pays. Il est à souhaiter que de semblables recherches soient entreprises sur les autres villages du Cambresis. Cela formerait avec les travaux déjà publiés, touchant l'histoire de Cambrai, une bibliothèque spéciale qui ne laisserait vraiment rien à désirer.

✠ Recherches historiques sur la villa de l'abbé du Saint-Sépulcre, le faubourg Saint-Gilles et la seigneurie du Plat-Farnières, à Cambrai, par Victor Delattre, avec planches lithographiées. — Lille, Danel, 1877.

Encore une sérieuse étude où l'auteur a prodigué les renseignements et les pièces justificatives.

✠ Le Carpentier généalogiste, par M. C. de Vendegies. (*Mémoires de la Société d'Emulation*, t. 34.)

Dans cette étude, M. de Vendegies donne le coup de grâce au généalogiste Le Carpentier, déjà fortement déconsidéré par les notes de l'abbé Mutte. Et c'est justice : on ne saurait trop flétrir ces empoisonneurs publics qui vendent de l'histoire falsifiée, comme d'autres fripons des drogues frelatées.

HISTOIRE ECCLÉSIASTIQUE.

✠ Notre-Dame-de-Grâce et le culte de la Sainte-Vierge à Cambrai et dans le Cambresis, par M. l'abbé C. J. Destombes, chanoine de la Métropole de Cambrai. — Vve Carion, 1871.

✠ Vie de Monseigneur Vanderburgh, archevêque, duc de Cambrai; prince du Saint-Empire, etc..., tiré du latin de l'abbé Foulon, considérablement augmentée et enrichie de notes inédites, par le P. Alexis Possoz, de la Compagnie de Jésus. — Régnier-Farez, 1861.

✠ Son Eminence le Cardinal Régnier, archevêque de Cambrai, précédemment évêque d'Angoulème, par Ernest Delloye. — Cambrai, Carion, 1881.

Esquisse rapide et fidèle de la vie et du caractère de cet admirable prélat, l'un des plus grands dont le diocèse de Cambrai ait à s'honorer.

✠ Instructions pastorales et Mandements de Monseigneur Regnier, archevêque de Cambrai, précédemment évêque d'Angoulème. 5 vol. in-8º, Lille, Lefort.

HISTOIRE MILITAIRE.

✠ Le Siège de Cambrai par Louis XIV, d'après des documents inédits ou peu connus, — avec plans, vues, armoiries en couleur, tête de chapitres, lettres ornées, culs de lampe, etc. — Texte et dessins par A. Durieux.

« Nous n'avons d'autre désir que celui d'être exact et dès lors vrai ; c'est donc en simple curieux que nous contemplerons l'histoire par son côté le plus petit, mais peut-être le plus intéressant et le moins connu. » Ces lignes terminent l'introduction de l'auteur. Il a parfaitement rempli son programme.

Ajoutons que M. Durieux, excellent dessinateur, a su illustrer son livre d'une manière digne du grand sujet qu'il traitait.

✠ Relation de ce qui s'est passé en Flandre, entre l'armée de France et celle d'Espagne et des Confédérés, ès-année 1675, 1676 et 1677. 2 vol. in-12. — Lyon, Thomas Amaury, 1677.

Dans cet ouvrage, on trouve une relation du siège et de la prise de la ville de Cambrai, au tome II, chap. VI. Et dans le même tome, chap. VIII « le siège et la prise de la citadelle de Cambrai, sous le commandement du Roy. »

✠ Notice historique sur la Citadelle de Cambrai, 1543-1876 par M. A. de Cardevaque — ouvrage couronné par la *Société d'Emulation de Cambrai;* — in-8° avec un plan et une photographie. — Renaut, 1879.

La distinction dont cet ouvrage a été l'objet de la part de la Société d'Emulation, le recommande suffisamment à l'attention des historiens.

Le même auteur s'occupe en ce moment (1881) d'un travail complet sur les anciens *Serments* et Compagnies bourgeoises de la ville de Cambrai.

✠ Les Prussiens dans le Cambresis, 1870-1871. Leurs actes — menace de bombardement, manifestations religieuses. — Documents officiels; notes et souvenirs recueillis par l'abbé Vassart. — Simon, 1878.

Le titre de ce livre indique suffisamment les détails qu'il comporte.

✠ Cambrai et ses ambulances pendant la campagne de 1870-1871. Rapport à M. le comte de Flavigny, président de la Société de secours aux blessés des armées de terre et de mer, par M. V. Delattre, trésorier du sous-comité de Cambrai. — Regnier, 1877.

Cette brochure doit être signalée particulièrement, parce qu'elle témoigne du dévouement admirable des habitants de Cambrai, et de leur zèle à soulager les souffrances de nos malheureux blessés.

✠ Guerre de 1870-1871. Journal de la 4ᵉ batterie du 3ᵉ régiment d'artillerie de la garde nationale mobile du Nord, 2ᵉ circonscription de Cambrai, à M. le ministre de la guerre, par M. Charles Delacourt, capitaine de la 4ᵉ batterie. — Simon, 1871.

INSTRUCTION PUBLIQUE. — JEUX SCÉNIQUES.

✠ Le Collège de Cambrai, 1270-1880, par M. A. Durieux.

Etude sur les diverses phases de l'instruction publique à Cambrai, depuis la fondation du collège des Capets ou Bons-Enfants, jusqu'au collège tel qu'il existe actuellement.

✠ Les Sociétés de Rhétorique et le Théâtre à Cambrai avant 1789, par M. A. Durieux.

Le titre de ce Mémoire en indique suffisamment le sujet.

ARCHÉOLOGIE.

✠ Bulletins archéologiques de l'arrondissement de Cambrai, présentant les découvertes faites dans la ville et dans l'arrondissement, année par année, par A. Bruyelle.

Cette série de Bulletins intéressants pour l'étude du passé, n'ayant pas été publiée en volume séparé, c'est dans les *Mémoires de la Société d'Emulation* qu'il faut les chercher, on les trouvera aux tômes : 28, 2ᵉ partie; — 29, 2ᵉ p. ; — 30, 1ʳᵉ p.; — 30, 2ᵉ p.; 31, 2ᵉ p.; — 32, 1ʳᵉ p. Un Bulletin rétrospectif et complémentaire se trouve au t. 31, 1ʳᵉ p.

✠ L'Art monumental à Cambrai, par A. Durieux. Conférence faite sous les auspices de la Société d'Emulation, en 1866. — Simon, 1867.

Revue rapide mais substantielle de « ces vieux souvenirs de pierre que nous ont légués les ages antérieurs » et que l'auteur envisage et apprécie en artiste.

✠ Histoire artistique de la Cathédrale de Cambrai, ancienne église métropolitaine Notre-Dame, par Jules Houdoy. — Lille, L. Danel, 1880.

A cette grande étude artistique et archéologique l'auteur ajoute comme complément un nombre considérable de comptes, inventaires et documents inédits.

✠ Etudes sur la signification des noms topographiques de l'arrondissement de Cambrai, par l'abbé Louis Boniface. — Valenciennes, Louis Henry, 1866.

Ouvrage instructif et curieux, même pour le philosophe qui peut y voir ce principe instinctif, cette puissance naturelle et uniforme qui ont dirigé les peuples dans la dénomination de leurs localités respectives, et qui les ont généralement poussés à former leurs noms d'après l'aspect physique de ces localités.

✠ Inscriptions tumulaires antérieures à 1793, encore existantes dans l'arrondissement de Cambrai, par A. Durieux et Ad. Bruyelle. — Simon, 1868.

✠ Inscriptions funéraires et monumentales par M. Victor Delattre, avec notices historiques, d'après les monuments et documents de sa collection cambresienne. — Lille, Danel, 1866.

✠ Notice sur l'hôtel-de-ville de Cambrai par A. Durieux, — l'ancien hôtel-de-ville, sa reconstruction. — Simon, 1870.

✠ Les Martins de l'horloge de Cambrai, par A. Durieux. — Carion, 1865.

✠ Un village de l'ancien Cambresis, fonts baptismaux et pierre tumulaire, par A. Durieux. — Simon, 1869.

✠ Catalogue des objets d'art, peinture, sculpture, antiquités, etc., composant la

Musée de Cambrai, rédigé : peinture et sculpture, par M. Berger père ; archéologie et documents historiques, par M. Ad. Bruyelle. — Deligne, 1870.

✠ Périmétre de Cambrai à l'époque de la domination romaine, par Al. Wilbert.

Étude topographique que l'auteur a traitée avec son exactitude et son esprit méthodique habituels. Son intention a été, dit-il en finissant, de rendre plus faciles et moins conjecturales les appréciations qu'on peut avoir à faire des objets que l'on découvre journellement dans les fouilles et les tranchées qui s'opèrent dans la ville. Cette étude se trouve dans les *Mémoires de la Société d'Emulation*, t. 28, 2° partie, p. 47.

✠ Situation et caractère du *Pagus cameracensis* au commencement du V° siècle, par A. Wilbert.

Cette étude non moins intéressante que la précédente, au point de vue de l'histoire, se trouve dans le même tome 28 des *Mémoires de la Société d'Emulation*, p. 85.

ÉCONOMIE RURALE ET INDUSTRIELLE.

✠ Etude sur la vallée de la Sensée, par M. J.-B. Blin.

Nous signalons particulièrement ce travail important et plein d'érudition auquel il ne manque, selon nous, que la publicité pour faire une grande sensation dans le monde industriel et agricole. Il intéresse nos populations puisque la Sensée, dans son parcours, entre sur notre territoire à Aubencheul-au-Bac pour n'en sortir qu'à Estrun. — L'Etude de M. Blin est consignée dans les *Mémoires de la Société d'Emulation*, tome 33, 1re partie.

NOTA. — Si nous n'avons exceptionnellement signalé que quelques-unes des études historiques et archéologiques contenues dans les *Mémoires de la Société d'Emulation*, ce n'est pas que nous considérions comme indifférentes celles dont nous n'avons point parlé. Elles ont toutes, sans contredit, leur mérite et leur importance, et c'est pour cela que nous avons placé les Mémoires de cette Société académique en tête de notre Catalogue.

BEAUX-ARTS.

✠ Les Artistes cambresiens (IX°, XIX° siècles) et l'école de dessin de Cambrai, avec planches, par A. Durieux. — Simon, 1873.

Vaste coup d'œil jeté sur ce que l'on peut savoir des arts et des artistes à Cambrai, pendant plusieurs siècles avant nos jours. C'est le résultat de recherches considérables, et il fallait le zèle passionné d'un artiste pour les entreprendre. Pour les temps plus modernes, le travail présente une foule de notes biographiques. C'est certainement un des ouvrages les plus importants de l'auteur. Mais en signalant ce livre qui traite aussi de l'école de dessin, il nous est impossible de ne pas faire une réserve que voici. L'auteur mal informé (nous le connaissons trop pour suspecter sa loyauté) a laissé échapper quelques mots que nous avons regretté de rencontrer sous sa plume. A propos des préliminaires de l'organisation, en 1849, d'une nouvelle classe de dessin (méthode Dupuis), il écrit : « la nouvelle administration, sur la demande de personnes mues par un sentiment *que l'on aime à croire purement philanthropique et désintéressé*, reprenant etc... ». Cette phrase qui est évidemment un euphémisme, rapprochée de celle-ci qui vient quelques lignes après : « La proposition avait été faite au conseil municipal par l'un de ses membres, en même temps adjoint au maire, M. E. Bouly, dont l'activité, etc. » n'a pas manqué, vu sa forme équivoque, de passer aux yeux de plusieurs personnes pour une insinuation peu flatteuse. C'est contre une telle interprétation que nous protestons de toutes nos forces ; car, si la *philanthropie* n'avait rien à voir dans cette PROPOSITION, nous affirmons du moins énergiquement que le sentiment qui l'a dictée n'était autre que le *dévouement au bien public, dégagé de tout intérêt personnel.*

Cette réserve faite, nous n'avons qu'à louer le fond et la forme du beau livre de M. Durieux.

✠ Les peintres Vermay, par A. Durieux. — Renaut, 1880.

✠ Les Tapisseries de Cambrai, par A. Durieux. — Renaut, 1879.

Notice tirée à très-petit nombre d'exemplaires. Elle contient des renseignements sur la manufacture de tapis de haute-lisse qui existait autrefois à Cambrai. Cette notice a été lue par l'auteur à la réunion des Sociétés des Beaux-Arts, à la Sorbonne, le 17 avril 1879.

✠ Restauration de la tour de Saint-Martin à Cambrai, par A. De Baralle, architecte de la Ville. — Simon, 1866.

✠ Les Miniatures des Manuscrits de la Bibliothèque de Cambrai, avec catalogue des volumes à vignettes, et un album de 18 planches in-4°, contenant plus de 100 dessins au trait *(fac-simile).* Texte et planches par A. Durieux. — Simon, 1861.

L'album de cet ouvrage invitera certainement plus d'un curieux à visiter les magnifiques manuscrits de la Bibliothèque de Cambrai.

✠ Chants et chansons populaires du Cambresis avec les airs notés, recueillis par A. Durieux et A. Bruyelle. — Cambrai, Simon, 1864.

✠ Chants et chansons populaires du Cambresis (2ᵉ série), avec les airs notés, recueillis par A. Durieux. — Simon, 1868.

Ces deux volumes sont des œuvres élégantes de typographie.

ARCHIVES ET BIBLIOGRAPHIE.

✠ Les Archives communales de Cambrai, par A. Durieux, archiviste de la Ville et membre de la commission historique du Nord. — Lille, Danel, 1880.

M. Durieux, conservateur de ce précieux dépôt, a fait paraître en 1880, une notice intéressante sur les vicissitudes de cette masse considérable d'actes et de titres anciens, de chartes et de documents historiques. Il y raconte les essais mainte fois renouvelés et toujours interrompus de classement et de catalogues dont ils ont été l'objet. Enfin, il joint à sa notice une statistique du dépôt. — Cette statistique n'équivaut pas, il est vrai, à un catalogue complet et raisonné qui nécessiterait un immense travail; mais en attendant l'accomplissement d'un pareil labeur, elle jette déjà une grande lumière sur l'ancien cahos qui était à débrouiller. Elle peut aider efficacement ceux qui font des recherches sur l'histoire locale.

✠ Bibliographie cambresienne. Liste des ouvrages imprimés à Cambrai depuis 1823, par M. Bélot, garçon de salle à la Bibliothèque de Cambrai. — *Mémoires de la Société d'Emulation*, t. 36, p. 235 et suivantes.

Ce travail fait suite en quelque sorte à la *Bibliographie cambresienne* d'Arthur Dinaux, laquelle ne va pas au-delà de 1823. Si modeste que soit M. Bélot qui se qualifie simplement de garçon de salle, nous ne pouvons que le féliciter de son travail qui sera souvent utile pour les recherches historiques. Nous avons personnellement apprécié les services qu'il peut rendre.

✠ Catalogue descriptif et analytique de la 2ᵉ série des Manuscrits de la Bibliothèque communale de Cambrai (nᵒˢ 1047 à 1156), avec un aperçu des principaux incunables que possède cet établissement, par Ch.-A. Lefebvre, secrétaire général de la Société d'Emulation de Cambrai.

Ce catalogue fait suite à celui de M. Leglay que nous signalons dans notre Dictionnaire, au mot : *Manuscrits*. Le travail nouveau a été conçu et rédigé d'après le modèle qu'avait laissé notre ancien et savant bibliothécaire. M. Lefebvre a complété ainsi un livre d'une grande utilité pour les recherches sur toutes matières.

✠ La Bibliothèque communale de Cambrai, plaquette in-8ᵒ signée A. Lefebvre dit Faber. — Cambrai, Carion, 1868.

Cette brochure indique sommairement l'état et les emménagements (nouveaux en 1868) de la bibliothèque de Cambrai.

✠ Catalogue des ouvrages de la Bibliothèque populaire de Cambrai, par M. Blin, bibliothécaire. — Simon, 1874.

A cette liste d'ouvrages qui intéressent l'histoire locale, il convient d'ajouter :

✠ Les divers journaux de la Ville qui ont paru jusqu'à ce jour.

✠ La série des *Almanachs ecclésiastiques du diocèse de Cambrai*.

✠ La série des *Annuaires* de Cambrai.

FIN.

BEAUVAIS, IMPRIMERIE D. PERE, RUE SAINT-JEAN.

www.ingramcontent.com/pod-product-compliance
Lightning Source LLC
Chambersburg PA
CBHW071406230426
43669CB00010B/1463